LA EDAD DE LA NADA

CRÍTICA

PETER WATSON

LA EDAD DE LA NADA

El mundo después de la muerte de Dios

Traducción de Tomás Fernández Aúz y Beatriz Eguibar

CRÍTICA

Obra editada en colaboración con Editorial Planeta – España

Título original: *The Age of Nothing*

© 2014, Peter Watson
© 2014, Tomás Fernández y Beatriz Eguibar, de la traducción

© 2014, Editorial Planeta, S.A. – Barcelona, España
Crítica es un sello editorial de Editorial Planeta, S.A.

Derechos reservados

© 2015, Ediciones Culturales Paidós, S.A. de C.V.
Bajo el sello editorial PAIDÓS M.R.
Avenida Presidente Masarik núm. 111, Piso 2
Colonia Polanco V Sección
Deleg. Miguel Hidalgo
C.P. 11560, México, D.F.
www.planetadelibros.com.mx
www.paidos.com.mx

Primera edición impresa en España: octubre de 2014
ISBN: 978-84-9892-740-5

Primera edición impresa en México: octubre de 2015
ISBN: 978-607-747-094-6

Impreso en los talleres de Litográfica Ingramex, S.A. de C.V.
Centeno núm. 162-1, colonia Granjas Esmeralda, México, D.F.
Impreso en México – *Printed in Mexico*

para
Guislaine Vincent Morland
y
Nicholas Pearson

«El impulso tendente a buscarle un sentido a la experiencia, a conferirle forma y orden, es evidentemente tan real y acuciante como la más familiar de nuestras necesidades biológicas.»

CLIFFORD GEERTZ

«Tenemos la sensación de que incluso en el caso de que se llegaran a responder *todas las preguntas científicas posibles*, los problemas de la vida seguirían totalmente intactos.»

LUDWIG WITTGENSTEIN

«La reflexión vinculada con la forma en que ha de vivirse implica un uso más básico y urgente del intelecto humano que el del descubrimiento de cualquier tipo de hecho.»

MARY MIDGLEY

«Los seres humanos no podrían soportar una vida carente de sentido.»

CARL JUNG

«La vida no puede aguardar a que las ciencias alcancen a explicar de forma científica el universo. No podemos posponer el acto de vivir hasta que nos encontremos listos para responder a sus misterios.»

ORTEGA Y GASSET

«Debemos apostar por la existencia de un significado.»

James Wood, parafraseando a George Steiner

«El significado no es una red de seguridad.»

Seamus Heaney, parafraseando a Wystan Hugh Auden

«¿Qué tiene de admirable el hecho de dejarse guiar por la necesidad
de tener paz de espíritu?»

John Gray

«La religión está siendo sustituida por la terapia, de modo que
"el Cristo salvador" se está convirtiendo en "el Cristo terapeuta".»

George Carey, siendo obispo de Canterbury

«Es posible que la existencia carezca de sentido. Y sin embargo,
la pasión de vivir es más fuerte que la explicación de la vida.»

John Patrick Diggins

«Un mundo significativo es aquel que tiene un futuro que se extiende
más allá de la incompleta vida personal del individuo,
de modo que una vida que acierta a sacrificarse en el momento idóneo
es una vida bien empleada, mientras que una vida que se atesora
con excesivo celo, que se preserva a costa de la ignominia,
es una vida totalmente echada a perder.»

Lewis Mumford

«... el problema del sentido de la vida ... surge porque tenemos
la capacidad de situarnos en una perspectiva desde la cual nuestras
más imperiosas preocupaciones personales resultan insignificantes.»

Thomas Nagel

«Si Dios no existe, todo queda permitido.»

FIODOR DOSTOIEVSKI

«Todas las religiones comparten un mismo lamento.»

OLIVIER ROY

«Pero, ¿hay realmente algo que ocupe el lugar que un día ocupara Dios?»

IRIS MURDOCH

«No hay nada que expresar, nada con lo que expresarlo,
nada desde lo que expresarlo, ningún deseo de expresarlo
—al margen de la obligación de hacerlo—.»

SAMUEL BECKETT

«Estamos evolucionando, y de un modo que la ciencia es incapaz de medir,
hacia fines que la teología no se atreve a considerar.»

EDWARD MORGAN FORSTER

«Estamos en el mundo para hacer el bien a nuestros semejantes.
Lo que no sé es para qué están aquí esos semejantes nuestros.»

WYSTAN HUGH AUDEN

«El que tenga más juguetes al morir gana.»

ESLOGAN MATERIALISTA

«Un ser humano no es alguien que vaya en pos de la felicidad,
sino más bien una persona que busca una razón para ser feliz.»

VIKTOR FRANKL

«¡No se trata sólo de que no crea en Dios y de que, como es lógico, albergue la esperanza de que no exista! Es que no quiero que haya Dios; no quiero que el universo tenga ese carácter, como espero saber mostrar.»

THOMAS NAGEL

«El concepto de "rojez" y el de "redondez" son unas nociones mucho más imaginativas que las de Dios, el positrón y la democracia constitucional.»

RICHARD RORTY

«Una vida que no incluya entre sus expectativas la posibilidad de morir por algo que nos parezca merecer la pena es probablemente poco fructífera.»

TERRY EAGLETON

«El valor último de nuestras vidas es adverbial, no adjetivo. Tiene el valor de la realización, no el de aquello que pudiera permanecer una vez eliminada la realización.»

RONALD DWORKIN

«La felicidad es algo que nos es dado imaginar, pero no experimentar.»

LESZEK KOŁAKOWSKI

«Hay otro mundo, pero está en éste.»

PAUL ÉLUARD

«Los hombres han de vivir como profecías vivientes de los tiempos venideros antes que cegados por el temor de Dios o por la luz de la razón.»

RICHARD RORTY

«Los filósofos han especulado acerca de lo que ellos mismos denominaban el sentido de la vida. (En la actualidad, ése es el cometido de místicos y cómicos.)»

RONALD DWORKIN

Introducción

¿ECHAMOS ALGO EN FALTA EN NUESTRAS VIDAS? ¿HEMOS DE CULPAR A NIETZSCHE DE ELLO?

En el verano de 1990, el escritor Salman Rushdie llevaba ya más de un año viviendo de forma clandestina. Esto se produjo como consecuencia de la fetua —esto es, de la decisión jurídica islámica— emitida por el ayatolá Jomeini, supremo líder religioso iraní, el 14 de febrero de 1989. Ese edicto del imán decía lo siguiente: «Quiero informar a los musulmanes dignos del mundo de que el autor del libro titulado *Los versos satánicos*, que ha sido compilado, impreso y publicado en oposición al islam, al profeta y al Corán, así como todos cuantos hayan participado en su publicación teniendo conocimiento de su contenido, han sido declarados *madhur el dam* ["aquellos cuya sangre debe ser derramada"]. Hago un llamamiento a todos los musulmanes celosos para que los ejecuten, dondequiera que los encuentren, a fin de que nadie se atreva a insultar de nuevo al islam».

Se mire por donde se mire, este acontecimiento fue una monstruosidad, tanto más terrible cuanto que Jomeini proclamaba ejercer su autoridad sobre *el conjunto* de los musulmanes. No obstante, y por errada que fuese, fue preciso hacer frente a la amenaza, de modo que se proporcionó a Rushdie protección policial y un Jaguar blindado, aunque la incumbencia de procurarse un refugio seguro recayera sobre su propia persona. En julio de ese año, la policía le sugirió una nueva sutileza destinada a incrementar su seguridad: el uso de una peluca. «De ese modo podrá usted caminar por la calle sin llamar la atención», le dijeron. Al poco tiempo se presentó en su domicilio el mejor fabricante de pelucas de la Policía Metropolitana de Londres y se llevó una muestra de su cabello. Una vez confeccionado el adminículo, le llegó a casa «metida en una caja de cartón pardo, como un animalito amodorrado». Tras colocársela, la policía le dijo que «tenía un aspecto espléndido», así que decidieron «salir a dar una vuelta». Enfilaron el coche por la calle Sloane hasta llegar a la esquina con Knightsbridge y aparcaron en las inmediaciones de los muy elegantes grandes almacenes Harvey Nichols. Nada más abandonar el Jaguar «todo el mundo se giró, mirándole con expresión sorprendida, y a varios de los presentes se les iluminó el rostro con una amplia sonrisa que en algunos casos acabó por estallar en carcajada. «"Fíjate", se oyó decir a un hombre, "es el cabrón de Rushdie con peluca"».[1]

Es una anécdota divertida pese a las sombrías circunstancias en las que se produjo, y Rushdie la refiere, a regañadientes, en su libro de memorias titulado *Joseph Anton* (el seudónimo que eligió para el caso) —obra cuya publicación no habría de considerar segura sino hasta 2012, cerca de un cuarto de siglo después de proclamada la fetua original.

Es indudable que en ese angustioso período de tiempo faltaba algo en la vida de Rushdie, la más preciosa de las realidades: su libertad. Sin embargo, no era eso exactamente lo que tenía en mente el filósofo alemán Jürgen Habermas al redactar su célebre ensayo «An Awareness of What Is Missing: Faith and Reason in a Post-secular Age», publicado en el año 2008. También a él le preocupaba el impacto de la religión en nuestras vidas, pero prefirió apuntar a algo que tal vez no resulte menos valioso —y que en cualquier caso se revela mucho más difícil de identificar.

LA AUSENCIA DE «AMÉN»: LOS TÉRMINOS DE NUESTRA EXISTENCIA Y LA IDEA DE UN TODO MORAL

Habermas entrevió por primera vez la idea de ese algo ausente al asistir a un funeral oficiado en memoria de Max Frisch, el escritor y dramaturgo suizo, en la iglesia de San Pedro de Zúrich el día 9 de abril de 1991. Karin Pilliod, compañero de Frisch, inició el servicio fúnebre con la lectura de una breve declaración escrita por el finado. En ella se decía, entre otras cosas, lo siguiente: «Dejemos hablar a nuestros seres más queridos, y sin que haya un "amén". Agradezco a los ministros de San Pedro de Zúrich que nos hayan concedido permiso para colocar el féretro en el templo mientras duren las exequias. Las cenizas se esparcirán en un punto sin determinar». Se trataba de un diálogo entre dos amigos, pero no se hallaba presente ningún sacerdote, y no hubo bendición. Los deudos eran fundamentalmente personas que apenas tenían tiempo para la Iglesia y la religión. El propio Frisch había sido el encargado de establecer el menú del ágape que se sirvió a continuación.

Muchos años después (en 2008), Habermas dejaría escrito que en esa época la ceremonia no le pareció encerrar nada de particular, pero que, andando el tiempo, acabó por considerar que tanto la forma, como el lugar y el desarrollo del funeral, habían sido efectivamente *peculiares*. «Estaba claro que Max Frisch, que era agnóstico y que rechazaba toda profesión de fe, había percibido la incómoda inconveniencia de un enterramiento no religioso, y que al elegir aquel lugar estaba declarando públicamente que la ilustrada era moderna había sido incapaz de hallar una alternativa a las fórmulas religiosas con las que abordamos el postrer *rite de passage* con el que damos por clausurada la vida.»

Y esto más de cien años después de que Nietzsche anunciara la muerte de Dios.

Para Habermas, la experiencia de este acontecimiento —el funeral de Frisch— iba a convertirse en la base conceptual de «La conciencia de lo que falta». En dicho ensayo, Habermas rastrea la evolución del pensamiento desde la Era Axial hasta la época moderna, argumentando que, pese a que no sea posible «salvar la escisión existente entre el conocimiento laico y el conocimiento revelado», el hecho de que las tradiciones religiosas sean —o lo fueran en el año 2008— una «fuerza todavía vigente» ha de significar necesariamente que su fundamento racional es mayor de lo que aciertan a suponer sus críticos laicos, dándose además la circunstancia de que esta «razón», según Habermas, radica en el atractivo religioso de lo que él llama «solidaridad», es decir, en la idea de un «todo moral», de un mundo de ideales capaces de unirnos colectivamente, en «la noción de un Reino de Dios en la tierra». Es esto, dice Habermas, lo que viene a constituirse en exitoso contrapunto de la razón laica, generando la «incómoda» conciencia de que falta algo. En efecto, Habermas decía en ese artículo que los principales monoteísmos habían tomado varias ideas de la Grecia clásica —igualando así la importancia de Atenas con la de Jerusalén— y basado su llamamiento tanto en la razón griega como en la fe, siendo ésa una de las razones de su persistencia.

Habermas es una de las mentes más fértiles, peculiares y provocativas del diálogo intelectual surgido tras la segunda guerra mundial, y sus ideas sobre esta materia cuentan con el respaldo de las similares nociones que manejan otros filósofos estadounidenses coetáneos a él, como Thomas Nagel y Ronald Dworkin. En su reciente libro titulado *Secular Philoso-*

phy and the Religious Temperament el propio Nagel lo expresará de este modo: «La existencia es una cosa formidable, y la rutina diaria, por indispensable que resulte, parece una respuesta insuficiente a esa condición, un déficit de conciencia. Por extravagante que pueda sonar, el temperamento religioso considera que una vida de carácter meramente humano resulta insuficiente, dado que ello equivale, bien a asumir una ceguera parcial frente a nuestra existencia, bien a rechazar los términos de la misma. La conciencia religiosa demanda algo más completo, aun sin saber en qué puede consistir».

Para mucha gente, la pregunta más relevante es, a decir de Nagel, la siguiente: «¿Cómo puede incorporar uno a su propia vida el *pleno* reconocimiento de la relación que le une con el universo en su conjunto?»* Entre los ateos, mantiene nuestro autor, la ciencia física es el principal medio que nos permite entender el universo en su globalidad, «aunque siga pareciéndonos ininteligible [como factor] capaz de dar sentido a la existencia humana considerada en su totalidad [...]. Tenemos conciencia de ser un producto del mundo y de su historia, individuos cuya existencia se genera y sostiene de un modo que difícilmente acertamos a entender, de forma que, en cierto sentido, lo que toda vida individual representa va bastante más allá de sí misma». Al mismo tiempo, Nagel coincide con el filósofo británico Bernard Williams en la idea de que es preciso «resistirse» al «impulso transcendente» que nos viene acompañando al menos desde los tiempos de Platón, así como en la convicción de que el verdadero objeto de la reflexión filosófica ha de estribar en la consecución de una descripción cada vez más exacta del mundo «con independencia de toda perspectiva». Y continúa: «Las señas de identidad de la filosofía son la reflexión y una aguzada autoconciencia, no la máxima transcendencia de la óptica humana [...]. No existe ningún punto de vista cósmico, y por consiguiente no hay ningún examen de la significación cósmica cuya verificación pueda saldarse con un éxito o un fracaso».[2]

En una obra posterior, titulada *Mind & Cosmos* (y publicada en el año 2012), Nagel irá todavía más lejos al argumentar que la explicación que ofrece el neodarwinismo respecto de la evolución de la naturaleza, la vida, la conciencia, la razón y los valores morales —esto es, la actual ortodoxia científica— «es casi con toda certeza falsa». Pese a ser ateo, Nagel percibe que tanto el materialismo como el teísmo resultan inadecuados en tanto que «concepciones transcendentes», pero al mismo tiempo

---

* La cursiva es mía. (*N. del a.*)

reconoce que nos es imposible abandonar la búsqueda «de un punto de vista transcendente que permita dar cuenta del lugar que ocupamos en el universo». Por consiguiente, Nagel contempla la posibilidad (pese a no poder basarse prácticamente en ninguna prueba, como él mismo admite) de que «la vida no sea un mero fenómeno físico», sino que incluya algunos «elementos teleológicos».

Según la hipótesis de la teleología natural, escribe Nagel, existiría una suerte de «predisposición cósmica tendente al surgimiento de la vida, la conciencia y el valor, una predisposición que sería inseparable de esos tres elementos». También admite que «es poco probable que dicha posibilidad pueda ser tomada en serio en el actual clima intelectual» —y de hecho ha sido muy criticado por este argumento.

En el capítulo 26 debatiremos con mayor detalle acerca de esta argumentación, pero resulta pertinente traerla a colación aquí porque muestra que, ciento treinta y tantos años después del célebre anuncio nietzscheano de «la muerte de Dios», son muchas las personas (aunque en modo alguno pueda decirse que lo hagan todas) que continúan tratando de encontrar una forma de contemplar el mundo en el que habitamos que no responda a los tradicionales puntos de vista religiosos.

Casi simultáneamente, en el año 2013, Nagel asistiría a la publicación de *Religion without God*, obra en la que Ronald Dworkin, el filósofo estadounidense y colega suyo, vendría a coincidir con sus planteamientos. También en este caso habremos de abordar el fuste principal del argumento en el capítulo 26, pero los extremos más importantes que defiende Dworkin son que la expresión «ateísmo religioso» no constituye un oxímoron (o que ya no lo es, en cualquier caso); que para él y otros de su mismo parecer la religión no «implica necesariamente una creencia en Dios», sino que «atañe más bien al significado de la vida humana y a lo que implica la vida buena»; y que los ingredientes centrales de una actitud vital plenamente religiosa consisten en sostener que la vida posee un sentido intrínseco y que la naturaleza es inherentemente bella. Estas convicciones no pueden separarse del resto de la vida personal, ya que permean la existencia y generan sentimientos de dignidad, compunción y estremecimiento —siendo el misterio un importante componente de ese estremecimiento—. Además, Dworkin sostiene que son muchos los científicos que, al verse confrontados a la inconcebible vastedad del espacio y la asombrosa complejidad de las partículas atómicas, experimentan una reacción emocional que muchos describen en unos términos muy próximos a los de la religión tradicional —calificándolos de «numinosos», por ejemplo.

Esto presenta un cariz novedoso, a pesar de que en el capítulo 15 tendremos oportunidad de comprobar que John Dewey ya había anticipado parte de esta argumentación en el período de entreguerras y de que a finales de la década de 1950 y principios de la de 1960 Michael Polanyi ya hubiera apuntado en esa dirección.[3] El factor más significativo, por el momento, habrá de girar en torno al hecho de que estos tres filósofos —desde ambas orillas del Atlántico y hallándose cada uno en la cima de su carrera— estén diciendo prácticamente lo mismo, aunque en diferentes formas. Los tres comparten el punto de vista de que, más de quinientos años después de que la ciencia comenzara a socavar buena parte de los cimientos del cristianismo y otras importantes confesiones religiosas, sigue percibiéndose una extraña incomodidad, como decía Habermas; una ceguera o «insuficiencia», según Nagel; o aun un misterio, un estremecimiento y un sentimiento numinoso, de acuerdo con la exposición de Dworkin, respecto de la relación existente entre la religión y el mundo laico. Los tres filósofos coinciden con Bernard Williams en que es preciso resistirse al impulso «transcendente», pero todos reconocen también, irónicamente, que no es posible eludir la *búsqueda* de la transcendencia, y que, en consecuencia, son muchas las personas que tienen la sensación de que les falta «algo». En eso consiste, afirman, el moderno aprieto en que se encuentra el mundo laico.

Resulta extraordinario en muchos sentidos que estos tres individuos —todos ellos enormemente respetados— hayan llegado de forma independiente, aunque con una diferencia de pocos meses, a unas conclusiones similares, a saber, que hace cuatrocientos o quinientos años, dependiendo del punto en el que iniciemos la cuenta —ya sea en la época de Galileo y Copérnico—, o hace ciento treinta —si situamos en Nietzsche el punto de arranque—, la secularización sigue sin cubrir todas nuestras necesidades, ya que continúa adoleciendo de la grave falta de... algo.

El filósofo canadiense Charles Taylor no tiene la menor duda de lo que es ese algo. En dos larguísimos libros —*Fuentes del yo* (publicado en 1989) y *Una edad secularizada* (de 2007)—, Taylor sostiene en reiteradas ocasiones que las personas actuales, que viven en un mundo secularizado y desprovisto de fe, notan la carencia y la pérdida de algo importante, vital incluso —posiblemente la cosa más importante que exista—, a saber, por emplear las palabras del propio Taylor, una sensación de totalidad, de culminación, de plenitud de sentido, la percepción de algo más elevado. Esas personas notan una falta de completitud y advierten que el mundo moderno padece «una ceguera generalizada» que le impide ver que «la vida tiene un propósito más allá del meramente utilitario».[4]

Taylor sostiene que el florecimiento humano —una vida colmada— únicamente puede alcanzarse a través de la religión (en su caso, el cristianismo). De lo contrario, el mundo queda «desencantado», la vida se convierte en un «relato menoscabado» al que le han sido amputadas algunas partes importantes. Al carecer de todo sentido de «transcendencia», sin percepción del «carácter sagrado de lo cósmico», todo cuanto nos queda son los «valores meramente humanos», unos valores que Taylor considera «tristemente inadecuados». La «edad de oro», dice, se ha desvanecido; nos embarga «una sensación de malestar, de vacuidad, un ansia de sentido»; la vida cotidiana nos provoca una terrible sensación de monotonía, imbuida como está de la futilidad de lo ordinario, cuando lo cierto es que sólo «mediante una recuperación de la transcendencia» podremos colmar esa necesidad de significado.[5]

EL CONTRASTE ENTRE LOS YOES POROSOS Y LOS YOES PROTEGIDOS

Taylor lleva esta argumentación más lejos que cualquiera de los anteriores filósofos. Sostiene que el humanismo ha fracasado, que la «búsqueda de la felicidad», una preocupación plenamente actual, es una idea o un ideal mucho más débil que el de «plenitud», el de «florecimiento» o el de transcendencia; que hace uso de un «lenguaje menos sutil», lo que da pie a que las experiencias vividas sean también menos sutiles; y que carece de «inspiración espiritual» y de espontaneidad o inmediatez, al hallarse desprovista de «armonía» y de «equilibrio», revelándose en último término enfermiza.

El individuo moderno, afirma Taylor, posee un yo «protegido» en lugar de un yo «poroso». El yo poroso mantiene una actitud abierta a todos los sentimientos y experiencias que le procura el mundo «de ahí afuera». Al yo protegido moderno, por el contrario, se le niegan esas experiencias debido a que nuestra educación científica sólo nos enseña conceptos y a que nuestras experiencias son intelectuales, emocionales, sexuales, etcétera, pero no experiencias de la «totalidad». A los individuos modernos se les ha negado una «narrativa maestra» que les permita hallar el lugar que les es propio, y de ese modo, al no disponer de ella, «es posible que su sensación de pérdida no llegue a sosegarse nunca». Sin estos factores, prosigue, no hay perspectiva de que una vida humana, sea ésta la que sea, logre concebir u «sentimiento de grandeza», del que pudiera llegar a brotar una perspec va de culminación «más elevada». Nos acucia la sensación de que «algo más», y por lo tanto no nos es posible en ningún caso sentirnos «cómodos» con el descreimiento.

¡Uf! Es posible que los escépticos den en enarcar las cejas al leer estos planteamientos, pero no hay duda de que sintonizan con lo que un gran número de personas sienten o piensan. Además, los autores como Taylor encuentran respaldo para sus argumentos en el dato estadístico de que a comienzos del siglo xxi hay cada vez más y más gente que está poniendo las miras —o volviendo a ponerlas— en la religión, dado que la secularización lleva algún tiempo declinando, tras haber alcanzado su punto culminante en las décadas de 1960 y 1970. Richard Kearney ha tenido incluso la idea de dar un nombre a este proceso, denominándolo anateísmo.[6] Más adelante volveremos a hablar del (ambiguo) significado que tienen esas estadísticas en el momento presente, pero de lo que no hay duda es de que en el año 2014 la batalla que libran los pensadores religiosos y los ateos está siendo tan feroz (y de hecho tan amarga) como viene siendo habitual desde hace ya muchos años.

Por su parte, los ateos militantes —según el retrato con el que se los está caracterizando— adoptan en su mayoría una postura darwiniana. Richard Dawkins, Daniel Dennett, Sam Harris y Christopher Hitchens, por no mencionar sino a los más conocidos, siguen las tesis de Charles Darwin al considerar que los seres humanos son una especie biológica surgida por vías enteramente naturales, habiendo evolucionado gradualmente a partir de animales «inferiores», en un universo que, de manera similar, también ha venido desarrollándose a lo largo de los últimos trece mil millones y medio de años, tras brotar de una «singularidad» llamada «Gran Explosión», la cual es a su vez un proceso de ocurrencia natural (pese a constituir un acontecimiento en el que las leyes de la naturaleza se desmoronen) que algún día alcanzaremos a comprender. Dicho proceso no precisa del concurso de ninguna entidad sobrenatural.

En los últimos asaltos de este combate, Dawkins y Harris han recurrido a la ciencia darwiniana para explicar el panorama moral en el que nos desenvolvemos, mientras que Hitchens ha dado en describir algunas instituciones, como la biblioteca, o prácticas, como la de «comer con un amigo», diciendo que, en la vida moderna, constituyen episodios tan gratificantes como la plegaria o el hecho de acudir a la iglesia, a la sinagoga o a la mezquita.

Puede perdonarse que el lector medio —y especialmente que el lector medio *joven*— dé en pensar que en esto viene a resumirse toda la enjundia del debate. Es decir, que todo consiste, bien en abrazar una religión, bien en asumir el darwinismo y sus implicaciones. Steve Stewart-Williams ha llevado a sus últimas consecuencias lógicas este razonamiento al decir, en su libro del año 2010 —titulado *Darwin, God and the Meaning of Life*— que *no existe* Dios, que el universo es totalmente natural y, en tal sentido, accidental, de modo que la vida no puede tener propósito alguno y no hay más significación última que aquella que nosotros mismos alcancemos a elaborar como individuos.

No obstante, y a pesar de que, entre los ateos, sean los darwinistas quienes más ruido estén haciendo en la actualidad (y con motivo, dado el volumen de investigaciones biológicas que se ha venido acumulando a lo largo de las últimas décadas), sus planteamientos no son los únicos que es preciso tener en cuenta. La cuestión es que, desde que el escepticismo religioso comenzara a ganar fuerza en los siglos XVII y XVIII, y en particular desde que Nietzsche anunciara «la muerte de Dios» en el año 1882 (añadiendo, además, que sus matarifes habíamos sido nosotros, los seres humanos), han sido muchas las personas que se han planteado la difícil pregunta de cómo vivir en lo sucesivo sin una entidad sobrenatural en la que poder confiar.

Filósofos, poetas, dramaturgos, pintores y psicólogos, por no señalar más que algunas de las profesiones que en inglés comienzan por la letra «p», han tratado de pensar hasta el final de qué forma podríamos arreglárnoslas para vivir, sea de manera individual o en común, en una época en la que únicamente podemos contar con nosotros mismos. Son muchos los autores —y pienso por ejemplo en Dostoievski, T. S. Eliot o Samuel Beckett— que han manifestado su espanto ante el sombrío mundo que ha dejado tras de sí, a su juicio, la expulsión de la idea de Dios. Debido quizá al hecho de que el horror tiende a captar lo mejor de nuestra atención, lo cierto es que estos jeremías han seducido la imaginación popular. No obstante, *La edad de la nada* se propone concentrar sus esfuerzos en esas otras almas —en cierto modo más intrépidas— que en lugar de aguardar y abandonarse a los fríos y tenebrosos páramos de un mundo sin Dios han consagrado su energía creativa a concebir fórmulas para proseguir la andadura con confianza en uno mismo, capacidad inventiva, esperanza, cordura y *entusiasmo*. Por eso el presente libro habrá de focalizar su empeño en aquellos que, en palabras de Wordsworth, «No debemos afligirnos, pues encontraremos fuerza en el recuerdo».*

Esta aspiración, la de comprender cómo podrá vivirse sin Dios, la de

---

* Versos de la *Oda a la inmortalidad*. (*N. de los t.*)

hallar significación en un mundo laico, es —tan pronto como le entrega uno sus energías intelectuales— un tema grandioso que han abordado superficialmente algunos de los más audaces escritores, artistas y científicos modernos, pese a que, hasta ahora, sus tesis y dificultades nunca hayan sido reunidas, hasta donde yo sé, en una narrativa global. Una vez establecido ese compendio, su estudio nos ofrece un relato denso y colorido, y así espero saber mostrarlo, un conjunto de ideas originales que no obstante se solapan y que muchos lectores, estoy seguro de ello, habrán de encontrar entretenidas y provocativas, además de juiciosas e incluso consoladoras.

De hecho, si hemos de procurar obtener algún consuelo se debe especialmente a que el debate sobre la fe, sobre aquello que se echa en falta en la vida de la gente, ha degenerado en los últimos años hasta convertirse en una abigarrada mezcla de discursos tan absurdos como letales.

¿NOS HALLAMOS EN PLENA RECESIÓN ESPIRITUAL?
¿O SEGUIMOS SIENDO TAN FURIBUNDAMENTE RELIGIOSOS COMO SIEMPRE?

En los últimos años ha habido algunas figuras religiosas que han dado en vaticinar, en dos ocasiones, el fin del mundo: los días 21 de mayo de 2011 y 21 de diciembre de 2012. En ninguno de esos casos ocurrió nada siquiera remotamente parecido, sin que por ello sintiera alguno de los personajes a los que me refiero la necesidad de reconocer que sus predicciones eran..., bueno..., totalmente erróneas. En Pakistán se han producido numerosos asesinatos de gentes a quienes sus conciudadanos consideraban culpables de transgredir las leyes islámicas sobre la blasfemia —que son relativamente nuevas—. En Túnez se ha asistido al asesinato de dos destacados políticos laicos. Los casos de abusos sexuales, algunos de ellos a menores, de los que se ha acusado en Gran Bretaña y Holanda a personas de confesión musulmana, o las imputaciones de algunos sacerdotes católicos denunciados por esos mismos delitos en un gran número de países de todo el mundo, se han convertido prácticamente en un elemento más del paisaje habitual de nuestras vidas. Se ha llegado a decir que los abusos sexuales sufridos en el Reino Unido por varias jóvenes occidentales a manos de varones de fe musulmana constituía un «tsunami delictivo».[7]

Es posible que estos acontecimientos, sobrevenidos a continuación de otras atrocidades todavía más espectaculares (como los devastadores atentados del 11 de septiembre de 2001, o las bombas que estallaron en

Bali, Madrid y Londres —agresiones perpetradas en todos los casos por musulmanes—), no se hayan revelado tan sangrientos como estos últimos en cuanto al número de personas asesinadas. Sin embargo, sí vienen a señalar que la conducta criminal de fundamento religioso se está *extendiendo* al creciente conjunto de áreas en que se ejerce la intolerancia humana —y en esto radica lo que cabría calificar como la más importante paradoja intelectual, política, e incluso existencial, a la que hemos de enfrentarnos en el apenas iniciado siglo XXI.

Podría perdonársele a un ateo que observara este conjunto de comportamientos a un tiempo absurdos y letales que esbozara una mueca de apesadumbrada satisfacción. Tras varios siglos de pugnas religiosas, transcurridos más de doscientos años desde el inicio de la deconstrucción de los fundamentos históricos y fácticos de la Biblia, y después de la multitud de nuevos dioses que han surgido en las formas y lugares más inverosímiles, pedestres y prosaicos que quepa imaginar —en la isla de Vanuatu, en pleno Pacífico, se rinde un culto divino al duque de Edimburgo; en algunas zonas de la India las motos Lee Enfield son objeto de la veneración propia de una deidad; y existe ya un portal electrónico, godchecker.com, en el que se ofrece una lista con más de tres mil seres «supremos»—, da la impresión de que los humanos no hemos aprendido prácticamente nada. Seguimos aferrados a la inercia de nuestras antiguas enemistades, continuamos abrazando todo un conjunto de doctrinas tan obsoletas como desautorizadas, y todavía caemos en manidas estafas, permitiendo que nos manipule una legión de embaucadores y charlatanes religiosos.

Y no obstante, con todo... La cruda verdad (para perplejidad de muchos, además, y según un buen número de destacadas autoridades), pese a los patentes horrores y disparates de muchos aspectos de la religión, pese a las contradicciones, ambigüedades y evidentes falsedades que trufan la totalidad de las confesiones, ya se trate de las principales o de las secundarias, parece apuntar a un hecho: que lo que parece batirse actualmente en retirada es el ateísmo.

Uno de los primeros en señalar este extremo fue el sociólogo Peter L. Berger. Si sus planteamientos admiten la consideración de conmovedores se debe al hecho de que poseen algunas de las características propias de una conversión. Berger, de origen austríaco y emigrado a Estados Unidos en 1946, acabaría siendo profesor de sociología y teología en la Universidad de Boston, además de un firme abogado de la «teoría de la secularización» en las décadas de 1950 y 1960. Dicha teoría, que vivió su punto álgido a mediados del siglo XX y cuyas raíces se remontan a la Ilustración, sostenía que la modernización conduce «necesariamente» al declive de la religión, tanto en la sociedad como en la mente de los individuos. De acuerdo con este análisis, la secularización era y es una buena cosa, dado que se desembaraza de aquellos fenómenos religiosos que son «retrógrados», «supersticiosos» y «reaccionarios».

Eso era lo que se pensaba entonces. Sin embargo, en las primeras décadas del siglo XXI, la imagen de conjunto presenta un cariz muy diferente, al menos para algunas personas. Como hemos señalado, Peter Berger fue uno de los primeros autores en centrar la atención en un cambio que estaba llamado a ocasionar una célebre retractación por su parte. En el año 1996, Berger aceptaría que la modernidad había socavado, «por razones más que comprensibles», todas las certezas tradicionales, aunque sin dejar de insistir en que la incertidumbre «es una situación que a muchas personas les resulta difícil de sobrellevar». Por consiguiente, señalaba, «todo movimiento (y no sólo los de carácter religioso) que prometa ofrecer o renovar las certidumbres habrá de encontrar un mercado ávido de su mercancía».[8] A continuación, y tras observar lo que sucedía a su alrededor, Berger concluía que el mundo actual «se revela tan furibundamente religioso como siempre ..., y es *cualquier cosa menos* aquel mundo secularizado que se había vaticinado (ya fuera con alegría o desaliento), pues, sea cual sea el matiz religioso de la gente, hay algo en lo que todos coinciden, y es en "el carácter superficial de una cultura que intenta salir adelante sin contar con ningún punto de referencia transcendente"».[9]

Berger no es el único en pensar de este modo. Resulta indudable que el ánimo de los autores religiosos se muestra cada vez más decidido. En el año 2006, John Millbank, profesor de religión de la Universidad de Nottingham, trató de explicar que la teología puede llevarnos «más allá de la razón laica». En su libro titulado *¿Cómo habla Dios?* (publicado originalmente en 2006), Francis S. Collins, el genetista que lideró los esfuerzos realizados por el gobierno estadounidense para lograr el desciframiento del genoma humano, expuso la peripecia personal que le llevó a pasar del ateísmo a una «comprometida profesión de fe cristiana». En *God's Universe* (de 2006), Owen Gingerich, profesor emérito de astronomía de la Universidad de Harvard, explicaría «tener la íntima convicción de que existe, más allá del cosmos, pero al mismo tiempo en su interior, un Creador de suprema inteligencia». Y en *Evolution and Christian Faith*, publicado ese mismo año, Joan Roughgarden, una bióloga evolutiva de la Universidad de Stanford, relata las dificultades que hubo de vencer para encajar al individuo en la imagen de conjunto de la evolución —empeño que en su caso venía a complicarse debido al hecho de ser transexual y de que, por consiguiente, defiende planteamientos que chocan con algunas de las tesis que mantienen convencionalmente los darwinistas en relación con la identidad sexual.

En el año 2007, Antony Flew, profesor de filosofía en varias universidades de Gran Bretaña y Canadá, detallaría en *Dios existe* la forma en que el más «conspicuo ateo del mundo [es decir, él mismo] terminó por cambiar de opinión». En esa misma fecha, Gordon Graham vendría a examinar la idea de si el arte, con todas sus ventajas, podría llegar a «reencantar» algún día el mundo al modo de la religión —llegando a la conclusión de que no era posible—. En 2008, el doctor Eben Alexander sufrió una meningitis bacteriana que le sumió en un coma profundo por espacio de una semana. Tras recuperarse, escribió un libro de memorias destinado a convertirse en un gran éxito de ventas —*La prueba del cielo. El viaje de un neurocirujano a la vida después de la vida*— en el que sostenía que el paraíso está lleno de mariposas, de flores, de almas benditas y de ángeles.[10]

LA RELIGIÓN ENTENDIDA COMO SOCIOLOGÍA, NO COMO TEOLOGÍA

Hay no obstante otra cuestión que provoca perplejidad, a saber, que en la última década se han planteado distintos argumentos, tan novedosos como complejos, destinados a comprender la religión al modo de un fenómeno natural. Además, algunos de esos argumentos han surgido al calor de toda una serie de nuevos hallazgos científicos que han cambiado el carácter del debate. ¿Cómo hemos de abordar un estado de cosas en el que el ateísmo es quien presenta los mejores análisis, en el que las pruebas aportadas por los escépticos implican la asunción de nuevos elementos, los cuales vienen a introducir a su vez un conjunto de argumentaciones inéditas, pero en el que la religión —según proclaman sus partidarios— es la que cuenta con el apoyo de las masas, pese a sus manifiestos horrores y sinsentidos?

El razonamiento más convincente que he encontrado —y desde luego el único que aporta las pruebas más sustanciales y sistemáticas para respaldar sus tesis— es el que nos ofrecen Pippa Norris y Ronald Inglehart en *Sacred and Secular: Religion and Politics Worldwide* (2004). Este libro se basa en un ingente volumen de pruebas empíricas derivadas de las cuatro oleadas realizadas por el proyecto de la Encuesta mundial de valores entre los años 1981 y 2001, un empeño investigador gracias al cual se han efectuado diversas encuestas nacionales, todas ellas complejas y representativas, en cerca de ochenta sociedades, abordándose el examen del conjunto de las principales confesiones religiosas del mundo. Norris e Inglehart también utilizan los Sondeos internacionales Gallup, el Programa internacional de encuestas sociales y las estadísticas del Eurobarómetro. Pese a que, según dicen, «resulte obvio que la religión no ha desaparecido del mapa» y que «tampoco parece probable que lo haga», ambos autores insisten en que el concepto de secularización «viene a captar una parte sumamente importante del problema que está [y sigue] en marcha».

Su estudio identifica un factor sociológico clave, un elemento al que dan el nombre de «seguridad existencial» y que, de acuerdo con sus afirmaciones, no sólo descansa en dos sencillos axiomas sino que está llamado a constituir un instrumento extremadamente potente para dar cuenta de la mayor parte de las variaciones que se observan en las prácticas religiosas que se llevan a cabo en todo el mundo».[11]

El primer y más fundamental sillar de su teoría asume que las diferencias más acusadas entre las naciones ricas y pobres del planeta son las relacionadas con los niveles de su desarrollo humano sostenible y de sus desigualdades socioeconómicas, lo que implica asimismo la existencia de unas dispares condiciones de vida en materia de seguridad humana y de vulnerabilidad frente a los riesgos. Como indican Norris e Inglehart, la idea de la seguridad humana ha surgido en época reciente, convirtiéndose en uno de los objetivos importantes del desarrollo internacional. En su formulación más sencilla, la noción central de este tipo de seguridad rechaza el uso de la fuerza militar como factor de garantía de la integridad territorial, sustituyéndola por un conjunto de logros tendentes a liberar a las personas de diversas clases de riesgos y peligros, incluyéndose entre estos últimos la degradación medioambiental y los desastres, ya sean naturales o provocados por el hombre, como las inundaciones, los terremotos, los huracanes y las sequías, así como las epidemias, las violaciones de los derechos humanos, las crisis humanitarias y la pobreza.

En los últimos treinta años se ha asistido, en algunas regiones del mundo en vías de desarrollo, a toda una serie de mejoras espectaculares. No obstante, el Programa de las Naciones Unidas para el desarrollo (PNUD) informa que el progreso registrado en el mundo a lo largo de la pasada década ha sido de carácter más bien errático, registrándose además varios reveses: 54 países (20 de ellos en África) son hoy más pobres que en el año 1990; en 34 naciones ha descendido la esperanza de vida; y en 21 se ha reducido el índice de desarrollo humano. En el continente africano, la evolución de las cifras del sida y del hambre está registrando un empeoramiento de su tendencia. La brecha que separa las condiciones de vida de las sociedades ricas y las pobres se está ensanchando.[12]

El análisis de los datos relativos a las sociedades de todo el mundo ha revelado que es efectivamente posible predecir con notable precisión el grado de énfasis que la gente vaya a conceder a la religión, así como su nivel de implicación en las conductas de carácter religioso, tomando como base el horizonte económico de una sociedad y otros indicadores de desarrollo. La técnica matemática del análisis multivariante ha demostrado que hay unos cuantos índices de desarrollo básicos, como el producto nacional bruto *per cápita*, la incidencia del sida, la accesibilidad a un conjunto de fuentes de agua mejorada* y el número de médicos por cada cien mil habitantes, que permiten predecir «con considerable exactitud» la frecuencia de las prácticas de rezo o de culto religioso que realizan las personas. Las variables explicativas que se revelan más cruciales son aquellas que diferencian entre las sociedades vulnerables y las sociedades en las que la supervivencia está tan asegurada que la gente la da por supuesta durante sus años de formación.[13]

En particular, la hipótesis que plantean Norris e Inglehart sostiene que, en igualdad de circunstancias, la experiencia de crecer en una sociedad escasamente segura acabará por incrementar la importancia de los valores religiosos, mientras que, a la inversa, las vivencias asociadas con las sociedades dotadas de una mayor seguridad vendrán a disminuirla. La principal razón de este estado de cosas, sostienen, es que «la necesidad del consuelo religioso se vuelve tanto menos apremiante cuanto mayores sean las condiciones de seguridad». De aquí se sigue que la gente que vive en las sociedades industriales avanzadas crecerá en un ambiente cada vez más indiferente a las instituciones y a los líderes religiosos tradicionales, mostrándose menos dispuesta a participar en actividades de índole espiritual. «Las personas educadas en condiciones de relativa seguridad tienen una mayor capacidad para tolerar la ambigüedad y sienten una menor necesidad de regirse por las normas a un tiempo absolutas y rígidamente predecibles que ofrece la legitimación religiosa.»

Parece obvio que la introducción de mejoras en las condiciones de la seguridad existencial erosiona la importancia de los valores religiosos,

---

* Aquellas que, por su construcción o su tratamiento, se hallan razonablemente protegidas frente a los riesgos de contaminación externa, sobre todo los asociados con la presencia de materias fecales. (*N. de los t.*)

pero también reduce —y éste es el problema— los índices de crecimiento demográfico de las sociedades postindustriales. Por consiguiente, los valores de las sociedades ricas están adquiriendo un carácter cada vez más laico mientras sus cifras de población se *encogen*. En cambio, las naciones pobres siguen siendo profundamente religiosas en materia de valores, pero cuentan con unos índices de fertilidad muy superiores, lo cual habrá de generar un volumen de población creciente (tendiendo por tanto a mantenerlas sumidas en la pobreza).[14] Uno de los objetivos centrales de la práctica totalidad de las religiones tradicionales consiste en conservar la solidez de la familia, «animando a la gente a tener hijos, incitando a las mujeres a permanecer en el hogar, dedicadas al cuidado de los más pequeños, y prohibiendo el aborto, el divorcio o cualquier otra cosa que venga a incidir negativamente en los elevados índices de natalidad que registran esas sociedades». No debería sorprendernos, por tanto, que el resultado de estas dos tendencias interrelacionadas acabe determinando que las naciones ricas se vuelvan más laicas mientras el conjunto del mundo se hace más religioso.

TRANSCENDENCIA FRENTE A POBREZA

De este análisis se desprende un buen número de conclusiones. En primer lugar, podemos decir que la teoría original de la secularización era totalmente correcta, pero que han sido muchas las sociedades que no han recorrido (o no han acertado a recorrer) la misma senda de industrialización y urbanización que siguieron en su día las naciones occidentales. En segundo, y posiblemente más importante, lugar podemos decir que hoy nos encontramos en condiciones de afirmar que la mejor forma de entender la religión «pasa más por comprenderla como un fenómeno *sociológico* que al modo de un fenómeno teológico».[15] Lejos de ver en la «transcendencia» el ingrediente o la experiencia fundamental de la fe, como sostienen Peter Berger y otros autores, la pobreza y la inseguridad existencial revelan ser los factores explicativos de mayor relevancia. Teniendo en cuenta todos estos hechos, y uniéndolos con los descubrimientos del PNUD —esto es, que la distancia entre los países ricos y los pobres continúa agrandándose y que, de manera muy similar, también está creciendo la «inseguridad existencial registrada en unos 50 países o más»—, llegaremos a la conclusión de que el «éxito» de la religión es en realidad un subproducto derivado del hecho de que algunas naciones hayan fracasado en su malogrado intento de modernizar sus sociedades y reducir las inseguridades de sus poblaciones. Desde este punto de vista, la expansión de la religión no constituye un elemento que pueda representar un motivo de orgullo para nosotros —en tanto que comunidad internacional decidida a procurar ayudarse mutuamente—, con lo que todo triunfalismo vinculado con la reactivación religiosa resulta, según este análisis, improcedente.

El último punto a tratar es más sutil. De hecho, si nos fijamos en el «aroma» de las religiones que prosperan actualmente, si nos detenemos a observar sus características teológicas, intelectuales y emocionales, ¿qué encontramos? Lo que detectamos es, en primer lugar, que son las Iglesias establecidas —es decir, aquellas que cuentan con una teología más finamente elaborada y que no siempre guarda relación con lo transcendente— las que están perdiendo seguidores, siendo sustituidas por las confesiones evangélicas, los movimientos pentecostales, las teologías de la prosperidad, el pietismo carismático y los fundamentalismos de uno u otro tipo. En el año 1900, el 80% de los cristianos del mundo vivían en Europa y en Estados Unidos, mientras que en la actualidad el 60% de las personas de esta fe se encuentran en los países en vías de desarrollo.[16]

¿Cómo hemos de enfocar los mensajes evangelistas relativos a las profecías y el poder de sanación de Dios? Si tales extremos se pudieran verificar con la suficiente frecuencia, no hay duda de que estos movimientos acabarían colonizando el mundo mucho más de lo que ya lo han hecho, dado que estarían ofreciendo una explicación de las enfermedades mejor que la que pudiera procurarnos, por ejemplo, cualquier planteamiento de base científica. ¿Qué hemos de pensar del «don de lenguas», una expresión bíblica que viene a conferir una presunta dignidad a un fenómeno que, bajo cualquier luz de carácter racional, roza la patología psíquica? En febrero de 2011, una reportera que estaba informando en directo a través de un canal de televisión estadounidense comenzó a proferir súbitamente un torrente de palabras incomprensibles. Aquello captó un amplísimo interés, tanto en otros canales de la competencia como en Internet, suscitando a un tiempo comentarios impertinentes y empáticos, pero nadie sugirió ni por un momento que la periodista hubiese tenido una experiencia religiosa (y ella misma tampoco lo entendió de ese modo). El debate se centró en las regiones del cerebro de esa profesional que podían haberse visto afectadas para generar un brote de «tipo epiléptico» de tal naturaleza.

¿Cómo calificar a las Iglesias que predican la bendición material? ¿Qué papel desempeña la «transcendencia» en su ideología? La teología de la prosperidad apunta directamente al sentimiento de inseguridad existencial.

Para la mentalidad de un ateo, lo que sugieren todas estas ramificaciones religiosas —la violenta intolerancia del fundamentalismo islámico, la terca ignorancia de los creacionistas que proliferan en algunas regiones de Estados Unidos, el don de lenguas de los evangelistas, las «sanaciones» carismáticas, el culto religioso que se rinde a las motocicletas en la India— es nada menos que un salto atrás. La explicación sociológica más simple, evidente y racional de estos acontecimientos no viene sino a resaltar su tosca vulgaridad.

Comparadas con las aclaraciones sociológicas relativas a la reactivación del sentimiento religioso, las descripciones de naturaleza psicológica parecen marrar en cierta medida el golpe. En su libro titulado *God Is Back*, John Micklethwait y Adrian Wooldridge sostienen que existe «un considerable número de pruebas de que, con independencia de las riquezas que posean, los cristianos tienen una mejor salud y una mayor felicidad que sus prójimos laicos». David Hall, un facultativo que ejerce en el Centro médico de la Universidad de Pittsburgh, mantiene que el mero hecho de acudir semanalmente a misa puede llegar a añadir dos o tres años de esperanza de vida a la persona. En el año 1997, un estudio realizado en siete mil personas mayores por el Centro médico de la Universidad de Duke descubrió que la observancia religiosa «podría» fortalecer el sistema inmunológico y reducir la presión sanguínea. En 1992 únicamente había tres facultades de medicina en Estados Unidos que contaran con programas destinados a examinar la posible relación entre la espiritualidad y la salud. En el año 2006 el número había pasado a ser de 141.[17]

Micklethwait y Wooldridge afirman lo siguiente: «Uno de los resultados más sorprendentes que se desprenden de los periódicos sondeos sobre el grado de felicidad observable en Estados Unidos, según los estudios que realiza el Foro del Centro de Investigaciones Pew, es que los estadounidenses que asisten a los servicios religiosos una o más veces por semana son más felices (con un 43 % de personas que afirman sentirse muy felices) que los ciudadanos que únicamente acuden a la iglesia una vez al mes o menos (con 31 % de individuos que se declaran felices) y que sus compatriotas que sólo van a misa muy rara vez, o nunca (entre los que hay un 26 % de afirmaciones de felicidad). ... La correlación puesta de manifiesto entre el grado de felicidad y la frecuentación del templo se ha mantenido razonablemente estable desde que Pew iniciara esta serie de sondeos en la década de 1970, y revela ser también una tendencia más sólida que la del vínculo detectado entre la felicidad y la salud».[18]

Al decir de Micklethwait y Wooldridge, estos estudios también muestran que la religión no sólo puede contrarrestar la incidencia de las conductas negativas sino promover también el bienestar. «Hace veinte años, Richard Freeman, un economista de la Universidad de Harvard, descubrió que los cuatro jóvenes negros que examinaba, y que solían acudir con regularidad a la iglesia, tenían mayores probabilidades de no faltar a clase y menores posibilidades de cometer delitos o consumir drogas.» Desde entonces se han realizado multitud de estudios sobre el particular —entre los que cabe destacar el informe elaborado en el año 1991 por la Comisión nacional estadounidense de la infancia—, llegándose a la conclusión de que la participación en la vida religiosa se asocia con una reducción de los índices de delincuencia y consumo de estupefacientes. James Q. Wilson (1931-2012), que posiblemente sea el más destacado criminólogo de Estados Unidos, ya resumió con toda concisión en su momento «la montaña de pruebas [de carácter social y científico]» que existen en esta materia, diciendo: «Independientemente de cuál sea la clase social a la que se pertenezca, la religión reduce la conducta desviada». Y por último, Jonathan Gruber, «un economista de convicciones laicas» que trabaja en el Instituto Tecnológico de Massachusetts, ha argumentado, «sobre la base de un ingente volumen de materiales probatorios», que la asistencia a los servicios religiosos genera un incremento de los ingresos.

Dos observaciones resultan pertinentes en este caso. La primera es que todos estos ejemplos proceden de Estados Unidos y, como ya empieza a comprenderse con claridad, este país es excepcional en un gran número de aspectos, de modo que no puede decirse en forma alguna que sus resultados puedan considerarse característicos de lo que pudiera estar sucediendo en otros lugares. La segunda observación resulta posiblemente más relevante para la cuestión que estamos tratando aquí. Aun en el supuesto de que los resultados de algunos de esos sondeos que muestran los beneficios de la fe fueran ciertos, la pregunta es la siguiente: ¿qué es exactamente lo que se pretende argumentar con ello? ¿Que Dios recompensa a la gente que acude regularmente a la iglesia, accediendo con frecuencia a que sean más felices, a que tengan una mejor salud y a que incrementen, hasta cierto punto, sus riquezas? De ser ése el caso, y teniendo en cuenta que Dios es omnipotente y bondadoso, ¿qué ocurre con el 57 % de las personas que escuchan misa habitualmente y sin embargo *no son* felices? Visitan el templo, así que, ¿por qué Dios (siendo todopoderoso y benigno) les ha discriminado negativamente? Y en este mismo sentido, ¿cómo es que hay *algunos* individuos felices entre quienes no acuden a la iglesia? El 26 % de los no practicantes afirma serlo, pese a que sólo muy rara vez, o nunca, se anime a pisar una iglesia. Y para empezar, ¿cómo sabemos si la felicidad o la desdicha de estas personas es independiente o no de sus hábitos cultuales? Sea como fuere, estas cifras muestran que las personas desgraciadas superan en número, y por una significativa mayoría, a los individuos felices —incluso entre los sujetos que practican los ritos religiosos—. Podríamos preguntar por tanto: ¿qué juego se trae Dios entre manos?

Lo que todavía resulta más atinado, y revelador, es que estos argumentos defienden los beneficios *psicológicos* de la fe, no sus ventajas teológicas. Podría argumentarse —y así lo han hecho en el pasado los teólogos— que la felicidad no es el objetivo que persiguen las personas religiosas, y desde luego no la meta de los cristianos piadosos, dado que la clave de bóveda de su sistema de creencias sostiene que únicamente puede aspirarse a la salvación en la otra vida. Hay por tanto, en todo este ejercicio tendente a procurar probar los beneficios de la fe en cualquiera de sus niveles, algo que huele a..., bueno, a querer dar forma a los indicios a fin de que concuerden con la conclusión que se deseaba obtener desde el principio. En *The Righteous Mind*, Jonathan Haidt lleva más lejos el planteamiento al afirmar que «el florecimiento humano requiere orden social e integración» y que el mejor modo de lograrlos es por medio de la religión, la cual actúa al modo de «un elemento al servicio del sentimiento de grupo, el tribalismo y el nacionalismo». Sin embargo, también añade que las investigaciones muestran que las personas religiosas acostumbran a ser mejores vecinos y ciudadanos que las que no lo son, y no porque tiendan a rezar, a leer las Escrituras o a creer en el infierno («Se ha revelado que estas creencias y prácticas importan muy poco»), sino porque mantienen una «estrecha relación» con otros individuos de convicciones religiosas similares. También en este caso la religión se concibe al modo de un fenómeno psicológico, y no teológico.

Sea como fuere, la vasta imagen de conjunto que se describe en la sociología de Norris e Inglehart tiende realmente a anular las pruebas de naturaleza psicológica. Vale la pena citar por extenso la conclusión a la que llegan estos autores:

La crítica [de la teoría de la secularización] depende demasiado de las anomalías que ella misma selecciona [ignorando al mismo tiempo algunas llamativas singularidades]. Además, también se centra excesivamente en lo que sucede en Estados Unidos (que resulta ser un caso chocantemente anómalo) en lugar de comparar sistemáticamente los datos, cotejándolos con lo que ocurre en un amplio abanico de sociedades pobres [...]. Tanto los filósofos como los teólogos han tratado de averiguar el sentido y el propósito de la vida desde los albores de la historia. Sin embargo, para la gran mayoría de la población, obligada a vivir en los márgenes de la subsistencia, la principal función de la religión ha consistido siempre en atender la necesidad de consuelo y en procurar una sensación de certidumbre.[19]

Por consiguiente, el primer extremo que hemos de dejar sentado en este libro es que, aunque en el arranque del siglo XXI haya algunas personas que proclamen que «¡Dios ha vuelto!», lo cierto es que la actual situación es bastante más compleja y considerablemente más espinosa de lo que sugiere esa simple afirmación. Y contrariamente a lo que desearían creer muchas personas devotas, tampoco es verdad que el ateísmo esté retrocediendo —al menos no en el mundo desarrollado.

Al mismo tiempo, son también muchas las personas que piensan que Charles Taylor tiene razón al afirmar, en su libro del año 2007 —*Una edad secularizada*—, que la modernidad implica en cierto sentido un «relato menoscabado», una pérdida o un angostamiento de la experiencia, un «desencantamiento» del mundo que «nos deja inmersos en un universo insípido, rutinario, chato...». Un universo que se rige más por normas que por pensamientos, de acuerdo con un proceso que culmina en una burocracia gestionada por un conjunto de «especialistas sin alma, de hedonistas sin corazón», añadiendo que los ateos llevan «una vida más pobre, una vida que de algún modo es menos "plena" que la de los creyentes», que los ateos «ansían» algo más, algo superior a lo que es capaz de ofrecer el autónomo poder de la razón, y que viven ciegos y sordos a esos milagrosos momentos en los que «Dios irrumpe en lo real», como sucede en las obras de Dante o Bach, o aun en la catedral de Chartres, pongo por caso.[20]

Muchos ateos desestimarían las manifestaciones de Taylor sin pensárselo dos veces, pero no puede decirse que sea el único en considerar las cosas desde este punto de vista. A continuación enumeraré otra copiosa remesa de obras publicadas desde el cambio de siglo: pienso en textos como los de Luc Ferry, *El hombre-dios. El sentido de la vida*, publicado en el año 2002; en John Cottingham y su *On the Meaning of Life*, de 2003; en *El sentido de la vida y las respuestas de la filosofía*, de Julian Baggini,

2004; en *Looking in the Distance: The Human Search for Meaning*, publicada por Richard Holloway ese mismo año; en Roy F. Baumeister y *The Cultural Animal: Human Nature, Meaning and Social Life*, de 2005; en el libro de John F. Haught, *Is Nature Enough? Meaning and Truth in the Age of Science*, de 2006; en *El sentido de la vida*, de Terry Eagleton, escrito en 2007; en Owen J. Flanagan, *The Really Hard Problem: Meaning in a Material World*, de 2007; o en *Deleuze and the Meaning of Life*, publicado por Claire Colebrook en 2010.

Ahora bien, hubo un tiempo en el que una expresión como «el sentido de la vida» únicamente habría podido emplearse de forma irónica o con intención cómica. Utilizarla en serio se habría considerado embarazoso. En el año 1983, la película de Monty Python, titulada justamente así, *El sentido de la vida*, se atrevería a proporcionar varias respuestas, de entre las que cabe destacar las de «ser amable con los peces», «llevar más sombreros» o «dejar de comer grasas». Sin embargo, da la impresión de que en el siglo XXI «el sentido de la vida» ha dejado de constituir un tema incómodo.

¿A qué se debe esto? ¿Pudiera ser que Taylor tuviera al menos parte de razón —en el sentido de que muchas de las formas de pensamiento que se han concebido a lo largo de los últimos 130 años han demostrado no poseer todas las respuestas—? Desde luego, muchas de las ideologías e «-ismos» del mundo moderno se han derrumbado o convertido en callejones sin salida: el imperialismo, el nacionalismo, el socialismo, el marxismo, el comunismo, el estalinismo, el fascismo, el maoísmo, el materialismo, el conductismo, la segregación racial... Y en época muy reciente, tras el «desplome crediticio» del año 2008 y su turbulenta estela, incluso el capitalismo ha empezado a convertirse en foco de atención.

«LAS COSAS QUE TENEMOS QUEDAN DEVALUADAS POR LAS COSAS QUE DAMOS EN DESEAR INMEDIATAMENTE DESPUÉS DE POSEERLAS»

El impacto de la contracción crediticia ha ido mucho más allá de lo económico. En un artículo publicado en el periódico *The Times* de Londres, la escritora Jeanette Winterson explicaba que «en su máximo apogeo materialista, el Occidente, presuntamente civilizado, ha sido incapaz de entregar las mercancías solicitadas [...], nos hallamos en un terrible embrollo». Será el arte quien nos proporcione una «salida», concluye. En una columna posterior, divulgada por el mismo medio, nuestra autora añade: «Hemos creado una sociedad sin valores, una sociedad que no cree en nada». Sin abandonar el *Times* londinense podemos observar la puesta de manifiesto de otros aspectos de la crisis, dado que el rotativo ha informado de que un sondeo realizado en Faithbook —una nueva página multiconfesional de Facebook— mostraba que el 71 % de las personas encuestadas consideraba que nos encontramos actualmente en una «recesión espiritual» y que esa situación resulta más preocupante que la recesión económica. (Otro sondeo señala que desde que se declarara la crisis crediticia de 2008 la práctica de la oración ha experimentado un incremento del 27 %, una prueba más de una conducta religiosa relacionada con la inseguridad existencial.) En noviembre de 2008 se indicó que, en Gran Bretaña, el número de personas que cree en los extraterrestres y en los fantasmas es superior al de los individuos que creen en Dios: el 58 % de los tres mil encuestados (que no es una muestra pequeña) creía en la existencia de seres sobrenaturales, mientras que el 54 % creía en Dios.* Los suscriptores de la página de Faithbook sostienen que «es mejor tener una fe cualquiera que no profesar ninguna».

Pese a que algunos de los más importantes templos del capitalismo se hayan venido abajo, o estén siendo rescatados mediante procesos de nacionalización o de auxilio financiero por parte de los gobiernos, el capitalismo como tal todavía no se ha desplomado —al menos, no en 2014—. Desde luego, ha tenido un buen susto, y todavía sigue en cuidados intensivos, pero aún no se ha publicado su esquela. Y lo que resulta incluso más apropiado al caso: todo cuanto ha sucedido ha provocado, y seguirá provocando, un cambio de actitud, o de perspectiva: da la impresión de que estamos entrando ahora en una época más prudente y más reflexiva en la que, debido al desmoronamiento económico, la gente está replanteándose seriamente los valores y las ideas con las que orienta su vida. Nigel Biggar, catedrático Regius de teología moral y pastoral de la Universidad de Oxford, dijo en el *Financial Times* que, en su calidad de profesor, había tenido oportunidad de enseñar a muchos alumnos que acababan trabajando en el distrito financiero de Londres o en importantes despachos de abogados, y que en los últimos tiempos había constatado un cambio. «He conservado el contacto con algunos de ellos. Mientras eran jóvenes, la entrega laboral de veinticuatro horas al día, siete días a la semana les pare-

---

* Un estado de cosas que nos recuerda la observación de G. K. Chesterton: «Lo malo de que los hombres hayan dejado de creer en Dios no es que ya no crean en nada, sino que están dispuestos a creer en cualquier cosa». (*N. de los t.*)

cía estimulante. Más tarde se convertía en una carga, en cuanto formaban una familia, pero en ese preciso instante se veían atrapados por la tentación de la riqueza. Lo que ahora percibo es una desviación de ese rumbo inexorable, materializado en forma de un mayor interés en la enseñanza y en otras formas de servicio público.»[21]

Son varias las cosas que se entremezclan aquí. Dos de esas cosas son la creencia y el escepticismo religiosos. Otra es el hecho de que la ciencia haya sido incapaz de infundir entusiasmo en un importante número de personas. Y otra más es la dimensión psicológica que determina que los principales objetos de nuestra atención hayan sido la felicidad y la soledad —que no son sino dos caras de la misma moneda cuando se trata de la realización personal.

Una encuesta publicada en Gran Bretaña en el año 2008 mostraba que, en todo el país, la gente se está sintiendo «cada vez más sola», y que el avance de ese aprieto psicológico no ha dejado de acelerarse en el transcurso de la última década. Según se refiere en ese sondeo, el aumento de la soledad se inició a finales de la década de 1960, fecha en la que los barrios de vecinos empezaron a verse progresivamente debilitados a causa del incremento de los índices de divorcio y de inmigración, de la necesidad de mudarse de casa por razones laborales, y del crecimiento de las poblaciones transitorias de estudiantes (dado que el número de universidades británicas ha pasado de las 23 del año 1963 a las más de cien que existen actualmente). El libro de Thomas Dumm titulado *Loneliness as a Way of Life*, publicado en el año 2008, sostiene que Estados Unidos será una arquetípica sociedad de personas solitarias en el futuro, siendo su principal característica el «individualismo posesivo», un tipo de comportamiento para el que la «libre elección» es más una tapadera que una oportunidad.[22]

La felicidad, de la que hemos hablado superficialmente unas cuantas páginas atrás, ha sido objeto, quizá de forma inevitable, de un grado de atención todavía mayor. Aunque nos limitemos únicamente a las fuentes publicadas en el siglo XXI observaremos que ha habido en estos años una oleada de libros dedicados al examen de la felicidad —cómo alcanzarla, su relación con los últimos descubrimientos de las ciencias cognitivas, qué obstáculos se interponen en su camino, qué variaciones experimenta en función de las diferentes regiones del mundo en que se busque, por qué las mujeres son (en general) menos felices que los hombres....

Uno de los hallazgos más divulgados señala que, si bien es cierto que las naciones desarrolladas de Occidente se hallan en mejores circunstancias que antes en los planos económico y material, lo cierto es que no son más felices que hace unas décadas. De hecho, en *The Age of Absurdity: Why Modern Life Makes It Hard to Be Happy*, obra publicada en el año 2010, Michael Foley argumenta que la vida moderna ha empeorado las cosas, «agudizando nuestras ansias e intensificando al mismo tiempo nuestros delirios de grandeza como individuos. No sólo defendemos rabiosamente nuestras insostenibles demandas de una vida de sibaritas, nuestra aspiración a la eterna juventud, a la fama y a un centenar de variedades de actos sexuales, sino que también se nos ha incitado a creer —mediante la cultura de los "derechos" que, surgida con posterioridad a la década de 1970, ha terminado generando una sensibilidad próxima a la tolerancia cero respecto a toda percepción de desigualdad, desaire o agravio— que el simple hecho de desear algo implica merecerlo».[23] Es más, «las cosas que tenemos quedan devaluadas por las cosas que damos en desear inmediatamente después de poseerlas» —en lo que no es sino una consecuencia más del capitalismo.

Por otra parte, la más reciente Encuesta mundial de valores, publicada en agosto de 2008, descubrió que en los últimos 25 años la felicidad había *aumentado* en 45 de los 52 países en los que se había efectuado el estudio. Sin embargo, el sondeo también mostraba que el crecimiento económico sólo intensifica de forma perceptible la felicidad en aquellos países que disponen de un producto interior bruto *per cápita* inferior a los 12.000 dólares. La felicidad había descendido en la India, China, Australia, Bielorrusia, Hungría, Chile, Suiza (¡Suiza!) y Serbia. La felicidad parecía guardar una más estrecha relación con la democratización, la existencia de una mayor variedad de actividades y oportunidades en el lugar de trabajo, la posibilidad de viajar y la disponibilidad de ocasiones para expresarse. Otras investigaciones han mostrado que las naciones individualistas, sobre todo en Occidente, «son particularmente propensas a las emociones negativas», mientras que los países asiáticos o latinoamericanos se hallan menos expuestos a ellas «porque consideran que sus sentimientos individuales son menos importantes que el bien común».[24]

Seamos honestos. Todos estos descubrimientos son fascinantes, y muchos de ellos resultan tan saludables como preocupantes. Sin embargo, no dejan de ser también contradictorios y paradójicos. En Estados Unidos las personas más felices son las que acostumbran a acudir a la iglesia, pero en el ámbito internacional son las sociedades que sufren alguna forma de inseguridad existencial (y por consiguiente las que menos probabilidades tienen de considerarse felices) las que más practican su fe. En Es-

tados Unidos, la religión se asocia con unos menores índices de delincuencia, mientras que en el conjunto del planeta se vincula con la comisión de grandes crímenes. En Estados Unidos, el hecho de acudir a la
iglesia parece incrementar los ingresos, pero en el plano global la poten-
ciación de los ingresos no consigue fomentar la felicidad y son las personas más pobres las que más visitan el templo. Peter Berger sostiene que
seguimos siendo hoy tan furibundamente religiosos como siempre, pero
los seguidores de Faithbook juzgan que nos hallamos en una recesión espiritual. Peter Berger afirma que lo que la gente echa en falta es la ausencia de transcendencia, pero la Encuesta mundial de valores muestra que
las carencias que peor se encajan son la falta de pan, de agua y de una
medicación y un empleo decentes —y que son esas privaciones las que les
empujan a la práctica religiosa.

A pesar de las contradicciones en que nos sumen estos hallazgos, pese
a vernos abrumados por la naturaleza atávica, violenta y absurdamente
incoherente de muchas de las más recientes manifestaciones religiosas, y
aunque las explicaciones sociológicas que aspiran a dar cuenta tanto de la
orientación religiosa como de la tendencia al escepticismo parecen sobrepujar —tanto en términos racionales como por su capacidad de convicción— a las aclaraciones teológicas, resulta obvio que son muchas las almas religiosas que se niegan a aceptar este estado de cosas.

Charles Taylor y los demás autores que hemos citado anteriormente
son los más descollantes de entre los que argumentan que los ateos llevan
una existencia más pobre. Sin embargo, la encuesta efectuada por Norris e
Inglehart indica que la fe desaparece tan pronto como se alivia la inseguridad existencial. Esta transformación sociológica todavía no se ha culmina-
do —y de hecho en Estados Unidos aún está empezando a producirse—.
Un sondeo del Centro de Investigaciones Pew publicado en el año 2012
revela que, en Estados Unidos, el número de personas carente de toda afiliación religiosa ha pasado del 16% registrado en el año 2008 al 20% observado sólo cuatro años más tarde. La asistencia a misa ha experimentado
también una notable caída, dado que si en el año 1965 era del 40%, actualmente se sitúa por debajo del 30%.[25]

Ningún libro puede abrigar la esperanza de llegar a ejercer un gran impacto si se ve confrontado a las absurdas, trágicas y horrendas dimensiones
de la reciente historia religiosa, pero éste tiene al menos la intención de
ofrecer algo que, hasta donde me es dado saber, no se había hecho antes.

Se propone constituirse en un exhaustivo estudio de la obra de todo un conjunto de personas de talento —artistas, novelistas, dramaturgos, poetas, científicos, psicólogos, filósofos— que han abrazado el ateísmo, asumiendo la muerte de Dios, y que han buscado nuevas formas de existencia; personas que han descubierto o moldeado otras modalidades de significado mundanal, otras maneras de superar el gran «menoscabo», el espantoso empobrecimiento en que viene a derivar inevitablemente, según parece pensar tanta gente, la pérdida de la idea de una transcendencia sobrenatural.

Espero poder mostrar que esa eventualidad dista mucho de resultar ineludible. De hecho, si uno contempla nuestra historia reciente, encontrará un importante número de elementos sorprendentes en las obras de muchas de las lumbreras que creía conocer; tendrá oportunidad de efectuar algunas contraposiciones poco corrientes (y muy reveladoras); y descubrirá que la búsqueda de otras maneras de vivir ha sido uno de los elementos centrales —parte del ADN, por utilizar una metáfora actual— de la cultura moderna. También alcanzará a comprender que, lejos de poder pensar que los ateos se vean condenados a no poder llevar una vida plena, ni Dios ni el Diablo son quienes esgrimen los mejores argumentos —y que este libro, en lugar de llevar por título *La edad de la nada*, podría haberse llamado *La edad del todo*.

Sólo me queda un extremo por exponer, pero es importante. ¿Hemos de culpar a Nietzsche por la apurada situación en la que hoy nos encontramos? ¿A qué se debe que su intervención haya captado nuestra atención más que la aportación de cualquier otro autor? ¿Y qué significado tiene ese hecho?

EL FENÓMENO NIETZSCHE

A finales de marzo de 1883, Friedrich Nietzsche —que por entonces tenía 39 años de edad y residía en Génova— no se encontraba nada bien. Acababa de regresar de Suiza para volver a instalarse en su antiguo alojamiento de la calle Salita delle Battistine, pero no había conseguido con ello ningún alivio inmediato de las migrañas, los problemas de estómago y el insomnio que padecía. Hallándose previamente descompuesto (aunque también confortado) por el fallecimiento, el mes anterior, de su otrora gran amigo, el compositor Richard Wagner, con quien había terminado riñendo, sufrió un grave episodio de gripe, recetándole al efecto el médico genovés que le atendía la toma de varias dosis diarias de quinina. Se daba además la nada habitual circunstancia de que la ciudad había quedado cubierta por el manto blanco de una copiosa nevada, acompañada de unos «extraños truenos y fucilazos», y parece ser que esto también contribuyó a alterar su ánimo y a dificultar su recuperación. Incapaz de dar los estimulantes paseos que formaban parte de su rutina y le ayudaban a pensar, el día 22 de marzo seguía languideciendo en casa, postrado en cama.[26]

Lo que agravaba todavía más esta «negra melancolía», como él mismo diría, era el hecho de que hubieran transcurrido ya cuatro semanas desde que enviara su último manuscrito a su editor, Ernst Schmeitzner, radicado en la localidad alemana de Chemnitz, que parecía no tener la menor prisa en sacar a la luz su nuevo libro, titulado *Así habló Zaratustra*. Nietzsche había enviado a Schmeitzner una iracunda carta de reproche, consiguiendo que se le respondiera con disculpas —pero un mes después tuvo al fin la oportunidad de conocer las verdaderas razones del retraso—. Así lo refiere el propio Nietzsche en una de sus cartas: «Teubner, el impresor de Leipzig, había dejado a un lado el manuscrito del *Zaratustra* a fin de poder atender un encargo urgente de quinientos mil himnarios, ya que tenía que entregarlos a tiempo para la Pascua». Evidentemente, aquella sabrosa ironía no pasó inadvertida a los ojos de Nietzsche. «La idea de que su intrépido Zaratustra, aquel "loco" que contaba con el temple necesario para proclamar ante los sonámbulos que le rodeaban: "¡Dios ha muerto!", hubiera de quedar momentáneamente asfixiado bajo el peso conjunto de medio millón de libros repletos de himnos cristianos le pareció a Nietzsche algo absolutamente "cómico".»[27]

En la respuesta que dieron a la obra sus primeros lectores hubo un poco de todo. Heinrich Köselitz, que era amigo de Nietzsche, y a quien se le enviaban, como un hábito de ya larga tradición, las pruebas de los manuscritos a fin de que los leyera y corrigiera, quedó maravillado, manifestando la esperanza de que «este extraordinario libro» alcanzara a gozar algún día de una difusión tan amplia como la de la Biblia. Muy distinta fue la reacción de los tipógrafos de Leipzig, que quedaron tan espantados por lo que leían que llegaron a plantearse incluso la posibilidad de negarse a componer el libro.

El mundo jamás ha olvidado que Nietzsche fue quien exclamó: «¡Dios ha muerto!» —y algunas personas jamás se lo perdonarán—, añadiendo a renglón seguido: «y somos nosotros quienes le hemos dado muerte». De hecho, ya lo había dicho antes, en *La gaya ciencia*, publicada el año anterior, pero el conciso estilo del *Zaratustra* llamó mucho más la atención.

Pero, ¿por qué Nietzsche? ¿Cuál es la razón de que haya sido su grito el que, por encima de todos los demás, haya acabado recordándose, quedando grabado en la memoria colectiva? A fin de cuentas, la fe en Dios ya llevaba algún tiempo decreciendo. Para algunos, quizá incluso para muchos, la creencia en Dios —o en los dioses, o aun en los seres sobrenaturales del tipo que fuera— nunca había constituido una actitud acertada. En la mayor parte de las crónicas históricas del escepticismo, o de la duda, el relato arranca en el siglo XVIII con Edward Gibbon y David Hume, pasando después por Voltaire y la Revolución Francesa, y prendiendo después en Kant, en Hegel y en los románticos alemanes, para culminar con la crítica bíblica germana, las tesis de Auguste Comte y el «importantísimo avance del positivismo». A mediados del siglo XIX vendrían Ludwig Feuerbach y Karl Marx, junto con Søren Kierkegaard y Arthur Schopenhauer; por no hablar de los estragos causados en la fe por las ciencias geológicas y biológicas desarrolladas por autores como Charles Lyell, Robert Owen, Robert Chambers, Herbert Spencer, y, más que cualquier otro, Charles Darwin.

En la mitad de los casos se añadiría a dichos relatos históricos una buena dosis de narraciones relativas a algunos de los individuos célebres que habían acabado perdiendo la fe, como por ejemplo George Eliot, Leslie Stephen o Edmund Gosse. También hubo escritores que no dejaron de creer, pero que no fueron ciegos a los síntomas de que la fe estaba desapareciendo. Entre estos últimos destaca la figura de Matthew Arnold, quien habría de lamentar, en la década posterior a la publicación del *Origen de las especies* de Darwin —en un poema titulado «Dover Beach»—, «el melancólico, constante y lejano rumor» del océano de la fe. Otros relatos subrayan la gran antigüedad de las posturas escépticas, y en este caso hemos de incluir en el reparto a Epicuro y a Lucrecio, a Sócrates y a Cicerón, a Al-Rawandi y a Rabelais. No es éste el lugar para proceder a un repaso de estas narrativas. Nuestro interés habrá de centrarse en el proceso y en las circunstancias que terminarían culminando en la proclamación, notablemente audaz, de Nietzsche (pese a que debamos tener siempre presente que el anuncio se pone en boca de un loco).

EL OLOR DEL PELIGRO Y LA PESADA CARGA DE LA VIDA

Una de esas circunstancias fue la del propio Nietzsche. Este filósofo era un hombre totalmente fuera de lo común —quijotesco y contradictorio, fue una joven y rutilante estrella fugaz que destelló con su incandescente estilo literario pero que no tardó en quemarse, perdiendo la razón a la edad de cuarenta y cinco años—. Su método aforístico se prestaba a una fácil asimilación, no sólo por parte del público sino también de otros filósofos, y tenía como objetivo resultar provocativo e incendiario, cosa que lograría demasiado bien, como muestran las reservas expresadas por los cajistas de Leipzig. Tras su fallecimiento, ocurrido en el año 1900, la noticia de su demencia también vendría a salpimentar y a prestar colorido tanto a su biografía como a la cronología de sus ideas. ¿Eran sus extremistas puntos de vista «una consecuencia inmediata de su raciocinio», o se hallaban por el contrario impregnados (y quizá distorsionados) por su enfermedad, una aflicción cuya triste celebridad no ha parado de crecer desde que falleciera, en lugar de irse amortiguando, puesto que ya ha quedado claro que padecía sífilis?

Los usos que se han dado a sus ideas desde el año 1900, o los empleos para los que se dice que han servido, constituyen también una inagotable fuente de notoriedad. El concepto nietzscheano de nihilismo cautivó la imaginación del mundo, y una de las consecuencias de este hecho es que Nietzsche resulta ser, como señala Steven Aschheim, la única persona capaz de profesar unas ideas a las que se les ha atribuido la responsabilidad de dos guerras mundiales. Y ése es un legado tan gravoso como persistente.

Su principal y más peligrosa intuición consistió en pensar que no existe ninguna perspectiva externa ni superior a la vida misma. No puede haber ningún punto de vista privilegiado, ninguna abstracción ni ninguna fuerza que se revele exterior al mundo según lo conocemos. No hay nada más allá de lo real, nada que vaya más allá de la vida misma, ningún espacio «superior». No hay transcendencia ni existe nada metafísico. Por consiguiente, nos es imposible realizar juicios sobre la existencia que resulten universalmente válidos u «objetivos»: «no es posible ponderar el valor de la vida». Así lo subrayaría, con una frase célebre, el mismo Nietzsche: «No hay hechos, sólo interpretaciones».[28]

De aquí se desprenden algunas cosas. Somos tan sólo el resultado de las fuerzas históricas. Contrariamente a lo que afirman los científicos, el mundo es un desorden integrado por una miríada de vectores e impulsos «cuya infinita y caótica multiplicidad no admite ser reducida a la unidad».[29] Hemos de aprender necesariamente a situarnos en esa multiplicidad y ese caos, y la forma de lograrlo pasa por el ejercicio de la «voluntad de poder», que nos empuja a tratar de controlar la naturaleza inanimada.

Nuestra historia, y muy especialmente la de las grandes religiones —y la del cristianismo en particular—, nos ha imbuido de un «prejuicio oculto» que nos conduce a privilegiar el «más allá» a expensas del «aquí y ahora» —circunstancia que es preciso cambiar—. Con toda probabilidad, esto significa que una gran parte de nuestra actividad habrá de dedicarse a *refutar* lo sucedido anteriormente, una tarea que no facilitan en nada las fuerzas antagónicas que forcejean en nuestro interior —lo cual configura nuestra condición natural y nos exige disponer del brío necesario para hallar un sentido a toda esa brega íntima.[30]

Uno de los extremos importantes en este caso es el de que Nietzsche nos dice que esta lucha orientada a conseguir dominar el caos que encontramos tanto dentro como fuera de nosotros mismos —la «pesada carga de la vida»— desemboca en una forma de existencia dotada de mayor *intensidad*, siendo éste el único objetivo que podemos tener en la vida, en *esta* vida, aquí y ahora. Nuestra actitud ética debiera consistir en materializar esa intensidad a cualquier precio: el único deber que tenemos es el que nos liga a nosotros mismos.[31]

El papel de la razón en nuestras vidas consiste en permitirnos comprender que muchas de nuestras más imperiosas urgencias son irracionales —lo que no significa que sean menos potentes ni valiosas—: hemos de embridarlas, para después darles salida de un modo inteligente, a fin de que no sigan desbaratándose unas a otras. Nietzsche sostiene que esta racionalización de las pasiones que atraviesan nuestra vida constituye la cualidad espiritual de la existencia. Hemos de procurar alcanzar la armonía, pero hemos de reconocer también que algunas de esas pasiones no cuentan con la aprobación de las religiones tradicionales. Por ejemplo, la enemistad es una de esas pasiones, y es preciso aceptarla y vivirla tanto como cualquiera de las demás emociones que nos asaltan.[32]

Como es obvio, todo esto afectó a la idea que Nietzsche se hacía de la salvación. La salvación, mantiene, no puede aplicarse a ningún ideal que se encuentre «más allá» del aquí y ahora. «Dios se convierte en la fórmula de todas las calumnias relacionadas con el "aquí y ahora", en el pretexto de todas las mentiras vinculadas con el "más allá".» Es más, Nietzsche llegará incluso a proponer que se sustituya la «metafísica» y la «religión» por lo que él denomina la «doctrina del eterno retorno». Con esta idea, Nietzsche sostenía que la salvación no podía ser sino decididamente *terrenal*, una experiencia «cosida al tejido de fuerzas que constituyen el cañamazo de la vida». La doctrina del eterno retorno afirma que se ha de vivir la vida de una forma que posibilite el deseo de volver a vivirla de nuevo. «Toda dicha aspira a la eternidad», dice Nietzsche, y ése es justamente el criterio que nos permitirá decidir qué instantes de la vida valen la pena ser vividos y cuáles no. «La vida buena es aquella que consigue existir para el instante, sin referencia al pasado ni al futuro, sin condena ni selección, en un estado de absoluta ligereza, y con la cabal convicción de que no hay por tanto diferencia alguna entre el instante y la eternidad.»

Hemos de realizar una «afirmación dionisíaca», «mantener una relación dionisíaca con la existencia», «elegir no experimentar sino aquellos instantes que merezca la pena vivir una y otra vez, en sucesión infinita». Así es como conseguiremos salvarnos —salvarnos del miedo.

En el nuevo mundo nietzscheano, en el que no hay ningún «más allá» ni ninguna «existencia ultraterrena», la vida no tiene más propósito que el de ser vivida a lo grande, sirviéndonos de la voluntad de poder para lograr una experiencia de tal intensidad que surja en nosotros el deseo de que esos trepidantes momentos se perpetúen.

Todos estos planteamientos resultaban tan embriagadores como peligrosos —y esto sin contar con que una buena parte de la potencia nietzscheana se pierde con la traducción, dado que Nietzsche era un soberbio artista de la lengua alemana—. Esa expresividad y ese estilo explican en cierto modo por qué el mundo decidió hacer suyo el aforismo de que Dios había muerto con tanta rapidez y sinceridad, llegando a apropiárselo incluso con entusiasmo. Pero la cuestión no se reducía a eso.

APOSTAR POR LA DUDA PARA TRATAR DE CONSEGUIR UN MUNDO MEJOR

A. N. Wilson dice que la duda fue «la enfermedad victoriana», y Jennifer Michael Hecht mantiene, en su historia de la duda, que el período comprendido entre los años 1800 y 1900 es «seguramente, de toda la historia de la humanidad, el lapso de tiempo en el que mejor documentada se halla la generalización de la incertidumbre». Fue, dice nuestra autora, un siglo en el que «se apostó por la duda para tratar de conseguir un mundo mejor». «Los más cultos defensores de la duda tuvieron la sensación de que había llegado el momento de dejar de dudar de la religión: había sonado la hora de empezar a edificar algo en lo que se pudiera creer de verdad, un mundo feliz. Estas personas conjeturaron que sería un mundo mejor porque el dinero y las energías que anteriormente se habían entregado al medro religioso irían a parar ahora a la producción de alimentos, ropa, medicinas e ideas. También creyeron poder divisar un horizonte más lejano que el que se hubieran atrevido a contemplar las épocas precedentes, dado que las visiones antiguas habían quedado corregidas.»[33]

Owen Chadwick, que fuera catedrático Regius de historia moderna en la Universidad de Cambridge y antiguo presidente de la Academia británica, daría en proponer, primero en las Conferencias Gifford y más tarde en *The Secularization of Europe in the Nineteenth Century* (obra publicada en el año 1975), que la apuesta en favor de una duda destinada a intentar conseguir un mundo mejor implicaba la asunción de dos procesos paralelos: uno de carácter social y otro de índole intelectual. Como él mismo dice, a lo largo del siglo XIX hubo dos tipos de inquietud: «una inquietud social, debida fundamentalmente a la irrupción de la nueva maquinaria, al surgimiento de grandes ciudades y a una generalizada transferencia de población; y una inquietud mental, derivada por un lado de la ingente cantidad de conocimientos nuevos que estaban ofreciendo la ciencia y la historia, y debida, por otro, a las disputas causadas por esa avalancha de novedades». Y lo que es quizá más importante todavía: los dos sentimientos de agitación se fusionaban con facilidad. Las dos decisivas décadas en las que se concretó esta «fusión», señala Chadwick, fueron las comprendidas entre los años 1860 y 1880, lo que coincide exactamente con el período conducente a la publicación del *Zaratustra* de Nietzsche.

LA INADECUACIÓN DE LA FE Y LA CIENCIA

Es importante cerrar esta Introducción señalando cuatro matices. En primer lugar, que si miramos a nuestro alrededor y leemos las historias del siglo XX descubriremos que ese apocalíptico temor a la muerte de Dios —como viene a quedar ejemplificado por antonomasia en Dostoievski— no era en modo alguno un miedo que todo el mundo compartiera. En el año 1980, James Thrower publicó una crónica de lo que él mismo dio en llamar «la tradición alternativa», señalando con ello el rechazo de que habían sido objeto en el mundo antiguo las explicaciones religiosas. El sociólogo alemán Wilhelm Dilthey dijo que el «impulso metafísico» se halla presente en todos los seres humanos, dado que todos nosotros llevamos dentro, por más rudimentaria o incoherente que pueda resultar, una teoría con la que, además de explicar el mundo y dar cuenta del lugar que ocupamos en él, afirmamos también cuáles son las fuerzas metafísicas que tienen posibilidad de existir o no. No obstante, resultaría erróneo decir que *todo el mundo* se siente perturbado por los mismos problemas que tanto irritaron en su día a Dostoievski y a Nietzsche. Son muchas las personas que se preocupan *efectivamente* por estas cuestiones, y que se preocupan profundamente además, pero de ningún modo podemos afirmar que les afecten a todos.[34]

En segundo lugar, Callum Brown nos ha ofrecido recientemente una nueva narrativa de la secularización. En *The Death of Christian Britain: Understanding Secularisation 1800-2000*, publicada en 2001, Brown avanza la noción de «cristiandad discursiva», una forma de identidad religiosa que las habituales categorías sociológicas no alcanzan a captar. La cristiandad discursiva es el elemento que viene a configurar la identidad personal de los individuos, moldeando sus yoes privados —o incluso secretos—, e influyendo así en la moralidad, el comportamiento personal (como el consistente en dar gracias a Dios antes de las comidas), la forma de expresarse y de vestirse, las expectativas vitales y el tipo de sutilezas conductuales que se aprecian en los relatos orales. Brown argumenta que Gran Bretaña fue una nación cristiana hasta la década de 1960, fecha en la que sus creencias se derrumbaron de forma espectacular y el país quedó transformado en un lugar totalmente refractario a la religión. Los británicos no pusieron sus miras en otras modalidades de creencia, lo que sucedió fue más bien que dejaron de considerarse a sí mismos personas religiosas.

Las estadísticas de Brown resultan impresionantes, lo que no impide realizar un cierto número de comentarios. Para empezar, el informe del sondeo del Centro de Investigaciones Pew, que hemos mencionado anteriormente, ya había detectado algo similar en Estados Unidos, ya que en él se afirma que, en este país, la situación actual de la fe religiosa tiende más a la «sensiblería» que antes. Sea como fuere, estos resultados contradicen rotundamente las afirmaciones de quienes argumentan que «Dios ha vuelto». Y lo que no es menos importante, desde nuestro punto de vista: tampoco afectan a la argumentación que aspiramos a desarrollar en este libro. Sea cual sea exactamente el derrotero que haya seguido la secularización o cuál haya podido ser la evolución del completo desmoronamiento de la fe en Dios, los individuos cuyas tesis habremos de examinar en la presente obra tuvieron —y tienen— la clara percepción de que Dios está efectivamente muerto.[35]

En tercer lugar, el planteamiento de Brown viene a solaparse en cierta medida con la teoría del analista francés Olivier Roy, quien sostiene, en *La santa ignorancia. El tiempo de la religión sin cultura*, publicada en el año 2010, que en época reciente se ha producido un proceso paralelo y añadido al de la secularización. Gracias a la globalización, las religiones han acabado independizándose de sus primitivas patrias culturales —generándose así un fenómeno de «desterritorialización»—. El cristianismo no es ya una fe exclusivamente presente en Europa y el Oriente Próximo, el hinduismo no se profesa sólo en la India, ni el islam se ve confinado en el corazón de las tierras desérticas, ya que todas estas confesiones tienen ahora una dimensión más o menos mundial.

Por consiguiente, los atributos culturales que en su día fueron parte integrante de una determinada identidad piadosa y de unas prácticas religiosas concretas están asistiendo a la paulatina reducción de su espacio de vigencia. Los árabes aluden por ejemplo a la «cultura musulmana», para significar las actitudes y prácticas relacionadas con la familia, la segregación de los sexos, la modestia, los hábitos alimentarios, etcétera, mientras que por «cultura islámica» entienden el arte, la arquitectura y los comportamientos asociados con la vida urbana. Si aspira a moverse en el contexto global, toda entidad religiosa ha de presentarse como una realidad de carácter universal. Y para que el mensaje sea aprehendido en toda su plenitud, deberá desvincularse de una cultura específica entendida a la manera tradicional. «De este modo, la religión circula por vías ajenas al conocimiento. La salvación no requiere que la gente sepa, sino que crea.» En consecuencia, y a medida que se han ido «desprendiendo de sus connotaciones étnicas», las religiones se han vuelto más «puras», más ideológicas y, por consiguiente, simultáneamente más fundamentales. Ésta es la razón de que se basen más, y en un sentido muy real, en la ignorancia que en el conocimiento, afirma Roy, de modo que, en esa medida —y para responder a lo que Charles Taylor sostiene acerca de las vidas laicas—, todas estas religiones tienen un carácter más minimalista.[36]

Todas estas tendencias distintas confluyen en un punto, haciéndonos comprender por qué Nietzsche acabó convirtiéndose en un fenómeno tan peculiar, por qué sus observaciones acerca de la muerte de Dios retumbaron tan resonantemente en todas partes, y más particularmente en Europa, y por qué conservan sus afirmaciones tanta fuerza en nuestros días. Pese a que siempre haya habido *algunas* personas escépticas en materia de religión, y pese a que la Duda con «D» mayúscula no dejara de expandirse desde mediados del siglo XVIII, habría que esperar a la década de 1880 para que todas las personas que se interesaban en estas cuestiones comprendieran claramente, como dijo en su día Owen Chadwick, tanto la «gran revolución histórica que se había producido en la inteligencia humana» como el hecho de que se hubiera dejado de considerar que los actos de fe «se adecuaran convenientemente a la experiencia de los seres humanos». Desde entonces, y con independencia de lo que puedan decir los defensores de la tesis de que «Dios ha vuelto», la fe de la gente ha seguido reduciéndose, hasta el punto de que la religión está evolucionando actualmente de un modo que cada vez sugiere más que su comportamiento obedece a una acción de retaguardia.

Todo esto nos coloca frente a una cuestión, el cuarto matiz de los que hablaba al principio de este apartado, y que no es menos importante que los anteriores. Se trata de que la ciencia, a pesar de la gran reputación de que goza como institución susceptible de aprehender todo tipo de verdad y de sus indudables éxitos, ha ido dejando tras de sí una «pesadumbre generalizada debido a que no resulta adecuada para ofrecer verdades sobre el ser moral y a que *es posible, por tanto ... que no sea posible obtener ninguna verdad relativa al ser moral*».[37]

Por muchas que hayan sido las personas capaces de hacer frente al hecho de que hoy vivimos en un mundo sin Dios, sintiéndose inquietas por tal motivo, hay sin duda otras tantas que han llegado a la conclusión de que la ciencia es un recurso insuficiente como fuente en la que encontrar el sentido de la vida. Se ha tendido a pasar por alto, en términos generales, que la naturaleza de estos dos puntos de vista se halla interrelacionada, pero la verdad es que el vínculo entre uno y otro no sólo resulta irrefutable, como tendremos oportunidad de comprobar en repetidas ocasiones, sino que ha sido además decisivo en la determinación de las fórmulas que hemos tratado de poner en marcha para continuar con nuestra vida desde que Nietzsche nos dejara escrito su lapidario aserto.

Primera parte

(introducción larga)

LOS PROLEGÓMENOS DE LA CONTIENDA: CUANDO LA FILOSOFÍA IMPORTABA

Capítulo 1

LA GENERACIÓN DE NIETZSCHE: ÉXTASIS, EROS, DESMESURA

La mayor ironía de la biografía de Nietzsche —muy superior al hecho de que *Zaratustra* quedara empantanado en las prensas bajo el peso de medio millón de himnarios— es sin duda la circunstancia de que saltara a la palestra intelectual y cultural de su época después de haber perdido la razón y hallándose sumido en un estado catatónico, incapaz de comprender nada de lo que sucedía a su alrededor. Sin embargo, lo cierto es que no logró captar la atención de un público significativamente amplio hasta la década de 1890.[1] No puede decirse no obstante que hubiera carecido de toda influencia hasta ese momento —Steven Aschheim nos indica que tanto Gustav Mahler como Viktor Adler habían hallado inspiración en Nietzsche, quizá ya entre los años 1875 y 1878—. Sin embargo, se trataba de una influencia fragmentaria, de modo que hubo que esperar hasta los años noventa del siglo XIX para asistir a una situación marcada poco menos que por la necesidad de algún tipo de «confrontación» con Nietzsche.

Su fama adquirió muy rápidamente una dimensión internacional pero, como es obvio, la preocupación por sus ideas fue más intensa en Alemania que en cualquier otro lugar. Se esperaba que todo aspirante a ser reconocido como académico o intelectual tuviera una clara «postura» en relación con Nietzsche, o respecto al «problema nietzscheano», como se decía por entonces, y de hecho, entre las clases medias alemanas, las veladas dedicadas a comentar al filósofo de Röcken se convirtieron en un pasatiempo habitual, convertidas en reuniones sociales acompañadas de la interpretación de piezas musicales y de la lectura de textos.[2]

Como ya tuvimos ocasión de señalar en la Introducción, parte del atractivo de Nietzsche reside en la potencia lírica de su prosa. Pero no se trataba sólo de eso. Había también un gran número de alemanes que se sentían orgullosos de Nietzsche, ya que no sólo era un hombre de raigambre germana sino que además abordaba algunos problemas que muchos consideraban cuestiones específicamente teutonas. Sus adversarios insistirían en cambio en que su forma de pensar era similar a la de los «eslavos», restando importancia a su *Deutschtum*, esto es, a su condición de alemán.

UNA ENCALLECIDA PRUDENCIA

Todo el siglo XIX iba a estar jalonado por un sinfín de disputas acerca de lo que era o no era *de facto* alemán (dado que las fronteras del país no paraban de variar), de modo que se acabaría forzando la inclusión de Nietzsche en este tipo de polémicas. Tanto a lo largo de la década de 1890 como en años sucesivos no dejaría de aumentar el número de personas decididas a moldear la germanidad del filósofo y la relación entre Nietzsche y Alemania hasta convertir ambas cosas en una ideología. De acuerdo con los planteamientos de esta corriente, la condición de alemán constituía un requisito previo indispensable para comprender realmente tanto la persona como las afirmaciones de Nietzsche. Esto es, por ejemplo, lo que decía Oswald Spengler acerca del pensador germano:

La vida de Goethe fue una vida plena, lo que significa que tuvo la capacidad de dar culminación a algo. Un sinnúmero de alemanes se mostrarán dispuestos a honrar a Goethe, a vivir de acuerdo con sus principios y a procurarse su apoyo, pero jamás lograría transformarles. Lo que Nietzsche consigue, en cambio, es una transformación, puesto que la melodía de su visión no acabó con su muerte ... Su obra no es una parte del pasado alemán destinada a nuestro disfrute, es una tarea que nos convierte en siervos suyos ... En una época incapaz de tolerar ideales de índole sobrenatural ..., en un período en el que el único valor reconocible es el tipo de acción implacable que Nietzsche categorizaría con el nombre de César Borgia, en una era de tales características ... estaremos abocados a dejar de existir como pueblo a menos que aprendamos a actuar como la historia real quiere que actuemos. No podemos vivir sin una forma que nos sirva de algo más que de un simple consuelo en las situaciones difíciles, hemos de vivir de un modo que nos permita salir de ellas. Y la primera vez que surge en el pensamiento alemán este tipo de encallecida prudencia es con Nietzsche.[3]

Carl Jung no habría de mostrarse menos impresionado. El gran psicólogo consideraba que el pensamiento de Nietzsche constituía una evolución que iba más allá del protestantismo, del mismo modo que el propio protestantismo había sido a su vez una proyección llamada a superar al catolicismo. A juicio de Jung, la idea nietzscheana del superhombre era «aquello que viene a ocupar, en el hombre, el lugar en el que un día se asentara Dios».[4]

Pese al entusiasmo mostrado por éste y otros relevantes pensadores, sería entre la juventud y las vanguardias de la década de 1890 donde viniera a reclutarse el grueso de los seguidores de Nietzsche. Este estado de cosas guardaba una estrechísima relación con la situación en la que se encontraba el *Kaiserreich*, en este caso, el Imperio Austrohúngaro, que, según las percepciones entonces dominantes, se juzgaba espiritual y políticamente mediocre. A los ojos de estas personas, Nietzsche era una figura axial del cambio de siglo, «un hombre cuya talla sólo podía compararse con la de Buda, Zaratustra o Jesucristo».[5] Sus seguidores atribuían una cualidad espiritual incluso a su misma demencia, ya que ésta habría de ser la razón de que se quisiera ver en Nietzsche al loco que había protagonizado su propio relato, a alguien que había terminado por enloquecer a causa de su visión y de la enajenación de una sociedad aún incapaz de comprenderle. Los expresionistas alemanes se sentían tan fascinados por la demencia, a la que suponían adornada de virtudes liberadoras, como por toda forma de vida extrema, reconociendo en Nietzsche la figura de un portavoz y un ejemplo. Quienes se oponían al filósofo le desacreditaban diciendo —de forma totalmente errónea, como habría de demostrarse más tarde— que se trataba de un «degenerado» llamado a «desvariar una temporada, para luego desaparecer».[6]

Pese a las divisiones que provocaba su persona, la popularidad de Nietzsche no dejó de crecer. Las novelas y las obras de teatro intentaban captar y dramatizar sus ideas, ya de por sí bastante dramáticas. En toda Europa, la gente empezó a vivir «embriagadoras» experiencias como las de Zaratustra. En el año 1908, Le Corbusier tuvo una *Zarathustra-Erlebnis* (una «vivencia» o «penetración mística» a la Zaratustra). Algunos conceptos nietzscheanos, como el de *voluntad de poder* o *Übermensch* (superhombre) pasaron a formar parte del vocabulario.[7] En noviembre de 1896 se estrenaría en Frankfurt del Meno el poema sinfónico de Richard Strauss titulado *Also Sprach Zarathustra*, la más célebre obra artística de relevancia, aunque no la única, que Nietzsche habría de inspirar —otra composición de importancia habría de ser la *Tercera sinfonía* de Gustav Mahler, cuyo título original era *La gaya ciencia*.

La revista de moda ilustrada *Pan* adquirió la costumbre de publicar poemas nietzscheanos en su honor, imprimiendo asimismo dibujos y esculturas del filósofo —y haciéndolo, según parece, a la menor ocasión—. Entre los años 1890 y 1914 su retrato podía verse en todas partes, hasta el punto de que su poblado bigote acabó transformándose en un ubicuo símbolo visual, lo que determinaría que su rostro se hiciera tan célebre como sus aforismos. A partir de mediados de la década de 1890, y a instancias de la persona que gestionaba los archivos de Nietzsche (que no era otra que la hermana del pensador), comenzarían a difundirse en abundante cantidad diversos «productos de culto de la figura de Nietzsche», una iniciativa que sin duda le habría enfurecido, de haber tenido capacidad para saber lo que estaba sucediendo. Hermann Hesse fue uno de los muchos escritores famosos que decidió colgar un par de imágenes de Nietzsche en las paredes de su estudio de Tubinga. El semblante del autor de *Zaratustra* también adquirió popularidad como *ex libris*, en uno de los cuales se le representaría al modo de un Cristo moderno, ciñendo una corona de espinas. La prensa dirigida a las clases trabajadoras no tardaría en apropiarse de su estampa por considerarla un medio tan familiar como conciso de parodiar la comercialización capitalista de la cultura.[8]

Algunos llegarían a adoptar incluso lo que dio en llamarse un «tipo de vida» nietzscheano, fórmula que habría de encontrar su más llamativo ejemplo en la persona del diseñador y arquitecto Peter Behrens, que imaginó y construyó, como elemento central de la colonia artística de Darmstadt, una villa «de estilo Zaratustra». La casa estaba adornada con símbolos como el del águila o el diamante de Zaratustra, del que irradiaban «las virtudes de un mundo que todavía no ha visto la luz». Behrens lograría superarse a sí mismo al diseñar el pabellón que representó a Alemania en la Exposición Internacional de Arte Decorativo celebrada en Turín en el año 1902. Concibió una gruta surrealista en cuyo interior, inundado de luz, se exhibía el poderío industrial del imperio alemán. La alegoría señalaba así que Zaratustra —citado explícitamente— avanzaba hacia la luz.[9]

Bruno Taut (1880-1938), un arquitecto expresionista alemán, pasaría a convertirse en un destacado exponente del culto a las montañas que acababa de irrumpir en escena y que se asociaba con la figura de Nietzsche. La «arquitectura alpina» de Taut intentaba ofrecer la visión de toda una cordillera transformada en «un paisaje dominado por una sucesión de santuarios del grial y cuevas recubiertas de formaciones cristalinas», de tal modo que, en último término, la totalidad de los continentes se viera recubierta de «vidrio y piedras preciosas con forma de "cúpulas radiantes" y "resplandecientes palacios"».[10]

La transformación de Nietzsche en vulgaridad kitsch

Un tono similar tenía el culto que se rinde en el *Zaratustra* a la *Bergeinsamkeit*,* esto es, «al anhelo de huir de las atestadas ciudades y respirar el prístino aire de los montes». Giovanni Segantini fue un pintor y también entusiasta de la obra y la figura de Nietzsche, especializado en retratar los paisajes del valle de Engadina, la agreste región que inspiró a Nietzsche mientras escribía el *Así habló Zaratustra*. Los lienzos de Segantini gozarían de tanta popularidad que los peregrinos y los turistas no tardarían en inundar los montes, hasta el punto de poder exclamar: «¡La *Einsamkeitserlebnis* —es decir, la "experiencia de la soledad"— se ha transformado rápidamente en un negocio de masas!». El subsiguiente florecimiento de una industria de cursilerías nietzscheanas, que habría horrorizado al propio Nietzsche, sería de este modo otra nueva e irónica indicación de la popularidad que había alcanzado el filósofo entre los «filisteos».** La obra de teatro de Paul Friedrich titulada *The Third Reich* sería una de las varias en que se llevara a escena al personaje de Zaratustra, ataviado en este caso con un traje de plata y oro, embozado bajo un sobretodo púrpura, prendido un lazo dorado en sus rubios cabellos y luciendo, negligentemente colgada de los hombros, el vuelo de una piel de leopardo. Había veces en que la gente se inquietaba pensando que el culto a Nietzsche estaba empezando a eclipsar a la propia figura del pensador. En el año 1893, Max Nordau dedicaría uno de sus escritos a la «Nietzsche Jüngend» —la juventud nietzscheana—, refiriéndose a ella como si se tratara de un grupo claramente identificable.[11]

A medida que fue pasando el tiempo empezó a comprenderse con creciente claridad que Alemania —y en menor medida también el resto

* Literalmente, la «soledad de la montaña». (*N. de los t.*)
** En inglés, la palabra «*philistine*» es también sinónimo de «ignorante», pero Nietzsche emplea explícitamente la voz «filisteos» para referirse a un tipo muy particular de individuos, como queda patente, por ejemplo, en este pasaje de sus *Consideraciones intempestivas*: «El vocablo "filisteo" está tomado, como es sabido, de la vida estudiantil y en su sentido lato, bien que enteramente popular, designa la antítesis del hijo de las Musas, del artista, del auténtico hombre de cultura...». (*N. de los t.*)

de Europa— había pasado a estar habitada por generaciones nietzscheanas, así, en plural. Thomas Mann fue uno de los autores que se percató de
este hecho:

> Nosotros, que nacimos en torno al año 1870, nos encontramos excesiva-
> mente próximos a Nietzsche y participamos de un modo demasiado directo
> en su tragedia, en la culminación de su destino personal (tal vez el más terri-
> ble y formidable sino de toda la historia intelectual). Nuestro Nietzsche es el
> Nietzsche combativo. El Nietzsche triunfante pertenece en cambio a los que
> nacieron quince años después de nosotros. Hemos heredado de él nuestra
> sensibilidad psicológica, nuestro lirismo crítico, la apreciación de Wagner,
> la percepción del cristianismo, la vivencia de la «modernidad» —experien-
> cias todas ellas de las que jamás lograremos liberarnos por completo—. ...
> Son demasiado preciosas para que nos desembaracemos de ellas, demasiado
> profundas, demasiado fecundas.[12]

De hecho, se recurría a Nietzsche buscando en él un nuevo tipo de
reto, un desafío paradójicamente emparentado con las fuerzas del socialismo, persiguiendo la estela de un moderno «seductor», alguien cuyo
apoyo resultaba incluso más persuasivo que la «odiosa igualación de la
social democracia». Georg Tantzscher pensaba que las corrientes nietzscheanas encajaban a la perfección con las necesidades de una intelec-
tualidad más libre y más suelta que las anteriores, atrapados como se hallaban sus integrantes «entre el aislamiento y la sensación de tener
encomendada una misión, de sentir el contradictorio y doble impulso de
apartarse de la sociedad y de ponerse al frente de la misma». En el libro
que habría de publicar en el año 1897 sobre el culto a Nietzsche, el sociólogo Ferdinand Tönnies lanzaría sobre las tendencias nietzscheanas la
acusación de resultar «pseudo liberadoras». La gente, decía Tönnies,
«quedó seducida por la promesa de un afloramiento de potencias creativas, del llamamiento a la superación de la estrechez de miras de la autoridad y de las opiniones convencionales y del advenimiento de la libre
expresión del individuo». Sin embargo, este mismo autor condenaría los
planteamientos nietzscheanos por considerarlos superficiales y destinados a defender un conjunto de «espontáneas funciones» de carácter elitista y conservador notablemente contrarias al espíritu socialdemócrata
de la época.

Poco después, en el año 1908, en *The Nietzsche Cult: A Chapter in
the History of Aberrations of the Human Spirit*, el filósofo Wolfgang
Becker también habría de manifestarse desconcertado por el hecho de

que tantas «lumbreras cultas» se hubieran sentido atraídas por el mensaje nietzscheano, coincidiendo no obstante con Thomas Mann en que sus ideas habían significado cosas muy distintas para sus diferentes admiradores. A juicio de los jóvenes, el análisis de Nietzsche resultaba de una gran «hondura», mientras que, por el contrario, los funcionarios coloniales alemanes destacados en África empleaban prácticamente a diario el ideal de su *Herrenmoral*,* dado que tenían la sensación de que se adecuaba a la perfección a las «modalidades de la gobernación colonial».[13]

El pensamiento del sociólogo y filósofo Georg Simmel también habría de impregnarse de las tonalidades nietzscheanas. Su más fundamental concepto, el de *Vornehmheit* o ideal de «distinción», lo debe todo a Nietzsche. Simmel consideraba que la *Vornehmheit* era una cualidad definitoria que permitía «distinguir a los individuos de la multitud, y dotarlos de "nobleza"». Desde el punto de vista de Simmel, se trataba de un ideal nuevo que venía a surgir del dilema planteado por la necesidad de generar valores personales en una economía monetaria. Nietzsche había estimulado la procura de unos valores concretos —la *Vornehmheit*, la belleza, la fuerza—, afirmando que todos ellos añadían realce a la vida y que «lejos de fomentar el egoísmo, exigían un mayor autocontrol».[14]

Los marxistas juzgaban que las doctrinas nietzscheanas servían descarnadamente a los intereses del capitalismo y el imperialismo, promoviendo más tarde el fascismo, y que los nietzscheanos no eran sino la expresión más acabada del pseudo-radicalismo burgués, dado que en ningún caso abordaban el tema de la explotación subyacente, dejando intacta la estructura socioeconómica de clase.

Ha habido a quien le ha gustado destacar la ironía que encierra el hecho de que Nietzsche muriese como pensador mucho antes que Dios, pero lo cierto es que Steven Aschheim sostiene que es sencillamente «imposible dar sepultura» al autor del *Zaratustra*. «Nietzsche no ha sido una simple materia de conocimiento», escribía Franz Servis en el año 1895, sino un factor indisociable de la vida, «la más roja sangre de nuestro tiempo». Por eso no ha muerto: «¡Oh, aún habremos de beber todos de su sangre! Nadie podrá librarse de ese cáliz».[15] Y como habremos de mostrar en este libro, estaba en lo cierto.

---

* Literalmente, «moral de los amos», en alusión a la moral del amo y el esclavo que Nietzsche propone en *La genealogía de la moral*. (*N. de los t.*)

Hasta la elección de Weimar como sede del archivo Nietzsche se realizó con la intención de emular —cuando no sobrepujar— el similar carácter de santuario que tiene Bayreuth como sedicente protector de la espiritualidad germana. Elizabeth Förster-Nietzsche, hermana del filósofo, y sus colegas habrían de desempeñar un papel plenamente premeditado en la atribución de una naturaleza monumental y mitológica al pensador. El lugar «no era un simple archivo, sino una planta dedicada a la producción de energías creadoras». Buen ejemplo de ello es el hecho de que Elizabeth procurara alumbrar un Nietzsche «oficial», ya que su principal objetivo radicaba en «eliminar los aspectos patológicos» de su hermano, acabando para ello con las facetas subversivas de sus ideas con la intención de convertirlo —o eso creía ella— en un pensador «respetable».

No obstante, los planes más grandiosos y monumentales —mucho más que el archivo— habrían de provenir de sus seguidores más ilustrados y cosmopolitas. En el año 1911, por ejemplo, Harry Graf Kessler, mecenas anglo-germano de las artes y autor de *Berlin in Lights*, concebiría la idea de crear, a manera de solemne celebración, un enorme espacio conmemorativo integrado por un templo, un vasto estadio y una enorme escultura de Apolo. En ese recinto, diseñado para dar cabida a miles de asistentes, el arte, la danza, el teatro y las competiciones deportivas se combinarían hasta formar una «totalidad nietzscheana». Aristide Maillol accedió a erigir la estatua, recurriendo como modelo nada menos que al bailarín Vaslav Nijinsky. André Gide, Anatole France, Walther Rathenau, Gabriele d'Annunzio, Gilbert Murray y H. G. Wells se unieron al comité encargado de la captación de fondos. Lo único que se reveló capaz de hacer zozobrar el proyecto fue el hecho de que Elizabeth Förster-Nietzsche le retirara su apoyo en 1913.[16]

Nietzsche ejerció una amplia influencia en las artes hasta la primera guerra mundial. Sin embargo, esa contienda estaba llamada a cambiar por completo, como veremos, tanto la actitud pública hacia la persona de Nietzsche como la repercusión de sus ideas.

TODOS SOMOS IGUALES RESPECTO DEL INSTINTO

Es probable que el impacto más explosivo y duradero de Nietzsche haya sido el ejercido sobre las vanguardias intelectuales, artísticas y literarias —y en este sentido, el hecho de que lanzara una invitación «a *ser* algo nuevo, a *significar* algo nuevo, a *representar* valores nuevos» simboliza a la perfección lo que Steven Aschheim ha denominado la «generación nietzscheana»——. Nietzsche daría pie a que la vanguardia se alienara del elitismo cultural de la clase dirigente.[17] Las dos fuerzas que su pensamiento vino a favorecer fueron una autocreación radical y laica y el imperativo dionisíaco de la inmersión en uno mismo. Esto acabaría cristalizando en la realización de varias intentonas destinadas a fusionar el impulso individualista con una búsqueda de nuevas formas de comunidad «total», de comunidad redentora —tema en el que incidiremos una y otra vez a lo largo de este libro.[18]

Pese a que en un principio se identificara a Nietzsche con el dilema nihilista, lo cierto es que la gente no tardaría en avanzar, alejándose rápidamente de ese punto de partida. Se perseguía la concreción de una civilización transformada que fomentara y reflejara a un tiempo la presencia de un nuevo tipo de superhombre, una *übermenschlich* capaz de generar emoción, autenticidad e intensidad, revelándose superior en todos los sentidos a cuanto hubiera existido anteriormente. «Acababa de implicarme así», recuerda el poeta expresionista Ernst Blass refiriéndose a la vida bohemia del Berlín imperial, «en una guerra contra el gigantesco desprecio al arte, la belleza y el intelecto que padecíamos en esos días [...]. ¿Qué era lo que flotaba en aquel ambiente? Fundamentalmente Van Gogh y Nietzsche, aunque también Freud y Wedekind. Lo que deseábamos propiciar era un Dioniso posracional».[19]

Lo que Freud y Nietzsche tenían en común era el doble hecho de que ambos trataran de eliminar la explicación metafísica de la experiencia y resaltaran que la autocreación fuera la actividad más importante y significativa de la vida. Pese a que Freud se esforzara en lograr respetabilidad y los seguidores de Nietzsche se deleitaran en conseguir una mala reputación, lo cierto es que en muchos sentidos ambos pensadores se revelaban compatibles, dado que uno y otro se mostraban ruidosamente contrarios a la ciencia y al racionalismo. Además, con su retórica dionisíaca, la producción artística de los nietzscheanos se proponía desbloquear las más indómitas estribaciones del inconsciente. Gabriele d'Annunzio y Hermann Conradi darán vida a corpulentos *Übermensch* en sus novelas, cuyos personajes se implican en una búsqueda frecuentemente brutal de la inocencia y la autenticidad, entregándose muchas veces a una destrucción pensada con intención creadora.[20]

Más de un crítico ha señalado que, en cierto modo, el estado de ánimo predominante tras el surgimiento de Nietzsche apenas se diferencia del existente en los círculos «contraculturales» de las décadas de 1960 y 1970 (véase el capítulo 22). En su ensayo sobre la generación nietzscheana, Martin Green centra el foco en una notabilísima casa situada en la pequeña localidad suiza de Ascona. En ese lugar se reunirá un considerable número de feministas, pacifistas, figuras literarias, anarquistas, bailarines modernos y artistas surrealistas, todos ellos dispuestos a consolidar sus ideas radicales y a poner en marcha ciertos «experimentos vitales». Green dice que Ascona era una comunidad parcialmente tolstoiana y parcialmente anarquista, aunque con una resuelta —y en ocasiones oculta— orientación naturalista. Entre las celebridades más conocidas que se dejaron caer por allí figuran D. H. Lawrence, Franz Kafka, Carl Gustav Jung y Hermann Hesse.

El pensamiento nietzscheano es una entidad omnipresente, aunque no tanto en su vertiente vinculada con la «voluntad de poder» como en su faceta dionisíaca, cuyo objetivo estriba en la consecución de un dinamismo exultante. «[Todos los presentes] trataban de crear una belleza dotada de movimiento y de afirmar los valores capaces de engendrar vida —y por encima de todos el de Eros—. Esto habría de encontrar su expresión más física y dinámica en la idea y el desarrollo de la danza moderna.»[21]

En Ascona confluían todos los elementos de la contracultura que habría de evolucionar más tarde, fundamentalmente en Estados Unidos. Los partidarios de este movimiento procuraban la consecución de una vivencia intensa por medio de la libertad erótica, una libertad que incluía la desnudez y en ocasiones las orgías, abrazando en otras ocasiones un culto a la masculinidad. Se practicaba el vegetarianismo, la adoración al sol, el ocultismo, la magia negra, el misticismo y el satanismo, así como una liturgia vinculada con la realización de festivales. Lo que unía a estos grupos era la creencia en lo irracional y en lo instintivo, siendo una de sus ideas aglutinadoras la de que «todos los hombres son iguales respecto del instinto». Del mismo modo, si el culto a la naturaleza que se practicaba en Ascona gozaba de tanta popularidad era debido a que por dicho culto se entendía «la adoración de la naturaleza que no sólo se halla en los seres humanos sino también en los animales, las plantas, la tierra, el mar, el sol...». Ésa es, señala Green, la forma que adquiría la devoción en Ascona, «ya se presentara de manera sosegada o eufórica».[22]

Sea como fuere, los elementos más importantes —y mejor estudiados— de la idea vertebradora de Ascona habrían de ser, por un lado, el abandono de la vida urbana —un alejamiento impulsado por el empeño de propiciar la aparición de «un nuevo tipo de ser humano», de una forma laica poscristiana capaz de expresar una humanidad plena— y, por otro, el amor al «vagabundeo» y la danza.

EL VAGABUNDEO Y LA DANZA

La adopción de los ideales de Ascona comenzó a principios del siglo XX al participar Gusto Gräser —cuyo rasgo biográfico fundamental nos lo ha dado a conocer por su condición de vagabundo— en una reunión celebrada en Múnich en la que otros siete jóvenes como él decidieron abandonar el mundo de las ciudades y las naciones para fundar una comunidad propia. En el año 1900, el mundo occidental había organizado una serie de espectaculares demostraciones de los triunfos tecnológicos que habían jalonado los éxitos del siglo XIX. Sin embargo, a Gräser y a sus afines les repugnaba el universo de la ciencia, la tecnología y la medicina moderna. Varios miembros del grupo eran artesanos especializados en el trabajo de la madera, el metal o el cuero, así que dedicaron los últimos meses del año 1900 a recorrer Suiza en busca de un emplazamiento idóneo para asentarse y fundar una comunidad propia. No tardarían en encontrar lo que buscaban en Ascona.

En esa época, Ascona era una sencilla aldea de campesinos habitada por unas mil almas y situada en la orilla suiza del lago Maggiore, en el cantón del Tesino. Era una zona que nunca había desempeñado un papel destacado en la heroica historia de Suiza. En cambio, entre sus muchos atractivos se encontraba el clima, que permitía prosperar a un tiempo a pinos y a palmeras, colmando de nieve las cimas de los montes circundantes y poblando de rosaledas los márgenes del lago, además de propiciar una singularísima variedad de árboles distintos, como el roble, el abedul, el tilo y el olivo, entre otros. Y por si fuera poco, también había que contar con los campesinos de la localidad, que constituían, a los ojos de los artistas e intelectuales que acudían a Ascona, la más acabada y feliz antítesis del moderno género humano que medraba en las ciudades. La población hablaba italiano, practicaba el catolicismo romano, cultivaba sus viñedos y se entregaba a la pesca y al contrabando (debido a su proximidad con la frontera). La tierra era pobre y se vendía a bajo precio, y la gente no dejaba de emigrar a las ciudades o de embarcarse para hacer las Américas.

Gräser habría de pasar los veinte años siguientes en este entorno. Se pasaba el día entero al aire libre, desplazándose sin parar. Vivía del producto de la tierra. Su estilo de vida se circunscribía a su trabajo y a su actividad creadora, aplicándose a ella con la determinación de adaptar sus necesidades y sus deseos al clima y a las cuevas, a las frutas y a las plantas comestibles. Se convirtió en uno de esos vegetarianos que veneran la vida y se niegan a comer cuanto haya sufrido una muerte violenta. Todos sus principios eran afirmaciones de libertad, no renuncias a ella; manifestaciones de humanismo, no de religiosidad; no le movía la devoción sino una sentida efusividad.[23] En todo ese tiempo, Gräser anduvo entrando y saliendo de la cárcel debido a sus ideas (siendo como era anarquista, pacifista radical y «nudista teórico»), pero consiguió el apoyo de Hermann Hesse, quien escribiría en el año 1918 un ensayo basado en las ideas jungianas bajo el título de *Artists and Psychoanalysis* en el que proclamaría que algunos artistas, como el propio Gräser, tenían una forma especial —una forma socialmente privilegiada— de declarar sus convicciones, debiendo quedar por ello exentos de las obligaciones ordinarias.[24]

Se crearon talleres para la manufactura de objetos artesanales —ya fueran joyas o muebles— destinados a todos aquellos a quienes no procuraran satisfacción los artículos producidos en masa por las fábricas.[25] Se suponía que las actividades que se realizaban en Ascona no encontraban su fuente en razones de carácter económico, ni en ninguna meta privada —susceptible de convertirse en espoleta de la ambición—, sino en la simple dicha de la actividad misma, para mantener en lo posible un espíritu festivo. Todo cuanto uno precisaba, se decía, era aquello que le permitiera atender a sus necesidades *mínimas*, evitando de ese modo quedar absorbido por un sistema social que constituía el primer y más fundamental origen del malestar.[26] Quienes se adherían al ideal de Ascona hacían suyos, y con el máximo entusiasmo, algunos conceptos como el de «humanidad plena», siguiendo asimismo las enseñanzas del *Zaratustra* nietzscheano: «El mundo y el hombre no han sido creados para su perfeccionamiento, sino para realizar su propia esencia». Eugen Diederichs, editor de Hesse y director de la revista político-cultural *Die Tat* (El hecho), sugeriría, por ejemplo, que podía estar próximo el inicio de «un novedoso tercer estadio de la evolución humana», una etapa que no sólo habría de venir acompañada de una mayor libertad sino que estaba destinada a devolvernos la dignidad (es decir, aquella cualidad que tanto había dado que hablar a Simmel).[27] Podría decirse, señaló alguien, que Gräser ha logrado crear un nuevo tipo de ser humano, un tipo de persona llamado a influir fundamentalmente en los movimientos juveniles.[28] A juicio de Rudolf Laban, «todo el sentido de la vida radica en fomentar el crecimiento de lo humano, la promoción de los hombres (en tanto que entidades opuestas a los simples robots)».[29]

La idea del vagabundeo parece haber cristalizado con Gräser (aunque, evidentemente, ya se conociera en Oriente desde los tiempos de Buda, cuando menos). Dicha noción iba a marcar muy profundamente a Hesse, que se vio personalmente empujado a llevar una vida errante. Prueba de ello es la que fuera su obra más popular hasta la publicación del *Demian*, es decir, el *Knulp** (publicada en el año 1915). El relato arranca en la década de 1890. Knulp es un amable vagabundo inmerso en un mundo lúdico y sensual. Una aventura erótica le lanza por primera vez a los caminos, y a partir de entonces las mujeres caen invariablemente rendidas ante sus encantos. Sin embargo, lo que Hesse resalta en Knulp es su delicadeza, sus buenos modales, su alegría, su benevolente tacto. Se niega a quedar atado por cualquier forma de oficio, lugar o persona.[30]

Ascona fue el hogar de Gräser. Los campesinos de la aldea le ofrecieron un pedazo de tierra, pues pensaban que de ese modo conseguiría atraer a otros vagabundos, pero él rechazó la gentileza, ya que no deseaba poseer nada. Tenía un gran número de habilidades prácticas, y en toda la región próxima a Ascona se conocía su buena mano como «fontanero» o manitas en general. Dos lajas de piedra habían constituido su primer «domicilio», junto con unos cuantos tablones a modo de lecho. Se decía que él había puesto de moda el atuendo de un gran número de vagabundos, consistente en el uso de una cinta para ceñirse la frente y de un poncho para cubrirse. Él mismo tejió su propia túnica y sus sandalias de esparto. Era frecuente que residiera en camionetas y en escombreras, más tarde vivió en una cueva decorada con «toda suerte de cosas heterogéneas» en la que empleaba ramas a manera de colgadores y troncos huecos de árbol como armarios. En otras épocas vivió en una caravana, viajando con un gran número de niños (hasta ocho) y varias mujeres. En 1912 recibió una invitación para reunirse en Leipzig con un grupo de *Wandervögel*,** unos jóvenes nómadas integrados en el *Jugendbewegung* (el Movimiento Juvenil Alemán). Algunos de sus poemas aparecerían en la revista *Wandervogel*. En el año 1913, Alfred Daniel, jurista y lector entusiasta de Walt Whitman y León Tolstói, se reunió con Gräser en Stuttgart, y afirmó más

---

* Publicada en castellano con el título de *Tres momentos de una vida*. (*N. de los t.*)

** Es decir, de «aves errantes», sin rumbo fijo. No debe confundirse la intención del significado con el de «aves migratorias» (*Zugvogel*), ya que éstas tienen un destino cíclico, tan conocido como buscado. (*N. de los t.*)

tarde que le había encontrado cierto parecido con Juan Bautista. Según
Daniel, era frecuente que acudieran cincuenta o sesenta personas al tiempo a la caravana en la que vivían Gräser y su familia a fin de entrevistarse
con él.[31] En el año 1922, al volverse a vivir en Alemania, y al producirse
una situación de desempleo generalizado como consecuencia del desplome de la actividad crediticia en todo el mundo moderno, la gente empezó
a recuperar la práctica del vagabundeo. No es fácil ser un vagabundo si
implica tener que pasar a la intemperie las duras noches de invierno. Y en
esos años hubo muchos intentos destinados a vincular a los vagabundos
(equiparados a los golfos) con las personas desocupadas, los pervertidos y
los revolucionarios.

EL TALLER DE DANZA DE LABAN

Pese a lo importante que resultara Gräser, tanto por haber sido el primer personaje singular —y a su modo intrépido— en contribuir a que
Ascona comenzara a convertirse en lo que estaba llamada a ser como por
la peculiar índole de sus ideas posreligiosas y de su modo de vida, lo cierto es que el elemento que desencadenó la influencia que Ascona iba a
ejercer en Europa vino dado en realidad por la huella de Rudolf Laban. En
la ética que Laban preconiza en favor de una civilización moderna y poscristiana podemos hallar los mismos acentos que en los alegatos de Gräser. Tras trabajar en Ascona hasta el año 1919, y más tarde en varias ciudades alemanas, Laban acabaría por transformar el experimento de
Ascona en una escuela de danza artística que no tardaría en hacerse un
lugar de honor entre las élites culturales europeas. Laban concebía la vida
como una especie de festival perpetuo, y sostenía la idea de que la danza
tenía la capacidad de regenerar la vida en su conjunto, una vida cuya meta
residía en la consecución de un «éxtasis colectivo», siendo por tanto «una
forma de llevar a Nietzsche a la práctica».[32]

Su padre era militar y también carnicero, un hombre «de clase media en
el mejor de los casos». Sin embargo, el hijo distaba mucho de poder contentarse con ese tipo de vida, de modo que en el verano de 1913 decidió
trasladar a Ascona a sus discípulos de danza. Laban regresó a la localidad
suiza en los veranos siguientes, creando en ella un «taller de danza». El
objetivo consistía en lograr que, en sus ensayos y actuaciones, los bailarines se mantuvieran en contacto con la naturaleza, inmersos en aquel paisaje dominado por el lago y las montañas. A juicio de Laban, sus alumnos

necesitaban la conexión con la naturaleza a fin de poder descubrir, en su más profundo interior, «el auténtico espíritu de la danza». Y como para todo ello encontró el marco perfecto en el Monte Verità, a partir del año 1913 comenzó a vérseles en los meses estivales, tanto a él como a su *troupe*, por las laderas circundantes. Laban tocaba distintos tipos de flauta o el tambor, mientras a su alrededor brincaba, se retorcía y se agitaba un grupo de mujeres (junto con algunos hombres), entregados todos a la «evocación» de sus más recónditos impulsos. Lo que más le complacía, y lo que consideraba más gratificante, era la espontaneidad rayana con el descontrol.

La intención de Laban, decidido a crear un cuerpo de baile moderno y feminista en Ascona, dotó de una segunda faceta al proyecto, permitiéndole rodearse de un notable grupo de bailarines. Fue Laban quien consiguió elaborar lo que hoy denominamos «danza moderna», y lo hizo justamente en Ascona, con la ayuda de Suzanne Perrottet y Mary Wigman.[33] La labor de Laban iba a suscitar un enorme entusiasmo en cuantos acudieran a visitar Ascona, entre los que cabe destacar la figura de George Bernard Shaw.

Antes de unirse a la compañía de Laban, Suzanne Perrottet había trabajado con el compositor suizo Émile Jaques-Dalcroze, que había desarrollado en Hellerau, a las afueras de Dresde, un método de educación musical y de apreciación del ritmo a través del movimiento al que él mismo había dado el nombre de «euritmia». Jaques-Dalcroze concentraba sus esfuerzos en una especie de danza artística que, según mantenía, hacía participar una vertiente inédita de la personalidad y debía presentarse en forma de juegos festivos, o *Festspiele*. Se trataba de una suerte de teatro cívico muy popular en la suiza francófona en el que no sólo se echaba mano de un conjunto de temas vinculados con la urbanidad sino que se llevaba a escena en ocasiones de carácter igualmente civil o histórico-patriótico. Perrottet solía decir que había aprendido muchas cosas de Jaques-Dalcroze, y en particular a «escuchar con precisión». «Sin embargo, en aquella época yo me hallaba en busca de la disonancia, a fin de expresar mi carácter, lo que no resultaba posible con las estructuras que él manejaba, que eran plenamente armónicas.» En opinión de Perrottet, Jaques-Dalcroze no respondía suficientemente a la modernidad. Tuvo que acudir a Laban para hallar la disonancia, «para encontrar una forma de dar cauce a mi rebeldía y mis ganas de ir a contracorriente —cosa que él hizo de la forma más maravillosa e instintiva que pueda imaginarse—». Laban pedía a todas sus alumnas que hallaran su do central, a fin de que «consiguiesen cantar a varias voces con la misma falta de coordinación que muestran los pájaros del bosque». Y aplicaba también la misma regla a los movimientos físicos de sus bailarinas, ya que cada una de ellas debía descubrir una vía propia en su cuerpo y su ser emocional. «De ese modo, una se sentía renacer con Laban, también en el plano corporal.»[34]

Perrottet mantenía una actitud sincera y honesta respecto de la nueva danza: «No teníamos límite para crear, resultaba todo tan extraordinario, tan fascinante... Aquel arte nuevo era una religión para mí». Como él mismo explica en una carta, Laban operaba fundamentalmente con dos ideas: «En primer término, dar a la danza y al bailarín el valor que les corresponde en tanto que arte y artista, y en segundo lugar, hacer efectiva la influencia que tiene la educación en la danza sobre la retorcida psicología de nuestro tiempo». No creía que los bailarines gozaran, en esos años, del respeto que se concedía a otros artistas: «todo cuanto consiguen es, invariablemente, una *verdammte zweideutiger Lächeln*, "esa maldita sonrisa de superioridad"». (Era un hombre de carácter luchador.) Sin embargo, yendo a la raíz de las cosas, insistiría: «todo artista es un bailarín que habla, sea con este o aquel gesto [*Gebärde*] de su cuerpo y su alma, de esa Plenitud que los filósofos, los teólogos, los visionarios, los científicos y los sociólogos creen haberse apropiado».[35]

Con todo, había personas que apreciaban lo que estaba intentando hacer. En su libro titulado *My Teacher, Laban* (publicado en 1954),* Mary Wigman dice de él que era «un mago, el sacerdote de una religión desconocida [...], amo y señor de un reino que brotaba como por ensalmo de la danza pero que resultaba no obstante muy real». ¿Parece una descripción abrumadora o exagerada? También lo era Nietzsche. Es posible que parte de esta vehemencia guardara relación con el hecho de que Wigman fuera tan sensible a los paisajes naturales como el propio Laban. Se había enamorado de Ascona, al igual que él, regresando invariablemente al pueblecito para recargar las baterías. Como acostumbraba a decir Wigman, «el sitio de los bailarines modernos no está en los teatros, sino en los espacios abiertos».[36]

Martin Green llegará incluso a sostener que Laban era «la encarnación misma de la danza moderna», como uno de los personajes de *Die Geburt der Tragödie* (*El nacimiento de la tragedia*): «La imagen original de lo dionisíaco es la del sátiro barbudo, pues en él se expresa la existencia con una verdad mayor y un realismo máximo, más pleno que en el hombre in-

---

* Hay publicación castellana: *El lenguaje de la danza*, traducción de Carlos Murias Vila, Barcelona, Ediciones del Aguazul, 2002. (*N. de los t.*)

merso en la cultura ..., además, en los festivales de ese hombre de satírica y dionisíaca condición, la naturaleza llora su desmembramiento en individuos».[37] En el grandioso plan de regeneración de la vida que Laban había concebido, la danza resultaba primordial. Poseía una mente polifacética, científica además de artística (lo que le permitiría elaborar una notación enteramente inédita para esta forma de danza nueva). Supo comprender espontáneamente que la danza tenía una vertiente física y genética inseparable de sus aspectos imaginativos y orgánicos. «El centro de gravedad habita en las más recónditas profundidades. En torno a él se decanta el cristal del esqueleto, interconectado a los músculos y dirigido por ellos.»[38] En Ascona, la ambición de reemplazar a la religión sería siempre muy persistente.

EURITMIA Y ÉTICA: EL ESPÍRITU DANZANTE

Laban también haría suyo el concepto de euritmia. Y dado que la euritmia marida la música y el ritmo, Laban creía que no sólo pensamos con el cerebro sino con todo el cuerpo, convirtiéndonos así en un «equilibrio de voluntad, emoción e inteligencia» llamado a *intensificar* la conciencia corporal y «a evitar, por ende, toda dictadura del cerebro o la conciencia moral». «Belleza, estética, buenas maneras, conciencia, equilibrio ético, bondad son a mi juicio palabras sinónimas.»

A los ojos de Laban, todo aquel que practicara la euritmia estaría realizando una nueva función social: la de «una profesión especial que emplea los métodos del arte con fines éticos». No obstante, la euritmia no se proponía instaurar una Iglesia, y menos aún un Estado; antes al contrario, «lo que viene a despertar es una conciencia a-religiosa y a-legal, y *ella* es la que terminará generando nuevas formas sociales por sí sola».[39] En opinión de Laban, la danza tenía un carácter transcendental, al ser la fusión del pensamiento, la emoción y la voluntad. «Los hombres deben rebelarse necesariamente contra la dominación de las ideas abstractas y colmar el mundo con la danza del cuerpo, el sentimiento y el espíritu. En todas las épocas, las creaciones humanas más significativas han surgido del *Tänzergeist*, el "espíritu danzante".»[40]

En el año 1913, estando en la cima de su influencia, Laban afirmaría que entre sus alumnos se contaban los miembros de unas sesenta familias de la región de Ascona.[41] Fue en esa época cuando se presentó Mary Wigman. Nacida en el año 1886 en Hannover, Wigman se inició en la danza a una edad relativamente tardía. Solía resaltar infatigablemente que Laban «había sido el guía que le había abierto las puertas del mundo que siempre había soñado». Wigman nos ha dejado una crónica del pletórico entusiasmo que reinaba entonces en Ascona. Uno de los bailarines vivía en el embalaje de un armonio y en ocasiones bailaban toda la noche frente al gramófono, ya fuera en grutas o en tabernas.[42]

Aquel ánimo exultante acabó fructificando. En el año 1914, el movimiento en favor de la danza comenzó a extenderse por toda Europa. Buen ejemplo de ello es el hecho de que siete mil estudiantes se enrolaran en alguna de las nada menos que 120 escuelas de Jaques-Dalcroze. Las expectativas que despertaban aquellos centros eran más que ambiciosas, ya que a los alumnos se les prometía mucho más que la mera adquisición del sentido del ritmo, pues se les ofrecía experimentar «la disolución del cuerpo y el alma en la armonía». Y la Escuela del arte de vivir de Monte Verità aseguraba a todos cuantos se matricularan en ella «la regeneración de su fuerza vital».[43]

Según Green, Wigman era, más aún que el propio Laban, la viva representación de los valores que se enseñaban en Ascona, vinculados a la vida, el cuerpo, el gesto, el movimiento y la *expresión*. Otros «consideraban que Wigman era la materialización femenina del programa nietzscheano destinado a conseguir la realización autónoma». Esta bailarina estudiaba el movimiento en los animales y en la naturaleza, y las coreografías que diseñaba se proponían con todo ahínco apartarse del erotismo, yendo deliberadamente más allá de la danza concebida como el aleteo de «unas hermosas muchachas dedicadas al solaz de los hombres». Fascinada tanto por el psicoanálisis como por su infatigable interés en Nietzsche, Wigman habría de vivir más de un amorío con sus primeros analistas, de los cuales sobresale por su celebridad la figura de Herbert Binswanger. Wigman habría de coreografiar asimismo una versión del *Zaratustra* y reivindicaría haber participado en la creación del movimiento dadaísta, siendo como era una buena amiga de Sophie Taeuber, que había intervenido en el decorado creado por el binomio formado por Hugo Ball y Tristan Tzara. En una notable comparación entre Mary Wigman e Isadora Duncan, la escritora Margaret Lloys relata que Wigman acostumbraba a arrodillarse, a gatear, a acuclillarse e incluso a tenderse sobre la tierra desnuda al terminar un baile. «Se parecía a Isadora Duncan en que ambas eran muy "femeninas" y en que las dos representaban religiosamente por medio de la danza la fe que las animaba, la fe en la dignidad y la valía del individuo.» La danza de Wigman, la danza moderna, dice Lloys, era una lucha y un esfuerzo —cuestión de masa, no de trazo—, un empeño dinámico, una exultante pugna dionisíaca.[44]

Isadora Duncan, a quien el historiador de la cultura Karl Federn calificaría como «la personificación de la intuición nietzscheana», era otra de las asiduas parroquianas del grupo de Ascona. «La seductora cualidad de la filosofía de Nietzsche cautivó todo mi ser», admitiría ella misma en sus memorias, añadiendo que Nietzsche había sido «el primer filósofo bailarín». En la conferencia que dio en el año 1903, titulada «La danza del futuro», se aprecia claramente lo subyugada que se sentía por Nietzsche: «Oh, ya se aproxima, la danzarina del futuro: con mayor gloria que la de cualquier mujer que haya conocido el mundo: más hermosa que las egipcias, que las griegas, que las primeras italianas, que todas las féminas de épocas pasadas: ¡la más alta inteligencia en el más libre de los cuerpos!».[45]

No obstante, el más extremo exponente de estas ideas habría de ser Valentine de Saint-Point (1875-1953), autora del *Futurist Manifesto of Lust*,* publicado en 1913. Gozando por entonces del suficiente prestigio como para ver representadas sus obras en el teatro de los Campos Elíseos de París y en el neoyorquino Palacio Metropolitano de la Ópera, su manifiesto iba dirigido a «todas aquellas mujeres que se limitan a pensar lo que yo me he atrevido a decir». El texto dice en parte lo siguiente: «El deseo, despojado de todo prejuicio moral y considerado como un ingrediente esencial del dinamismo vital, es una fuerza. Para una raza fuerte el deseo no constituye un pecado, como tampoco lo es el orgullo ... El deseo es ... la síntesis sensorial y sensual que produce una mayor liberación espiritual ... Sólo la moral cristiana, derivada de una moralidad pagana, se vio fatalmente arrastrada a considerar como debilidad al deseo ... *Hemos de hacer del deseo una obra de arte*». Para Valentine de Saint-Point, Europa y el mundo moderno estaban atravesando un período histórico de índole femenina, ya que tanto los hombres como las mujeres adolecían de una falta de masculinidad. Para lograr el advenimiento de «una época de superior humanidad» se precisaba una nueva doctrina de la energía dionisíaca. Como ella misma habría de afirmar en otra parte, «es el bruto quien ha de erigirse en modelo».[46]

Como ya hemos señalado más arriba, Laban sostenía que las creaciones humanas más significativas habían surgido, en todas las épocas, «del espíritu danzante». También indicaba que podían encontrarse doctrinas de carácter coreográfico —a las que engloba bajo el término de coreoso-

---

* Traducido extraoficialmente con el título de «Manifiesto futurista de la lujuria». (*N. de los t.*)

fía— en el *Timeo* platónico y en el sufismo, por ejemplo. A su juicio, el instinto de la danza radica en una necesidad de cambio —puesto que ésa es la *esencia* del movimiento—. De aquí se sigue, en su opinión, que no haya religión ni tradición oral que pueda perdurar en su forma original. «Somos politeístas y todos los dioses que conocemos forman parte de la daimónica transformación espontánea que brota del poder del gesto. Cada vez que el público que abarrota una sala concentra su atención en un bailarín nace un daimón (o queda libre de sus cadenas).» (Green alude aquí a algunas de las novelas de los autores que acudían asiduamente a Ascona, como Hermann Hesse y Bruno Goetz, ya que éstas contienen escenas «en las que surge un sentimiento de anarquía entre las personas que contemplan las evoluciones de un bailarín».) Laban consideraba que el individualismo —tanto en el plano del intelecto como en el de la conducta— constituía una amenaza para la cultura moderna, razón de más para entender la enorme importancia de bailar *unidos*. El día en el que Laban cumplía los sesenta años, el coreógrafo alemán Kurt Jooss compuso una loa en la que ensalzaba su concepción de la danza, pues gracias a ella, el baile «se eleva por encima de lo meramente estético hasta alcanzar las esferas de lo ético y lo metafísico, ofreciéndonos imágenes de las diversas formas de vida inmersas en la constante mutación de sus interacciones».[47]

El baile es una de las formas artísticas más evanescentes (sobre todo cuando la intención del maestro de danza estriba en crear una figura que se desvanece). Resulta difícil situarse en aquellos años, marcados por una cinematografía en pañales. Sin embargo, las representaciones teatrales, las compañías de danza, los festivales y los congresos dedicados al baile, junto con las *Tänzerbund* y el período de danza alemana de Laban, constituyen un formidable abanico de actividades y manifestaciones sociales, un vasto y coherente esfuerzo destinado a llevar a la práctica los principios de la «filosofía de la vida»* a lo largo de las décadas de 1910, 1920 y 1930, llegando incluso a cruzar los umbrales del Tercer Reich. Es más, los ideales e ideas de Ascona lograrían perdurar y constituir elementos reconocibles en fenómenos como el nazismo o los experimentos de la contracultura estadounidense de las décadas de 1960 y posteriores. El mismo Laban ha sobrevivido y se encuentra entre nosotros en tendencias como, por ejem-

---

* No debe entenderse en el sentido informal de la expresión, ya que se trata aquí del conjunto de enfoques estéticos, éticos, epistemológicos, lógicos, metafísicos, sociales y políticos que buscan dar sentido a la condición humana. (*N. de los t.*)

plo, la de la llamada «Dicha del movimiento», que es la forma contemporánea del culto al cuerpo.[48] Ascona ha ejercido su influencia en un gran número de personas que jamás han oído hablar de esta pequeña localidad suiza.

LO QUE EL REBAÑO NUNCA ALCANZARÁ A CONOCER

Tampoco debemos olvidar que, más allá de las aspiraciones de Ascona, y hasta la primera guerra mundial, los planteamientos de Nietzsche habrían de permanecer claramente unidos al expresionismo. Así lo ha expuesto Steven Aschheim: «Bajo la práctica totalidad de sus diversos atavíos —ya fuera en el campo de la pintura, la escultura, la arquitectura, la literatura, el teatro o la política—, el expresionismo y Nietzsche recorrieron unidos un tramo de la historia». Gottfried Benn, quien probablemente sea, pese a sus facetas problemáticas, el escritor expresionista alemán de mayor talento, lo dirá con estas palabras: «En realidad, todo lo que mi generación ha debatido, diseccionado ..., y cabría decir padecido ..., había encontrado ya su definitiva formulación en Nietzsche. Todo cuanto vino después no fue más que exégesis ..., su ... postulado de una psicología del comportamiento instintivo entendido como dialéctica —el "conocimiento como afecto"—, la totalidad del psicoanálisis y el existencialismo. Todo esto fue logro suyo». Según sostiene Benn, el objetivo fundamental de Nietzsche consistió en sustituir el contenido por la expresión. La energía o la vitalidad con la que se defienden las propias posiciones se revelaba tan importante como su sustancia.[49] La vida tenía tanto de sentimiento como de realidad.

Antes que nada, lo que el expresionismo alemán anterior a la primera guerra mundial reflejaba era la visión nietzscheana del «sublime aunque doloroso» papel que le incumbía desempeñar al aislado artista de élite en tanto que superhombre, pues, «al crear, experimentaba lo que el rebaño nunca alcanzaría a conocer». En particular, era muy característico que el artista expresionista se adhiriera a un inmoralismo elitista de raíz nietzscheana. Volvamos a fijarnos en lo que dice Aschheim: «En el metafórico paisaje de las solitarias cumbres en las que reflexionaba Zaratustra, en las tinieblas de la muerte de Dios, se elevaba el artista por encima de las nociones convencionales del bien y el mal, dictando así sus propias leyes nietzscheanas. Cuando el escritor expresionista Georg Kaiser fue demandado como consecuencia de las deudas contraídas, proclamó que el supuesto de que "Todos somos iguales ante la ley" era un disparate». A su juicio, lo supremamente importante era el acto de la creatividad que emana de una mente genial y se revela capaz de engendrar por sí mismo una significación nueva, «aunque su mujer y sus hijos hubieran de perecer por dicha causa».[50] Uno de los aspectos definitorios del expresionismo alemán radicaba en el hecho de que se hallara persuadido de que su dionisíaco anticerebralismo debía progresar sin el menor estorbo. En su obra dramática titulada *Ithaka*, Roenne, el álter ego de Gottfried Benn, asesina a un profesor que había insistido en el incomparable valor del conocimiento científico. La diatriba a la que se entrega Roenne, incitando a sus compañeros de clase a perpetrar el crimen, aparece expuesta en términos innegablemente nietzscheanos: «Nosotros somos la juventud. Nuestra sangre clama por el señorío del cielo y de la tierra, no por el de las células y los gusanos ... Anhelamos soñar. Queremos alcanzar el éxtasis. ¡Apelamos a Dioniso y a Ítaca!».[51]

«Fue Gottfried Benn, más que cualquier otro expresionista ..., quien se atrevió a lidiar con las consecuencias de la muerte de Dios.» Toda su carrera, explica Steven Aschheim, incluyendo su breve pero exaltada vinculación con el nazismo, fue un empeño encaminado a bregar con esa dificultad nietzscheana.[52] «Benn aceptó el nihilismo de Nietzsche», comenta Michael Hamburger, «como quien acepta el clima que le toca en suerte». Hasta el año 1933, Benn habría de defender una postura que cabría calificar como «nihilismo teorético», negando la posibilidad de toda verdad metafísica. Él optaba por lo que denominaba un regreso al «estado preconsciente, prelógico, primordial e inerte». Se trataba de un intento destinado a indagar qué aspecto podía presentar la vida antes de que el lenguaje y la autoconciencia hubieran alcanzado a generar la «ruptura» del hombre con la naturaleza (y no sería el único en pensar así, ya que otros artistas, como Paul Cézanne, habrían de proponerse alcanzar objetivos similares). Éste es el gozne por el que el expresionismo y el vagabundeo se articulan en tanto que cultos nietzscheanos.

Al igual que otros muchos seguidores de Nietzsche, los expresionistas también titubearían entre adoptar una actitud individual de carácter apolítico o asumir el redentor apetito de fusión con la comunidad. En este sentido, tanto Kurt Hiller, escritor y precoz activista por los derechos humanos (en su condición de homosexual), como el «nuevo club» que él mismo fundara en marzo de 1909, tomando como fuente de inspiración a Nietzsche, constituyen dos señalados ejemplos de ese estado de cosas. El objetivo del club consistía en propiciar «un incremento de la temperatura psíquica y el júbilo universal [*Heiterkeit*]», es decir, la organización de veladas dionisíacas abonadas al exceso. Lo que ahora se necesita, afirmaba Hiller, es «un nuevo heroísmo [*Heldentum*] posteísta y neohelénico», según lo proclamado en su día por Nietzsche. Difícilmente podrá encontrarse otro club que se haya tomado a sí mismo tan en serio como éste.

El hilo conductor que recorre buena parte de estos procesos, así como la evolución del expresionismo en general, es la idea nietzscheana de un *Übermensch* de vocación artística y creadora, dispuesto a no regirse sino en virtud de sus propias leyes y decidido a trabajar gloriosamente aislado (y en consecuencia por encima) de las masas. Se trataba, una vez más, de una meta ambiciosa y no desprovista de elementos nobles, pero lo cierto es que, para la sensibilidad actual, carece al mismo tiempo de atractivo.

EL SUPERHOMBRE ÉTICO

El perímetro y el subsuelo del expresionismo alemán —de pretensiones simultáneamente más y menos elevadas que la poesía, la dramaturgia y la filosofía— se hallaba poblado por una miríada de movimientos de *Lebensreform* (es decir, tendentes a reformar la vida) surgidos como hongos en la Alemania imperial anterior a la primera guerra mundial, todos los cuales compartían, en mayor o menor grado, los planteamientos de Nietzsche. Resulta indudable que en estos grupos se reflejaban también las tensiones generadas por el rápido proceso de industrialización que estaba teniendo lugar en toda Europa, y especialmente en Alemania. Los temas de corte «naturalista» eran omnipresentes: el vegetarianismo, el nudismo y la «cultura del cuerpo» caminaban de la mano de la abstinencia de alcohol y tabaco. También animaba a los miembros de estos movimientos un fuerte impulso regeneracionista —que de hecho tenía carácter eugenésico—, aunque también respondieran a un sinfín de concepciones de vocación renovadora y diferentes sesgos: anarquista, socialista, *völkisch*, racista...[53] En eso residía la clave de la idea nietzscheana: en un renacer.

La más importante de esas corrientes, tanto entonces como en épocas posteriores, habría de ser la del Movimiento Juvenil Alemán. Como queda reflejado en el lema de uno de sus profetas, Gustav Wyneken, un filósofo y defensor de la reforma educativa que se haría famoso por su idea de la atracción entre profesor y alumno, la consigna era: «la juventud para sí misma». Dicho movimiento no era una simple variante de los Boy Scouts o las Girl Guides, ya que abrazaba un programa mucho más potente y ambicioso —rechazando, por ejemplo, la autoridad de los padres y las convenciones escolares y burguesas en su búsqueda del «libre desarrollo del espíritu de la juventud»—. Eugen Diederichs* fue simplemente una de las personas que proclamaron que tanto el Movimiento Juvenil Alemán «como sus pulsiones de auto-redención» brotaban de la profecía que Nietzsche hiciera acerca de la personalidad del superhombre, aunque añadiendo que «la raza venidera» no podría existir «en un estado de aislado ensimismamiento»: tendría que forjar una aleación con una comunidad. Se daba así un primer paso que, en su desenlace final, acabaría integrando la realización personal nietzscheana en la nación (*Volkstum*). No tardaría en revelarse el funesto carácter de este giro de los acontecimientos —hasta el punto de que, andando el tiempo, se llegaría a culpar a Nietzsche de las dos guerras mundiales.

De forma paralela habría de desarrollarse el proceso existencial de Alexander Tille (1866-1912), a quien se ha calificado de furibundo nietzscheano y considerado adicto al darwinismo social. A partir del año 1898, Tille habría de ser una de las lumbreras de referencia de la *Alldeutsche Verband*,** además de un ferviente divulgador de las ideas de Nietzsche. (Contribuyendo asimismo, dicho sea de paso, a difundir los textos de Nietzsche en Gran Bretaña, ya que no sólo enseñó alemán por espacio de diez años en la Universidad de Glasgow, sino que en 1895 fue nombrado director de una edición inglesa de las obras del filósofo.)[54] No era hombre que careciese de influencias, ya que fue subdirector de la Organización de los Industriales Alemanes en Berlín y más tarde representante de una asociación patronal de Saarbrücken, circunstancia a la que hay que añadir el hecho de que su particular interpretación de las aspiraciones nietzscheanas diera en resaltar el desprecio mostrado por el autor del *Zaratustra* hacia la igualdad, la ética cristiana, el socialismo y la democracia. Por si fuera poco, todo esto venía a combinarse, en el caso de Tille, con una forma de darwinismo social especialmente despiadada. Esto le llevaría a defender explícitamente la idea de «ayudar» a la naturaleza exterminando a los «elementos improductivos» de la sociedad (esto es, a los tullidos, a los dementes o a los situados en un plano subnormal por la esfera educativa), favoreciendo en cambio a los individuos «eficientes y do-

---

* Editor de las primeras obras de Hermann Hesse. (*N. de los t.*)

** Es decir, la Liga Pangermánica: una organización política de extrema derecha volcada en la promoción del imperialismo y de marcadas tendencias antisemitas y militaristas. (*N. de los t.*)

tados de talento», como se les llamaba entonces. Llegaría incluso a profesar la noción de que los barrios pobres resultaban beneficiosos, debido a que «purgaban» a la nación al marginar a sus «ciudadanos inútiles».

Él mismo habría de dejar todos estos extremos muy claros en una obra titulada *From Darwin to Nietzsche* (publicada en 1895). A su juicio, uno de los hechos cruciales radicaba en que, a diferencia de Darwin, Nietzsche creía que la nueva organización civil hacía que la sociedad rebasara, superándolo, el perfil de la «ética cristiana, humanista y democrática». En opinión de Tille, la intuición fundamental de Nietzsche radicaba en la idea de que las personas «no tenían idéntica valía». Los fuertes representaban «una evolución ascendente», mientras que los débiles constituían una amenaza de decadencia. «El objetivo moral del género humano», dice Tille, «estriba en la consecución de una forma fisiológicamente superior de individuo humano».[55]

No obstante, es posible que el autor que más claramente haya alcanzado a exponer el principal atractivo de Nietzsche, aquel al que habrían de responder las generaciones nietzscheanas, haya sido Karl Joel —un filósofo caracterizado por una ligera propensión al misticismo— en su libro titulado *Nietzsche and Romanticism* (aparecido en el año 1905): «Percibimos a Nietzsche recortado sobre el lúgubre telón de fondo del socialismo, el darwinismo y el pesimismo, yugos de los que él mismo se había liberado. Sin dicho trasfondo, Nietzsche parece un desequilibrado y un malhechor. Con él adquiere la estatura de un héroe». Únicamente una sociedad de *Übermenschen* alcanzaría a lograr que el futuro resultara más seductor y significativo que el pasado.[56]

Capítulo 2

LA VIDA NO CAMINA EN UNA SOLA DIRECCIÓN

Para Estados Unidos, la guerra de secesión supuso en muchos sentidos un punto de inflexión. Aunque muy pocos lo comprendieran en esa época, el dilema nacional asociado con la esclavitud había prolongado el atraso del país, de modo que, en último término, el choque permitió sacar pecho a las fuerzas del capitalismo y el industrialismo. Sólo una vez terminada la contienda dispuso la nación de la libertad de movimientos necesaria para cumplir sus promesas iniciales.

Desde el punto de vista europeo, la población del joven estado seguía siendo muy reducida, y sin embargo, el salvaje Oeste mantenía su condición de escenario abierto, circunstancias ambas que introducían un elemento de notable incertidumbre. Los ritmos migratorios estaban cambiando, y en todas partes se percibía la preocupación por las cuestiones relativas a la raza, la tribu, la nacionalidad, la afiliación étnica y la igualdad religiosa —que no era en modo alguno un asunto de entidad secundaria—. La vida intelectual, como todo lo demás, seguía en proceso de formación, y en este sentido Estados Unidos tuvo que moldearse a sí mismo, concibiendo nuevas ideas allí donde le resultaban necesarias y valiéndose en cambio de las nociones venidas del Viejo Mundo siempre que las encontrara a mano y se le antojaran relevantes. Sin embargo, la joven nación norteamericana no carecía de confianza.

En el siglo XIX, la misión de asimilar las ideas europeas, adaptándolas al contexto estadounidense, fue llevada a cabo por un puñado de individuos. Todos ellos residían en Nueva Inglaterra y se conocían personalmente, alumbrando así a varias manos lo que podríamos denominar la peculiar tradición moderna del pensamiento estadounidense. Entre ellos figuraban nombres como los de Ralph Waldo Emerson, Oliver Wendell Holmes, William James, Benjamin y Charles Peirce, y John Dewey. Sus ideas habrían de transformar los hábitos reflexivos de los estadounidenses (y del resto del mundo), labrando los conceptos empleados, tanto entonces como ahora, para entender la educación, la democracia, la libertad, la justicia, la tolerancia y, evidentemente, la divinidad.

LOS LÍMITES DE LA FELICIDAD

Cabría decir que lo que esos pensadores compartían no era un conjunto de ideas, sino que comulgaban, en cierto modo, con una única idea, con *una idea sobre las ideas*. «Todos ellos tenían la convicción de que las ideas no andan "por ahí", aguardando a ser descubiertas, sino que constituyen otros tantos instrumentos —como lo son los cuchillos, los tenedores y los microchips— que la gente concibe para lidiar con el mundo en el que les ha tocado vivir. Creían también que, al ser las ideas un conjunto de respuestas *provisionales* a unas circunstancias tan particulares como imposibles de reproducir, su supervivencia era algo que no podía depender de su carácter inmutable, sino de su capacidad de adaptación ... No obstante, también se detecta implícitamente en cuanto nos han dejado escrito una aceptación de los *límites* de lo que el pensamiento puede hacer en su pugna por lograr que los seres humanos alcancen una mayor felicidad».[1]

El primer vislumbre de lo que más tarde habría de conocerse con el nombre de pragmatismo filosófico, y el factor que viene a vincularlo con la guerra de secesión estadounidense, se lo debemos a Oliver Wendell Holmes. Este autor era un gran admirador de Ralph Waldo Emerson, a quien su padre había tenido ocasión de conocer, llegando a trabar amistad con él. Corriendo el año 1858 y siendo todavía un estudiante de primer curso en Harvard, el bisoño Oliver descubrió que Emerson, como él mismo habría de confesar más tarde, «le enardecía». Se refería con ello, entre otras cosas, al discurso que Emerson había pronunciado veinte años antes en la Harvard Divinity School, charla en la que había relatado que un reciente sermón le había causado «un tedio tan intenso que se le había ido el santo al cielo», poniéndose a comparar el artificial carácter de la prédica con la terrible ventisca que desataba su furia a las puertas de la iglesia. Aquella anécdota, añadida a otras muchas cavilaciones, le había llevado, afirmaba Emerson, a abandonar la fe que sentía en el Jesús sobrenatural y en el cristianismo organizado, induciéndole a creer en cambio en una revelación más personal. El joven y carilargo Holmes, que ya por entonces lucía su característico y curvado bigote, coincidiría con Emerson en que resulta más fácil mejorar las relaciones que mantenemos con nuestros semejantes fuera de una relación instituida que adherido a ella.

Y dado que defendía estas ideas, el estallido de la guerra de secesión le proporcionaría la oportunidad de hacer algo práctico, aceptando por ello que se le nombrara oficial del ejército por sentirse «moralmente obligado a hacerlo». (Holmes detestaba la esclavitud hasta el punto de rechazar incluso el espíritu de *Los papeles póstumos del Club Pickwick*, de Charles Dickens, debido al modo en que se trataba en la novela a los indios occidentales.) Holmes sería herido en no menos de tres refriegas en el transcurso de aquella sangrienta guerra —que no en vano sigue siendo la conflagración que más vidas estadounidenses se ha cobrado hasta la fecha—. Sin embargo, en medio de la carnicería consiguió comprender una cosa, diría posteriormente —algo que habría de acompañarle durante el resto de su vida—. Miró en torno a él y se percató de que, si bien habían sido muchos los nordistas que en el año 1850 habían juzgado que los abolicionistas eran unos elementos subversivos, al terminar la guerra «se habían convertido en patriotas». De aquí extraería su célebre conclusión: «La vida no camina en una sola dirección». Esta máxima habría de guiarle, transformándole en el prudente juez en que acabaría convirtiéndose y permitiéndole exponer toda su sensatez jurídica en su gran obra —*The Common Law*—, cuyo germen inicial había encontrado arraigo en las Conferencias Lowell de Harvard, doce en total, todas ellas comentadas ante un auditorio repleto y expuestas de cabo a rabo sin necesidad de una sola anotación.[2]

La brillantez filosófica de Holmes consistió en comprender que el derecho no se deja guiar por ninguna idea ni objetivo rector de carácter imperiosamente primordial. (Ésa había sido precisamente la sensibilidad que había extraído del desastre de la guerra civil estadounidense.) Sostenía que la evolución de las leyes obedecía a realidades de carácter pragmático y que en cada caso específico actúa «una entera constelación de pautas ambientales» —las prioridades, la disuasión, los beneficios sociales— en la que no pueden establecerse distinciones rígidas ni definitivas, lo que determina que sus elementos constituyentes se combinen hasta apuntar a un veredicto particular en cada caso concreto. Le resultaba imposible afirmar tajantemente que la experiencia admitiera reducirse a un puñado de abstracciones generales, pese a que los seres humanos dediquemos gran parte de nuestro tiempo a tratar de materializar justamente ese objetivo.

«Todo el placer de la vida se encuentra en las ideas de orden general», escribiría en 1899, «pero su sentido reside plenamente en las soluciones específicas —a las que no es posible llegar mediante generalidades, del mismo modo que tampoco se puede pintar un cuadro conociendo unas cuantas normas metódicas—. Las soluciones se obtienen por obra de la perspicacia, el tacto y el saber concreto». (Véase el capítulo 15 para la exposición de un argumento similar por parte de Ludwig Wittgenstein.)

Perspicacia, tacto y un saber concreto... No tardaremos en comprobar lo importantes que habrán de resultar estas palabras en el relato que nos disponemos a referir. Es más, podremos observar que estos términos constituyen los eslabones por los que alcanza a realizarse la unión entre el pensamiento estadounidense y el europeo. Veremos cómo han acabado convirtiéndose en ideas rectoras para cuantos han intentado vivir sin Dios y cómo han actuado como elemento aglutinante para quienes se oponen a la cosmovisión científica y la critican —extremo que se ha pasado por alto con demasiada frecuencia—. Y de idéntico modo, otro hecho que acostumbra a tenerse muy poco en cuenta es el de que sean justamente las mismas personas que se afanan en elaborar un estilo de vida llevadero pese a prescindir de las dimensiones sobrenaturales o transcendentes las que también juzgan que el enfoque científico no está a la altura de las circunstancias.

El padre de Oliver Wendell Holmes, que era médico, descubrió las causas de la fiebre puerperal, demostrando de forma concluyente que eran los propios facultativos quienes transmitían la enfermedad al atender sucesivamente un parto tras otro. La cima de su carrera llegó al ser nombrado decano de la Escuela Médica de Harvard, aunque su fama se debería asimismo al hecho de ser considerado por muchos como el mayor orador al que jamás hubieran tenido ocasión de escuchar. A esto se debe en parte su papel como cofundador del llamado Club Metafísico, también conocido como Club Sabatino, institución en la que, entre bocado y bocado, se debatía acerca de los grandes maestros de la literatura de la época y que contaba, entre otros, con miembros tan destacados como Ralph Waldo Emerson, Nathaniel Hawthorne, Henry Wadsworth Longfellow, James Russell Lowell, Charles Eliot Norton y, más tarde, Oliver Wendell Holmes (hijo), además del filósofo y psicólogo William James y de Benjamin y Charles Peirce.[3]

«¡MALDITO SEA LO ABSOLUTO!»

Todos los personajes que acabamos de citar destacan por sus impresionantes credenciales. De no ser por John Jacob Astor,* el abuelo de William James, que se había hecho rico como industrial del ramo textil, habría sido el hombre más acaudalado de su época en todo el estado de Nueva York. En vez de recibir una educación formal, William tuvo la suerte de poder recorrer Europa con su familia, en compañía de su hermano, el escritor Henry James, y a pesar de que él mismo no acostumbrara a permanecer nunca demasiado tiempo en ninguna escuela en particular, esta vida en viaje le permitió acumular *experiencia*. Finalmente cursaría de hecho una carrera, en la facultad de ciencias de Harvard, en 1861, integrándose allí en los círculos que frecuentaba el deísta Louis Agassiz, descubridor de la Edad de Hielo y uno de los más vociferantes críticos de Charles Darwin por aquellos años. Pese a que Agassiz fuera miembro del Club Sabatino (al que frecuentemente se aludía con el nombre de Club de Agassiz), James no tenía del todo claro que su mentor anduviera acertado al oponerse a Darwin. Lo que despertaba más acusadamente su escepticismo era el dogmatismo de que hacía gala Agassiz, circunstancia que venía a añadirse también al hecho de que él mismo pensara que la teoría de la evolución fuera una chispeante fuente de todo tipo de ideas novedosas y hubiera contribuido a revelarle —siendo esto lo que más le gustaba de Darwin— que la biología operaba en todos los principios *prácticos*, e incluso en los pragmáticos. Al igual que Holmes, James dudaba de todas las certezas, hasta el punto de que una de sus frases favoritas era la que le llevaba a exclamar: «¡Maldito sea lo Absoluto!».[4]

Aproximadamente por esta misma época se produciría un notable acontecimiento en el campo de la nueva psicología, a la que por entonces se llamaba «psicología experimental». En Berkeley, Edward Thorndike había colocado unos cuantos pollos en una caja que disponía de una puerta que podía abrirse si las aves picoteaban en una palanquita. De esta forma podían acceder a un comedero repleto de bolitas de pienso. Thorndike señaló que, «si bien al principio los animales habían intentado un gran número de acciones, de forma aparentemente asistemática (es decir, al azar), los únicos gestos que terminaban aprendiéndose eran los realizados con éxito por los pollos hambrientos». A James no le sorprendió aquella

---

* Comerciante de origen alemán y primer multimillonario de Estados Unidos (1763-1848). (*N. de los t.*)

conclusión, pero sí le confirmó sus puntos de vista, aunque de un modo bastante pedestre: las aves habían asimilado que si golpeaban con el pico la palanca, la puerta se abría y les daba acceso a la comida, esto es, a una recompensa. James dio entonces un paso más. A todos los efectos, dijo, los pollos *creían* que si picoteaban la palanca se abriría la puerta. Por emplear sus mismas palabras: «Sus creencias eran otras tantas normas de actuación». Se le ocurrió que esas reglas podían tener un ámbito de aplicación más general. «Si el hecho de comportarnos como si dispusiéramos de libre albedrío, o como si existiese Dios, nos reporta los resultados que deseamos, no sólo terminaremos por creer tales cosas, sino que acabarán siendo pragmáticamente ciertas ... El de "verdad" es el nombre que damos a todo aquello que se revele bueno para una determinada creencia.» En otras palabras: la verdad no es algo «exterior» y no tiene nada que ver con «la realidad de las cosas».

El aspecto más controvertido de todas estas afirmaciones surgiría al aplicar James este razonamiento a la intuición y a las ideas innatas. Se ciñó en gran parte a la línea argumental de Kant, aceptando que hay un gran número de ideas innatas, pero no consideró que hubiera nada misterioso ni divino en este hecho. En términos darwinianos, estaba claro que las ideas «innatas» eran meras variaciones surgidas a lo largo de la evolución y sometidas a un proceso de selección natural, de modo que James sostuvo que ésta «había determinado elegir a aquellos intelectos que las albergaban, dándoles preponderancia sobre aquellos otros que carecían de ellas». Ahora bien, esto no se debía al hecho de que tales ideas fuesen más «verdaderas» en el sentido abstracto, metafísico o teológico de la palabra, obedecía a la circunstancia de que fomentara la aparición de unos organismos mejor adaptados. La razón de que creamos en Dios (si es que efectivamente nos abonamos a ese credo) radica en que la experiencia nos ha mostrado que resulta beneficioso creer en lo divino. Y si la gente abandona la fe en Dios (como ya empezaba a hacer en considerable número en vida de James), la causa hay que buscarla en otra realidad: la de que dicha creencia haya dejado de arrojar dividendos.[5]

LA FUNDAMENTAL DESAZÓN QUE NOS HABITA

La obra más importante, célebre y probablemente mejor valorada de James en este terreno es la que lleva por título *Las variedades de la experiencia religiosa*. Dicho estudio sigue resultando relevante por un buen puñado de razones. Para empezar, cabe destacar el hecho de que iniciara su andadura como un conjunto de ponencias presentadas en las Conferencias Gifford.*

Las variedades de la experiencia religiosa es un texto que también destaca (teniendo en cuenta el tipo de público al que iban dirigidas las charlas) por el hecho de coquetear con una fina línea roja, arreglándoselas no obstante para mostrarse respetuoso con la religión sin dejar por ello de expresar lo que James consideraba la cruda verdad. El principal tema que aborda la obra es el de los distintos estados psicológicos y las diferentes emociones que figuran, según el autor, en el centro de la experiencia religiosa. James analiza la cuestión de si cabe determinar o no que los guías espirituales de épocas pasadas manifestaron en su momento un conjunto de inquietudes e ideas religiosas francamente patológico. Señala que las

* Las Conferencias Gifford forman parte de una de las tradiciones académicas más prestigiosas del mundo. Se deben al legado del juez escocés Adam Gifford, fallecido en el año 1887, y su objetivo consiste en promover un debate en permanente efervescencia sobre el progreso científico y «toda cuestión relacionada con las concepciones que alcanzan a elaborar los hombres sobre Dios o lo Infinito». La dotación asignada por el jurista permite la impartición anual de una serie de lecciones en una de las cuatro históricas universidades de Escocia: Aberdeen, Edimburgo, Glasgow y Saint Andrews. Desde que se iniciaran en el año 1888, su celebración ha dado lugar a la publicación de más de doscientos libros, siendo sus autores algunas de las más descollantes figuras de la teología, la filosofía y la ciencia. Ocho eminentes premios Nobel añaden brillo a ese elenco de pensadores, en cuya nómina destacan nombres como los de William James, James George Frazer, Dean Inge, Arthur Eddington, Alfred North Whitehead, John Dewey, Albert Schweitzer, Karl Barth, Reinhold Niebuhr, Niels Bohr, Arnold Toynbee, Paul Tillich, Rudolf Bultmann, Werner Heisenberg, Raymond Aron, Hannah Arendt, Alfred Ayer, Iris Murdoch, Freeman Dyson, Charles Taylor, Alasdair MacIntyre, Mary Midgley, George Steiner, Hilary Putnam, Martha Nussbaum y Roger Scruton. En su ensayo sobre la familia Gifford, Larry Witham describe a sus integrantes como «una ventana abierta a un *siglo* en el que la ciencia natural vino a topar impetuosamente con la religión bíblica». A lo largo de esos cien años, prosigue, los Gifford habrían de ser testigos de cuatro estadios históricos: el encontronazo entre los grandes sistemas filosóficos y el materialismo científico; el surgimiento de las ciencias materiales (por oposición a las ciencias formales) —la antropología, la psicología, la física, la sociología y la crítica histórica— y su consiguiente repercusión en el pensamiento religioso; la gran rebelión vivida en Occidente contra la ciencia y la razón —o lo que es lo mismo: la aparición de la idea de Dios como «alteridad absoluta»—; y por último, la resurrección —finalizados ya los días de gloria de uno de los sistemas de creencias hasta entonces dominantes (al menos en Occidente)— de la búsqueda racional de lo divino. Muchos de los nombres y temas que acabamos de citar aquí habrán de aparecer de forma recurrente a lo largo de estas páginas. (*N. del a.*).

personas «excéntricas» tienden a menudo a cultivar una o más ideas fijas. Estudia el papel que desempeña el miedo en la creencia religiosa, examinando asimismo en qué consisten la entrega a lo absoluto y la pasividad o cuál es la significación personal de una vida fracasada (la cual constituye, por emplear sus propias palabras, una «experiencia humana crucial»). También toca brevemente asuntos como el yoga, el budismo o las enseñanzas de Lao-Tsé y la escuela filosófica Vedanta, aunque admite no conocer excesivamente bien las religiones orientales. Habla asimismo acerca de la conversión, la santidad, el misticismo, el martirio y el fenómeno de la conciencia cósmica. Según sostiene, la religión se halla ligada, en su raíz, a la «emotividad» y constituye por ello un «vastísimo apartado» del egocentrismo humano, surgido a su vez de la íntima desazón que anida en nuestro fuero interno, de la sensación de no ir bien encaminados, siendo la religión el constructo que se ofrece a procurarnos la solución a tal desasosiego. James creía que en toda religión hay siempre un elemento de solemnidad —algo solemne, grave y tierno al mismo tiempo— que tiende a satisfacer una necesidad que experimentamos, una solemnidad que, de acuerdo con nuestra percepción, confiere una mayor amplitud a nuestra condición, generando un cierto «gozo», una especie de armonía interior.[6]

De manera simultánea, James señala igualmente que son muchas las personas que se embarcan en ese mismo periplo emocional sin recurrir por ello a la religión, de modo que a pesar de que la religión sea una estrategia «útil» en el caso de las personas con inclinaciones religiosas, no puede inferirse de ese hecho que un conjunto cualquiera de creencias religiosas haya de ser «cierto», añadiendo que los individuos de temperamento místico no tienen en modo alguno derecho a imponer sus puntos de vista al resto de los seres humanos. Es más, James llegará incluso a argumentar que «hemos de decir adiós a la teología dogmática».[7] En la obra que estamos comentando, James hará únicamente unas cuantas referencias ocasionales a Josef Breuer, Pierre Janet y Sigmund Freud (de hecho, *La interpretación de los sueños* se había publicado en 1900, y en lengua alemana, apenas dos años antes que las propias *Variedades de la experiencia religiosa* —véase el capítulo 3—), pero lo cierto es que habrá de demorarse en pormenorizadas explicaciones relativas a lo que él denomina «el subconsciente». James pensaba que la gente discierne borrosamente las influencias subconscientes que orientan su existencia, que siempre hay una cierta porción del yo que «no alcanza a manifestarse», como él mismo dice. Es esto, sugiere, lo que genera la imperiosa necesidad de «ensanchar» el alma, de adquirir una mayor completitud y unicidad.

Por consiguiente, lo que James estaba defendiendo era, en primer lugar, el argumento pragmático de que, a los ojos de quienes creen efectivamente en Dios, éste es una entidad real porque produce efectos ciertos. En este sentido, las personas consideran que la religión les permite llevar una vida más satisfactoria (y es preciso señalar que nuestro autor analiza en su obra un gran número de explicaciones detalladas de otras tantas experiencias religiosas referidas en primera persona, explicaciones que, en la mayoría de los casos, sostiene, eran plenamente fidedignas). Al mismo tiempo, y habiéndose propuesto como objetivo elaborar una «ciencia de las religiones», James considerará que éstas constituyen en esencia un fenómeno de carácter psicológico, una respuesta emocional totalmente comprensible a la «brumosa» ambigüedad de la vida, al temor y al conflicto que agita en nuestro interior las contrapuestas fuerzas de la autoafirmación y la entrega pasiva como fórmulas para encarar la existencia y variantes de la omnipresente pugna entre la «función afirmativa» y la «función negativa», lo que explica que la religión sea en último término una respuesta al muy real apuro pragmático que nos plantea la vida al hacernos comprender que, en ella, hay muchísimas ideas llamadas a negar otras ideas. James mantenía que eran muchas las personas que padecían lo que él llamaba una «demasía creyente», sufriendo las consecuencias de una situación marcada por el exceso de fe; que la vida religiosa corre invariablemente el riesgo de caer en la autocomplacencia; y que todo intento de demostrar la veracidad de un conjunto cualquiera de creencias religiosas está «desesperadamente» abocado al fracaso.

Al defender sus tesis en las Conferencias Gifford, James apuntaría que la religión es un fenómeno natural que hunde sus raíces en nuestro yo escindido. No obstante, también habría de añadir de forma indirecta que el progreso de la comprensión del subconsciente podía muy bien terminar desembocando en una mejor comprensión de la inquietud fundamental que nos trabaja por dentro.

«EL DESARROLLO ES EL ÚNICO FIN MORAL»

Como ha señalado el filósofo estadounidense Richard Rorty, si analizamos las cosas en un plano más general observaremos que el principal logro de James coincide prácticamente en todo con el de John Dewey. Pese a que alardeara de su «acento de Vermont», Dewey no llegó a ingresar en el Club Metafísico, Sabatino o de Agassiz, dado que era profesor en

Chicago, ciudad en la que había echado raíces —lo que le situaba a más de mil cien kilómetros de Massachusetts—. Con sus gafas desprovistas de montura y su completa falta de interés por la moda, Dewey carecía del imponente aspecto que presentaban algunos otros pragmatistas, pero en cierto modo puede decirse que fue el que más éxito logró, o al menos el de más abundante producción. Gracias a toda una serie de artículos periodísticos, de libros divulgativos y de la realización de un buen número de debates con otros filósofos como Bertrand Russell, Dewey acabaría dándose a conocer a la generalidad del público mejor que otros muchos filósofos. Al igual que James, Dewey era un darwinista convencido, y, para él, el arranque del siglo XX constituía el pistoletazo de salida de una era presidida por la «democracia, la ciencia y el industrialismo» —circunstancias todas ellas, según argumentaba, que estaban llamadas a tener consecuencias muy profundas.

Dewey también se asemeja a James por otra cuestión: la de habernos ayudado a deshacernos de buena parte del engañoso bagaje intelectual que habíamos heredado de la tradición platónica, despojándonos, más específicamente, de la convención aristotélico-platónica que sostiene que la más «característica y encomiable» facultad del género humano estriba en «conocer las cosas en su realidad —es decir, en ir más allá de la apariencia para acceder a lo real—». Habría de ser esta idea la que diera origen al proyecto filosófico que ha venido desarrollándose tradicionalmente a lo largo de los últimos dos mil años, o poco menos —proyecto que nos ha llevado, entre otras cosas, a tratar de encontrar algún elemento estable que se revelara susceptible de operar a modo de criterio «a fin de alcanzar a juzgar los perecederos productos de nuestras necesidades e intereses transitorios»—. De acuerdo con la concisa síntesis que efectúa Rorty de este proceso, una de las consecuencias de cuanto vinieron a señalar James, Dewey y sus colegas, resultado a su vez de las conclusiones que lograron extraer de sus observaciones, es que los hombres contemporáneos hemos de «abandonar» la idea de que existan ciertas obligaciones morales incondicionales, obligaciones destinadas a poder ser aplicadas en todo punto del espacio y el tiempo, dado que presuponemos que arraigan en una naturaleza humana tan ahistórica como inmutable. Lo que propone el pragmatismo, por el contrario, es sustituir la dualidad del binomio realidad-apariencia por una distinción mucho menos tajante: la que media entre aquello que resulta notablemente útil y lo que se revela de menor utilidad. Esto viene a ser el reflejo de una particular circunstancia: la de que, si bien el vocabulario de la metafísica griega y la teología cristiana reveló ser de gran utilidad para la concreción de los objetivos que se proponían alcanzar nuestros antepasados, lo cierto es que *nosotros* concebimos metas diferentes, lo que significa que necesitamos un vocabulario igualmente diferente.[8]

Lo mismo puede decirse de la razón. La Ilustración vino a sustituir la idea de una tutela sobrenatural por otra noción distinta, una noción que Rorty describe como «una facultad semidivina a la que se dio el nombre de "razón"». Sin embargo, tanto Dewey como James pensaban que dicha iniciativa venía a ser un intento destinado a mantener viva una facultad especial, llamada «razón» —de características similares a las de Dios— en pleno triunfo de la cultura laica. Esto equivale a decir que existe una especie de «tribunal invisible» de la razón que supervisa aquellas leyes a las que todo el mundo, en su más íntimo fuero, considera vinculantes. Lo que argumentan los pragmatistas es que dicho tribunal no existe ni puede existir.

James y Dewey se vieron influidos a un tiempo por la idea que Emerson tenía de la historia en tanto que proceso evolutivo y por el planteamiento que le llevaba a afirmar que «la democracia no es ni una forma de gobierno ni una conveniencia social», sino una metafísica de la relación del hombre y su *experiencia de la naturaleza* —circunstancia a la que el mismo Emerson llamaba «la infinitud de la intimidad individual»—. Tras mirar lo que sucedía a su alrededor y remontarse al pretérito histórico, Emerson se haría la reflexión de que las grandes lecciones que nos da la naturaleza remiten simultáneamente a la diversidad y a la libertad. Debido a ello, decía, es el futuro el que decide la totalidad de las cuestiones relacionadas con la justificación última de la existencia, un futuro que no es posible predecir de un modo categórico, pero en el que sí pueden *depositarse esperanzas y expectativas*. Básicamente, lo que hace el pragmatismo es sustituir las ideas de «realidad», «razón» y «naturaleza» por las de un «mejor futuro para los seres humanos». «Si se les pregunta a los pragmatistas: "¿En función de qué criterio consideran ustedes que es mejor un futuro dado?", confesarán no poder dar una respuesta, del mismo modo que los primeros mamíferos tampoco hubieran podido determinar en qué aspectos cabía considerárseles mejores que los dinosaurios que estaban extinguiéndose. Los pragmatistas decían que algo era "mejor" para significar que contenía una mayor cantidad de aquello que consideramos bueno y un menor volumen de lo que juzgamos malo. Y al hablar de algo "bueno" pretendían aludir a la idea de "diversidad y libertad" ..., "El desarrollo", decía Dewey, "es el único fin moral".»

A veces se establece un paralelismo entre la vanguardia intelectual o artística y los objetivos del pragmatismo, ya que en ambas inquietudes la búsqueda se encamina más al hallazgo de algo nuevo, de algo asombroso y positivo, que a la concreción de una expectativa concreta. Por su parte, Dewey estaba convencido de que la filosofía europea se había quedado rezagada por haberse revelado incapaz de desembarazarse de una interpretación del mundo surgida en el seno de una sociedad desigual y específicamente destinada a satisfacer sus necesidades. Este origen había alimentado una forma de pensamiento dualista al que Dewey calificaba de «funesto», generando asimismo la raíz de una división que había fragmentado a la sociedad en «observadores y actores». De hecho, Dewey profesaba la opinión de que el arranque de la filosofía misma se había producido al tratar de conciliar «dos tipos de producto intelectual»: por un lado, las concepciones de los sacerdotes y los poetas, y por otro las de los artesanos. Dewey creía que el impulso fundamental de la filosofía occidental había constituido característicamente un reflejo, al menos hasta Darwin, de los intereses de la clase ociosa, unos intereses que tienden a favorecer más la estabilidad que el cambio. Una de las consecuencias de este estado de cosas había acabado materializándose en el hecho de que la filosofía hubiera asociado su prestigio a la noción de «lo eterno», noción cuyo objetivo radica en convertir a la metafísica en «un sustituto de la costumbre como fuente y garantía de los más elevados valores morales y sociales». Oponiéndose a esta situación, el filósofo de Vermont estaba decidido a imprimir un vuelco en el foco de la atención filosófica, logrando que pasara de centrarse en lo eterno a fijarse en el futuro. La filosofía, afirmaba, ha de transformarse en un instrumento de cambio y dejar de actuar al servicio de la conservación.[9]

Este planteamiento resultaba francamente innovador, de modo que, siguiendo tanto a Dewey como a otros pragmatistas, la filosofía experimentó una efectiva modificación y abandonó la búsqueda de las distintas variantes de esa «realidad» neoplatónica que se encuentra más allá de la apariencia de las cosas (y que incluye a la propia idea de Dios) para centrarse en averiguar la forma de conseguir que el presente evolucione hacia un futuro más pleno.[10]

Además de este objetivo, Dewey quería sustituir la permanente insistencia del empeño filosófico en la consecución de la certeza por una orientación más dirigida a la esperanza. Dedicaba muy poco tiempo a la idea de «verdad» en cualquiera de sus acepciones *ciertas* ya que pensaba que los filósofos debían limitar su actividad a la «justificación» o, por emplear sus propias palabras, a la «certificación de la posibilidad de la aserción» —expresando así su objetivo de un modo muy similar al que emplean los científicos para formular sus hallazgos—. Una vez que se comprende, como hizo Oliver Wendell Holmes, que el mundo no camina en una sola dirección, se entiende claramente que tampoco existe una única forma de representarlo con exactitud. Antes al contrario, hay una inmensa multiplicidad de maneras de actuar para satisfacer la esperanza de felicidad de los seres humanos.[11] Es poco probable que la certeza figure en esa amplia variedad de posibilidades, dado que, a fin de cuentas, ha dejado de ser nuestro objetivo. Tanto James como Dewey pensaban que la búsqueda de la certeza era un intento de huir del mundo —aun en el caso de asumirse como un objetivo a largo plazo—. Es preciso sustituir esa búsqueda, decían, por una exigencia encaminada al fomento de la imaginación. «Debemos dejar de preocuparnos de si aquello que creemos se asienta o no sobre un fundamento sólido y empezar a ocuparnos de si hemos sido lo suficientemente imaginativos como para elaborar alternativas interesantes a las convicciones que actualmente profesamos. El *telos* (es decir, el propósito) del movimiento y el constante cambio de las cosas no radica únicamente en la dominación, sino también en la procura de estímulos.»[12]

La diferencia entre William James y John Dewey estriba en el hecho de que el primero juzgaba que la religión y la ciencia eran *dos* «sendas respetables» para quien quisiera abrazar creencias honorables, al menos mientras esa persona aceptara que se trataba, en ambos casos, de persuasiones encaminadas a la procura de objetivos diferentes. El «conocimiento» no es algo que requiera unas cualidades únicas que sólo posean los científicos. Ocurre sencillamente que existen distintas formas de justificar las creencias ante una determinada audiencia. Y ninguno de esos públicos cuenta con más privilegios que otro ni se halla más próximo a la naturaleza ni constituye un ejemplo más acabado de un cierto ideal ahistórico de racionalidad.[13] Toda persona que crea en Dios será invariablemente capaz de ofrecer una justificación de sus creencias (o de la gran mayoría de ellas, en cualquier caso), y serán además unas justificaciones susceptibles de satisfacer las exigencias criteriales de la comunidad a la que pertenezca esa persona. Al mismo tiempo, no hay razón alguna para pensar, no obstante, que esas creencias, siendo justificables tanto a los ojos del individuo como a juicio de la comunidad de la que éste forma parte, hayan de ser las que mayores probabilidades tienen de revelarse verdaderas. La indagación no se apoya en ningún objetivo «superior» denominado «verdad», ya que éste no existe, del mismo modo que tampoco hay nada parecido a una justificación última —esto es, una justificación ante Dios, o ante el tribunal de la razón—, porque a lo único que podemos aspirar es a un mero público humano y *finito*. Si asumimos la imagen del mundo surgida con el darwinismo, llegaremos a la conclusión de que es imposible hallar ese tribunal definitivo. El hecho de que la evolución biológica darwinista carezca de objetivo no le impide producir constantemente especies nuevas, del mismo modo que la evolución cultural genera nuevos públicos. Sin embargo, «no existe nada que pueda compararse a una especie, a diferencia de lo que ocurre en este sentido con la evolución».[14]

NUEVAS CONCEPCIONES DE COMUNIDADES POSIBLES

Una de las reivindicaciones que vienen a aliarse con los planteamientos del pragmatismo es la de que vivimos en un mundo en el que no hay esencias. Dado que nos resulta de todo punto imposible apearnos del lenguaje, no existe nada similar a una «realidad» desprovista de la mediación de la descripción lingüística. Y como los pragmatistas sostienen que no existe distinción alguna entre conocer las cosas y utilizarlas, tampoco puede haber una descripción que se revele capaz de señalar lo que un objeto es *realmente*, al margen de su relación con la conciencia humana o el lenguaje.[15]

Tanto Platón y Aristóteles como los principales monoteísmos insisten en la realidad de un cierto misterio y asombro en relación con las potencias sobrehumanas, señalando que hay en lo real —y que existe ya *de facto*— «algo mejor y más grande que lo humano». Otro elemento de esta cosmovisión, igualmente derivada de los griegos, es el que afirma que la humanidad misma obedece a una naturaleza intrínseca —es decir, que hay en nuestro interior algo esencial e inmodificable denominado «lo humano» que se diferencia de cuanto se halla «ahí fuera», en el resto del universo—. El pragmatismo no respalda esta visión del mundo sino que considera que la naturaleza humana es una entidad abierta e inacabada que, sea lo que sea, no es ninguna «esencia» inmutable y eterna. Por consiguiente, los pragmatistas *reorientan* la percepción de quienes afirman que puede existir algo misterioso y capaz de inspirar simultáneamente asombro y temor reverencial —una entidad que tanto los griegos como los monoteístas asociaban con lo sobrenatural—, dirigiendo su impulso hacia el futuro. El espíritu que guía al pragmatismo, por así decirlo, es la idea de que la humanidad del futuro, pese a derivar de lo que ahora somos quienes la integramos, será de algún modo superior a la que ahora existe, aunque apenas nos resulte posible imaginar la forma que pueda venir a adoptar.[16]

A juicio de los pragmatistas no existe ninguna diferencia fundamental, por ejemplo, entre los números, las mesas, las estrellas, los electrones, los seres humanos, las disciplinas académicas, las instituciones sociales o cualquier otra cosa. Dichas entidades no poseen nada que les resulte *esencial*, y nada en ellas puede conocerse, salvo cuanto de ellas pueda *decirse*. Todo cuanto puede ser conocido acerca de una mesa palpable y sólida es, pongo por caso, que algunas proposiciones relativas a la misma se revelan exactas. No es posible acceder a lo que hay «tras» el lenguaje y contemplar algo susceptible de ser considerado como una forma de conocimiento no lingüístico más inmediato.[17] A los ojos de los pragmatistas, el hecho de ocuparnos de las «esencias» que puedan incumbir, digamos, a las constelaciones del firmamento o a los valores morales de la esfera terrenal es una simple forma de malgastar nuestra energía. Estos conceptos podrán resultar de mayor o menor utilidad, y lo cierto es que este aspecto de los mismos —el de su función útil— es de una importancia muy superior a la de enzarzarnos en una interminable disputa acerca de su naturaleza eterna (ya que eso equivaldría a tratar de señalar su esencia).

Para los pragmatistas, hasta la preocupación que lleva a los científicos a interesarse por los electrones, por lo que ellos mismos denominan partículas «fundamentales», y por lo que en último término son también esencias, no es más que un nuevo empeño encaminado a encontrar algo eterno en la naturaleza, cosa que, según la sugerencia pragmatista, es simplemente el reflejo de una necesidad humana. Del mismo modo, el problema que plantean estos esfuerzos radica en el hecho de que «la necesidad de ser Dios no es sino una más de las muchas necesidades que tienen los seres humanos». La cuestión es que la naturaleza admite ser descrita de un sinfín de formas, pero *ninguna de ellas* responde a su esencia «íntima». Basándose en esta idea, los pragmatistas sostienen que la comprensión de la divinidad bajo el aspecto de su eternidad presunta no es ni una ilusión ni una confusión —sólo es una forma más de describir la experiencia, pero no puede considerársela más «profunda» (ni más verdadera) que cualquier otra descripción.

La ventaja del antiesencialismo, como podríamos llamar a esta postura filosófica (se trata de un término ideado por Rorty), estriba en que viene a mostrarnos, unida a la teoría evolutiva darwiniana, que la característica distintiva de nuestra especie no es tanto la «mente» como el *lenguaje*, aunque se trata de una característica que no supone ninguna discontinuidad, ya que se enmarca en el mismo continuo que el que se aloja la conducta animal. Sumadas, ambas concepciones —darwiniana y pragmatista— nos han permitido superar las narrativas transcendentales y sustituirlas por otros tantos relatos empíricos o experienciales. De esta forma hemos ido reemplazando gradualmente el programa consistente en contemplarnos a nosotros mismos como entidades ajenas al tiempo y a la historia por otro objetivo más práctico: el de propiciar un futuro mejor. Y una de las consecuencias de este giro copernicano se concreta en el hecho de que, de este modo, la idea misma de la filosofía experimenta un cambio, ya que actualmente tendemos más a verla como un elemento auxiliar en la construcción de nuestra propia realidad (de nuestra realidad en el futuro) que a la manera de un factor imprescindible para conocernos a nosotros mismos.

No obstante, el elemento más importante de la argumentación antiesencialista gira en torno a la idea de que no existe nada que pueda asemejarse a una naturaleza humana fija e inmutable, ni concebida en términos generales ni aplicada a ningún individuo concreto. El origen de este planteamiento, el de un yo individual independiente del tiempo y el espacio, posición que Dewey describía diciendo que consistía en «creer en la fijeza y la simplicidad del yo», se remonta, de acuerdo con el propio Dewey, al «dogma teológico ... de la unidad del alma y su preestablecida completitud».[18] El modo en que él mismo comprendía la cuestión pasaba, antes al contrario, por caer en la cuenta de que cualquier yo puede albergar en su seno un número indeterminado de yoes incongruentes, los cuales no se conducen necesariamente de manera armónica. Como tendremos ocasión de comprobar, ésta habrá de ser además una idea llamada a recorrer la totalidad del siglo XX y a aflorar en todo tipo de disciplinas. Son muchos los pensadores que juzgan que se trata de una doctrina extremadamente liberadora, especialmente en un mundo sin Dios.

UNA NUEVA TRINIDAD: CONFIANZA, AMBICIÓN MORAL Y ESPERANZA SOCIAL

Apenas cabe exagerar la importancia de este descubrimiento. En cierto sentido viene a situar a Dewey en la línea de Freud. Al ser un intelectual que se interesaba por la educación, Dewey comprendió perfectamente lo relevante que resultaba la familia como factor capaz de contribuir a la socialización de los individuos —y en particular el papel del amor materno en la formación de individuos libres de toda psicopatía, en la forja de yoes humanos capaces de entender como algo enteramente natural el hecho de preocuparse por los demás—. La noción freudiana del inconsciente constituía en cierto sentido una descripción de esos individuos provistos de múltiples y contradictorios yoes carentes de armonía, además de un tratamiento psicoanalítico para salir al paso de las inquietudes de quienes se sentían desconcertados al constatar la existencia de esa población interior. Los historiadores han situado en muchos y diversos puntos el origen de la psicología, y éste es sin duda uno de ellos. Así viene a resumir Annette Baier, feminista y filósofa moral establecida en Nueva Zelanda, la postura pragmatista: «es el equivalente laico», afirma, «de la fe en Dios ..., aunque en este caso se trate de una fe en la comunidad humana y en los procesos de evolución en que se embarca —una fe en las perspectivas de unas ambiciones cognitivas y unas esperanzas morales construidas en equipo».[19]

De acuerdo con este enfoque, la confianza, la ambición moral y la esperanza social vienen a configurar una nueva Trinidad. No obstante, puede decirse en cierto sentido que no se trata de una postura tan radical como parece, puesto que más de un historiador o sociólogo de la religión ha llegado a la conclusión de que la raíz de la fe religiosa brota en último término de la confianza que el niño tiene en sus padres. Así resume Rorty los planteamientos de Dewey:

> El desarrollo moral del individuo y el progreso ético del conjunto de la especie humana pasan por la reconstrucción de los yoes humanos con las miras puestas en el incremento de la diversidad de relaciones que constituyen dichos yoes ... El hecho de situar los límites de la comunidad moral propia en una determinada frontera nacional, racial o de género no significa que se esté adoptando una postura irracional o poco inteligente. No obstante ..., lo mejor es concebir que el progreso moral lleva aparejada una mayor *sensibilidad* y responsabilidad frente a las necesidades que puedan afectar a un grupo de personas y cosas paulatinamente más amplio y diverso.[20]

El abandono de las camarillas religiosas contribuye a materializar este objetivo.

Dicho de otro modo: la pesquisa que se aventuran a emprender los pragmatistas va en pos de una inclusión *cada vez más amplia*, en lugar de orientarse hacia una exploración en «profundidad». Esto encuentra aplicación tanto en el ámbito científico como en la esfera moral. El progreso científico implica la integración de un volumen de datos en constante crecimiento, elaborando así una explicación de conjunto coherente, pero desde luego no consiste en ir penetrando en las apariencias hasta dar finalmente con la realidad. De manera similar, el progreso moral guarda relación con la procura o el logro de una empatía cada vez más amplia. «No es posible proponerse como objetivo la perfección moral, pero lo que sí puede hacerse es tratar de tener en cuenta las necesidades de más personas que antes.»[21]

De aquí se sigue que lo que hemos de hacer es *abandonar* sin más la búsqueda filosófica de las esencias o de una realidad inmutable. El mejor modo de comprender en qué consiste el progreso moral es imaginarlo como un proceso destinado a reunir en una misma pieza un complejo y multicolor mosaico formado por distintos grupos humanos. «Tenemos la esperanza de alcanzar a confeccionar esa labor de retazos uniendo con miles de pequeñas iniciativas a las diferentes comunidades que existen.»

La clave última es en este caso la imaginación, que vendrá así a sumarse a la confianza, la ambición moral y la esperanza social. Esta amalgama es la que está llamada a generar el conjunto de las nuevas concepciones de las comunidades posibles, contribuyendo de ese modo a propiciar un futuro humano que resulte más enriquecedor que nuestro pasado.[22]

LA CÓMICA FE DE SANTAYANA

Pese a que no le hiciera ninguna gracia que se le etiquetara como «pragmatista», podría considerarse que George Santayana fue una especie de miembro inconformista de dicha corriente. Mantuvo siempre una amistosa relación con William James, autor con el que acabaría estableciendo un vínculo de recíproca influencia intelectual. La carrera de Santayana transitó por caminos poco comunes. Nacido en España, pasaría varias décadas en Boston, ejerciendo la docencia como profesor en Harvard y abandonando más tarde Estados Unidos para dedicar otro largo período, nada menos que de cuarenta años, a enseñar en Oxford, París y Roma. Era un hombre muy celoso de su libertad, hasta el punto de que, andando el tiempo, no dudaría en rechazar las ofertas de ocupar una cátedra que habrían de llegarle desde un gran número de universidades situadas a ambos lados del Atlántico. Además de escribir abundantes obras, Santayana fue uno de los profesores más prestigiosos de la época moderna, y entre sus alumnos figuran nombres como los de Conrad Aiken, Van Wyck Brooks, James B. Conant, T. S. Eliot, Felix Frankfurter, Robert Frost, Walter Lippmann, Samuel Eliot Morison y Wallace Stevens.

Santayana partía del hecho de que, a su juicio, la vida no tiene nada de sobrenatural. No existe ningún «alma suprema», o *Über Seele*, como dicen los alemanes, ningún «plus sobrenatural», por emplear las palabras de William James, ninguna «esperanza de que el cielo venga a endulzar nuestras pocas lágrimas». Decía que era «poco» el llanto porque estaba convencido de que «la existencia y el bienestar del hombre sobre la tierra no constituía, desde el punto de vista del universo, más que un incidente incapaz de suscitar otra cosa que la indiferencia», y porque la humanidad, para el Todo, apenas pasaba de ser «el fragmento de un fragmento».[23]

Santayana pensaba que «la vida [no sólo] plantea preguntas que no nos es posible responder», sino que sufre el asedio de la tragedia, a lo que añadía que el transcendentalismo no le aporta nada «esencial». Cada vez que las religiones han fingido ser un conocimiento científico, afirmaba, las esperanzas de los hombres se han descarriado. «¡Qué prodigioso desengaño imaginar que el trabajo podía quedar hecho por obra y gracia de un acto mágico! ... Siempre que la religión ha tratado de asumir las penalidades del hombre, no sólo ha defraudado las esperanzas suscitadas sino que ha consumido su energía y apartado su atención de los verdaderos instrumentos del éxito.»[24] No hay en todo el universo nada que se parezca ni remotamente a un «alma intemporal», no existe ninguna esencia de la naturaleza humana, puesto que con ese término no se viene a designar sino un mero puñado de cualidades «que, hallándose casualmente presentes en ciertos clanes animales», hemos dado nosotros en colocar artificialmente en primer plano, pese a que en la propia naturaleza no exista nada que se perfile así, nítidamente destacado en el frontispicio de la experiencia.[25] En relación con el absolutismo y el misticismo, Santayana sostiene que «la totalidad de las ideas humanas están siendo sacrificadas en el altar de una de esas dos ideas: la de una realidad absoluta». Nuestro autor descalifica el misticismo diciendo que es «una guerra civil de la mente» que acaba provocando «la aniquilación de todos los bandos que se hayan visto envueltos en ella. ... Una vez consumado ese desenlace, irrumpe tiránicamente el absolutismo proclamando que un Espíritu sobrehumano habrá de venir a resolver todos los conflictos que la gente no tiene en su mano dirimir». Sin embargo, la «realidad absoluta» no es más que una opinión humana.[26] El bienestar o la salvación de los seres huma-

nos, explica Santayana, depende tanto de un conjunto de condiciones o
circunstancias externas y arbitrarias —que no sólo escapan al control de
las personas sino también a su capacidad de gestionar las cosas— como
de la propia conducta de esas mismas personas. Como ya sucediera en el
caso de lo absoluto, la universalidad viene a asemejarse a la liebre mecánica de un canódromo: es un señuelo imposible de atrapar.[27]

Santayana aceptaba la idea de que a principios del siglo XX se estuviera
produciendo una crisis «espiritual», pero sostenía que no se trataba en
modo alguno de un problema de carácter sobrenatural. A su juicio, la religión es un ideal, aquel justamente al que deseamos que venga a amoldarse
la realidad. Deberíamos entender la religión de una forma «poética». Y si
persiste en el tiempo «se debe a que es una institución que contribuye de
forma más clara que ninguna otra a ofrecer diferentes "símbolos morales"
a la cultura, unos símbolos que permiten que las personas alcancen a vivir
con un sentimiento de dicha unos acontecimientos que de otro modo ame-
nazarían con abocarlas al absurdo —ya se trate de una situación o de un
padecimiento físico extremos, de los límites del sinsentido intelectual, o de
las oscuras fronteras de la comprensión de la ética o el mal—».[28] Los rituales religiosos crean «otro mundo» y determinan que surja en la percepción
de las cosas «una impresión tendente al regocijo», constituyéndose así en
un factor capaz de procurar alivio a las complejas estructuras de la experiencia cotidiana. Según mantiene Santayana, el sello distintivo de la religión en tanto que institución cultural no es el auxilio social, sino la celebración de «festividades», de modo que lo que ayuda a disolver el temor que
inspira la futilidad de la existencia es el ritual, no la certeza. La religión
permite que la gente se desvincule de los frenos sociales, y además, las
prácticas de carácter religioso subrayan los *límites* de las reivindicaciones
humanas. Sin embargo, Santayana pensaba que el hecho de que la religión
hubiera dado en concebir el pecado al modo de una entidad que debía su
existencia al hecho fundamental de poder ser «superada» constituía una
«idea tan hermosa como buena», dado que de esa forma se concedía a la
gente la posibilidad de una experiencia de triunfo.[29]

Al igual que James y Dewey, también Santayana pensaba que los seres humanos constituían otras tantas «oportunidades de hacer mejor las
cosas». Además, la solución que él habrá de dar a la cuestión de la muerte
de Dios acabará aportando una nueva definición de los ámbitos «espiritual» y sobrenatural, cuyo carácter deja de entenderse como algo de índole transcendental que tiene lugar después de la muerte para asumirse como
factores relacionados con la indagación y la imaginación personales. A

juicio de Santayana, la filosofía era incapaz de ofrecer ningún «primer principio insoslayable», siendo en cambio una especie de conversación cuyo objetivo radicaba en redescribir el mundo en unos términos cada vez más imaginativos y precisos —circunstancia a la que él daba el nombre de «rectificación por redescripción»—.[30] A sus ojos, la filosofía era de naturaleza «festiva, lírica y retórica». La imaginación debía operar desde una percepción de carácter cósmico, expresión con la que pretendía significar, fundamentalmente, que mediante esa imaginación los seres humanos debían cobrar conciencia de su finitud e impotencia. El objetivo de la vida debía radicar en el vivirla de manera triunfante, dentro de su finitud.

Por otra parte, Santayana profesaba lo que él mismo denominaba una «visión cómica» de la vida (y digo bien «cómica» y no «cósmica»), esto es una forma de contemplar las cosas capaz de «celebrar las transitorias dichas y victorias del mundo» unida a la idea de lo que Santayana denominaba la «comedia radical», concepto que implica «admitir que lo que une a las personas es, en no pequeña medida, la impotencia y la mortal finitud que todas ellas comparten, la aceptación de un estado de cosas que resiste o tira incluso por tierra toda tentativa de autoafirmación. O dicho de otro modo, la comedia radical se produce cuando «todo el mundo, pese a reconocerse vencido y engañado, se contenta al comprender que los acontecimientos han dado un giro inesperado». La meditación filosófica y la cultura, afirma, son actividades que permiten que las personas se evadan momentáneamente «de los más mezquinos entornos en que les toca vivir para entregarse a la risa, acceder a la comprensión de las cosas y posibilitar pequeñas concesiones de la locura a la razón». Santayana reivindica la idea de que, «si descartamos la búsqueda de la vida eterna y nos desentendemos por completo de la infinitud trascendente, tanto el bienestar público como la felicidad privada vendrán a depender de un gentil "amor a la vida capaz de ser al mismo tiempo plenamente consciente de nuestra impotencia"».[31]

De acuerdo con sus convicciones, una vida digna de ser vivida exige una cierta dosis de «existencia no mundana», o lo que es lo mismo —en el contexto en el que él mismo escribe—, una mínima cantidad de tiempo vivido al margen del mundo cotidiano. Ésta es la razón de que necesitemos lo que él dio en llamar «una vida de vacaciones», esto es, un tiempo y un lugar en el que podamos huir del mundo del día a día y *jugar*. A sus ojos, el «ánimo» es el emplazamiento cultural destinado a la verificación de la revitalización personal y solitaria del individuo, la esfera que la cultura reserva para que nuestra percepción de lo bello alcance a resolver las magulladuras provocadas por las ataduras morales. Santayana pensaba que el reciente hincapié que se estaba haciendo en la autorrealización y en la racionalidad técnica era «incapaz de conceder un peso suficientemente adecuado a la vida espiritual y moral». A su juicio, el *ethos* contemporáneo no deja espacio para «una afirmación espontánea» de la persona ni para que ésta pueda apreciar cuanto es «hermoso y entrañable». El bienestar —que es el objetivo de la vida— surge en forma de «episódicos y radiantes brotes de gozo consumado que *dan sentido* a las cosas», y no ha de perderse de vista que el hecho de dar sentido a las cosas no sólo es lo que permite que la gente «alcance a tener una sensación de victoria sobre la vida sino que resulta ser también lo que evita que se hunda en una percepción de derrota, de brutal aturdimiento o de franca irrealidad».[32]

Y tal es justamente el sentido del espacio cultural, dice Santayana, en eso consiste precisamente la espiritualidad: en un festivo asueto gracias al cual la gente logra abandonar los cotidianos mundos de, por ejemplo, la formulación política a fin de participar en toda una serie de actividades de carácter reflexivo e imaginativo que les confieren la elasticidad y la disciplina necesarias para celebrar la existencia y vivir de manera triunfante, al menos durante un tiempo, su propia finitud. La apreciación de la belleza se produce en los períodos vacacionales de nuestra vida, en aquellos momentos «en que se nos concede un instante de redención».[33] El vocabulario de la belleza, ya se trate de la belleza natural o de la belleza creada, pertenece al orden de lo divino, no en el sentido sobrenatural del término, sino en atención, sencillamente, a los sentimientos y percepciones que genera en nosotros. El arte muestra que tenemos la facultad de experimentar diversas formas de «perfección finita» sin necesidad de toparnos directamente con una deidad, la felicidad del público que contempla la obra artística se incrementa cuando empatiza con un conjunto de personajes inmersos en situaciones desdichadas, los artistas logran que el sufrimiento pueda sufrirse, los actores que representan un papel trágico deleitan a sus admiradores permitiendo que se identifiquen con la imagen de una perfección a la que consiguen aproximarse pero que se les escapa sin remedio: el valor de la imperfección reside en su condición de «perfección incipiente».

A juicio de Santayana, la imaginación nos permite comprender la existencia de aquellas posibilidades que no resultan accesibles a la experiencia, y de este modo el impulso de nuestra imaginación posee la virtud de hacernos volar lejos de nosotros mismos. No existe ninguna realidad absoluta ni ningún supremo bien, la «intermitencia es una de las características intrínsecas de la vida», y lo mismo puede decirse de la parcialidad y la finitud, pero el arte nos permite imaginar la excelencia, nos muestra distintas formas del «todo», y nos señala desenlaces pertinentes. En el mundo de Santayana, la redención espiritual depende de que se verifique o no una «suspensión de la autoafirmación». «El nacimiento y la muerte no admiten más solución que la derivada del disfrute del lapso de tiempo comprendido entre ambos acontecimientos, un disfrute que deberá alcanzarse mediante un discernimiento y una manifestación de lo bueno capaces de comprender que no es posible aspirar a su conservación.»[34]

La autoafirmación humana, prosigue, es indispensable, pero está irremisiblemente abocada a revelarse insuficiente. Nuestra salvación reside en saber amar la vida con plena conciencia de nuestra impotencia. Si queremos imaginar un futuro que sea una proyección de cuanto resulta deseable en el presente, y si hemos de comprender que en eso reside nuestra redención, será preciso que tengamos fe en nuestra inteligencia. La experiencia estética no sólo desvela un tipo de orden «que permite que las personas unifiquen de forma armoniosa un gran volumen de instantes discretos sino que lleva aparejada una emoción derivada de la percepción de la perfección, de un sentimiento de satisfacción o de una experiencia feliz». Y si las actividades y las instituciones culturales confieren significado a la existencia no se debe al hecho de que nos proporcionen un contacto directo con «algo» situado por encima, por debajo o al margen de la cultura, sino al orden imaginativo que ponen por obra.[35]

La belleza, la dicha, la comedia, el juego, el júbilo, el humor, la risa... ésos son los objetivos que deberíamos proponernos alcanzar, no la bienaventuranza eterna. Y ése es también el significado de lo que Santayana entiende por «fe cómica»: una realidad menos grandiosa y más razonable que toda felicidad infinita o permanente, más sensata que la inmortalidad de los benditos. Si añadimos esta concepción vital a la voluntad de materializar una diferencia —una mejora— en los diversos mundos en que viven nuestros semejantes, llegaremos a la conclusión de que ésta es la única inmortalidad que se encuentra a nuestro alcance. Al aceptarlo así descubriremos que no hemos alcanzado a superar la muerte, pero también comprenderemos que sólo de este modo nos es dado superar la punzada con la que ésta nos zahiere en vida.[36]

Santayana vivió al límite de la poesía y eso se trasluce de manera radiante en el estilo de su prosa. Él es posiblemente el filósofo más discreto del siglo XX, un espléndido guía y compañero para transitar por un mundo carente de Dios. Y no hay exageración en decir que es también el pensador en el que viene a hallar culminación el enfoque pragmático.

Capítulo 3

LA VOLUPTUOSIDAD DE LOS OBJETOS

Puede decirse que el pragmatismo, que ha constituido el eje argumental del capítulo anterior, fue en gran parte una escuela filosófica surgida en Estados Unidos. En el presente capítulo habremos de ocuparnos por tanto de todo un conjunto de pensadores europeos a quienes no se les ocurriría darse a sí mismos el nombre de pragmatistas, pese a que sus ideas muestren algo más que una semejanza coyuntural con las de sus colegas americanos, como tendremos ocasión de exponer con claridad. Los nombres que nos disponemos a invocar aquí son los de Charles Baudelaire, Arthur Rimbaud, Paul Valéry, Paul Cézanne, André Gide y Edmund Husserl —siendo este último el más descollante de todos por lo que a nuestro objeto de análisis respecta.

La figura de Husserl no ha recibido un trato excesivamente amable por parte de la historia. Hasta cierto punto esto se debe al hecho de que la rama filosófica que él concibiera acabara conociéndose bajo una denominación un tanto abrumadora, ya que responde por «fenomenología» —una de esas palabras grandilocuentes que tanto «nos asustan», como diría James Joyce—. Sin embargo, la premisa básica de la fenomenología no es sólo muy sencilla sino también extremadamente importante, dado que en ella viene a sustentarse otra escuela de pensamiento que ya era por entonces —al igual que ahora— tan hostil a la ciencia como a la religión.

Paul Valéry (1871-1945), el gran polímata francés de finales del siglo XIX —poeta, ensayista y filósofo—, acertaría a resumir en los siguientes términos uno de los elementos fundamentales de la fenomenología: «Tiene uno la impresión de hallarse ante la posibilidad de una nueva religión, una religión cuya cualidad esencial viene dada en este caso por la emoción poética». En realidad, la meta de Husserl apuntaba a un objetivo bastante más ambicioso que ése.

LA METAFÍSICA DE LO CONCRETO

Nacido en Moravia en el seno de una familia judía, bautizado en una iglesia de confesión luterana de la católica Austria y distinguido por la poblada barba y los característicos anteojos que venían a subrayar su despejada frente, podría sentirse la tentación de considerar que Husserl era doblemente ajeno a su entorno inmediato. Había sido matemático antes que filósofo, habiéndose instruido en ciencias exactas bajo la dirección de Karl Weierstrass, en Berlín, y formado como filósofo de la mano de Franz Brentano en Viena.

Husserl sostenía que la experiencia es la única forma posible de conocimiento y que hay al menos dos clases de existencia. Según él, los objetos cotidianos existen, ahí, en el mundo real que nos rodea, mientras que los conceptos residen en nuestra conciencia. Sin embargo, decía, la conciencia no es un tipo de materia, sino algo diferente, un «algo» a lo que él daba el nombre de «intención» —palabra a la que no atribuía el sentido que normalmente le asignamos, sino que asociaba con el significado de un «volverse hacia» el mundo, de una forma de trabar relación con el entorno y experimentarlo—. La conciencia no es un mero percatarse del mundo, consiste también en tener conciencia de dicha conciencia. Tomando esta noción como punto de partida, Husserl mantendría —al igual que los pragmatistas— que no es posible acceder a cuanto se halla «tras» la conciencia a fin de lograr un más «íntimo» vislumbre de la vida o de la realidad. «El mundo no es lo que pienso, sino lo que vivo.»

Husserl también argumentaba que la percepción de la realidad se produce «enteramente al margen de la razón», y que lo que consideramos cualidades primarias y secundarias de los objetos no son en realidad tales, ya que los objetos *son* su apariencia y no un agregado de cualidades unificadas por la mente. Por ejemplo, el color amarillo de un limón no es una cualidad secundaria, una especie de añadidura que la mente diera en atribuir a la «limonidad», sino que eso es justamente lo que el limón *es*. No hay «distancia» alguna entre la conciencia y la mesa que ésta percibe. No tenemos que averiguar lo que es una mesa mediante el cálculo de sus cualidades secundarias —el número de patas que tiene, la forma de su parte superior, la madera o el metal de que está hecha...—; sabemos *inmediatamente* lo que es.[1]

Los fenomenólogos afirman que no necesitamos instrumentos para comprender el mundo que nos rodea: las cosas son lo que parecen ser, y nada más. La conciencia no es una máquina de calcular ni una cámara de cine. Es, de hecho, el único absoluto, ya que la conciencia es invariablemente conciencia *de algo*. No podemos tener celos sin más, hemos de tener por fuerza celos *de alguien*. No hay nada *en* la conciencia.[2] Otro ejemplo: la relación que mantenemos con los objetos que nos rodean es una función de la *relación* que éstos tienen con nosotros. El único modo de «entender» los utensilios consiste en utilizarlos. La contemplación o la reflexión puras no puede conseguirlo. El hecho de que analice la madera y el metal de un martillo, por ejemplo, jamás podrá permitir que un científico alcance a «comprenderlo».

Arthur Rimbaud (1854-1891) fue el primero en resaltar la importancia de esta forma de entender la vida. Rimbaud consideraba que el mundo había quedado «sometido» a los conceptos, una idea que vendría a reforzar el célebre aforismo de Charles Baudelaire: *«De artistas es fijar los minutos del gozo».*[3] En un mundo no iluminado ya ni por Dios ni por la razón, Husserl quería instaurar una nueva metafísica de lo concreto, y ésta es la razón de que la fenomenología acabara revelándose tan influyente. Desde el punto de vista de este planteamiento filosófico, todos los empeños destinados a reducir la infinita diversidad del mundo (o aun del universo o la experiencia) a conceptos, a ideas, a esencias, ya se trate de conceptos religiosos o científicos, y ya sea por medio del «alma», de la «naturaleza», de las «partículas» o de la «otra vida», disminuyen la diversidad fáctica de la realidad que forma parte de su significado —siendo quizá la parte más importante, o incluso la totalidad del mismo.

A juicio de Rimbaud, de Valéry, de Gide y de otros autores, lo real es infinito, de modo que los métodos consistentes en dividirlo en un conjunto de porciones comprensibles han de ser igualmente infinitos. «Si tenemos en cuenta que la totalidad de la materia rebasa nuestra capacidad de comprensión deberemos concluir que no existe método alguno, ni siquiera el de la ciencia, que pueda considerarse "definitivo". Ningún método alcanzará jamás a responder de una vez por todas a nuestras preguntas.» En opinión de Valéry y de otros como él, la conciencia es «el "defecto" que limita la plenitud del ser», pero se trata de un defecto susceptible de constituirse en fuente de regocijo para estos pensadores. «Algunos hombres dotados de una sensibilidad lo suficientemente fina extraen un voluptuoso placer de la *individualidad* de los objetos. Dichas personas muestran una gozosa predilección por aquella cualidad que determina que una cosa sea única —cualidad que se halla presente en todas las cosas.»[4]

Este enfoque lleva aparejadas dos implicaciones inmediatas, pese a que también haya ejercido una influencia a largo plazo —influencia de la que nos ocuparemos a su debido tiempo—. La primera de esas implicaciones es que la perspectiva fenomenológica no iba a tardar en convertirse en uno de los puntales del modo artístico de abordar la vida, en tanto que forma diferenciada de la actitud vital de carácter científico o religioso. La segunda consistiría en resaltar que la vida está integrada por una infinidad de observaciones, experiencias, epifanías e intuiciones diferentes, insistiendo además en el hecho de que todas ellas se acumulan a lo largo de la vida. Desde este último punto de vista, no es posible acceder de un modo súbito a la plenitud, o a la totalidad, por medio de alguna forma de episodio «transcendente», ya sea éste de naturaleza religiosa o terapéutica, sino que su consecución depende más del trabajo intenso o de la educación.

LA «COSEIDAD»

Everett Knight nos insta a prestar atención a la obra de Paul Cézanne, un pintor que logró alumbrar, según dice este autor, una nueva era artística, propiciando el surgimiento de un arte decidido a buscar, de múltiples maneras, el modo de contemplar los objetos, prosigue Knight, «en su plena y no humana independencia». De acuerdo con el planteamiento de Knight (y también de otros pensadores), Cézanne se esforzó en mostrar que la inteligencia no guía la percepción, «sino que la deforma y pervierte ... La visión de Cézanne se basa en esta comprensión de lo real. La totalidad de su empeño habrá de consistir así en lograr captar los objetos antes de que su inteligencia consiga organizarlos y convertirlos en algo muy distinto a lo que en realidad son». Y añade: «Como ya descubriera Valéry, el mar es una superficie vertical y no plana y horizontal, como quiere sugerirnos la inteligencia. Y si Cézanne pinta platos y fuentes de varios contornos es porque ésa es precisamente la forma en que se presentan antes de la intervención de la mente».[5] Otro buen ejemplo de este fenómeno nos lo ofrecen las diferencias que existen entre la fotografía y el ojo humano. No es infrecuente, por ejemplo, que percibamos una colina en la distancia y que nos dé la impresión de ser notablemente elevada, tan alta como nos indica que es la experiencia. Sin embargo, en una instantánea, el monte en cuestión presenta en cambio un aspecto insignificante.

Ivor Armstrong Richards, el filósofo y crítico literario radicado en Cambridge, pensaba que el arte —y particularmente la poesía, en su caso— tiene «la potencial virtud de salvarnos, al ser un medio perfectamente capaz de superar el caos». Otros artistas que habrían de compartir esta misma actitud, tras la estela de Cézanne, serían los cubistas, pintores dotados no sólo de una clara visión de las cosas sino decididos a mostrarnos que el mundo de los objetos es «inconmensurable con toda realidad humana».[6] Esto les permitiría realizar un crucial avance artístico, pues los objetos que ellos creaban no debían ser considerados como representaciones, según pretendían las formas tradicionales de entender el arte, sino como objetos por derecho propio —lo que significaba que su novedad y su mismo carácter innovador eran parte de su razón de ser, un aspecto de su *significado*—. Las ideas de novedad a ultranza, de provocar un impacto chocante o aun de «coseidad», no parecen constituir una verdadera alternativa a la «salvación» en su sentido clásico, pero desde luego resultaron extremadamente populares en el siglo XX.

Husserl había sido cortado por el mismo patrón que los pragmatistas estadounidenses en el sentido de que acabó llegando a la conclusión de que no existe nada que pueda considerarse remotamente parecido a una naturaleza humana inmutable. Y dado que creía que una persona no es más que los acontecimientos que presidan la vida que haya acertado a llevar, Husserl determinó que el corolario inevitable de dicho planteamiento era que la persona carece de «definición». Esta forma de enfocar las cosas tiene una notable hondura, y esto en varios sentidos. En primer lugar, resalta el hecho de que no son únicamente los objetos del mundo los que se revelan invariablemente únicos, sino que dicha condición ha de atribuirse igualmente a los seres humanos. Cada uno de nosotros contempla el mundo desde su particular perspectiva personal, perspectiva que resulta de todo punto *imposible* trascender.[7] Por consiguiente, el único modo de que podamos llegar a conciliar algún día nuestra realidad con la del mundo consiste en abandonar toda noción de que pueda existir, en parte alguna, un principio absoluto (Dios, por ejemplo) y una naturaleza humana igualmente absoluta (otorgada por Dios) que nos sea dado hacer confluir a fin de alcanzar a comprender una determinada «verdad». Por otra parte, la hondura de este punto de vista no se limita a cuestionar los dos absolutos anteriores, sino que conlleva la implicación añadida de que la ciencia, pese a sus innegables éxitos, es tan sólo —y en no menor medida que la religión— una forma de entender el mundo, y no necesariamente la que mejor se adecua a nuestra realidad (o a la de algunos de nosotros).

Lo que tanto Valéry como Husserl estaban tratando de instarnos a asumir es en realidad una negación: la del planteamiento que sostiene que lo particular es de algún modo menos significativo que lo general. «Al centrar nuestra atención en lo particular tememos correr el riesgo de quedar absortos en la excepción a alguna regla. La naturaleza del arte es existencial. Se ocupa de los objetos particulares, mientras que el racionalismo sólo se interesa en las relaciones que median entre ellos.» En palabras de Sartre, Husserl «nos ha devuelto el mundo de los artistas y de los profetas». Con independencia del modo en que decidamos abordar la vida, ya decidamos bregar con ella de una u otra forma, ésta siempre seguirá mostrándose cambiante y permaneciendo en cualquier caso fuera del alcance de toda comprensión total. Nunca lograremos formular una explicación «exhaustiva» susceptible de «poner fin» a nuestra búsqueda o a nuestra responsabilidad.

ASENTIR AL MUNDO

El filósofo Henri Bergson fue aproximadamente coetáneo de Valéry y Cézanne. Nació en París en el año 1859, en el seno de una familia de judíos polacos, y su padre era músico. Pasó en Londres sus años infantiles, pero después de que sus padres regresaran a Francia, instalándose definitivamente en ese país, sus primeros intereses intelectuales habrían de centrarse en las matemáticas. Más tarde ingresaría en la École Normale Supérieure, donde estudió filosofía. En Bergson se percibe claramente la influencia del biólogo y filósofo británico Herbert Spencer. Además, hallándose en Londres en el año 1908, Bergson tendría ocasión de conocer a William James, llamado a popularizar más tarde las ideas del filósofo francés en Estados Unidos, correspondiendo a Thomas Ernest Hulme realizar esa misma labor en Gran Bretaña.

Bergson compartía muchas de las ideas de James y el resto de los pragmatistas, aunque finalmente acabara tomando una dirección distinta. Al igual que ellos y que los fenomenólogos, también Bergson creía que la vida consistía en un flujo de experiencias no mediatas, que «la realidad es algo inmediatamente dado a la mente» y que «la vida desborda los cauces de la inteligencia», de modo que «es posible identificar la realidad, pero no conocerla de forma completa». Coincidía igualmente con los pragmatistas y los fenomenólogos en que la razón y la lógica distorsionan la experiencia al analizarla y descomponerla en elementos independientes.[8] A juicio de Bergson, no es posible representar la realidad en forma abstracta

—según tratan de hacer tanto la ciencia como la religión— sin terminar desfigurándola, «dado que se halla sometida a un constante cambio». El mundo es una pluralidad, insistía, afirmación que en este caso implica que no existe nada a lo que podamos considerar una verdad absoluta. La realidad «rehúye» siempre el corsé de cualquier sistema, y «no hay puente ni pasarela que nos permita transitar de lo finito a lo infinito».

Hasta aquí podríamos haber estado escuchando las palabras de John Dewey, de William James o incluso de Edmund Husserl. No obstante, el punto en el que Bergson se aparta de estos autores reside en el hecho de que se adentre más íntimamente que ellos en los mecanismos de la mente. La era victoriana se había obsesionado con la supuesta idea científica que lleva a concebir el mundo —y hasta el universo— a la manera de una *máquina*. La respuesta de Bergson a esta concepción de las cosas consistiría en decir que dicha noción responde en realidad a la forma en que operan la mente y la lógica. Y es que en efecto, la lógica tiene límites: el mundo, decía, no ha recibido la estructura que alcanzamos a percibir mediante el método científico. La ciencia obedece simplemente a la forma en que se nos enseña a descomponer los elementos del mundo, y la *aparente* unidad científica que percibimos (o mejor, que creemos percibir) a nuestro alrededor se debe al hecho de que «el hombre es una solitaria máquina especializada en la clasificación de objetos».[9]

Bergson continuaría progresando por esta vía, efectuando de ese modo dos propuestas que constituían, a su juicio, otros tantos avances —avances relacionados en ambos casos con lo que aquí estamos analizando—. Una de esas propuestas vendría a concretarse en su idea de la intuición. De acuerdo con su descripción hay, en torno al núcleo del intelecto, una «franja» de intuición. La intuición aprehende unas formas de conocimiento que resultan «inasibles» para el intelecto. Por medio de la intuición conocemos sin análisis, lo que, a veces, nos impide afirmar que conocemos. (Bertrand Russell desestimaría esta idea por considerarla perteneciente al orden «místico».) La intuición se zambulle en el flujo de la vida, captando la experiencia «sin cristalizarla». Y es que, en efecto, Bergson pensaba que existían dos yoes: el yo lógico y el yo intuitivo. El poeta es el ejemplo clásico del yo intuitivo, y la metáfora la forma característica del conocimiento intuitivo, puesto que elaborar una metáfora consiste en dar «una denominación nueva a un rasgo de la realidad que anteriormente carecía de nombre».[10] El artista, para serlo, ha de hallarse «libre de prosa», y la poesía es, antes que nada, la «gramática del asentimiento» al mundo.

Hay autores que han querido ver en la noción de intuición de Bergson una idea que viene a superponerse en cierto modo a los planteamientos que ya expusiera Freud en relación con el inconsciente —afirmación que pasaremos a ponderar en breve.*

El segundo avance propuesto por Bergson sería el vinculado con la noción de una «evolución creadora» —concepto que no sólo defendía él mismo, sino también un gran número de autores influyentes de principios del siglo XX—. Dada la obsesión que había embargado al siglo XIX, incapaz de sustraerse a la convicción de que el mundo era una máquina, Bergson creyó haber observado un elemento crucial que mostraba que el mundo *no es tal máquina*, elemento evidenciado en la existencia de la evolución, esto es, en el surgimiento de nuevas especies, de formas orgánicas innovadoras y distintas. Resultaba impensable, decía, que una máquina, fuera la que fuese, consiguiera producir —es decir, crear— un nuevo tipo de máquina, de modo que podía afirmarse en un sentido claramente fundamental que los organismos vivos difieren de las máquinas —lo que implicaba que el mundo no era una construcción mecánica, como sugerían implícitamente numerosos científicos—. Sin embargo, no inferiría de ello la presencia de una intervención divina en los asuntos naturales. Lo que hizo fue argumentar, por el contrario, que existe un impulso de vida —llamado *élan vital*— que no sólo era el elemento propulsor de la evolución sino que había ido promoviendo a lo largo de la historia el progresivo y creciente aumento de la movilidad de los organismos —dado que, a juicio de Bergson, la movilidad es la expresión última de la libertad—. De este modo, el filósofo francés habría de buscar pruebas del *élan vital*, por ejemplo, en el hecho de que el ojo hubiera evolucionado de forma paralela en todo un conjunto de familias de animales notablemente alejadas entre sí desde el punto de vista biológico —circunstancia derivada, decía, de un mismo impulso.

Esta particular creencia ha sido ya superada por la teoría evolutiva, pero en aquella época sus ideas no dejarían de provocar una considerable reacción. En el año 1913, con motivo de su visita a Estados Unidos, el

---

* Las investigaciones psicológicas más recientes respaldan la distinción que Bergson establece entre el intelecto y la intuición. En su libro titulado *Pensar rápido, pensar despacio* (publicado originalmente en el año 2011), Daniel Kahneman, un psicólogo conductista ganador del premio Nobel de Economía en 2002, divide el comportamiento en dos sistemas —el Sistema 1 y el Sistema 2—, añadiendo que el primero es de carácter más instintivo e intuitivo y que el segundo tiene, en cambio, unas competencias de índole más reflexiva y racional. (*N. del a.*)

número de personas que acudirían a verle y a escucharle rebasaría incluso las cifras de público que hubiera logrado reunir Freud en 1909. Esto se debía en parte a los académicos que le avalaban en aquel país —los pragmatistas— y en parte también al estilo de conferencias que acostumbraba a dar, aunque la razón principal hay que buscarla en el hecho de que su sistema fuera considerado como un planteamiento contrario a la ciencia, o adverso al menos al determinismo científico, es decir, como una concepción que ofrecía una explicación de carácter no religioso, y sin embargo místico, de una idea como la de la evolución —que de otro modo no admitía más que una interpretación totalmente materialista—. Aquello vino a ser un poco como una reedición, aunque con distintos ropajes, de ese período del siglo XVIII en el que la gente, no pudiendo pasar de un solo salto de las creencias cristianas al ateísmo, optó por la vía intermedia del deísmo. Bergson sostenía que el concepto del *élan vital* era de naturaleza científica, pero mucha gente veía en él un elemento místico, y a sus ojos eso era lo que contaba.

EL ELITISMO ESPIRITUAL

George Edward Moore reivindicaría en su momento varias cuestiones que merecen nuestra atención. Empezaremos nuestro relato señalando que, siendo todavía estudiante, fue elegido miembro de la Cambridge Conversazione Society —a cuyos integrantes se les suele conocer comúnmente como los «Apóstoles» de esa universidad—, contándose entre los demás afiliados personajes de la talla de Alfred North Whitehead, Godfrey Harold Hardy y Rupert Brooke. Si cabe decir que una universidad ha de ser una comunidad ideal, más entregada a la verdad, al saber y a la exploración filosófica que cualquier otra institución, los Apóstoles venían a constituir una especie de ideal dentro del ideal, permitiendo que muchos de sus distinguidos miembros (o, para ser más exactos, que buena parte de quienes, integrándola, *acabarían convirtiéndose* en personas distinguidas) disfrutaran de un tipo de vida espiritual que rara vez habrían de encontrar en otra parte.

La fundación de la sociedad se había producido ya setenta años antes de que el propio Moore llegara a Cambridge, y el número de sus componentes se limitaba estrictamente a doce personas (de ahí el apelativo informal por el que se la conocía). Los miembros de la misma se reunían todos los sábados por la tarde en época lectiva, leyéndose y debatiéndose en tales reuniones un ensayo redactado por alguno de los asociados, procediéndose después a calificarlo por medio de una votación (cabe recordar aquí las semejanzas que este «club sabatino» presenta con otro similar que se había formado poco antes en Cambridge, aunque en este caso nos estemos refiriendo a la ciudad de Massachusetts). En su *Autobiografía*, Bertrand Russell admitiría que «las mayores dichas de [su] vida en Cambridge» vendrían como consecuencia de su integración en esta sociedad, y el propio Moore, al echar la vista atrás en 1942, transcurridos casi cincuenta años desde que se uniera a los Apóstoles, recordaría la «emoción y los admirados» sentimientos que le había inspirado el hecho de poder frecuentar a un grupo de estudiantes «cuya conversación me parecía de una brillantez que jamás hasta entonces había alcanzado, no ya a conocer, sino ni siquiera a imaginar ... Hasta que no fui a Cambridge», sostiene, «no tuve la menor idea de lo fascinante que puede llegar a ser la vida».[11]

Superada la etapa de Cambridge y los Apóstoles, Moore decidiría unirse, al igual que alguno de sus compañeros de la Conversazione Society, al llamado Círculo de Bloomsbury. En el año 1911, es decir, en la época en la que él mismo se integró en el grupo (no había una «elección» propiamente dicha para pasar a formar parte de él), el Círculo se hallaba ya bien consolidado, tras arrancar en 1905, fecha en la que, al morir su padre Leslie, los hijos de Stephen —Virginia, Vanessa, Thoby y Adrian— se habían trasladado del barrio de Kensington, en el que habían vivido hasta entonces, al número 46 de la plaza Gordon, cerca del Museo Británico, en una zona de Londres conocida con el nombre de Bloomsbury. Una vez allí, Thoby presentaría a sus amigos de Cambridge a sus hermanas con ocasión de las reuniones «caseras» que acostumbraban a celebrar semanalmente, todos los jueves por la tarde. Aquellas reuniones «domésticas» iban a prolongarse hasta el año 1920.

El filósofo estadounidense Tom Regan resume del siguiente modo las características del Círculo:

> El Grupo de Bloomsbury era una poderosa fuerza de la vanguardia artística e intelectual de la Inglaterra post-victoriana, encabezando todo un conjunto de nuevas formas de expresión en los campos de la ficción y la biografía, y elaborando asimismo teorías novedosas en los ámbitos de la economía y la estética. Eran acérrimos precursores de «lo nuevo», manifestándose en todo contrarios a «lo viejo» —y muy a menudo de forma despectiva—, no sólo en los terrenos del arte y la teoría sino también en la vida cotidiana. Tomaron la decisión deliberada y consciente de vivir apartados tanto de las personas extremadamente pobres como de los individuos superlativamente ricos ... Lle-

garon a constituir así una aristocracia intelectual, en el más auténtico sentido de la palabra ..., y no hacían el menor esfuerzo por ocultar la sensación de superioridad que todos ellos compartían, su elitismo cultural —no excusándose jamás por una actitud que había sido fruto de su voluntad.

Igualmente poco común habría de ser su comportamiento en materia de amor y de lealtad (sentimientos que en su caso aparecerán muy a menudo entrelazados): Lytton Strachey perdió el afecto de Duncan Grant al trabar éste relación con Maynard Keynes; Vanessa Stephen dejó a Clive Bell por Roger Fry; Fry tuvo que dejar partir a Vanessa tras unirse ella sentimentalmente a Grant; Vanessa tuvo que compartir a Grant con David Garnett... No es de extrañar que en Bloomsbury, como diría algún chistoso, «todas las parejas fueran triángulos».[12]

En su autobiografía, titulada *Beginning Again*, Leonard Woolf resume lo que significaba Bloomsbury para los integrantes del grupo y el papel que vino a desempeñar en él George Edward Moore. «Nuestra mente y nuestros pensamientos habían quedado teñidos por el clima de Cambridge y la filosofía de Moore, del mismo modo que la climatología inglesa confiere su peculiar color al rostro del inglés.»

Keynes se mostraría de acuerdo, señalando además que la influencia de la filosofía de Moore «no sólo resultaba abrumadora ... sino que revelaría ser diametralmente opuesta a lo que Strachey acostumbraba a llamar *funesto*: era emocionante, tonificante, el alba de un renacimiento renovado, la apertura de un cielo inédito en una tierra insólita, éramos los precursores de un nuevo designio y no teníamos miedo a nada». En otro lugar, Keynes añade: «aceptábamos la religión que Moore nos proponía ... y nos desentendíamos de su moral».[13]

Pero, ¿en qué consistían entonces esas nuevas enseñanzas que tanto enfatiza Keynes, ese nuevo designio de Moore, y por qué resultaba tan abrumadoramente seductor? Volvemos a encontrarnos aquí ante una de esas situaciones en las que hemos de imaginarnos trasladados a una época distinta, pues no nos queda más remedio que hacerlo si queremos comprender plenamente el impacto que vino a ejercer Moore. Bertrand Russell también lo comprendió así: «resulta sorprendente», dice, «el enorme cambio que vinieron a generar en la atmósfera intelectual aquellos diez años [los comprendidos entre 1904 y 1914]».

El hecho de que Keynes elija la palabra «religión» para caracterizar algunos de los aspectos de la doctrina de Moore nos proporciona un punto de partida. No obstante, Keynes pondrá buen cuidado en añadir que «los discípulos de Moore» se habrían sentido «extremadamente molestos en aquellos tiempos» si alguien hubiera dado en sugerir que profesaban una religión. «Por entonces considerábamos que todo aquello tenía un carácter enteramente racional y científico.» También a Moore le habría disgustado cualquier insinuación tendente a hacer ver que lo que él proponía pudiera ser una religión —en su autobiografía dice ser un completo agnóstico y, de hecho, añade que los preceptos éticos «que yo ofrecía constituían un elemento cognitiva y emocionalmente satisfactorio con el que sustituir la abandonada creencia en una deidad sobrenatural, de modo que los presentaba al modo de una religión sin Dios».[14]

Los escritos más importantes de Moore se hallan contenidos en sus *Principia Ethica*, publicados en el año 1903, pero ya había expuesto algunas de sus ideas en *Vanity of Vanities* (de 1899). No obstante, en un determinado momento de su carrera intelectual Moore se mostró notablemente melancólico. La creencia en Dios le exigía un acto de fe que era incapaz de realizar y esa circunstancia le angustiaba, pues le llevaba a pensar que no había ideal alguno que pudiera conferir sentido a la vida. Inició así una larga lucha encaminada a elaborar un sistema ético capaz de orientar su existencia, permitiéndole abandonar la larga noche melancólica en que se hallaba sumido. Partió de la doble idea de que, pese a la muerte de Dios, hay en el mundo algunas cosas que resultan ser en sí mismas mejores que otras, y de que, sin necesidad de conocerlo todo, es posible saber algo acerca de esas realidades susceptibles de revelarse efectivamente mejores que lo que ya existe. Notablemente influido por William Wordsworth y su idea del «feliz combatiente» que se esfuerza por alumbrar en su interior una «mejor» persona intentando llevar activamente una vida moral presidida por una mayor energía moral, la primera senda por que trataría de abrirse paso Moore sería la del arte, persuadido de que «el arte no es más que una representación del deber ser».

Esta doctrina es la que sustenta buena parte de lo que intentaban hallar los miembros del Círculo de Bloomsbury. Moore tenía la percepción de que «el contacto con las bellas artes no se distingue de las experiencias que comúnmente se atribuyen a los (presuntos) contactos con la divinidad». A juicio de Clive Bell, el arte «es la expresión de unos estados mentales —y una forma de alcanzarlos— tan sagrados como cualquiera de los que un ser humano sea capaz de experimentar ... La mente moderna se orienta en dirección al arte, no sólo en busca de la más perfecta expresión de la emoción transcendente, sino en pos de una inspiración que dé sentido a la vida». En opinión de Moore, el arte es la «empresa reina». «Su objeto

—la belleza— es algo que merece nuestros desvelos, una realidad por cuyo advenimiento y presencia en el mundo vale la pena esforzarse o animar a otros a que nos secunden, algo por cuyo medio puede procurarse un mundo mejor» —entendiendo aquí «mejor», afirma Tom Regan, «en el preciso sentido en que Moore concibe la idea de bondad moral, esto es, en el sentido de aquello que es mejor en sí mismo».[15]

LO QUE DEBE EXISTIR

En este mismo sentido, la principal preocupación de Moore en los *Principia Ethica* estribará en hacer ver que la ética ha de bregar necesariamente con una noción «que pertenece exclusivamente al ámbito que le es propio». Dicha noción es la de que el Bien (con «B» mayúscula) ha de ser «entendido como aquella propiedad que comparten todas aquellas cosas, y sólo ellas, que son buenas en sí mismas, o que poseen un valor intrínseco o aun que deben existir o vale la pena poseer en atención a su propia virtud». Ésta era la idea central de la filosofía de Moore, la de que la ética estudia un objeto que no aborda ninguna otra ciencia, un objeto que es lógicamente independiente de cualquier otra actividad. A su parecer, y ateniéndonos a la glosa que hace Tom Regan de su pensamiento, el «bien» no puede constituirse en objeto de ninguna ciencia empírica o natural, ni siquiera de la psicología. En tal sentido, las proposiciones tendentes a determinar qué cosas revelan ser intrínsecamente buenas «son lógicamente distintas de aquellas otras proposiciones relacionadas con cualquiera de los hechos que una ciencia natural dada pueda aspirar a descubrir».

Esto le llevaría a elaborar una versión propia del concepto de «falacia naturalista»,* expresión con la que designaba a todo intento de identificar el Bien con algo que no fuera el Bien mismo. La postura de Moore le llevaba a sostener tanto que el bien resulta indefinible como que algunas cosas son buenas en sí mismas, consistiendo justamente la tarea específica de la ética en «establecer el carácter de esta propiedad común».[16]

Desde su punto de vista, el Bien era en ciertas ocasiones una noción, en otras una idea, en otras aún un objeto, y en otras más una práctica, pero la propia idea o noción únicamente podía considerarse idéntica a sí misma. Moore pensaba que todo el mundo tenía «conciencia» del bien. La

---

* Dado que, pese a divulgarla Moore, la idea debe su formulación y su nombre al filósofo utilitarista inglés Henry Sidgwick. (*N. de los t.*)

gente tiene una idea de lo que es una vida mejor, por ejemplo, y también sabe qué es lo que *debe* hallar existencia en el mundo. El Bien existe en el mismo sentido en que existen los números, en tanto que noción de carácter útil, pero los números no pueden existir —igual que le ocurre al Bien— a la manera de otras entidades del mundo real como los árboles, las rocas o los autobuses. A los ojos de Moore, el Bien era una propiedad «no natural», dado que no pertenece ni a la naturaleza ni a la metafísica, y si sus planteamientos resultaron liberadores para muchos fue debido precisamente al hecho de que sustituyera por la expresión «no natural» el más tradicional término de «transcendental».

Siendo el «deber» uno de los principales focos de atención de sus *Principia*, lo que tenemos el deber de hacer, según afirma Moore, «es aquello que produzca los mejores resultados». Quizá optemos por abrazar la idea de que decir el «mejor resultado» equivale a evocar «aquello que se revele más evolucionado», pero ésa es sólo una de las posibles respuestas. Moore se esfuerza en señalar que, al ser el Bien una realidad indefinible, no puede haber ninguna definición de lo que ha de tenerse por Bien o por Bueno, lo que significa que tampoco puede existir ninguna casta elevada de «expertos morales», «ya se enfunden la bata del científico o la túnica del religioso», susceptibles de imponer su particular punto de vista a otros —una idea claramente liberadora en una época en que la mojigatería de la era victoriana estaba llegando a su fin.[17]

En lo que insistía particularmente Moore era en la idea de que competía a los individuos juzgar por sí mismos qué cosas debían existir, qué realidades valía la pena poseer en atención a su propia virtud. «Ninguna ciencia natural puede conseguir esto. Ningún sistema metafísico puede lograrlo. Todo intento destinado a despojar de esta libertad (y de esta responsabilidad) al individuo descansa en último término en un mismo tipo de falacia: en la (llamada) falacia naturalista. La razón de ser de la ética radica en probar que existen algunas cosas —y son de hecho las cosas más importantes de toda vida humana— que ninguna ciencia puede alcanzar a probar.» Además, y dado que Moore tenía una formación clásica, es preciso tener en cuenta que se sentía temperamentalmente cómodo en un universo politeísta. «Hay un gran número de bienes, no sólo uno», decía. Y de aquí se sigue que el individuo ha de realizar un acto de fe —es decir, ha de tener fe en lo que él mismo como individuo, sea hombre o mujer, considere intrínsecamente bueno, y esto no en una ocasión, sino en muchas, debiendo igualmente arrebatarle esta libertad a la ciencia y a la religión para entregársela a «su legítimo propietario: él mismo en tanto que individuo».

«Todo cuanto queda [tras la debida consideración] es el propio juicio [intuitivo], suspendido en el universo, por así decirlo, sin más apoyo que el que a sí mismo se procure.» Moore estaba decidido a garantizar que la libertad moral que los individuos acababan de arrancar de las debilitadas garras de una tradición religiosa prácticamente muerta no les fuera arrebatada a su vez por las ávidas manos del evangelismo científico.[18]

No obstante, de este modo de plantear las cosas habrían de derivarse también otras cuestiones. Por ejemplo, que «ninguna ley moral es evidente por sí misma»: nunca nos es dado saber con absoluta certeza cuál es nuestro deber (como ya dijera Kant), aunque si unas determinadas normas dan la impresión de resultar útiles (tanto a los ojos de la mayoría como a la luz del sentido común), entonces es probable que debamos dejarnos guiar por ellas. Sin embargo, a este respecto debemos proponernos alcanzar aquellos bienes que nos incumban personalmente, así como «aquellos otros en los que observemos la presencia de un fuerte interés personal», en lugar de «intentar lograr un beneficio de mayor amplitud». Además, también hemos de tratar de obtener, en términos generales, aquellos bienes cuya materialización se sitúe «en el presente» y no en algún futuro lejano, basándonos para ello, sencillamente, en el grado de probabilidad de su realización. En opinión de Moore, el egoísmo es «indudablemente superior al altruismo». Por último, resulta extremadamente importante distinguir entre aquello que *moralmente hemos de hacer* y aquello otro cuya realización deriva de un *deber moral* que nos incumbe, puesto que lo primero es más amplio y más global que lo último.

En resumen, Moore creía que mientras no violemos las escasas normas que son necesarias para la estabilidad de toda sociedad (como las de no matar, no robar o no romper las promesas efectuadas), «estaremos comportándonos como debemos en el terreno moral si actuamos con la vista puesta en incrementar nuestro acopio de cuanto hay de bueno en este mundo y tratamos de compartirlo con quienes más nos importan, esto es, con nuestra familia y amigos». No es preciso tratar de «hacer más extensivos esos beneficios».[19] Era justamente la estricta circunscripción de este argumento constituido en llamamiento a la no extensión de la beneficencia lo que más habría de atraer a los miembros del Círculo de Bloomsbury, siendo también ésa la «fe» que induciría a Keynes a hablar de su «religión». Al echar la vista atrás y recordar aquellos años, en una memoria redactada en 1949, Keynes concluirá que «aquella religión nuestra era una doctrina excelente para nuestra formación». Tenía la sensación de que la virtud residía en los placeres de las relaciones humanas y en el disfrute de la belleza, pero reconocía que el único ámbito en el que resultaba posible maximizar todas esas realidades era el propiciado por una sociedad estable.[20]

Debemos añadir que la doctrina de Moore, por mucho que alcanzara a arraigar entre los integrantes del grupo de Bloomsbury, no tardó en verse superada por los acontecimientos. Lo que los bolcheviques y los nazis consideraban «bueno», lo que a su juicio debía ser traído a la existencia, difícilmente podría haber coincidido con lo que Moore tenía en mente. Sus ideas habían evolucionado en un entorno universitario —y en eso residía tanto su fuerza como su debilidad—. Terry Pinkard ha señalado que en la mayoría de los casos la filosofía británica ha sido obra de un puñado de hombres de mundo (como Hume, Locke, Mill o Bentham), y que se diferencia por ello de la filosofía alemana, concebida fundamentalmente por académicos (como Kant, Fichte, Hegel, Nietzsche o Husserl). Moore era una excepción a esta regla, y lo cierto es que daba por sentada la existencia de una sociedad estable. Sin embargo, los vientos del siglo XX iban a mostrarse adversos a esa premisa.

LA NEUROSIS COMO RELIGIÓN PRIVADA

Sigmund Freud no necesita presentación. Al fallecer en el año 1939, el poeta anglo-estadounidense Wystan Hugh Auden honraría su defunción con un poema en el que afirmaba que el psicoanalista había «dejado de ser una persona, para convertirse en todo un clima de opinión». Freud había pasado a ser como la atmósfera, proseguía Auden, pues como ella «envolvía calladamente todos nuestros hábitos de desarrollo». Antes de su muerte, Freud habría de ser criticado —y no sólo con críticas amargas e implacables, sino también desde un gran número de puntos de vista diferentes—, y todavía se le ha censurado más desde que desapareciera. Sin embargo, nadie podría discutir que la influencia que llegó a ejercer en las ideas del siglo XX no admite parangón. De hecho, Freud es el principal responsable del giro que ha adoptado el pensamiento dominante en la época moderna, que no en vano ha asistido a la sustitución de la comprensión teológica del sentido del género humano por una explicación de orden psicológico.

Podría decirse no obstante, hablando en términos más generales, que lo que realmente ha contemplado el mundo moderno es el relevo de una interpretación teológica de la significación de lo humano, interpretación postergada hoy por la percepción de que la humanidad es un fenómeno *biológico*. Y han sido especialmente las últimas décadas del siglo XX las que han visto adquirir una mayor amplitud y profundidad a esta asimilación de la naturaleza humana a sus características biológicas —sobre todo en el contexto evolutivo—, hasta el punto de que habremos de dedicar varios de los capítulos que siguen tanto al examen de esta transformación de las ideas como al análisis de las implicaciones que dichos cambios tienen para el tema que nos ocupa. Sin embargo, y a pesar de que posiblemente pueda argumentarse que la visión psicológica de la humanidad es *parte integrante* de la tesis general que la considera como realidad biológica, no por ello deja de ser cierto que la psicología, y más aún la psico*patología*, han acabado ocupando con el mayor de los éxitos el territorio que un día perteneciera exclusivamente a la religión. Y como tendremos ocasión de comprobar, ésta es una verdad que se constata incluso entre el propio clero.

El psicoanálisis saltaría a la palestra en una celebérrima obra publicada en 1900, *La interpretación de los sueños*, siendo recibida con sentimientos contrapuestos, ya que si bien al sector más ortodoxo de la profesión médica le hizo fruncir el ceño, también es cierto que consiguió consolidar un reducido, devoto y cada vez más amplio círculo de seguidores que todavía se ensancharía más en el año 1909, al visitar Sigmund Freud Estados Unidos, en compañía de su discípulo Carl Jung. Como diría un observador de la época, la idea dominante de *La interpretación de los sueños* pasaba por señalar que durante el sueño, el centinela que guarda los umbrales de nuestro inconsciente se halla, como si dijéramos, fuera de servicio, con lo que algunas de las ideas y emociones que por regla general permanecen enterradas en él consiguen zafarse de su prisión, aflorando a la conciencia onírica y dejándose ver en ella, aunque bajo distintos disfraces y formas simbólicas.

En el año 1912, tras superar la Asociación Internacional de Psicoanálisis sus problemas iniciales y sus primeras deserciones, comenzó su andadura la revista *Imago*. Fundada por Hanns Sachs, íntimo amigo de Freud y uno de los más tempranos psicoanalistas, la revista iba a contar con la dirección conjunta del propio Freud, secundado por Otto Rank, un joven psicoanalista vienés notablemente influido por Ibsen y Nietzsche. Según indica el escritor británico Ronald Clark, el nombre de la publicación se inspiró en el título de una obra de Carl Spitteler, un poeta suizo que acabaría ganando el premio Nobel de Literatura en 1919. En dicha obra se presenta el inconsciente como un área de la mente que no sólo se manifiesta capaz de incidir en la acción consciente sino que posee la virtud de estimular las facultades creativas. Sin embargo, lo que resulta más significativo es que la palabra «imago» también denota la última forma de desarrollo que adquiere un insecto tras su metamorfosis, circunstancia que cuadraba bien a las intenciones de la revista, que no limitaba sus aspiraciones a trabajar en los aspectos médicos del psicoanálisis, sino que pretendía abordar asimismo su transformación en una disciplina susceptible de encarar las posibilidades de carácter no médico a las que había dado lugar la mencionada vertiente terapéutica.[21]

En el primer número de *Imago*, Freud resaltaría la necesidad de ampliar a nuevos campos el alcance de la investigación psicoanalítica, campos como el lenguaje, las costumbres, la religión, el derecho, la mitología, la estética, la literatura, la historia del arte y la filología. También señalaba la conveniencia de incluir el folclore, la criminología y la teoría moral. Con el tiempo, las ambiciones de la revista aun habrían de ampliarse más, puesto que a principios de los años treinta, Freud comenzaría a afirmar que el psicoanálisis podía «acabar convirtiéndose en un conocimiento indispensable para todas las ciencias que se interesan por la evolución de la civilización humana y de sus principales instituciones, como el arte, la religión y el orden social».

En las páginas de *Imago* no sólo se publicaría el primero de los cuatro ensayos que representaban la vía que Freud había encontrado para aplicar el psicoanálisis a los problemas de orden social y antropológico, sino que se trazaría nada menos que el perfil de las tesis freudianas sobre el origen de las sociedades humanas, y en particular sobre la raíz de la que partieron en su momento las creencias religiosas de los hombres primitivos.[22] De este modo terminaría viendo la luz *Tótem y tabú*, texto que, si en forma de libro, salió de las imprentas en el año 1913, respondía no obstante a un conjunto de ideas sobre la religión que Freud ya había dado a conocer algunos años antes. En 1907, nuestro autor sostendría lo siguiente en el arranque de un artículo titulado «Acciones obsesivas y prácticas religiosas»: «Por cierto que no soy el primero en haber reparado en la semejanza que existe entre las llamadas acciones obsesivas de los neuróticos y las prácticas mediante las cuales el creyente da testimonio de su fe». Desde su punto de vista, decía Freud, aquel parecido daba la impresión de no ser meramente superficial, con lo que «de una intelección de la génesis del ceremonial neurótico sería lícito extraer conclusiones, por analogía, relacionadas con los procesos anímicos de la vida religiosa».

De todas formas, llegado a este punto, Freud pondría buen cuidado en subrayar tanto las diferencias como las semejanzas constatables entre la neurosis y la práctica religiosa, llegando a la conclusión de que «la neurosis obsesiva viene a constituir una caricatura a medias cómica, a medias trágica, de una religión privada». Al mismo tiempo, Freud continuará avanzando en su análisis hasta poder afirmar que, del mismo modo que eran muchos los pacientes que desconocían las razones inconscientes que les movían a llevar a cabo sus actos obsesivos, también eran muy numerosas las personas religiosas que ignoraban los motivos que les impelían a realizar prácticas de carácter piadoso. Trazaría también un nuevo paralelismo al decir que la motivación subyacente tanto al comportamiento de los neuróticos obsesivos como al de los individuos devotos era la presencia de un sentimiento inconsciente de culpa, y que esta sensación de culpabilidad, que «encuentra su fuente en ciertos procesos anímicos tempranos ... halla no obstante permanente refresco en las constantes tentaciones que se renuevan cada vez que surge una ocasión en el presente».[23]

La religión, al igual que la neurosis obsesiva, dice Freud, se basa en la represión de un instinto. En el neurótico, el instinto reprimido es invariablemente de índole sexual, y a pesar de que no sucediera exactamente lo mismo en el caso de la religión, el instinto que se refrena en quienes la profesan de manera ritual «tampoco acostumbra a carecer de una componente sexual». «Quizás a causa de los componentes sexuales que se entreveran en ella, quizás a consecuencia de las propiedades universales de las pulsiones, la sofocación de éstas también revela dar pie en el ámbito religioso a un proceso tan inadecuado como interminable. De hecho, la plena recaída en el pecado es más común en las personas piadosas que en los neuróticos ..., dando surgimiento además a una nueva forma de actividad religiosa, a saber, la de las acciones expiatorias, que tienen su correspondiente contrapartida en la neurosis obsesiva.» De este modo, Freud llega a la siguiente conclusión: «En vista de estas concordancias y analogías, podría uno atreverse a concebir la neurosis obsesiva como un contrapunto patológico de la formación de la religión y a sostener que la neurosis es una religiosidad individual y la religión una neurosis obsesiva universal».[24]

Pese a que al principio del artículo tratara de dorar la píldora que estaba administrando, al final del mismo Freud optaba por rematar el texto con un mensaje destinado a resultar tan impopular como polémico, al decir que, en efecto, la religión era la manifestación de una particular forma de enfermedad mental, o una conducta emocionalmente equivalente a una neurosis. Además, en años posteriores, el padre del psicoanálisis ampliaría su frente de ataque. En 1910, en «Las perspectivas futuras de la terapia psicoanalítica»,* llegaría incluso a vincular el proceso de la secularización con el aumento de las neurosis: «No teman ustedes exagerar la intensidad de la íntima determinación y el ansia que empuja al hombre a procurarse autoridad. Podría proporcionarles una indicación de ello la extraordinaria multiplicación que han experimentado las neurosis desde que el poder de la religión ha entrado en decadencia». Y, como él mismo habría de afirmar más tarde: «Los creyentes devotos se hallan en gran medida protegidos frente al riesgo de padecer una enfermedad neurótica».[25]

La teoría freudiana de la fe religiosa hunde sus raíces en su teoría psicológica. A su juicio, la ansiedad que sentimos en la infancia debido a nuestro desvalimiento «es el sentimiento fundamental que empuja a una persona a abrazar la fe religiosa». Como él mismo habría de manifestar en un breve ensayo sobre Leonardo da Vinci publicado en 1910,** «desde el punto de vista biológico, la religiosidad se remonta al largo período de desvalimiento y necesidad de auxilio en que se encuentra en su fase infantil la criatura humana». Freud descubrió (asumámoslo así, dejando por un momento a un lado las críticas a sus planteamientos) el profundo efecto que vienen a ejercer en la vida emocional adulta las experiencias de la infancia, al argumentar a continuación que «muchas personas son incapaces de superar el temor a la pérdida del amor [de los padres]. De este modo, nunca llegan a independizarse lo suficiente del afecto de otras personas y en tal sentido arrastran toda su vida una conducta infantil». Freud pensaba que una religión eficaz «ayuda al creyente a dominar la ansiedad regresiva que suscita en él la reaparición en su vida adulta de aquellas situaciones que hicieron peligrar su desarrollo en la infancia y que se han convertido en traumas». «Las raíces de la necesidad religiosa se encuentran en el complejo parental. Tanto el Dios todopoderoso y justo como la amable naturaleza se presentan ante nosotros como magnas sublimaciones del padre y la madre.»[26]

Ciertos factores sociales, privativos de la modernidad, han reforzado esta dependencia. El período de la niñez se ha visto ampliado como consecuencia de la abolición del trabajo infantil, mientras que, por el contra-

---

* Recogidas en *Cinco conferencias sobre psicoanálisis. Un recuerdo infantil de Leonardo da Vinci, y otras obras*, *Obras Completas de Sigmund Freud*, traducción de Luis López Ballesteros, volumen XI, Buenos Aires-Madrid, Amorrortu, 1975, pp. 129-142. Con algunas modificaciones. (*N. de los t.*)

** Véase *Un recuerdo infantil de Leonardo da Vinci*, en *Cinco conferencias sobre psicoanálisis*, *op. cit.*, pp. 53-127. (*N. de los t.*)

rio, los quehaceres laborales pueden determinar que los padres se vean obligados a permanecer lejos del hogar durante largos períodos de tiempo. Además, el derrumbamiento de la familia extensa ha tendido a conferir un carácter más aislado y nuclear a la relación entre madre e hijo. Todo ello ha contribuido a aumentar la dependencia que el niño en fase preedípica tiene respecto de la madre. Y son muchas las personas que encuentran en la religión lo que un día disfrutaran en la infancia.

Dando un paso más, Freud añade que la religión ayuda de hecho a resolver el complejo de Edipo, protegiendo así a los creyentes frente al riesgo de neurosis: ésta es la razón de que la secularización haya resultado ser un proceso extremadamente doloroso para mucha gente. En realidad, las personas devotas no son conscientes del origen psicológico que tiene su adhesión religiosa. Siendo en parte un elemento de sustitución de los padres, la religión irradia amor y seguridad a los ojos del creyente —hallándose no obstante desprovista de los sentimientos de ansiedad que acostumbran a despertar los intensos lazos libidinales que nos unen a nuestros padres—. De este modo, la religión contribuye a reprimir los instintos eróticos y agresivos, resultando por ello beneficiosa para la sociedad.

Hasta el momento, todo lo que ha hecho Freud ha sido equiparar los sentimientos y los comportamientos religiosos con la conducta y los síntomas neuróticos, sosteniendo al mismo tiempo que la raíz de la religión se asienta en la psicodinámica de la vida familiar, o mejor, en lo que se ha dado en llamar, reflejando el punto de vista del niño: «el triángulo amoroso de la familia biparental». En esencia, esto viene a concebir la religión al modo de un sub-fenómeno de la psicología. En *Tótem y tabú*, obra cuya redacción iniciaría en el año 1911, Freud ampliará el horizonte de su teoría e indagará en los orígenes antropológicos de la religión en un contexto evolutivo. Inmerso en esa tarea, Freud se rodeó, según confesaría a sus amigos, de un buen número de «gruesos volúmenes» por los que en realidad no sentía especial interés, «puesto que ya conozco sus resultados», apostillaba. Terminó de elaborar el libro en el Tirol, perfectamente consciente de la acogida que probablemente iba a dispensársele —pues no en vano le confiaría a un amigo que aquella era «la empresa más audaz en que me haya embarcado jamás», siendo como era, de acuerdo con las confidencias realizadas a otro camarada, un empeño destinado a «colar de rondón el psicoanálisis en la etnopsicología».[27]

La obra constaba de cuatro ensayos: «El horror al incesto», «El tabú y la ambivalencia de los sentimientos», «Animismo, magia y omnipotencia de las ideas», y «El retorno infantil del totemismo». El cuarto apartado, en el que se halla contenido el meollo de la argumentación, explica algunas cuestiones que resultan de interés aquí. La hipótesis de Freud toma como punto de partida la «horda primitiva» de la que había hablado en su día Charles Darwin —una noción con la que el naturalista apenas apuntaba a otra cosa que a un pequeño grupo autosuficiente sujeto al control «del padre», el cual ejercía un dominio absoluto sobre los demás machos del clan y mantenía bajo su control a todas las mujeres, reteniéndolas para su propio «uso»—. Freud argumentaría que, al final, los hombres jóvenes se rebelaron, matando y devorando al padre. Después, a modo de expiación por aquel acto, los machos del grupo prohibieron el sacrificio de un animal totémico (que quedó de ese modo convertido en trasunto y sustitución del padre). Sin embargo, y al objeto de evitar que se reprodujera el crimen original, cuya pulsión motriz subyacente era la rivalidad por las mujeres, se vetó igualmente el matrimonio entre aquellos individuos que pertenecieran al propio grupo, y lo mismo ocurrió con el asesinato. A juicio de Freud, este proceso explica claramente las dos únicas transgresiones que preocupaban a las sociedades primitivas, según su planteamiento: el asesinato y el incesto.

Desde el punto de vista del análisis que estamos llevando a cabo, carece de importancia —al menos por el momento— que los fundamentos antropológicos en los que Freud basara sus teorías se hayan visto superados, ya que son varios los estudios recientes que muestran que sus ideas distan bastante de acertar en la diana, asemejándose en esto a las tesis de Bergson sobre la evolución del ojo, que también han quedado atrás. En la época en la que fueron enunciadas estas hipótesis se consideraba que los esfuerzos de Freud por unir la psicología, la antropología y ciertas instituciones sociales, como la religión y el arte, constituían un avance en la *síntesis* del conocimiento, dándose además la circunstancia de que la simple propuesta de dicha síntesis se veía ya como la prueba misma de ese progreso. Además, las teorías psico-antropológicas de Freud invitaban a pensar que la religión era un fenómeno natural, que no había nada «transcendental» en él y que en última instancia era preciso entenderlo en términos antropológicos. Y por si con esto no bastara, la cuestión era que, desde el momento en el que Freud llamara la atención acerca de las semejanzas existentes entre la neurosis y las prácticas religiosas, se había llegado espontáneamente a la conclusión de que, si bien no se hacía estrictamente necesario concebir la religión como un aspecto patológico del desarrollo social (dado que el propio Freud había reconocido que se trataba de un conjunto de ceremoniales que resultaban de ayuda para algunas personas), sí que resultaba imprescindible verla, sin la menor sombra de duda, como un elemento *subordina-do* a la psicología, al no ser más que un medio por el que el género humano trataba de comprenderse a sí mismo.[28]

La difusión del psicoanálisis, su extensión «más allá del diván» del psicoanalista, por así decirlo, como ya había presagiado el contenido del primer editorial de *Imago* y confirmado más tarde la publicación de *Tótem y tabú*, venía a señalar lo que pudiéramos llamar «el primer giro psicológico» de la era moderna. Al ofrecer una explicación de la religión, al concebirla sobre bases nuevas y en clave psicológica, y al poner a punto una técnica —el psicoanálisis— como herramienta para la investigación, la comprensión y la resolución de los conflictos y las patologías incons-cientes, Freud ofrecía además un refugio para todas aquellas personas que se sentían desvalidas y sin cobijo después de haber perdido la fe.

En su libro titulado *A Godless Jew: Freud, Atheism and the Making of Psychoanalysis* (publicado en 1987), Peter Gay pasa revista a los prime-ros años de la relación surgida entre la religión y el psicoanálisis, llegando a la conclusión de que a un creyente le habría resultado imposible fundar el psicoanálisis, de que aquella nueva rama del conocimiento precisaba de alguien dispuesto a conducirse como un iconoclasta, de una persona que juzgara que la religión constituía un fenómeno digno de estudio «antes que una promesa que hubiera que tratar de propiciar mediante la plegaria o la vía para encaminarse hacia una realidad suprema susceptible de con-vertirse en objeto de culto».[29] Gay muestra con notable poder de persua-sión que Freud se opuso a todos los intentos destinados a trazar paralelis-mos entre la religión y el psicoanálisis. Sin embargo, Gay deja igualmente claro que, a los ojos de muchos, una parte del atractivo de dicha discipli-na, tanto en sus inicios como en épocas más avanzadas, residía en el apa-rente hecho de que, siendo una teoría determinista (en lo tocante a la si-tuación edípica, fundamentalmente), se manifestara capaz de dotar a la conducta posterior de características como las de «propósito», «inten-ción» o «meta». Le gustara o no a Freud (y él siempre subrayaría que el psicoanálisis era una ciencia y que estaba basado en la realización de «ex-perimentos controlados», hallándose por tanto expuesto a la crítica), estos otros elementos —como la variabilidad individual y la teleología deter-minista— le conferían las características propias de una fe sustitutiva.

El inconsciente —que es una entidad vaga y en cierto sentido místi-ca— acabaría convirtiéndose en el equivalente laico del alma. Tendremos oportunidad de comprobar más de una vez que el número de personas de-cididas a abrazar la psicoterapia imbuidas de un talante rayano, en ocasiones, con el celo religioso no dejó de crecer en todo el siglo xx. Y también podremos observar que, a medida que vayan transcurriendo los años, esas mismas personas irán dejando paulatinamente de buscar en la psicoterapia un tratamiento para la neurosis para pasar a ver en ella, y cada vez más, un conocimiento susceptible de dar sentido a la vida. Ésta es la razón de que Freud alcanzara la imponente talla que acabó logrando, de que sus tesis terminaran convirtiéndose, a pesar de la legión de críticos que se abalanzó sobre ellas, en un auténtico «clima de opinión», como señalaba Auden al comienzo de este apartado.

Capítulo 4

EL CIELO: NO ES UN LUGAR SINO UNA DIRECCIÓN

«Entre los años 1880 y 1930 iba a llevarse a cabo, tanto en Europa como en Estados Unidos, uno de los experimentos culturales más importantes de la historia del mundo.» Esta afirmación de Robert Hughes aparece en su libro titulado *El impacto de lo nuevo. El arte en el siglo XX*. En la explicación que añade señala que, en tiempos de nuestros abuelos y nuestros bisabuelos (así como en los de nuestras abuelas y bisabuelas como es obvio), «las artes plásticas disfrutaban de una importancia social que no les es posible invocar ya en la actualidad». A juicio de Hughes, este tipo de manifestaciones no obedecían a ninguna propensión al auto-ensalzamiento, y para probarlo procede a enumerar las pérdidas sobrevenidas con el cambio de tendencia: «Las bajas son: el entusiasmo, el idealismo, la confianza, la fe en la vasta extensión de los territorios a explorar y, sobre todo, la convicción de que el arte, en su más desinteresada y noble expresión, era capaz de encontrar las metáforas necesarias para explicar a los pobladores del mundo venidero las características de una cultura radicalmente diferente».[1]

EL PARAÍSO MECÁNICO

Para los europeos en general, y no sólo para los franceses, la imagen clave, la estructura en la que «parecían darse cita todos los significados de la modernidad», era la Torre Eiffel. Punto de confluencia de todas las miradas en la Exposición Universal celebrada en París en el año 1889, en el centenario de la Revolución Francesa, sería sagazmente descrita como la «catedral de la era de las máquinas».[2] Uno de los principales partidarios de lo que Hughes denominaba «el paraíso mecánico» sería el pintor cubista francés Fernand Léger, cuya obra es, a juicio de Hughes, «una constante confesión de esperanza modernista» —siendo la esperanza, como recordaremos, uno de los ingredientes capitales del estilo de vida moderno, según los pragmatistas estadounidenses—. El objetivo de Léger consistía en elaborar unas imágenes de la era del maquinismo que resultaran capaces de superar las barreras de las clases y de la educación, y que fueran al mismo tiempo «claras, definidas y pragmáticas». El tema que subyace a uno de sus mejores cuadros, titulado *Tres mujeres*, gira en torno a la idea de la sociedad concebida al modo de una máquina: la composición aparece geométricamente simplificada: los cuerpos de las mujeres, los muebles que las rodean, el gato negro que dormita en el sofá... —todo ello está formado por cilindros, conos y trapecios; hasta la ondulada melena de las protagonistas muestra un brillo metálico—. A los ojos de Léger, la sociedad concebida al modo de una máquina era una forma de salvación, dado que poseía la doble facultad potencial de generar armonía y de poner fin a la soledad cósmica sobrevenida tras la muerte de Dios: en esta tela, sostiene el pintor, «se nos ofrece una metáfora de las relaciones humanas y se las presenta como un mecanismo dotado de la precisión de un reloj, una vez sublimadas todas las pasiones y transformada la insoslayable energía del deseo en una sucesión de ritmos formales».[3]

Sin embargo, esta idea, que en los albores del siglo XX lograba investirse de una relevancia que ya no es posible repetir (y habremos de indagar en las razones que lo impiden), no es sino la mitad de la historia. La otra mitad puede encontrarse, al menos por lo que respecta al punto de vista que hemos adoptado en este libro, en el legado del dramaturgo sueco August Strindberg, cuyas obras poseen, como se ha dicho con todo acierto, «una unidad de significado que responde a la crisis inmediata del alma individual».[4] En este caso, la noción decisiva es la que denota la palabra «inmediata». Strindberg se pasó la vida entera «atemorizado y presuroso», abrumado por la culpa, tratando de alcanzar incesantemente algo que la vida no tiene en sus manos conceder, atormentado por un «hambre metafísica» que habría de llevarle a adoptar, en diferentes momentos de su biografía, todas las posturas que median entre la actitud del creyente y la del ateo —aunque sólo para recorrer nuevamente, una y otra vez, el camino de vuelta.

Si queremos aprehender plenamente el mundo cultural que vio la luz tras las proclamas de Nietzsche, deberemos tener en cuenta estos dos factores: en primer lugar, que en esa época el arte —esto es, el teatro, la poesía, la pintura y la novela, básicamente— mantenían viva la promesa de revelarse distintas a todos los discursos de sentido anteriores y mostrar el camino a seguir para continuar avanzando; y en segundo lugar, que eran muchas las personas que se hallaban persuadidas de que la crisis era de un carácter nuevo, inmediato y fundamental y que la vida civilizada se hallaba al borde del abismo —un abismo que posiblemente no alcancemos a juzgar tan vertiginoso en la actualidad—. Herbert George Wells resumiría adecuadamente las líneas maestras del apuro en el que se hallaba sumido el mundo occidental al señalar en su *Esquema de la historia universal* (publicado en 1920) que la crónica de la humanidad era «una carrera entre la educación y la catástrofe».

El vector artístico dominante en las décadas centrales del siglo XIX era la novela, mientras que, por el contrario, la poesía, el teatro y los relatos breves se veían relativamente postergados. Sin embargo, estas tres expresiones literarias resurgirían a lo largo de las décadas de 1880 y 1890, lo que coincide clarísimamente con las intervenciones de Nietzsche. Este capítulo habrá de centrarse en el estudio del teatro que, al igual que la pintura, poseía por entonces una capacidad de conmoción mucho más imperiosa que la que ahora tiene.[5]

Según señala el escritor Kenneth Muir, «el acontecimiento más relevante de la historia de las modernas artes dramáticas se produjo al abandonar Ibsen el texto versificado tras el estreno de su *Peer Gynt* a fin de poder escribir obras teatrales en prosa y abordar con ellas los problemas contemporáneos».[6] De hecho, cabría argumentar que, a pesar de que Ibsen ya hubiera abordado de hecho buena parte de los problemas sociales que afeaban el perfil del último tramo del siglo XIX, unos problemas que el propio Ibsen afirmaba «haber vivido» y que siguen todavía con nosotros —el papel de la mujer en la sociedad (en *Casa de muñecas*), el conflicto surgido a causa del salto generacional (en *El maestro constructor*), el choque entre la libertad individual y la autoridad institucionalizada (en *La casa de Rosmer*), la amenaza de la polución que asalta a un mundo dominado por los valores materiales y comerciales (en *Un enemigo del pueblo*)...—, lo cierto es que en todas las obras que habría de escribir después de *Peer Gynt* el tema dominante es el de un protagonista absorto en la búsqueda de un orden moral *interior*, un orden moral capaz de permitirle contrarrestar el «vacío cósmico» y el caos que le rodea por todas partes.[7]

Para este último Ibsen no existen ni el orden ni Dios —salvo en la medida en que sus personajes son capaces de concebirlo—. «El carácter central que tiene la obra de Ibsen respecto de la inteligencia moral de finales del siglo XIX deriva de Hegel, ya que se propone nada menos que la redención de la alienación que padece el hombre tanto respecto de sí mismo como respecto de la naturaleza, procurando redescubrir para ello "el espíritu humano total que anida en las condiciones del Presente".»[8] Sus obras más tardías serán así, inevitablemente, dramas de «angustia espiritual», situaciones que nos relatan la búsqueda de unos personajes que tratan de hallar consuelo entre las sombras de la muerte y que sin embargo se esfuerzan por levantar alguna forma de paraíso, aquí y ahora. «La redención de la inanidad cósmica, del sinsentido...: ésa es justamente la esencia de la romántica pesquisa que los protagonistas de Ibsen comparten con los de las obras de Byron y Stendhal.»[9]

Durante muchos años, los textos de Ibsen únicamente gozaron de predicamento en Escandinavia. Sin embargo, en la década de 1890, época en la que el dramaturgo pasaba ya de los sesenta años, sus piezas de teatro captaron súbitamente la atención de toda Europa tras el estreno de *Espectros*. A partir de ese momento, cada nueva obra de Ibsen pasaría a convertirse en un acontecimiento internacional. «Nunca antes había dominado de tal forma un autor dramático los escenarios europeos ni monopolizado a tal punto el debate público», dirán algunos autores.[10]

DESTELLOS DE VALÍA ESPIRITUAL

Prácticamente ninguno de los principales personajes de las últimas obras de Ibsen dejará de comportarse en función de un *deus absconditus* (esto es, de una deidad oculta) ni llevará una vida que no se vea regida por la aguda conciencia de ese misterio. Dichos personajes son de muchos tipos: pueden ser acólitos paganos de Dioniso o apóstatas confesos, curas apartados del sacerdocio o librepensadores, ateos rebeldes o agnósticos convencidos. En *Hedda Gabler*, la protagonista sueña con ser un espíritu libre, una persona «iluminada por la orgiástica religión de la antigua Grecia», alguien capaz de vivir como los propios dioses, pese a verse rodeada de la parafernalia de una existencia burguesa. En *El maestro constructor*, Halvard Solness, el personaje que da nombre a la obra, esgrime amenazadoramente el puño ante una deidad por permitir ésta la absurda muerte de unos niños, tras lo cual se abandona a una nueva religión basada en el humanismo laico. Y en *El pequeño Eyolf*, Alfred Allmers, «el sedicente ateo», se consagra al principio de la pieza a un «formidable empeño existencial», la redacción de un enorme volumen titulado *La responsabilidad humana*. «En muchos aspectos», señala Errol Durbach, «el apuro en el que se ve inmerso Allmers parece el paradigma de todos los dilemas románticos presentes en los dramas de Ibsen, un paradigma que consiste, por decirlo de la forma más sencilla y cruda, en quedar atrapado entre una traumática percepción de la existencia en tanto que proceso de cambio conducente a la muerte, viviendo además en un universo desprovisto de todo valor sólido, y la añoranza de un mundo perdido compuesto por jerarquías estáticas sobre el que la muerte no logra imperar. Y a fin de resolver este dilema, el protagonista, que vacila entre el ateísmo, el agnosticismo y la apostasía, se absorbe en la confección —efectuada con las materias primas de la existencia— de un objeto personal análogo a aquel paraíso perdido —un edén simbólico que promete la vida eterna y que si Allmers intenta poseer no es en calidad de *metáfora* sino de *realidad*».[11]

El elemento común a cinco de las últimas obras de Ibsen, *Hedda Gabler*, *El maestro constructor*, *El pequeño Eyolf*, *Juan Gabriel Borkman* y *Cuando despertemos los muertos*, es el hecho de que su tema principal consiste en la búsqueda de una dimensión de la existencia humana «que se halle eternamente al margen de las leyes del cambio».[12] En las obras, se viene a resaltar y a contradecir a un tiempo este anhelo de varias formas: no sólo por la latente presencia de la muerte (que a menudo se agazapa en forma de una enfermedad terminal —la sífilis, la tuberculosis, el cáncer—), sino también por el hecho de que las personas que fallecen son las últimas de un linaje —lo que significa que no estamos frente a la simple muerte, sino ante una *extinción*—.[13] En un célebre artículo titulado «Symbols of Eternity: the Victorian Escape from Time», Jerome Buckley sitúa a Ibsen en la misma línea que Samuel Taylor Coleridge, Dante Gabriel Rossetti, William Wordsworth, Walter Horatio Pater y William Morris, debido a que todos ellos intentan «confeccionar mundos de artificio inaccesibles a toda mudanza». Y también vemos esos mismos «símbolos de eternidad» en Ibsen, por ejemplo en el paraíso o reino de Orangia (o aun de Appelsinia*) que figura en

---

* En las traducciones de Ibsen al inglés y a otras lenguas se empleó la voz «Orangia» para verter la noruega «Appelsinia», que procede de «appelsia», «naranja». La razón fundamental para este cambio estriba en que las connotaciones de la palabra «Orangia», pertinentes para la comprensión de los diálogos, resultan más claras que las de «appelsia» para el espectador que desconozca el noruego (*N. de los t.*)

El maestro constructor, en el paganismo de la Grecia antigua que provoca la nostalgia de Hedda, en los pozos mineros y los sueños de dominación del mundo mineral de *Juan Gabriel Borkman*, en la búsqueda que lleva a Allmers, en *El pequeño Eyolf*, a perseguir una dimensión inmutable de la responsabilidad humana en su monumental empresa literaria...

Las obras de teatro de Ibsen indagan en el dolor y en la tragedia que implica, de forma prácticamente inevitable, todo intento de crear algo de valor duradero en la fluida e incesante corriente del cambio, en la intrínseca forma de nuestra experiencia de la vida y de la realidad. No obstante, una vez dicho esto, hemos de tener presente que la obra del gran dramaturgo noruego es también moderadamente optimista al esforzarse en ofrecer algunas respuestas constructivas a la nueva dificultad que se cierne sobre nosotros y cuyas grandes líneas trazara en su día Nietzsche. «[Su obra] festeja la dicha de quienes se hallan en las fauces de la muerte y no ve decadencia en la ley general de la mutación, sino una continua transformación del yo, una transformación que restablece la presencia del valor en un mundo vacío, lográndolo justamente al aceptar el individuo la responsabilidad de sus propias acciones y decisiones, pues eso es lo que permite que brote el sentido, haciéndolo surgir de un vacío en el que nada existía previamente.»[14]

Es *Hedda Gabler* quien plantea el problema. Hedda tiene una compleja vida interior y suspira por ser «más» de lo que es, puesto que el medio burgués en el que vive no consigue colmarla, haciéndola sentir el punzante anhelo del mundo clásico, de una cultura de metas más elevadas, de un universo de belleza y mitos intemporales, de una realidad en la que pueda experimentar un «ímpetu ascendente». Nuestra protagonista se convierte así en un ser «virtuoso de lo excéntrico», circunstancia que la ayudará a conservar la sensación de hallarse entre los anímicamente elegidos. El objetivo que se propone materializar en la obra consiste en rescatar a Løvborg de los brazos de su esposa, que ha conseguido cambiarle, arrancándole de la vida bohemia y convirtiéndole en un académico tan respetable como abstemio. Sin embargo, al fallecer Løvborg en un indecoroso altercado con una prostituta que le sitúa en el escenario de un feo accidente de burdel, Hedda comprende que la única salida que le queda, el único modo de poner orden en el aprieto en que se encuentra* —y de restaurar tam-

---

* Tal vez valga la pena explicar que, para apartar a Løvborg de su rival y evitar que éste se haga con la cátedra a la que aspira su propio marido, Hedda le anima a acudir a una fiesta en la que Løvborg, ebrio, pierde el manuscrito de la gran obra que está escribiendo

bién, efectivamente, la belleza que ha perdido el mundo que le rodea— consiste en afirmar su dignidad dándose voluntariamente muerte de un modo que le ha sido negado a Løvborg.

Las demás piezas no son tan rematadamente desoladas. Para Ibsen, la salvación no puede lograrse en un sentido teleológico, sea cual sea, ni encomendándonos a ninguna «causa final» querida por Dios, sino únicamente propiciarse por medio de un conjunto de acciones éticas que nos permitan conciliar nuestros ideales con un puñado de «realidades humanas factibles». La vida es mediocre y se halla repleta de factores ordinarios, desde luego, pero hemos de procurar ir tras cuanto se revele digno allí donde alcancemos a detectarlo entre ese cúmulo de pequeñeces y rasgos mundanales, sabedores de que lo más que podemos esperar son algunos «destellos de valía espiritual» y de que en eso consisten las metas de la vida en general.

Si esta idea de los destellos de valía espiritual viene a coincidir muy notablemente con la filosofía de Santayana, el concepto que Ibsen defiende en relación con las «cosmologías de dos» se asemeja mucho al de D. H. Lawrence (de quien nos ocuparemos más adelante). Esto último se pone de manifiesto cuando el dramaturgo dice: «Carecemos de paz porque no estamos completos. Y no estamos completos porque no hemos conocido sino el 10% de las relaciones existenciales que podríamos haber tenido. Vivimos en una época que cree en decorticar las relaciones. Elimínenles las capas, nos dicen, pélenlas como a la cebolla, hasta que alcancen la pureza, o un estado de completa vacuidad. Vacuidad. Ése es hoy el punto al que muchos hombres han llegado: a cobrar conciencia de su total inanidad. Desean tan ardientemente alcanzar a ser "ellos mismos" que han terminado por no ser nada en absoluto, o algo muy próximo a la nada».

En *El pequeño Eyolf*, Ibsen nos ofrece un anticipado vislumbre de las dificultades que más tarde abordaría D. H. Lawrence en relación con el

---

y que sin duda terminará de encumbrarle. El esposo de Hedda, Tesman, encuentra el texto, pero Hedda se lo oculta a Løvborg y lo arroja al fuego, animando después al desesperado Løvborg a cometer suicidio, proporcionándole incluso una pistola. Cuando le llega la noticia de la muerte de Løvborg, Hedda cree que se ha dado a sí mismo una muerte heroica, capaz de redimirle. Sin embargo, se entera poco después de que todo ha sucedido con su pistola, sí, pero de manera accidental y sórdida y que el juez Brack conoce el origen del arma. Éste amenaza a Hedda con un escándalo, situándose en una posición de fuerza respecto a ella, razón por la que la protagonista se da la muerte «hermosa y libre» que deseaba para su amado. (*N. de los t.*)

individualismo aislado. De este modo, después de que Eyolf, el hijo tulli-
do, y por ello sólo a medias deseado, de Alfred y Rita Allmers se ahogue
en el océano, atraído hasta el agua por la artera seducción de la mujer de
los ratones —una especie de flautista de Hamelín que presume de encan-
tar a los roedores para ahogarlos en el mar—, el doliente matrimonio decide ocuparse más de los niños pobres de su localidad. El hecho de ayudar
a esos desdichados, dedicándoles unas atenciones que jamás habían tenido con su propio hijo, lisiado e imperfecto, acaba uniéndoles más profundamente de lo que nunca habían estado. El valor que ahora ha adquirido
su vida —derivado de la ayuda que están procurando a los niños— es un
valor absoluto, un valor de *este* mundo, de su pequeño mundo, del mundo
en el que se hallan inmersos. Puede que lo que han decidido hacer no parezca excesivamente llamativo, que se encuentre desprovisto del «significado» universal que quizá hubiese alcanzado, que pretendía haber obtenido, el libro que Alfred preparaba sobre la *Responsabilidad humana*, pero
es posible realizarlo, revela ser un *ideal factible*. Es igualmente posible
que no les haga sentir próximos a la salvación en el sentido cósmico de la
palabra, esto es, en un sentido ultraterreno o sobrenatural, y que tampoco
esté llamado a concederles la inmortalidad. Sin embargo, permite que tanto Alfred como Rita participen en la concreción de algo que sí tiene valor
—ayudar a los demás—, de algo que, en sí mismo, puede considerarse
inmortal.

Finalmente, esta nueva iniciativa logrará salvar su matrimonio, lo que
no es baladí a juicio de Ibsen. Y se trata además de una salvación derivada
del hecho de que el dramaturgo introduzca el cambio en la vida de sus
personajes. «¿Por qué, oh, por qué», exclama Alfred, «queremos tú y yo
que el otro sea siempre igual, algo fijo, como el texto de un menú invariable ...? La vida se renueva constantemente. Abracémonos con fuerza,
querida. Hemos llegado al final demasiado pronto». La vida *es* cambio,
dice Ibsen, reflejando el pensamiento de los pragmatistas estadounidenses y de Henri Bergson, que, cada uno a su modo, habían venido a decir
casi lo mismo.

La obra titulada *Cuando despertemos los muertos* presenta en cierto
modo algunas semejanzas con los planteamientos de William Butler
Yeats. El escultor Rubek encuentra tediosa la vida que lleva junto a su
esposa y su vida creativa se encuentra en un punto muerto. La fortuita
aparición de una modelo que en el pasado le había servido de inspiración
en su trabajo promete revitalizar su vida amorosa —reavivando su deseo— y desbloquear al mismo tiempo sus energías creativas. Sin embar-

go, esto me trae a la memoria las «alternativas imposibles» de las que habla Yeats en su poema titulado «La elección»:

> El intelecto del hombre se ve obligado a elegir
> La perfección de la vida, o de la obra,
> Y si adopta la segunda por fuerza ha de desistir
> De una divina morada...

Rubek no consigue conciliar estas fuerzas antagónicas, no mejor al menos que cualquiera de nosotros. La idea central de *Cuando despertemos los muertos* gira en torno a un cuarteto formado por dos hombres y dos mujeres que se consolidan y transforman en una larga serie de alianzas, buscando constantemente, por medio de todas esas reorganizaciones, alguna solución a la incapacidad en que se halla el individuo para conservar sus relaciones, lo que le sume en la soledad y le deja incompleto, vacío y desesperado.[15] Al igual que Yeats, Ibsen nos fuerza aquí a elegir, recordándonos que el consuelo «absoluto» que proporciona el arte no es la vida, o no toda la vida, que no representa en sí y por sí ni la completitud ni la totalidad.

En *La casa de Rosmer* podemos hallar más de una coincidencia con los trabajos de Santayana. Y es que, en efecto, esta obra —por sombría y desalentadora que resulte— aborda el tema del *júbilo*, señalando que en la vida el regocijo es norma y no excepción —si bien no en el sentido habitual del término, como experiencia cotidiana de la persona, sino en el sentido de que el alborozo es *aquello para lo que ha nacido el ser humano*—.[16] Rosmer es un apóstata que trata de asumir el cambio y propiciar una reforma política en Noruega, pese a que ello implique apoyar una evolución de los acontecimientos que contradice los tradicionales intereses de la aristocracia a la que pertenece. Se considera a sí mismo una persona inocente y pura que se esfuerza por hacer el *bien* de forma desinteresada. Rebekka, una amiga de su esposa, Beata —cuyo reciente suicidio, ocurrido el año anterior, planea sobre los personajes—, continúa viviendo en el domicilio de los Rosmer debido a que está enamorada de este último, compartiendo y respaldando además sus simpatías y sus gestos políticos. A medida que va desarrollándose la trama comienza a comprenderse claramente que quizá Rosmer no sea tan puro como él imagina, o como pretende fingir ante sí mismo; que está enamorado de Rebekka y que además lleva mucho tiempo albergando ese sentimiento hacia ella. Cuando al profesor Kroll, cuñado de Rosmer, le llegan noticias de los planes políticos de éste, se siente indignado ante semejante traición de clase y comienza a sabotear los designios de Rosmer mediante la publicación en el periódico local de toda una serie de insinuaciones relacionadas con los hechos que realmente rodearon la muerte de Beata —dejando entrever que no fue resultado de un suicidio originado por una enfermedad mental, como se había supuesto en un principio, sino por la circunstancia de que Rosmer y Rebekka estuvieran teniendo un idilio—. Rebekka admite entonces que hay algo de cierto en las insidias, confesión que pasa inmediatamente a convertirse en una terrible carga para los dos amantes.

El mensaje que lanza Ibsen en este caso consiste en que el hecho mismo de experimentar la «bondad» y de valorarla más incluso que la propia felicidad personal «es experimentar el significado de la dicha». El dramaturgo resalta este extremo —de un modo quizá muy característico— dejando que la tragedia se apodere del escenario, es decir, haciendo que ni Rosmer ni Rebekka puedan soportar la culpa de unos actos que ahora han quedado expuestos a la vista de todos y que les abrume la circunstancia de que su relación haya sido el elemento *desencadenante* del suicidio de Beata. Los dos amantes se quitan la vida al mismo tiempo y con un método idéntico al de Beata: arrojándose a la acequia de un molino. «Ambos mueren por una causa justa», afirmará Durbach, «es decir, para mantener viva la llama de la determinación moral, para librar a su amor de toda idea de culpa y para volver a establecer la primacía de los valores humanos en el mundo de la experiencia ordinaria. Ambos mueren jubilosos, con esa completa plenitud y consumación que alcanza el yo en el amor al otro, es decir, en un estado de ánimo que, de haberse empleado el lenguaje de las cosmovisiones anteriores, se habría revelado sinónimo de bienaventuranza y gracia ... Rebekka y Rosmer mueren fusionados como entidades espirituales autónomas, como una única conciencia, o lo que es lo mismo: como una auténtica cosmología de dos». «¿Eres tú el que parte conmigo, o yo contigo?», pregunta Rebekka. «Partimos juntos, Rebekka, yo contigo, tú conmigo ... Porque ahora los dos somos uno.»

El júbilo, que es la meta y el propósito de la vida en Ibsen, emana de la intensa percepción moral que nos ocupa. Ése es el único valor eterno en un mundo inhóspito, un valor al que es preciso ceñirse, «aun a costa de la vida y la felicidad».[17] Las amplias miras de Ibsen, la vasta panoplia de su temática, otorga una gran autoridad a su concepción moral.

DESEO Y CRUELDAD

Se ha dicho de Johan August Strindberg «que, en él, es aún menor que en Ibsen la distancia que media entre la sangre y la tinta». De hecho, las escenificaciones dramáticas que Strindberg elabora para abordar lo que a su juicio era «el terrible callejón sin salida en que se halla atrapado el ser humano» muestran una urgencia superior a la que encontramos en Henrik Ibsen o en Anton Chejov. Como ya hemos dicho anteriormente, Strindberg pasó por este mundo «atemorizado y presuroso», además de abrumado por la culpa. Tenía la particularidad de tomarse como algo personal la decadencia moral que observaba a su alrededor, circunstancia que, hasta cierto punto, habría de espolear su «pleito con Dios», un encontronazo llamado a alumbrar a su vez un empeño mucho más ambiguo que el de Ibsen, por remitirnos a las impresiones de Otto Reinert.[18] Fascinado por las nuevas metapsicologías de Freud y Jung (Strindberg y Freud se ganarían la fidelidad del mundillo literario alemán prácticamente al mismo tiempo), el objetivo de sus obras de teatro radicará invariablemente en desnudar el yo del alienado hombre moderno, que «se arrastra entre el cielo y la tierra en su desesperado intento de arrancarle algún absoluto a un universo desamparado». Strindberg estaba decidido a declararle la guerra a Dios —y de hecho compartía con Nietzsche un profundo sentimiento de desprecio por el cristianismo—, sin dejar por ello de buscar algo nuevo ni de identificarse con otras figuras que se hubieran rebelado contra Dios —Caín, Prometeo, Ismael...—. Sin embargo, en un momento dado admitiría «haber buscado a Dios y encontrado al Diablo», añadiendo algunas amargas confidencias como la de que «nuestro mayor logro es ... haber sabido ocultar nuestra vileza» o la de que «el sentido de mi vida es haber servido de advertencia para que otros consigan mejorar».[19]

El tono literario que más le caracteriza es el que encontramos en obras como *Pascua*, *El sueño*, *La señorita Julia* y *La sonata de los espectros*. Todas estas obras abordan el tema de la sublevación existencial que lleva a los individuos a oponerse a los sinsentidos y las contradicciones de la vida humana. A juicio de Strindberg, en un mundo en el que la verdad es esquiva, «únicamente el yo posee alguna validez real».[20] Apasionado discípulo de Darwin y de Nietzsche (llegaría a intercambiar varias cartas con el filósofo), Strindberg admitía que «personalmente hallo el gozo de la vida en sus duras y encarnizadas batallas», lo que me lleva a recordar que en sus indagaciones sobre el culto al yo nos ofrece el argumento de que lo único que nos permite seguir adelante es la vitalidad dionisíaca.[21] Desde luego, él poseía esa vitalidad dionisíaca, pues en un período de su vida llegaría a realizar varios experimentos psicológicos bajo los efectos de las drogas, por no mencionar que también halló tiempo para estudiar botánica, química y óptica, de escribir sesenta piezas de teatro, treinta obras de ficción y una autobiografía, además de los diversos libros de historia y política que vendrían a sumarse a los más de sesenta óleos que la Galería Tate de Londres acabaría exhibiendo en el año 2005.

Strindberg compartía algunas ideas con los pragmatistas y los fenomenólogos. Estaba convencido de que el «proceso del mundo» es un caótico torbellino de flujos y más flujos de acontecimientos, y su obra viene presidida, fundamentalmente, por la impaciencia que le produce la fijeza de los personajes teatrales. Tenía la clara percepción de que uno de los errores fatales del teatro clásico radicaba en el hecho de que se hallara «entregado a la constante caracterización de las situaciones». La verdad es que el desarrollo de los seres humanos, según se revela en *La señorita Julia*, por ejemplo, nunca se detiene, del mismo modo que tampoco tienen fin las contradicciones en que él mismo incurre, con lo que la única imagen que le representa verazmente es aquella que alcanza a desvelar «la multitud de incoherencias y discordancias» que pueblan su alma.[22] Strindberg confirmará en varias ocasiones que había tenido la oportunidad de vivir «de múltiples maneras» las experiencias de todas las personas que él mismo describe en sus obras, reconociendo asimismo que sus textos dramáticos se limitaban a exponer la «incesante dialéctica» en que se hallan enzarzados sus «numerosos yoes».

Al mismo tiempo (y en sentido opuesto a todo lo anterior), Strindberg dará muestras de estar acuciado por el «hambre metafísica». De hecho, aunque carecía de temperamento místico, sentía en su interior un impulso místico que le impelía a buscar una única y global experiencia de la realidad, una *Anschluss mit Jenseits*, es decir, una conexión con el más allá. Su exigencia de una realidad «última» resultaba «absurda», pero nunca aprendió a refrenarla, lo cual contribuiría a producir un profundo cambio en su interior. Es muy posible que la verdadera raíz de las «ridículas demandas» de Strindberg fuera de carácter sexual y patológico. Ésta es, sin duda, una de las interpretaciones legítimas de lo que él mismo daría en llamar, en 1894, su «crisis infernal»: una serie de aterradores brotes psicóticos en los que se vería asaltado por una espantosa sucesión de paranoias que habrían de prolongarse por espacio de dos años, transcurridos los cuales daría en rechazar su anterior postura atea, llegando a aceptar los planteamientos semi-místicos de Emanuel Swedenborg y otros, aceptando sus tesis —que mantenían que la vida está sujeta al control de unas ciertas «potencias» o entidades sobrenaturales y que no sólo existen puntos de «correspondencia» entre el universo de lo transcendental y el mundo real, sino que también hay, de algún modo misterioso, un «Absoluto» capaz de unificar la totalidad de la experiencia.

No obstante, hasta ese momento Strindberg había hecho suya la posición nietzscheana —más que el propio Ibsen—, convertida ya en una actitud poco menos que clásica: la de que estamos constituidos por un gran número de yoes, que somos aquello que damos en realizar con dichos yoes, y que ésta es la razón de que la vitalidad dionisíaca resulte tan importante. Además, sólo por medio de esa vitalidad podemos conservar las ganas de explorar experimentalmente todos y cada uno de esos yoes hasta que decidamos atenernos a uno que nos parezca contribuir a nuestra plenitud, aunque teniendo siempre en cuenta que la vida tampoco puede permanecer estática, y que tan pronto como hallemos ese yo que nos da la impresión de quedar colmados, la existencia puede volver a experimentar un cambio en el momento menos pensado.

No obstante, Strindberg también adoptaba una postura freudiana, dado que pensaba que el único modo de lograr la plenitud, la sola forma de «levantar las restricciones» que pesan sobre el deseo y «dar culminación» a la esencia del yo consiste en dar *expresión* a todo aquello que pueda ser «dragado» o extraído del inconsciente sin censuras. Ahora bien, lo cierto es que, aun admitiendo que dichas epifanías alcanzaran efectivamente a producirse, Strindberg no esperaba que duraran por tiempo indefinido. El flujo de la vida proseguía su curso, pues la lucha darwiniana jamás se detiene —siendo así, además, que su verificación implica muy a menudo la intervención de factores saturados de crueldad.

«EL OBJETIVO ES EL JÚBILO MOZARTIANO»

George Bernard Shaw, el conocido dramaturgo irlandés, autor de sesenta obras de teatro y cofundador de la Escuela de Ciencias Políticas y Económicas de Londres, no sólo fue uno de los primeros y más destacados miembros de la Sociedad Fabiana sino también la única persona que ha obtenido tanto el premio Nobel de Literatura como un Oscar de Hollywood (por su obra sobre *Pigmalión*). Según como definamos el término, llegaremos a la conclusión de que Shaw era una persona religiosa o bien todo lo contrario. Este autor pensaba que Darwin había «asestado un golpe mortal al cristianismo», pero también se percibe en él, y de forma particularmente notable, la influencia de la «evolución creadora» de Bergson. Escribió un libro titulado *La quintaesencia del ibsenismo* en el que expondría gran parte de las interpretaciones que él mismo hacía de las piezas de Ibsen, señalando que el autor noruego había tratado de rescatar a su generación del materialismo; que, según él, el objetivo de la vida consiste en mejorarse a uno mismo y en lograr la plenitud personal; que la moralidad no es fija, sino que evoluciona con el tiempo; que las normas jamás podrán ser eternas; que la importancia de la literatura europea moderna como escuela de vida supera a la de la propia Biblia; y que el objetivo de la existencia consiste en alcanzar el júbilo mozartiano.[23]

Shaw pensaba que el carácter de la vida y de la «realidad» era esencialmente experimental, que los individuos mismos eran otros tantos experimentos. Juzgaba igualmente que las religiones tradicionales eran intelectualmente deshonestas e inflexibles, dado que se revelaban incapaces de tener en cuenta la evolución y sus muchas implicaciones —la más relevante de las cuales era y es la de la naturaleza indefinida y mutable de la realidad misma—. Dada la incertidumbre que la evolución ha venido a asociar de manera inherente e inseparable con dicha realidad, no puede pensarse que la vida contenga ningún imperativo moral de índole permanente e inmutable, del mismo modo que tampoco puede haber nada dotado de una validez transcendente. Al mismo tiempo, Shaw consideraba que, «si queremos materializar algún objetivo que realmente valga la pena, debemos profesar una religión. Si verdaderamente es posible hacer algo para sacar a nuestra civilización del tremendo caos en que se encuentra, tendrá que ser obra de hombres que crean en una religión».[24] Parte de su genialidad consistiría justamente en conciliar esos dos puntos de vista.

A Shaw le obsesionaba el cambio que preside la vida, la posibilidad —y la esperanza— de un avance positivo, siendo ésa justamente la razón de que se interesara y se implicara en la política en no menor medida que en la actividad teatral. No existía, a su juicio, ninguna «regla de oro», pues la forma en que nos conducimos en la vida ha de ser juzgada más por los *efectos* que dicho comportamiento ejerce en la propia vida, en nosotros mismos y en los demás, que por su conformidad con cualquier tipo de norma o ideal. «La vida consiste en el cumplimiento de la voluntad, la cual se halla en constante evolución, de modo que no es posible satisfacer hoy su contenido tomando como fundamento las mismas condiciones que ayer aseguraban su culminación.»[25]

De aquí se sigue, a juicio de Shaw, que la vida consiste en algo más que en la conquista de la felicidad. «No hay nada tan insufrible como la felicidad, salvo, quizá, la infelicidad.» Según Shaw, el mero hecho de disponer del suficiente tiempo libre para que uno *se preocupe* en pensar si es feliz o no constituye una garantía de desdicha. «Las "vacaciones perpetuas" son una buena definición básica del infierno.» Con todo, tampoco debe pensarse que nuestro dramaturgo idealizara el trabajo por encima de cualquier otra cosa —y esto por la sencilla razón de que *no confiaba* en las idealizaciones—. A sus ojos la felicidad se caracterizaba por ser «egocéntrica, efímera y estéril, además de un antídoto contra la creatividad» —y hay que tener presente que él adoraba la creatividad—. En *Heartbreak House*, el capitán Shotover expresa los temores del propio autor al hablar de «la maldita felicidad ... de ceder y soñar, en lugar de resistir y hacer, de degustar la dulzura de un fruto destinado a terminar pudriéndose».[26]

Si tenía alguna máxima o lema, sin duda era éste: «La vida es el uso que hagamos de ella». No dejaría de repetir una y otra vez que le resultaba imposible «hallar un elevado propósito» en la procura de la felicidad o la virtud personales. Sin embargo, hablaba a menudo de hallarle sentido a la vida en el «uso» que el individuo decidiera darle. Llegaría a sostener incluso que él mismo se sentía «utilizado» por una fuerza inespecífica que le llevaba a concebir metas insignes —hay que recordar que era un seguidor de las teorías de Bergson, así que es posible que éste fuera el modo en el que actuaba en su caso el *élan vital*—. Tradicionalmente, este tipo de sentimientos solían ir asociados a la veneración de alguna clase de deidad, pero Shaw argumentaba que la comprensión convencional del Dios cristiano apenas pasaba de ser otra cosa que una forma de idealismo más.

Shaw habrá de expresar todo esto de un modo inmejorable al poner en boca del Don Juan de su *Hombre y superhombre* las siguientes palabras: «Para mí, la religión [había quedado reducida] a un simple pretexto con el que excusar la apatía, al concebir un Dios que, tras contemplar el mundo había visto que era bueno, contradiciendo el instinto que me insta en mi interior a observar el mundo con mis propios ojos para darme cuenta de que admite ser mejor». De aquí se sigue sin esfuerzo que la vida venidera no consiste, a juicio de Shaw, «en una eternidad absorta ... en una especie de bienaventuranza capaz de abrumar de tedio a toda persona activa hasta el punto de hacerle desear una segunda muerte», sino en «una mejor vida futura para el mundo entero».[27] En este punto es clara la coincidencia con los pragmatistas.

En el año 1895, Shaw le escribirá en los siguientes términos a su amigo Frederick Evans, un librero londinense aficionado a la fotografía: «Quiero escribir un voluminoso devocionario para la gente de nuestros días, un libro capaz de hacer que todas las verdades latentes en los viejos dogmas religiosos entren en contacto con la vida real —un evangelio de la "shawianidad" para ser exactos ...—. De mí se ha dicho que soy un hombre que ríe en el desierto. Eso es bastante cierto, si se me acepta como individuo destinado a allanar el camino a algo mejor». En eso radicaba por tanto el objetivo del dramaturgo: en generar «la conciencia de algo mejor y en espolear la voluntad precisa para hacerlo realidad».[28] Y éste es también el punto en el que Bergson entra en juego. Al redactar el prólogo de su monumento teatral en cinco obras titulado *Volviendo a Matusalén* (cuyo estreno se produjo en el año 1920), Shaw se expresará como sigue: «Siempre he sabido que la civilización necesita de la religión y que ésta es para aquélla cuestión de vida o muerte. Y a medida que el concepto de Evolución Creadora iba tomando cuerpo fui comprendiendo también que nos hallábamos al fin en el radio de acción de una fe que satisfacía la primera de las condiciones que han cumplido indefectiblemente todas las religiones que han alcanzado a cobrar ascendiente sobre la humanidad, a saber, la de ser antes que nada una religión de carácter metabiológico. Yo mismo me tengo por siervo e instrumento de la Evolución Creadora. Dios es voluntad ... Sin embargo, toda voluntad sin manos ni cerebro está condenada a revelarse inútil ... A mi juicio, ese proceso evolutivo es Dios».[29]

De tanto lanzar la vista al horizonte, al futuro, Shaw acabaría viéndose abocado a abrazar la idea del superhombre, pero su entusiasmo habría de verse embridado como consecuencia de dos preocupaciones de carácter práctico: la experiencia daba en mostrar que si la salvación había de cristalizar en este mundo y no en el venidero (como el propio Shaw creía, pese a sus convicciones religiosas) tendría que tratarse de una salvación al alcance de todo el mundo, no de algo únicamente asequible al puñado de elegidos nietzscheanos. Por otra parte, Shaw también rehuía la apocalíptica visión que tenía Nietzsche de la salvación: Darwin nos ha enseñado que el progreso humano hacia cualquier posible forma de salvación habrá de producirse por «pasos infinitesimales». En este caso, la filosofía del dramaturgo acaba por confluir con sus ideas políticas, ya que tanto en sus posiciones socialistas como en su afiliación al fabianismo habría de comportarse al modo de un gradualista, es decir, más a la manera de un evolucionista que de un revolucionario.

Sin embargo, no era hombre que se hubiera entregado de hoz y coz a Darwin. Shaw aceptaba que los seres humanos no podían tener una auténtica vida salvo «en caso de compartirla con sus semejantes en el seno de una comunidad», pero pensaba asimismo que la selección natural no sólo implicaba un desperdicio de fuerzas válidas sino que procedía de una manera oblicua, siendo en cambio la política una forma más directa de adaptarse a las circunstancias específicamente humanas, al ser nada menos que el mecanismo que hemos logrado concebir los hombres para dar cumplimiento a unos designios que a su juicio respondían a la voluntad universal —pues no en vano estamos parafraseando aquí al propio Shaw, a quien vemos razonar así desde una óptica claramente hegeliana—.[30] En sus obras hay una verdadera legión de personajes —como lady Cicely Waynflete, Andrew Undershaft, César o santa Juana de Arco, por nombrar únicamente unos cuantos— que se identifican con algún tipo de «vitalidad y determinación esenciales de origen exterior a sus personas». En opinión de Shaw, el hecho de *entregarse* uno mismo a una causa era el acto de fe más importante de la vida, no en tanto que gesto de abnegación o sacrificio, como sostuviera en su día el cristianismo, sino en tanto que deber creativo. La voluntad también resultaba crucial, puesto que «el progreso del conocimiento y la civilización no arregla las cosas, sino que se limita sencillamente a traer consigo nuevas necesidades y, con ellas, nuevos sufrimientos y nuevas formas de egoísmo. Por consiguiente, la voluntad sigue siendo un elemento necesario».[31]

Además, como él mismo habría de añadir en otro lugar: «El mundo está esperando a que el Hombre lo redima del patético y mezquino gobierno de los dioses».[32] No obstante, Shaw reconocía con franqueza que «todavía no se ha descubierto la fórmula exacta ... para el advenimiento del superhombre. En tanto no la consigamos, todo nuevo nacimiento seguirá siendo un experimento en la Gran Búsqueda que está realizando la Fuerza de la Vida para descubrir dicha fórmula». Además, el escritor insistía en la existencia de un «irresistible anhelo» por el que la vida tiende a alcanzar un estadio cada vez más elevado, un deseo que nos impulsa hacia la perfectibilidad: «En el paraíso que busco [no hay] más júbilo que el relacionado con la tarea de cooperar con la existencia en su empeño por alzar el vuelo».[33] En *Don Juan*, Shaw lo expresará con estas palabras: «Yo os digo que mientras me sea dado concebir algo superior a mí mismo no hallaré reposo a menos que me encuentre luchando por hacerlo realidad o allanando el camino que pueda propiciar su venida ... Yo os digo que en la procura de mi propio placer ... jamás he hallado felicidad alguna». En similares términos se lo hará saber a Tolstói en una carta fechada en 1910: «Para mí Dios no existe ... La vigente teoría de que Dios posee ya, en acto, la plena perfección de sí mismo implica creer que ha dado en crear deliberadamente algo inferior a Él ... A mi juicio, y a menos que concibamos a Dios como a un ente embarcado en una permanente lucha por superarse a sí mismo, todo cuanto estamos concibiendo es simplemente un petulante omnipotente». Y en el epílogo de *Volviendo a Matusalén* añadiría, nada menos que en una fecha tan tardía como la de 1944, que, «por consiguiente, Dios no es una Persona, sino un Propósito incorpóreo, un ser incapaz de hacer nada por sí solo en forma directa».[34]

Una vez más, este punto de vista no vendría a informar menos su visión política que sus obras de teatro y sus ideas. «La ética y la religión del socialismo no buscan la sociedad ideal a través del individuo ideal, sino al revés, al individuo ideal por medio de la sociedad ideal.» Gracias a la política, la sociedad podrá conseguir una identidad comunal cada vez más amplia a través de un proceso evolutivo «en el cual cada nuevo nivel de desarrollo vendrá a hacer suyo todo aquello que se haya revelado más necesario o "cierto" en el conjunto de medias verdades de las fases anteriores». El «bien» es un proceso de interminable mejora «que jamás puede detenerse y que nunca alcanza a quedar completo».[35]

Shaw no dejaría de incluir todas estas ideas en sus obras de teatro, cuya forma esencial es la de un *movimiento* que por regla general va más allá de los límites de la desesperación hasta alcanzar una síntesis que se concreta en forma de una nueva y más firme comprensión de la realidad, alcanzándose por medio de una evolución que conduce a una más amplia auto-conciencia por medio de una dialéctica de acción y reacción. En *Cándida*, la esposa del reverendo James Mavor Morell, que se ve en la tesitura de tener que elegir entre su «débil» marido y el joven poeta Eugene Marchbanks, que aspira a ser su amante, comprende de pronto que ha aprendido a vivir sin felicidad: «la vida contiene algo más noble que [la dicha]». Al igual que en sus demás obras de teatro, Shaw presenta ese dilema como una alternativa entre aquello que contiene una mayor cantidad de verdad y aquello otro que la posee en menor medida, no como una disyuntiva entre dos absolutos.[36]

Las obras de Shaw se centran en toda una serie de modelos tan sobrehumanos como perspicaces (tal es el caso de Don Juan, de César, de santa Juana de Arco, de Andrew Undershaft, de Henry Higgins o aun de los primeros centenarios de *Volviendo a Matusalén*). La función de estos modelos, ya sea en un «sentido asociado con la historia universal» (*à la* Hegel), o en un sentido privado, pedestre y doméstico, es animar a los individuos ordinarios (como Cleopatra, Barbara Undershaft, Eliza Doolittle o Ellie Dunn, por ejemplo) a intervenir más a fondo en la orientación de su propio destino.[37]

Shaw se tomaba muy en serio la esperanza —pues no en vano la esperanza constituye para nuestro dramaturgo, como ya señalara en su momento el artista estadounidense Robert Whitman, una forma de responsabilidad moral—. «Vivir en el infierno es dejarse llevar (ya que supone la negación de todo propósito); el cielo es en cambio tomar el timón entre las manos ... La vida es una fuerza que ha realizado un sinfín de experimentos para organizarse a sí misma ... y concretarse en unos individuos cada vez más perfectos y superiores.» El superhombre de Shaw, a diferencia del de Nietzsche, no es un objetivo ni un producto final, es más bien un proceso, una fase de un vasto desarrollo: «El cielo no es un lugar sino una dirección».[38] En *Major Barbara* (estrenada en el año 1905), Andrew Undershaft, un acaudalado fabricante de armas, admite que prefiere robar a verse sumido en la pobreza y que antes se animaría a perpetrar un asesinato que a permitir que se le redujera a la condición de esclavo, puesto que de ese modo estaría actuando de acuerdo con su propia voluntad, lo cual le permitiría conservar la dignidad y el respeto a sí mismo. En un pasaje en el que Adolphus Cusins, el prometido de Barbara (que es hija de Andrew además de alto dirigente del Ejército de Salvación), le pregunta inocentemente qué energía emplea para hacer funcionar su fábrica de armas, Undershaft le responde enigmáticamente: «Una voluntad de la que formo parte», para añadir de forma casi inmediata: «Soy millonario. Ésa es mi religión».

Esto se ajusta al deseo que lleva a Shaw a ver una finalidad en la idea de que vivimos para la razón y no para dar cumplimiento a nuestra voluntad de vivir. Sin embargo, lo que se desprende de la obra es que tanto el poder como la noción de estar sirviendo a un determinado designio son elementos que se necesitan mutuamente. Lo que está diciendo el autor irlandés es que si las personas desean un mundo mejor tendrán que crearlo ellas mismas, no esperar sentadas a que Dios venga a realizarlo. «El fin de la existencia humana no consiste en ser "bueno" ni en recibir el cielo como recompensa, sino en alumbrar el Paraíso en la tierra.» Así se lo confesará a lady Gregory:* «Mi doctrina es que Dios avanza con el método de "prueba

---

* Isabella Augusta Persse (1852-1932). Folclorista, autora y gerente teatral irlandesa, casada con sir William Henry Gregory, escritor y político anglo-irlandés. Lady Gre-

y error" ... A mi juicio, la única esperanza de salvación que puede albergar el género humano reside en enseñar al Hombre a considerarse a sí mismo como un experimento tendente a la realización de Dios».[39]

En *Androcles y el león*, Shaw enfrenta al sentimiento religioso con la ausencia del mismo, exponiendo la opinión de que la mayor forma de pecado es el *statu quo*, puesto que, como él mismo afirmará en el Prólogo de dicha obra (Shaw era un gran aficionado a añadir prólogos explicativos, y muy a menudo didácticos, a sus obras de teatro), «la condición fundamental de la evolución ... estriba en el hecho de que la vida, incluida la vida humana, se halla en constante evolución y ha de sentir por tanto una continua vergüenza de sí misma, así como de su presente y de su pasado».[40] A su juicio, el cristianismo no es más que una fase de la evolución moral. Además, dicha evolución únicamente puede verificarse por medio de las pulsiones vitales de carácter pasional —como la curiosidad, la osadía, la resistencia o el «esfuerzo destinado a buscar algo mejor»—, unas pulsiones que debían contrastarse además con lo que él consideraba «impulsos de muerte» —es decir, entre otras cosas, el deseo de confort y de felicidad, el egoísmo cínico y los «sueños de reposo y desahogo».[41]

En opinión de Shaw, la vitalidad, la perspectiva realista de las cosas y «la voluntad de empuñar el timón» integran la trinidad de elementos que precisamos para alcanzar un grado de organización cada vez mayor y una «auto-conciencia más completa». El hecho de que la fuerza vital esté generando, en su avance evolutivo, una mayor longevidad quiere decir que estamos llamados a lograr un mayor número de cosas. «Basta con que haya un más allá», dice Lilith en *Volviendo a Matusalén*.[42] Pero no queda ahí la cosa, puesto que resulta obvio que Shaw es un autor que se presta notablemente a la cita. «El futuro pertenece a quienes prefieren la sorpresa y el asombro a la seguridad.» «Brega con la vida tal como viene. Y sabe que nunca se presenta como esperas que lo haga.» «Lo que necesitamos es más una fe en la vida que una fe en los hombres, una mayor confianza en el esfuerzo que en sus resultados, más esperanza en el proceso que en la utópica visión del Bien.»[43]

---

gory debe su fama fundamentalmente a la labor desarrollada en favor del renacimiento literario irlandés. Su casa de Coole Park, en el condado de Galway, fue un crucial punto de encuentro para las principales figuras literarias del momento, reuniéndose en ella personajes como John Millington Synge, William Butler Yeats y su hermano Jack, junto con George Augustus Moore, Sean O'Casey, Katharine Tynan, Violeta Martin y el propio George Bernard Shaw. (*N. de los t.*)

En casi todas las piezas de teatro de Shaw el cambio que experimentan los personajes principales es triple, de manera que su condición va siempre «a más». En cierto modo «más» significa aquí más amplio, más complejo, más completo, más ajustado a la realidad (o si se prefiere, más «adaptado» en el sentido darwiniano del término). El segundo sentido en el que decimos que sus personajes «van a más» deriva del hecho de que vayan mostrándose cada vez más conscientes de que su plenitud y su salvación depende más de elementos externos a ellos que de realidades interiores. Y en tercer lugar —sin olvidar que este último factor viene a aliarse íntimamente con los anteriores— nos encontramos frente al desarrollo de la *recíproca ilustración*, un fenómeno por el cual cada personaje se descubre a sí mismo o a sí misma en su opuesto contrapunto.[44] Al igual que muchos modernistas, Shaw comprendió que si Dios estaba efectivamente muerto, si no existía ninguna vida ultraterrena repleta de bienaventuranzas, la única alternativa consistía en vivir esta vida con mayor intensidad. Sus obras tienen un contenido didáctico más intenso que la mayor parte de las piezas de otros dramaturgos, y desde luego superior al de los dramas de Ibsen. Movido por los más loables motivos, lo que deseaba Shaw era contribuir a que el público que acudía a disfrutar de sus obras viera enriquecida la calidad de su experiencia vital, instándoles a lanzarse poco menos que a empellones —es decir, paso a paso pero a trompicones— a una senda evolutiva ascendente que les iría permitiendo adquirir una más vasta conciencia de lo real y una vida más intensa.

NO MIRAR A LO LEJOS

A primera vista no parecen existir demasiadas coincidencias entre Shaw y su colega y coetáneo Anton Chejov (1860-1904). Los temas que informan tanto las obras de teatro como los relatos breves de Chejov resultan notablemente más «apacibles» que los que figuran en los textos de Shaw. Sin embargo, esta sensación es engañosa, ya que si es verdad que el autor ruso se hallaba totalmente inmerso en la cultura y la historia rusas, lo cierto es que sus preocupaciones no eran en modo alguno distintas.

A diferencia de otros muchos escritores de su generación, Chejov no pertenecía a la aristocracia, una circunstancia que, en su caso, resultará relevante. Su padre tenía una pequeña tienda de comestibles en una ciudad de provincias llamada Taganrog. Al recordar sus primeros años, el mismo Chejov diría «no haber tenido infancia». Le hacían trabajar horas y horas en el colmado familiar y su padre, movido por un excesivo celo religioso, le propinaba frecuentes tundas. En un momento dado, el joven Chejov se opondría con particular ahínco a que se le obligara a cantar en un coro, pero con escaso éxito. Aunque al final las cosas acabaran por mejorar, todavía le quedaban peores trances que superar. En el año 1875, el negocio paterno se vino prácticamente abajo, así que el padre, acompañado de gran parte de la familia, se trasladó a Moscú, quedándose Chejov —que apenas había cumplido los quince años— a cargo del establecimiento y la casa de Taganrog. Sin embargo, no tardó en disfrutar de su recién descubierta libertad (así como de la suspensión de las palizas y de las fastidiosas tareas del coro). Comprendería enseguida que le gustaba asumir las responsabilidades que acababan de ponerle sobre los hombros, así que el cambio de las circunstancias terminó por revelarse francamente liberador.[45]

No obstante, esto no significa que la experiencia consiguiera procurarle la educación que ansiaba. Había en Taganrog una nutrida comunidad griega, así que en el colegio al que asistía las clases se daban en esa lengua. Con todo, esto tuvo al menos un efecto positivo, ya que le convirtió en un deliberado autodidacta. Al final se mudaría a Moscú, e ingresó en la facultad de medicina —una decisión que Chejov tomaría por considerar que no sólo le ofrecía el mejor medio de satisfacer sus sentimientos humanitarios, sino también un cierto sentido de la dignidad personal.[46]

El estudio de la literatura científica le mantenía constantemente ocupado, aunque encontraba tiempo para compaginar sus lecturas con la elaboración de imaginativos escritos. Sin embargo, quienes habrían de inculcarle la preeminencia de la dimensión moral de la vida, su aversión a la vulgaridad del mundo y en particular su idea sobre el insípido carácter de la vida cotidiana serían personajes de la talla de León Tolstói, Émile Zola, Gustave Flaubert y Guy de Maupassant. Más que cualquier otro factor, el elemento que acabaría instilándole su celebérrimo pesimismo habría de ser justamente el contacto con estos literatos, y su interpretación de los mismos.

Sólo al instalarse en San Petersburgo en el año 1885 y tener ocasión de conocer a un buen número de afamados escritores —que invariablemente acertarían a entrever el talento latente bajo los escritos de gacetillero que habían sido hasta entonces todo cuanto había podido permitirse—, podría comenzar Chejov a afirmar sus cualidades. La primera vez en que consiguió rubricar con su verdadero nombre un relato corto fue al pie de

Réquiem (publicado en 1886). Poco a poco irá cristalizando su visión del mundo y en el año 1892 la obra titulada *El pabellón n.º 6* vendrá a convertirse en un punto de inflexión. Por esa época empezaría a aceptar la idea de que el arte —y la vida en general— carecen de toda noción central capaz de unificar la experiencia, que son realidades desprovistas de propósito y que, en tal sentido, constituyen actividades en último término triviales. Sin embargo, también creía que el hecho mismo de hacer frente a la verdad objetiva y de describir en su obra ese proceso suponía el primer paso para lograr inspirar al lector de sus libros o al público que asistía a sus piezas de teatro, infundiéndoles la esperanza de una vida mejor. Y para dar cumplimiento a esa encomienda, afirmaba, el hecho de trabajar de firme resultaba tan necesario como el talento.[47] A sus ojos, el artista no era más que un artesano de sólidas habilidades, no un profeta ni un sumo sacerdote. Con gran frecuencia habría de criticársele por no pintar en sus relatos el perfil de ningún personaje heroico, ataque al que replicaba diciendo que no tendría el menor inconveniente en retratarlos «si existieran en el mundo real».

En cierto sentido, tanto el estilo como la obra de Chejov han de entenderse como una respuesta al apocalíptico planteamiento que había llevado a Dostoievski a denunciar la existencia de una vida sin Dios. Según Chejov no nos encontramos ante un «abismo», sino más bien —o eso es al menos lo que les ocurre, dice, a los rusos de provincias— frente a un mundo dominado por la *poshlost* —esto es, por la mediocridad, la grisura y la ignorancia— y presidido también, en la inmensa mayoría de los casos, por una grave falta de ambición y heroísmo. A juicio de Chejov, el peculiar cristianismo de Tolstói eludía tratar los temas a los que debían hacer frente sus compatriotas rusos, esquivando, más específicamente, la miseria humana en que se estaban viendo sumidos muchos de los atropellados por el avance del rodillo industrial. Esto se irá explicitando a lo largo de su obra, por ejemplo en textos como los de *Una historia aburrida* (1889), *El pabellón n.º 6*, *Mi vida* (ambos de 1896) y *Una visita médica* (1898). Chejov era agudamente consciente de «lo lejos que queda la vida real de la existencia ideal», de que la vulgaridad y la ignorancia desbaratan la esperanza de que el objetivo del arte consista efectivamente en crear, y de que «no hay nadie a quien pueda echarse claramente la culpa de lo que está sucediendo, salvo por una idea: la de que todos somos responsables de lo que ocurre, a causa de nuestra terrible debilidad». Éstos habrán de ser los temas más destacados de sus dos últimas obras de teatro: *Las tres hermanas* y *El jardín de los cerezos*.[48]

El hecho mismo de que Chejov se distancie deliberadamente de la «febril» cosmovisión de Dostoievski, así como la circunstancia de que emplee una «prosa insípida» en sus textos teatrales, con la «premeditada intención de reproducir el apagado carácter prosaico de la vida cotidiana», la aparente obsesión que le produce la futilidad de la vida, sus críticas de que «todo termine pareciendo igual», la voluntad de que sus piezas escénicas aparezcan desenfocadas, borrosas... —todo tenderá a resaltar su idea de que no es posible encontrar soluciones grandiosas y globales a los problemas de la vida, debiendo buscar en cambio «respuestas a pequeña escala y, sobre todo, *prácticas*»—. El factor que reviste una auténtica importancia es el de las necesidades de la gente, y las grandes ideas abstractas son incapaces de satisfacer esas necesidades. A sus ojos, y en marcado contraste con Dostoievski y Tolstói, la ausencia de Dios no conduce a su parecer a ningún declive ni vacío moral: todos los individuos han de hallar por sí mismos la respuesta más adecuada al sinsentido de la existencia, haciendo que su moral evolucione a medida que avanzan en la vida.

En realidad, Chejov contribuiría a iniciar el gran cambio que iba a producirse tras la desaparición de Nietzsche, una transformación cuyos ecos habrían de resonar a lo largo de todo el siglo XX: me refiero al hecho de que centrara menos el foco de su interés en las cuestiones de naturaleza filosófica (incluyendo entre ellas a la propia religión) o sociológica que en la interrelación existente entre la moralidad y la psicología (individual).[49]

Al ser un autodidacta, tendía a interesarse espontáneamente en el perfeccionamiento de sí mismo, en la mejora de su formación, haciendo así suya la idea de que es poco lo que puede conseguirse sin un denodado esfuerzo. No obstante, ninguna de estas nociones lograría indicarle una *dirección*, un *objetivo*. Esta comprensión se produciría tras visitar el escritor la colonia penitenciaria de la isla de Sajalín, situada en el mar de Ojotsk, frente a las costas rusas del Pacífico septentrional. A su juicio, el penal no era únicamente una monstruosidad deliberadamente apartada de la vida humana, sino que constituía un verdadero emblema de los vicios y la corrupción que aquejaban al conjunto del imperio ruso. En un instante, su idea de la ausencia de meta o finalidad se evaporó, llevándole a decidir que, en lo que le quedara de vida, habría de consagrar el resto de sus escritos a la erradicación de las espantosas situaciones de que había sido testigo en la isla. A principios de la década de 1890, Chejov ampliaría sus actividades, concibiendo la idea de que el modo de transformar la sociedad rusa no pasaba exclusivamente por las vías artísticas, sino que exigía fomentar el surgimiento y la aplicación de innovaciones *prácticas*, por pequeñas que fuesen. Enviaría más de dos mil libros a la isla de Sajalín, dirigiendo al mismo tiempo el dardo de sus críticas a los colegas del mundillo intelectual que, a pesar de su campaña discursiva, apenas realizaban una sola acción práctica destinada a mejorar las cosas.[50]

Una de las cosas que más aborreció en su vida fue la reactivación del sentimiento religioso que habría de producirse en Rusia con el cambio de siglo, ya que estaba convencido, una vez más, de que «no había ninguna gran solución a la que pudiera recurrirse», y de que, al igual que el capitalismo, la religión era la causa de que se produjera un insensato desperdicio de las potencialidades humanas. Como también les ocurre a los personajes de sus escritos, los individuos que se ven sojuzgados por la religión o el capitalismo (cuando no por ambas ideologías) «son demasiado débiles y temerosos para poder mejorar su suerte». «En sus cuatro últimas obras de teatro, los únicos personajes felices son aquellos que se muestran engreídos, complacientes o satisfechos de sí mismos, mientras que los más inteligentes, como el tío Vania, Sonia o las tres hermanas de la pieza de idéntico título no consiguen dar cumplimiento a sus anhelos.» El periodista y poeta ruso Korney Chukovsky resumiría las convicciones de Chejov diciendo que «era un autor que rendía culto a la compasión por el individuo concreto».

No obstante, Joe Andrew, profesor de literatura rusa en la Universidad Keele, añade que ese «culto» iba más allá de la mera compasión, «puesto que Chejov creía de manera muy especial en el potencial que posee el individuo para realizar acciones heroicas en el transcurso de su vida, acciones que a su vez pueden servir de ejemplo». Era perfectamente consciente de que muy pocos compatriotas suyos estaban dispuestos a compartir sus puntos de vista o a aspirar a tales alturas de altruismo. Pese a todo, Chejov insistiría en que podían realizarse algunos progresos iniciales, dado que es mucho lo que el «individuo concreto» puede llegar a materializar en el curso de su vida. «Lo primero es atender a la absoluta necesidad de desprenderse de las ilusiones, de alcanzar a comprender la verdad de la vida personal, ya que únicamente entonces puede ponerse uno a pensar siquiera en la realización de consecuciones que valgan la pena.» Como señala Andrew, «pese al sombrío final que antecede a la caída del telón tanto en *Tío Vania* como en *Las tres hermanas*, los personajes que permanecen sobre el escenario —esto es, Vania y Sonia en la primera pieza y las tres hermanas en la segunda— han dado al menos este crucial primer paso ... A juicio de Chejov una de las más auténticas formas de heroísmo es la consistente en ver el mundo tal y como es y continuar amándolo a pesar de todo», un punto de vista que se asemeja muy notablemente a lo que decía Santayana. Una vez logrado esto, la tarea que tendremos entonces por delante consistirá en transformar la propia vida, ya sea luchando para conseguir libertad interior, ya sea procediendo a realizar tareas *prácticas* en favor de nuestros semejantes. Ni desistir ni darse por vencido son opciones a las que podamos aferrarnos.[51]

A juicio de Chejov, la vida carece de todo posible significado trascendental. Todo cuanto uno puede hacer es conferir una cierta coherencia a su arbitrario devenir *por medio de una obra y un ejemplo personales* en favor de la causa de la humanidad. «Uno ha de buscar, buscar por su propia cuenta, a solas con su conciencia» —ésa es la única fe que se nos ofrece—. Chejov pensaba que el concepto mismo de «salvación» resulta tan desencaminado como erróneo, dado que nos aparta del empeño consistente en introducir mejoras en nuestras condiciones materiales de vida —unas condiciones que en su opinión situaban a Rusia en una posición muy rezagada—. Desde su punto de vista, los seguidores de Dostoievski, que predicaban la llegada de un inminente apocalipsis, distaban mucho de acertar en la diana. Para él, lo que hemos de hacer no es tender la vista al horizonte, al distante futuro de la vida ultraterrena, sino preocuparnos por el contrario en dar ese primer paso capaz de *extraernos* de nuestra mediocridad y de *alejarnos* de ella. Por eso pasaba el heroísmo: por los pequeños esfuerzos asociados con mejorar en el día a día, no sólo en nuestro beneficio, sino para ventaja también de los demás. Debe entenderse claramente que dichas acciones *son* acciones heroicas. Al mismo tiempo, y una vez que se ha dado ese primer paso, ¿quién sabe a dónde puede terminar conduciéndonos? La propia vida de Chejov es un buen testimonio de ello. Sin embargo, lo imprescindible es dar ese primer paso. Ése es el principio del heroísmo.

Capítulo 5

VISIONES DEL EDÉN: EL CULTO AL COLOR, AL METAL, A LA VELOCIDAD Y AL INSTANTE

Pablo Picasso, verdadero arquetipo del artista moderno, nació en el año 1881. En sus primeros veintiún años de vida habría de ser testigo de la más pasmosa serie de innovaciones tecnológicas que el mundo haya contemplado jamás, unas innovaciones que habrían de transformar tanto la forma de la guerra como las vías de la paz: la ametralladora accionada por retroceso, inventada en 1882; la primera fibra sintética, fabricada en 1883; la turbina de vapor en 1884; la película fotográfica recubierta de resinas en 1885; el motor eléctrico, la cámara de cajón Kodak y el neumático Dunlop, ideas llevadas todas ellas a la práctica en 1888; la cordita,* que vio la luz en 1889; el motor diésel en 1892; el motor Ford en 1893; el cinematógrafo y el disco de gramófono en 1894... Al año siguiente Wilhelm Röntgen descubría los rayos X, Marconi ponía a punto la radiotelegrafía, los hermanos Lumière presentaban al mundo la cámara de cine y Freud publicaba la primera de sus teorías sobre la histeria y el inconsciente. Pero la secuencia no se detiene ahí: se prolonga con el hallazgo del radio, del electrón y de la grabación magnética del sonido, con las primeras transmisiones radiadas de la voz humana, con el primer vuelo a motor, con la teoría especial de la relatividad, con la teoría fotónica de la luz, con el descubrimiento de los genes... Consideradas en conjunto, todas estas

---

* Tipo de pólvora sin humo desarrollada por Cristian Friedrich Schönbein. Se trata de un explosivo que no detona sino que deflagra, debido a que la velocidad de combustión es subsónica. Presentaba una serie de ventajas respecto de la pólvora negra tradicional, pues no ensuciaba las armas ni oscurecía el campo de batalla. (*N. de los t.*)

innovaciones alumbraban la mayor transformación de la imagen humana del universo desde los tiempos de Isaac Newton. Así habría de proclamarlo en el año 1913 el escritor francés Charles Péguy: «El mundo ha cambiado menos desde la venida de Jesús que en los últimos treinta años».[1]

Junto a estos cambios revolucionarios, llevados fundamentalmente a cabo en Europa y Estados Unidos en el medio siglo que media entre los años 1880 y 1930, iba a verificarse también uno de los más importantes experimentos culturales de toda la historia de la humanidad. Y si admitimos que el arte poseía en esa época una importancia social que ya no puede continuar reivindicando en la actualidad, no debería sorprendernos descubrir que tuviera mucho que decir respecto a cómo era preciso vivir entonces —o para ser más exactos: respecto a cómo debían vivir los seres humanos ahora que se hallaban inmersos en la novedosa tecnología surgida y en el nuevo mundo que estaba viendo la luz a causa de ella, respecto a cómo existir y salir adelante en un mundo sin Dios—. Aun siendo verdad que en los cuadros y las esculturas del período ese contenido normativo acostumbraba a manifestarse en forma *implícita*, también lo es que las directrices culturales se hallaban efectivamente ahí, en las obras de arte de la época, y que podemos afirmar incluso que su presencia era abundante.

Si nos detenemos en el plano más elemental y dejamos a un lado un pequeñísimo número de excepciones (como las de Marc Chagall o Georges Rouault), podemos decir que el arte modernista es un arte de carácter laico, pues los temas religiosos brillan por su ausencia. En el trascendental libro de Robert Hughes titulado *El impacto de lo nuevo* —libro en el que se aborda el examen del período comprendido entre los años 1874 y 1991— se indica por ejemplo que, de las 268 ilustraciones relevantes de la época, únicamente nueve pueden considerarse de carácter religioso (como sucede, pongo por caso, con *La Madonna* de Edvard Munch's, con la catedral de Antonio Gaudí en Barcelona, o con la capilla que Mark Rothko diseñaría para la familia de Menil, conservada hoy en el espacio de la Colección que poseen los herederos de John y Dominique de Menil en Houston). El arte moderno es una celebración de la laicidad.

Este hecho, con ser importante —y crucial incluso—, no puede considerarse totalmente nuevo. Tanto el siglo XVIII como el XIX habían contado con abundantes obras de temática profana. No obstante, lo que sí resultaba novedoso, lo que vino a constituir un avance verdaderamente rompedor, fue lo sucedido en el terreno pictórico con las revoluciones que supusieron el impresionismo, las fragmentadas composiciones de Paul Cézanne, el puntillismo de Georges Seurat y las obras cubistas de Georges Braque y Pablo Picasso. En estos lienzos se experimentará con los cimientos mismos de la realidad, con las bases del contemplar, de la forma de entender la observación, igualándose en esto a los experimentos que se estaban efectuando, prácticamente por la misma época, en el ámbito de la física y que estaban dando a conocer al mundo todo un conjunto de nuevas unidades elementales de la naturaleza —como por ejemplo los rayos X, las ondas de radio o el electrón—. La pintura habría de quedar abrumada por estas innovaciones, que no tardarían en transformar la idea misma del arte y el modo en que era preciso entender nuestra propia realidad.

Ni la Iglesia —ni Dios— habrían de participar en esta nueva forma de auto-comprensión que había pasado a fundarse ahora, ciñéndose al ejemplo de las nuevas ciencias, en enfoques de carácter *experimental*. En lugar de atenerse a los antiguos cánones, las telas producidas a lo largo de estas cinco décadas se dedicarían a explorar los elementos constitutivos de la experiencia visual —como el color, la luz o la forma—, dando así nacimiento a una innovación tras otra en un proceso que podría resumirse diciendo que constituía, en esencia, una especie de tributo optimista al novedoso mundo que estaba viendo la luz por esos mismos años. Sin embargo, no todo el mundo veía las cosas desde un ángulo tan positivo, y habría incluso quien optara por una actitud de total escepticismo, pero podemos decir, en términos generales, que los artistas de finales del siglo XIX y principios del XX habrían de mostrar una actitud exuberante en el disfrute de sus nuevas libertades, deleitándose con las reconfortantes comodidades que acababan de ponerse a su disposición.

Es muy fácil pasar por alto estos extremos. Ni a los impresionistas ni a ninguno de sus continuadores inmediatos parecía preocuparles lo más mínimo la muerte de Dios. *Esta* vida, con todas sus novedades (por emplear en realidad una palabra que resulta inadecuada, ya que no viene sino a banalizar algo que de hecho era un conjunto de innovaciones de carácter radicalmente transformador), resultaba más que suficiente. Como puede apreciarse en sus lienzos, todos estos artistas juzgaban que las condiciones creadas por la vida recién estrenada propiciaban un mundo de abundancia —y muchos se contentarían con ello.

UNA DESPREOCUPADA SENSACIÓN DE PLENITUD

Claude Monet habría de ser el más explícito de esta pléyade de creadores. En el año 1892, la neoyorquina isla de Ellis pasaba a convertirse en un centro de acogida para todos aquellos emigrantes que deseaban entrar en Estados Unidos. Ese mismo año, que fue también el del estreno del ballet del *Cascanueces* de Tchaikovsky, Monet se instalaba en una habitación de alquiler situada frente a la fachada oeste de la catedral de Ruan. A lo largo de las semanas siguientes, el pintor habría de realizar cerca de veinte cuadros de esa misma fachada, representándola bajo distintas condiciones de iluminación. «Desde luego, no era en modo alguno una motivación religiosa lo que le inducía a retratar el edificio. Monet no era un francés devoto. Nunca antes había recibido tan afamado objeto religioso un tratamiento de tan mundanal carácter.» El espectador tenía ante sí el cuadro de una catedral gótica, con todas las lúgubres asociaciones de ideas que suelen acompañar a la evocación de la Edad Media. Sin embargo, la visión de Monet, simple y brillante a un tiempo, unida a su límpida técnica, constituía una afirmación implícita de que la conciencia era más importante que la religión. El tema que estaba tratando no giraba en torno a la perspectiva sino en torno al acto de ver esa perspectiva, «un proceso mental que se despliega de forma subjetiva, que no es nunca fijo, que se halla en constante devenir». Las inmóviles certezas de la religión, sus estáticas bellezas, quedaban disipadas gracias a ese acto pictórico. Lo que realmente contaba era la conciencia y la voluntad. Tanto la religión como la belleza religiosa son una función de la mente humana.[2]

Monet habría de dar un tratamiento muy similar a los cuadros de las grandes estaciones ferroviarias parisinas. Sus estaciones no eran horrendos y mugrientos endriagos salidos del mundo industrial, sino escenarios de peripecias de partida y llegada. En estos vastos espacios, el alborotado culto a la locomotora y al poderío y belleza del vapor —de cuya sustancia parecen estar hechos los cuadros—, a la nueva experiencia viajera que los trenes venían ahora a posibilitar, confirman que la estación término ha quedado convertida en un nuevo epicentro urbano —posición que un día ocuparan las catedrales— y punto de confluencia de la vida ciudadana.

Andando el tiempo, Monet se trasladaría a su finca de Giverny y empezaría a pintar sus propiedades, concentrando su labor, como bien se sabe, en los nenúfares del estanque de su jardín. Dicho estanque, como habría de señalar un crítico, era en realidad un «trozo de infinito». «Asir la infinitud; fijar cuanto es inestable; proporcionar forma y ubicación a unas imágenes tan evanescentes y complejas que se hace difícil hallarles nombre —éstas eran las ambiciones fundamentales del modernismo, ambiciones que una vez más se revelaban contrarias al fatuo punto de vista de esa imagen tan perfectamente bien determinada de la realidad que nos ofrecen tanto el materialismo como el positivismo—.»³ Monet comprendió visualmente lo que Wallace Stevens habría de formular con palabras: que la idea de la infinitud es poética en sí misma.

Nadie lograría captar mejor que los impresionistas el mundo laico del placer —y hablo del placer propio de las clases medias, no del placer aristocrático—. De hecho, la primera exposición de los integrantes de esta corriente artística, realizada en el año 1874, vendría a adelantarse prácticamente una década a las proclamas de Nietzsche, aunque lo cierto es que ya se empezaba a apreciar en todas partes el preeminente papel que ya por entonces desempeñaba el mundo laico. Alfred Sisley y Gustave Caillebotte, Edgar Degas, Camille Pissarro y Pierre-Auguste Renoir eran pintores que trabajaban con estilos artísticos muy distintos, pero desde luego todos ellos tenían algo en común. «[Lo que compartían] era la percepción de que la vida y la aldea, los cafés y los bosques, los salones y las alcobas, las alamedas, los paseos marítimos y las orillas del Sena eran paisajes susceptibles de aparecer como otras tantas visiones del Edén, como un mundo de frutas maduras y árboles en flor capaz de irradiar una sosegada sensación de plenitud.» Sí, en efecto, de plenitud. Dios no se había ausentado del cosmos de los impresionistas. Es más, el movimiento impresionista lograría mostrarnos que tanto los placeres como las verdades son entidades fugaces, evanescentes, circunstancias muy posiblemente incapaces de perdurar más allá de un instante. En el impresionismo no existen diferencias entre el momento y la eternidad.

No obstante, Seurat no iba a darse por satisfecho con la naturaleza inherentemente fugaz del impresionismo. Este pintor quería obtener algo más estable, más monumental incluso. Y siendo digno hijo del siglo XIX, y en particular del positivismo científico de la época, lo que quería era introducir en su arte a la misma ciencia —o cuando menos algunos elementos de la misma—. La física de partículas todavía no había sido elaborada, pero en el año 1869 el ruso Dmitri Mendeléiev ya había dejado fijada la tabla periódica de los elementos, a los que se consideraba las unidades básicas y constitutivas de la realidad, es decir, los pilares estructurales de la naturaleza. Seurat trataría de conseguir algo equiparable, una representación pictórica acorde con los principios físicos, mediante su teoría del puntillismo, basada a su vez en las tesis que se habían ido publicando sobre la percepción del color. De este modo, fundamentaría su técnica en la organización de dicha percepción, atrayéndola hacia un conjunto de pequeños puntos de color puro que el ojo se encargaba después de convertir en imagen. Los puntos eran tan diminutos —apenas otra cosa

que minúsculas celdillas cromáticas— que permitían incluir en las telas
todo tipo de variaciones. No obstante, lo cierto era que el puntillismo se
prestaba más a la plasmación de temáticas tranquilas, hieráticas y luminosas que a la captación de motivos de carácter dramático o violento.[4]

Robert Hughes dice que el *Petit Fort Philippe del Canal de Gravelines* de Seurat, óleo pintado en 1890, es «el paisaje de un pensamiento».
Esta marina es notable por el hecho de no presentar la menor incidencia.
El tema representado es la luz, la difusa luminosidad de la costa septentrional de Francia. El cielo, como trasunto del edén, ocupa una tercera
parte del lienzo. Sin embargo, para Seurat el paraíso es la propia ensenada
de Gravelines en una tarde tan apacible como la que tiene delante, bañada
en una atmósfera en la que nada se mueve porque todo se halla en el lugar
que le corresponde. «Despacio», viene a susurrar Seurat al oído del espectador, «baja el ritmo y detente, párate y *observa*. No dejes que el cielo
pase a tu lado sin que lo adviertas».

Esta actitud aún habrá de desarrollarse más en la que posiblemente sea
su mejor obra: *Tarde de domingo en la isla de la Grande Jatte*, pintada
entre los años 1884 y 1886. Volvemos a vernos inmersos en un atardecer,
un atardecer *dominical*. La gente no se apiña en la iglesia, no aparece entregada a la plegaria. Descansan en la hierba, pasean, charlan, navegan en
barcas y balandros, sacan al perro, disfrutan de la compañía de sus semejantes y de la benignidad del clima, de todo cuanto la ciudad y la naturaleza les tienen reservado. A la derecha, casi en primer plano, se yergue la
doble figura de una elegantísima pareja, vestidos de gris y negro. ¿Acaban de salir de misa? Contemplan la escena desde una posición algo elevada (¿superior también en un sentido moral?), absortos en el sinfín de
personas que se entregan a placeres perfectamente laicos y que les dan
mayoritariamente la espalda. No obstante, en este lienzo hay más contexto que en el paisaje del puerto de Gravelines. Es un cuadro de grandes dimensiones, del tamaño que acostumbran a tener los óleos de la tradición
francesa que pasan a la historia, concebido esencialmente para convertirse en objeto de contemplación del gran público. En todo caso, podría decirse incluso que la tela aparece superpoblada, pero esa circunstancia no
contribuye sino a realzar todavía más el hecho de que la representación de
las figuras —el dandi con su bastón de caña, la chiquilla que salta a la
comba, la gente recostada sobre el césped— haya sido dotada de una mo-
numentalidad, de una nobleza y de una gracia que antiguamente era coto
reservado en exclusiva a las efigies de los dioses y los reyes. Nos encontramos así ante un temprano vislumbre de lo que andando el tiempo aca-

baría siendo uno de los temas capitales del arte del siglo XX, y no sólo en la pintura, sino también en la literatura, a saber, el heroísmo cotidiano, particularmente acentuado en la vida urbana, con todas sus tensiones, sus antagonismos, sus brutalidades y su cochambre. En esta *Tarde de domingo* no hay tensión ni mugre ni crueldad.

Sin embargo, esta forma de entender el placer es más seria de lo que parece. «Seurat comprendió que había algo de carácter atomizado, dividido y analítico en la percepción modernista ... En ese estado de extrema autoconciencia, la construcción de un significado unificado llevaba aparejada la fractura del sujeto en una miríada de moléculas, moléculas destinadas a ser nuevamente re-unidas más tarde por el órgano de la contemplación de un orden formal. La realidad se volvía permanente al ser exhibida como una red formada por diminutos y bien diferenciados puntos estáticos.»[5] Esto viene a prefigurar la advertencia que habrá de lanzar posteriormente T. S. Eliot en *Miércoles de ceniza*, poema escrito en 1930, al exclamar: «Enséñanos a quedarnos sentados quietos».

EL COLOR COMO SIGNIFICADO

Los objetivos de Henri Matisse coincidirían con los que se habían propuesto Monet y Seurat, así que el pintor de Cateau-Cambrésis se apoyó en ellos para continuar avanzando. Nacido en 1869, el año de la botadura del velero *Cutty Sark*, habría de fallecer en 1954, fecha en la que se hizo explotar la primera bomba de hidrógeno en el atolón Bikini. Le fue dado asistir en vida a uno de los peores y más traumáticos acontecimientos políticos que haya conocido la historia, pero si nos limitáramos a contemplar sus obras jamás llegaríamos a adivinarlo. No hay en Matisse un solo elemento que permita percibir la alienación o el conflicto que el mundo moderno parece haber suscitado en tantos contemporáneos suyos. Su estudio era un «espacio de equilibrio» en el que, durante más de cincuenta años, el artista se dedicaría a crear un mundo dentro del propio mundo, un mundo repleto de «imágenes reconfortantes y acogedoras, rebosantes de armónica placidez». Notablemente influido por Manet y Cézanne (de hecho compró una obra de este último en los comienzos mismos de su carrera), también se notan en su arte rasgos sacados de Seurat, ya que no en vano acabaría haciéndose íntimo amigo de Paul Signac, el más enfervorizado seguidor del artífice de *Tarde de domingo*. Signac pintó varios cuadros de Saint-Tropez que serían decisivos, ya que instaron a Matisse a instalarse por un tiempo en el sur de Francia, y en el Mediterráneo.

Habría de quedar particularmente maravillado con una de las más grandes telas de Signac, *En el tiempo de la armonía*, en la que se representa, en una Arcadia feliz, una escena de «relajación campestre junto al mar» que constituye en realidad la cristalización visual de las convicciones anarquistas de Signac. Este óleo parece haber sido una de los elementos inspiradores de una obra del propio Matisse —*Lujo, calma y voluptuosidad*,* realizada entre los años 1904 y 1905—, en la que aparece un pequeño grupo de mujeres nudistas solazándose en una playa próxima a Saint-Tropez. Aquel cuadro fue, por emplear una vez más las palabras de Hughes, el primer intento de Matisse por representar el Mediterráneo «como estado de ánimo». No mucho después pintaría el primer ejemplo de un tipo temático llamado a convertirse en un motivo familiar en su obra: el mar, y más específicamente el Mediterráneo, visto a través de una ventana. En un principio, los brillantes y estridentes colores —chillones incluso— causaron conmoción a muchos de los espectadores que acudían a contemplar sus cuadros. Tal es el caso, por ejemplo, de la representación que ofrece Matisse del conjunto de individuos que habitan el mundo pre-civilizado del *Edén antes de la Caída*, un universo en el que se muestra la figura de distintos personajes en la situación original de su propia condición, lánguidos como plantas o desenfrenados como animales en plena naturaleza. En las dos notables obras que realizó para Sergey Shchukin, un coleccionista de arte ruso —*La danza* y *La Música*—, Matisse nos retrotraerá a la más profunda antigüedad, a un período anterior incluso al de la cerámica de figuras rojas de la antigua Grecia, haciéndonos regresar a la época de las cavernas. En la primera de esas dos telas, el artista nos muestra el éxtasis que extraían los antiguos de los actos del culto primitivo, mientras que en la segunda vemos a un grupo de cazadores y recolectores dedicados a tocar instrumentos musicales y a entonar canciones —uno de los más elementales placeres de la vida que muy bien pudo haber brotado de la religión—. Se produce así una confluencia, deliberada o no, con los planteamientos expuestos por Rudolf Laban en su teoría de la danza.

La sensualidad de todas estas obras se halla igualmente presente en *El taller rojo* (pintado en 1911), un espacio cerrado en el que las «venta-

---

* El título es un tributo a los versos de Charles Baudelaire en *Invitación al viaje*: «Allí todo es orden y belleza, / lujo, calma y voluptuosidad...». (*N. de los t.*)

nas» son los propios cuadros de Matisse, dispersos aquí y allá por las paredes. En todas las imágenes que integran la composición domina el color rojo, o lo incluyen como elemento significativo, de modo que, unidas al uniforme e intenso tono encarnado de los muros del taller del artista en el que todo se encuadra, nos encontramos ante una experiencia carmesí fuera de lo común. Parte del objetivo de la obra consiste en lograr que ese vigor cromático resulte atractivo: nos hallamos ante una tela autónoma, un lienzo que constituye una celebración del mundo independiente que puede ofrecer el arte, una especie de «república del placer, un paréntesis ínsito en la médula del mundo real: un paraíso».[6]

Durante los años de la primera guerra mundial, Matisse se trasladó una vez más al sur de Francia, regresando al Mediterráneo y encontrando en Niza un amplio estudio en el que continuaría realizando cuadros unidos temáticamente por un mismo hilo conductor: el del «acto de contemplar un mundo benevolente desde una posición de absoluta seguridad».[7] El propio Matisse admitirá haber tratado de pintar sus emociones en el cuadro titulado *Puerta-ventana en Collioure* (terminado en 1914), cuyo ambicioso objetivo roza de hecho el arte abstracto. Sin embargo, las tonalidades púrpuras, negras y grises del óleo no tienen un efecto deprimente —como quizá pudiera suponer la imaginación convencional—. Al contrario, esta audaz composición —que parece anticipar el estilo de Mark Rothko, cuyo surgimiento todavía habrá de esperar varias décadas— exhibe un elevado grado de confianza en sí misma. Es un ejemplo perfecto de lo que se proponía Matisse: la combinación de lo familiar con lo insólito, haciendo ver que el mundo inédito del siglo XX, con sus innovaciones, sus ideas y sus descubrimientos, no tenía por qué provocar necesariamente sentimientos de preocupación ni desencajar nada, pues hasta la dislocación admite ser gestionada por el ser humano, que tiene incluso la potestad de convertirla en algo bello.

Fueron muchos los pintores que pusieron rumbo al sur de Francia en busca de colores y paisajes que pudieran ayudarles a intensificar sus pinturas. Y el elemento que compartían todos esos artistas era la percepción de que el color constituía un signo de vitalidad, el emblema mismo del bienestar. Gracias a él se ensanchaba y agudizaba la sensación de energía, la común *joie de vivre*, que inundaba tanto al artista como al espectador. El color venía a ser como un don de la naturaleza, y la labor del artista consistía justamente en *intensificar* la experiencia de esa naturaleza, elevando el tono vital de la propia vida. La negra toga y el bonete del sacerdote o el clérigo no tienen espacio aquí. El arte de Matisse nunca levanta la voz, pero resulta notablemente convincente. También en esto hay heroísmo.

LA MAGIA DEL METAL Y EL CULTO A LAS MÁQUINAS

El puro *júbilo* del color en el que venían a confluir los anhelos y ambiciones de tantos artistas de principios del siglo XX habría de irradiar un optimismo, como ya se ha señalado, íntimamente vinculado con el nuevo mundo que estaba aflorando por esos años, un optimismo que también habrían de compartir —anunciándolo a bombo y platillo— los futuristas, encabezados por el italiano Filippo Tommaso Marinetti (1876-1944), un hombre que parecía participar de las proclamadas virtudes de las máquinas de la época, tan acusado era su carácter incansable y su capacidad de repetirse. Su influencia no tardaría en rebasar notablemente las fronteras de su país natal, llegando a regiones tan remotas como la lejana Rusia, «donde el culto futurista de la máquina, junto con la prometeica sensación de que la tecnología habría de ser la solución de todos los males sociales, acabaría convirtiéndose en el objetivo principal que los constructivistas se dieran a sí mismos después del año 1913». Marinetti había concebido un enfoque con el que resultaba posible entender como «arte» todo tipo de conducta humana, consiguiendo así, una vez más, añadir nueva intensidad a la vida y propiciando al mismo tiempo la avalancha de *happenings*, acontecimientos y *performances* o muestras escénicas que tanto habrían de abundar en años posteriores.

Marinetti no sólo estaba convencido de que el enemigo de su nueva cosmovisión era el pasado —y fundamentalmente la religión tradicional—, sino que pensaba también que la tecnología había alumbrado realmente una nueva clase de individuo —caracterizado por ser un visionario inventor de máquinas— y que eso mismo había venido a trazar sobre una nueva planta el conjunto de la cartografía cultural, hasta el punto de alumbrar toda una serie de experiencias y libertades con las que nadie se había atrevido siquiera a soñar hasta entonces, lo cual estaba transformando a su vez la conciencia. «La maquinaria es poder; significa liberarse de los condicionantes históricos.» En el manifiesto que acababan de publicar poco antes, en el año 1909, los futuristas ya habían anunciado sus intenciones: «Nos proponemos elogiar el amor al peligro, proclamar el hábito de la energía y la audacia. La valentía, la intrepidez y la rebeldía habrán de ser los ingredientes esenciales de nuestra poesía. Afirmamos que la magnificencia del mundo ha recibido el don de una nueva maravilla, la maravilla de la velocidad ... Ensalzamos a las grandes multitudes a las que hace vibrar el trabajo, el placer y las revueltas».[8]

Este mensaje iba a acabar bastante corrompido a causa del dato bruto de la primera guerra mundial, ya que, en ella, la terrible velocidad de las ametralladoras (capaces de efectuar cuatrocientos disparos por minuto) tendió a revelarse bastante más letal que promotora de cualquier forma de experiencia edificante, por no mencionar que los tanques y los submarinos contribuirían a resaltar aún más el hecho de que la obsesión que llevaba a los futuristas a adorar a las máquinas resultaba, como mínimo, un tanto improcedente. Sin embargo, Fernand Léger —que en términos estrictos no podría ser considerado un futurista por su culto a las máquinas y al metal— no iba a dejar que la guerra le desalentara. Hijo de un campesino de Normandía, había combatido en las trincheras durante la contienda, experimentando en tal circunstancia una grandiosa revelación visual: «el brillo de la culata de un cañón de 75 milímetros herido por el sol, la magia de la luz que incide en un trozo de acero».

Lo primero que hizo fue aplicar su nueva visión de las cosas al entorno inmediato en el que se encontraba, esto es, a los soldados con los que convivía en el frente, dedicándose a pintar series repetitivas de hileras de cuerpos, cascos, medallas e insignias, todos ellos presentados en forma de otros tantos tubos de metal. Lo que Léger encontraba seductor en el metal no era su carácter inhumano, sino casi lo contrario: su adaptabilidad. En una de sus mayores composiciones —titulada *Tres mujeres* (y pintada en el año 1921)—, de la que ya hemos hablado anteriormente, todos los cuerpos y los muebles de la tela han sido simplificados hasta quedar geométricamente desnudos, representados como si estuviesen hechos de cilindros de metal. «Se trata de uno de los óleos más didácticos que existen ..., pues encarna la idea de una sociedad entendida al modo de una máquina, un pensamiento que engendra armonía y viene a poner fin al sentimiento de soledad.» En una palabra: nos hallamos ante una forma de redención laica. No sólo «se nos ofrece [aquí] una metáfora de las relaciones humanas [sino que] se las presenta como un mecanismo dotado de la precisión de un reloj». Todo parece estar en su sitio: tanto las mujeres como el gato parecen sentirse perfectamente a gusto consigo mismos; la escena destila una plácida atmósfera, y, a pesar del metálico relumbre de las superficies, parece hallarse muy lejos del tormento industrial que solemos asociar con el acero y el hierro. En términos visuales no guarda la menor semejanza con ninguna de las estaciones de tren pintadas por Monet, pero el sentimiento subyacente no dista demasiado de aquel etéreo maridaje de vapor, viajes y ferrocarriles. Volvemos a encontrarnos, una vez más, en un mundo que ha dejado atrás sus catedrales.

El período bélico habría de asistir asimismo al surgimiento y desarrollo de un movimiento conocido con el nombre de dadaísmo, cuya intención era progresar —o tratar de progresar— partiendo de la base del *júbilo* que ya habían celebrado los pintores afincados en el sur de Francia en los años inmediatamente anteriores a la guerra. Uno de los significados de la palabra Dada, que da origen al dadaísmo, viene a señalar que la corriente se inició con «una gozosa afirmación eslava», con un «¡Da, da! —¡Sí, sí!— a la vida». Hans Arp, un innovador que cultivaba el arte abstracto y que tuvo ocasión de trabajar en Zúrich durante la Gran Guerra, junto con James Joyce y Vladimir Ilich Lenin, decía lo siguiente de aquel período: «Buscábamos una forma elemental de arte que pudiera salvar al género humano de la furiosa locura que constituía a nuestros ojos aquella época ..., deseábamos dar al mundo un arte anónimo y colectivo» —y en este caso, ese carácter colectivo constituía el factor decisivo—.[9] El mito nuclear de la vanguardia artística e intelectual de este período sostenía que mediante la transformación del lenguaje artístico se conseguiría reformar el ámbito de la experiencia, mejorando así las condiciones de la vida social. Los dadaístas iban a adherirse a este planteamiento con tanta fuerza como los futuristas. No obstante, los partidarios del dadaísmo iban a centrar sus esfuerzos en el juego, por considerar que se trataba de la más elevada de todas las actividades humanas —y una perfecta antítesis de la guerra—, destacando al mismo tiempo que el *azar* era también uno de los medios de propiciar la ocurrencia de lo que pretendían provocar.

El juego como realidad transformadora cuenta con una larga historia en la filosofía occidental, pues se remonta al menos a los tiempos de Friedrich Schiller, autor que ensalzaba las virtudes del juego diciendo que se trataba de la actividad más desinteresada —y por consiguiente también la más pura— a la que el hombre pudiera aspirar jamás. El nuevo modo de comprender la infancia que había surgido con Freud —que la había descrito como el primigenio campo de batalla en el que dirimen sus tensiones los instintos— también debía entenderse, por similares razones, como un estado puro u original, un estado que —de poder alcanzarse o emularse— podía terminar brindándonos, y con la mayor claridad, la clave de los más simples y fundamentales elementos estructurales de nuestra naturaleza psicológica.

El pasado carece de significación

La meta del juego y la danza era la espontaneidad, entendida como una forma de dejar que el inconsciente «hablara» sin distorsiones. Y lo que permitía este tipo de manifestaciones, al menos en teoría, era el azar. De este modo, el arte, a imitación del juego, procedía, por ejemplo, a desgarrar aleatoriamente distintos pedazos de papel, confiriéndoles una forma totalmente fortuita y a dejar donde buenamente vinieran a caer los objetos más dispares. Con ese mismo ánimo se componían poemas elaborados con palabras sacadas al azar de una bolsa de tela. «Todas y cada una de las palabras que damos en declamar y cantar aquí», decía el poeta alemán Hugo Ball, «representan al menos una cosa: que esta humillante era no ha conseguido ganarse nuestro respeto».

El más lírico de los dadaístas fue sin duda Kurt Schwitters, que descubría destellos de belleza en los detritos de la ciudad moderna —o que al menos acertaría a producir con ellos un buen número de obras de arte—. Emplearía para ello periódicos viejos, pedazos de madera, tapas de cajas de cartón, mondadientes —queriendo señalar con ello, entre otras cosas, que un mundo de abundancia genera, necesariamente, un abundante volumen de residuos—. Este tipo de obras resaltaban, como ya hicieran en su momento los impresionistas, la breve pero intensa forma en que se manifestaba la vida en unas ciudades (todavía relativamente nuevas) que estaban convirtiéndose rápidamente en vastas heredades urbanas, en parcelas pavimentadas en las que enormes masas de desconocidos se veían arrojados a un reducido y cuadriculado espacio, amontonados como sardinas en lata y obligados a soportar una imprevista, y muchas veces indeseada, yuxtaposición. Una de la mejores obras de Schwitters, la *Catedral de la miseria erótica*, completada en 1923, sugiere un conglomerado de recuerdos —unos recuerdos, por lo demás, que acabarán siendo desechados junto con los materiales mismos que les dan soporte—. El pasado carecía de significación, y lo nuevo revelaba ser demasiado nuevo.

Hasta aquí nos hemos ocupado de las corrientes artísticas de carácter optimista, cuyos artífices, como hemos visto, eran en muchos casos franceses y por lo tanto católicos —nominalmente al menos—, o educados en esa tradición. Las naciones protestantes protagonizarán en cambio una reacción notablemente menos optimista, como habremos de constatar en Holanda, los países escandinavos y Alemania.

El expresionismo era la forma artística predilecta de aquellos que, siendo distintos a los impresionistas y a los fauvistas, se hallaban no obstante simultáneamente perplejos y preocupados por los cambios que se estaban produciendo, entre los cuales destacaba, evidentemente, el dato de la muerte de Dios. A diferencia de lo que veíamos en obras como el *Canal de Gravelines*, *Tarde de domingo* o *El taller rojo*, el expresionismo habrá de ser el arte de la *lucha*, el arte de la ansiedad, el arte de lo que significa saberse vivo en un universo indiferente (en lugar de en un mundo de benéfica abundancia). Lo que le hacen sentir a uno los expresionistas —y se trata además de una idea que no sólo iba a recorrer de punta a cabo el siglo, sino que estaba destinada a cruzar más tarde el Atlántico— es que todo el mundo puede contemplar el explícito *encuentro* con la pintura, la pugna emprendida para lograr que la obra de arte cumpla su cometido y conseguir que signifique lo que el artista quería que significara. Lo que se nos dice en el arte expresionista, lo que *vemos* en él —más que en cualquier otra forma de manifestación estética—, es que tras la muerte de Dios todo cuanto queda es el yo. En cierta forma, puede decirse que el artista expresionista se siente *abrumado* por la vida, pues ésta se le viene encima como una tromba, anegando su mente hasta el punto de que el arte acaba siendo todo cuanto el individuo puede hacer, sea hombre o mujer, para impedir que las imágenes que se abalanzan sobre él o ella desaparezcan con su persona y se abismen en el caos. El artista expresionista se percibe a sí mismo como alguien imbuido de una responsabilidad: la que le impulsa justamente a ser un artista, a tener un comportamiento humano, a mostrar al resto del mundo el combate que supone el simple hecho de vivir el día a día.

Esto queda patente y vívidamente claro en las obras del pintor holandés Vincent van Gogh, cuyas volutas y remolinos hechos con gruesa masa de pintura —los cielos de sus noches estrelladas, sus retorcidas montañas, sus floridos cipreses— prácticamente se salen del lienzo movidos por la energía misma que tratan de captar. Van Gogh no se sintió tan impresionado por los colores del sur de Francia como por la tremenda vibración energética que percibía como un chisporroteo en la atmósfera, en las peñas, en la vegetación. Casi diríase que Van Gogh intenta responder al verso en el que Federico García Lorca inquiere «¿Qué voz perfecta dirá las verdades del trigo?»,* puesto que eso es justamente lo que el pintor hace en *El sembrador* (1888). La verdad del trigo consiste en que su siembra,

---

* En su *Oda a Walt Whitman*. (*N. de los t.*)

su cultivo y su siega son un *encuentro* entre el hombre y la naturaleza, una confluencia en la que el ser humano es *parte* de la naturaleza, siendo así además que, desaparecido Dios, nuestro contacto con esa naturaleza se ve sujeto a revisión: el sol golpea implacable y todo en el cuadro aparece envuelto en una espesa, fragorosa, luminosidad —afirmación de la humana *voluntad*—. Las imágenes de Van Gogh resultan imponentes en sentido propio: se imponen al lienzo y se imponen al espectador. La tela parece decir: aquí estoy, puede que mis colores no sean los tuyos, ni mis formas las que tú tienes en mente, pero la composición muestra gracias a mí su *fuerza*, en una explosión de éxtasis. Los óleos del artista se apoderan de una perspectiva y la llevan al límite. Venid conmigo, grita Van Gogh, y os mostraré el alborozo de este mundo, ya esté inundado por el sol o bañado por la luz de las estrellas.

No se entiende aquí el color como un vehículo de significado, es la luz, la energía y la intensidad las que aparecen cargadas de significación, como otras tantas confirmaciones de que es posible la fascinación, aunque únicamente podamos alcanzarla con esfuerzo, tras una brega física, azacaneándonos con el mismo denuedo que fatiga al sembrador. Debemos permanecer alertas, dispuestos a captar la energía del mundo y a emplearla en la materialización de nuestros propios designios. Y si deseamos la vida buena, dejar que el gozo nos traspase, hemos de *administrar* la energía que nos habita.[10]

Sin embargo, la intensidad no sólo promete plenitud, también encierra riesgos. Como es bien sabido, Van Gogh habría de permanecer internado durante más de un año (entre 1889 y 1990) en un sanatorio mental del sur de Francia. Y no sería el único que se viera obligado a batallar con la inestabilidad. En una carta dirigida a un amigo, Edvard Munch, confiesa: «La enfermedad y la demencia fueron los negros ángeles de la guarda que mecieron mi cuna».[11] Y a pesar de que es muy probable que ni Van Gogh ni Munch tuvieran conocimiento de los últimos descubrimientos de la física de su tiempo (el concepto de energía se fraguó en la década de 1850), lo cierto es que la presencia de la energía en la naturaleza, su efecto en la *percepción* del mundo natural, así como las consecuencias potencialmente explosivas y desestabilizadoras de esa energía, adquieren corporeidad visible en sus pinturas, que nos invitan a entender de un modo nuevo la naturaleza, sugiriendo así que, tras la muerte de Dios, no habrá de quedarnos más remedio que redefinir nuestra relación con el entorno natural.

La visión de Munch es mucho más sombría que la de Van Gogh. En *Muerte en la alcoba* (1895), Munch retrata a su familia en la habitación en la que falleció su hermana. Todos los personajes se hallan sumidos en un profundo pesar, tan intenso y palpable que parece que se nos está invitando a preguntar si se sienten realmente persuadidos o no, con independencia de sus convicciones religiosas, de la existencia de una vida tras la muerte. En *Pubertad* (realizada entre los años 1894-1895), una muchachita contempla su cuerpo desnudo y su incipiente sexualidad —como inminente anuncio del futuro, de su vida adulta— con una mezcla de espanto y perplejidad. Estos dos elementos, el horror y el desconcierto, recorren varias de las obras de Munch, como sucede en el caso de *La voz* (1893), obra en la que una mujer, vestida de purísimo blanco y con los castaños cabellos flotando en torno al rostro como un halo marchito, parece atrapada en un bosque, junto a un lago (o un fiordo), en el que el conjunto de los árboles, e incluso el reflejo del sol en el agua, han sido representados como otros tantos barrotes verticales, fálicos, carcelarios, implacables... El lienzo nos coloca frente a la condición moderna: somos a un tiempo ajenos a la naturaleza y prisioneros de su inapelable fuerza; seres solitarios. El resto de las personas que figuran en el cuadro, que surcan las aguas en dos canoas, también se hallan bloqueadas de modo muy semejante en una casilla distinta, insertos como una apretada cuña entre dos árboles —nuevos barrotes de otro confinamiento y eficaz impedimento de su avance.

Y luego está *El grito* (pintado también en 1893), la imagen más icónica de Munch, sobre la que tantos ríos de tinta se han vertido. Menos se ha hecho notar, en cambio, que las dos figuras que se observan al fondo del puente que salva la ensenada o el abismo que domina el cuadro *no parecen oír* el grito. Son el trasunto de un mundo indiferente. Se hallan en un plano alejado e indistinto, pero dado que uno de ellos lleva una larga túnica oscura o un abrigo, podrían ser clérigos.

Son muchos los sentidos en que puede decirse que Munch es la definición misma del expresionismo: el malestar y la inseguridad alcanzan aquí una intensidad tal que al artista no le queda más remedio que replegarse sobre sí mismo, actuando como si el Yo fuera el único refugio seguro en un universo por lo demás indiferente. Munch consideraba que «la salvación habrá de venir del simbolismo», afirmación con la que quiere dar a entender que el estado de ánimo y el pensamiento se hallan por encima de todo, convirtiéndose en el fundamento mismo de la realidad.[12]

Si examinamos las obras de otros grandes pintores expresionistas —como por ejemplo las angulosas, espigadas y espasmódicas figuras de Ernst Ludwig Kirchner, la flagrante desnudez de las víctimas que pinta

Erich Heckel, el agarrotado alongamiento y la bronca turbación de los personajes de Max Beckmann, las densas pinceladas, sanguinolentas y carnosas de Chaim Soutine— conseguiremos situarnos, en palabras de un crítico de arte, ante «las compuertas del yo», abiertas de par en par en obediencia a un proceso estético al que acabaría conociéndose con el nombre de «individualismo expresivo». En otras palabras, la pugna del artista en su esfuerzo de autorrealización se define en parte como la consecución de una *diferencia respecto de los demás*, y únicamente puede lograrse, y aun con gran dificultad, explorando la distorsión, la violencia, la enfermedad, es decir, siguiendo una especie de *vía negativa* que no puede evitar caer en la unificación de la individualidad y el alejamiento, lo que desembocará en la inevitable decepción de la que hablaba Paul Valéry. En el expresionismo, las viscerales profundidades que desvelara en su día Freud han terminado por sustituir al alma como realidad última en la que poder hallar sentido. Lo que hacemos, en esencia, es procurar afanosamente la civilización de nuestros instintos, ya que éstos, como ya anticipara Nietzsche, pueden revelarse muy creativos, pero también muy destructores. Por consiguiente, esos instintos configuran una realidad que debe incitarnos tanto a la cautela como al entusiasmo. Siendo un arma de doble filo, la intensidad puede abrirnos camino en ambas direcciones.

Los cuatro rasgos del «Nuevo espíritu» artístico

Roger Shattuck, que hasta donde me es dado saber fue la persona encargada de acuñar la utilísima expresión «el período prebélico»,* percibiría la existencia de «un nuevo espíritu» en Francia, especialmente entre los años 1885 y 1918. Aquélla fue «la época de los banquetes»,** un lapso de tiempo que al decir del propio Shattuck habría de empujar al conjunto de las artes —y no sólo a las de carácter visual— a la perpetración de la «máxima herejía moderna: la convicción de que Dios ha dejado de existir». Así lo explica él mismo:

---

* El original inglés, habla, claro está, de un préstamo francés: la «*avant-guerre*». (*N. de los t.*)

** Alusión a la noción que da título a una obra de Shattuck: *The Banquet Years*, que también ha sido publicada en castellano como *La época de los banquetes*. Véase la nota 13 del capítulo 5. (*N. de los t.*)

Esta idea implica además que, una vez «muerto» Dios, es el propio hombre quien se convierte en la suprema persona, en la única divinidad ... Despejado así el terreno de todo estorbo sobrenatural, la verdadera forma de abordar lo divino pasó a consistir en que el hombre se entregara a la exploración de sus estados más íntimos. Para este siglo, todo, desde el análisis de los sueños hasta la percepción de la relatividad, iba a acabar transformándose en una forma de autoconocimiento, entendido éste, a su vez, como una primera fase destinada a la asunción de la propia realidad. La antigua transgresión de la *hybris*, esto es, el exceso de arrogancia del hombre frente al cosmos, desapareció al dejar de existir toda forma de potencia divina al margen del hombre. El mal quedó reducido a la incapacidad de enfrentarse a uno mismo.[13]

Shattuck pensaba que si la vanguardia se había iniciado en Francia era debido a la dilatada tradición de rebeldía social de esta nación, que se remontaba a la época de la Revolución. Además, determinó que ese «Nuevo espíritu» que había detectado en las artes constaba de cuatro rasgos o elementos característicos, todos ellos diferentes y ejemplificados por otros tantos individuos de relieve: el actor y dramaturgo Alfred Jarry; el pintor «primitivista» Henri Rousseau; el compositor Erik Satie, y el pintor, poeta y promotor teatral Guillaume Apollinaire (fue precisamente Apollinaire quien empleó por primera vez, en una de sus conferencias, la expresión «Nuevo espíritu»).

Los cuatro atributos que Shattuck consideraba cruciales en ese Nuevo espíritu habían iniciado su concreción, decía, con un reexamen (en el sentido nietzscheano) de la propia idea de *madurez*, una reevaluación que habría de cristalizar en la pregunta: ¿quién puede considerarse un hombre completo? A lo largo de la historia, proseguía Shattuck, las cualidades del individuo adulto, vinculadas con el autocontrol, habían logrado imponerse a las veleidades de la anárquica infancia. Sin embargo, tras el movimiento romántico, y más aún después de Arthur Rimbaud, había surgido un nuevo personaje: el «hombre infantil». Los artistas comenzaron a aceptar, cada vez más decididamente, «el asombro, la espontaneidad y el destructivo ánimo del niño», entendiendo además que tal condición no era inferior a la de la persona adulta.[14]

El segundo rasgo es el de una omnipresente nota de humor. «El humor, un género que puede recurrir al estilo directo e incisivo de la comedia pero también a los más sutiles estados de ánimo que surgen de la ironía, pasó a convertirse en un método y en un estilo.» Llegado a este punto, Shattuck hace referencia (y se remite) a la distinción establecida por Bergson entre la comedia y la ironía. «El humor describe el mundo, de forma no sólo exhaustiva y científica, sino también *exactamente como es*, como si, en efecto, las cosas fueran tal como el humor las pinta. La ironía en cambio expone arrogantemente la realidad del mundo, tal y como debiera ser, aunque fingiendo, igual que en el caso del humor, que las cosas son tal como ella las refiere.» Este planteamiento nos lleva a encontrarnos con el artificio del absurdo, definido como «*la ausencia de todo valor a priori en el mundo, la carencia de toda verdad dada*». Si Henri Rousseau se mostraba indiferente a las sonrisas que frecuentemente hacían aflorar sus obras —inconsciente incluso de ese insospechado filón de júbilo ajeno—, Satie en cambio lo tenía bien presente —y a diferencia de Rousseau, lo utilizaría tan plena como deliberadamente—. «¿Por qué atacar a Dios? Es tan desdichado como nosotros. Desde el fallecimiento de su hijo no tiene el menor apetito y apenas mordisquea la comida.»[15] Cuando nos enfrentamos a monólogos de este tipo no sabemos ya cómo reaccionar, y ésa es justamente la cuestión: esta ausencia de valores pasa a convertirse ella misma en un valor, cosa que se observa muy particularmente en las obras de Jarry, en las cuales la «vileza e incongruencia» de la vida no han de entenderse como un motivo de disgusto sino como una razón para el regocijo.

El tercer rasgo del Nuevo espíritu es la fe en el significado de los sueños. Los sueños siempre han tenido una especie de significación oracular, pero sólo en el período prebélico —es decir, inmediatamente antes de la primera guerra mundial— habrían de «abandonarse» los artistas a esa «segunda vida» del universo onírico. El contexto que explica este auge no tiene por qué ser necesariamente el generado por Freud —ya que, de hecho, fue la ya instalada preocupación por los sueños lo que contribuyó a lograr que el libro de Freud acabara teniendo la repercusión que efectivamente tuvo (aunque en un primer momento vendiera muy pocos ejemplares)—. «El empleo de las técnicas oníricas en las artes implicaba la asunción de un esfuerzo destinado a rebasar los límites de la conciencia activa durante los períodos de vigilia a fin de alcanzar a vislumbrar el perfil de toda una serie de facultades capaces de lidiar con unas intuiciones liberadas de todo condicionamiento ... Tanto Bergson y Proust como Redon y Gauguin habrían de procurar internarse en estos nuevos ámbitos de conciencia y expresión con un estado de ánimo cercano al de la fe religiosa. Sin necesidad de empujarnos a creer en la existencia de un mundo "superior" o espiritual independiente de nuestro propio ser interior, los sueños tienen la potestad de otorgar a la experiencia ordinaria un aura de carácter próximo a lo ceremonial y lo sobrenatural.»[16]

El sueño y el humor se prestaban a su vez a proporcionar cuerpo al cuarto rasgo identificado por Shattuck: la ambigüedad. «En este caso no ha de entenderse por ambigüedad nada que recuerde al sinsentido o a la oscuridad —pese a que ambos peligros estén presentes—. El término alude simplemente al hecho de que un mismo símbolo o sonido exprese dos o más significados.» Desde este punto de vista, no existe lo que pudiéramos llamar un significado verdadero y único, pues no hay ninguno capaz de imponerse y anular a los demás por señalarlos como inválidos. Una obra artística puede ser hermosa y horrenda al mismo tiempo, y todos los significados son posibles —hasta el punto de que la extracción de uno solo resulta «inviable».

Estos cuatro atributos, insiste Shattuck, revelan la existencia de una unidad de fondo. «Todos estos artistas manifiestan un mismo y constante deseo de extraer nuevos materiales de ese mundo interior, del subconsciente, y a fin de ponerse en situación de poder hacerlo intentarán concebir una novedosa e importantísima modalidad de pensamiento, un pensamiento asociado con la lógica del niño, del sueño, del humor y de la ambigüedad», todo lo cual acabará liberando al artista de la necesidad de realizar una obra dotada de un único significado explícito. Esta honda preocupación por lo subconsciente, añade Shattuck, constituye un síntoma propio de una arraigada creencia humana: la de que el hombre puede superarse a sí mismo, zambullirse en su interior para arrancar de esas profundidades aquello que la educación y la sociedad han dejado ahí enterrado. «La fusión del arte y la vida constituye un empeño encaminado a preservar el significado de lo espiritual en un universo carente de Dios. Al rechazar el orden dualista de una esfera terrenal y otra divina, el siglo XX trató de ser a un tiempo autor y degustador de sus propias recetas.»[17]

De este modo, el arte del siglo XX —y esta afirmación vale por igual para el impresionismo, el cubismo, el futurismo o el dadaísmo— *no pretende tanto representar la realidad como rivalizar con ella*, pues a lo que tiende es a esforzarse en ser su propio sujeto. Los límites y los marcos se han visto sobrepasados, implicándose así los dos universos, el del arte y el del no arte, en un proceso de «mutua interferencia» —una estrategia de gran calado cuyas líneas maestras nunca han llegado a asimilarse del todo—. «Una vez que se quiebra la distinción entre el arte y la realidad, nosotros mismos quedamos incorporados a la estructura de la obra artística y nos vemos incluidos en ella. Su misma forma, que nos importuna, exige pasar a integrarnos en una *más vasta comunidad* de creación en la que ahora intervienen, simultáneamente, el artista y el espectador, el arte y la realidad.»[18]

AL TODO POR LA YUXTAPOSICIÓN

De acuerdo con Shattuck, esta perspectiva tiene hondas repercusiones en el concepto mismo de unidad, en la idea de un todo unificador. En la época romántica, inmediatamente anterior al modernismo, únicamente la privilegiada personalidad del artista podía abrigar la esperanza de que se cumplieran sus anhelos de plenitud, de unidad. Sin embargo, la sensibilidad moderna, que no tardaría en prescindir de marcos y de límites, habría de buscar nuevas ideas de unidad por medio de la dislocación. En la nueva estética —que también resultaría ser una nueva ética—, la aproximación a la unidad, e incluso el acercamiento al todo, iban a lograrse por medio de la *yuxtaposición*.

«Las artes de la yuxtaposición nos ofrecen un conjunto de obras complejas, desconcertantes y fragmentadas, cuya disyunta secuencia carece a un tiempo de principio y de fin. Ocurren sin transición y desprecian la simetría.» Y es que, en efecto, el mundo aparece registrado «en el inmóvil y embarullado orden de la sensación» (y así lo harán Ezra Pound, Wyndham Lewis, Virginia Woolf o James Joyce). No existe fusión ni síntesis, la totalidad que se alumbra, tal y como está constituida, se encuentra fuera del alcance de la lógica, más allá de sus posibilidades, y es además la representación de un deseo de dar respuesta a la voz interior. Las obras de este arte y de estos artistas, mantiene Shattuck, han abandonado la factibilidad misma del significado, en el sentido clásico del término.[19]

El extremo que justifica la yuxtaposición radica en el hecho de que «no podemos abrigar la esperanza de alcanzar algún día un asidero para el reposo o la comprensión» —al menos no en el sentido en el que entendemos convencionalmente estas nociones—. El absurdo es, en esencia, una expresión de la *falta* de conexión, o de enlace, que manifiesta nuestra experiencia del mundo —y de este modo, el juego, el disparate, lo súbito o lo sorpresivo pasan a constituirse ahora en el orden propio de las artes, que abandonan por ello mismo el viejo rol que se les asignaba en la antigua tradición: el consistente en proceder a la *verificación* de ciertas verdades generales—. «No podemos seguir abrigando la esperanza de no encontrar en las artes otra cosa que la verificación de un conocimiento o unos valores profundamente arraigados en nuestro interior. Antes al con-

trario, lo que ahora nos aguarda en el arte es la sorpresa o el desaliento.»
La búsqueda del subconsciente opera como en súbitas ráfagas o saltos, de
manera similar «al modo en que una chispa supera un espacio vacío, brin-
cando de un polo a otro», y esta circunstancia hace que el espectador se
aproxime más que nunca al repentino carácter del proceso creativo. Todo
sucede como si, en su contemplación, el espectador hubiera abandonado
ahora el patio de butacas y se hallara entre bastidores: existe una cercanía,
una *intimidad* formal en el arte moderno que brota del anhelo, compartido
por todos, que nos impulsa por un lado a tratar de conocer mejor el subconsciente pero que desvela por otro la «desigual» naturaleza de la mente,
la profunda «inseguridad» que nos habita: «pocos hombres logran alcanzar alguna vez el equilibrio necesario para llevar una vida plena con lo
que tienen».

La yuxtaposición dispone, en momentánea y peculiar organización,
diversos fragmentos de la experiencia, a sabiendas de que dichos fragmentos no sólo tienden más a caracterizarse por su condición efímera que
por poseer la estabilidad de los monumentos, sino que se hallan constituidos por un conjunto de elementos (frecuentemente) conflictivos cuya
comprensión es antes de índole *simultánea* que sucesiva —como acostumbraba a ocurrir con la contemplación tradicional—. «La aspiración
del discernimiento simultáneo consiste en aprehender el momento en su
total significación o en elaborar un instante, caso de aspirar a mayores
ambiciones, capaz de superar la percepción que habitualmente tenemos
del tiempo y del espacio.» El deseo de simultaneidad en el arte establece
una serie de fuentes de significación distintas de la secuencia causal, atra-
pando al vuelo algo que constituye —al menos para nosotros, los seres
humanos del siglo XXI— una nueva forma de coherencia, una nueva unidad de experiencia, una entidad que no emana de una progresión de lo
percibido o lo entendido, sino de su intensificación (a la cual se ha de llegar, por añadidura, permaneciendo en total inmovilidad).[20]

La yuxtaposición precisa de una asimilación sin síntesis, de una
aproximación directa e independiente de todo orden convencional, de la
comprensión y la condensación de los procesos mentales, de una liberación de los tabúes de la lógica, de la verificación de una unidad potencial
en un particular momento temporal, de una fijeza... «Sólo consiguiendo la
inmovilidad, la *detención*, percibiremos lo que está sucediendo en nuestro
exterior.»[21] El elemento que une a los personajes artísticos de este capítulo, pese a su diversidad, es su común *atrevimiento*.

Capítulo 6

LA PERSISTENCIA DEL DESEO

¿Cabría decir que el sesgo de la existencia de André Gide se debió al hecho de haber nacido en el seno de una familia protestante en la católica Francia? ¿O quizá hay que buscar la causa en la circunstancia de que su padre falleciera siendo él apenas un muchachito y de que su vida doméstica (nació en París pero creció en Normandía y en el Languedoc) se viera notablemente influida por las mujeres de la familia? ¿Se debió acaso su peripecia vital a su condición de hijo único? ¿Alcanzaremos a encontrar algún día una respuesta satisfactoria a estas preguntas? Fuera cual fuese la motivación que rigiera la formación del carácter y la personalidad de Gide, lo cierto es que tuvo la lucidez de poner fin a su último y más importante esfuerzo creativo —el *Teseo*— con unas palabras llamadas a conquistar la fama: «He vivido».[1]

De hecho, podría argumentarse que la influencia de mayor peso en la vida de Gide fue la de los paisajes que recorrió con la doncella suiza que servía en casa de la familia, una mujer que se había criado en las montañas de su país de origen y que compartía —fomentándola— su pasión por las flores silvestres. Andando el tiempo, el propio Gide se confesaría «embriagado» por la magnífica belleza de la campiña que rodea la región de Uzès, cerca de la ciudad de Nimes, en el Languedoc, así como las tierras próximas al valle de Fontane d'Ure, sucumbiendo particularmente a la fascinación de la garriga, cuya tosca maleza se cubre de centelleantes flores silvestres en primavera. En estos campos yermos, el hecho mismo de que el entorno no resultara abrumadoramente frondoso le permitiría apreciar mejor las heroicas y dignas cualidades de todas y cada una de las flores, tanto en conjunto como tomadas de forma individual. La reacción de Gide ante la belleza natural jamás fue de carácter pasivo —un hecho llamado a desempeñar un importante papel en su comprensión de la existencia.

EL ESTÍMULO DEL ABANDONO DE UNO MISMO

Tras vivir una adolescencia profundamente religiosa, Gide vería vacilar su fe al cumplir los veinte años. Acababa de llegar a la conclusión de que el cristianismo era «letal» para la cultura.[2] Aproximadamente por esa misma época, el joven Gide heredó una cantidad de dinero suficiente para no tener que ganarse la vida trabajando, de modo que regresó a París y empezó a frecuentar a los miembros de la vanguardia, sobre todo a los escritores que se congregaban en torno a la figura de Stéphane Mallarmé, cuyo esteticismo y pasión por la musicalidad de las palabras compartía el propio Gide. Como les ocurre a muchos hijos únicos, anhelaba la compañía de los demás, así que no tardó en encontrarse a sus anchas en el círculo constituido en torno a la revista literaria a cuya fundación habría de contribuir él mismo: la *Nouvelle Revue Française*.

Pero no sólo se interesaba por los autores franceses. También habrían de influir notablemente en él nombres como los de Nietzsche, Dostoievski, Browning, Yeats y Blake, poeta este último cuyos versos le gustaba citar:

Eres un Hombre, Dios no es más
Aprende a adorar tu propia Humanidad.[3]

Debido tal vez a la educación recibida, el temperamento de Gide tendía a congeniar con la idea central de los fenomenólogos, esto es, con un planteamiento surgido de una reacción contraria a la imagen de que lo particular viene a tener menor enjundia que lo general. Husserl había advertido (véase el capítulo 3) que, al conceder nuestra atención a lo particular, «corremos el riesgo de fijar nuestra posición en las características de una excepción a la regla» —sin embargo, a Gide jamás le había preocupado esta cuestión—.[4] El escritor francés compartía con Bernard Shaw la noción de que la vida no es una posesión sino un experimento, así que, en consecuencia, no tardaría en concebir la idea de que la máxima empresa a la que pueda dedicar su vida una persona ha de ser necesariamente la de «llevar una existencia ejemplar». Para ser más exactos, lo que Gide defendía era que la salvación no podía depender de ninguna organización humana, que el hombre es aquello que él mismo acabe por hacer con su propia vida y su persona, y que su destino no conoce más límite que el de su «desdichada propensión» a aceptar todas aquellas definiciones estereotipadas que «le permiten sustituir la acción por la contemplación». Y a juicio de Gide, Dios es una de esa definiciones precocinadas.

Otro de los ejes del pensamiento de Gide radicaba en su convicción de que no debemos «desperdiciar» nuestra vida por ningún objetivo, sea este el que sea. No hay nadie a quien podamos dirigir nuestras plegarias, así que «un hombre ha de jugar las bazas con que cuente».[5] Antes o después deberemos tomar una decisión, a fin de poder actuar. Sin embargo, una decisión no tiene por qué predeterminar necesariamente a otras. Hemos de comprender que más allá del hombre no existe nada, salvo lo que él mismo pueda construir por sí mismo.[6]

Gide empleaba la palabra «espiritual» de la misma manera que Valéry, Mallarmé o Santayana, es decir, no como un término que apuntara a otro reino, que señalara la existencia de un mundo místico situado en otra parte, sino como un importante elemento integrado en *esta* vida y perteneciente a ella —una concepción derivada de un enfoque poético de lo particular, o deudora, si se quiere, de la forma en que entendían el mundo los fenomenólogos—. Gide acabaría llegando a la conclusión de que es «deber» del ser humano «superarse» a sí mismo —no en el sentido de que tenga que esforzarse en la consecución de un objetivo específico, sino en el de que ha de tratar de procurar sencillamente el *enriquecimiento* de la existencia misma—. La vida tiene un significado propio, concluiría, y ese significado se habrá visto colmado si nos resulta posible echar la vista atrás y exclamar algo parecido a esto: «bien ponderadas todas las circunstancias, puedo afirmar que he salido ganador en el juego en el que me embarqué en su día».

Gide sostenía que lo particular es en sí mismo significativo, una afirmación de la que se desprende que la «verdad» no ha de alcanzarse por ningún procedimiento concreto —sea éste artístico, científico o filosófico—, sino únicamente por medio de aquellas experiencias que resulten *inmediatamente* accesibles a nuestra percepción y a nuestras sensaciones. No hay nada, insiste, que pueda superar el argumento de un individuo que se encuentre en situación de poder decir: «yo tuve la oportunidad de verlo», o «de sentirlo». Todo lo que se consigue con cualquier esfuerzo destinado a sistematizar la experiencia es «desnaturalizarla, distorsionarla y empobrecerla».[7]

Una de las consecuencias de esta forma de ver las cosas acabaría plasmándose en el hecho de que Gide tratara de desarrollar conscientemente

sus sentidos, cosa que puede percibirse palpablemente en su obra. El viaje, pensaba, es aquí un elemento de suma importancia (pues no en vano
fue Gide uno de los primeros viajeros que recorrieron el norte de África),
ya que la persona que se encuentra en tierra extraña, y que no está por ello
en situación de dar nada por supuesto, vive de un modo que no se halla al
alcance de los habitantes oriundos de la región que pisa.[8] Éste es, en esencia, el tema que aborda en su libro del año 1897 —*Los alimentos terrenales*—, cuyo mensaje consiste en solicitarnos que vaciemos la mente de su
contenido, a fin de que «no exista ya nada entre nosotros y las cosas».
«Había varios mercaderes de perfumes. Les compramos distintos tipos de
resinas. Algunas había que olisquearlas. Otras teníamos que masticarlas.
Y a otras, al fin, era preciso prenderles fuego. [Con lo que] un ser puro
creció ante mí hasta convertirse en algo tremendamente voluptuoso.» A
juicio de Gide, el tacto era el más inmediato de los sentidos, y él mismo
resaltaba que «sólo existen las cosas individuales ..., las cosas en sí mismas no sólo resultan muy elocuentes, son también accesibles a todo el
mundo y representan cuanto la vida puede ofrecernos. Los objetos no son
"símbolos" ni manifestaciones de "leyes" de importancia superior a los
objetos mismos, sino entidades independientes que han logrado resistir
con éxito todos los esfuerzos que el hombre ha venido efectuando para
organizarlos y convertirlos en otros objetos distintos que no pueden ser
vistos ni oídos ni tocados».[9]

La independencia de las cosas, advertía Gide, puede revelarse terrible,
pero también puede ser tonificante y constituir una oportunidad. Además,
añade nuestro autor, deberíamos tener cuidado con las explicaciones, que
son «necesariamente inadecuadas». «La existencia no es algo que pueda
concebirse desde la distancia: ha de invadirnos abruptamente y aferrarse a
nosotros.»[10] A su juicio, la lógica es un especie de barrera mental, algo
que nos impide comprender el caos que reina «al otro lado» —un caos
que Baudelaire, Cézanne y su amigo Valéry habían tratado de mostrar con
todas sus fuerzas, en su opinión—. A los ojos de Gide, «el acto de maravillarse con el mundo» ha de sustituir a la filosofía, que únicamente se propone «explicarlo». Y todas las filosofías, todas las ideologías —incluyendo entre ellas a la religión—, son obstáculos para el asombro.

Es más, Gide pensaba que todos los sistemas organizados —la ciencia, la religión, la filosofía, las teorías del arte, etcétera— no son sino
otros tantos movimientos egoístas que vienen a imponerse a la caótica
realidad que es la vida, y que el *abandono de uno mismo*, o dicho de otro
modo, el olvido de sí —en tanto que proceso constituyente del asombro,

de la inmediatez de la experiencia, implícito igualmente en la toma de decisiones y en la acción—, es, en efecto, lo que da contenido a la salvación, eliminando la diferencia entre los hombres y las cosas.

En este mismo sentido, también mantenía Gide que la idea del yo como entidad unitaria es falsa. En realidad, la expresión exacta que él emplea es más drástica, dado que sostiene que el yo es una «superstición». «Si miramos en nuestro interior descubriremos que no existe en él nada fijo e invariable a lo que podamos denominar "yo", sino únicamente un constante transitar de recuerdos, percepciones y emociones sin propósito ni meta.» Ésa había sido, a su juicio, la gran innovación que introdujera en su día Michel de Montaigne, la consistente en reconocer que la personalidad humana carece de «estabilidad», dado que se trata de una entidad «que nunca *es*, sino que únicamente cobra conciencia de sí en un devenir que no es posible aprehender». Como le gustaba decir al propio Gide: «yo nunca soy; sólo devengo». Además, Gide compartía con Yeats, así como con otros muchos autores de finales del XIX y principios del XX, una noción de la naturaleza humana que venía a diferir en muchos aspectos de los planteamientos de Freud, una noción que insistía en la idea de que no existe un yo único, sino tantos como queramos que existan —incluso uno nuevo cada día—. «No estamos "determinados", ni por fuera ni por dentro.»[11]

Como acostumbraba a afirmar Gide, estamos «condenados» a la libertad, y es preciso tener presente que el verbo empleado es el más indicado ya que, de no alcanzar a entender lo que es la libertad, la total ausencia de referencias y la completa falta de soluciones preestablecidas puede resultar temible. Lo que hemos de hacer, añadía, es más bien adoptar una disposición de ánimo tal que «los acontecimientos nos encuentren dispuestos a cambiar el viejo yo por uno nuevo y mejor». Además, tenemos que estar alerta a fin de poder reconocer la presencia de ese yo mejor (y más adelante habremos de ocuparnos de cómo conseguirlo). Así habrá de expresarlo una vez más Everett Knight, uno de los autores a los que aquí seguimos: «La grandeza de Gide consiste en haber sabido resistirse toda la vida a la tentación de *ser* —esto es, en haberse negado a entregarse al "reposo" de la coseidad—». En otras palabras, nunca entendió que él mismo fuera más una cosa que otra, pues nunca se opuso al cambio. Gide pensaba que, en muy buena medida, lo que empujaba a los hombres a hacer cosas espantosas era el terror que les producía la sola idea de no ser nada.[12]

Todo cuanto acabamos de explicar viene a constituir el contexto de su célebre noción del «acto gratuito». La «filosofía» de Gide —aunque él mismo rehuyera esa palabra—, o mejor, su manera de enfocar la vida y la experiencia, consistía en que, en caso de que el hombre no poseyera principios íntimos, su única forma de existencia sería la que hallara a través de sus actos, a lo que añadía que, en caso de actuar, de observar una conducta, las acciones más auténticas son las más súbitas, puesto que en tales ocasiones, el comportamiento de la persona se produce sin que ésta se conceda tiempo alguno para pensar, lo que significa que su acción no aparecerá empañada por el egoísmo. «Un acto gratuito es aquel que no viene dictado por el interés propio.» (Una afirmación que años después vendría a confirmar categóricamente el teólogo y opositor al nazismo Dietrich Bonhoeffer.) Dado que no hay metas ni verdades que revistan un carácter eterno, «el único incentivo que puede inducirnos a la acción es aquel que concede al hombre dignidad y autonomía». Eso es justamente lo que establece y funda el valor de las cosas, pues se trata, efectivamente, de una ética, ética que puede compendiarse como sigue: «Debes hacer caso a tus inclinaciones, siempre y cuando te induzcan a levantar el vuelo. La disciplina que se impone uno a sí mismo, la abnegación y la renuncia al interés propio, constituyen la más noble forma de autorrealización».[13]

El hecho mismo de insistir en lo particular habría de llevar a Gide a concluir que es nuestro deber esforzarnos por elevar a «su máxima fructificación» todo cuanto sea único en nosotros, debiendo superarnos a nosotros mismos por medio de nuestras acciones —lo que significa que hemos de tratar de conseguir metas superiores a las que juzgábamos posibles en un principio—. Y en su opinión, la forma de conseguirlo no pasaba por entregarnos a la vieja idea religiosa de «la vida contemplativa», sino por mostrarnos permanentemente dispuestos a descubrir la experiencia por medio de la acción. Y la más plena y completa de las experiencias será justamente aquella que derive de una acción que implique el abandono de uno mismo.

MENTIRAS Y FICCIONES COMPARTIDAS

Más de un crítico ha dado en destacar la recíproca relación de influencia que existió siempre entre William James y su «joven, frívolo y superficial» hermano Henry. En la primavera del año 1901, el hermano mayor permaneció junto al benjamín mientras elaboraba *Las variedades de la experiencia religiosa*, recurriendo además a Mary Weld, la mecanógrafa de Henry.[14] En 1902, Henry leyó la obra que acababa de terminar su hermano, al tiempo que él mismo culminaba una novela de su propia cosecha: *Las alas de la paloma*. En ocasiones, sus respectivas vivencias creativas habrían de pasar por períodos de tal imbricación (a ambos les fascinaban, por ejemplo, las enfermedades mentales) que algunos chistosos llegarían a decir que el mejor escritor era William pero que Henry le superaba en el terreno de la psicología.

Lo que más nos incumbe aquí no sólo es la preocupación que Henry sentía por la experiencia religiosa sino también el modo en que daba en enfocarla. Nos ocuparemos asimismo tanto de la forma en que ha de entenderse dicha experiencia en el mundo moderno como de la posibilidad de que sea preciso sustituirla por otro tipo de vivencia o de práctica. En cierto sentido, las novelas de Henry vienen a constituir un notable reflejo de la distinción que William establecía en *Las variedades de la experiencia religiosa* al decir que las teologías luterana y calvinista establecían las bases de dos formas de fe que resultaban atractivas para las «almas enfermas» y que el catolicismo, por el contrario, era una confesión «mentalmente saludable». Este planteamiento viene a hundir fundamentalmente sus cimientos en el problema del mal. «El individuo de mentalidad sana tiende al pluralismo, concibiendo una visión de las cosas que no considera que el mal represente una experiencia central en la vida humana, sino más bien "un elemento residual", una especie de "suciedad", como si dijéramos. El alma enferma, por el contrario, juzga que el problema del mal constituye el hecho esencial de este mundo, una realidad que únicamente puede ser vencida si se cuenta con el auxilio de las fuerzas sobrenaturales.»[15] No obstante, ésta no es exactamente la forma en que aparece planteada la cuestión en las obras de Henry: «Desprovistos de la posibilidad de un encuentro directo con lo sobrenatural, los protagonistas de los libros de James han de aceptar el mundo en su pecaminosa condición».[16]

El texto en el que se habla de una forma más explícita acerca de la religión y el mundo venidero es *La copa dorada*. Si lo analizamos desde un determinado ángulo, pensaremos que la novela aborda el problema del Mal —el Mal concebido así, como dice Maggie Verver, la protagonista de la obra, con «una "M" verdaderamente mayúscula»—. Desde otra perspectiva, en cambio, descubriremos algo de importancia bastante más fundamental: que el escrito aborda un problema que, a juicio de James, es justamente aquel al que hemos de enfrentarnos en un mundo de carácter laico, a saber, el problema del deseo. Es el deseo lo que se halla en la raíz del mal, y las formas en que alcanzamos a expresar y controlar ese deseo en un universo que carece ya de los tradicionales ritos de la religión organizada constituyen a sus ojos tanto la dificultad central de nuestro tiempo como su principal fuente de oportunidades. Lo que preocupa a James son las *instituciones* religiosas y la forma en que hemos de arreglárnoslas para vivir sin ellas.

La trama de *La copa dorada* se ciñe a la concepción teológica de la Caída, estado que se produce al acceder Maggie al conocimiento de sí misma. Este planteamiento que James inicia en *La copa dorada* encontrará continuación en las posteriores obras de ficción de Henry James, pero en este caso los temas religiosos acaban convirtiéndose en preocupaciones de mayor calado. Esto se debe, como señala el profesor de literatura canadiense Pericles Lewis, al hecho de que «los personajes de las novelas de James parezcan prestar muy poca atención a las creencias religiosas bien establecidas. En cambio, es frecuente que den la impresión de vivir en un mundo moral en el que ya no es posible encontrar ejemplos de valor absoluto como los que habitualmente asociamos con Dios».[17] Inmersos en esa situación, lo que intentan hacer dichos personajes es adaptar sus anteriores puntos de vista éticos a fin de elaborar de ese modo una nueva modalidad de convivencia, una fórmula existencial que sigue viéndose sometida al reto y al fastidio que supone el problema del Mal (y sus posibles soluciones), el cual se manifiesta invariablemente a través del deseo.

Henry reconoce estar viviendo en una «situación espiritual radicalmente nueva», una situación en la que apenas se deja papel alguno que desempeñar a las confesiones organizadas y en la que la religión empieza a transformarse cada vez más en un asunto de vivencia personal.[18] Como ha señalado el escritor estadounidense Louis Menand, lo que William James viene a argumentar en *Las variedades de la experiencia religiosa* es que «Dios es real en la medida en que produce efectos reales» (para una exposición más detallada de sus planteamientos, véase el capítulo 2 de la presente obra). Por decirlo con mayor afán de exhaustividad: «El orden de lo invisible es, en cierto sentido, producto de nuestras creencias, de modo que su verdad no radica ni en la posibilidad de ser probado de manera científica ni en la inmediata accesibilidad al ámbito en el que se encuentra, sino en el hecho de que ejerza una influencia real en las acciones que llevamos a cabo en este mundo». Y es que, en efecto, como señala Lewis, William James entiende que las ideas transcendentales son otras tantas «ficciones compartidas», siendo justamente *este extremo* el que vendrá a recoger Henry en sus obras posteriores, a partir de *La copa dorada*.

En dichos textos, Henry James se dedicará a ahondar en el estudio de los mecanismos que emplean los individuos para tratar de hacer suyas algunas de las creencias de sus semejantes, analizando asimismo el fenómeno de que uno deba «aceptar ciertas creencias, y aceptarlas además con todo entusiasmo —hasta el punto de percibirlas como nociones propias—, a fin de fraguar la pertenencia a un determinado grupo ... A juicio de James, las ficciones compartidas han venido a ocupar el lugar que un día estuviera reservado a las creencias religiosas tradicionales, y es frecuente que el autor les asigne el calificativo de "sagradas"». Dichas creencias pueden ser positivas y consistir en confiar en la buena voluntad de alguien, en creer que una determinada persona ama realmente a otra, en pensar que uno de nuestros conocidos es un individuo virtuoso... Pero también existen convicciones compartidas de carácter negativo, como la de recelar de la verdadera naturaleza de la enfermedad de alguien, la de imaginar lo peor respecto del origen de la fortuna de un vecino, etcétera. Esta forma de ver las cosas terminará desembocando, de forma tal vez inevitable, en un estado de cosas capaz de llevar a James a sugerir que incluso *la mentira* podría convertirse en ocasiones en un deber moral, «si se hace con buena fe». El desenlace de las tres últimas novelas que logró completar (*Las alas de la paloma* [publicada en 1902], *Los embajadores* [de 1903] y *La copa dorada* [1904]) gira en torno a la cuestión —como también ocurre en la escena final de *El corazón de las tinieblas* de Joseph Conrad— «de si el protagonista se decidirá finalmente o no a decir una "mentira necesaria" a fin de conservar una ilusión a la que, por sus preferencias, opta por aferrarse la comunidad».[19] Como también indica Lewis, la expresión «como si» aparece insistentemente en estos tres últimos libros de nuestro autor, en lo que no viene a ser sino una reminiscencia del pasaje de *Las variedades de la experiencia religiosa* en el que William James parafrasea a Kant diciendo que «podemos actuar *como si* existiera Dios».[20]

En otras palabras, si hemos de convivir, hallándonos como nos hallamos en un mundo sin Dios, pero encontrándonos al mismo tiempo sustentados en una patente base moral derivada de la idea de una divinidad, deberemos conservar algunas ficciones —pese a que, en determinados casos, resulten ser mentiras— si éstas contribuyen a engrasar los ejes de la comunidad a la que deseamos pertenecer. La conservación de la comunidad es la prioridad que ha de anteponerse a todas las demás (coincidiendo en este sentido con la «solidaridad» de la que habla Habermas). Es más, hemos de considerar que esas ficciones compartidas tienen un carácter sagrado. «En el envilecido mundo que pintan las novelas de James, las ficciones compartidas parecen ser el único vestigio de fe que alcanzan a concederse los personajes para hacer posible la convivencia. Sin embargo, el problema al que habrán de hacer frente tanto el propio James como sus protagonistas y sus lectores es que resulta muy difícil distinguir esas ficciones compartidas de las simples mentiras.»

Los personajes de James, sobre todo en *La copa dorada*, son simultáneamente conscientes del mal y de la ausencia de toda intervención sobrenatural que caracteriza al mundo moderno. En *La copa dorada* se ahonda en los meandros de este dilema y se intenta dar con las ficciones que puedan permitirnos superarlo. En dicha obra, Maggie Verver, hija única de Adam Verver, un riquísimo financiero y coleccionista de arte estadounidense, se halla a punto de casarse, en Londres, con un noble italiano venido a menos, aunque muy distinguido: el príncipe Amerigo. Durante las semanas dedicadas a los preparativos de la boda, el príncipe coincide con Charlotte Stant, una vieja amiga de Maggie. Se trata en realidad de un reencuentro, puesto que, varios años antes, y sin que Maggie hubiera tenido noticia del asunto, Charlotte y el príncipe ya habían vivido un idilio en la Roma natal del aristócrata. Antes de la ceremonia, Charlotte y Amerigo salen juntos de compras para adquirir un regalo de bodas para Maggie. Entran en una tienda de antigüedades y examinan cuidadosamente una copa dorada que finalmente renuncian a comprar porque el príncipe sospecha que tiene algún defecto oculto. Tras el enlace (ocasión en la que Adam cancela todas las deudas del príncipe), Maggie empieza sentirse preocupada al ver que su padre está solo y finalmente convence a Charlotte para que se case con él. Esto determina que la vida de los personajes gire en torno a un círculo todavía más estrecho, y si Maggie parece interesarse más por su padre que en el marido con el que acaba de contraer matrimonio, Amerigo y Charlotte vuelven a encontrarse y reanudan su amorío.

Maggie, que al principio de la novela es toda inocencia, empieza a adquirir un cierto refinamiento, una sofisticación europea que le confiere una mayor sutileza y brillo, comenzando a sospechar al mismo tiempo que entre Charlotte y Amerigo hay algo más que amistad. No tardará en ver confirmados sus temores. Pasa por el mismo establecimiento de antigüedades en el que Charlotte y el príncipe habían encontrado la copa dorada y el dueño de la tienda le muestra el mismo objeto que los amantes habían desdeñado, tras lo cual Maggie decide comprarlo para hacerle un obsequio a su padre. Sin embargo, el hombre de la tienda le ha cobrado a sabiendas una suma excesiva y le invaden los remordimientos, de modo que se presenta en el domicilio de Maggie para confesar su fechoría. En la mansión, el dependiente ve unas fotografías en las que aparecen Charlotte y el príncipe, lo que lleva al hombre a comentarle a Maggie la anterior visita que habían efectuado los amantes a la tienda, diciéndole que, pese a haber hablado en italiano en su presencia, creyendo que así no les entendería, él había comprendido hasta la última palabra de su conversación.

En la última parte del libro —que resulta crucial para lo que aquí estamos planteando—, Maggie comenzará a afanarse en separar a Charlotte de Amerigo, aunque sin hacer saber a su padre lo que está ocurriendo. Maggie consigue convencerle de que debe regresar a Estados Unidos y de que ha de llevarse a Charlotte consigo. Amerigo, por su parte, impresionado por la elegancia y la astucia que Maggie ha empezado a desplegar, comienza a mostrarse más cariñoso con su esposa y se aviene a secundar sus planes.

Se ha criticado la novela diciendo que el carácter simbólico de la copa es demasiado obvio, pero lo cierto es que cumple adecuadamente varias funciones. El potencial defecto que Amerigo temía que presentara el recipiente centra la atención en los fallos de los protagonistas, cuya condición se reduce en esta fase a la de ser los obsequiadores de alguien o los destinatarios del regalo de un tercero. No obstante, en ningún momento se dice en qué consisten esos defectos —ni los de la copa ni los de los personajes—. Del mismo modo, tampoco se exponen explícitamente los detalles de los demás hilos de la trama, en particular el del idilio entre Amerigo y Charlotte y el de la estratagema con la que Maggie se propone hacer que su padre opte por regresar a Estados Unidos, alejando de este modo a Charlotte del príncipe. La cuestión es que todo el mundo coincide justamente en una cosa: en no hablar abiertamente de esos temas. El clima reinante, marcado por un aparente bienestar general, se afianza únicamente en los elementos superficiales de las relaciones que median entre los personajes, mientras que el subyacente aspecto real de la situación es cualquier cosa menos agradable, siendo de hecho una ficción compartida colectivamente. «Pese a que los protagonistas estén constantemente engañándose unos a otros, la verdad es que lo hacen para conseguir que su convivencia resulte soportable.»

Lo que James pretende demostrar es que hemos de tener la íntima sensación de que algunas cosas son sagradas, con el corolario de que, en un mundo laico, dicha necesidad no desaparece, por mucho que haya cambiado la idea de qué sea *exactamente* lo que deba conservar su carácter sagrado: al no existir ya transcendencia alguna —al no haber nada dotado de una significación sobrenatural—, la vida en el mundo laico que surge de ese estado de cosas, es decir, la existencia como comunidad, implica tener que contemporizar con las ficciones de las personas con las que «nos haya tocado en suerte convivir», *aceptándolas*. Sea cual sea la forma de lo sagrado que venga a revelarse apropiada para la era moderna, su eficacia habrá de depender, como en el caso de William James, del hecho de que la gente la acepte como tal.[21]

En último término, el tema que abordan las novelas de Henry James es el de la intransigencia del deseo —que insiste en manifestarse— y el de la capacidad que éste tiene para desbaratar la cohesión social que tradicionalmente acostumbraban a garantizar las distintas evoluciones de los rituales de las religiones organizadas (fundamentalmente el matrimonio). Lo que James está diciendo es que el único modo de vivir y de contar con una sociedad en el mundo moderno, un mundo en el que las ideas de la transcendencia, de una vida tras la muerte y del sentimiento de pertenencia a una comunidad —ideas que anteriormente garantizaban los ritos de las religiones organizadas— han dejado de resultarnos accesibles, consiste en actuar «como si» las perturbaciones generadas por el deseo no se estuvieran produciendo realmente, «como si» la cohesión social no se estuviera viendo afectada. Esto nos permite disponer del mejor de los medios para lograr dicha cohesión social —el vinculado con el sentimiento de pertenencia a una comunidad— y mantenerla. James ha conseguido identificar lo que a su juicio (y al de otros muchos) constituye la amenaza más importante derivada de la muerte de Dios: aquella que viene a poner en peligro la percepción social de nuestra propia identidad. Además, también comprendió que las organizaciones religiosas tradicionales habían estado dedicándose, al menos en gran medida, a hacer frente a los condicionamientos del deseo.

En su opinión, la fe en Dios se ha visto sustituida —o debe serlo— por la convicción de que las ficciones compartidas representan algo más que una simple forma de mentir: son un modo de permanecer unidos, de contemporizar con el deseo y refrenarlo, lo que significa que también constituyen un defecto común y un consuelo, además del reconocimiento tácito de que somos todos criaturas expulsadas del paraíso.

LA MENTE COLECTIVA Y LOS OBJETIVOS GENERALES

También se detecta en el pensamiento de H. G. Wells un elemento tendente al «como si», según tendremos ocasión de comprobar. No obstante, Wells también estaba convencido de que la mentira constituía «el más funesto de los delitos». Las ideas de Wells y Henry James no tenían demasiado en común (y de hecho habrían de enzarzarse en una agria discusión). Además, y pese a compartir algunos de los puntos de vista de George Bernard Shaw, de Paul Valéry y de Wallace Stevens, lo cierto es que a Wells le resultaba difícil aceptar que la belleza y el arte fuesen elementos válidos de auto-justificación y que pudiesen actuar como fines en sí mismos. Pensaba que los artistas tenían «un gran cerebro, aunque lamentablemente sin formar» y que sus actividades eran esencialmente arbitrarias y descoordinadas. Desde su punto de vista, la estética carecía de sentido si no se la aplicaba a algún fin útil, y en último término «el arte por el arte» acababa conduciendo al descuido de lo que en su momento había constituido su inspiración original. Todas sus obras —incluso sus novelas— tenían un carácter puramente funcional, como él mismo decía, y de hecho Wells las concebía con la específica intención de dar pie a una reforma social y ética.[22]

Wells decidió hacerse escritor en el año 1874, tras sufrir un accidente y romperse la pierna, ya que por tal motivo se vio obligado a permanecer varias semanas en la cama. Su padre, que se ganaba la vida, entre otras cosas, como jugador profesional de críquet (en el equipo de Kent), le llevó un montón de libros, no tardando en despertarse así un gran entusiasmo en el joven Wells, una pasión que conseguiría sobrevivir a sus primeros pasos en el mundo del trabajo, no demasiado felices —primero como aprendiz de pañero y más tarde como maestro.

Con todo, la verdadera vocación de Wells era la ciencia. En su adolescencia asistió al Instituto Midhurst en el condado de Sussex occidental, donde tendría oportunidad de iniciarse en el conocimiento científico de la mano de Thomas Henry Huxley (que habría de hacerse célebre con el apelativo de «perro de presa de Darwin», por su encendida defensa de la teoría de la evolución). La inspiración de Wells habría de fundarse específicamente tanto en los planteamientos de Huxley como en las tesis de la evolución, aunque también habría de influir en él la ciencia en general. Dado el modo en que operaba la ciencia, que procedía a revelar nuevas posibilidades al resolver los antiguos problemas, Wells no tardó en llegar a la conclusión de que hemos de permanecer escépticos y no dar nunca crédito a la idea de que pueda llegarse a conocer algún día una «realidad final». Pensaba además que tanto la idea del Bien como la idea de Dios eran simples «intentos de simplificar las cosas, destinados a incluir en la esfera de las reacciones humanas un conjunto de circunstancias y anhelos que de lo contrario resultarían inexpresables en términos humanos». Si tenemos en cuenta la época en que le tocó en suerte escribir y la educación que había recibido, no es de extrañar que Wells percibiera rápidamente a su alrededor la existencia de un proceso evolutivo de carácter a un tiempo cultural, intelectual y político del que participaban tanto la ciencia como el socialismo, un proceso que, a su juicio, debía terminar dando lugar al surgimiento de lo que él mismo llamaba la «mente sintética colectiva», la cual «habrá de brotar», decía, «de nuestra mente individual, utilizándola y superándola a un tiempo». En el año 1900 se tenía la generalizada impresión de que el capitalismo estaba agotado, así que eran muchas las personas, sobre todo en las democracias occidentales, que suponían que tendría que acabar triunfando alguna forma de socialismo y que a lo largo del nuevo siglo éste estaba llamado a difundirse por todo el mundo.[23]

Dichas ideas habrían de quedar expuestas y desarrolladas en algunos de sus libros como, entre otros, *A Modern Utopia* (publicada en 1905), *New World for Old* (de 1908) y *Mankind in the Making* (1903), ya que en todos esos textos habría de argumentar que la creación y la institucionalización de una casta de filósofos-reyes, a los que él denominaba samuráis y que estaban destinados a convertirse en una «nobleza voluntaria», habría de alumbrar una sociedad de carácter a un tiempo más científico y más socialista. Todo el poder político debía quedar en manos de estos individuos: ellos deberían ser los únicos encargados de la administración, la abogacía, la medicina y la función pública, incumbiéndoles también, y solamente a ellos, el derecho y el deber del voto. Se trataba de una considerable atribución de privilegios, pero la ocupación de los correspondientes cargos era una posibilidad abierta a todos. A juicio de Wells, la instauración de esta casta permitiría que la sociedad mirara al futuro y avanzara hacia una administración más ordenada y eficiente. Los samuráis debían tener una mentalidad de carácter internacionalista y cosmopolita, mostrar una gran apertura intelectual y, sobre todo, basar sus actividades e innovaciones en la investigación científica —aspecto este último que revestía una importancia crucial en el planteamiento del autor—. Según mantenía Wells, la ciencia, en su mejor estado, era el conocimiento susceptible de ofrecer la única forma de «universalismo» tendente a la superación de la diferencia entre el *ser* y el *deber ser*.[24]

El hecho de adoptar la voz «samurái», haciendo suyo un término ideado originalmente para designar a las castas militares superiores de Japón, era en realidad una táctica destinada a llamar la atención, por no mencionar que también implicaba que el elemento más relevante consistía en que dicha casta contara con una sólida formación científica, sabiendo por tanto aprender de la experiencia y mantener a la sociedad en la senda del desarrollo y el cambio —características que, de hecho, determinaban el modo en que debía operar en realidad la mente colectiva—. Como habría de señalar un articulista crítico de la revista científica *Nature* en referencia a los contenidos de *A Modern Utopia*, «lo que Wells se proponía era más bien dejar sentado el principio de un orden capaz de ir caminando paulatinamente hacia la perfección, de modo que es muy posible que en su sociedad ideal los hombres tendieran a mostrarse menos reacios que hoy a aprender de la experiencia».

Wells pensaba que tanto el cristianismo como el resto de las grandes religiones se habían revelado incapaces «de subordinar al individuo a su causa», añadiendo que, de hecho, «habían practicado la costumbre de ofrecer recompensas» al individualismo, no reprimiendo sino los comportamientos realmente aberrantes y las más «viles» excepciones —sin retirar, ni siquiera en esos casos, la posibilidad de la absolución—. Sin embargo, «el hecho esencial de la historia de la humanidad es, a mi juicio, el lento despliegue de una percepción comunitaria de este tipo, la comprensión de las posibilidades que ofrece una cooperación destinada a la consecución del raro y soñado poder de lo colectivo, a la materialización de una síntesis de la especie, al desarrollo de una idea general compartida, logrando que brote así un común objetivo general de la presente confusión». Wells argumentaba que el hombre es perfectible y que para lograr ese perfeccionamiento hay que aprovechar «los grandes impulsos instintivos de la vida», que «ése es el objetivo en cuya consecución debemos esforzarnos, mejorando de paso la raza y erradicando las distorsiones y las estrechas miras que tan fácilmente aceptan la mayoría de los seres humanos».[25]

Queda por consiguiente claro que nuestro escritor no concebía la «perfectibilidad» al modo de la teología, sino como un triple proceso: el conducente al perfeccionamiento del individuo inserto en el marco estructural de un estado y una raza igualmente mejorados.

«La perpetuación de la especie y la aceptación de las obligaciones que la acompañan han de constituir los dos objetivos más elevados del hombre. Y si los individuos no aciertan a ubicarlos en esa posición suprema, la culpa ha de atribuirse a otras personas que, ocupando puestos de responsabilidad en el estado, han degradado a sus conciudadanos a fin de utilizarlos para sus propios fines particulares ... Vivimos en un mundo que es como es y no como debiera ser ... La moderna mujer casada se ve normalmente obligada a intentar sacarle el mejor partido posible a una mala situación, a esforzarse al máximo pese a verse sometida a las antiguas condiciones, a vivir [como si] disfrutara ya de las condiciones nuevas, a educar a buenos ciudadanos, a entregar las energías que le queden, y en la medida de sus posibilidades, a propiciar el surgimiento de un mejor estado de cosas. Como también les ocurre al dueño de una propiedad privada y al gerente de una empresa particular, la línea de conducta que más le conviene adoptar a esa mujer moderna es considerarse a sí misma [como si] fuera un funcionario público no reconocido como tal, obediente a una jefatura desigual y sujeto paciente de una paga impropia. La rebelión abierta no conduce a nada bueno. Lo que ha de hacer esa mujer es analizar sus particulares circunstancias y aprovecharlas todo cuanto pueda, *sin perder de vista los tiempos que están por venir* ... Hemos de aunar la inteligencia a la lealtad; de hecho, *la propia discreción es en realidad una forma de permanecer leales al estado futuro* ... Vivimos para la experiencia y la raza. Los interludios individuales son simples elementos que contribuyen a ese fin. La cálida posada en que los amantes se dan cita y recobran fuerzas no es más que una pausa en nuestro avance. Una vez nos hayamos amado hasta el paroxismo habremos hecho todo cuanto estaba en nuestra mano hacer por nuestro compañero. Y por llevar a sus últimas consecuencias esa metáfora de la posada, no debemos demorarnos demasiado tiempo en degustar el vino junto al fuego. Hemos de proseguir en busca de nuevas experiencias y nuevas aventuras.»[26]

Wells tenía una faceta un tanto mística, de la que no tardaremos en ocuparnos, pero la religión, decía, «no me sirve», ya que no veía más «realidad» en una catedral que en un chalé suizo. Lo que sí creía, en cambio, era que la clave para el perfeccionamiento de la sociedad y de la raza (que a sus ojos debía preceder al perfeccionamiento del individuo) residía en el maridaje de la ciencia con el socialismo.

«La idea fundamental sobre la que descansa el socialismo es la misma noción básica en la que se asienta y lleva a cabo todo trabajo verdaderamente científico. Este empeño consiste en negar que el impulso del azar, junto con la voluntad y los hechos individuales, constituyan los únicos métodos posibles con los que lograr que ocurran cosas en el mundo. Implica afirmar que la propia naturaleza de las cosas responde a un orden, que es posible llevar una contabilidad de las mismas y calcular y prever su acaecimiento. Y está en la médula del proyecto científico insistir en que el objetivo de la ciencia consiste en alcanzar un conocimiento sistemático de las cosas materiales ... Pues bien, el socialista comparte esta misma fe en el orden y el carácter cognoscible de las cosas, asumiendo igualmente la convicción, que también tiene común con la ciencia, de que los seres humanos tienen la capacidad de cooperar y de sobreponerse por este medio a los efectos del azar.»

Como gustaba de decir Wells, la ciencia es la mente de la raza.[27]

Wells coincidía con Aldous Huxley en que el proceso de la evolución era fundamentalmente de carácter amoral, de modo que «no podía esperarse que acabara produciendo, por sí mismo, una especie más afecta al comportamiento moral que el *Homo sapiens*, ni que lograra proporcionarnos los principios rectores para la instauración de una sociedad más consciente de la necesidad ética. Por consiguiente, no existe en la naturaleza ninguna virtud inherente, así que el hombre ha de esforzarse en corregir y controlar su propia evolución, incluyendo la evolución de la sociedad, no debiendo por tanto limitarse a aceptar ni a seguir ciegamente los dictados del proceso darwiniano». Wells pensaba realmente, y con él muchos otros socialistas, que la ciencia y la tecnología serían capaces de acabar con la escasez y las tareas penosas. Creía que la eugenesia podía contribuir al perfeccionamiento de la humanidad —un argumento que no tardaría en revelarse tan controvertido como el anterior.

Partiendo por tanto del contexto general en el que se movían por entonces la ciencia y el socialismo, Wells llegó a la conclusión de que la plena realización (de la sociedad primero, y más tarde del individuo que la habita) dependía de «cinco principios de libertad ..., sin los cuales no hay posibilidad de civilización».[28] Dichos principios eran los siguientes: derecho a la vida privada, libertad de movimiento, la libre e ilimitada adquisición de conocimientos, la asunción de que la mentira es «el más funesto de los delitos», y la libertad de debate y crítica. Por debajo de estos principios existía en forma subyacente un sexto elemento fundamental: el del derecho a la investigación científica. La investigación generaba resultados racionales, y el hecho mismo de su carácter racional e imparcial les confería una autoridad capaz de anular cualquier otra pretendida vía de acceso al conocimiento.

En un capítulo de *Anticipations of the Results of Mechanical and Scientific Progress* (1901) en el que se aborda el tema de «la fe, la moral y las medidas de política pública a adoptar en el siglo xx», Wells prevé la difusión de un vago humanismo panteísta, el cual habrá de convertirse, dice, en la religión «de todos los hombres juiciosos y cultos». Estos individuos no tendrán una idea definida de Dios, al ser perfectamente conscientes de «los contradictorios absurdos en que viene a caer la teología, marcada por su obstinada vocación antropomórfica». Esta situación propiciará un estado de cosas en el que los seres humanos abrazarán una imprecisa noción no antropomórfica de Dios, concebido como una entidad «que comprende pero no puede ser comprendida». Con todo, a juicio de Wells, ese Dios resulta totalmente inútil, dado que no desempeña ningún papel en la vida de los seres humanos ni ofrece la menor orientación respecto del modo más eficiente de gobernar una sociedad, de modo que para Wells carece de toda función en el desarrollo de la raza.[29] A los ojos de un Dios semejante, la «perfección» es una anomalía.

El único elemento místico que reconocía Wells era el de su creencia en la «percepción de pertenencia a una comunidad», una comunidad que en este caso incluía por entero al conjunto de la humanidad. En este sentido, Wells sostenía, por ampliar aquí una de las citas que ya hemos mencionado anteriormente, que «el hecho esencial de la historia de la humanidad es, a mi juicio, el lento despliegue de una percepción comunitaria de este tipo ..., entre nosotros y el resto de la raza humana hay *algo*, algo real, algo que se manifiesta y brota por mediación nuestra y que no es específicamente mío ni suyo, algo que nos abarca a todos y que reflexiona y nos utiliza, enfrentándonos mutuamente». En el prólogo a la edición de 1914 de *Anticipations*,* Wells volvería a insistir en estas tomas de posición emocionales al debatir, una vez más, acerca de la «mente colectiva»:

> Comprendí entonces [durante el período pasado en la Sociedad Fabiana] algo que hasta ese momento sólo había logrado sentir: que en los asuntos de la humanidad hay algo todavía no organizado que es superior a toda organización. Este poder no organizado es el soberano último del mundo ... Se trata de algo que trasciende a las personas ... Esta mente colectiva surge en esencia al hacer extensivo el espíritu científico al conjunto de los asuntos humanos y su método consiste en buscar la verdad para hablar de ella y servirla, exigiéndonos una subordinación personal al concepto de un objetivo general ... Somos episodios de una experiencia que va más allá de nosotros mismos ... Creo en el grande y creciente ser de la especie, del que yo mismo procedo y al que habré de regresar. Un ser que posiblemente llegue a trascender en último término el límite de la especie misma, dilatándose hasta convertirse en el Ser consciente de todas las cosas ... No alcanzo a comprender con claridad qué características tiene globalmente este esquema de las cosas; no me es posible hacerlo con mi limitada mente. Y es en este punto donde me vuelvo místico.[30]

* El título completo de la obra, publicada originalmente en 1901, es el siguiente: *Anticipations of the Reaction of Mechanical and Scientific Progress upon Human Life and Thought.* (*N. de los t.*)

Resulta difícil conciliar algunas de estas ideas tardías con su postura anterior. Sin embargo, Wells argumenta, tanto en sus obras de no ficción como en sus novelas, que los individuos, las naciones y los grupos étnicos son simples aspectos de lo que él denomina la «corriente ininterrumpida de la raza». Hubo un momento en el que concibió el plan de redactar una historia del mundo que «prescinda al máximo de todo sesgo nacional, lo cual determinará que resulte universalmente aceptable como libro de texto común para todos los países». Este proyecto, que no llegaría a realizar, constituía un reflejo de otro de sus planteamientos, a saber, el de que «todos nosotros no somos sino experimentos de la creciente conciencia de la raza» —un «gran estreno de la vida», como exclamará uno de los personajes de *The World Set Free* (1914)—. Será también ésta la novela en que el protagonista, Marcus Karenin, que acaba de sufrir dos operaciones y se halla al borde de la muerte, consiga reunir no obstante la energía suficiente para gritar en tono desafiante: «Y tú, viejo sol ..., cuídate de mí ... Un día habré de embarcarme rumbo a ti, alcanzaré tus confines y hollaré con mis pies tu manchado rostro, arrastrándote por el espacio con grilletes al rojo. De un salto me plantaré en la luna, y de allí brincaré hasta donde tú te hallas ... Viejo sol, escucha cómo reúno mis pedazos dispersos en la muchedumbre de individuos en la que tanto tiempo me he abismado. Mírame juntar por miles de millones mis pensamientos en la ciencia y ve cómo se congrega el millón de voluntades que se solidifican en un propósito común».[31]

En *El alimento de los dioses* (obra publicada en 1904), Wells hablará también de una mística «fuerza constante», en un relato que viene a constituir en realidad una parábola del crecimiento en general. El argumento arranca con dos científicos que diseñan un experimento destinado a hallar una sustancia capaz de estimular el crecimiento de los animales y las plantas. Sin embargo, la prueba termina descontrolándose, dando lugar al surgimiento de diversas razas de gigantes (no sólo seres humanos gigantescos sino también pollos inmensos, terribles sabandijas y mosquitos tremebundos), los cuales no tardan en dispersarse por la campiña circundante. Al final de la novela, el ingeniero Cossar se dirigirá en los siguientes términos al niño gigante que los protagonistas han creado y educado tras realizar su experimento: «Tanto si nos es dado vivir como si nos llega la hora de la muerte, mañana habrá de realizar el crecimiento sus conquistas por intermediación nuestra. Ésa es la eterna ley del espíritu. ¡Creced de acuerdo con la voluntad de Dios! ... ¡Más grande ..., más grande, hermanos míos! ... Creced ... hasta que la Tierra no sea más que un escabel».[32]

Wells habría de ser a su vez objeto de críticas por no presentar «una dimensión metafísica», reprimenda que también habría de caer sobre sus personajes de ficción. «Sus protagonistas carecen de la característica vida interior de las novelas del siglo XIX.» No obstante, esta queja pasa por alto el doble hecho de que esos mismos protagonistas se ven en cambio sometidos a un exhaustivo análisis que los descompone en una multitud de elementos y de que en las obras de nuestro autor la conciencia social viene a sustituir en muchas ocasiones a la religión en el papel de árbitro de la conducta moral —como habría de sucederle al propio Wells.

La idea fundamental que se esconde tras el enfoque de Wells consiste en que la ciencia, y en especial la investigación *científica*, se revelará algún día capaz de generar un conocimiento nuevo llamado a reemplazar el *ser* por el *deber ser*. Una vez que se consume esa sustitución, la moralidad tendrá un carácter racional, no religioso. Lo asombroso es que a finales del siglo XX habrá físicos que den en hacerse eco de algunas de sus ideas (véase el capítulo 24).

MEMORIA Y DESEO

El título original de la obra más importante que produjo en toda su vida Marcel Proust —*À la recherche du temps perdu*— contiene una palabra que significa «búsqueda» pero también «investigación», aunque ésta no tenga por qué ser de carácter necesariamente científico. Por otra parte, esta monumental obra muestra matices religiosos a lo largo de sus siete tomos, y esto desde su mismo arranque, pues ya en los primeros compases evocará el célebre episodio de la magdalena algunos de los ritos de la misa católica. En ese pasaje, el narrador, tras saborear un sorbo de té en el que acaba de echar un trozo de magdalena, se ve abrumado por una oleada de «poderosísima dicha», una dicha de índole transcendental: «en el mismo instante en que aquel trago, con las migas del bollo, tocó mi paladar, me estremecí, fija mi atención en algo extraordinario que ocurría en mi interior. Un placer delicioso me invadió, me aisló, sin noción de lo que lo causaba. ... ¿De dónde podría venirme aquella alegría tan fuerte? Me daba cuenta de que iba unida al sabor del té y del bollo, pero le excedía en mucho, y no debía de ser de la misma naturaleza».

La propia denominación de *petite madeleine* que se emplea en el original es un trasunto de María Magdalena, aunque la reverberación de la teología católica habrá de dejarse oír de forma constante a lo largo de toda la obra, determinando que sean varios los críticos que hayan dado en sugerir que la «religión del arte» que dice profesar Proust encuentra hasta cierto punto su modelo en la tradición teológica cristiana de la literatura confesional.

Pericles Lewis ha imaginado no obstante una interpretación no sólo diferente sino también más original. Argumenta que Proust se nutre muy abundantemente de los planteamientos de Émile Durkheim, uno de los grandes precursores de la sociología, y más específicamente de las ideas que el sociólogo francés había expuesto en *Las formas elementales de la vida religiosa*, publicada en 1912, apenas un año antes que *Por el camino de Swann* —el primero de los siete volúmenes de *En busca del tiempo perdido*—.[33] Durkheim, que fundaba buena parte de sus teorías en el estudio de las religiones «primitivas» practicadas por los aborígenes de Australia, sostenía que el totemismo es la forma más elemental de religión, aquella que contiene en sí todas las esencias de las modalidades religiosas posteriores. El totemismo se remite a la adoración, por parte del clan o la tribu, de un animal o planta en concreto. El grupo primitivo no sólo elevaba el tótem a la categoría de entidad sagrada, sino que percibía en el mundo natural la presencia de una fuerza inmanente, anónima e impersonal. En el totemismo, el clan o la tribu primitiva se adora *a sí misma* en tanto que potencia espiritual capaz de actuar con un gran ascendiente moral sobre los miembros del grupo, manteniendo intacta a la comunidad y confirmando y sacralizando a un tiempo su identidad *comunal*.

Desde este punto de vista, la novela de Proust es en sí misma una especie de sociología, un mundo cerrado que ve en el clan la fuente de todos los valores —siendo ése justamente el sentido que le da el autor al llamar *petit clan*, por ejemplo, al salón de la señora Verdurin—. El relato de Proust contempla a una luz laica todo un conjunto de objetos que los distintos personajes vienen a considerar, cada uno a su manera, sagrados o totémicos. En otras ocasiones, los objetos que cobran vida en la novela parecen estar dotados de unas propiedades «mágicas» capaces de transportarnos a otro espacio y a otro tiempo (como acostumbra a ocurrir cuando son manejados por los chamanes de los clanes primitivos). El episodio de la magdalena es simplemente el más célebre de esos pasajes: «esos objetos sagrados devuelven al narrador la posibilidad de establecer un tipo de comunión que ya no es capaz de alcanzar, ni siquiera en sus relaciones más íntimas».[34]

Lo que Lewis argumenta es que se ha pasado por alto, si bien unas veces más y otras menos, la profunda influencia que Durkheim ejerce en

Proust —pese a lo cual existen unos cuantos vínculos claros entre ambos autores—. Por ejemplo, en la École Normale Supérieure, Durkheim tendría oportunidad de compartir aula con Henri Bergson, dándose además la circunstancia de que este último acabaría contrayendo matrimonio con una prima de Proust. Durkheim estudió filosofía en la mencionada alta institución educativa francesa, para recibir más tarde el doctorado en la Sorbona. Proust también se graduó en filosofía, aunque en este caso en la Sorbona, y entre sus profesores se contaban dos que habían formado parte del tribunal ante el que Bergson había defendido su tesis. Proust no sólo llegará a conceder los laureles propios de un héroe a uno de ellos —Émile Boutroux— sino que habrá de referirse específicamente a él en el texto de *En busca del tiempo perdido*. Émile Boutroux era conocido por haber escrito una prestigiosa obra sobre William James y por interesarse además en todo cuanto guardara relación con el espiritismo. No obstante, no hay pruebas de que Durkheim y Proust se conocieran, y de hecho ni siquiera sabemos si el novelista llegó efectivamente a leer la gran obra de Durkheim. Sin embargo, de lo que no hay duda, según Lewis, es de que sus respectivas vidas sociales e intelectuales vinieron a confluir de manera notable, afirmación que nuestro autor completa diciendo que Alphonse Darlu, uno de los profesores que había dado clase a Proust en el instituto, acabó fundando una revista en la que se publicó originalmente la introducción de Durkheim a *Las formas elementales de la vida religiosa*.[35]

Por si fuera poco, tanto Proust como Durkheim procedían de familias judías alsacianas, en una época en que el judaísmo se consideraba una cuestión de carácter privado desprovista de toda dimensión política o social. Sin embargo, esa estabilidad confesional iba a revelarse efímera, dado que, al igual que en la novela, la propia Francia no tardaría en asistir a un grave conflicto entre la Iglesia y el Estado, conflicto que habría de cristalizar con el caso Dreyfus y el subsiguiente escándalo, causado por la aplicación de una injusta condena por traición a un oficial judío del ejército. Tanto Proust como Durkheim habrían de intervenir activamente en defensa de Dreyfus. El asunto acabó convirtiéndose en una cuestión con profundas implicaciones públicas, enfrentando a los partidarios del laicismo con los creyentes que abogaban por la religión tradicional. La comprensión sociológica de Durkheim le hizo ver que, en una época marcada por la confluencia de las poderosísimas fuerzas de la modernidad —la urbanización, la industrialización, el materialismo, la masificación y el avance de la tecnología—, resultaba más necesario que nunca considerar sagrado al individuo: el cual es, como decía Durkheim, «la piedra de toque con la que ha de distinguirse el bien del mal, [razón por] la que ha de juzgársele sagrado ... El individuo posee algo de esa transcendental grandeza que las iglesias de todos los tiempos han atribuido a sus dioses».[36] La vida individual pasa a convertirse así en el punto focal de intervención de las fuerzas sociales.

Todo esto, como es obvio, viene a describir de manera muy acertada los objetivos que Proust se proponía alcanzar con su inmensa novela, ya que en la obra el narrador parte en busca de una «comunidad auténtica» como la que existía antiguamente en la Iglesia primitiva (y como la que él mismo había tenido ocasión de conocer en su primera infancia), una comunidad que, sin embargo, «no logran ofrecer hoy ni la religión institucional ni los grupos sociales que se presentan como religiones alternativas. Proust también habrá de enfocar el tratamiento de las fuerzas sociales y tecnológicas que gobiernan la vida moderna sobre la base de una analogía religiosa. Y si bien no habrá de hacer girar dicha analogía en torno a un Dios omnisciente, sí que habrá de centrarla en la diversidad de potencias, espíritus, hadas y dioses [con "d" minúscula] que pueblan las religiones primitivas y populares».[37] Proust entrevera en su obra distintas vetas narrativas, colmándolas de metáforas y de referencias antropológicas como las que brotan de sus alusiones al totemismo, al animismo, al paganismo o a la magia. Incluso la forma narrativa puede considerarse un fenómeno post-monoteísta, una búsqueda de instantes presididos por la presencia de lo sagrado, de lo mágico, de lo transcendental... El narrador recorre la totalidad de la novela estableciendo vínculos con distintos clanes y observando los mitos y los relatos que esos clanes se cuentan a sí mismos para mantener la cohesión de sus respectivos grupos —lo que le lleva a examinar en suma, como diría Henry James, sus ficciones compartidas—. La voz de quien nos narra la historia se confiesa sumida en una decepción constante, pero consigue hallar motivos de salvación en lo que Proust llama *les moments bienheureux* —instantes «benditos» surgidos gracias a la intervención de toda una serie de recuerdos que afloran de forma involuntaria y que constituyen, según muestra el autor, la vía real que permite acceder al pasado y a nuestro inconsciente.

De acuerdo con Lewis, lo que vienen a compartir Durkheim y Proust no es una preocupación por la relación que el individuo pueda mantener con Dios, sino más bien un interés común por «el sagrado poder que ancla al individuo en la sociedad moderna y le liga a sus nuevos dioses». Esos nuevos principios sagrados y universales son, a juicio de Durkheim, cosas como la «patria», la «libertad» o la «razón» (un elemento este último que aparece dotado de un fuerza especialmente intensa en Francia, habida cuenta del peso que siempre han tenido la Ilustración y la Revolución en este país). Pese a no negar lo anterior, Proust muestra en cambio que esos *moments bienheureux* tienen invariablemente un carácter individual, solitario incluso, pese a que «cada uno de ellos nos permita franquear un portón abierto a todo un mundo social». En su vasta novela, Proust se centra en la concienzuda reconstitución de un yo coherente «a partir de los encontrados impulsos [entiéndase "deseos"] de una vida inconsciente». Theodor Adorno resaltará que Proust manifiesta una verdadera obsesión «por lo concreto y lo único, por el sabor de una magdalena o el color de los zapatos que calza una dama en una determinada fiesta», elementos por medio de los cuales no sólo consigue mostrar que nuestro yo más íntimo no surge de la nada ni puede existir aislado de la sociedad, «sino que inicia más bien su andadura moldeado por un conjunto de fuerzas que le preceden y le controlan».[38]

El narrador nos hace ver, por ejemplo, que para poder ser admitido en el «pequeño clan» de la señora Verdurin es preciso compartir su parecer de que el pianista que acaba de descubrir es mejor músico que el resto de los candidatos disponibles, de modo que el clan cuyo eje pasa por la señora Verdurin revela contener elementos propios de una secta, lo cual explica que, para ser admitido en él, sea preciso participar de forma plena en sus rituales y asumir el firme compromiso de compartir sus creencias. La señora Verdurin llegará incluso a ser descrita como «una jerarquía eclesiástica» que no tolera el menor desacuerdo con su religión del arte, una religión que encuentra en la *Novena* de Beethoven y en las óperas de Wagner «sus más sublimes oraciones». Y quienes muestren inclinaciones críticas, los herejes, acabarán convertidos en chivos expiatorios.

Otra de las características que tiene *En busca del tiempo perdido* es el de las repetidas decepciones que asaltan al narrador, o si se quiere, el de la circunstancia de que descubra una y otra vez que los ritos sagrados de las comunidades a las que se une carecen invariablemente de todo poder transcendente. Son simples fuerzas sociales, nada más, de modo que la salvación, la bienaventurada dicha de los *moments bienheureux*, es en último término toda la transcendencia que alcanzan a ofrecer.

Pese a que los críticos piensen que, en su novela, Proust hace del arte una religión, lo que de hecho está queriendo exponer es que la principal función social que desempeñan tanto la religión como el arte es la de garantizar la cohesión del grupo. «Cuando los fieles [de esa religión proustiana] creen estar adorando a Wagner, a Beethoven o a Vinteuil,* lo que de hecho están haciendo es rendir culto a las normas y criterios del clan mismo ... De este modo, las obras de arte concretas desempeñan para los miembros del pequeño clan una función parecida a la que cumple el tótem para los aborígenes australianos de Durkheim.»[39]

Proust señala así que, tras la muerte de Dios, es decir, una vez consumada la desaparición del monoteísmo asociado con el Dios cristiano, podría darse perfectamente el caso de que otras formas más primitivas de rito religioso —como el totemismo— colmaran el vacío creado. Esto se produce porque a los seres humanos les gusta la *experiencia* de lo sagrado: «lo sagrado, por moderno, no deja de ser sagrado». Sin embargo, también está diciendo que este tipo de experiencias son esencialmente hueras, ya que no ofrecen ningún sentido de la transcendencia, no logrando sino confirmar nuestra pertenencia a una determinada comunidad. Quizá no sea cosa desdeñable, pero tampoco puede decirse que constituya una gran consecución —todo lo que podemos afirmar, al menos en el caso del narrador, es que la vivencia se salda con una decepción.

Es justamente en este punto donde Proust viene a unir sus fuerzas a las de Henry James. Lo que los episodios de involuntaria avalancha de recuerdos vienen a construir poco a poco a lo largo de la novela es una explicación del deseo que alienta en el ánimo del narrador. Lo que hace es observar y dejarse atraer por el deseo que anida en otros. Es el inconsciente lo que explica el deseo, y el deseo el elemento desencadenante del encantamiento del mundo, el factor que nos hace sentir «plenos» o «completos». Tras la muerte de Albertina, el narrador comienza a reflexionar sobre la otra vida. «El deseo es realmente poderoso. Es el padre de la fe ... Empecé a creer en la inmortalidad del alma. Pero eso no me bastaba. Quería que, tras mi fallecimiento, pudiera reencontrarme con ella reencarnada en su cuerpo, como si la eternidad fuera como la vida.» Se perciben aquí los ecos de James: «La creencia en la vida de ultratumba no es en realidad una cuestión de fe ..., sino que, por otro lado, es más bien un asunto relacionado con el deseo».[40]

Es la fuerza del deseo lo que nos une a otras personas y nos impulsa a establecer lazos con ellas. Y ésa es justamente la razón de que tenga un carácter sagrado. El deseo de formar parte de una comunidad es una cosa,

---

* Compositor de ficción, ideado por Proust, y autor de varias obras, entre las que destaca su sonata para piano y violín. Véase *Un amor de Swann* (segunda parte de *Por el camino de Swann*), *passim*. (*N. de los t.*)

y no puede decirse que carezca de importancia, pero el *deseo*, el que sien-te un individuo por otro, es una experiencia totalmente diferente. La vida en comunidad, viene a decirnos Proust —por muy deseable que resulte desde el punto de vista de la comunidad misma el anhelo de instaurar una estabilidad, una identidad y todo lo demás—, no es, ni de lejos, una expe-riencia tan interesante, tan plena ni tan seductora como la vivencia priva-da del deseo. El deseo es de naturaleza particular, igual que el involunta-rio acto del recuerdo, que es también particular. La persistencia del deseo, como reconocen sin titubeos Henry James y Marcel Proust —así como las iglesias de fuerte arraigo popular—, es perturbadora y peligrosa, motivo que explica en último término que termine constituyendo el fundamento de lo sagrado.

Capítulo 7

EL ÁNGEL DE NUESTRAS MEJILLAS

«Cuando se deja de creer en Dios, la esencia que ocupa su lugar como elemento capaz de redimir la vida es la poesía.» «La mayor idea poética del mundo es y ha sido siempre la idea de Dios.» «El poeta se transforma en "sacerdote de lo invisible".» Las afirmaciones anteriores han salido en todos los casos de la pluma de Wallace Stevens. Pero podemos añadir las de otros autores: «No hallé la belleza sino después de descubrir la nada» (Stéphane Mallarmé). «Sentimos que era posible establecer una nueva religión y que su cualidad esencial habría de residir en la emoción poética» (Paul Valéry). «La poesía ... puede salvarnos, ya que constituye un medio perfectamente practicable de superar el caos» (Ivor Armstrong Richards). «¿Qué ángel llevas oculto en la mejilla? / ¿Qué voz perfecta dirá las verdades del trigo?» (Federico García Lorca).

Como ya hemos subrayado, una de las más inmediatas repercusiones de los apocalípticos pronunciamientos de Nietzsche fue la que acabó por determinar que las artes adquirieran una importancia a la que ya no les es dado aspirar en la época actual. Esto no significa que en nuestros días las artes hayan dejado de resultar relevantes, pero sí que apunta al hecho de que en esos años se tenía la clara percepción de que su trascendencia era muy superior. Y lo cierto es que, si no hacemos el esfuerzo de imaginarnos transportados a ese período histórico, muchos de los argumentos que habremos de exponer en esta parte del libro se encontrarán en definitiva faltos del poder de convicción que habrían podido tener en dicha época. Podríamos decir que hay algo que se ha perdido al proceder a la traducción histórica.

Esto es especialmente cierto en el caso de la poesía. En la actualidad, en los primeros años del siglo XXI, el interés que despierta la poesía es en buena medida minoritario, por mucho que se trate de una minoría verdaderamente apasionada. Hasta cierto punto puede decirse que ha sido siempre una actividad minoritaria, pero entre finales de la era victoriana y principios del período eduardiano, esto es, en las décadas en que se fueron fraguando las condiciones que finalmente darían origen al estallido bélico de la primera guerra mundial —y también durante la propia contienda—, hubo intelectuales y autores que llegaron a concebir designios notablemente ambiciosos para la poesía, puesto que estaban convencidos de que ese arte estaba llamado a convertirse en el legítimo heredero de la religión. Para varias figuras literarias —como Stéphane Mallarmé y Paul Valéry en Francia, Stefan George y su círculo de seguidores en Alemania, o William Butler Yeats y Wallace Stevens en los países anglófonos—, la poesía constituía «la realización de un destino» capaz de alumbrar un segundo y «más elevado» yo, un yo que permitía acceder a un «mundo recrecido y de más amplios horizontes». Así lo expresaría por ejemplo Wallace Stevens:

> La poesía,
> Superando a la música debe ocupar el sitio
> Del cielo vacío y sus himnos...*

LOS HUÉRFANOS DE DIOS

No obstante, el verdadero punto de partida de nuestro análisis ha de fijarse en Mallarmé, puesto que, pese a no llegar a exponer ninguna doctrina particular en una obra o un poema concretos respecto a cómo hubiera de vivirse en un mundo sin Dios, lo cierto es que la totalidad de su enfoque literario habría de moldear el pensamiento y la cosmovisión de un nutrido grupo de seguidores. De hecho, hay autores como la historiadora del simbolismo Anna Balakian que sitúan a Mallarmé al mismo nivel que Freud y Marx debido al papel que acabó desempeñando en la reconfiguración de nuestro modo de pensar. De lo que no hay duda, desde luego, es de que Mallarmé fue un escritor de influencia decisiva para un buen puñado de talentos, como es el caso, por ejemplo, de Paul Valéry, de William Butler Yeats, de Rainer Maria Rilke o del propio Wallace Stevens.

En una obra titulada *Mallarmé. La lucidez y su cara de sombra* (cuyo original francés se publicó en el año 1986), Jean-Paul Sartre confiere al

---

* Fragmento de *El hombre de la guitarra azul* (1937). (*N. de los t.*)

poeta una posición central en la narrativa relacionada con la muerte de Dios, al menos en Francia. En dicho texto, nuestro autor expone el resto de las influencias que actuaron en esa época, explicando al mismo tiempo cómo lograron incidir conjuntamente en la sensibilidad de mediados del siglo XIX. Todos los poetas de las décadas centrales de ese siglo (siempre en Francia, claro está) eran ateos, sostiene Sartre, lo que no les libraba, sin embargo, de un sentimiento de nostalgia causado «por la [pérdida de] la tranquilizadora simetría de un universo ordenado por la mano de Dios». Muchos de esos poetas pensaban que la poesía se elevaba ahora a menor altura que la de antes, puesto que en épocas pasadas los poemas eran composiciones inspiradas por la divina providencia: «El poeta era el único clarín y Dios quien le proporcionaba aliento. Sin embargo, los post-románticos tendieron a considerar que su papel se reducía en realidad al de una "grotesca bocina de latón únicamente capaz de reproducir los discordantes fragores de la naturaleza"». De este modo, dieron en fundar una quijotesca élite imbuida de pretensiones tan aristocráticas como idealistas, alumbrando así una cultura con mayúsculas cuya «principal fibra nerviosa» habría de vibrar gracias a Mallarmé. En los días en que todavía triunfaba la fe, escribe Sartre, «el don de la poesía constituía el signo distintivo del aristócrata de cuna ..., entonces se era poeta por voluntad divina. En realidad, la inspiración era el término laico con el que se aludía a la Gracia».[1]

Sin embargo, la ciencia había echado por tierra este parecer. Había destruido la jerarquía que un día estructurara a los humanos al mostrar que todas las formas de existencia son iguales. Por si fuera poco, y en un giro de los acontecimientos que posiblemente viniera a empeorar todavía más las cosas, la segunda ley de la termodinámica —que Rudolf Clausius hizo pública en el año 1854— demostró que «nada se crea ni se destruye» y que el universo está abocado a fenecer consumido en último término por lo que ha dado en llamarse la «muerte térmica» del mismo. A los ojos de muchos, esto confirmó que no existe en la naturaleza nada que se parezca, ni remotamente, a un Dios perfecto —un Dios a quien, en lo sucesivo, habría de negársele también el poder de crear.

Llegados a este extremo, Sartre concluiría que los poetas eran, más que ningún otro artista, los auténticos «huérfanos de Dios» —punto en el que la figura de Mallarmé vendrá a descollar de forma muy notable, puesto que perdió a su madre cuando apenas tenía cinco años de edad y hubo de encajar a los quince el fallecimiento de su hermana, con lo que ambas figuras femeninas acabarían «fusionándose» en una misma ausencia (siendo aquí el de *ausencia* el término crucial)—. Había por tanto en la vida de Mallarmé —y en un grado superior al de cualquiera de sus colegas— una «ausencia dominante», una «ausencia que planea sobre su existencia», como dirá el propio Sartre en otro párrafo.[2] En su fuero interno, sostiene Sartre, Mallarmé asiste «al constante fallecimiento de su madre», ya que ese acontecimiento había abierto un «vacío patológico en su "estar-en-el-mundo"». Esto constituye un factor muy relevante a juicio de Sartre, que ve en Mallarmé a un precursor de lo que habrá de ocurrir en el siglo XX, a un individuo «llamado a experimentar la muerte de Dios de un modo aún más profundo que Nietzsche ..., a alguien que, en el momento mismo en que Taylor concebía su plan para movilizar a los hombres al objeto de hacer más eficiente su trabajo, él movilizaba el lenguaje a fin de garantizar el óptimo rendimiento de las palabras».*[3]

Y esto contribuye a situar en su contexto los logros de Mallarmé. Lo que él trataba de hacer, según Anna Balakian, era elaborar o poner en marcha un «transcendentalismo semántico destinado a compensar la mengua del impulso metafísico».[4] Si alguien piensa que las religiones son ineficaces —como era claramente el caso para un gran número de personas en tiempos de Mallarmé—, «entonces el lenguaje se convierte en el recurso de elección, en el puntal ... que sostiene la imaginación». Éste es el fundamento de la célebre máxima que lleva a Mallarmé a mantener que el poeta ha de abandonar la narración, puesto que la narrativa implica la existencia de una continuidad, de una secuencia que estructura la realidad. Mallarmé buscaba algo nuevo, «un universo en el que nada pueda preverse ni quedar determinado en virtud de su contexto natural», en el que «el mundo interpretado», como habría de afirmar más adelante Rilke —refiriéndose a este mundo, al de aquí y ahora—, ocupe «el sitio que un día ocupara el cielo, arrebatándole la condición de sede de un ámbito en el que las artes pueden propiciar una supervivencia enmarcada en nuevos y más vastos parámetros». Y es que, en efecto, el significado de estas palabras nos remite al hecho de que el poeta no busca una representación, en el sentido tradicional de la palabra, sino que persigue, por el contrario, materializar una «presentación inédita», una presentación cristalizada en

---

* El taylorismo, denominado así en honor del ingeniero estadounidense Frederick Winslow Taylor (1856-1914), hace referencia a la introducción en la gestión industrial de todo un conjunto de procesos de trabajo calculados de forma sintéticamente científica. Estos sistemas, cuyo objetivo consistía en mejorar la eficacia productiva, también reciben en ocasiones el nombre de fordismo. (*N. de los t.*)

un «instante absoluto del tiempo» y susceptible de constituirse por tanto en un acontecimiento de imposible reproducción. Es más, en este nuevo sentido poético, el lenguaje «se convierte en un espacio en el que se dan cita distintas analogías, unas analogías que son para el enriquecimiento de la personalidad lo que las entretelas para una simple prenda de paño». Las imágenes y las ideas aparecen implícitas antes que explícitas, de modo que el lector viene a compartir una misma sensación de plenitud con el poeta.[5] Y, como tendremos ocasión de ver, esta expresión implícita acabaría convirtiéndose en una de las características más sobresalientes del siglo XX.

Tanto Mallarmé como sus apasionados seguidores habrían de ver en este planteamiento un método capaz de poner de manifiesto que el ser humano se resiste a la aniquilación espiritual. Además, tanto el poeta como sus incondicionales lograrían identificar (aunque únicamente insinuaran su existencia) lo que dieron en llamar «*les mots sans rides*», esto es, unas «palabras [y con ellas unas ideas y unos momentos] sin arrugas», propiciando con ellas la comunicación poética de los contenidos del «pozo del significado», un hontanar, que siendo inagotable y no lineal, se presenta en forma de «un remolino circular en perpetuo movimiento».[6]

Uno de los aspectos centrales de esta cosmovisión (destinada a dominar gran parte del escenario poético del siglo XX) es el de la «designación» —es decir, la designación de las cosas presentes en el mundo que nos rodea, de acuerdo con un proceso que no desemboca en una introspección propiamente dicha, pero sí en una asignación de nombres a los «rasgos redentores de un universo indiferente»—; una denominación, como dirá el mismo Mallarmé con frase célebre, que atribuya nombres a las flores que «faltan en todos los ramos». La denominación, afirmará Mallarmé más llanamente, «no evoca el retorno de ninguna silueta particular que hayamos conocido de forma empírica y que nos resulte específicamente reconocible en su entorno natural». O dicho de otro modo: «La percepción de lo imperceptible no se verifica por medio de una lente deformante si no a través de la adaptación racional a una inesperada asociación lingüística» —o como consecuencia, cabría decir, retomando una expresión del propio Mallarmé, de un proceso de filtrado de las palabras—. Y es que en esto consiste, en efecto, el simbolismo: en la creación de «otro» mundo, de un «inter-espacio», de un ámbito que depende únicamente de las posibilidades del lenguaje y que nos ofrece la intensa experiencia de unos instantes pertenecientes a la vida y al tiempo reales, al aquí y al ahora.[7] En opinión de Mallarmé —que así lo expondrá de forma explícita—, este enfoque acabará por sustituir los planteamientos de la teleología teológica, cambiándolos «por una noción mucho más práctica de la vida en este planeta».[8] Tanto para él como para sus discípulos, la poesía ha de librarse de sus tradiciones narrativas y miméticas al objeto de terminar creando su propia ficción, su propia realidad, o si se quiere, «una ontología independiente de las percepciones teológicas».[9]

Esto es lo que trata de lograr en sus poemas, como puede apreciarse por ejemplo en *Herodías* y en *La siesta del fauno*, obras que él consideraba elementos de una nueva «mentalidad cohesiva»: una mentalidad que, estando centrada en la designación, no venía a nombrar simplemente unos cuantos perfiles insólitos, sino a alumbrar también nuevos misterios, dado que el mundo es inagotable y abierto y que la humanidad entera abriga el universal deseo de «una segunda oportunidad», la segunda oportunidad que consiste en no malgastar el legado que hemos heredado, en no conformarse sin más con la vida que hemos llevado hasta ahora. El mundo es, decía Mallarmé, un pozo de segundas oportunidades, un vivero de promesas auto-trascendentes: las que nos hacemos a nosotros mismos con el propósito de encarar el destino, de inventar cosas como los «espacios inespecíficos» o las «percepciones temporales indeterminables», de «despojar a la naturaleza de sus procesos de descomposición»... —y así una larga lista que no es sino un conjunto de ejemplos de esa designación imaginativa que sólo el lenguaje alcanza a materializar.

Por medio de esta vía, lo que perseguía Mallarmé era nada menos que refundar, reformar y reconfigurar la poesía para adaptarla a un mundo laico y propiciar al mismo tiempo que éste conservara su ambición. Y una nutrida bandada de poetas de primera línea habrían de responder a su llamamiento a lo largo del siglo xx.

EL ELOGIO Y EL EJE VERTICAL

No obstante, antes de pasar a ocuparnos de esos literatos hemos de reflexionar un instante sobre la obra y las ideas del único autor que podría rivalizar con Mallarmé por sus aspiraciones poéticas, un hombre que estuvo realmente a punto de transformar a los poetas, provocando que dejaran de ser —como habría de afirmar Shelley con frase célebre— «los ignorados legisladores del mundo» para convertirse en demagogos políticos. Me estoy refiriendo al poeta y traductor alemán Stefan George —y en este caso la palabra «demagogo» no es ningún exceso.

Los ojos —al entrecerrarse y barrer su campo de visión—,
Ardían por dentro, como iluminados por el hachón,
Asomado a sus mejillas
El suplicio de alguna vieja atrocidad.

Caía a pico el rostro bajo los zainos cabellos
Como en principescas atalayas
Hasta hundirse en el mentón —que apenas ocultaba,
Lleno de violencia, el odio mortal que le embargaba.

En torno a los inmóviles labios veíase la huella
De una conquistada tentación,
Y gravemente soportaba la frente,
Como alhaja deseada, su noble maldición.

Este poema, escrito originalmente en alemán, no es obra de George, sino su retrato. Ernst Bertram, un poeta y profesor de literatura germano, que era además una autoridad en la figura de Nietzsche, daría a este poema suyo el título de «Retrato de un maestro», aunque en otros lugares habría de equiparar a George con un «hombre lobo».[10] Es posible que eso sea ir demasiado lejos, pero de lo que no hay duda alguna es de que George tuvo efectivamente una carrera extraordinaria, más que la de cualquier otro poeta de la historia, ya que no sólo fue un hombre que llevó a su máxima expresión la ética del «arte por el arte» sino también un autor enérgicamente decidido a sustituir la religión por la poesía.

Ese extraordinario recorrido profesional se inició a principios de la década de 1890 al visitar George a Mallarmé en París y ser aceptado por los integrantes del círculo íntimo del literato francés, puesto que tras ese período parisino, el escritor alemán comenzaría a descollar como poeta lírico de características asimilables a las de los simbolistas franceses. Como señala Robert Norton, su biógrafo, «George trató de someter todos los aspectos de la vida, empezando por su poesía —y en un grado no sólo extraordinario sino quizá incluso singular— a su voluntad de artista ... Su deseo de controlar la percepción que los demás tenían de su persona no habría de ser en este sentido más que uno de los aspectos de su tendencia a la radical invención de su propia personalidad, un rasgo que habría de marcar la totalidad de su existencia» (y que es también algo que compartiría con William Butler Yeats, aunque en este último esa propensión viniera a expresarse de forma muy diferente).[11] Paradójicamente, y a pesar de que apenas se dejara ver en público, como no fuese en compañía de la pequeña camarilla formada por sus aproximadamente treinta seguidores, su influencia no dejaría de crecer —hasta llegar a ejercerse finalmente en todo el territorio nacional alemán.

George congeniaba bien con los simbolistas, coincidiendo específicamente con su convicción de que la ciencia no constituía un factor susceptible de mejorar el mundo, sino un elemento abocado a *empobrecerlo*, al reducirlo simplemente a lo que puede ser medido y calculado y eliminar hasta la posibilidad misma de toda significación transcendental. Los simbolistas pensaban que la naturaleza no es más que un barniz, una apariencia, algo llamado a ocultar un reino invisible que no sólo es el único real sino justamente aquel al que tiene privilegiado acceso el poeta. Vale la pena volver a citar a Norton: «Las palabras de un poema actúan más bien como una especie de cauce que no desemboca en una apreciación de las cosas descritas con ellas, ni a agotarse en su capacidad para evocar una emoción concreta, sino que tiene la virtud de propiciar una convergencia que se revela en último término inexplicable: aquella que posibilita el poema por medio de una especie de sintonía espiritual con la visión de su autor que, finalmente, permite alcanzar una realidad a la que se viene a conocer con diferentes nombres, ya sea la "Idea", lo "Infinito" o lo "Absoluto". Y es el poeta, y únicamente el poeta, quien puede actuar como médium capaz de permitir esa convergencia».[12]

En nuestro tiempo, transcurridos ya muchos años desde que fraguaran estas nociones y hallándonos en la segunda década del siglo XXI, la idea de que el poeta pueda tener un acceso «privilegiado» a cualquier cosa, sea del tipo que sea, es algo que contradice de lleno la escala de valores del mundo posmoderno, poscolonial y democrático. Sin embargo, si queremos entender plenamente los objetivos de George y el impacto de su obra hemos de imaginarnos de vuelta en esa época, una época en la que se tenía la sensación —como ya hemos señalado con insistencia al principio del capítulo— de que el arte revestía una importancia muy superior a la que ahora le concedemos, razón por la que también se veía al artista a una luz muy distinta. Quizá esto nos lo dé a entender de forma aun más clara: el título de cuatro de las principales colecciones de poemas que George publicó, por ejemplo, resulta bastante revelador: *Himnos*, *Peregrinajes*, *El año del alma* y *La estrella de la alianza*.

George mantenía una postura intransigente en materia artística, pues pensaba, radicalmente, que el arte y los artistas eran el elemento primordial de la existencia, debiendo preponderar incluso sobre la vida misma. En parte alguna alcanza a verse esto con mayor claridad que en uno de los versos de sus *Himnos*, dedicado a Fra Angélico, que, a juicio de George, había tomado sus materias primas del mundo en el que vivía:

> Cogió el oro de los cálices sagrados,
> Los rubios cabellos del tallo del trigo maduro,
> El rosa de los niños que pintan con arcilla,
> Y de la lavandera el índigo de la corriente.

La naturaleza es puesta aquí al servicio del arte, al menos de forma implícita, situándose el artista en el mismo plano que Dios. A lo largo de todo el poemario, el trasfondo vendrá a narrarnos la realización del poeta. Parte del objetivo que se intenta conseguir aquí, al igual que en otros escritos de los simbolistas, radica en someter e incluso derrocar al mundo exterior, al mundo físico en el que vivimos, considerado como un ámbito «irremediablemente corrupto, sórdido y malvado», como una esfera únicamente digna de ser sustituida por las creaciones de este privilegiado grupo de iniciados.

Otro de los escenarios que los integrantes de tan privilegiado grupo habrían de utilizar para apiñarse en torno a George sería el de la *Blätter für die Kunst* (Páginas para el arte), una publicación que, más que una revista, era el portaestandarte junto al cual podían reunirse los seguidores de George para difundir su mensaje. Esto era de la mayor importancia debido a que, tanto en sus primeros años como durante algún tiempo después de iniciada ya la andadura literaria de George, las tiradas de los libros y poemas de este último habrían de ser extremadamente limitadas (206 en el caso de *El año del alma*), distribuyéndose únicamente a un puñado de seguidores selectos. Sin embargo, la exquisita y excepcional visión del artista desentendido del mundo no definía una existencia exclusivamente reservada a George. En una carta, Hugo von Hofmannsthal se confiará a él en los siguientes términos: «Estoy completamente de acuerdo con todo lo que dices. Tampoco a mí me preocupan lo más mínimo ni el "periódico" ni la publicidad, es más, lo único que me motiva es entrar en contacto con un círculo de personas, *necesariamente pequeño*, que se hallen embarcadas en mi misma búsqueda para así tener ocasión de conocer obras de arte relacionadas con mis intereses, ya que de otro modo me serían inaccesibles». Y al objeto de dejar bien claro el objetivo de su encomienda, la revista no dejaría de proclamar que su principal objetivo consistía en promover «un arte espiritual» —*eine geistige Kunst*—, «tomando como base la nueva sensibilidad y el método que abandera nuestro oficio: el arte por el arte».[13]

El poema de George que más fácil resulta de entender es probablemente *El año del alma*, cuyos versos son, a juicio de Norton, «una oleada de melancolía que viene a inundar los paisajes que pueblan el interior de la mente del poeta».

> Vosotros entrasteis en el hogar
> En el que todo rescoldo se apagó
> Luz había sólo en la tierra
> Pálida y cadavérica por la luna.
>
> Introdujisteis en las cenizas
> Los lívidos dedos
> Con inquisitivo palpar buscando
> ¡Se hace de nuevo la luz!
>
> Mirad lo que con gesto de consuelo
> Os aconseja la luna:
> Apartaos del hogar
> Se ha hecho tarde.

A lo largo del conjunto de la obra, todo aparecerá bañado en ese «resplandor de ocaso», irradiando una luminosidad que no deja de recordarnos las delicuescentes, universales y sensuales mujeres de algunas de las telas de Gustav Klimt, que parecen flotar delante del espectador en un óleo que se caracteriza por ser una composición en donde la pura belleza de la creación supera cualquier otra forma de significado. (Y esta cualidad es justamente la que mayores desafíos plantea a quien ha de traducir dicha significación.)

En un principio, George quería valerse de la poesía para crear un mundo alternativo, pero con la revista *Blätter für die Kunst* también desarrollaría la idea de un círculo, de un reducido y privilegiado grupo de personas situado a su alrededor. Y esta noción de un círculo de iniciados se hallaba indeleblemente unida a la cuestión de una jerarquía —un concepto este último llamado a adquirir una importancia cada vez mayor como forma de vida, como alternativa viable a la existencia de la sociedad burguesa—. George y sus seguidores consideraban que la formación de un círculo de mentes movidas por intereses semejantes era el mejor modo de lograr que afloraran, fusionándose, las grandes y hermosas ideas del arte. Ni siquiera en el interior de dicho círculo habría de surgir en ningún momento la pretensión de que todos ellos fueran iguales. De hecho, se afirmaba que las «pequeñas» ideas de los miembros de menor talla tenían no obstante la capacidad de inspirar hallazgos de mayor envergadura y belleza en los integrantes de mayor talento (encontrándose el propio George, como es obvio, en la cima de esa pirámide del genio). Se pensaba, en este mismo sentido, que para los miembros de menor relevancia, la simple circunstancia de haber tomado parte en la superior existencia de las lumbreras literarias del círculo constituía ya un consuelo suficiente. O como habría de decir uno de ellos: los miembros inferiores del grupo se encargaban de recoger las flores con las que los capitanes del arte vendrían a «tejer más tarde sus guirnaldas». La propia realidad del círculo presuponía invariablemente la existencia de un centro capaz de ofrecer estabilidad, rumbo y objetivo al conjunto de los estetas reunidos en torno a él.[14]

Este punto de vista y esta forma de organización únicamente adquirían sentido en unión de otras características del círculo de George —es decir, sumadas fundamentalmente a la realización de un resuelto ataque a la validez de la razón y la racionalidad—. No es difícil entender por qué. La capacidad crítica es una facultad que tiende a generar dudas, que insiste en cuestionar las cosas y que no reconoce ninguna autoridad oficial, de modo que suele provocar el aislamiento de quien la ejerce. La ausencia de crítica es el caldo de cultivo en el que mejor se sostienen y prosperan las creencias y los dogmas. Lo que el grupo que orbitaba en torno a George valoraba por encima de todo era la «extasiada celebración capaz de hacer desaparecer toda distinción entre los seres individuales».[15]

Los miembros del círculo ofrecían varias alternativas a la razón. Ludwig Klages, por ejemplo, un filósofo que pensaba que el mundo moderno constituía una «degeneración» y que habría de fundar una asociación de grafólogos germanos, propondría que el motor que impulsa al artista es el «entusiasmo». «Las personas de temperamento creador se caracterizan por un profundo amor a la vida. De dicho amor brota el entusiasmo —es decir, la capacidad de asumir el sacrificio de uno mismo, de disolver el yo en el objeto de nuestra veneración—. La fe y la adoración son el alma del ser creativo. El arte no se crea sobre la base del conocimiento objetivo, sino que surge del entusiasmado abrazo de las ilusiones y los sueños.»

Como diría Leonard Woolf, siempre ha habido un sinfín de «círculos» artísticos de todos los colores, unidos de un modo más o menos vago e impreciso por la aceptación de un conjunto de supuestos compartidos, pero nunca había llegado a crearse nada parecido a la «secreta Alemania» de George, como acabaría conociéndose a su grupo.[16]

El tapiz de la vida no es una obra cuyo título evoque consonancias religiosas, como algunos de los demás libros de George, pero esta circunstancia no le impedirá exhibir las cualidades propias de un texto sagrado. El lenguaje que se emplea en esta obra está impregnado de aromas bíblicos, adoptando la forma de un evangelio en el que un ángel, portador de la doctrina de «la vida hermosa», vendrá a exponer la particular e intransferible cosmovisión del propio George. La más importante lección que el ángel transmite al poeta es la «del valor y la relevancia inherentes al hecho de remitirse a un ser superior», con lo que el querubín deja al literato en situación de adoptar una posición similar respecto de sus propios seguidores.

> Una pequeña grey recorre en silencio su camino
> Orgullosamente alejada del ajetreado bullicio cotidiano
> Y en sus blasones relumbra un lema:
> ¡A la Hélade, por siempre, nuestro amor!

El ideal griego acabará cristalizando en George hasta constituir una doctrina sólida y coherente, un ideario capaz de ofrecer refugio a los anhelosos de significado y certidumbre, exigiendo a cambio una lealtad absoluta.

> Marchamos junto a nuestro grave señor
> Que atento examina a sus guerreros.
> No hay llanto que refrene el caminar en pos de nuestra estrella
> Ni el brazo de un amigo ni el beso de la amada.

Los acólitos de George eran, efectivamente, sus discípulos. Él mismo había dado en adoptar el modelo del cristianismo, pero únicamente para ponerlo al servicio de la belleza —a cuyo reino, en última instancia, sólo él podía acceder—. Puede que esto nos parezca hoy anacrónico, pero tiene al menos la ventaja de resultar razonablemente honesto. No obstante, no tardarían en surgir complicaciones.

SERVIR A SHAKESPEARE, NO A YAHVÉ

Algunos de los discípulos de George eran muy jóvenes, casi unos muchachos. Al principio se les elegía con el pretexto de la búsqueda del talento poético, pero poco a poco esa exigencia acabó por relajarse. Dos de ellos iban a revelarse especialmente destinados a resultar notables. El primero se uniría al grupo en el año 1898, cuando apenas contaba dieciocho, se llamaba Friedrich Gundelfinger. Era tan hermoso que las mujeres le enviaban flores, y contaba además con unas hipnóticas dotes para la conversación, que subrayaba con su deslumbrante mímica. Gundelfinger estaba obsesionado con George, y éste a su vez con él. George acabaría llamándole «Gundolf».[17]

También en esto asistimos a un proceso evolutivo en George, puesto que su personal orden del día iría elevándose gradualmente al plano de un verdadero dogma —dogma que habría de constar de dos elementos principales—. La doctrina de George defendía el arte y atacaba el protestantismo, el estado prusiano y la burguesía.

Todos cuantos integraban el círculo íntimo de George se adherían a estos planteamientos con una intensidad que probablemente no alcancemos hoy a imaginar. Gundolf lo dirá con toda sencillez: «quiero servir a Shakespeare, no a Yahvé ni al Baal». Los miembros del grupo se tenían a sí mismos por una «forma superior del ser» y consideraban que el arte no constituía un juego, sino una realidad sagrada. Puede decirse, sin temor a exagerar, que a sus ojos el arte era cuestión de vida o muerte.[18]

El segundo jovencito llamado a ejercer una profunda influencia en George era de hecho un chiquillo. En el año 1903, fecha en la que el poeta conoció a Maximilian Kronberger, George contaba ya treinta y cinco años mientras que Kronberger apenas había cumplido los quince. Y habría de ser justamente la prematura muerte de Maximilian (al que George había dado el apelativo cariñoso de Maximin) lo que terminara desencadenando una nueva fase en la vida del poeta, y de carácter crucial por cierto. La causa hay que buscarla, al menos en parte, en el hecho de que el fallecimiento del muchacho se produjera de forma totalmente imprevista a causa de una meningitis al día siguiente de cumplir los dieciséis años. Hasta ese momento, el carácter excepcional del círculo que rodeaba a George no había rebasado en exceso los límites de la percepción de superioridad estética que sus integrantes compartían. Sin embargo, la muerte de Maximin iba a cambiarlo todo.

Parece que en ese crítico momento, George tuvo algún tipo de experiencia mística. Como dice su biógrafo: «La esfera del mundo inmaterial y no racional siempre se había asociado con la poesía de George. Pero ahora reivindicaba con semblante totalmente imperturbable que Maximin era un dios y que él mismo debía oficiar a la manera de un sacerdote laico, inaugurando así una religión de naturaleza privada». Aceptar este

tipo de a   aciones quizá nos exija unas ciertas tragaderas, pero el poeta y traductor Friedrich Wolters, que era uno de los más devotos seguidores de George, admite que el propio maestro había tenido ocasión de
vivir un milagro, pues «Dios había decidido aparecérsele en forma humana, como Maximin».[19] A partir de ese momento, el propio George
dejaría de considerarse un simple poeta, pasando a verse como una especie de trasunto de Jesucristo. Lo que habría de distinguirle de otros personajes históricos decididos a adoptar dicha postura (recibiendo frecuentemente tratamiento psiquiátrico por tal razón) sería el hecho de que sus
propios acólitos dieran en tratarle del modo en que él mismo deseaba ser
tratado.

En 1910 integraban el entorno de George unas treinta personas, constituyéndose así un grupo que representaba —al menos a los ojos de sus
propios miembros— una clara alternativa al estilo de vida burgués (y cristiano). La camarilla tenía un objetivo perfectamente bien definido y gozaba de una notable unidad. A diferencia de las difusas aglomeraciones de
la sociedad burguesa, los acólitos de George ofrecían al mundo el ejemplo
de una nueva forma de vivir *contra* la sociedad, compartiendo un profundo odio hacia la modernidad. En su obra titulada *The Seventh Ring* (1907)
George llegaría incluso a trazar el perfil de una escatología privada por la
que venía a señalar el fin de las antiguas formas de convivencia y a anunciar un mundo nuevo en el que los discípulos se agrupan en torno al maestro. Esta condición de discípulo, cualidad que algunos de los miembros
del círculo estético de George reconocían abiertamente, podría parecernos una situación muy extraña e incluso ridícula, pero tenía al menos la
virtud de liberar al prosélito (que rara vez era una mujer) del «arrogante
aislamiento del ego», permitiéndole dedicar su vida a una sucesión de actos de adoración y elogio, pues éste y no otro era el objetivo existencial y
la salvación a la que podían aspirar los acólitos.

«El deber de los discípulos no es la imitación», vendrá a sostener
Gundolf. «Su orgullo se cifra en el hecho de que su maestro sea único.
No han de *convertirse* en imágenes suyas, sino *ser* más bien su obra
—esto es, no deben imitar ni exhibir una reproducción petrificada de sus
rasgos y sus gestos, sino absorber en su ser la sangre y el aliento del
maestro, su luz y su calor—.» «Los incondicionales del *führer*», prosigue Gundolf (refiriéndose a su líder, pero incurriendo en una desafortu-
nada metáfora), «han de ser crisoles ambulantes que de él reciban su calor, materia que él haya animado, etcétera ... Sólo de un *führer* o maestro
puede decirse con propiedad que tenga una "personalidad" ... Todo aquel

que tenga clara noción de no ser un maestro deberá aprender a convertirse en sirviente o discípulo —que siempre es mejor que una hiperactiva
vanidad».[20]

LA ALEMANIA SECRETA, O LA CONSTITUCIÓN DE UN ESTADO ESPIRITUAL

Todo esto se alejaba tanto de la habitual tradición europea centrada en
torno a la Ilustración y el liberalismo que muchas veces se ha suscitado la
pregunta de si no estaría actuando aquí algún tipo de patología latente, ya
fuera por parte de George o de sus seguidores (y desde luego Ludwig Klages daría algunas muestras de esquizofrenia). Sin embargo, el paso del
tiempo no iba a menguar el ascendiente de George sino a acrecentarlo. No
tardaría mucho en convertirse en el eje de una cruzada cultural de características poco menos que religiosas, actuando como centro de «un círculo
de discípulos [llamado a] encontrar su realización en la constitución de un
estado espiritual destinado a permear poco a poco en las regiones circundantes y a penetrar en ellas, ampliando incansablemente su radio de acción».[21]

Una de las razones de que no se tildara a George de perturbado se
debe indudablemente a la extraordinaria impresión que causaba en los
demás. Alexander von Bernus (1880-1965) fue poeta y director de *Die
Freistatt*, una revista que publicada textos de autores como Frank Wedekind, Rainer Maria Rilke, Stefan Zweig, Thomas Mann o Hermann Hesse. Muchos de los escritores que colaboraban en sus páginas acababan
trabando amistad con Von Bernus, de modo que no puede decirse que
fuera un hombre al que resultara fácil intimidar. Sin embargo, en el verano del año 1909, al pasar George unos días con él en la localidad de Stift
Neuburg, en la residencia campestre que poseía Von Bernus cerca de Heidelberg, el propio Von Bernus admitiría que «lo que resultaba más persuasivo e irresistible en la figura de Stefan George no era tanto su poesía ... como la fascinación que es capaz de ejercer toda gran personalidad
que ha alcanzado a dominar sus pasiones ..., una personalidad que se ase-
mejaba mucho más a la de un césar romano que a la de un poeta ... Lo cierto es que en los años inmediatamente anteriores a la primera guerra mundial, George se hallaba envuelto en una especie de aureola casi mítica».

Gundolf habría de llevar más lejos este tipo de percepciones. El joven
admirador de George creía «en la impregnación espiritual, en la resurrección y el renacimiento del prosélito elevado por las alas del maestro, en la

infusión del espíritu, a semejanza de lo que acostumbra a hacer el chamán de una tribu primitiva». Todas estas tesis y consideraciones habrían de ganar nuevo impulso en noviembre del año 1909, al anunciar George que acababa de fundar una nueva revista, el *Jahrbuch für die geistige Bewegung* (o Anuario para el fomento del movimiento espiritual).[22] De acuerdo con Karl Wolfskehl, otro de los acólitos presentes en el séquito de George, «el grupo tenía un punto de vista concertado sobre la vida misma». En contraste con el «enfebrecido culto individualista de nuestro tiempo», que se nutre de los hueros eslóganes de la «razón», la «libertad» y la «humanidad», los discípulos de George han demostrado ser, decía Wolfskehl, la única confluencia de gentes, empeños y deseos que ha brotado espontáneamente en las dos décadas que nos preceden. De acuerdo con los escritos de Wolfskehl, sólo en el círculo de los integrantes de la hermandad estética de George se constataba la ausencia de ese «resentimiento y envidia personales que surgen cuando se afianza el combate de todos contra todos, cuando cada individuo anhela fervientemente arrebatar la posición a otro o hacerse fraudulentamente con ella». Tanto a su juicio como al de sus camaradas, «la verdadera fuerza impulsora de la época ... no ha de buscarse en ese yermo páramo al que se da el nombre de mundo moderno, sino en otro lugar: en la constelación de inteligencias congregada en torno a George, un grupo al que Wolfskehl será el primero en asignar el nombre de "Alemania secreta"». Los discípulos de George estaban convencidos de que su maestro era el adalid de una contienda de carácter espiritual «cuyo estallido», afirmaban, «no es posible continuar postergando».[23]

No obstante, tampoco ha de pensarse que las reivindicaciones del grupo se detuvieran aquí. Volvamos a escuchar la voz de Gundolf: «El acto que nos lleva a cifrar nuestra fe en George no equivale a profesarle esa fe a una persona. Stefan George es el hombre más importante de la Alemania actual ... Ejerce su poder mediante la creación del *corpus* lingüístico del espíritu venidero y la formación de las almas llamadas a conocer la fe futura». Gundolf llegaría a sugerir incluso que los alemanes constituían *de facto* una variante moderna del pueblo elegido, «dichoso por habérsele concedido el milagro de que la redención potencial haya venido a caer en medio de sus filas». Como es obvio, no todo el mundo podía contarse entre los elegidos. La salvación únicamente habría de concederse a un reducidísimo puñado de individuos, aun en el seno del pueblo alemán. Los demás se verían condenados a perecer sin redención. «Gracias a George, aquellos alemanes que todavía conservan la facultad de apreciar siquiera el valor de un poeta están empezando a tener la premonición del advenimiento de un tiempo nuevo y de la superación de una vieja angustia.»[24] Lo que procedía hacer, en opinión de Wolters, era, por el contrario, aprender a «apreciar al "gran hombre" y seguirle allá donde quiera guiarnos, sin importar los sacrificios que pueda exigirnos». Y en cuanto a quienes tuvieran la fortuna de ser admitidos en el círculo, la tarea a acometer debería consistir en «cuidar del hombre llamado a ofrecer significado a nuestras vidas y a procurar un modelo a nuestra voluntad». Ni que decir tiene que los integrantes de dicho círculo tenían la obligación de conservarse puros, libres de toda «contaminación» —ya fuera ésta de índole física o espiritual—. «El hombre saludable aparta la vista del sufrimiento y se mantiene en forma para batallar con su enemigo.»[25]

En noviembre de 1913 vería la luz, con una tirada de diez ejemplares, la obra de George titulada *La estrella de la alianza* (*Der Stern des Bundes*). Dicho texto contenía un centenar de poemas que era preciso releer varias veces si se pretendía dar con su significado. Es el testamento de la «Alemania secreta», y su objetivo consiste en mostrar que el poeta es, en efecto, un sacerdote, alguien destinado a dirigir la atención de sus seguidores y a centrarla en la belleza, dado que ésta ha venido a sustituir a Dios. Además, el poeta ha de señalar la miseria y la indignidad del mundo actual, circunstancias ambas que han de erradicarse para poder asistir al surgimiento de la nueva era. Por último, el guía debe indicar a quienes le siguen cómo han de conducirse y vivir en esa edad naciente, cobijados bajo las alas del gran hombre que les capitanea.[26] Queda claro que los objetivos que se fija George en este escrito son simplemente sobrecogedores.

La socióloga y activista alemana Marianne Weber expresaría una opinión mayoritaria al decir: «La deificación de individuos mortales y la fundación de una religión basada en la persona de George ... nos parecía constituir una forma de auto-engaño propia de personas que no son capaces de estar enteramente a la altura del mundo moderno».[27] No obstante, al estallar la primera guerra mundial serían también muchas las personas dispuestas a compartir los puntos de vista que George había venido expresando acerca del liderazgo y la entrega incondicional al guía. El filósofo marxista Georg Lukács estaba convencido de que el poeta era el prototipo mismo de Hitler. De hecho, fueron muchos los soldados alemanes que se llevaron consigo al frente *La estrella de la alianza* (que por entonces gozaba ya de una difusión mucho más amplia), empleándola «como una especie de breviario». En el capítulo 9 tendremos ocasión de examinar este aspecto.

Por consiguiente, el elemento central de la obra de George radica en el establecimiento de una nueva religión fundada en el poder de la poesía, una poesía en la que la *forma* predomina sobre el contenido de todo poema o poemario concretos, puesto que es la forma de la poesía la que *intensifica* la sensación. Este planteamiento ha de entenderse en el contexto de la tradición alemana de la *Bildung*, esto es, el proceso de cultivo y refinamiento personales que acaba determinando que la *Dichtung* —la práctica y la experiencia de la poesía— adquiriera las connotaciones propias de un correctivo crítico extremadamente valorado al progresivo sometimiento de la vida intelectual al imperio de la investigación científica y la erudición desapasionada (*Wissenschaft*). Desde este punto de vista, la poesía se sitúa en un plano superior al de los lenguajes de la ciencia, «dado que está imbuida del poder de la síntesis».[28] (Recordemos que se había aplaudido a Freud por haber realizado una síntesis personal.)

A los ojos de George, todo esto viene a cobrar cuerpo en el decisivo carácter de la noción de elogio. El elogio, a su juicio, es el más destacado aspecto de la veneración o el culto, puesto que la alabanza establece una relación entre el gran hombre y sus seguidores, o lo instaura, de hecho, entre una deidad y quienes se inclinan en adoración ante ella. Lo que George está diciendo es que la gente precisa de dos ejes para alcanzar la plenitud. Necesita un eje vertical, el constituido por un individuo al que admirar y del cual aprender, y un eje horizontal destinado a albergar a los miembros de la comunidad de entregados adeptos decididos a vivir de acuerdo con los ideales que han alcanzado a compartir por medio de su culto común. De hecho, en sus obras posteriores, George haría suya la idea de que «la poesía es elogio». Esto daría pie a que, en 1928, el historiador literario Max Kommerell publicara el libro titulado *The Poet as Leader in the Age of German Classicism*.

Asumir la decepción

El poeta y literato francés Paul Valéry tuvo la suerte de nacer, según él mismo decía, en uno de los lugares en los que le habría gustado venir al mundo —Sète, una localidad situada en el sur de Francia—, ya que en ella «mis primeras impresiones provinieron del mar y de las actividades propias del puerto». Siendo un muchacho sensible y extremadamente inteligente, Valéry creció con la constante angustia de cometer demasiados errores en sus tareas escolares y de responder adecuadamente a la competencia que se entablaba con sus compañeros (pese a que sólo hubiera cuatro alumnos en su clase). Es muy posible que esta actitud acabara trasladándose a las posturas que más tarde habría de adoptar en su vida adulta. Fue siempre una persona muy disciplinada (las obras de Nietzsche habrían de ser, ya desde muy joven, su lectura de cabecera) y comenzó a escribir poemas siendo todavía un adolescente, antes de cumplir el servicio militar. En 1890, contando apenas diecinueve años, conoció al poeta Pierre Louÿs con motivo de los festejos organizados para celebrar el sexto centenario de la Universidad de Montpellier —fiesta a la que Louÿs asistía en calidad de delegado estudiantil llegado de París—. Floreció así una intensa amistad, y el parisino, que se codeaba con los miembros del círculo de admiradores que rodeaban a Stéphane Mallarmé, Paul Verlaine y André Gide, se ofreció a mostrar algunos de los trabajos de Valéry a sus maestros. Es indudable que esta temprana oportunidad de entablar relación con tan señalados autores contribuyó a aupar y pulir el talento de Valéry.

Entre sus dotes figuraba también un notable y persistente interés por las matemáticas, un interés que no sólo habría de acompañarle a lo largo de toda la vida sino que acabaría por determinar su fascinación por el *orden*, el cual habría de impulsar a su vez su pasión por la música y la arquitectura —temas en los que se centraba fundamentalmente la atención de Mallarmé—. A los ojos de Valéry, la música y la arquitectura constituían precisamente las dos formas artísticas de mayor altura, dado que eran «pura intención». Habría de ser además este interés por el orden lo que viniera a configurar, siquiera en parte, su filosofía, ya que Valéry pensaba que nuestra principal preocupación debía consistir en esforzarnos por rebasar los límites de nuestra naturaleza orgánica o biológica. A su juicio, los procesos de la naturaleza orgánica no podían orientar la deseabilidad de los asuntos relacionados con la evolución humana —ya que, como él mismo señalaba, las prácticas malsanas son tan connaturales al individuo humano como la conducta saludable—.[29] Lo que distingue a los seres humanos del resto de los animales es, en su opinión, la capacidad que tenemos de liberarnos de las ataduras de nuestra herencia biológica, afirmación a la que vendría a añadir la insistencia en otra idea: la de que la mejor manera de entender «las diversas cosas que somos» es comprenderlas como realidades discontinuas, lo cual vendría a poner en duda la noción del *moi pur*, dado que en realidad vivimos una sucesión compuesta por un gran número de yoes, pese a que algunos de ellos revelen llevar una existencia simultánea.

El concepto de aptitud evolutiva constituía a su parecer una especie de pista falsa. Lo que él pensaba era que nuestro más elevado destino pasaba por mantenernos ajenos a nuestros más imperiosos anhelos biológicos —llevando, por así decirlo, una vida exterior a ellos— y que «la gratificación que busca el alma no se halla en la evolución, puesto que la evolución y el arte son dos cosas totalmente diferentes» —habida cuenta de que la primera obtiene sus resultados mediante la adición, a lo largo de un dilatadísimo período de tiempo, de un vasto conjunto de incrementos imperceptibles, mientras que el segundo consigue sus efectos, por regla general, gracias a un impulso sublime, o a un arrebato—. Valéry estaba convencido de que el hecho mismo de que el avance gradual de la evolución resultara imperceptible nos abocaba a confundir la continuidad con la finalidad, error que venía a manifestarse, entre otras consecuencias, en el hecho de que «no hubiera plenitud en el universo», lo que significa que la parcialidad es tan real como la totalidad —punto en el que interviene precisamente el poeta o el artista como creador de «pequeños mundos de orden»—. Una obra de arte bien conseguida infunde al hombre «la fuerza de la fe sin exigirle el sacrificio de creer». Un poema logrado, a su juicio, genera instantes (y obsérvese bien que digo «instantes») «de infinita consecuencia», alumbrando con ello una realidad aparte e independiente del mundo biológico, una realidad cuyo carácter, siendo espiritual, no es en cambio teológico. Hay aquí una clara confluencia entre los puntos de vista de Valéry y los de Santayana.

Valéry sentía especial preocupación por mostrar que los valores biológicos y los espirituales se hallan en una relación de «recíproca irrelevancia» —hasta el punto de que, a su juicio, ése era justamente el *sentido* de la condición humana: el derivado del hecho de habernos independizado de nuestra biología—. De acuerdo con su descripción, la existencia biológica es de índole «ordinaria», y a pesar de que el alma se halle unida al cuerpo, nuestras más preciosas experiencias psicológicas son aquellas «que contemplan una finalidad radicalmente distinta de las que solicita nuestra implicación en la vida material» —experiencias, por ejemplo, como las derivadas del deleite que nos produce el conocimiento o un amor desinteresado—. Valéry defendía asimismo la idea de que el anhelo que había empujado a los románticos a perseguir lo inalcanzable había terminado por impedirles aceptar el hecho —y no sólo a ellos, sino también a muchos de nosotros— de que todas las fases de nuestro afán de descubrimientos «son ineluctablemente provisionales».[30] Contrariamente a los románticos, Valéry creía asimismo que el hombre, que es «un extraño en la

Tierra», carece de la potestad de doblegar la realidad del mundo para adaptarla a un fin, sea éste el que sea: no podemos modificar la constitución de las cosas, pero sí que nos es dado transformar la relación que nos vincula a ellas.

Valéry tiene la sensación de que todas las experiencias terrenales se hallan abocadas a producirnos una decepción, dado que «nunca se adecuan convenientemente a lo que el yo pueda haber dado en esperar de ellas». Y el poeta no dejaría de aplicar esta convicción a sus propias obras de arte, puesto que, por significativos que resulten los hitos que éstas encarnen, la realización artística nunca puede considerarse verdaderamente definitiva (idea que vendría a resumir con la célebre observación de que un trabajo artístico nunca alcanza a culminarse, sólo llega un momento en el que se opta por abandonarlo). El poeta ha de ser fácil de impresionar e imposible de convencer, de modo que los movimientos espontáneos de la mente, especialmente los relacionados con nuestra «extraña preocupación» por la inmortalidad, deberán ser sometidos a verificación y a examen por parte de un segundo yo de carácter más estricto.

«En cierto modo, una obra de arte es siempre un motivo de decepción para su autor, pero no porque presente diferencias, o traicione algo que, habiéndose tenido la oportunidad de experimentar plenamente, no se haya logrado expresar de forma adecuada, sino porque viene a anunciar algo inferior a lo que se *pretendía descubrir*. La perfección —respecto de la cual viene a revelarse la insuficiente adecuación de la obra— se sitúa más allá, no más acá de lo realizado. Lo que nos preocupa es no alcanzar a expresar una perfección cuya concepción cabal —dejando aquí a un lado las materializaciones concretas— debiera haber encontrado el modo de aflorar, no la imperfecta expresión de una inefable pero ya conocida "hondura".»* Y este argumento se aplica igualmente al yo, dado que el yo esencial, «que se asemeja en este sentido a la realidad poética, que constituye uno de sus aspectos», es algo que ha de ser descubierto mediante un afloramiento que nunca representa un punto final —ni siquiera al emerger—. Ha de considerarse además que «el resultado de todo ... acto singular es una contribución al descubrimiento en sí, no la imperfecta proclamación de una entidad descubierta en un estado de conciencia más favorable ... El descubrimiento mismo es el objetivo a lograr».

Ésta es la razón de que, a juicio de Valéry, el orden, o la forma (como pudiera ser, por ejemplo, el soneto en la poesía), no suponga una limita-

---

* La cursiva es mía. (*N. del a.*)

ción: la forma es objetiva, no una realidad circunscrita a una ocasión concreta e inmediata, y además determina las relaciones en que aceptan implicarse tanto el autor como el espectador, los cuales se hallan ambos en condiciones de valorar el éxito o el fracaso de la realización artística, dado que uno y otro tienen una idea más o menos coincidente de la forma en sí y del modo en que ésta viene a afectar a la expresión artística. Una obra de arte nos muestra lo que somos capaces de hacer, apuntando a una perfección que jamás alcanzará a existir salvo en la mente del artista, en la del observador, o en la de ambos. Ya sea grande o pequeña, la perfección nunca deja de constituir un ideal: hemos de aceptar nuestra decepción sin dejar de saborear por ello la noción ideal que la obra de arte ha puesto ante nuestros ojos.[31]

Como ya le ocurriera a Stefan George, también a juicio de Valéry ha de entenderse que el uso poético del lenguaje, incluso su carácter artificial —o especialmente ese carácter—, es de índole espiritual, al menos por su intención: «*L'esprit est un souffle, la pensée un poids*».[32] Como decía el poeta francés, nuestros más íntimos y profundos pensamientos emanan de la ingenuidad y la confusión de nuestros antepasados, así que no hay poesía digna de tal nombre que permita que esas reflexiones continúen en la indefinición —y en dicho sentido la poesía constituye una encarnación del progreso, como forma de elucidación (lo cual viene a reproducir la definición misma que dará más tarde Thomas Nagel de la filosofía)—. El intelecto es el verdadero ángel con el que dialogamos en nuestro fuero interno, pues es el intelecto el que determina que el alma es un constructo arbitrario, que el arte representa la auténtica elaboración espiritual y que la vida del alma —considerada desde esta perspectiva— forma parte, propiamente hablando, de la naturaleza. Nos hallamos en los umbrales de una era psicológica, terminaría diciendo Valéry.

La poesía suponía por tanto «un emplazamiento absoluto», un viaje por «los marjales de una existencia indefinida», un modo de concebir pensamientos diferentes a todo lo ya imaginado, una forma de que surjan ideas y palabras, uno de los resultados palpables de la «voluntad» de que hablara Schopenhauer y que Valéry concebía como «un impulso sin objeto», posiblemente el mayor despropósito del cosmos. Un poema no es sólo una forma de aliviar las presiones que acucian interiormente al poeta ni una manera de generar una «fruición pasiva» en el lector o el espectador, sino un medio indispensable de alcanzar un singularísimo nivel de conciencia estética. No es tanto una realidad divina, según afirmara en su día Mallarmé, como «el sedimento en el que venimos a conservar temporalmente nuestros barruntos de divinidad ... A los ojos del poeta, el poema es a un tiempo una invitación al lector, un estadio en la realización de su propio destino y, en todas esas funciones, apenas otra cosa que una mera elaboración provisional». Al crear un poema, el poeta adquiere una dimensión mayor, se eleva a una forma más plena de sí mismo. «El verdadero destino del universo ha de ser expresado por poetas.» El yo es un manadero inagotable.[33]

Lo que nos viene a decir Valéry es que, si el sentido mismo de la poesía estriba en conseguir que la mente humana se aproxime asintóticamente a una experiencia que no podría hallarse más alejada de cuanto posee realidad material, no por ello deja de significar algo, pues eso *es* justamente la espiritualidad. Son muchos los autores que han sostenido que las religiones extraen buena parte del persistente vigor con que se afianzan en el mundo de la ininterrumpida existencia del sufrimiento. Valéry cayó en la cuenta de dos verdades: que las personas tenían la capacidad de realizar muchas más cosas de las que de hecho alcanzaban a concretar a lo largo de su vida y que el conocimiento de ese hecho —derivado de leer y compartir poemas— debía fortalecerles y ayudarles a sentirse más dispuestos a encarar los padecimientos y a darles respuesta. O dicho de otro modo: la talla de los seres humanos es superior a lo que nos han permitido creer las religiones tradicionales.

Ésa es la *ambición* que une, al modo de un hilo conductor, el pensamiento de las figuras sobre las que hemos debatido en este apartado.

UN ORDEN EVANESCENTE

El propio William Butler Yeats se confesaba «fascinado» por Nietzsche. En el año 1902 se expresaba en los siguientes términos en una carta dirigida a su amigo el coleccionista de obras literarias y plásticas John Quinn: «No ha habido lectura que me haya emocionado más que la de los textos de Nietzsche», añadiendo en otro párrafo que el pensador alemán le suponía un «deleite».[34] El jurista germano Otto Bohlmann lograría descubrir un gran número de puntos de coincidencia entre la obra de Nietzsche y la de Yeats, aunque este último no sólo distinguiera la presencia de dos Nietzsches, uno «severo» y otro más «amable», sino que se manifestara también particularmente atraído a un tiempo por los «más oscuros» instintos del filósofo y por las ideas que éste profesaba acerca de la «aterradora» naturaleza interior del ser humano. A Yeats le gustaba el hecho de que Nietzsche contemplara el mundo «sin permitir que se le humedecieran los ojos», de que pensara que la «realidad última» del orbe se resumiera en un «caos», y de que considerara «fructífera» la circunstancia de que ese mismo mundo estuviera «lleno de contradicciones». Además, simpatizaba igualmente con la opinión nietzscheana de que el amor es «un breve gesto de clemencia entre adversarios».[35]

Al igual que Nietzsche, también Yeats pensaba que la personalidad «es una constante renovación de las decisiones que tomamos» y una adaptación que invariablemente acaba confiriendo a la vida las características de un combate (¿darwiniano?) —pugna a la que sin embargo hemos de «entregarnos con la misma pasión que a los deleites»—. Lo que dice Yeats es que, tan pronto como aceptamos que la vida es una tragedia y comprendemos nuestras limitaciones, nos abrimos al hecho de que «hasta los más breves instantes pueden contener algo sagrado, algo capaz de sobrepujar [en ese fugacísimo lapso temporal] nuestros afanes y sufrimientos».

En eso radica, a juicio de Yeats, el objetivo de la poesía: en crear efímeros momentos de «afirmación extática». Como dicen los fenomenólogos, el mundo es ilógico, y la razón lógica, de modo que las analogías y las licencias poéticas nos permiten «tratar como entidades iguales realidades que son simplemente similares», creando de ese modo un orden —siendo así, además, que vale más disponer de un orden, aunque sea evanescente, que no contar con ninguno.

Al igual que su compatriota George Bernard Shaw, que también era irlandés, Yeats era y no era un hombre religioso. El poeta pensaba que la «unidad última» únicamente puede aprehenderse trascendiendo el mundo físico, pero también creía que, «si se pretende alcanzar la plenitud», es preciso contar a un tiempo con la subjetividad y con la objetividad —y en eso consiste justamente la poesía: en una unión de la subjetividad y la objetividad susceptible de alumbrar un orden—. A sus ojos, «todo arte es pasión, un encendido elogio de la vida», coincidiendo también en esto con Bernard Shaw, con quien compartía igualmente el parecer de que «no existe ningún final feliz, ninguna situación última presidida por la dicha, salvo en la medida en que los hombres consigan ir siendo gradualmente mejores». El Arte con mayúsculas —y hemos de tener en cuenta que este tipo de arte es siempre un arte de matices trágicos— nos lleva «más allá de la autoconciencia», abismándonos en el «olvido de nosotros mismos» —y en eso *consiste* justamente la salvación.

También se percibe en Yeats la influencia de Mallarmé y de los simbolistas. De hecho, tras leer el drama ocultista de Auguste Villiers de L'Isle-Adam titulado *Axel*, Yeats no dudará en exclamar: «No me costaría demasiados esfuerzos imaginar que aquí, por fin, se encuentra el Libro Sagrado que tanto tiempo llevo aguardando con anhelo». Esto habría de llevarle a hacer suya esa técnica simbolista que consiste en elaborar una forma de comunicación que, siendo concisa y abierta, «viene a desafiar todo empeño analítico tendente a producir un descifrado o una decodificación exteriores de las ambigüedades del significado». Le gustaban las sutilezas de la poesía capaz de «ofrecer un nuevo significado cada día». En su opinión, en eso radicaba «el significado del significado en el ámbito poético».

Yeats tampoco habría de mostrarse refractario a la idea de considerar que el arte se halla investido de una función sagrada que convierte al poeta en un sacerdote laico. «Las artes, con las solemnes cábalas que dedican a su propia intensidad, han adquirido una dimensión religiosa y están tratando de ... elaborar un libro sagrado.» En «El otoño del cuerpo», nuestro poeta escribe lo siguiente: «En mi opinión, las artes están a punto de echarse sobre los hombros los fardos que han ido cayendo de las espaldas de los clérigos». A lo que en otro lugar vendrá a añadir esta reflexión: «¿Cómo alcanzarán a superar las artes el lento desfallecimiento del corazón humano al que damos el nombre de progreso del mundo, y a tocar con sus palabras la fibra sensible de los seres humanos, sin transformarse en atavío religioso, como en los tiempos antiguos?».

Este logro consistente en fusionar la metáfora con los mitos (celtas) en nobles y grandiosos versos viene a conferir a la poesía y a la lectura de poemas una cualidad ritual, casi ceremonial incluso —lo que una vez más sugiere que se trata de una especie de alternativa laica a la liturgia clásica.

En muchas de las obras de Yeats, los protagonistas se ven abocados a combatir los elementos azarosos de un cosmos indiferente. No obstante, y a diferencia de Mallarmé, Yeats jamás abandonará por completo la posibilidad de una trascendencia espiritual, razón por la que el significado último de ese cosmos reside a sus ojos en otro lugar. Las ideas de Yeats debían tanto a la época que le había visto nacer como a su propio padre, John Butler Yeats, que era un hombre conocido por su declarado escepticismo religioso. John Butler Yeats había cursado derecho y ejercido la carrera de leyes en Dublín; más tarde abandonó el estrado para dedicarse a estudiar pintura en Londres. Ya en esta segunda fase de su vida se le describiría diciendo que era un hombre «que tenía opinión sobre todos los temas, además de la información y la elocuencia necesarias para respaldarla, mostrándose invariablemente ingenioso e inteligente, incluso en los casos en que caía en inexactitudes. Autores como Edward Dowden, Gilbert Keith Chesterton, Van Wyck Brooks y otros habrían de dar fe de este encanto personal». Buen conocedor de las cuestiones jurídicas, John Butler Yeats gustaba de recurrir a las dicotomías, oponiendo, por ejemplo, lo social a lo individual o el intelecto a las emociones, y afirmando en particular que si «la poesía es la voz del espíritu solitario, la prosa es la lengua de las personas de ánimo sociable».[36] A sus ojos, la época de Shakespeare había constituido una época ideal, puesto que, en esos años, «todo el mundo era feliz». La desdicha comenzó con la Revolución Francesa, «que vino acompañada de una ola de realismo». Mantenía además que existían dos formas de creencia, la poética y la religiosa, siendo así que si la poesía expresaba una libertad absoluta, la religión daba en encarnar, por su parte, la negación de la libertad.

William Butler Yeats tuvo la suerte de contar con un padre culto y reflexivo. En su primera juventud habría de revolverse contra muchas de las convicciones paternas, atacando en particular su escepticismo. No obstante, esas convicciones contribuirán a explicar en parte las características del gran poeta en que acabaría convirtiéndose, aunque éstas se deban también al clima intelectual que reinaba de manera general en esos años. Y ello porque en el momento en el que William Butler Yeats se abre al mundo como poeta y como individuo se estaban produciendo, tanto en Europa como en Estados Unidos, un conjunto de acontecimientos llamados a influir profundamente en jóvenes como él (véase el siguiente capítulo para conocer los detalles de este proceso). Dichos acontecimientos determinarían que Yeats reaccionara contra el escepticismo de su padre, aunque no hasta el punto de inducirle a abrazar lo que pudiéramos denominar el *status quo* anterior, es decir, el cristianismo. Antes al contrario, lo que hizo el poeta fue poner sus miras, como muchos otros, en un pensamiento de carácter semi-místico —destinado a combatir el movimiento de los «materialistas», como él mismo daba en llamarlos—, pensamiento que se negaba a aceptar el universo que describían los científicos y los racionalistas. Yeats se afiliaría así a un amplio abanico de teorías ocultistas, ingresando en diversas sociedades nigromantes y elaborando un nacionalismo de carácter místico que, habida cuenta de la distancia temporal que nos separa de él y a pesar de haber alumbrado una magnífica poesía, pudiera resultar hoy embarazoso.

Lo que diferencia a Yeats de otros escritores es el hecho de que el sistema que él trató de adoptar no fuera sólo un esfuerzo de índole mucho más general y mucho más ambiciosa que cualquiera de las aspiraciones que hubieran podido albergar en su día Bernard Shaw o Valéry, sino la circunstancia de que se propusiera explicar además muchas más cosas. *Sin embargo, hemos de admitir que, en último término, el proyecto de Yeats es un proyecto fallido.* Vistas las cosas con la perspectiva que nos proporciona el tiempo, éste es el extremo en el que residía —y quizá resida todavía— su principal significación, hasta el punto de que ésta es justamente la cuestión que habrá de constituir el tema de nuestro próximo capítulo.

Capítulo 8

«EL MUNDO SOBRENATURAL EQUIVOCADO»

Es muy probable que Yeats no se hubiera volcado con tanto ímpetu en las ciencias ocultas de no haber contado ya con buen arraigo un movimiento que llevaba algún tiempo adentrándose en esa misma dirección. Así lo explica el crítico literario y biógrafo de Yeats, Richard Ellmann: «En toda Europa y Estados Unidos, los jóvenes venían a caer —y habitualmente sin su precaución— en las traicioneras aguas de un pensamiento semi-místico ... El doble hecho de que el cristianismo pareciera haberse derrumbado y de que la ciencia no acertara a ofrecer al hombre occidental más que la prueba de su propia ignominia allanaría el terreno para que una extraña aristócrata rusa diera en elaborar una nueva doctrina pretendidamente antigua y ajena a Europa. Este nuevo movimiento se había dado a sí mismo el nombre de teosofía, y ofrecía a sus seguidores una "síntesis de ciencia, religión y filosofía", síntesis que terminaría oponiéndose a las conclusiones a que habían llegado por entonces esas tres ramas del saber humano».[1]

La «extraña aristócrata rusa» en cuestión era madame Helena Blavatsky, nacida en el año 1831 en Yekaterinoslav y decidida defensora de la teoría de que «el hombre no pasó en ningún momento por una fase simiesca» —tesis que respaldaba «con aplomo»—. Blavatsky sostenía también que los planteamientos de Herbert Spencer contenían varios errores fundamentales y atribuía de forma muy particular a la conducta de los sacerdotes cristianos el surgimiento del materialismo moderno. La religión moderna, insistía, no era sino una *distorsión* del pensamiento antiguo, de modo que a fin de descubrir el verdadero contenido de dicho pensamiento, Blavatsky comenzó a profundizar en el estudio de la mitología comparada —una disciplina que gozaba de un notable desarrollo desde la década de 1860, aproximadamente, gracias a las obras de autores como el orientalista alemán Max Müller, que daba clases en Oxford, o el antropólogo escocés James Frazer, cuyo libro titulado *La rama dorada* (1890) llegaría a ser la culminación del género.

En uno de sus primeros trabajos propios, la señora Blavatsky habría de centrar la atención en un hecho que a su juicio evidenciaba la semejanza de las creencias fundamentales que se encuentran en todas las religiones, atribuyendo dicha circunstancia «a la existencia de una doctrina secreta de la que derivan, como de un progenitor común, la totalidad de esas religiones». La señora Blavatsky afirmaba asimismo que era necesario acceder a una cierta tradición oral, dado que, según sus afirmaciones, la verdadera doctrina religiosa nunca había sido puesta por escrito. «Hay en la actualidad», decía, «una antigua hermandad que conserva esa sabiduría secreta en las más recónditas y elevadas cimas del Tíbet». Los integrantes de esa hermandad no tenían el menor interés en difundir sus conocimientos, pero si optaran por hacerlo, señalaba a modo de confidencia, causarían el «asombro» del mundo. No obstante, esos sabios habían mostrado al menos algunas cosas a la señora Blavatsky, confiándole en lo sucesivo la transmisión de su doctrina secreta por medio de una agrupación denominada «Sociedad teosófica». «Y a medida que esos misterios alcancen a revelarse de manera gradual, el mundo irá progresando lentamente y manifestando una vida espiritual más elevada, según mantienen las profecías.»[2]

Una de las razones de que el movimiento terminara gozando de tan notable popularidad —pues atraía «como un imán» a los miembros desafectos del público culto, según afirma la estudiosa de la vida y la obra de Yeats, Margaret Mills Harper— se debería al hecho de que fuera simultáneamente contrario al ateísmo y al clericalismo. Si, por un lado, la teosofía atacaba los planteamientos científicos, la verdad era que utilizaba los conceptos de la ciencia en caso de que éstos se adecuaran a las circunstancias, y si abrazaba por otro el fatalismo, ofrecía no obstante una esperanza de progreso. «La evolución espiritual sabrá restaurar la esperanza que la evolución natural ha venido a eliminar.»

Habría de ser la obra más importante de la señora Blavatsky, *La doctrina secreta*, la que atrajera a Yeats al ámbito de la teosofía —el cual no iba a ser, sin embargo, sino la primera de las diversas formas de pensamiento ocultista que acabarían por despertar el interés del poeta—. La doctrina de Blavatsky se fundaba en tres ideas principales. En primer lugar, decía, existe un «Principio omnipresente, eterno, ilimitado e inmutable sobre el que toda especulación es imposible» —quedando así clara una de las características de la teosofía: la de que sus adeptos prestaban escasa atención a la divinidad—. En segundo lugar, el mundo es en esencia un conflicto de polos opuestos, de elementos contrarios sin los que la vida sería inviable. En tercer lugar, Blavatsky proclamaba que la totalidad de las almas venían a identificarse fundamentalmente con el «Alma universal suprema», lo que equivalía a afirmar, por implicación, que cualquiera de las almas particulares podía llegar a participar —supuestas unas condiciones adecuadas— del poder del Alma suprema —lo que no dejaba de constituir una embriagadora posibilidad—. El alma constaba de siete elementos o principios, evolucionando a lo largo del tiempo en función de dichos elementos. Tanto el Cielo como el Infierno debían ser concebidos como «estados» de conciencia y no como lugares concretos.

A lo largo de su evolución espiritual, la humanidad había experimentado un progreso que la había llevado a pasar de una forma de pensamiento de carácter más bien intuitivo a un estilo de raciocinio de índole más intelectual, lo que había dado como resultado un incremento de conciencia. Ésta era justamente la fase en la que se hallaba instalado el mundo en el momento actual, afirmaba Blavatsky, fase que correspondía al cuarto estadio del desarrollo espiritual. En las futuras fases —es decir, en los estadios quinto, sexto y séptimo—, la intuición, la inteligencia y la conciencia terminarían por fusionarse, dando lugar a una intensa espiritualidad que, en el momento presente, nos resulta imposible imaginar. Cuando lo consideraban conveniente, los teósofos reforzaban sus argumentos con nociones sacadas de las religiones orientales, abrazando, por ejemplo, la idea del nirvana.

Varios de los amigos que Yeats había hecho en el colegio acabarían interesándose en la teosofía, motivo que le llevaría a cobrar conciencia de la existencia de este movimiento. En el año 1887, él mismo tendría oportunidad de entrevistarse con la señora Blavatsky en Londres, llegando ella a convencerle de que se uniera a su «logia». El joven Yeats quedaría impresionado por el hecho de que la mujer se comportara «tan completamente a sus anchas». No obstante, Yeats no quedó totalmente convencido de que Blavatsky tuviera poderes ocultos (en esto salía claramente a su padre), pero le sorprendió saber que —hasta donde le era dado juzgar— la escritora rusa tuviera «en la cabeza la totalidad del folclore mundial y gran parte de los conocimientos populares universales».[3]

Blavatsky solía advertir a sus seguidores de que se cuidaran de la magia negra, pero no todos ellos habrían de obedecerla en este terreno —y entre ellos el propio Yeats, que arrastraría a su amiga Katharine Tynan a una sesión de espiritismo, «en la que quedó tan trastornado por el fenómeno sobrenatural al que estaba asistiendo que perdió el control y acabó golpeándose la cabeza contra la mesa»—. Con todo, en aquellos años la «instrucción en la magia» gozaba de una creciente demanda, así que Blavatsky se avino a crear una «sección esotérica» en el seno de la sociedad teosófica a fin de procurar acomodo a aquellas inquietudes —sección a la que Yeats habría de unirse con notable entusiasmo—. Abrigaba la esperanza de alcanzar a probar, a entera satisfacción de todos, incluso de los más escépticos como su propio padre, que los fenómenos que abordaba el ocultismo constituían una posibilidad real.[4] Se llevaron así a cabo varios experimentos —unos experimentos que hoy nos parecen ridículos, pero que entonces se tomaban muy en serio—. En uno de ellos, los practicantes de la comprobación esotérica tratarían (sin éxito) de convocar al espectro de una flor, mientras que en otros procurarían propiciar la evocación de ciertos sueños colocando bajo la almohada distintos símbolos particulares. La señora Blavatsky no tardaría en poner objeciones a la realización de tales esfuerzos, con lo que se terminaría solicitando a Yeats que abandonara la sociedad teosófica, cosa que hizo.

Sin embargo, era ya tarde para desandar lo andado, puesto que ahora ya había sido iniciado en un sistema y tenido oportunidad de conocer a otras personas que se oponían, al igual que él, al materialismo científico y que asumían que el ocultismo encerraba una antigua y secreta sabiduría. Yeats concebiría así la esperanza de poder aportar a ese ámbito de conocimiento todos los cuentos de hadas y los relatos folclóricos que había tenido ocasión de escuchar en su infancia, dado que consideraba que Irlanda era una tierra imbuida de misticismo. Además de adherirse a las doctrinas de la señora Blavatsky, Yeats también habría de hacer suyos los conceptos de la historia cíclica que habían ideado los místicos y teólogos Jacob Böhme y Emanuel Swedenborg. Lo que más le seducía de aquellos planteamientos era el inherente secretismo del movimiento y la noción de que «no resultaba fácil explicar» la realidad en función de las percepciones obtenidas por medio de los cinco sentidos. El poeta tenía la plena seguridad de que el racionalismo científico había hecho caso omiso o «descartado alegremente» un gran número de aspectos importantes.

Varios meses antes de abandonar la sociedad teosófica, Yeats había ingresado en las filas de los discípulos de la Orden Hermética del Alba Dorada, una pequeña organización que profesaba un conjunto de creencias esencialmente similares, aunque con la diferencia de que prestaba algo más de atención a la tradición europea de la magia cabalística que a la sabiduría oriental. Además, el objetivo de muchos de los miembros de la Orden del Alba Dorada pasaba por mostrar el poder que eran capaces de ejercer sobre el universo material.

Francia era un país especialmente propenso al surgimiento de distintas formas de culto y en dicha nación había una secta que se dedicaba a conceder grados ascendentes en la cábala. La Orden del Alba Dorada se regía por medio de un triunvirato, dándose la particularidad de que uno de los integrantes de esa tríada rectora estaba casado con la hermana de Henri Bergson. En 1890, impresionado por los logros mágicos de sus dirigentes, Yeats ingresó en la orden —a pesar de que entre las facciones de la misma se estuvieran produciendo en esos años diversas disputas—. De hecho, el propio Yeats no tardaría en realizar personalmente algunas de aquellas fascinantes proezas. En una ocasión, tras colocar un símbolo de muerte sobre la frente de uno de los discípulos, el individuo, que desconocía el tipo de símbolo que se le había colocado, refirió inmediatamente que le acababa de pasar por la cabeza la imagen de una carroza fúnebre. Yeats afirmaría más tarde que este tipo de influencias habrían de acompañarle hasta, como mínimo, la edad de cuarenta años.

De hecho, algunos de sus amigos temían que hubiera entrado en una deriva que le «alejara de la vida».

En su primera colección de poemas, Yeats resaltará su intenso interés por el ocultismo y la fe que éste le inspiraba, llegando a confesar en una carta dirigida en 1901 a Florence Farr (una actriz de cierto relieve en esa época, amante de George Bernard Shaw y miembro de la Orden del Alba Dorada) que «todo cuanto hacemos con alguna intensidad encuentra su origen en el mundo oculto».[5] Además, a Yeats le encantaban los rituales del Alba Dorada y el mito central de la secta: la muerte y resurrección místicas del adepto. Las creencias de la orden eran, en palabras de Richard Ellmann, una extraña mezcla de paganismo y cristianismo, y Yeats, que se sentía muy descontento consigo mismo —circunstancia que muy probablemente presidió toda su existencia—, tenía unas enormes ansias de renacer.

EL CASTILLO DE LOS HÉROES

Junto a estas actividades, Yeats habría de participar también del ideario nacionalista. Era un romántico, y desconocía por completo, como muchos románticos, las teorías económicas, históricas, políticas y sociológicas de la época. No obstante, ansiaba llevar una vida heroica y consideraba que Irlanda era una «tierra mística», de modo que no dudó en aprovechar la oportunidad que se le brindaba de contribuir a la elaboración de una literatura irlandesa capaz de definir a un tiempo la realidad del país y lo que éste aspiraba a ser, actuando simultáneamente como el mejor tipo de propaganda imaginable. Sin embargo, la tarea iba a revelarse más ardua de lo que él había pensado, debido a que el nacionalismo irlandés llevaba setecientos años alimentándose del odio a las autoridades ocupantes y a que por ello mismo habían arraigado unas actitudes que resultaban, por decirlo con las elegantes palabras de Ellmann, «difíciles de embridar».

El elemento concreto que causaba preocupación a Yeats se hallaba vinculado con el hecho de que las «delicadas cualidades de la mente» pudieran quedar destruidas por la inmersión en un movimiento de masas. Eran muchos los frentes en que había que combatir, pero poco a poco iría comprendiendo el poeta que el papel que le tocaba desempeñar en aquella pugna era el de establecer criterios y mantener al mismo tiempo la respetabilidad intelectual del movimiento, exaltando sin cesar el patriotismo y la heroica actitud de sus camaradas. Habría momentos en los que llegaría a afirmar incluso que existen «verdades pasionales que el intelecto reconoce como falsas».

Su idea de la Irlanda del futuro consistía en recrear la Irlanda del pasado. «Irlanda ... será un país en el que no sólo se distribuirá adecuadamente la riqueza, será también una nación bendecida por la presencia de una cultura creativa y dotada de la energía suficiente para entender todos los elementos espirituales que se hallan repartidos entre los miembros del pueblo. Deseamos preservar un antiguo ideal de vida. Allí donde acierten a prevalecer sus costumbres descubriréis la viveza del canto popular, la fuerza de los relatos tradicionales, la claridad de los proverbios y el encanto de los modales heredados de una antigua cultura ... De todas las naciones que conozco [Gran Bretaña, Estados Unidos y Francia], sólo en una podréis encontrar, oculta en las remotas costas de Occidente y cobijada bajo una techumbre desfondada, una raza de caballeros que todavía conservan vivos los ideales de una época dorada en la que los hombres, desenvainando la espada y blandiéndola en alto, entonaban loas a la vida heroica ... Hemos de vivir para lograr que tan noble forma de existencia recobre su vigor entre los nuestros.»

Lo que hizo Yeats fue amoldar a sus artes líricas las ideas del ocultismo y el nacionalismo. Su padre pensaba que su interés por lo oculto resultaba absurdo y que su patriotismo no era más que un inútil despilfarro de energías que habría sido mejor dedicar a la poesía. Y desde luego, como bien señala Ellmann, la mayor parte de cuanto escribiera Yeats en estos años habría de llevar «el ostentoso sello de lo irlandés y lo ocultista». El poeta acabaría pronunciando discursos dedicados a declarar su fe en las hadas, aunque si se le tiraba de la lengua terminara dando marcha atrás y diciendo que las comprendía como otras tantas «dramatizaciones de nuestros estados de ánimo». Durante un tiempo anduvo sopesando la posibilidad de unir la tradición druídica con el cristianismo, siguiendo los pasos de la Orden Hermética del Alba Dorada, que también había fusionado el ideario de los rosacruces con la fe cristiana. Yeats estaba convencido además de que «todos los lugares hermosos y agradables se hallan poblados por seres invisibles y de que es posible comunicarse con ellos».[6]

«El vago sueño de un culto irlandés iría apoderándose poco a poco del ánimo de Yeats» —señala Richard Ellmann— logrando dominarle a tal punto que no tardaría en comenzar a concebir nuevas formas de veneración. Éste era justamente el telón de fondo en el que se movía su pensamiento en el momento en el que descubrió la existencia de una isla provista de un castillo abandonado en el lago Key, en la región occidental de Irlanda, concibiendo así la idea de convertirlo en el cuartel general de un nuevo culto «por cuyo medio pudieran difundirse las verdades del espíritu a las naciones materialistas. Las doctrinas serían las mismas», añade Ellmann, «que las de la teosofía y el Alba Dorada, pero se hallarían específicamente asociadas a Irlanda. Ellas vendrían a "unir las verdades radicales del cristianismo con las heredadas de un mundo más antiguo". A este "Castillo de los héroes" habrían de acudir los mejores hombres y mujeres de Irlanda en busca de inspiración y de conocimientos espirituales, pudiendo regresar así a sus lugares de origen fortalecidos por los poderes sobrenaturales que la orden mística de Irlanda hubiera alcanzado a concentrar en tal lugar, lo que les permitiría actuar —en palabras de Florence Farr—, como nexos de unión vivientes "entre la naturaleza superior y la terrena"».[7]

Yeats habría de dedicar una gran cantidad de tiempo a indagar en cuestiones de orden cultural y a desarrollar un ritual específico para esa nueva orden, adoptando finalmente la decisión de que los candidatos a formar parte de la misma deberían superar los ritos de «iniciación del caldero, la piedra, la espada y la lanza», símbolos respectivos de los cuatro elementos y sus equivalentes espirituales.[8] El fondo de todo este despliegue consistía en proporcionar una base a la argumentación de que la vida de los irlandeses debía hallar fundamento en una fe que las iglesias existentes eran incapaces de infundir.

Este planteamiento no difería demasiado de sus planes de puesta en marcha de un teatro místico. El relato de la fundación del Teatro de la Abadía* es bien conocido: un grupo de dramaturgos y de actores deseaba crear un teatro nacional capaz de atender las necesidades del pequeño país irlandés. No habrían de esperar mucho para conocer un éxito abrumador, dado que las obras que escribieron terminarían representándose en los escenarios de todo el mundo. El objetivo de Yeats consistía en mostrar que Irlanda era una tierra sagrada repleta de símbolos sacros, aunque «no en el ortodoxo sentido en que los entiende el clérigo, sino en el que les da el poeta, que es también un sentido místico; de todo el territorio de la degenerada Europa, sólo aquí alcanzarán a comprenderse las realidades espirituales».[9] Muchas de sus primeras obras —*Countess Cathleen: A Miracle Play* (escrita en 1899), *The Hour-Glass: A Morality*, y *Where There Is Nothing* (estrenadas ambas en el año 1902)— se ceñirían a este anhelo de fusionar lo oculto con los intereses nacionales.

Yeats comenzará a cambiar de nuevo el prisma con el que contempla el mundo en los años iniciales del siglo XX, época en la que las cartas que envía a sus amigos empiezan a convertirse en un reflejo de su poesía y sus obras de teatro, en la que el lenguaje que emplea el autor se vuelve menos complejo, más «doméstico» y más próximo a los giros expresivos del habla corriente. «Todo arte es en último término una empresa destinada a condensar, como surgida del impalpable vapor del mundo, una imagen de la perfección humana concebida en sí y por sí, y no por amor al arte.»[10] En esta época, Yeats recurrirá a su célebre idea de la máscara, una noción que le llevaría a sostener que, al diseñar el rostro que presentamos al mundo, lo hacemos con tanta intención de mostrar como de ocultar. Continuaba cultivando su obsesión por los afanes espirituales, manteniendo que ésa era la forma de lograr descubrir, al final, el significado de la vida. Y también seguía teniendo conciencia de las divisiones que le habitaban, como le ocurre a la gente en general, unas divisiones que se interponían en el camino de toda percepción de unidad que pudiera llegar a acariciar —dado que ese sentido de unidad constituía su más ardiente deseo, el factor en el que se resumía, a su juicio, la esencia y el objetivo mismos de la vida.

En el año 1909 —y con particular intensidad a partir de 1911—, Yeats comenzó a interesarse seriamente por el espiritismo, motivo por el que acu-

---

* Surgido en un primer momento como teatro literario y semillero de los más grandes autores irlandeses, abriría sus puertas al público en 1904. Actualmente ha pasado a convertirse en el Teatro Nacional de Irlanda. (*N. de los t.*)

dió a diversas sesiones de invocación en un esfuerzo encaminado, como él mismo decía, a conseguir la unión de «la mente, el alma y el cuerpo». Ellmann entiende que la credulidad de Yeats era superior a la del hombre corriente, pues sus investigaciones le llevarían a indagar, entre otras cosas, la verdad de varios supuestos milagros; a tratar de responder a la pregunta de si la «escritura automática [o "libre"]» podía trascender o no los límites de la mente y el conocimiento humanos; y a querer averiguar cuál es la naturaleza de los espíritus y el carácter de la otra vida.[11] (Además, tampoco puede decirse que volara por encima de otras «preocupaciones de índole menos formal», como la asociada con el intento de que el más allá le respondiera a la pregunta: «¿Debo casarme con Maud Gonne?».) Existen incontables ejemplos que muestran que Yeats colaboró o intentó colaborar con las personas que se dedicaban a la escritura automática, pero a pesar de ello —y siempre en opinión de Ellmann— no se consideraba a sí mismo como un individuo «particularmente supersticioso». Antes al contrario, ya que, juzgándose «incapaz de admitir plenamente las doctrinas de la indagación psíquica», Yeats tendería a utilizar cada vez más el mito y la metáfora, los cuales saltan alegremente por encima de la cuestión de la creencia literal.[12]

«Cantamos en medio de nuestra incertidumbre», dejará escrito Yeats en *Per Amica Silentia Lunae*. Sin embargo, Ellmann le critica duramente debido a que, en ocasiones, en sus poemas, *finge* creer y recurre a subterfugios para eludir una respuesta directa a las interrogantes que brotan a su alrededor, lo cual sugiere, según su biógrafo, que Yeats se hallaba bloqueado «por la angustiosa lucha que le impulsaba a huir del escepticismo para lanzarse a una creencia sin ambages».[13] Dicho en otras palabras: Yeats se encontraba atrapado —como habría de ocurrirle a tantos otros— debido a que detestaba el materialismo pero era incapaz de convencerse sin sombra de duda de que existía efectivamente una esfera distinta en el más allá.

Esta actitud habría de verse reforzada por la conducta y la comprensión de su padre, que si por un lado no dejó nunca de cartearse con el poeta, abordando en sus misivas un gran número de asuntos de carácter estético, habría de dejar también muy claro, por otro, dónde residía a su juicio el futuro —dado que no reprimiría en ningún momento el uso de términos *psicológicos*—. John Butler Yeats era en cierto sentido la antítesis de su hijo y, es más, parecía salir mejor parado de la comparación —dado que se hallaba sin lugar a dudas mucho más en paz consigo mismo—. En estos años (es decir, entre 1914 y 1915), Yeats le escribió a su padre diciéndole que estaba intentando ordenar su pensamiento a fin de conferirle «la forma de un sistema religioso», señalando por esa época en su diario que «en la nueva Irlanda habrá una contracorriente religiosa, y su peso social será superior al del anticlericalismo». También en este mismo período alcanzará a descubrir (a través de Ezra Pound, que había actuado poco antes como albacea literario de Ernest Fenollosa, un erudito estadounidense de padre español que había pasado muchos años en Japón, dedicado al estudio del teatro noh) que las obras dramáticas japonesas estaban repletas de espíritus y de máscaras y que el núcleo argumental de sus piezas solía centrarse en las diferencias existentes entre la condición mortal y la espiritual.

De este modo, Yeats se entregará en cuerpo y alma al desarrollo de una nueva forma de composición dramática, adaptando las ideas japonesas al contexto europeo. La primera obra escrita y escenificada de acuerdo con esas nuevas reglas formales fue la titulada *En el pozo del halcón*, una creación tersa y vívida sobre la búsqueda de la sabiduría (el agua del pozo concede sapiencia a quien la bebe, pero cuando el protagonista consigue llegar finalmente ante el brocal ansiado, el manadero está ya seco). La obra parece encarnar los más profundos temores del propio Yeats.

Un «yeatsismo» exacerbado

Por esos años, Yeats tendría oportunidad de conocer también a Georgie Hyde-Lees, una amiga de Ezra Pound. La que habría de ser su futura esposa, se interesaba por entonces en las indagaciones psíquicas de los teósofos que seguían las enseñanzas del esoterista austríaco Rudolf Steiner, así que Yeats apadrinó a la joven cuando ésta solicitó ingresar en la Orden del Alba Dorada. Más tarde, en octubre de 1917 y tras un breve noviazgo, ambos contrajeron matrimonio. La cuestión es que Georgie no tardó en causar el asombro de su marido con sus excelentes aptitudes para la «escritura automática». Yeats acabó por superar la obsesión que sentía por las sesiones de espiritismo, llegando incluso a dejar de lado la poesía durante un tiempo —hasta que finalmente recibió un mensaje por medio de la escritura automática que decía lo siguiente: «Hemos venido con el propósito de ofrecerte metáforas para tus poemas» (un recado que no deja de resultar, quizá, sospechosamente práctico).[14]

La señora Yeats contaba con la inmensa suerte de poseer una sólida constitución, de modo que no temía trabajar horas y horas para atender las exigencias literarias de su esposo, un esfuerzo que no dejaría de contribuir a la elaboración de uno de los más extraños libros de Yeats —titulado

Una visión—, obra en la que el escritor daba en clasificar las personalidades humanas en veintiocho tipos, o fases, asociadas cada una de ellas a las
veintiocho fases de la luna y representadas a su vez por uno de los radios
de la Gran Rueda de la vida. De acuerdo con dicho sistema, todas las «almas» humanas (en realidad no le gustaba emplear esta palabra, pero tampoco veía ninguna alternativa válida) debían superar la totalidad de las
veintiocho fases. Poco después, el poeta optaría por centrar su atención en
las Cuatro Facultades que contiene el «alma» en diferentes proporciones.
Dichas facultades eran las siguientes: la Voluntad, la Máscara, el Espíritu
Creador y el Cuerpo del Destino —considerándose que las dos primeras y
las dos últimas formaban sendos pares de contrarios—. Yeats tenía todo
tipo de ideas geométricas acerca de la estructura de la historia y la forma
del carácter, de modo que dichas nociones, unidas a las veintiocho fases y
a las cuatro facultades —buena parte de las cuales habían sido deducidas
sobre la base de un conjunto de investigaciones llevadas a cabo con la
ayuda de la escritura automática de su esposa—, configurarían lo que Ellmann denomina el «yeatsismo esotérico», cuyo desarrollo, dice nuestro
biógrafo, lograría elevar al poeta a unos niveles de exaltación que jamás
había logrado alcanzar con anterioridad.[15]

Yeats comprendió que este sistema iba a traerle problemas. «El poeta
vio claramente que al eliminar a Dios del universo y al explicar todos los
fenómenos de la vida en función de una serie de ciclos había privado a su
sistema de todo fundamento teleológico capaz de operar como sustrato
de una conducta, excepto por el hecho de que, si lograba uno llevar una
vida armoniosa, podía albergar entonces la esperanza de gozar de unas
vidas futuras también más equilibradas ... Yeats era incapaz de definir el
bien y el mal, salvo en términos de una expresión personal completa o
incompleta ... Hemos de pensar que en el período que se inicia, digamos,
en torno al año 1927 [según él mismo viene a dejar sentado en *Una visión*] debió de surgir necesariamente una forma de filosofía caracterizada no sólo por el hecho de ... adoptar una forma concreta en cuanto a su
expresión, sino también por venir a establecerse a través de la experiencia inmediata, por no procurar la aceptación general, por conceder muy
escasa importancia a Dios o a cualquier forma de unidad externa y por
proclamar como bueno todo aquello que un hombre alcance a pensarse
capaz de realizar de forma permanente [en lo que no es sino un eco del
"eterno retorno" nietzscheano]. ... Los hombres dejarán de separar así la
idea de Dios de las nociones del genio y la productividad humanas en
cualquiera de sus formas.»[16]

Más tarde, la cosmovisión de Yeats acabará dando paso a lo que Ellmann denomina una «malhumorada aceptación de la vida», entendida
ésta como marco en el que desarrollar la existencia. Éste habrá de ser justamente el momento en el que nuestro autor comience a afirmar en sus
poemas que la vida es una gradación que se mueve entre dos extremos:
«el del hombre sin terminar y sus pesares» y el del «hombre realizado rodeado de enemigos».

Pero Yeats tampoco había abandonado el nacionalismo. Lo que ahora
deseaba era fusionar la vida, la obra y la nación «en un todo indisoluble».[17]
No obstante, andando el tiempo, Yeats descubrirá las enseñanzas de varios
gurús indios (acercándose así a la fase final de su pesquisa en el mundo de
lo hermético). Con todo, en uno de los poemas que escribe en esta época
—el titulado «Bizancio»—, nuestro autor ensalza la imaginación humana
en una obra de poderosa fuerza creativa que no rehúye las dificultades:

> una cúpula iluminada por la luna y las estrellas desdeña
> todo cuanto es el hombre,
> tantas meras complejidades,
> la fuerza y el fango de las venas humanas.

A mi juicio, Ellmann explica bien la significación de la poemática de
Yeats: «La declaración de guerra a Dios es el último heroísmo, y al igual
que todos los heroísmos de Yeats, también éste estará abocado a saldarse
con una derrota». Sin embargo, todavía hay que añadir aquí un extremo,
puesto que en el caso de Yeats hay que tener asimismo en cuenta la batalla
que libra contra su padre, un choque por cuya causa habría de «ingresar
Yeats en la edad adulta sin religión, sin ética y sin política, no logrando
consolidar su personalidad sino en torno al eje de un sentimiento de rebeldía contra su progenitor y su época». Este espíritu de rebelión determinaría que le llevara bastante tiempo alcanzar a hacer suya una observación
de su padre que a punto estuvo de descartar sin más: me refiero a la idea
de que «la forma de conocimiento que le es dado obtener al poeta difiere a
un tiempo de la del sacerdote y de la del científico».[18]

Podría decirse que el mejor logro de Yeats residió en su nacionalismo.
Él estaba convencido de que era bueno, quizá incluso necesario, sentir
una apasionada emoción nacionalista, pero no si dicho sentimiento dege-
neraba hasta convertirse en una mera anglofobia impotente. Como ha señalado en otro contexto William Ralph Inge, catedrático de teología en
Cambridge y deán de la catedral de San Pablo de Londres, la existencia de

Yeats osciló «entre el escepticismo y la superstición». Nunca abandonó la esperanza de alcanzar a unir los mitos y los hechos, configurando con ellos una nueva religión —o, dando nacimiento, por emplear sus propias palabras, a «un drama sagrado»—. No obstante, nos estaremos limitando a constatar una verdad si decimos que «las respuestas no se le presentaban con mayor facilidad en la edad avanzada que en la juventud». El tono de su último poema, titulado «La torre negra», es un tono de desesperación heroica.[19] Y como él mismo habrá de confesar en una carta dos años antes de morir, ni siquiera entonces «había conseguido encontrar aún un solo parecer predominante que [le] resultase aceptable».[20]

Y lo mismo puede decirse de la significación que Yeats tiene para nosotros. El poeta detestaba el mundo material del siglo XIX, es decir, el universo de la física de partículas, la evolución y la deconstrucción de la Biblia. Sin embargo, por más que lo intentara, no conseguía encontrar un ámbito distinto ni vislumbrar un horizonte al que encaminarse. El mundo de lo sobrenatural se negaba empecinadamente a revelarse ante sus ojos, fueran cuales fuesen las prácticas ocultistas a las que se encomendara. Esto explica en parte que un autor como Wystan Hugh Auden se mostrara muy duro con él: «Así las cosas, cabe preguntarse ¿pero cómo demonios pudo suceder que un hombre con las dotes de Yeats diera en tomarse en serio todas esas ideas absurdas?». Por otra parte, T. S. Eliot no habría de mostrarse mucho más indulgente al quejarse de que el mundo sobrenatural de Yeats fuera «el mundo sobrenatural equivocado ..., ya que no se trataba de un mundo dotado de una mínima significación espiritual ..., sino de una mitología de baja estofa, aunque notablemente refinada, a la que se daba en atribuir la presunta virtud de proporcionar al desfalleciente pulso de la poesía, como lo habría hecho un médico, un estimulante de acción puntual a fin de lograr que el paciente, agonizante, alcanzara a pronunciar sus últimas palabras».

Dado que su padre le había instado a interesarse en la psicología, el poeta rebelde optó por buscar sus intuiciones en un campo distinto. Imbuido de un magnífico y heroico impulso intentó crear así, con su poesía, un mundo diferente, lográndolo gloriosamente, aunque sólo de cuando en cuando —como habría de sucederle, por ejemplo, en el caso de sus poemas nacionalistas—. Sin embargo, fracasó en la obtención de su principal objetivo, consistente en explorar, describir y comunicar los pormenores de ese otro reino de naturaleza no materialista. Hasta el punto de que los esfuerzos que habría de dedicar a conseguirlo resultan disparatados a nuestros ojos, como señala Auden. En su obra titulada *Una visión*, Yeats dedicará así un importante número de páginas a «preparar a los lectores a entrar en contacto con la extraña explicación del universo que el autor había compuesto valiéndose de los recursos del simbolismo geométrico».[21]

A diferencia de Wallace Stevens, pongo por caso, a Yeats nunca le bastó con su sola imaginación. A sus ojos, los auténticos envites se dirimían invariablemente en otra parte —en un lugar que jamás le fue dado encontrar—. Nunca logró escapar a «la fuerza y el fango de las [meras] venas humanas».

LA CULTURA EN LA SOMBRA DE ESTADOS UNIDOS

Pese a que nada de cuanto llevamos dicho resulte injusto con la figura de Yeats, es preciso recordar que en su época distó mucho de ser el único en adoptar esas creencias que tan descabelladas habrían de parecerle a Auden. De hecho, y por lo que hace a Estados Unidos, el historiador de la psiquiatría Eugene Taylor ha conseguido señalar la existencia de toda una cultura —a la que él denomina «cultura en la sombra»— en la que se acumula una tradición de más de doscientos años, compuesta por religiones alternativas y movimientos de «psicología popular». En dichos movimientos, que han sabido mantenerse al margen de las corrientes dominantes de la psiquiatría y de las confesiones más descollantes, encontramos distintos intentos de vivir de un modo diferente en el universo post-cristiano, y esto tanto antes como después de Nietzsche. Taylor los califica diciendo que en ellos milita tanto una tradición «visionaria» como una «literatura excéntrica», además de una «psicología folclórica» y de una «corriente psico-espiritual» —tendencias todas ellas centradas *de facto* en la «interpretación experiencial de un conjunto de niveles de conciencia superiores»—.[22] El estudio que nos ha dejado constituye una clara explicación de un mundo que de otro modo nos resultaría francamente impreciso.

Esta cultura en la sombra, dice Taylor, comprendía una amplia variedad de individuos independientes no insertos en una organización común, una comunidad de personas «que no vivían ni pensaban del mismo modo que los ciudadanos integrados en las principales corrientes sociales, pese a participar en las actividades diarias de la sociedad ordinaria».[23] Taylor sostiene que los orígenes de esta tradición se remontan al llamado «Primer gran despertar» vivido en Estados Unidos durante la primera mitad del siglo XVIII, período en el que una oleada de movimientos evangélicos vino a barrer las regiones del noreste del país, fundándose 250 nuevas iglesias emocionalistas al margen de la confesión calvinista. Este tipo de grupos —de entre los que cabe citar nombres como los de Conrad Beissel y los místicos de la comunidad Efrata, los cuáqueros protestantes conocidos como «Shakers» y pertenecientes a la Sociedad Unida de Creyentes en la Segunda Aparición de Cristo, junto con otros grupos de visionarios como los seguidores de Emanuel Swedenborg y su noción de «correspondencia», esto es, de que Dios habla al hombre por medio de la naturaleza, o como los transcendentalistas, que también creían que la comprensión de los misterios de la existencia podía producirse a través de la contemplación de la naturaleza—. La cuestión que aquí nos ocupa se centra en el hecho de que todas estas corrientes compartían la idea de que la intuición era una facultad más elevada que la razón.

A lo largo del siglo XIX habría de producirse un notable flujo y reflujo de modas y entusiasmos pasajeros relacionados con la homeopatía, la frenología, el mesmerismo, la hidroterapia, el chamanismo y el orientalismo. Algunas de estas tendencias y encaprichamientos estarían llamados a generar un impacto mayor que otros, pero todos ellos acabarían dejando su huella. Figuras como las de Ralph Waldo Emerson, Henry David Thoreau y Margaret Fuller serían considerados como cabecillas e inspiradores de toda una serie de cualidades espirituales, junto con John Muir, un vagabundo procedente de Escocia que llegó a Estados Unidos en el año 1849 y que merece ser recordado, entre otras cosas, por haber conseguido preservar en forma de parques naturales tanto el Gran Cañón de Nevada como el Bosque Petrificado de Arizona.

Pese a los efímeros períodos de auge y posterior declive de muchas de estas tendencias, las tres últimas décadas del siglo XIX habrían de «asistir al surgimiento de un variopinto conjunto de organizaciones plenamente desarrolladas y de ámbito nacional e incluso internacional, nacidas todas ellas con el objetivo de promover una especie de terapia anímica de carácter espiritual» —esto es al menos lo que subraya Taylor en su argumentación—.[24] Según sostiene este mismo autor, una de las razones de que afloraran dichas organizaciones radica en el hecho de que la tradición visionaria arraigada en el seno de la alta cultura estadounidense hubiera ido desapareciendo de forma gradual «debido a la ascendente marea de la ciencia positivista».

El socialismo utópico era otro de los elementos integrados en la denominada tradición visionaria, afirma Taylor, quien incluye en dicha corriente tanto a los mormones como a los adventistas del Séptimo Día, dos religiones de índole carismática que se proponen modificar la percepción del mundo interior, generando así una forma de conciencia alternativa. Por su parte, tanto el espiritismo como la teosofía o las corrientes vinculadas con el Nuevo Pensamiento y la Iglesia de Cristo Científico obtenían su empuje del claro interés existente en la vida tras la muerte, circunstancia que habría de dar pie al surgimiento de todo un conjunto de intereses paralelos, como los asociados con el «habla automática», las sesiones de «mesas giratorias», de «escritura automática» o «psicografía» y con las actividades «clariestésicas» de los médiums (como la consistente en comunicar con el más allá propiciando la materialización de «golpecitos» y «llamadas» de los espíritus, por emplear las palabras del propio Taylor). Esto permitiría la proliferación de textos con títulos más que elocuentes, como por ejemplo: *The Divine Law of Cure, Ideal Suggestion through Mental Photography* y *Esoteric Christianity and Mental Therapeutics*. En el año 1881, Mary Baker Eddy —fundadora de la Iglesia de Cristo Científico— crearía la Facultad Metafísica de Massachusetts, un centro de estudios dedicado a la enseñanza de asignaturas como patología y «terapéutica», además de ciencia moral y metafísica. En 1885 se fundó la Sociedad Estadounidense para la Investigación Psíquica. Pese a los numerosos experimentos realizados, señala Taylor con ironía, «los investigadores psíquicos fueron incapaces de descubrir un solo elemento susceptible de probar la realidad de la vida tras la muerte». Sin embargo, lo que sí lograron «dejar sentado fue la realidad del inconsciente».

Bajo el rimbombante rótulo de «Escuela de Psicopatología de Boston» vendría a darse cita un elenco informal de investigadores de entre los cuales destacan nombres como los del filósofo William James, el neurólogo James Jackson Putnam, el hematólogo Richard Clarke Cabot y el neuropsicólogo Morton Prince. Muchos de los miembros de dicha escuela «tenían vínculos directos, ya fuera por su origen o por su educación, con el intuicionismo propio de la psicología de la formación del carácter que les habían legado Ralph Waldo Emerson y los transcendentalistas de Concord». La Escuela de Psicopatología de Boston tenía un carácter mucho más científico que el de cualquiera de las entidades que la habían precedido, ya que se hallaba notablemente influida por las tesis de Darwin. Aun así, decía James, la escuela constituía un verdadero fenómeno psíquico «llamado a modificar la forma misma de la ciencia del futuro».

Según continúa diciendo Taylor, cruzado el umbral del año 1900, comenzó a percibirse en Estados Unidos una espectacular expansión de la popularidad de la psicoterapia, ya que la gente empezó a darse cuenta de que «la espiritualidad desempeñaba un papel crucial en la salud mental de la persona». En este sentido, los estados místicos constituían un elemento clave, pero el problema surgía al constatar que, siendo tan distintos «de las situaciones normales de la vida cotidiana», la gente «no sabía cómo enfrentarse a ellos». En el año 1906 cobraría vida, en la iglesia episcopal Emmanuel de Worcester, Massachusetts, el movimiento del mismo nombre. Su intención consistía en «fusionar la psicoterapia científica moderna con las doctrinas cristianas relacionadas con el desarrollo del carácter».[25] Las reuniones de este movimiento, en las que se congregaban más de quinientas personas dos veces por semana, terminarían conociéndose con el nombre de «clínicas morales».

Además, a partir del año 1893, tras constituirse en Estados Unidos el llamado Parlamento de las Religiones del Mundo, como acontecimiento ligado a la Exposición Universal de Chicago, con la que se señalaba el cuarto centenario del descubrimiento del Nuevo Mundo,* un buen número de swamis hindúes y de ilustres líderes de la corriente de la espiritualidad zen japonesa, acompañados por el místico ruso George Ivanovich Gurdjieff, serían objeto de unánime aclamación al recorrer Estados Unidos y pronunciar discursos en un buen número de universidades del país. Estas celebraciones darían como resultado la fundación, entre otras entidades, de las sociedades vedanta.

Pese a ser ex alumno de la universidad de Harvard, de feroz vocación positivista, Taylor realizará una amable exposición de la tradición visionaria, esgrimiendo el triple argumento de que sus integrantes tenían una mentalidad más abierta que otras corrientes dotadas de una mayor difusión social; de que descubrieron el inconsciente independientemente de Freud, y tal vez antes que él; y de que aceptaban, en esencia, que el misticismo constituye un aspecto auténticamente real de la experiencia y no una patología, un aspecto que es preciso tomarse muy en serio si queremos tratar de saber si alguna vez nos será dado alcanzar una existencia plena. Desde nuestro punto de vista, el elemento principal de este estudio es el que viene a confirmar que, a pesar de que Yeats optara por afiliarse «al mundo sobrenatural equivocado», lo cierto es que no fue en modo alguno el único en hacerlo. Si nos situamos en la divisoria señalada por el año 1900 y recorremos mentalmente un lapso de tiempo de unos veinte o

* La denominación oficial del acontecimiento era la de «World's Columbian Exposition», es decir, Exposición Colombina Mundial. (*N. de los t.*)

treinta años a ambos lados de la misma, observaremos que un inmenso número de personas pensaban como Yeats, tanto a uno como a otro lado del Atlántico.

LA EPIDEMIA DE LO OCULTO

En Europa, muchos espiritualistas eran librepensadores que además de rechazar las prácticas y creencias religiosas de las confesiones dominantes no lograban quedar convencidos de las bondades y certezas del positivismo ni persuadirse del interés de la indagación relacionada con las leyes de la conducta. «Se tendía a volver la atención al espiritualismo como fórmula con la que conciliar la ciencia, el deísmo y el socialismo. Este proyecto utópico acabaría adoptando muchas formas diferentes, desde la investigación asociada con la telequinesia [es decir, con la facultad de mover objetos físicos con el pensamiento] hasta la escritura automática, pasando por las sesiones de comunicación con los espíritus.»

Un gran número de eminentes escritores, personajes públicos, académicos e incluso científicos habrían de acercarse a estas cuestiones como a otros tantos empeños serios —destacando entre ellos nombres como los de Victor Hugo, Alfred Tennyson, Alfred Russel Wallace o Michael Faraday—. La Iglesia católica romana no dejaría de anatematizar en repetidas ocasiones esta clase de movimientos. De hecho, los textos espiritualistas quedarían arrumbados en el *Índice de los libros prohibidos*, siendo específicamente denunciados como impíos por la Santa Sede (como ocurriría, por ejemplo, tanto en 1898 como en 1917). El historiador estadounidense Jay Winter nos explica el resto de los elementos presentes en el trasfondo intelectual de la época: «A principios del siglo XX, las razones que movían a la gente a dejar temporalmente a un lado el escepticismo que les inspiraba el espiritualismo eran de orden muy distinto. Había quien estaba tratando de traducir los temas característicos de la teología tradicional o la potencia poética de las antiguas metáforas relacionadas con la supervivencia de los seres humanos al idioma experimental de la ciencia. De este modo, ese tipo de personas solía señalar que el magnetismo, la electricidad y las ondas de radio constituían asimismo otros tantos fenómenos de comunicación a distancia que no sólo resultaban invisibles sino también perfectamente reales. Por consiguiente, decían, resultaba concebible que las ondas cerebrales u otro género de emociones y expresiones humanas alcanzaran a hacer lo mismo».[26]

De acuerdo con Winter, el enfoque espiritualista era un planteamiento totalmente ajeno «al entorno mental en el que se había desenvuelto hasta entonces el fundamentalismo cristiano, dado que en este caso la fuente de la sabiduría no radicaba en las Escrituras, sino en la Observación». Tanto en Francia como en Gran Bretaña y Estados Unidos, las páginas de un gran número de periódicos estaban abiertas a la posibilidad de que mereciera la pena investigar en serio los fenómenos espiritualistas. Y entre los pensadores y eruditos que compartían este punto de vista se contaban figuras como las de sir Oliver Lodge, un profesor de física de la Universidad de Liverpool que llegaría a desempeñar el cargo de rector de la Universidad de Birmingham y culminaría su carrera académica como presidente de la Sociedad para la Investigación Psíquica; el físico sir William Barrett; el psicólogo de Oxford y Harvard William McDougall; el estudioso de la literatura clásica de Oxford Gilbert Murray; el filósofo William James; y lord Rayleigh, titular de la cátedra Cavendish de física de la Universidad de Cambridge y premio Nobel de dicha disciplina en 1914. En Italia, el criminólogo Cesare Lombroso no desdeñaría asistir a un buen número de sesiones de espiritismo. En Alemania, el propio káiser haría sus pinitos en el terreno del espiritualismo y Thomas Mann se entretendría ofreciendo una descripción de distintas sesiones con médiums (claramente irónica, desde luego) en *La montaña mágica* (publicada originalmente en el año 1924). En Rusia, los profesores de zoología y química de la Universidad de San Petersburgo se unirían al movimiento teosófico, llegando incluso alguno de ellos a publicar artículos sobre espiritualismo.[27]

DE LO ESPIRITUAL EN EL ARTE

Los artistas no habrían de ser inmunes a esta evolución de los acontecimientos. A muchos de ellos les resultaría atractivo, por ejemplo, el movimiento teosófico. Piet Mondrian se uniría a esta sociedad en 1909 y los compositores Aleksandr Scriabin, Igor Stravinsky y Arnold Schoenberg estaban muy familiarizados con las obras de la señora Blavatsky. Y Paul Klee, pese a negar siempre tajantemente que se hubiera hecho seguidor de los teósofos, nos ha dejado escrita esta reflexión: «Mi mano es por entero instrumento de un lejano poder. No es mi intelecto el que lleva la batuta, sino algo diferente, algo superior y muy distante, algo que mora en otra parte. Por fuerza he de tener grandes amigos en ese reino —muchos de ellos son brillantes, pero los hay también sombríos».

Es muy posible que el interés de Klee por la teosofía fuera consecuencia de su relación con Wassily Kandinsky. Kandinsky abrazó toda su vida las creencias ortodoxas rusas en que fue educado, pero serán muchas las ocasiones en que dé en meditar sobre temas de carácter teosófico, en particular en la «catástrofe universal» que según él estaba a punto de producirse —convicción que compartía con su compatriota ruso, el promotor teatral y creador de ballets Sergei Diaghilev.[28]

El interés de Kandinsky por la teosofía se percibe del modo más palpable en dos obras escritas: *El almanaque del jinete azul* de 1912 y *De lo espiritual en el arte*, ensayo elaborado en 1909 y publicado dos años después. El objetivo del primer texto, compuesto en colaboración con su colega el pintor bávaro Franz Marc, consistiría en mostrar lo que había venido sucediendo en materia artística en toda Europa en distintos momentos históricos. La sombra de la teosofía gravita sobre muchos de los elementos del escrito. El pintor expresionista de Westfalia August Macke, muy cercano a Marc y a Klee, compondría un ensayo sobre las «Máscaras» con el que Yeats se habría sentido francamente a gusto. «La forma constituye un misterio para nosotros», señala Macke, «puesto que es la expresión de una serie de enigmáticos poderes. Sólo ella nos permite percibir la energía secreta, captar la presencia del "Dios invisible"». Franz Marc abordaría un tema parecido en un ensayo sobre Cézanne y el Greco, a quienes califica de maestros de una «mística construcción interna». Existía, dice Marc, un «vínculo secreto entre todas las obras asociadas con la nueva producción artística», y la conciencia de la realidad de ese vínculo era el elemento en el que encontraban apoyo las ideas del grupo denominado *Der Blaue Reiter*.* «El objetivo de esa formación consistía en comunicar al mundo, que los desconocía, los pormenores de esa evolución espiritual.» Y por abundar todavía más en las relaciones del arte con el espiritualismo, valga decir que el ilustrador y publicista ruso David Burliuk confirma dicha tendencia al decir que su compatriota, el poeta Andrei Bely, era «un seguidor de la teosofía de Rudolf Steiner».

Kandinsky era un apasionado defensor de la presencia de lo espiritual en el arte. El ensayo de *El almanaque del jinete azul* se adentraba en el examen de «los nuevos valores que habitan» al hombre. La búsqueda es-

---

* Quizá convenga aclarar que *Der Blaue Reiter* es el nombre de un grupo de artistas expresionistas fundado por Kandinsky y otros pintores rusos; el título de un cuadro de Kandinsky, y la denominación que acompaña al ya citado libro de Kandinsky y Marc: *El almanaque del jinete azul*. (*N. de los t.*)

piritual, dice en esa obra, conduce a la elevación, a una revelación que puede ser incluso «escuchada»: «El mundo suena. Es un cosmos de seres dotados de una espiritualidad efectiva. Hasta la materia muerta es un espíritu viviente». El materialismo, insistía, carece de la capacidad de escuchar, así que es preciso sustituirlo por otra cosa: «El objetivo *final* (que es el conocimiento) se alcanza por medio de las delicadas vibraciones del alma humana». Estos puntos de vista, como bien subraya Jay Winter, son «enteramente congruentes» con algunos de los aspectos característicos de los sistemas teosóficos de Steiner y Blavatsky.

En *De lo espiritual en el arte*, Kandinsky sostiene que el artista se halla en el vértice superior de un triángulo, ocupando muy a menudo esa posición en solitario —aunque con no menor frecuencia se vea también escarnecido y tomado por un charlatán o un loco—. Sin embargo, añade, la pintura y el arte en general «no constituyen una vaga producción, una realización transitoria y aislada, sino un poder que ha de ir orientado a la mejora y al refinamiento del alma humana, al florecimiento del triángulo espiritual, de hecho». Esta postura también es congruente con algunos de los elementos de la teosofía, cuyo pensamiento considera que, al igual que el artista, también el clarividente es un individuo dotado de la capacidad de discernir la «elevada materia en la que los pensamientos y las emociones forjan un conjunto de dibujos, figuras y patrones sin la menor semejanza con los objetos existentes en el plano físico».[29]

Hay aquí, en todos estos planteamientos, una buena cantidad de nociones que, para alguien ajeno a este universo, resultan más bien confusas e incoherentes —absurdas incluso—. Sin embargo, ninguno de estos artistas llegaría tan lejos como Yeats ni terminaría confiando en la existencia de las hadas. Por otra parte, hemos de recordar que Kandinsky fue justamente la persona que inventó, o descubrió, el arte abstracto occidental. Para lograrlo mezclaría el mundo de lo espiritual con el universo de lo inconsciente —o eso pensaba él estar haciendo—. No sería difícil argumentar que esta senda era bastante más fructífera que la emprendida por Yeats.

Puede decirse, en cierto sentido, que si Kandinsky descubrió el arte abstracto fue por casualidad. Ésa es al menos la conclusión a la que llegaremos si decidimos dar crédito al relato que sostiene que el pintor se presentó un buen día en casa y vio de pronto un cuadro «realmente hermoso» en el estudio, aunque no conseguía identificar en él ninguna forma concreta

—comprendiendo finalmente que era una de sus propias telas puesta en posición apaisada sobre el caballete—. Fuera como fuese, los cuadros abstractos de Kandinsky concordaban con la creencia teosófica del que el mundo físico, el mundo de los objetos o las cosas, debía empezar a perder importancia, puesto que de hecho nos estaba impidiendo apreciar la existencia del inmenso cosmos espiritual que se abría tras el universo de los objetos, retrasando por tanto nuestro progreso y nuestra realización. Uno de los conceptos centrales de la teosofía era el de que al lograrse la revelación del espíritu se produciría el fin de la historia, terminando así las pautas contingentes de los acontecimientos humanos y estableciéndose o manifestándose un nuevo orden.

Las abstracciones de Kandinsky debían contribuir a alumbrar ese novedoso estado de cosas, mostrando que la belleza no necesita apoyarse en formas mundanas ni sustentarse en la figura reconocible de las cosas, permitiendo percibir así la existencia de una realidad subyacente ubicada más allá de ellas. Los últimos estudios académicos han mostrado que su obra titulada *Pequeños placeres* (pintada en 1913), en la que se prefigura la esencia de *Les petites heureuses* de Sartre, es una reinterpretación teosófica del *Apocalipsis* según san Juan, una reinterpretación en la que se afirma que las cosas de este mundo, la realidad material a cuyo reducido valor se alude en el título del cuadro, está pasando a mejor vida, desintegrándose en abstracciones previas al advenimiento del nuevo orden. Kandinsky apreciaba muchísimo algunas de las sofisticadas ideas relacionadas con el simbolismo de los colores y sus cualidades sinestésicas (como la de «ver» los sonidos y «oír» los colores), unas ideas que formaban parte de una convicción suya de mayor alcance: la de que existía una realidad oculta tras la apariencia de las cosas y la de que era responsabilidad suya, como artista, revelarla y transmitirla. A su juicio, la abstracción constituía una nueva forma de comprender el mundo, un modo de abordar la comunicación con el espíritu, dado que la existencia espiritual —el éxtasis— era una percepción abstracta, carente de forma en el sentido habitual de la palabra.

El escultor rumano Constanin Brancusi también era adepto a la teosofía, pero sentía una mayor inclinación por la fenomenología que Kandinsky, de modo que se dedicó a indagar en la estructura y el crecimiento de las formas de la realidad. En cierto sentido puede decirse que su derrotero artístico e intelectual tomó un rumbo diametralmente opuesto al del pintor ruso. En algunas obras, como la del *Comienzo del mundo* (de 1924), que es una escultura de mármol con forma de huevo, Brancusi trata de ofrecernos una obra totalmente autosuficiente, una figura cuya superficie externa sea parte integrante de las cualidades expresivas del conjunto de la estructura, pero que también se revele inseparable del resto. Los teósofos pensaban que toda la materia se hallaba habitada por el «espíritu», de manera que resultaba perfectamente concebible que una escultura de ese tipo constituyera la liberación del espíritu contenido en el mármol. Pero no es necesario llegar tan lejos. Lo que vienen a decirnos la sencillez y el ingenio creativo de las formas perfectas de Brancusi —tomando como ejemplo este mismo caso— es que el mármol puede hallarse tan rebosante de significado como cualquiera de las figuras que se opte por representar con él; que la autosuficiencia es el objetivo mismo de la vida; que a fin de presentar ante el mundo una «superficie perfecta», hemos de vivir en completa adecuación con nuestra naturaleza interior, aceptando nuestras cualidades y *también* nuestras limitaciones; y que los detalles encierran tanta significación como la que puedan contener las grandes abstracciones. Brancusi resaltaría este hecho repitiendo toda una serie de formas idénticas con diferentes materiales: de este modo, la titulada *Pájaro en el espacio* (realizada en el año 1925), por ejemplo, existe en mármol negro, en mármol blanco y en un reluciente metal dorado. El hecho de que la experiencia perceptiva que procura cada una de las distintas presentaciones de una forma tan simple como ésta se revele tan radicalmente distinta muestra precisamente que el *detalle* puede ser la esencia, que éste tiene la potestad de regir el significado —un significado que puede ser pequeño, pero también grande.

El tercer artista teosófico importante fue Piet Mondrian, que estaba convencido de que el objetivo del arte era la consecución de la «claridad espiritual». Del mismo modo, también estaba convencido de que la materia era contraria a la ilustración espiritual y de que todas las formas de existencia material estaban llegando a su fin —haciéndose así eco de una de las ideas centrales de Helen Blavatsky—. «Únicamente la abstracción puede hacer justicia al inminente alborear del espíritu.»[30]

Mondrian se hizo adepto de la teosofía en 1909, es decir, en un momento en el que estaba en boga el cubismo y por la misma época en la que Kandinsky empezaba a aproximarse poco a poco al arte abstracto. Pese a que el cubismo clásico u original fuera de raíz urbana y emanara de la experiencia de la metrópolis, las primeras «retículas» que diera en pintar Mondrian constituirían en realidad una investigación sobre la naturaleza —inspirándose en los árboles, el mar y el cielo—, una indagación cuyo tema principal giraría en torno a la *energía*, cuestión esta última que se había erigido recientemente en una de las principales preocupaciones de la ciencia (las partículas no sólo eran formas de energía, sino que ésta se hallaba encerrada en aquélla, como acababa de mostrar la célebre ecuación de Einstein: $E = mc^2$). En este mismo sentido, los teósofos se interesaban por la energía, ya que consideraban que era una de las formas del espíritu, el fundamento último de la realidad.

Y eso es justamente lo que vienen a mostrarnos las retículas de Mondrian: la energía de los árboles y la energía de la que se hallan rodeados, efecto que el pintor consigue incrustando en la masa del cielo sobre el que se recorta el árbol la caótica maraña de ramas que lo definen como tal. Lo mismo puede decirse de *Muelle y mar* (pintada en 1915), una obra en la que un destartalado embarcadero de Scheveningen, en la costa septentrional de Holanda, aparece embutido en el océano circundante mediante una mínima transición. Con esto se quiere significar que los muelles y los mares no son más que configuraciones distintas de una misma fuerza. También resulta comparable a las dos obras de Mondrian que acabamos de citar la que quizá sea su pintura más famosa, la titulada *Broadway Boogie-Woogie*. El artista la elaboró entre los años 1942 y 1943, después de que la furia desatada de la segunda guerra mundial le obligara a partir a Nueva York. Su estilo reticular se adecuaba perfectamente a la cuadrícula urbana que forman las calles de Manhattan, pero el elemento más importante de este icónico lienzo es el movimiento —esto es, la energía.

Todo lo que en Brancusi es calma y sosiego se transforma en Mondrian en una brusca, errática y espasmódica inquietud. En la década de 1920, época en la que comenzó a desdibujarse la teosofía, las preocupaciones intelectuales pasaron a girar en torno a la «filosofía del proceso» de Alfred North Whitehead. Desde este punto de vista, el universo se concibe al modo de un inmenso campo de energía que adopta distintas formas en la variada secuencia de acontecimientos en que se ve inmerso. Estos *acontecimientos* son los pilares fundamentales de la naturaleza, de modo que son ellos los que definen nuestra comprensión del mundo, al que hemos de entender como una serie de manifestaciones, de nodos de energía que se presentan en diversas formas. Este planteamiento estaba llamado a generar un gran número de ramificaciones, y una de ellas sería la relacionada con la convicción de que las acciones, al igual que los pensamientos, poseen la facultad de provocar cambios en el mundo —o lo que es lo mismo: de generar acontecimientos—. A su vez, esta idea acabaría dando lugar, con el tiempo, a la filosofía existencialista. Mondrian no fue un existencialista, o no lo fue en el sentido clásico de la palabra, en cualquier caso, pero sus investigaciones sobre la energía, es decir, sobre aquello que bulle y se agita bajo la superficie de las cosas, habrían de mantener viva y vigente la idea, de carácter esencialmente platónico, de que existe en alguna parte una esfera diferente, un ámbito superior, un reino más real que este al que tomamos por la única realidad.

Segunda parte

UN ABISMO TRAS OTRO

Capítulo 9

LA REDENCIÓN POR LA GUERRA

Actualmente, la primera guerra mundial ocupa, junto al holocausto, las purgas de Stalin, las bombas de Hiroshima y Nagasaki, o los campos de exterminio del Asia oriental, un lugar destacado en el panteón de los horrores definitorios del siglo XX. Me propongo recordar aquí, en ese sentido, un único ejemplo de lo que sucedió durante ese conflicto. La batalla del Somme se inició a las 7.30 h de la mañana del 1 de julio de 1916. De los 110.000 soldados británicos que se lanzaron ese sábado al ataque a lo largo de los 21 kilómetros del frente, no menos de 60.000 habrían de encontrar la muerte o salir heridos el primer día del choque, cifra que todavía hoy sigue constituyendo un siniestro récord. «Más de 20.000 hombres yacían muertos en el campo de batalla, y los heridos que se retorcían en la tierra de nadie que separaba las líneas enemigas tardaron varios días en exhalar su último grito.»[1]

EL FENÓMENO DE 1914

Pero eso sucedía en 1916, ya que lo cierto es que el verano y el otoño de 1914 habían sido muy distintos. Sabiendo lo que hoy sabemos, resulta verdaderamente difícil dar crédito al entusiasmo con el que la gente recibió la noticia de la guerra. No obstante, si nos atenemos a los intereses de la presente obra, dos son los elementos que nos conciernen. Uno de ellos encontrará gráfica ilustración en el hecho de que un librero de Londres denunciara la contienda diciendo que se trataba de «una guerra de los seguidores europeos de Nietzsche». Aludía a la circunstancia —a sus ojos sorprendente— de que, tras el inicio de las hostilidades, su negocio hubiera sido testigo de un notable incremento de la venta de obras de Nietzsche. Esto se debía en parte al hecho de que muchos de los enemigos de Alemania pensaban que el filósofo germano era el principal culpable de la situación, el hombre al que se daba en atribuir, al inicio de la conflagración, la más importante parte de culpa en el estallido de la guerra, y el individuo al que se había empezado a hacer responsable, conforme iba pasando el tiempo, de la brutalidad constatada en la evolución de los acontecimientos.

En el libro titulado *Nietzsche and the Ideals of Germany*, H. L. Stewart, un profesor de filosofía canadiense, señalaría que la primera guerra mundial había venido a suponer un enfrentamiento entre «el inmoralismo nietzscheano falto de escrúpulos» y los «muy apreciados principios de la moderación cristiana». Thomas Hardy habría de mostrar una indignación muy similar, expresando amargamente sus quejas en varios periódicos británicos: «No creo que exista ningún otro caso, desde el inicio de la historia, en el que un país haya quedado tan desmoralizado a causa de las manifestaciones de un solo autor». Se veía a Alemania como a una nación de sedicentes superhombres que se había convertido, por emplear las palabras de Romain Rolland, en «el azote de Dios».[2] Eran muchos los que tenían la impresión de que se habían abierto las puertas del Averno y de que la muerte de Dios, proclamada con tan estentórea rotundidad por Nietzsche, había terminado por provocar el Apocalipsis que tantos habían predicho.

En Alemania, el teólogo e historiador Theodor Kappstein admitía que Nietzsche era efectivamente el filósofo de la guerra mundial porque había educado a toda una generación en «una peligrosa honestidad, en el desprecio a la muerte ..., en una existencia sacrificada en el altar del todo, en el heroísmo y en una callada y jubilosa grandeza».[3] Hasta el mismo Max Scheler, un filósofo mucho más famoso que los anteriores (y convertido con el tiempo en autor predilecto del papa Juan Pablo II), elogiará, en *The Genius of War and the German War* (1915), las facetas «ennoblecedoras» del conflicto. Este pensador ensalzaba la guerra diciendo que constituía un retorno a «la raíz orgánica de la existencia humana ... Habíamos dejado de estar como siempre habíamos estado —¡solos!—», mantiene antes de concluir: «Se ha restaurado así, en un instante, el desgarrado vínculo viviente que había venido uniendo a la encadenada entidad que forman el individuo, el pueblo, la nación, el mundo y Dios».[4] El «nosotros» comunal, afirmaba, «se halla en nuestra conciencia antes que el yo individualizado», ya que este último no es sino «el artificial producto de la tradición cultural y el proceso histórico».[5]

Pese a que todas estas declaraciones, unas favorables a la influencia de Nietzsche y otras contrarias a ella, puedan resultar un tanto exageradas, tampoco puede decirse que carecieran de fundamento. En Alemania, el libro de *Así habló Zaratustra* era la obra más popular entre los soldados cultos que luchaban en el frente, quienes lo llevaban consigo a las trincheras, junto con el *Fausto* de Goethe y el Nuevo Testamento, a fin de hallar en él «inspiración y consuelo». Es más, según Steven Aschheim, se habían distribuido entre los miembros de la tropa 150.000 ejemplares de una edición de guerra especialmente resistente del *Zaratustra*. Incluso en el bando contrario, uno o dos soldados de aficiones literarias también se procuraron dicho texto como compañero de fatigas en la contienda, destacando entre ellos los nombres de Robert Graves y Gabriele d'Annunzio. Y tampoco debemos olvidar que a Gavrilo Princip, el asesino del archiduque Francisco Fernando de Austria-Hungría y su esposa, la condesa Sofía, cuya acción habría de precipitar la crisis del año 1914, le gustaba mucho recitar el poema de Nietzsche titulado «Ecce Homo», del que resalta, como aplicado a él mismo, el siguiente verso: «Insaciable cual la llama / quemo, abraso y me consumo».[6]

Con independencia de la opinión que nos merezca todo esto, también habrá de exigirnos un notable esfuerzo encajar la idea de la segunda cuestión que aquí nos ocupa. Me refiero al hecho de que en 1914 fueran tantas las personas que *aclamaran* el estallido de la conflagración. También esto presenta ciertos matices nietzscheanos, puesto que había quien consideraba que la guerra constituía la última y suprema comprobación de las cualidades heroicas que uno pudiera poseer, una puesta a prueba de la voluntad y una oportunidad sin parangón de vivir la experiencia de un ímpetu exultante. Pero no para ahí la cosa, porque la guerra era más que eso —mucho más incluso—: a los ojos de muchos contemporáneos, la guerra poseía dotes *redentoras*.

Ahora bien, ¿de qué tenía que redimir la guerra al hombre?, podemos preguntarnos. Y la verdad es que no faltan elementos capaces de proporcionar una respuesta. Antes del año 1914, el atractivo de las obras de Nietzsche radicaba en la amplia crítica que se hacía en ellas de la decadencia que todo el mundo tenía ocasión de constatar a su alrededor. Como ya hemos visto, el poeta Stefan George argumentaba en *Der Stern des Bundes* que una guerra podía «purificar» espiritualmente a una sociedad moribunda, noción que también secundaba el dramaturgo alemán Erwin Piscator alegando que la generación que había partido a la guerra se hallaba sumida en la «bancarrota espiritual». El novelista austríaco Stefan Zweig veía en el conflicto una especie de válvula de escape espiritual, en alusión al argumento que poco antes había esgrimido Freud al decir que la sola razón era incapaz de refrenar la irrupción de «los instintos». Y es característica la actitud de los expresionistas, que aguardaban con ansia la aniquilación de la sociedad burguesa, «de cuyas cenizas había de surgir un mundo más noble».[7]

En la novela que John Buchan publicaría en el año 1910 con el título de *Prester John* hay un diálogo en el que se habla de borrar del mapa la civilización occidental, cuya existencia se agota tras haber perdurado por espacio de más de un milenio. Uno de los personajes dice: «Conozco muy bien lo amargo que es el fruto, pues he drenado hasta los tuétanos el jugo de la civilización. Lo que quiero es un mundo mejor y más sencillo». En 1913, Gabriele d'Annunzio le diría a Maurice Barrès, un novelista francés que se oponía a los defensores de Dreyfus, que «la última esperanza de salvación que le queda a Francia es el estallido de una gran guerra nacional», ya que, de otro modo, el escritor italiano veía al país abocado a la «degeneración democrática, a la inundación de la alta cultura francesa por la marea de la plebe».[8] Henri Bergson, compatriota de Barrès, pensaba que la guerra «habría de traer consigo la regeneración moral de Europa», acusando además a los alemanes de ser «meros autómatas desprovistos de alma».[9] En 1913, el poeta francés Charles Péguy juzgaba igualmente que el estallido de una contienda resultaría positivo «debido a que produciría un movimiento de regeneración». El movimiento futurista ya había argumentado en su manifiesto de 1909 que la guerra estaba llamada a ser «la única higiene del mundo», añadiendo en otro lugar que «no hay más belleza que la de la lucha».[10] Por otra parte, también encontramos el anhelo de una gran causa redentora capaz de satisfacer el deseo de grandeza y honor en la poesía prebélica de Rupert Brooke:

> Volver, como nadadores de límpido salto,
> Alegres de un mundo viejo, frío y exánime,
> Abandonar los enfermos corazones que el honor no ha conmovido,
> Dejar a los hombres demediados de sucias y lóbregas canciones,
> Y las mezquinas nimiedades del amor.[11]

Alban Berg, Alexander Scriabin e Igor Stravinsky también participaban de la idea de que la guerra habría de «sacudir el alma de la gente ..., preparándola para logros espirituales». En Alemania sobre todo se tenía la sensación de que se «había expulsado de escena al mundo comercial, dejando el camino libre a los héroes».[12] G. K. Chesterton se mostraría

más prosaico en sus exclamaciones, aunque no por ello habría de conde-
nar con menos fuerza el *statu quo*, ya que declaraba que tanto los ideales
religiosos como los políticos habían entrado en decadencia: «Al hombre
le han terminado fallando esas dos grandes fuentes de inspiración».

Estamos aquí, una vez más, ante una de esas cuestiones que manifiestan revestir un carácter mucho más relevante para los individuos de entonces que para los de ahora, frente a un tema que provocaba hace un siglo muchas más divisiones que en la actualidad. En su libro titulado
Redemption by War: The Intellectuals and 1914, Roland Stromberg señala que la idea de que «la violencia podía permitir que el individuo se descubriera a sí mismo» formaba parte del mobiliario intelectual de la época,
de modo que al estallar la guerra en agosto de 1914 fueron muchos los que
pensaron que se estaba asistiendo a «una especie de triunfo del espíritu
sobre la materia». Sabemos incluso que algunas figuras tan notables como
Arnold Bennett, Sigmund Freud, Henry James y Marcel Proust han dejado constancia en este sentido de que al fin volvían a encontrar la vida interesante, tras el hastío de los años anteriores. Como dice Stromberg, «es
probable que hoy nos resulte más fácil entender la concepción de la guerra como una forma de restauración del sentimiento de comunidad y como
vía de escape para huir de una forma de vida tan vulgar como trivial que la
noción de que el estallido bélico pueda constituirse en un instrumento de
salvación». «Sin embargo, las imágenes que más comúnmente habrían
de surgir de la conmoción provocada por la declaración de guerra de
agosto serían las asociadas con la purificadora violencia del fuego o de las
aguas, las vinculadas con "el herrero que golpea con su martillo al mundo
para otorgarle una nueva forma"», por emplear la expresión de Ernst Jün-
ger. La idea de la «destrucción y la del derecho a la realización de uno
mismo iban de la mano». O como diría en uno de sus versos el poeta británico Isaac Rosenberg, destinado a sucumbir en la contienda: la «vieja
maldición carmesí» debía «Devolver al universo / Su más prístina floración».[13] El académico estadounidense especializado en la historia de Rusia, Hans Rogger, refiere que muchos escritores e intelectuales de Moscú
y San Petersburgo recibieron con los brazos abiertos la noticia de la guerra por considerar que «había liberado a Rusia de la estrechez de miras y
la mezquindad, abriendo nuevas perspectivas de grandeza. Algunos llegarían a considerar incluso que la contienda equivalía a un despertar espiritual».[14] Por su parte, el novelista y poeta austríaco Hugo von Hofmannsthal sostendría que en su país, «el pueblo entero ha quedado
transformado, como vertido en un molde nuevo».

Los sentimientos de este tipo constituían en realidad el reflejo de una convicción de carácter más general, que desde luego reinaba entre los intelectuales: la de que, antes de la guerra, el espíritu se hallaba en una situación enfermiza, puesto que no sólo estaba dominado por la obsesión materialista sino que descuidaba «las cosas de la mente». Estos sentimientos habrían de mantenerse vigentes, hasta cierto punto, incluso en el transcurso de la guerra, es decir, cuando ya se empezaba a comprobar la magnitud que estaba adquiriendo la carnicería. En su *Sinfonía inextinguible*, estrenada en 1916 —en la que se representa una «batalla» entre dos grandes baterías de timbales—, el gran compositor, director y violinista danés Carl Nielsen ofrecerá tributo a la fuerza vital, que se renueva constantemente a sí misma, incluso en la propia muerte, «volviendo nuevamente a la carga con pródiga abundancia».[15]

LA IDEA DE COMUNIDAD: EL OMNIPRESENTE TEMA DE LA GUERRA DEL CATORCE

Junto a todas estas ideas, y en comunión con ellas, se manifestaría asimismo el notable auge del nacionalismo y el patriotismo, dos sentimientos idénticos llamados a causar el asombro de muchos (especialmente el de los socialistas) de quienes habían hecho gala, antes de la guerra, de su cosmopolitismo y su internacionalismo. De acuerdo con Roland Stromberg, el nacionalismo era en cierto sentido una especie de religión alternativa, y cita en apoyo de su afirmación las palabras del ceramista e historiador del arte Quentin Bell: «Los estudiosos de Cambridge, al igual que la gran mayoría de los miembros de la nación, abrazaron la religión del nacionalismo. Estábamos ante un potentísimo y terrible sortilegio, no exento de notable belleza en ocasiones».[16] Para Stromberg, el nacionalismo «venía a coincidir con la búsqueda de un sentimiento de pertenencia a una comunidad, tema omnipresente a lo largo de toda la guerra del catorce». «Uno de los más hermosos resultados de la guerra», escribe Edmund Gosse, radica en el hecho de que «una los corazones».[17] «No quiero morir por el rey ni por la patria», dirá el poeta y crítico de arte Herbert Read en los textos que habrá de redactar en las propias trincheras de combate. «Si muero, será por la salvación de mi alma.» Y en otro pasaje añade: «Durante la guerra solía tener frecuentemente la sensación de que la camaradería que se había desarrollado entre nosotros conseguiría desembocar en la creación de un nuevo orden social cuando llegara la paz. Lo que nos unía era un tipo de relación humana y una realidad que no existían en tiempo de paz, una relación que superaba (o pasaba por alto) toda distinción de clase, posición o educación. No lo llamábamos amor y no hubiéramos reconocido su existencia: se trataba de algo de carácter sacramental y por ello mismo sagrado». Stromberg confirma esta idea al recordar que la presencia de lo sacramental gravita en el trasfondo de la práctica totalidad de las novelas bélicas, siendo ésta, además, la más literaria de todas las contiendas jamás libradas.[18]

Muchos intelectuales compartirían la percepción de que buena parte de las personas corrientes, no pertenecientes al universo de la erudición culta, tenían ahora la oportunidad de liberarse al fin de su «circunscrita y limitada existencia», lo cual debería contribuir a que se restaurara en ellos la sensación de pertenencia a una comunidad. Sin embargo, en Alemania, el círculo de Stefan George alimentaba una perspectiva diferente sobre la cuestión: «Decenas de miles de personas han de morir en esta guerra santa», comentaba George. Sólo de ese modo, proseguía Gundolf, podrá hallar cura la dolencia que aqueja a las almas y ponerse en marcha la evolución espiritual de la nación germana. El historiador alemán Karl Lamprecht se manifestará entusiasmado por «ese maravilloso resurgir de nuestro espíritu nacional ..., felices aquellos a quienes les ha sido dado vivir en una época como la nuestra». Émile Durkheim pensaba que la guerra le permitiría materializar un objetivo por el que llevaba largo tiempo suspirando: el de «reanimar la percepción de pertenencia a una comunidad». El teólogo alemán Ernst Troeltsch se mostraba convencido, por su parte, de que el conflicto lograría que se enardeciera entre sus compatriotas el sentimiento de *Deutschtum*, esto es, el ligado al hecho de ser teutón, un sentimiento que a sus ojos era «equivalente a la fe en la divina omnipotencia de Dios». «La tremenda significación de la declaración de guerra de agosto», añadirá más tarde, «reside en el hecho de que la presión del peligro [que representa el choque] haya acabado por urgir al pueblo a unirse y a dotarse de una cohesión interna que nunca había existido antes».

Otro de los efectos de la guerra se concretaría en la circunstancia de que, en todas partes, «la religión del servicio a la sociedad» animara a las personas acaudaladas, impulsadas por los remordimientos de conciencia, a presentarse en los barrios marginales al objeto de lidiar con la pobreza —o cuando menos a familiarizarse con ella—. «En muchas ocasiones, el intenso deseo de romper con el letal egoísmo desembocaría en la afirmación práctica de la orgánica conexión de la persona con el conjunto de la colectividad.»[19]

Uno de los elementos latentes bajo todos estos elogios de la comunidad redentora guarda relación con el innegable hecho de la diversidad étnica y lingüística constatable en muchos de los estados europeos.[20] Puede que sus habitantes se rigieran en virtud de las cláusulas propias de un derecho consuetudinario común y que compartieran gobierno, pero eso no significaba necesariamente que hablasen la misma lengua o que se reconocieran partícipes de un mismo legado de costumbres. Esto era particularmente cierto en Rusia y Austria-Hungría, pero también resultaba aplicable, si bien en menor medida, a Gran Bretaña, Bélgica, Alemania y Francia. La nueva y sagrada unidad que había venido a fomentar la inminencia del peligro conseguiría superar, durante cierto tiempo al menos, todas las diferencias étnicas, aunque más tarde Hannah Arendt habrá de desacreditar la realidad de todas esas comunidades de nuevo cuño, diciendo que eran de carácter ilusorio (circunstancia que los hechos se encargarían de probar con el tiempo).[21]

No debemos olvidar tampoco la llamada escuela elitista de Max Weber, Gaetano Mosca y Vilfredo Pareto, que se mostraban escépticos respecto a los supuestos logros de la guerra. Pese a que Weber compartiera con otros muchos sociólogos de la época lo que él denominaba «la casi insoportable nostalgia [que sufre la sociedad moderna] por la pérdida del sentido de totalidad», también se adhería al punto de vista de que «el pueblo jamás podrá gobernar, el Estado nunca llegará a desvanecerse y no hay hechizo poético que pueda conjurar la presencia del poder en el mundo». «En la sociedad humana», concluía, «la realización de la ética cristiana es simplemente un imposible».[22]

Al final, como es obvio, la elevada tensión emocional no tardaría en traducirse en cansancio y desencanto. El pintor inglés Lowes Dickinson condenaría el hecho de que los debates suscitados durante la guerra adolecieran de una marcada falta de diversidad. «La única preocupación pasó a consistir en ganar la guerra o en ponerse a salvo disimulándose eficazmente entre los vencedores. Todo cuanto se escuchaba en el extranjero era el estruendo de la artillería, mientras que en nuestro país se asistía sólo al incesante martilleo de una propaganda absolutamente indiferente a la verdad.» Quentin Bell afirmaría, en referencia al Círculo de Bloomsbury, que «ninguno de sus integrantes, por así decirlo, "creía" en la guerra», añadiendo que «todos ellos se negaron en redondo a abrazar la idea de la contienda como empresa religiosa». D. H. Lawrence habría de mostrarse en cambio bastante más ambiguo. Estaba convencido de que «la humanidad es un árbol que necesita ser podado», sostenía que «la gran aventura de la muerte» constituía de hecho un tema perfectamente adecuado para una novela, y se manifestaba sediento de un «verdadero sentimiento de pertenencia a una comunidad». Sin embargo, a sus ojos, no había comunidad alguna en la guerra: «La contienda no fue una lucha, fue un asesinato».

Al igual que más de un colega suyo de años posteriores, el sociólogo y psicólogo social francés Gustave Le Bon habría de argumentar que «la guerra es un antídoto de la anomia o la decadencia, un factor que contribuye a devolver la solidaridad a los miembros de una sociedad». Tal vez esto permita explicar por qué los intelectuales se mostraron tan favorables a ella en un primer momento, dado que para unas personas acostumbradas a vivir apartadas del resto de la comunidad en virtud de su educación y sus intereses, la guerra presentaba quizá la ventaja de volverles a «reunir» con sus semejantes.

En el año 1914, prosigue Stromberg, la situación presentaba además unas características únicas que jamás habían existido y que tampoco volverán a reproducirse después: «Fue un instante particular en el desarrollo de la conciencia, y su tema más significativo habría de ser el de la "cruda realidad" del resurgir del sentido de pertenencia a una comunidad». Para muchos, insiste nuestro autor, la raíz psicológica de la guerra no estaba viciada, antes al contrario, ya que sus orígenes guardaban más bien relación con «una intensa sed de identidad, de unidad común, de metas compartidas, todos ellos objetivos positivos y válidos en sí, distorsionados y desencaminados, desde luego, pero no emponzoñados en su fuente misma».[23]

El espíritu que espoleó los caldeados ánimos del año 1914 fue «un contraveneno para la anomia, un elemento resultante de las poderosas fuerzas que habían barrido el pasado reciente —un conjunto de impulsos urbanos, capitalistas y tecnológicos que habían terminado desgarrando los vínculos primigenios de la gente y provocado una crisis de las relaciones sociales—».[24] Sin embargo, ese antídoto obligó a pagar un precio demasiado alto, razón por la que todavía andamos buscando una alternativa viable.

Dada la importancia de los temas de la redención por la violencia y de la restauración del sentimiento de comunidad, y teniendo asimismo en cuenta la espantosa pesadilla en la que no tardaría en convertirse la guerra de trincheras, quizá no deba sorprendernos que durante la primera guerra mundial acabaran aflorando dos elementos de particular importancia para la cuestión que aquí estamos tratando. Uno de esos elementos es el de la poesía y el otro el del socialismo. En el siguiente capítulo nos ocuparemos del socialismo como religión de repuesto. Sin embargo, lo que ahora hemos de abordar es el extraordinario y revelador alcance del vínculo común entre la poesía y la guerra.

LA IRONÍA Y LA INOCENCIA

«No ha habido ningún otro período en todo el siglo XX en el que los versos se hayan convertido en una forma literaria de tan intenso predominio» como en los años de la primera guerra mundial (al menos en lengua inglesa), lo que explica que haya autores como Bernard Bergonzi —cuyas palabras acabamos de citar— que argumenten que la poesía inglesa «jamás haya logrado superar lo conseguido en el transcurso de esa contienda». Puede decirse de ese modo, por citar las palabras de Francis Hope, poeta y crítico británico, que «en un sentido no del todo retórico, el conjunto de la poesía elaborada a partir de 1918 es en realidad poesía de guerra». Una vez más, la perspectiva que nos proporciona el tiempo hace que ahora no nos resulte difícil comprender las razones de ese estado de cosas. Muchos de los jóvenes que partían al frente eran personas cultas, una cualidad que en esos años implicaba hallarse familiarizado con la literatura inglesa. Para un poeta en potencia, la vida en las primeras líneas de combate, precisamente por resultar muy intensa e incierta, se prestaba particularmente bien a un tipo de estructura poemática más conciso, aguzado y compacto de lo habitual, por no mencionar el hecho de que también constituía una copiosa fuente de imágenes tan impactantes como vívidas. Además, en caso de darse la desdichada eventualidad de que el autor acabara falleciendo, la elegíaca naturaleza de un delgado librillo de poemas presentaba un innegable atractivo romántico. Muchos de los muchachos que habían pasado directamente del césped de los campos de críquet al magullado terreno de las batallas del Somme y Passchendaele eran malos poetas, de modo que las librerías se hallaban atestadas de libros de versos que, en otras circunstancias, nunca habrían llegado a publicarse. Sin embargo, entre todos ellos vendrían a descollar unos cuantos apellidos que hoy gozan de gran renombre.

Es más, como ya señalara Nicholas Murray en *The Red Sweet Wine of Youth: The Brave and Brief Lives of the War Poets*, lo cierto es que esos escritores líricos disfrutan hoy mismo, cien años después de aquellos acontecimientos, de una popularidad mayor que nunca. «La poesía de guerra se estudia actualmente en todos los colegios de Gran Bretaña. Ha pasado a formar parte de la mitología de nuestra condición de nación y se la considera tanto una expresión de la conciencia histórica como de la concienciación política. La forma en que interpretamos —y quizá valga decir también reverenciamos— la poesía bélica dice mucho de nosotros, los ingleses, y de lo que aspiramos a ser como nación.»[25] Hoy en día hay páginas electrónicas dedicadas a los vates de la guerra, y como ya dijera el que fuera poeta laureado* Andrew Motion, su trabajo se ha convertido hoy en un «texto nacional de naturaleza sagrada».

No fueron muchos los poetas de este tipo que dieron en abordar directamente el tema que nos ocupa en este libro. Siegfried Sassoon y Wilfred Owen profesaban ideas anticlericales, según propia confesión. Sassoon se describe a sí mismo diciendo que era «un cristiano muy incompleto y nada practicante ..., y no me parecía que las iglesias pudieran ofrecer solución alguna a los demenciales acontecimientos que estaban teniendo lugar en el frente occidental ... Por lo que consigo recordar, nunca encontré a nadie en las líneas de vanguardia que me dijera una sola palabra de religión. Además, los capellanes castrenses jamás se acercaron a nosotros —como no fuera para enterrar a alguien—».[26] Su poema titulado «Christ and the Soldier» refiere los hechos relativos al calvario sufrido en las cunetas de Francia, una experiencia que, «para la mayoría de los soldados, no fue más que un simple ejemplo de la impotencia de la religión para lidiar con las masacres y catástrofes que soportaban». En *February Afternoon* (publicado en 1916), Edward Thomas lograría hallar un magro consuelo en las creencias religiosas, ya que, en su poema, Dios contempla lo que sucede a sus pies «sordo y ciego como una roca». Wilfred Owen, por su parte, afirmaba haber abandonado la Iglesia evangélica a mediados de 1912: «La totalidad de la tradición teológica se está volviendo cada vez más desagradable a mis ojos».[27] El poema de Edmund Blunden titulado «Report on Experience», uno de sus mejores textos, sostiene en sus versos lo siguiente:

---

* El autor se refiere a un título oficial, de modo que no está haciendo una calificación elogiosa —que no tendría por qué «caducar»—. La distinción de «Poeta laureado» la concede el soberano del Reino Unido por consejo del primer ministro. No conlleva la realización de ningún cometido específico ni obligatorio, aunque se espera que el galardonado acierte a componer versos de especial relevancia para alguna ocasión de carácter nacional o histórico. Andrew Motion disfrutó de dicho privilegio entre los años 1999 y 2009. (*N. de los t.*)

> ...Yo he visto al justo desamparado,
> Su salud, su honor y su virtud vencidas,

rematando el poema con un irónico «Que Dios nos bendiga a todos».[28]

La ironía. En su clásica obra titulada *La Gran Guerra y la memoria moderna*, Paul Fussell expone este argumento: «en la comprensión moderna parece existir una tendencia dominante; dicha propensión es esencialmente la de la ironía; y desde luego resulta irónico que viniera a originarse en gran medida al aplicarse el intelecto y la memoria a tratar de entender los acontecimientos de la Gran Guerra».[29] A continuación Fussell nos proporciona unos cuantos ejemplos con los que ilustrar lo que quiere decir. Una de las razones de que la primera guerra mundial se halle rodeada de un halo de ironía más intenso que el de cualquier otra contienda radica en el hecho de que su estallido fuese más inocente que el de sus predecesoras y herederas. Gran Bretaña llevaba un siglo sin haber conocido un solo enfrentamiento de importancia. Ningún hombre que se hallara en la flor de la vida sabía lo que era la guerra. Y como habría de señalar Ernest Hemingway, las grandes palabras abstractas como «gloria», «honor» o «valentía» resonaban como hueros y obscenos estampidos frente a «los muy concretos nombres de las aldeas arrasadas, el número de las carreteras tomadas, las denominaciones de los ríos, los códigos de los regimientos y las fechas del horror». Fussell se tomará la molestia de enumerar los eufemismos propagandísticos con los que se intentaba minimizar el impacto de lo que estaba sucediendo: al amigo se le llama *camarada*; al caballo se le dice *corcel*; el riesgo crudo se transforma en heroico *peligro*; la guerra es *lucha*; no emitir una sola queja es ser un *hombre*; y la sangre de los bisoños soldados se transustancia en «El rojo y dulce vino de la juventud» (en referencia a un verso de Rupert Brooke). Al parecer, al principio hubo quien dio en considerar que la guerra venía a ser poco menos que un juego: en el año 1915, en la batalla de Loos, los miembros del primer batallón del decimoctavo regimiento de Londres se lanzaron al ataque contra las líneas enemigas pasándose un balón de fútbol.

En buena parte de los relatos sobre la guerra, el final —que es también el punto en el que esas narrativas andan más cerca de tener un sentido— es irónico. Fussell cita un episodio sacado de los *Undertones of War* de Edmund Blunden, en el que el autor se encuentra con un joven cabo segundo que se está haciendo un té en las trincheras. Blunden le dedica una sonrisa y un «¡que aproveche!» y sigue su camino. Instantes después una granada de mortero estalla en la trinchera y el desdichado cabo queda reducido a un «montón de pedazos de carne ennegrecida». Cuando todavía no ha conseguido Blunden encajar aquel horror, «el hermano del cabo dobla de pronto el recodo de la zanja y lo contempla todo sin entender nada».

La gama de fenómenos psíquicos que se asocian con las experiencias del frente es inmensa, sostiene Jay Winter, aunque a nadie debería sorprenderle que afloren distintas formas de pensamiento pagano o pre-racional con el insostenible estrés de los combates. Muchos soldados llevaban encima tarjetas con emblemas supuestamente portadores de buena fortuna, metiéndose una cartulina distinta en cada uno de los numerosos bolsillos del uniforme. Otros se habían procurado un puñadito de tierra de su pueblo natal, o de polvo de la iglesia o la capilla a la que acostumbraran a acudir. Un capellán militar de Aberdeen señalaría lo siguiente: «Desde luego, no hay duda de que el soldado británico profesa una religión; de lo que no estoy tan seguro, sin embargo, es de que su fe sea la fe cristiana».[30] El problema estribaba en que «la experiencia que se vivía en las trincheras no podía ser fácilmente explicada en los términos de la teología convencional (y de hecho resultaba difícil dar cuenta de ella en cualquier sentido racional)».

El espiritualismo habría de medrar, más que en ningún otro grupo, entre quienes habían mantenindo hasta entonces un fuerte vínculo con las confesiones de mayor arraigo. El francés Charles Richet lograría llevar a cabo un notable ejercicio de investigación espiritista en el frente, publicando más tarde sus resultados en el *Bulletin des armées de la République* en enero de 1917. Había contado con un gran número de participantes —entre soldados rasos, médicos militares y oficiales—, descubriendo que muchos de ellos referían con gran frecuencia y exactitud haber tenido premoniciones de muerte posteriormente confirmadas por los hechos, y no sólo de fallecimientos previstos en las filas de los propios combatientes, sino en las de los miembros de sus respectivas familias en retaguardia.

En Gran Bretaña, Hereward Carrington elaboró un estudio titulado *Psychical Phenomena and the War* en el que analizaba un conjunto de casos en los que, al parecer, distintos soldados muertos en combate habían empezado a enviar mensajes de esperanza y consuelo a sus seres queridos, abrumados por el pesar del duelo. Por otra parte, tanto en Francia como en Gran Bretaña circulaba un abundante número de relatos de soldados fallecidos que, según se decía, se presentaban espontáneamente en las ceremonias conmemorativas. Otros veían ángeles en el campo de batalla, jinetes espectrales o «neblinas luminosas». Jay Winter recuerda que no podía contarse en modo alguno con la garantía de un enterramiento en toda regla, puesto que ni siquiera era eso lo que ocurría normalmente, señalando que esa circunstancia podría contribuir a explicar la raíz de buena parte de esos relatos. Era justamente el universal carácter del luto y el dolor lo que alimentaba lo que Winter denomina la «tentación espiritualista». Se trataba sin duda de una reacción más que comprensible, pero no más que la repugnancia, el desengaño y el cinismo con el que abandonaron las trincheras quienes lograron sobrevivir a aquellos cuatros años de carnicería —lo cual obligaba a tratar de encontrar algún tipo de «sentido» a tanta brutalidad.

Fussell cita por su parte el poema de Philip Larkin titulado «MCMXIV» —escrito a principios de la década de 1960— en un epígrafe de *La Gran Guerra y la memoria moderna* que el mismo Fussell rotula con el verso final de la composición de Larkin: «Never Such Innocence Again». Y éste es justamente el principal argumento de Fussell: el de que en ese preciso instante la ironía hizo irrupción en el mundo anglosajón, presentándose *a modo de significado*, o incluso como redención. Sin embargo, la ironía sólo permite la expresión de significaciones de poca envergadura, la manifestación de sentidos paradójicos —pudiendo decirse incluso que es *contraria* al significado, ya que desde luego es *opuesta* a todo lo trascendental.

No es difícil comprender lo que Fussell pretende transmitir. Tras la «Gran» Guerra, la noción misma de «grandeza», en el sentido de grandes proyectos, grandes motivos y grandes ideas, se vio sometida a la más profunda de las sospechas, por no decir que había quedado ya totalmente inservible. Ésta es tal vez la razón de que la poesía se convirtiera en la forma artística predominante durante la guerra: la vida —la buena y la mala vida, la vida de las trincheras, la vida doméstica (o el residuo al que se reduce la que llevamos al vernos separados de nuestras familias)— se revela formada por las pequeñas cosas que detectan los poetas, por esos importantísimos detalles a los que logramos conferir una apariencia de significación, lo que con frecuencia no deja de resultar irónico. Como dicen los poetas, y como también mantuvieron antes que ellos los fenomenólogos y los pragmatistas, todo el placer de la vida reside en las pequeñas cosas. Ése es uno de los significados de la Gran Guerra. Cuando la ironía hace acto de presencia en la imaginación, la primera víctima de la guerra deja de ser la verdad y pasa a ser la inocencia. Esta contienda fue como un seísmo que vino a arrasar el paisaje de la fe. Tras la Gran Guerra, la gente dejó de confiar en las creencias, en todas las creencias.

Cabría considerar que la teosofía y el espiritualismo trataron de rescatar a la religión de su inanidad confiriéndole la credibilidad «científica» que se echaba en falta en el cristianismo.[31] Como dice un erudito cristiano, el holandés Henderik Roelof Rookmaaker, en *Modern Art and the Death of a Culture*: «Tanto Mondrian como otros artistas de parecida sensibilidad habían estado levantando un hermoso baluarte para las personas de inclinaciones espirituales, una fortaleza extremadamente formal y racional ..., sin embargo, lo hicieron al borde de un profundísimo abismo, un abismo al que no osaron dirigir la vista».[32] No obstante, añade, no tardaría en surgir una corriente distinta que sí iba a atreverse a asomarse al precipicio: el surrealismo.

El más inmediato precursor de los surrealistas fue Giorgio de Chirico, cuyo autorretrato, elaborado en 1913, lleva por título *¿Y qué he de adorar sino el enigma?* Otras pinturas suyas darían continuidad a este mismo tema: *El enigma de un día* (1914), *Misterio y melancolía de una calle* (también de 1914) y *Las musas inquietantes* (de 1916). Todas estas obras muestran lo mucho que le preocupaba la presencia de algo alarmantemente extraño en un contexto por lo demás del todo anodino, una preocupación que le llevaría a elaborar telas bañadas en una luz insólita, con alargadas sombras cuyo punto focal no aparece por ninguna parte.[33] Los comentarios con los que el mismo De Chirico trataría de esclarecer sus creaciones apuntan al hecho de que su objetivo consistía en identificar un «presentimiento» existente desde los tiempos de la prehistoria. «Podríamos considerar», afirma, «que ese presentimiento es el de la eterna constatación de la irracionalidad del universo». El planteamiento de De Chirico sostiene, implícitamente, que esa misteriosa sensación es en realidad la fuente de la que emana el sentimiento religioso.

André Breton se apoyaría en esta idea al concebir su *Manifiesto surrealista* (publicado en 1924), en el que mantenía que el objetivo de los surrealistas consistía en liberar al individuo de las ataduras impuestas por lo racional valiéndose de métodos como el de la escritura «libre» (o automática) —de un tipo muy similar al que había empleado Yeats al abandonarse a esa práctica en compañía de su esposa—. Lo que se pretendía al utilizar dichos medios era descubrir las fuerzas irracionales presentes en la esfera del inconsciente. En este sentido, el surrealismo constituía un intento de reencantar deliberadamente un mundo previamente desacralizado por la ciencia, de modo que no es descabellado considerarlo, en esa medida, como una acción de carácter esencialmente terapéutico.

El surrealismo difería de las demás formas del arte moderno por el doble hecho de requerir una maestría técnica verdaderamente consumada (circunstancia que contribuiría a dotarlo de popularidad) y de ocuparse de los sueños y de la posibilidad de que su simbolismo viniera a ser la representación de una realidad «más honda» y subyacente a la vida consciente. Además, el surrealismo sostenía que el orden es algo meramente superficial, siendo lo realmente importante el significado que se agazapa bajo esa superficie, un significado de un tipo totalmente distinto al habitual. En su manifiesto, Breton resaltaba la idea de «la omnipotencia de lo onírico», destacando al mismo tiempo la existencia de «ciertas formas superiores» que todavía no habían sido descubiertas, marcadas todas ellas con el sello distintivo de la irracionalidad. El surrealismo se proponía revelar esas formas ocultas, unas formas que, según afirmaban, «brotan al dictado del pensamiento siempre que se halle totalmente ausente el control que acostumbra a ejercer la razón, es decir, si se deja que la mente fluya sin el corsé de toda cuita estética o moral».[34]

Este rechazo de la razón se debía en gran medida, como es obvio, a los estragos de la guerra y a la convicción de que lo que ahora se precisaba era una nueva forma de vida. El mejor ejemplo de esto habría de proporcionarlo Max Ernst, que dice en su autobiografía: «Max Ernst falleció el día 1 de agosto de 1914. Resucitó el 11 de noviembre de 1918, transfigurado en un joven aspirante a mago decidido a descubrir los mitos de su época».[35] El objetivo de esa nueva mitología consistía en reemplazar a la antigua, propósito que se puede apreciar con toda claridad en la tela que Ernst titulará *La Virgen castigando al niño Jesús ante tres testigos* (elaborada en 1926) —los testigos eran André Breton, Paul Éluard y el propio Max Ernst—. Este óleo constituye una parodia de los personajes del Renacimiento clásico y los motivos paganos. En otras pinturas, Ernst introduciría también en sus temáticas elementos procedentes de fuentes no cristianas, como habrían de hacer asimismo en sus trabajos surrealistas tanto Paul Delvaux como Joan Miró.[36]

Sin embargo, lo que resulta más sorprendente del movimiento surrealista es el dominio técnico de sus artistas y los convincentes esfuerzos que habrán de realizar éstos para representar en sus cuadros el inquietante mundo del inconsciente (pese a que Freud observara que, por oníricas que resultaran las obras de Salvador Dalí, no dejaban de ser producto de una mente consciente). La maestría técnica era algo más que una simple casualidad de carácter secundario. Se ha dicho, por ejemplo, que la pintora y fotógrafa suiza Méret Oppenheim era una artista surrealista —señalando, por ejemplo, el hecho de que realizara obras como la titulada *Juego de desayuno de piel*, en la que aparece una taza, un platillo y una cuchara corrientes (salvo por el hecho de estar revestidas de piel)—. Pero este tipo de trabajos responden también a una pura fenomenología, dado que llaman la atención sobre las cualidades cotidianas de las tazas, los platillos y las cucharas mediante el simple hecho de interferir en esa misma cotidianidad. A los surrealistas les gustaba mostrar que la realidad contiene o transmite algo más de lo que pensamos; que el caos y el sinsentido son tan inherentes a la condición humana como la razón; que el irracionalismo es una fuerza perturbadora de la que brotan en igual medida elementos de carácter misterioso, aterrador o pasmoso; y que existen diferencias entre todo cuanto es propio del surrealismo y todo aquello que pertenece al universo de lo sobrenatural.

La obra más influyente del surrealismo es posiblemente la que René Magritte dio en titular *La condición humana*. Este lienzo, de técnica realmente consumada, muestra un cuadro en el que se representa el mar y la arena de la playa. Pero el cuadro está colocado sobre un caballete que se yergue sobre la propia playa que aparece pintada en él, de modo que la imagen que figura en la tela se confunde con el mundo «real» que se halla tras de ella, casi al modo de una transparencia. El óleo resulta un tanto perturbador, pero transmite adecuadamente la idea de que el hecho mismo de sentirse perturbado no «significa» nada. La religión es la respuesta que damos los seres humanos a la presencia de un sentimiento de inquietud o de temor que simplemente forma parte de la condición humana, la cual constituye un misterio que no significa nada.

No obstante, el surrealismo es una forma artística mucho más seria —y mucho más acabada— de lo que a menudo suele aceptarse.

Capítulo 10

LA CRUZADA BOLCHEVIQUE EN DEFENSA DEL ATEÍSMO CIENTÍFICO

En el capítulo anterior vimos que el «omnipresente tema» de la guerra del catorce —que en sus prolegómenos e inicios habría de concitar el entusiasmo de un gran número de personas— fue el tema de la «comunidad», el deseo de recuperar la vida comunitaria que había existido antes de que las fuerzas del modernismo la destruyeran. En un clima intelectual y emocional de tales características, y dada la grave alteración social que vino a causar el conflicto, habría resultado lógico esperar que el socialismo, uno de los más estimulantes sucedáneos religiosos de la época, y quizá incluso el sustitutivo de las preocupaciones confesionales más importante de todos los tiempos, se hubiera mantenido a la espera entre bastidores, por así decirlo, dispuesto a aprovechar el caos en su favor. Lo cierto es, sin embargo, que las cosas no funcionaron de ese modo.

Pese a que Karl Marx y Friedrich Engels hubieran dejado escrito en *El manifiesto comunista* que «el proletariado no tiene patria», pese a que se opusieran tajantemente al nacionalismo, pese a que consideraran que la guerra era invariablemente enemiga de los intereses de las masas trabajadoras («al suponer una inyección de ganancias ilícitas destinadas a prolongar la miserable vida del capitalismo»), y a pesar de que Marx dijera que los choques bélicos eran a sus ojos las «comadronas de la revolución», la Gran Guerra acabaría estimulando el surgimiento de un brote nacionalista que, en términos generales, los partidos socialistas (todos ellos relativamente recientes) abrazarían de tan buena gana como la generalidad de las formaciones políticas de la época. Da por tanto la impresión de que los sentimientos nacionalistas vinieron a constituirse en todas partes en un desafío para las tendencias internacional-socialistas que también estaban surgiendo por doquier. «Los dirigentes socialistas se percataron de que se estaba levantando, procedente de las capas más elementales de la sociedad, una oleada de espontáneo patriotismo, y respondieron a ese movimiento.»[1]

No obstante, cuando decimos que el nacionalismo supuso un reto para el socialismo «en todas partes» debe entenderse, claro está, «con la posible salvedad de Rusia», como todo el mundo sabe. En este país, la revolución llevaba meses constituyendo un acontecimiento previsto y previsible —máxime al ir prolongándose la duración de la Gran Guerra y comenzar a aumentar el número de bajas—. En el nuevo tipo de contienda de masas a cuyo surgimiento se estaba asistiendo, no podía excluirse la posibilidad de que estallara un frente interno, sobre todo teniendo en cuenta que el sufrimiento de la población se intensificaba —sin que contribuyera en nada a mitigarlo la incesante serie de escándalos en que no dejaba de incurrir el gobierno—. En cualquier caso, el final del régimen zarista habría de precipitarse con sorprendente rapidez, instaurándose así, con la revolución de febrero de 1917 (ocurrida entre los días 26 y 29 de febrero de acuerdo con el calendario juliano y entre el 8 y el 11 de marzo según el cómputo gregoriano) un «poder dual». En términos oficiales, se acababa de instituir un gobierno provisional llamado a regir los destinos de la nación hasta que se hiciera posible convocar elecciones y reunir una asamblea constituyente. No obstante, también había un centro de poder oficioso —el Sóviet de Petrogrado de los diputados de obreros y soldados—. Éste habría de ser, durante un tiempo, el auténtico órgano de poder institucional. Poco después, aunque siempre ese mismo año, los soldados que luchaban en el frente comenzaron a desertar en masa, los campesinos iniciaron un movimiento que les llevó a apoderarse de las tierras de los aristócratas y los obreros se hicieron con el control de las fábricas. La revolución bolchevique (ocurrida los días 26 y 27 de octubre de 1917, según el calendario juliano y entre el 7 y el 8 de noviembre, de acuerdo con el gregoriano) instauró una «dictadura del proletariado» cuyos objetivos inmediatos se centraron en dos puntos: la consolidación del poder bolchevique y la salida de Rusia de la primera guerra mundial.

Esta meta doble no habría de lograrse sino con grandes costes. En marzo de 1918, el gobierno ruso aceptó los términos que le imponía Alemania: la firma del Tratado de Brest-Litovsk le obligó a perder los estados bálticos, grandes extensiones de Ucrania (que había sido hasta entonces el granero de Rusia), de Bielorrusia y de Polonia, junto con varias franjas territoriales de Transcaucasia —por no mencionar el pago de una cuantiosa indemnización en oro—. Las tropas alemanas no se retiraron hasta el siguiente mes de noviembre (y sólo por haberse firmado un armisticio en el frente occidental), circunstancia que no obstante dejó un gran vacío de poder que desembocó en la sangrienta guerra civil que terminó enfrentando al ejército «rojo» con el «blanco».[2] Al terminar dichas hostilidades, la economía se hallaba completamente paralizada a todos los efectos, habiendo fallecido en el enfrentamiento un mínimo de trece millones de personas —la inmensa mayoría de ellos como consecuencia del hambre y las epidemias y no tanto por efecto de la guerra—. La terrible hambruna de los años 1921 y 1922 acabaría con la vida de cinco millones de rusos más, con el no menos dramático corolario de los millones de niños huérfanos o abandonados que empezaron a vagar por la campiña, obligados a robar para sobrevivir.

El resto de las maquinaciones y maniobras que terminaron determinando que la Gran Guerra viniera a provocar la revolución rusa de 1917 no son aquí de nuestra incumbencia. Lo que sí nos interesa en cambio es el carácter del marxismo, y ello al menos por dos razones. Una de ellas estriba en el hecho de que fueron muchas las personas que consideraron que, en muchos sentidos, el marxismo venía a ofrecer una especie de estructura religiosa alternativa; y el segundo motivo radica en la circunstancia de que dicha filosofía proporcionara las bases del más decidido intento jamás realizado de erradicar a Dios de la vida humana.

UNA NUEVA FASE EN LA EVOLUCIÓN DE LA HUMANIDAD

Como dice el historiador Bruce Mazlish, Marx fue una de las Esencias del socialismo primitivo. Lo que se pretende afirmar con esto, siquiera implícitamente, es que el filósofo se hallaba rodeado de una cierta aureola religiosa y ascética, pero la verdad es que no resulta en modo alguno sencillo caracterizar la figura de Marx. Hay ocasiones en las que él mismo se considera un científico, invocando el nombre de Darwin y comparando sus deducciones a las suyas como descubridor de un conjunto de leyes no pertenecientes a la «tecnología natural», sino a la «tecnología humana». A finales de la década de 1830, es decir, en el último tramo de la época romántica, Marx habría de elaborar también varios poemas, y trabó amistad con Heinrich Heine, Ferdinand Freiligrath y Georg Herwegh. Como también señala Mazlish, la difusión del marxismo presenta semejanzas con la expansión del cristianismo y el islam. Por consiguiente, no debería sorprendernos comprobar que el primer suelo en el que habría de conseguir arraigar el marxismo fuera el ruso, un país atrasado y extremadamente religioso en el que todavía no se había iniciado el proceso de industrialización capitalista.

Además, Marx tampoco habría de revelarse inmune, como bien recuerda Mazlish, al lenguaje empleado por Lutero en su traducción de la Biblia. «Hay quien argumenta que Marx es heredero y continuador de la tradición de los grandes profetas judíos, que acostumbraban a dirigirse en atronadores términos al género humano ... Sin embargo, Marx habría de recibir dicha tradición en su forma luterana, dado que se le dio la educación propia de un creyente cristiano. No es necesario precisar aquí que Marx no tardaría en abandonar su condición de creyente, del mismo modo que tampoco estamos queriendo decir que Lutero fuese un precursor del comunismo ... Lo que sí comparten ambos hombres, sin embargo ..., es el empleo de una determinada estructura retórica, a saber, la consistente en articular de manera muy característica la tradición apocalíptica que sabe avanzar paso a paso ... desde una situación original de opresión y dominación hasta la culminante consecución de una comunidad perfecta.»

Pese a que terminara convirtiéndose en un ateo militante, «en alguien que se burlaba de la "unión con Cristo"», tanto la función de la religión como el lugar que ésta ocupa en nuestra psicología habrán de conservar una importancia de primer orden en Marx.[3]

Marx tuvo siempre tanto de filósofo como de economista. Su afirmación más relevante, que logrará exponer en toda su magnitud en *Das Kapital*, consiste en sostener que el obrero se «empobrece tanto más cuanto mayor sea el volumen de riqueza que produzca». Marx insiste en que la pobreza del trabajador aumenta «aun en el caso de que se reciba una paga mejor», debido a que lo que se incrementa es su alienación —lo que significa que el trabajador se ha empobrecido *como ser humano*—. Ésta es la razón de que Marx decida desarrollar el concepto de alienación, argumentando que ésta tiene su origen en el trabajo y presenta cuatro aspectos definitorios: 1) en el capitalismo, el trabajo deja de ser una capacidad del trabajador —ya que pasa a convertirse en una entidad ajena a él, una entidad que le domina—; 2) el acto mismo de la producción aliena al trabajador, alejándole de su propia esencia —es decir, pasa a ser menos que un hombre—; 3) las necesidades del mercado —y las exigencias de la fábrica— convierten a los hombres en extraños entre sí, distanciándolos; y

4) esas mismas circunstancias les enajenan respecto de la cultura que les rodea. Marx creía que estas fuerzas de la alienación estaban alumbrando un tipo de psicología nuevo.

Su primer logro fue emplear en sus escritos el tono de quien ha logrado descubrir una nueva ciencia, una ciencia capaz de revelar el advenimiento de una fase inédita en la evolución del género humano. Atribuye a ingleses y franceses el mérito de haber sido los primeros en comprender que la historia es la historia de la industria y el intercambio comercial, lo que determina evidentemente que la historia económica deba ocupar un lugar central en el estudio del desarrollo de la humanidad. Desdeña en cambio la historia política, afirmando que no existe ningún contrato social del tipo que preconizara Rousseau. Todo cuanto existe son relaciones de orden económico, y únicamente éstas «tejen vínculos entre los hombres». Estos planteamientos provocarían una profunda revolución en la ciencia política.[4]

Marx sostendría asimismo que esta división económica del trabajo es justamente el elemento que subyace «al surgimiento» del Estado. Lo que el Estado ofrece es en realidad una vida comunal de carácter ilusorio. Es verdad que existen familias y clases, y que éstas vienen a proporcionar una cierta identidad al individuo, pero «de aquí se sigue que todas las luchas que se desarrollan en el seno del Estado, los choques que oponen a la democracia con la aristocracia y la monarquía, las luchas por el derecho de sufragio, etcétera, etcétera, no son sino formas ilusorias bajo las que se ventilan las luchas reales entre las diversas clases». La vida política no es más que un velo que impide apreciar con claridad las «verdaderas pugnas» que encuentran fundamento en la división del trabajo y la propiedad privada, lo cual se convierte a su vez en una nueva causa de alienación. Esto conduce a Marx a redactar un pasaje célebre en el que aborda el tema de las «ideas dominantes» de una sociedad: «Las ideas de la clase dominante son las ideas dominantes en cada época; o dicho en otros términos, la clase que ejerce el poder *material* dominante en la sociedad es, al mismo tiempo, su poder *intelectual* dominante». Debido a esto, la transformación de los hombres (a mejor y «a gran escala») únicamente puede lograrse por medio de un acto, esto es, de una *revolución*. «Sólo en la actividad de la revolución misma logra el hombre transformarse a sí mismo en un hombre nuevo, limpio y depurado de su ser anterior.»[5]

Ahora bien, ¿hemos de leer *El capital* como si se tratara de un árido libro de texto? No necesariamente. «Los trabajadores que nunca han leído *El capital* pueden ver no obstante con claridad que la sensación de estar siendo explotados que tanto tiempo llevaban experimentando poseía en realidad un fundamento científico.»[6] El objetivo de *El capital* radicaba, como muy bien entendió Engels, en convertirse en la Biblia de los obreros, en pasar a formar parte de una campaña destinada a otra revolución: la de despertar las conciencias. Y en este sentido, hemos de decir, que finalmente alcanzó su propósito.

EL ACERO, EL MARTILLO Y LA PIEDRA

Tras hacerse con el poder en 1918, los dirigentes bolcheviques comenzaron rápidamente a ocuparse de una urgente tarea: la de extirpar de la vida rusa todo resto de religión organizada. Una de sus primeras iniciativas fue la de modificar el calendario, pasando así del sistema juliano al gregoriano —medida cuya intención consistía en confundir a la gente y dificultarles la determinación de los períodos de festividad religiosa de la Iglesia ortodoxa—. También elaboraron los programas laborales de forma que vinieran a chocar invariablemente con las fiestas religiosas, culminando esta serie de reformas con la sustitución de la semana laboral de siete días con una semana de sólo seis jornadas: cinco dedicadas al trabajo y la sexta libre. De este modo abolían *de facto* el domingo al objeto de impedir que los creyentes acudieran a las celebraciones litúrgicas de ese día.[7]

En la década de 1920, el Partido Comunista fundó la Liga de los ateos militantes, concebida para difundir la doctrina del marxismo-leninismo, la cual pasó a recibir el nombre de «ateísmo científico». «En general, en el ateísmo científico venía a confluir la creencia en el socialismo utópico con el mandato ético consistente en divulgar el mensaje del ateísmo. El papel de la Liga de los ateos militantes consistiría en enseñar la deontología del ateísmo científico como dogma con el que sustituir las enseñanzas morales propias de las teologías populares. Los miembros de esa Sociedad de los sin Dios, como también habría de conocerse a la Liga, argumentaban que las doctrinas religiosas generaban, por emplear el término nietzscheano, una "moral de esclavos" con la que se engañaba a quienes creían en una religión, haciéndoles confundir la pasividad con el bien moral.»[8] Y al objeto de impulsar la consecución de sus metas, la Liga dio en crear un conjunto de «células», o casas de promoción del ateísmo, un sistema mediante el cual los habitantes de las comunidades rurales tenían la posibilidad de aprender en qué consistía el ateísmo, debatiendo acerca de la falsedad de la religión. También se puso a disposición de la gente un boletín informativo de carácter ateo a cuya cabecera figuraba el rótulo *Bezbozhnik*.*

El Plan quinquenal de propaganda antirreligiosa que se adoptó en el año 1932 concebiría el proyecto de instituir en último término un millón de esas células, superando así el número que habían alcanzado las antiguas parroquias en una proporción de sesenta a uno. La cifra de iglesias ortodoxas rusas fue drásticamente reducida, pasando de las 54.000 existentes en el año 1914 a las 39.000 de 1928 (y descendiendo hasta 4.200 en 1941). Pero no sólo habría de ser la fe cristiana la que sufriera estos embates. El número de tribunales islámicos disminuyó igualmente, de los 220 de 1922 a tan sólo siete en 1929. Lo que más odiaban los primeros comunistas era específicamente el componente sobrenatural de la religión. De este modo, y en sustitución de dicho elemento, se daba por supuesto que el marxismo-leninismo contaba con vías de acceso exclusivo a la verdad, a través de las «sagradas» escrituras de Marx y Engels —textos que a los ojos de los partidarios del régimen tenían el carácter de una revelación divina, una revelación que venía a situar las relaciones económicas y los intercambios comerciales en el epicentro del sistema de creencias.

Enseguida habremos de retomar este asunto del ateísmo científico, pero antes hemos de recordar a Nietzsche, dado que, como han mostrado las recientes investigaciones académicas sobre el particular, las influencias y transformaciones que sufrió en sus primeros pasos el estado de cosas soviético —tanto en el plano intelectual como en los niveles social y político— revela deber tanto a las ideas del filósofo alemán como a las convicciones de Marx, Engels y Lenin. La estudiosa más destacada en este ámbito es Bernice Glazer Rosenthal, profesora de historia de la Universidad de Fordham. Esta autora sostiene que, a pesar de que durante la mayor parte del período soviético «el nombre de Nietzsche quedara prácticamente convertido en una palabra inmencionable, no pudiendo emplearse sino como voz peyorativa», y a pesar asimismo de que a partir del año 1920 se eliminaran todas sus obras de las estanterías de las bibliotecas del pueblo, es preciso tener en cuenta que los textos no sólo no desaparecieron de todas esas instituciones, sino que los particulares que poseían ejemplares propios adquirieron la costumbre de ir pasándoselos de mano en mano, un hábito que acabaría convirtiéndose en una tradición en la Europa oriental conforme fuera avanzando el siglo.[9]

* Voz rusa cuyo significado es justamente ése: *Ateo*. (*N. de los t.*)

A pesar de todo ello, insiste Glazer Rosenthal, el divulgador de la idea de «cómo filosofar con el martillo», noción con la que habría de conocerse a Nietzsche en toda Rusia, tocaba en realidad una fibra muy profunda del alma cultural rusa. Cabe decir, hasta cierto punto, que Dostoievski había preparado al país para el advenimiento de Nietzsche, y en muchos aspectos las ideas del filósofo alemán se revelaban plenamente compatibles con el marxismo, cuando no daban en abordar cuestiones que Marx y Engels habían pasado por alto. Las tesis de Nietzsche sobre la maleabilidad del lenguaje, su desprecio por lo que él denominaba las «viejas palabras» y su aprecio por la «palabra renovada» —según una expresión de resonancias bíblicas— acabarían por impresionar a un grupo de intelectuales a los que Rosenthal denomina «marxistas nietzscheanos», en referencia a figuras como las de Aleksandr Bogdanov, Anatoly Lunacharski y Maksim Gorki. Otro de los puntos de contacto en los que Nietzsche y el marxismo terminarán por formar prácticamente un tándem será el de la ácida denuncia que el filósofo hace del individualismo: el mundo se hallaba —por emplear sus propias palabras— «desgarrado y desmembrado en individuos», circunstancia en la que radicaba, a sus ojos, la fuente de todos los males. Nietzsche era el adalid de una forma de individualidad distinta —la consistente en el logro de la «autorrealización personal en el seno de una comunidad»—.[10] Además, a los bolcheviques también les gustaba tanto la visión nietzscheana del universo entendido como un ámbito irracional, «cuya única constante es la ciega voluntad», como su idea de que la ciencia disminuye al hombre, y muy especialmente el darwinismo, dado que insiste en la «mera supervivencia» y no en la creatividad.

Y si Dostoievski había preparado el terreno ruso para que Nietzsche pudiera encontrar arraigo, lo mismo puede decirse, según mantiene Rosenthal, de la *intelligenty* rusa, es decir, de sus intelectuales. La *intelligenty* era en realidad un movimiento surgido a mediados del siglo XIX, integrado fundamentalmente por los hijos e hijas de los aristócratas que estaban decididos a transformar Rusia, una nación que por esa época se hallaba extremadamente atrasada en términos de industrialización y urbanización. Además, el hecho de que muchos de esos miembros de la nobleza fueran ateos no les impediría aceptar los valores de la kénosis, esto es, los ideales del sacrificio de sí, de la humildad y del amor, en la confianza de que las ideas procedentes de otros países europeos más «avanzados» que el suyo alcanzarían a transformar la tierra rusa. Este planteamiento también venía a constituir, como bien dice Rosenthal, una verdadera religión alternativa, una ideología de salvación.[11] Nietzsche se hallaría presente incluso, según sugiere nuestra autora, en los seudónimos adoptados por algunos bolcheviques, en particular en el caso de Stalin (cuyo verdadero nombre era Iósif Vissariónovich Dzhugashvili), de Molotov (Viacheslav Mijáilovich Skriabin) y de Kamenev (cuyo nombre era Lev Rozenfeld), puesto que dichas denominaciones proceden de las palabras con las que se designa en lengua rusa al «acero», al «martillo» y a la «piedra», respectivamente —todas las cuales recuerdan y responden al mandato nietzscheano que trata de galvanizar a sus seguidores con esta exclamación: «¡Sé fuerte!».[12]

Entrando ya en consideraciones culturales de carácter más conciso, cuya orientación podría considerarse a un tiempo como un planteamiento post-cristiano y como un conjunto de propuestas tendentes a sustituir a la religión, Rosenthal pasará a centrarse tanto en el simbolismo ruso como en el futurismo y la «cultura proletaria»,* ocupándose en particular de las ideas de Dmitry Merezhkovski, Viacheslav Ivanov, León Chestov, Anatoly Lunacharski, Maksim Gorki, Aleksandr Bogdanov y Sergei Eisenstein. El simbolismo ruso, señala la historiadora de la Universidad de Fordham, «se inició como una religión artística ... Y sus principales afirmaciones pasaban por mantener que la creatividad estética es lo que confiere sentido a la vida ..., y que el arte es la vía que conduce a las más altas verdades».

El simbolismo encontró en parte su punto de arranque en el rechazo de la cultura de masas común y corriente. «Las obras simbolistas no sólo puentean el intelecto para apuntar directamente a la psique sino que se elaboran tanto con la intención de evocar una sucesión de asociaciones subliminales como con el propósito de inducir el surgimiento de unos estados de ánimo a un tiempo etéreos y misteriosos. Por su parte, la poesía tiende más a sugerir que a afirmar, haciéndolo en ocasiones con un lenguaje arcano o profético.» Dmitry Merezhkovski pensaba que el «cristianismo histórico» era una ideología obsoleta, pero añadía que la gente necesita de la fe religiosa tanto como del alimento. Lo que él perseguía era la consecución de una «nueva conciencia religiosa», afirmando que ésta debería alcanzarse siguiendo el ejemplo de figuras como las de Johann Wolfgang von Goethe, Aleksandr Pushkin y León Tolstói, autores a cuya causa vendría a sumarse Merezhkovski —pese a discrepar de ellos en un gran número de detalles— al excomulgar la Iglesia rusa a Tolstói. Me-

---

* Noción que se abrevia en ocasiones con el término «Proletkult», contracción de «*proletarskaya kultura*». (*N. de los t.*)

rezhkovski contribuiría a fundar la Sociedad religioso-filosófica de San Petersburgo, que terminaría cerrándose debido a que se consideró que el espectáculo de un grupo de clérigos y otro de intelectuales laicos debatiendo en pie de igualdad y abordando sin tapujos ni cortapisas el papel del sexo en la vida humana era un tóxico demasiado fuerte para el pueblo, que además no dudaba en colmar el aforo de los locales de la Sociedad cada vez que se anunciaba la celebración de uno de aquellos debates.[13]

LA «SOBORNOST»* Y LA CREATIVIDAD: «O CÓMO LIBERARSE DE DIOS»

Viacheslav Ivanov, a quien Rosenthal describe diciendo que se trataba de un «cristiano nietzscheano», también merece ser considerado como un dionisíaco, es decir, como alguien que creía a un tiempo en la «pérdida de la noción del yo», que sobreviene con el éxtasis místico, y en la liberación de las «pasiones y los instintos» reprimidos por el cristianismo. A su juicio, la belleza y la creatividad eran las virtudes que debían predominar, junto con la voluntad de alcanzar la «liberación emocional». Ivanov también habría de profesar lo que él denominaba el «anarquismo místico», esto es, una doctrina que se proponía combinar la libertad personal con la pertenencia a una «comunidad de amor». Solía esgrimir un lema específico, consistente en la «no aceptación del mundo», una actitud que implicaba negarse a aceptar la realidad mundana que Dios había creado, optando en cambio por concebir el futuro advenimiento de una «nueva sociedad orgánica» caracterizada por la libertad, la belleza y el amor.

En realidad, el «anarquismo místico» no era más que una celebración politizada de las tendencias dionisíacas mediante la cual se venía a hacer hincapié en el doble papel catártico de la destrucción y la creatividad —planteamiento en el que se reconoce claramente la influencia nietzscheana—. Sin embargo, según señala Rosenthal, Ivanov renegaba de la «voluntad de poder» promulgada en su día por Nietzsche. Prefería insistir en cambio en la noción de impotencia, asociada en este caso a la instauración de una nueva sociedad en la que ningún ser humano pudiera someter

---

* Como se verá, se trata de un tipo de comunidad espiritual integrada por personas que viven en estrecha comunión. Con este término, acuñado por los primeros intelectuales eslavófilos rusos, se pretende subrayar la necesidad de que las personas cooperen, renunciando al individualismo y logrando que los grupos opuestos se centren en aquello que tienen en común. (*N. de los t.*)

a otro, produciéndose así «el cese de la dominación y la subordinación. El elemento de cohesión social vendrá dado entonces por los internos e invisibles lazos del amor, el mito y el sacrificio». Ivanov no dio en repudiar de punta a cabo la religión cristiana, pero pensaba que no sólo se hacía preciso añadirle algunas cosas sino que también resultaba necesario sustituir otras en diferentes ámbitos de la misma. El teatro dionisíaco, por ejemplo, debía constituir el relevo de los actos litúrgicos de las iglesias, reemplazándose asimismo los dictados del dogma por distintas «experiencias íntimas». Según afirmaba, en sus orígenes, el teatro dionisíaco carecía de espectadores, de modo que todos y cada uno de los intervinientes participaban en la «orgía de la acción» dramática, que pasaba a convertirse de ese modo en una «orgía de purificación». «El coro era una entidad mística, una encarnación de la *sobornost* en la que los participantes se despojaban de su individualidad separada a fin de alcanzar una "unión viviente", estado que Ivanov deseaba hacer extensivo al conjunto de la sociedad. El coro, y no la recién creada Duma, era la auténtica voz del pueblo.» Ivanov sostenía que un teatro cuyas producciones fueran dirigidas al inconsciente e indujeran el afloramiento del «olvido de sí mismo» por medio del «éxtasis místico» lograría propiciar el surgimiento del tipo de «mentalidad no egoísta y comunitaria que requiere una sociedad capaz de organizarse sin coerción».

La idea del teatro dionisíaco no conseguiría cuajar tanto como debiera, ni tanto como Ivanov y otros como él hubieran deseado, a pesar de que la gente comenzara a hablar de una «voluntad de teatro» y de que se crearan numerosos cafés-teatro de carácter dionisíaco en los que se abolía el escenario y se experimentaba estableciendo un diálogo directo entre el autor y los espectadores. Andando el tiempo, Ivanov llegaría a la conclusión de que, «en Rusia, la presencia de Dioniso resulta peligrosa».

León Chestov conseguiría hacerse un nombre escribiendo libros dedicados a presentar toda una serie de interpretaciones novedosas de Dostoievski, Tolstói y Nietzsche. La idea central de sus libros pasaba por subrayar la necesidad de «luchar con Dios», expresión con la que pretendía dar a entender que los dogmas no debían aceptarse jamás sin haber sido previamente sometidos a un concienzudo examen, lo que a su vez desembocaba en el corolario de que, en ocasiones, no podían ser admitidos bajo ningún concepto. De igual modo, Chestov censuraría también los sistemas filosóficos (incluyendo el propio del cristianismo) debido a que, según decía, sólo trataban de imponer al mundo una unidad inexistente y a que disculpaban además los horrores de la vida (cosa que si Dostoievski y

Nietzsche no se habían rebajado a hacer, constituía en cambio una trampa en la que Tolstói sí que había terminado por caer). Chestov no creía ni en la utopía ni en la comunidad —ya que, según mantenía, el sufrimiento siempre es individual, y por consiguiente, argumentaba (con una afirmación que en su tiempo resultaba escandalosa) que la filosofía debía abandonar su vana pesquisa de verdades eternas y dedicarse por el contrario a «enseñar a la gente a vivir en la incertidumbre».[14]

Nikolái Berdiayev propondría por su parte el establecimiento de una religión de la creatividad, cuyo perfil habría de trazar por vez primera en *The Meaning of the Creative Act* (obra publicada originalmente en 1916). En dicho texto, Berdiayev explicaba que la experiencia creativa constituye una vivencia de un nuevo tipo, y que el «éxtasis creativo» supone una «brusca irrupción en otro mundo». A sus ojos la creatividad es el supremo acto de libertad, el acto por el que los seres humanos alcanzan a liberarse al fin de Dios y de Cristo. La creatividad, la liberación y la individualidad formaban en realidad una unidad, una especie de trinidad post-cristiana, con la particularidad de que la consecución de cada uno de esos tres elementos llevaba aparejada una buena dosis de sacrificio y sufrimiento. La «libertad formal», como la denominaba Berdiayev —en referencia a la libertad política—, era algo vacío y negativo, a diferencia de la creatividad, que era una libertad positiva. En el nuevo mundo que él preconizaba, el hecho de «"vivir peligrosamente" sería considerado una virtud, al igual que la determinación de vivir de forma bella y de atenerse a lo hermoso como quien se atiene a un mandamiento ...; la belleza es una gran fuerza, una fuerza llamada a salvar al mundo».[15]

Los marxistas nietzscheanos —expresión que vendría a acuñar el filósofo estadounidense George Kline— despreciaban a un tiempo la moral burguesa y la ética cristiana. También mostraban lo que Kline daría en llamar una «voraz voluntad de futuro», la cual no sólo implicaba «estar dispuesto a reducir a los individuos vivos a la condición de meros instrumentos o medios propicios para la procura de un determinado objetivo futuro sino hallarse igualmente decidido a sacrificar su bienestar e incluso sus vidas en la consecución de dicha meta». Aleksandr Bogdanov creía que en una sociedad de carácter auténticamente científico la gente observaría de forma voluntaria las «normas oportunas» para el interés común, comportándose en esto de manera muy similar a la del ingeniero, que ha de atenerse a directrices de carácter parecido al diseñar por ejemplo un puente. Dichas normas constituirían un reflejo de los valores de la «nueva sociedad», es decir, el espejo de todo un conjunto de virtudes como el trabajo, el igualitarismo, el colectivismo y la «cooperación basada en la camaradería». Bogdanov no dudaría en redactar incluso una lista con las «Diez normas oportunas» destinadas a sustituir a los viejos «Diez Mandamientos» con sus prohibiciones y dictámenes. Escogemos, por su representatividad, cuatro de esos preceptos revolucionarios:

1. No cederás al espíritu gregario.
5. No obedecerás normas absolutas.
6. No te regirás por la inercia.
7. No quebrarás la pureza de los objetivos.

Bogdanov opone aquí la «creatividad» a la «inercia» debido a que le preocupaba la crítica que Nietzsche había hecho del socialismo al declarar que constituía, al igual que el cristianismo, una «moral de esclavos».[16]

EL PLAN CONSISTE EN ALCANZAR EL IDEAL «DEL FUTURO QUE TENEMOS DELANTE», NO EN LOGRAR EL IDEAL «DEL CIELO DE ARRIBA»

Anatoly Lunacharski, que también responde a la definición que nos da Kline del marxista nietzscheano, argumentaba que el proyecto de una sociedad justa y armoniosa constituye una aspiración estética y que el *ideal de lo que está por venir* es una fuerza más motivadora que el *ideal de lo que está por encima*, que únicamente contribuye a fomentar el «misticismo pasivo y el ensimismamiento ... La tarea del activista político», prosigue, «consiste en desarrollar la confianza del pueblo en su capacidad de propiciar un futuro mejor y de concebir un proyecto racional susceptible de materializarlo. La labor del artista radica en cambio en ofrecer una representación de ese futuro y en inspirar a la gente a fin de que se esfuerce en alcanzarlo, infundiéndoles la "emoción de la tragedia y la dicha del combate y la victoria, imbuyendo al mismo tiempo en ellos las aspiraciones propias de un Prometeo, junto con un tenaz orgullo y un coraje implacable, uniendo así los corazones en la enfebrecida voluntad común de dar vida al superhombre"». Lunacharski llegaría a entender incluso las óperas de Wagner en términos nietzscheanos, convencido de que, «ahora que "Dios ha muerto y que el universo carece de sentido", resulta más necesario que nunca disponer de hermosas ilusiones». En su ensayo titulado *Art and Revolution*, Lunacharski hará suya la idea wagneriana de que el arte y los movimientos sociales comparten las mismas metas, es decir, «la génesis de un hombre fuerte, bello [y nuevo], de un hombre que habrá de recibir su fortaleza de la revolución y del arte su hermosura».[17]

Nos hallamos sin duda ante unas palabras que no suenan nada mal, pero lo cierto es que los marxistas nietzscheanos también sostenían el planteamiento de que, frente al enemigo de clase, «todo está permitido», incluso la perpetración de acciones que «de ordinario serían consideradas criminales». Lunacharski pondrá en boca de uno de los personajes de otro de sus libros, titulado esta vez *Religion and Socialism* (y publicado en dos volúmenes en los años 1908 y 1911), las siguientes palabras: «hemos de cambiar al Dios al que se ha venido invocando ... Es necesario ... inventar una fe nueva, así que se hace preciso crear un Dios común a todos». Y a juicio de Lunacharski, esa nueva fe, ese nuevo ideal, viene a concretarse en un *plan* por el que el hombre se dota de la potestad de reconstruir el mundo. «En el trabajo, en la tecnología, [el hombre nuevo] descubrirá hallarse investido de las facultades de un dios, dictando así su voluntad al mundo.» Lunacharski distinguía cinco estadios en la religión: el cosmismo ruso (similar al animismo), el platonismo, el judaísmo, el cristianismo y el socialismo. El socialismo era por tanto la «religión del trabajo y del progreso».

Maksim Gorki, el tercero de los marxistas nietzscheanos que vamos a considerar aquí, «autor número uno» de la Unión Soviética y gran favorito de Stalin, acertaría a descollar por encima de sus contemporáneos al incluir en tan magnos proyectos la figura de la «nueva mujer». A su juicio, también ella podía mostrar un comportamiento heroico e independiente, parecer que habría de reflejarse asimismo en las novelas de ciencia ficción utópica de Aleksandr Bogdanov —como *Red Star* (publicada en 1908) o *Engineer Menni* (de 1913)—, donde resulta prácticamente imposible distinguir a las mujeres de los hombres, dado que pueden acceder, en régimen de total igualdad con ellos, al empleo, la información y las acogedoras salas de suicidio en las que encontrarán ocasión, como aconsejaba Nietzsche, «de morir en el momento adecuado».[18]

Los futuristas —es decir, los hombres nuevos entregados a la vocación artística— afirmaban específicamente el valor de la vida en esta tierra y la importancia de atenerse a lo concreto, insistiendo en la relevancia del individuo. Su obsesión por la nueva capacidad tecnológica habría de hacerse célebre, ya que no sólo la aclamaban en el campo de la física, sino que la ensalzaban igualmente en el ámbito de la aeronáutica, cuyas consecuciones parecían hallarse en la base del acelerado ritmo de cambio al que estaba asistiendo el siglo —y de hecho, estas ideas vendrían a fomentar en ellos la fe en «la transitoriedad de todas las cosas, entendida como única condición permanente»—. La concepción de la ópera futurista *Victory over the Sun* (estrenada en el año 1913 con el título de *Pobeda nad solntsem*) debía tanto a Wagner como a Nietzsche. «El mensaje que venían a transmitir entre líneas tanto esta ópera como la estética futurista en general se resumía en la proclamación nietzscheana de la muerte de Dios y sus consecuencias, consecuencias que obligaban a asumir, entre otras cosas, la ausencia de un orden o un significado inherentes al mundo.» El sol que aparece en el título de la obra es una referencia a Apolo, el dios de la racionalidad, la claridad y la lógica, archienemigo por tanto —en palabras de Rosenthal— de todos los «utopistas y visionarios» del mundo. «Su captura libera al género humano de los condicionamientos impuestos por la necesidad. Esto hará que el coro entone el siguiente cántico: "¡Somos libres / el sol ha sido destruido! ... / ¡Larga vida a la oscuridad!". La yuxtaposición de este tipo de imágenes discordantes viene a subrayar la ausencia de todo significado inherente al mundo, su falta de orden o de propósito.»[19]

Los «nuevos hombres» futuristas, capaces de prender al sol, son, en todos los casos, claras variaciones del tema de los «bárbaros» nietzscheanos, presentándose unas veces bajo el aspecto de seres masculinos y otras con la apariencia de criaturas andróginas, «pero en ningún caso femeninas». Tienen un tamaño enorme, además de una fuerza descomunal, y su complexión es la de unos individuos extremadamente fornidos, saludables y duros. Llevan nombres de carácter genérico (como «aviador» o «deportista»), y en ningún caso se especifica el aspecto de sus rasgos faciales —lo que constituye una marcada ruptura con la teología ortodoxa, «que considera que, en el cristiano, la cara es efectivamente el espejo del alma».

El pintor ruso Kazimir Malevich pensaba que el cubismo había liberado a la humanidad de la «esclavitud» que suponía la imitación de la naturaleza y por eso decía que el nuevo mundo habría de estar habitado por formas novedosas. A través del suprematismo (un movimiento artístico de acuñación claramente nietzscheana), lo que Malevich se proponía era acceder a una forma de creación «no limitada» por la naturaleza o la razón —ni siquiera por el contenido, decía—, «al objeto de representar una realidad de carácter puramente espiritual ubicada más allá del mundo de la naturaleza y los objetos, creando así un puente hacia la cuarta dimensión, hacia el reino que se abre más allá de la muerte». Su tela titulada *Cuadrado negro* (pintada en 1915) pretendía ser una simbolización de «todo

aquello que carece de forma, una imagen del abismo», mientras que con
su óleo *Blanco sobre blanco* (de 1918), en tanto que representación de la
pureza, aspiraría a anunciar el amanecer de un nuevo mundo, un mundo
que, de acuerdo con su conclusión, «estaba llamado a ser construido por
los artistas». Malevich llegaría a mantener incluso que el suprematismo
era un «Nuevo Evangelio».[20]

No obstante, las primeras alternativas nietzscheanas a la religión ortodoxa no alcanzaron a colmar tan altisonantes promesas. El anarquismo
místico es el nombre de una doctrina «fraguada» (ésa es la palabra que
emplea Rosenthal) por Georgi Chulkov (1879-1939). Aunque con ella se
intentaba unir la libertad personal con la vida en una comunidad de lazos
afectivos, lo cierto es que no pasaba de ser un batiburrillo formado con
ideas sacadas de Friedrich Nietzsche, Alexander Herzen, Mijaíl Bakunin,
Dmitry Merezhkovski, Henrik Ibsen, lord Byron, el socialismo utópico,
León Tolstói y Fiódor Dostoievski. Esta doctrina implicaba negarse a
aceptar el mundo cuya creación se atribuía a Dios, encontrando en este
sentido un aliado natural en las ideas de los dionisíacos políticos, que destacaban el vínculo existente entre la destrucción y la creatividad. Era preciso aniquilar todas las tradiciones, fundando así una «nueva sociedad
orgánica» basada en la idea de la «persona mística», que es aquella que
busca la unión con sus semejantes y que se encuentra en el polo opuesto
de la «persona empírica», cuyas tendencias egoístas la empujan a no contemplar más que sus derechos e intereses. La «creación de Dios» consistía
en transformar la mentalidad de la gente, haciendo que dejara de ser una
masa de espectadores pasivos y se convirtiera en un conjunto de individuos dispuestos a participar activamente en todos los asuntos de la sociedad. Era además la encarnación misma de la idea de que la creatividad es
una potencia presente en el interior de todos los seres humanos, de que la
«génesis de vida» constituye el objetivo de la existencia y de que, si el
hombre acierta a vivir en el seno de una comunidad afectuosa y democrática, la liberación de todo el género humano pasará a ser una posibilidad
cierta.

UN DESAFÍO A DIOS

Estas tendencias se verían impulsadas por la convulsión de la Gran
Guerra, dado que el conflicto parecía venir a indicar que los críticos de la
Ilustración estaban en lo cierto al decir que el hombre no es ni racional ni

bueno por naturaleza. Y una vez que se había asumido que ésa era la situación en la que se hallaba en verdad el ser humano, se llegaba espontáneamente a la conclusión de que la revolución espiritual y la revolución material no eran sino las dos caras de una misma moneda. En el año 1918, Lenin vendría a poner en marcha un buen número de «monumentales proyectos propagandísticos», entre los cuales figuraba la construcción de unas cuantas torres conocidas con el nombre de «desafíos a Dios», así como la edificación de otras estructuras similares (la más célebre de las cuales habría de ser la Torre de Tatlin, que únicamente llegaría a cobrar existencia en forma de maqueta, ya que nunca alcanzó a erigirse). Anatoly Lunacharski y Viacheslav Ivanov consideraban que los festivales multitudinarios de las masas constituían otras tantas formas de unión entre los artistas y el pueblo, lo que no sólo convertía la experiencia vital en un acontecimiento de carácter más vibrante sino que infundía a los individuos una «voluntad de poder» sin la cual no podrían ver la luz ni la nueva sociedad ni el nuevo espiritualismo. Esto se aplicaba de forma muy particular al caso de la Unión Comunista de la Juventud (o Komsomol). La dureza de carácter, la audacia y la férrea voluntad se convirtieron así en la consigna definitoria de la fusión que Lenin, Bujarin y Trotski habían dado en forjar entre el marxismo y el pensamiento nietzscheano. Por consiguiente, «la crueldad con los enemigos quedó transformada en un sagrado deber».[21]

¿Cabe decir que Lenin profesara en secreto las tesis nietzscheanas? De lo que no hay duda es de que fue una personificación en toda regla de la voluntad de poder, como dice Rosenthal. En su despacho del Kremlin guardaba un ejemplar del *Zaratustra*, y en su biblioteca personal tenía *El nacimiento de la tragedia*. Además —y a pesar de que en su caso las influencias más directas procedieran de Hegel, Clausewitz, Darwin y Maquiavelo—, lo cierto es que su amoralismo revolucionario y su elitismo eran posturas clásicas entre los seguidores de Nietzsche.

En este terreno, Lenin contaría con el respaldo de Nikolái Bujarin, el más erudito de todos los bolcheviques, que había vivido en Alemania y en Austria. Bujarin estaba entusiasmado con la idea de crear una sociedad y un hombre nuevos. Bujarin pensaba que podía «forjarse» una «humanidad comunista» con el «material humano salido del capitalismo», logrando modificar no sólo la concepción del proletariado al entenderlo como «clase prometeica» sino también la idea de la nueva cultura, que constituía a sus ojos la «vanguardia de esa misma clase proletaria». Haría suyo, en particular, el planteamiento que había llevado a Nietzsche a sostener que «tenemos que cambiar de ideas acerca de la crueldad y abrir los ojos ... Casi todo lo que nosotros denominamos "cultura superior" se basa en la espiritualización y profundización de la *crueldad*».* Bujarin estaba convencido asimismo de que el comunismo estaba llamado a encabezar un movimiento capaz de cristalizar una cultura más elevada que la cultura burguesa. Se vivían «tiempos crueles», de modo que la paz entre las clases sociales era un imposible. León Trotski profesaba convicciones de más claro carácter post-nietzscheano, ya que no sólo le había influido de forma muy notable la idea del «superhombre» sino que estaba persuadido de que la época que le había tocado vivir era un período de caos del que habría de surgir triunfante el colectivismo como reflejo de la «voluntad» del pueblo.

«UN TIPO SOCIAL Y BIOLÓGICO SUPERIOR»

Hemos de pasar a examinar ahora un puñado de acontecimientos de naturaleza claramente cultural que también guardan una relación directa con el tema que estamos tratando aquí. Una de esas cuestiones es la del surgimiento de los «escitas», esto es, un grupo de literatos seguidores de la ideología que diera en concebir Ivanov-Razumnik (cuyo verdadero nombre era Razumnik Vasilievich Ivanov, 1891-1981), un ensayista y poeta que había contribuido a formar la Libre Asociación Filosófica de Petrogrado (sucesora de la Sociedad religioso-filosófica de San Petersburgo), en la que habrían de darse cita muchos de los partidarios de la doctrina ocultista de la antroposofía, fundada por el ex teósofo Rudolf Steiner.

La ideología de estos escitas distinguía el «socialismo revolucionario» del «socialismo hipócrita». Los escitas se consideraban la encarnación de un nuevo tipo de hombre, ejemplo de una clase de «artistas decididos a no establecerse ni a sedentarizarse jamás, al igual que los escitas históricos, lo que les llevaba a rechazar toda forma de orden burgués» —ya que lo que había sucedido en Francia tras la revolución había sido precisamente eso: el anquilosamiento de unas posiciones políticas que deberían haber conservado su movilidad y su independencia—. Tal y como los concebía Ivanov-Razumnik, los escitas constituían una «horda» que cabalgaba con

* *Más allá del bien y del mal*, traducción de Andrés Sánchez Pascual, Alianza, Madrid, 1992, § 229, p. 176 [1885]. (*N. de los t.*)

furia, recorriendo a galope tendido las estepas. Estos «campesinos-poetas
resaltaban la idea de que la campiña debía dominar a la ciudad, mostrándose al mismo tiempo tajantemente contrarios a todo intelectualismo».
Ensalzaban como virtuoso el «potencial de barbarie presente en el alma
del pueblo». «No exaltaban la crueldad, pero la aceptaban como parte integrante de un doble proceso conducente tanto a la purificación espiritual
como a la renovación cultural. Sus escritos se hallan salpicados de fórmulas alusivas a la "voluntad", como atestigua por ejemplo la expresión "voluntad de atravesar el abismo".»[22]

La cultura proletaria (o *Proletkult*, como ya se ha señalado) se hallaba formada por una coalición de índole más general en la que participaban tanto clubes de obreros como comités de fábrica, teatros de trabajadores y sociedades educativas. Esta agrupación, que llegaría a reunir a
medio millón de afiliados en su mejor momento —es decir, en torno al
año 1920—, haría suya, simple y llanamente, la misión de crear un hombre y una cultura nuevos. Su teorizador oficioso era Aleksandr Bogdanov, aunque Nadezhda Krupskaya (la esposa de Lenin) ocupara un
puesto visible en el comité central de la organización. Pavel Kerzhentsev,
editor y hombre de teatro, definiría la «tarea de los miembros del *Proletkult*»
diciendo que consistía en «el desarrollo de una cultura proletaria independiente y de carácter espiritual, una cultura capaz de abarcar la totalidad de
las áreas de actuación del intelecto humano: la ciencia, el arte y la vida
cotidiana».[23]

Nietzsche habría de influir en los autores del *Proletkult* casi tanto
como el propio Marx, animando al proletariado a transformarse en una
sociedad de superhombres, capaz de realizar hazañas inmensas e «incluso
de efectuar milagros». De este modo, en una obra de teatro de Pavel Bes-
salko (1887-1920) se representará a los trabajadores como a individuos
que no temen a Dios, puesto que, como ellos mismos dicen: «nosotros
somos nuestro Dios, nuestro juez y nuestra ley». En la pieza de Vladimir
Kirillov titulada *The Iron Messiah*, Jesús aparece transmutado en obrero
industrial. También se pondría música a varios poemas del movimiento
Proletkult, transformándose de ese modo «en himnos revolucionarios».
Lunacharski, ensalzaría al *Proletkult* diciendo que era la «iglesia militante» de la sociedad sin clases, y otros autores elogiarían asimismo los esfuerzos que llevaban a los integrantes del movimiento a tratar de huir a un
tiempo de la «esclavitud espiritual» y del «sometimiento mental». Estos
objetivos debían materializarse mediante la abolición de las diferencias
entre el trabajo intelectual y las labores físicas —afirmándose por ejem-

plo que «hasta el más brillante de los hombres de ciencia ha de mostrarse igualmente competente en la realización de tareas manuales».[24]

En resumen, lo que podemos decir es que durante la revolución rusa, el carácter intrínsecamente prometeico del marxismo pasaría a alinearse con las ideas nietzscheanas (e incluso con algunos planteamientos ocultistas) a fin de permitir que los propagandistas intentaran reemplazar la fe en la religión por la fe en «el pasmoso poder de la ciencia y la tecnología, capaces de obrar maravillas». Por su parte, «los cosmistas, que profesaban una doctrina de carácter prácticamente ocultista que operaba al margen de la ciencia, elucubraban con la abolición de la muerte, con la realización de viajes por el espacio exterior y con el advenimiento de un superhombre inmortal capaz de cualquier gesta».[25]

«El efecto acumulativo de las ideas nietzscheanas que penetraban en la sociedad soviética a través de estos cauces habría de revelarse inmenso», concluye Bernice Glazer Rosenthal. El nuevo hombre de la URSS era la personificación de la idea de que es posible transformar a la gente, de que «puede perfeccionarse al hombre ... y de que la especie humana acabará (re)creándose a sí misma en función de sus propias especificaciones y deseos». Trotski abrigaba la esperanza (o eso decía) de que el socialismo diera lugar al surgimiento de un «tipo social y biológico superior», es decir, de que viniera a alumbrar —en la práctica— a un superhombre destinado a poseer el conocimiento necesario para «desviar ríos y mover montañas ... El tipo humano medio se elevará a las alturas de un Aristóteles, de un Goethe o de un Marx [¡imagínense a Goethe como *promedio* de la inteligencia y la sensibilidad humanas!]. Y es más: por encima de las altas crestas de esta cordillera vendrán a descollar, sobrepujándolas, las nuevas cumbres que sin duda habrán de surgir entre nosotros».[26] Ésta era, podríamos decir, la esencia de las películas de Sergei Eisenstein que tanto caracterizan el ambiente de la época, filmes en los que casi siempre hay un héroe que sale del coro (esto es, de las filas de la sociedad) para dar culminación a algún magnífico logro sin dejar de ser en ningún momento «un hombre del pueblo, uno de nosotros».

Para el escritor y artista Sergei Tretiakov, el futurista —es decir, el arquetipo del nuevo hombre de vocación artística— es un «instigador y un agitador ... Este nuevo tipo de trabajador siente necesariamente un odio radical hacia todo cuanto se revele desorganizado, inerte, caótico, sedentario y provincianamente atrasado ... Le repelen los espesos bosques de coníferas, las estepas incultas, los saltos de agua inútiles que no vierten sus aguas en respuesta a nuestras órdenes ... El nuevo hombre descubre un pozo de grandeza en todos aquellos objetos de producción humana que hayan sido concebidos para superar, someter y controlar los elementos y la materia inerte».

LA IGLESIA DEL COMUNISMO

Nos encontramos así, una vez más, frente a un caudal de hermosas palabras, pero... En los años inmediatamente posteriores a la revolución, la mayoría de los dirigentes soviéticos daría en creer que la fe religiosa no sólo resultaba perjudicial para la sociedad sino que era posible erradicarla de la psique humana —todo lo que se necesitaba para ello era llevar a la práctica un conjunto de incentivos adecuados y ofrecer una educación pertinente al caso—. Da la impresión de que muchos de esos cabecillas pensaban que la religión vendría a «evaporarse», así, sin más, al aflorar el nuevo y más igualitario orden económico comunista. En los primeros tiempos del bolchevismo, el movimiento «renovador» se propuso reclutar grandes masas de revolucionarios valiéndose de cauces de carácter religioso, pero al fracasar esta iniciativa y descubrirse que el nuevo orden económico se revelaba igualmente incapaz de borrar del mapa las prácticas religiosas, comenzaría a despertarse un creciente sentimiento de oposición tanto hacia el cristianismo como hacia el islam. Al final, este estado de cosas acabaría propiciando la deliberada creación de una alternativa atea a la religión —alternativa fundada principalmente en tres dispositivos institucionales—. Dichos dispositivos serían la Comisión permanente de asuntos religiosos, que tenía la misión de supervisar todas las cuestiones relacionadas con la política religiosa; la Liga de los ateos militantes (de la que ya hemos hablado anteriormente), cuya encomienda consistía en difundir el mensaje de que «era posible falsar por medios científicos los dogmas religiosos»; y un gran número de universidades ateas concebidas para educar en un sentido específico a la nueva generación de intelectuales.

La Liga de los ateos militantes fue el elemento más activo de esta triple organización. La institución se mantuvo operativa entre los años 1925 y 1941, dándose la circunstancia de que después de que Emelian Yaroslavsky, estrecho colaborador de Stalin, sustituyera a León Trotski como jerarca de la república, se comenzó a aplicar una política basada en el supuesto de que la secularización sería imposible a menos que se abandonaran todas las prácticas vinculadas con la expresión cultural del sentimiento religioso. Se desatarían de este modo una serie de polémicas de espíritu similar al de las cruzadas cristianas y concebidas para suprimir las manifestaciones de carácter religioso, sustituyéndolas por los principios del ateísmo científico, bajo cuyos auspicios, pertinentemente promovidos por Stalin, «comenzaría a cobrar forma un vasto e intrincado sistema ceremonial llamado a crecer y a desarrollarse incesantemente a lo largo de todo el período soviético ..., un sistema caracterizado por la institución de un conjunto de alternativas comunistas al bautismo, la confirmación, el matrimonio religioso, los servicios funerarios», etcétera, etcétera. En el ritual del bautismo «rojo» que se celebraba en la Unión Soviética, por ejemplo, el funcionario recitaba la siguiente invocación frente al recién nacido:

> La vida adquiere mayor brillo y belleza
> Más veloz palpita su maravilloso curso,
> Pues hete aquí que, de pronto, en nuestra familia soviética
> Ha nacido un pequeñuelo.
> Hoy celebramos un festejo en honor de quien
> Es dueño del futuro, y le decimos
> «¡Salve, nuevo ciudadano de nuestro gran estado soviético!».[27]

En su estudio sobre el experimento de secularización soviético, el profesor Paul Froese afirma que los rusos consideraban que la fe religiosa hundía su raíz en la ignorancia y que, por consiguiente, se distinguían en ella un conjunto de atributos, como el de ser fruto de una actividad ritual, el de responder a toda una serie de instituciones sociales, el de ofrecer un abanico de gratificaciones de orden igualmente social, el de proponer diversos incentivos para la salvación, o aun el de ser un aspecto del Estado. El argumento de la «ignorancia» era uno de los que más sólidamente se esgrimían, ya que muchos dirigentes del Partido Comunista tenían la sensación de que a medida que fuera difundiéndose el conocimiento científico, la fe religiosa iría desapareciendo, dado que los descubrimientos de la ciencia y los logros de la tecnología se revelaban totalmente incompatibles con cualquier forma de creencia en lo sobrenatural.

Los intelectuales del partido eran plenamente conscientes de lo que el sociólogo francés Émile Durkheim decía acerca de la noción de religión, a saber, que su fuerza derivaba en parte de un sentimiento de «efervescencia colectiva» surgido a su vez de la *participación en un conjunto de rituales*, ya que éstos eran una especie de dinamo generadora de emociones

—razón por la que los teóricos comunistas estaban tratando de contrarrestar esa fuente emocional, como hemos visto, mediante la instauración de nuevos ritos propios—. Sin embargo, también comprendieron al mismo tiempo que iba a resultar preciso aniquilar a la Iglesia ortodoxa si querían que los nuevos ritos tuvieran alguna oportunidad de cuajar. Así comenzarían las acciones generalizadas, y en último término brutales, destinadas a extirpar del cuerpo social todas las instituciones religiosas tradicionales, ya se tratara de iglesias, de monasterios, de tribunales dedicados a la administración de la ley islámica o de colegios religiosos.

Yaroslavsky estaba convencido —y así se lo haría saber a Stalin— de que un ataque excesivamente frontal y directo acabaría por revelarse contraproducente, de forma que las intervenciones vandálicas tardaron un tiempo en producirse. De este modo, en efecto, la Liga de los ateos militantes habría de actuar como una especie de iglesia comunista tanto en la década de 1920 como a principios de los años treinta, dedicándose a distribuir periódicos ateos, a dar charlas sobre la inexistencia de Dios, a lanzar prédicas socialistas en reuniones de asistencia obligatoria y a imitar en buena medida el comportamiento de las instituciones religiosas. Ésta es la razón de que los textos de teoría comunista fueran tratados como libros sagrados, de que se presentara a los dirigentes soviéticos envueltos en una suerte de aureola de santidad y de que la doctrina del materialismo histórico se empleara para explicar que el paraíso podía alcanzarse aquí y ahora, en la Tierra y en esta vida. Se acuñó el concepto de la «era soviética», que sostenía que las generaciones futuras habrían de recordar por fuerza el impulso de esa «primera generación» de pioneros de la nueva sociedad, con lo que esa oleada inicial de revolucionarios —que de ese modo disfrutaba de una edad de oro— estaba llamada a «vivir eternamente» en la memoria colectiva del género humano, en lo que no era sino una variante laica de las habituales fórmulas de inmortalidad de los creyentes. Por si fuera poco, las personas que optaban por conservar su fe religiosa eran castigadas por su «descreimiento» —es decir, por no creer en el sistema soviético y haberse convertido, en la práctica, en desertores del combate destinado a alumbrar una forma «superior» de sociedad.

Lenin se mostraría particularmente cáustico con todo cuanto guardara relación con el mundo religioso. «Toda idea religiosa, toda idea de Dios, incluso el simple coqueteo con la noción de lo divino, constituye una vileza espantosa ..., una vileza extremadamente peligrosa, pues conlleva la amenaza de un "contagio" de la peor especie. Millones de pecados, de actos obscenos, de accesos de violencia y de infecciones físicas ... resultan mucho menos peligrosos que la sutil y espiritual idea de un Dios revestido de los más astutos disfraces "ideológicos".» Nada más irónico, por tanto, que ver a esta luz el embalsamamiento de Lenin, dado que, al margen de cualquier otra consideración, esta iniciativa partió de la deliberada voluntad de imitar la exposición de los cuerpos de los santos en los monasterios de Rusia, pues, de acuerdo con la fe ortodoxa, los cadáveres de los bienaventurados se descomponen a un ritmo más lento que el de los mortales comunes y corrientes.[28]

Pero Lenin no fue el único en mostrarse tan ferozmente contrario a la religión —en modo alguno—. Inmediatamente después de la revolución de 1917 y durante la guerra civil que estalló a continuación, los bolcheviques se dedicaban ya a atacar iglesias y monasterios, agrediendo asimismo a los clérigos, por considerar que todos ellos constituían «fuentes potencialmente dedicadas a la práctica de actividades contrarrevolucionarias». Se incautaron las propiedades de la Iglesia, matando para ello en muchas ocasiones a los frailes, los sacerdotes y las monjas que les salían al paso. En 1922, el patriarca Tijon escribió una carta de protesta a Lenin, quejándose de que se estaba asesinando a miles de hombres de iglesia, habiéndose disparado asimismo contra más cien mil creyentes. No sólo se hizo caso omiso de su protesta, sino que se le envió al exilio, y diez años después se le hizo desaparecer matándolo también de un tiro.

Nuevos horrores iban a producirse a continuación. El patriarca metropolitano Vladimiro de Kiev fue castrado y muerto de un disparo; a Veniamin de San Petersburgo se le roció con agua en la gélida atmósfera del invierno ruso hasta convertirlo en un puntal de hielo; el obispo Germógenes de Tobolsk sufrió la tortura de ser atado a las palas de una de las ruedas impulsoras de un barco de vapor hasta quedar machacado por la rotación de las planchas; y el arzobispo Andrónico de Perm fue enterrado vivo.[29] La catedral de Nuestra Señora de Kazán, en San Petersburgo, pasó a convertirse en el Museo de Historia de la religión y el ateísmo, institución en la que, entre otras actividades, se realizarían exposiciones dedicadas a mostrar de manera ilustrativa «el disparate» de la religión. La catedral del Cristo Redentor de esa misma ciudad, cuya estructura arquitectónica era absolutamente única, fue dinamitada con la intención de poner en su lugar un mausoleo dedicado a Lenin, aunque finalmente se desistiera del empeño y se construyera en cambio una piscina. Las campanas del templo se fundieron y se despojó a los iconos de las joyas que los adornaban.[30]

En los muchos miles de «células» locales que se erigieron como espacios destinados a sustituir a las iglesias parroquiales se solían celebrar debates sobre el ateísmo y, de cuando en cuando, una de sus principales atracciones consistiría en el aleccionador relato de los «conversos», es decir, de las personas que habían visto la luz, abandonando sus creencias religiosas y adhiriéndose al ateísmo científico. En todas las fábricas, edificios gubernamentales y colegios se instalaría «como mínimo una de esas células», y lo mismo se hizo en la campiña, abriendo también células en cada una de las granjas colectivas y estaciones de máquinas y tractores repartidas por el país. Como hemos visto, la Liga de los ateos militantes se había propuesto la construcción de un millón de células de ese tipo en el conjunto del territorio, aunque nunca se llegaría a cubrir semejante cifra.[31]

ORACIONES CONTRA TRACTORES

Dado que los teóricos consideraban que las fábricas constituían el elemento de sustitución adecuado de las iglesias «en tanto que lugares de reunión, fe y finalidad compartida», las factorías urbanas pasaron a concebirse como templos alternativos. En las reuniones comunales era muy frecuente que el centro de la atención girara en torno a una gran pieza de maquinaria, como una especie de altar laico puesto al servicio de «la industria contraria a Dios». Se albergaba con ello la esperanza de que la meta común de la fábrica se convirtiera en sustituto de la compartida aspiración del culto religioso. Se esperaba también que los obreros hicieran gala de la hondura de su nueva fe añadiendo las horas que anteriormente dedicaban a la oración y a los servicios religiosos a su habitual jornada de trabajo. Tanto en las fábricas como en el campo, la tecnología se presentaba a los asistentes como una forma práctica de «obrar milagros», aunque poniendo buen cuidado en demostrar que los milagros no eran fruto de la gracia de Dios sino del esfuerzo del pueblo. Uno de los carteles propagandísticos de este tipo de actos decía lo siguiente: «Oraciones o tractores», planteando así una disyuntiva entre dos formas de generar cambios y mejoras en la comunidad.

Entre otras iniciativas de este género cabe citar también las que, teniendo un carácter científico, se proponían atacar la religión. Destaca en este sentido la realización de un examen microscópico del agua bendita destinado a mostrar que ésta no poseía ninguna propiedad especial. En el Museo de Historia de la religión y el ateísmo se realizaría una exposición en la que se mostraba lo imposible que resultaba que el Arca de Noé hubiera alcanzado a dar cabida a todos los animales que hollaban por esa época, de acuerdo con los conocimientos científicos y la superficie de la Tierra.[32] Uno de los deberes que de cuando en cuando debían realizar en casa los colegiales soviéticos consistía en convertir a alguno de los miembros de la familia a la doctrina del ateísmo científico. Y en los cursos universitarios se explicaba con todo detalle que la física, la química, las matemáticas y la biología mostraban que la religión se equivocaba en sus afirmaciones.

A principios de la década de 1920, Trotski comprendió que la gente tiene la irrenunciable necesidad de vivir, a intervalos regulares, un desahogo de carácter teatral y emocional, de modo que al ir consolidándose en el poder, los bolcheviques comenzaron a erigir una estructura ritual que constituía en la práctica una nueva forma de liturgia. Además de cambiar inmediatamente el calendario, anulando el juliano e instituyendo el gregoriano, se creó también un nuevo año ceremonial en el que se festejaban acontecimientos como el 18 de marzo, «Día de la comuna de París» (cuya conmemoración se iniciaría en 1918); el 5 de mayo, «Día de la prensa» (instituido en 1922); el primer domingo de junio, «Día de la cooperación internacional» (instaurado en 1923); o el 7 de noviembre, «Fecha del aniversario de la gran revolución socialista de octubre» (celebrado a partir de 1918).

El KGB insistiría en vetar la publicación de todos los periódicos religiosos antes incluso de su puesta en circulación, obligando además a los obispos y a los miembros del clero a delatar, en calidad de informadores, a sus propios colegas.

Junto con otros ardides, todas estas maniobras terminarían por comprometer, ya desde los primeros años del control soviético, la supervivencia de la Iglesia ortodoxa, pero al mismo tiempo también habrían de contribuir a prolongar su vitalidad, haciéndolo además de un modo que, a largo plazo, podría decirse que alcanzó a compensar las dificultades vividas. No obstante, la táctica de represión y expulsión puesta en práctica por las autoridades soviéticas también les reportó beneficios, al menos en cierta medida, ya que, entre mediados de los años veinte y el inicio de la segunda guerra mundial, las tasas de asistencia a misa observadas en Rusia cayeron drásticamente, pasando de incluir a más del 50 % de la población a no contar siquiera con el 20 % de la misma, con el dato añadido de que, a lo largo de ese mismo período, la probabilidad de que los niños soviéticos acudieran al templo de mayores acabó siendo un 10 % inferior a la de sus padres.[33] Al mismo tiempo, no hay que olvidar que también se recuperó la práctica de volver a la formación de agrupaciones religiosas de menor tamaño a fin de poder reunirse sus miembros en secreto.

No obstante, sería un error transmitir la idea de que este cambio se verificó de una manera uniforme en el conjunto de la Unión Soviética. Polonia habría de mostrarse excepcionalmente resiliente en todo lo referente a sus convicciones religiosas, y lo mismo puede decirse de Lituania, país en el que se prohibiría el uso de micrófonos en las iglesias por temor a que la voz del sacerdote «distrajera» de sus tareas a los obreros de las inmediaciones y en el que también se elevaría la célebre «Colina de cruces» después de que los soviéticos arrasaran con excavadoras una loma en la que las gentes de la localidad habían erigido un gran número de cruces cristianas. Tras la demolición, y de la noche a la mañana, surgió de la nada un nuevo bosque de cruces, circunstancia que se repetiría varias veces hasta que finalmente las motoniveladoras se rindieron. Sin embargo, en el Asia central, las cosas habrían de ser muy distintas. En esta región, el número de musulmanes devotos disminuyó de forma generalizada tras las purgas de Stalin, ya que tanto él como Lenin consideraban que los creyentes islámicos del corazón asiático eran seres «primitivos», de modo que el islam debía ser aniquilado —en atención precisamente a la consigna lanzada por Stalin—. También se pondría en marcha una campaña, conocida con el nombre de *hujum*, concebida para obligar a las mujeres musulmanas a prescindir del velo. Pese a que muchas mujeres acogerían la medida con los brazos abiertos y aceptarían ceñirse a los dictados de la campaña, los hombres no admitieron con tanta ecuanimidad que se aplicara dicha política, de modo que se produjeron agresiones contra las mujeres que se despojaban del velo, llegándose a violar incluso a algunas de ellas.

La Liga de los ateos militantes afirmaría que el número de afiliados a la formación había pasado de los cien mil individuos del año 1926 a los cinco millones y medio de 1932, un incremento que resultaría francamente impresionante, caso de ser cierto (ya que hay estudiosos que argumentan que se trata de cifras amañadas). Topamos aquí con un verdadero problema de interpretación. Y ello porque, a pesar de que a lo largo de la década de 1930 las purgas estalinistas se intensificaron, lo cierto es que en torno al año 1937, fecha en la que se confeccionó un censo destinado a evaluar la presencia de la fe religiosa en el país, se descubrió que «las creencias y las actividades de carácter religioso seguían gozando de una notable difusión en todo el imperio soviético». Este dato fue tan mal recibido que la «persistencia de la religión quedó convertida en el chivo expiatorio de la maquinaria ideológica soviética», de modo que los transgresores del nuevo credo se vieron sometidos a una verdadera catarata de acciones brutales, ejerciéndose sobre ellos una violencia sin precedentes. Las últimas investigaciones muestran que miles de individuos fueron ejecutados por la comisión de delitos de naturaleza religiosa, y que cientos de miles de creyentes terminaron confinados en campos de trabajo u hospitales psiquiátricos.[34] Sólo en vísperas de la segunda guerra mundial se detuvo la matanza de personas de conducta religiosa, dado que el propio régimen soviético se vio de pronto enfrentado a la amenaza de aniquilación que no tardaría en plantearle el invasor extranjero. Durante todo el período bélico, la conversión de creyentes en ateos quedó en suspenso y la Liga de los ateos militantes se disolvió.

Pero esto no significaba el fin del acoso ideológico. Acabada la contienda se crearía una nueva organización, la Sociedad del conocimiento, con el fin de proseguir con la labor iniciada, reanudándose de este modo la mayor campaña jamás puesta en práctica en la historia para liquidar a Dios.

Capítulo 11

EL CARÁCTER IMPLÍCITO DE LA VIDA Y LAS LEYES DE LA EXISTENCIA

A comienzos de 1919, el sociólogo alemán Max Weber dio una conferencia en Múnich en la que abordó la cuestión de «la llamada interior que nos impulsa a trabajar en ciencia» (que ha sido traducida al castellano con el título de «La ciencia como vocación»*). En esa época, tanto Múnich, como muchas de las grandes ciudades alemanas, se hallaba inmersa en un estado de sublevación revolucionaria. De hecho, la guerra civil se cernía claramente sobre el país, dado que, entre otras cosas, se quería establecer en Baviera una República Soviética con la esperanza de fundar así un «reino de luz, belleza y razón». Weber desacreditaría esas ideas, calificándolas de «irresponsables» y esgrimiendo como argumento la teoría de que «se estaría exigiendo demasiado a la política si se esperara de ella que nos ofreciera sentido y felicidad». Pese a todo, el sentido y la felicidad eran precisamente los temas que le ocupaban en esa charla.

El filósofo Karl Löwith, que había resultado herido en la guerra y que no sólo había experimentado en sus propias carnes el poder destructivo de las armas sino que había caído prisionero de los italianos durante un tiempo, se hallaba entre el público que asistía ese día a la disertación de Weber. Más tarde escribiría que el gran sociólogo, a quien sólo le quedaba un año de vida, «se abrió paso a grandes zancadas entre el gentío que abarrotaba la sala para dirigirse al estrado, con el semblante empalidecido y marcado por la fatiga. Su rostro, encuadrado por una barba desaliñada, me

---

* Este texto aparece incluido en *El político y el científico*, traducción de Francisco Rubio Llorente, Alianza, Madrid, 1992, pp. 81 y ss. (*N. de los t.*)

trajo a la memoria el apesadumbrado resplandor de las figuras proféticas de la catedral de Bamberga. El impacto que ejerció en todos nosotros fue asombroso ... Tras los innumerables discursos revolucionarios de los activistas liberales, las palabras de Weber fueron como una salvación».

EL PRINCIPIO DE INCERTIDUMBRE DE WEBER

Según mantiene el historiador alemán Rüdiger Safranski, esta alocución provocó una violenta controversia pública. «A primera vista, el discurso se limita a abordar la escala de valores de las ciencias, pero en el fondo lo que Weber trata aquí es otra cuestión: la de que el anhelo de una vida plena de sentido sigue pudiendo satisfacerse en la cápsula de acero que impone la moderna civilización sometida a un proceso de "racionalización".»[1] Weber argumentaba que la ciencia puede contribuir al conocimiento de uno mismo, pero es incapaz de eximirnos de cualquier decisión relacionada con el modo en que hemos de vivir nuestra propia vida. La civilización a la que pertenecemos, dice Safranski parafraseando a Weber, «se ha transformado tan completa y absolutamente en una fe en la racionalidad que ha terminado por socavar la confianza que pudiera tener el individuo en su propia capacidad de tomar decisiones». Es más, la evidencia que la ciencia aporta en el terreno de las cuestiones técnicas nos lleva a exigir y a esperar una certeza y una objetividad idénticas tanto en el campo de los valores y la ética como en la búsqueda del significado. «La consecuencia de este estado de cosas acaba concretándose en la promoción de las ideologías concebidas para captar nuestra confianza mediante el hecho de revestir la toga del científico.» Esto cristalizará en el surgimiento de lo que Weber llama los «profetas académicos», (o *Kathederpropheten*), que «reaccionan ante la pérdida del misterio de un mundo que se ha visto desencantado por efecto del racionalismo procediendo a racionalizar equivocadamente el último vestigio de magia que aún perdura: el de la personalidad individual y su libertad ... En lugar de dejar que el misterio permanezca allí donde todavía subsiste —en el alma del individuo—, los "profetas académicos" sumen al mundo desencantado en la penumbra de un reencantamiento forzoso».[2] Para contrarrestar esta situación, Weber aboga en favor de no mezclar los ámbitos propios de la ciencia y la fe.

Weber no tiene la menor duda de que en el mundo creado por la ciencia y la tecnología Dios se encuentra efectivamente muerto. Nos vemos así en un dilema: o bien aceptamos esa circunstancia, insiste, o bien nos convertimos en lo que él llama «virtuosos de la religión», es decir, en personas cuyo comportamiento obedece al modelo de los virtuosos del arte, que sacrifican los datos del intelecto para optar libremente por vivir con fe, aproximándose con ello a la forma en que viven los virtuosos del arte, cuya existencia se basa en poner toda su fe en sus propias capacidades. Como el mismo Weber dice, el «trascendental reino de la vida mística» jamás podrá explicarse en términos científicos, de modo que nunca hemos de intentar amalgamar ambas cosas. Además, y dado que en el terreno de la vida mística tampoco podrá darse nunca el tipo de certeza que tenemos a nuestra disposición en el ámbito de la ciencia, deberemos obtener consuelo de la «hermandad» de creyentes y de las relaciones disponibles en el seno de dicha hermandad.[3]

Safranski nos dice que casi todas las grandes ciudades de la República de Weimar tenían por esos años lo que él denomina los «santos de la inflación», es decir, individuos deseosos de salvar a Alemania de la agitación en que se hallaba sumida. Uno de esos santos en particular, que habitaba en la región «de Karlsruhe, se hacía llamar "Vórtice primigenio" y prometía a sus seguidores una participación en la energía cósmica. En Stuttgart había otro al que llamaban el "Hijo del Hombre" y que invitaba a sus seguidores a una Última Cena vegetariana de presuntas virtudes redentoras. En Düsseldorf, un nuevo Cristo predicaba el inminente fin del mundo, instando además a sus fieles a vivir una vida retirada en los montes Eifel. En Berlín predicaba un "monarca espiritual" a cuyas alocuciones acudía el público en masa, llenando los auditorios en los que se presentaba. Su verdadero nombre era Ludwig Haeusser, y pedía a sus seguidores "la más estricta observancia de la ética de Jesús", entendida en el sentido del comunismo original. Este hombre difundía la doctrina del amor libre, ofreciéndose en persona como "*führer*", esto es, como "única esperanza de un más elevado desarrollo de la nación, del Reich y de la humanidad"».

Safranski desautoriza a todos estos excéntricos, calificándolos de «aberraciones» de la exaltación revolucionaria que reinaba en los días posteriores a la primera guerra mundial. Se trataba, dice, de un puñado de «decisionistas empeñados en renovar el mundo, de metafísicos alucinados y de especuladores resueltos a aprovecharse de la feria de las vanidades en que se había convertido el mundo de las ideologías y de los sucedáneos de la religión».[4]

La oculta abundancia cotidiana

En medio de esta atmósfera cargada de opiniones y doctrinas vendría a descollar un hombre (aparte del propio Weber): Martin Heidegger, uno de los más importantes y controvertidos filósofos de la época moderna —afirmación que resultaría igualmente cierta aun prescindiendo de su afiliación al Partido Nazi—. Nacido en el seno de una familia católica en la localidad alemana de Messkirch, en Baden-Württemberg, Heidegger estaba destinado en principio a la carrera eclesiástica. No obstante, y tras un primer período marcado por su conversión al protestantismo, acabaría perdiendo por completo la fe, aunque finalmente regresaría al catolicismo en el tramo final de su vida.

Heidegger no es un autor al que resulte sencillo parafrasear, como podrá confirmar cualquier académico al que se le pregunte. Esto se debe en parte a su estilo, que muy a menudo revela ser de carácter ampuloso y opaco, pero hay que añadir en justicia que también se debe, al menos en idéntica medida —cuando no más—, al hecho de que estuviera tratando de expresar un conjunto de fenómenos que a su juicio jamás se habían expresado anteriormente tal y como él los tenía ahora en mente. Heidegger no era un poeta, pero lo cierto es que estaba intentando hacer lo que hacen los poetas —a saber, lograr la identificación de un conjunto de aspectos de la experiencia no identificados antes de ese modo, expresándolos además en un lenguaje apropiado a las nuevas circunstancias—. En uno de sus escritos, Heidegger señala lo siguiente: «Los pensamientos vienen a nosotros. No somos nosotros quienes los pensamos ... El pensamiento es un don, o una gracia, un acontecimiento que nos supera».[5] Esto vincula su cosmovisión con la de Rainer Maria Rilke y su idea de que los poemas «venían» a él (véase más adelante en este capítulo). Heidegger se plantea la siguiente pregunta: «¿Cómo experimentamos la realidad antes de que la organicemos para nuestra comprensión desde un enfoque destinado al análisis científico, a la construcción de un juicio de valor o a la elaboración de una cosmovisión?».[6]

Para los objetivos que nos hemos propuesto abordar aquí, las principales ideas de Heidegger, tal y como aparecen en sus obras más relevantes —*Ser y tiempo* (publicada en 1927), *¿Qué es metafísica?* (1929), *El origen de la obra de arte* y *Hölderlin y la esencia de la poesía* (ambas del año 1936), *La cuestión de la tecnología* (1953) y *Serenidad* (de 1955)—, pueden englobarse bajo los siguientes epígrafes y palabras clave: «ser», «muerte», «cuidado» y «autenticidad».

De acuerdo con Heidegger, somos «arrojados» al mundo en unas circunstancias que nosotros mismos no hemos elegido, y a un mundo que además lleva ya girando mucho tiempo, de modo que hemos de adaptarnos de la mejor manera posible, aprendiéndonos las reglas que lo rigen, tanto las implícitas como las explícitas, y aceptando simultáneamente que el mundo rebosa de una «oculta abundancia» que jamás alcanzaremos a conquistar del todo. No existe ninguna naturaleza intrínsecamente humana, ninguna esencia específicamente nuestra, y en el mismo momento en que nos vemos confrontados a esta falta de esencia y en que dedicamos nuestro tiempo al aprendizaje de las reglas existenciales —que llegan hasta donde llegan— comprendemos también que llegará un día en el que debamos morir. Este conjunto de circunstancias lleva aparejado el corolario de que uno de los principios más importantes de la vida es el de la asunción de nuestra vinculación con la «decisión», con el hecho de que no sólo somos el resultado de nuestras decisiones y acciones sino consecuencia también (y quizá más) de nuestros pensamientos. Buena parte de la filosofía de Heidegger habría de consagrarse a la idea de la *intensificación*, esto es, a la noción de que el hecho de vivir la vida con mayor intensidad —más intensamente de lo que la estamos viviendo, tan intensamente como sea posible— es lo más cerca de la significación que nos es dado llegar.

Y aquí es donde surge el concepto del Ser en Heidegger. Esta palabra suele llevar una mayúscula inicial, tanto en la literatura de habla inglesa como en la castellana, al objeto de hacerla resaltar (y debido también a que en alemán, todos los sustantivos se escriben con mayúscula). La correspondiente voz alemana —*Dasein*—, compuesta por la partícula *da*, «ahí», y el verbo *sein*, «ser» (o «siendo», en forma activa), se emplea también de forma habitual por los filósofos de lengua española con el objetivo fundamental de subrayar el hecho de que la intención original de Heidegger consistía en subrayar que el Ser es en realidad un *Ser-ahí* —esto es, un ser que existe en un determinado lugar y por consiguiente en un particular instante del tiempo—. Heidegger habría de seguir las enseñanzas de Husserl —a cuyo servicio trabajaría en la Universidad de Friburgo, en calidad de profesor auxiliar, entre los años 1918 y 1923— al oponerse argumentalmente a todo enfoque teorético a los fenómenos, manteniendo que la teoría (que es uno de los puntales en que se sostiene la ciencia) implica la concepción y el uso de todo un conjunto de abstracciones que nos alejan de la abundancia cotidiana de la vida.

EL DON DE LA ENTREGA

Heidegger pensaba que había distintas formas de Ser, diferentes niveles, y que entre ellos algunos resultaban muy superiores a otros. Sostenía asimismo que la vida moderna, saturada de ruido, agitación y apresuramiento, creaba una «cotidianidad» en la que no queda tiempo para la reflexión, siendo además muy escasas las oportunidades de tomar la iniciativa o de gestar una decisión madura; con la añadidura de que la existencia gobernada por los decálogos científicos se transforma antes en manipulación y control del mundo que en elemento apropiado para su disfrute. Ese estado de cosas era lo que él entendía por una vida «carente de autenticidad».

En contraposición a esto, también pensaba que debemos proponernos un tipo de vida auténtica capaz de aceptar, con serenidad (de acuerdo con el concepto de *Gelassenheit*), nuestra propia finitud frente a la insuperable y sobreabundante pluralidad del mundo. Tanto la actitud que mantenemos ante el mundo como la intensificada percepción del Ser han de lograrse «habitando» en el mundo, en este mundo de aquí y ahora —y al decir «habitando», Heidegger quiere decir «sintiéndonos como en casa» en nuestro entorno y con nuestros vecinos, lo que implica que la rápida y anónima naturaleza de la vida urbana moderna no alcanza a conferir realidad al Ser en el pleno sentido de la palabra.

Heidegger pensaba que debemos «cuidar» del mundo, siendo éste otro de los aspectos de la *Gelassenheit*. Juzgaba que en lugar de intentar controlar, manipular y explotar el medio ambiente debemos «dejar que las cosas fluyan». Y éste es el punto en el que el filósofo invocará el auxilio de la poesía. Era un apasionado admirador de los versos de Hölderlin, un autor al que estimaba más que a cualquier otro, y creía también que al vernos frente a un poema (o al «embarcarnos en una poesía», como dijo en una ocasión Seamus Heaney) hemos de «entregarnos» a él. No nos es dado ni oponernos al poema ni controlarlo ni explotarlo. Un poema es en cierto sentido un don que se hace al mundo y como tal hemos de recibirlo. Como es obvio, habrá dones que nos hagan disfrutar más que otros, pero el mundo aparece repleto de este tipo de dones —que no sólo revisten un carácter estrictamente poemático, dado que también existe una superabundancia de otras cosas.[7]

EL CONOCIMIENTO QUE TENEMOS EN LA MASA DE LA SANGRE

Yendo un poco más allá, Heidegger decía también que lo único que estaba tratando de hacer era sacar a la luz aquello «que ya conocemos por llevarlo en la masa de la sangre», y que la vida tiene un lado implícito que no es el correspondiente al inconsciente (sea el de Freud o el de Jung), sino el que todos nosotros compartimos como resultado de la historia común, de las realidades pretéritas y del modo en que la gente ha ido concibiendo formas de vivir con el paso del tiempo. En este sentido, la filosofía de Heidegger consistía en hacer explícito todo cuanto es implícito e importante.

Por consiguiente, desde el punto de vista de Heidegger, «el significado del Ser» no podría ser, por definición, algo abstracto. Consistía en la puesta en práctica de la *Gelassenheit*, del cuidado del mundo, de someterse a su abundancia, de dejarlo en paz y de mostrarnos «dispuestos a no desear», reconociendo al mismo tiempo que no existe nada a lo que podamos llamar «yo» si con ello aludimos a una cierta entidad inmutable susceptible de abordar de idéntica manera cada nuevo día. A juicio de Heidegger, «ser» en 1927, esto es, en la época en la que escribió *Ser y Tiempo*, no era en modo alguno lo mismo que «ser» en 1933, es decir, en la fecha en la que se afilió al Partido Nazi, realizando apariciones propagandísticas en Leipzig, Heidelberg y Tubinga. Tampoco era lo mismo en el período comprendido entre los años 1936 y 1940, lapso de tiempo en el que él mismo vendría a criticar, con ocasión de varias conferencias sobre Nietzsche, el hecho de que el pensamiento del nacionalsocialismo se orientara casi exclusivamente a la obtención y el mantenimiento del poder, viéndose sometido por ello a vigilancia por parte de la Gestapo.

Continuando en la línea marcada por Freud, Nietzsche y Weber, Heidegger fue quien echó a rodar específicamente esta idea. Habría de llamar particularmente la atención sobre lo que él mismo denominaría la «cotidianidad media», una noción en la que el yo, insistía, no es tanto un objeto como un *acontecimiento o suceso que se despliega*, una manifestación, el «movimiento de una vida atirantada entre la vida y la muerte». También manejaba el concepto del «ellos», esto es, del telón de fondo sobre el que se recorta la cotidianidad. Heidegger decía que este trasfondo es un «fenómeno primordial» de la existencia, ya que no remite simplemente a la existencia de terceras personas, sino a un conjunto de semejantes que «suceden al mismo tiempo que nosotros». Dichas manifestaciones llevan aparejadas otros dos aspectos del ser: en primer lugar, el «ser-hacia», que orienta nuestra mirada en dirección al futuro, sabedores de que éste habrá de revelarse diferente, pues está sujeto a un constante proceso de cambio, y de que hemos de estar *preparados* para dicho cambio, al objeto de anticiparnos a él y, sobre todo, de disfrutarlo; y en segundo lugar, el «ser-hacia-el-fin» o el «ser-hacia-la-muerte», es decir, «la realización de una configuración última de posibilidades para ... la vida en general».

Esto nos trae a la memoria la idea de Rilke relacionada con la «buena muerte», con la «muerte individual» (véase más adelante en este capítulo), pero Heidegger también está diciendo que, a fin de sentirnos colmados o realizados, de poder experimentar una sensación de completitud, hemos de asumir con toda firmeza la idea de que la muerte *es* el final, de que no existe ninguna vida tras el fallecimiento de la persona. Esto implica que debemos hacernos una cierta idea del aspecto que deseamos que acabe adquiriendo nuestra vida en tanto que acontecimiento, en tanto que manifestación, para después actuar de acuerdo con esa decisión —teniendo siempre presente, eso sí, la circunstancia de nuestra propia finitud y de que no todo es posible.

UN RADICAL ESPÍRITU PASTORIL

Heidegger también cultivaba la idea de las «prácticas marginales», esto es, de lo que él llamaba el «poder salvador de las cosas insignificantes», en referencia a prácticas como las de «la amistad, la realización de excursiones agrestes en la soledad de la naturaleza o la libación de un buen vino local con los amigos». Ésta es su idea de un «radical espíritu pastoril».[8] Heidegger mantenía que todas esas cosas conservan un carácter marginal, «debido precisamente a que *no se pliegan a los criterios de eficiencia*».* Quedan fuera —es decir, más allá— del alcance o el radio de acción de la actitud moderna. Esto no es totalmente cierto, como es obvio, ya que la actividad del excursionista podría acabar vinculándose indisolublemente con nuestro interés y preocupación por la salud y el entrenamiento físico, transformándose de ese modo en una práctica subalterna de la mentalidad eficiente. No obstante, lo que Heidegger pretendía señalar con la noción de las «prácticas marginales» era su condición de refugios en los que poder retirarse, siquiera momentáneamente, de la vida moderna, valiéndose de ese concepto como de una metáfora con la que hacer más comprensible su enfoque.

* La cursiva es mía. (*N. del a.*)

Si de algún modo puede resumirse el paradigma de Heidegger es diciendo que constituye una incitación a vivir el mundo *como* un poema y a hacerlo además *a través* de la poesía. La poesía asume como objeto de su quehacer la inagotable abundancia y pluralidad del mundo, no reduce las cosas a una sola dimensión (meta que sí tratan de alcanzar, por el contrario, la ciencia o los monoteísmos); el mundo está compuesto por una infinita sucesión de horizontes que se alejan invariablemente ante nosotros conforme tratamos de aproximarnos a ellos; no existe ningún «régimen de significado». Entre las realidades que pertenecen por derecho propio a todo mundo poético figura, de acuerdo con Heidegger, «la inagotable gama de espacios complejos de resonancia [semántica]». Éste es a sus ojos el único fenómeno trascendental del mundo. «Por consiguiente, en la experiencia poética, o en la experiencia vivida por mediación de la poesía, "aprehendemos" nuestras vidas como algo vivido "frente a lo que resulta inaprehensible", nos situamos directamente frente al "misterio" del Ser, contemplando su "imponente maravilla".»[9] De este modo lograremos «habitar» el mundo, encontrarnos «como en casa» en él. El objetivo de la vida consiste en vivir en el mundo como en nuestra propia casa.

El pobre estilo literario de Heidegger, su vinculación con los nazis, la desdichada relación que habría de mantener con Edmund Husserl y Hannah Arendt son todos ellos elementos que dificultan una valoración desapasionada de su filosofía y su persona. Uno de los factores que habrían de formar parte del clima intelectual instalado tras la proclamación de «la muerte de Dios» sería el de la preocupación paralela o, si se quiere, el de la insatisfacción generada por las explicaciones que la ciencia se dedicaba a ofrecer. Dicha insatisfacción procedía a su vez del hecho de que se entendiera que esas explicaciones resultaban simplemente irrelevantes en relación con las inquietudes que muchas personas abrigaban respecto del modo más adecuado de vivir la propia vida, de los valores y actitudes morales que debían hacer suyos, o de la forma correcta de comportarse. En este sentido, la figura de Heidegger destaca por la firme posición que ocupa en la vigorosa corriente de pensamiento que recorre el siglo XX. Me estoy refiriendo a la idea de la fenomenología, que arranca en Husserl y nos lleva hasta los existencialistas y la contracultura, pasando por la filosofía pragmática (en la que habremos de profundizar más adelante). Sus ideas sobre la *Gelassenheit*, es decir, sobre el cuidado del mundo —al que es preciso dejar fluir en libertad, sometiéndose a su abundancia, experimentándolo al modo poético, saliendo de lo cotidiano, alegrándonos de «morar» en sus confines, de hallarnos a nuestras anchas en él—, han ido revelando un carácter progresivamente más profético y clarividente a medida que se han sucedido las décadas.

LA MÁS IMPORTANTE DE LAS ACTIVIDADES HUMANAS SENSATAS

A Heidegger le entusiasmaban los poemas de Rilke, pero al filósofo también le importaba la *forma* en que se había materializado la actividad poética de Rilke.

«Es posible que la dedicación de Rilke a la poesía haya sido más completa y exclusiva que la de cualesquiera otros de sus colegas anteriores o posteriores ... Al margen de Rilke, no hay un solo autor alemán, ni siquiera el mismísimo Goethe, que haya tenido unos comienzos tan marcados por la redacción de textos sumamente triviales y que se haya mostrado después capaz de terminar escribiendo tan formidablemente bien.» Son las palabras que emplea Wolfgang Leppmann en su biografía de Rainer Maria Rilke, y desde luego no es ninguna afirmación baladí. Por ciertas que puedan resultar estas observaciones, y por atractivas que fueran las virtudes de Rilke a los ojos de Heidegger, no podemos pasar por alto el interesante y pertinente doble hecho de que Rilke fuera un hombre baqueteado en un gran número de viajes (al menos por Europa) y de que conociera y cultivara la amistad de numerosas lumbreras del firmamento intelectual de su propia época —y aquí pienso fundamentalmente en figuras como las de Gerhart Hauptmann, Hugo von Hofmannsthal, Stefan George, Paul Valéry, Paula Modersohn-Becker o Sergei Diaghilev—. Rilke tuvo oportunidad de visitar Rusia en varias ocasiones, entrevistándose con León Tolstói. Pasó también varios meses en París, trabando allí relación con los mismos saltimbanquis que pintaba Picasso (que inspirarían además más de un texto al poeta) y visitando al escultor Auguste Rodin antes de proceder a la redacción de su biografía.

Y no debemos olvidar sus amoríos con Lou Andreas-Salomé, una bella escritora y psicoanalista alemana de origen ruso que había alcanzado notoriedad por haber rechazado la propuesta de matrimonio que un día le realizara Nietzsche (el filósofo alemán acostumbraba a decir que Wagner era la persona más «completa» que había conocido nunca, pero que Lou era la más «lista»). Andreas-Salomé era autora de dos novelas, había escrito también la primera biografía de Nietzsche y, pese a estar casada con Friedrich Carl Andreas, un profesor del departamento orientalista de la Universidad de Berlín, se negaría a acostarse con él, no accediendo a ello ni siquiera en su noche de bodas. Más adelante habría de tener una sucesión de amantes, todos más jóvenes que ella, destacando el hecho de que entre ellos figure el dramaturgo alemán Frank Wedekind, quien muy posiblemente se inspirara en Lou al elaborar el prototipo de Lulú, la insaciable seductora del *Espíritu de la tierra*.

En su biografía de Rainer Maria Rilke, Wolfgang Leppmann presenta la crónica de los incesantes viajes del poeta, organizados año por año y mostrando que —cumplidos apenas los veinte— éste comenzó a cambiar de residencia con insólita frecuencia: dos o tres veces al año, y a veces más o incluso mucho más. Al decir que Rilke era *exclusivamente* poeta, Leppmann está valiéndose de una licencia literaria —o empleando ese vocablo de un modo extremadamente peculiar—. Rilke era un magnífico escritor epistolar, un autor permanente interesado en las grandes cuestiones de su tiempo. Tenía un notable número de amistades femeninas, y gozaba de gran predicamento entre ellas, de modo que resultaría muy difícil considerarle un monje. Al menos no en el primer tramo de su vida. Una de las más notables transformaciones que habría de experimentar Rilke a lo largo de su existencia radicaría en el hecho de que pasara de ser un joven urbanita, al que apasionaba vehementemente rodearse de hermosas mujeres, compartir la festiva charla de los cafés y zambullirse en el bien informado ajetreo de las redacciones periodísticas, a convertirse en una persona capaz de valorar en sí mismos la soledad y los más recónditos parajes.

No obstante, hay que decir que, en efecto, era también un poeta excepcional. Había tenido una educación muy religiosa, lo que le llevaría a conservar toda su vida un leve halo de misticismo —pese a haber perdido la fe por influencia de Hegel y Nietzsche (hasta el punto de mostrarse partidario de erradicar la enseñanza religiosa de las escuelas)—. Como dice Leppmann, Rilke era un «ateo melancólico, un escéptico atenazado en su conciencia por un sentimiento de culpabilidad».[10] En sus primeros viajes a Rusia le impresionaría la estampa y la situación de los campesinos (más incluso que al mismísimo Tolstói, que los conocía mejor que él), sobre todo por la concepción que tenían de Dios, que a su juicio resultaba mucho más ambigua y menos pretenciosa que el planteamiento asociado en Occidente con la divinidad, pues se presentaba a sus ojos como una noción «de todo punto intacta, al no haberse visto afectada por el cisma de la conciencia».

Además, el objetivo que habría de ir elaborando Rilke conforme fuera ganando en madurez, tanto en el sentido poético como en el espiritual

—que a su parecer eran prácticamente dos aspectos de una misma realidad—, sería el de alcanzar a efectuar observaciones originales. Como él mismo afirmaba: «Lo que confiere sentido a la vida [en este caso a la vida del poeta] no es la consecución de una felicidad transitoria, sino los actos vinculados con el hecho de "decir", con el hecho de interiorizar y transformar en lenguaje todo aquello que corre el riesgo de quedar relegado al rango de lo superfluo por una civilización de carácter funcional que obedece al sincopado ritmo de las máquinas: "¿Qué otra cosa sino una transformación das en invocar pues con tanta urgencia?". Aguarda, Tierra, amor mío, que yo habré de provocarla».[11] Rilke consideraba que la tarea que él mismo debía imponerse en la vida consistía en suturar la escisión que mantenía alejados de la naturaleza a los seres humanos, una separación que a su juicio constituía el mayor crimen del cristianismo, dado que Jesús había acabado por generar un tipo de conciencia que nos había impedido seguir experimentando y percibiendo el pulso de la Tierra con la plenitud que debiéramos, lo que significaba que el único elemento capaz de dar «sentido a la vida» era justamente el de propiciar la recuperación de ese tipo de experiencia. Tal habría de ser justamente la idea de «entrega» y «abandono» a la naturaleza que Heidegger vendría a recoger y a reflejar más tarde en *Ser y tiempo*.

Los esfuerzos que Rilke habría de dedicar a la consecución de ese objetivo, es decir, a la materialización de su «religión de la contemplación estética», por emplear aquí las palabras del traductor y crítico británico Michael Hamburger, se aprecian con la máxima claridad y la más feliz resolución en sus más relevantes obras tardías, en particular en *Los sonetos a Orfeo* y las *Elegías de Duino* (1923).[12] En cierto sentido, lo que estaba intentando hacer en el ámbito poético no difería demasiado de lo que Cézanne había tratado de lograr en el terreno pictórico, es decir, una aproximación no mediada a la naturaleza, procurando prescindir de las acumuladas prácticas del pasado que se erigen ahora en obstáculo para una auténtica apreciación de lo que la Tierra —que es todo cuanto tenemos— puede ofrecernos. Y uno de los elementos de esta vinculación inmediata sería el que empujara a Rilke a verse a sí mismo más como «receptor» que como creador de poemas.

Todo empeño prosístico que se afane en comentar la incandescente poesía de Rilke está condenado a interferir con la experiencia de un contacto directo con la misma, pero no nos queda más remedio que intentar la exposición. Sus versos más aclamados juegan con distintas imágenes de la Tierra —o del mundo natural, si se quiere—, adhiriéndolas sin solución

de continuidad a nuestra psique, como puede observarse en el soneto titulado «Lo transitorio», al hablar el poeta del «infinito firmamento íntimo»
o al aplicar —con improbable pero ambicioso designio— los últimos descubrimientos de la ciencia pura y dura al fuero interno del individuo:

> De estrella a estrella, qué distancias; y sin embargo,
> Qué difícil contar las que aquí encontramos.
> Una persona, un niño, por ejemplo, y después una segunda...
> ¿Qué materia oscura las mantiene separadas?

Como muestra este último verso, Rilke podía plantear las más pasmosas preguntas, empleándolas para centrar la totalidad de su asombro espiritual en la existencia que hoy llevamos. Como argumenta el poeta escocés
Don Paterson en su examen de la secuencia de los sonetos dedicados a
Orfeo, Rilke refuta dos grandes errores religiosos. «El primero consiste en
pensar que la verdad pueda ser posesión exclusiva de un inescrutable tercero en discordia, de un ser cuyo conocimiento e intenciones no podemos
sino tratar de adivinar.» De hecho, añade Paterson, el único pensamiento
que tiene efectivamente lugar «en esta parte del universo» es el que nosotros generamos, lo que significa que la «verdad» no es nada que se halle
determinado, sino algo provisionalmente *decidido*, a semejanza del modo
en que procede la ciencia. «"Los sonetos a Orfeo" insisten en que la pura
indagación que se efectúa desde (o hacia) el asombro es la única actividad
humana sensata, una manera de dar forma a la más honesta y representati-
va postura que nos sea dado mantener respecto del universo.»[13]

> ¡Oh Tierra dichosa, oh Tierra festiva,
> Juega con tus hijos! Deja que intentemos
> Atraparte...

«El segundo error radica en pensar que la posibilidad de estar abocados a la experiencia de una reencarnación o de una vida tras la muerte
pueda resultar más extraordinaria que el hecho de hallarnos aquí en la
Tierra.» Rilke pensaba que al proyectarnos a un cierto estado futuro situado más allá de nuestra propia muerte deformamos nuestra conducta en
esta vida, asumiendo por tanto con menor intensidad la responsabilidad
que nos une con la realidad de aquí y ahora y distorsionando las relaciones que mantenemos con quienes comparten el planeta con nosotros. Rilke consideraba que la religión actuaba como si poseyera derechos de au-

tor sobre toda experiencia milagrosa. Sin embargo, el hecho mismo de hallarnos aquí, decía,

> es una fuente
> horadada por un millar de
> manaderos, una red de fuerza pura
> que nadie puede tocar ni arrodillar sobrecogida.

Rilke argumentaba que «no deberíamos saber qué hacer con el consuelo que nos ofrece la presencia de un Dios», y ello porque el más divino alivio es «inherente» al hombre mismo: «nuestro ojo debería hacerse simplemente un poco más perceptivo, nuestro oído más receptivo, el sabor de la fruta debería llenarnos de un modo más pleno, debiéramos tener la capacidad de percibir más aroma y de disfrutar de una mayor presencia de ánimo», obteniendo así un consuelo más rotundo de nuestras experiencias más inmediatas.

Rilke estaba convencido de que los seres humanos somos muy probablemente unos mamíferos únicos, dado que tenemos conciencia anticipada de nuestra propia condición mortal. Y es la conciencia de este acabamiento lo que nos impone la idea de asociar una narrativa a la vida, una narrativa dotada de sentido (sea en el presente o en el futuro) y un sentido que, debido a tender hacia un fin (que conocemos de antemano), se halla provisto de una forma general —de modo que la conclusión es clara: es la muerte la que impulsa la trama de la vida—. Tal es el apuro que ha de superarse. De este modo, Rilke reconoce que la conciencia es, como han dicho algunos filósofos, «un crimen contra natura».

La mejor forma de bregar con esta condición dual —o escindida—, de encajar e incluso disfrutar de este aprieto existencial consiste en *cantar*. Cantar, dice Rilke, es una facultad única y exclusivamente humana. Cantar como un ser humano no es lo mismo que cantar como un pájaro; lo que el pájaro hace al cantar lo hace la persona al hablar. «La música [que anima una canción] teje una hebra que recorre y sutura las discontinuidades del presente ..., la lírica une los acontecimientos de raíz temporal que informan nuestros mundos convirtiéndolos en realidades presentes para cada uno de nosotros por medio de la reiteración de uno o más sonidos. Al retrotraernos constantemente al instante anterior, el tema musical engaña y desvía la flecha del tiempo que nos arrastra a la muerte ... El infinito río continúa fluyendo, pero gracias al canto conseguimos remar a contracorriente y detener, durante un breve lapso, nuestro propio avance.»[14]

No obstante, para Rilke el canto tiene también otro significado. Cantar es lo que hace la propia Tierra, lo cual significa que «decir» y «cantar» son realidades que se superponen. Buen ejemplo de ello es la décima Elegía de Duino y su noción de «Ciudad del Dolor», en la que un joven sigue a través de los prados los pasos de una muchacha que le hace señas. Sin embargo, no se trata de una simple joven, es también una alegoría —una lozana Lamentación que no tarda en presentarle a otra de más edad que le explica: «Antaño ... nosotras las Lamentaciones / fuimos una gran raza»—. La anciana guía al hombre a través del «vasto paisaje del luto» en el que las emociones han terminado por cristalizar, convirtiéndose en fenómenos de carácter geológico y biológico. En ellos encontrará «un trozo tallado de dolor primigenio», más adelante topará con «escorias de ira petrificada», y más lejos aún recorrerá «campos de melancolía en flor» y le saldrán al paso «rebaños de duelo». Todas estas exclamaciones y recorridos fantásticos son otros tantos intentos de reconfigurar la Tierra, de maravillarse ante ella y disfrutarla en formas nuevas, rodeándonos de nuevas experiencias y de nuevas metáforas con las que expresar emociones, con las que alcanzar a concebir «un contorno indescriptible».

Maravillados hemos de extraer de la Tierra las formas de su canto. El modo en que Rilke realizará esa labor de minería consistirá en enumerar distintas formas de ver y en designar nuevos conceptos, promoviendo yuxtaposiciones inéditas y sugiriendo formas de ser insólitas. Su método se orientará también a la superación de la idea del yo unitario, que él consideraba ilusoria. Estaba convencido de que era preciso entender el «ser» «a la manera de un fluir» y no como algo estático e inmutable.[15]

ATAJOS VITALES

También andaba sumido en una constante búsqueda de metáforas capaces de proporcionarle atajos hacia el significado, como puede observarse en su poema sobre la higuera. Lo que aquí resulta significativo es el hecho de que este árbol desarrolle directamente sus frutos, sin pasar por una fase de floración. En este texto Rilke se pregunta si hemos de aceptar o no esta familiar metáfora botánica como guía para nuestra propia vida: puede que la eflorescencia constituya un hermoso proceso y sea también una bella palabra, pero ¿no es acaso un efímero e improductivo compás de espera y en tal sentido una pérdida de tiempo, es decir, exactamente lo contrario de un atajo? En otro lugar se hará la siguiente pregunta: ¿no habrá personas «*Ganze geborne*», es decir, «nacidas en el Todo», o lo que es lo mismo: venidas al mundo con el conocimiento de la total unidad de la experiencia? ¿No será de ahí de donde viene la poesía?

Todo esto llevará a Rilke a argumentar que la muerte ha de ser la culminación lógica de la vida, «no algo que la invada con paso hostil».[16] En este punto introducirá la potente imagen de un cristal que se hace añicos al vibrar, que se destruye a sí mismo por y en su misma intensidad, como consecuencia de un poético viaje a la nada.[17] A esto añadirá el concepto de la muerte como «algo propio y singular de cada cual».

> Y es que no somos más que hoja y piel,
> La poderosa muerte que a todos nos habita,
> He ahí la médula en cuyo derredor gira todo.

Una «poderosa muerte», un fallecimiento individual (no el mero escabullirse tras el telón de lo que él denomina una muerte «prefabricada») ocurrido como colofón de una vida íntegramente dedicada a cantar con lírica inédita las realidades de la Tierra —eso es lo que más se aproxima a las leyes de la existencia tras las que anda Rilke—. Hemos de aspirar a hacer de nuestra muerte un acontecimiento consecuente.

Él mismo moriría como poeta, afirma Leppmann, porque «incluso frente al rostro de la muerte su imaginación habría de resultar más importante y más real a sus ojos que la propia realidad ... Y del mismo modo que ya parapetara un día su persona, cerrándole el paso a diversos territorios de la vida —carrera, riqueza, matrimonio— en nombre de ese mundo interior que animaba su poesía, también habría de negarse a reconocer la inminencia de su propio fin». De acuerdo con su médico, y pese a sufrir considerables dolores, Rilke prefirió superarlos sin recurrir a los analgésicos y sin preguntar jamás cuál era la enfermedad que padecía.[18] Una poderosa muerte, sin duda.*

«DOS FORMAS DE ESTAR EN EL MUNDO»

Pese a su notable longitud, el inacabado texto en cuatro volúmenes del *Hombre sin atributos*, del escritor austríaco Robert Musil, no reviste una forma tan radical como la de otras novelas modernistas —por ejemplo

---

* Se hallaba afectado de leucemia. (*N. del a.*)

El castillo de Kafka, *En busca del tiempo perdido* de Proust, *Las olas* de Virginia Woolf o el *Finnegans Wake* de Joyce—, aunque sí guarde, como sucede con algunas de esas otras obras, una relación directa con la biografía del autor.

Musil nació en el año 1880 en la localidad austríaca de Klagenfurt. Su padre era un ingeniero descendiente de un antiguo linaje aristocrático, así que el propio Musil obtuvo un título nobiliario en 1917, apenas doce meses antes de que el país aboliera la totalidad de las cartas de nobleza. Su familia había acariciado la esperanza de que Robert se decidiera a consagrar su vida a la carrera militar, pero a pesar de prestar distinguidamente sus servicios en la Gran Guerra, el joven prefirió cursar estudios en varias universidades técnicas, defendiendo finalmente con éxito una tesis doctoral en filosofía, ciencias naturales y matemáticas, por no mencionar el hecho de que también escribiera un tratado sobre el físico y filósofo Ernst Mach. La ciencia le había fascinado desde muy temprana edad, pues le apasionaba lo que él denominaba «la sagrada aura de la exactitud», la «sobriedad» de las técnicas y el hecho de que la investigación científica se hallara desprovista de todo tipo de elementos ilusorios. Sin embargo, este entusiasmo pronto quedó atrás: el carácter rutinario que tiene en gran medida la tarea experimental, junto con la distancia que él mismo observaba entre la calidad de la vida profesional y personal de los ingenieros y los técnicos —es decir, la circunstancia de que se revelaran incapaces de atenerse en casa a las normas y principios que empleaban en el trabajo—, acabaría por decepcionarle, de modo que volvió a tomar la pluma. Fue director, en varios períodos intermitentes, de la revista literaria *Die Neue Rundschau*, compaginando estas labores con las de crítico teatral y obteniendo galardones como los premios Kleist y Gerhart Hauptmann por *Die Schwärmer*, una obra de teatro en la que un profesor de psicología termina desengañándose de su matrimonio y de sus indagaciones científicas.

En la década de 1920 Musil acometió la elaboración de su monumental *El hombre sin atributos*, trabajando el texto prácticamente a diario. Al igual que Georg Lukács, Walter Benjamin y Virginia Woolf, también él creía que la novela era el vehículo más apropiado para explicar la situación filosófica en que se hallaba inmersa su generación, dado que estaba convencido de que ese género literario era la encarnación misma «del terrible asombro que nos sobrecoge frente a la irracionalidad del mundo». Las novelas en general —o en cualquier caso la suya— venían a constituir una especie de experimento mental, similar a los que habían efectuado en su día Einstein o Picasso, cuyos cuadros permitían que una determinada figura apareciera simultáneamente de frente y de perfil. El novelista y premio Nobel sudafricano John Maxwell Coetzee definiría *El hombre sin atributos* diciendo que fue «un libro que acabó viéndose superado por los acontecimientos históricos durante el proceso mismo de su redacción». Se trata sin duda de una afirmación perfectamente cierta, al menos en un sentido, ya que tras publicarse las tres primeras partes de la obra, entre los años 1930 y 1933, Musil —cuya esposa Martha era judía— se vería obligado a exiliarse en Suiza. De él es la memorable ocurrencia que describe a Hitler diciendo que no había necesitado perder la vida para ser «el soldado desconocido».

El libro está ambientado en el año 1913, en vísperas de la Gran Guerra, y la acción transcurre en el mítico país de Kakania. Kakania es claramente el trasunto de Austria-Hungría, ya que el nombre hace alusión a la expresión alemana «*Kaiserlich und Königlich*» —abreviada con las siglas «K. u. K.»—, cuya significación remite al reino de Hungría y a los territorios vinculados a la regia corona imperial de Austria. Pese a su imponente longitud, son muchos los autores que piensan que este libro es la respuesta literaria más brillante que se haya dado jamás a los acontecimientos que marcaron el arranque del siglo XX, una de las escasísimas obras «que resulta imposible malinterpretar». Se ha dicho de ella que es una novela post-bergsoniana, post-einsteiniana, post-rutherfordiana, post-bohriana, post-freudiana, post-husserliana, post-picassiana, post-proustiana, post-gidiana, post-joyciana y post-wittgensteiniana —y ni que decir tiene, también post-cristiana.

En el texto se van engarzando tres temas diferentes, lo que determina que el autor se decante por una narrativa libre. En primer lugar, tenemos la búsqueda en la que se halla embarcado el personaje principal, Ulrich von..., un soldado vienés que decide estudiar ingeniería para dedicarse después a la matemática y acabar convirtiéndose en un intelectual. El modelo que el propio Ulrich ha resuelto seguir pasa por mostrar el «acerado temple espiritual» de Nietzsche. Las pesquisas que realiza en su afán de penetrar en el significado de la vida moderna le llevarán a concebir un proyecto destinado a descifrar los vericuetos mentales de un tal Moosbrugger, asesino de una joven prostituta. Ulrich tiene treinta y pocos años, sigue soltero y acaba de regresar a Viena tras haber pasado varios años en el extranjero. Pese a que su mente continúe operando a la manera de un científico, es un hombre que ya no encuentra inspiración alguna (como le ocurre al propio Musil) en los enfoques científicos —y de hecho, lo que echa en falta en su vida es en gran medida la presencia de pasión, motivo que le impulsa en cierto modo a sumergirse en el universo de la Viena inmediatamente anterior al estallido de la guerra, un universo regido en parte por la actividad social y en parte por las inquietudes intelectuales—. El segundo tema es el de la relación (y el amorío) que Ulrich mantiene con su hermana, Agathe, de la que se había separado en la infancia. Y en tercer lugar está la cuestión del carácter del libro, que es una sátira social de la Viena de esos años. En el momento de su fallecimiento —que se produciría en Suiza en el año 1942, sorprendiéndole además prácticamente en la indigencia—, Musil no había logrado completar aún la cuarta parte de su inmenso retablo. (Y no le había abandonado la amargura: «Hoy nos ignoran», le confiaría a un amigo, «pero en cuanto hayamos muerto se jactarán de habernos proporcionado asilo».)

Para la elaboración de su obra, Musil habría de realizar una investigación poco menos que científica, llegando incluso a conseguir que se le permitiera visitar a un convicto encarcelado en Viena por asesinato. En un momento del relato, el autor pondrá en boca de Ulrich una descripción del homicida de la novela, diciendo que es alto y ancho de espaldas, que «su cavidad torácica se abomba como se hinchan las velas en el mástil», y que, sin embargo, de cuando en cuando, si tiene ocasión de leer un libro que le conmueve, se siente empequeñecido y blando, como una «medusa flotando a la deriva en el océano». No hay ninguna descripción ni tampoco una sola característica o cualidad que se adecue a su perfil. En este sentido puede decirse que es un hombre sin atributos: «No nos habitan ya las voces interiores; la razón tiraniza nuestras vidas». Moosbrugger, que no cree en Dios, pues no da crédito sino a lo que alcanza a comprender por sus propios medios, transita por la existencia sujeto a una lógica letal (los demás no son más que «obstáculos en su camino»), y eso es justamente lo que le empuja al crimen.

De este modo, el auténtico tema del libro es el de profundizar en lo que significa ser un individuo humano en una época dominada por la ciencia. Si lo único digno de crédito es la información que nos proporcionan los sentidos, si la sola forma de conocernos a nosotros mismos es la que emplean los científicos, si todas las generalizaciones y discursos sobre los valores, la ética y la estética son meros sinsentidos, como afirmaban por entonces los filósofos del Círculo de Viena (véase el capítulo 14), ¿cómo habremos de vivir? El texto de la novela es un *tour de force*, repleto de observaciones mordaces, originales e ingeniosas: «En el futuro, cuando nuestros conocimientos hayan aumentado, la palabra "destino" adquirirá probablemente un significado estadístico». «La diferencia entre la persona normal y el demente radica precisamente en que el sujeto normal padece todas las enfermedades de la mente, mientras que al loco sólo le aqueja una.» «Uno debería amar las ideas como se ama a las mujeres: sintiendo el mayor de los deleites al volvernos a tratar con ellas.»[19]

Con todo, Musil nunca perdería por completo la esperanza de que, de algún modo, pudiera llegarse algún día a encontrar la forma de introducir los avances de la ciencia y la tecnología, e incluso la precisión militar, en el ámbito del espíritu y el intelecto, aunque comprendía perfectamente bien lo esquivas que podían mostrarse esas esperanzas. «La posibilidad de interpretar la experiencia sin dudas, vacilaciones ni conjeturas ha dejado ya de depender de los dones privativos de cada cual —pese a todos los conocimientos que hoy tenemos, lo cierto es que a las explicaciones de los fenómenos les ha sido extirpado, por así decirlo, el corazón—: la amabilidad es una forma particular de egocentrismo; las emociones son meras secreciones de las glándulas; el ser humano está compuesto de agua en sus ocho o nueve décimas partes; la libertad moral es un mero subproducto automático del libre comercio; las gráficas que recogen las estadísticas de los nacimientos y los suicidios muestran que nuestras más íntimas decisiones personales son producto de un comportamiento programado. [Ulrich] siempre tiene razón, pero nunca se revela productivo, no es en ningún caso feliz, y jamás se compromete, como no sea de forma momentánea.»[20]

Musil reconoce que las antiguas categorías que hasta ayer vertebraban el pensamiento humano —esas ideas tipo «cajón de sastre» que son la superioridad de la raza o la religión— carecen ahora mismo de toda utilidad, ¿pero con qué vamos a reemplazarlas? Al igual que Rilke, también él propone el concepto de sumisión, poniéndolo en boca de uno de sus personajes —Clarisse, en este caso, casada con un amigo de la infancia de Ulrich con quien éste ha perdido contacto—. Clarisse llega a la conclusión de que «tenemos la obligación de abandonarnos a la ilusión, si nos es concedida la gracia de confiar en alguna». (Esto habrá de encontrar eco al otro lado del Atlántico y cobrará vida en las obras de teatro de Eugene O'Neill —véase el próximo capítulo—.) No hay nada meridianamente claro en *El hombre sin atributos*, pero esta última noción, la de ser capaces de mantener una relación estable con una gran idea fundamental, sabiendo que no es sino una de las muchas alternativas posibles, algo así como la forma laica que adopta la vieja gracia divina en el mundo moderno— merece ser considerada como una especie de conclusión. En ella vienen a reflejarse las «ficciones compartidas» que ya propusiera en su día Henry James.

LA OTRA CONDICIÓN

Musil también habría de recurrir a una peculiar definición —laica— del alma, diciendo de ella que es «un cierto grado de entusiasmo». Esta idea surgiría a su vez de otro punto de vista suyo: el de que hay dos formas de estar en el mundo, dos formas que se exploran a fondo en *El hombre sin atributos* y que nos permiten hacernos una idea de cómo hemos de vivir en un mundo presidido por el desencanto. La «condición normal», como la denomina Musil, es la correspondiente al mundo de la ciencia, de los negocios y del capitalismo, y consiste en el mantenimiento de «una actitud científica hacia las cosas, una actitud que se reduce a contemplar las cosas sin amor».[21] «El amor y la poesía se erigen en contrapunto frente al universo de los hechos, las acciones, el comercio o la política basada en el uso de la fuerza. Tanto el uno como la otra son condiciones que se alzan por encima de las transacciones mundanales.»

David Luft nos dice que, a los ojos de Musil, Eros se asemeja al arte, «puesto que también él se convierte en foco de nuestra atención. Nos abstrae, nos hipnotiza y modifica nuestro estado de ánimo en un empeño destinado a incidir de formas mágicas en el mundo». Musil estaba convencido de que la presente era, dominada por la ciencia y el capitalismo, había perdido la pista de esta vertiente suprimida del yo. «La condición normal apunta fijamente a lo que es útil, mientras que la otra condición tiende a todo aquello que realza nuestras cualidades.» El argumento que Musil está exponiendo aquí no estriba en demostrar que la realidad cotidiana que todos conocemos carezca de importancia, sino en señalar que se halla emparedada entre estereotipos y que no «recibe estímulos que desafíen la imaginación».[22] Nuestro autor sostiene que el origen del sufrimiento contemporáneo se encuentra en la falta de una verdadera comprensión de lo que ocurre en la esfera del alma, aunque para él, como ya hemos señalado antes, el alma sea una forma de entusiasmo y la tarea «religiosa» y «ética» del artista consista en liberar al ser humano de la rigidez de la tradición, ya sea ésta de carácter intelectual o emocional, a fin de que podamos servirnos de la experiencia para generar —y potenciar— el surgimiento de nuevas motivaciones.[23]

En opinión de Musil, el auténtico reto al que se enfrenta actualmente el género humano estriba en descubrir fórmulas que permitan maximizar la cantidad de tiempo que un individuo puede dedicar a la otra condición (y si la denomina así, «la otra condición», es debido a que se trata de una condición tan indefinida que no consideraba adecuado emplear un término más específico). A su juicio, el verdadero objetivo de la novela no consistía en terciar en el debate filosófico, sino en contribuir a «fundar el reino del espíritu». El idioma de los sentimientos no ha sabido adecuarse ni seguir el ritmo de la evolución moderna.[24] Musil pensaba que el individuo corriente de la década de 1920 era «un metafísico mucho más comprometido con la causa de lo humano de lo que él mismo se mostraba dispuesto a reconocer por regla general ... Rara vez le abandona la sorda y persistente sensación de la extraña situación cósmica en la que se encuentra inmerso. La muerte, la diminuta mota de polvo que es la Tierra, la ambigua ilusión del yo, el sinsentido de la existencia, que se vuelve más acuciante con los años: todas éstas son las cuestiones de las que el individuo medio osa mofarse, pese a que las perciba claramente a su alrededor, igual que se palpa la presencia de los muros en una habitación a oscuras».[25]

Musil creía que todas las grandes religiones brotaban de la «otra condición», aunque hubieran terminado por transformarse en una pura colección de estereotipos, en tópicos «rígidos, esclerosados y corruptos», como otros tantos esqueletos. Por consiguiente, la tarea de la literatura —y del conjunto de las artes— consistía en recuperar para la conciencia esa otra condición. Ése será el asunto que se aborda en la tercera parte del *Hombre sin atributos*, el de la «condición» del amor que se profesan Ulrich y Agathe.[26] Musil pensaba que la cultura moderna necesitaba una mayor dosis de feminidad, que las mujeres se hallaban más abiertas a la otra condición, una condición que él describirá diciendo que es «la de la sosegada intimidad de la vida ... [Ulrich] quiere vivir *en* algo antes que *para* algo, pero lo cierto es que esa interioridad de la vida es con frecuencia "un mundo desprovisto de palabras"».[27] En su intensa relación de amor, Ulrich y Agathe terminan por desarrollar una particular sensibilidad al modo en que el otro se relaciona con el mundo, «accediendo así a una unión de carácter espiritual. Esta disolución de la frontera que separa al ego del no-ego ... [les] lleva a tener la vívida sensación de participar del mundo, a vivir una experiencia supra-aguda ... Esta vivencia festiva, alejada de la tiranía de las iglesias y los moralistas, es lo que les brinda esa sensación de intimidad que echaban en falta en sus vidas».[28]

Musil se esfuerza en recalcar que en ningún caso pueden convertirse en norma los sinuosos senderos conducentes a ese estado de gracia, el de la otra condición, y que no debemos intentar dicha normalización. «La pauta de conducta que sigue habitualmente el ser humano consiste en abstraerse temporalmente de una condición para sumergirse en la otra.»

Y sabremos cuándo nos encontramos en ese estado de gracia, dice, porque vendrá acompañado de un sentimiento de elevación del ánimo que contrastará claramente con el que percibimos cuando nos hallamos en la condición normal, en la que tenemos la impresión de hundirnos. Cuando se produzca, nuestra situación no será tanto la de un hombre sin Dios como la de un individuo libre de la divinidad.[29]

Hemos de admitir que todos los eslabones de esta cadena de pensadores —Heidegger, Rilke y Musil— manifiestan poseer una capacidad imaginativa muy superior a la de Weber. El re-encantamiento del mundo es una meta mucho más positiva que la de limitarse a vivir el duelo de su desencantamiento.

Capítulo 12

EL PARAÍSO IMPERFECTO

Estamos en la era de la joven liberada, de la ginebra de garrafa, de las estridentes bandas de jazz, del charlestón. Estamos en los años de las estrellas del cine mudo, de una fiscalidad no progresiva de la renta y de algunos de los automóviles más largos y elegantes que jamás se hayan fabricado. El novelista estadounidense Francis Scott Fitzgerald describió con estas palabras el breve período que separa el final de la primera guerra mundial del desplome bursátil de 1929: «La Era del Jazz corría desbocada sin otro impulso que el de su propia energía, reabasteciéndose en las grandes estaciones de servicio por cuyos surtidores manaba dinero». Éstas son las impresiones de Amory Blaine, el joven héroe de tintes autobiográficos que protagoniza la novela de Fitzgerald titulada *A este lado del paraíso* (y publicada en 1920): «Soy más bien pagano en este momento. Todo lo que ocurre es que, a mi edad, la religión no parece tener la menor relevancia en la vida de uno». Y así concluye la novela: «[Aquí tenemos a] una nueva generación lanzando los viejos gritos, aprendiendo los viejos credos, a través de un ensueño de largos días y noches; destinada a la postre a enfrentarse con ese sucio torbellino gris para obedecer al amor y al orgullo; una nueva generación destinada más que la última a temer a la pobreza y a adorar el éxito; crecida sobre un montón de dioses muertos, de guerras terminadas, de creencias pulverizadas...». El acierto con el que Fitzgerald capta el estado de ánimo imperante en la época da tan de lleno en la diana que Gertrude Stein llegaría a decir que *A este lado del paraíso* había sido en su día la Biblia de la joven generación.[1]

El dinero sustituye a Dios

Henry Idema, autor de varias de las frases que hemos venido desgranando en el apartado anterior, argumenta que el proceso de la secularización se aceleró en los años veinte, afirmación que en el caso de Estados Unidos no admite duda alguna. En 1933, en el período más crudo de la Gran Depresión, el novelista Sherwood Anderson se expresaba de este modo en una carta dirigida a una amiga: «Sabes, querida, no sólo es el hambre y la miseria —es algo que el país ha perdido—, hemos extraviado la fe antigua sin recibir ninguna otra a cambio». El crítico literario e historiador estadounidense Van Wyck Brooks diría por su parte que los miembros de la generación de posguerra «han venido a nacer en el seno de una raza de hombres que no ha tenido empacho alguno en agotar todos sus recursos espirituales en la lucha por la supervivencia y que todavía sigue batallando en medio de la abundancia debido a que la vida misma ha dejado de tener sentido». Idema señala la confluencia de tres hechos que dan en cristalizar simultáneamente por esos mismos años: la generalización de las neurosis, debido a la desaparición del consuelo que la gente había venido obteniendo hasta entonces a través de las iglesias dominantes; la «privatización» de la religión; y un alejamiento de las tradiciones religiosas compensado por la aproximación reverencial a la opulencia y el materialismo.[2]

Idema, sacerdote de la Iglesia episcopaliana y doctor en Religión y Estudios sicológicos por la Universidad de Chicago (véase el capítulo 18), consideraba que la secularización tenía raíces psicológicas. A su juicio, la relación tradicional derivaba su ascendiente y su poder, como ya dijera Freud, de la familia —puesto que el niño en fase preedípica halla protección en la madre para recibir más tarde de su padre nociones de disciplina y respeto a la autoridad—. La familia biparental, dice Idema, constituía así un triángulo amoroso de corte freudiano en el que el niño aprendía a desenvolverse con el objetivo de alcanzar la madurez emocional. Además, una de las características añadidas de ese espacio afectivo se hallaba asociada con el hecho de que muchas de las funciones básicas del grupo familiar, sobre todo las relacionadas con la protección y la autoridad, fueran asumidas más tarde por las diferentes iglesias. En el mundo moderno, por el contrario, en el que las madres se ausentaban cada vez más del hogar para acudir a su trabajo, permaneciendo fuera de él durante largos períodos de tiempo, y en el que los padres podían dedicar lapsos temporales aún más dilatados a sus actividades no domésticas, trabajando por ejemplo muchas horas extra en fábricas frecuentemente alejadas de su domicilio, el niño no lograba interiorizar ya los valores parentales al modo tradicional, de modo que terminaba por desentenderse de la Iglesia.

Idema encontraría un buen respaldo para sus argumentos en el imprescindible y emblemático texto sociológico de Robert y Helen Lynd titulado *Middletown* —un estudio estadístico realizado en una localidad estadounidense (que más tarde resultaría ser la población de Muncie, en Indiana) en el que se daría en registrar, entre otras cosas, el impacto ejercido por el nuevo ímpetu industrial en una típica ciudad de provincias estadounidense, analizándose en particular el papel de la radio, el proyector cinematográfico, el fonógrafo, el teléfono, los cosméticos y, sobre todo, el automóvil—. En *Cuentos de la era del jazz*, Scott Fitzgerald hará un preciso ejercicio de memoria al señalar que «en el año 1915, los jóvenes solteros de las pequeñas poblaciones de provincias no tardaron en descubrir la movilidad personal que le había dado al joven Bill el automóvil que le regalaron al cumplir los dieciséis años con la idea de que sintiera "más confianza en sí mismo". Al principio, las furtivas caricias con las chicas eran una aventura sin esperanza, incluso en tan favorables condiciones, pero ahora habían empezado a intercambiarse secretitos y el antiguo mandamiento se quebró».[3] Como dictaminara uno de los jueces de Middletown, el automóvil acababa de convertirse en «una casa de lenocinio ambulante», mientras que, por su parte, los ministros del señor de la localidad denunciaban la inconveniencia de sustituir la misa «por la excursión automovilística dominical».

Parte de la responsabilidad de este estado de cosas había que achacársela a la Gran Guerra. Desde luego, eso era lo que pensaba John Peale Bishop, compañero de clase de Fitzgerald en Princeton: «Lo más trágico de la guerra no fue que provocara tantos muertos, sino que dinamitara la tragedia de la muerte. No sólo sufrió la juventud en la contienda, también se vieron afectadas todas las abstracciones que habrían podido sostener y conferir dignidad a sus padecimientos. La guerra consiguió que la moralidad tradicional resultara inaceptable; no la aniquiló, pero sí vino a revelar su inmediata inadecuación. Por consiguiente, al terminar el choque, a los supervivientes no les quedó más remedio que hacer frente, del mejor modo posible, a un mundo sin valores».

La desilusión, en particular en materia de religión, es uno de los elementos más destacados de las novelas estadounidenses de la época. Podemos percibirla en *Fiesta* y *Adiós a las armas* de Hemingway, en *Beyond Desire*; *Winesburg, Ohio*; *Dark Laughter* y *Windy McPherson's Son* de

Sherwood Anderson, o en *El gran Gatsby* y *Suave es la noche* de Scott
Fitzgerald. Además, como bien habría de señalar Edmund Wilson respecto de *The Beautiful and Damned* de Fitzgerald: «El héroe y la heroína son
criaturas extrañas sin objetivo ni método, personas que se entregan sin límites a un furioso desenfreno y que no realizan en todo el libro un solo
acto serio. Esto no impide, sin embargo, que tengamos la impresión de que,
a pesar de su locura, son los individuos más racionales del mundo ..., cada
vez que se acercan a la vida cotidiana, las instituciones de los hombres
revelan ser una despreciable farsa de futilidades y absurdos ... Lo que hemos de deducir es que, en semejante civilización, lo más cuerdo y lo más
íntegro es vivir para el jazz a cada instante y olvidar las actividades de los
hombres».

La fuerza más imparablemente impulsora de la secularización, aparte
del automóvil, y tal vez incluso más que él, era, según una extendida opinión —o al menos de acuerdo con el parecer de Robert y Helen Lynd—,
la generalización de la educación, y más específicamente de la educación
superior. «La educación», señala en su trabajo sociológico el matrimonio
Lynd, «es una fe, una religión». Si tenía los efectos señalados se debía en
parte al hecho de que, al sacarlos de su ambiente y llevárselos a la universidad, los últimos ciclos educativos contribuían a que los jóvenes terminaran de romper con las tradiciones de sus padres. Pero no acababa ahí la
cosa. «En muchas ocasiones la educación no parece desearse por sus contenidos concretos, sino a la manera de un símbolo.» Y es cierto que había
muchas personas que juzgaban que la educación era señal de una mayor
apertura y cercanía a todo planteamiento alternativo a los valores tradicionales (fundamentalmente religiosos), convirtiéndose de ese modo en un
elemento capaz de «sustituir a la religión como orientación vital de primer orden». Fitzgerald también lograría captar parte de este estado de
ánimo en un relato breve titulado «Benediction» en el que la protagonista,
Lois, se dirige a su hermano —sacerdote y monje de la Iglesia católica y
romana— en los siguientes términos: «No quiero escandalizarte, Keith,
pero no sabría decirte lo muy..., muy *inapropiado* que es ser católico. Es
algo que ya no parece tener el menor significado. Y si te preocupa la moral, he de decirte que algunos de los muchachos más libertinos que conozco son católicos. Y los más brillantes —quiero decir: los que piensan y
leen un montón— no parecen creer ya demasiado en nada».[4]

La ciencia también tenía su importancia. El matrimonio Lynd coincide con Fitzgerald en materia de evolución biológica. En *A este lado del
paraíso*, Amory Blaine describe así el comportamiento de la generación

que le precede: «Se echaron a temblar al descubrir de qué iba el doctor Darwin». En Middletown, los Lynd descubrirán que «la teoría de la evolución ha venido a conmover la cosmogonía teológica que lleva siglos imperando». Y por si fuera poco se asiste también, además de a los efectos de la teoría de la evolución, al surgimiento de la moderna psicología. En su libro titulado *Only Yesterday*, publicado en 1931, el historiador Frederick Lewis Allen, director asimismo de la revista *Harper's*, lo expondrá con estas palabras: «De todas las disciplinas científicas, la que más cautivaba al público en general y la que revelaba tener un efecto más deletéreo sobre la fe religiosa era precisamente la más joven y menos científica de todas. La psicología era reina y señora de la situación. Freud, Adler, Jung y Watson tenían cada uno decenas de miles de seguidores».[5]

Idema continuará diciendo que, a pesar de que los cambios que habían irrumpido tan impetuosamente en Estados Unidos a lo largo de la década de 1920 resultaran indudablemente atractivos, lo cierto es que su difusión habría de tener también un coste. Se produjo, comenta, un «extraordinario incremento» de las neurosis, de los divorcios, de los conflictos de carácter sexual y emocional... Y todo ello habría de reflejarse tanto en la literatura de la época como en la vida personal de los autores. La novela de Sherwood Anderson titulada *Beyond Desire* debería haber salido originalmente a la calle bajo el rótulo de «Sin Dios». Un contemporáneo del autor diría en una ocasión de Fitzgerald: «La verdad es que Scott empezó a beber al dejar de acudir a misa».[6]

Idema argumenta que las obras de Anderson constituyen básicamente una crónica de «la soledad estadounidense», un fenómeno que vino a acompañar al debilitamiento de las prácticas religiosas tradicionales, y que lo mismo puede decirse, hasta cierto punto de los textos de Ernest Hemingway. «Hawthorne tenía el don de llevar a escena el alma humana», sostiene John Peale Bishop. «Y en la época en la que nos ha tocado vivir, es Hemingway quien se encarga de escribir el drama de la desaparición de ese espíritu.» Pero es más, tercia Idema: a Hemingway le preocupaba de manera especial el desplome de las comunidades religiosas y el hecho de que la juventud hubiera dado en sustituir esas comunidades por otras de nuevo cuño provistas de sus propios rituales laicos.

En este sentido, Idema nos muestra, por ejemplo, que, en *Fiesta*, el protagonista, Jake Barnes, logra hallar en la pesca de la trucha y en las corridas de toros «la paz que no alcanza a encontrar ya en la iglesia». «En la novela», añade Idema, «la religión carece ya de toda funcionalidad en la vida de Jake y sus iguales. La captura de truchas y la fiesta de los toros se convierten en sucedáneos laicos de la misma. Operan *del mismo modo* que los rituales eclesiásticos y de este modo consiguen reemplazarlos. En un sentido nada secundario, por tanto, la novela de *Fiesta* pinta la pesca de truchas y las corridas de toros con los rasgos propios de una práctica laica (e incluso pagana) investida de una doble dimensión psicológica y privada pero desprovista de todo carácter religioso».[7] E Idema prosigue: «La virtud que tiene todo rito eficaz, ya sea sagrado o profano, estriba en que logra integrar los pensamientos y las emociones. Y su segunda cualidad consiste en que embrida la ansiedad de los individuos».

El crítico literario y social Irving Howe dice lo siguiente acerca de los habitantes del Winesburg de Anderson: «Son comulgantes consternados en busca de una ceremonia, de un valor social, de una forma de vivir, de un ritual perdido que alcance a reestablecer, de algún modo, una corriente de empatía e intercambio de emociones». Nick Adams, el personaje principal de uno de los primeros relatos breves de Hemingway, el titulado «El gran río de los dos corazones», prolegómeno literario de *Fiesta*, se embarca en la realización de toda una serie de preparativos rituales antes de una partida de pesca: partir en dos un tocón de madera de pino, montar la tienda de campaña, reunir un buen puñado de saltamontes y meterlos *convenientemente* en un frasco... Carlos Baker, profesor de literatura de la Universidad de Princeton, dice que una de las palabras favoritas del padre de Hemingway era «*convenientemente*». «Cuando salía de excursión al monte con su hijo, todo debía hacerse de la forma más adecuada, ya fuera encender una hoguera, aparejar la caña, colocar el cebo en el anzuelo, lanzar la mosca, manejar un arma, o asar un pato o el anca de un venado.»

Henry Idema procederá así a comparar todo esto con lo que el matrimonio Lynd tuvo oportunidad de observar en Middletown: «Cuando la religión inició su declive, la gente comenzó a buscar "núcleos laicos en torno a los cuales poder vertebrar una actividad 'espiritual'"». En este sentido, Robert y Helen Lynd aludirán a la voluntad de «servicio» y a la ética de «lealtad cívica» del Rotary Club, llegando a equiparar incluso con este ansia de significado las actividades del (muy laureado) equipo de baloncesto de la ciudad. «"El Rotary Club y su inmenso ideal de servicio a la comunidad es mi religión", dice un trabajador de la Escuela dominical de Middletown. "Esa actividad me ha proporcionado más satisfacciones de las que jamás haya alcanzado a obtener de la Iglesia".»[8]

En «Muerte en la tarde», Hemingway nos ofrecerá una comparación mucho más detallada entre los gestos de la corrida de toros y los ritos eclesiásticos. El autor insistirá en el antiguo origen de ambas tradiciones y comparará al matador con el monaguillo, hasta llegar a la conclusión de que la tauromaquia «enajena al hombre y le hace sentir inmortal», «proporcionándole la experiencia de un éxtasis que, pese a ser pasajero, reviste tanta hondura como la de cualquier éxtasis místico». La fiesta de los toros también da pie al surgimiento de una particular comunidad, añade, a la aparición de una comunidad efímera «que provoca el enardecimiento simultáneo de todos cuantos se hallan presentes en el coso, creciendo tanto más la intensidad emocional cuanto más va avanzando la faena».[9]

Sin embargo, el efecto más evidente del proceso de secularización vivido entre las décadas de 1920 y 1980, dice Idema, es el de la obsesión estadounidense por la riqueza y sus signos externos. Sherwood Anderson aborda este asunto en *Winesburg, Ohio*, una población en la que el dinero sustituye a Dios como símbolo de la unidad identitaria del individuo, según se aprecia por ejemplo en la vida de Jesse —el personaje principal—, que pese a su prosperidad acabará sufriendo una depresión nerviosa. Con todo, será fundamentalmente Scott Fitzgerald quien mejor logre describir este nuevo sucedáneo de la religión. El propio Fitzgerald había sido educado en la religión católica, pero terminaría considerando que la fuente de la seguridad humana no emana de la religiosidad, sino del dinero. En «Un diamante tan grande como el Ritz», uno de los personajes caracterizará como sigue la ciudad en la que vive: «La sencilla devoción que preside el Hades estipula que el ferviente culto de las riquezas y el respeto de las mismas es el primer artículo de su doctrina —por eso, de no haberse presentado John con radiante humildad ante sus padres, éstos habrían retrocedido horrorizados ante tamaña blasfemia».

ALGO MAGNÍFICO QUE NADA TIENE QUE VER CON DIOS

Y después tenemos, claro está, *El gran Gatsby*. Hubo un tiempo en que el autor sopesó la idea de que uno de sus relatos breves, titulado «Absolución», constituyera la primera parte del libro, retratando en ella los primeros años de la vida de Gatsby. Al final no se incluiría en la versión definitiva de la obra, pero conviene recordar aquí que en esa narración corta se nos cuenta la historia de Rudolph Miller, un joven educado en la ciudad de Saint Paul, en Minnesota, que se ve obligado por su padre —un riguroso observante del catolicismo romano— a confesarse con el párroco de la localidad, admitiendo ante él haber quebrantado el mandamiento que nos insta a no mentir. El muchacho teme el encuentro con el cura, pero descubre, para su sorpresa, que el sacerdote, en un gesto muy humano, opta por mostrarle que él mismo se halla en peor situación como pecador, iniciando así una divagación sobre un parque de atracciones en el que hay una gran noria, «cubierta de luces, que gira en el aire», animando al adolescente a verla con sus propios ojos. «Toda aquella charla le resultó particularmente extraña y horrenda a Rudolph, dado que aquel hombre era un clérigo. Permaneció ahí sentado, medio petrificado, con los hermosos ojos abiertos de par en par, mirando fijamente al padre Schwartz. Sin embargo, bajo el terror que le invadía, Rudolph tuvo la sensación de que sus más íntimas convicciones quedaban confirmadas: había algo en alguna parte de una inefable magnificencia que no tenía nada que ver con Dios.»

Fitzgerald habría de retomar en varias ocasiones este tema, una de ellas en «Un diamante tan grande como el Ritz», obra en la que un grupo de hombres de la ficticia ciudad de Fish se reúnen todas las tardes para ver pasar, a las siete en punto, el expreso transcontinental procedente de Chicago: «Los hombres de Fish vivían más allá de toda religión: ni siquiera los más elementales y drásticos principios del cristianismo hubieran podido hollar la estéril roca de su fuero interno. No había por tanto ni altar ni sacerdote ni sacrificios: sólo el rito de todas las noches, a las siete, con la silenciosa congregación, junto a las chabolas de la estación, de una cofradía que elevaba una plegaria de tenue y exangüe asombro —también aquí había algo magnífico que nada tenía que ver con Dios».[10]

LA SEGUNDA FUERZA MÁS IMPORTANTE DESPUÉS DE LA FE

En un determinado momento de su carrera, el poeta modernista estadounidense Wallace Stevens se rompió la mano derecha por dos sitios tras provocar una pelea de taberna en Key West en compañía de Ernest Hemingway. El puñetazo partió la mandíbula de su adversario y él mismo terminó cayendo al suelo, inconsciente, tras encajar un gancho en el mentón. Andando el tiempo, y después de que su esposa le animara a dejar el alcohol, acabaría convirtiéndose en un experto en tés. Al referir estas anécdotas, podría tenerse la impresión de que este escritor era una especie de pintoresco bohemio, pero lo cierto es que nos encontramos ante un hombre de negocios que entre 1916 y el día de su muerte, ocurrida cerca de cuarenta años más tarde, en 1955, no habría de vestir sino con traje de tres piezas y corbata, ya que no en vano era jefe del departamento de fidelización y reclamaciones de garantía de la Compañía aseguradora de accidentes e indemnizaciones de Hartford, Connecticut. Stevens es un personaje difícil de clasificar, cosa que desde luego se aplica igualmente a sus actividades artísticas.

Fue uno de los máximos exponentes de una forma de arte llamada a florecer a lo largo de todo el siglo XX, además de un poeta capaz de escribir con una prosa tan fascinante como exquisita. Recurría al estilo prosístico fundamentalmente con la intención de explicar el contenido del arte y la literatura. Uno de sus principales argumentos sostenía que en una era marcada por la muerte de Dios, las artes en general, y la poesía en particular, debían tomar el testigo, debido a que Dios —al igual que la poesía— es un constructo imaginario, y a que las mayores satisfacciones que puede proporcionarnos la vida residen en la exploración y la explotación de nuestra capacidad imaginativa. También afirmaba, y con mayor claridad que muchos de sus colegas, que los dos fenómenos antagónicos llamados a sustituir a Dios en el mundo moderno eran la poesía y la psicología. Y como es obvio, insistiría siempre, tan tenaz como inflexiblemente, en que la poesía era la mejor opción.

Stevens tardó en descubrir su verdadera vocación. Tanto él como sus hermanos tenían que escuchar muy atentamente los pasajes de la Biblia que su madre les leía todas las noches, y asistir con idéntico recogimiento a las melodías e himnos que su madre entonaba al piano los domingos por la tarde. A principios de la década de 1890 estudiaba en la Escuela masculina de Reading, la ciudad de Pensilvania en la que había nacido, pero su afición al póquer y al fútbol le llevó a suspender todas las asignaturas. Sin embargo, no tardaría en recuperar el tiempo perdido, ganando varios premios, leyendo un discurso en el colegio con el que también sería galardonado, matriculándose en Harvard en 1897 (donde tendría ocasión de conocer y de estudiar con George Santayana) y publicando su primer poema pocos meses después, en enero de 1898. Acabó ganando el premio Pulitzer, el premio Bollingen, el Premio Nacional del Libro y un doctorado honoris causa por la Universidad de Yale (lo que constituía, como él mismo habría de comentar, «la mayor recompensa imaginable para un hombre de Harvard»).

La prosa de Stevens empleaba un lenguaje excepcionalmente claro y llano con el que abogaba con el mayor aplomo por hacer de la poesía el eje de la existencia humana. Pensaba que el cristianismo pertenecía a «una cultura agotada» y aseguraba que «la pérdida de la fe es un síntoma de crecimiento». No tenía el menor reparo en admitir que asumía una «amplísima premisa» consistente en aceptar la posibilidad de «transformar el mundo mediante la realización de una gran obra de arte y gracias a

ella». «Dios y la imaginación son una misma cosa. Cuando uno pierde la
fe en Dios, la poesía es la esencia que viene a ocupar su lugar como factor
de redención en la vida.»[11]

Su obra se halla repleta de sentimientos que abordan de un modo muy
directo el tema que aquí estamos tratando:

> Poesía
> Como eres superior a la música debes ocupar el lugar
> Del cielo vacío y sus himnos...

Y:

> ¿Qué es la divinidad si únicamente puede presentarse
> Como una sombra silenciosa y en sueños?
> ¿Será que no encuentra consuelo en el sol,
> En la fruta acre y en las brillantes alas verdes, o bien
>
> En cualquier bálsamo o belleza de la tierra,
> Cosas que han de ser amadas como la propia idea del cielo?
>
> ...
>
> ¿Estará llamada nuestra sangre a fracasar? ¿O acabará siendo
> La sangre del paraíso? ¿Y deberá la tierra
> Ser todo el paraíso que nos es dado conocer?
> El cielo se nos hará entonces mucho más amable que ahora...[12]

«La primordial relación que existe hoy entre la pintura y la poesía, o
entre el hombre y el arte modernos, se resume sencillamente en lo siguiente: que en una época en la que el escepticismo predomina de un
modo tan generalizado y profundo —o si no el descreimiento, sí al menos
la indiferencia frente a las cuestiones de creencia—, sucede que la poesía,
la pintura y las artes en general constituyen, cada una en su propia medida, una compensación de la fe perdida. Los seres humanos tienen la sensación de que la imaginación es la segunda fuerza más importante después de la fe: el príncipe reinante. Por consiguiente, no hemos de pensar
que el interés que sentimos los seres humanos por la imaginación y sus
obras constituye una simple fase de humanismo, sino que hemos de saber
entenderlo como una autoafirmación existencial en un mundo en el que

ya nada permanece salvo el yo —si es que puede decirse que éste permanece— ... La extensión de la mente más allá del alcance de la mente, la proyección de la realidad más allá de la realidad, la determinación de abarcar una gran área de conocimiento o de existencia, sea ésta del tipo que sea, la determinación de no quedar confinado ni circunscrito, la renovada captación de la emoción y la intensidad del interés, el ensanchamiento de los horizontes del intelecto, en todo momento y de todas las maneras posibles, éstas son las unidades, las relaciones que hoy han de sintetizarse diciendo que revisten la máxima importancia.»[13]

«En una era presidida por la incredulidad, en una época cuyas características son, en uno u otro sentido, fundamentalmente humanistas (lo que viene a ser prácticamente lo mismo), es el poeta el que debe ofrecer a sus coetáneos las satisfacciones que procura todo credo ... Desde mi punto de vista se trata de un papel de la mayor seriedad. Es, por un lado, un rol de índole espiritual ... Ver desvanecerse a los dioses en el aire y disolverse como simples nubes es una de las mayores experiencias humanas. No es como si esos dioses hubieran desaparecido por el horizonte, perdiéndoseles la pista durante un tiempo, y tampoco es como si se hubieran visto superados por otros dioses de mayor poder y más profundos conocimientos. Se trata simplemente de que han quedado reducidos a la nada ... En todo ello, el hecho más extraordinario es el de que no hayan dejado ningún recuerdo tras de sí, ningún trono, ningún anillo místico, ningún texto, ni en la tierra ni en el alma. Es como si jamás hubieran habitado el planeta. No hubo ningún clamor que solicitara su retorno. Y si no han sido olvidados ha sido por haber formado parte de la magnificencia de la historia. Al mismo tiempo, no ha habido jamás hombre alguno que haya musitado en su fuero íntimo una plegaria destinada a solicitar la restauración de esas irreales formas. En todo hombre ha operado invariablemente un yo cada vez más humano, un yo que en lugar de continuar instalado en el papel del observador, del individuo que no participa ni interviene, del delincuente, ha sufrido una transformación constante que ha terminado por convertirlo en todo cuanto existe —o eso es al menos lo que nos ha parecido— ... El hecho mismo de pensar acerca del fin de los dioses genera un conjunto de actitudes singulares en la mente de quien así reflexiona. Una de las posibles actitudes pasa por afirmar que los dioses de la mitología clásica no eran más que simples proyecciones estéticas. No eran objetos de creencia propiamente dichos. Eran expresiones de deleite ... Una de las actividades a las que se entrega normalmente la humanidad, en la soledad de lo real y en el tratamiento impropio de la soledad, no sólo consiste en crearse compañeros —un tanto colosales como acabo de decir—, sino en conseguir que éstos, pese a no resultar explicativos a primera vista, sí se beneficien de la presunción de hallarse cuando menos plenamente al tanto del secreto de las cosas ... Sea como fuere, ni la atmósfera celestial en la que viven estas deidades ni la circunstancia de que residan en palacios celestiales máximamente remotos es cosa que derive del azar. La fundamental gloria en la que habitan es la gloria básica de los hombres y las mujeres que, hallándose necesitados de ella, optan por crearla y elevarla, sin romperse demasiado la cabeza en indagar la identidad de esas creaciones. El pueblo, y no el sacerdote, ha sido el hacedor de los dioses.»[14]

Más tarde, Stevens añadirá, en una conferencia: «El objetivo que me he propuesto cubrir esta mañana es el de elevar el poema al nivel de uno de los mayores elementos de significación de la vida y equipararlo, a fin de atender los objetivos del debate, con los dioses y los hombres ... Los dioses son un producto de las más altas potencias de la imaginación ... Todo se resume en esto: en que al componer poemas utilizamos las mismas facultades que al crear dioses ...[15] Al faltar la fe en Dios, la mente regresa a sus propias creaciones y las examina, no sólo desde el punto de vista estético, sino en función de aquello que vienen a revelar, en función de cuanto validan e invalidan, en función de la sustentación anímica que proporcionan. Dios y la imaginación son una sola y misma cosa».[16]

Estos párrafos deben de ser uno de los esfuerzos más intensos y prolongados de alcanzar a vivir sin Dios que se hayan realizado jamás en toda la literatura moderna. A Stevens no le asusta mirar de frente la problemática que suscitan las «grandes cuestiones». Comprendió perfectamente que el *apetito* es uno de los ingredientes cruciales de una vida realizada. Y por consiguiente, mientras exponía las grandes reivindicaciones que hacía en favor del papel de las artes, aprovechando la «vasta premisa» de la que solía hablar, se mostraba igualmente ambicioso al explicar lo que es la poesía, el lugar exacto que ocupa en nuestras vidas, de qué formas nos ayuda y qué puede lograr. «Un poeta contempla el mundo», decía, «un poco al modo en que un hombre mira a una mujer» —una afirmación que, siendo poética, está al mismo tiempo pensada para captar la atención de todo el mundo—. Stevens insistía con toda firmeza en que la poesía son

> Sonidos que transitan súbitas exactitudes
> Y que contienen la mente, bajo la cual no puede penetrar.

El papel del poeta, recalcaba, «consiste en ayudar a la gente a vivir su vida ... La poesía ha de proporcionar la fuerza necesaria para resistir a las presiones de la realidad por medio de la actividad propia de la imaginación». Y si, como hemos dicho, Stevens no se arredra ante las grandes cuestiones, tampoco habrá de intimidarle ninguna implicación que pueda acusarle de abogar en favor del elitismo. «Estamos ante un mundo de hechos que nos viene a brindar una persona dotada de una sensibilidad capaz de alcanzar una gama de matices superior a la nuestra, dado que se trata de una sensibilidad poética. Nos vemos así ante la *ampliación* del mundo fáctico, frente a una "incandescencia de la inteligencia".» Al igual que la luz, la visión poética no añade nada a lo que hay, salvo su misma presencia. Y cuando nos hallamos cerca del calor que desprende esa luz podemos afirmar que estamos viviendo de un modo más intenso.[17] «El encantamiento ha de entenderse de manera literal, como una forma de conferir existencia al mundo por medio del canto.» En sus mejores expresiones, la poesía «ofrece una experiencia del mundo en tanto que meditación, pues la mente ralentiza su marcha sin dejar de hallarse ante las cosas, y de este modo, gracias a las mínimas transfiguraciones de la imaginación, la mente contrarresta con su fuerza la presión que recibe de la realidad». A juicio de Stevens, la poesía permite una especie de «sosiego del alma».[18]

Un poeta escribe acerca de las cosas, sostiene, y cuanto dice «habla de las cosas que no existen sin palabras». Al mismo tiempo, Stevens es consciente, como también le ocurriera a Valéry, de que «el deseo de la mente siempre habrá de exceder la belleza que la poesía alcanza a aportar a la realidad». Y si se sintió atraído por la poesía (más que por la ciencia, pongo por caso), fue porque la naturaleza humana «encuentra mayor satisfacción en lo particular». «El valor de la poesía es un valor intrínseco. No es el valor del conocimiento. No es el valor de la fe. Es el valor de la imaginación.»[19]

Al decir que Dios es producto de la imaginación —como le sucede a la poesía o a cualquier obra de arte con capacidad de comunicación—, Stevens también está pensando que muchas de las ideas metafísicas y filosóficas son intrínsecamente poéticas, es decir, que brotan y resultan de la imaginación. La noción de «infinitud» es de carácter esencialmente poético («poesía cósmica» la llamará él), y lo mismo puede decirse del estado hegeliano y —de un modo que tal vez resulte más pertinente para los objetivos de este libro— de las ideas de «causa final» y «totalidad» o «plenitud» —ideas que la gente parece considerar muy importantes—. (¿Tiene sentido hablar de la «causa final» de la poesía?, se preguntará.) La vía por la que un poema alcanza a «ensanchar» súbitamente nuestra vida, provocando en nosotros un cambio similar al que experimentaríamos si pasáramos directamente del invierno a la primavera, es la vía de la creación de significado, de la aproximación —por breve que resulte— a un sentimiento de plenitud. «No hay ala que nos haga volar tan alto como el significado», afirma. Y hemos de conservar presente en nuestro interior la comprensión de que «no todos los días logra arreglarse el mundo en un poema».

«El poeta es más fuerte que la vida ... El poeta percibe *exuberantemente* la poesía que hay en todo. La lengua es un ojo, pero el ojo ve menos de lo que la lengua dice y la lengua dice menos de lo que la mente piensa.» (Compárense estas afirmaciones con las de Valéry.) «Hay veces en que la poesía es la culminación de la búsqueda de la felicidad. Es en sí misma una pesquisa encaminada a procurar la dicha.» «La meta de la poesía es conseguir que la vida quede completa en sí misma.» «La realidad es un cliché / del que escapamos por medio de la metáfora.»[20]

No hay en todo esto ningún elemento que nos invite a tratar de rebatir a Stevens. Al elaborar una serie de afirmaciones claras en favor de la preeminencia de la poesía, Stevens consigue evadirse a una esfera sin flancos criticables que amplía, refuerza y ejemplifica sus argumentos. Además, también escoge el momento más propicio para hacer extensivas sus afirmaciones a la vida en general y al papel que ha de desempeñar la imaginación en ella. De este modo logra poner el dominio que el poeta tiene del lenguaje y de la imaginación al servicio de un conjunto de observaciones, o *aperçus*, cuyo carácter no sólo es simultáneamente general y específico, sino que muestran unas cualidades cuasi bíblicas: «La imperfección es nuestro único paraíso».[21] «No recibimos sino aquello que damos / Y la naturaleza vive únicamente en nuestra vida.»[22] «Sencillas son las cosas, y no se han hecho para ceñirse a los humanos objetivos.»

En otros textos, Stevens habla de «la "sin embargoidad" de la naturaleza». «La imaginación es el poder que la mente ejerce sobre las posibilidades de las cosas.» «La vida es una mezcla de todas las afirmaciones que se hacen sobre ella.» «Una vida vivida sobre la base del criterio se halla más cerca de una verdadera vida que una existencia vivida sin criterio.»

Y quizá ésta sea la observación más significativa de Stevens, una observación que no sólo coincide con el extremo más importante que en su día resaltara Valéry sino que lo amplía: «Nunca triunfamos intelectualmente. Sin embargo, emocionalmente triunfamos sin cesar (como sucede con la poesía, con la felicidad, con las cimas montañosas o con los paisajes)».[23] Lo que nos está diciendo es que, una vez que alcanzamos a entender esta distinción, una vez que aceptamos que jamás lograremos sentirnos plenamente realizados en el plano intelectual o filosófico, podremos seguir adelante y disfrutar de la plenitud emocional (es decir, artística, imaginativa), aprovechando las «súbitas exactitudes» que *sí* se hallan a nuestro alcance.

TERRIBLEMENTE FELIZ DURANTE UN TIEMPO

En el período más lóbrego de la Gran Depresión sobrevenida tras el desplome financiero vivido en Wall Street en octubre de 1929 sólo permanecían abiertos veintiocho de los ochenta y seis teatros legalmente establecidos en Broadway, pero la obra titulada *A Electra le sienta bien el luto*, del dramaturgo estadounidense Eugene O'Neill, conseguía vender incluso las entradas más caras de la sala, por las que se cobraban nada menos que seis dólares. O'Neill se había consagrado como «el mayor autor teatral de Estados Unidos, el hombre con el que arranca de verdad el auténtico teatro estadounidense», mucho antes de su *Electra*, estrenada el 26 de octubre de 1931.[24] Resulta curioso observar no obstante que habría que llegar al extremo opuesto de la década —es decir, al período en que O'Neill había entrado ya en la cincuentena— para ver aparecer sus dos grandes obras maestras: *Aquí está el vendedor de hielo* y *Largo viaje hacia la noche*. Para entonces, los años intermedios habían pasado a conocerse como «el período de silencio» del autor. Pero no tardaremos en comprobar lo errónea que era esa denominación.

Para entender adecuadamente la obra de O'Neill es preciso conocer unos cuantos detalles biográficos —más aún que en el caso de la mayoría de los artistas—. El dramaturgo perdió la fe en el verano de 1903, fecha en la que se negó súbitamente a acudir a misa con su padre para insistir poco después en que le trasladaran de la escuela católica a la que asistía a otro colegio de carácter laico.[25] Andando el tiempo afirmaría tener siempre la sensación de que su vida estaba presidida por un «vacío espiritual», y siendo ya plenamente adulto acostumbraría a considerarse un «irlandés negro»,* algo así como un perdido, un hombre de alma igualmente oscura.

* Pese a que el fenotipo clásico de los irlandeses sea el de una persona de piel blanca y ojos y cabellos claros, existe una variante propiamente irlandesa cuyo fenotipo es de cabellos oscuros, ojos castaños y tono de piel aceitunado. La connotación del término «negro» es ambigua, ya que no sólo alude al aspecto exterior sino que pretende calificar sesgadamente unas características morales. Se cree que procede de una antigua mezcla con comerciantes ibéricos. (*N. de los t.*)

No habiendo cumplido todavía los catorce años descubriría que su venida al mundo había determinado que su madre se hiciera adicta a la morfina. También comprendió que sus padres atribuían a su primer hijo Jamie
la responsabilidad de haber transmitido el sarampión a su hermano pequeño, Edmund, enfermedad que le había causado la muerte a la edad de dieciocho meses. En 1902, no pudiendo procurarse nuevas dosis de morfina,
Ella O'Neill intentó suicidarse. Esto iba a sumir a Eugene, que por entonces era un adolescente, en un período marcado por los grandes excesos
alcohólicos y la conducta destructiva. Sería también en esta época cuando
comenzara a rondar por los teatros (ya que su padre era actor). En 1911,
tras un matrimonio desastroso, él mismo trataría de quitarse la vida, tomando una sobredosis tóxica en un fonducho de mala muerte, episodio
que le obligaría en lo sucesivo a visitar a varios psiquiatras. Un año después el médico le dijo que padecía tuberculosis. En 1921 fallecería trágicamente su padre, que padecía un cáncer, y su madre no tardó en seguirle
a la tumba en 1922. Transcurridos apenas doce meses de esta triste serie
de circunstancias, su hermano Jamie fallecía de un derrame cerebral sobrevenido como consecuencia de una psicosis alcohólica, a los cuarenta y
cinco años de edad.

Eugene O'Neill había tratado de estudiar ciencias en Princeton, pero
en la universidad le influiría muy notablemente la lectura de Nietzsche
(llamado a convertirse en su «ídolo literario», como él mismo diría), de
modo que a partir de ese momento pasó a enfocar la vida con una actitud
que su biógrafo denomina «misticismo científico». Al final acabaron ex-
pulsándole del curso porque acudía a muy pocas clases. Comenzó a escribir en 1912, como periodista, pero poco después empezaría a crear obras
de teatro. Aun dejando a un lado su autobiografía, puede inferirse su dramática filosofía de la vida del veredicto que nos ha dejado sobre Estados
Unidos: «no sólo no es el país con mayor éxito del mundo», decía, «sino
que constituye su máximo fracaso. Y digo que es el más rotundo fiasco
porque le ha sido dado todo, más que a ninguna otra nación ..., y sin embargo, la principal idea que le mueve es la del eterno juego de intentar
poseer la propia alma mediante la posesión de cosas exteriores a ella».

En términos políticos, O'Neill se sentiría atraído por el anarquismo,
manteniendo siempre un saludable desprecio por el capitalismo, una ideología que su juicio no sólo promovía un «materialismo despiadado» y una
codicia que animaba a la gente a «aferrarse a cualquier cosa, impidiéndole
al mismo tiempo conservar nada», sino que tendía a «adormecer la mente».[26] Tampoco le convencía del todo la democracia que, en su opinión,

combinada con el capitalismo, convertía a Estados Unidos en la tierra del deseo, es decir, en un lugar en el que la gente creía tener libertad para «coger cuanto quisiera»; en el que el «deseo no conoce límites» (y en el que, por consiguiente, «el alma no encuentra reposo»); en el que, de hecho, «la democracia es la expresión del deseo»; en el que «el ser humano tiene una décima parte de espíritu y nueve décimas partes de puerco». «El éxito sigue siendo la única religión verdadera que subsiste», escribiría.[27]

Pese a todo, aún no hemos descendido sino a la mitad del hondón existencial en el que se hallaba O'Neill. Como explica J. P. Diggins, «puede que para O'Neill, al igual que para el filósofo moderno, la vida careciera de sentido, pero esto no le impediría ser el ejemplo vivo de que las furiosas ganas de vivir acaban revelándose más fuertes que la ausencia de una razón de existir». El deseo puede concretarse en la necesidad de enderezar un entuerto, en la demanda de reconocimiento social, en el ansia de poseer un objeto codiciado o en un sentimiento lujurioso, pero a los ojos de O'Neill, el poder es la forma última y más acabada del deseo. Aun así, y a pesar de sus intereses políticos, O'Neill concebía el poder como la expresión de un deseo de controlar y dominar que se caracterizaba más por su vinculación con las relaciones personales que con la actividad política.[28]

Y ésta es probablemente la razón de que, pese a redactar explícitamente tres obras de teatro asociadas con la religión —*Dynamo* (en la que los planteamientos científicos se oponen a los religiosos), *Lazarus Laughed* (en la que se habla del miedo a la muerte) y *Days without End* (un trabajo en el que se entrelazarán el ateísmo, el socialismo y el anarquismo)—, sus textos que más han llamado nuestra atención son justamente sus dos tardías obras maestras (es frecuente escuchar, por ejemplo, que *Aquí está el vendedor de hielo* es una pieza de índole religiosa). Estos últimos trabajos reflejan el punto de vista que lleva a O'Neill a sostener, como ya hemos visto, que «en la actualidad no hay valores que puedan orientar nuestra existencia». Todos los personajes de estos textos han conocido días mejores, y todo cuanto todavía conservan es la capacidad de fantasear acerca del futuro, un futuro que conciben «como el retorno de un pasado más imaginario que verdadero». No necesitan que nadie les diga la verdad: que «uno puede dejar que le condenen a cadena perpetua por el simple hecho de vivir esa experiencia».

O'Neill comparte con James Joyce la pasión de hallar grandes significados en las pequeñas cosas, en el empeño destinado a «lograr que en la rutina de la vida cotidiana resuenen los ecos del sentido y la significación». Además, también coincidía con George Moore al mostrarse convencido de que «todos los intereses de un hombre se reducen a los de quienes le rodean».[29] A O'Neill le gustaba decir que el teatro era un templo «en el que la religión de la interpretación poética y la celebración simbólica de la vida se transmite a unos seres humanos cuyo espíritu se muestra famélico a causa de la asfixiante lucha que libra el alma para alcanzar a existir al modo de una máscara entre las máscaras de los vivos».

Sin embargo, lo más importante —y éste es justamente el punto en el que vienen a pivotar fundamentalmente los aspectos dramáticos de sus obras— es que nuestro autor sabía que tanto los deseos como los disgustos que provocan pueden constituir una forma de ceguera. En sus obras tenemos ocasión de asistir a la peripecia de unos personajes de identidades *fijas* (a diferencia de lo que observamos, por ejemplo, en las piezas de Shaw), lo cual dificulta los esfuerzos que realizan para tratar de elucidar sus propios sentimientos e intentar llegar a conocer los motivos que les mueven, pintándolos con los rasgos propios de unos individuos que «se niegan a aceptar que las excusas puedan constituir una explicación».

Tanto la trama de *Aquí está el vendedor de hielo* como el argumento de *Largo viaje hacia la noche* se desarrollan a lo largo de varias horas, y en ambas piezas predominan los diálogos, habiendo en ellas muy poca acción. Los personajes y el público se ven atrapados en una misma sala, en un espacio en el que la conversación resulta inevitable.

En *Aquí está el vendedor de hielo*, los protagonistas aparecen reunidos en un cuarto trasero de la cantina de Harry Hope, dedicándose a beber y a contarse todo el rato los mismos chismes unos a otros, un día sí y otro también, unos chismes que en realidad no sólo son sus propias esperanzas e ilusiones sino que jamás lograrán materializarse. Uno de los personajes quiere volver a ingresar en el cuerpo de policía, otro desea ser reelegido y reanudar así su carrera política, y un tercero se contenta sencillamente con regresar a casa. A medida que transcurre el tiempo, atando cabos aquí y allá a partir de lo que se va diciendo sobre el escenario, el público comienza a comprender que hasta esas metas de los personajes son ilusorias, pese a distar mucho de resultar excepcionales —llegando así a la conclusión de que se trata, como dice el propio O'Neill, de meros sueños imposibles—. Más tarde se comprenderá claramente que todos ellos están esperando a Hickey, un viajante de comercio que, según creen, logrará materializar sus esperanzas, convirtiéndose así en su salvador (Hickey es hijo de un predicador). Sin embargo, cuando al fin aparece el tal Hickey, el espectador le verá pinchar uno a uno el inflado globo de los sueños de cada cual.

O'Neill no se propone establecer el argumento facilón de que la realidad se muestra invariablemente fría. Lo que está diciendo es que *no existe* realidad alguna. No hay valores sólidos, no hay significados últimos, y ésa es la razón de que todos necesitemos echar mano de nuestros sueños quiméricos y de nuestras ilusiones (o de nuestras ficciones, si se prefiere). Hickey lleva una vida «honrada». Es un hombre trabajador y no se engaña a sí mismo, diciéndose siempre la verdad —o lo que él considera la verdad—. Sin embargo, en el transcurso de la pieza acaba revelándose que ha matado poco antes a su esposa porque le resultaba insoportable que ésta aceptara «sin más» el hecho de sus numerosas e intranscendentes infidelidades. No obstante, el autor no nos permitirá saber cómo entendía la existencia esa mujer (dado que la forma en que nos explicamos a nosotros mismos la vida que vivimos es crucial, como ya hemos visto), ni qué ilusiones tenía o cómo conseguía seguir adelante. Sin embargo, sí que comprendemos una cosa —y también esto es de vital importancia—: que fueran cuales fuesen sus móviles, éstos le permitían continuar *efectivamente* con su vida.

El vendedor de hielo es, evidentemente, la muerte, y lo cierto es que se ha señalado muy a menudo que la obra podría haberse titulado perfectamente «Esperando a Hickey», como una forma de subrayar las semejanzas existentes con el *Esperando a Godot* de Samuel Beckett (pieza de la que habremos de ocuparnos más adelante, como también tendremos que examinar más a fondo la noción de «espera» y lo que ésta significa).

La otra obra —*Largo viaje hacia la noche*— es la más autobiográfica de cuantas haya escrito O'Neill, pues es una composición en la que «se narran viejas penalidades, redactada con sangre y lágrimas». La acción tiene lugar en una habitación y se desarrolla en cuatro actos, en cuatro momentos diferentes del día: el desayuno, la comida, la cena y la hora de acostarse —es decir, en los instantes en que se reúnen todos los miembros de la familia Tyrone—. Como ya hemos señalado, no hay grandes escenas de acción, pero sí el relato de dos acontecimientos: Mary Tyrone vuelve a caer en la adicción a las drogas y Edmund Tyrone (que es obviamente el hermano de Eugene, el que falleció víctima del sarampión) descubre que ha contraído la tuberculosis. Conforme van transcurriendo las horas del día, el tiempo se va estropeando fuera, oscureciéndose el cielo e invadiéndolo todo una inquietante niebla, lo que hace que la casa parezca estar cada vez más aislada. La conversación incidirá una y otra vez en unos cuantos episodios, de manera que, poco a poco, cada uno de los personajes va revelando más detalles sobre su persona, refiriendo su versión personal de los acontecimientos que han ido relatando antes los demás miembros de la familia.

El elemento central de la pieza es la perspectiva pesimista que O'Neill tiene del «extraño determinismo» de la vida. «Ninguno de nosotros ha tenido nunca en su mano la posibilidad de evitar las cosas que la vida le ha ido haciendo», dice Mary. «Se nos hacen antes que podamos darnos cuenta de ello, y una vez hechas nos obligan a hacer otras cosas, hasta que al final todo parece venir a interponerse entre uno mismo y lo que le hubiera gustado ser, y entonces descubrimos que hemos perdido para siempre nuestro verdadero yo.» En otro pasaje de la obra, uno de los hermanos le dice al otro: «El cariño que siento por ti supera con creces el odio que me inspiras». Y después, justo al final del relato, los tres hombres de la familia Tyrone —el marido de Mary y sus dos hijos— observan como la mujer penetra en la habitación sumida en un profundo sueño —un sueño que es su particular niebla—. La observan lamentarse: «Eso ocurrió durante el invierno del año pasado. Después, en primavera, me sucedió algo. Sí, ya recuerdo. Me enamoré de James Tyrone y fui muy feliz durante un tiempo».

Como ha apuntado Normand Berlin, son estas tres últimas palabras de la pieza —«durante un tiempo»— las que resultan extremadamente conmovedoras. Los parientes de O'Neill aborrecían la obra. Sin embargo, el autor consideraba un misterio que uno pudiera estar enamorado en un momento dado, dejar de estarlo con el tiempo y quedar atrapado para siempre. Lo que O'Neill trata de decirnos de tan devastadora manera es que el pasado gravita sobre el presente, y esto es algo sobre lo cual la ciencia no tiene nada que decir.[30]

LA CLASE MEDIA ESPIRITUAL Y LOS SEÑUELOS DE LA VIDA

Como bien dijera Berlin, hemos de tener en cuenta que O'Neill era alguien «que se asomaba a los abismos». Al igual que Nietzsche, también él consideraba que la tragedia griega representaba la inigualada culminación del arte y la religión. En la tragedia, decía, reside «el significado de la vida —y de la esperanza—. Los fines más nobles son siempre, eternamente, los más trágicos. Las personas que alcanzan un cierto éxito y no han defendido jamás una postura hasta enjugar un gran fracaso son la clase media espiritual». Como ya dijera en su momento el crítico literario y profesor de la Universidad de Ámsterdam Egil Törnqvist, «la lucha que

libra el hombre ideal de Nietzsche por alcanzar a transformarse en superhombre (*Übermensch*) es también la lucha del protagonista de la obra de
O'Neill». Así habría de confesarlo de hecho el propio dramaturgo en una
de sus primeras entrevistas: «Todo hombre apunta voluntariamente a su
propia derrota cuando se propone alcanzar lo inalcanzable. Sin embargo,
su éxito está en esa *lucha*». Y añade: «A los ojos de Nietzsche, el espíritu
trágico era el equivalente de la fe religiosa ... De la necesidad de justificar
la existencia, surgida tras la muerte del viejo Dios, nacería el concepto del
superhombre, es decir, del hombre que acepta gozoso el dolor como un
factor necesario para el crecimiento interior y que, al igual que los protagonistas de la tragedia griega, alcanza a concretar sus metas espirituales
por medio del sufrimiento».[31]

O'Neill aceptaba el argumento de Nietzsche, hasta el punto de que en
una afirmación que suele citarse muy a menudo comentaría lo siguiente:
«En la actualidad, el dramaturgo ha de desenterrar la raíz de lo que considera son los males de nuestro tiempo: la muerte del antiguo Dios y el fracaso de la ciencia y el materialismo como elementos capaces de ofrecer
una sola deidad nueva y satisfactoria a fin de que el primitivo instinto religioso, que sin embargo ha logrado sobrevivir, le encuentre algún significado a la vida y vea al mismo tiempo confortado, gracias a esa divinidad,
su temor a la muerte».[32] En otro texto, O'Neill dirá que la única cura que
puede sanar las enfermedades del hombre de nuestros días «es la que pasa
por encarar la vida con un ánimo exultante».

A su juicio, esto implicaba aceptar el sufrimiento, incluso en el seno
de la familia —o *especialmente* dentro de ella—, con el ineludible corolario de tener que admitir necesariamente el «señuelo de la vida», esto es, la
idea de que el ser humano no puede vivir sin hacerse ilusiones sobre su
propia persona. A los ojos de O'Neill, el misterio de la vida es insoluble,
tanto si optamos por enfocar nuestros problemas desde una óptica psicológica como si preferimos abordarlos desde el flanco metafísico. En esencia, la búsqueda del significado de la vida equivale a hallar una justificación para el sufrimiento.[33] Simon Harford, el protagonista de *Una
espléndida mansión* (obra que O'Neill escribió a finales de los años treinta, pero que no habría de estrenarse hasta 1952), se hace eco de las ideas
de Paul Valéry al afirmar que las vidas de los hombres «carecen en cualquier caso de sentido ..., la vida humana es una absurda desilusión, una
falsa promesa ..., una frustrada cita diaria con la paz y la felicidad en la
que nos vemos abocados a esperar día tras día, conservando las esperanzas contra toda esperanza».[34]

El profesor Berlin resalta mucho la doble circunstancia de que, en el momento de su estreno, en 1946, *Aquí está el vendedor de hielo* encontrara una acogida muy poco entusiasta en Nueva York, pero disfrutara en cambio de un éxito mucho mayor diez años más tarde, permaneciendo en cartel durante dos semanas, tras la representación de *Esperando a Godot*, de Samuel Beckett. Como muy apropiadamente apunta Berlin, las dos obras ocupan el mismo espacio metafísico. El mismo O'Neill tenía la clara sensación de que había conseguido grandes cosas al redactar *Aquí está el vendedor de hielo*. En una carta dirigida a su colega Lawrence Langner, el dramaturgo irlandés señalará que «hay momentos en la pieza en la que ésta logra desvestir súbitamente el alma de uno de los personajes, dejándolo en la más cruda desnudez, no con ánimo cruel ni con intención de exhibir ningún tipo de superioridad moral, sino con una actitud de comprensiva compasión que nos permite considerarle una víctima de las ironías de la vida y de sus propios errores. En esos instantes de revelación reside a mi juicio la hondura de la tragedia, ya que después de eso no queda ya nada más que añadir».[35] Ironía y tragedia: ése era justamente el extremo que venía a destacar Paul Fussell en su libro sobre la primera guerra mundial (véase el capítulo 9).

EL PERDÓN Y LA FE EN LA FAMILIA

O'Neill creía que, si queremos que la vida resulte soportable, las ilusiones no sólo deben compartirse sino admitir también la posibilidad misma de esa puesta en común. Todos tenemos ilusiones, y no es ninguna ignominia tenerlas (aunque en una ocasión llegará a referirse a los filósofos tildándolos de «locósofos»*).

En una época en la que, como ya se ha señalado, la psicología había acabado por sustituir a la religión en la vida de la gente —o lo había intentado al menos—, vale la pena señalar, partiendo de esa base, que O'Neill habría de centrarse, tanto como el que más (y notablemente más que muchos), en el examen de la familia, dado que consideraba que ésta es —para la mayoría de la gente— el ámbito en el que la persona vive «las experiencias más significativas, complejas, profundas y apasionadas de su existencia». «Los sentimientos de amor-odio que brotan en el seno de la familia,

---

* Imposible traducir el rasgo de ingenio de O'Neill, que llama «*foolosophers*» a los «*philosophers*». (*N. de los t.*)

la situación de mutua cercanía y distancia, la soledad en la que se coexiste en compañía, la culpa y la necesidad de perdón, el hecho de conocer y desconocer al mismo tiempo a nuestros seres queridos, el desconcierto frente al misterioso determinismo que parece regir nuestro destino, todo ello forma parte de la condición humana.» Cerca ya del desenlace de *Largo viaje hacia la noche*, en el momento en el que Mary entra en la habitación —constituida en verdadero eje de las vidas de los tres hombres de la familia—, todos los personajes, el marido, la mujer y sus dos hijos, se verán abocados a compartir la desaparición de sus esperanzas. Sin embargo, se mantienen firmes y capean el temporal, hasta el punto de que el vínculo humano que los mantiene unidos «parece trascender el escenario».[36]

Las últimas obras de O'Neill nos presentan en todos los casos a unos personajes que van en busca de un plano de experiencias humanas más elevado, animados por la esperanza de conseguir dotar de un significado transcendente a la experiencia contemporánea y de resaltar el conflicto que se da, de acuerdo con la percepción de O'Neill —y de forma particularmente aguda en Estados Unidos—, entre la codicia materialista y el deseo de transcendencia espiritual.[37] En *Dynamo* (obra estrenada en 1929), la búsqueda de «sustitutos de Dios» (por emplear las palabras de O'Neill) se centrará en la oposición entre el puritanismo y la ciencia (o entre el puritanismo y la electricidad, para ser más específicos), un enfrentamiento que nuestro autor no habría de considerar menos fútil. O'Neill pensaba que en Estados Unidos las artes mismas habían terminado cayendo bajo el rodillo de la ética empresarial, acabando por corromperse incluso la búsqueda del conocimiento por el conocimiento, debido al apetito que despertaba la obtención de fondos para la investigación. El dinero y la opulencia eran dos falsos dioses, de modo que en vez de «malgastar el tiempo en la acumulación de riquezas materiales o en la ilusión de poder que procura el amontonamiento de saberes», Estados Unidos debía ocuparse de su salud espiritual.

Lo cierto es que O'Neill abrigaba pocas esperanzas de que este tipo de búsqueda alcanzara a ponerse en marcha algún día, y no digamos ya de que pudiese verse coronada por el éxito. No obstante, un buen punto de partida se encontraba en el reconocimiento de que la condición humana es «innatamente contradictoria», de que el sufrimiento es un ingrediente abundante en la verificación práctica de esa condición, y de que no hay forma de evitarlo, a pesar de que tengamos una gran capacidad para el padecimiento y de que la tragedia sea, por su misma naturaleza, «tan devastadora como estimulante».[38]

Una vez más, este grado de comprensión de la propia circunstancia ha de entenderse recortado sobre el telón de fondo de la familia. A juicio de O'Neill, las familias rebosan de espacios privados, de secretos y de encubrimientos en los que es posible encontrar, a pesar de todos los pesares, comprensión y clemencia. A diferencia de lo que sucede en el caso de Freud, para O'Neill la importancia de la familia no reside en la forma en que ésta incide en el período temprano de la vida de la persona, moldeando el carácter, sino en la *prolongación* de su importancia a lo largo de toda la existencia del individuo, en tanto que ámbito refractario al mantenimiento de nuestras ilusiones —dado que los demás miembros de la familia saben demasiadas cosas de nuestra verdadera realidad— y en tanto que espacio en el que es imposible dar al ofrecimiento o la aceptación de excusas el carácter de una mera explicación. La familia es el lugar en el que ha de verificarse, a pesar de todo, el ejercicio de la reciprocidad, aunque siempre desde la asunción de que la intimidad puede resultar tan dolorosa como gratificante.

Además, la felicidad no es el estado final de esta secuencia de acontecimientos, del mismo modo que dicho proceso tampoco culmina en la realización personal. El único estadio «final» es el de la comprensión de uno mismo y, según hayan sido las vicisitudes vividas anteriormente a lo largo de la vida, no puede decirse en qué vaya a consistir esa comprensión. Podría resultar tan fácilmente positiva como negativa. No debemos esperar nada más.

Capítulo 13

VIVIR PEGADOS A LOS HECHOS

Una de las más célebres afirmaciones de Virginia Woolf es la que aparece en *El señor Bennett y la señora Brown* (obrita publicada en 1924) y dice lo siguiente: «En diciembre de 1910, o cerca de esa fecha, la naturaleza humana se transformó».[1] La primera versión de este ensayo había sido redactada en respuesta a un artículo escrito por Arnold Bennett en el que este novelista inglés argumentaba que el fundamento de un buen relato de ficción reside «en la creación de los personajes y en nada más», añadiendo que los protagonistas de los textos de Woolf «no perduran con vitalidad en el recuerdo debido a que la autora se muestra constantemente obsesionada por la enumeración de detalles concebidos como otros tantos signos de originalidad e ingenio». Lo que Virginia Woolf pretendía hacer ver con su comentario era que en el período indicado del invierno de 1910 se habían producido simultáneamente tantas transformaciones culturales que se había acabado por percibirlas como un cambio de la naturaleza humana. Además, la autora había proseguido diciendo: «Todas las relaciones humanas han experimentado un vuelco: las que median entre los señores y sus criados, entre el marido y la mujer, entre padres e hijos. Y cuando las relaciones humanas cambian es porque se está produciendo al mismo tiempo una modificación en la religión, en la conducta, en la política y en la literatura».

Sus observaciones se debían en parte al interés que sentía por la pintura, por el modo en que ésta difería de la actividad del escritor, y en parte también a su pasión por la psicología, y en particular por el psicoanálisis. La editorial Hogarth Press, que ella misma y su marido Leonard habían fundado en 1917, había comenzado a publicar algunas traducciones de los textos de Freud a principios de la década de 1920. A Virginia le impresionaba la capacidad que tenía la pintura de presentar de manera simultánea el conjunto de los detalles de una determinada situación, dado que eso le resultaba poco menos que imposible a la escritura, al tener un carácter lineal. También la deslumbraba otra de las facultades de la pintura —en la que habrían de ahondar tanto el cubismo como el expresionismo—: la de contemplar un objeto desde diferentes puntos de vista, distorsionando con frecuencia las imágenes al entregarse a ese ejercicio. También era plenamente consciente de que los más recientes estudios científicos insistían en que las distorsiones son inherentes a la percepción humana.

Su interés en el psicoanálisis (alimentado por los accesos depresivos que habría de padecer a lo largo de su vida) también le había permitido saber que la gente rara vez *piensa* de forma lineal, como venían a sugerir los relatos de Arnold Bennett. Antes al contrario, tendemos a pensar a «sacudidas», o a base de «chapoteos», como ella misma diría, es decir, por medio de estremecimientos verbales que constituyen un reflejo de «los torbellinos emocionales» que nos habitan y que son cualquier cosa menos lineales. Esto era justamente, entre otras cosas, lo que Woolf trataba de expresar en sus obras.

Con el paso del tiempo habría de verse claramente que la conciencia que tenía de los cambios que se estaban produciendo a su alrededor era en realidad la principal fortaleza de Woolf —y de hecho nunca la abandonaría ese interés por el cambio—. En el transcurso de los años veinte, esto es, durante la que posiblemente fuera su década más productiva, una de las tareas que ella misma habría de imponerse como novelista —una de tantas en cualquier caso— sería la de describir a Dios como un ser «inmerso en un proceso de cambio». Woolf era plenamente consciente de que el siglo XIX había estado repleto de materialistas, como ella los llamaba, y de que éstos se habían preocupado más de los hechos de sus protagonistas que del alma de los mismos. Por otra parte, nuestra autora se deshacía en elogios hacia el *Ulises* de James Joyce, ya que constituía un intento encaminado a «encontrar la forma apropiada del sentimiento espiritual moderno» (para una mayor información sobre la actitud que mantenía Joyce respecto de los hechos, véase más adelante en este mismo capítulo).

El carisma y la vida cotidiana

Woolf tenía clara conciencia, al igual que Max Weber, del proceso de «desencantamiento» que había sufrido el mundo moderno —circunstancia a la que Weber daría el nombre de «rutinización del carisma»—, así que Woolf se propuso recoger el guante de lo que a juicio de Weber constituía el mayor desafío contemporáneo, esto es, «el retorno del carisma a la vida cotidiana». De acuerdo con el parecer de Weber, una de las respuestas posibles pasaba por investir de autoridad carismática —una peculiar fuerza emocional— a ciertos individuos especialmente dotados (de los cuales Hitler constituye aquí un desafortunado ejemplo). Sin embargo, a Woolf le preocupaba mucho más el carisma que podía hallarse en las personas corrientes. Elaboró así una teoría según la cual, junto a los acontecimientos cotidianos —esto es, los que transcurren en una dimensión temporal envuelta, como ella misma decía, en «algodón»—, se producían «momentos de ser», sagrados instantes laicos «en los que la experiencia se adentra en el terreno de lo sublime, momentos que transforman e inyectan energía en todos los instantes carentes de entidad que les rodean». Uno de los cometidos del arte consistía justamente en identificar ese tipo de momentos, en describirlos o captarlos de la forma más memorable posible, y en conseguir de ese modo preservarlos.

Según Woolf, al proceder de esa forma, la ficción moderna podía erigirse en un desafío válido capaz de competir con la preocupación que la civilización moderna parece sentir por todo cuanto es de carácter material, obsesionándose con ello «a costa de todos los demás valores». En sus libros se nos habla de diferentes grupos de valores que compiten entre sí, lo que llevaría a Woolf a entender que el mundo moderno es análogo al universo pagano, ya que en él hay un gran número de dioses, y no sólo una única deidad. Además, cada uno de esos dioses viene a representar un aspecto de la vida, sin que ninguno de ellos alcance a representar la totalidad de la misma y sin que, en sus relaciones, esos mismos dioses alcancen a reconciliarse, salvo de manera temporal. «El desafío esencial al que ha de responder el novelista moderno consiste en saber propiciar esos instantes de reconciliación sin imponer una falsa armonía al mundo de los hechos brutos.»[2]

El cambio que Woolf acababa de identificar de ese modo implicaba asumir que no todos los seres humanos percibían el mundo de la misma manera, que ya no existían puntos de referencia fijos ni terrenos de entendimiento común ni creencias compartidas ni experiencias comunales —el mundo había quedado convertido en una realidad «fragmentaria, inestable y asimétrica»—. Además, esto también venía a sumir a los lectores en una era de cambio: «Nosotros, como lectores, hemos de sintetizar las piezas que se nos han roto. Hemos de ser los autores de nuestra propia armonía, de nuestra propia plenitud».[3] Esto encajaba con su observación sobre el cambio, un cambio que, de acuerdo con su misma percepción, había tenido lugar en diciembre de 1910, dado que a sus ojos (y también a los de otros, según creía ella) «la realidad había dejado de ser pública» para pasar a convertirse en una experiencia privada, personal y peculiar, en algo construido desde una perspectiva subjetiva.

De aquí se deducía, como ya admitieran en su día tanto Weber como Woolf, que la experiencia espiritual del mundo moderno —desentendido de las iglesias, y más aún de las catedrales— ya sólo podía residir en el fuero interno de cada cual; y que no siendo ya posible la comunión con Dios, la única alternativa pasaba por la comunión, en íntimo abrazo, con otras personas. «Lo que ha ocurrido es precisamente que los valores últimos y más sublimes han desaparecido de la vida pública, bien por haberse replegado al transcendental ámbito de la vida mística, bien por haberse resuelto en la confraternización o en el establecimiento de unas relaciones humanas directas y personales. No es casual que nuestras mayores obras de arte pertenezcan a la esfera de lo íntimo y carezcan de todo carácter monumental, y tampoco es ningún accidente que en nuestros días [hablamos del año 1917] no se escuche ya sino en los más reducidos e íntimos círculos, en las situaciones humanas de índole plenamente personal, en *pianissimo*, el latido correspondiente al profético *pneuma* [o espíritu] que en los antiguos tiempos inflamaba las grandes comunidades sociales como una antorcha, soldando en un solo bloque a todos sus componentes.»[4]

Es posible que el término decisivo de este párrafo sea precisamente el de *pianissimo*, ya que Woolf compartía un criterio muy difundido entre sus coetáneos: el de que la Gran Guerra había sido consecuencia del materialismo y de la agresividad de una civilización dominada por la impronta masculina. La idea que viene a desarrollar Woolf, es decir, la noción de una civilización más íntima, de un mundo más espiritual, incluiría por tanto una transformación que nos hiciera pasar de lo que pudiéramos llamar los valores viriles a los valores femeninos, esto es, los de la crianza, la educación, el cariño y la vida familiar.

Es famoso el esbozo teórico realizado por Weber al describir la existencia de un solapamiento entre el calvinismo y el capitalismo, un solapamiento que el autor explica por medio del concepto de «llamada», es decir, de la idea de «vocación», la cual había dejado de encaminarse a los monasterios para internarse en la clásica convicción victoriana que entendía que el trabajo es un deber, una forma secularizada de ascetismo. Lo que a juicio de Weber había terminado perdiéndose en este proceso era la presencia, la autoridad y el aura de las sagradas reliquias, así como la «ficción mediadora» del sacerdote. Woolf viene a confluir con Weber en una idea: la de que a su parecer la tarea que debía asumir el moderno relato de ficción consistía en reintroducir la «visión» en un género literario que durante el siglo XIX había estado dominado por los hechos (circunstancia que era a su vez, como es obvio, una de las facetas de la secularización). Este extremo revestía la mayor importancia para Woolf, ya que también daba en coincidir intuitivamente con Weber en que los avances registrados en el ámbito científico a lo largo del siglo XIX y durante los primeros tramos del XX, pese a ser notables, habían contribuido de hecho muy poco a conseguir progresos en el terreno del «significado último» de la vida.

Woolf creía que la literatura había asumido algunas de las funciones propias de la religión, por la triple razón de que se trataba de dos actividades que se desarrollaban al margen de las corrientes mayoritarias de la sociedad; de que la tarea que debían realizar tanto el clérigo como el escritor consistía en exponer claramente las verdades, ya resultaran éstas incómodas o no; y de que uno y otro tenían que abogar en favor de un conjunto de valores «espirituales» contrarios a los planteamientos del «materialismo» dominante.[5] Woolf pensaba que las mujeres ocupaban un lugar muy especial en todo esto, y vale la pena recordar aquí, una vez más, que junto a la profunda modificación de las ideas de plenitud y redención que venimos considerando en esta obra —ideas que tienen un carácter más «metafísico» que las que viene a plantear Woolf—, serían muchas las personas llamadas a experimentar a lo largo del siglo XX una transformación de índole mucho más práctica en su percepción de la realización personal, y que dicha transformación habría de revelarse tanto más acusada cuanto más fueran mejorando las condiciones materiales y psicológicas en las que dichas personas se desenvolvían. Woolf no sólo se percató perfectamente de que esos cambios habían iniciado ya su andadura sino que habrían de participar en su efectiva concreción.

Como ya se ha señalado antes, tanto Weber como Woolf comprendieron que el mundo moderno no difería demasiado del mundo pagano anterior al cristianismo, dado que en ese mundo antiguo también había muchos dioses y que éstos actuaban en representación de un gran número de valores —unos valores frecuentemente enfrentados, y desde luego, no siempre conciliables—. Además, los dos entendieron que en un sistema de creencias de ese tipo existía siempre la posibilidad (y por consiguiente el peligro) de que la gente optara por dedicarse a la procura de sus propios intereses, excluyendo de su campo de visión prácticamente todo lo demás, cosa que si bien pudiera resultar gratificante en términos personales contribuiría muy poco a mejorar las condiciones de vida del conjunto de la comunidad. Se habría tratado, por tanto, de una forma de realización personal de carácter tan individual y aislado como solitario, muy posiblemente.

Otro de los paralelismos que pueden trazarse entre Weber y Woolf guarda relación con el argumento que inducía al primero a argumentar que, por muchos avances que hubiera conseguido la ciencia hasta entonces, ninguno de sus resultados había ofrecido a la humanidad «la sensación de hallarse efectivamente ante un sentido último». Muchos de los personajes de Woolf (como sucede en *Las olas*, por ejemplo, o en su obra titulada *Al faro*) se encuentran sumidos en la constante búsqueda de una respuesta al significado de la existencia, aunque en la mayoría de las ocasiones acaben por regresar de sus pesquisas con las manos vacías. Al mismo tiempo, los libros de Woolf rebosan de lo que Lily Briscoe, la pintora de *Al faro*, llama «milagros cotidianos, acontecimientos que brillan un instante como cerillas prendidas de sopetón en la oscuridad». Los protagonistas de sus obras abrigan la esperanza —al igual que la propia Virginia Woolf— de «conseguir que el instante se transforme en algo permanente» —una actitud que viene a ser, según dice la misma autora, como una especie de manifiesto de características próximas, «por su naturaleza, a las de una revelación»—. «La búsqueda de significado no está destinada a hallar resolución en un gran gesto capaz de abarcar la totalidad de la experiencia, sino en toda una serie de pequeños milagros comunes y corrientes.»[6]

Tomando como punto de partida estas preocupaciones y manteniendo en el trasfondo de su cosmovisión los planteamientos de Weber, Woolf irá pasando gradualmente a centrarse en dos aspectos de la experiencia que, a su juicio, eran de la máxima importancia y que terminarían convirtiéndose, de nuevo a sus ojos, en lo que podríamos llamar una religión alternativa. Estos dos elementos eran la intimidad y los «momentos de ser». Woolf pensaba que el gran problema filosófico, emocional e intelectual de su época, o de cualquier otra, consistía en averiguar cómo podía una mente entender los vericuetos de otra, en figurarnos cómo es posible alcanzar a *comprender* los pensamientos y los valores de otra persona. Como dice Pericles Lewis, «a juicio de Woolf no hay comunión posible con Dios ni con Jesucristo. Sin embargo, ella misma busca afanosamente alguna forma de comunión entre los yoes». Esto la llevará a preguntarse, por ejemplo, si realmente es posible alcanzar a saber jamás lo que otras mentes piensan respecto a la cuestión de Dios.

Todas estas consideraciones nos colocan frente a uno de los episodios de «An Unwritten Novel» (1920), texto en el que la vemos sentada en un tren, frente a una «mujer pobre y desdichada». Dará así a la mujer el nombre ficticio —y un tanto humilde— de Minnie Marsh, imaginando que se trata de una solterona desgraciada y sin hijos. A continuación intentará figurarse a qué tipo de Dios podría rezar esa otra mujer: «¿Cuál es el Dios de Minnie Marsh, el Dios de las callejuelas de Eastbourne, el Dios de las tres en punto de la tarde?». Todo lo que logra visualizar es la imagen de un viejo patriarca enfundado en una levita negra, una escarnecedora parodia de Yahvé, un ser con cierto parecido al «jefe de los bóer» —dado que a una vieja solterona como «Minnie» seguramente habrá de gustarle «un Dios con grandes patillas»—. Lo que Woolf está tratando de decir es, evidentemente, que no tiene la menor idea de lo que puede ocultar la mente de la extraña del tren —y tanto es así que al llegar al andén de Eastbourne y ver que el hijo de la pobre «Minnie» ha venido a recogerla a la estación, todas las fantasías de Woolf saltan por los aires.

Lo que no estalla en mil pedazos, en cambio, es el extremo que pretende Woolf exponer, esto es, la noción de que, si una persona no tiene en sus manos la posibilidad de imaginar, ni de lejos, cuál pueda ser la idea que sus semejantes vengan a hacerse de Dios ni qué tipo de vida interior tengan en realidad, ¿cómo podemos pretender siquiera llegar a compartir algo? ¿No deberemos concluir entonces que la idea de que todos los cristianos —o los miembros de cualquier otra confesión— creen en un mismo Dios es necesariamente una ficción, una ilusión?

Y en cuanto al segundo aspecto de la experiencia que ella juzga capital, hemos de admitir con Woolf que no todas las vidas íntimas son iguales, como es obvio. Hay personas que son orgullosas, otras se pasan la vida sumidas en la melancolía, y otras aun desprecian al prójimo, lo cual vuelve muy difícil, cuando no imposible, el establecimiento de una vinculación íntima. Sin embargo, en la época moderna, según sugiere Woolf, la única experiencia espiritual auténtica es la que tenemos en los intensos momentos de contemplación o éxtasis —momentos que es incumbencia específica del arte identificar, preservar y transmitir—. Nuestra autora contrastará esos «momentos de ser» con los «momentos de no ser». «En los momentos de no ser», uno se encuentra, como ya hemos señalado antes, «envuelto en una especie de anodino copo de algodón». En el caso de la propia Woolf, todos los momentos de ser se sitúan en la infancia: son momentos como el presidido por el súbito deseo de no pelearse con su hermano, o como el marcado por la visión de un manzano vinculado de algún modo con el suicidio de un conocido de la familia.

Por regla general, esos momentos acostumbran a ir acompañados de una conmoción, o incluso de un mazazo, y es habitual también que prometan resolverse con «algún tipo de revelación».[7] Son similares a lo que James Joyce vendría a denominar «epifanías». Además, Woolf añade también algo parecido a lo que Rilke había dicho acerca de la atribución de nombres: «Partiendo de esta base alcanzo a concebir algo que me atrevería a llamar una filosofía. En cualquier caso es una idea que me asalta constantemente: la de que detrás del copo de algodón hay una pauta oculta, la de que todos nosotros —y me refiero a todos los seres humanos— venimos a entroncar con esta experiencia ..., como si fuera un botón de muestra de algo real y auténtico que se escondiera bajo las apariencias; y lo que yo hago es conferirle realidad traduciéndolo en palabras».

Y de un modo que también recuerda a Rilke, Woolf considerará que ella misma es receptora de un conjunto de observaciones llegadas a su entendimiento desde fuera y no una suerte de sucedáneo del Dios omnipotente decidido a imponer un particular desarrollo a sus relatos y unos patrones de conducta concretos a sus personajes. Woolf tenía la sensación de compenetrarse suficientemente con lo existente y de que eso le permitía observar la ocurrencia de los momentos de ser, de los momentos de éxtasis, esto es, de aquellos momentos asociados con «la desaparición de los límites que separan característicamente a un yo de otro».

No es difícil ver en esos momentos una nueva forma de ocurrencia de lo sublime, una noción que apenas presentaba utilidad alguna en un siglo como el XIX, presidido por el realismo. No obstante, en manos de Woolf, esta nueva concepción de lo sublime habrá de apuntar menos a las cosas grandiosas o extraordinarias que a los objetos modestos, poco llamativos y cotidianos que revelan ser una llave capaz de abrirnos todo un conjunto de mundos insospechados. Nuestra autora emplea esos momentos —aquellos en los que una persona topa de pronto con un alfiler de sombrero utilizado mucho tiempo atrás o en los que le viene a la memoria un beso— para establecer un vínculo íntimo (en ocasiones retrospectivo) entre distintos individuos, recurriendo para ello a la exposición de ese tipo de abrumadoras emociones «oceánicas» que tradicionalmente asociamos con realidades de carácter total e inconfundiblemente imponente, como las montañas o las catedrales. A su juicio, esos episodios son los únicos instantes realmente sagrados que se hallan a nuestro alcance en un mundo laicizado, siendo tarea específica del escritor resaltar su existencia a fin de que ésta resulte patente a los ojos de sus semejantes, destacando además su valor y preservándolos para la posteridad en un formato permanente e inmortal.

«La pregunta que dan en plantearnos todos y cada uno de esos episodios extáticos es la de si la convergencia mental que nos ofrecen los instantes sublimes puede acabar desembocando en una comunión duradera o no. A juicio de Woolf, el "momento de ser" ... es un tipo de sacramento apropiado para un mundo en el que no alcanza a prevalecer un único aspecto de lo sagrado y en el que la percepción de comunidad ha de brotar necesariamente de la siempre temporal, irónica y visionaria confluencia de los diferentes sistemas de valores antagónicos que compiten entre sí.»

En su condición de editora de la traducción inglesa de las obras de Freud, Woolf haría suyo el enfoque psicoanalítico. La escritora británica pensaba que ese sentimiento «oceánico» que tanto han estado procurando alcanzar las religiones —hasta acabar apropiándose de él—, así como los «íntimos y sublimes momentos de ser» que tanto la atraían a ella misma, encontraban su origen en la infancia, pues surgían en su opinión en el período en que el niño se ve separado de la madre, esto es, apartado del cálido abrazo del útero primero y del sosiego de su pecho después.

Lo que viene a decirnos Woolf es que lo más cerca que podemos alcanzar a hallarnos de un sentimiento espiritual es en los momentos en que vivimos una intensa relación de intimidad. Se establece así, por definición, que nuestros instantes más intensos son los que compartimos con los miembros de nuestra familia y con nuestros amigos. De hecho, el objeto mismo de la amistad estriba en buscar y generar momentos íntimos de ser. Los benditos instantes de dicha que tenemos ocasión de vivir en nuestra infancia son los que marcan la pauta. La relación de intimidad de la edad adulta constituye a un tiempo una rememoración y una superación de esa experiencia temprana. Y si el objetivo del arte consiste en identificar esos elementos y en conservarlos, lo cierto es que la vivencia de los momentos mismos se halla, por el contrario, al alcance de todo el mundo.

EL IDEALISMO COMO RUINA

Se suele comparar con frecuencia el estilo y la intención literaria de Virginia Woolf y James Joyce en tanto que novelistas experimentales y autores capaces de bucear en el «fluir de la conciencia» —y también se los ha opuesto muy a menudo—. En su diario, Woolf dará en señalar que el *Ulises* había sido un «acto fallido», una obra «pretenciosa» y «poco refinada», pese a reconocer que también tenía toques de genialidad.

Una de las grandes diferencias que separan a estos dos autores estriba en el hecho de que Joyce, a diferencia de Woolf, se consideraba un nietzscheano. En el año 1904 Joyce se describirá a sí mismo diciendo que su nombre es «James Overman» y manifestándose totalmente a favor del neopaganismo, el libertinaje y la conducta despiadada. Nietzsche y otros autores contribuirían a respaldar su oposición a los marcos totalizadores de carácter religioso y filosófico que tanto habían caracterizado a la burguesía decimonónica. En una carta dirigida a su esposa Nora, Joyce dirá lo siguiente: «Mi mente rechaza en su totalidad el presente orden social y el cristianismo». A Stephen Dedalus, el *alter ego* literario de Joyce, le gusta decir que «lo absoluto ha muerto». En el *Retrato del artista adolescente* se nos relata el gradual proceso por el que Stephen acaba desentendiéndose del catolicismo. El lector puede percibir claramente la fuerza de atracción que ejerce la religión sobre Stephen en los tiempos en que éste acepta que la fe es «lógica y coherente», pero también advierte que lo que teme el protagonista es «la reacción química que podría desencadenar en mi alma el hecho de que yo aceptara rendir un falso homenaje a un símbolo tras el cual se acumulan veinte siglos de autoridad y veneración».[8] O dicho en otras palabras, como nos explica el escritor Gordon Graham: «la esperanza no reside en la verdad teológica sino en la libertad espiritual». El objetivo de Dedalus radica en descubrir «aquel modo de vida o arte por el cual pueda expresarse el espíritu con absoluta libertad». Estamos por tanto ante una visión de la vida que entiende que la propia existencia constituye una expresión estética.[9]

Sin embargo, lo que cuenta por encima de todo es el hecho de que Joyce sintiera un extraordinario apego a los hechos, que estuviera imbuido de una «escrupulosa mezquindad» —por emplear las palabras de Christopher Butler—, una mezquindad que le llevaba a ver las cosas exactamente como son. Como el propio Joyce habría de confesarle a Arthur Power, un amigo irlandés que había residido en París antes de convertirse en crítico de arte para el *Irish Times*: «En el realismo uno desciende hasta los hechos en los que se funda el mundo, hasta esa súbita realidad que tritura el romanticismo y lo deja hecho papilla. Lo que hace que la vida de la mayoría de la gente sea infeliz es una especie de romanticismo decepcionado, la pleitesía a algún ideal tan malinterpretado como irrealizable. De hecho, podría decirse que el idealismo es la ruina del ser humano, de modo que si nos *atuviéramos*** a los hechos, como por fuerza tenían que hacer los hombres primitivos, todo nos iría mejor. Ése es el tipo de vida para el que estamos hechos. La naturaleza no es nada romántica. Somos nosotros los que proyectamos nuestro romanticismo sobre ella, lo cual no deja de ser una falsa actitud, un egotismo, un absurdo, como todos los egoísmos. En el *Ulises* he tratado de ceñirme a los hechos». Podemos decir, por tanto, que Joyce está identificando aquí una nueva forma de falsa conciencia.

Joyce rechazaba asimismo la existencia de todo plano metafísico. Es muy posible que en este sentido compartiera los puntos de vista de su compatriota Oscar Wilde, que acostumbraba a decir: «Ya es bastante con que hayan creído nuestros padres. Han agotado la capacidad de mostrar fe de la especie. El legado que nos han transmitido es justamente el del escepticismo que tanto temor les infundía a ellos». En *Stephen Hero*, el católico Joyce se las arregla para que Stephen Dedalus tenga que enfrentarse sin ambages a la pérdida de la fe, conservando y secularizando al mismo tiempo en la redacción del texto amplios retazos del vocabulario propio de la religión. Esto puede apreciarse con toda claridad en la interpretación que Joyce hace de la idea de «epifanía», entendida como un instante en el que se produce una revelación anímica de carácter laico por el que un conjunto de experiencias, recuerdos y ambiciones (de naturaleza ordinaria, por regla general) se funden, dando lugar a una explosión intensa que se expresa en varios planos.[10]

Esta forma de epifanía laica se observa por ejemplo en *Dublineses*, obra en la que el muchacho que hace las veces de narrador, «al ver que todos los puestos de la feria****** están empezando a cerrar a su alrededor, comprende que no tiene dinero suficiente para comprarle un regalo a la hermana de Mangan [una de sus amantes]». Los elementos que vertebran el episodio —la nacionalidad de la muchacha de la tienda (que es inglesa), los coquetos avances con los que se dirige al joven y lo mucho que éste lamenta no poderle seguir el juego, el simple hecho de verse él en la feria, de estar allí para huir de las deprimentes circunstancias que reinan en su hogar...—, todo ello forma parte de la epifanía joyceana, la cual tien-

---

   * La cursiva es mía. (*N. del a.*)

   ** Pese a que el original dice «*bazaar*», utilizamos «feria» por ceñirnos a la traducción que hace Guillermo Cabrera-Infante para Alianza; una feria que recibe el nombre de «Arabia» en el texto al que pertenece: el correspondiente al tercer relato de los que integran *Dublineses*, cuyo título es también «Arabia». (*N. de los t.*)

de menos a confirmar una verdad «que a trastocar lo que uno se ha acostumbrado a aceptar confortablemente como tal verdad».[11] En otras palabras, para Joyce, una epifanía es una versión invertida de lo que se pretende significar con esa palabra en el mundo cristiano, por ejemplo, ya que no genera tanto la sensación de elevación propia de la epifanía religiosa como una impresión de desazón. Volvemos a vivir pegados a los hechos.

Según viene a sugerir la explicación que acabamos de ofrecer, Joyce, al igual que otros modernistas (como Anton Chejov, Marcel Proust, André Gide, William James, Thomas Mann o Virginia Woolf), tiene menos de narrador, en el sentido tradicional del término, que de hábil «evocador» de una particular conciencia (lo que significa que ha de vérsele como un escritor capaz de lograr «la transfiguración de lo ordinario», por emplear la expresión del crítico de arte estadounidense Arthur Danto). El mejor modo de comprender la hazaña que consigue en sus tres grandes obras —*Retrato del artista adolescente* (publicada en 1916), *Ulises* (de 1922) y *Finnegans Wake* (de 1939)— es ver el conjunto de esta producción como una empresa colectiva y secuencial, es decir, como una representación íntima del escritor en su primera juventud, en la mediana edad y en su última madurez. El hecho de que estos tres libros sean obras tan largas como complejas forma parte del propio empeño. El planteamiento de Joyce, que difícilmente podría resumirse en unas cuantas palabras sin abismarlo en la trivialidad, lleva aparejado el esfuerzo de ofrecer una nueva regla de oro o un imperativo categórico inédito. En lugar de reiterar aquello de «no hagas a los demás lo que no quieras que te hagan a ti mismo», Joyce propone lo siguiente: vive la vida de modo que al volver la vista atrás cuando seas viejo puedas decir que te has convertido en la persona que te habría gustado ser, que has procurado elaborar activamente el yo que eres, sin plegarte irreflexivamente a los planes de otros. La vida extrae su significado de lo que *nosotros hacemos*, no de lo que pueda exigirnos hacer un «lejano hacendado» (compárese el espíritu de estas afirmaciones con las tesis de Gide, de Rilke o de Heidegger).

Lo que Joyce dice es que la vida ha de presentar alguna pauta, algún patrón rector que nosotros mismos hayamos tejido y que no nos llene de remordimientos ni lamentaciones. Debe contener relaciones íntimas, el empuje de un deseo creador y la materialización de algún acto de creación efectiva que se haya visto acompañada de repercusiones perceptibles para los demás; hemos de comprender que se paga un precio por el conformismo —el de transformarnos en meros impostores—, y que el individualista empedernido, por su parte, corre el riesgo de convertirse en una persona aislada, en alguien «atrapado en su narcisismo» (contrástense estas ideas con las que vendrá a aportar Kafka más abajo). Todas estas cuestiones se solapan y confluyen, lo que nos permite adoptar un cierto número de identidades a lo largo de nuestra vida, siendo también muy importante que alcancemos a encontrar una identidad capaz de hacer que la existencia nos resulte llevadera. Además, toda narrativa aceptable que se proponga explicarnos lo que es la vida humana habrá de asumir la pérdida de la inocencia, de modo que será juzgada en función de las acciones que se hayan derivado de dicha pérdida, en función de cómo nos las hayamos arreglado para vivir pegados a los hechos (compárese esta invocación con las propuestas de O'Neill). En último término, la gran satisfacción —y el significado— que la vida puede ofrecernos no se reduce simplemente al amor (como tanta gente ha pregonado), sino que reside, para ser más exactos, en el *amor duradero*.

Dicho esto, no obstante, hemos de rendirnos a la evidencia de que todo cuanto hemos hecho es recorrer, como mucho, la mitad del camino. El lenguaje que emplea Joyce es célebre, tristemente célebre incluso, por su dificultad, aunque también han de resaltarse los rasgos positivos de su musicalidad, su inventiva y sus juegos de palabras —todo ello encaminado a mostrar las grandísimas posibilidades de la experiencia humana y el caótico y contingente carácter de aquello que en realidad somos, dado que su objetivo consistía en resaltar y ensalzar el deleite que deberíamos encontrar en las cosas cotidianas—. Joyce consigue mostrar que no existe ninguna diferencia significativa entre una vida vivida a gran escala y otra vivida a pequeña escala, que el dolor de Jesucristo, por atenernos al ejemplo que el propio autor escoge, no es más significativo que el de ALP (una de las protagonistas principales de *Finnegans Wake*).*

Los muy afamados y reconocidos juegos de palabras y dobles sentidos que abundan en los textos de Joyce no tienen únicamente la intención de «castigar» al lector, pero al igual que las telas de Picasso, también estos retruécanos vienen a mostrarnos las unidades de la obra —en este caso las palabras— desde varios ángulos a un tiempo, como dispositivos destinados a subrayar y a festejar la *gozosa inestabilidad* de la experiencia: así se vendrá a decir que una mujer hermosa, pero ya entrada en años, es

---

* Sigla correspondiente a la misteriosa Anna Livia Plurabelle que por espacio de más de seiscientas páginas sobrevuela, con una difusa y paradójica omnipresencia que únicamente se materializa a través de otros personajes, el relato de esta obra maestra de la literatura universal. (*N. de los t.*)

«beautifell»; se llamará *«moaning pipers»* (en lugar de *«morning papers»*) a los periódicos matutinos, remedando la pronunciación de un obrero londinense; un hermoso culo se rebautizará como *«beauhind»*; en sarcástica imitación de Proust dirá Joyce haber *«evremberried»* los huertos de su juventud; un amante confesará haber «desatado el amor» (*«waged love»*) contra una joven; Shakespeare acabará variopintamente metamorfoseado en *«Shopkeeper»*, *«Shapesphere»* y *«Shakhisbeard»*; una forma de teatro aparecerá calificada como un *«Ibscenest nansence»*; los relatos se *«disselve»*; una plegaria termina *«as it is uneven»*; en una carta se dice que el escritor ha acudido a un fastuoso *«funferall»*; y una de las preguntas de un juego típico dublinés inquirirá *«Was liffe worth leaving?»*...*

No obstante, todos estos chascarrillos y neologismos —o comoquiera que optemos por llamarlos— van más allá del simple gusto por la anécdota en sí misma. Minuciosamente elegidos y combinados, basados en una observación y un análisis atentos, y rara vez carentes de ingenio, todos estos hallazgos son en realidad nominalizaciones novedosas con las que designar los fenómenos del mundo, voces que nos invitan y animan a percibir, reconocer y designar a una luz inédita algunos aspectos de la experiencia con los que no sólo creíamos estar familiarizados sino que considerábamos dotados de un significado definitivamente fijo. Es más, a través de todas estas ambigüedades y bromas provocativas —unas veces hilarantes, otras aburridas y otras aun pasmosas—, que no son sino una forma de intencional caos ordenado, Joyce nos desafía a conferir estabilidad al relato —siendo ésta la forma, en último término, en que el denso formato de este libro alcanza a mostrarnos cómo hemos de vivir—. Y es que no es pequeña hazaña lograr una identidad estable *surgida y conquistada sobre la base de una decisión querida*.

---

* Como es obvio, no resulta nada fácil —si es que realmente se puede— traducir todos estos chispeantes rasgos de ingenio. Valga decir en cualquier caso que los «castigos» de los que se habla al principio del párrafo remiten a un guiño del propio Watson, que habla de «*"pun"ishments*» trenzando la idea de «chiste» (*pun*) con la de la «penitencia» derivada de la (para algunos) dudosa comicidad y la dificultad cierta de la lectura. *«Evremberried»* es una superposición fonética entre *«ever»*, *«remembered»* y *«berry»* (baya); en *«waged love»* se emplea el verbo que invariablemente se usa para acciones de lucha (como en *«wage war»*, por ejemplo); *«Shakhisbeard»* es *«shake his beard»*; *«Ibscenest nansence»* juega con «Ibsen», el superlativo de *«obscene»* y *«nonsence»*; *«as it is uneven»* se burla de *«as it is in heaven»*; y *«funferall»* —diversión para todos— habla por sí solo. (*N. de los t.*)

UN EVANGELIO CÓMICO PARA UN HOMBRE ANDRÓGINO

Joyce decía que el *Ulises* era una empresa concebida para tratar de escribir un libro «desde dieciocho puntos de vista diferentes», y desde luego ésta es una afirmación que resume bien las críticas vertidas sobre la obra joyceana, que superan sin dificultad las dieciocho perspectivas. No obstante, vale la pena detenernos un instante a examinar, de entre tan abundante profusión de criterios críticos, dos nuevos ángulos de análisis.

Brett Bourbon defiende que *Finnegans Wake* es, por sí solo, un verdadero ejercicio espiritual —es decir, una moderna forma de *askesis*, aquella práctica de la antigua filosofía griega que se proponía la «transformación de nuestra visión del mundo y la metamorfosis de nuestro ser», constituyendo por ello una especie de autodisciplina—. Bourbon argumenta asimismo que este texto se reduce en último término a un sinsentido, un sinsentido deliberado si se considera el libro en su totalidad, pero un sinsentido que es también la personificación de una actitud esencialmente cómica ante el mundo y que revela ser así, *de facto*, un auténtico «Evangelio cómico». Bourbon sostiene que lo que *Finnegans Wake* nos ofrece es fundamentalmente una lección de carácter teológico en la que se nos coloca frente al «enredo» de nuestro mundo, de nuestra forma de pensar por medio de las palabras, siendo en última instancia una lección destinada a incitarnos a reflexionar sobre nuestra propia condición. «El elemento que viene a sustituir a Dios en *Finnegans Wake* es un particular tipo de sinsentido ..., o más que un sinsentido, un límite: el que separa al sinsentido del sentido...»[12]

Esta falta de sentido aparece concebida con la intención de inducirnos a recogernos sobre nosotros mismos, de animarnos a realizar un examen destinado a tratar de averiguar cómo construimos el sentido —ya sea de forma individual o colectiva—. Dado que, en sí mismo, *Finnegans Wake* carece de sentido, a nosotros nos incumbe la tarea de hallárselo. En particular, lo que falta en *Finnegans Wake* es una *intención*, de modo que no sería descabellado concluir que su más significativo logro es quizá el de mostrarnos en qué consiste vivir en un mundo desprovisto de propósito. La intención no es algo que pueda proporcionarnos Dios: hemos de concebirla nosotros, y trabajar después en ella. La falta —o mejor dicho la ausencia— de intención es una forma de salvación.

Declan Hibberd, del University College de Dublín, apunta la idea de que, además de todas estas consideraciones, las características de los personajes del *Ulises* obedecen a una intención específica (por no mencionar que la obra tenía en origen títulos homéricos en todos los capítulos). Joyce pensaba que la búsqueda de acciones heroicas era vulgar, que la pequeñez del hombre «es la condición inevitable de su grandeza».[13] Del mismo modo, también desdeñaba la «musculosa cristiandad» que se enseñaba en los colegios regidos por la potencia ocupante de Irlanda, junto con la «violencia redentora» de los mitos que inventaban y reinventaban autores como W. B. Yeats. Como nos recuerda Hibberd, el personaje central del *Ulises* es un judío irlandés que no ansía convertirse en un personaje importante, de modo que no es «ni un Fausto ni un Jesús». (Jesús no conoció mujer; «Debe ser que el hecho de vivir con una mujer es una de las cosas más difíciles que pueda llegar a hacer un hombre, así que él nunca se decidió a hacerlo».)[14]

En el *Ulises*, Joyce concede al cuerpo el mismo reconocimiento que a la mente, señala que el verdadero heroísmo nunca tiene conciencia de serlo, y de hecho acaba redefiniendo el heroísmo diciendo que guarda más relación con la capacidad de soportar penalidades que con la facultad de generarlas. También señala que un hombre ha de tener una gran valentía para adentrarse «en su propio abismo», que las palabras ocultan tanto como revelan, que el lenguaje siempre se halla retrasado en relación con el progreso técnico y que la capacidad de comunicarse tiene límites. No obstante, en lo que más insiste es en que seamos capaces de superar una situación provocada, a su juicio, como consecuencia del legado de la Iglesia: es decir, que sepamos ir más allá de nuestras falsas ideas sobre la masculinidad. De acuerdo con Joyce, el hombre del futuro, el tipo característico sobre cuyos hombros habrá de gravitar la esperanza del mundo, es el hombre andrógino: «Tal es el nuevo mesías de Irlanda».[15] Nada poseía ya unas características intrínsecamente masculinas, y Joyce tenía la sensación de que eran muchas las personas que abrigaban esa certeza en su fuero interno sin atreverse a reconocerlo, ni siquiera ante sí mismas, ya que se trata de una realidad implícita. Según sostiene Hibberd, el protagonista del *Ulises*, Leopold Bloom, nunca se sintió extraño en Dublín. «Al contrario, su androginia le permite penetrar de forma única en la mentalidad femenina.» En tal sentido, Hibberd asemeja a Bloom a «ese andrógino casi perfecto» que era Shakespeare, descubriendo al mismo tiempo un tema similar en Oscar Wilde, Sean O'Casey, Bernard Shaw, John Millington Synge e incluso William Butler Yeats.

Joyce hablaba de la «plurabilidad» de la experiencia, y añadía que ésta se expresaba en los múltiples yoes de la gente, pero también pensaba que, por encima de todo, lo que Bloom representa es a «un tipo de sujeto

masculino totalmente nuevo en la literatura mundial, un hombre cuya fe-
menil multiplicidad se propone menos provocar la irrisión que generar
admiración ... El hecho de que en la mayoría de las culturas haya existido
desde antiguo un prejuicio contra los varones afeminados se debe a que en
los hombres la percepción de la masculinidad no es tan fuerte como la in-
teriorización de la femineidad en las mujeres ... Fue Joyce quien confirió
carta de naturaleza cotidiana al hombre femenino, transformando para
siempre el modo en que los escritores habrían de abordar la sexualidad en
lo sucesivo». Éste habría de ser el aspecto capaz de ofrecernos el más original de los «vislumbres redentores del mundo futuro».[16]

CALIDEZ BIOLÓGICA Y CÁLIDA ALTERIDAD

D. H. Lawrence no quiso perder demasiado tiempo con Joyce. Rechazó su obra diciendo que «era terriblemente chapucera y demasiado forzada, totalmente carente de la espontaneidad de la vida real». En este sentido, el escritor y crítico Stephen Spender no alberga ninguna duda respecto
de las diferencias que median entre los dos autores. Al repasar la correspondencia de Joyce, publicada en el año 1957, Spender dice lo siguiente:
«En las cartas similares a las que se enviaron en su momento los padres de
la Iglesia cristiana primitiva, el intercambio de confidencias remite a la
idea de Dios; en las cartas de Keats y sus amigos, lo que se comenta son
cuestiones relacionadas con la poesía; en las de Vincent y Theo van Gogh,
todo gira en torno al arte; y en las de D. H. Lawrence y Middleton Murry,
el hilo conductor es la ira. En todos estos ejemplos, ambas partes coinciden en pensar que tanto la persona que escribe la carta como aquella que
la recibe comparten algún tipo de concepción general de la vida, una visión que es a un tiempo exterior y superior a ambos. En el caso de Joyce
no hay la más mínima noción de comunidad ... Sus cartas son, en sentido
perfectamente estricto, "folletos" ... Lo que falta es afecto. En el cáustico
cruce de cartas que protagonizan Lawrence y Murry hay más cariño que
en el más extenso y entregado de los boletines de Joyce».

Sin embargo, había al menos una semejanza, una semejanza que podría considerarse razonablemente más profunda que las diferencias que
les separan: la de que «David Herbert Lawrence dedicó gran parte de sus
energías creativas a elaborar una segunda fe, una fe capaz de convertirse
en el elemento llamado a suceder a la filosofía cristiana —que él consideraba falsa— y a perdurar después del advenimiento del heredero oficial

de la misma: el racionalismo estéril de la ciencia». En *Psychoanalysis and the Unconscious* (publicada en 1923), *La serpiente emplumada* (de 1926), *El hombre que murió* (1929) y *Fantasia of the Unconscious* (1930), Lawrence se adentra en la exploración del mundo psicológico post-cristiano. Varios serían sus puntos de partida. Tenía unas ciertas inclinaciones místicas que le llevaban a sostener que en la unidad del conjunto de la creación encontramos los seres humanos nuestra «comprensión fundamental», pero también arremetía contra todas las abstracciones, incluidas las de carácter psicológico. «El pecado original que atenta contra la vida es el pensamiento abstracto.»[17]

Lawrence creía, como ya le ocurriera a Nietzsche antes que a él, que la vida es errática e irracional, y que tenemos tendencia a racionalizarla en exceso. (Lawrence pasó bastante tiempo en Alemania, se casó con una alemana y recibió una notable influencia de las ideas alemanas, no sólo de Nietzsche.) Sin embargo, también consideraba que la vida es fundamentalmente erótica. Lawrence condenaba a Freud porque estaba convencido de que, «bajo su disfraz terapéutico, el psicoanálisis se proponía abolir enteramente la facultad moral del ser humano». Además, Lawrence apuntalaría su argumentación en una reactivación «del modo erótico como liberación terapéutica del mundo interior».[18]

Lawrence equiparaba el misticismo con el inconsciente —dado que, a sus ojos, el conocimiento místico es en esencia una forma de auto-conocimiento inconsciente, lo que significa que no pertenece al ámbito de lo racional—. La ciencia, al rehuir el contacto con lo irracional, constituía, a juicio de Lawrence, una actividad que se distanciaba de la propia «vida». No sólo estaba convencido de que el Dios cristiano había fallecido en 1914, sino que se mostraba también descontento con las convenciones religiosas de la época, que le parecían igual de frías y automáticas que las ideas cristianas y tan alejadas de nuestra experiencia personal como los dioses aztecas que él mismo habría de explorar en *La serpiente emplumada*. El humanismo le parecía sentimental y también ponía objeciones a la forma en que la ciencia daba en asignar al hombre un lugar «más modesto» en el esquema general de las cosas, pensando asimismo que el «exceso de introspección» de Occidente venía a rebajar de manera parecida la verdadera estatura de los seres humanos. Nuestro objetivo debería consistir, en su opinión, en llevar una «vida tan vehemente como social». Se oponía a las metáforas científicas, tendentes a «maquinizar» las pasiones humanas, lo cual, sostenía, terminaba por vaciar de contenido social a la pasión.

Dado que los aspectos eróticos de la existencia resultaban extremadamente importantes a juicio de Lawrence, no es de extrañar que estuviera persuadido de que la relación entre el hombre y la mujer constituía el fundamento de una vida feliz y plena. En un determinado momento de su vida imaginaría incluso la creación de una asamblea de hombres y mujeres y que ésta habría de constituir el «núcleo de una nueva fe», la punta crecedera de una sociedad «orgánica» llamada a permitir el ejercicio comunal de la pasión.[19] A su juicio, el irracional poder del amor representaba la antítesis del mundo científico, que se conducía de un modo frío e irracional, mientras que la expresión libre de la conducta erótica humana constituía en último término una expresión de lo divino.

La serpiente emplumada es una novela de religiosidad pagana, ya que la trama del libro se centra en la conversión de una mujer occidental a un primitivo culto azteca. Lawrence evoca un ritual en el que se procede a realizar la danza del sol y lo presenta como un reflejo de la preocupación que los dioses muestran por los seres humanos. La protagonista, Kate, es una mujer culta, informada y educada que, además, no es esclava de ninguna ideología occidental. Impulsada por la aguda conciencia del lugar en el que se halla, Kate acepta sus deberes religiosos, junto con sus implicaciones sexuales, y consiente de buen grado a casarse con el sumo sacerdote del culto vigente en la zona. El extremo que pretende resaltar Lawrence es que la mujer elige participar libremente en una «comunidad de pasión», no permaneciendo simplemente aferrada a su rol de observadora, de extranjera ajena al mundo cultural en el que sin embargo se halla inmersa —como normalmente pudiera impulsarle a hacer su formación europea—. Como dice el sociólogo y crítico cultural Philip Rieff en su libro titulado *The Triumph of the Therapeutic*, *La serpiente emplumada* es motivo de incomodidad incluso para los más ardientes exégetas de Lawrence, ya que en ella se abordan precisamente aquellos motivos —el sexo, los instintos inconscientes y la raíz de las convicciones religiosas— que la cultura europea se ha esforzado siempre en mantener a raya con denodada tenacidad.[20]

En *El hombre que murió*, Lawrence describe el final de la pasión cristiana, presentándonos a un Jesús que admite haberse equivocado al asumir el papel de Cristo. A lo largo de todo el relato, Jesús no es nombrado en ninguna ocasión, aunque se le identifica claramente. Le vemos convertido en un hombre confundido y atemorizado que había abrigado la esperanza de ser rescatado por su padre celestial antes de que sonara la hora fijada para su crucifixión, y que al no ser salvado se siente traicionado.

También le corroe la angustia de pensar que si los romanos descubren que ha logrado sobrevivir, «vendrán por él y lo aniquilarán una segunda vez». Se ha convertido por tanto en una figura que dista mucho de emanar espiritualidad —que es, si se quiere, demasiado humano—. Así las cosas, el Jesús de Lawrence viaja a Egipto, donde seducirá a una de las sacerdotisas del templo de la diosa Isis. Cuando los romanos le encuentran, nuestro protagonista escapa en barco, dejando que sus perseguidores capturen a un esclavo con quien le han confundido.

Expresada de una forma cruda y directa, es muy probable que, en su momento, la trama de la novela resultara ofensiva para un gran número de personas —y desde luego, eso era exactamente lo que Lawrence pretendía—. (Aunque también podríamos considerar, alternativamente, que se trata de otra obra «incómoda».) Tras su resurrección, Jesús comprende que no le es posible recuperar la tensión moral que un día tuviera, redescubriendo así lo que para Lawrence constituye su verdadera dimensión divina —la de su «humanidad amatoria»— y haciéndolo además de un modo patente e inmediatamente sexual, es decir, por medio de su unión con la rubia adepta de una religión que rinde culto a otro dios. A juicio de Lawrence, ésta es también una forma de resurrección, pues Jesús, convertido ya en un individuo atado a la verdadera y limitada condición humana, redescubre así su identidad. Esto me trae a la memoria la afirmación de Joyce de que la cosa más difícil de realizar para un hombre es vivir con una mujer, cosa que el Jesús de la Biblia nunca aceptó hacer. Sin embargo, el Jesús de Lawrence comprende que la salvación reside únicamente en la vida íntima, en la vida privada —siendo ésa la única lección que se halla en condiciones de transmitir a los demás—. De hecho, Lawrence habría de expresarse en los siguientes términos en una carta dirigida a Bertrand Russell, el mayor intelectual de la época: «Por Dios santo, no piense —sea un niño, y deje de ser un sabio de una vez—. No *haga* nada más —pero por el amor de Dios, comience a *ser*—. Empiece por el principio mismo y conviértase en un niño completo: hágalo en nombre del coraje». A juicio de Lawrence, el pensamiento, es decir, el uso del intelecto, no es la expresión de ninguna virtud. Debemos dejar de tenernos siempre a nosotros mismos como primer y más importante objeto de nuestro pensamiento: la moderación y la prudencia son menos necesarios que la fortaleza y la justicia.

Los dos principales criterios que emplea Lawrence «para vivir la vida» eran, en primer lugar, el vinculado con «la necesidad de unirnos a los demás en la oscilante relación amorosa, unas veces tensa y otras relajada»; y en segundo lugar, el asociado con otra necesidad: la de contar con una «meta pasional», perfectamente independiente del compromiso eróti-co y de su libre experiencia, ya que el objetivo de las metas pasionales consiste en hacer «algo nuevo y mejor en el mundo». «Para que las metas pasionales alcancen a resultar eficaces, han de tener una expresión cons-tante; y si son constantes terminarán por convertirse inevitablemente en otros tantos "ideales fijos".» Al mismo tiempo, Lawrence creía que cada uno de los yoes que viven en el mundo tiene un único propósito, a saber, el de lograr «la plenitud de su ser», una plenitud que, a su juicio, se alcan-zaba mediante la experiencia del «hecho de la alteridad», la cual podía llegar a permitir, gracias al «crisol erótico», que la fusión de los yoes que-dara próxima a su cabal cumplimiento —aunque sólo fuera durante unos breves y (sagrados) instantes—. De acuerdo con Lawrence, el objeto de esas experiencias consistía precisamente en vivir lo que Freud había de-nominado en su día un «sentimiento oceánico» —y de hecho en un deter-minado momento, el propio Lawrence hablará del «Dios oceánico»—. En *La serpiente emplumada*, al aceptar Kate bailar con uno de los hombres de Quetzalcóatl por considerar que la comprensión primitiva del mundo constituye una fuente de renovación espiritual tanto para el continente europeo como para sí misma, acabará sumiéndose en una especie de tran-ce mediante el cual accederá a una «segunda conciencia», viéndose a sí misma no sólo «atrapada en los suaves remolinos del océano de la vida naciente que la rodea por todas partes sino identificada también con ellos».[21]

Lawrence considera que el objetivo de nuestra vida ha de consistir en la consecución de la «calidez biológica», lo que implica fundar, específi-camente, una familia «biológicamente acogedora». El hecho de ser un buen padre o una buena madre es una de las formas que permiten que «el ser humano [ya se trate del hijo, de la hija, del padre o de la madre] conser-ve viva durante toda su existencia la frescura vital, constituido así en un auténtico individuo». Hemos de transmitir la percepción de la alteridad, a la que accedemos en el crisol de la experiencia erótica, a las relaciones que mantenemos con nuestros hijos, no en ese mismo sentido erótico, sino en el sentido de crear una «cálida alteridad». A los ojos de Lawrence, el amor y la alteridad son dos divinidades gemelas: ésas son las dos cualidades que hemos de mostrar si queremos llevar una vida ejemplar, sin perder en nin-gún momento de vista que es muy posible que este tipo de relación se con-crete en una sucesión de «parches de compromiso» y que el deseo de pose-sión (del otro amado) acostumbra a verse contrarrestado por la necesidad de liberarnos (de ese otro). (Y de hecho, al viajar a México, Lawrence se encontrará frente a frente con la «radical alteridad» de las personas del país, que le son «profundamente hostiles».)[22]

En todo esto, los medios son, a juicio de Lawrence, más importantes que los fines, puesto que lo que cuenta son nuestras acciones —siendo en este sentido el éxtasis de la acción erótica un eco de las ideas que Nietzsche expusiera en *El nacimiento de la tragedia*—. A juicio de Lawrence, la pasión es una emoción sagrada: «Los gritos de violencia están más llenos de vida que los callados acentos de la tolerancia». (Owen, el estadounidense que acompaña a Kate a México al comienzo de *La serpiente emplumada* y que se niega a abandonar la plaza de toros en la que asiste a una corrida porque considera que «la vida implica atreverse a ver todo ... cuanto se nos ofrece a la vista», estará condenado a padecer «la insidiosa enfermedad moderna de la tolerancia».) El aspecto capital de la vida es, a fin de cuentas, un encuentro personal con el instinto, sin olvidar que la orientación que acertemos a dar a ese encuentro es de la máxima importancia. Y dado que Dios ha muerto hemos de aprender a amarnos a nosotros mismos en el «choque» con nuestros instintos, lo cual significa que el factor decisivo de la existencia del género humano se resume en la voluntad o en el deseo —pero no en el intelecto.[23]

Lawrence también asumió riesgos al escribir del modo en que eligió hacerlo y al optar por un determinado estilo y por un tema particular —y riesgos no menores a los de Woolf o Joyce, por cierto—. Sin embargo, al igual que ellos, su objetivo radicaba en la concreción de una existencia más amplia y más cálida, en la consecución de una convivencia agradable entre personas próximas a él. Los ingredientes clave residen en el establecimiento de una relación íntima y en una adecuada y precisa atención a los detalles.

Capítulo 14

LA IMPOSIBILIDAD DE LA METAFÍSICA Y LA VENERACIÓN DE LA METAPSICOLOGÍA

El filósofo británico Alfred Julius Ayer y su esposa Renée, con la que acababa de contraer matrimonio, llegaban a Viena a finales del año 1932. En esta capital, el pensador se disponía a trabajar a las órdenes de Moritz Schlick, uno de los más destacados intelectuales del Círculo de Viena, un grupo de filósofos y científicos radicales cuyos logros estaban empezando a difundirse por todo el Occidente y a calar en la conciencia de británicos y estadounidenses.

La Viena que Ayer estaba a punto de descubrir no difería demasiado, en muchos aspectos, de la ciudad que había sido en los tiempos anteriores a la Gran Guerra. Con sus dos millones de habitantes, era realmente un centro urbano ajetreado y abarrotado de gente que no obstante seguía siendo un bellísimo escaparate arquitectónico y continuaba proporcionando abrigo a una vibrante cultura sazonada por las reuniones y las charlas de café, una cultura en la que, por el precio de una taza de tan exótico brebaje, «podía pasarse uno la mañana entera en un elegante salón, sumido en la lectura de varios periódicos, escritos en tres o cuatro idiomas distintos».[1] Además, también seguía conociéndosela por su música, sus económicos salones de baile y su antisemitismo. Freud continuaba ejerciendo la psiquiatría en la ciudad.

El Círculo de Viena no sólo se afanaba por entonces en la elaboración de una tradición iniciada por figuras de la talla de Ernst Mach, Bertrand Russell, el físico austríaco Ludwig Boltzmann o el filósofo Ludwig Wittgenstein, también había hecho suya una cosmovisión a la que sus propios integrantes daban el nombre de *Wissenschaftliche Weltauffassung*, esto es, la «concepción científica del mundo». Sus principales miembros eran los filósofos Herbert Feigl y Otto Neurath, ambos austríacos, el matemático Friedrich Waismann, judío, y los alemanes Moritz Schlick y Rudolf Carnap —a los que se sumaban de cuando en cuando algunos otros participantes ocasionales, como Kurt Gödel y Karl Popper—. En toda la historia del Círculo de Viena sólo se llegaría a admitir en sus filas a dos anglosajones. Uno sería el propio Ayer, y otro el estadounidense Willard van Orman Quine, que habría de residir en Viena por la misma época en que lo hiciera su colega británico. Varios miembros del grupo habían estudiado ciencias o matemáticas antes de centrar su atención en la filosofía, y esta formación científica habría de moldear claramente sus puntos de vista.

El Círculo de Viena se había creado en el año 1929, tras publicar Carnap y Neurath una obra titulada *Wissenshaftliche Weltauffassung: Der Wiener Kreis* (*La concepción científica del mundo. El Círculo de Viena*). Sus fundamentos más destacados eran el empirismo y el compromiso con el análisis lógico, además de la clara determinación de distinguir ambos principios de la creencia —habitual desde la época de Kant, sobre todo entre los hegelianos— de que existen ciertos hechos metafísicos relacionados con el mundo (como «lo Absoluto») a cuyo conocimiento podemos acceder independientemente de la experiencia.

El Círculo de Viena se atribuía a sí mismo la asunción de dos tareas. En términos negativos —como más tarde habría de señalar Ben Rogers al redactar la biografía de Ayer—, el objetivo del grupo consistiría en «advertir a la gente de los peligros» de la metafísica, contrarrestando en particular la fascinación que acostumbraba a ejercer en los alemanes tanto el romanticismo como el idealismo. Al mismo tiempo, los integrantes del Círculo de Viena se proponían otra meta de carácter más positivo: la de elaborar una lógica científica más clara y estipular sin ambigüedades el método propio de la observación racional. A juicio de Schlick, Neurath, Carnap y los demás, la ciencia —en la que también ha de quedar englobada la observación racional— es la única fuente de auténtico conocimiento. Todo se construye sobre la base de la experiencia que nos proporcionan los sentidos, y por consiguiente toda proposición que no remita nuevamente a la experiencia sensible quedará inhabilitada como vector del conocimiento. Por emplear las palabras de Carnap: «Todo conocimiento surge de una fuente de conocimiento: la experiencia —es decir, del contenido inmediato de la experiencia como el color rojo, la dureza al tacto, el dolor de muelas o la alegría—». Este planteamiento se remonta en realidad a las afirmaciones expuestas en el *Tractatus Logico-Philoso-*

phicus de Wittgenstein, y más específicamente a la noción allí expresada de que una aseveración es significativa si y sólo si expresa una proposición cuya verdad o falsedad pueda ser verificada por medio de la observación empírica o en referencia únicamente al significado de los términos que contiene. Si una afirmación no pudiera ser comprobada empíricamente, entonces se trataba, de acuerdo con el Círculo de Viena, de una proposición absurda. (Poco después, Karl Popper habría de reemplazar el concepto de verificación por el de falsación.)

LO QUE PUEDE Y NO PUEDE DECIRSE

Esta postura iba a tener unas consecuencias muy graves —apocalípticas incluso— para la metafísica. «El Círculo de Viena no se dedicaba ya a atacar las proposiciones relativas al alma, a Dios, a lo Absoluto, a la vida tras la muerte, al destino histórico, al espíritu nacional o a los valores trascendentes, denunciándolos por falsos o excesivamente especulativos. En vez de proceder de ese modo, lo que hacía era mantener que en la medida en que resultaran de imposible verificación, todas esas afirmaciones carecían literalmente de sentido.»[2] Todo cuanto no pudiese comprobarse quedaba fuera del terreno de juego. Como ya lo fuera en su momento para Wittgenstein en su *Tractatus*, el objetivo del Círculo de Viena consistía en purificar el lenguaje a fin de esclarecer lo que podía y no podía ser dicho.

En una carta dirigida a unos amigos que se encontraban en Gran Bretaña por entonces, Ayer señalaría que el insulto más grave que podían lanzarse los miembros del Círculo de Viena era el de «metafísico». Wittgenstein era considerado, ya que no como un dios (puesto que eso habría sido caer en la metafísica), sí al menos «como un segundo Pitágoras».[3] Ayer habría de mantenerse fiel durante toda la vida a la convicción de que no existe «ningún reino incognoscible poblado por entidades u objetos ocultos». Semejante idea resultaba sencillamente absurda: un parecer que habrían de compartir todos los miembros del Círculo de Viena. En el verano de 1933, Ayer dio comienzo a la redacción de la que habría de ser una de sus más célebres obras —*Lenguaje, verdad y lógica*—, un texto que contribuiría a divulgar las ideas del Círculo de Viena en el mundo de habla inglesa. Con este trabajo, el propósito específico de Ayer se centraría en «demostrar la imposibilidad de la metafísica».

Comenzaba el ensayo criticando la tesis metafísica de que la filosofía nos permite acceder al conocimiento de una realidad que trasciende el mundo de la ciencia y el sentido común.[4] Según asegura Ayer, no es posible inferir legítimamente nada relativo a las propiedades, ni a la existencia siquiera, de una entidad supra-empírica. La imposibilidad de una metafísica trascendente es cuestión de simple lógica. En la época en la que escribía Ayer resultaba imposible verificar de manera práctica, por ejemplo, que existieran efectivamente montañas en la cara oculta de la luna —pero la cuestión era que dicha verificación resultaba plausible en principio—. Por otra parte, una proposición como «lo Absoluto interviene en la evolución y el progreso, pero él mismo es ajeno a todo proceso de cambio y transformación» no es verificable, ni siquiera en principio. Es imposible concebir una observación que permita verificar la verdad o la falsedad de una proposición así.[5] En la mayoría de los casos, las afirmaciones no pasan de ser manifestaciones de algo que resulta, como mucho, altamente probable, pero nada más. De este modo, no es posible determinar con certeza absoluta y en un número infinito de casos que «el arsénico es venenoso» o que «todos los hombres son mortales». Y en este mismo sentido, lo más a lo que pueden aspirar las afirmaciones relativas al pasado es a resultar también altamente probables.

Es distinto decir que algo es falso o decir que carece de sentido, aunque es frecuente que el lenguaje nos confunda. Por ejemplo, las proposiciones siguientes: «Los unicornios son animales de ficción» y «los perros son fieles» parecen similares, pero habrá que convenir en que los objetos ficticios como los unicornios no poseen una forma de existencia particular, una existencia que les permitiera «ser reales en algún sentido no empírico». El simple hecho de que algo pueda ser incluido en una frase con sentido no significa que ese algo exista.

Ayer argumenta que los conceptos fundamentales de la ética resultan inanalizables porque «no existe ningún criterio que nos permita comprobar la validez de los juicios en los que intervienen esos conceptos». La razón de ese estado de cosas se debe a que en realidad son seudoconceptos. Al decir «has actuado mal al robar ese dinero» lo único que estoy diciendo en realidad es «tú has robado ese dinero». No se ha añadido ninguna afirmación efectiva, salvo la de que se desaprueba moralmente esa acción. «Es como si hubiéramos dicho "tú has robado ese dinero" en un tono de voz particular ... Las oraciones en las que se expresa un juicio moral son meras expresiones de un sentimiento o una emoción, de modo que no pueden entrar en la categoría de verdadero o falso.»[6]

Es más, «no puede existir nada parecido a una ciencia ética, si por ciencia ética queremos significar la elaboración de un sistema moral "verdadero"». Según afirma Ayer, una de las principales causas de la conducta moral es el miedo que nos produce, ya sea de forma consciente o inconsciente, la perspectiva de disgustar a Dios. Por otra parte, la moral también encuentra sus raíces en otro temor: el de que la sociedad se enemiste con nosotros.[7] «Ésta es la razón de que [los asertos morales] se presenten en forma de mandatos "categóricos". Y a su vez, estos mandatos categóricos vienen también determinados en parte por la necesidad que tiene la sociedad de condicionar su propia felicidad. Éste es el motivo de que en todas partes el altruismo se revele preferible al egotismo.»

Y en lo que hace a la posibilidad de un conocimiento religioso, Ayer dirá lo siguiente: «Si la conclusión de que existe un dios fuese demostrablemente cierta, entonces las premisas conducentes a dicha conclusión también serían necesariamente verdaderas. Sin embargo, sabemos que una proposición de carácter no empírico sólo puede ser, a lo sumo, probable. Únicamente las proposiciones *a priori* son lógicamente ciertas. Ahora bien, no podemos juzgar la existencia de un dios partiendo de una proposición *a priori* ... Y de aquí se sigue que no existe posibilidad alguna de demostrar la existencia de un dios.

»Lo que ya no se acepta de modo tan general es el hecho de que no haya forma posible de probar que la existencia de un dios, como el Dios del cristianismo, por ejemplo, sea siquiera probable. Y sin embargo, también esto resulta fácil de mostrar. Y ello porque si la existencia de dicho dios fuese probable, entonces la proposición de que existe sería una hipótesis empírica ... Ahora bien, esto no es posible. A veces se sostiene que la presencia de ciertas regularidades en la naturaleza constituyen una prueba suficiente de la existencia de algún dios. No obstante, si la oración "Dios existe" no implica sino la ocurrencia de un determinado tipo de fenómenos en una cierta secuencia, entonces la afirmación de la existencia de un dios equivaldría a mantener que existe la requerida regularidad de la naturaleza, "y ningún hombre religioso admitiría que eso era todo cuanto se proponía afirmar". Este hombre diría que al hablar de Dios estaba hablando de un ser transcendente ... Y en ese caso "dios" es un término metafísico. Y si "dios" es un término metafísico, habrá que concluir que ni siquiera es probable que exista un dios. Y ello porque decir que Dios existe es realizar una aseveración metafísica que no admite revelarse ni cierta ni falsa ... Esto incumbe también a los ateos y a los agnósticos. La afirmación por la que el ateo proclama que Dios no existe carece igualmente de sentido».

De este modo, las aseveraciones del teísta no pueden ser declaradas válidas, aunque tampoco es posible dictaminar que sean falsas. Y dado que el teísta no está diciendo nada acerca del mundo, tampoco puede acusársele en justicia de haber afirmado nada falso. Como dice Ayer: «Sólo cuando el teísta sostenga que al afirmar la existencia de un dios transcendente está expresando una proposición auténtica tendremos motivos para discrepar de él».

Y prosigue: «Respecto a los atributos de Dios ... Por mucho que podamos disponer de una palabra que se emplea como si realmente designara a esa "persona", la cuestión es que no podemos decir —a menos que las oraciones en las que figure ese vocablo expresen proposiciones de carácter empíricamente verificable— que dicha palabra simbolice nada. Y esto es también lo que ocurre en relación con la palabra "dios" en aquellos usos que nos permitan decir que el término se está utilizando con la intención de hacer referencia a un objeto transcendental. La mera existencia del nombre basta para alimentar la ilusión de que existe una entidad real, o en todo caso una entidad posible, que se corresponde con el vocablo en sí. Sólo cuando preguntamos cuáles son los atributos de Dios descubrimos que, en este uso, "Dios" no es un verdadero nombre. Y lo mismo puede decirse del alma y de la vida tras la muerte.[8] ... Se nos dice muy a menudo que la naturaleza de Dios constituye un misterio que trasciende la comprensión humana. Sin embargo, decir esto equivale a decir que es ininteligible. Y es imposible describir de forma significativa todo aquello que resulte ininteligible. Se nos dice también que Dios es un objeto de fe y no un objeto de la razón. Esto podría no ser sino la admisión de que la existencia de Dios ha de aceptarse sobre la base de un sentimiento de confianza, dado que no es posible probarla. Si un místico admite que el objeto de su visión es algo que no puede describirse, entonces habrá de admitir que todo cuanto diga al tratar de describirlo serán meros despropósitos ... El argumento de la experiencia religiosa es falaz. El hecho de que la gente tenga efectivamente experiencias religiosas resulta interesante desde el punto de vista psicológico, pero no puede implicar en modo alguno que exista nada parecido a un supuesto conocimiento religioso, de la misma forma que tampoco el hecho de que tengamos experiencias de carácter moral implica que exista algo a lo que podamos llamar conocimiento moral. Al igual que el moralista, el teísta puede muy bien creer que sus experiencias son experiencias cognitivas, pero a menos que pueda formular su "conocimiento" por medio de proposiciones que resulten empíricamente verificables, podemos estar seguros de que se está engañando a sí mismo».[9]

Todos los positivistas lógicos —como acabaría conociéndose a los seguidores del Círculo de Viena tanto en el mundo anglosajón como en el conjunto del ámbito académico occidental— parecían pensar, o eso daba la impresión de opinar Freud (véase más adelante en este mismo capítulo), que el simple hecho de poner sus argumentos al alcance de todo el mundo determinaría que éstos acabaran por aceptarse hasta llegar a imponerse con el tiempo. No veían la menor necesidad de poner nada «en el lugar» que Dios acababa de dejar vacío. El principal cambio que intentaban promover consistía en lograr que la filosofía quedara convertida en una actividad de «menor» entidad. Ayer argumentaba que la filosofía era simplemente un análisis lógico, y en ese caso, insistía, no podía hallarse sentido a un Dios dotado de la capacidad, según afirmaban las premisas filosóficas, de crear el universo. Para afirmar esto último, Ayer se basaba en la idea de que resultaba imposible hallar sentido a una entidad caracterizada por el hecho de existir al margen del espacio y del tiempo, puesto que «al haber sido concebido como una entidad capaz de trascender el tiempo, Dios había perdido toda posibilidad de resultar accesible —ni siquiera en principio— a nuestra experiencia».

Ayer iría convenciéndose cada vez más de que la filosofía era incapaz de ofrecer una respuesta autorizada a la pregunta: «¿Cómo he de vivir mi vida?». O dicho de otro modo, lo que Ayer estaba diciendo era que el conocimiento que podemos adquirir es el relativo a las verdades empíricas y a los truismos de las matemáticas y la lógica, «quedándonos vedado en cambio el conocimiento de los valores» —lo que significa que la moralidad que elijamos adoptar es en último término una cuestión que únicamente atañe a cada persona y que ella misma ha de determinar por sí sola, en su condición de individuo—. «El objetivo de la existencia del hombre está constituido por los fines a los que él mismo decida entregarse, ya sea consciente o inconscientemente ... En último término, cada individuo ha de asumir la responsabilidad de la elección, y se trata además de una responsabilidad que resulta imposible eludir.»[10]

LAS CRUELDADES DEL CONSUELO

Una de las mayores ironías de la moderna historia del pensamiento reside en el hecho de que en el preciso instante en el que los positivistas lógicos centraban sus esfuerzos en mostrar «la imposibilidad de la metafísica», Sigmund Freud y Carl Jung presentaban al mundo sus propios puntos de vista, exponiendo cómo y por qué podía afirmarse que la psicología conseguía «explicar» a Dios. Ambos autores sostenían que sus estudios se basaban en métodos empíricos, manteniendo asimismo que sus teorías hallaban su fundamento en un conjunto de minuciosas observaciones de carácter experimental. Sin embargo, son varios los críticos que han señalado que los planteamientos que concibieron en su día tanto Freud como Jung no pasaban de ser simples constructos «metapsicológicos». Ambos autores acabaron elaborando una síntesis extremadamente radical —y de hecho eran tan distintas entre sí, que uno y otro llegarían a conclusiones diametralmente opuestas.

Freud creció en un hogar totalmente laico, siendo educado como un «judío ateo», por emplear las palabras del historiador estadounidense de origen alemán Peter Gay. A partir de los cuatro años, su infancia habría de transcurrir en Viena, dado que su familia se instalaría en dicha ciudad en la última mitad del siglo XIX, es decir, en una época en la que esa capital era considerada, como ya hemos visto, una de las más rutilantes joyas de Europa debido al refinamiento de su cultura laica. Había en ella teatros, palacios operísticos, monumentos arquitectónicos, instituciones científicas, centros deportivos, espacios culinarios, ámbitos de ocio... Era por tanto un mundo, como bien dice el escritor Frederic Morton, dotado de un «nervioso esplendor». Es muy posible que esto contribuyera a perfilar la actitud que Freud habría de adoptar respecto de la religión. Estaba convencido de que una vez explicado el fundamento psicológico de la conducta religiosa, echándose por tierra sus «errores», la gente no tardaría en dar la espalda a este tipo de creencias y en descubrir que en realidad no necesitaba ya el auxilio de ninguna forma de apoyo psicológico que hundiera sus raíces en la fe religiosa. La cuestión es que ni para Freud ni para los miembros del Círculo de Viena existía la menor «necesidad» de concebir una alternativa a la religión. La fe era una especie de defecto, una limitación, uno de los caminos errados de la historia de la humanidad, y había llegado la hora de pasar a otra cosa.

Las primeras críticas que Freud habría de dedicar a la religión vendrían a resumirse, como ya hemos señalado en los apartados anteriores, tanto en uno de sus trabajos iniciales (publicado en 1907 con el título de *Acciones obsesivas y prácticas religiosas*) como en una obra de mayor madurez: *Tótem y tabú* (del año 1914). En dichos textos, nuestro autor indicaba que los dioses ya habían muerto o sucumbido a manos de los hombres en varios períodos pretéritos —entre las tribus israelitas anteriores al éxodo, por ejemplo, o en la Grecia clásica—, sin que se levantara ninguna polvareda particular y sin que se abriera en exceso la espita de los comportamientos desafortunados. En este sentido, la muerte de Dios no constituía ninguna novedad. Ahora, sin embargo, en el mismo momento en que los positivistas del Círculo de Viena se disponían a desenterrar el hacha de guerra, Freud daba en redactar en cambio otros tres libros más de temática religiosa: *El porvenir de una ilusión*, *El malestar en la cultura* y *Moisés y la religión monoteísta*. Este tríptico textual dedicado a la religión nos da una idea de la importancia que el neurólogo concedía a un proceso de investigación y exposición marcado por la secuencia, igualmente triple, consistente en atacar primero la creencia en Dios para pasar después a explicarla y terminar desechándola al final gracias a dichas explicaciones.

El porvenir de una ilusión, publicada en 1927, fue un ataque en toda regla, una polémica obrita de sólo noventa y ocho páginas en la que Freud, que por entonces tenía ya setenta y un años, desacreditaba por completo las pretensiones de verdad de la religión, vaticinando que habría de deslizarse por la imparable pendiente del agotamiento. En la década de 1920, el psicoanálisis estaba convirtiéndose ya en una institución de arraigo internacional. De hecho, en 1924 se había creado el Instituto Psicoanalítico de Viena, y en esa misma fecha abría también sus puertas el Instituto de Psicoanálisis londinense. Dos años más tarde comenzaba su andadura la sede de un centro homólogo en París. No obstante, en un plano más personal, Freud acababa de detectar en 1923 que se le había formado un tumor benigno en la boca. Se trataba de una leucoplasia asociada con el tabaquismo. Sin embargo, el bulto degeneraría en cáncer —aunque en realidad lo había sido desde el principio, pese a que en un primer momento el médico hubiera optado por no decirle la verdad temiendo que decidiera suicidarse—. A finales de la década de 1920, Freud sufría ya unos dolores casi incesantes.

En *El porvenir de una ilusión*, Freud comenzará por examinar la significación cultural y psicológica de la religión. En su análisis, nuestro psicólogo mantenía que la tarea más relevante de la cultura, «su verdadera razón de ser», consistía en procurar amparo a la humanidad, protegiéndola de la naturaleza. Dios, o los dioses de los antiguos, desempeñaban esa misma función triple: «han de exorcizar los terrores de la naturaleza, deben reconciliar al individuo con la crueldad del destino, particularmente manifestada en la muerte, y tienen la misión de enmendar los padecimientos y privaciones que la vida comunal de la cultura ha acabado imponiendo al hombre».[11] Éste será justamente el punto en el que venga a insertarse en la obra la idea que Freud tiene del alma. Dado que resulta evidente que el hombre termina sucumbiendo a su destino, que muy a menudo se siente abrumado por la naturaleza, y que invariablemente muere, sólo un elemento independiente de las ataduras corporales —el alma— poseería la facultad de resultar perfectible y de ofrecernos con ello la posibilidad de una nueva forma de existencia tras la muerte. El alma es por tanto una entidad de orden psicológico, no teológico.

Sin embargo, Freud también sostenía en *El porvenir de una ilusión* que «la sociedad tiene muy clara conciencia del incierto fundamento de las afirmaciones con las que sostiene sus doctrinas religiosas». Y aquí es donde arranca la polémica, puesto que lo que viene a argumentar Freud es, en esencia, que las reivindicaciones que esgrimen las religiones en la sociedad moderna carecen en cierto modo de honestidad intelectual. Así insiste, por ejemplo, en que todos los argumentos que hablan en favor de la autenticidad de las doctrinas religiosas «encuentran su origen en el pasado», cuando es en el presente donde deberíamos indagar si existen o no pruebas sobre el particular. Ninguno de los «espiritualistas», como él los llama —aludiendo implícitamente a las doctrinas contemporáneas de la señora Blavatsky, Rudolf Steiner y otros—, ha «conseguido refutar el hecho de que las apariciones y aseveraciones de los espíritus que invocan son simples productos de su propia actividad mental» —de hecho, Freud denigrará todas esas manifestaciones, tildándolas de «insensatas» y señalando que son «total y absolutamente insignificantes».

Freud también descalificará todos aquellos argumentos que sostengan que las verdades han de «experimentarse en el fuero íntimo» de cada cual y que «la persona no necesita comprenderlas». Esto, dice secamente y sin rodeos, es un intento de «eludir» el problema. En este sentido, la filosofía consistente en conducirse «como si» existiera Dios o el más allá es una evasión absurda. Hay personas, añade (refiriéndose fundamentalmente con ello a las ideas de Hans Vaihinger), que llegan incluso a decir que, aun en el caso de que se lograra probar que la religión «no se halla en posesión de la verdad», hemos de creer en sus preceptos «como si fuesen» efectivamente ciertos, y ello tanto en interés de «la preservación de todos» como en atención al hecho de que son innumerables las personas que encuentran consuelo en las doctrinas religiosas. Freud da desdeñosamente la espalda a estas posiciones, no sin antes afirmar que tales planteamientos constituyen una crueldad desprovista de todo propósito, pues «tras la confesión de su carácter absurdo, o ilógico, no queda ya nada que añadir».[12]

Esto le llevará a estudiar los orígenes psíquicos de las ideas religiosas, estudio que acabará rematando con la siguiente afirmación: «Estas manifestaciones, que se proclaman a la manera de dogmas, no son un residuo dejado por la experiencia ni el resultado final de un largo proceso de reflexión; son ilusiones, concreciones de los más antiguos, fuertes e insistentes deseos del género humano. Y el secreto de su fortaleza reside en la solidez de esos mismos anhelos». Esto le inducirá a su vez a establecer una célebre distinción entre los errores y las ilusiones. La idea de Aristóteles de que las sabandijas surgen del estiércol por generación espontánea es un error. La convicción que indujo a Cristóbal Colón a pensar que acababa de descubrir una nueva ruta marítima para llegar a la India fue en cambio una ilusión. La diferencia entre una cosa y otra estriba en que «una ilusión es característicamente algo que emana de los deseos de los hombres». Además, las ilusiones no son necesariamente errores, añade. «Una pobre muchacha puede tener la ilusión de que un día vendrá a buscarla a casa un príncipe. Y es posible: puesto que ya se han dado casos similares.» No obstante, Freud se mostrará extremadamente mordaz en relación con las ilusiones de naturaleza religiosa: algunas de ellas resultan tan improbables, tan incompatibles con el conocimiento que hemos ido acumulando a lo largo de la historia, dice, que rayan en el *delirio*.[13] Y aun insiste sosteniendo que, «cuando se trata de cuestiones religiosas, los interesados caen en las más inimaginables formas de insinceridad y cometen todo tipo de fechorías intelectuales». Y en particular, una de las cosas que se observan en este sentido es que se ha terminado abusando a tal punto del sentido de la palabra «Dios» que al final su significado se ha transformado en un mero conjunto de «vagas abstracciones».

Y ya metido en harina, Freud vendrá a sostener que la cultura corre en realidad un gran peligro al mantener por esos mismos años una específica actitud respecto de la religión, que ésta ha tenido tiempo más que suficiente para mostrar de lo que es capaz, y que si en efecto constituyera la panacea que reivindica ser la gente no estaría intentando cambiar las cosas. Sin embargo, en lugar de la armonía universal, «¿qué es lo que constatamos? Constatamos que hay un número espantosamente grande de seres humanos que se muestran insatisfechos con la civilización, que son infelices en ella y que la viven como un yugo que han de sacudirse de encima como sea».

A juicio de Freud la razón de este estado de cosas es meridianamente claro. Si la religión ya no concita el apoyo que un día tuviera no se debe al hecho de que sus promesas hayan menguado, «sino a la circunstancia de que a la gente le resulten menos creíbles que antes». Y esto ha de atribuirse al «incremento del espíritu científico en las capas más altas de la sociedad». Esto llevará a Freud a decir, siempre en *El porvenir de una ilusión*, que la ciencia es un saber que ofrece «ocasión de conseguir el despertar de la mente».[14] De acuerdo con el padre de la psiquiatría, si nos decidiéramos a «dejar a Dios completamente fuera de la ecuación», admitiendo honestamente los orígenes puramente humanos de todas las leyes e instituciones culturales, obtendríamos indudablemente toda una serie de ventajas, ya que en tal caso los hombres comprenderían que la rigidez de muchas de las normas que les acogotan no tiene por qué ser inmutable, lo cual constituiría «un notable avance en la senda que debe permitir que nos reconciliemos con la carga que supone la cultura».[15] De hecho, Freud se manifestará convencido de que las creencias religiosas han iniciado ya un inexorable declive y. de que, a pesar de que en el pasado los consuelos derivados de sus doctrinas hayan podido resultar útiles (puesto que, «al aceptar esa neurosis universal [el hombre] se ha ahorrado el trabajo de elaborar su propia neurosis personal»), ha llegado al fin el momento de reemplazar las consecuencias de la represión (que es una exigencia de la cultura) por «los resultados de un esfuerzo racional de la mente», esto es, por la asunción de una terapia psicoanalítica, por así decirlo, aplicada en este caso al conjunto de la sociedad. Sea como fuere, concluye: «Las verdades contenidas en las doctrinas religiosas están ... tan distorsionadas y aparecen tan sistemáticamente disfrazadas que el grueso de la humanidad no alcanza a reconocerlas como tales verdades».[16]

Como era de esperar, Freud se mostraba también muy crítico con los efectos de la educación religiosa de los hijos. Pensaba que, por regla general, el niño no acostumbra a mostrar un interés espontáneo en Dios, sino que son los padres quienes le presentan la idea. Y al proceder de ese modo, insiste, transforman la «radiante inteligencia del niño sano» en la «enfermiza mentalidad del adulto medio». «Mientras la influencia de la inhibición y el pensamiento religiosos siga gravitando sobre los primeros años de vida de un ser humano ... no podremos decir realmente cómo es ese hombre.»[17]

EL PRINCIPIO DE PLACER

Freud logró culminar la elaboración de *El porvenir de una ilusión* en el otoño de 1927. En los dos años inmediatamente posteriores, debido sin duda a la enfermedad que padecía, apenas logró escribir nada. Sin embargo, en el verano de 1929 comenzó a redactar una nueva obra, cuyo asunto habría de girar, una vez más, en torno a una «temática sociológica». Originalmente eligió el título de *Das Unglück in der Kultur* (La desdicha en la cultura). Después, sin embargo, cambió la palabra «*Unglück*» por «*Unbehagen*», voz que no tardó en revelarse de difícil traducción al inglés. Freud, que hablaba perfectamente esta lengua, sugirió aplicar entonces la siguiente variante a la versión inglesa: «Man's Discomfort in Civilization» —«El malestar del hombre en la cultura»—. No obstante, sería Joan Riviere, la traductora británica encargada de resolver éste y otros ensayos de Freud, quien diera finalmente con las palabras con las que acabaría conociéndose el texto en el mundo anglosajón: *Civilization and Its Discontents*.*

Puede decirse que, en cierto modo, habría sido mejor mantener el título inicial, aunque si tenemos en cuenta que el libro se envió a la imprenta inmediatamente después de producirse el desplome bursátil de Wall Street —ocurrido a finales de octubre de ese año—, no resulta difícil comprender por qué causó el rápido impacto que causó. El tema que trataba era principalmente, en palabras de su editor inglés, el «del irremediable antagonismo entre las exigencias del instinto y los condicionamientos de la cultura».[18]

Sería además en esta obra donde Freud afirmara que son muchas las personas que admiten sentir un «sentimiento oceánico» cuando se sumergen en los temas de carácter religioso, y que es esa emoción la que se halla en la base de su fe religiosa. (Freud aclararía también que se trataba de un afecto que él nunca había experimentado personalmente.) «Este ser-Uno con el Todo, que es el contenido de pensamiento que le corresponde [a eso que hemos llamado "sentimiento oceánico"], se nos presenta como un primer intento de consuelo religioso, como otro camino para desconocer el peligro que el yo discierne amenazándole desde el mundo exterior.» La cuestión del objetivo de la vida humana «se ha planteado innumerables veces», pero hasta ahora no ha recibido nunca una respuesta satisfactoria, «y quizá no admita ninguna». Freud reconocía que había personas que decían que si la vida careciera de sentido la considerarían totalmente desprovista de valor, pero desacreditará este punto de vista. «Respecto de la vida de los animales, ni siquiera se habla de un fin, a menos que su destino consista en servir al hombre ... Da la impresión, por el contrario, de que podemos desentendernos de este asunto, ya que parece derivar de la presunción humana, y cierto es que ya estamos familiarizados con otras

---

* Como es obvio, la peripecia de la versión española debió de discurrir por otros derroteros. En cualquier caso, con *El malestar en la cultura*, la traducción castellana se mantiene claramente fiel al segundo y definitivo título alemán. (*N. de los t.*)

muchas manifestaciones de ese carácter pretencioso ..., además la idea misma de que la vida tenga una finalidad pertenece por completo al sistema de la religión.»

Lo que él mismo propone es mucho más pedestre: «Lo que determina el objeto de la vida es simplemente, como bien se nota, el programa del principio de placer ... Este principio gobierna la operación del aparato anímico desde el comienzo mismo de la existencia». Freud piensa que la vida no puede tener más propósito que el de alcanzar la «felicidad». Ésa no era la meta que se había propuesto concretar la creación, dice, adoptando así un punto de vista darwiniano, y ésta es la razón de que lo que llamamos «"felicidad" corresponda a la satisfacción más bien repentina de necesidades retenidas, con alto grado de estasis, en la cultura», así que, «por su propia naturaleza sólo es posible como un fenómeno episódico. Si una situación anhelada por el principio de placer perdura, en ningún caso se obtiene más que un sentimiento de ligero bienestar. Estamos organizados de tal modo que sólo podemos gozar con intensidad el contraste, y muy poco el estado. Ya nuestra constitución, pues, limita nuestra posibilidad de dicha. Mucho menos difícil es que lleguemos a experimentar desdicha».[19]

LOS CUATRO PALIATIVOS

Por consiguiente, para Freud la existencia participa en cierto modo de las características de una carga, de modo que «para poder sobrellevarla no podemos obviar el recurso a ciertas medidas paliativas», procurándonoslas por medio de un conjunto de herramientas y técnicas de índole analgésica, cultural y psicológica que nos ayudan a seguir adelante. Freud señala específicamente cuatro elementos paliativos: la religión, el arte, el amor y la intoxicación. La creencia en un Dios de amor y en una bienaventurada vida ultraterrena son «creencias provocadas por el deseo», ilusiones que contribuyen a suavizar las duras realidades de la vida. No obstante, añade, ni siquiera «la religión puede mantener su promesa. Cuando a la postre, el creyente se ve precisado a hablar de los "inescrutables designios" de Dios, no hace más que confesar que no le ha quedado otra posibilidad de consuelo ni fuente de placer en su padecimiento que la sumisión incondicional. Y toda vez que está dispuesto a ella, habría podido ahorrarse, verosímilmente, aquel rodeo».[20]

El arte, señala, es un paliativo bastante más respetable, pero no está al alcance de todo el mundo. Y ni siquiera en el caso de las personas que tienen en su mano dedicarse a su ejercicio parece creer Freud que el arte sea otra cosa que un moderado placer —un placer que no «convulsiona nuestro ser físico»—. El amor, a su juicio, es el paliativo que se busca con mayor ahínco, ya que nos reconforta enormemente y nos procura, con el sexo, las más intensas experiencias. Sin embargo, también lleva aparejados riesgos de gran envergadura, puesto que «nunca estamos menos protegidos contra las cuitas que en las ocasiones en que amamos; nunca somos más desdichados ni nos vemos más desvalidos que en el caso de haber perdido el objeto amado o el amor que nos profesaba». Freud opina asimismo que la intoxicación (y él mismo consumía cocaína y fumaba tabaco) es el «método más tosco, pero también el más eficaz», para aliviar la sensación de displacer. No obstante, añadía el importante matiz de que no debemos tratar de extraer toda la satisfacción buscada de una única fuente o aspiración.

Pese a que Freud creyera que los condicionamientos de la cultura se hallan en la raíz de un gran número de males, en ningún caso hará críticas destructivas al progreso tecnológico. Antes al contrario, ya que sostenía que no debemos inferir que «el progreso técnico carezca de valor en la economía de nuestra felicidad», que resulta muy difícil valorar el grado de felicidad o desdicha de las gentes de épocas pasadas, y que los valores de la higiene, el orden y la justicia, tres de las más importantes características de la civilización, encuentran su origen en los primeros años de nuestra vida familiar.

También habrá de arrojar dudas sobre lo que pudiéramos llamar la doctrina de san Francisco de Asís, esto es, sobre la idea de que el objetivo de la vida y de la humanidad consista en realizar el amor universal. Freud ponía dos objeciones a esta meta: en primer lugar, «que un amor que no elige pierde una parte de su propio valor, pues comete una injusticia con el objeto», y en segundo lugar, que «no todos los seres humanos son merecedores de amor». Juzgaba también que, en términos generales, Schiller tenía razón al decir que «el hambre y el amor son los motores del mundo». «El hambre podría considerarse el subrogado de aquellas pulsiones que aspiran a conservar al individuo; en tanto que el amor, por el contrario, pugna por alcanzar objetos, siendo su función principal, favorecida de todo punto por la naturaleza, la conservación de la especie.»[21] Además, Freud tenía la percepción de que la educación de la época ocultaba a los niños el papel que estaba llamada a desempeñar la sexualidad en su vida adulta, lo cual constituía un obstáculo para la integración de la persona en una comunidad humana, una vida en comunidad «que parece constituir una condición tan difícilmente evitable que por fuerza habrá de satisfacerse antes de poder materializar el objetivo de la felicidad».

De este modo, Freud concluía subrayando que se había «empeñado en apartar de sí el prejuicio entusiasta de que nuestra cultura sea de hecho lo más precioso que poseamos o podamos adquirir, y de que su camino deba conducirnos necesariamente a alturas de insospechada perfección». La cultura y la civilización son obras humanas, no divinas, de modo que nada puede tenerse por garantizado: ni nuestra felicidad futura ni ninguna particular forma de consuelo.

En *Moisés y la religión monoteísta* (publicada en 1939), Freud defiende la tesis de que Moisés no era judío sino egipcio. Esta teoría se hallaba ya desacreditada antes de que la tinta alcanzara a secarse sobre las páginas impresas, pero como dice Michael Palmer, eso carece de importancia, puesto que lo verdaderamente relevante es el hecho de que la argumentación de este ensayo venga a corroborar lo que el propio Freud había propuesto ya en otros libros sobre religión, a saber, que la fe encuentra su origen en el complejo edípico, es decir, en la necesidad que todos los individuos tienen de la figura del padre. El monoteísmo judío había iniciado su andadura con un particular episodio monoteísta de la historia de Egipto, un episodio que había determinado que el pueblo se alzara contra el individuo que encarnaba la figura paterna hasta entonces venerada y que lo asesinara, abandonando al mismo tiempo la nueva religión que acababa de abrazar (simbolizado todo ello en el relato del becerro de oro). La población egipcia había tratado entonces de olvidar el trance, identificando a la persona de Moisés con el madianita Jetró,* al que a partir de ese momento se dará el nombre de «Mose».[22] En otro texto ya había señalado Freud que uno de los elementos que caracterizaban al cristianismo era el hecho de que el culto al hijo hubiera terminado por sustituir el culto al padre (al igual que en el judaísmo).

Freud nunca habría de abandonar la idea de que la religión es una forma de infantilismo, o una conducta que hunde sus raíces en las experiencias infantiles, y más específicamente en la dependencia del hijo respecto del padre. Creía además que, de la misma manera que en la terapia psicoanalítica se invita (o se fuerza) al paciente —a medida que progresa— a enfrentarse a la realidad (inconsciente), también la sociedad y la cultura, conforme fueran ganando en «madurez», irían desentendiéndose de la re-

---

* En la traducción castellana de Amorrortu el nombre aparece calcado de la forma inglesa: «Jethro». (*N. de los t.*)

ligión, hasta el punto de que ésta terminaría por desaparecer —construyendo así un argumento muy similar al de Marx, al sostener éste que el Estado acabaría por desvanecerse de igual modo—. Podría decirse que el hecho de dictaminar que la adhesión a una religión era una forma de enfermedad mental inconsciente, relegando la experiencia religiosa a aquella parte de nuestra naturaleza de la que resulta útil desprenderse, constituía el más frontal y ultrajante ataque contra Dios que pudiera alcanzar a concebir un ser humano.

Consideradas las cosas con la perspectiva que nos proporciona el tiempo, resulta fácil constatar que Freud subestimaba muy notablemente la capacidad de la religión para perdurar como realidad activa en la sociedad. Quizá se dé en pensar que, siendo un especialista de las emociones humanas, nuestro psiquiatra debería haberse percatado de este extremo. Cabe pensar por tanto, al menos en cierto sentido, que Freud parece pecar de ingenuo en este caso —y que conste que resulta francamente extraño aplicar ese epíteto a Freud—. Sin embargo, como ya les sucediera, según hemos visto, a varios de los miembros del Círculo de Viena —y como tendremos ocasión de constatar de nuevo más adelante—, no iba a ser el único en caer en este mismo error.

No hay refugio

En el año 1929, esto es, en la época en la que vio la luz *El malestar en la cultura*, Freud se había distanciado ya clara y totalmente de Carl Jung, un psicoterapeuta que andando el tiempo se había convertido en su máximo rival —pese a que en época todavía reciente hubiera sido considerado el sucesor natural de Freud y el príncipe heredero del feudo psicoanalítico—. Su relación había visto aparecer las primeras grietas ya en 1909, tras regresar ambos hombres de un viaje a Estados Unidos y disponerse Jung a publicar la segunda parte de *Símbolos de transformación*,* obra en la que aireaba por primera vez su idea del inconsciente colectivo. Al ex-

* En realidad, en 1912 el título del libro era *Transformaciones y símbolos de la libido* (*Wandlungen und Symbole der Libido*). Sin embargo, el propio Jung publicaría una versión corregida y aumentada de esta obra con el título *Símbolos de transformación. Análisis del preludio a una esquizofrenia*, razón por la que se suele citar el texto, cayendo en un cierto anacronismo, con el título definitivo, incluso cuarenta años antes de su aparición. Véase *Obra completa de Carl Gustav Jung*, traducción de Andrés Sánchez Pascual y María Luisa Pérez Cavana, 20 vols., Editorial Trotta, Madrid, 1999. (*N. de los t.*)

plicar las características de la religión, la mitología y la filosofía, Jung se apartaba del enfoque de Freud, de índole más científica, amenazando con este análisis independiente la posición del propio padre del psicoanálisis. La ruptura se haría patente tres años después, al aparecer *Símbolos de transformación* en forma de libro.

En *Tótem y tabú*, Freud había aceptado el desafío de Jung, internándose en su terreno, por así decirlo, de modo que muy posiblemente no deba sorprendernos que su adversario quisiera saltar al ruedo y abordar en un ensayo de su propia cosecha un tema muy similar: el de las cuitas psicológicas del hombre moderno.

En 1933 llegaba a las librerías de habla inglesa *El problema anímico del hombre moderno.** Pese a que el título de este trabajo de Jung parezca abordar exactamente el asunto que aquí estamos considerando, lo cierto es que el radio de acción de este estudio se revela notablemente más amplio. Era, para empezar, un ataque contra Freud, ya que en uno de sus capítulos se sacaban a la luz las discrepancias teóricas que a juicio de Jung habían contribuido a distanciarlos. Se trataba asimismo de una reorganización, o de una puesta al día, de las propias teorías psicoanalíticas de Jung, en particular de su tesis sobre los arquetipos, que para entonces se hallaba ya en las entradas correspondientes a las nociones de «introvertido» y «extrovertido», aderezadas con algunas reflexiones relacionadas con las distintas fases de la vida (concretamente con aquellas a las que Jung había dado en denominar la «mañana» y la «tarde»), con ciertas cuestiones psicológicas y literarias, y con los planteamientos asociados con el concepto del «hombre arcaico». Únicamente los dos últimos capítulos se consagraban al análisis, por un lado, de lo que prometía el título general, esto es, el estudio del «problema anímico del hombre moderno» y, por otro, al estudio de «Los psicoterapeutas y el clero». Jung habría de retomar estos temas en las Conferencias Terry celebradas en la Universidad de Yale en el año 1937, aunque también incidiría sobre estas cuestiones más tarde, si bien de cuando en cuando, una vez concluida la segunda guerra mundial.

Lo que le interesaba específicamente a Jung era que el hombre del siglo XX, comparado con sus antecesores, era un hombre solitario, un ser muy alejado de la *participación mística* y de la «inmersión en una inconsciencia común». El hombre moderno no habita ya en los límites que marca la tradición, lo que ha determinado que se vuelva «ahistórico», ya que

---

* La obra original en alemán se había publicado entre 1928 y 1931. (*N. de los t.*)

no sólo se desentiende de todo cuanto se haya podido venir haciendo en épocas anteriores sino que opta por dejarlo atrás, convencido de que el pasado se le ha quedado pequeño. Esa nueva condición del hombre, decía Jung, es en realidad una forma de pobreza que además, precisamente por ser ahistórica, constituye un modo de «vivir en pecado». Por un lado, los individuos modernos son conscientes de ser «la culminación de la historia de la humanidad, la realización y el producto final de un sinfín de siglos», pero por otro se saben también culpables de haber «frustrado las esperanzas y las expectativas de las eras históricas». Hemos caído, señalaba, «en una profunda incertidumbre», pues la Gran Guerra ha hecho añicos la fe que teníamos en nosotros mismos y en «nuestra propia valía». Y como esto implica perder también la fe en la posibilidad de una organización racional del mundo, la consecuencia es que «el viejo sueño del milenio, presidido por la paz y la armonía, ha acabado por empalidecer».

El hecho de haber perdido todas las certezas metafísicas que poblaban la mente de su antepasado medieval ha provocado que el hombre moderno se haya visto obligado a colocar en su lugar «los ideales de la seguridad material, el bienestar general y la compasión». Sin embargo, la propia idea del «progreso», dice Jung, ha empezado a «aterrorizar» a la imaginación. «La ciencia ha destruido hasta el refugio del mundo interior.» Esto explica que se haya desarrollado un interés tan generalizado «por todo tipo de fenómenos psíquicos, como bien se observa en la progresión del espiritualismo, la astrología, la teosofía, etcétera. El mundo no había conocido nada semejante desde finales del siglo XVII. ... El movimiento moderno más impresionante en atención al número de adeptos con que cuenta es sin duda el de la teosofía, junto con su homólogo de orientación más occidental, la antroposofía. Todo esto no es más que puro gnosticismo envuelto en un ropaje hindú. Comparado con estos movimientos, el interés que despierta la psicología científica resulta simplemente desdeñable». La vehemente pasión por este esoterismo procede de la energía psíquica que no puede ya invertirse en ninguna forma de adhesión a las «formas religiosas obsoletas ... Por esta razón, cabe decir que esos movimientos son de carácter auténticamente religioso, aun en los casos en que pretenden ser científicos».[23]

Pese a que Jung considerara inevitable este incremento de la preocupación por la vida psíquica, lo cierto es que no estaba convencido de que debiéramos dedicarle todo nuestro tiempo, dado que en tal caso podríamos terminar obcecándonos. Creía que el internacionalismo político y el deporte eran sendos antídotos capaces de evitar que nos obsesionara en exceso esa existencia psíquica, con lo que el optimismo político, social, artístico y psicológico de Estados Unidos sabría encontrar un lugar adecuado en cualquier sistema de convivencia futuro.

Hasta ese momento, sólo los más cultos habían tratado de obtener ayuda psicológica, pero Jung pensaba que, en el futuro, esta práctica acabaría haciéndose extensiva a «las masas». Cada vez era mayor el número de clérigos que aceptaba recibir formación psicológica. De hecho, sólo un método que incluyera *a un tiempo* una explicación psicológica y religiosa podía proporcionar las aclaraciones culturales que la mayoría de las personas buscaban en la terapia —y que se anteponían incluso al deseo de ver aliviados, digamos, un particular conjunto de síntomas neuróticos—. Jung sostiene que la gente acudía fundamentalmente a él para tratar de hallarle algún sentido a su existencia. Por consiguiente, lo que él mismo se proponía al tratarles era, efectivamente, devolverles a la senda de la religión (aunque no necesariamente a la de una confesión concreta). No obstante, la materialización de ese retorno no se procuraba alcanzar tanto por medio de la fe como por medio de la percepción psicológica, es decir, de la noción de que la religión tiene la facultad de realizar varias funciones psicológicas en la mente del hombre moderno y de que, para muchas personas, la única forma de regresar al redil pasa por obtener una explicación psicológica de la religión.

A diferencia de Freud, que había crecido y se había educado a la manera de un «judío ateo», Jung era hijo de un pastor protestante. Los hijos de los ministros luteranos han desempeñado tradicionalmente un papel muy significativo en la filosofía y la psicología alemanas —piénsese por ejemplo que tanto Gotthold Lessing como Johann Herder o el propio Friedrich Nietzsche eran hijos de pastores de la Iglesia reformada, por no mencionar a Wilhelm Dilthey o a Jürgen Habermas—. Todo sucede como si los hijos no pudieran abrazar la fe del padre y optaran en cambio por buscar algún equivalente laico.

Jung se matriculó en la universidad con la intención de estudiar ciencias naturales, pero no tardó en pasarse a la facultad de medicina para interesarse finalmente por la psiquiatría —cursando ya el cuarto año de carrera—. El detonante de ese súbito interés se produjo a raíz de una sesión de terapia a la que tendría ocasión de asistir el propio Jung, siendo la paciente tratada su prima de quince años. En mitad de la cura, la joven entró en trance, dejó de hablar con su acento propio —el de Basilea— y comenzó a discursear en una lengua altogermánica, aduciendo que se hallaba poseída por los espíritus. Un relato referente a los detalles de este episodio constituiría el punto de arranque de la primera obra publicada de Jung, correspondiente a su tesis doctoral: *Acerca de la psicología y patología de los llamados fenómenos ocultos* (que habría de ver la luz en el año 1902). En este trabajo se aprecia claramente el vivo interés que sentía Jung tanto por el ocultismo como por el inconsciente.

Las muchas discrepancias que le separaban de Freud no sólo hallaban su fundamento último en el hecho de que Jung rechazara la insistencia freudiana en la decisiva importancia de la sexualidad reprimida como factor etiológico determinante de la neurosis, sino en la circunstancia de que el propio Jung estuviera convencido de que, por debajo de la conciencia y del inconsciente (personal), existe un tercer plano más profundo: el del inconsciente colectivo. Este planteamiento junguiano, que competía con el de Freud y que emanaba tanto de la experiencia clínica que Jung había ido obteniendo a lo largo de los años como de sus investigaciones en los campos de la mitología, la etnografía y la conducta animal, encontraba su fundamento —según afirmaba el propio Jung— en la observación empírica, o dicho de otro modo, en el hecho de que, de acuerdo con sus propios descubrimientos, la «energía psíquica» hubiese revelado constituir un elemento más significativo como desencadenante de las neurosis que la represión sexual. Si asumimos lo que defendía Jung, estas investigaciones mostraban que en todo el mundo existía un gran número de imágenes y de pautas de significación similares —como puede observarse en los mitos, por ejemplo—, lo cual le llevaba a concluir que todos esos elementos derivaban de experiencias antiquísimas que habían terminado por incorporarse a «los más profundos planos» de la naturaleza humana.

Jung asociaba el término «arquetipo» a todas esas pautas de comprensión, señalando que los arquetipos más importantes eran cinco: persona, ánima y ánimus, extrovertido e introvertido, sombra y yo.

El arquetipo «persona» se corresponde con la máscara que presentamos ante el mundo y está pensado para confundir y engañar al otro; «ánima» es la tendencia femenina presente en los hombres y «ánimus» la inclinación masculina asociada con la mujer; las nociones de «extrovertido» e «introvertido» son dos de las actitudes más características que adoptamos frente al mundo y constituyen posiblemente la innovación más ampliamente aceptada de Jung. Lo que más nos interesa aquí es su idea de que Dios es un arquetipo, lo que significa que se trata de una disposición interior nuestra, de una cierta propensión a creer en Dios, aunque lo cierto es que en este punto Jung se muestra extremadamente ambiguo.

Jung sostiene que no es posible alcanzar a conocer directamente la realidad de un arquetipo, ya que únicamente pueden inferirse o intuirse sus características operativas. Las pautas que se observan —por ejemplo en la mitología— aluden al «contenido de los arquetipos», no a la «forma arquetípica» auténtica. Esto guarda cierta semejanza —o eso parece— con el modo en que Moore comprende «el bien», noción que no puede ser definida sin corromper ni limitar la idea misma de «bien». Sin embargo, Jung añadirá complejidad al asunto al argumentar que el arquetipo del yo es muy similar —y quizá idéntico— al arquetipo de Dios. Se trata en ambos casos —y siempre dentro del inconsciente colectivo— de arquetipos de «plenitud» y de «perfección» (y éste será el punto en el que venga a incidir Jesucristo). Además, el objetivo de la vida, de acuerdo con el proceso de lo que él vino a denominar «individuación», consiste en «equilibrar» el inconsciente colectivo de modo que el arquetipo del yo y el arquetipo de Dios acaben por armonizar.

Este planteamiento resulta evidentemente radical (en la medida en que pueda considerarse comprensible), pero ¿hemos de considerarlo amable y próximo a la religión o por el contrario blasfemo? Éste es el problema que suscita Jung. Él mismo sostenía que su noción del inconsciente colectivo era tan importante como la teoría cuántica, pero eran muchas las personas que no conseguían entenderla. (No me cabe la menor duda de que son también muchos los individuos que no logran transitar los vericuetos de la mecánica cuántica, pero la cuestión es que hay al menos el suficiente número de especialistas como para poder elaborar una tecnología basada en dicha teoría.) Los críticos señalan que el concepto de los arquetipos es tan metafísico como las ideas de Platón y que a pesar de que, después de Jung, tanto Claude Lévi-Strauss como Noam Chomsky hallaran ciertas «estructuras profundas» en la antropología y la lingüística, lo cierto es que no alcanzaron a generar una transformación de nuestra comprensión de esas materias comparable a la que ha sido capaz de provocar la teoría cuántica.

Jung estaba convencido de que el mundo moderno se halla sumido en una crisis espiritual surgida como consecuencia de la secularización, el materialismo y la extroversión. Sin embargo, Jung no trataba de propiciar de este modo un retorno a la Iglesia —y de hecho consideraba que las religiones organizadas constituían la principal causa de «muerte espiritual»—. Estaba persuadido de que necesitamos proceder a una «gigantesca reinversión de energías en el ámbito de la vida espiritual» y de que para lograrla es preciso volver a conectar con el universo mítico. «Los mitos constituyen una expresión más exacta de la vida que la que nos propone la ciencia», decía. «El hombre no puede soportar la idea de una vida sin sentido ..., y esa significación emana de una inequívoca afirmación del yo ... La pregunta crucial es la siguiente: ¿guarda relación con algo la existencia del hombre, sea ese algo infinito o no? ... El interrogante cósmico es un requisito fundamental del yo.» Como dice Anthony Stevens, el propio Jung veneraba en cierto modo el inconsciente, la imaginación, la transcendencia y la gnosis (palabra esta última con la que pretendía denotar el conocimiento adquirido por medio de la experiencia, no lo aprendido en los libros ni lo que aceptamos en virtud de una creencia). Además, continúa Stevens, otra de las características de Jung es que deseaba que otros también experimentaran lo mismo. Erich Fromm habría de señalar por su parte una interesante diferencia entre Freud y Jung al observar que el inconsciente de Freud encerraba fundamentalmente los vicios del ser humano, mientras que en el de Jung hallaba cabida sobre todo la sabiduría de la especie.[24]

Al mismo tiempo, Jung insistía en que la existencia de un arquetipo de Dios era una verdad psicológica, no teológica, ya que no sólo no decía nada acerca de la existencia o inexistencia de Dios sino que tampoco aportaba ninguna indicación relativa a la forma que pudiera tener. Ésta es la razón de que Jung haya resultado ser un autor tan controvertido y el motivo también de que su obra cause tanta perplejidad entre los autores religiosos. Sus ideas son tan ambiguas que no podemos estar totalmente seguros de lo que significan. La raíz de lo que está diciendo —o de lo que parece afirmar— es que el hombre tiene una predisposición innata a concebir la idea de Dios (aunque no necesariamente una inclinación idéntica a creer en él) y que si no logramos conciliar de algún modo nuestra existencia con esa predisposición jamás alcanzaremos a sentirnos ni plenos ni completos ni equilibrados, ya que la ausencia de esa conciliación nos impide gozar de salud espiritual. Si queremos evitar la neurosis tenemos que expresar el arquetipo de Dios.

Jung mantenía que «aborrecía la metafísica», y sin embargo su propio pensamiento se revela aún más metafísico y menos fundamentado en el empirismo que el de Freud. Además llegó a unas conclusiones diametralmente opuestas a las de Freud. Si Freud argumentaba que la religión es una forma de neurosis colectiva que hunde sus raíces en la energía sexual reprimida y asociada al dilema edípico, Jung sostenía por el contrario que los sentimientos religiosos contribuyen a curar la neurosis. Con independencia de los demás elementos que se quieran ver en los planteamientos de Jung y por exitosas o fallidas que demos en considerar sus opacas teorías, lo que resulta innegable es que sus trabajos constituyen el esfuerzo de síntesis más elaborado que jamás se haya concebido hasta la fecha para aunar la teología con la psicología.

EL MITO DE LA PLENITUD

De haber querido atenernos en este libro a un enfoque estrictamente cronológico, el presente capítulo debería haber comenzado con el estudio de Franz Kafka. Hay no obstante una razón para haberlo dejado para este preciso momento. Como es bien sabido, la obra de Kafka es una obra inacabada, ya que en 1924, al sucumbir a la tuberculosis con sólo cuarenta años, sus tres libros más importantes carecían todavía de conclusión. Más tarde, esos escritos serían publicados póstumamente tras haber sido ordenados por su amigo, el autor y compositor Max Brod. Por consiguiente, todo intento de interpretación se halla plagado de dificultades y ha de abordarse con precaución. Dicho esto, no obstante, lo cierto es que los elementos de su obra que han llegado hasta nosotros en su forma original bastan para reconstruir al menos algunas de las intenciones de Kafka. Y la cuestión es que a través de esos textos podemos apreciar que sus objetivos eran muy diferentes a los de cualquier otro autor de la época moderna.

Wystan Hugh Auden ha dicho en este sentido lo siguiente: «Si tuviera que nombrar al autor que se encuentra más próximo a guardar con nuestra época la misma relación que un día tuvieran Dante, Shakespeare y Goethe con la que les tocó vivir, Kafka sería el primer escritor que me vendría a la cabeza». La interpretación era la principal preocupación de Kafka, en particular la vinculada con nuestra búsqueda de plenitud, una búsqueda que a su juicio constituía un peculiar legado: el imposible legado de la tradición religiosa.

Todas sus novelas inacabadas, ya se trate de *América* (conocida también como *El desaparecido*), de *El proceso* o de *El castillo*, comienzan con la llegada del personaje principal a un complejo mundo social cuyas normas ignora por completo ese protagonista: es el caso de América para Karl Rossmann, de los tribunales de justicia para Joseph K. y del pueblecito en el que trabaja y el castillo que busca para K. A partir de ese esquema inicial sucederán en cada uno de esos libros una serie de peripecias, pero lo más notable es que todas ellas se revelarán incapaces de proporcionar a los distintos héroes una mayor sabiduría o una mejor comprensión del mundo. No estamos aquí ante un mero conjunto de ejemplos o de símbolos de la anomia moderna, sino ante algo de carácter más general, ante una exposición de las características fundamentales de la condición «natalicia» humana, esto es, de los condicionantes que vienen al mundo con nuestro propio nacimiento, ya que, tras nuestro alumbramiento «nos vemos enfrentados a un mundo que ha sido creado por personas que no conocemos y que obedece a una lógica que no alcanzamos a comprender de manera intuitiva».[25] Karl Rossmann tiene diecisiete años, Joseph K. treinta, y K. se halla en la treintena, a medio camino de los cuarenta. Ninguno de ellos es ya un niño, pero ninguno de ellos ha alcanzado tampoco una comprensión madura del funcionamiento del mundo social. Además, es característico que ninguno de los tres protagonistas habrá de acercarse siquiera a esa meta de una mejor comprensión de la realidad en el curso de su particular aventura vital.

De entre la notable ambigüedad de los mundos que construye Kafka, el más explícito de los relatos de nuestro autor es quizá (y este «quizá» es aquí un matiz inevitable) *El Castillo*. A los ojos del personaje principal, llamado K., el castillo resulta menos imponente que la iglesia en la que creció en la infancia, distante e inescrutable —tan distante e inescrutable como el Dios judeocristiano—. Aun en el caso de que consideremos preferible la interpretación que ve en *El Castillo* una implacable parábola del moderno fenómeno de la burocracia, convendremos sin dificultad en que también la burocracia se revela con demasiada frecuencia distante e inescrutable. Esto vendría a sugerir que Kafka nos está hablando aquí del importante problema que se deriva de vivir en un mundo laico —sucede sencillamente que las personas no sólo no pueden dar crédito a la fe de su infancia sino que tampoco consiguen aceptarla, pese a que en los años infantiles dieran en creer que la Iglesia era una institución magnífica (lo que nos trae a la memoria los argumentos de Freud), con el agravante de que tampoco aciertan a encontrar nada con lo que sustituir ese vacío—. El mundo moderno se caracteriza por inducirnos a vivir en un mundo sin reglas. Nos vemos obligados a realizar juicios interpretativos sin disponer de la suficiente información para fundamentarlos.

Y éste es justamente el quid de la cuestión, el poso dejado por los grandes monoteísmos, a saber, que jamás alcanzaremos a conocer el contenido de la mente de Dios y que nunca lograremos resolver el misterio de lo divino porque Dios es el nombre que damos al misterio mismo. Por consiguiente, todo cuanto nos queda en la existencia es la *interpretación*. No tenemos más remedio que construir nuestras propias interpretaciones del mundo y tratar de vivir con ellas. Y además nunca llegamos a madurar, como ya vaticinara Freud, puesto que desconocemos las reglas que han de regir el mundo.

Cualquier intento de resumir las tramas argumentales de las obras de Kafka revela tener, inevitablemente, un carácter más o menos anodino, ya que el objetivo de los relatos de nuestro autor consiste en transmitir al lector el desequilibrado, incómodo y desconcertante sentimiento que constituye la esencia de la condición moderna. Kafka exagera, pero únicamente con el fin de establecer con claridad su planteamiento. De este modo, pone ante nuestros ojos el profundo escepticismo con el que él mismo contempla la propia posibilidad de la interpretación. En 1970, Paul Ricoeur, el célebre profesor protestante de filosofía de la Sorbona de París, señalaría lo que él dio en denominar la «hermenéutica de la sospecha». En su obra titulada *Freud. Una interpretación de la cultura*, Ricoeur dirá que Marx, Nietzsche y Freud fueron los «maestros de la sospecha» debido a que compartían una decisión concreta: la de «considerar en primer lugar la conciencia en su conjunto como conciencia "falsa"». Y de lo que sospechaban de manera muy particular, lo que despertaba, en los tres casos, todo su escepticismo, era específicamente la conciencia religiosa.

Cada uno de ellos habría de aplicar su teoría a distintos aspectos de la vida contemporánea, incluyendo en sus análisis la ideología, la moral, el arte, la literatura y la sexualidad, pero sus argumentos nucleares se caracterizarían en todos los casos por la sospecha de que la religión es un mito —tanto si se la entiende a la manera de «un opiáceo que impide que las masas consigan despertar y cobrar conciencia de su condición [según decía Marx, cuyas ideas acabarían llevándose finalmente a la práctica en la Rusia soviética de la década de 1920] como si se la considera una forma de *resentimiento* sistemático que somete a los individuos de talla a una moral gregaria [a la manera que denunciará Nietzsche] o una ilusión reconfortante que logra que las personas civilizadas hagan caso omiso de los instintos que ellos mismos contribuyen a reprimir [Freud]—». Al rechazar la religión por considerarla un simple mito —dotado no obstante de una función latente—, cada uno de estos maestros del pensamiento acabaría creando su propia mitología alternativa, señala Ricoeur, «arriesgándose así a ser acusados de matar al Minotauro con la única intención, o la sola consecuencia, de quedar ellos mismos instalados como nueva criatura monstruosa en el centro del laberinto». De este modo, los tres filósofos establecerían una nueva y peculiar forma de mito sagrado, cosa que también formará parte de la argumentación de Kafka.[26]

Si la hermenéutica alcanzó a desarrollarse a finales del siglo XVIII y principios del XIX se debió en gran parte a la voluntad de realizar un esfuerzo de comprensión de las Escrituras como palabra de Dios, ya fuera en la tradición judía del Talmud, o en las prácticas cristianas asociadas con la interpretación alegórica. Desde este punto de vista, el más importante elemento de la hermenéutica es el hecho de ser un producto del pensamiento monoteísta «por el cual la aparente variedad y heterogeneidad del mundo se entienden como una realidad vinculada a un subyacente significado *unitario* conocido únicamente por Dios (o, en las variantes modernas, por un intérprete dotado del talento y la habilidad necesarias para ello)».*

Y ésta es justamente la preocupación última de Kafka, salvo por el hecho de que, como buen novelista, no nos *dice* cuál es su argumento, sino que nos lo *muestra*. Nos lleva de la mano por este nuevo ámbito de la sospecha, invitándonos a recelar de toda interpretación, tanto moderna como tradicional, proporcionándonos para ello una forma literaria que se revela *refractaria* a toda interpretación.[27]

LA MODERNA SOLUCIÓN DE COMPROMISO AL APURO CONTEMPORÁNEO

Hay críticos que han querido ver un cierto parecido entre *El castillo* y la Biblia, aunque otros han preferido considerar que se trata de una alegoría. No conocemos el nombre del protagonista, salvo por su inicial K., y de los demás personajes únicamente sabemos la profesión o la ocupación a la que se consagran. Además, los escenarios —el castillo, la posada, la escuela— no sólo aparecen esbozados de la más general de las maneras sino que tampoco muestran responder a ningún nombre propio. Este tono de generalidad aparece quebrado de cuando en cuando por una sucesión de vívidos detalles. Cuando K. queda dormido en un jergón de paja de la sala de una posada en la que se acostumbra a servir cerveza, los intérpretes quieren ver en esto un eco del nacimiento de Cristo en el pesebre, pero a su lado los campesinos continúan bebiendo —ofreciéndosenos con ello un detalle de claro realismo que apunta en una dirección muy distinta—. «El efecto que se persigue es dejar desconcertado al lector», dice Pericles Lewis, «ya que pende sobre el relato la constante amenaza de un deslizamiento que hace dar bandazos a la lectura, llevándola de un registro a otro

---

* La cursiva es mía. (*N. del a.*)

e incrementando sin cesar la sensación de que es sencillamente imposible alcanzar un plano susceptible de proporcionar estabilidad a la situación».

La posición de K. como forastero de convicciones laicas lleva aparejada la tarea de aplicar la razón secularizada a los asuntos relacionados con la sagrada mística del castillo. Los funcionarios conservan en parte esta mística por alimentar una compleja jerarquía y en parte también por mantener un secretismo que nos hace pensar en los burócratas de *El proceso*. En *El castillo* hay un personaje en particular al que ha de considerarse muy parecido a un dios. Se trata de Klamm, un individuo que si en ocasiones da la impresión de ser un *alter ego* del propio K. —cuya inicial comparte—, en otras parece asemejarse al Godot de Samuel Beckett. En cierto modo, Klamm es «una representación de Dios concebido al modo de un alto funcionario».[28]

El elemento que Kafka pretende resaltar por encima de todo es el relacionado con su deseo de evidenciar lo mucho que recela de la hermenéutica. De hecho, como ya hemos señalado, sus obras vienen a *frustrar* sistemáticamente todo intento de interpretación. Desbaratan invariablemente todos los intentos encaminados a buscarles un único significado. Harold Bloom expresa en el siguiente párrafo la opinión de muchos críticos: «El factor que requiere y exige mayores interpretaciones en los escritos de Kafka es el de su perversa y deliberada voluntad de esquivar cualquier interpretación». El hecho mismo de que recurra a una multiplicidad de significados «desafía los esfuerzos destinados a señalar una única verdad latente, pero deja abierta la posibilidad (que nunca se logra confirmar) de que en sus textos anide en forma latente una revelación de orden superior. Es esta cualidad la que confiere a muchos de los textos de Kafka ese aire de autoridad poco menos que bíblica».[29]

Es más, a juicio de Kafka —y éste es un punto en el que coincide con Freud—, la interpretación ofrece numerosas oportunidades de pertenecer a una comunidad. Ninguno de estos dos autores logró integrarse plenamente en una comunidad y asimilarse a ella, y en el caso particular de Kafka nos damos cuenta de que el escritor era muy consciente de lo difícil que le había resultado siempre ser otra cosa que «una comunidad formada por un único individuo». Sin embargo, parece haber tenido la sensación de que la forma de conseguir una vida «equilibrada» —esto es, una existencia alejada de la perplejidad y más acomodada que incómoda— consistía en hacerse miembro de una «comunidad interpretativa». Esto viene a coincidir, hasta cierto punto, con la idea de las «ficciones compartidas» de Henry James.

Por consiguiente, para Kafka, la condición moderna se resume en la procura de una solución de compromiso. La opción más auténtica es vivir como un individuo que transita voluntariamente al margen. De lo contrario, la persona se ve obligada a pertenecer a una comunidad interpretativa en la que se le hace posible hallar la comodidad del gran número y la ilusión de la certeza, si bien al doble precio de interiorizar un sentimiento de hostilidad hacia todos aquellos que no compartan las creencias de la comunidad en cuestión y de padecer igualmente la animadversión de esos otros ajenos: no existe ningún feliz término medio. Las guerras culturales están llamadas por tanto a sustituir —o abocadas a sumarse— a los choques religiosos (¡y cuánta razón tenía en este punto!).

Por consiguiente, lo que Kafka nos está mostrando es que la creencia religiosa es a su vez una interpretación, una interpretación centrada en la idea de unidad y latencia, es decir, en la idea de que *existe efectivamente* un significado último. Y ésta es una idea que no resulta ya suficiente para dar sentido a la vida, no porque se haya revelado errónea en sus detalles (si es que cabe dar a Dios el nombre de «detalle»), sino porque nuestro apuro fundamental es el que se deriva de la condición «natalicia» humana, o lo que es lo mismo, de nuestra profunda ignorancia. Desconocemos cuáles son las reglas de la existencia —y de hecho ni siquiera sabemos si realmente *hay alguna*—. Todo cuanto podemos hacer es sacarle el máximo partido a esa vida que nos es dado vivir. Otras interpretaciones existenciales —como las basadas en las teorías de Marx, Nietzsche o Freud— parecen proporcionar un cierto asidero a la realidad, al menos temporalmente, pero el verdadero legado de los grandes monoteísmos consiste en habernos dejado con la *convicción* de que la realidad se halla sustentada en una unidad subyacente. Los relatos de Kafka nos *muestran* que no tenemos forma de saber si eso es cierto o no, ni siquiera en principio. No hay nada a lo que podamos dar el nombre de plenitud, o de totalidad, porque la plenitud es también una interpretación. Kafka parece deleitarse en crear unas sociedades perturbadoras dotadas de unas insondables reglas existenciales.

Capítulo 15

LAS FES DE LOS FILÓSOFOS

Como ya se ha señalado con frecuencia, el Dios de los filósofos de épocas pasadas —pienso en Boecio, Hume o Espinosa, por ejemplo— se distinguía por el mayor o menor brillo de la pátina que daban en adjudicarle los pensadores en cuestión, así como por el grado de la omnisciencia, omnipresencia y omnipotencia de que disponía ese Dios, al que, por lo general, se describía usando el género masculino y a quien en otros casos se podía concebir también desprovisto de esos máximos atributos, representándose en tal caso como un ser obligado a compartir su poder con la naturaleza. En el presente libro hemos pasado revista a lo que algunas figuras relevantes como las de Edmund Husserl, los pragmatistas estadounidenses o Martin Heidegger pensaron que debían ser las principales inquietudes filosóficas del mundo post-nietzscheano y post-cristiano, pero la cuestión es que en el período de entreguerras —en unos años en que el doloroso recuerdo de la Gran Guerra seguía vívidamente impreso en la memoria social, en que Rusia y Alemania se vieron esclavizadas por el totalitarismo y en que los países de Occidente quedaron desfigurados como consecuencia de la Gran Depresión— los filósofos de ambos lados del Atlántico acabaron por aunar sus fuerzas a fin de poder valorar la reciente evolución de los acontecimientos políticos y científicos y ofrecer al mundo su idea de cómo salir adelante.

LA FE COMÚN DE DEWEY

El filósofo y psicólogo estadounidense John Dewey, nacido en Burlington, Vermont, sostenía que «la democracia comienza en la conversación».

La de «conversación» es una palabra muy amable, pero es que Dewey era un caballero para quien la democracia, lo que ésta implicaba y el modo de materializarla de la mejor manera posible, era un pensamiento devorador. Y como es lógico, ese afán acabó afectando a su concepción de Dios.

A su juicio resultaba posible experimentar sentimientos religiosos sin tener que aceptar por ello compromisos metafísicos con ningún tipo de ente sobrenatural. Nacido en 1859, al cumplir los treinta y cinco años ya se había desembarazado de buena parte de la peculiar doctrina cristiana, aunque nunca dejarían de interesarle las preocupaciones éticas del cristianismo. En ningún momento llegó a abandonar por completo la idea de Dios, aunque sí se desentendiera de su tradicional forma teológica. Como él mismo habría de exponer en *Una fe común* (publicada en 1934), no existe, a su juicio, ningún punto de vista privilegiado (como pudieran pretender la ciencia o la teología) desde el que poder determinar la estructura metafísica fundamental de la naturaleza «en sí». Algunas entidades características —como las de los «valores», la «libertad» o el «significado»—, que nos distinguen de los demás animales, «forman parte de nuestra naturaleza humana».[1]

A los ojos de Dewey, «toda actividad que se realice en nombre de un ideal, haciendo frente a un conjunto de obstáculos y con independencia de los riesgos de pérdida personal que pueda conllevar, esto es, toda actividad que encuentre su motivación en la convicción de que posee un valor a un tiempo general y duradero, es de cualidad religiosa». «El elemento religioso ha de ser desembarazado de la devoción a lo sobrenatural que ha caracterizado la práctica de las religiones históricas, lo que significa que ha de quedar despojado de sus dogmas y doctrinas, ya que éstos resultan innecesarios desde el punto de vista pragmático. Los valores y los ideales que forman parte de la actitud religiosa no son imaginarios, sino plenamente reales. Encuentran "su fundamento en la concreta realidad del mundo físico y de la experiencia social".» Desde esta perspectiva, el sentimiento religioso es un elemento natural de la naturaleza misma. Si surgen problemas es justamente a partir del momento en que nos enredamos con lo sobrenatural. «La religión ha de ser traída al terreno de lo cotidiano, a lo que es "común" entre nosotros. La adoración de lo sobrenatural —y muy especialmente la afirmación de que las religiones poseen el monopolio de los medios sobrenaturales capaces de propiciar los ideales humanos— es un obstáculo en la procura de los cambios naturales que tenemos en nuestra mano promover, de ahí que sostenga que los valores religiosos precisan de una emancipación.»

Para Dewey, el quid de la cuestión radica en distinguir la «religión» de aquello a lo que calificamos de «religioso». Una religión es «un particular conjunto de creencias y prácticas dotadas de alguna clase de organización institucional», mientras que la palabra «religioso», que es un adjetivo, «no denota ninguna entidad específica, sino las distintas "actitudes que podrían adoptarse en relación con todos los objetos y con todos los fines o ideales que nos proponemos"».

Dewey se centra en una experiencia religiosa entendida más al modo de una fe o una actitud común que a la manera de una creencia o una disposición individual. Todo aquello que es «religioso» admite ser vinculado con las experiencias estéticas, científicas, morales o políticas, además de con el compañerismo y la amistad. Cada vez que experimentamos la plenitud de la vida, lo que opera en nosotros es una actitud, una perspectiva o una función de carácter religioso. En este sentido, «la ciencia es precisamente el caso paradigmático de un empeño social dotado de características religiosas», y de hecho Dewey habría de esforzarse activamente en la introducción del método científico en la sociedad política. «La fe en un paulatino desvelamiento de la verdad por medio de la orientación del comportamiento cooperativo de los seres humanos tiene un carácter más religioso que el de cualquier creencia en la consumación de una revelación súbita.»

Dewey insiste en que no es posible retornar a la religión revelada de los tiempos previos al auge de la ciencia. Lo que sí hemos de hacer en cambio es entender la fe como «una unificación del yo propiciada por la lealtad a los fines ideales de carácter incluyente que la imaginación nos pone ante los ojos y a los que responde la voluntad del ser humano instándonos a considerar que son fines por los que merece la pena controlar nuestros deseos y decisiones». Una vez más, Dewey subraya el hecho de que esos ideales no son de carácter sobrenatural. «El supuesto de que los objetos de la religión existan *de facto* en un cierto reino del Ser no sólo no parece añadir nada a su fuerza sino que debilita el ascendiente que aspiran a obtener sobre nosotros en tanto que ideales, dado que ese supuesto funda sus pretensiones en asuntos que son intelectualmente dudosos.» Los objetivos e ideales que nos animan encuentran su fuente y origen en la imaginación. «Esto no significa en cambio que sean imaginarios, sino todo lo contrario, ya que hallan su fundamento en la concreta realidad del mundo físico y de la experiencia social.»[2]

«Puede que la utilización de los términos "Dios" o "lo divino" para transmitir la unión de lo real con lo ideal consiga evitar que el hombre tenga la sensación de vivir aislado y que le ahorre por tanto la desesperación o la desconfianza.» En otras palabras, si la gente quiere usar la voz «Dios» para designar el sentimiento religioso que le embarga, Dewey no encuentra ningún problema en ello, pero él mismo no ve necesidad de recurrir a ello, ya que se trata de una cuestión de orden psicológico, no sobrenatural.

Lo más importante es que esta forma de concebir a Dios le permite subrayar la importancia de su propio planteamiento, centrado en la idea de que debemos considerar que nuestro máximo objetivo ha de consistir en lograr un *constante crecimiento*. Podríamos juzgar que el aumento del conocimiento que brota de la investigación científica, es decir, el «incremento de la comprensión de la naturaleza», es de índole religiosa, y en este sentido cabe decir que, en la medida en que libera a las ideas religiosas de una estrecha adoración a lo sobrenatural, se trata de un juicio ético, social y políticamente relevante: «No alcanzo a comprender cómo podría lograrse la materialización del ideal democrático en tanto que ideal moral y espiritual de carácter vital para los asuntos humanos sin abandonar esa división fundamental con la que se halla comprometido el cristianismo adorador de lo sobrenatural. Tanto si nos consideramos todos hermanos como si no es ése el caso —un caso que no podríamos invocar salvo en un sentido metafórico—, lo que está claro al menos es que nos hallamos todos en el mismo barco intentando surcar un mismo océano turbulento. La potencial significación religiosa de este hecho es infinita».[3]

La argumentación que Dewey está defendiendo aquí es la siguiente: «contamos con todas las potencialidades necesarias para crecer, uniendo para ello nuestras fuerzas en pos de la materialización de nuestros ideales, y esta actitud es preferible a la que consiste en suponer que esos ideales se encuentran "ya encarnados *de facto* en un sentido sobrenatural o metafórico, como si hubieran cristalizado en el marco mismo de la existencia"». A juicio de Dewey no puede existir nada que se asemeje siquiera a ese «marco mismo de la existencia», pues eso es caer en una abstrusa metafísica. El sentimiento religioso, cuando se produce, brota de «la sensación de temor que nos causa el hecho de saber que formamos parte del inmenso cosmos (que sin embargo, es enteramente natural)».

No existe «ahí afuera» ninguna realidad divina preestablecida e inmersa en un orden del mundo transcendente que algún día lograremos penetrar, ya sea por medio de la experiencia religiosa, de la revelación dogmática o de la sofistería teológica. Lo que sí existe, en cambio, es la búsqueda humana de un vasto conjunto de ideales susceptibles de ser conceptualizados a la manera religiosa, una búsqueda que no sólo determina la instauración de «la incansable lucha por el bien que ha de librarse en el mundo natural en el que se enmarca la existencia social y material», sino que constituye un logro de índole total y absolutamente humana —cuya característica más decisiva es el hecho de que represente bastante más que la suma de sus partes—, generado por nuestra propia inteligencia e imaginación. Si deseamos llamar «divina» a la armonía que obtenemos cuando el contenido de ese ideal coincide con los datos de lo real, no hay problema, pero no debiéramos confundirnos y tomar a ese elemento «divino» por lo que no es.[4]

El extremo crucial que sostiene aquí Dewey es que la religión debería «recuperar la íntima vinculación que un día tuviera con nuestros otros anhelos sociales». En *La busca de la certeza* (publicada en 1929), Dewey describirá la actitud religiosa diciendo que consiste en «una cierta percepción de las posibilidades de la existencia y una entrega a la causa de dichas posibilidades, en tanto que actitud distinta de la aceptación de cuanto nos es dado en un momento determinado». Como dice Sami Pihlström, el «Dios» de Dewey viene a surgir de combinar la inteligencia social, la democracia y la ciencia. Dewey no era un teísta, y rechazaba toda idea que pretendiera afirmar la existencia de un Dios transcendente. A su juicio «Dios» era, como mucho, «un símbolo poético destinado a denotar aquellas fuerzas y valores de la experiencia que constituyen las preocupaciones últimas de la gente en su búsqueda del bienestar».[5] Al igual que la poesía, el sentimiento religioso debería ser un sentimiento asociado con los «tesoros espontáneos de la vida». Dewey recibiría críticas tanto de los teólogos, que le acusarían de concebir unas tesis que a su juicio no eran más que una simple «versión aguada de la fe», como de los ateos, que no entendían por qué se empeñaba en emplear palabras como «Dios» o «lo divino».

Lo más valioso de la obra de Dewey es su riguroso esfuerzo por lograr la conciliación del pensamiento científico con el religioso. Así resumiría él mismo su objetivo: «Tenemos la responsabilidad de conservar, transmitir, rectificar y expandir el legado de valores que hemos recibido, procurando que quienes vengan después de nosotros lo disfruten mejor por ser ahora más sólido y seguro que en el momento en que nos fue entregado, así como por resultar más accesible a todos y hallarse repartido de una manera más generosa. Aquí tenemos todos los elementos necesarios para una fe religiosa que no habrá de quedar confinada en los angostos límites de la secta, la clase o la raza. Ésa ha sido siempre, implícitamente, la fe común de todo el género humano. La tarea que nos queda por cumplimentar consiste en hacer explícito ese ideal y en conseguir que los seres humanos militen activamente en su favor».[6]

LA FE SIN PALABRAS DE WITTGENSTEIN

Por regla general, los puntos de vista que Ludwig Wittgenstein mantenía en relación con las cuestiones religiosas son menos conocidos que la visionaria teoría del lenguaje que acertó a exponer en su *Tractatus Logico-Philosophicus*. Wittgenstein no escribió ningún libro sobre el particular, pero en el año 1938 sí que dio una serie de charlas sobre las creencias religiosas en Cambridge. Lo que sabemos acerca de esas conferencias procede de un curioso empeño editorial que llevaría a cabo Cyril Barrett al compilar un volumen, inédito hasta el año 1966, con el título de *Lecturas y conversaciones sobre estética, psicología y creencia religiosa*.* El libro de Barrett no se basa en las notas que el propio Wittgenstein hubiera tomado para poder pronunciar aquellas ponencias, sino en los apuntes de los estudiantes que asistieron a las charlas. Barrett señala que si tenemos en cuenta el hecho de que todos aquellos alumnos se contaban entre los más ardientes seguidores del maestro, no «parece haber excesivo riesgo en suponer que nos ofrecen un testimonio fidedigno de sus enseñanzas».[7]

En esas conferencias, Wittgenstein se interna en dos terrenos que nos interesan de manera muy especial. En primer lugar, y con el característico estilo wittgensteiniano, nuestro autor procede a analizar el lenguaje de la creencia a fin de mostrar el surgimiento de malentendidos, de desentrañar el mecanismo que explica su aparición y de subrayar el hecho de que, en último término, creyentes y no creyentes «hablen sin entenderse». En segundo lugar, explora asimismo el concepto de «lo místico», ya que también esto, dice, guarda relación con el uso y el abuso del lenguaje.

Wittgenstein parte de la premisa —con la que ya estamos familiarizados tras la lectura del *Tractatus*— de que el lenguaje tiene límites, de que el lenguaje es efectivamente el límite de nuestro mundo y de que las peculiaridades del lenguaje tienen «embrujada a la inteligencia». En la esfera de la ética, por ejemplo, la proposición «es un buen hombre» parece similar a esta otra oración: «Es un buen jugador de tenis», pero no hay tal semejanza. Un hombre o una mujer no tienen por qué desear necesariamen-

---

* Traducción de Isidoro Reguera Pérez, Paidós, Barcelona, 1996. (*N. de los t.*)

te ser buenos practicantes del deporte del tenis, y eso a su vez no tiene por qué despertar forzosamente ningún interés particular en una tercera persona. Sin embargo, si alguien dijera: «No quiero ser bueno», nos encontraríamos ante una aseveración que resultaría chocante para la mayor parte de la gente. El imperativo consistente en «ser bueno» en este último sentido es algo que debemos procurar en sí mismo, «con independencia de cualquier fin para el cual pudiese constituir un medio». De manera similar, cuando utilizamos el término «eternidad» —lo hagamos o no con intención religiosa— no estamos significando una «duración temporal infinita», sino una «atemporalidad».

Como indica Wittgenstein, esto va más allá del simple deseo de buscarle tres pies al gato, dado que, a su juicio, los límites del lenguaje se hallan realmente en la base de lo que pretendemos decir cuando afirmamos haber tenido una experiencia mística. Wittgenstein no acepta que exista nada a lo que pueda darse el nombre de metafísica o de transcendencia, en el sentido sobrenatural del término. En lugar de eso, lo que piensa es que la esfera de lo místico surge del hecho de que haya algunas cosas que es posible «mostrar pero no decir». Con un vívido ejemplo, Wittgenstein señala a continuación lo imposible que le resultaría a un artista pintar un cuadro de su *forma* de pintar. Sea hombre o mujer, todo artista tiene un estilo peculiar que le distingue (piénsese en este sentido en lo diferente que es un Renoir de un Degas o de un Van Gogh), hasta el punto de que en estos casos no se necesita en realidad ninguna firma. «Pero ¿qué es lo que estaríamos pidiendo si le dijéramos a uno de esos artistas: "No queremos un cuadro de nada de cuanto ves en el mundo que te rodea. Lo que queremos es simplemente un retrato de tu forma de pintar las cosas. ¡No un ejemplo de esa forma, cuidado! ¡Queremos una representación de la forma misma!"? Como es obvio, estamos aquí ante una petición que ningún artista sería capaz de atender ... La forma en que pinta un artista se manifiesta en todas y cada una de sus pinturas, pero esa forma no puede ser (lógicamente) el sujeto de ninguna de sus producciones artísticas.»[8]

En otras palabras, hay ciertos aspectos de la experiencia o del mundo que ni admiten ser expresados con palabras ni pueden ser pintados. Wittgenstein avanzará todavía un paso más al afirmar, con carácter ya más general: «Las proposiciones de la filosofía y la lógica no son en sí mismas imágenes lógicas de ningún posible estado de cosas. Muestran cómo es la estructura del lenguaje, pese a que ese mismo mostrar no pueda ser dicho». Nuestro autor llegará así a la conclusión de que lo que el lenguaje nos ofrece es una percepción del mundo en su conjunto, aunque se trate de un conjunto limitado, siendo precisamente la conciencia de esos límites, y la noción de que existe algo situado más allá de esos límites, lo que constituye lo místico. «Las respuestas a las preguntas relacionadas con la percepción del mundo han de conducirnos necesariamente más allá del mundo mismo (como ejemplifica la frase: "todo lo que es el caso").» A lo que añade: «La percepción o el valor de lo que es el caso no admite (lógicamente) ninguna respuesta ... Comprender o percibir que el mundo es un todo limitado equivale a ser consciente de los límites que las reglas del significado imponen a lo que puede decirse».[9]

Wittgenstein pensaba que el misticismo surge, al menos en parte, de aquellas actitudes que nos inducen a «maravillarnos» ante el mundo, ante la idea misma de que exista siquiera un mundo. No obstante, también esto constituye —o esa sensación tenía— un abuso del lenguaje, puesto que no nos es realmente posible *imaginar* cómo serían las cosas si el mundo no existiera. Podemos imaginarnos que no existiera una determinada casa que conocemos —y no resulta excesivamente difícil imaginar qué aspecto tendría la parcela de terreno en la que ahora se asienta si la casa no estuviese sobre ella—. Pero no nos es posible concebir siquiera un modo de alcanzar a imaginar cómo serían el universo o el mundo si el universo no ocupara el espacio del universo: es algo que carece de sentido, lo que significa que hemos topado con los límites del lenguaje —y es justamente en esos límites lógicos o semánticos donde halla fundamento la percepción o intuición de lo místico.

Éste es también el punto en el que Wittgenstein se sitúa a mayor distancia de los positivistas lógicos, en particular al observar, como hace al inicio de su más célebre libro, lo siguiente: «Sentimos que aun cuando todas las *posibles* cuestiones científicas hayan recibido respuesta, nuestros problemas vitales todavía no se han rozado en lo más mínimo»* —*Tractatus*, 6.52.

Al igual que Schopenhauer, Wittgenstein también creía que la moralidad es una esfera más apta para el ejercicio de la voluntad que para el triunfo de la razón. «Sólo la voluntad puede romper los límites que impone el lenguaje ... Si el buen o mal uso de la voluntad logra realmente modificar el mundo, todo cuanto alcanza a alterar son los límites del mundo, no los hechos —no aquello que puede expresarse por medio del lenguaje ... El mundo del hombre feliz es distinto al del individuo desdichado—.»[10]

Además, también tenía la sensación de que lo místico se manifiesta

---

* La cursiva es mía. (*N. del a.*)

tanto a través del arte como a través de la acción. Solía debatir con su amigo Paul Engelmann acerca de las formas en que lo místico alcanza a hacerse patente en la poesía, insistiendo en la idea de que son muchas las personas que tienen la percepción de que los poemas consiguen ir «más allá» de las palabras, rompiendo los límites del lenguaje. También pensaba que lo místico se había revelado en las labores docentes que él mismo había tenido ocasión de desempeñar en las distintas temporadas en que había trabajado en Cambridge, aunque Wittgenstein consideraba asimismo que hay aspectos de la actividad profesoral que van igualmente más allá de las palabras, superando incluso los hechos que hacen al caso, y que también eso podía ser considerado una experiencia mística.

Engelmann dice que Wittgenstein manejaba un concepto al que denominaba «fe sin palabras» y que consistía en un esfuerzo consciente por vivir las implicaciones del *Tractatus* —esto es, por *hacer* aquello que no puede ser dicho pero puede ser mostrado—. Y en relación con la ética, Wittgenstein creía que todo intento destinado a expresar su esencia con palabras, a convertirla en una doctrina, daba invariablemente un resultado corrupto. «Lo que hay que hacer es *no decir* nada sobre la ética o la religión y limitarse simplemente a actuar.» (Esto coincide con la idea de Moore de que no es posible definir el «bien».) Hemos de recordar que resulta lógicamente imposible que el sentido del mundo forme a su vez parte del mundo, «dado que no es posible que el significado de una cosa cualquiera sea parte integrante de aquello que denota».[11]

Por consiguiente, si una persona se interesa en lo místico y da en entenderlo de este modo podría considerarse religiosa en el sentido wittgensteiniano de la palabra, aunque su religión sería una religión —como él mismo decía— sin doctrina, incluso una religión sin principios doctrinales. Wittgenstein veía ciertas semejanzas entre el hecho de ser religioso —en el sentido místico que acabamos de señalar— y la circunstancia de estar enamorado. Nadie que haya estado enamorado se pregunta con qué objetivo lo estuvo ni piensa que su experiencia pueda traducirse en palabras sin perder parte de su calidad vivencial. Y esto nos sitúa en sintonía con lo que Robert Musil denominaba la «otra condición».

Por consiguiente, y aun reconociendo que todo intento de transponer en palabras la idea wittgensteiniana de lo místico es, por definición, una batalla perdida, lo cierto es que el tipo ideal de individuo místico o religioso que él describe —un individuo que no abraza ninguna doctrina de carácter sobrenatural— se correspondería con el perfil de una persona a la que le gustara tanto la poesía, la pintura o la enseñanza que se mostrara dispuesta a consagrar su existencia a crear o a sugerir —con su arte o sus acciones— todo aquello que no puede ser dicho. Vivir en los límites del lenguaje, siendo consciente de esos límites, es vivir en los umbrales de una vida mística. Da la impresión de que, en algunos momentos de su carrera, Wittgenstein debió de sentir la imperiosa necesidad de vivir de ese modo, de un modo que de alguna manera viniera a concretarse en una particular forma de intensidad, que tuvo que experimentar la urgencia de llevar una existencia orientada hacia algo «más elevado»: «Lo más elevado no puede ser dicho, únicamente puede hacerse».[12]

Wittgenstein también habría de abordar la cuestión del alma. El filósofo pensaba que las fuerzas religiosas habían tomado posesión de dos fenómenos psicológicos y habían terminado por mezclarlos. Uno de ellos pasa por el hecho de que tengamos clara conciencia de que el modo en que nos entendemos a nosotros mismos es muy distinto del modo en que entendemos a los demás. Accedemos a nuestros propios «entresijos» de una forma que jamás alcanzaremos a tener a nuestra disposición en el caso de nuestros semejantes. Y al mismo tiempo, para expresar el segundo fenómeno, Wittgenstein se pregunta lo siguiente: «Cuando nos invade la pesadumbre, ¿dónde sentimos ese pesar?». Podríamos afirmar que ese dolor anímico se sitúa más cerca de nuestro ojo derecho que de nuestro oído izquierdo, sugiere, pero no decimos tal cosa porque no es eso lo que sentimos. Lo que trata de señalar Wittgenstein es que no disponemos de un lenguaje que nos permita hablar de muchos aspectos de la experiencia, ni siquiera tras los miles de años de evolución que llevamos manejando y mejorando el lenguaje. Es en estas zonas borrosas donde surgen espacios de ambigüedad, de modo que damos el nombre de «alma» a este vacío de nuestra autocomprensión.

El concepto de alma es por tanto uno de los aspectos del misticismo que Wittgenstein identifica, quizá el aspecto más personal de su fe sin palabras. Por emplear su mismo ejemplo, cabría decir que sentimos pesar en el alma porque no tenemos otra forma de describir lo que nos pasa, porque no conocemos ningún otro lugar en el que situar ese dolor.[13]

LA FE DE WHITEHEAD EN LOS PROCESOS

El encuentro y posterior amistad entre Ludwig Wittgenstein y Bertrand Russell se produjo a raíz de un acontecimiento perfectamente conocido. El primero se presentó sin previo aviso en la habitación que este último ocupaba en Cambridge en el preciso instante en el que Russell se disponía a tomar el té. Wittgenstein apenas hablaba inglés, pero se negó a conversar en alemán. A pesar de arrancar con tan mal pie, las relaciones entre ambos iban a ser excelentes, ya que Russell no tardó en comprender que Wittgenstein era un genio, de modo que poco después invitaba al austríaco a formar parte de los Apóstoles (véase el capítulo 3).

Al igual que Wittgenstein, también Russell pertenecía a la aristocracia. Nacido en 1872, es decir, mediado el período de gobernación de la reina Victoria, Russell, que era ahijado del filósofo John Stuart Mill, habría de fallecer prácticamente un siglo después, en una época presidida por la mayor amenaza que jamás se haya cernido sobre el conjunto de la humanidad: el uso generalizado de las armas nucleares. En una ocasión se le describiría tildándole de «gorrión aristocrático», y de hecho el retrato que nos ha dejado de él el artista galés Augustus John lo pinta con «una penetrante mirada escéptica, una cierta perplejidad planeándole en las cejas y una mueca de fastidio en la boca».[14] En una ocasión, Russell afirmaría que «la búsqueda del conocimiento, el insoportable sentimiento de compasión por los que sufren y el ansia de amor» habían sido las tres pasiones que habían gobernado su larga vida. «Me ha parecido que [la vida] merece la pena ser vivida», concluiría, «y de mil amores la volvería a vivir si se me ofreciera la oportunidad de hacerlo».

Y no es difícil comprender por qué. John Stuart Mill no es su único vínculo con individuos eminentes, ya que entre las personas de su círculo más íntimo se cuentan, por mencionar sólo unos cuantos, figuras de la talla de T. S. Eliot, Lytton Strachey, G. E. Moore, Joseph Conrad, D. H. Lawrence, Ludwig Wittgenstein y Katherine Mansfield. Defendió las tesis y los proyectos de la Unión Soviética, ganó el premio Nobel de Literatura (en 1950) y se le hizo aparecer (provocando a veces su irritación) como personaje relevante en al menos seis obras de ficción —entre las cuales destacan obras firmadas por autores como Roy Campbell, T. S. Eliot, Aldous Huxley, D. H. Lawrence y Siegfried Sassoon—. Al fallecer Russell en 1970, a la avanzada edad de noventa y siete años, todavía se seguían reimprimiendo más de sesenta libros suyos.

De todas sus publicaciones, la más original fue el imponente mamotreto puesto por primera vez en circulación en 1910 y titulado, en honor a una obra de Isaac Newton, *Principia Mathematica*. Este texto es uno de los menos leídos de la época moderna. En primer lugar, se ocupa de cuestiones matemáticas, que no son precisamente del gusto de todo el mundo. En segundo lugar, es desmesuradamente largo, dado que consta de tres volúmenes y supera, en total, las dos mil páginas. No obstante, sería la tercera razón la que determinara, sin remedio, que únicamente un puñado de valientes se animaran a leer este ensayo —un ensayo, por cierto, que se halla indirectamente en la base de la invención de los ordenadores—: el hecho de que consista fundamentalmente en una densa argumentación sustentada en un conjunto de símbolos especialmente concebidos para el caso. De este modo, el «no», aparece representado por medio de una barra curva; una «v» en negrita equivale a la disyunción «o»; y un punto cuadrado significa «y». Sus autores necesitaron diez años para culminar el libro, y su objetivo consistía nada menos que en explicar los fundamentos lógicos de la matemática.

En diciembre de 1889, Russell ingresó en Cambridge —lo que en su caso constituía una elección obvia, ya que las matemáticas eran la única pasión que se le conocía al joven y Cambridge era una universidad que descollaba de manera superlativa en dicha disciplina—. A Russell le encantaba la claridad y la certidumbre que emanaba de las matemáticas y las encontraba, según decía, tan conmovedoras como la poesía, el amor romántico o las maravillas de la naturaleza. Le gustaba en particular el hecho de que el objeto de la materia misma «se hallara completamente desprovisto de toda contaminación derivada de los sentimientos humanos».

En Cambridge acudiría al Trinity College, donde solicitaría una beca y gozaría además de la buena fortuna de que su examinador fuera Alfred North Whitehead. En esa época Whitehead tenía apenas veintinueve años y era un hombre extremadamente amable (se le conocía en Cambridge con el apodo de «querubín») en el que ya se percibían los primeros signos de despiste por los que habría de hacerse famoso más tarde. No menos apasionado por las matemáticas que el propio Russell, lo cierto es que daba en ejercer aquella pasión de un modo bastante irregular. En el examen previo a la asignación de la beca, Russell obtuvo la segunda mejor nota, ya que un joven llamado Bushell había obtenido mejores calificaciones que él. Sin embargo, Whitehead estaba convencido de que Russell era el más capaz de los dos, de modo que arrojó al fuego todas las respuestas de los exámenes, así como las notas que él mismo había puesto, y recomendó que se le concediera la ayuda a Russell.

Russell no le decepcionó, pues se graduó con los méritos de un «*wrangler*», como se conoce en Cambridge a los licenciados en Exactas que obtienen el primer puesto de su promoción. Ahora bien, que nadie saque de aquí la impresión de que Russell consiguiera este éxito sin esfuerzo, ya que sería una sensación totalmente engañosa. Los exámenes finales le dejaron tan exhausto (y lo mismo le ocurriría a Einstein) que después de aquella experiencia decidió vender todos sus libros de matemáticas y dedicarse con gran alivio a la filosofía. Diría más tarde que la filosofía le había parecido una especie de tierra de nadie a medio camino entre la ciencia y la teología. En esos años supo que Whitehead —convertido ya en un buen amigo— estaba trabajando en un gran número de problemas similares a los que a él mismo le interesaban, así que decidieron colaborar.

Aquella cooperación acabaría transformándose en una empresa monumental, con algunos episodios colaterales (hay razones para creer que Russell se enamoró de la esposa de Whitehead). Por espacio de una década, la elaboración de los *Principia Mathematica* absorbería por completo la energía de ambos hombres, pero al salir finalmente a la calle el libro, en diciembre de 1910, quedaría claro que Russell y Whitehead habían descubierto algo realmente importante: que la mayor parte de los teoremas matemáticos, por no decir todos, podían deducirse de un pequeño número de axiomas lógicamente relacionados entre sí. En la revista *Spectator*, el especialista encargado de reseñar la obra llegó a la conclusión de que el ensayo «constituía un hito en la historia del pensamiento especulativo», ya que se proponía «conferir a las matemáticas una solidez mayor que la del universo mismo».

Después de la publicación de los *Principia*, los dos matemáticos emprendieron caminos divergentes. (Su amistad habría de perdurar durante el resto de sus vidas, pero las actividades antibelicistas que protagonizaría Russell entre los años 1914 y 1918 no le sentaron nada bien a Whitehead, que perdió a su hijo en la contienda.)

Tanto uno como otro se centraron ahora con mayor ahínco en la filosofía. Whitehead abandonó Cambridge, tras haberle dedicado veintiún años de su vida, y se trasladó a la Escuela Universitaria de Londres. Cuatro años después era nombrado catedrático de matemáticas aplicadas en la Escuela Imperial de la capital inglesa. Permanecería en ese centro por espacio de diez años, publicando en ese tiempo un libro titulado *El concepto de naturaleza* y otro sobre la teoría de la relatividad, entre otras obras. En 1924 se afincó en Harvard como catedrático de filosofía, dando con ello pie a la ocurrencia de que las primeras conferencias de filosofía a las que había asistido en toda su vida habían sido justamente las que él mismo había tenido ocasión de pronunciar en esa universidad.

Durante su estancia en Londres, Whitehead había centrado su atención en la filosofía de la ciencia, una disciplina que le llevaría a reorganizar sus ideas sobre Dios. Sus conocimientos matemáticos, y también físicos, le habían inducido a rechazar el punto de vista tradicional por el que se sostiene que todo objeto cuenta con una única ubicación temporal y espacial. Como alternativa a este planteamiento, Whitehead propuso que todos los objetos debían ser entendidos a la manera de otros tantos campos de influencia, provistos de sus correspondientes extensiones espacial y temporal. Ilustró su argumentación afirmando que no existe nada que pueda asemejarse a un punto, esto es, a una entidad desprovista de masa. Y también negó la existencia de la línea, entendida como una longitud sin anchura. Ambas nociones, decía, son abstracciones, no entidades concretas. Esto acabaría animándole a concebir la idea de que los objetos, o las cosas, son en realidad acontecimientos, o lo que es lo mismo, el resultado de un conjunto de procesos (esencialmente inacabados, es decir, activos), y que esto mismo, el *proceso*, es el «componente metafísico fundamental» del mundo, y no la sustancia. El hecho básico de la vida es su carácter fluctuante: incluso las rocas y los guijarros, que parecen permanecer en un mismo sitio durante una eternidad, se hallan sujetos a un lento proceso de cambio —con lo que la totalidad del mundo se encuentra en un eterno trance marcado por su «devenir»—. Éstas son las ideas esenciales de su obra titulada *Proceso y realidad*, publicada en 1929 (tras haber iniciado su andadura textual en forma de una serie de ponencias leídas en las Conferencias Gifford de 1927 y 1928).[15]

Los años veinte del siglo pasado fueron una década de notables progresos en física cuántica. Se descubrió la dualidad onda-partícula, se consiguió confirmar empíricamente la teoría de la relatividad de Einstein, se logró demostrar la realidad del principio de incertidumbre, y la mecánica newtoniana del universo saltó definitivamente por los aires. En respuesta a estos últimos descubrimientos, Whitehead concebiría la idea de que la energía, como entidad sometida a un constante proceso de constitución y reconstitución, era el principio en el que se sustentaba la realidad, noción llamada a generar dos consecuencias de particular interés para nosotros. En primer lugar, de este planteamiento se sigue que ese proceso, ese fluir o ese devenir —llámese como se quiera— es de hecho la única entidad divina que existe, que es efectivamente él —y por tanto Dios— lo que imprimió su movimiento al mundo; él es el fluir que confiere realidad fáctica a todo cuanto existe, pero no gobierna directamente la forma que acabe adoptando el devenir —lo que significa que los procesos que determinan que la energía asuma las diversas formas que asume cuentan con un cierto margen de libertad—. Y, en segundo lugar, hay que concluir que la principal preocupación de las religiones tradicionales ha consistido en encontrar un cierto orden en el fluir de los procesos con el fin de hallarle un sentido a los acontecimientos anteriores y de alcanzar a prever lo que puede depararnos el futuro.

El estilo literario de Whitehead deja mucho que desear, de modo que no siempre resulta fácil seguir el hilo de sus argumentaciones, pero da la impresión de que aboga por una especie de deísmo post-nietzscheano en el que existe un Dios creador pero poco más —un deísmo, por cierto, en el que ni Abraham, ni Isaías, ni Jesús ni Mahoma tienen el menor papel que desempeñar—. Puede que fuera precisamente a causa de esa debilidad de sus dotes narrativas, o tal vez debido a que el deísmo resulta demasiado abstracto para muchas de las personas que desean creer en un ser transcendente, pero lo cierto es que su intento de unir la ciencia con la religión nunca llegó a disfrutar de un excesivo predicamento.

LA FE DE RUSSELL EN EL SABER Y EL AMOR

El mensaje de Russell era en cambio muy distinto. En toda una serie de libros y ensayos —*Por qué no soy cristiano*, *La conquista de la felicidad*, *Satán en los suburbios*, *Behaviourism and Values*, *Eastern and Western Ideals of Happiness*, *The Danger of Creed Wars*— nuestro autor habría de abordar de un modo frontal y directo los problemas y las posibilidades de una sociedad laica, valiéndose para ello de un lenguaje mucho más sencillo del que parecía ser capaz de emplear Whitehead. Aunque Paul Edwards le considerara «uno de los mayores herejes conocidos en materia de moral y religión», lo cierto es que Russell nunca fue un filósofo puramente técnico. Como dice Edwards, «siempre le interesaron sobremanera las preguntas fundamentales que habían suscitado las distintas respuestas de las religiones del mundo: esto es, las preguntas relacionadas con el lugar del hombre en el cosmos o con las características de la vida buena».[16]

El estilo de Russell no sólo es combativo sino que rehúye las medias tintas. «Creo que todas las grandes religiones universales —ya se trate del budismo, del hinduismo, del cristianismo, del islamismo o del comunismo— son tan inciertas como dañinas.» Tras señalar que los cristianos no tienen ya ninguna necesidad de creer en el infierno (dado que su cuerpo de creencias está «menguando»), irá descartando, una a una, las razones que la gente aduce para creer en Dios. «Lo que realmente anima a la gente a creer en Dios no es en modo alguno la imperiosa exigencia de ningún

argumento intelectual. La mayoría de las personas creen en Dios porque
les han enseñado a hacerlo así desde la más tierna infancia, así que ésta y
no otra es la principal razón de su fe.» Juzgaba dudosa la existencia histórica de Jesucristo y declaraba que el cristianismo es una doctrina que «ha
traído la crueldad al mundo y que ha legado a la humanidad siglos de atro-
ces torturas». No veía por ninguna parte la menor prueba de que la religión contribuyera a hacer que la gente se comportara de forma más vir-
tuosa: de hecho, sostenía, «las Iglesias organizadas del mundo se han
opuesto sistemáticamente a todos los progresos morales que han alcanzado a ver la luz en el mundo».[17]

Es más, ni la experiencia ni la observación le inducirían a pensar que
las personas creyentes fuesen más felices ni más desdichadas, por término
medio, que los individuos escépticos.[18] «Todo el concepto de Dios es un
concepto derivado de los antiguos despotismos orientales ..., de hecho diríase que es una noción digna de desprecio a la que las personas que se
respetan a sí mismas no deberían conceder el menor valor. Lo que precisa
un mundo bueno y valioso es conocimiento, amabilidad y coraje.» Además, lo que él denominaba las grandes filosofías cósmicas únicamente
demostraron un humanismo ingenuo: «El ancho mundo, al menos tal y
como nos lo ha dado a conocer la filosofía de la naturaleza, no es ni bueno
ni malo, y no le preocupa lo más mínimo convertirse en causa de nuestra
felicidad o nuestro pesar. Todas las filosofías [metafísicas] brotan de una
excesiva atribución de importancia al hombre y para corregirlas basta con
un poco de astronomía ... Nosotros mismos somos los últimos e irrefuta-
bles árbitros de toda noción de valor, y en el mundo de los valores la naturaleza sólo es un elemento más. Por consiguiente, en ese mundo nos concebimos como seres superiores a la propia naturaleza».[19]

A su juicio, «el origen de la primera guerra mundial era enteramente
atribuible al cristianismo». A todos los políticos que intervinieron en ella,
directa o indirectamente, «se les aplaudió con el máximo entusiasmo, juzgándose que se habían comportado como los más sinceros y fervientes
cristianos». Russell sostenía asimismo que las características más peligrosas del comunismo eran «las reminiscencias que todavía conservaba
de la Iglesia medieval. Dichas reminiscencias se revelan en la fanática
aceptación de las doctrinas contenidas en el Libro Sagrado, en las actitudes de quienes se niegan a examinar tales doctrinas con sentido crítico, y
en la brutal persecución de quienes las rechazan».[20]

Sin embargo, Russell no era un simple hereje de vocación negativa, es
decir, centrado únicamente en señalar las falsedades de las religiones y

sus perniciosos efectos. «El saber y el amor pueden crecer indefinidamente», decía, «de modo que, por buena que pueda ser una vida, siempre es posible imaginar otra mejor. Ni el amor sin conocimiento ni el conocimiento sin amor pueden alumbrar una vida buena». De los dos, el amor es el elemento más fundamental, sostenía, «puesto que animará a las personas inteligentes a procurar el saber, que les permite averiguar cuál es la mejor manera de ofrecer ventajas y beneficios a las personas que aman».

«En todas las descripciones de la vida buena que es posible llevar aquí en la Tierra hemos de dar por supuesto un cierto fundamento de vitalidad e instinto animal. Sin esto, la vida se convierte en algo insulso y carente de interés. La civilización debe ser algo que venga a añadirse más tarde a esa base, no su elemento de sustitución. En este sentido, tanto al santo ascético como al estudioso abstraído en la soledad de sus investigaciones les falta algo para poder ser considerados como seres humanos completos. La existencia de un pequeño número de este tipo de personas puede resultar enriquecedora para la comunidad. Sin embargo, un mundo integrado exclusivamente por individuos de esa clase moriría de aburrimiento.» En su máxima expresión, afirmaba, el amor «es una indisoluble combinación de estos dos factores y ha de constar de placer y de afecto ... El placer sin benevolencia podría llegar a ser cruel; y la buena voluntad sin deleite acaba cayendo fácilmente en la frialdad y una ligera propensión a sentirse superior ... El deleite, en el mundo real, es inevitablemente selectivo, y nos evita tener los mismos sentimientos hacia toda la humanidad».

Russell no albergaba la menor duda de que toda la conducta humana brota del deseo, de modo que las nociones éticas carecen de importancia, salvo en el caso de que influyan en el deseo. «Fuera de los deseos humanos no hay principio moral.» «La eficacia de cualquier argumento ético reside en su parte científica; por ejemplo, en la prueba de que una clase de conducta, más que otra, es el medio para un fin ampliamente deseado.»[21]

En el curso de sus argumentaciones, Russell también habría de verse impulsado a profesar una serie de ideas «menores»: por ejemplo, que sería bueno iniciar la educación sexual de los niños antes de la pubertad, es decir, «en una época en la que [esos temas] no son excitantes»; que la conciencia es la guía más «falaz», ya que «consiste en vagas reminiscencias de preceptos oídos en la infancia, lo que significa que nunca va más allá de la sabiduría de la madre o del aya de su poseedor»; y que la idea cristiana de la conversión resultaba peligrosa en la medida en que fomentaba la idea de que es posible propiciar la salvación de forma súbita y deliberada. En cambio, afirmaba, «no hay atajos para la vida buena, ya sea ésta individual o social», lo cual le llevaba a creer que la salvación personal «no posee utilidad como elemento de definición de la vida buena».[22]

Para vivir una vida buena en el pleno sentido de la expresión, «un hombre ha de tener una buena educación, amigos, amor, hijos (si los desea), una renta suficiente para no padecer necesidades ni angustias, buena salud y un trabajo que no carezca de interés. Todas estas cosas, en varios grados, dependen de la comunidad, y los acontecimientos políticos las fomentan o las estorban. La vida buena tiene que ser vivida en una buena sociedad, y de lo contrario no es posible».[23] Los argumentos de Moore no le convencían. «Es inútil», sostenía, «dar a los hombres algo que se considera "bueno" abstractamente; tenemos que darles algo que deseen o necesiten, si queremos acrecentar su dicha. La ciencia puede aprender con el tiempo a moldear nuestros deseos de modo que no choquen con los de otra gente hasta el punto en que lo hacen ahora; entonces podremos satisfacer una mayor proporción de nuestros deseos. En ese sentido, pero sólo en ese sentido, nuestros deseos se habrán hecho "mejores". Un solo deseo no es mejor ni peor, considerado aisladamente, que cualquier otro; pero un grupo de deseos es mejor que otro grupo si todos los del primer grupo pueden ser satisfechos simultáneamente, mientras que en el segundo grupo hay algunos que se revelan incompatibles con otros. Por esta razón, el amor es mejor que el odio».[24]

Coincidía en cambio con William James en que la forma de comprobar la bondad de una creencia no consiste en certificar su conformidad con algún «hecho», «dado que no nos es dado en ningún caso llegar hasta los hechos en cuestión [ya que se trata de una creencia]; la prueba radica en el éxito que ésta tenga como elemento capaz de fomentar la vida y la consecución de nuestros deseos». También estaba de acuerdo con los criterios que sostenía Whitehead en relación con la materia, así como con su idea de que la sustancia es en realidad una serie de acontecimientos, aunque discrepaba fundamentalmente de las posiciones que éste mantenía acerca de la cuestión del orden y del papel que debía asignarse o no asignarse a Dios en su cosmovisión. El propio Russell expresará como sigue el punto concreto de su desacuerdo: «No hay razón para negar la naturaleza aparentemente fragmentaria y desordenada de un mundo que se halla desprovisto de todo orden y concierto». De hecho, ni siquiera el conocimiento, al que Russell concedía la máxima importancia —junto con el amor—, será reificado por nuestro autor, que pondrá buen cuidado en especificar que aquél es «un hecho natural como cualquier otro, es decir, desprovisto de toda significación mística y carente de importancia cósmica».[25]

Russell llegará así a la conclusión de que la principal diferencia que existe entre Occidente y Oriente en materia de religión y filosofía reside en el hecho de que en Oriente no existe ninguna doctrina similar a la del pecado original. Así por ejemplo, Confucio creía que todos los hombres son bondadosos por naturaleza. Este hecho establece una profunda diferencia, ya que implica que, en Oriente, los hombres «tienen una mayor capacidad de remitirse a la razón».[26]

¿Habrían logrado ejercer estos filósofos —todos ellos hombres de nobles y originales objetivos— un mayor impacto social de no haber tenido que dedicar el mundo una mayor atención a los acontecimientos de la Alemania de los años treinta?

Capítulo 16

LAS RELIGIONES DE SANGRE NAZIS

A la edad de seis años, Adolf Hitler cantó durante un breve espacio de tiempo en el coro del monasterio benedictino de Lambach en Austria. Lo que más le gustaba, diría más tarde, era «el solemne esplendor de los festivales eclesiásticos». Sin embargo, en 1919, al llegar a Múnich, convertido ya en un ex soldado de treinta años, los sentimientos religiosos que todavía seguía teniendo se volcaban ahora en ámbitos muy alejados del catolicismo. Por estos años, Hitler se hallaba totalmente inmerso en el movimiento *völkisch*, un movimiento moldeado por individuos como Paul de Lagarde que sostenían que el cristianismo en su conjunto constituía una degeneración de la fe, puesto que tanto el catolicismo como el protestantismo eran meras «distorsiones» de la Biblia, deformada fundamentalmente por san Pablo quien, según sostenía insistentemente Lagarde, había «judaizado» el cristianismo.[1]

En la época de Hitler eran muchas las publicaciones del más burdo carácter que circulaban por Viena, de cuyo contenido alcanzará a dar idea, a modo de ejemplo, el título de una de ellas: *Forward to Christ! Away with Paul! German Religion!** También en estos casos, el argumento principal decía que el «envenenador Pablo y su *Volk*» eran los «peores enemigos de Jesús», de modo que se hacía preciso «impedirles la entrada en el reino de los Cielos» para que «la verdadera Iglesia alemana alcanzara a abrir sus puertas». El escollo de que el propio Jesús fuera judío se soslayaba de diversas formas, bien transformándolo en un «ario», bien, como ocurriría en el caso de Theodor Fritsch —un ingeniero antisemita reconvertido en editor—, aduciendo que los galileos eran en realidad ga-

---

* «¡Adelante Cristo! ¡Abajo Pablo! ¡Religión alemana!». (*N. de los t.*)

los, los cuales pertenecían, a su vez, a la raza germánica. (De hecho, Fritsch sostenía haber demostrado este extremo valiéndose de métodos filológicos.) La cuestión es que todo este clima ideológico iba a terminar convirtiéndose en uno de los elementos cruciales del modo en que el propio Hitler diera en entender la esencia del cristianismo; es más, él mismo tendría la ocurrencia de ver en Jesús una especie de imagen especular de su propia figura, en tanto que «valeroso y perseguido combatiente contra los judíos».

Sea como fuere, a Hitler no le producía la menor angustia pensar que el naciente movimiento nazi pudiera entrar en conflicto con la religión establecida. Por esos años, el doctor Artur Dinter, un ex científico y dramaturgo que había perdido trágicamente a su hija pequeña, estaba lanzando llamamientos en favor de la constitución de «una Iglesia nacional alemana» que no sólo habría de revelarse capaz de contrarrestar las negativas influencias del modernismo, el materialismo y los judíos sino que debería actuar «de un modo muy similar al del mismo Jesús» (de hecho, Dinter había concebido sus *Richtrunen* con la intención de reemplazar con ellos los Diez Mandamientos). Hitler rechazaría sus planteamientos, diciéndole a Dinter —que se había unido al partido nacionalsocialista antes incluso que el propio Hitler y que tenía el carné número cinco de esa formación política— que no perdiera el tiempo tratando de propiciar una «reforma religiosa» y que él mismo se proponía mantenerse totalmente al margen de las cuestiones religiosas «por los siglos de los siglos».[2]

EL RENACER DE LA TEORÍA ALEMANA

Pero Hitler no cumplió su palabra. Cuando los nazis se hicieron efectivamente con el poder, su relación con la religión seguiría siendo problemática. En cierto sentido, sus puntos de vista eran más simplistas, aunque en otros su postura habría de revelarse más cínica y proclive a la manipulación. Según parece, el propio Hitler alimentaba la vaga noción de que existía un «universo sagrado», pero la verdad es que en términos puramente intelectuales puede decirse que los nazis ignoraron en gran medida el hecho de que Alemania estuviera viviendo por entonces un auténtico renacimiento en el campo del pensamiento religioso.[3] Es muy frecuente pasar por alto el hecho de que los alemanes, que habían dado al mundo una «generación de oro» en los campos de la física, la filosofía, la historia y la cinematografía entre finales de la década de 1920 y principios de la de

1930, también hubieran logrado hacer otro tanto en la esfera de la teología, alumbrando asimismo una verdadera legión de individuos de gran creatividad en este ámbito. En un texto escrito en 1986, el teólogo irlandés Alister McGrath sostiene que, pese a que la moderna teología alemana fuera «intrínsecamente brillante», todo parece indicar que a partir de la segunda guerra mundial quedó proscrita, «cayendo sobre Europa una especie de telón de acero ideológico que acabaría barriendo del escenario teológico vigente en el mundo de habla inglesa todas aquellas ideas que tuvieran un origen alemán».[4]

Tanto este renacimiento de la teología alemana —en el que cabe destacar la presencia de personas de la talla de Albert Schweitzer, Rudolf Steiner, Karl Barth, Rudolf Bultmann, Martin Buber y Dietrich Bonhoeffer— como el hecho de que el resto del mundo diera en omitir sus aportaciones constituyen dos fenómenos realmente interesantes en sí mismos, pero en este caso concreto nos atañen por tres razones. En primer lugar, las obras de erudición académica que produjeron estos autores concedían en todos los casos un papel más destacado a Pablo en el alumbramiento del cristianismo primitivo, lo cual habría de dar una cierta credibilidad a los posteriores planteamientos de los nazis al argumentar que, de algún modo, Pablo había pervertido el mensaje de Jesús. En segundo lugar, varios de esos autores (Barth, Bonhoeffer y Buber en particular) darían muestras de un gran coraje al alzarse contra los nazis y sugerir, en conjunto —coincidiendo además con algunos otros materiales probatorios procedentes de diversas fuentes—, que la principal preocupación de los nazis en los primeros tiempos del Tercer Reich giraba en torno a la posibilidad de que el cristianismo organizado terminara convirtiéndose en la principal amenaza para su autoridad. El hecho de que dicha amenaza no llegara a materializarse en ningún momento queda fuera del alcance del presente libro, pero es, desde luego, uno de los mayores enigmas irresueltos de la historia del siglo xx, y muy posiblemente un terrible pliego de cargos para la actitud religiosa. El tercer elemento que aquí nos concierne es el que aparece reflejado en la obra de Karl Barth.

Barth (1886-1968) es considerado por muchos como el mayor teólogo protestante del siglo xx, y posiblemente el más importante desde los tiempos de Lutero.[5] Nacido en la ciudad de Basilea, donde su padre Fritz ejercía como ministro religioso y profesor de teoría del Nuevo Testamento y de historia primitiva de la Iglesia, Barth tendría ocasión de estudiar en las universidades de Berna, Berlín, Tubinga y Marburgo. En Berlín asistiría a los seminarios de Adolf von Harnack, profesor de historia de la Iglesia en la localidad de Giessen y autor de un libro titulado *The Essence of Christianity* (publicado en 1900) en el que trataba de ir más allá de las críticas literarias de la Biblia que se habían venido acumulando en gran número a lo largo del siglo XIX. Y justamente en dicho texto habría de entrar Barth en contacto por primera vez con las ideas de la teología liberal (centradas básicamente en torno a las investigaciones relacionadas con el Jesús histórico), es decir, con aquellas ideas contra las que acabaría rebelándose. Terminados sus estudios, regresó a Suiza para dedicarse a sus quehaceres como sacerdote protestante.[6]

Barth llegó a la conclusión de que, en Alemania, la «alta crítica», pese a ser en gran medida responsable de las nuevas técnicas vinculadas con la exégesis erudita, marraba no obstante el golpe. El hecho de centrar la preocupación analítica en torno a la figura histórica de Jesucristo venía a oscurecer el perfil de Jesús como portavoz de la palabra revelada de Dios. El problema era que la gente ya no consultaba la Biblia como pretendían que fuese leída sus compiladores. En pleno fragor de la guerra, Barth volvió a examinar las Escrituras, y en 1916 inició en particular un detallado estudio de la Epístola de Pablo a los romanos. Este trabajo iba a tener una enorme significación para él, hasta el punto de que en el año 1922 publicaría un texto titulado precisamente así, *Carta a los romanos*, cuyo principal mensaje consistiría en resaltar la noción —transmitida por el propio Pablo— de que Dios sólo salva a quienes «no depositan en sí mismos su confianza, sino únicamente en Dios».[7] Esto llevaría a Barth a concebir la crucial idea de lo que él denominaba «la deidad de Dios», esto es, de que Dios representa «la alteridad absoluta», siendo por tanto un ser totalmente distinto a los seres humanos.[8]

Y habría de ser justamente esta idea de que Dios es «la alteridad absoluta» la que determinara que tanto otros teólogos como muchos fieles se fijaran en él. El mismo año en el que veía la luz la *Carta a los romanos*, Barth habría de poner también en marcha, junto con un puñado de teólogos de distintas procedencias —entre los que se encontraba Rudolf Bultmann—, un periódico en cuya cabecera flameaba el siguiente rótulo: *Zwischen den Zeiten* (Entre épocas). Esta publicación estaba llamada a convertirse en el principal medio de expresión de lo que acabaría conociéndose como la «teología de la crisis», o «teología dialéctica» (entendiéndose aquí por «crisis» el estallido de la primera guerra mundial y por «pecaminoso» todo aquello que implicara hallarse a una gran distancia de Dios —lejanía que encontraba en la propia contienda su más clara prueba, según estos planteamientos—). De hecho, el *Zwischen den Zeiten* conservaría su condición de importante fuerza intelectual y moral hasta el año 1933, fecha en la que se ordenaría su cierre.[9]

Por consiguiente, Barth sería el responsable del surgimiento de una forma totalmente nueva de comprender la idea de Dios, dando paso a un Dios más abstracto y en cierto sentido menos cognoscible que nunca. Es además muy probable que esta noción abriera un abismo mayor que nunca entre creyentes y no creyentes, dado que el Dios de Barth se definía justamente en virtud de su carácter incognoscible (y el principal crítico de esta posición habría de ser precisamente Freud). Además, andando el siglo, la idea de «alteridad» de Barth acabaría ejerciendo una gran influencia social al instaurarse el llamado «giro postmodernista» y convertirse la preocupación por el «otro» (y no sólo en un sentido teológico) en uno de los principales focos de atención filosófica (véase el capítulo 26).

Tal habría de ser el impacto de la teología de Barth, sobre todo en Alemania —al menos en un primer momento—, que en el año 1933, al llegar los nazis al poder, nuestro teólogo se había convertido ya en un personaje de notable proyección pública. Se transformó entonces en uno de los principales dirigentes de la Iglesia —por no decir el *único*— en oponerse a los nacionalsocialistas, expresando sus puntos de vista en la Declaración de Barmen de 1934.[10] El mes de abril anterior, se había creado, al calor de la influencia nazi, la «Iglesia evangélica de la nación alemana». La recién surgida institución había publicado en esa misma ocasión sus principios de acción básicos. Éstos se centraban en el antisemitismo —que quedaba así convertido en el pilar fundamental del nuevo credo— y en la prohibición de los matrimonios entre «alemanes y judíos». En último término, sus promotores concluían del siguiente modo: «Queremos que la Iglesia evangélica hunda sus raíces en nuestra nacionalidad».[11]

La respuesta de los teólogos alemanes consistiría en fundar, con Barth a la cabeza, la llamada «Iglesia de la Confesión», que rechazaba todo empeño destinado a instituir una Iglesia alemana, y muy particularmente la noción nazi de «sangre y territorio» en la que se fundamentaba aquélla. En mayo de 1934, los representantes de la Iglesia de la Confesión se reunieron en la localidad renana de Barmen, publicando allí la declaración del mismo nombre —una declaración basada en un borrador que había preparado el propio Barth—. En ella, los congregados rechazaban la «falsa doctrina» de que «pudieran existir áreas de nuestra vida en las que en lugar de pertenecer a nuestro Señor Jesucristo viniéramos a otorgar nuestra fidelidad a otros señores». El mismo Barth se negaría a pronunciar el juramento de lealtad incondicional a Hitler, de modo que fue depuesto de su cargo y tuvo que regresar a Basilea, donde continuaría alzando la voz en favor de los judíos.[12]

LA FORMA DEL CRISTIANISMO NAZI

Tras asumir el puesto de canciller, Hitler pondría buen cuidado, durante un tiempo, en ofrecer ciertas compensaciones a las iglesias. Poco después le confiaría a Goebbels que la mejor forma de bregar con ellas consistía en «refrenar nuestros ímpetus, por el momento, para sofocar después fríamente todo insolente intento de intervenir o interferir en los asuntos del Estado». En realidad, el *führer* despreciaba al clero luterano, al que consideraba integrado por «gentecillas insignificantes ... Ni tienen una religión que puedan tomarse en serio ni cuentan con una gran posición que defender, como le sucede a Roma».[13]

Hitler reconocía el poderío institucional de la Iglesia católica, y a pesar de que el papa hubiera condenado en 1931 la variante mussoliniana del fascismo, juzgando que constituía un «culto pagano al Estado», lo cierto es que dos años después el *führer* no pondría ningún reparo a la firma de un concordato con el Vaticano. Por parte de la Iglesia, aquel acuerdo había sido fundamentalmente obra del cardenal Eugenio Pacelli, secretario de Estado del Vaticano y futuro pontífice con el nombre de Pío XII. Esta condición de artífice del pacto se debía en parte al doble hecho de que hubiera sido nuncio en Múnich durante la década de 1920 y de que hubiese residido algún tiempo en Berlín. En la firma del concordato, Pacelli se las arreglaría para conseguir que la sede alemana de la Iglesia católica conservara una cierta autonomía y algún control sobre la educación, aunque al precio de conceder reconocimiento diplomático al nuevo régimen.*

Los nazis maniobraron con prontitud en el terreno educativo. Dictaron toda una serie de normas nuevas en las que se estipulaba que todos los padres debían apuntar a sus hijos a las clases de instrucción religiosa. Se instituyeron como festividades católicas de carácter público siete días del año, y se ordenó que los miembros del partido nazi que hubieran abandonado la Iglesia volvieran inmediatamente a ella. Además, hasta el año 1936, el ejército alemán dictaminaría que todos los soldados en activo

---

* La controvertida carrera eclesiástica de Eugenio Pacelli queda fuera del radio de acción del presente libro. (*N. del a.*)

debían pertenecer bien a la Iglesia católica, bien a alguna de las confesiones evangélicas.

No obstante, la perspectiva que nos proporciona el tiempo nos permite decir que estos movimientos han de verse en gran medida como un simple puñado de tácticas estratégicas. Eran muchos los que pensaban por entonces que el verdadero instante fundador del nazismo se había producido con la nietzscheana «muerte de Dios». No obstante, en tiempos más recientes, Richard Steigmann-Gall ha mostrado que los nacionalsocialistas nunca sintieron verdaderas ganas de atenerse a sus primeras intenciones —y Hitler menos que nadie—, en particular al empeño que tantas veces se recuerda, consistente en introducir, o en reintroducir, las ideas «paganas» en la sociedad. Antes al contrario, ya que el plan original de los nazis pasaba por concretar en la práctica un concepto expresado con el término de «cristianismo positivo», organizado en torno a tres ideas clave: «la lucha espiritual contra los judíos, la promulgación de una nueva ética social, y la cristalización de un sincretismo concebido para salvar el abismo confesional que separaba a los protestantes de los católicos».

Los adeptos de este cristianismo positivo pensaban que el nazismo constituía un combate no muy distinto al llevado a cabo por el propio Jesucristo, en particular en lo tocante a su campaña contra los judíos. Al igual que muchos de los más encumbrados nazis, también Hitler profesaba la idea de que Jesús no era judío y de que resultaba perentorio eliminar de las enseñanzas cristianas el contenido del Antiguo Testamento.[14] El segundo aspecto del cristianismo positivo, el de su ética social, queda bien ejemplificado en la siguiente consigna: «las necesidades públicas han de tener prioridad sobre la codicia privada». Este eslogan, al que posiblemente quepa calificar de simplista, permitiría a los nazis presentarse públicamente con una aureola de orden ético y moral en materia de control de la economía. De este modo podían anunciar que uno de sus principales objetivos consistía en poner fin a la lucha de clases en Alemania y en crear —o más exactamente en recrear— una «comunidad popular», una suerte de totalidad orgánica y armónica.

El último elemento del cristianismo positivo, el relacionado con el esfuerzo orientado a fundar un «nuevo sincretismo», habría de ser en cierto sentido el más importante, dado que muchos nazis de elevada posición jerárquica pensaban que el cisma que separaba a los católicos de los protestantes constituía el mayor obstáculo para la unidad nacional que iban a necesitar si querían imponer obligatoriamente los cambios sociales que se proponían materializar. El propio Himmler habría de expresarlo con la

máxima claridad: «Hemos de mantener la guardia alta frente a una potencia mundial que utiliza el cristianismo y sus organizaciones para oponerse
a nuestra resurrección nacional con métodos que hemos visto aplicados
en todas partes». A esta declaración, Himmler añadía que se consideraba
anticlerical, pero no anticristiano. La elevación del *Volk*, de la comunidad, al rango de entidad mística y casi divina, no sólo era el principal instrumento para superar las divisiones sectarias, sino también, y al mismo
tiempo, una maniobra política con la que combatir los opuestos análisis
de Marx y los economistas materialistas del mundo occidental.[15]

El cristianismo positivo habría de insistir, más que la misma teología
o el paganismo (que muchos nazis juzgaban ridículo, pese a lo que dijera
Himmler), en la asunción de una actitud cristiana *activa* —mucho menos
consistente en reflexionar acerca de cuestiones de carácter religioso que
en ayudar al *Volk*, preservar la santidad de la familia, conservar la salud
física, practicar el antisemitismo y participar en los programas de ayuda
invernal destinados a proporcionar alimentos a los pobres—. De hecho,
todas estas actividades parecían tener como principal propósito la *evita-
ción* de las actitudes contemplativas, lo cual vuelve a sugerir que la verdadera preocupación de los nazis respecto del cristianismo radicaba en el
hecho de que constituyera, el menos en potencia, la más poderosa fuerza
contraria a sus intenciones.

«LAS RAZAS SON PENSAMIENTOS DE DIOS»

Durante los años de la República de Weimar hubo una constante pugna entre los racionalistas —representados por científicos y académicos—
y los nacionalistas, es decir, los pangermanistas que seguían convencidos
de que había algo especial en Alemania, en su historia y en la instintiva
superioridad de sus héroes. En *La decadencia de Occidente*, Oswald
Spengler había destacado que Alemania difería de Francia, Estados Unidos y Gran Bretaña, un punto de vista que no sólo había seducido a Hitler
sino que estaba ganando mucho terreno entre los nazis a medida que éstos
se iban aproximando a las posiciones de poder. De cuando en cuando,
Hitler arremetía contra el arte y los artistas modernos. Al igual que otros
destacados nazis, Hitler era temperamentalmente contrario al mundo intelectual. A su juicio, los más destacados individuos de la historia habían
sido hombres de acción, no de pensamiento. No obstante, había una excepción a esta regla: un sedicente intelectual cuya presencia entre los

miembros de la sociedad alemana hacía de él un verdadero extraño, más incluso que en el caso de los demás integrantes de la cúpula política.

La familia de Alfred Rosenberg provenía de Estonia, una región que había sido, hasta el año 1918, una de las provincias bálticas de Rusia. Siendo todavía un muchacho se había sentido fascinado por la historia, especialmente tras leer en 1909, durante unas vacaciones en familia, los *Foundations of the Nineteenth Century* de Houston Stewart Chamberlain. De este modo, tuvo súbitamente la impresión de haber hallado un motivo para odiar a los judíos hasta el tuétano, y lo mismo habría de sucederle con los rusos, a los cuales comenzaría a detestar también después de sus experiencias en Estonia. En el año 1918, y tras la firma del armisticio, se trasladaría a Múnich, donde se unió rápidamente al naciente NSDAP (o lo que es lo mismo, al Nationalsozialistische Deutsche Arbeiter-partei o Partido Nacionalsocialista Obrero Alemán), y comenzó a escribir casi al mismo tiempo despiadados panfletos antisemitas. Su buena mano con la pluma, los conocimientos que tenía de Rusia y su facilidad para manejar la lengua de esa nación le ayudarían a convertirse en el principal experto del partido en todo lo relacionado con los países del «Este». También pasaría a ejercer el cargo de director del *Völkischer Beobachter* (el Observador del Pueblo) —es decir, del periódico del partido nazi—. A lo largo de la década de 1920, en compañía de Martin Bormann y de Heinrich Himmler, Rosenberg empezó a comprender que se hacía necesario contar con una ideología que superara los límites del *Mein Kampf*, de modo que en los años treinta publicaría un libro llamado, a su juicio, a sentar las bases intelectuales del nacionalsocialismo. En alemán, el título de esa obra fue *Der Mythus des 20. Jahrhunderts*, habitualmente traducido al castellano como *El mito del siglo XX*.[16]

El texto del libro es disperso e incoherente. Lanza un ataque en toda regla contra la Iglesia católica romana, afirmando que constituye la mayor de las amenazas para la civilización —y no hay que olvidar que la obra supera las setecientas páginas—. Su tercera parte lleva el título de «El próximo Reich», mientras que en otros de sus apartados se abordan cuestiones como la «higiene racial», la educación, la religión y los asuntos internacionales. Rosenberg era uno de los que argumentaban que Jesús no era judío, que san Pablo había pervertido su mensaje, y que había sido la versión paulina y romana del cristianismo la que había conferido a esa confesión la forma con la que habíamos acabado familiarizándonos, al ignorar ideas como las de la aristocracia y la raza y al elaborar distintas doctrinas «falsas» sobre el pecado original, la vida ultraterrena y un infierno entendido como una perpetua hoguera repleta de horrores, creencias todas ellas, insistía Rosenberg, que resultaban «malsanas».*

El objetivo que se proponía alcanzar consistía nada menos que en crear en Alemania una fe capaz de sustituir la fe religiosa tradicional —y lo cierto es que, vistas las cosas con la distancia que nos permite tomar el tiempo transcurrido, su audacia resulta sobrecogedora—. Rosenberg abogaba en favor de una «religión de la sangre», una religión que venía a decirles *de facto* a los alemanes que eran miembros de una raza superior y que existía un «alma racial». En apoyo de sus tesis citaba las obras del más destacado teórico racial nazi, el antropólogo H. F. K. Günther, que sostenía haber «establecido sobre bases científicas las características definitorias de la llamada raza nórdica o aria». Como ya hicieran Hitler y otros antes que él, también Rosenberg habría de esforzarse al máximo en dejar sentada la existencia de un vínculo entre los antiguos habitantes de la India, Grecia y Alemania —y para hacerlo no dudaría en mezclar a Rembrandt, Herder, Wagner, Federico II el Grande y Ricardo Corazón de León en una historia totalmente espuria pero sin embargo heroica, específicamente concebida para que las raíces del Partido Nacionalsocialista Obrero Alemán quedaran firmemente ancladas en el pasado germano.

A juicio de Rosenberg, la raza —es decir, la religión de la sangre— era la única fuerza capaz de combatir lo que en su opinión eran los dos principales motores de la desintegración del género humano: el individualismo y el universalismo. También rechazaría «el individualismo del hombre económico» —o lo que es lo mismo, el ideal estadounidense— por considerarlo «un producto de la imaginación judía concebido para atraer con ese señuelo a los hombres y provocar así su perdición».

Según parece, *El mito del siglo XX* despertaba en Hitler sentimientos contradictorios. Tras remitírselo Rosenberg, el *führer* retuvo el manuscrito por espacio de seis meses, no autorizándose la publicación de la obra sino hasta el 15 de septiembre de 1930, es decir, *después* de la sensacional

---

* En este mismo orden de cosas, Mussolini declararía lo siguiente: «El fascismo es un concepto religioso por el que la inmanente relación del hombre con una ley superior y con una Voluntad objetiva que transciende los límites de su particular individualidad consiguen despertar en él la conciencia de pertenecer a una sociedad espiritual». Gordon Lynch afirma que el culto a la personalidad instituido en torno a la figura de Mussolini terminó convirtiéndose en una encarnación idealizada de esa sagrada comunidad nacional, determinando incluso la fundación de una nueva «Scuola di mistica fascista Sandro Italico Mussolini», dirigida por el hermano del dictador y consagrada al estudio del pensamiento del *duce*.[17] (*N. del a.*)

victoria lograda en las urnas por el Partido Nazi. Es probable que Hitler decidiera aplazar la aprobación del texto en tanto el partido no se hallara en una posición lo suficientemente fuerte como para correr el riesgo de perder el apoyo de los católicos romanos —circunstancia que no dejaría de producirse tras la publicación de la obra—. De haber actuado de ese modo, lo cierto es que se habría limitado a proceder de forma realista, y de hecho el Vaticano se enfureció al conocer los argumentos de Rosenberg, hasta el punto de que en 1934 no dudó en relegar el *El mito del siglo XX* al *Índice de los libros prohibidos*. El cardenal Schulte, arzobispo de Colonia, llegaría incluso a organizar un «comité de defensa» formado por siete jóvenes sacerdotes, encargándole que trabajara día y noche en la elaboración de un listado con los numerosos «errores» del texto —publicándose después esas correcciones en forma de panfletos anónimos e impresos simultáneamente en cinco ciudades diferentes al objeto de eludir la acción de la Gestapo—. Pese a todo, Rosenberg seguiría contando con el beneplácito de Hitler, de modo que, al estallar la guerra, se le confió la responsabilidad de dirigir una unidad propia, la Einsatzstab Reichsleiter Rosenberg (o Cuerpo de operaciones especiales del líder del Estado mayor del Reich Rosenberg), encargada de saquear obras de arte.

El mito del siglo XX no dejaba lugar a dudas respecto a los males que aquejaban a la civilización alemana, según los nazis —y ello a pesar de que difícilmente puedan juzgarse coherentes las ideas presentadas en ese libro llamado a alcanzar tan triste fama—.[18] Se trata de un trabajo que deja mucho que desear, tanto en términos de organización como de estilo —tanto es así que uno de los colegas muniqueses de Rosenberg se sentiría obligado a publicar un glosario compuesto nada menos que por 850 palabras y expresiones, a cual más abstrusa—. Por si fuera poco, un teólogo alemán lo despacharía diciendo que se trataba de un signo de «absoluta demencia». Con todo, una vez que Hitler le otorgó al fin su aprobación, accediendo a que fuera publicado, todos los colegios del Reich se verían obligados a solicitar que se les enviaran varios ejemplares, lo que determinaría que Rosenberg se convirtiera rápidamente en un hombre rico.

Una de las incoherencias del libro radica en el hecho de que el autor vele sus ideas tras lo que algunos críticos han llamado una «bruma nórdica», pese a señalar que el cristianismo es a su juicio uno de los elementos decisivos del problema intelectual al que han de hacer frente los nazis en su determinación de lograr la regeneración de Alemania. Además, arremete contra la difusión de que gozan en Alemania la astrología y otras supersticiones y se opone asimismo a la antroposofía de Steiner —que rechazará por considerar que se trata de una idea similar a las de los preceptos por los que se rigen las logias masónicas—. Sin embargo, al declarar que el culto a Odín ha fenecido no se comporta como un pagano ortodoxo, a diferencia de algunos de los primeros nazis. Por otra parte, tampoco se considera ateo. La aversión que sentían los nazis por las iglesias hallaba principalmente su fundamento en cuestiones de raíz política, dado que los acólitos de Hitler habían terminado por comprender que, de haber optado por hacerlo (aunque básicamente renunciaran a ello), las iglesias podrían haber organizado la más formidable de las oposiciones a la ideología nazi. Oficialmente, y de manera totalmente superficial, todo el mundo era libre de creer lo que le viniera en gana, con tal de que dichas convicciones no interfirieran con los objetivos del Estado (como ocurría por ejemplo con el credo de los Testigos de Jehová, dado que les inducía a rechazar el servicio militar).

Pese a que Rosenberg hablara respetuosamente de Jesucristo en sus escritos, afirmando que se trataba de una figura histórica, también habría de expresarse en términos aprobadores de la herejía arriana, que niega la divinidad de Cristo (un punto de vista que gozaba de gran predicamento entre los lombardos y los godos de la tardoantigüedad). Robert Cecil sostiene que a Rosenberg le encantaban, al igual que a Himmler, «todas las expresiones de herejía religiosa». El dirigente nazi también rechazaba la doctrina del pecado original —al menos en lo tocante a los alemanes—, la idea de una vida tras la muerte y las «deprimentes descripciones de las penas del infierno». De hecho, Rosenberg dejaría clara su postura en el memorando que habría de redactar en la cárcel de Núremberg: «La existencia del hombre sólo se perpetúa en sus hijos o en su obra». Antes de ser ejecutado se negó a aceptar cualquier parafernalia de tipo religioso.

Por otra parte, este autor deploraba la decadencia del cristianismo debido a que, en su opinión, dejaba un vacío intelectual y emocional que podían terminar colmando los judíos o los marxistas. El sucedáneo de fe que propone en *El mito del siglo xx* se basa en uno de los aforismos de Paul Lagarde: «Las razas son pensamientos de Dios». Esto le llevaría directamente a concebir «la religión de la sangre», una idea según la cual cada una de las diferentes razas (según hemos señalado antes) habría elaborado una religión propia al poseer un «alma racial» peculiar y singular —idea que condensaría con este axioma: «la raza es la forma externa del alma»—.[19] Sólo la supervivencia de la raza podía permitir que el alma individual se sobrepusiera al fallecimiento del cuerpo físico. Por eso afirmaría en uno de sus discursos: «De este secreto núcleo conceptual ... se desprende tanto lo que llamamos una característica racial [*Volkstum*] como la cultura de la raza».

Rosenberg habría de verse muy notablemente influido por el descubrimiento del episodio vivido en la Edad Media por el maestro Eckhart de Hochheim, un fraile dominico que ya en 1327 se había visto obligado a presentarse ante el papa y la curia romana para responder a varias acusaciones de herejía. Rosenberg quedó convencido de que el maestro Eckhart era el adalid de una forma de fe germana que se había visto forzado a defender frente al árido escolasticismo de Roma y su tiranía sacerdotal. De este modo encontró finalmente la forma de señalar un precedente histórico (y germano) de lo que él mismo estaba intentando hacer. El claro hilo conductor que unía a Eckhart con Lutero y con el teórico racial Houston Stewart Chamberlain bastaba para probar, según Rosenberg, que Alemania había luchado incesantemente por distanciarse de Roma, lo que significaba que se trataba de una nación en cierto modo especial desde el punto de vista teológico.

De entre los precursores de estos planteamientos, al que más se recurría era precisamente a Chamberlain, lo que no debe sorprendernos, dado que en esa época no sólo era todavía un autor vivo sino que pertenecía en gran medida a la misma tradición intelectual que los nazis. En sus obras, Chamberlain había especificado lo que entendía por la raza aria. Sabía perfectamente que, al margen del terreno lingüístico, el concepto era puramente ficticio y no guardaba ninguna relación con datos anatómicos de clase alguna. Sin embargo, Chamberlain soslayaría esta dificultad diciendo que, fuera hombre o mujer, una persona era aria si tenía la íntima percepción de serlo. Si un individuo se *sentía* ario es que era ario. Esto tendría la inapreciable ventaja de permitir que Rosenberg catalogara como grandes artífices arios a un gran número de imponentes figuras históricas del pasado, consolidando de este modo una noción que por lo demás era completamente espuria. La guinda de todo este constructo sería la obra de H. F. K. Günther (de quien ya hemos hablado), autor que afirmaba haber logrado identificar sobre bases científicas las características raciales del hombre nórdico o ario, señalando que procedía de un linaje que iba de la India hasta Grecia, pasando por Alemania —de acuerdo con un itinerario genealógico comparable al de la versión «clásica», que unía la descendencia biológica y cultural griega con los habitantes de Italia y Francia.

En términos históricos, Rosenberg pretendía mostrar que los períodos de prosperidad y decadencia que conocen las naciones, las culturas y las civilizaciones evolucionan en función de su pureza racial, lo cual implicaba —o mejor dicho: sostenía explícitamente— que la tendencia a la inclusión racial del cristianismo estaba condenada al fracaso y que debía impedirse su aplicación en Alemania. «Por ejemplo», decía Rosenberg, «la oposición cristiana a las tentaciones de "la carne", junto con las ideas sentimentales relacionadas con la preservación de la existencia de los niños afectados por una o más taras físicas y con una tolerancia orientada a permitir que los delincuentes y los individuos con enfermedades hereditarias pudieran propagar sus defectos, había terminado por socavar tanto el ideal germánico de una vida conforme con la naturaleza como la valoración de la buena complexión física y la belleza varonil». A su juicio, cuanto «más creciera la debilidad» de las naciones —por interiorizar las doctrinas cristianas del individualismo y el amor al género humano—, tanto más fácilmente podrían ser éstas gobernadas, o sometidas, por Roma. Esto explicaba que debiera rechazarse la doctrina del pecado original. En uno de los congresos nacionales de Núremberg, Rosenberg diría a los asistentes: «El pueblo alemán no ha nacido en pecado, ha nacido noble».[20]

Más tarde, los nazis habrían de encontrar otro enemigo: la francmasonería, un movimiento que, según Rosenberg, tenía sus orígenes en Inglaterra, Francia e Italia y cuya principal dedicación consistía en promover primero el individualismo y posteriormente la «atomización» de la democracia. De este modo se construiría la oposición entre una presunta tradición germana forjada a base de ideales de honor y aristocracia y la más «occidental» noción de la igualdad —una igualdad que no se contentaba con imaginarse vigente entre los europeos, sino que se predicaba como realidad aplicable a la totalidad de las razas—. Pero Rosenberg no iba a contentarse con tan poco. A sus ojos, los judíos y los marxistas (que a menudo coincidían) constituían el súmmum de lo aborrecible. De este modo, a través de estas dos últimas categorías, llegará el ideólogo nazi a señalar el origen del hombre económico como «un producto de la imaginación judía».

Frente a todas estas fuerzas, la única salvación sería, en opinión de Rosenberg, la instauración de una fe nueva. «Sólo aferrado al vínculo de la raza puede escapar el hombre "al estrangulamiento que sufre la vida individual bajo la presión materialista de la edad". Sin esta fe, el individuo está condenado a la frustración y al desespero.»[21]

En esto habría de residir el larvado atractivo del nazismo: en «mantenernos unidos, en sentirnos fuertes y en actuar heroicamente». Si abrazaba la fe nazi, la gente tenía la sensación de pertenecer a una raza elegida, de ser un héroe en potencia, y esto por el simple hecho de haber nacido alemanes, de ser miembros de un pueblo «predestinado a la grandeza», mientras todos sus adversarios «huían, barridos por las leyes de la naturaleza». Cada alemán se consideraba de hecho un «superhombre» (y ésta era efectivamente una idea nietzscheana). La «sangre» resultaba ser la divina esencia que se hacía preciso defender frente a todas las demás.

¿Cómo es que demostró tal capacidad de movilización esta idea? Buena parte de su potencia guardaría relación con el clima político que reinaba en Alemania tras la Gran Guerra, con el hecho de que, en términos intelectuales —en los campos de la ciencia, la filosofía, la música, el teatro y otras formas de literatura—, Alemania hubiera encabezado la marcha del progreso y se la hubiera obligado a vivir después horas muy bajas, una vez finalizada la contienda. Era tal el sentimiento de agravio que había generado ese vuelco en la posición del país (como también previera Nietzsche, mucho antes de que estallara la guerra), que se pasaron por alto, sin un sólo comentario significativo, las incoherencias, los errores lógicos y las equivocaciones contenidos en *El mito del siglo xx*. Tampoco se consideró importante que muchas de las grandes ideas de Rosenberg fueran de hecho conceptos cristianos, aceptándose esta tergiversación con tal de que los símbolos religiosos fueran modificados y sustituidos por otros afines a la ideología dominante (como efectivamente habría de ocurrir). «Los hombres de la edad venidera habrán de transformar los monumentos erigidos en recuerdo de los héroes de la guerra y los camposantos conmemorativos en lugares de peregrinación para los fieles de una nueva religión; allí habrá de encontrar constante renuevo el corazón de los alemanes y podrá partir en pos de nuevos mitos.»

Aquella religión nueva necesitaba dotarse de una tradición, pero se juzgó que, en este sentido, el Segundo Reich no daba la talla. Por consiguiente, Rosenberg y Himmler optaron por echar la vista atrás y retroceder al tiempo de los sajones. En la localidad de Verden, en la Baja Sajonia, es decir, en el mismo sitio en el que Carlomagno había derrotado a los paganos, Rosenberg lanzó un llamamiento destinado a construir un monumento conmemorativo compuesto por 4.500 piedras, una por cada sajón pasado a espada en aquella ocasión. De este modo, en mayo de 1934, Rosenberg organizaría los actos conmemorativos del setecientos aniversario de la batalla de Altenesch, en la que habían perecido degollados todos los miembros de una comunidad, tras ser condenados por herejes a instancias de un obispo católico. Poniéndose al frente de una multitud —cuyo número habría de cifrar más tarde Rosenberg en cuatro mil almas y que estaba compuesta fundamentalmente por campesinos y granjeros—, el autor del *El mito del siglo XX* afirmó, «entre fuertes ovaciones», que «la Tierra Santa de los alemanes no se halla en Palestina ... Nuestros santos lugares se encuentran en algunos castillos del Rin, en las hermosas tierras de la Baja Sajonia y en la fortaleza prusiana de Marienburg».[22]

Hasta cierto punto, los objetivos de Rosenberg habrían de verse facilitados por la fanática forma de adhesión que había logrado suscitar Hitler —dado que eran muchos los alemanes que le veían sencillamente como un mesías, convencidos de que tenía poderes sobrenaturales—. Sin embargo, esto no impediría la mixtificación de otras tradiciones. Uno de esos falseamientos sería el de la «bandera ensangrentada» que, según se decía, se hallaba cubierta de la sangre de dieciséis nazis muertos en noviembre de 1923 frente al Feldherrnhalle, o Templo de los Generales, durante el llamado Putsch de Múnich. En lo sucesivo, esta bandera habría de utilizarse para consagrar otras enseñas, en una especie de reflejo deliberado de la sucesión apostólica. En 1934, los restos mortales de los golpistas fallecidos fueron trasladados, sin contar con el permiso de sus respectivas familias, a fin de instalarlos en un «Templo del Honor» recién erigido en Múnich. A modo de llamamiento, y a medida que iban pasando los féretros ante él, Hitler pronunció en voz alta el nombre de cada uno de los muertos mientras un destacamento formado por miembros de las juventudes hitlerianas respondía: «¡Presente!». A partir de ese momento, para referirse a los nazis caídos, comenzaría a emplearse un eufemismo consistente en decir que el finado «había sido llamado a cumplir el rito de Horst Wessel», como homenaje al «más despreciable de los héroes nazis», autor de la letra del himno del partido.

Las Iglesias tradicionales de Alemania se encontraron en una cierta situación de apuro, dado que en el siglo XIX se habían contaminado con ideas nacionalistas, antisocialistas y antisemitas, todo lo cual dificultaba que se opusieran al Partido Nacionalsocialista Obrero Alemán, pese a que los católicos se plantaran en este sentido algo más que los protestantes —al menos en tanto Hitler no accedió al poder—. Para las confesiones evangélicas, la abdicación del káiser, ocurrida en noviembre de 1918, vino a significar la pérdida de su paladín laico, de modo que «se vieron rápidamente reducidas a una vaga asociación de veintiocho Iglesias regionales». Es más, los luteranos, que pensaban que Dios no estaba llamado a manifestarse una sola vez en la historia, en la persona de Jesucristo, sino muchas, quedaron —en palabras de un crítico— «dolorosamente expuestos a la euforia del momento». De hecho, uno de ellos llegaría a decir que «Cristo ha venido a nosotros encarnado en Adolf Hitler».[23]

Sin embargo, Rosenberg no quería que las religiones estuvieran excesivamente organizadas. Al igual que Hitler y Himmler, también él admitía que, de optar por esa vía de acción (cosa que no llegaría a hacer, como ya hemos señalado antes), las organizaciones eclesiásticas podían acabar convirtiéndose en la única amenaza de verdadero peso para el nacionalsocialismo. En este aspecto, Rosenberg opinaba lo mismo que Lagarde, que ya había dejado dicho que «el estado no puede crear una religión», puesto que la religión es algo entre el hombre y su propia alma, o, «si tiene la buena fortuna de ser alemán, entre él mismo y el espíritu del pueblo».

El mito del siglo XX contó con un enorme número de lectores. Un pastor protestante llamado Heinrich Hueffmeier, que en el año 1935 había publicado su particular refutación de la obra de Rosenberg, admitiría no obstante que «todos aquellos a quienes no preocupa un ardite la aspiración a un buen desarrollo intelectual» han leído efectivamente ese escrito.[24] Es posible que esto contribuya a explicar por qué ninguno de los acusados que comparecieron junto a Rosenberg en el juicio de Núremberg tuvo a bien confesar que había leído la obra.

La «innegable dureza» del mundo

Justamente, el teólogo de mayores ambiciones intelectuales, después de Rosenberg, fue Jakob Wilhelm Hauer (1881-1962), fundador del Movimiento alemán de la fe. Según la historiadora y antropóloga Karla Poewe, Hauer tenía millones de seguidores, contándose incluso entre ellos algunas destacadas lumbreras del momento como Mathilde Ludendorff, Dietrich Klagges, Hans Grimm —un autor con grandes éxitos de ventas en su haber—, y el popular autor de obras de antropología, H. F. K. Günther.[25]

De acuerdo con algunos estudiosos, Hauer tenía en mente crear una especie de religión política, dado que, al igual que Rosenberg, también él quería que sus ideas pasaran a convertirse en el fundamento ideológico del nacionalsocialismo —aunque en ningún momento lograra que le dedicaran su atención las encumbradas figuras del nazismo que tan gustosamente prestaban oídos a lo que dijera o escribiera aquél—. Notablemente impresionado por Rudolf Steiner y el movimiento de la antroposofía que éste había fundado —un movimiento que a su juicio venía a anunciar el advenimiento de una nueva era presidida por la creatividad espiritual—, Hauer se desenvolvía en el mismo medio intelectual y cultural que Rosenberg. Profesaba toda una serie de nociones místicas relacionadas con el *Volk*, el medievalismo y la tradición indogermánica, una tradición que había venido ejerciendo una ininterrumpida corriente de influencia que, partiendo del budismo y el hinduismo, llegaba a la Alemania medieval tras pasar por Grecia y se extendía después a los reinos nórdicos, alcanzando a colorear incluso los relatos contenidos en los Eddas, las sagas y los mitos islandeses.

Además de estas nociones, Hauer defendía otros tres conceptos interrelacionados: el de hallarse «tocado» por lo sagrado, el de contar con la «guía» de una fuerte personalidad, y el de comprender las exigencias de la época. Según pensaba —o esperaba— Hauer, estas tres capacidades debían presentarse juntas en un mismo genio religioso o político instintivamente adaptado al tiempo y el lugar en el que le hubiera tocado vivir —lo que en el caso concreto de Alemania tenía que situarle en el contexto de un aprieto de carácter específicamente étnico—. A todos estos planteamientos, Hauer daba en añadirles una clara simpatía por el darwinismo (y el nietzscheanismo) social, tesis que le llevaba a sostener que debía saber valorarse la «innegable dureza» del mundo —es decir, la inevitabilidad del conflicto, con la sensación de heroísmo que la acompaña, una sensación «que nos permite disfrutar de las pugnas de la existencia, en las que unas veces salimos victoriosos y otras derrotados, conociendo momentos de dicha e instantes de sufrimiento, épocas de dolor y tiempos de deleite, impulsados por la determinación de vivir y la disposición a encajar la muerte». Por medio de una religión basada en la sangre y en el territorio (una noción alemana cansinamente familiar), el *Volk* no podría conseguir que su renovación sintonizara con la idea cristiana de la salvación. Antes al contrario, lo que debía hacer el pueblo era propiciar su revitalización desde su misma médula psicológica.[26]

Aparte de sostener la idea de que únicamente un dirigente político-religioso podía ayudar a los alemanes a encontrar la verdad, Hauer señalaría también varios elementos específicos en los que su fe alemana podía hallar una «satisfacción concreta», a saber, que las grandes figuras de la historia alemana habían sido profetas, que el territorio alemán era el ámbito en el que tenían lugar las revelaciones, que Dios se mostraba favorable a los alemanes y a sus procedimientos históricos y culturales, que la voluntad alemana constituía una peculiar forma de revelación divina, que el combate y la tragedia eran la ley llamada a regir eternamente el destino de los seres humanos, y que todo ello convertía a la patria alemana en una tierra «más próxima al cielo que cualquier paraíso». La «obediencia al líder es la mayor fortuna y proporciona la más dichosa de las paces».[27] Con el tiempo, esta fe, fundamentalmente pagana, acabaría creando toda una serie de símbolos propios, hallando su principal fuerza cohesionadora en una implacable guerra de desgaste contra el cristianismo.[28] Hauer se proponía destruir lo que él llamaba el «cristianismo secularizado», sustituyéndolo por una inquebrantable fe en el Tercer Reich.

En torno a la persona de Hauer evolucionaba un buen número de sectas neopaganas de corte un tanto diferente, de entre las que cabe destacar una forma de nacionalismo extremo marcado por el hecho de proponerse como objetivo la «inmortalidad de la raza o la nación» a través de una ciega adhesión a un puñado de preceptos —singularmente coronados por la idea de que, siendo la muerte individual inevitable, no debía perderse un sólo instante y dedicar todas las energías a procurar el beneficio del *Volk*—. Otra de esas sectas sería la de los unitaristas de Sigrid Hunke, que sostenían que todo el mundo tiene una espiritualidad diferente, pero que, a pesar de ello, la gente debe vivir en comunidades capaces de proporcionar incesantes estímulos a sus creencias, las cuales irían modificándose de ese modo a lo largo de la vida de la persona.

La raíz de todas estas manifestaciones ideológicas se halla en la idea nietzscheana de una «voluntad decidida a conquistar una existencia más fuerte y más alta».[29]

A pesar de que los teólogos protestantes y sus émulos lograran formular tan elocuentes ideas y racionalizaciones (cuyo refinamiento intelectual habría de revelarse frecuentemente espurio) acerca de las prácticas nazis, lo cierto es que, a medida que fuera consolidándose la confianza de los fascistas en el poder, los ataques del Tercer Reich contra el cristianismo comenzarían a mostrar una intensidad creciente. Si en un principio la instrucción religiosa había sido impuesta de manera obligatoria, con el tiempo se declararía opcional la participación de los alumnos en las actividades culturales de sus respectivos colegios, desapareciendo finalmente la religión como materia de examen en las pruebas finales de los institutos. Después se prohibiría a los sacerdotes dar clases de religión. En 1935, según refiere el escritor histórico británico Bryan Moynahan, la Gestapo arrestaría a setecientos pastores protestantes por haber condenado desde el púlpito el neopaganismo nazi. Llegado el año 1937, la Gestapo declararía que la educación de los candidatos a ingresar en la Iglesia de la Confesión era ilegal, y Martin Niemöller, su principal impulsor, sería enviado a un campo de concentración, negándose posteriormente a aceptar que se le liberara, como se le proponía, ya que se exigía a cambio su colaboración.[30] (El auxiliar clínico del campo de Sachsenhausen le consideraría «un hombre de hierro».)

En 1936 comenzaron a producirse asaltos a los monasterios y conventos católicos: se les acusaba de traficar con divisas ilegales y de cometer delitos sexuales. Ese mismo año, los congresos nacionales de Núremberg empezaron a rodearse de un aura pagana, pues tanto los cánticos como los himnos eran un puro pastiche que traía inmediatamente a la memoria las melodías del culto tradicional cristiano:

> *Führer*, mi *führer*
> Tú has sacado a Alemania de la más honda de las aflicciones
> Te doy gracias por el pan de cada día
> Permanece siempre junto a mí, y nunca me abandones
> *Führer*, mi *führer*, tú eres mi fe y mi luz.

Todo esto formaba parte, además, de la iniciativa tendente a «descristianizar» los ritos y festejos de la Alemania nazi. En las bodas, por ejemplo, se bendecía a los novios invocando a «la Madre Tierra, al Padre Cielo y al conjunto de las potencias benéficas del aire», leyéndose en voz alta a continuación diversos extractos salidos de las sagas nórdicas. En los bautizos, el niño era acunado en un escudo teutón, y se le presentaba envuelto en una manta adornada con hojas de roble y cruces gamadas. La celebración de la Navidad —término que fue sustituido por el de «Festividad de Yule»*— quedaría transformada en una «fiesta del solsticio de invierno», fijándose para el evento la fecha del 21 de diciembre. La cruz no llegaría a abolirse en ningún momento. En 1937 se intentó de hecho eliminarla de las aulas de los colegios, pero la medida hubo de ser rescindida (lo cual viene a confirmar quizá que Himmler consideraba que el cristianismo constituía efectivamente la mayor amenaza para el nazismo). El Vaticano enviaba quejas formales a Berlín prácticamente todos los meses, pero el régimen les hacía muy poco caso. Resulta espeluznante cons-

---

* Fiesta religiosa de carácter pagano que acostumbraban a observar los pueblos germánicos en el arranque del invierno y que fue posteriormente asimilada a la Navidad cristiana. (*N. de los t.*)

tatar que algunas de las innovaciones nazis eran en cierto modo un reflejo de lo que ya se había intentado hacer en la Rusia estalinista.

Desde el punto de vista de Hitler, es probable que el mayor logro del fascismo consistiera precisamente en anular el potencial opositor que la Iglesia —de habérselo propuesto— podría haber transformado en actos concretos. Vale la pena resaltar este extremo: en los años en que la fe religiosa fue más necesaria que nunca, ésta demostró no estar a la altura de las circunstancias. Estamos aquí ante una cuestión a la que se le ha dado siempre menos importancia de la que en realidad tiene.

Tercera parte

LA HUMANIDAD EN LA HORA CERO Y DESPUÉS DE ELLA

Capítulo 17

LAS SECUELAS DE LAS SECUELAS

«Nacimos al comienzo de la primera guerra mundial. Siendo todavía adolescentes vivimos la crisis económica de 1929. A los veinte años, Hitler. Después vino la guerra de Etiopía, la guerra civil española y el golpe de Múnich. Esos fueron los cimientos de nuestra educación. Después estalló la segunda guerra mundial, la derrota, y las botas de Hitler en nuestros hogares y ciudades. Nacidos y criados en semejante mundo, ¿en qué podíamos creer? En nada. En nada salvo en la obstinada negación en la que nos habíamos visto obligados a encerrarnos desde el principio. El mundo en el que nos había tocado vivir era un mundo absurdo, y no existía ningún otro en el que pudiésemos refugiarnos ... Si el problema hubiese consistido en el desmoronamiento de una ideología política o en la bancarrota de un sistema de gobierno, todo habría resultado más sencillo. Pero lo que había sucedido brotaba de la raíz misma del hombre y de la sociedad. No existía ninguna duda al respecto, y nos lo confirmaba día tras día no tanto la conducta de los criminales como el comportamiento del hombre corriente ... Ahora que Hitler es cosa del pasado sabemos un cierto número de cosas. La primera de ellas es que el veneno que impregnó en su momento al hitlerismo no ha sido eliminado. Se halla presente en cada uno de nosotros ... Otra de las cosas que hemos aprendido es que no podemos aceptar ninguna concepción optimista de la existencia, ningún final feliz del tipo que sea. Pero si pensamos que el optimismo es estúpido, sabemos también que una actitud pesimista respecto de la acción del hombre entre sus semejantes es cobardía.»[1]

Albert Camus pronunció estas palabras en 1946, en la Universidad Columbia de la ciudad de Nueva York. Camus, un periodista y filósofo francés nacido en Argelia cuyo padre había caído en la primera guerra mundial, un hombre que durante un tiempo había abrazado los ideales del comunismo y el anarquismo, trabajó para el periódico de la Resistencia *Combat* a lo largo de la segunda guerra mundial. En su primera novela, *El extranjero* (publicada en 1942), el personaje principal, Meursault, ha matado a un hombre y está a pocas fechas de su ejecución. En la obra veremos a Meursault reflexionando sobre una de las preocupaciones centrales de Camus: la «absurda» situación que supone el hecho de que una vida tan importante a sus ojos (la suya propia) pueda tener un significado tan nimio, si es que alguno tiene, en el esquema general de las cosas.

Pese a que la charla que diera en la Universidad Columbia fuera de un carácter claramente personal, lo interesante es que también constituye un reflejo fiel de lo que se vivió en esos años en Europa y en Francia, sirviéndonos por tanto para ejemplificar las percepciones de una generación de intelectuales. Atrapado en el caótico e impredecible encadenamiento de sucesos sangrientos catalizados por la guerra de 1914 a 1918, Camus y su generación se vieron sometidos a lo que Jeffrey Isaac ha definido como «una forma particularmente brutal de terapia de choque intelectual». Así lo explicará el escritor y activista Nicola Chiaromonte: «Recuerdo que me obsesionaba por completo un único pensamiento: habíamos llegado a la hora cero de la humanidad y descubierto que la historia carecía de sentido». Ni siquiera los pensadores más conservadores —aquellos que se habían pasado años dirigiendo nuestra atención a las amenazas que suponía, a su juicio, la conjunción del laicismo moderno y la original e infatigable pecaminosidad de los impulsos humanos— conseguían desprenderse de la sensación de que «todo había quedado en el aire», de que las formas en que acostumbrábamos a entender nuestra propia condición —por medio de la pertenencia a la clase, a la comunidad, a la nación, a la Iglesia, a Dios...— resultaban ahora sencillamente inadecuadas frente a los problemas que debía encarar el mundo salido de la última gran contienda.[2]

Chicago no era distinto de París o de Nueva York. La primera vez que el filósofo estadounidense Allan Bloom asistió a la universidad en el Chicago inmediatamente posterior a la segunda guerra mundial, una de las cosas que no tardó en percibir fue que «el pensamiento alemán estaba revolucionando la vida universitaria de Estados Unidos». Por esos años se veneraba a Marx —al menos en Chicago—, pero los dos pensadores que mayor entusiasmo despertaban eran el sociólogo Max Weber y el psicoanalista Sigmund Freud, los cuales habían recibido, a su vez, una profunda influencia de Nietzsche.

No es difícil comprender por qué logró imponerse tan grave pesimis-

mo, rayano con el nihilismo. Las tropas soviéticas habían llegado a Auschwitz el 27 de enero del año anterior. El día 7 de mayo, veinticuatro horas
antes del Día de la Victoria en Europa, y en un boletín especial, la agencia
de noticias soviética Tass había publicado una entrevista con doscientos
supervivientes del campo. El 6 de agosto de ese mismo año se había lan-
zado una bomba atómica sobre Hiroshima, arrojándose otra sobre Nagasaki tres días después. El 15 de octubre se fusilaba por colaboracionista a
Pierre Laval, que había encabezado en dos ocasiones el régimen de Vi-
chy, mientras que Vidkun Quisling, que en 1940 se había aupado al poder
en Noruega tras un golpe de mano respaldado por los nazis, era ejecutado
del mismo modo y por idénticos cargos nueve días más tarde. A principios de 1946 estallaba una guerra civil en China. Por esos mismos meses,
Winston Churchill alertaba de la instauración de un Telón de Acero entre
el Este y el Oeste. En Núremberg y en Tokio se estaban desarrollando los
juicios por crímenes de guerra contra los dirigentes nazis (y diez de ellos
ya habían sido sentenciados a muerte). En la localidad polaca de Kielce
tuvo lugar un pogromo contra los judíos, a pesar de los horrores revelados
en Auschwitz. Por su parte, las tropas francesas habían bombardeado Hai
Phong, al noreste de Vietnam, matando a veinte mil personas.

Como acababa de decir Camus, entre las secuelas más inmediatas de
la segunda guerra mundial, todo este rosario de episodios luctuosos constituía una especie de secuela más, algo así como la continuación de la
enorme cantidad de catastróficos y sangrientos acontecimientos que habían venido encadenándose desde el año 1914. En cualquier caso, aquí
vamos a ocuparnos únicamente de tres de las consecuencias que iba a tener la contienda a largo plazo.

La primera de ellas sería la de la germinación, predominantemente en
Francia, de la filosofía existencial que, pese a haber iniciado su andadura
con las tesis fenomenológicas de Edmund Husserl, había alcanzado su
plena madurez en el hervidero de la guerra y la ocupación. La segunda de
esas consecuencias fue la del vasto cambio que habría de registrarse en la
sociedad estadounidense, un cambio que muy bien pudiera haber llegado
a producirse aun en ausencia de tan cruel contexto, pero que desde luego
se vio precipitado por la guerra. Se ha llamado a esta situación «el giro
permisivo», queriendo significar con ello el desarrollo de todo un conjunto de actitudes y prácticas de carácter mucho más liberal, un brusco salto
adelante en el terreno de la secularización que acabaría por desembocar
en una sustitución bastante rápida de la comprensión religiosa de la sociedad y las gentes por una comprensión de carácter más psicológico. La

tercera consecuencia, por su parte, vino a concretarse en el efecto que ejerció el Holocausto en el pensamiento judío. ¿Cómo un Dios que amaba a su pueblo podía haber permitido que ocurriesen unos hechos tan terribles? ¿Cómo podían seguir siendo judíos los judíos tras la experiencia de los campos de exterminio nazis? ¿Fue el Holocausto el mayor acto nihilista de todos los tiempos? ¿Cuáles habían sido las causas de aquel horror, y cuáles eran sus implicaciones?

Estas tres consecuencias de la segunda guerra mundial eran palabras mayores pues configuraban la esencia de unas preocupaciones que habrían de prolongarse mucho más allá del fin de las hostilidades, moldeando a su modo no sólo el pensamiento y la cultura de la época —tanto en el contexto religioso como en los medios laicos— sino también los de nuestros propios días.

Capítulo 18

LA CALIDEZ DE LOS ACTOS

La respuesta al estallido de la segunda guerra mundial no tuvo nada que ver con la que recibiera en su día la Gran Guerra. No hubo ningún sentimiento de euforia, ningún manifiesto agresivo firmado por una multitud de intelectuales, ninguna avalancha de poetas decididos a alistarse, y desde luego ninguna sensación en el conjunto de la ciudadanía que indujera a la gente a pensar que una nueva conflagración pudiera traer consigo forma alguna de renovación espiritual. Lo que se produjo en cambio fue un estado de cosas al que daría en llamarse la «guerra falsa» y que se inició en septiembre de 1939, después de que la rápida invasión de Polonia, ocurrida en esa fecha, se viera seguida por un período desprovisto de toda actividad de verdadera relevancia militar hasta abril de 1940. Tan grande había sido la aparente calma que muchos de los niños que habían sido evacuados de las principales ciudades de Gran Bretaña habían comenzado a regresar ya a sus casas. Winston Churchill daría en llamarla la «Twilight War», algo así como «guerra crepuscular», mientras que los alemanes, por su parte, optaron por la denominación *Sitzkrieg*, o «guerra de asiento».*

Sin embargo, la segunda guerra mundial iba a producir un cierto número de cambios decisivos en la forma de pensar de la gente, rivalizando en este sentido con las transformaciones que la contienda anterior había generado en el terreno de la sensibilidad.

Con el paso del tiempo, algunas de las ideas que surgieron a raíz del conflicto presentan hoy un aspecto menos sorprendente del que parecie-

---

* Jugando en este sentido con la expresión *Blitzkrieg*, la «guerra relámpago» que había permitido tomar Polonia. (*N. de los t.*)

ron tener en su día. Estas ideas surgirían sintetizadas en el marco de una serie de obras elaboradas con la intención de reevaluar las formas de convivencia que pueden concebir los seres humanos en beneficio de todos —y hemos de decir que, de todos los actos humanos, el de la guerra es quizá el que con mayor frecuencia suscita este tipo de replanteamientos—. Estas obras fueron las tituladas *Capitalismo, socialismo y democracia*, de Joseph Schumpeter (publicada en 1942), en la que el autor argumenta que son los empresarios, y no los capitalistas como tales, los que constituyen la fuerza impulsora del capitalismo; y *Diagnóstico de nuestro tiempo*, de Karl Mannheim, cuyo texto habría de ver la luz al año siguiente —y en el que el autor aboga en favor de la instauración de un nuevo «orden planeado», dado que «no es posible regresar» al viejo capitalismo que, basado en el *laissez-faire*, había dado lugar al crac bursátil de 1929 y a la Gran Depresión subsiguiente—. Después, en 1944, Friedrich von Hayek publicaría su *Camino de servidumbre*, cuyo planteamiento era diametralmente opuesto al anterior, ya que en dicha obra Hayek mantendría que hemos de poner toda nuestra fe en «la mano invisible» y buscar orientación en «el orden social espontáneo», dado que éste había evolucionado por sí mismo con el fin de preservar la paz interna de las naciones y la libertad de los individuos, requisitos sin los cuales no es posible instaurar un solo tipo de vida que resulte satisfactorio. Por su parte, Karl Popper se encargaría de redactar *La sociedad abierta y sus enemigos*, en cuyo texto argumentaba que las soluciones políticas se parecen a las soluciones científicas en el doble hecho de «no ser nunca sino meramente provisionales y de hallarse invariablemente abiertas a la introducción de mejoras». La vida ha de progresar aplicando el método de la prueba y el error, de modo que no hay ninguna «ley de hierro» que rija la historia.

Estos cuatro autores —todos ellos austro-húngaros— tuvieron que dotar de brevedad a sus libros (debido a que el papel estaba racionado), obteniendo en todos los casos un resultado muy contundente en el sentido de ser obras escritas con los pies en la tierra y de carácter muy práctico. Ni la religión ni la salvación hará acto de presencia en ninguna de ellas. Nos encontramos aquí, una vez más, ante uno de esos casos en que haríamos bien en recordar que las pedestres cuestiones de la vida cotidiana son, para muchas personas, bastante más urgentes e imperiosas que los asuntos metafísicos.

El texto de William Temple titulado *Christianity and the Social Order* no tardaría en conferir una carta de naturaleza todavía más clara a este extremo. Temple, que era arzobispo de Canterbury, defendía la idea de que la Iglesia tenía derecho a «intervenir» (es la palabra que él mismo emplea) en todas aquellas cuestiones sociales inevitablemente llamadas a generar consecuencias políticas. En el cuerpo del libro, Temple conferiría a sus observaciones un carácter general (sobre el compañerismo en el puesto de trabajo, sobre la naturaleza de la libertad, etcétera), pero en uno de los apéndices alineará firmemente sus posiciones con las que había defendido poco antes Mannheim en relación con el tema de la planificación. De este modo, abogará en favor de la creación de una Comisión real sobre la vivienda al objeto de determinar la mejor forma de proporcionar a todo el mundo una casa digna —otorgando para ello poderes draconianos a los miembros de la comisión a fin de que éstos pudieran salir al paso de los movimientos vinculados con la especulación del suelo—; también proponía incrementar la edad de la escolarización obligatoria, haciéndola pasar de los catorce a los dieciocho años; defendía la recuperación de los gremios —en cuyas filas debían de hallarse representados los tres estamentos sociales: el de los trabajadores, el de los gestores y el de los capitalistas—; y pedía la instauración de una semana laboral de cinco días, a fin de que todo el mundo dispusiera del suficiente tiempo libre.

Muchas de estas recomendaciones habrían de ser incorporadas, hasta cierto punto, en el documento británico de la *Seguridad Social y sus Servicios Afines* —más conocido con el nombre de Informe Beveridge—. Publicado en noviembre de 1942, este conjunto de propuestas no tardaría en convertirse en el fundamento del moderno Estado del bienestar en el Reino Unido. Sería además una idea destinada a difundirse y a consolidarse una vez finalizada la contienda (de hecho, Bismarck había sido el primero en introducir dichas medidas en la Alemania de finales del siglo XIX).

Al otro lado del océano, y en el preciso instante en el que la guerra comenzaba a experimentar un vuelco favorable a los aliados —es decir, en enero de 1944—, iba a aparecer en cambio un texto notablemente distinto. Me refiero al libro titulado *An American Dilemma: The Negro Problem and Modern Democracy*, cuyo autor fue el científico social sueco Gunnar Myrdal. Perfectamente consciente, como muchos otros ciudadanos de la época, de que eran muy numerosos los negros que estaban combatiendo en Europa y el Pacífico, la pregunta que Myrdal lanzaba a la sociedad era la siguiente: «¿Si lo que se espera de ellos es que se jueguen la vida en pie de igualdad con los blancos, cómo no habrían de disfrutar de esa misma igualdad tras la conflagración?». No era éste el único aguijón con el que se pretendía espolear el avance del movimiento en favor de los derechos civiles, pero desde luego sí que constituyó una de las primeras señales de que la gente estaba empezando a cobrar clara conciencia de los desequilibrios que aquejaban a la sociedad estadounidense. Además, a las preocupaciones relativas a las cuestiones raciales no tardarían en sumarse, en un plazo de tiempo relativamente breve, otras demandas de igualdad para otros grupos minoritarios, en particular los de las mujeres y los homosexuales.

Por consiguiente, la segunda guerra mundial iba a ser un semillero propicio para muchos de los avances sociales que habrían de ir materializándose, a ambos lados del Atlántico, a lo largo de la segunda mitad del siglo XX, avances llamados a concretarse a través de toda una serie de maniobras de carácter plena y exclusivamente laico con las que mucha gente iba a tener la oportunidad, más que en cualquier otra época anterior, de llevar una vida más satisfactoria en todos los ámbitos de la actividad humana. Esto es algo que nunca debemos perder de vista, ya que los pequeños detalles prácticos de la vida cotidiana no son ninguna futilidad.[1]

RESISTENCIA Y RITZKRIEG

Una de las más curiosas paradojas que habrían de darse al término de la segunda guerra mundial sería el hecho de que se tuviese la percepción de que París, una ciudad que había estado tanto tiempo ocupada, fuera una urbe más animada que Londres, que en ningún momento se había visto obligada a sufrir tal afrenta. (A fin de cuentas, la capital francesa se había ahorrado las implacables incursiones aéreas alemanas.) Con ocasión de una visita a Londres, el escritor estadounidense Edmund Wilson diría que había encontrado a la gente sumida en «un profundo estado de decepcionada depresión». Graham Greene llegaría incluso a admitir haber «echado de menos el zumbido de las V1 alemanas». Pese a que París se hallara en bancarrota —situación en la que de hecho se encontraba toda Francia—, la Liberación se había convertido en un potente símbolo de esperanza. Según se decía, por entonces «era un artículo de fe que las ideas habrían de triunfar sobre el "sucio dinero"».

Como es obvio, los franceses sintieron un naturalísimo alivio al ver que los alemanes salían huyendo, y París en particular se vio rápidamente inundado de refinados visitantes anglosajones, ávidos de la cultura parisina de la que tanto tiempo se habían visto privados. Jean Cocteau era la principal atracción del Hotel Saint-Ivo de la calle Jacob, donde se haría célebre por sus monólogos («el discurso oral era su forma de expresión preferida y lo empleaba con el virtuosismo de un acróbata»). Era fácil encontrar a Picasso y a Dora Maar en la calle de los Grands Augustins, en el restaurante Le Catalan, que prácticamente era una extensión del estudio que el artista tenía en esa misma calle. Jean-Paul Sartre y su compañera Simone de Beauvoir acostumbraban a dedicar seis horas al día a la escritura en el Café Flore, o en los Deux Magots, aunque, por el contrario, la Brasserie Lipp, del Boulevard Saint-Germain, se viera durante un tiempo condenada al ostracismo debido a que los platos alsacianos que allí se servían habían resultado ser muy del gusto de los oficiales alemanes.

El otoño del año 1945 asistiría a lo que Antony Beevor y Artemis Cooper denominaron «el gran auge del existencialismo», aunque en realidad se tratara de un período de innovación cultural en todos los sentidos. En esa época iniciaría su andadura una pasmosa cantidad de periódicos y de revistas literarias (pese a que la penuria de papel fuera tan intensa que *Le Monde* tuviera que reducir su formato, que pasó de ser el de un rotativo de gran tamaño a tener las dimensiones de un tabloide, con lo que empezaría a conocérsele como «*Le Demi-Monde*»*). Proliferaban asimismo los teatros, junto con el jazz y los cabarets: Juliette Gréco y Marlene Dietrich se alojaban en el Ritz —en lo que llegaría a conocerse como la «Ritzkrieg»**— en-

* Denominación que juega con el doble sentido de la expresión «*Demi-Monde*», que además de aludir evidentemente al tamaño truncado del diario, pretende ser un guiño crítico, ya que en francés el *demi-monde*, originalmente asociado con las mantenidas, las cortesanas o las prostitutas, ha acabado por designar también el ámbito social en el que éstas acostumbran a desenvolverse, es decir, el «mundo del hampa» o de los «bajos fondos», en los que el periodismo en apuros ha encontrado siempre, desde los tiempos de Benjamin Franklin, un recurso de ventas y una fuente de sucesos. (*N. de los t.*)

** Entre los años 1940 y 1945 los hoteles de lujo alcanzaron una importancia cultural y política sin precedentes, convirtiéndose en el domicilio temporal de ministros, monarcas desplazados, gobiernos en el exilio, líderes militares, impresores extranjeros, y en general «plutócratas y aristócratas». Vale la pena entreabrir siquiera un instante la puerta de ese ambiente al que Matthew Sweet denomina «*Ritzkrieg*» en *The West End Front. The wartime secrets of London's grand hotels*: «Estafadores y timadores, vigorizados por las oportunidades generadas por la guerra, andaban a la caza de nuevas víctimas entre las macetas con palmeras de las salas de recepción. Los abortistas, aprovechando que la contienda incrementaba el número de embarazos no deseados, desarrollaban su negocio tras las cerradas puertas de las habitaciones del hotel. Escritores, poetas, artistas, músicos y prostitutas merodeaban por bares y vestíbulos. ... Una floreciente subcultura homosexual se abría camino entre las botellas de ginebra y de amargo de angostura del Ritz. Los cocineros buscaban a un tiempo los límites de las cartillas de racionamiento y los de su propio ingenio, confeccionando platos con bellotas, nabos y anguilas, y cocinando en los radiadores eléctricos cuando las bombas les dejaban sin gas...». (*N. de los t.*)

tre dos actuaciones de entretenimiento para las tropas que se hallaban en el frente. Estaban también muy en boga las novelas estadounidenses, aprovechando la circunstancia de que ahora no existían trabas para procurárselas. Y todo ocurría en un clima de tal escasez que la gente se aficionó a utilizar boquillas para los cigarrillos como las que se solían usar en los años veinte a fin de poder apurar al máximo sus Gauloises y sus Gitanes. (Cuando Maurice Merleau-Ponty le presentó a Sartre, Juliette Gréco descubrió divertida que el escritor tenía que dejar su pitillera de plata en prenda con los gerentes del Café de Flore, empeñándola a manera de depósito como garantía del posterior pago de la cuenta.)[2]

Sartre acabaría siendo una figura central del «auge existencialista», el cual hallaría su punto de arranque —al menos para el común de los mortales— con una conferencia dada por el filósofo en el Club Maintenant de París en el otoño del año 1945. Aquel acontecimiento no tardaría en ser considerado un suceso de trascendental importancia, y de hecho una de las mejores descripciones que tenemos de él es la que nos ha dejado en su autobiografía el escritor y periodista francés Michel Tournier: «El día 28 de octubre de 1945, Sartre nos reunió a todos. Asistimos a una escena multitudinaria. Una enorme muchedumbre se apretujaba contra las paredes del minúsculo salón de actos. Las salidas quedaron bloqueadas por todos aquellos que no habían conseguido entrar al santuario, así que las mujeres que perdían el conocimiento tuvieron que ser amontonadas en un piano de cola muy apropiado para el caso. Entre un paroxismo de aplausos, el conferenciante fue llevado en volandas entre la multitud y aupado al podio. Toda aquella popularidad debería habernos puesto en guardia. La sospechosa etiqueta de "existencialismo" ya había quedado asociada al nuevo sistema que se venía a preconizar. Y como había avanzado a tientas por los oscuros clubs nocturnos de París, la estrella del momento había atraído a una grotesca fauna formada por cantantes, músicos de jazz, combatientes de la Resistencia, borrachos y estalinistas. Y en definitiva, ¿en qué consistía el existencialismo? Estábamos a punto de averiguarlo. El mensaje de Sartre admitía ser expresado en siete palabras: el existencialismo es una forma de humanismo ... Nos quedamos de una pieza. A nuestro maestro no se le había ocurrido otra cosa que ir a pescar en el montón de basura en el que le habíamos dejado aquella manida y vieja inutilidad del humanismo, apestando aún a sudor y a "vida interior", y ahora la sacaba a pasear junto con la absurda idea del existencialismo como si fuera el inventor de lo uno y lo otro. Y todo el mundo se deshacía en aplausos».[3]

Esto es francamente muy francés: un ameno relato que se las arregla para echar elegantemente por tierra aquello mismo que relata. Sin embargo, las observaciones de Tournier eran bastante ciertas al menos en un punto: y es que, a pesar de que a los ojos de muchos la conferencia de Sartre hubiera supuesto el pistoletazo de salida de una nueva filosofía —así como una nueva forma de tratar de vivir sin Dios—, lo cierto es que, en la práctica, las ideas de las que estaba echando mano llevaban germinando con fuerza en Francia y Alemania desde la década de 1930, creciendo y prosperando incluso durante la contienda, con el resultado, no necesariamente paradójico, de que varios de los más destacados miembros de la Resistencia continuaran leyendo y siguiendo las doctrinas del filósofo alemán Martin Heidegger, tristemente célebre por sus simpatías hacia el nazismo.

Esta forma de pensar había iniciado su andadura, y quizá no tuviese más remedio que hacerlo así, con los sucesivos desastres y catástrofes de la primera y la segunda guerras mundiales, el terror y las purgas de la Rusia estalinista, el desplome bursátil de 1929 y la Gran Depresión subsiguiente, y la guerra civil española y sus horrores, como el bombardeo de Guernica. Sobre este telón de fondo habrá figuras de la talla de Alexandre Kojève, Alexandre Koyré y Georges Bataille que, siguiendo a Heidegger, den en juzgar que el ateísmo tradicional —esto es, el consistente en sustituir a Dios por un conglomerado integrado por el ser humano, la historia, las naciones y los Estados— constituía un «empobrecimiento siniestro». Todos estos autores insistirían también en señalar que sus ideas eran en realidad «contrarias al humanismo». Llegarían a decir incluso que el humanismo era lo que había dado lugar al surgimiento del fascismo. Lo que querían decir con ello era que el humanismo, incluso el humanismo ateo, llevaba aparejada la idea de que el hombre era un fin, un fin *prefijado*, una forma de perfección inmutable creada de antemano. A su juicio, estaba clarísimo que eso no era cierto, pues el hombre sigue aún caminando por la senda de su formación, de modo que lo que había terminado por generar todas aquellas catástrofes había sido la propia idea que nos habíamos hecho de lo que *es* el hombre, el modo en que lo comprendíamos, ya que tanto los dictadores como los demás políticos habían tratado de obligar al hombre a encajar en un molde preconcebido. «Ni los marxistas ni los capitalistas ni los humanistas ... pueden explicar por entero lo que es el género humano, ya que todos estos -ismos no son sino formas incompletas (y posiblemente erróneas) de entendernos a nosotros mismos.»[4]

Kojève y sus colegas habían recibido una notable influencia de la ciencia, especialmente de lo que por entonces eran los últimos desarrollos científicos, es decir, los conseguidos fundamentalmente en los campos de la física, la matemática y la antropología. Todos estos especialistas juzgaban que, en general, la ciencia nos había empobrecido debido a que la «completitud» es una noción inherente al pensamiento científico y matemático. Además, esa noción no sólo constituía en sí misma un factor limitante, así como una metáfora, sino que era, antes que nada, el punto de origen del que procedía la idea de «perfección». Sin embargo, los hallazgos de la física y la matemática —y en concreto el principio de indeterminación de Heisenberg— habían mostrado que no somos distintos de la naturaleza ni nos hallamos separados de ella, puesto que el propio acto de medir algo que se encuentre en el mundo que denominamos «exterior» se ve afectado por nuestra presencia. En cualquier caso, como había dejado sentado el filósofo de origen austríaco Kurt Gödel, hay límites lógicos que circunscriben el alcance de lo que nos es dado conocer. Es más, no existe nada a lo que podamos llamar Naturaleza con «N» mayúscula ni hay ninguna naturaleza *fija*, dado que la ciencia no deja de añadir novedades a nuestra comprensión de lo que es la naturaleza.

Por si no bastara con todo lo anterior, los descubrimientos de la antropología han mostrado que existen grandes diferencias entre las poblaciones humanas, y que las que median entre la forma de entender a Dios de unos y otros pueblos no son precisamente de las menores. Por consiguiente, no hay nada a lo que podamos llamar el *ser*, así en abstracto. El *ser* se da únicamente en un momento temporal concreto y en una ubicación específica, de modo que la sola forma que tenemos de entendernos a nosotros mismos es por medio de la inmediatez de lo concreto —lo que significa que no tenemos acceso a ninguna perspectiva «pura» o privilegiada sobre lo que es la vida, que nos resulta totalmente inevitable observar cuanto nos rodea desde un punto de vista focal—. La cuestión es que todos estos planteamientos derivan, en último término, de las tesis de Heidegger, Husserl y los fenomenólogos.

LA BATALLA DE LA TRANSCENDENCIA

Y según deducían nuestros autores, lo que se desprende de todo esto es que no podemos acceder a lo transcendente. No nos es posible salir del mundo, como diría Heidegger, criterio con el que coincidirían tanto Kojève como sus contemporáneos. No existe «naturaleza» alguna como no sea en interacción con el hombre, el ser humano no puede situarse en modo alguno «fuera» del mundo, lo que quiere decir que la transcendencia resulta simplemente imposible, algo que no se encuentra a nuestro alcance. No existe ninguna teleología, el mundo no se encamina en ninguna dirección. Uno de los objetivos de la vida estriba en lograr superarse a sí misma, pero ni siquiera desde esta perspectiva pueden realizarse generalizaciones, dado que no puede darse consenso alguno sobre la existencia de una *orientación* de carácter global —*ni siquiera en principio*—, ya que los seres humanos no pueden transcender su propia subjetividad.

A lo máximo que podemos aspirar, como diría Emmanuel Lévinas con un práctico neologismo, es a la «excendencia», es decir, a luchar por escapar a nuestra condición. No obstante, incluso este modesto objetivo está cuando menos parcialmente condenado al fracaso —y de hecho Lévinas también habría de abrazar el concepto de la «insuficiencia subjetiva»—, dado que el hombre, el sujeto, no posee el control del significado, de modo que, como ya dijera en su día Paul Valéry, estamos condenados a vivir encerrados en nuestros propios límites y a ser víctimas de la decepción.[5]

Todo esto equivale a un redimensionamiento del ser humano, propósito en el que la violencia había venido a desempeñar un papel decisivo. Antes de que se concretaran los desastres del siglo xx se había dado en pensar que los brotes de violencia se correspondían con lo que el historiador Stefanos Geroulanos de la Universidad de Nueva York ha denominado, con acertada expresión, «los restos de oscuridad» dejados por la Ilustración, ya que se producían en lugares «en los que todavía no había penetrado la luz de la razón». Sin embargo, la brutal violencia del siglo xx —la violencia del Gulag (el sistema penal soviético de trabajos forzados) y de los campos de exterminio del Holocausto, por ejemplo— no admitía ya ser encasillada en esa definición. Desde esta perspectiva, la violencia parecía ser un rasgo ineludible de la sociedad moderna, dado que la razón no es algo que exista con anterioridad al advenimiento del ser humano, sino una realidad que ha de ser *construida*. Y es que, en efecto, nos hallamos «vacíos», la naturaleza humana carece de estabilidad y no existen absolutos, no disponemos de ninguna comprensión idealizada de la humanidad. Hemos de procurarnos toda la posible satisfacción que nos sea dado conseguir aquí, en la Tierra, en el ámbito del estado y con todas las carencias y defectos que dicha situación conlleva, lo cual implica a su vez que nuestra existencia es invariable y constantemente una pugna, o más aún —si no queremos abismarnos en peores catástrofes— *una permanente crítica*.[6]

Sería justamente este conjunto de ideas, a las que en ocasiones se da en asignar el nombre de proto-existencialismo, el que acabara constituyéndose en eje de las preocupaciones de la Resistencia al nazismo durante la segunda guerra mundial. Además de Sartre, había también otros pensadores involucrados en la brega con dichas inquietudes, destacando entre ellos figuras como las de Jean Beaufret, Gaston Fessard y Joseph Rovan. La primera vez que Beaufret entró en contacto con las ideas de Heidegger fue mientras cooperaba con los demás miembros de una red clandestina de la Resistencia conocida con el nombre en clave de «Pericles», en los montes que rodean la ciudad de Lyon. Uno de sus compañeros le regaló un ejemplar de *Ser y tiempo* traducido al francés por Joseph Rovan (el propio Rovan era un destacado miembro del movimiento de la Resistencia y un habilísimo falsificador de documentos de identidad). Beaufret daría a conocer sus ensayos personales sobre la obra de Heidegger en dos publicaciones tituladas *Confluences* y *Fontaine*, que eran, tanto la una como la otra —al igual que *Les Temps modernes* de Sartre—, sendas revistas inspiradas por la Resistencia. Tan imbuido estaría de su «resistencialismo» asociado a la lectura de Heidegger que, el día mismo en que los aliados lanzaban la invasión de Normandía, es decir, el 6 de junio de 1944, Beaufret daría en proclamar que «se reprochaba a sí mismo estar disfrutando más de la comprensión de una parte de lo que Heidegger estaba diciendo que de la noticia del propio desembarco». Una vez más, todo esto es muy francés. Gaston Fessard, un teólogo y filósofo jesuita, había estado difundiendo las doctrinas de Heidegger durante toda la ocupación nazi. Y como bien resume Geroulanos: «Aquellas figuras de la Resistencia no sólo consiguieron conferir nueva legitimidad al estudio del pensamiento de Heidegger, tanto durante la ocupación como después de ella, sino que estaban llamadas a contribuir también a hacer del filósofo alemán ... una de las piedras angulares de la moralidad de la *Résistance*».[7]

Ahora podemos entender mejor el significado de los comentarios realizados por Michel Tournier respecto de la conferencia dada por Sartre el día 28 de octubre de 1945 sobre la idea de que «el existencialismo es un humanismo». En Francia cuando menos, estaba claro que el humanismo había perdido por completo su anterior capacidad de seducción.

Sartre, en cambio, no había perdido la suya. Esto se debió a la notable habilidad demostrada al no exponer su pensamiento únicamente en las revistas académicas, que es la salida habitual de los escritos de carácter filosófico. Sus talentos tenían un radio de acción mucho más amplio, ya que se extendía desde las novelas y las obras de teatro hasta la popular revista *Les Temps modernes*, fundada por Simone de Beauvoir y él mismo. El título de esta última se inspiraba en parte en el de la célebre película de Charles Chaplin, *Tiempos modernos*, pero su comité editorial, encabezado por Sartre, resultaba lo suficientemente impresionante por sí solo como para atraer la atención del público culto. Entre los miembros de dicho comité figuraban personalidades del calibre de Simone de Beauvoir, de Albert Camus o de Maurice Merleau-Ponty como directores de la sección de filosofía, acompañados por Michel Leiris y Raymond Queneau como encargados de la mesa de redacción de poesía y literatura, apoyados por autores de la talla de Raymond Aron y de Jean Paulhan. André Malraux sería invitado a formar parte de tan distinguido grupo, pero él declinaría la oferta. Cabe destacar igualmente, entre otros empeños existencialistas de la época, varias obras de teatro, como por ejemplo la *Sodoma y Gomorra* de Jean Giraudoux, la *Antígona* de Jean Anouilh y el *Calígula* de Albert Camus.

Sin embargo, el «auge del existencialismo» no iba a perdurar demasiado en el París de los años cuarenta. A finales de 1949, los buenos tiempos de Saint-Germain-des-Prés eran ya cosa del pasado. «París puede necesitar una guerra para lanzar al estrellato a uno de sus *quartiers*», bromearía el poeta y guionista Jacques Prévert. En cambio, el legado del existencialismo iba a revelarse más persistente.[8]

LA INTENSIDAD COMO SIGNIFICADO

Pese a que compartiera muchas de las ideas de los artífices de *Les Temps modernes*, André Malraux no pertenecía realmente a este círculo intelectual, en el que también operaban a sus anchas pensadores como Alexandre Kojève y Alexandre Koyré, herederos intelectuales de Heidegger. Malraux era fundamentalmente un hombre de acción que había viajado a Camboya y a China a los veintitantos. Hallándose en el primero de esos dos países había sido arrestado por traficar con unas antigüedades. Más tarde, el juez acabaría por revocar la sentencia, pero eso no le impediría seguir criticando la actitud de las autoridades coloniales galas. En 1930, su padre, que era banquero, se suicidaría tras el desmoronamiento del mercado de valores ocurrido pocos meses antes. A mediados de los años treinta, Malraux luchaba en la guerra civil española. En 1940, durante la segunda guerra mundial, fue hecho prisionero, pero logró huir y unirse a la Resistencia, recibiendo posteriormente condecoraciones tanto por parte del gobierno francés como de las autoridades británicas. En medio de tan agitada peripecia personal, Malraux encontraría no obstante tiempo para escribir, y conseguiría en 1933 el premio Goncourt por *La condición humana*.

Todo este trasfondo biográfico iba a revelarse muy importante para su filosofía que, pese a reflejar un estilo de vida distinto al que acostumbraban a llevar los demás intelectuales del París de los años treinta y de la Francia de la Resistencia, se adecuaba no obstante a los cánones del existencialismo en el que se integraba. Malraux aceptaba la circunstancia de que resultara imposible contar con una idea preestablecida del ser humano, asumiendo por tanto que «la existencia precede a la esencia» —pues tal era el mantra fundamental del existencialismo—, lo que implicaba admitir también la ausencia de todo «modelo de existencia» al que pudiera aspirar el hombre. En cambio, sostenía, hemos de ambicionar dos cosas: a que nuestra vida «deje una marca en la superficie de la Tierra», y a realizar nuestras acciones en compañía de otros individuos —dado que «la acción común establece vínculos igualmente comunes»—. La vida no es sagrada, argumentaba, y tampoco es una posesión, sino «un instrumento cuyo valor depende únicamente de que sea utilizado».[9] Malraux pensaba que la obsesión que hacía girar al individuo en torno de un «mundo interior y de una vida íntima» equivalía sencillamente a seguir una pista falsa. En China había descubierto la existencia de una mentalidad distinta, tan distinta, de hecho, que se preguntaba si podía siquiera hablarse de la «mente humana» en términos puramente abstractos. «El chino, por ejemplo, no se concibe a sí mismo como un individuo, de modo que la idea de "personalidad" le es totalmente ajena. Los chinos se consideran mucho menos distintos de los demás hombres y de los objetos que los occidentales.» Y en cierta medida el propio Malraux compartía este punto de vista.

Dado que la vida carece de una orientación precisa, como era el caso a juicio de Malraux, nuestro autor resolvió que su único sentido «debía de residir necesariamente en la intensidad con la que fuera vivida». «Me es ya imposible concebir a un hombre al margen de su intensidad», solía decir. Y la intensidad viene determinada por la acción, de donde se deduce que el único plan que el mundo alcanzará jamás a reservarnos es aquel que «logremos imponerle temporalmente» con nuestra determinación. A Malraux le resultaba imposible *aceptar* sin más, como hacían Gide y Valéry, que nuestra condición sea absurda. Por eso argumentaba que debemos *rebelarnos* contra esa idea —nada ha de aceptarse sin combate, lo que nos remite a la «constante crítica» de los proto-existencialistas—. Esto también implicaba negarse a aceptar todas las formas de orden, como la representada por la posición que uno dé en ocupar en la sociedad, o como el aparente orden cristalizado en la personalidad —lo que significa que nunca hemos de aceptar que seamos un tipo de persona u otro, ya que todo se halla en permanente cambio—. Coincidía con Gide en que no hay nada más allá de lo inmediato, ninguna forma de comprensión al margen de la experiencia; en que todo aquello que no resulte accesible a la sensación no existe; y en que, por consiguiente, no es posible alcanzar a conocer nada que vaya más allá de la *acción* misma.[10] De esto trata justamente su novela sobre *La condición humana*.

Entre los existencialistas, en cambio, la idea de centrarse en la acción brotaba en parte de la filosofía de Maurice Merleau-Ponty y de su idea de que la conciencia no es una mera función del cerebro, sino el resultado de la actividad del cuerpo entero. Merleau-Ponty, que en sus tiempos de estudiante asistía a conferencias filosóficas en compañía de Jean-Paul Sartre, de Simone de Beauvoir y de Simone Weil, acabaría ejerciendo la docencia en el terreno de la psicología infantil y de la fenomenología, dedicándose a la enseñanza en la Sorbona y en el Colegio de Francia. Merleau-Ponty defendía la doble idea de que el cuerpo pone límites a la experiencia y de que en el ámbito artístico es imposible traducir en palabras la esencia del estilo, es decir, la médula de la realidad de los movimientos físicos que generan los estilos característicos de cada creador —acercándose notablemente en esto a lo que ya dijera Wittgenstein en su momento (véase el capítulo 15)—. El estilo, sostenía, es un producto tan corporal como mental, de modo que si hemos de sentirnos realizados hemos de procurar tanta satisfacción al cuerpo como a la mente. Y son justamente los actos los que consiguen ese doble efecto, por eso resultan tan satisfactorios y nos proporcionan tanta sensación de plenitud.

EL AMOR COMO REFUGIO

Pero regresemos un instante a Malraux. El verdadero dilema al que se enfrentaba era éste: si nuestra acción —esto es, las decisiones que tomamos y los movimientos que hacemos— ha de conservarse «pura» y prístina, ¿cómo hemos de relacionarnos con los demás? La acción y la soledad son dos cosas que van de la mano, ya que la experiencia inmediata de la acción —su intensidad misma— nos distancia de los demás. Y esto es lo que da lugar a la siguiente afirmación: «El amor no supone una solución para la soledad humana, sino un refugio para quien quiere huir de ella».[11] Este planteamiento podría ampliarse diciendo que no hay nada que solucione los misterios de la vida, sólo refugios (temporales) en los que descansar de la constante lucha. De hecho, Malraux llegará incluso a sugerir que la relación con los demás nunca podrá convertirse en un paliativo satisfactorio para nuestra soledad —eso sólo podría conseguirlo la percepción de que existe una razón para el hecho de que nos hallemos sobre el planeta, pero Malraux rechazará a un tiempo la metafísica y la religión, que se ocupan de esas percepciones, considerando que son simplemente dos irrelevantes «centros de rehabilitación»—. Si queremos vivir una vida intensa por medio de la acción, el precio que inevitablemente habremos de pagar es el de la soledad, y éste es justamente uno de los dilemas en que nos vemos inmersos. El otro dilema surge cuando ponderamos la idea de si la acción ha de sacrificar o no su «pureza» en un intento encaminado a conseguir algo que vaya más allá de lo inmediato. Así por ejemplo, al vivir para otros —por valiosa que sea esa entrega a los ojos de quienes hayan de beneficiarse de ella— lo que hacemos es sacrificar la intensidad de nuestra existencia.

El hecho de tener que vivir con el peso de estos dilemas, que constituyen nuestra «angustia existencial», implica que muy a menudo nos veamos obligados a renunciar a nuestra individualidad a fin de adecuarnos a algún modelo concreto que, según imaginamos, habrá de permitirnos gozar de una «perfecta comunicación» con nuestros semejantes, ya sean éstos hombres o mujeres. Sin embargo, esto es una mera ilusión. Motivo por el cual Malraux no dejará de repetir: «El amor no supone una solución para la soledad humana, sino un refugio para quien quiere huir de ella».

Y se trata de una frase que vale la pena reiterar ya que Malraux estaba convencido de que la comunicación interindividual —al menos en la medida en que se juzgaba posible en los viejos tiempos de la religión y la metafísica, es decir, en la época en que las personas creían en la «trascendencia», por ejemplo— no es cosa que se encuentre ya a nuestro alcance. Esto se aprecia claramente, decía Malraux, en el fenómeno del arte moderno, que posee una especie de cualidad sagrada que no deriva del hecho de estar dedicado a Dios sino al arte mismo. «El arte [moderno] es un "sistema cerrado" que nada debe al mundo exterior y el verdadero significado del arte es la lucha en contra de la dominación de ese mundo ... Sería difícil apurar más la libertad humana. Sin embargo, la liberación se ha efectuado al precio de introducir un nuevo tipo de separación entre el hombre y su mundo. Y no me refiero a la escisión derivada del empeño que lleva a la mente a tomar perspectiva respecto de la materia, sino al hecho de que esa misma mente se retire a un mundo *diferente*.»[12]

En otras palabras, el artista está construyendo algo que «resiste» los embates del mundo exterior. Sea hombre o mujer, ese artista nos muestra algo que es producto de su mente y de su cuerpo. Y a nosotros, como espectadores, nos es dado comprender hasta cierto punto lo que ese artista femenino o masculino está intentando conseguir, aunque nunca podamos entenderlo por completo. El arte anterior a la muerte de Dios, digamos un fresco de Rafael, o un óleo de Da Vinci, representaban una serie de temas transcendentales que suscitaban en el público una reacción «común» y compartida. Pero también esto era fruto de una ilusión. Ésa era la opción que elegían hacer suya las personas de la época, lo que nos sitúa frente a otro dilema: ¿por qué decantarse, por una ilusoria sensación de comunidad, o por la fría apreciación de cuanto *no nos es común*?

Malraux pensaba —y actuaba— de acuerdo con su creencia de que el universo no es un enigma cuya clave estemos condenados a encontrar, dado que estaba persuadido de que, de hecho, no hay nada que el universo esté tratando de ocultarnos. Hemos de explorarlo con toda la intensidad que nos sea dado alcanzar, tratando de disfrutar lo mejor que podamos de las experiencias *y de observarnos simultáneamente a nosotros mismos en el acto de la propia experiencia*. En este sentido estamos hasta cierto punto abocados a un fracaso inevitable, pero no importa, debemos seguir esforzándonos al máximo por conseguirlo, puesto que eso es todo cuanto se nos ofrece. Teniendo en cuenta que el universo no se propone ocultarnos nada, la respuesta a la vida es la vida misma, de modo que hemos de asegurarnos de vivirla con la mayor intensidad que podamos. Y si lo que necesitamos es alguna metáfora a la que adecuar nuestra existencia, deberemos comportarnos como los artistas modernos, esto es, creando algo que encuentre justificación en sí mismo y que los demás no puedan entender sino de forma incompleta.

Mejor la inspiración que la persuasión

Pese a que se le conozca fundamentalmente por ser uno de los primeros aviadores y por el cuento de *El principito* (que ha sido traducido a 250 idiomas como mínimo), lo cierto es que Antoine de Saint-Exupéry ganó varios premios literarios, tanto en Francia como en Estados Unidos, y combatió asimismo en el norte de África como miembro de las Fuerzas Aéreas de la Francia Libre durante la segunda guerra mundial (a pesar de superar con mucho la edad pertinente para tal cometido). Sus obras conseguirían el raro mérito de quedar proscritas tanto en la Francia ocupada como en la Francia de la Resistencia (dado que De Gaulle le inspiraba un recelo muy notable). En julio de 1944, Saint-Exupéry desaparecía mientras realizaba un vuelo de reconocimiento sobre el Mediterráneo.

Pese a su talento literario, Saint-Exupéry no sentía ninguna especial debilidad por los hombres de letras. Al igual que Malraux, también él creía en la acción. «El papel del espectador ha sido siempre mi mayor pesadilla», afirmaba. «¿En qué me convierto si no tomo parte en lo que ocurre? Si quiero ser, debo participar.» Dado que el universo no es racional, decía, «se nos revela por medio de la acción, no a través del pensamiento». Creía que en el «hombre no hay ningún "interior", ya se entienda éste como un yacimiento de verdades "innatas", como un receptáculo de los hechos de que tenemos noticia gracias a la percepción y la razón, o como un conjunto de características claramente definidas». Coincidía asimismo con Malraux —y así habría de mostrarlo por medio de Robineau, uno de los personajes de *Vuelo nocturno*— en que «la acción y la felicidad individual no pueden compartirse». A lo largo de la historia, a su juicio, sólo había habido dos medios de responder a la «descomposición espiritual» de la sociedad burguesa: el amor y la religión. Sin embargo, ambas respuestas resultaban alienantes. «Amar, amar y nada más —¡menudo callejón sin salida!»[13]

La religión contemporánea, exclamaba Saint-Exupéry, no está segura de sí misma, del mensaje que brinda ni de la luz que ofrece, y lo mismo le ocurre al escepticismo. «[Jacques] Bernis [un personaje de *El aviador*] franquea el pórtico de una iglesia para atender a un sermón que se le antoja similar a un grito de llamada que hubiera abandonado mucho tiempo atrás toda expectativa de respuesta.» Esperar que se responda a una pregunta es la forma equivocada de situarse ante el mundo. Lo que Saint-Exupéry nos está diciendo aquí es que la vida no es aquello que poseemos, sino lo que *conquistamos* —y lo afirma además en sentido literal—. En *Piloto de guerra* nos ofrece este comentario: «La angustia se debe a la pérdida de una identidad real, y la acción es el único medio de recuperar la identidad». Además, admite que esta convicción se basa sólo en su propia experiencia. En la calma que precede a su despegue en dirección a Arrás (la ciudad en la que ha de realizar una incursión en *Piloto de guerra*) refiere tener la sensación de estar aguardando a un «yo desconocido» que, según percibe, «se le aproxima desde el exterior, como un espectro». Al regresar a la base, una vez cumplida la misión, ese «yo desconocido» deja de constituir un misterio, pues ha tenido ocasión de entrever un poco mejor la realidad de su propio ser a través de los hechos que acaba de protagonizar. «El humanismo», gustaba de afirmar Saint-Exupéry, «ha hecho muy poco caso de los hechos». La cultura y el refinamiento no es algo que se adquiera a través de la contemplación, sino por medio del enriquecimiento personal que nos aporta la acción, la realización de hechos. «No hay existencia que no sea un contacto con las cosas.»[14]

Y la «vida», además, no se reduce a una realidad única, ya que los seres humanos *redefinimos* constantemente lo que es por medio de nuestras acciones. El ideal de Saint-Exupéry, su modelo, no es el de un gran escritor o filósofo, sino el de Hochedé, un hombre ordinario, uno de los camaradas pilotos con los que compartió riesgos y alegrías durante la guerra. Hochedé carece de una verdadera vida interior, nos dice Saint-Exupéry, es «pura existencia» —en el sentido de que sus actos y su identidad son una sola y misma cosa—. El autor de *El principito* nos ha dejado escrito un testimonio en el que refiere que él mismo tuvo ocasión de experimentar esa comunión, sólo una vez, y por un brevísimo espacio de tiempo: al sobrevolar la ciudad de Arrás en misión de combate. Allí, en el fragor del intercambio de ráfagas con el enemigo, «habita uno sus propios actos ... Se es los propios actos ... Deja uno de ver otra cosa en sí mismo». A juicio de Saint-Exupéry, en esto consistía el puro ser, la plenitud, la transcendencia, alumbrando así un concepto que según Everett Knight resulta bastante novedoso para nuestra civilización. «Hochedé ... no tendría la menor idea de cómo arrojar alguna luz sobre su propia persona. Sin embargo, es un hombre consumado, completo ... Por regla general, acostumbramos a pensar que un hombre "cabal" es aquel que de algún modo ha encontrado el tiempo necesario para perfeccionar tanto sus facultades mentales como sus aptitudes físicas, que es a un tiempo filósofo y campesino, o estadista y soldado. Hochedé, sin embargo, no tiene vida "interior", y pese a ello no echa nada en falta, puesto que lo que realmente existe, existe en las cosas exteriores a nosotros, que son comprensibles en sí mismas.»[15]

Como decía Malraux —y en esto Saint-Exupéry se mostraría de acuerdo—, el universo no nos oculta ningún secreto, no nos esconde nada, no existe misterio alguno que el pensamiento deba venir a «rescatar». Y ésta es la razón de que si alcanzamos la plenitud, o la realización, lo hagamos antes por medio de los hechos que de la reflexión.

No obstante, Saint-Exupéry habría de llevar esta idea a sus últimas consecuencias, argumentando que, al no existir absolutos, hemos de sustituir la idea del *deber hacia alguien* por la de *asumir la responsabilidad de algo*. Esto no es un puro afán de buscarle tres pies al gato. El deber implica aceptar una finalidad teleológica, hacer nuestras unas obligaciones impuestas por terceras personas —ya sean los antepasados o Dios, por ejemplo—, y constituye en consecuencia una negación de nuestra libertad. La responsabilidad, en cambio, lleva aparejada la libertad que falta en el deber, pues a diferencia de éste, somos nosotros quienes *elegimos* de quién y de qué nos hacemos responsables. Eso es lo que Saint-Exupéry aprendería en el transcurso de su misión aérea sobre la ciudad de Arrás, desarrollando más tarde las consecuencias de esa comprensión en las páginas finales de su *Piloto de guerra*. «La fraternidad que hizo de esta patrulla aérea un único organismo ha de hacerse extensiva a grupos cada vez más grandes. Los hombres, que un día fueron hermanos en Dios, habrán de reencontrar hoy esa fraternidad en los hombres mismos. La fraternidad de la acción debe reemplazar a la del origen común. El sacrificio ha de sustituir a la posesión.»

Ésta es la filosofía que asume otra obra suya, en este caso la titulada *Ciudadela*. En ella nuestro autor sostiene que la mente no es un «recipiente», un mero receptáculo de hechos y recuerdos, sino *un acto*. El mundo no es racional, sino inagotable, y esta misma cualidad hace que la adquisición carezca de sentido, que sea, de nuevo, una pista falsa. En *Ciudadela* Saint-Exupéry nos muestra «las falacias inherentes a "las enormes ansias de posesión" que nos invaden, ya se trate de bienes para el cuerpo o de principios para la mente. La vida es un "movimiento que se orienta en una determinada dirección", no un pretexto para la posesión de objetos materiales. La felicidad reside en la "calidez de las acciones", y la civilización hunde sus cimientos en lo que arrebata a las personas, no en lo que les proporciona. La vida es una creación permanente».[16]

Como ya les sucediera a Kojève y a Koyré en la década de 1930, también en Saint-Exupéry habrían de influir notablemente los progresos logrados en el campo de las ciencias físicas durante el período de entreguerras. «Todo aquel que se proponga comprender la vida tratando de penetrar más allá de lo que nos es inmediatamente dado viene a encontrarse en cierto modo en la misma tesitura que el físico que estudia un conjunto de fenómenos tan diminutos que todo intento de observarlos de manera directa determina un cambio en su comportamiento ... No se consigue nada de provecho haciendo de la vida un objeto de estudio, ya

que no hay nada "tras" ella ni "más allá" de ella ... Los esfuerzos destinados a "poseer" la vida en la encapsulada forma de un conjunto de principios asimilables por la inteligencia están, por consiguiente, tan condenados al fracaso como los del pequeño burgués que se empeña en
poseerla de otra forma: la de los bienes que aquella nos brinda ... La vida
no es como el enigma de la Esfinge, de cuya resolución pende nuestra
salvación ... El lenguaje no resuelve la ambigüedad de la vida, forma
parte de ella.»

Uno de los personajes de *Ciudadela* se regocija de que Dios deba seguir siendo inaccesible, ya que de lo contrario «yo mismo habría llegado
al término de mi devenir ... Los hombres dejan de evolucionar cuando
encuentran una solución».[17]

El «quebrantado mundo» en el que hemos nacido ha de volver a re-
componerse de algún modo, aunque recordando en todo momento que no
hay «principios eternos» en los que podamos basar nuestra labor. A lo
largo de todo el texto de *Ciudadela* se irán haciendo referencias a la «catedral», al «Imperio», a la «hacienda rústica», elementos todos ellos que,
además de la suma de sus partes, contienen algo de lo que Saint-Exupéry
denomina «el nudo divino», o «el significado de las cosas», una entidad
intangible que transforma las cosas y las palabras, unas cosas y unas palabras que de otro modo quedarían reducidas a la simple condición de objetos cotidianos. Saint-Exupéry compara la poesía, y las palabras corrientes
de que está compuesta, con una catedral y las vulgares piedras de sillería
con la que ha sido construida. Además, nuestro autor contempla la poesía
y las catedrales con los mismos ojos que los fenomenólogos, es decir, no
como ejemplos de una u otra teoría, sino como acontecimientos, como el
magnífico resultado de un conjunto de actos, de *esfuerzos* encaminados
«a inspirar en vez de a persuadir».

UNA VIDA SIN EXCUSAS

Como ya dijera en su día Walter Kaufmann, los escritos de Sartre
muestran desde el primer momento el sello de sus experiencias humanas.
Sartre es un hombre al que habrán de afectar sobremanera los acontecí-
mientos de los años treinta: el desempleo generalizado y la Gran Depresión, el auge del fascismo en Alemania e Italia, las purgas y el terror de la
Rusia de Stalin... Además, Sartre lucharía como simple soldado en la segunda guerra mundial, combatiendo a las tropas de Hitler. También él, al

igual que Malraux, sería capturado y lograría huir, regresando a París e ingresando en las filas de la Resistencia.

Esta serie de sucesos iba a moldear su pensamiento. Sin embargo, varios compatriotas suyos habrían de criticarle diciendo que su filosofía era una filosofía de segunda mano, una especie de pálida imitación de la obra de Martin Heidegger. Pese a ser cierto que los planteamientos de Heidegger son anteriores a los de Sartre y que se solapan notablemente con los del filósofo galo, también es verdad que, para muchos, Sartre fue, de lejos, el más claro exponente del existencialismo, y no sólo en sus ensayos, sino también en sus novelas y en sus obras de teatro, dado que toda esta producción literaria iba a lograr atraer a un número de personas muy superior al de la densa, y de hecho frecuentemente impenetrable, prosa de Heidegger. Y en este sentido, es obvio que Sartre entra, mucho más que el pensador germano, dentro de la tradición de excelencia que reconoce a unos cuantos escritores el talento de saber situarse en la encrucijada de la filosofía y la literatura, como ocurre por ejemplo con Montaigne, Pascal, Voltaire, Rousseau...[18]

La claridad expositiva de Sartre comienza al manifestar éste que no se predica de un hombre su homosexualidad o su condición de camarero o de cobarde del mismo modo que se afirma que su estatura es de un metro ochenta o que sus cabellos son rubios. «El quid de la cuestión nos lo sugiere la existencia de palabras como posibilidad, elección o decisión. Si mido un metro ochenta, eso es lo que hay. Es un hecho cuya índole no difiere de la circunstancia de que la mesa tenga, digamos, sesenta centímetros de altura. Sin embargo, ser camarero o cobarde es diferente, dado que ambas realidades dependen de un conjunto de decisiones constantemente renovadas.» En su ensayo titulado *Retrato del antisemita*, Sartre vuelve a mostrarnos que un hombre no es antisemita de la misma manera que es rubio: elige ser antisemita «porque teme la libertad, la apertura y el cambio y porque anhela ser tan sólido como una cosa. Quiere tener una identidad, desea ser una cosa a la manera en que lo es una mesa o una roca».[19] El eco de las ideas de Gide se percibe aquí con notable intensidad (véase el capítulo 3).

La forma en que Sartre elige en esta obra los casos con que decide ilustrarla resulta muy instructiva, ya que nos muestra hasta qué punto su pensamiento se vio afectado por la guerra: lo percibimos con toda claridad al constatar que apunta a la cobardía, por ejemplo, o al observar la situación que selecciona como tema de disertación en su charla titulada «El existencialismo es un humanismo», a la que nos hemos referido anteriormente. En dicha conferencia, Sartre aborda un suceso relacionado con un joven francés que, en un determinado punto de la guerra, se revela incapaz de decidir si ha de permanecer en casa, en la Francia ocupada, y transformarse en un colaboracionista a fin de poder cuidar de su madre enferma, que le necesita desesperadamente, o si debe partir a Inglaterra, por el contrario, uniéndose a los miembros de la Francia Libre que un día —o así lo espera y lo supone— estarán llamados a contribuir a la liberación de su país. El joven había pedido consejo a Sartre, y a pesar de que el filósofo no nos diga de hecho cuál fue el consejo que le dio, lo cierto es que expone de tal manera los argumentos en favor y en contra de ambas soluciones que no resulta nada difícil comprender cuál fue en último término su postura.

En la charla a la que nos venimos refiriendo, Sartre comienza exponiendo la doctrina principal del existencialismo, resumida en una frase que ya antes hemos traído a colación: «la existencia precede a la esencia». A juicio de Sartre, siempre existe, en el fondo, «la posibilidad de elegir», y esto es crucial. Cuando vemos un abrecartas, dice, sabemos que hubo alguien que lo fabricó y que el artesano que lo hizo tenía en mente la idea de un abrecartas antes de comenzar a crearlo. «Es imposible suponer que un hombre pudiera hacer un abrecartas sin saber a qué uso estaba destinado ese instrumento.» Basándonos en esto, continúa, podemos pensar en Dios —al igual que hacen los creyentes— como en una especie de «artesano sobrenatural». Cuando Dios crea, «sabe exactamente lo que está creando».[20] Incluso después de la muerte de Dios, prosigue el filósofo, en el ateísmo filosófico del siglo XVIII que suprime la idea de lo divino, perdura la noción de «naturaleza humana» —una naturaleza humana entendida como algo fijo, universal, presente en todos y cada uno de los hombres—. Fue justamente esta concepción de una naturaleza humana fija, afirma —coincidiendo en esto con los proto-existencialistas—, la que dio lugar al surgimiento del fascismo. Y al igual que Gide, que Malraux y que Saint-Exupéry, también Sartre rechazará esta idea de una naturaleza humana inmutable.

Si Dios no existe, «se hace necesario llevar a sus últimas consecuencias la afirmación de tal ausencia». Y de esta forma se saca, cuando menos, una conclusión: «No estamos en modo alguno obligados a pensar que exista "el bien", que debamos ser honrados o que tengamos que abstenernos de mentir, dado que ahora estamos dando por supuesto que todo lo que existe es el hombre ... Y ello porque si es efectivamente cierto que la existencia precede a la esencia, nunca conseguiremos explicar nuestras acciones remitiéndonos a una naturaleza humana dada y específica. En otras palabras: no existe ningún determinismo. El hombre es libre, el hombre *es* libertad».

En el caso del joven desgarrado por el dilema que le insta por un lado a permanecer junto a su madre, arriesgándose a que le cuelguen la etiqueta de «colaboracionista», y a partir, por otro, en dirección a Gran Bretaña a fin de unirse a los combatientes de la Francia Libre, dos son las cosas que Sartre tiene que decir. Se alía en esto con los pragmatistas al argumentar que si el joven se queda junto a su madre no lo hará movido por sentir un «profundo amor» hacia ella en lo más íntimo de su ser, sino que será el hecho de quedarse lo que muestre su «amor filial»: tiene ante sí una disyuntiva, y al optar por una de las dos posibilidades habrá convertido en *comportamiento* sus valores —«el sentimiento se construye con los actos que uno realiza ... No puedo ni buscar en mí el estado auténtico que me empujará a actuar, ni esperar de una cierta ética los conceptos que habrán de permitirme actuar ... Si uno busca consejo —el de un sacerdote por ejemplo—, la cuestión es que ya ha elegido a ese sacerdote y sabe más o menos, en el fondo, lo que el clérigo le va a aconsejar ... Somos libres, así que elijamos, es decir, *inventemos*.* Ninguna moral general puede indicarnos lo que es necesario hacer»—.[21] Los valores del joven no tendrán existencia efectiva hasta el preciso instante en el que actúe.

Sin embargo, Sartre también dirá que, al actuar, al *elegir*, debemos hacerlo sabiendo que estamos solos, y que al mismo tiempo no lo estamos. «En realidad, las cosas serán tal como los hombres decidan que han de ser ... El hombre no es nada más que lo que se proponga, existe únicamente en la medida en que se realiza y no es por tanto más que el conjunto de sus actos ... Permanecen en mí, sin empleo, pero enteramente viables, toda una serie de capacidades, de inclinaciones y de posibilidades que me otorgan un valor que jamás alcanzaría a inferirse de la simple serie de mis actos ... Sin embargo, para el existencialista, no hay otro amor que el que se construye con gestos de amor, no hay más posibilidad de amor que la que se manifiesta en el acto de amar, no hay más genio que el que alcanza a expresarse en las obras de arte ..., sólo en la realidad puede confiarse ..., el cobarde se hace cobarde a sí mismo y el héroe se hace héroe.»

Pero *hay* no obstante una universalidad humana, añade más adelante, «aunque no es algo dado, sino algo que ha de ser perpetuamente construi-

---

* La cursiva es mía. (*N. del a.*).

do». Esto último se debe al hecho de que todos somos conscientes de que existen propósitos, proyectos en el mundo, y de que hay también otras personas que pueden alimentar proyectos idénticos o similares al nuestro, o aun tener propósitos por completo diferentes, circunstancias todas ellas de las que somos igualmente conscientes. Sartre denomina a esto «intersubjetividad», y señala que es algo que influye en nuestras decisiones morales. Dichas decisiones morales pueden compararse con la elaboración de las obras de arte, en el doble sentido de que las obras de arte son el resultado de un conjunto de acciones y de que al realizar una obra de arte nadie cuestiona por qué hemos dado en efectuar *esa* obra de arte y no otra. Nuestro autor subraya entonces que ésa es la razón de que el existencialismo sea un humanismo, dado que permite que la libertad haya de querer vivirse *en comunidad*, que deba lograrse, conquistarse, ser fruto de nuestros actos. Si quiero que mis proyectos sean absolutamente libres, si deseo que mis decisiones, mis elecciones, sean totalmente mías, entonces deberé aceptar que todos los demás seres humanos sean también libres por completo. De otro modo, la libertad sería una contradicción en los términos.

Por consiguiente —y esto nos conduce de nuevo al dilema que acuciaba al joven de la Francia ocupada—, las decisiones que tomamos, aun en el caso de que no vengan forzadas en manera alguna, han de tomarse con plena conciencia de lo que le ocurriría a la sociedad, a la comunidad, si todo el mundo tomase esa misma decisión. Si el joven de nuestro ejemplo convirtiese en *actos* el amor que siente hacia su madre, cosa que es muy libre de hacer —si así lo elige él mismo—, ¿cuáles serían las consecuencias de dicha acción en caso de que fuesen de aplicación universal? ¿Gozamos de verdadera libertad para tomar esta clase de decisiones? Sí, pero habrá consecuencias que no necesariamente alcanzamos a prever.

Tanto entonces como ahora, siempre han sido muchas las personas que han considerado que el existencialismo es una doctrina tan trágica como pesimista. El primer reproche responde a una realidad, pero no el segundo. «La vida», gustaba de decir Sartre, «comienza con los más agudos extremos de desesperación ... Trabajemos con diligencia en favor de nuestra propia salvación», siendo en este caso «*diligencia*» la palabra clave. La vida es seria y nuestras decisiones cuentan, quizá no siempre de forma inmediata, pero sí al final. «Todas las excusas humanas son inaceptables; no hay dioses que sean responsables de nuestra condición; no existe el pecado original; no hay amparo en lo heredado ni en el contexto; no hay raza ni casta ni padre ni madre; no hay educaciones desacertadas;

no hay institutrices; no hay profesores; no existen siquiera los impulsos ni las disposiciones, no valen ni los complejos ni los traumas infantiles. El hombre es libre; pero su libertad no es como la gloriosa libertad de la Ilustración; ha dejado de ser un don de Dios. Una vez más, el hombre vuelve a hallarse solo en el universo, vuelve a ser el único responsable de su condición, con muchas probabilidades de quedarse en una posición humilde y precaria, pero libre de viajar más allá de las estrellas.»[22]

Por absurda y trágica que sea la situación del hombre, no por eso quedan descartadas la integridad, la nobleza, el valor o el esfuerzo. Estos elementos constituyen diferentes formas de *desafiar* al mundo, formas de estar en él y de cobrar gozosa conciencia de hallarnos en él. No cabe poner excusas.

EL DESDÉN Y LOS ESPACIOS VITALES DE LIBERTAD

La última reflexión de este capítulo nos devuelve a Albert Camus, que en su libro de pensamientos titulado *El mito de Sísifo* (publicado en 1942) se detiene a examinar la figura de la persona que a juicio de Homero era el más sabio y el más prudente de los mortales, aunque a los ojos de sus semejantes no fuera más que un salteador de caminos y que, debido a varias desdichadas peripecias, se había visto condenado a empujar una enorme piedra hasta lo más alto de una loma, desde la cual la piedra volvía a caer rodando ladera abajo hasta llegar nuevamente al punto de partida, donde Sísifo se veía perpetuamente obligado a reanudar sus esfuerzos.

Este relato es, en sí mismo, una metáfora bastante obvia de las pruebas a que nos somete la vida, pero lo que le interesaba a Camus eran tanto los breves interludios en los que Sísifo se veía libre de su carga como los pensamientos que le asaltaban mientras el peñasco regresaba rodando al pie del monte. En otras palabras: Camus se proponía penetrar en las reflexiones que probablemente le llevaban a preguntarse de qué manera le había conducido la vida —o las decisiones que él mismo había tomado— a verse en semejante brete. Camus juzgaba que la respuesta al apuro era el desdén. Que por muy desalentador que fuera el destino, por eterna que resultara la carga a sobrellevar, por espantosas que revelaran ser las pruebas de la existencia, siempre habría espacios para tomar aliento: y en eso consiste la felicidad, en eso radica la libertad, cuya médula se resume en resultar de una serie de decisiones y de actos que generan consecuencias. No todas las consecuencias serán buenas ni gratificantes, pero debemos despreciar las que no lo sean y saborear las que sí lo son, dándonos así a nosotros mismos breves instantes de respiro.

Vivamos con las consecuencias de nuestros actos y disfrutemos de la calidez que crean. El único calor que podemos esperar hallar en este frío e indiferente universo es aquel que nosotros mismos alcancemos a generar. Y en eso consiste una obra de arte, en eso reside la esencia de una vida levantada con nuestras propias manos, de una vida plena: en la calidez de los actos.

Capítulo 19

LA GUERRA, EL MODO DE VIDA AMERICANO Y LA DECADENCIA DEL PECADO ORIGINAL

Los éxitos conseguidos durante los años de la conflagración, los que alumbraron la bomba atómica, el radar y la penicilina, constituían grandes promesas para el tiempo de paz, generando así tanto una sensación de optimismo como la confianza de que las aplicaciones prácticas de la ciencia no tardarían en posibilitar la obtención de mejoras en una amplísima gama de actividades. El prestigio de la ciencia se contagió en parte a las disciplinas de carácter social, a la psicología en particular y a la capacidad profesional en general, pero nada de esto impediría que siguieran produciéndose cambios en la sociedad. Sería Alan Petigny el primero en identificar «el giro permisivo» que se instauró en la sociedad estadounidense a lo largo de la década de 1940, un giro fundamentalmente consistente en un desafío a los habituales puntos de vista con los que la tradición y la religión decidían cómo debía organizarse la forma de vida de la gente.

Pese a que lo lógico sería que estuviéramos dedicando estas líneas a dar cuenta del «giro psicológico» ocurrido en todo el Occidente, pero especialmente en Estados Unidos, como consecuencia de la guerra, cometeríamos un gran error si pasáramos por alto los pasos iniciales dados en esa dirección. La Facultad de Medicina Tufts estableció el primer curso de psicoterapia de Estados Unidos nada menos que en 1909, año en el que el país asistiría también a la fundación del Comité Nacional para la Higiene Mental. En 1908, el movimiento episcopal organizado en torno a la Iglesia Emmanuel de Boston había puesto en marcha una revista —*Psychotherapy*— en la que se publicaban artículos de teólogos, neurocientíficos, discípulos de Freud y filósofos. Había personas que ya empezaban a hablar incluso de «autorrealización» en lugar de insistir en la vieja noción de «autocontrol». En 1924, la revista *Atlantic Monthly* señalaría el surgimiento de lo que llamaba «una reactivación psicológica», enumerando una inmensa cantidad de libros sobre cuestiones psicológicas y vida sexual, psicología y eficacia empresarial, psicología y religión cristiana, psicología y paternidad, psicología y prédica religiosa, e incluso psicología y seguros o psicología y golf.[1]

El estudio sociológico titulado *Middletown* (del que ya hemos hablado anteriormente) descubriría, entre otras muchas cosas, que los habitantes de la pequeña población estudiada habían consultado veintiséis veces más libros de psicología y filosofía en 1923 que en 1903. Por otra parte, aunque en esos mismos años, en la iglesia de Riverside, en Nueva York, el controvertido pastor protestante y liberal Harry Emerson Fosdick dejaba constancia escrita de que lo que más le interesaba no era pronunciar sermones sino dedicarse al asesoramiento psicológico. Además, los temas predilectos de sus alocuciones desde el púlpito eran, entre otros, los siguientes: «el dominio de la depresión, la conquista del miedo, la superación de la ansiedad o los gozos de la autorrealización». El objetivo de los servicios pastorales consistía en provocar un cambio, decía, un cambio que hiciera pasar la actitud de los fieles de la «adaptación» a la «autorrealización» —era el inicio de «una nueva era en la historia del cuidado de las almas».

En el año 1939 se produciría un nuevo cambio al publicar Rollo May un libro titulado *The Art of Counselling*. La diferencia consistía en que la obra no se basaba en las habituales tradiciones estadounidenses, sino en las obras de los analistas europeos del momento: Freud, Jung, Rank y Adler. May era un joven sacerdote protestante que se había formado tanto en la clínica que Adler tenía en Viena como en el neoyorquino Seminario Teológico de la Unión. May estaba convencido de que los hombres y las mujeres eran seres «finitos, imperfectos y limitados», que el asesoramiento psicológico constituía un encuentro entre seres humanos que tenía tanto de relación moral como de experiencia psicológica, y que toda terapia que no tuviese en cuenta los «impulsos subconscientes» no pasaría de ser meramente «superficial».[2]

PROPICIAR LA COMPRENSIÓN DE UNO MISMO, NO LA AUTOMORTIFICACIÓN

Es posible que en la actualidad no haya quedado en nuestra memoria una huella tan clara de Joshua Loth Liebman como la que nos han dejado otros escritores coetáneos a él (entre otras cosas porque falleció joven, en 1948, con 41 años), pero lo cierto es que en su época era un autor tan leído como el que más. Su *Peace of Mind*, publicada en 1946, figuraría 58 semanas seguidas en lo más alto de la lista de libros más vendidos del *New York Times*, cifra récord durante varios años —superada en 1952 por el *El poder del pensamiento tenaz* de Norman Vincent Peale (véase más adelante en este mismo capítulo)—. En su obra, Liebman, un rabino de Boston, comenzaba centrando la atención del lector en las deficiencias que lastraban tanto a la religión como a la psicología. Son muchos los libros religiosos, decía, que únicamente han conseguido hacer que la gente tenga la sensación de ser más culpable y más pecadora que antes de leerlos, mientras que, por su parte, hay también un gran número de textos psicológicos que, pese a tratar de reconfortar a quien recorre sus páginas, no logran, de hecho, sino hacer que las personas se consideren anormales y pasen a juzgar su caso particular con los ojos de una «historia clínica». El propósito que deseaba concretar en su *Peace of Mind*, afirmaba, consistía en explicar lo que la psicología moderna había alcanzado a descubrir acerca de la naturaleza humana, con independencia de lo que hubiese dicho la religión al respecto —incluyendo el análisis de los motivos que determinaban que la gente perdiera la fe.

Todo el mundo desea la salvación, argumentaba, pero «la contemplación del fuero interno» no es tarea fácil. Tradicionalmente, la religión había disfrutado del monopolio de esta clase de cuestiones, exponiendo en exclusiva las distintas formas de lograr tal objetivo, pero durante el medio siglo inmediatamente anterior a la segunda guerra mundial —de acuerdo con un proceso «que se había acelerado muy notablemente en el transcurso de la última década»— había empezado «a desarrollarse un nuevo método para penetrar en los más íntimos recovecos de las alteraciones psicológicas y emocionales que amenazan la paz de espíritu del ser humano». Las técnicas freudianas, sostenía, resultaban tan chocantes, tan poco halagadoras, que a mucha gente le asustaba la idea de recurrir a ellas. Como todas las demás ciencias, la psicología no se proponía lograr ningún objetivo moral, no aspiraba a convertirse en una filosofía de vida. Por consiguiente, no era más que una llave para acceder al templo, según él mismo decía, y no el templo mismo. Era preciso complementarla por medio de la religión.[3]

Sin embargo, la religión también tenía fallos, y así lo admitía el propio Liebman. Y la razón de que los tuviera se debía al hecho de que la religión fuera anterior a la ciencia, y en particular a la circunstancia de que hubiese sido formulada antes de que se verificara la revolución psicológica. No tenía inconveniente en aceptar que eran muchas las personas que pensaban que el radio de acción de la religión había menguado tras los violentos ataques de la ciencia, siendo también muy numerosas las que se sentían preocupadas al pensar que su alcance pudiera reducirse todavía más a causa de la revolución psicológica. No obstante, Liebman señalaba que «los más sabios líderes religiosos de nuestro tiempo están empezando a comprender que es falaz identificar la verdad con las petrificadas nociones del pasado ... La religión no ha de vacilar en recurrir al microscopio de la psicología, aprovechando su honda capacidad de análisis de la mente humana». Liebman no creía que se abriera realmente entre la psicología y la religión el abismo que algunos afirmaban que existía, dado que el objetivo que se proponía Freud era de índole espiritual, «aunque es posible que ni él mismo fuese consciente de ello». De hecho, en la psicoterapia, el hombre y Dios se fundían en una misma realidad, motivo por el cual «no existía en modo alguno el peligro» de que la psiquiatría pudiera llegar a desbancar un día a la religión, del mismo modo que tampoco la religión contaba ya con la posibilidad de «hacer retroceder la ascendente marea del conocimiento psicológico».[4]

Pese a sus muchos y maravillosos logros, decía, la religión debía responsabilizarse de «las numerosas conciencias mórbidas, las infinitas confusiones y las dolorosas distorsiones provocadas en la vida psíquica de las personas». La culpa de este estado de cosas había que atribuírsela a la religión, no a Dios, dado que muchas figuras doctrinales relevantes —como Pablo, Agustín, Calvino y Lutero— se habían obsesionado con la idea de la maldad. (Quizá valga la pena recordar que estamos ante un autor judío y que éste escribe acerca del cristianismo.) Liebman dirige la atención del lector hacia el hecho de que, en términos generales, la estrategia empleada por la Iglesia para hacer frente a la maldad ha consistido habitualmente en aplicar medidas de represión. Con pocas excepciones, las religiones occidentales han insistido, añade, en que el único modo de que la gente se comporte bien pasa por instaurar una severa represión de los pensamientos y los impulsos sensuales. Además, lo más importante, concluye, es que esa estrategia no ha servido de nada. «Con demasiada frecuencia se constata que la religión ha animado a los hombres a agotar hasta las heces su nada angelical naturaleza.» La psicoterapia, en cambio, «se ha revelado capaz de elaborar un enfoque más tranquilizador respecto del problema del mal».

Como ya habían hecho otros muchos antes que él, Liebman también habría de comparar el psicoanálisis con la confesión. Sin embargo, él iba a hacer el importante distingo de que, si lo que se persigue en el confesionario es la expiación, la psicoterapia, por el contrario, no exige que la persona se arrepienta de sus «pecados», puesto que los *supera*. Liebman reconoce que, de seguir las vías que le ofrece la Iglesia por medio de la confesión, la reprimenda y la penitencia, el individuo tiene pocas posibilidades de crecer moralmente. De hecho, llegará a decir incluso que «la confesión no alcanza a tocar más que la superficie de la vida de una persona», lo que significa, antes que nada, que el auxilio espiritual de la Iglesia no arroja luz alguna sobre las *causas* que empujan al individuo a acudir al confesor. Es más, el rigor sacerdotal centrado en insistir en que los seres humanos han de dar muestras de una mayor «fuerza de voluntad» se ha revelado fundamentalmente ineficaz.[5]

Por otra parte, la psicoterapia ha sido concebida, recuerda, para ayudar al individuo, sea hombre o mujer, a trabajar en sus problemas sin tener que «tomar prestada» la conciencia de un sacerdote católico o de un pastor protestante, «ofreciendo además la posibilidad de cambiar por medio de la autocomprensión y no a cambio de la condena de uno mismo». Y éste era el camino, señalaba Liebman, que conducía a la paz interior. El yo humano, sostenía, no constituía un don de Dios, sino un *logro* humano, y así debíamos considerarlo y enfocarlo. La religión del futuro tiene bastantes cosas que aprender del manual de los psiquiatras, aseguraba. Emerson tenía razón al decir que «todo cuanto Dios ha hecho está resquebrajado», y esto es algo que cambia las cosas, incluso los Diez Mandamientos. De este modo, adoptando el estilo del *Libro del Éxodo*, Liebman, dirá a sus lectores: «No temerás tus impulsos ocultos», lo que le llevará a sostener que la regla de oro no es «amarás al prójimo como a ti mismo», sino «ámate a ti mismo apropiadamente, y así podrás amar al prójimo». Debemos aceptar nuestras imperfecciones, hemos de aprender a abrazar el pluralismo que nos habita y la idea de que el fracaso es, tanto como el éxito, una de «las grandes experiencias humanas», pues uno y otro forman parte de lo que estamos llamados a encontrar en la heroica batalla que supone el descubrimiento de uno mismo.

«La principal dicha de la vida es la aceptación, la aprobación, la sensación de ser apreciado, así como la compañía de nuestros semejantes. Son muchos los hombres que no comprenden que la necesidad de relación, de compañerismo es realmente tan honda como la necesidad de alimento.»

Liebman pensaba que el ateísmo también responde a un conjunto de causas, que brota de un sentimiento de «desconfianza» hacia el universo, provocado a su vez por los acontecimientos vividos durante la primera infancia, en caso de que los padres dejaran «catastróficamente» desamparados a los hijos. El rabino sostenía que las emociones generadas por este tipo de experiencias eran más poderosas que todo argumento racional, hasta el punto de que dejaban a las personas que las habían padecido incapacitadas para creer en el hombre y en Dios, o poco dispuestas a hacerlo. «El hogar *incongruente*», aseguraba, «provoca una esquizofrenia espiritual: los padres se muestran cálidos con los hijos, pero creen en un Dios que se comporta con gran severidad y que muestra inclinación a la venganza».[6]

UN DIOS «MENGUADO»

Hemos de darnos cuenta, además, proseguía Liebman —y esto era nuevo para muchos de sus lectores—, de que Dios no es omnipotente, sino un ser *limitado* (lo que, dicho en otras palabras, venía a significar que, de algún modo, la religión se había *encogido*). Una circunstancia que llevaba aparejada la necesidad de ser *compañeros* de Dios, de trabajar mano a mano con él, ayudados por las verdades que la psiquiatría añade a la religión. Liebman aceptaba que la religión podía llegar a ser «una especie de veneno», al fortalecer las tendencias malvadas del ser humano. Por esta razón se había vuelto esencial que la teología «revistiera los atavíos de la prudencia psiquiátrica, más tolerantes». Y debía hacerlo así, «si de verdad quería ser un auténtico sacerdocio para nuestra civilización y para el malestar reinante en la cultura». La religión, insistía, ha de tener el coraje suficiente para admitir sus propios errores, de modo que ahora, guiada por la psicología, «tenía la obligación de asumir lo mucho que se había extraviado en la actitud con la que había abordado el tratamiento de las emociones». La aplicación de una psicoterapia dinámica en un contexto religioso «podía devolver a la vida la plenitud perdida ... Hoy sabemos ya lo suficiente como para poder liberar al hombre».

La estrecha comparación que Liebman establecía entre la religión y la psicoterapia —esto es, el hecho de que admitiera que, en muchos aspectos, ambos conocimientos desempeñan la misma función y colman el mismo vacío— expresaba simple y llanamente una conclusión a la que muchas personas estaban llegando ya por sí solas. De este modo, si a los ojos de las personas religiosas el libro del rabino venía a ser una especie de maniobra de distracción, a juicio de los individuos que habían abandonado la Iglesia, o que estaban sopesando la posibilidad de hacerlo, los argumentos de Liebman únicamente subrayaban el doble hecho de que la psicoterapia podía mejorar los comportamientos del clero y de que los tiempos habían puesto en manos de la religión una tecnología moderna que debería sustituir a la tradición anterior, la cual no sólo estaba ya caduca, sino que se había revelado incluso, en algunos casos, innecesariamente cruel. Por consiguiente, lo que proponía equivalía a asumir, como ha dicho Alan Petigny, que «la religión entendida como relación con lo sobrenatural fuese reemplazada por una religión comprendida a la manera de una terapia». (El propio Liebman habría de mostrarse fiel a sus ideas hasta el final, de modo que al fallecer trágicamente joven en 1948, los colegios de Boston cerraron sus puertas antes de lo habitual en señal de respeto.)

Liebman había abordado de frente los paralelismos entre la religión y la psicología. Otros autores habrían de ejercer un impacto comparable al de Liebman en las mentalidades de la época, aunque de un modo indirecto o inesperado. Sus posiciones habrían de tener un carácter más contextual que específicamente centrado en el nudo de la cuestión, aunque no por ello dejarían de ejercer una profunda influencia en la sociedad. Una de las figuras cruciales en este sentido, y uno de los intelectuales que contribuyeron a difundir el «giro permisivo», sería el doctor Benjamin Spock, que se interesaría prácticamente al mismo tiempo por los métodos relacionados con la educación infantil y por las enseñanzas de Freud. Como ya sucediera con la actitud del público hacia el arte, que entre finales del siglo XIX y principios del XX era muy distinta a la actual, también las prácticas educativas eran por entonces notablemente diferentes a las de nuestros días, y esa diferencia se debe en gran medida a la influencia del doctor Spock.

Hasta los primeros años de la década de 1940 eran muchos los padres —especialmente los primerizos— que trataban de encontrar consejos para criar y educar a sus hijos en la Biblia o en el sacerdote de su localidad, dándose la circunstancia, dicho sea de paso, de que muchos de esos clérigos consideraban que los niños eran «el mancillado producto del pecado original». De hecho, el abuelo de la esposa del propio Spock había escrito un libro sobre la crianza de los niños titulado *Christian Nurture*, publicado en 1847. Otros escritores se habían manifestado partidarios de la idea de que el carácter de los niños era fundamentalmente una consecuencia de la herencia y de la evolución, lo que significaba que no podía resultar fácil alterarlo ni modificarlo. Prácticas hoy desterradas eran por esos años muy comunes, como la consistente en atar las muñecas de los bebés a fin de evitar que se chuparan el dedo.

Spock había estudiado pediatría, y su interés en el psicoanálisis se debió en parte a su propio carácter, pero también a que su esposa Jane se hubiera psicoanalizado (de hecho, andando el tiempo acabaría ingresando en un sanatorio mental, dado que padecía una dependencia al alcohol, entre otras dolencias). Cuando Spock comenzó a asistir dos veces por semana a los seminarios del Instituto Psicoanalítico de Nueva York, optando por psicoanalizarse él mismo, el psicoanálisis ocupaba todavía una posición marginal en la medicina estadounidense. Tanto en las sesiones de ese análisis como en los seminarios, Spock comenzó a tomar contacto con lo que a su juicio eran las razones «profundas» que subyacían en algunos de los procesos de la crianza, como el amamantamiento, el destete y el control de esfínteres. Poco a poco iría llegando a la conclusión de que no había niños malos, como acostumbraban a sostener los defensores de la idea del pecado original, sólo se trataba de niños que no habían sido bien enseñados. Descubriría también las obras de Erik Erikson y de Margaret Mead, gracias a quienes comprendió las diferencias culturales que incidían en la crianza de los niños en función de las distintas culturas, y teniendo así noticia de que había sociedades en las que la educación infantil era menos estricta, más relajada, que en Estados Unidos. Esto llevaría a Spock a buscar una forma práctica de adaptar las ideas de Freud a la crianza de los niños —y es preciso tener en cuenta que por esa época el padre del psicoanálisis no gozaba de gran popularidad, debido especialmente al hecho de que defendiera la existencia de una sexualidad infantil—. Spock comenzaría a aplicar los conceptos freudianos en 1938.[7]

La invitación que le llevaría a decidirse a escribir un libro acerca de los cuidados infantiles vendría de la casa editorial Doubleday, que estipularía, de forma un tanto extraña, que la obra debía incluir el desarrollo psicológico del niño pero que dicha sección «no tenía por qué ser excesivamente buena». Lo que Spock aportó al texto fue un enorme sentido común, expuesto con nociones bien detalladas. No debía intimidarse a los niños, decía. Y a diferencia de los planteamientos calvinistas, los niños, afirmaba, tienen buen corazón, y no hay que considerar que son pequeños villanos. Los padres han de confiar en sí mismos; deben calmar los temores que puedan provocar en ellos las manifestaciones de la sexualidad incipiente en el contexto de la situación edípica. Spock tenía un gran sentido del humor y una vena práctica. Los padres no tenían por qué disponer de una respuesta para todo. No debían pasarse la vida entera diciéndoles a los niños «no hagas esto, no hagas aquello», sino tratar de educar a «una persona de inclinaciones democráticas y capaz de sentirse a gusto consigo misma». Tenían que ser flexibles.

Una de las razones del fenomenal éxito del libro de Spock radicaría en el hecho de que diera a muchos de los padres que habían recibido una educación muy estricta o vivido una infancia desdichada la oportunidad de hacer mejor las cosas con sus hijos, rompiendo así con su propio pasado y mostrándose más cariñosos de lo que sus padres habían sido con ellos. Todo Estados Unidos se echó en brazos de Spock. Al país le encantaban las nuevas normas que éste proponía, tanto acerca de la disciplina como en relación con el hecho de que se debiera amamantar a los niños cuando éstos lo pidieran en lugar de en función de un horario prefijado, con la idea de que el acto de acunar y abrazar a los bebés fuera más importante que la propia higiene, o con la advertencia contraria a la práctica de la azotaina y otros castigos físicos (aunque evitando al mismo tiempo los sentimientos de culpabilidad en los padres en caso de que éstos tuviesen la sensación de que resultaba necesario aplicarlos en alguna ocasión).

Se ha comparado a Spock con Locke y Rousseau por el efecto que sus ideas habrían de tener en nuestro pensamiento, y de hecho su libro sería traducido a más de treinta y cinco idiomas. Publicado en 1946, vendió un millón de ejemplares el primer año de su aparición. En 1952 eran ya cuatro los millones de copias adquiridas por el público lector. Y después de 1952 continuaría vendiendo ejemplares a razón de un millón de unidades al año a lo largo de toda la década de 1950. Las dos terceras partes de las madres estadounidenses lo leyeron, y las estadísticas muestran que, si a principios de los años cuarenta sólo un 4 % de las familias amamantaban a los bebés cuando éstos sentían hambre, a finales de la década, la cifra se había elevado ya al 65 %. Al mismo tiempo, los niños recibían menos azotainas y regañinas que antes.

Desde el punto de vista de la indagación que aquí estamos realizando, la importancia de Spock radica en el hecho de que lograra desarrollar, partiendo de las tesis freudianas, una base moral afianzada más en la experiencia humana que en los dictados de una deidad. Sus «normas» habrían de fomentar una mayor fe en el individuo humano, así como en su dignidad e incluso en su nobleza.[8]

Los orígenes de la autoayuda

No obstante, también iban a producirse otros importantes efectos colaterales. El libro de Spock, o mejor dicho su propio éxito, invitaría a realizar una revisión de las ideas freudianas, y por otra parte, al hacer hincapié en la satisfacción emocional derivada del hecho de ser una buena madre, contribuiría a desencadenar también una verdadera explosión de libros de autoayuda, de calidad desigual. Comenzaba así lo que Philip Rieff no tardaría en denominar «el triunfo de la terapéutica», lo cual acabaría fomentando a su vez el auge de la terapia como solución a la angustia moderna —un fenómeno que estudiaremos más adelante.

Todos estos planteamientos de la nueva ética difundida por Spock y de la novedosa comprensión de la convergencia entre la religión y la psicoterapia esbozada por Liebman vendrían a coincidir con una creciente crítica de la cultura de masas y de la burocracia que, sustentándola, empobrecía al mismo tiempo muchos de los aspectos de la existencia. Y en este contexto habrían de revelarse especialmente influyentes las tesis de dos expatriados europeos.

El primero de ellos sería Erich Fromm, un refugiado político alemán que no sólo había trabajado en el Instituto de Investigaciones Sociales de la Universidad de Frankfurt durante la República de Weimar sino que había concebido un proyecto destinado a intentar conciliar las ideas de Marx y Freud, alumbrando con ello una crítica del capitalismo moderno. Las obras de Fromm —*El miedo a la libertad* (publicada en 1941), *Man for Himself* (de 1947) y *Psicoanálisis de la sociedad contemporánea. Hacia una sociedad sana* (1955)— captaron a la perfección el clima intelectual y emocional del momento. En su trabajo se indaga en el antagonismo que surge entre los objetivos de la sociedad moderna y la plena realización de los individuos, estudiándose asimismo el hecho de que estuviese surgiendo en el seno del capitalismo una peculiar forma de carácter humano, una especie de temperamento que, «orientado hacia la "comercialización", impulsa a la gente a "vender" su personalidad en un mercado social al que le gusta recompensar tanto a los individuos hábiles en el despliegue del encanto personal como a los aduladores».

Fromm argumentaba que la naturaleza humana era, en esencia, un producto cultural, que la búsqueda religiosa constituía un afán fundamental de la persona, y que en la sociedad moderna el problema central radicaba en el hecho de que la auténtica libertad estuviese aislando a la gente, volviéndola solitaria hasta extremos difíciles de gestionar. «Para muchas personas», decía, «la ambigüedad de la autonomía individual se ha transformado sencillamente en algo insoportable». A juicio de Fromm, el mundo moderno estimulaba un determinado tipo de reacciones en la gente, unas reacciones que «no son de carácter productivo». De este modo, decía, los individuos terminan por desarrollar una de estas personalidades: bien se muestran «receptivos» (es decir, dependientes de fuentes externas para la obtención de apoyo y gratificación), bien son «explotadores» (esto es, actúan con decisión para apropiarse de cuanto se les antoja), bien se comportan como «acaparadores» (o sea, tacaños con sus bienes y reservados con sus sentimientos), o bien se revelan «mercantiles» (ávidos de venderse a sí mismos en el mercado de la personalidad).[9]

Karen Horney era otra refugiada alemana, de Berlín. En sus obras tituladas *The Neurotic Personality of Our Time* y *New Ways in Psychoanalysis* esta autora argumentará que la agresiva y competitiva sociedad occidental había acabado por generar neurosis en «la práctica totalidad de sus ciudadanos». Esta circunstancia distorsionaba el crecimiento de la personalidad, fomentando ansias de «afecto, poder y estatus», de modo que el mínimo común denominador de la sociedad era el conformismo.

Por consiguiente, tanto Fromm como Horney consideraban que la autorrealización constituía el objetivo de la vida. El «crecimiento personal» debía lograrse, en primer lugar, distinguiendo el yo «real» del yo «público», el cual era en parte un «pseudo-yo». Bajo el pseudo-yo y el yo público se encontraba el yo original, un yo más profundo que era el que se hallaba dotado de la posibilidad de autorrealizarse. A juicio de Fromm, la virtud radicaba justamente en esto —en la expresión de la «singular individualidad» de cada cual—, de modo que la labor de la terapia consistía en fomentar la realización de esa individualidad única —una individualidad cuyo elemento fundamental era el amor—. Fromm criticaba muy a fondo tanto a los calvinistas como a Kant, que menospreciaban el amor a uno mismo. Sólo quienes se amasen verdaderamente a sí mismos podrían amar realmente a los demás —un amor al prójimo que constituía la base de la vida en sociedad—. En *El arte de amar* (publicado en 1956), Fromm señalará que el modo de alcanzar a concretar la realización del potencial personal estriba en la «espontánea afirmación de los demás en una forma de unión que se revele susceptible de conservar la integridad y la individualidad personales».

Karen Horney será todavía más explícita, ya que argumenta que los problemas morales desempeñan un papel «en todas las neurosis». Esta psicoanalista pensaba que tanto los niños como los adultos, abrumados ante la realidad de un mundo amenazador, «compensaban su ansiedad creando una imagen ideal de sí mismos —el "yo idealizado"— que gradualmente iba convirtiéndose en la percepción personal de su identidad». El resultado de este estado de cosas cristalizaba en el hecho de que las personas terminaran por «imponerse a sí mismas una actitud de sometimiento a "la tiranía del debe"». La interminable pesquisa encaminada a la realización de la imagen perfeccionista que los individuos se forjaban de sí mismos les atrapaba inevitablemente en «un sistema fundado en el orgullo, un sistema tras el cual se ocultaba una notable dosis de desprecio por uno mismo y de alienación. La vida se transformaba así en una sucesión de íntimos encontronazos hostiles que determinaban que el yo "real" viviese sujeto a una constante tensión, desgarrado entre las tiránicas demandas del yo "ideal" y los insistentes esfuerzos que efectuaba el latente yo "real" por alcanzar a expresar su necesidad de un crecimiento espontáneo». Esto implicaba que, a juicio de Horney, la autorrealización, esto es, la tendencia a la autonomía y la plenitud, tenía mucho más de progreso moral que de cualquier otra cosa. También aquí resulta evidente el solapamiento entre las preocupaciones religiosas y psicológicas.

Todas estas reflexiones y análisis llegaron en un buen momento. Gracias a la «Servicemen's Readjustment Act»,* el regreso de los soldados que luchaban en el frente se había incrementado notabilísimamente, ya que a los jóvenes combatientes les encantaba la idea de cambiar el campo de batalla por la universidad, circunstancia que contribuiría a conferir a la educación superior una difusión mayor de la que hubiera alcanzado jamás. Esos mismos jóvenes contribuirían asimismo a generar el llamado «*baby boom*» de la posguerra, lo cual aumentaría la población de parejas con hijos por encima de todos los niveles anteriormente conocidos. Muchos de los soldados estadounidenses habían estado acuartelados en el extranjero, en países con normas diferentes y en los que el peligro en el que se habían visto inmersos se acompañaba de una atmósfera de intensa carga sexual (pues los jóvenes de ambos sexos se decían: ¿quién sabe lo que

* Conocida de manera informal con el nombre de «*G. I. Bill*» —ya que en Estados Unidos es común denominar «*G. I.s*» a los soldados y a sus pertrechos en alusión a las siglas «G. I.» («*Galvanized Iron*») que emplea la logística militar para designar sus materiales pesados—, esta ley, aprobada en junio de 1944, proporcionaba interesantes beneficios a los veteranos de la segunda guerra mundial al objeto de facilitar su retorno. Se les concedían hipotecas y préstamos a bajo coste para iniciar un negocio, o el pago de la matrícula y la manutención necesarias para ingresar en la universidad, la enseñanza secundaria o la formación profesional, junto con un año de compensación por desempleo. (*N. de los t.*)

puede suceder mañana?), y los resultados de este estado de cosas no iban a tener vuelta atrás. Todas estas circunstancias habrían de encontrar derivaciones en el terreno del cambio religioso y psicológico. En el año 1951, el psicólogo Carl Rogers afirmaría que, «en la actualidad, el interés profesional en la psicoterapia es con toda probabilidad la esfera académica que está experimentando un más rápido crecimiento dentro del ámbito de las ciencias sociales». En su *History of Pastoral Care in America*, E. Brooks Holifield diría que «la psicología, al igual que Dios, parece merecer el calificativo de omnipresente, cuando no el de omnipotente». En 1957, la revista *Life* anunciaba con toda rotundidad: «Estamos en la era de la psicología».[10]

Sin embargo, el cambio que estaba produciéndose, al menos en Estados Unidos, quedaba camuflado, hasta cierto punto, por el hecho de que en una época de carácter altamente conservador se estuvieran dando diversas formas de conducta «liberal».

Nadie alcanza a ilustrar esto mejor que el ministro metodista estadounidense Norman Vincent Peale. Por sus ideas, Peale se hallaba próximo a los republicanos, a la Administración Eisenhower y a la Asociación Nacional de Movimientos Evangélicos de Billy Graham. Era un hombre de planteamientos conservadores en cuestiones raciales, tristemente célebre por haber aconsejado a una joven afroamericana que «no cometiera la provocación» de casarse con el hombre blanco del que estaba enamorada. Al mismo tiempo —y esto es muy importante desde el punto de vista de lo que aquí estamos indagando—, en su muy influyente obra titulada *El poder del pensamiento tenaz*, y junto a capítulos titulados «Compruebe el poder de la plegaria» o «Cómo valerse de la fe para recobrar la salud», Peale expondría nociones notablemente similares a las de Spock al abogar en favor de unas conductas parentales mucho más liberales y afianzarse como uno de los principales defensores nacionales de la terapia psicológica. Pese a que lo más probable es que se le conozca fundamentalmente por el hecho de haber ocupado el puesto más alto de la lista de libros más vendidos del *New York Times* durante un período de 98 semanas, batiendo así todos los récords anteriores, su más importante contribución pasaría por fundar en 1953 una nueva clase de organización híbrida, la Fundación Estadounidense de Religión y Psiquiatría. Esta entidad tenía dos cometidos primordiales: la procura de formación psicológica a los clérigos y la oferta de terapias al público.

Un Dios más cálido: la psicología pastoral

De hecho, en la época en la que se constituyó la Fundación Estadounidense de Religión y Psiquiatría, la psicología había invadido a tal punto el terreno del auxilio sacerdotal que Brooks Holifield se sintió en condiciones de poder anunciar «el Renacimiento de la psicología pastoral». En 1939, apenas había cursillos de psicología pastoral en los seminarios. Sin embargo, en 1950, cuatro de cada cinco facultades de teología contaban con una o más personas contratadas en calidad de «psicólogos» en sus respectivas universidades. En 1947, se fundaron el *Journal for Clinical Pastoral Work* y el *Journal of Pastoral Care*. Tres años más tarde aparecía la revista *Pastoral Psychology*. Esta última no tardaría en contar con dieciséis mil suscriptores, de los cuales, siete octavas partes, es decir, cerca del 90 %, eran ministros de la Iglesia. En 1955, tres de cada cuatro seminarios estadounidenses contaban con un programa propio de formación clínica, y en caso contrario enviaban a sus alumnos a formarse en cursos clínicos oficialmente aprobados de otros centros, de modo que había siete universidades en Estados Unidos —de entre las que cabe destacar la de Chicago— que habían establecido programas avanzados de doctorado en el campo de la psicología, la terapia y la teología pastorales. A finales de la década, se habían fundado ya 117 centros de formación pastoral clínica.

Dicho de otro modo: aquello presentaba todo el aspecto de constituir un punto de inflexión. Freud, pese a ser muy radical en tantos aspectos, siempre había insistido en que los seres humanos tienen límites, añadiendo que también los logros del análisis teórico, ya fueran efectivos o posibles, se hallaban igualmente sujetos a restricción —lo que significa que en este sentido (cuando no en otros), el mismo Freud había acabado defendiendo posiciones que se hallaban próximas, al menos por su espíritu, a las de la religión tradicional—. Sin embargo, estas iniciativas contrariaban le percepción optimista de la realidad que habría de dominar los años de la posguerra. Lo que ahora se deseaba era disponer de lo que acabaría llamándose una «psicología humanista», una psicología en la que habría de insistirse fundamentalmente en la capacidad de la persona para perseverar, para vencer las dificultades, para triunfar. Sería en esta época cuando comenzaran a aparecer y a reaparecer palabras como «potencial» y «crecimiento», cosa que habría de reflejarse no sólo en la terapia sino también en la religión. Por esta época se empieza a constatar también que, tanto en los sermones como en las obras teológicas, Dios se hace más cálido, menos imponente, menos moralizante.[11]

Junto a las revistas profesionales especializadas en el asesoramiento pastoral empezarían a proliferar también los manuales, y en este aspecto hay dos que descuellan por encima de todos los demás. El primero es el *Pastoral Counseling* de Seward Hiltner, y el segundo el de Carl Rogers titulado *Orientación psicológica y psicoterapia*. Entre ambos libros se venía a abordar, de forma clara y frontal, el dilema surgido cuando la psicología es confrontada a la religión. La psicología humanista, y en especial la de carácter no dirigista, como la que habría de proponer Carl Rogers, era de naturaleza democrática y antiautoritaria. Doris Mode, del Instituto de Psicoanálisis Rankiano, plantearía la siguiente objeción: «La instauración de un clima permisivo en el que no ocurre nunca nada, salvo un mero reflejo de las propias actitudes que traen consigo los clientes, estaría de hecho desprovisto de todo valor y sería inútil para formarse un criterio, lo que significa que carecería igualmente de todo interés terapéutico». Mode no creía que la terapia ideada por Carl Rogers pudiera funcionar en manera alguna. Con este sistema, el terapeuta se situaba en una posición tan pasiva y tan poco moralizante, se mostraba tan dispuesto a no señalar jamás la más mínima responsabilidad en ninguno de los instantes de la conducta analizada, que Mode tenía la sensación de que el terapeuta se había desentendido de sus propios valores, con lo cual, todo cuanto se conseguía al final era la instauración de un vacío espiritual que impedía en todo momento que el paciente (es decir, el cliente) alcanzara a realizarse plenamente. «Si Dios no mantuviese una actitud crítica», escribiría Mode, «la vida carecería de sentido, y si no fuese una fuente de amor, el hombre no alcanzaría ninguna forma de plenitud ni de realización. Si la persona tratada ha de lograr completarse de nuevo, ambos conceptos han de fluir del terapeuta al cliente». En este aspecto, cabe preguntarse si no se estará utilizando aquí el concepto de plenitud en un sentido psicológico o teológico.

La imprecisión en que se hallaba sumido el núcleo mismo del empeño queda patente en el hecho de que muchos de los profesionales pertenecientes al ámbito de la salud mental de la Fundación Estadounidense de Religión y Psiquiatría se mostraran reacios a respaldar toda forma específica de dogma o de doctrina religiosa. En 1956, Iago Gladston, presidente del comité de investigación de la institución, admitiría que «le espantaba la idea de tener que regirse por los conceptos de Dios que pudiera atesorar otro hombre», negándose a aceptar que la asesoría espiritual constituyese efectivamente una actividad «decorosa», prefiriendo por ello esperar a que se efectuaran nuevas investigaciones susceptibles de «proporcionar [a los profesionales] la respuesta a la pregunta de si la terapia espiritual era una simple esperanza piadosa o una realidad». En la Fundación Estadounidense de Religión y Psiquiatría, la psicología ocupaba un papel más importante que el asignado a la oración y a la lectura de los textos sagrados.[12]

La Iglesia mostraría cierta renuencia a aceptar la evolución de algunos de estos acontecimientos, en particular los relacionados con el psicoanálisis. Monseñor Fulton Sheen, por ejemplo, condenaría el psicoanálisis juzgando que se reducía meramente a una forma de escapismo, no pasando de ser una «insatisfactoria mezcla de materialismo, hedonismo, infantilismo y erotismo». Además, y a diferencia de la relación establecida en el confesionario, la terapia no ofrecía al consultor ni normas ni criterios. «En todo el mundo no hay personas más disgregadas que los pacientes del análisis freudiano.» No obstante, esta intransigencia iba a revelarse efímera, ya que en febrero de 1954, el papa Pío XII daría un visto bueno provisional a la psicología pastoral, tras lo cual más de 2.500 clérigos se apuntarían al cursillo de verano que habría de organizar sobre el particular la Universidad de San Juan de Minnesota.

Como consecuencia de estas distintas transformaciones sociales, podría decirse que, en Estados Unidos a mediados de la década de 1950, Carl Rogers era más importante que el mismísimo Sigmund Freud (y también, aunque en menor medida, Abraham Maslow y Rollo May). Esta circunstancia señalará, por lo demás, el apogeo del «giro psicológico», es decir, el punto en el que la relevancia del modelo psicológico centrado en torno a la «realización» y a la «plenitud» comenzó a superar al concepto religioso de la «salvación». Y uno de los factores no menores que revelan la veracidad de esta afirmación se observa en el efervescente interés de los medios de comunicación por la «realización personal», una obsesión llamada a perdurar durante muchos años y que en época reciente ha experimentado un rebrote. Y como elemento acompañante de este estado de cosas, también puede apreciarse que en los años cincuenta se producirá la disminución del énfasis en el autocontrol para pasar a insistirse en la expresión de uno mismo.

«Desaparecer» hacia el futuro

Todos estos asuntos alcanzarían su punto de máxima maduración a finales de la década de 1950, al tratar de explicar y esclarecer Maslow y Rogers las claves del proceso al que se estaba asistiendo. En una conferencia de psicología celebrada en Cincinnati en el otoño de 1959, Maslow hablaría de lo que él llamaba el «completo desplome de todas las fuentes de valores exteriores al individuo». Este mismo autor argumentaba que la autoridad había experimentado un notable deterioro y que la gente había terminado por comprender (ya entonces) que ni la prosperidad económica ni la democracia política tenían la menor posibilidad de dotar de valor y significado a la existencia, lo que llevaba a la gente a concluir que «no hay otro espacio al que remitirse salvo el del fuero íntimo, el ámbito propio del yo, ya que sólo él es sede de valores». Rogers se mostraría igualmente categórico. Su principal interés giraba en torno a lo que él denominaba «el individuo autorrealizado», expresión con la que denotaba a «la persona que se halla inmersa en el proceso de procurar vivir una vida buena». Él mismo había descubierto, decía, que este tipo de individuos no dependían de la opinión que pudieran emitir otras personas ni de los pormenores de su conducta pretérita, a lo que añadía que tampoco sentían la menor necesidad de valerse de ningún principio-guía. Todo lo contrario: como afirmará en *El proceso de convertirse en persona*, lo que hacían esos sujetos era observar los procesos de su vida interior. «He observado que estos individuos van haciéndose paulatinamente más capaces de confiar en la totalidad de la reacción orgánica que experimentan al encontrarse ante una nueva situación, dado que logran descubrir, en grado constantemente creciente, que si se muestran abiertos a la experiencia en sí, el hecho de atenerse a aquella conducta que "perciben como adecuada" revela ser una eficaz y fiable orientación conductual que les satisface plenamente.»[13]

Había también una creciente conciencia, como explica Alan Petigny, de que no es posible llegar a la verdad a través de los textos sagrados, la escuela dominical o el amorfo conjunto de normas que se engloba por lo común bajo el genérico epígrafe del «modo de vida americano». Y puestos a decirlo todo, tampoco la ciencia podía procurar la respuesta, pese al enorme prestigio que había alcanzado como conjunto de disciplinas capaces de responder a interrogantes de carácter fáctico. Y aquí es donde encuentran precisamente su acomodo natural las teorías de Carl Rogers.

Una de las diferencias más fundamentales entre Rogers y Freud radicaba en el hecho de que Rogers no creyera, contrariamente a los freudianos, que la terapia tuviera que dar lugar necesariamente a una consulta de cinco días semanales entre analista y paciente, ni prolongarse durante una interminable sucesión de meses o de años antes de revelarse eficaz. Los psicólogos humanistas pensaban que los factores situacionales tenían la misma importancia —si no más— que los años de la primera infancia y la relación que el sujeto, fuera hombre o mujer, hubiera tenido con sus padres. De este modo, la «tendencia a la autorrealización», en tanto que ambición popularizada por Rogers, acabaría concibiéndose en términos políticos, en el más amplio sentido de la palabra, al animar a la gente a desarrollar «una filosofía optimista, autodeterminada y positiva sobre la existencia humana, en lugar de caer en una cosmovisión cínica, negativa y determinada en función de los condicionamientos exteriores». Como él mismo diría, «es precisamente el *cliente* [obsérvese que no se habla de paciente] el que sabe qué le aqueja, qué rumbo debe seguir, qué problemas son los realmente cruciales, qué experiencias han quedado profundamente enterradas en su interior... Esto me llevó a pensar que, a menos que yo sintiera la necesidad de demostrar mi inteligencia y mi preparación profesional, lo mejor sería confiar en el cliente en cuanto a la orientación de los pasos a seguir en el proceso de su curación». El terapeuta, añadirá en otro escrito, ha de «valorar» al cliente y «desmitificar» la práctica de la terapia.

La teorías de Rogers no tenían en cuenta ni la posible evolución de la enfermedad ni las motivaciones de carácter inconsciente ni el historial del desarrollo personal del cliente. Rogers consideraba que la gente se hallaba embarcada en un eterno proceso de crecimiento personal, «un proceso que se asemeja a un viaje y que en ocasiones queda bloqueado por un conjunto de imágenes negativas o incongruentes de uno mismo». Y de ese modo, el gran desafío al que se propuso responder la psicología humanista pasó a centrarse en liberar a esas personas al objeto de que pudieran acelerar el ritmo de ese viaje. Esta forma de enfocar las cosas pasó a conocerse con el nombre de «Movimiento del potencial humano» y llegaría a ponerse en práctica en más de trescientos «centros de crecimiento» repartidos por toda la geografía de Estados Unidos.

Al mismo tiempo, como señala Richard Evans en la biografía de Rogers, nuestro autor acabaría descubriendo la existencia de un nuevo nivel de malestar. «La discrepancia entre aquello que la gente tiene por lo común *capacidad* de conseguir que ocurra en sus relaciones y lo que han terminado por considerar *posible* realizar ... es la causa de buena parte de los trastornos que alteran su vida.» En esencia, el punto de vista que defiende Rogers se resume en el axioma de que «cuanto más, mejor ... Rogers tiende a hacernos creer que cuanto más amplia sea la coherencia de la persona, cuanto mayor sea su honestidad, cuanto mayor alcance a resultar el grado de intimidad que logre en sus relaciones, cuanto mayor sea la cercanía que mantenga con sus seres queridos, cuanto mayor revele ser su capacidad de empatía, mejor». Evans admite que Rogers ha conseguido transformar la forma en que concebimos las relaciones humanas, ofreciéndonos asimismo una nueva manera de relacionarnos unos con otros, ya que ha «sentado el fundamento ético de la interacción humana». No obstante, sus métodos apenas conceden papel alguno al poder, el estatus, la cultura, la historia, la tecnología o la política, y ésta es posiblemente la razón de que no siempre hayan generado el duradero cambio que habían prometido materializar.

La más característica de las ideas de Rogers —la de la autorrealización— «implica que la persona no sólo es consciente de lo que ocurre en su interior sino que lo acepta, y por consiguiente va cambiando prácticamente a cada instante, avanzando así hacia el porvenir e incrementando su grado de complejidad». En este sentido, hay una expresión suya que se ha hecho célebre: «Soy un rebosadero que tiende hacia el futuro y desaparece en él». Rogers veía una división entre el yo ideal y el yo real, pues estaba convencido de que sus investigaciones mostraban que las personas no valoran por igual todos los aspectos de su yo y de que, en la terapia, lo importante es la imagen del yo que desearían ser, comparado con la forma presente en que perciben su yo.[14]

UN HUMANISMO DE MAYOR ALTURA: LA NUEVA PROFUNDIDAD DEL YO

Desde la perspectiva de esta terapia «centrada en el cliente», Rogers habrá de focalizar sus esfuerzos en el presente, aceptando a los clientes, ya sean hombres o mujeres, en tanto que personas independientes y sin caer en el error de juzgarlos, estableciendo con ellos un vínculo de igualdad, en lugar de enfocar su encuentro como una relación presidida por la «superioridad» del médico sobre el paciente. Este aspecto de su actitud habría de ser el elemento que más le impulsara a crear lo que él daría en llamar «grupos de encuentro», unos grupos que a su juicio constituían «una de las invenciones sociales más significativas del siglo, dado que abren una vía para la eliminación de la alienación y la soledad, para lograr que la gente encuentre mejores modos de comunicarse con sus semejantes, para ayudar a los individuos a desarrollar una percepción novedosa de los sucesos que observan en su interior, y para instarles a pulsar la reacción de los demás al objeto de que ellos mismos perciban cómo les ven las personas con las que se relacionan». Rogers pensaba que no sería mala idea que las universidades concedieran a los estudiantes una cierta canti-dad de tiempo libre al objeto de que éstos pudiesen participar en sesiones de psicoterapia centrada en el cliente, ya que eso podría ayudarles a desa-rrollar plenamente su personalidad, «ofreciéndoles al mismo tiempo la oportunidad de lograr mayores cotas de autorrealización». (Y también se-ñalaba que las universidades nunca se habían abierto al psicoanálisis.)

Como él mismo decía, uno de los resultados de esta técnica terapéuti-ca en la que el terapeuta tenía más de «fomentador de habilidades» que de analista, en el sentido convencional de la palabra, venía a plasmarse en una disminución del desprecio que la persona pudiera sentir por sí misma, materializándose igualmente en el hecho de que las personas tendieran a aceptarse mejor a sí mismas y a mostrarse más confiadas y más construc-tivas. De este modo, la evolución de los clientes les llevaba a pasar de una situación marcada por la preocupación provocada por los sentimientos de culpabilidad (derivados del imperativo religioso) a otra presidida por el interés en su identidad, lo que equivalía a abandonar una perspectiva exis-tencial de corte político para abrazar una cosmovisión más filosófica. Existía no obstante el peligro de que la inquietud por la identidad acabara por borrar la espontaneidad de la existencia. Parte del éxito de este enfo-que, afirmaba, se debía al hecho de que «hiciera ya algún tiempo que la influencia social de las confesiones religiosas hubieran dejado de resultar significativa».[15]

Rogers concluía así que las mujeres y los hombres son unos animales «incurablemente sociales», y que estaba aflorando «una nueva configura-ción relacional», un «humanismo de mayor altura» que inducía a las per-sonas a desear una autenticidad más acentuada y a rechazar los viejos tics de aceptación de la autoridad por la autoridad, ya fuese en el ámbito gu-bernamental, en el ejército, en la esfera eclesiástica, en las empresas o en las escuelas. Se había generalizado un nuevo anhelo de intimidad y de profundidad en las relaciones, una desconfianza hacia las abstracciones de la ciencia, y la convicción de que «en nuestro interior hay mundos por explorar». Esta «nueva configuración» de la psique, concluía Rogers, daba lugar al surgimiento de un «individuo que era prácticamente el polo opuesto del hombre puritano que, atenazado por sus rigurosas creencias y los fuertes controles impuestos a su conducta, había fundado la nación estadounidense. [El nuevo hombre] es un individuo», proseguía, «muy distinto de la persona que alumbró la revolución industrial, marcada por la ambición, la productividad, la codicia y la competitividad. Es un sujeto que se opone desde lo más profundo de su fuero interno a la cultura comunista, caracterizada por la instauración de todo un conjunto de sistemas de control del pensamiento y la conducta individuales en interés del Estado. Por otra parte, tanto los rasgos definitorios de este nuevo hombre como su comportamiento son claramente contrarios a las ortodoxias y los dogmas de las principales religiones occidentales, como el catolicismo, el protestantismo y el judaísmo». En cierto modo, afirmaba Rogers, estábamos asistiendo a un retorno a la situación vigente en la Grecia clásica o en el Renacimiento. Teniendo en cuenta todos estos elementos, había que concluir que, en el mundo moderno, lo que él llamaba «ética situacional» era mejor que «una determinada ética absoluta», como por ejemplo la establecida en su momento por la religión.[16]

LA ÉTICA SITUACIONAL

La expresión «ética situacional» hace referencia a un movimiento que, surgido en el seno de ciertos círculos religiosos, discurre en paralelo a la evolución que venimos observando en el ámbito de la psicología.

Tradicionalmente, siempre han sido la Biblia o los Diez Mandamientos los que han conferido a la ética religiosa su particular tonalidad moral, una ética, además, que, según se sostenía, podía aplicarse en todas partes y en todas las situaciones —o dicho de otro modo: que se entendía como universal—. En 1954, el reverendo Ernest Bruder, una destacada figura del movimiento en favor de la orientación pastoral, escribiría una reseña notablemente crítica del texto de monseñor Fulton Sheen titulado *Paz interior*, que, según hemos visto, quería ser una respuesta al *Peace of Mind* de Joshua Loth Liebman (véase el principio de este mismo capítulo).

Bruder ridiculizaba a Sheen por dar la impresión de que la «paz interior» era un estado que únicamente podía alcanzarse aceptando el pensamiento y los dictados de terceras personas. Eso no era en modo alguno «paz», proclamaba Bruder, sino una «enfermiza resignación a los designios de la autoridad». Las doctrinas religiosas fomentaban un estado de cosas poco saludable, proseguía, y desde luego sus afirmaciones iban a encontrar un gran número de seguidores. Tanto Paul Tillich como Helmut Richard Niebuhr y Joseph Fletcher defendían la idea de que sus compatriotas estadounidenses no sólo se oponían en todos los casos al «legalismo» —ya que ése era el nombre que se daba en la época al enfoque de Sheen— sino que cultivaban un tipo de código moral de índole no autoritaria y edificado sobre la base de «hacer examen de conciencia y remitirse al amor de Dios», lo cual venía a constituir un desafío a la universalidad de los principios morales. Tillich explica muy adecuadamente los pormenores de ese nuevo enfoque: «Supongamos que un estudiante acude a mí y me confiesa que se encuentra ante una difícil decisión moral. Al aconsejarle, no cito los Diez Mandamientos ni las palabras que pronunció Jesús en el sermón de la montaña ni ninguna forma de ética humanista. Antes al contrario, lo que hago es decirle que averigüe qué dicta el imperativo del *agapé* en dicha situación y que, a continuación, decida en función de ese imperativo, por mucho que las tradiciones y las convenciones se opongan a su decisión».

En otras palabras, el único axioma que es preciso seguir es el de los imperativos del *agapé*, es decir, el de la ley del amor incondicional y reflexivo.

En la década de 1950, los líderes religiosos comenzarían a promover la adopción de la «ética situacional». En 1966 veía la luz el libro de Joseph Fletcher titulado *Ética de situación. La nueva moralidad*, consiguiendo vender nada menos que 150.000 ejemplares en los dos primeros años, lo que convertiría a Fletcher en una celebridad intelectual. El Concilio Vaticano II (1962-1965) llegaría incluso al extremo de ponderar qué elementos de un determinado contexto moral admiten ser modificados y cuáles resultan ser, a juicio de la jerarquía religiosa, de carácter universal.[17]

LA APOTEOSIS DEL OPTIMISMO

Cabría argumentar que las personas que más habrían de beneficiarse de todos estos cambios, aunque aun tuviera que transcurrir una década o más para que notaran esos efectos positivos, fueron las mujeres. La Iglesia Metodista Unida, que era, por sus dimensiones, la segunda confesión protestante de Estados Unidos, abriría la puerta del clero a las mujeres en 1956. Los presbiterianos y los miembros de la Iglesia episcopal no tardarían en seguir su ejemplo. A finales de los años cuarenta —concretamente en 1949— se había publicado *El segundo sexo*, de Simone de Beauvoir, junto con otra obra titulada *Modern Woman: The Lost Sex* (1947), de Ferdinand Lundberg y Marynia Farnham. En Estados Unidos, la actitud hacia las mujeres iba a cambiar notablemente, sobre todo entre las personas con educación universitaria, que empezaban a abrirse a la idea de que las mujeres pudieran trabajar, estudiar una carrera y llegar a ocupar incluso la presidencia del gobierno. A finales de la década de 1940, varios estados rechazarían el puñado de leyes destinadas a impedir que las mujeres asumieran las funciones propias del jurado en un juicio. Se incrementó asimismo el porcentaje de mujeres universitarias (que pasó a situarse así en un 37,1 %, dejando atrás el 31,6 % de épocas pasadas), se instituyó (en el año 1956) el día de la igualdad de oportunidades, y dos años después eran ya treinta los gobernadores estatales que habían decidido apoyar las nuevas iniciativas. Creció igualmente el número de mujeres dispuestas a perder la virginidad antes del matrimonio, así como el de hombres capaces de aceptar que el hecho de que la novia no llegase virgen a la boda carecía de importancia. Como es obvio, la circunstancia de que a partir de 1960 se dispusiera ya de una píldora anticonceptiva iba a tener un profundo impacto en los comportamientos, extendiéndose también esa transformación, paulatinamente, a las actitudes.

A lo largo de la década de 1950 disminuiría marcadamente la tendencia a menospreciar a las mujeres, aunque todavía fuesen muchas las que tuvieran la sensación de que el imperativo biológico las abocaba a la maternidad y a la cocina. Abraham Maslow aplicaría su particular enfoque de la psicología humanista tanto a las mujeres como a los hombres, de modo que a finales de los años sesenta las mujeres comenzaron a descubrir que sus teorías, junto con las de Carl Rogers, resultaban muy útiles, sobre todo por la creación de lo que acabaría conociéndose con el nombre de «grupos de concienciación». En una obra de enorme éxito titulada *La mística de la feminidad* (1963), Betty Friedan echaría mano de varios conceptos sacados de las teorías de Maslow y Rogers, como por ejemplo el de autorrealización.

Un último factor, de carácter bastante distinto, que también iba a desempeñar un notable papel habría de ser, paradójicamente, el de la ciencia. A finales de la década de 1950 empezaba a reconocerse cada vez más que la ciencia, por muy relevantes que fueran sus éxitos en el terreno de la resolución de cuestiones fácticas y en la producción de nuevas tecnologías pensadas para hacer que la vida resultara más agradable, se revelaba no obstante incapaz de aportar soluciones a los persistentes interrogantes relacionados, por ejemplo, con la belleza, el valor o la lealtad —esto es, con aquellas «realidades que confieren a la vida humana su más pleno sentido», por emplear las palabras de Howard Keniston de la Universidad de Michigan—. La comprensión intuitiva, decía, «es la única vía de acceso que tenemos a los más hondos y más elevados aspectos de nuestra existencia individual y colectiva». No todo el mundo se habría mostrado de acuerdo con estas palabras ni con sus implicaciones, pero lo cierto es que una figura de la talla de Albert Einstein ya había dejado dicho que «el conocimiento objetivo nos brinda un conjunto de potentes instrumentos que nos permiten la consecución de ciertos fines, pero tanto el objetivo último en sí mismo como el anhelo de alcanzarlo han de proceder de una fuente distinta».[18]

El gran giro hacia el universo interior registrado en Estados Unidos entre las décadas de 1940 y 1950 —y seguido, en cierta medida, por un movimiento similar en otras naciones occidentales—, señalaría, en palabras de un observador, «la apoteosis de la interpretación optimista del yo». Dicho giro implicaba, fundamentalmente, el declive de la doctrina del pecado original, puesto que se dejaba de considerar que la persona fuese un ser «intrínsecamente perverso» y se pasaba a pensar, por el contrario, que el yo era todo aquello que uno decidiera hacer de él. Esto otorgaría a las personas, por recurrir a las palabras escritas por Norman Mailer en *El negro blanco*, la libertad «de emprender ese viaje a los desconocidos territorios en que habitan los más indómitos imperativos del yo».

De este modo, al ir afianzándose la prosperidad surgida al calor de la posguerra, el objetivo de la salvación comenzaría a verse sustituido —a los ojos del creciente número de personas que habían abandonado la Iglesia— por el de la autorrealización. Se trataba posiblemente de la mayor aceleración que hubiera experimentado jamás el proceso de secularización, en un avance que sentaba las bases intelectuales y emocionales del tremendo auge que estaba llamada a conocer la terapia psicológica a partir de la década de 1960.

LA PSICOLOGÍA DE LAS ALTURAS

Los trabajos del psiquiatra vienés Viktor Frankl nos ofrecen la oportunidad de enlazar inmejorablemente el presente capítulo con el siguiente, en el que abordaremos en examen el Holocausto y sus efectos en la comprensión religiosa y la secularización.

Frankl descubrió a una edad muy temprana su vocación médica y andando el tiempo quedaría fascinado por el psicoanálisis. Comenzó a cartearse con Freud cuando todavía estaba en la facultad, y en consecuencia, el maestro aceptó enviar uno de los ensayos de Frankl al *International Journal of Psychoanalysis*. Debido a la influencia de Freud, Frankl comenzó a volcarse en el estudio de la psiquiatría, convirtiéndose en 1939 en jefe del departamento de neurología del Hospital Rothschild, el único establecimiento clínico judío de toda Viena. Esto le permitiría disfrutar, tanto a él como a los miembros de su familia, de una cierta protección, evitando así la deportación. Sin embargo, en 1942, al comunicarle el consulado estadounidense en Viena que podía solicitar un visado que le garantizaría la supervivencia, Frankl decidió permanecer en la ciudad, debido probablemente a la avanzada edad de sus padres. En septiembre de ese mismo año, Viktor y su familia fueron arrestados y deportados, de modo que Frankl se vio obligado a pasar los tres años siguientes en cuatro campos de concentración distintos: Theresienstadt, Auschwitz-Birkenau, Kaufering y Türkheim —dándose la circunstancia de que estos dos últimos formaban parte del complejo de Dachau—. Frankl vería fallecer a su padre en el campo de concentración en el que se encontraban internados, dado que ambos habían sido separados del resto de la familia.

Tras regresar a su hogar al finalizar la guerra, Frankl descubriría que también su madre, su hermano y su esposa habían perecido.

Antes de ser enviado a los campos, Frankl había iniciado la redacción de un libro en el que abordaba la exposición de una nueva forma de psicoterapia (sobre la que hemos de hablar en breve), pero el borrador fue posteriormente confiscado y no volvió a saber nada de él. No obstante, las experiencias acumuladas durante sus años de cautiverio reforzaron sus convicciones profesionales, de modo que al volver a Viena escribió un nuevo libro —en sólo nueve días—. La obra se publicó en alemán con un título que podría traducirse como sigue: «Las experiencias de un psicólogo en un campo de concentración», aunque más tarde se modificó dicho título, que pasó a ser «Diga sí a la vida a pesar de los pesares». Finalmente, en 1959, el título volvió a cambiar, llegando a las librerías como *El hombre en busca de sentido*. Desde ese año, la obra ha logrado vender más de doce millones de ejemplares, ha sido traducida a veinticuatro idiomas y los lectores han determinado, mediante votación, que se trata de uno de los diez libros más influyentes de la historia estadounidense.[19]

Frankl desarrollaría una disciplina denominada «logoterapia», término con el que designaba el fundamento de un sistema para el tratamiento psiquiátrico de una situación que constituía a sus ojos el «problema metaclínico de nuestro tiempo» —a saber, la «neurosis de masas» vinculada con el sentido de la vida—. Frankl aseguraba que una de las intuiciones más vívidas que jamás le hubieran pasado por la cabeza era la que había tenido durante sus años de internamiento en los campos de concentración, al lograr identificar lo que uno de sus camaradas de prisión había denominado «abandonitis». Un buen día por la mañana, uno de los recluidos del campo se negaba sencillamente a levantarse de la cama, hurgaba durante largo tiempo en un bolsillo secreto de su maltrecho uniforme hasta extraer de él un último cigarrillo, y comenzaba a fumar con toda parsimonia. Fatalmente, menos de cuarenta y ocho horas después aparecía muerto.

El principal argumento de Frankl sostenía que tenemos en nuestra mano decidir el tipo de respuesta que preferimos dar al sufrimiento. Todos sufrimos —aunque no en la misma medida, por supuesto—, y en la mayoría de los casos nunca llegamos a padecer, ni de lejos, tanto como les tocó sufrir a las personas internadas en los campos de concentración. Pero somos libres de responder de una manera u otra a dicho sufrimiento, hasta el punto de que podemos convertir su superación en una hazaña y lograr incluso que nos ennoblezca. «Es nuestra respuesta lo que confiere un sentido al sufrimiento.» Frankl no coincidía con la idea de Freud de que el objetivo de la vida reside en el placer, y también discrepaba de Adler, que sostenía que nuestra meta se orientaba a la obtención de poder. A juicio de Frankl, la principal finalidad de la existencia radica en el descubrimiento de un significado, y para respaldar su tesis citaba varias estadísticas —efectuadas tanto en Europa como en Estados Unidos— que mostraban que, por esos años, las personas a las que preocupaba más el hecho de que sus vidas tuvieran o no sentido que, digamos, la acumulación de dinero, superaban en número a las del parecer contrario. Se remitía asimismo a las conclusiones del libro de Irvin Yalom titulado *Existential Psychotherapy* (1980), en el que se decía que el 30 % de las personas que habían acudido a él en busca de ayuda profesional para sus problemas psicológicos deseaban encontrarle algún sentido a la vida, y que el 90 % de los alcohólicos afirmaba no verle ningún sentido a la existencia.

Desde el punto de vista de Frankl, la vida moderna se halla instalada en un vacío existencial al habernos visto distanciados de nuestros instintos y haber perdido nuestras tradiciones, lo que nos obliga a vivir inmersos en una «tríada trágica» formada por el dolor, la culpabilidad y la muerte. La vía de salida que podía permitirnos escapar de nuestro confinamiento en esa tríada, insistía, se hallaba «ahí afuera», en el mundo, no en nuestro interior, de modo que para hallar el significado disponíamos de tres alternativas: lograrlo a través de los hechos, esto es, por medio de nuestras acciones en el mundo; conseguirlo gracias a alguien, o sea, por medio del amor; o realizarlo mediante la transformación de nuestro inevitable padecer en algo susceptible de ennoblecernos. No debemos tener miedo a la muerte, pero sí valernos de su carácter ineludible para ver con mayor relieve todavía la transitoriedad del mundo a fin de percatarnos de que es mejor actuar hoy que dejar las cosas para más tarde. Coincidía con Carl Rogers en la idea de que el objetivo de la vida gira en torno a la autorrealización, aunque ésta únicamente pudiera alcanzarse como una especie de efecto secundario de nuestra capacidad para trascendernos a nosotros mismos —o dicho de otro modo: de nuestro afán de superación—; y en este sentido, la conquista del sufrimiento era a su juicio el elemento que mayores y más amplias posibilidades nos ofrece. Hemos de orientar nuestra existencia imaginándonos constantemente que nos hallamos en nuestro lecho de muerte, rememorando los años que nos haya sido dado vivir y preguntándonos si hemos llevado o no una vida capaz de apaciguar nuestro espíritu.

Frankl tuvo una larga vida (ya que falleció a los noventa y dos años, en 1997), y practicó hasta una edad muy avanzada sus dos grandes pasiones: la aviación y el montañismo. Le gustaba decir que si Freud, Adler y Jung nos habían legado una «psicología de las profundidades», la aportación que él mismo había realizado como psicólogo giraba en torno a la elaboración de una «psicología de las alturas», consistente en «ayudar a la gente a alcanzar nuevas cimas de significación personal por medio de la autotrascendencia». En una ocasión le pidieron que expresara en una sola frase el significado que él mismo atribuía a su existencia. Y ésta fue su respuesta: «El significado de nuestra vida consiste en ayudar a los demás a encontrar el significado de la que ellos mismos están viviendo».[20] ¿Hemos de considerar que se trata de una contestación excesivamente simplista?

Capítulo 20

AUSCHWITZ, EL APOCALIPSIS Y LA AUSENCIA

El asesinato de los seis millones de judíos aniquilados por los nazis y sus colaboradores en el transcurso de la segunda guerra mundial, junto con la arbitraria y sistemática naturaleza de tal exterminio, tenía que eclipsar por fuerza el resto de las calamidades padecidas a lo largo del siglo XX, incluyendo tanto la carnicería de la Gran Guerra como los millones de rusos que murieron en ambas contiendas y en las purgas estalinistas del período de entreguerras. El Holocausto iba a elevar la crueldad a un nivel desconocido hasta entonces. «El gran dato psicológico de nuestro tiempo, el que todos constatamos con una mezcla de desconcierto, pasmo y vergüenza radica en el hecho de que no haya forma alguna de responder a lo ocurrido en Belsen y Buchenwald. La actividad de la mente claudica ante la incomunicabilidad del sufrimiento humano.» Así se expresa Lionel Trilling en *La imaginación liberal*, publicada en 1950. Más conocida es quizá la siguiente observación de Theodor Adorno: «componer poemas después de Auschwitz es caer en la barbarie». Sin embargo, Adorno cambiaría de opinión tras leer el poema de Paul Célan titulado «Fuga de muerte», y a pesar de que fueran muchos los que compartieran la perplejidad de Lionel Trilling, también habría personas decididas a intentar contemplar de frente el rostro del horror.

Desde el punto de vista de las cuestiones que aquí tratamos, la pregunta que más insistentemente surge en este sentido es la siguiente: ¿cómo es posible que todas aquellas personas que habían mantenido su fe en Dios antes de la guerra, por no estar quizá de acuerdo con la proclama nietzscheana, continuasen creyendo en Él después de que la maldad, la crueldad y el sufrimiento hubiesen alcanzado tan épicas proporciones? ¿Cómo era posible que un Dios omnipotente y benévolo permitiese tales atrocidades? ¿En qué rincón de Auschwitz se agazapaba Dios?

Pero empecemos por exponer unos cuantos datos estadísticos. La mayoría de las personas que sobrevivieron a los campos de exterminio habían sido individuos creyentes antes del genocidio. Después del horror únicamente conservaba la fe el 38 % de quienes lo habían vivido. La convicción de que los judíos eran un pueblo elegido también habría de tambalearse: un 41 % de individuos abrazaba esta idea antes de la guerra, pero sólo la tercera parte de los consultados defendería dicha noción tras la contienda. Y poco después de acabada la conflagración, únicamente el 6 % de los supervivientes consideraba que la creación del Estado de Israel había compensado el sacrificio de seis millones de vidas.[1]

En su libro titulado *El sufrimiento como identidad*, Esther Benbassa argumenta que el padecimiento forma parte de la identidad judía, que las terribles pruebas y aflicciones que han tenido que soportar los judíos a lo largo de su historia han terminado por integrarse en su misma naturaleza y que, para mucha gente, e incluso para muchos judíos, el Holocausto viene a encajar en ese paradigma. La autora se remite a la obra de Hermann Cohen (fallecido en el año 1918), un filósofo judío que argumentaba que «la desgracia y el dolor son necesarios para despertar la conciencia de los hombres y propiciar con ello el fomento de la causa del progreso ético».

En la Alemania nazi, la actitud asociada con la fe en Dios y la identificación con el sufrimiento habría de mantenerse, de modo que no debe extrañarnos que los judíos ultraortodoxos se limitaran a contraponer un conjunto de respuestas teológicas preestablecidas al antisemitismo. Los rabinos Ahiezer de Vilna y Elchonon Wasserman, que vivieron los pogromos de la *Kristallnacht*, o la Noche de los cristales rotos, entre el 9 y el 10 de noviembre de 1938, pero fallecieron antes de que se pusieran en marcha los campos de exterminio, argumentarían por ejemplo que «el despliegue de la historia, en su totalidad, se produce bajo la égida divina», queriendo significar con ello que incluso los nazis eran instrumentos de Dios. De Vilna pensaba que la responsabilidad de lo que estaba sucediendo recaía en el judaísmo reformista, mientras que Wasserman culpaba al abandono de la Torah, a la asimilación de las culturas no judías y al sionismo —posturas que consideraba síntomas de una falta de confianza en la religión y en Dios—. Ambos rabinos sostenían que lo que los acontecimientos estaban exigiendo a los judíos era que volvieran a poner sus miras en Dios, a través de la Torah. «Cuanto más acusado fuera el incremento aparente del poder del mal y cuanto más severo resultase el escarmiento, tanto más cerca estaba uno de la redención. De este modo, tanto los nazis como los sionistas o los herejes, los judíos asimilados y los reformistas resultaban ser en todos los casos otros tantos instrumentos del divino plan de salvación.»[2]

Aharon Rokeach, rebe o líder de la comunidad jasídica de Belz, en la región occidental de Ucrania, cuyo primogénito había sido quemado vivo en una sinagoga incendiada por los alemanes, decía: «Es de hecho una bondad del Todopoderoso que también a mí me haya permitido ofrecer un sacrificio personal». A sus ojos, el sufrimiento era una de las formas que adoptaba la «secreta gracia» de Dios, una gracia que la oración y el estudio de la Torah podían «transformar en la revelación de un acto de bondad». Serían también varios los maestros jasídicos que instarían a los fieles a aceptar el sufrimiento y la muerte «con amor, incluso en tiempos como los de la Solución Final». Así lo haría por ejemplo Shem Klingberg durante el tiempo que pasó en el campo de exterminio de Płaszów (situado en un barrio de Cracovia). Hasta los rabinos jasídicos del gueto de Varsovia argumentarían que era Dios quien les enviaba aquel sufrimiento: «No había sido provocado por sus pecados», afirmaban, «pero formaba parte del plan que Dios había concebido para la humanidad». Yitshak Weiss, líder espiritual de la dinastía espinca, asentada en la región rumana de Maramureș, cerca ya de la frontera húngara, se entretendría bailando y cantando en el tren que le conducía a Auschwitz. «Purifica nuestros corazones», imploraba, «para que te sirvamos lealmente».

Podrían ponerse muchos otros ejemplos de este tipo de razonamiento, cuyo origen radica en la noción judía de la «santificación del Nombre de Dios». En la tradición talmúdica, dicha santificación sólo puede producirse cuando los judíos, al no renegar de su fe, consiguen elegir la clase de muerte que han de tener. Esta doctrina sería modificada durante el Holocausto. A pesar de que a los judíos les resultara muy difícil decidir en esos años el tipo de muerte que les estaba reservada, las jerarquías del judaísmo ortodoxo consideraron que seguían teniendo la posibilidad de elegir el *modo* en que morían —lo que implicaba poder optar entre una muerte sobrevenida en medio de la degradación o una muerte acompañada «de paz interior, nobleza de espíritu y respeto a uno mismo».

De hecho, para evitar que se las intimidara hasta el extremo, obligándolas así a prostituirse —cosa que los militares alemanes tenían resuelto hacer—, noventa y tres jóvenes del colegio ortodoxo Bais Yaakov de Cracovia se suicidarían ingiriendo un veneno tras recitar una última plegaria. Su sacrificio sería inmortalizado por el poeta hebreo Hillel Bavli en unos versos que han sido finalmente incorporados a la liturgia del Yom Kipur, o Día de la Expiación y el arrepentimiento. Dicho poema rememora el trágico suceso «con un ánimo que nos trae a la memoria la costumbre medieval de transformar en gestos litúrgicos las catástrofes y los actos de los mártires a fin de que sirvan de enseñanza para las generaciones futuras».[3]

HITLER CONVERTIDO EN UN NUEVO NABUCODONOSOR

Los argumentos de los judíos ultraortodoxos llegarían a sostener incluso que «Hitler era el nuevo Nabucodonosor enviado por Dios para escarmentar a su pueblo». Yoel Teitelbaum maldeciría a los sionistas por haberse conducido de un modo que había terminado por precipitar y legitimar la Solución Final, concebida como «un justo castigo por un acto blasfemo, el de haber puesto en marcha por su cuenta el regreso a Sión y suplantado de esa forma al aguardado Mesías». Habría incluso algún pensador jasídico que consideraría que aquellos asesinatos en masa «no eran sino "los dolores de parto" previos al advenimiento del Mesías». El movimiento conocido con el nombre de Jabad afirmaría que toda la edad moderna constituía el alba de la era mesiánica, inevitablemente «abocada a venir precedida de un conjunto de acontecimientos cataclísmicos».

Este razonamiento llevaría a juzgar que el genocidio «había salvado al pueblo de Israel, al amputarle uno de sus miembros gangrenados ... El sufrimiento que habían tenido que soportar a lo largo de todo este período los seres de corazón puro y santo había sido únicamente temporal. ¿Qué importancia podía tener si se lo comparaba con la vida eterna? ... Padecer por amor a Dios: en eso residía precisamente el significado de ser los elegidos». Y en este sentido, la persona que habría de llegar más lejos sería Menachem Mendel Schneerson, el carismático líder del Jabad, que sostenía que el genocidio había sido obra de un «Dios justo», que la causa del correctivo residía en los pecados de los judíos y que Dios había llevado a cabo sus designios «con la ayuda de Hitler, su enviado».

En modo alguno puede decirse que todo el mundo aceptara esta clase de planteamientos, y en la práctica había tres alternativas. Una de ellas consistiría en argumentar que Dios se había mantenido *oculto* a lo largo de todo el genocidio. La segunda señalaba que era preciso redefinir a Dios, puesto que había dejado de ser omnipotente y benevolente —no pudiendo seguir considerándose además que fuese una figura exclusivamente masculina—. Y la tercera posibilidad proclamaba que Dios se había ausentado de Auschwitz y los demás escenarios del horror, «porque había muerto».[4]

El primero de todos estos puntos de vista sería expresado del más contundente de los modos por el rabino ortodoxo Eliezer Berkovits. Su concepción de las cosas pasaba por señalar que Auschwitz no había sido un acontecimiento único, puesto que ya en el pasado se habían producido desastres similares, desastres que también habían puesto a prueba la fe de los judíos. Con todo, Berkovits no atribuiría la realidad de los campos de exterminio a los pecados del pueblo de Israel, como hacían Schneerson y algunos otros, dado que él aceptaba que la Solución Final había constituido una «absoluta injusticia». Sin embargo, ponía toda su confianza en la noción, ya expuesta en la Biblia, de que Dios había «velado su rostro». Desde esta óptica, lo que sucedía era que, de vez en cuando, la historia registraba períodos en los que Dios se retiraba de escena, «permitiendo así que se verificaran algunos acontecimientos que él hubiese podido evitar». Esta desaparición de Dios no significaba —ni siquiera por implicación— que *deseara* la concreción efectiva de esos sucesos (con frecuencia terribles), sino que constituía más bien un reflejo de su determinación, pues estaba resuelto a conceder a los seres humanos un mayor grado de libertad espiritual.

«El hecho de que Dios quedara cubierto por un "velo" era el precio a pagar por el surgimiento de una humanidad dotada de facultades morales ... Si Dios fuese rigurosamente justo resultaría imposible que nos desenvolviéramos como seres humanos.» A juicio de Berkovits, la «ausencia de Dios» no es nada nuevo —cada generación tenía su Masada o su Auschwitz—, dado que el sufrimiento es una consecuencia del libre albedrío. Como creador, Dios está «obligado» a producir un mundo imperfecto, por no mencionar el hecho de que, en un plano personal, el «sufrimiento es positivo», ya que «purifica la personalidad y le confiere una mayor hondura». Para Berkovits, la Solución Final había sido «un intento de destronar a Dios», pero el hecho de que Israel hubiese logrado (re)nacer en su territorio tan poco tiempo después de la tragedia «venía a probar que Dios no se había ausentado de la historia». Son muchas las personas que comparten la idea de que Israel, pese a proclamar ser una entidad de carácter laico, es de hecho una institución religiosa, pues uno de los roles que les han sido confiados a los judíos —y a su sufrimiento como pueblo— es el de hacer que los gentiles regresen a Dios.[5]

A los ojos de Irving Greenberg, en cambio, «el Holocausto vino a destruir todas las antiguas verdades y certezas, todos los viejos compromisos y obligaciones», de modo que, en lo sucesivo, se revelaba ya imposible seguir profesando una «fe sencilla» como en el pasado. El Holocausto había puesto fin a la pretérita era de una existencia basada en la Alianza entre Dios y los judíos, alumbrando una edad nueva. Greenberg denomina a ese período recién inaugurado «el tercer gran ciclo de la historia judía», tras la era bíblica y la era rabínica. De acuerdo con el nuevo designio divino, la alianza de los judíos con Dios pasaba a ser voluntaria. Desde esta lógica, la fundación del Estado de Israel no es obra de Dios sino del pueblo judío. A juicio de Greenberg esto significaba que Dios continuaba existiendo, pero que la comprensión de su esencia no podía seguir debiendo nada a las enseñanzas de los rabinos. Le tocaba ahora al pueblo establecer el orden del día, creando una religión moderna y posterior al Holocausto en la que se prescindiera por completo de todos los viejos prejuicios y opresiones.

Tras el Holocausto, y a diferencia de Greenberg, tres teólogos —Arthur A. Cohen, Hans Jonas y Melissa Raphael— optarían en cambio por *redefinir* a Dios. En *The Tremendum: A Theological Interpretation of the Holocaust*, Cohen explica que no resultaba ya posible seguir manteniendo las tradicionales nociones asociadas con un Dios caritativo y providencial. Desde su punto de vista, no podía continuar entendiéndose que Dios fuera un agente causal directo de los asuntos humanos. Dios es un misterio, y es justamente ese misterio lo que espolea nuestra búsqueda, y esa búsqueda a su vez, lo que genera en último término nuestro desarrollo moral, puesto que ya no podemos preguntarle nada a Dios.

Hans Jonas, en una obra que, según él mismo admite, era de carácter puramente especulativo, también argumentará que no es posible seguir pensando que Dios sea omnipotente, sino, al contrario, que sufre con el género humano y «va haciéndose» justo poco a poco, tal como le ocurre a la gente —lo que implica que necesita de las acciones de los seres humanos para «ir perfeccionando el mundo»—. Melissa Raphael sugiere que, después del Holocausto, la idea patriarcal de Dios como una entidad todopoderosa y omnisciente resulta simplemente incompatible con lo ocurrido en los campos de exterminio, de modo que es preciso pasar a comprender a «Dios como madre», esto es, como un ser solícito, doliente y amoroso, pero no omnipotente. De este modo Dios, en femenino, es quien «sostiene en secreto el mundo con sus cuidados».[6]

El nuevo significado de las plegarias

Hemos de admitir, como muestran las estadísticas que hemos mencionado al comienzo de este capítulo, que para muchas personas todas estas argumentaciones resultaban francamente difíciles de digerir. Tal era sin duda el caso de Richard Rubenstein, un autor que romperá categóricamente, en el libro titulado *After Auschwitz* (1966), con la clásica idea de un Dios omnipotente y benévolo, declarando al mismo tiempo —haciendo suya la exclamación de Nietzsche— que Dios había muerto y que Auschwitz había conseguido que toda teología que abrazara la tradicional idea, propia del judaísmo, de un Dios providencial resultara «intelectualmente insostenible». A continuación, Rubenstein lanzaba un llamamiento destinado a sustituir la teología tradicional, cuyo lugar debía ser ocupado en lo sucesivo por la positiva afirmación del valor de la vida humana «en sí misma, sin necesidad de ninguna referencia teológica. De ahora en adelante, la dicha y la realización personales deberán buscarse en este mundo en vez de en un escatológico futuro místico. La raza humana ha de abandonar toda esperanza de salvación, ya que su destino último es regresar a la nada».[7] Somos seres finitos, insistía, y nuestro yo es igualmente finito. En este mundo, el objetivo que debemos realizar radica en el descubrimiento de nosotros mismos. La oración no puede seguir considerándose un intento de dialogar con Dios, sino como la expresión de nuestras propias aspiraciones. Si de algún modo cabe concebir todavía a Dios, caso de que resulte posible, es a la manera de un punto focal, de una ayuda que nos permita concentrarnos «en aquello que posea una auténtica significación en las cuitas de la vida». Las teorías de Rubenstein habrían de causar la irritación de un gran número de personas pertenecientes a la comunidad judía, de modo que acabaría «exiliándose».[8]

Amos Funkenstein, profesor de estudios judíos en la Universidad de California, en Berkeley, también criticaría la noción de que el Holocausto fuera incomprensible. Funkenstein pensaba que los historiadores, los psicólogos, los sociólogos y los filósofos «tenían la obligación de realizar todos los esfuerzos necesarios para alcanzar a comprender la catástrofe, guiados necesariamente por la razonable expectativa de que se hallan en condiciones de entenderla». Y para comprender el Holocausto, añadía, «no hemos de fijar nuestra atención en Dios, sino en el hombre».[9]

Emil Fackenheim, un refugiado alemán que había conseguido huir de los nazis y adoptar finalmente la nacionalidad canadiense, coincidía con los razonamientos de Rubenstein. En dos obras tituladas *The Human Condition after Auschwitz* (publicada en 1971) y *La presencia de Dios en la historia* (de 1970), Fackenheim afirmaría que, después de los horrores de los campos de concentración, la idea de un Dios redentor le parecía insostenible. Lo que ahora se revelaba imperativo, decía, era la *supervivencia* de los judíos, «la pervivencia, la resistencia y la unión en tanto que pueblo diferenciado e identificable»: «tras el espanto de los campos de exterminio aún perdura un valor supremo: la existencia». De hecho, Fackenheim transformaría la supervivencia en un nuevo mandamiento: el número 614. (El judaísmo rabínico sostiene que la Torah encierra 613 mandamientos.) También él consideraba que el Estado de Israel constituía «una respuesta» a Auschwitz, y que en tal sentido procuraba una cierta redención.[10]

CÓMO SER JUDÍO SIN DIOS: LA RELIGIÓN DEL HOLOCAUSTO

El hecho de que el Holocausto posea un carácter único y singular o no se ha convertido en uno de los factores más importantes para distinguir a los judíos religiosos —sobre todo a los ortodoxos— de los judíos laicos. A los ojos de los ortodoxos y los judíos practicantes, la Solución Final ha pasado a formar parte de la larga serie de desdichas y ordalías previas que jalonan la historia de los judíos y moldean su identidad. Sin embargo, como sugiere Esther Benbassa, son muchos los judíos laicos que posiblemente simpaticen con la existencia del Estado de Israel y la aprueben, aunque sin abrigar por ello el deseo de residir en ese territorio, que juzgan que el Holocausto se ha convertido, *en sí mismo*, en la idea central de una nueva religión, en una especie de sucedáneo equivalente del credo rabínico en el que sin embargo no tiene cabida Dios. Esto ha dado lugar al surgimiento de «una religión autosuficiente dotada de ritos, ceremonias, oficiantes, lugares de peregrinación, mártires recientes, retórica emotiva y mandamientos —de entre los cuales sobresale uno en particular: el de la obligación de no olvidar—. Y en el núcleo mismo de esta religión se encuentra Auschwitz».

La colocación de Auschwitz en un espacio tan preeminente resulta cuando menos curiosa, en el sentido de que la abrumadora mayoría de los setenta mil confinados que padecieron entre sus muros eran prisioneros de guerra rusos o polacos, mientras que en el cercano campo de Birkenau fueron gaseadas entre un millón cien mil y un millón seiscientas mil personas, de las cuales el 90 % eran judías. Esta nueva religión, dice Benbassa, adquiriría forma en 1961, tras la celebración del juicio a Eichmann, y cobraría fuerza durante la guerra de los Seis Días, en 1967, período en el que se tuvo la impresión de que podría producirse un nuevo genocidio. «Al final, Auschwitz quedó transformado en un nuevo Sinaí, es decir, en el lugar en el que vino a revelársele al hombre el advenimiento de un nuevo judaísmo, de un judaísmo hecho a medida: con menos condicionamientos y liberado del peso de las prácticas religiosas y la cultura judías. La condición de judío dejaba de constituir así una categoría de naturaleza propiamente religiosa, para pasar a convertirse más bien en una ética adaptada a las demandas de una sociedad moderna en la que coexisten sin problemas, mezcladas, distintas identidades.» Este nuevo judaísmo, que recibe el nombre de «judaísmo del Holocausto y la Redención», eleva la aniquilación de los judíos «a la categoría de acontecimiento dotado de una intensa significación trascendental, confiriendo cualidades de ese mismo orden, aunque en este caso vinculadas con la redención, a la creación del Estado de Israel».

Desde este punto de vista, el Holocausto fue un caso único, una concatenación de circunstancias que resulta imposible explicar y a la que no hay forma de situar en una secuencia histórica coherente. Isaac Deutscher y Elie Wiesel (además de Adorno, desde luego) defenderían que la mejor postura frente a Auschwitz era el silencio, basándose para ello en la idea de que el genocidio «esté condenado a permanecer eternamente fuera del alcance del entendimiento humano». No obstante, en términos generales, los judíos han abrazado la noción de un Holocausto entendido al modo de una religión del sufrimiento, ya que las masas «no escuchan los argumentos de la secuenciación histórica del terrible acontecimiento, cuya comprensión ha quedado fundamentalmente restringida a los círculos eruditos». Todos los debates relacionados con la «imposibilidad de la representación» surgida como consecuencia de los sucesos de Auschwitz contribuye en realidad a la concreción mítica del acontecimiento. «En la teología tradicional judía, los caminos de Dios son inescrutables. Y ahora los caminos de Auschwitz se han vuelto igualmente inescrutables.»

Sin embargo, Benbassa tiene sus dudas: «Cabría preguntarse, de hecho, cuánto tiempo más podrá seguir proporcionando esta nueva religión laica el fundamento de una identidad judía viable, sobre todo si pensamos que se ha erigido básicamente sobre los cimientos del sufrimiento y la victimización, convirtiendo a sus seguidores en judíos en constante estado de alerta e inmersos en una permanente situación de inseguridad».[11]

El genocidio ha pasado a ser un misterio de naturaleza esencialmente religiosa. «Pero es también una elección, una elección personal, una decisión del ser humano tomada por el ser humano y para el ser humano, es decir, una decisión en la que no interviene Dios para nada.» Es también una nueva religión de la «excepción absoluta», lo que ha determinado que algunos individuos, como Alvin Rosenfeld, insistan en que tanto los libros de memorias como la prosa y la poesía del genocidio hayan de recibir la consideración de textos «sagrados». Arnost Lustin, por su parte, sostiene que algunas de las obras literarias que han abordado la catástrofe «soportan la comparación con las partes mejor escritas de la Biblia».

Otro de los aspectos de esta nueva religión radica en el hecho de que a varias generaciones de judíos les haya sido transmitido el recuerdo de la catástrofe en función del tratamiento que los medios de comunicación han dado a los sucesos que la conforman, lo cual ha contribuido a generar una «comunidad transnacional» integrada tanto por sefardíes como por askenazíes, dado que, en efecto, los judíos de Israel y los de la Diáspora han venido a descubrirse unidos en una nueva religión común, una religión «que los no iniciados pueden reconocer de forma inmediata y que resulta fácil de practicar. Es la religión de los elegidos por el sufrimiento, un sucedáneo del judaísmo clásico que protegió del antisemitismo a los judíos, al menos durante un tiempo, y que actuó como un elemento capaz de frenar los procesos asociados con la asimilación a otras culturas».[12]

Esta deriva de los acontecimientos no carece de críticos: «Los usos que se han dado a la memoria [en los distintos museos del Holocausto que hay repartidos por el territorio de Estados Unidos, pongo por caso] rozan la expropiación. De hecho, la religión del Holocausto habría de ponerse en marcha después de que la guerra de los Seis Días señalara el arranque de una era presidida por la idea de que se podía ser judío sin abrazar el judaísmo y prescindiendo también del propio Dios, por supuesto ... Por otra parte, el proceso de convertir dicha religión en un credo de alcance universal, dotado de un mensaje fácil de entender, acabaría por hacer que la memoria del genocidio contribuyera, paradójicamente, a restar universalidad a los judíos, distanciándolos del sufrimiento de otros y confinándolos gradualmente entre los muros de su propio dolor».[13]

LA CONSUMACIÓN DEL APOCALIPSIS

Lo sucedido en Hiroshima y Nagasaki los días 6 y 9 de agosto de 1945, en los que murieron doscientas cincuenta mil personas y quedaron heridas muchísimas más, poniendo con ello fin al frente asiático de la segunda guerra mundial, también iba a exigir un cierto reajuste teológico por parte de muchas de las personas que habían conservado la fe religiosa a pesar de las advertencias de Nietzsche y de todo lo acontecido a lo largo de los años y las décadas anteriores. Y en particular, lo más necesario habría de ser la búsqueda de una redefinición de Dios.

Una de las respuestas mejor consideradas sería la expuesta por el teólogo y presidente de la Universidad de la Sabiduría (situada en Oakland, California, y dedicada al estudio de las tradiciones vinculadas con las máximas prudenciales de las naciones del mundo) Jim Garrison, quien habría de recurrir a la filosofía «procesual» de Alfred Whitehead y al psicoanálisis de Carl Jung para adaptar al mundo moderno las imágenes tradicionales de Dios, dándose la circunstancia de que algunas de sus ideas convergerían con las de los teólogos judíos que defendían la religión del Holocausto.* Garrison recordaba que Jung había argumentado que «Dios» era un «arquetipo», un concepto sinónimo del de «inconsciente», y que había añadido asimismo que el impulso religioso brotaba del inconsciente (véase el capítulo 14). De acuerdo con Jung, cada uno de los arquetipos venía a corresponderse con una antigua forma de organización de nuestra psicología, es decir, con algunos de los aspectos del inconsciente humano que se hallan en la base de nuestra naturaleza. Dichos arquetipos solían adoptar la forma de pares de opuestos (introvertido / extrovertido, o ánima / ánimus, por ejemplo), moldeando nuestra psicología en función de su mutua relación. La conciliación de estos elementos bipolares, decía, lleva aparejada la «búsqueda de la completitud», en la cual reside nuestro principal dilema existencial. Garrison afirmaba que el arquetipo religioso que anida en nuestro interior también es de naturaleza dual, que nos hallamos habitados —retomando aquí los términos de la terminología tradicional— por un Dios de luz pero también por un Dios de oscuridad.

Garrison dio al Dios de oscuridad el arquetípico nombre de «Odín», pensando que la oscuridad era una característica particularmente alemana. Todos los horrores de la guerra de 1939 a 1945, incluido el propio Holocausto, habían sido una simple «representación preliminar» del plato fuerte constituido por Hiroshima y Nagasaki. «El fanatismo que han mostrado los alemanes en su hostilidad hacia los judíos ha sido sustituido por el anticomunismo que se respira en general en todo el Occidente», con-

---

* La obra en la que Garrison explica las cuestiones en las que se dispone a entrar Watson es la titulada *The Darkness of God: Theology after Hiroshima.* (*N. de los t.*)

cluía.[14] Jung había sostenido que en nuestro interior late un «hambre de infinito», una «expectativa escatológica que anhela la materialización de una Gran Consumación», y que una de las formas de satisfacerla consistía en generar nuestro propio apocalipsis. Llegado a este punto, Garrison introduciría en su razonamiento la filosofía de los procesos de Whitehead, así como una idea a la que dicho autor había dado el nombre de «panenteísmo», queriendo apuntar con ello a la noción de que la *creación*, la *evolución*, el *progreso*, el *proceso* y el *cambio* son todos ellos conceptos idénticos al de divinidad, lo que significa que si dichas bombas alcanzaron efectivamente a inventarse es porque contribuían a la concreción de algún objetivo divino.

A los ojos de un escéptico en materia de religión, todo esto suena a un puro relato «*ad hoc*», pero lo que Garrison quería señalar era que al conducirnos al borde mismo de la capacidad potencial de destruir el planeta y todo cuanto alienta en él, el proceso divino no sólo estaba abocándose a su propio acabamiento, sino propiciando al mismo tiempo la consumación apocalíptica de sus mismos designios. Y al actuar de ese modo, ese proceso divino estaba obligando a los seres humanos —que tenían apartada la vista de la celestial mansión desde el inicio del Renacimiento, pasando desde entonces a contemplar el mundo con una mirada cada vez más «horizontal», es decir, más dirigida hacia sus semejantes— a volver a elevar los ojos hacia lo alto y a poner nuevamente sus miras en el cielo. La amenaza de Hiroshima y Nagasaki planteaba, por tanto, la posibilidad de que nosotros mismos nos convirtiésemos en los aniquiladores de la humanidad, destruyendo con ello, *al mismo tiempo*, a Dios, el principio creador.

Garrison pensaba que la respuesta dada por la Iglesia cristiana al debate asociado con la proclama de que «Dios ha muerto» había sido particularmente pobre, y que además las autoridades eclesiásticas no habían sabido ver que «la mano de Dios» se hallaba discerniblemente presente en Hiroshima. No obstante, a juicio de Garrison, la idea de que la creatividad suprema (es decir, la asociada con la concepción y la fabricación de la bomba atómica) pudiera ser simultáneamente un instrumento capaz de aniquilar toda creatividad y toda vida, que las fuerzas del inconsciente pudiesen eliminar toda conciencia, no era tanto una amarga ironía como una de las vías por las que el género humano podía llegar a experimentar la consumación apocalíptica. La concreción de dicho apocalipsis, si llegara a producirse (y hemos de tener presente que en los tiempos de la guerra fría se trataba de una eventualidad que no parecía excesivamente lejana), constituiría, por así decirlo, una manera de alcanzar la plenitud por vía negativa, una oscura forma de completitud, pero también, afirmaba, el tipo de situación al que nos hallábamos confrontados en el mundo surgido de las cenizas de Hiroshima.

Y como ya sucediera con las teorías surgidas a consecuencia del horror del Holocausto, también esto equivalía a decir que Dios —considerado en tanto que fuente de la creatividad o de los procesos— no era completamente benevolente ni todopoderoso.

TEOTANATOLOGÍA

Pese a que el Holocausto haya podido ejercer un efecto más intenso en el pensamiento judío que en la cosmovisión de otras sociedades, lo cierto es que no habría de afectar exclusivamente a los judíos. Es más, las bombas atómicas arrojadas sobre suelo japonés mostraban con toda claridad que también flotaban en el ambiente otros desafíos, y que éstos concernían a todos los seres humanos, sin distinción —con la añadidura de que la creciente noticia que empezaba a tenerse del terror provocado por las purgas estalinistas estaba comenzando a constituirse ya en un elemento más de esa misma ecuación—. Estos acontecimientos iban a determinar que entre los cristianos surgiera lo que John Warwick Montgomery daría en llamar «la nueva ciencia teológica de la teotanatología, la cual encuentra en la mortal enfermedad que afecta hoy a Dios —o en su efectivo fallecimiento— el punto de partida de una comprensión del mundo moderno realizada desde un enfoque radicalmente laico».[15]

Este movimiento, que respondía a una iniciativa de carácter plenamente protestante, iba a contar con una notable publicidad —haciéndose eco de él, por ejemplo, publicaciones como *Time*, el *New Yorker* y el *New York Times*—. La media docena de proponentes con que contaba, aproximadamente, podrían dividirse en dos líneas: la de los radicales «duros» y la de los radicales «moderados», basándose esta distinción en el grado de vehemencia que pusieran al argumentar que Dios estaba incontestablemente muerto.

El primer espada de estos teotanatólogos era Gabriel Vahanian. Nacido en Marsella, Vahanian había estudiado con Karl Barth, pasando después a dedicarse él mismo a la enseñanza en Estados Unidos por espacio de veinticinco años, hasta que, llegado el momento de jubilarse, terminó fijando su residencia en Estrasburgo. Lo que Vahanian argumentaba era que Dios había pasado a ser una noción irrelevante en términos culturales, que la reducción de los «valores transcendentes» a «valores inmanentes» no podía tener más desenlace que el de la muerte de Dios debido a que quedaba convertido en un «accesorio cultural» más, sin verdaderas diferencias con otras nociones de carácter cultural. Vahanian pensaba que debíamos esperar a que este parecer terminara por perder fuerza, a que la gente comprendiese finalmente que «lo finito no puede aprehender lo infinito», y que mientras no reconozcamos la total «alteridad de Dios» (por emplear la crucial idea de Barth), éste continuará muerto a todos los efectos.

Harvey Cox, de la facultad de teología de Harvard, es el segundo gran teólogo de este grupo dedicado a predicar la muerte de Dios. En el año 1965, Cox escribiría una obra titulada *La ciudad secular* tras realizar una estancia de un año en Berlín, donde se había dedicado a trabajar como docente en un programa educativo auspiciado por la Iglesia, un programa que presentaba la particularidad de contar con ramificaciones curriculares a uno y otro lado de las alambradas que separaban al Este del Oeste. Como acababa de levantarse el muro, Cox se veía obligado a desplazarse de un lado a otro de la ciudad pasando por el paso de Checkpoint Charlie. En Berlín habría de recibir la influencia intelectual de Karl Barth y de Dietrich Bonhoeffer. Este último defendía una idea relacionada con lo que él denominaba los «límites definitorios del mal», la cual postulaba que para hacer el bien debemos actuar siempre de manera inmediata, antes de que intervenga la conciencia de nuestro interés propio. Cox adaptaría algunas de las ideas de estos pensadores, argumentando en su libro que el proceso de secularización tenía lugar en la mayoría de las ocasiones, y con mayor facilidad, en los entornos urbanos, tratándose además de un fenómeno positivo «por el que "la sociedad y la cultura logran liberarse de la tutela impuesta por el control religioso que los obliga a vivir confinados en una cosmovisión metafísica cerrada"».[16]

Reproduciendo en parte los planteamientos expresados por Jonathan Raban en *Soft City: The Art of Cosmopolitan Living*, donde se afirmaba que no es posible entender las claves explicativas de la ciudad desde un único punto de vista, Cox mantendría que se podía decir lo mismo de la religión. La secularización era una apuesta fuerte que incrementaba tanto la libertad como la responsabilidad del individuo. Cox sostenía asimismo que el arte, el cambio social y las fugaces relaciones personales asociadas con la vida urbana podían dar lugar al surgimiento de una nueva atmósfera espiritual, muy distinta de las tradicionales concepciones de Dios. «Esto podría implicar que quizá debamos dejar de hablar de "Dios" durante un tiempo, aplicar una moratoria al discurso teológico en tanto no surja un nuevo nombre con el que designar esa idea.» Dicho de otro modo: lo que Cox nos recomienda, como ya hiciera Vahanian en su día, es también «esperar». No obstante, añade Cox, este consejo no debe provocar nuestra sorpresa, puesto que «el ocultamiento se halla en el centro mismo de la doctrina teológica».

Lo que pretendía decir al manifestar que, al igual que la ciudad, la religión no puede ser entendida desde un único punto de vista era, como ya había sugerido Garrison, que no todo cuanto contiene revela ser bueno, dado que es parcialmente inflexible e intolerante —aunque el laicismo también tenga sus defectos—. Juan Pablo II, decía, se comportó bien en la mayoría de los aspectos relacionados con la unificación de Europa, pero no en las cuestiones asociadas con la contracepción. La Iglesia era responsable tanto de los logros de la madre Teresa de Calcuta como de la conducta corrupta de Jim y Tammy Bakker.* Dichas ideas, que entre otras cosas iban a dar lugar al surgimiento de la teología de la liberación, partían en realidad de la perspectiva posmoderna que sostiene que le «cortamos las alas» a la presencia divina al confinarla a un ámbito espiritual o eclesiástico específicamente delimitado, sobre todo cuando en la ciudad religiosa hay toda clase de perspectivas, y no sólo la asociada con «el Dios clásico del teísmo metafísico». Por consiguiente, en la ciudad, donde son tantos los «otros» con los que nos cruzamos, cabe la posibilidad de encontrar a Dios en otra persona.

Cox dejaría patente la deuda intelectual que le unía a Bonhoeffer al sostener que la teología aflora después del compromiso que nos impulsa a actuar. La religión no debería reprimir el pensamiento, y no es necesaria, primordial ni principalmente una cosmovisión: es acción. Desde ese mismo punto de vista, el período que pasó en Berlín le llevaría a comprender que el comunismo debía ser secularizado, ya que también él se hallaba emparedado entre costumbres artificiales. El propio Cox haría honor a sus convicciones y transformaría en acciones sus ideas al unirse al movimiento en favor de los derechos civiles, colaborando con él en Selma, Alabama, en 1965, época en la que habría de pasar un breve período de tiempo en prisión. Insistía en que el creyente debía participar necesariamente en

---

* Jim Bakker es un ministro y telepredicador de la Iglesia evangélica estadounidense que se vio envuelto, junto con su esposa Tammy, en un turbio escándalo sexual acompañado de acusaciones probadas de fraude contable que acabarían llevándole a prisión en 1989. (*N. de los t.*)

la difusión de la justicia en el mundo, no detenerse a meditar en cuestiones teológicas.

Notablemente influenciado por las ideas de Mircea Eliade, Carl Jung, Søren Kierkegaard, Friedrich Nietzsche y Paul Johannes Tillich, Thomas Altizer (nacido en el año 1927) es uno de los más radicales de entre todos los radicales defensores del movimiento vinculado con la muerte de Dios. Desde su punto de vista, Dios estaba muerto y enterrado, y la Iglesia —sobre todo la Iglesia cristiana— se hallaba agonizante. Era preciso deshacerse asimismo de todas las enseñanzas tradicionales (cuyo carácter siempre había sido provisional), incluso de las de Jesús —al menos en su versión clásica—. La idea más letal que jamás haya concebido la humanidad es la de la transcendencia metafísica, de modo que todo cuanto nos queda, sostiene, es el concepto de resurrección. No sabemos qué forma podrá adoptar esa resurrección ni cuándo podrá producirse —de hecho, añade, ni siquiera podemos tener la seguridad de que vaya a tener lugar—. Nada de cuanto esté llamado a suceder en el futuro puede ser identificado con referencias procedentes de hechos acaecidos en el pasado, sean éstas las que sean, pero hemos de estar preparados para una nueva epifanía, una epifanía que pudiera revelarse tan diferente a las anteriores que no logremos en ningún momento tener la seguridad de que se trata *efectivamente* de tal epifanía. Nos encontramos así ante la apoteosis de la idea de kénosis, es decir, del vaciamiento de la voluntad personal a fin de propiciar que nuestro ser personal se vuelva totalmente receptivo a la voluntad de Dios. También aquí volvemos a manejar la idea de la espera.

Otro de los radicales de este movimiento es William Hamilton. En su influyente ensayo titulado *Thursday's Child*, Hamilton describe la situación en la que se hallan los teólogos actuales (y la que habrán de encontrar los del mañana) diciendo que serán «hombres sin fe y sin esperanza, hombres radicados sólo en el presente y que por ello mismo no habrán de tener más guía que la que pueda proporcionarles el amor» —el teólogo del futuro, añade, será «un hombre que aguarda y un hombre que reza»—. Al mismo tiempo afirma que la muerte de Dios ha de entenderse en sentido literal. Todo cuanto nos queda es descubrir la presencia de Jesús en el mundo —y utiliza la palabra «descubrir» porque a continuación argumenta que es muy posible que Jesús se halle oculto entre nosotros, implicado a fondo en la lucha en favor de la justicia—. En el mundo laico, el hombre pasa a ser el centro de atención, de modo que, «sin dejar de aguardar, profundamente absortos en las plegarias con las que invocamos la manifestación del Dios del regocijo», debemos tratar de disfrutar de (la idea de) lo divino, añade, aun en el caso de que no le encontremos utilidad.

A los ojos de Hamilton, Dios sigue en cierto sentido presente entre nosotros, «aguardando igual que nosotros aguardamos, convertido en receptor de nuestras plegarias». Sin embargo, a juicio del teólogo Paul van Buren, ni siquiera puede confiarse en la persistencia de este papel residual de Dios: «Yo no rezo. Me limito simplemente a reflexionar sobre estas cuestiones».[17] Al igual que otros, también él se vería influido por Barth, director de la tesis que el propio Van Buren habría de defender en Basilea. No obstante, Van Buren también habría de beber de otras fuentes, hallando inspiración, por ejemplo, en los escritos de Wittgenstein, circunstancia que le llevaría a redactar una obra titulada *Secular Meaning of the Gospel*. En ella elaboraría una versión propia del «ateísmo cristiano» al argumentar que Dios había fallecido, entre otras cosas, abrumado bajo «una miríada de títulos y salvedades»; que los intentos destinados a definir a Dios en función de una filosofía de los procesos —como el realizado por Whitehead— habían obedecido a una de esas obsesiones clasificatorias; y que todas esas matizaciones y modificaciones habían aniquilado a Dios, al menos en parte, debido a que su variopinto carácter había impedido la posibilidad misma de la epifanía.

Van Buren era uno de los autores que pensaban que el mundo moderno era demasiado plural para poder ser definido en función de una única idea teológica, y que en cualquier caso no hay sitio en el mundo moderno para una teología que únicamente se ocupe de Dios, ya que en dicho mundo los elementos significativos son la existencia y la historia humanas. Si la teología se revela incapaz de asumir ese reto, decía, entonces carece de utilidad. Esto significa que Jesús ha de ser entendido como hombre, no como Dios, comprendiéndose asimismo la Pascua en términos metafóricos, esto es, como uno de los aspectos de la libertad del ser humano. «Por consiguiente, hemos de abrazar decididamente el mundo laico del que formamos parte. El pensamiento religioso es "responsable ante la sociedad humana, no ante la Iglesia". Su orientación es de carácter humanista, no divino. Sus normas han de arraigar en el papel que está llamado a desempeñar en la vida humana ... Por ello mismo, la comprensión de la "situación humana" que pudiera habernos proporcionado nuestro pasado religioso únicamente alcanzará a resultarnos útil en la medida en que logremos integrarla en una conversación dinámica con la cultura tecnológica en rápido proceso de cambio en la que nos hallamos inmersos, permitiendo además que dicho diálogo reciba la influencia de aquélla.»[18]

Vahanian era un pensador francés, mientras que todos los demás teotanatólogos, salvo uno, eran o son estadounidenses. El último en sumarse al grupo ha sido John Robinson, obispo de Woolwich, en el sureste de Londres, cuyo libro titulado *Honest to God* (1963) acabaría convirtiéndose en una sensación editorial.[19] En dicha obra, Robinson argumentaba que el hombre secularizado, pese a haber rechazado la idea de un «Dios de las alturas», ha de admitir al mismo tiempo que la noción de un «Dios vecino y compañero» es una obsoleta simplificación de la naturaleza de la divinidad. En lugar de abonarnos a esta última concepción, debemos seguir el consejo que nos brinda la teología existencialista de Paul Tillich y considerar —según recomendaba Robinson— que Dios es «el fundamento de nuestro ser». El autor de *Honest to God* también abrazaba la noción de Bonhoeffer de un cristianismo desprovisto de doctrinas religiosas, lo que en su caso apuntaba a la convicción de que la ininterrumpida revelación de Dios a los hombres se realiza en el conjunto de las acciones y los gestos culturales, no simplemente en los estrechos límites de la «religión» o la «Iglesia». Este mismo obispo sostenía igualmente que Dios, entendido como una entidad que de algún modo se halla «por encima del universo», sigue siendo uno de los elementos capitales de nuestro mobiliario intelectual, pese a que ya no sigamos concibiendo de ese modo la realidad. También hacía suyos algunos de los aspectos del posmodernismo (véase el capítulo 26), una corriente de pensamiento en la que cada vez se concebirá más a Dios como una *creación humana*.

Son muchos los que piensan que la idea más original de Robinson fue quizá la vinculada con la mencionada noción de que Dios es «el fundamento de nuestro ser», lo que significa que hemos de prestar especial *atención* a aquello que constituye, a nuestros ojos, el objetivo último de nuestra existencia, dado que lo que hacemos al rezar es identificar las metas que nos parecen más importantes, las que más íntimamente anhelamos —y sea cual sea el contenido de esas oraciones, dichas metas y aspiraciones son Dios y provienen de Dios—. Como es obvio, también esta idea admite ser considerada como una creación humana, y lo cierto es que se trata de una forma de comprender las cosas que viene a coincidir en parte con el concepto del «eterno retorno» esgrimido por Nietzsche —esto es, con el planteamiento de que deberíamos vivir para aquellos momentos que nos gustaría experimentar una y otra vez—. Desde este punto de vista, Dios es una forma de conceder importancia al mundo, o a parte de él; un modo de tomarse la vida en serio, de reconocer lo que es importante para nosotros. Robinson no creía en las entidades sobrenaturales, pero sí que optaba por una especie de «naturalismo» definido por «identificar a Dios, no con la totalidad de las cosas, es decir, con el universo *per se*, sino con todo aquello que se revela capaz de conferir significado y orientación a la naturaleza». El mundo sobrenatural, decía, es «el mayor obstáculo al que puede enfrentarse una fe inteligente».

Sus juicios sobre la persona de Jesucristo eran los mismos que los de Bonhoeffer, ya que afirmaba que había sido «un hombre que se había dado a los demás». Robinson insistía en que Jesús no era Dios hecho hombre, que no poseía una naturaleza dual ni era una encarnación divina venida a compartir el mundo con nosotros. Antes al contrario, había sido un ser humano que jamás había pedido nada especial para sí pero que amaba tanto a sus semejantes que siempre los anteponía a su propia persona (y eso era justamente lo que debían hacer los cristianos, como decía Bonhoeffer). De hecho, uno de los principales argumentos de Bonhoeffer —un argumento que Robinson también abrazaba— sostenía que si queremos llevar una vida moral no debemos demorar la acción cuando nos veamos frente al mal; que en este sentido el hecho de esperar implica siempre empezar a colocar nuestros intereses por delante de los de los demás —cuando lo cierto es que los intereses más urgentes son siempre los del prójimo necesitado.

No parece que la mayoría de los teotanatólogos pensaran que Dios hubiera de permanecer eternamente muerto. Aceptaban, efectivamente, la tradicional idea de que Dios hubiera fallecido, pero mantenían que, transcurrido un determinado período de espera, deberían empezar a perfilarse los contornos de una nueva pauta moral, de una nueva idea de lo que acostumbramos a llamar «Dios». Entretanto, debemos aguardar y conservar la esperanza. En ningún momento habrían de reflexionar sobre lo afirmado por los demás pensadores que hemos ido examinando a lo largo de este libro. En este sentido, su mente estaba cerrada a otras cosmovisiones.

Capítulo 21

«¡DEJEN DE PENSAR!»

Durante el largo período de tiempo en el que habrían de dejarse sentir las secuelas de la segunda guerra mundial, y mientras continuaba el incesante incremento del número de personas decididas a apartarse de la idea de Dios, tres serían los movimientos artísticos que se propondrían mostrar tanto la forma de dar sentido —y orientación— a los cambios que se estaban produciendo como la manera de buscar nuevas vías para alcanzar la plenitud. El primero de esos movimientos sería el del minimalismo, después vendría la llamada «cultura de la espontaneidad», y en tercer y último lugar una corriente centrada en lograr una nueva comprensión del papel del cuerpo en la búsqueda de un significado: la denominada cultura del «conocimiento cinético».* Las tres fórmulas encontraban un elemento de confluencia en uno de los consejos que el célebre músico de jazz Charlie Parker (apodado «Bird») acostumbraba a dar a sus discípulos al decirles que, al expresar sus sentimientos, debían «¡dejar de pensar!» (recomendación que por cierto ya había sugerido años atrás D. H. Lawrence a Bertrand Russell).

LA ABLACIÓN DEL DESEO

Al perfilarse en el tramo final de la década de 1950 el horizonte de la siguiente e iniciarse los años sesenta, el arte iría dejando paulatinamente de hacer referencia a cualquier tipo de realidad exterior al arte mismo, negándose así los artistas a buscar pautas o patrones de cualquier tipo, ya

---

* Frecuentemente asociada con la «inteligencia cinético corporal». (*N. de los t.*)

fuera en el terreno de los objetos o en el de los acontecimientos. En lo que sí habría de insistirse en cambio sería en el doble hecho de que la experiencia carecía de orden y de que la cualidad que la definía era su carácter aleatorio. Y en opinión de muchos, esto equivalía sencillamente a llevar a sus últimas consecuencias lógicas la proclamación de la muerte de Dios.

Desde luego, esta forma de pensar se aplica sin la menor duda a la obra fundacional del minimalismo: el *Esperando a Godot* de Samuel Beckett. Beckett se ha hecho famoso por su desolada forma de comprender la vida, por su obsesión con el sufrimiento, por su preocupación —como habría de resumir su amigo y editor John Calder en referencia a su personalidad— por «la búsqueda de un significado en este mundo ..., siendo no obstante incapaz de llegar a ninguna conclusión acerca del objetivo de la existencia, incapaz de creer no sólo en una sola doctrina concreta sino también en una sola filosofía personal que no fuera la consistente en observar un obstinado estoicismo». O dicho de otro modo —por expresarlo con las palabras que habría de emplear el propio Beckett en un debate con Georges Duthuit, un crítico de arte con el que estaba disputando una partida de ajedrez en París—: «No hay nada que expresar, nada con lo que expresarlo, nada desde lo que expresarlo, ningún deseo de expresarlo, al margen de la obligación de hacerlo».[1]

Beckett nació en el año 1906, cerca de Dublín, en el seno de una acomodada familia protestante. Tras pasar por el Trinity College de su ciudad natal y dedicarse una temporada a la enseñanza, Beckett viajó por Europa, llegando a conocer a su compatriota James Joyce en París, con quien trabaría una buena amistad. Después, Beckett se instalaría durante un tiempo en Londres, decidiendo psicoanalizarse en 1934 y poniéndose para ello en manos de Wilfred Bion, en la Clínica Tavistock. Bion era colega del pediatra y psicoanalista británico Donald Woods Winnicott, creador y promotor del concepto del «objeto transicional». Muchos bebés, al ser destetados y empezar a dar sus primeros pasos hacia la independencia, utilizan un «objeto transicional», como un suave muñeco de peluche o una mantita cálida, al que se apegan hasta el punto de no poder separarse de él. Winnicott pensaba que este fenómeno era perfectamente saludable (con tal de que no se prolongase demasiado).

Existe claramente la posibilidad, según señalan algunos críticos que estudian la obra de Beckett desde el punto de vista del psicoanálisis, de que los planteamientos de Winnicott influyeran en la idea que se hacía el dramaturgo de Dios, al que consideraba como una especie de objeto transicional presente en la vida de un gran número de adultos, una suerte de entidad de carácter meramente psicológico, aunque en este caso no fuese temporal. Pese a que el simbolismo cristiano recorra la mayor parte de sus obras, como también ocurre en el caso de Joyce, lo cierto es que Beckett rechazaba al Dios al que acostumbra a rendirse culto en las iglesias, al que juzgaba «un Dios muy mezquino» —un Dios representado con los rasgos de un rey, de un hombre que no sólo parece disfrutar con el hecho de que se le adore sino que se atribuye además el mérito de las «cosas buenas que accidentalmente se producen a nuestro alrededor», aunque «jamás asuma la responsabilidad de los múltiples males que aquejan al mundo».[2]

Beckett comenzó a redactar *Esperando a Godot* a principios de octubre de 1948, terminándola en tan sólo cuatro meses. En esas fechas todo el mundo tenía todavía muy frescos en la memoria los bombardeos de Hiroshima y Nagasaki y asistía al paulatino desvelamiento de los horrores del Holocausto y de los detalles de las terribles purgas estalinistas. No obstante, Beckett también se hallaba asediado por sus propios horrores, ya que la obra fue elaborada en el lapso de dos años en que, temiendo que el tumor que le habían detectado en la mejilla constituyese la señal de su inminente fin, se había enterrado en vida para dedicarse por entero a la literatura. Sería en ese período de tiempo cuando escribiera no sólo el *Godot*, sino también lo que muy a menudo suele denominarse la «trilogía»: *Molloy, Malone muere* y *El innombrable*. El estreno de *Godot* no habría de producirse hasta el año 1953. A pesar de ser recibida con críticas ambivalentes y de que los amigos del autor se vieran obligados a «pastorear» a la gente para inducirla a acudir al teatro, al final se vería claramente que la espera había valido la pena.

Esperando a Godot es una obra austera y escueta. Sus dos personajes principales (sólo hay cinco en total) aparecen en un escenario completamente desnudo salvo por un árbol solitario. La representación se hace notable por sus largos períodos de silencio, por las repeticiones del diálogo (cuando efectivamente hay algún diálogo), por los bandazos que hacen que el espectador pase de asistir a un conjunto de especulaciones metafísicas frecuentemente agudas a escuchar una secuencia de triviales estereotipos, por el hecho de que la acción venga prácticamente a repetirse, poco menos que palabra por palabra, en las dos partes de la obra, y por la incomparecencia del epónimo Godot. Pese a todo ello, es una pieza asombrosamente entretenida.

Uno de los críticos teatrales acertaría a resumir con gran ingenio el *Godot* de Beckett al exclamar: «¡No ocurre nada! ¡Y dos veces!». Los dos vagabundos se encuentran a la espera de Godot: no sabemos qué es lo que les impulsa a esperarle ni dónde están aguardándole ni cuánto tiempo llevan haciéndolo ni cuánto tiempo más tienen pensando perseverar en la espera. Beckett diría en más de una ocasión que Godot no es Dios, pero justo es reconocer que, en su aparente lejanía, el personaje se parece mucho a Dios. Además, los dos pícaros necesitan un salvador que les ayude a superar el dilema en el que se hallan inmersos. Como es obvio, hay que partir de la base de que, si Dios no existe, como sostenía Beckett, no hay ningún ser, sea masculino, femenino o neutro al que pueda parecerse Godot.

En el plano personal, Beckett era un hombre apacible y educado, pero la idea que tenía del apuro en el que nos encontramos los seres humanos era verdaderamente extrema. Durante la segunda guerra mundial (contienda en la que Irlanda no habría de participar en ningún momento), nuestro dramaturgo militó por espacio de varios años en la Resistencia francesa, circunstancia que le obligaría a pasar varios meses escondido. Esto iba a proporcionarle, como han señalado muchos analistas, una percepción muy intensa de la experiencia de la espera, que concebiría además como una inactividad peligrosa. De hecho, no tardaría en llegar a la conclusión de que las especulaciones de Sartre y del resto de los existencialistas carecían de sentido. A los ojos de Beckett, la ciencia había engendrado un mundo frío, huero y sombrío en el que la imagen de conjunto se desvanecía —tanto más claramente cuanto mayor fuera el goteo de detalles nuevos que se iban trasluciendo de su auténtica realidad—, aunque sólo fuera porque las palabras habían dejado de alcanzar a explicar lo que sabemos o lo que pensamos saber. En una carta dirigida a Harold Pinter, dramaturgo como él, Beckett se sincerará con estas palabras: «Si insistes en buscarle una forma [a mi obra de teatro], te explicaré lo que he querido hacer. En una ocasión me internaron en un hospital. En la habitación contigua había un hombre que agonizaba a causa de un cáncer de garganta. En los momentos en que se hacía el silencio podía escuchar sus ininterrumpidos gritos de desesperación y dolor. Ésa es la forma que tiene mi obra».[3]

Beckett estaba convencido de que el hombre no admite mejora y de que el mal existe. El primer paso es reconocer su presencia en el interior de uno mismo; el segundo percatarse de que incluso las personas duramente tratadas por la vida también son con frecuencia malas —pues el mal está por todas partes—. Era un autor que pensaba que el pecado original residía en el simple hecho de haber nacido —punto en el que Beckett muestra la más radical de sus dimensiones—. Son nuestros padres quienes nos imponen el nacimiento, sostiene, y la vida el castigo que hemos de purgar por ello. Esto le llevaría a concebir la idea de que el único antídoto capaz de frenar el constante sufrimiento de los seres humanos «ha de consistir necesariamente en cobrar conciencia de las consecuencias, de manera que aquellos de nosotros que seamos lo suficientemente responsables como para comprender cuáles son las más probables consecuencias de nuestros amoríos podremos disciplinarnos y superar la urgencia que nos impulsa de manera natural a procrear». Su amigo John Calder comenta que el dramaturgo se entristecía cada vez que veía a un niño. «Beckett pensaba que deberían poner carriles especiales para el tránsito de los niños por las calles» —a fin de que circularan por ellos las ayas con sus cochecitos y sus sillitas—; de ese modo, añadía, los demás podríamos evitarlos —y él en particular.

La naturaleza ha dotado a las mujeres de un deseo de reproducirse superior al del hombre, razón por la que muy a menudo reservará a las mujeres un rol notablemente esquemático, representándolas con el perfil propio de las criaturas tentadoras, de las rameras, de las destructoras de la paz, esto es, como personas «capaces de imponer sus exigencias físicas al hombre, que queda de ese modo desgarrado entre su natural apetito sexual y su deseo de libertad». De ahí que en sus obras más conmovedoras nuestro autor destaque la camaradería y la amistad entre hombres: «Esa relación es el antídoto para la soledad, y sin las complicaciones del sexo». Beckett también habrá de señalar con todo detalle las diferencias que existen entre la amistad y el compañerismo. El compañerismo es el amor que surge como consecuencia de la necesidad y la experiencia: entre los camaradas, dice, existe siempre un cierto grado de tensión, «dado que el objetivo no es el destino, sino el viaje en sí». En *Esperando a Godot* encontramos una versión realista del amor entendido como camaradería, como un tipo de vínculo con grandes probabilidades de perdurar tanto como se prolongue la existencia misma de quienes lo comparten. En la obra, Vladimir y Estragón mostrarán sus coincidencias, aunque discrepando a veces con apreciable rencor —circunstancia que también podría derivar de alguna de las duras lecciones aprendidas en medio de las penalidades y peligros que Beckett hubo de vivir durante la guerra como miembro de la Resistencia.

En algunos de los planteamientos de Beckett hay elementos que casi parecen desprenderse del budismo. Le gustaba citar al poeta italiano Giacomo Leopardi, que decía que «la sabiduría no consiste en la satisfacción del deseo, sino en su ablación». Al igual que Buda, también nuestro autor juzga que el dolor del existir no puede ser evitado. En el mejor de los casos podrá ser reducido, en parte mediante la reducción del deseo.[4]

Los criterios que mantiene Beckett acerca de la felicidad y su consecución también son muy particulares. En el transcurso de la vida, resulta efectivamente posible alcanzar la felicidad, pero, si la examinamos de cerca, observaremos que únicamente la percibimos cuando ha quedado relegada a una situación pretérita. «Cuando uno cobra conciencia de ella, la felicidad presente revela ser en realidad la celebración de algún acontecimiento que acaba de consumarse: puede tratarse de un éxito profesional o de un emparejamiento sexual satisfactorio, pero tan pronto como tomamos conciencia de ser felices, la razón que nos inducía a serlo cesa por completo.»[5]

A los ojos de Beckett, ni siquiera el arte supone una verdadera ayuda. El arte le parece una especie de trampa que desvía nuestra atención, apartándola de las terribles realidades de la vida y del patente horror del apuro en que nos encontramos. Aunque nos hayamos distraído un instante con la contemplación artística, hemos de volver a encarar rápidamente la realidad a fin de mirar de frente el horror de la existencia, única fórmula capaz de hacer que nos sintamos auténticamente vivos.[6]

La vida es como hurgar en una herida, pues también en la existencia tenemos una extraña relación de amor-odio con la llaga. Beckett pensaba que las ideas sobre Dios habían ido adquiriendo en la modernidad un carácter cada vez más abstracto, como quedaba patente, por ejemplo, en la pintura. De este modo, «al igual que los lienzos actuales, también los dioses abstractos se revelan incapaces de convencer a nadie —salvo a quienes los han concebido—».[7] Uno de los objetivos primordiales de todas las religiones había radicado siempre en conseguir solemnizar el respeto a la autoridad y en inyectar actitudes de obediencia a los destinados a la opresión por medio del hábito y el miedo. Por consiguiente, una parte de la existencia llevaba aparejada, a su juicio, una constante disposición hostil hacia el cristianismo, un antagonismo que el propio Beckett habría de materializar haciendo que sus personajes señalen, uno a uno, los absurdos asociados con la fe y sus rituales, planteando aquellas preguntas que jamás habrían de suscitar los sacerdotes y despojando gradualmente a la Iglesia de sus atavíos hasta dejarla embarazosamente desnuda ante los espectadores.[8] El hecho mismo de hurgar en las úlceras de la existencia, señalando al mismo tiempo la irrelevancia de una Iglesia que opta por no centrar su atención en tales abscesos, prefiriendo ignorar todo el mal que existe a su alrededor, era a juicio de Beckett una forma de vivir, una manera de proveerse de un repertorio de acciones convenientemente reducido y susceptible de reflejar tanto nuestra minúscula talla como nuestra escasa influencia. Para recorrer el sendero de la existencia necesitamos dos cosas: el coraje de los estoicos y la «prudencia precisa para desentendernos» (otra ablación) no sólo de las posesiones sino de aquello a lo que el propio Beckett denominará la mitología del éxito, despojándonos igualmente de la imperiosa presencia de nuestra valía personal y de nuestros deseos, pues ellos son el motor de la ambición. Únicamente si procedemos de ese modo podremos disfrutar la espera.

DUDAS SOBRE LA HONDURA DE LA EXISTENCIA

Artistas como Robert Rauschenberg, Andy Warhol, Roy Lichtenstein, Kenneth Noland y Jasper Johns iban a elevar el minimalismo de Beckett a otro nivel, adoptando estilos de carácter deliberadamente neutro y meticulosamente desprovistos de afectividad, puesto que su objetivo consistía en desdibujar los límites existentes entre la ilusión y la realidad, entre el arte y la vida cotidiana, entre el polo de una obra dominada por el rigor extremo y la debilidad de un producción insulsa. La creatividad dejaría de ser así una especie de monopolio exclusivamente reservado a las personas «creativas». Esto iba totalmente en contra de las elevadas aspiraciones del modernismo, ya que la sensibilidad de los minimalistas optaba por hacer suyo el ideal de la eliminación de la destreza artesanal, incluso el objetivo de la postergación del propio artista, o al menos la meta de «la drástica reducción de su papel como intérprete de la experiencia». Creadores como Donald Judd, Carl Andre, Frank Stella y Robert Morris terminarían por despojar abiertamente a sus obras de toda alusión y significado metafóricos. Por su parte, el arte pop iba a proponerse un objetivo muy similar, ya que una de sus técnicas predilectas consistiría en utilizar facsímiles de artefactos de producción industrial *sin ningún comentario ni sesgo deliberado*. La idea central de la estética a la que se recurría era la asociada con la máxima de «dejar que las cosas sean lo que son», permitiendo que se expresaran en su más simple realidad. Se trataba en cierto modo de una forma de fenomenología.

Ad Reinhardt sería un perfecto ejemplo de ello. Se especializaría en la elaboración de lienzos monocromos deliberadamente pintados con la intención de desafiar toda interpretación o análisis. Del mismo modo, los minimalistas también iban a optar por aferrarse a la superficie de las cosas, negándose categóricamente a mirar bajo ella. Como decía Carl Andre, «uno de los vulgarismos omnipresentes en nuestra cultura es el que induce a la gente a preguntar: "¿Qué significa esto?". Una obra de arte significa lo que parece significar y nada más. El arte no debe tratar de hacer referencia a nada que se sitúe fuera de sí mismo, no ha de aludir a nada que podamos experimentar de un modo más auténtico en otra parte ... La experiencia urbana hace hincapié en lo superficial y niega la dimensión interior. Nuestra cultura contiene ya un exceso de objetos. Lo que hoy necesitamos es un vacío significante».[9] Al igual que Andre, los minimalistas y los artistas pop repudiarían el carácter único de la obra de arte, impugnando igualmente su permanencia y practicando lo que un crítico habría de denominar «un silencio autoprotector», dado que se negaban a sufrir los pesares asociados con la autorrevelación.

Estos artistas habrían de tomarse muy en serio tanto lo que consideraban la absoluta falta de necesidad de todo planteamiento profundo como el hecho de que la noción misma de «profundidad» constituyese a su juicio una falsa metáfora, una metáfora que en cierto modo venía a dejar para más tarde las experiencias vitales (debido a que la idea de «profundidad» es, en sí y por sí, un misterio metafísico cuya exploración requiere tiempo). Deseaban mostrar que nos afanamos en exceso en actividades de carácter reflexivo, concediendo además un significado desorbitado al concepto mismo de significado.

El más acérrimo defensor de este punto de vista sería Thomas Pynchon, cuyas «ambiciosas novelas, deliberadamente inconclusas», habrían de llevar literalmente al ánimo del lector la enorme dificultad de conservar la coherencia personal en un mundo carente de significación o de pautas sistemáticas. El *modus operandi* de sus libros consiste en explorar lo que podríamos llamar la patología de la búsqueda de significado. Sus personajes recelan de todo y ven «conjuras» en todas partes. Sin embargo, en ningún momento llegamos a tener clara noticia de la existencia de esa «confabulación última a la que no logramos asignar nombre alguno». Y esto, como han señalado varios observadores, conduce a la paranoia, «la cual actúa como elemento de sustitución del sentimiento religioso debido a que nos hace caer en la ilusión de que la historia obedece a un cierto principio de racionalidad interna, un principio que difícilmente podrá consolarnos pero que es preferible a los terrores de la antiparanoia». El objetivo de los libros de Pynchon consiste en generar la ilusión de un significado, en elaborar una trama en la que todo encaje: «la paranoia», dirá el autor, «surge al *descubrir* que todo encaja». No obstante, como los argumentos novelescos de Pynchon no desembocan en nada concreto —pues carecen de desenlace—, su obra acaba convirtiéndose en una parodia de la romántica búsqueda del significado y la individualidad.

Entre las muchas sombras que oscurecen la época —surgidas de Auschwitz, de Hiroshima, de las purgas de Stalin, del muro de Berlín y de tantas otras cosas más—, la sensibilidad minimalista no sólo arrojará dudas sobre la existencia de Dios, sino sobre la posibilidad misma de una vida espiritual profunda, o incluso de una existencia artística. De hecho, en ocasiones se tomará a mofa este tipo de aspiraciones.

LAS RESTRICCIONES DEL EGO

Una lluviosa noche de 1953, Rob Reisner, un escritor y empresario teatral en ciernes, se topó, a solas en una calle del Lower East Side de la ciudad de Nueva York, con una leyenda del jazz como Charlie Parker. Reisner no podía dar crédito a su buena fortuna, así que dio inmediatamente conversación a «Bird».* Resultó que Parker, que por entonces se hallaba en el cénit de su fama y gozaba de un gran reconocimiento como uno de los músicos de jazz más innovadores de todos los tiempos, estaba recorriendo inquietamente las calles en plena noche, solo, debido a que su esposa estaba dando a luz y ése era el único modo que tenía de aliviar su tensión.

Menos de veinticuatro meses después de aquel encuentro, Parker fallecía, trágicamente joven, a la edad de treinta y cinco años. Siempre había tenido una fabulosa capacidad para empaparse de drogas y de alcohol, circunstancia que en más de una ocasión habría de conducir a su arresto, encarcelación y posterior internamiento en un hospital psiquiátrico, obligándole asimismo a llevar siempre una pistola en el bolsillo, junto a la preciosa boquilla de su saxofón, por si acaso se le acababa «echando encima» uno u otro de los inestables personajes que pueblan los bajos fondos de la droga.

Reisner, que andando el tiempo terminaría convirtiéndose en director y bibliotecario del Instituto de Estudios de Jazz de la Universidad Rutgers de Newark, Nueva Jersey, iba a desarrollar un vivo interés tanto por el

---

* «Bird» es la abreviatura de «Yardbird», el apodo que recibió el saxofonista después de que, durante una gira, el joven Parker encontrara un par de pollos muertos en la carretera cuando se dirigía al lugar en el que debía actuar. El músico mandó que los recogieran y más tarde pidió a la patrona de la pensión en la que se alojaba que los cocinara. Nadie olvidaría jamás aquel incidente. (N. del a.)

jazz en su conjunto como por la significación que Parker había alcanzado a tener, en términos generales, para la cultura de su tiempo. En la biografía definitiva que habría de escribir sobre el músico, publicada en 1962 con el título de *Bird: The Legend of Charlie Parker*,* en la que se incluían entrevistas con 81 personajes contemporáneos de Parker en las que se ponderaba la relevancia cultural del gran «Bird», Reisner afirmaría que «el *hipster*» había sido «a la segunda guerra mundial lo que el dadaísta había supuesto para la primera. Es amoral, anarquista, amable y civilizado hasta el exceso, rayando incluso con la decadencia ... El *hipster* es consciente de la hipocresía del sistema burocrático y conoce el odio implícito en las religiones, de modo que... ¿qué valores le quedan aparte de atravesar la existencia tratando de evitar el dolor, mantener las emociones bajo control y, a modo de colofón, "mostrarse enrollado" y andar a la caza de un buen chute?».[10]

La idea de «parecer enrollado»** suena a propósito minimalista, y efectivamente lo es. Sin embargo, lo que Reisner se proponía señalar con esta expresión era una característica algo diferente, aunque no por ello menos influyente: la de una personalidad marcada por la espontaneidad y la improvisación. Las formas artísticas del jazz (y en particular del *be-bop*), las obras de los expresionistas abstractos y de los pintores de acción (o de «gesto»), los textos de los novelistas y poetas de la generación «*beat*» como Jack Kerouac y Charles Olson, el estilo coreográfico de Merce Cunningham y de Twyla Tharp, o la producción de los ceramistas zen como Mary Caroline Richards, eran todas ellas modalidades artísticas cuyo recurso a la espontaneidad resultaba muy similar al de los dadaístas, como acertadamente alcanzaba a prever Reisner. Dicho recurso se proponía evitar la condicionante y restrictiva influencia del ego y dar rienda suelta a las fuerzas del inconsciente —que de acuerdo con la percepción de la época eran mucho más saludables—. Además, esta misma idea se aplicaba igualmente al empleo de las drogas, a las que también se juzgaba idóneas para liberar los impulsos íntimos, mantenidos a raya por nuestra mente consciente.

El «gesto espontáneo», dice Daniel Belgrad en su estudio sobre la cultura de la espontaneidad, era «uno de los signos de los tiempos».[11] Con su

---

* Hay publicación castellana: *Nostalgia de Charlie Parker. La historia de Bird contada por Miles Davis, Max Roach Charles Mingus...*, traducción de Ferrán Esteve Gutiérrez, Barcelona, Global Rhythm Press, 2009. (*N. de los t.*)

** Traducimos así la expresión «*be cool*». (*N. de los t.*)

efecto conjunto, la ciencia, el liberalismo empresarial y los medios de comunicación de masas estaban consiguiendo *reducir* las metas y las alegrías del estilo de vida americano (y por consiguiente también las del estilo de vida occidental). Esto se consideraba una forma de opresión y de alienación no prevista por Marx, dado que en medio de la abundancia material florecía la pobreza espiritual. Belgrad señala la existencia de varios centros dispersos por todo Estados Unidos que no sólo surgirían con la intención de oponerse a esta ideología reductora, sino que habrían de consagrarse a resistir su ímpetu: el Black Mountain College de Carolina del Norte; la zona de North Beach, en San Francisco, y sus «bohemios»; y el Greenwich Village de Nueva York. A principios de la década de 1950, todo aquel que visitara el bar San Remo del Greenwich Village toparía en poco tiempo con un montón de gente vinculada con alguna de las variantes de la estética de la espontaneidad surgida tras la guerra, encarnadas en figuras de la talla de Paul Goodman, John Cage, Merce Cunningham, Miles Davis, Jackson Pollock, Allen Ginsberg o Jack Kerouac, por citar sólo unos cuantos.

La cultura de la espontaneidad lograría desarrollar una metafísica alternativa cuyas claves podrían resumirse diciendo que consistía en «una intersubjetividad añadida a un holismo de la mente y el cuerpo». El liberalismo empresarial hacía suya la doctrina de la objetividad, puesto que en ella hallaba fundamento la avanzada dominación tecnológica de la naturaleza que preconizaba. Las tesis de la espontaneidad contrarrestarían estos planteamientos con la intersubjetividad, una noción «por la que se entendía que la "realidad" surgía por efecto de una dinámica conversacional. Los defensores de la objetividad pensaban que la "racionalidad" debía definirse exclusivamente en función del intelecto, ya que éste poseía la capacidad de distinguir las verdades objetivas de las percepciones subjetivas, con lo cual se postulaba en definitiva la existencia de una dicotomía entre la mente y el cuerpo. En cambio, la vanguardia [capitaneada por el universo cultural estadounidense] habría de definir lo "racional" señalando que se trataba de un punto de vista determinado por la interacción del cuerpo, las emociones y el intelecto».[12]

Es algo que ya hemos visto anteriormente, en las obras de los dadaístas, puesto que sus objetivos eran principalmente los mismos: acceder de forma directa al subconsciente y puentear las fuerzas del yo consciente con las miras puestas en desbloquear y liberar aquellos aspectos de nuestra naturaleza que habitualmente permanecen ocultos —cuyo carácter se juzgaba teóricamente más relevante y básico—. Únicamente eliminando las trabas que aprisionan a la mente inconsciente alcanzaremos a llevar una vida más completa y a permitir que todas las facetas de nuestro ser logren su expresión total —sólo de ese modo conseguiremos experimentar la «plenitud»—. Esto venía a poner en tela de juicio la afirmación de Thomas Mann de que «en nuestra época, el destino del hombre adquiere su significado en términos políticos». Sin embargo, hemos de tener en cuenta que este cuestionamiento se debía al hecho de que ahora se disponía de un mayor número de tradiciones sobre las que edificar alternativas. Como movimiento cultural, la idea de la espontaneidad podía hacer gala de un formidable legado intelectual, «entre cuyos logros destacaban las obras de John Dewey, Alfred North Whitehead y Carl Jung, sin olvidar otras corrientes de contenido emparentado como el existencialismo, el surrealismo, la psicología de la Gestalt e incluso el budismo zen».[13]

Una última característica que merece destacarse en esta nueva estética (nueva al menos en Estados Unidos, desde luego) es la asociada con la noción de que el cuerpo era —tanto como el cerebro o la mente— «sede de un conocimiento inconsciente» que «venía a vincular de forma tangible la experiencia interna con la realidad externa». El cuerpo se concebía como «un complejo de ocasiones», entendiéndose al mismo tiempo que el arte y la vida avanzaban por medio de un «diálogo plástico», es decir, gracias a una interacción entre el cuerpo (en pie de igualdad con la mente) y el mundo, derivándose de ello un *encontronazo*, e incluso una pugna con la exterioridad de ese mismo mundo. Estas ideas contienen un gran número de elementos reconocibles del expresionismo, tanto como nociones propias del dadaísmo o del surrealismo, lo que explica el tipo de formas artísticas a que habría de dar lugar la cultura de la espontaneidad: el *bebop*, las improvisaciones vocales del *scat*, el expresionismo abstracto (o la pintura de acción o de «gesto»), la danza, las novelas y los poemas de la generación *beat* y la cerámica zen (término que procederemos a explicar en breve).[14]

LA IMPROVISACIÓN Y EL CUERPO

Es posible que la manifestación cultural más evidente de esta nueva estética sea la vehiculada por medio del *bebop*, un estilo musical surgido de un género muy distinto: el del *swing* orquestal, o de las «*big-bands*». La era del *swing* orquestal (que viene a extenderse, *grosso modo*, desde mediados de los años treinta hasta la mitad de la década de 1940) derivaba a su vez de la herencia musical dejada con el cambio de siglo por el jazz de Nueva Orleáns, y venía a ser una forma de fusión musical constituida sobre la base de una adaptación moderna del concierto orquestal tradicional de la alta cultura y caracterizado por su elevada disciplina, sus ritmos marcadamente sincopados y su capacidad de agradar tanto al público negro como al blanco o a los soldados desplazados al otro lado del océano.

El arranque del *bebop* coincidió prácticamente con el inicio de la segunda guerra mundial, dado que surgiría durante las *jam sessions* que daban en organizarse a última hora, una vez terminados los conciertos de *swing*, en los clubs nocturnos de Harlem —sobre todo en la Monroe's Uptown House y la Minton's Playhouse, más allá de la calle 110, en el West Side de Manhattan—. Pese a que se haya dicho con razón que los elementos del *bebop* constituyen una forma tonal de índole polirrítmica y prosódica, lo cierto es que habría de ser su tercera cualidad —la de su condición antifonal—, o de «llamada y respuesta», la que acabara determinando su desarrollo y su carácter.

Hacía ya algún tiempo que la técnica de la llamada y la respuesta, o de los «incisos», formaba parte de la música negra, ya que era frecuente que un intérprete (digamos el saxofonista) se arrancara vehementemente con una improvisada ráfaga de digitaciones, siendo después «respondido» por otro músico (al piano, por ejemplo). Este tipo de intercambios añadían las virtudes de la conversación (derivada de la llamada y la respuesta) a las de la competencia entre instrumentistas. Estas exhibiciones de virtuosismo y dotes personales, entendidas tanto en el sentido técnico como en el imaginativo, eran una forma de música compartida, un encontronazo de solistas. En la interpretación podía hacerse intervenir prácticamente todo el cuerpo, además de las demostraciones de agilidad digital, potencia pulmonar o rapidez en la percusión.

En el último período de la guerra, los pequeños conjuntos de *bebop* comenzarían a salir de Harlem, dispersándose por zonas más céntricas de Manhattan y llegando incluso hasta Saint Louis, Chicago y Los Ángeles. En estos nuevos puntos de evolución, la música pasaría a quedar rápidamente asociada con la nueva concienciación de los afroamericanos, que exigían un mayor reconocimiento de la contribución realizada por los ciudadanos negros a la sociedad estadounidense. De hecho, los intérpretes empezarían a concebir que su labor no era tanto la de unos simples animadores como la de unos músicos e intelectuales en toda regla —estableciéndose así, según Belgrad, una norma tácita: la de que debían evitar las tradicionales «payasadas» y «alardes cómicos» del *showman* negro que

ha de desenvolverse en un mundo predominantemente blanco—. Desde el
punto de vista formal, era frecuente que su música desdibujara la línea
divisoria entre la armonía y la disonancia, realizando en ocasiones derivaciones constructivas basadas en las innovaciones introducidas pocas décadas antes por Béla Bartók e Ígor Stravinski, dando así carta de naturaleza a la «politonalidad». No obstante, todo esto podría resultar engañoso,
ya que Charlie Parker solía aconsejar a sus compañeros que hicieran caso
de su intuición al tocar, lo que significa que también él les instaba a «dejar
de pensar».

La mayoría de los músicos tendían más a adquirir destreza y oficio
escuchando a otros colegas que a hacerlo por vías de carácter más formal,
cosa que también revestía importancia, ya que de ese modo podían impedir que el tono, el ritmo y la manera de atacar las piezas en el momento de
la interpretación se enredara, anquilosándose, en las técnicas propias de la
notación tradicional. La improvisación era la clave. Otro de los elementos
que determinarían que el estilo jazzístico del *bebop* viniese a diferir del
característico del swing habría de ser el vinculado con el fenómeno de las
improvisaciones vocales del *scat*, en las que la prosodia, es decir, el ritmo,
el tono y el timbre tonal de las palabras, conseguía predominar sobre el
significado tradicional del fraseo. «El *scat* era una forma de comunicación no verbal basada en las percepciones sensuales del cantante y más
dirigido a estimular las emociones inconscientes que a satisfacer el intelecto.»[15]

El *bebop* actuó al modo de un catalizador. En los clubs de jazz de la
ciudad de Nueva York —formados fundamentalmente por el Five Spot, el
Café Bohemia, la Arthur's Tavern y el Village Vanguard— acudirían a
disfrutar de las experimentaciones musicales de Charlie Parker, Thelo-
nious Monk, Charles Mingus, Sonny Rollins y Ornette Coleman un gran
número de artistas, de entre los cuales cabe destacar a algunos de la talla
de Willem de Kooning, Franz Kline, Jack Tworkov, Grace Hartigan o el
escritor Frank O'Hara. El pintor Larry Rivers, que también era saxofonista, tocaba *bebop*, y Lee Krasner habría de detallar claramente los pormenores de la profunda influencia que el *bebop* ejercería en su marido Jackson Pollock al desarrollar éste el estilo pictórico al que suele darse el
nombre de pintura del «campo gestual». Y los poetas de la generación
beat también habrían de emplear la prosodia musical del *bebop* como fundamento de la poesía espontánea.

EL DIÁLOGO PLÁSTICO: LA REVELACIÓN DEL ACTUAR

Después de la guerra, la pintura estadounidense iba a confluir con el *bebop*, ya que al igual que esta corriente musical, también el estilo pictórico de la época habría de dedicarse a explorar los arcanos de la espontaneidad y el holismo de la mente y el cuerpo como forma de realización artística, pese a que también operaran otras muchas influencias.

Una de esas influencias habría de ser la de la «filosofía de los procesos» de Alfred North Whitehead, secundada de hecho por la idea del inconsciente colectivo de Carl Jung. Hemos de recordar que la filosofía de Whitehead proponía que el universo es básicamente un ámbito presidido por la presencia de la energía, en sus diversas formas, y que esa energía es el rasgo unificador común al todo. Según Whitehead, la totalidad de los objetos, animados o no, son polos de energía que se hallan rodeados por campos energéticos de menor intensidad que, sin embargo, cumplen la crucial función de conectar todo lo existente, y todo lo humano en particular. La noción junguiana del inconsciente colectivo también nos conecta a todos, de ahí que terminara gozando de tanta popularidad.

El instante definitorio, o cuando menos la crítica definitoria, en lo tocante a la pintura de posguerra en Estados Unidos, aparece claramente reflejado en el artículo de Harold Rosenberg titulado «The American Action Painters» y publicado en la revista *Art News* en diciembre de 1952. Rosenberg sería el primero en centrar la atención en lo que Robert Motherwell denominaría el «automatismo plástico» del expresionismo abstracto.

Según Rosenberg, lo que distinguía al expresionismo abstracto, lo que le situaba en una órbita distinta a la de los demás estilos artísticos, y lo que le apartaba en particular del surrealismo y el cubismo, era «su intensa dramatización del *proceso* pictórico, como si con ella quisiera conferir a cada uno de los gestos del pintor la cualidad de una decisión moral específica y distinta de las anteriores y las posteriores».* No obstante, las precisiones de Rosenberg no iban a detenerse ahí: «Llegó un momento en el que, uno tras otro, los pintores estadounidenses comenzarían a considerar que el lienzo en blanco era un campo de justas en el que desenvolverse y actuar, más que un espacio en el que ponerse a reproducir algo ... El pintor empezó a acercarse a ese ruedo con toda una serie de materiales en ristre, dispuesto a hacer algo en ese otro trozo de materia que le hacía frente. La imagen sería el resultado de dicho encontronazo ... Lo importante era

---

* La cursiva es mía. (*N. del a.*)

siempre la revelación vehiculada por el acto».[16] La apreciación de esa nueva forma de pintar, insistirá Rosenberg, exigía prestar una atención igualmente inédita a los gestos del artista, pues cada pincelada debía ser examinada en función de su «origen, de su duración, de su dirección», en función de todo cuanto pudiera revelar acerca de la «dinámica psicológica» que motivaba al pintor, y en particular sobre la «concentración y la relajación de su voluntad», sobre su pasividad, entendida como una actitud de «expectativa en alerta».

Cabe argumentar que el mejor exponente de este enfoque fue Willem de Kooning, y más en concreto su serie dedicada a la *Mujer*, realizada entre los años 1948 y 1955. «[Estas telas] pintan el cuerpo femenino no como un recipiente en el que se hallara encerrada una esencia ideal, sino como una materia orgánica que se enfrenta a la mente del pintor: se trata de un conjunto de cuerpos enmarañados, pintados con trazos que rebasan los límites del perfil previsto, que desbordan como una agreste frondosidad las paredes de su entorno, imponiendo lujuriosa, lascivamente, su presencia ... Los casi obsesivos retoques transmiten implícitamente la idea de que el artista concebía su tarea como algo imposible o inacabable, constituyéndose así en eco y reflejo de la lucha que ha de librar la mente para imponer orden en la existencia.»[17] Esto hace que nos acudan a la memoria los forcejeos de Van Gogh y los expresionistas alemanes, percibiéndose así en estos cuadros una suerte de relente existencial en la medida en que se oponen al crudo carácter físico del mundo y de la experiencia, en tanto en cuanto vienen a combatir la «tiranía de los conceptos», por emplear la expresión de Sartre. Pero, ¿qué o quiénes son exactamente las mujeres de Kooning? Rosenberg comparaba la pugna que libraba este artista con la pintura a «una singladura por el mar o al fragor de una batalla», y de hecho el propio Kooning reconocía que en ocasiones se sentía desesperado y perdido, que muy a menudo la pintura se le antojaba una actividad absurda, «un salto arbitrario en dirección del significado».

Pese a que los cuadros de Kooning aparezcan por tanto cargados de elementos existenciales —de entre los cuales destaca la idea de que la decisión consciente es la única fuente de libertad en un universo carente de sentido—, no debemos dejar de percibir por ello el hecho de que los demás pintores de acción se sintieran mayoritariamente preocupados tanto por el conjunto de planteamientos al que terminaría dándose el nombre de «teorías de campo» como por el continuo, que al mediar entre la mente y el cuerpo, proporciona al ser humano «un fundamento común al pensamiento consciente y al inconsciente».[18]

En este terreno el mejor —o más claro— exponente es el de Jackson Pollock, un artista que en el año 1946 habría de crear una serie de cuadros —englobados bajo el título genérico de *Sonidos en la hierba*— elaborados colocando en el suelo uno o más lienzos sin tensar (por carecer de bastidor) para aplicar después en ellos la pintura, o verterla incluso directamente sobre la superficie, sin dejar en ningún momento de caminar sobre las telas o alrededor de ellas. El artista tenía la sensación de que de ese modo podía integrarse personalmente más en el cuadro mismo, llegando incluso a figurar en su interior. En ninguna de las pinturas de esta serie, ni en las de series posteriores, entendidas todas ellas al modo de un «vasto palimpsesto» y constituidas por tanto en cuadros pertenecientes al «campo gestual», alcanza a aflorar una sola imagen concreta de entre el indiferenciado fondo, pese a que haya una multitud de figuras que, por acumulación, acaban constituyendo dicho «fondo», realizado a base de brochazos gestuales entrelazados. La atención del espectador experimenta constantes vuelcos, ya que si en un determinado momento su mente trae al primer plano una porción de la pintura, en el siguiente ésta pierde fuerza y cede su lugar a otra, que cobra así nuevo protagonismo, como si la tela le estuviera retando sin cesar a reorientar una y otra vez el punto de vista desde el que contempla la obra. Como habría de explicar Lee Krasner: estos lienzos «rompen definitivamente con el concepto que se hallaba más o menos presente en los cuadros derivados del cubismo, es decir, con la noción de que uno se sitúa ahí, frente a la realidad, y observa la naturaleza ... exterior. Lo que estos cuadros reivindican, en cambio, es más bien una idea de unidad, de no división».

La existencia de este tipo de pinturas se verifica en varios planos. Por su propia naturaleza, representan la lucha del pintor, sea hombre o mujer, con sus materiales. La ambigüedad visual desafía al espectador a establecer un diálogo personal con la obra, de acuerdo con un proceso bajo el cual subyace una noción a la que acabaría dándose el nombre de «subjetividad radical», una noción asociada con la idea de que no existe la posibilidad de llegar a ninguna verdad última, sino únicamente un conjunto de perspectivas distintas, acaso susceptibles, como mucho, de una síntesis. El fundamento de la realidad es por tanto el *diálogo*. (No estamos exactamente ante una situación de llamada y respuesta, como en el *bebop*, pero sí muy cerca de ella.)

Todo este edificio conceptual habría de levantarse sobre la base de otra idea fundamental: la de un diálogo *plástico*. La intención de las pinturas de Pollock guarda en todos los casos relación con el vínculo existente entre el pintor —entendido en tanto que binomio formado por una mente y un cuerpo holistas— y sus materiales, vínculo constituido a su vez en sinécdoque de la realidad y la resistencia del mundo y en espoleta —por su automatismo— de la liberación de toda una serie de fuerzas inconscientes. En eso *consiste* el diálogo plástico, un diálogo al que, según la percepción de la época, nadie era ni podía considerarse ajeno. La técnica de Pollock, consistente en verter la pintura, resaltaba el hecho de que, en la determinación de la imagen, el cuerpo posee tanta importancia como la mente, y de que la pintura es un producto que deriva tanto de una acción como de una reflexión. Esto viene a enlazar directamente con la noción de la «calidez de los actos» que defendían André Malraux y Saint-Exupéry, es decir, con la idea de que la realidad que creamos es el resultado de acciones que generan un cierto cambio en el mundo, esto es, que inciden más en la realidad que en el simple pensamiento.

En un simposio celebrado a principios de la década de 1960 para debatir acerca de la técnica pictórica consistente en «derramar pintura por todas partes», Martin James identificaría otra tendencia, a saber, la de que la nueva pintura no pretendía reivindicar ninguna verdad *fija* aunque sí tuviera la capacidad, gracias a su carácter intersubjetivo, de actuar como vector de validez y convicción *en el contexto de su época*. Y ésa habría de ser quizá la noción más radical de todas, la de que el arte dotado de una mayor significación social podía ser también el más efímero debido precisamente al hecho de hallarse capacitado para hablar el lenguaje del momento y de la situación para la que había sido creado. En una palabra: se trataba de un arte desprovisto de vida ultraterrena, de una nueva forma de minimalismo. Al igual que la vida, el arte es una experiencia, una experiencia «intersubjetiva», no un monumento.[19] Y al igual que la vida, también el arte es un encontronazo con la *resistencia* que ofrece el mundo, y en eso *consiste* el significado de la existencia misma: en un roce con la resistencia de lo real del que surge el cambio, y más por medio de la acción que por efecto del pensamiento (o en todo caso tanto por lo uno como por lo otro).

EL CONOCIMIENTO CINÉTICO

A principios de los años cincuenta del siglo XX iban a realizarse en el Black Mountain College de Carolina del Norte un conjunto de experimentos destinados a hallar la línea de demarcación que separa a las artes plásticas de las artes escénicas. El funcionamiento de esta universidad se basaba en los principios establecidos por Dewey, principios que sostenían que el arte estaba llamado a desempeñar un papel clave en la educación. Pese a que el centro acabara cerrándose en 1957, tras sólo veinticuatro años de funcionamiento, su lista de profesores y alumnos era impresionante, ya que por sus aulas habrían de pasar figuras de la talla de Buckminster Fuller, Merce Cunningham, John Cage, Willem y Elaine de Kooning, Walter Gropius, Alfred Kazin, Robert Motherwell, Robert de Niro padre, Kenneth Noland, Robert Rauschenberg y Cy Twombly.

El crítico de danza Roger Copeland llegaría a decir que la serie de retratos fotográficos que Hans Namuth habría de hacer de la actividad pictórica de Jackson Pollock constituía, considerada en conjunto, «el más significativo de todos los filmes coreográficos jamás realizados en el mundo». En esas secuencias fotográficas se mostraba, añadía, que «el impulso fundamental que subyace al expresionismo abstracto es *el deseo de transformar la pintura en baile*». Es posible que esto sea ir demasiado lejos, pero no hay duda de que los bailarines y coreógrafos modernos, como Martha Graham, se han servido de la psicología junguiana y de su noción del almacenamiento inconsciente de símbolos como fundamento de su trabajo, como tampoco la hay de que el coreógrafo Merce Cunningham y su colega Katherine Litz, por ejemplo, acabaron abandonando la danza narrativa para abrazar el diálogo plástico, investigando las capacidades instrumentales del cuerpo, ahondando en una comprensión del baile más próxima a la experiencia que al relato, y destacando las distintas posibilidades de la expresión corporal.

La «inteligencia cinético-corporal» terminaría convirtiéndose en una noción central para el baile como forma artística.[20] Otra de las ideas surgidas en este contexto sería la de la «armadura corporal», es decir, la de que todo el mundo, al procurar sobrevivir y realizarse, concibe un punto de vista sobre el mundo, adecuando después su actitud a dicha perspectiva. Al final, ese planteamiento se convierte en una «rutina» y acaba borrándose de la conciencia, aunque no por ello deje de regir nuestra forma de ver el mundo, nuestra disposición hacia él —llegando a gobernar incluso la «actitud física del cuerpo»—.[21] Las tensiones musculares y los puntos ciegos de la propiocepción «son el rastro dejado por las inhibiciones aprendidas y las auto-agresiones, es decir, constituyen la traducción física de las rigideces que envaran la actitud mental». Nuestro cuerpo termina reflejando la actitud que mantenemos ante la vida.

Charles Olson, que en su día fue el director del Black Mountain College, sugirió que el conocimiento cinético del cuerpo es superior a todo conocimiento de carácter meramente descriptivo; que para una vida plena, el uso del cuerpo resulta tan esencial como el empleo de la mente; y que el aprendizaje de dicho uso se halla simplemente fuera del alcance de la ciencia. A juicio de Olson, el cuerpo ofrece resistencia, y la superación de esa resistencia —que es una de las metas que consigue la mejor danza moderna— puede hacernos recorrer buena parte de la senda conducente a la plenitud y la autorrealización. Las religiones primitivas eran conscientes de esto (y lo mismo ocurría con los cultos nietzscheanos practicados en Ascona), pero los principales monoteísmos lo ignoraban.

El bailarín y coreógrafo estadounidense Merce Cunningham, que había estudiado danza con Martha Graham a principios de los años cuarenta y que más tarde, corriendo ya la década de 1950, sería profesor de baile en el Black Mountain College, abandonaría la docencia para volver a empezar por su cuenta porque quería presentar el movimiento «en sí mismo» y no como «una alegoría de las emociones "internas"».[22] Se esforzaría al máximo para liberar a la danza de la dependencia que la mantenía atada tanto a la música como al libreto, a fin de poder explorar así la subjetividad del cuerpo humano y su gama expresiva. De este modo lograría desarrollar un tipo de baile al que acabaría dándose el nombre de «danza total». Al igual que en la pintura gestual caracterizada por el derramamiento de pintura sobre toda la superficie del lienzo, tampoco aquí habría un foco temático específico (encarnado en el centro del escenario) ni una particular jerarquía de posiciones. Cunningham y John Cage, el socio que habría de acompañarle a lo largo de toda su vida, daban a este planteamiento el nombre de «atención polifacética». Cunningham confiaba tanto como Jackson Pollock en los campos de energía. Como él mismo diría: «La lógica que dicta que un acontecimiento ha de ser la respuesta a otro parece hoy inadecuada, ya que contemplamos y escuchamos varios acontecimientos a la vez».

Por consiguiente, esto también es un automatismo plástico, ya que deriva de un impulso cinético que se origina en el cuerpo y no en la mente. Las coreografías de Cunningham no brotaban de la idea que él o el compositor se hicieran del personaje o del relato, sino del *movimiento* mismo. La danza evoluciona y progresa sobre el escenario en función de la plasticidad corporal de los bailarines, de sus movimientos y gestos, del espacio y del tiempo de que dispongan. La danza «no está sujeta», decía, «a ninguna idea [intelectual] preestablecida susceptible de determinar cómo ha de proceder, del mismo modo que tampoco lo están las conversaciones que podamos mantener con un amigo». Sus coreografías no cuentan con un coro de bailarines destinados a arropar a los solistas, sino con un conjunto de individuos dotados de una voz y una expresividad propias y particulares, todos ellos inmersos en un proceso «intersubjetivo», conscientes en todo momento de lo que están haciendo los demás y dotados de la capacidad y la voluntad de encajar su individualidad en ese magma en movimiento. Todo esto, aceptado, entendido y realizado de común acuerdo, genera un campo energético de alto voltaje y notable intensidad, de modo que sus coreografías son como un cuadro de Pollock que hubiera cobrado vida.

Conversaciones con la arcilla

La estética de la espontaneidad y la plasticidad llevaría a los artistas a elegir aquellos materiales (y a responder a su «llamada») que mejor se prestaran a recibir los impulsos corporales, destacando entre todos ellos la arcilla. En los años cincuenta, y por influencia del expresionismo abstracto, «el oficio de la alfarería se vería elevado a la categoría de Arte con mayúsculas». Plástico y maleable, el barro ofrecía excelentes posibilidades para el establecimiento de un «diálogo». La manipulación de la arcilla exige una gran cantidad de movimientos corporales, además de una notable sensibilidad, dado que no es posible «forzar» al material más allá de un cierto punto. Como dijo en una ocasión Peter Voulkos, el más célebre de todos los ceramistas dedicados al cultivo del expresionismo abstracto, la alfarería es una forma espontánea de arte, ya que el tiempo del que dispone el artesano antes de que la arcilla se seque es reducido, lo cual convierte al barro en el material idóneo para el establecimiento de una «conversación» entre el inconsciente del artista y el entorno en el que evoluciona —tratándose además de una conversación verificada con la intermediación del cuerpo.[23]

Éste habría de ser otro de los ámbitos en los que acabara destacando con gran brillantez el Black Mountain College, lo que permitiría al centro atraer tanto a ceramistas vinculados con el Movimiento de Artes y Oficios británico —de entre los que cabe destacar en particular la figura de Bernard Leach— como a alfareros japoneses en cuya obra habría de percibirse la influencia del budismo zen. Mary Caroline Richards, que además había aprendido las técnicas de la cerámica en el Black Mountain College, describe como sigue la experiencia derivada del trabajo con la arcilla: «El alfarero y la arcilla se presionan mutuamente. El artista ejerce una firme y al mismo tiempo tierna presión que no sólo transmite su sensibilidad sino que cede tanto como impone. Es como un apretón de manos entre dos individuos vivos, en un gesto que recibe acogida en el instante mismo en que la da. Es esta charla entre la mano y la arcilla lo que me hace pensar en un diálogo. Se realiza en un lenguaje mucho más interesante que el que surge del vocabulario hablado con el que se intenta describirlo, dado que no sólo son la lengua y los labios los que pronuncian las palabras sino la totalidad del cuerpo, la persona entera, dispuesta a hablar y a escuchar con un mismo movimiento».[24] Otros ceramistas, como Toshiko Takaezu, compararían este diálogo plástico con el acto de «bailar con la arcilla».

Peter Voulkos habría de desarrollar también otros aspectos metafísicos de la alfarería. Le gustaba hacer vasijas inmensas —de unos dos metros y medio de altura— porque eso implicaba «forcejear» con la arcilla, luchar con la resistencia que ofrecía. Todo esto hace que nos venga a la memoria la idea de Martin Heidegger de que nosotros mismos somos «arrojados» al mundo, viéndonos después moldeados, con la edad, por las resistencias que se nos enfrentan. Desde este punto de vista, la cerámica es la perfecta sinécdoque de la existencia.

LA PROSODIA COMO SIGNIFICADO

El último aspecto de la cultura de la espontaneidad es el relacionado con lo que acabaría conociéndose como la generación de los escritores «beat», fenómeno que habría de influir en la poesía, la novela y los libros de viajes. La mayoría de la gente piensa que la generación beat nació con la célebre lectura pública que el propio Allen Ginsberg habría hecho en el San Francisco de 1955 de su poema titulado «Aullido». Sin embargo, también en este caso descubrimos que el trasfondo del surgimiento de esta corriente es en realidad más interesante, ya que sobre él vuelve a recortarse la silueta del Black Mountain College y el perfil rítmico de los clubs de jazz de Harlem y del Greenwich Village. Los versos de «Aullido» habían encontrado su matriz en la maestría interpretativa de Lester Young con el saxo tenor. Así lo explicaba el propio Ginsberg: «El ideal ... había sido la leyenda de que Lester Young había interpretado nada menos que unos sesenta y nueve o setenta coros del musical *Lady Be Good*, ya sabes, subiendo y subiendo el diapasón, elaborando volutas cada vez más complejas y poniendo toda su inteligencia en la improvisación a medida que iban desfilando las piezas corales».

Allen Ginsberg y Jack Kerouac, otro destacado escritor de la generación *beat*, se habían conocido en la Universidad Columbia en 1944, época en la que el primero tenía dieciocho años y el segundo veintidós. Kerouac había colgado ya los libros, y Ginsberg no tardaría en ser expulsado. El conflicto bélico hacía estragos en Europa y la Universidad Columbia, como otros muchos centros de estudios superiores, quedó absorbida en la órbita del complejo militar e industrial, lo cual no sólo habría de teñir sus enfoques durante la contienda sino que acabaría prolongándose, y cobrando incluso intensidad, en los tiempos de la guerra fría. En términos intelectuales, como decía Ginsberg, las «angustias y esclerosis del corporativismo asociado con la conflagración» estrecharon las miras de la existencia, reduciendo su radio de acción, circunstancia a la que los miembros de la generación *beat* responderían negando a su situación marginal el carácter de fracaso y elevándolo en cambio a la categoría de activo.

En 1956, al comenzar a desmantelarse el Black Mountain College, varios de los integrantes del cuerpo docente —sobre todo los poetas— se trasladaron a San Francisco, y Ginsberg hizo lo mismo. El último número de la *Black Mountain Review*, en el que se publicaría un artículo de Kerouac titulado «Essentials of Spontaneous Prose», fue impreso y encuadernado en San Francisco. Otros poetas de esa misma ciudad —como Kenneth Patchen, William Everson, Philip Lamantia o Jack Spicer— decidieron formar un grupo particularmente sólido tras pasar los años de la guerra en un campo de trabajo para objetores de conciencia situado en Waldport, Oregón.

De todos los escritores de la generación *beat*, Ginsberg sería el que mayor conciencia tuviera de las tradiciones y las figuras que podían impulsar el surgimiento del nuevo enfoque literario —al margen de las deudas que él mismo había contraído con la música de Lester Young y los clubs de jazz de Nueva York—. Empezó a cartearse con Ezra Pound, William Carlos Williams y Charles Olson. Este último había tenido una idea capital, expuesta en un trabajo suyo de 1950: la de escribir en «versos proyectivos», lo que constituía, a su juicio, un nuevo tipo de poesía cuyas «raíces se afianzaban en la espontaneidad». Se trataba de una poesía hecha de «(proyectiles (percuciente (prospectiva» —y de hecho, la insólita puntuación formaba parte de su innovación—. Olson se proponía que los poemas fuesen como un proyectil, como algo que el poeta arrojara al lector o al oyente (igual que el alfarero lanza puñados de barro a la masa informe a fin de dar vida a la obra), generando con ello una cierta transferencia de energía. Los versos eran igualmente percucientes debido a que el poema es un sonido, y prospectivos porque daban lugar a situaciones similares a las que vivía el minero o el arqueólogo, destinados a desenterrar cosas que al iniciar la excavación desconocían que estuviesen ahí.

Convencido seguidor de Jung, Olson creía que la mente consciente era una especie de cancerbero que impedía que afloraran a la superficie muchas ideas básicas, cuando no las falseaba. El único modo de liberar dichas ideas consistía en recurrir a la espontaneidad, una virtud que ofrecía un acceso inmediato a la realidad interior. Olson insistía también en que su enfoque poético debía ser incorporado a la vida cotidiana, en que debíamos vivir la vida aceleradamente, sin reflexión, limitándonos simplemente a «seguir adelante». Argumentaba que la lógica imponía una estructura a la sintaxis y que el deber de la poesía radicaba en huir de esa imposición. Las formas no sólo eran efímeras sino que aquellas que tuvieran un carácter experimental poseían la propiedad de comunicar una nueva visión de la realidad. Además, la mejor fuente de nuevas visiones eran los versos espontáneos, los no sujetos por los «grilletes» de la norma. Así lo expresaría el propio Olson: «Escribe con descuido a fin de que no sobreviva nada que no sea verde y lozano».[25]

Este autor también abrazaba un concepto al que él denominaba «inmanencia propioceptiva», el cual definía una situación en la que el cuerpo actuaba a modo de espacio unificador de la experiencia y al que debía recurrir la forma artística. Ginsberg se mostraba de acuerdo con esto, dejándolo patente en la célebre lectura de su poema titulado «Aullido», que no fue tanto un «recitado» o una «declamación» como una entonación. El acontecimiento consistió más bien en una *performance* en la que el autor hizo intervenir la totalidad del cuerpo. Ginsberg consideraba también que sus poemas eran como *collages* en los que la mente y el cuerpo procedían a comunicar toda una serie de ideas espontáneas a través de un campo de energía. Lo importante, más que cualquier idea en concreto, era precisamente la transferencia de energía, dado que se consideraba que la energía constituía el ingrediente fundamental de una vida plena. «La primera regla del escritor consistía, como en el caso de los versos proyectivos, en producir únicamente aquello que se revelara capaz de generar un flujo de energía empática en el lector.»[26] A juicio de los escritores de la generación *beat*, la emoción era sinónimo de autenticidad. En ella residía el significado tanto de la vida como del arte.

Dejando a un lado los versos de «Aullido», el texto más célebre de la generación *beat* es la novela de Jack Kerouac titulada *En el camino*. El libro comenzaría a adquirir forma en abril de 1951, fecha en la que, dopado con Benzedrina, Kerouac insertó un rollo de papel en su máquina de escribir, dedicándose a lo largo de las tres semanas siguientes a redactar un manuscrito de más de 36 metros, mecanografiado a un solo espacio, que acabaría convirtiéndose en la materia prima de su novela. Más tarde explicaría su técnica: la clave residía en no tener que ir en busca de las palabras y en no imponer una estructura al texto, dejando por el contrario que ambas cosas surgieran por sí solas mientras se hacía todo lo posible por «seguir el ritmo de los propios pensamientos ... No se trataba de seleccionar los medios expresivos, sino de seguir el libre deambular de la mente (y sus asociaciones) en su zambullida en un océano de reflexiones que, improvisando libremente, hacían bucear al autor en un mar lingüístico que no precisaba de otra disciplina que la de la cadencia de las exhalaciones retóricas». De hecho, también Kerouac habría de comparar este proceso de creación con el de un solo de jazz improvisado.[27] Kerouac advertía igualmente de los peligros derivados de las «ideas adicionales», ya que éstas podían inducirle a uno a intentar mejorar las metáforas originales. Al proceder de ese modo, «se piensa lo que *se espera* que pensemos»,* concluía Kerouac, y todo el objetivo de la literatura *beat* —o una de sus metas al menos— consistía en evitar justamente ese tipo de convencionalismos.

La *performance*, o representación, era uno de los elementos importantes de la poesía *beat*. En cierto sentido, podría decirse que la representación es un elemento de toda poesía, aunque en realidad esto es especialmente así en el caso de los escritores de la generación *beat*, ya que manejaban el concepto de intercambio de energía. Las sesiones de recitado evitaban tener que salvar el lapso temporal derivado de la impresión y la publicación, contribuyendo a fomentar así la idea de que la cultura es algo que *sucede* —lo que nos recuerda a lo que decía Whitehead de que la unidad básica del universo formado por los campos de energía era el *acontecimiento*—. Como es obvio, los recitados también servían para maximizar la espontaneidad. Los poemas podían ser corregidos durante la propia representación, o ser creados incluso sobre la marcha, pero el recitado en sí, los sonidos, la expresión corporal del poeta, la energía vehiculada por sus movimientos, sus gemidos o sus exclamaciones, todo eso formaba parte del intercambio, parte de lo que terminaba asemejando la poesía al jazz.

---

* La cursiva es mía. (*N. del a.*)

Por último, en una lectura, el público estaba *ahí*, cara a cara con el poeta, en la sala, respondiendo... Esa relación era la máxima y más genuina expresión de la intersubjetividad. La representación magnifica la indeterminación del poema y al mismo tiempo, paradójicamente, le añade sentido.

No habrían de faltarle críticos a la cultura de la espontaneidad, pues habrían de oponerse a ella personajes de la talla de Norman Mailer, Norman Podhoretz y Diana Trilling. La gente criticaba a los escritores y a los pintores diciendo que la educación que habían recibido les superaba, que rebasaba su capacidad intelectual y que no habían sabido digerirla, que eran unos charlatanes, que no hacían más que adoptar una pose afectada, que se trataba de simples pretenciosos. Sin embargo, se calcula que en 1959 había más de tres mil estadounidenses en los «enclaves bohemios» de Venice West, North Beach y Greenwich Village, todos ellos dedicados a la búsqueda de una versión propia del estilo de vida espontáneo. Francis Rigney, un psicólogo social que había decidido dedicarse a estudiar las características de la comunidad instalada en North Beach, llegaría a la conclusión de que sus integrantes no diferían tanto de los componentes de las comunidades dominantes como pensaban estos últimos. Sin embargo, también descubriría que a muchos de los que querían romper con los convencionalismos les costaba mucho perseverar en ese estilo de vida, que muy a menudo únicamente se revelaba viable de forma intermitente. Y ésa habría de ser una de las razones de que, al pasar de los años cincuenta a los sesenta, la comunidad alternativa se fragmentara y se desintegrara.

LA EXUBERANCIA NEGATIVA, O LA INTENSIDAD DE VIVIR A LA INVERSA

Las novelas de Philip Roth son, prácticamente en todos los aspectos, tan desalentadoras como las novelas y las obras de teatro de Samuel Beckett. También los libros de Roth vienen a hurgar en las heridas de la vida, y en especial en las úlceras relacionadas con los judíos estadounidenses que vivieron a la sombra del Holocausto. No obstante, la primera y más importante preocupación que anima las obras de Roth es la de la intensidad, la intensidad entendida como única forma de significado en un mundo de otro modo desprovisto de todo sentido.

Roth, que es también judío, argumenta que los judíos de Estados Unidos participan de lo mejor y lo peor de ambos mundos: el propio y el de los gentiles. En *The Ghost Writer*, nuestro autor arremete contra sus compatriotas y correligionarios judíos por haber hecho del Holocausto uno de los elementos de su identidad, cuando en realidad muchos de ellos llevaron durante la guerra una vida perfectamente confortable en un hermoso barrio residencial, muy lejos de los horrores de tan macabro episodio. Como cualquiera puede imaginar, no fue un mensaje demasiado popular. Más próximos a nuestro tema estarán otras obras suyas como *Adiós, Columbus* y *La conjura contra América*, en las que Roth muestra que la asimilación de los judíos a los modos y maneras de esos mismos barrios de clase alta ha llevado aparejado el abandono de una buena parte de sus señas de identidad religiosas. Es posible, dice, que los judíos asimilados no se hayan desentendido por completo de la fe en Dios, pero desde luego se han despojado de casi toda la vida ritual asociada con las prácticas propias de una observancia fiel —y al actuar de ese modo han asumido algunos riesgos.

Al señalar que los judíos estadounidenses son lo que los sociólogos llaman «figuras "marginales"» de la sociedad democrática moderna, Roth resalta que la asimilación no es exactamente una forma de asimilación espiritual, aunque sí una mengua de identidad. De este modo, en la mayoría de sus libros el único placer de la vida se halla en el reino del pecado, con la añadidura de que en una democracia laica el único modo de transitar por vías pecaminosas consiste en oponerse a la mayoría en temas como el de los modales convencionalmente aceptados por todos, constituyéndose así el transgresor en una especie de afrenta ambulante —por atenerse a un comportamiento que el crítico Harold Bloom habría de denominar «exuberancia negativa»—. Al igual que Beckett, también Roth piensa que la persona ha de enfocar constantemente la existencia en actitud de ataque.

En *El teatro de Sabbath*, por ejemplo, el personaje principal, Morris Sabbath, alias «Mickey», es, en palabras de un crítico, «un insulto viviente».[28] «A pesar de todos mis problemas», señala, «sigo teniendo perfectamente claras las cosas importantes de la vida ... Todo lo que sé hacer es contrariar a los demás». Por otra parte, «Mickey» vive para el sexo. «Uno ha de entregarse al placer sensual con la misma devoción con la que el monje se consagra a Dios. A la mayoría de los hombres no les queda más remedio que encajar sus ratos de cama en los huecos que les dejan libres otras tareas que ellos mismos definen como más urgentes ... Sin embargo, Sabbath ha simplificado la existencia, consiguiendo que todos los demás asuntos encajen en torno al revolcón.» A Sabbath le encanta *invertir* los términos de la vida. El sexo, a su juicio, carece de todo significado transcendente. Esto se debe a que «cualquiera con un mínimo de cerebro comprende que está abocado a llevar una existencia estúpida *debido a que no existe ningún otro tipo de vida* ... Sin adulterio, el mundo sería impensable».

Sabbath se adhiere lo suficiente al minimalismo como para no albergar la expectativa de que su conducta pueda proporcionarle una excesiva lucidez ni desear el viaje de regreso a «la cálida conspiración contra el sistema nervioso que es la vida familiar». Se define en función de lo que ha sido y ya no es: ex hijo, ex marido, ex titiritero... Además, lo único que le hace sentirse vivo es «agraviar, agraviar y agraviar hasta que no quede nadie en toda la Tierra que no se haya dado por ofendido». Se conoce a sí mismo «lo suficiente como para juzgarse, pero no lo bastante como para corregirse».[29] Sus derrotas le describen; su propensión a la blasfemia, su promiscuidad y su descaro son todos ellos elementos expresamente concebidos para alumbrar una teología anti-teológica, una teología destinada a echar a perder la vida, a imprimirle un vuelco completo, a crear una «contravida» (y tal es de hecho el título de uno de sus libros) —aunque todo esto lo haga en medio de una orgía de intensidad (pues no en vano todos los libros de Roth son «ruidosos», como ha dejado dicho un crítico literario, y todas sus escenas de cama se revelan ásperas y estrepitosas)—. También Nathan Zuckerman, otro de los personajes de Roth —un *alter ego* que es además «la máxima autoridad estadounidense en todo lo relacionado con los demonios que obsesionan a los judíos»—, considera que no es fácil discernir «entre lo heroico y lo perverso».[30]

A los ojos de algunos de los personajes de Roth —como Mickey Sabbath y Nathan Zuckerman—, toda coherencia que creamos vislumbrar en la vida es imaginaria, y además, para lograr una mínima congruencia existencial, hemos de transgredir por fuerza la división existente entre, digamos, la vida y el arte, haciéndolo además de un modo que inevitablemente habrá de ofender a los sedicentes árbitros de ambas esferas.[31] Al igual que a Beckett, también a Roth le preocupa que el arte termine por convertirse en una trampa, en un rechazo demasiado fácil de la anárquica naturaleza de la vida, ya que nuestra identidad siempre oscila entre dos o más afirmaciones antagónicas que pretenden satisfacerla, y eso es algo que no cambia por el hecho de que optemos sólo por una de ellas.

En *La lección de anatomía*, Nathan Zuckerman se entrega sin restricciones, y con total abandono, a los placeres sensuales a fin de escapar a las garras de la autojustificación y poder llevar una vida totalmente indefendible e injustificada —consistiendo todo su empeño en «aprender a amar ese tipo de existencia»—.[32] Tanto para Zuckerman como para Sabbath o el propio Roth, la vida está repleta de toxinas letales, de modo que en dos novelas tituladas *Pastoral americana* (publicada en 1997) y *El animal moribundo* (de 2001), así como en las que ya hemos mencionado, el autor trazará con grueso trazo las líneas maestras de una «clamorosa desolación». El único modo de eludir la debacle espiritual es, también en este caso, la rebelión, el ruido, la blasfemia... En *Me casé con una comunista*, la atención de Roth se ve irresistiblemente atraída por el «escote de una mujer inteligente». En otra de sus novelas, «la infidelidad hace acto de presencia en los propios votos matrimoniales». En una tercera, el protagonista «asumirá con entusiasmo su autoinmolación». Para que la vida pueda seguir adelante es preciso aportarle «una pizca de rencor», sazonarla «con los ilícitos placeres del desenmascaramiento y la venganza».[33] La marca de fábrica de Roth y la escapatoria predilecta de sus personajes es justamente el erotismo paroxístico.

Si Beckett nos ofrece silencio, Roth nos satura de ruido; si Beckett nos presenta como esperanza y última tabla de salvación el compañerismo, Roth nos propone la promiscuidad de un transgresor solitario que se detesta a sí mismo; y si Beckett nos sitúa ante la espera, Roth nos insta a la hiperactividad. En un mundo desprovisto de Dios, hemos de sacarle el máximo provecho a nuestra duda, y la mejor forma de lograrlo es cayendo en la blasfemia, acostándonos con las esposas de nuestros amigos, convirtiéndonos en motivo de ultraje para el prójimo. Dado que nadie sabe nada, tampoco existe forma de saber cuándo estamos en lo cierto, de donde se deduce que jamás alcanzaremos a saber qué es el bien. Sólo lanzándonos al otro extremo e instalándonos en el error podemos tener algún conocimiento de lo que nosotros mismos somos, y no hay forma más intensa de vivir.

Y otro de los rasgos que Roth comparte con Beckett es el de disfrutar del mismo grado de popularidad, el de que se le reconozca una significación literaria idéntica. Sin embargo, la mayoría de la gente encuentra tan difícil elevarse (o rebajarse) al plano dibujado por la filosofía de Roth como ceñirse a las estipulaciones de Beckett. Con todo, el mismo carácter extremo de sus posiciones nos induce a detenernos, a hacer una pausa y ponernos a reflexionar. ¿Sirve de algo saber qué es lo que está mal? El hecho de que tan desolador mensaje venga envuelto en celofanes humorísticos también tiende un puente entre Roth y Beckett, haciendo que lo que tiene que decirnos resulte menos indigesto. Ésta es la razón de que, a pesar de los pesares, le prestemos oídos. Como diría en una ocasión Harold Bloom, lo que ambos autores nos sugieren es «la ordalía de la carcajada».

Capítulo 22

LA COMUNIDAD VISIONARIA
Y LA REALIDAD DE LA VIDA

En septiembre de 1989, Boris Yeltsin, que por entonces era miembro del Parlamento ruso y no había llegado todavía a la presidencia del país, efectuó una visita a Estados Unidos salpimentada con una gran pompa mediática. Había al menos tres razones para afirmar que se trataba de una estancia digna de mención. Una de ellas giraba en torno a la afición de Yeltsin a la bebida, ya que se presentó ebrio a un buen número de compromisos importantes, de entre los que destaca nada menos que su paso por la Casa Blanca. El segundo motivo es el de que se mostrara tan señaladamente asombrado ante la abundancia estadounidense —sobre todo en los sectores de la alimentación y la vivienda—, una circunstancia que la propaganda soviética había ocultado, según dijo, tanto a sus ojos como a los de sus compatriotas. De hecho, si regresó a su tierra transformado en un político díscolo y refractario al sistema soviético, dispuesto a desafiar a Mijaíl Gorbachov y a postularse exitosamente como su adversario en la pugna —iniciada tan sólo un año después— por la presidencia de la República Socialista Rusa sería en parte a causa de todo lo que había tenido oportunidad de contemplar en Estados Unidos.

Pero la visita de Yeltsin contaba con un tercer aspecto singular, un aspecto que por regla general no ha suscitado demasiados comentarios. Me refiero al hecho de que su estancia se efectuara bajo el patrocinio del Instituto Esalen, de la región californiana de Big Sur. La elección de dicha institución había terminado prefiriéndose al apoyo de otras quince organizaciones candidatas —entre las cuales figuraban algunas tan prestigiosas como las Fundaciones Rockefeller y Ford o el Consejo de Relaciones Exteriores de Estados Unidos—. Jim Garrison, director administrativo del Programa de Intercambio Soviético-Estadounidense del Instituto Esalen, había sido el encargado de llevar a cabo las negociaciones previas (y, de hecho, ya nos hemos ocupado en el capítulo 20 de examinar el contenido de su libro titulado *The Darkness of God: Theology after Hiroshima*).

Estos acontecimientos vienen a revelar a las claras el prestigio del Instituto Esalen, una reputación que resulta tanto más notable cuanto que, estrictamente hablando, lo cierto es que en la época de la visita de Yeltsin hacía ya mucho que la edad de oro de la institución había quedado atrás. En su libro titulado *Esalen: America and the Religion of No Religion* (publicado entre los años 2007 y 2008), Jeffrey J. Kripal dice que el período de apogeo de Esalen se situó entre finales de la década de 1960 y principios de la de 1970. Una época que coincide también con los mejores años de la contracultura.

Podría decirse que, en su momento de máximo desarrollo, la contracultura representó muy probablemente el intento más decidido y duradero jamás llevado a la práctica de construir un modo de vida desembarazado no sólo de las tradicionales ideas occidentales de Dios, sino liberado al mismo tiempo de la ciencia, el capitalismo y la moralidad convencional. Y en este sentido cabe argumentar que Esalen era la quintaesencia de esa contracultura, la más plena y más perfecta realización de sus valores y aspiraciones. El nombre mismo de la institución se había elegido en honor a una tribu de indios norteamericanos, y lo cierto es que sus edificios todavía siguen en activo, en su emplazamiento original.

«Nunca llegaremos a saber cuánta gente llegó a integrar las filas de la contracultura», dice Theodore Roszak, el hombre que acuñó la expresión de «contracultura» y que redactó la historia más completa y definitiva del movimiento. «Sería un error decir que contaba con "miembros" propiamente dichos. Se trataba más bien de una visión que, en uno u otro grado, llamaba la atención de muchas personas que, fascinadas, y sin habérselo propuesto previamente, terminaban por asumir sus presupuestos. Además, lo más importante de esta corriente de disidencia social no fue su tamaño, sino su calado. Nunca antes se habían visto protestas que suscitaran cuestiones de tanta hondura filosófica, capaces de penetrar en el significado mismo de la realidad, la cordura y la razón de ser de las personas.»[1]

El espinazo del enfoque contracultural se hallaba constituido por tres elementos. El primero de ellos era el de las nuevas técnicas terapéuticas, unas técnicas a las que Roszak daría el nombre de «técnicas de manipulación íntima» y que muy a menudo se organizarían a través de las comunidades terapéuticas. En segundo lugar tenemos las drogas, en tanto que fuentes de toda una serie de formas de conciencia alternativas. Y en tercer lugar, destaca el papel de la música y el *rock and roll*. La única razón para mantener que todo esto constituyera una *contracultura*, añade Roszak, se debía al hecho de que «la cultura a la que se oponía —la de la ciencia reduccionista, el industrialismo destructor de ecosistemas y la disciplina empresarial— determinaba una visión de la existencia demasiado mezquina para elevar el espíritu y el ánimo».[2]

El enfoque terapéutico era probablemente el planteamiento más básico de los tres. Se basaba en la idea de que, «hasta el advenimiento del psicoanálisis, el vocabulario de nuestra sociedad había sido víctima de un lamentable empobrecimiento». En la década de 1960, el presidente Lyndon Johnson dio en poner en marcha —o eso creería haber hecho— un programa de política interior destinado a crear lo que él mismo habría de denominar la «Gran Sociedad». Tomando como base el movimiento de los derechos civiles, pero incorporando al conjunto de medidas previstas toda una serie de cuestiones sociales añadidas (como las reivindicaciones feministas, los planes contra la pobreza y las ayudas al medio ambiente), confeccionó así un proyecto de carácter esencialmente sociopolítico diseñado para contribuir a que todas las personas incluidas en su radio de acción consiguieran mejorar su calidad de vida. Sin embargo, muchos de los defensores de la contracultura consideraron que la construcción de una buena sociedad «no constituía una tarea primariamente social, sino psicológica». El enfoque terapéutico, sostenían, «va más allá de la ideología, incidiendo en el plano de la conciencia y proponiéndose transformar nuestras percepciones profundas, ya se trate de la percepción del yo, de la del otro o de la del entorno».[3]

La conciencia política y social, como decía el psicólogo de Harvard Timothy Leary, abría las puertas a una «consciencia *consciente*» cuyo objetivo general consistía en descubrir nuevos tipos de comunidad, nuevas pautas de comportamiento familiar, nuevas costumbres sexuales, nuevas formas de ganarse la vida, nuevas claves estéticas, nuevas identidades personales capaces de dar un significado inédito a la existencia.[4] La suya era básicamente una postura contraria al racionalismo y a la ciencia, una actitud tendente a promover el surgimiento de una vida emocional plena y significativa.

Como bien señala Roszak, en esa época flotaba en el ambiente la sensación, especialmente entre los jóvenes, de que, en buena medida, el marxismo y el liberalismo no lograban proporcionar ya una explicación satisfactoria del mundo, que siendo parte de la solución eran también un aspecto del problema. Además, los datos estadísticos mostraban que el 38 % de los estadounidenses no tenían costumbre de asistir a misa, lo que sugería que las Iglesias dominantes habían terminado por perder contacto con las vivencias básicas de la espiritualidad.[5] En este contexto habría de ganar notable popularidad el filósofo alemán Herbert Marcuse, junto con su concepto de «represión excedente». De acuerdo con lo que decía Marcuse, un *cierto* grado de represión, una represión básica, es normal, no algo a lo que deba tenerse por enfermizo, sino una realidad a la que está inevitablemente abocada toda sociedad por el mero hecho de que las personas vivan en comunidad. La represión excedentaria, por el contrario, es aquella «que exige la odiosa lógica de la dominación». La represión excedente «viene a hallar concreción en lo que "un particular grupo o individuo" impone a otros "con el objetivo de conservar y conferir mayor amplitud a la posición privilegiada que le ha sido dado ocupar"». De aquí se deducía, tanto para Marcuse como para Marx, que «la reducción de la jornada laboral» era la premisa fundamental de la que se derivaban todas las demás reivindicaciones sociales. Hemos de desechar la «racionalidad de la dominación» y fomentar en cambio la «racionalidad libidinal, que lleva aparejada la posibilidad de la libertad y la felicidad como elementos axiomáticos».[6]

Marcuse esgrimía también una particular noción de la transcendencia, aunque en lo que él pensaba era en la transcendencia histórica, no en ninguna transcendencia de carácter religioso. La idea que defendía guardaba relación con el hecho de que, a su juicio, la dominación, la explotación y la represión transcendieran los períodos históricos, lo cual venía a determinar a su vez que consideráramos que el *statu quo* era algo dado, inevitable y natural. Por ello, el objetivo que se había propuesto consistía en superar este estado de cosas mostrando que la existencia era de índole fundamentalmente política, una situación que sólo podría ser superada por el «Gran Rechazo», un rechazo que consistía en negarse a aceptar la dominación social, y a hacerlo además «en nombre de la felicidad y la libertad» —dos factores que debían ser en cambio objeto de un «Enorme Sí»—, recurriendo para ello a la «transcendental prudencia» de la poesía.[7]

Un segundo aspecto de los cambios psicológicos que buscaba propiciar la contracultura fue, por decirlo en palabras de Roszak, el vinculado con «el viaje a Oriente». Esto dará lugar al surgimiento de figuras como la del británico Alan Watts, que se iniciaría en la vida pública como filósofo y teólogo tras haberse formado en la Facultad de Estudios Asiáticos de San Francisco, en la que había ingresado después de abandonar el cargo de asesor anglicano que había ocupado hasta entonces en la Universidad Northwestern de Evanston, Illinois. De este modo, Watts terminó escribiendo libros relacionados con el zen y el taoísmo, esforzándose en traducir las intuiciones de esta filosofía al lenguaje propio de la ciencia y la tecnología occidentales. Sus obras más conocidas son posiblemente las tituladas *El camino del zen*, *The Joyous Cosmology* y *Psicoterapia del Este, psicoterapia del Oeste*. En este último escrito, Watts sugiere que el budismo podría ser considerado como una forma de psicoterapia y no simplemente como una religión. Ni el hinduismo ni el budismo, dice, admiten ser clasificados entre las religiones, como tampoco cabe incluirlas entre las diferentes filosofías, las distintas ciencias o las diversas mitologías existentes. Ni siquiera puede considerarse que se trate de una amalgama de esos cuatros elementos, «puesto que la compartimentación es ajena a ellas, no pudiendo aceptarla ni siquiera en una forma tan básica como la del establecimiento de una separación entre el ámbito espiritual y el material».[8]

Por consiguiente, lo que nos ofrece la contracultura «es un notable abandono de la inveterada tradición del intelectualismo escéptico y laico, un intelectualismo que a lo largo de los últimos trescientos años ha sido el principal vector del trabajo científico y técnico realizado en Occidente. De este modo, casi de la noche a la mañana (y lo que es más sorprendente, sin que se hayan producido grandes debates sobre el particular), una parte muy significativa de la generación joven ha optado por desprenderse de esa tradición».[9] El propio Roszak reconocía que en las franjas marginales de la contracultura se daban a veces algunas «manifestaciones» que resultaban «preocupantemente malsanas» —como cierta pornografía grotesca, algunos espeluznantes ejemplos de sadomasoquismo o determinados frenesíes capaces de ruborizar al mismísimo Dioniso—. No obstante, continuaría sosteniendo que el mayor mérito del movimiento contracultural residía en haber iniciado la exploración de las «potencias de carácter no intelectivo».[10]

Roszak se pregunta si tiene sentido culpar a la juventud por haberle tomado afición al «oculto brebaje junguiano» cuando resulta más que evidente que la vida de la Razón no sólo ha sido incapaz de proporcionarnos la lista de civilizados progresos «que Voltaire y Condorcet previeron en su día» sino que ha demostrando no ser más que una mera «superstición de altos vuelos». Este autor asegura que no es posible seguir ignorando el

hecho de que «nuestra concepción del intelecto haya quedado desastrosa-
mente reducida a causa del predominante supuesto» de que la vida del espíritu es, «bien 1) un ámbito propio de fanáticos y extremistas que es mejor
dejar en manos de los artistas y los visionarios marginales; bien 2) un ce-
menterio histórico para el eterno reposo de la erudición antigua; bien 3) un
apéndice sumamente especializado de la antropología profesional; o bien
4) una expresión anticuada que todavía encuentra uso entre el clero, pero
que sus miembros más ilustrados optan por emplear con sordina». El resultado final, como dice Michael Novak, es un humanismo laico de clase
media que no sólo «huye de los "místicos vuelos" de los metafísicos, los
teólogos y los soñadores sino que se muestra cauto y distante al lidiar con
las más elevadas y vehementes experiencias que dan cuerpo a la literatura
y la filosofía más excelsas, limitándose por su parte a ocuparse de este
bajo mundo y de sus preocupaciones, unas preocupaciones que afortuna-
damente revelan hallarse en gran medida asociadas con todo un conjunto
de fórmulas precisas, ofreciendo por tanto una restringida pero tranquilizadora certidumbre».

Nos haremos una mejor idea de lo que ocurre si contemplamos un
instante los recién inventados rituales de los jóvenes, añade Roszak. «Se
reúnen enfundados en alegres atavíos en lo alto de un altozano del parque
público para hacer salutaciones al sol canicular en los momentos del alba
y el ocaso. Bailan, cantan, hacen el amor según les viene en gana, sin orden ni plan preconcebido ... Todos tienen idéntico acceso al acontecimiento. Nadie se llama a engaño ni se ve manipulado. Lo que se ha puesto
apasionadamente en juego no es ni un reino ni una cuota de poder ni un
pedazo de gloria.»[11]

LA RELIGIÓN DE LA NO RELIGIÓN

Este enfoque y estos valores iban a quedar ejemplarmente reflejados
en Esalen. Si Jeffrey J. Kripal optó por poner a su obra sobre esa institución el subtítulo de *America and the Religion of No Religion* se debió, según él mismo admite, a que el Instituto había sido concebido al modo de
un experimento utópico «creativamente colocado en suspenso entre las
revelaciones de las religiones y las revoluciones democrática, pluralista y
científica de la modernidad». Esalen era un centro regido por el principio
nuclear del encuentro terapéutico, «un espacio espiritual en el que podían
florecer prácticamente todas las formas religiosas, con tal de que —y esto

era crucial— no pretendiesen imponerse al conjunto de la comunidad ni proclamasen hablar en nombre de todos. Así lo recogería uno de los primeros lemas de Esalen: "Que nadie se apropie de la bandera"». En Esalen, todo el mundo profesa sus dogmas con moderación, definiéndose a sí mismos como personas «espirituales pero no religiosas ... En este lugar el misticismo no es una suerte de abstracción transcendente carente de todo contenido político o moral. Otra forma de explicar la ética de Esalen consiste en señalar que ... el humanista persigue alcanzar la apertura de espíritu que surge del *asombro*, mientras que el científico pretende clausurar la búsqueda mediante una *explicación*».[12]

Esalen había surgido tanto de la tradición iniciada por Aldous Huxley, que había explorado las ideas de la utopía y la distopía, como de los textos «precognitivos» de Henry Miller, que había vivido durante un tiempo en Big Sur. Las primeras figuras que animaron las aulas y talleres de Esalen fueron Michael Murphy y Frederic Spiegelberg. Este último era un exiliado procedente de Alemania, país en el que había trabado amistad con Paul Tillich y Carl Jung. Influido también por Rilke, sería Spiegelberg quien concibiera la expresión que encabeza este apartado, escribiendo más tarde un libro con ese mismo título: *The Religion of No Religion*. A su juicio, las religiones históricas habían cometido dos graves errores. En primer lugar, habían malinterpretado sistemáticamente sus propias afirmaciones simbólicas al considerar que se trataba de verdades literales y no de alegorías o metáforas, y en segundo lugar, habían dado en devaluar habitualmente uno de los aspectos de la realidad (el correspondiente al mundo natural) a fin de ensalzar paralelamente el otro (el de la transcendencia divina).

Spiegelberg pensaba que las paradojas contenidas en la médula misma de esos dos errores eran justamente el elemento que determinaba que, para la mayoría de las personas, las religiones tradicionales resultaran fundamentalmente inconcebibles. Al mismo tiempo, Spiegelberg abrazaba un enfoque de carácter esencialmente heideggeriano, basado en una intensa percepción del asombro causado por el ser. A sus ojos, dicha percepción podía agudizarse a través del budismo zen y el yoga indio, práctica ésta que asume, sobre todo en su forma tántrica, que «el templo último de lo divino es, una vez más, el cuerpo humano».[13] Además, Spiegelberg consideraba que el arte y el psicoanálisis eran dos formas de pensamiento occidental que permitían alcanzar los «más altos grados de la gnosis».

Todas estas ideas de Spiegelberg estaban llamadas a establecer los principales parámetros del escenario conceptual en el que iban a desarrollarse las experiencias de Esalen, pero en la elaboración de dichas bases habrían de intervenir igualmente otras muchas personas —y de hecho, esta diversidad revelaría ser la clave del rápido éxito del Instituto—. Entre las innovaciones aportadas cabe destacar el budismo que transmitía Dick Price, centrado en la idea del *anatman*, es decir, del «no yo», de que «no hay nada que tenga un estatuto especial». Desde esta noción, el «despliegue» de la vida es lo único que merece ser visto como una fuerza divina. Price enseñaría también las realidades asociadas con el movimiento físico y las experiencias no verbales, así como las vinculadas con la conciencia corporal y el despertar de los sentidos. A todo ello cabe añadir las nociones de parapsicología y las lecciones sobre la naturaleza humana de Joseph Banks Rhine; las ideas de Alan Watts —que él mismo expondría más tarde en su *Joyous Cosmology*—; los planteamientos de Timothy Leary y el «orientalismo psicodélico»; y la psicología de Abraham Maslow «entendida como tercera fuerza» situada entre el conductismo y el psicoanálisis, con sus nociones de «autorrealización» y de «experiencia cumbre». El sexo no andaría nunca demasiado lejos. De hecho, dice Kripal: «Una de las nociones más importantes del tipo de iluminación corporal que se difundía en Esalen era la asociada con una especie de psicoanálisis al que no le incomodaban ni el "sexo" ni las "experiencias cumbre" ..., un psicoanálisis que consideraba que la experiencia espiritual cumbre es de naturaleza orgásmica y que el orgasmo reviste características potencialmente espirituales».[14]

Antes de enseñar en Esalen, Abraham Maslow, la figura central de esa psicología entendida como «tercera fuerza», ya había dedicado algún tiempo al ejercicio de su profesión y al afianzamiento de las posiciones que le definían en el ámbito de su especialidad, ya que había cooperado con Alfred Kinsey en Nueva York, ayudándole a elaborar el célebre estudio de la sexualidad realizado por este último, y ejercido además la docencia en el Brooklyn College de esa misma ciudad. Maslow señalaba que el orgasmo era una metáfora o analogía sumamente adecuada del concepto de «experiencia cumbre» que él mismo había ideado, un concepto que consistía, a su juicio, en «un extraordinario estado de la peripecia existencial de la persona», una vivencia que «alteraba de manera fundamental la cosmovisión del individuo por medio de una abrumadora explosión de significado, creatividad, amor y comprensión del Ser».[15]

Los términos en que Maslow describía las experiencias cumbre las asemejaban notablemente a los orgasmos: «la experiencia cumbre es de carácter temporal, esencialmente gozosa, potencialmente creativa e imbuida de hondas posibilidades metafísicas». No es posible basar la existencia exclusivamente en ese tipo de vivencias, pero Maslow hacía hincapié en que, lo contrario, una vida sin ellas, resultaría enfermiza, nihilista y potencialmente violenta. La experiencia cumbre se situaba en el vértice de una pirámide asentada sobre una jerarquía de necesidades psicológicas y fisiológicas. En la base de la pirámide se encontraban elementos como la comida, el cobijo y el sueño; inmediatamente por encima se situaban la sexualidad y la seguridad —entendida tanto en el sentido de hallarse la persona libre de peligros físicos como en el de poder contar con un empleo, unos recursos, una familia o una salud fiables—; en un tercer nivel figuraban el amor, el sentimiento de pertenencia y la autoestima; y por último, en lo más alto de la pirámide, se erigía la autorrealización. Se consideraba que este último estadio mostraba características espirituales, aunque en modo alguno religiosas. De acuerdo con Maslow, uno de los logros que permitían alcanzar las experiencias cumbre se desprendía de su capacidad para hacer que la gente se volviera más democrática, más generosa, más abierta, menos cerrada y menos egoísta, elevándose de ese modo a un reino al que el propio Maslow denominaba ámbito de la conciencia «transpersonal» o «transhumana». De hecho, Maslow abrazaba la idea de una «religión personal no institucionalizada» capaz de «anular la distinción entre lo sagrado y lo profano» —describiendo así una aspiración bastante parecida a la asociada con los ejercicios de meditación de los monjes zen, a quienes nuestro autor acostumbraba a comparar con los psicólogos humanistas—. En este terreno, los ídolos que suscitaban la admiración de Maslow eran William James y Walt Whitman.

Los grupos de encuentro y los «seminarios de sensibilización» eran uno de los elementos cotidianos de la vida académica de Esalen. Su constitución y desarrollo se basaba en los trabajos de Carl Rogers (autor cuyas ideas ya tuvimos ocasión de repasar en el capítulo 19). El objetivo de los mismos consistía en alcanzar los más elevados niveles de honestidad: «Según lo que venimos a acordar en el contrato de estos encuentros, yo os diré lo que pienso de vosotros. Por consiguiente, la obligación que tengo de mostrarme educado, amable o considerado, queda, por el momento, en suspenso». Y otra de las innovaciones puestas en marcha en la institución, una innovación que todavía resulta más asombrosa, era la consistente en animar a la gente a mostrar sus genitales, instándoles a debatir así acerca de los temores y deseos asociados con ese tipo de desnudos en un mundo en el que dichos órganos ocupan un lugar tan nuclear. Como es obvio, este tipo de encuentros podía ser extremadamente intenso, creando así toda una serie de «espacios transcendentes», y dando lugar a nuevas experiencias en las que la gente no sólo olvidaba quién era y dónde estaba sino que perdía asimismo la noción del tiempo.[16]

Preparación a la Conciencia Arica,* Integración postural por medio de masajes Rolfing, Terapia de energía orgónica, Masaje corporal total y contemplativo, Retroalimentación biológica, hipnosis, Red de crisis espirituales, Conferencia sobre tiranía espiritual, Tao de la física, sufismo, Arte espiritual y Formas intuitivas de gestionar el vacío... —todas estas terapias, experiencias y acontecimientos, por no citar más que unos cuantos, habrían de caracterizar las actividades de Esalen desde el principio—. Algunos observadores rechazarían este tipo de métodos, tildándolos de mero «supermercado espiritual». Es una organización que todavía sigue en activo y que opera como una entidad sin ánimo de lucro que proporciona un medio de subsistencia «decente, aunque muy humilde», a 150 individuos que se las arreglan, en conjunto, para impartir cuatrocientos seminarios al año. La meta que se proponen alcanzar consiste en imaginar una situación «espiritual» totalmente nueva en Estados Unidos, así como en difundir y abrazar un «misticismo democrático, una religión de la no religión», o, si se prefiere, una utopía espiritual que sigue encarnando los valores y las aspiraciones de la contracultura.

UNA VIDA MEJOR PROPICIADA POR MEDIOS QUÍMICOS

El segundo elemento central de la contracultura era el de las drogas. La fascinación asociada con los alucinógenos late bajo buena parte de las manifestaciones contraculturales posteriores a la segunda guerra mundial. A lo largo de la historia, y desde las épocas más antiguas, han sido muchas las personas que han encontrado en las plantas calificadas como «enteógenas» (esto es, generadoras de experiencias divinas, dado que su misma etimología las define como «portadoras de Dios») una vía idónea de «espiritualidad alternativa».[17]

Martin Torgoff habría de examinar este aspecto de la contracultura en *Can't Find My Way Home: America in the Great Stoned Age: 1945-2000*. Tras afirmar que aproximadamente uno de cada cuatro estadounidenses

---

* Tipo de evolución psicológica basada en las tesis del movimiento en favor del desarrollo del potencial humano. El objetivo consistía en conseguir una elevada calidad de vida, con creatividad y autorrealización. (*N. de los t.*)

había probado o recurrido a las drogas ilegales a lo largo de ese período —lo que significa que difícilmente podría considerarse una actividad marginal—, Torgoff sostiene que lo que perseguía la gente al colocarse no era simplemente pasárselo bien —«era una forma de confirmar que se había adoptado una postura rebelde, que se abrazaba la vida bohemia y que se asumían los planteamientos de la utopía y el misticismo ..., además también guardaba relación con la determinación de no aceptar ni reconocer la existencia de límites de ninguna clase».[18]

Las drogas constituían toda una forma de vida: «era como vivir en una ciudadela amurallada con personas de gustos similares, en un recinto en el que uno tenía la posibilidad de elaborar un lenguaje propio y de crear un conjunto de reglas igualmente peculiares. Vivir en ese ambiente era como llevar una insignia y sentirse parte de una población distinta al resto del mundo». En cierto sentido, el jazz hablaba del profundo aislamiento y del *pathos* de una existencia asociada con la heroína —del mono, de la desesperada soledad de la búsqueda, del bendito alivio del chute—. Lo que había quedado súbitamente al alcance de la gente, al menos en teoría, era una nueva forma de vida y una sencilla vocación, la de «arder como una brasa», la de vivir para la siguiente ocasión de euforia, la de beber a grandes tragos el puro éxtasis de la vida. El hecho de que las experiencias fueran de corta duración carecía de importancia: «todas las filosofías nos dicen que nada perdura. Sin embargo, mientras la droga nos invade, todo cuanto se experimenta presenta un cariz sagrado». Había nacido «la sacralización de lo mundano».[19]

Por esos años habrían de ser también muchas las personas que vieran paralelismos entre las nuevas experiencias a las que se estaban entregando con las drogas y los contactos sobrenaturales que lograban los antiguos chamanes indios por medio de las «visiones que les procuraba el peyote». También en este precedente las drogas eran portadoras de la salvación. En la tradición de los indios americanos conocida con el nombre de «búsqueda de la visión» se exigía a los aspirantes a iniciados que sobrevivieran en plena naturaleza y que obtuvieran la protección de un espíritu guardián, muchas veces por medio del conjunto de «compuestos narcóticos» del Nuevo Mundo, entre los que destacan las ochenta o cien plantas psicotrópicas del continente americano (sobre las cuales existe una abundante documentación) —plantas cuyo elevado número contrasta con la exigua media docena de hierbas y hongos equivalentes del Viejo Mundo—. El antropólogo de origen peruano Carlos Castaneda publicaría en 1968 un libro titulado *Las enseñanzas de don Juan. Una forma yaqui de conoci-*

miento. Este texto, que nació como un escrito de carácter universitario, se basa, presuntamente, en las notas de campo que el propio Castaneda tuvo oportunidad de tomar durante los cuatro años que dedicó a realizar, como observador participante, una investigación relacionada con las creencias y las prácticas de los indios yaqui. Sin embargo, el libro acabó convirtiéndose en un éxito de ventas auténticamente fenomenal integrado en último término por un total de seis obras, de entre los cuales habría de alcanzar especial fama el titulado *Una realidad aparte* (publicado en 1971). En total, Castaneda vendería cerca de ocho millones de ejemplares de los seis volúmenes de su estudio. Gracias a estos textos, los estadounidenses cobraron conciencia de que la cultura original de los indios americanos se hallaba íntimamente ligada con las drogas alucinógenas y de que éstas se empleaban para «conseguir penetrar en un mundo que no sólo era totalmente ajeno al que conocemos habitualmente, sino que pertenecía a un orden de realidad completamente distinto».[20]

Éstos fueron justamente los aspectos que captaron la atención de Timothy Leary en el año 1960, fecha en la que ingeriría por primera vez unos trozos de *Psilocybe mexicana*, el misterioso hongo mágico de México, en una casa que él mismo había alquilado en Cuernavaca. En la obra citada, Torgoff refiere que «durante aquella experiencia, [la mente de Leary] quedó en un estado de total delicuescencia, abriéndose a las más fascinantes visiones: "palacios del Nilo, templos hindúes, alcobas babilonias, sensuales jaimas beduinas..."». Al final, el experimentador remontó los tiempos y las edades, «hasta llegar a convertirse en el primer ser vivo». Leary llegó a la conclusión de que los hongos alucinógenos podían «revolucionar» la psicología, pues ofrecían la posibilidad de alcanzar estados rayanos con la «comprensión instantánea de uno mismo».

Tras aquella vivencia, Leary quedó convencido de que la psicología se había centrado en exceso en el estudio de la conducta, descuidando el fenómeno de la conciencia. Se realizó así un primer experimento, destinado a verificar «el potencial de la psilocibina como instrumento para la reorganización social», en la prisión estatal estadounidense de Concord, New Hampshire, constatándose que los cambios operados en los reclusos habían sido, según se dijo, espectaculares: «Los roces y las tensiones disminuyeron, y durante las sesiones, los internos comenzaron a hablar de "amor", de "Dios" y de "compartir"». Leary creyó haber descubierto un método para «dejar en la mente de los adultos la impronta» de nuevas pautas de conducta, asociando su sistema con la realización de una «impronta psicodélica», la cual, proclamaba, no tardaría en ser considerada, junto con la decodificación de la secuencia de ADN, como «uno de los descubrimientos más significativos del siglo».

Por espacio de unos cuatro años, Leary y sus ayudantes se las arreglaron, por usar sus propias palabras, para «organizar experiencias transcendentales» con más de un millar de personas, entre las que destacaba la presencia de figuras como Aldous Huxley, Allen Ginsberg o Alan Watts. Sus estudios mostraban que «si el ambiente resultaba favorable, aun no siendo explícitamente espiritual, entre el 40 y el 75% de los sujetos ... referían haber vivido toda una serie de experiencias religiosas extremadamente intensas, tanto como para provocar un profundo cambio en su existencia. Sin embargo, cuando tanto el conjunto de los individuos elegidos para el experimento como el entorno en el que éste se desarrollaba alcanzaba a resaltar los temas de carácter espiritual, el porcentaje de personas que afirmaban haber vivido experiencias místicas o iluminadoras llegaba al 90%».[21]

Al trascender la noticia de que unos científicos de Harvard, es decir, de la universidad en la que había estudiado nada menos que el presidente John Fitzgerald Kennedy, estaban utilizando drogas psicotrópicas en un proyecto de ingeniería social, estalló un escándalo tremendo. No obstante, por esa época el propio Leary había empezado a interesarse con mayor intensidad en las cuestiones de naturaleza espiritual, religiosa o mística, al igual que un doctorando de Harvard llamado Walter Pahnke, decidido a determinar empíricamente si el supuesto elemento transcendental de las experiencias psicodélicas era realmente igual o no al que habían referido en su día los santos y los místicos. Respaldado por uno de los profesores de la universidad, Pahnke reunió a un grupo de estudiantes de la facultad de teología que asistían a un seminario y formó dos grupos. El experimento tuvo lugar el Viernes Santo del año 1962, tras una misa en la capilla del centro. A los integrantes de uno de los grupos se les administró psilocibina y a los otros un placebo a base de ácido nicotínico, que únicamente podía producirles una serie de escalofríos.

Transcurridos treinta minutos «quedó meridianamente claro quién había ingerido la psilocibina y quién no. Los diez sujetos que habían tomado el ácido nicotínico permanecieron sentados frente al altar. Los demás, en cambio, se revolcaban por el suelo y los bancos, deambulando después de un lado para otro con arrebatado entusiasmo y murmurando plegarias, mientras uno de ellos interpretaba "extraños y vehementes acordes" en el órgano del templo. Otro ... se subió a los bancos y cruzó la nave de la capilla caminando sobre ellos, colocándose finalmente frente al crucifijo, transfigurado y con los brazos extendidos, como si de algún modo estuviera tratando de identificarse físicamente con Jesucristo y su padecimiento en la cruz».[22] A juicio de Leary y sus colaboradores, el experimento había conseguido probar que «se había abierto una puerta que permitía acceder directamente al éxtasis espiritual, a la revelación religiosa y a la unión con Dios».

Cuando la revista *Time* se enteró del episodio, la facultad de teología de Harvard dejó claro que contemplaba las cosas desde una perspectiva totalmente diferente: se canceló toda posibilidad de proseguir con aquel género de estudios y un profesional médico de la Agencia de Alimentos y Medicamentos de Estados Unidos determinó que los beneficios psicológicos presuntamente derivados de aquel experimento eran una «pura patraña».

Sin embargo, Leary siguió en sus trece y comenzó a concebir nuevas formas de continuar propiciando sus objetivos por otros medios. Habían empezado a surgir también otros observadores, en este caso interesados en el LSD (es decir, en la dietilamida del ácido lisérgico), una sustancia que de pronto comenzó a ataviarse con denominaciones elocuentemente coloristas, como «Pearly Gates» o «Heavenly Blue».* Lo que Leary tenía en mente era la puesta en marcha de lo que él mismo llamaba «una nueva frontera de más amplia conciencia», de modo que en un discurso pronunciado ante un público compuesto por miembros del movimiento Humanista de Harvard (un grupo dedicado a la promoción de un desarrollo ético basado en la razón y no en el dogma religioso) anunció la creación de la Fundación Internacional para la Libertad Interna (o IFIF, según sus siglas inglesas: International Foundation for Internal Freedom), una libertad que se centraba de manera muy particular, según explicaba el propio Leary, en desprenderse «de la mentalidad erudita, de origen y carácter cultural». Llegaría a prever incluso la introducción de una enmienda en la Constitución de Estados Unidos destinada a garantizar el derecho de los individuos a procurar una mejora de su grado de conciencia y a tratar de ampliar su alcance. Sin embargo, hallándose de viaje en México, ocupado en cuestiones relacionadas con la Fundación para la Libertad Interna, los

---

* La primera etiqueta, que alude a uno de los nombres que se dan en la Biblia a los umbrales del paraíso, o Jerusalén celeste, pues significa, literalmente, «Puertas de perla» (Apocalipsis, 21, 21: «Cada una de las puertas hecha de una sola perla...»), es en realidad una variedad de la *Ipomoea tricolor* —similar a la Heavenly Blue—, una campanilla de las regiones tropicales del continente americano con conocidas propiedades alucinógenas. (*N. de los t.*)

funcionarios de Harvard consideraron que había proporcionado drogas a un alumno de licenciatura, valiéndose de ello como pretexto para quitárselo de encima.

Con todo, aquella medida no acabó provocando el desastre personal que podía haber generado de haberse producido en una fase anterior de su carrera, ya que el mismo Leary había perdido gran parte de su interés en continuar enseñando en Harvard. Por consiguiente, y tras pasar un lapso de tiempo prudencial en un discreto retiro, se trasladó a la región del Valle del Hudson, ultimando en ella los detalles de lo que iba a ser su siguiente proyecto. «Todas las iniciativas que materializábamos en la década de 1960 iban destinadas a fisurar y a debilitar la fe en el orden social que se había revelado dominante a lo largo de los años cincuenta y a deshacernos de las actitudes de conformidad con él. El objetivo exacto que nos proponíamos extirpar con nuestro preciso instrumental socio-quirúrgico era el del monolítico poder judeocristiano, cuya ideología había impuesto a la civilización occidental una represión basada en la culpabilidad, la inhibición, la difusión de un conjunto de perspectivas sombrías y la negación del cuerpo y de la vida. La tarea que habíamos asumido consistía en derribar esa sociedad mojigata y moralizante.» Y en un pasaje que se ha hecho célebre, Leary resumiría la situación con estas palabras: «La paradoja puede enunciarse diciendo que hoy es preciso perder la cabeza para poder usarla ... Señoras y señores: las reglas del juego están a punto de cambiar ... Las drogas son la religión del siglo XXI ... Despierten, actívense y rompan con lo establecido».*

Al publicar Robert E. L. Masters y Jean Houston el libro titulado *LSD. Los secretos de la experiencia psicodélica*, los autores darían por supuesto que «las drogas psicodélicas (es decir, aquellas que permiten la manifestación de la mente) son justamente las que nos ofrecen la mejor vía conocida hasta la fecha para acceder a los contenidos y los procesos del

---

* «*Turn on. Tune in. Drop out*»: frase que acabaría convirtiéndose en el lema de los hippies y los marginados del 68 en adelante. Sobre su significación se han vertido ríos de tinta, pero el mismo Leary aclararía que por «*Turn on*» quería señalar la necesidad de «activar los centros neuronales y genéticos con que estamos dotados» (es decir, drogarse); que con la expresión «*Tune in*» pretendía aludir al interés de «interactuar armoniosamente con el mundo que nos rodea, exteriorizando» nuestros sentimientos; y que la consigna de «*Drop out*» apuntaba a la puesta en marcha «de un proceso de alejamiento y superación de los compromisos involuntarios o inconscientes», obtenido a través de la adquisición de una mayor confianza en uno mismo y de la determinación de moverse y cambiar. (*N. de los t.*)

entendimiento humano». Ambos argumentarían en dicha obra que en la experiencia psicodélica pueden distinguirse cuatro niveles distintos, cada cual sucesivamente más «profundo» que el anterior. El primer nivel se concreta en un incremento de la conciencia sensorial; el segundo es de índole reflexivo-analítico; al tercero —al que llega un menor número de individuos—, le asignarían el nombre de «plano simbólico», caracterizado por el hecho de que en él el sujeto «vive intensamente toda una serie de temas primordiales, universales y recurrentes de la experiencia humana» (en el sentido arquetípico de Jung); y el cuarto y más profundo nivel es el que Masters y Houston denominan «integral». «El nivel integral es de naturaleza mística. Brinda a los individuos la vívida sensación de ser "uno" con los planos más profundos de la realidad.» Únicamente el 11 % de los sujetos alcanzaban este nivel, pero todos cuantos lo lograron refirieron haber tenido la sensación de hallarse «en comunión con Dios». Con todo, ambos especialistas señalarían que la descripción que habían hecho de Dios los sujetos de sus experimentos no se ajustaban a las que acostumbraban a efectuarse en el lenguaje religioso convencional. En lugar de hablar de Dios en términos bíblicos, afirmaban, solían emplear un vocabulario más próximo a la definición que Paul Tillich popularizara al decir que Dios es «el fundamento del ser» (véase el capítulo 20).[23]

Como dice Robert Fuller en su historia sobre el uso de las drogas en la experiencia piadosa estadounidense, uno de los legados de Leary se concretaría en el hecho de que, durante un tiempo, la idea de «romper con lo establecido» o de «salirse del sistema» pasó a convertirse en un acto de afirmación religiosa. Surgirían incluso varias iglesias de efímera existencia cuyo eje teológico, por lo demás bastante impreciso, giraría en torno al uso de drogas. De entre ellas destacan las de la Iglesia de la Hermandad en Shiva, la Iglesia Psicodélica de Venus, la Hermandad de la Clara Luz y el Concilio Estadounidense de la Divinidad Interior. Uno de los estudios que habrían de realizarse con posterioridad a todos estos movimientos descubrió no obstante que únicamente media docena de esas iglesias había logrado prolongar su existencia hasta la década de 1990, no contando además sino con un minúsculo grupo de seguidores.

Entretanto, Leary defendería la idea de que no existía necesidad alguna de atarse a ningún tipo de religión formal. La verdadera experiencia religiosa consiste, afirmaba, en «el descubrimiento extático, incontrovertiblemente cierto y subjetivo de respuestas a cuatro interrogantes espirituales básicos: ¿Qué poder rige en último término el universo? ¿Qué es la vida, y cómo y por qué se inició el proceso vital? ¿De dónde provenimos los seres humanos y adónde nos dirigimos? ¿Qué soy yo y qué lugar ocupo en el vasto plan del Todo?».

Y durante un cierto tiempo al menos, se tuvo la impresión de que la vida religiosa estadounidense había accedido al fin a una fase espiritual a la que el historiador William McLoughlin habría de dar el nombre de «cuarto gran despertar». Los cuatro temas de mayor relevancia en el proceso de esa reorientación espiritual eran los siguientes: 1) un cambio por el que la gente pasaba de practicar su devoción en el seno de las instituciones eclesiásticas dominantes a vincular su fe a otras iglesias de carácter inconformista; 2) un redescubrimiento de la religión natural asociado con el paulatino abandono de la idea de una religión revelada; 3) una valoración inédita del pensamiento religioso oriental; y 4) un romanticismo renovado que concedía una notable importancia espiritual a ciertas modalidades no racionales de pensamiento y percepción. «En términos generales, esto llevaba aparejado un notable vuelco de los hábitos, ya que se dejaba de buscar a Dios en la Iglesia para ir a su encuentro en lo más profundo de la naturaleza (incluidas las simas de nuestra propia naturaleza psicológica) ... Y a pesar de que esta nueva forma de conciencia estuviera haciendo aflorar todo un conjunto de percepciones que se revelaban inefables al recuperar el estado de vigilia normal, lo cierto es que no por ello dejaban de producir la persistente impresión de que el mundo se halla inmerso en un orden superior del ser.»[24].

«EL "ROCK AND ROLL" Y LAS DROGAS OBRAN MARAVILLAS»

Pese a que en ocasiones pueda parecer que el LSD era la única sustancia que circulaba con profusión, lo cierto es que la realidad distaba mucho de ser así. A mediados de los años sesenta, señala Torgoff, «daba la impresión de que en los campus de las universidades estadounidenses había más fumadores de hierba que en ninguna otra época anterior. Resultaba fácil distinguirlos, ya que tenían pinta de rebeldes, de empecinados inconformistas, de brillantes intelectuales, de pintores abstractos, de intérpretes de música folk perpetuamente enfundados en desgastados pantalones vaqueros, de discípulos de alguna corriente de jazz, de bailarines de un cuerpo de danza moderna embutidos en ajustadísimos leotardos, de vegetarianos... Se les oía decir: "Todos llevábamos sandalias, íbamos a recitales de poesía ..., nos colocábamos con mariguana en las manifestaciones pacifistas. ¡Éramos el pueblo *elegido*, tío!"».

No obstante, el momento definitorio, el instante en el que verdaderamente se inició un período de transición y de cambio en la historia estadounidense, fue aquel en el que surgió el movimiento en favor de los derechos civiles. «En términos generales, fue una época en que la población blanca se sintió completamente superada por las gentes de color, ya que éstas se echaban a la calle, dispuestas a dar un increíble ejemplo de coraje moral al exponerse a los peligros de la lucha de vanguardia. Y yo creo que todos los que no nos habíamos implicado activamente en las marchas por la libertad que se estaban produciendo en los estados del sur sentíamos la imperiosa necesidad de encontrar una identidad y una imagen de nosotros mismos que pudiera equipararse, por su integridad, a la que proyectaban los negros por entonces —o cuando menos está claro que no queríamos tener nada que ver con una cultura capaz de generar aquella clase de racismo ...—. Existía también el creciente deseo de alumbrar una sociedad diferente, de imaginarnos ya viviendo y actuando en ella —y uno de los instrumentos que no tardaríamos en utilizar para mejorar nuestra propia estima en ese ámbito tan poco convencional iba a ser el de la psicodelia.»[25]

Sería aproximadamente por estos mismos años cuando Ken Kesey, el autor de la novela titulada *Alguien voló sobre el nido del cuco* (en la que los pacientes se apoderan realmente del asilo, tomando el control del mismo, aunque sólo sea por espacio de un día), decidiera unir sus fuerzas a las de Hunter S. Thompson y los Ángeles del Infierno, «la banda de motoristas más corrupta de toda la historia de la cristiandad», y alumbrar así el primer autobús psicodélico; cuando Tom Wolfe redactara su aguda obra titulada *Electric Kool-Aid Acid Test* (sin haber asistido jamás a una sesión destinada a tomar ácido ni haberlo probado nunca él mismo) y cuando la figura del mundillo contracultural Augustus Owsley Stanley III (conocido afectuosamente por muchos de sus partidarios con el apelativo de «Owsley», pero al que únicamente unos cuantos conocerían por «Bear», su seudónimo de «químico» clandestino) diera en «cocinar» cuatro tipos distintos de LSD.

Nadie sabe exactamente cuánto LSD llegó a producir Owsley antes de que el Departamento de Narcóticos y Drogas Peligrosas de Estados Unidos le arrestara en 1969, pero desde luego se hizo célebre por «no haber cedido jamás a la tentación de elevar el precio de una dosis por encima de los dos dólares debido a que creía que el único motor capaz de salvar el mundo pasaba por proporcionar ácido a las masas».[26] (Leary le llamaba «el agente secreto de Dios».) Por esta época comenzarían a celebrarse también diversas «catas de ácido», acontecimientos presididos por el *rock and roll* y las drogas, debido en parte al hecho de que el LSD resultaba extremadamente barato —y en algunas de esas fiestas intervendrían bandas e intérpretes famosos, como el grupo Grateful Dead o B. B. King—. También en estas reuniones seguirían viviéndose experiencias y epifanías de carácter «religioso». Tom Wolfe habría de abordar buena parte de esta clase de entretenimientos en su *Electric Kool-Aid Acid Test*. En aquellos tiempos, las drogas todavía eran consideradas legales en Estados Unidos.

Un productor discográfico de Los Ángeles llamado Paul Rothchild supervisaría a Jim Morrison y a los Doors en la realización de uno de los primeros álbumes —por no decir *el primero*— grabados bajos los efectos del LSD (o relativos a las experiencias vividas en dicho estado). Rothchild manifestaría más tarde que una de aquella sesiones de grabación en concreto había constituido «uno de los momentos más importantes de toda la historia de la impresión de discos de *rock and roll*». Según él, Morrison se había «empapado» de las influencias de William Blake, Arthur Rimbaud, Edgar Allan Poe, James Joyce, Bertold Brecht, Simone Weil, Antonin Artaud y Friedrich Nietzsche, aumentadas además con unas nociones de chamanismo y de euforia dionisíaca, «con la importante diferencia de que en este caso, todos esos antecedentes habían pasado a través del filtro del LSD, potenciándose así la experiencia de la realidad —o de la no realidad, como se prefiera».

El propio Rothchild conocía bien el efecto de las drogas. Llevaba fumando mariguana desde la edad de diecisiete años, pasando después a cosas más fuertes, como el peyote. Estaba convencido de que sus vivencias con las drogas le habían abierto las puertas de una nueva forma de «hablar, de pensar y de ser», y que «el panorama de la psicodelia» había contribuido a configurar su creatividad como productor discográfico. A su juicio, la mariguana le había permitido «penetrar lentamente» en la música de Bach, por ejemplo, y entender por qué este compositor barroco amaba tanto a Jesucristo —«una experiencia que muy posiblemente nunca me hubiese permitido disfrutar mi condición de judío de no ser por el efecto de la hierba, que abría mis sinapsis lo suficiente como para poder experimentar de verdad el carácter gestáltico de la música»—. Después vendrían las pruebas con el peyote, cacto que, según decía él mismo, haría que todos sus pensamientos se centraran en la contemplación de «la unidad del género humano ... ¡Y a partir de ese momento quedé convencido de que se podía acceder a Dios por medio de la psicodelia! ... En aquella época, el hecho de colocarse no respondía al simple deseo de ponerse ciego. Era una expresión de nuestra disposición a aceptar el cambio y a visualizar el advenimiento de un mundo nuevo, es decir, de adentrarnos en lo que andando el tiempo acabaría conociéndose con el nombre de "comprensión intuitiva"* ..., en referencia a la adquisición de un entendimiento más completo y profundo de las cosas». Rothchild se había iniciado y fogueado en el mundillo musical en dos conocidos bares del Greenwich Village: el Kettle of Fish y el Gaslight Café, en los que se hinchaba a fumar hierba. Y al empezar a circular los ácidos, «muy poco a poco» al principio, como él mismo refiere, notó inmediatamente que aquella nueva sustancia ejercía un claro impacto en la música.

En su propia experiencia personal, el primer contacto de Rothchild con el LSD se produciría durante una visita a la casa que Albert Grossman tenía en Woodstock, Nueva York, estando presente Bob Dylan —del que Grossman era representante—, dado que el cantante acababa de hacer una gira por las facultades de Nueva Inglaterra. En un momento de la velada abrieron el frigorífico y se encontraron unos cuantos terrones de azúcar marcados con un puntito dorado y envueltos en papel de aluminio. Rothchild y Dylan probaron el ácido, y a partir de ese momento, como bien recuerda el productor, la música de Dylan sufrió un notable cambio, «pues dejó de componer sencillos aunque sólidos temas de aguda observación y protesta social unidos a elementos de concienciación moral para empezar a cantar piezas huidizas en las que no se alcanzaba a percibir un único mensaje ni un significado último ... La experiencia de las drogas pareció hacer astillas la mente de Dylan, llevándole a vislumbrar brillantes y caleidoscópicos destellos poéticos. El resultado se concretaría en toda una serie de extrañas composiciones de impactante belleza mística como "Mr. Tambourine Man"».

En las primeras semanas del año 1967, prosigue Rothchild, se tuvo la impresión de que había caído un baluarte de la cultura convencional, y habían sido los Beatles los artífices de la transformación. Su álbum titulado *Sgt. Pepper's Lonely Hearts Club Band*, que había llegado en mayo a las tiendas de discos, se oía por todas partes, y más que cualquier otro

---

* El término original —«*grokking*»—, que aquí traducimos como «comprensión intuitiva» por ceñirnos a la definición del *Oxford English Dictionary*, es una voz derivada del neologismo «*grok*», inventado por Robert A. Heinlein en su novela de ficción titulada *Forastero en tierra extraña*, en la que define el término como sigue: «*Grok* significa entender algo tan a fondo que el observador pasa a ser parte de lo observado, produciéndose una fusión, una mezcla por la que el individuo pierde la identidad, diluida en su experiencia grupal». (*N. de los t.*)

alegato, su música constituía el mejor espaldarazo para la nueva cultura: fue considerado «una obra maestra» de la era psicodélica, confirmándose con ello que los Beatles habían logrado «incorporar la sensibilidad derivada de las sustancias psicotrópicas a todos los aspectos de su creación». En el festival pop celebrado ese mismo año en Monterey, California, John Philips, de los Mamas and the Papas, realizaría la siguiente observación: «Por fin teníamos un álbum que permitía probar a las masas lo que los músicos llevábamos años defendiendo: que, unidos, el *rock and roll* y las drogas obraban maravillas».

«NUESTRA CIVILIZACIÓN ATEA EN RUMBO DE APROXIMACIÓN A SU PUNTO MÁS BAJO»

A la primavera de la psicodelia le siguió el verano del amor.

En la década de 1960, las anfetaminas revelaron ser la droga perfecta para alimentar el ego: Torgoff señala que su consumo estaba asociado con el deseo de ser mayor, mejor, más fuerte, más inteligente y más ágil. O como diría Andy Warhol, «las anfetaminas no te procuran ninguna paz de espíritu, pero consiguen que el hecho de no tenerla resulte extremadamente divertido». La gente que vinculaba su estilo de vida con las drogas «creía que resultaba sumamente beneficioso lanzarse de cabeza a la piscina de los comportamientos más extremos: canta hasta que te asfixies, baila hasta caer rendido o cepíllate el pelo hasta que se te disloque el brazo —ésa venía a ser aproximadamente la consigna».[27]

«La Iglesia católica en pleno ha *caído en desuso*, mientras que el Greenwich Village sigue en pie», decía el papa Ondine, pseudónimo con el que se conocía a Robert Olivo, un actor que habría de figurar en varias películas de Warhol. En el filme titulado *Chelsea Girls*, Ondine acabaría proclamando, mediante lo que él llamaba su bula papal, este mensaje: «Mi grey está formada por homosexuales, por pervertidos de toda clase y condición, por ladrones y criminales de la peor especie —la integran los desheredados de la tierra, de esos soy yo pontífice—». En *Chelsea Girls*, cuyo montaje terminó de efectuarse en 1966, se llevaban a la pantalla escenas de una persona inyectándose heroína y algo más que una pequeña dosis de violencia, llegando a decirse en una reseña crítica que la cinta constituía el retrato de «nuestra civilización atea en rumbo de aproximación a su punto más bajo». El *New York Times* sostuvo que se trataba del «documental de un viaje al infierno, una grotesca casa de fieras en la que penan distintas almas perdidas, gimoteando en el desolado páramo de la psicodelia». Pese al éxito que obtuvo en términos comerciales, pues se convirtió en una película de culto capaz de evocar imágenes perversas de la paz y el amor, lo cierto es que debería una gran parte de su popularidad al hecho de haber concluido con un intento de asesinato: el que Valerie Solanas trataría de cometer en la persona de Andy Warhol en junio de 1968.[28] Por otra parte, Vietnam iba a transformarse, para muchos estadounidenses, en una experiencia alucinógena, ya que un gran número de soldados se echaría en brazos de las drogas durante los períodos de permiso que el gobierno acostumbraba a organizar en la vecina Australia.

Peter Coyote también habría de encontrar tiempo para dedicarse durante algún tiempo, entre sus numerosos oficios, a ejercer el de actor, aunque quizá se le conozca más por haber refundado el movimiento de los Diggers, o Cavadores: un grupo anarquista que proporcionaba gratuitamente comida, alojamiento y asistencia médica a los fugitivos que se presentaban en San Francisco con la intención de probar suerte y rehacer su vida. En referencia a las drogas, Coyote escribió en una ocasión que, por esos años, «habían pasado a convertirse en un experimento destinado a ampliar las fronteras de lo permisible a fin de descubrir cuáles eran los límites de la personalidad, unos límites que realmente habían sido implantados en nuestra mente como consecuencia de un intenso condicionamiento social puesto en marcha antes de que la persona hubiese tenido la oportunidad de cuestionar seriamente el proceso ... En todas partes se administraba el sacramento del LSD». La cuestión es que había una nueva generación de ciudadanos decididos a buscar alternativas, deseosos de proclamar que todo tenía un carácter sagrado y persuadidos de poder elevar el planeta entero a otro plano con sus buenas vibraciones. Leary instaba por esos años a la gente a iniciar una religión propia basada en el uso sacramental de la mariguana y los elementos psicodélicos.[29]

El día 15 de agosto de 1969, se reunían en la pequeña población de Bethel, en el estado de Nueva York, cerca de medio millón de personas, todas ellas congregadas allí con la intención de asistir «a la mayor fiesta del siglo XX». El Festival de Woodstock fue la máxima expresión de la cultura enrollada de la época. «Las drogas psicodélicas no sólo habrían de convertir el espectáculo de Woodstock en un sagrado tremedal inundado de ácido, sino que también acabarían dando forma a su banda sonora.» Woodstock no tardó en quedar elevado a la categoría de mito, transformándose así en la más singular afirmación de los valores alternativos de una generación entera: paz, amor, libertad, espiritualidad, sexo, drogas y *rock and roll*, todo ello fusionado, ya por entonces, en una compacta entidad denominada «contracultura». «No habría que esperar demasiado para que aquella corriente empezara a ser considerada en términos religiosos: sus seguidores eran personas que habían emprendido una búsqueda de carácter espiritual, las estrellas del rock oficiaban a manera de profetas y las drogas constituían poco menos que su pan de cada día», señalaría un periodista de la revista *Life*.[30]

La década de 1970 pasó a convertirse en una edad de oro del consumo de mariguana, una sustancia que muchos tenían por una droga benigna provista de un enorme potencial espiritual, medicinal y comercial. La cocaína era otro de los secretos a voces de la época. «La mayor parte de las bandas de rock de San Francisco funcionaban a todo trapo poniéndose hasta las cejas de cocaína» —y de hecho, Johnny Cash acababa de grabar, en 1969, un tema titulado «Cocaine Blues»—. No obstante, se empleaba principalmente como estimulante sexual, así que era muy raro que se la asociara con ningún tipo de propiedades metafísicas.

La era psicodélica llegaría a su fin con la novela de Hunter Stockton Thompson titulada *Miedo y asco en Las Vegas. Un viaje salvaje al corazón del sueño americano* (publicada en 1971), cuyo protagonista —un abogado llamado Óscar Zeta Acosta y conocido como doctor Gonzo— acabaría viviendo una peripecia de tintes épicos. Lejos de resaltar las cualidades metafísicas de las drogas, Thompson veía en ellas una especie de «equivalente farmacológico de la nitroglicerina». Esto llevaría a un observador a escribir unas líneas bastante elocuentes: «[*Miedo y asco en Las Vegas*] supuso el toque de muertos, así, en bloque, para la modosa y devota forma de concebir la psicodelia que había popularizado Timothy Leary, es decir, para esas delicadas ansias de sentarse en una alfombra persa y deleitarse con la música india. No quedaba ya nada de la primitiva idea consistente en ingerir LSD y esperar a contemplar la faz de Dios. De lo que ahora se trataba era de intentar sobrevivir, de lidiar con la demencia, de saber que, en ocasiones, al tomar drogas, el porvenir de la persona quedaba desesperadamente desquiciado y el individuo peligrosamente fastidiado, con lo que ahora tocaba bregar era con el lado oscuro de la psicodelia, un aspecto del que nadie quería hablar».[31]

Las últimas décadas del siglo XX iban a asistir no obstante a un nuevo vuelco del uso de las drogas, fundamentalmente entre los jóvenes, promoviéndose con ello la ingesta de sustancias tendentes a generar una intimidad colectiva. Entre esos nuevos principios activos se encontraban los del Prozac y los de algunos empatógenos como el MDMA (es decir, la metilendioximetanfetamina, o «éxtasis»), a los que alguien ha calificado con sugerente fórmula diciendo que son la «penicilina del alma» —principios que no tienden tanto a generar una sensación de «unidad» con el Todo como a propiciar una percepción de conexión con la naturaleza y con otras personas, aunque sean perfectos desconocidos—. Espoleados por los efectos del éxtasis, la gente iría adquiriendo la costumbre de acudir a multitudinarias fiestas «rave»,* refiriendo posteriormente que la experiencia les había cambiado —una experiencia concebida al modo de una suerte de terapia entre iguales, de una catarsis de masas y del establecimiento de vínculos tribales—. «El éxtasis ha pasado a ser el vector con el que las nuevas generaciones tratan de apartarse del mundo y hallar un lugar peculiar y propio en el que poder instaurar el Reino del Amor.» O, por decirlo con las palabras de Terence McKenna: «se *puede* vivir mejor gracias a la química».[32]

LA ESTÉTICA Y LA MORAL

Theodore Roszak, que habría de conservar toda la vida sus dotes de agudo observador, consideraba que el problema estribaba en el hecho de que la psicodelia hubiera dejado de constituir un simple intento de acceder a nuevas formas de conocimiento y experiencia. Antes al contrario, lo que había sucedido era que las drogas habían terminado convirtiéndose en un fin en sí mismas, en una obsesión que *alejaba* a la gente de toda forma de búsqueda espiritual. Es posible que las sustancias psicotrópicas hubieran alcanzado a alumbrar un modo de vida nuevo —una «existencia extática», por emplear la expresión de Timothy Leary—, pero lo cierto es que dicha existencia resultó ser con gran frecuencia una vida de carácter irreflexivo. Y tampoco debiéramos pasar enteramente por alto la observación que hiciera Nicholas von Hoffman al señalar que la psicodelia constituyó «el mayor episodio delictivo de la historia desde los tiempos de la prohibición».

Al reunir las conclusiones de su análisis de la contracultura, Roszak se remite a la «sociología visionaria» de Paul Goodman, y en particular a su doble idea de que el criterio por el que se rige la salud psíquica es un criterio a un tiempo moral y estético y de que el objetivo de la vida ha de consistir en la consecución de un estado de «bienestar estético-moral» similar

* Sinónimo de «juerga» o de «desmadre». (*N. de los t.*)

al derivado de los talentos naturales que constatamos en los niños, los pueblos primitivos, los artistas y los amantes, esto es, «en todos aquellos que conservan la capacidad de abismarse en el esplendor del instante». Lo que Goodman imaginaba era una especie de comunitarismo utópico en el que las sociedades humanas consiguieran adquirir las cualidades propias de una situación «descentralizada y elástica» capaz de dejar un margen de tolerancia suficiente como para aceptar las inevitables debilidades de hombres y mujeres pero susceptible también de permitir que todo el mundo participe de los más bellos logros de sus semejantes, todo ello con el objetivo de acabar con «la soledad colectiva o de masas».

Un último elemento de esta proyección de los avances contraculturales guarda relación con un estado de cosas al que Roszak llamaba «el mito de la conciencia objetiva», o lo que es lo mismo, con la exploración de «la conciencia no intelectiva». Esta idea contaba con el respaldo de los más recientes descubrimientos de la ciencia y la filosofía (o dicho de otro modo: disfrutaba del apoyo de la evolución «posmoderna» de ambas ramas del conocimiento), los cuales sostenían que no existe nada a lo que podamos dar el nombre de objetividad, puesto que nadie —ni siquiera los científicos o los filósofos— puede abandonar la mediatizada óptica de la condición humana. Lo que se constata, aun en el caso de que nos movamos en el ámbito de la ciencia más rigurosa y empírica, es que todo avance se produce mucho más por medio del *acuerdo* y del consenso que como consecuencia de alguna particular forma de conocimiento «externo» o «superior». Y en este mismo sentido, es preciso admitir que la conciencia no constituye una entidad objetiva, sino un constructo en el que concordamos de forma arbitraria, un constructo «en el que una sociedad dada, incardinada en una determinada situación histórica, depositará el conjunto de sus percepciones de significado y valor».[33]

En este punto, Roszak desplaza el eje de sus convicciones hacia una forma mucho más fenomenológica de entender el mundo. Por eso le vemos citar a Maslow: «La organización de la experiencia en un conjunto de pautas significativas lleva aparejada la idea, por implicación, de que la experiencia misma carece de significado pleno ..., de que es un don que la entidad que conoce concede a aquello que está siendo conocido. En otras palabras: una significación plena de este tipo pertenece más al ámbito de la clasificación y la abstracción que al de la experiencia». Roszak volverá a recurrir también a la comprensión bergsoniana del tiempo entendido como un «flujo vital» sometido a un «proceso de segmentación arbitrario» pero tan arraigado que «toda modificación de la forma canónica de experimentarlo pasa a ser tenida por un arrebato "místico" o un acceso de "locura"».

Como bien dice Roszak, cuestionar este planteamiento científico es insistir en que el objetivo primordial de la existencia no consiste en concebir formas de acumular una masa de conocimiento cada vez más voluminosa, «sino en descubrir maneras cotidianas de vivir que se revelen capaces de integrar la totalidad de nuestra naturaleza ... Por consiguiente, lo importante es que nuestras vidas adquieran *la máxima dimensión* posible, que sean susceptibles de incluir en sus contornos el inmenso número de experiencias que, pese a no generar ninguna proposición articulada o demostrable, despiertan no obstante en nuestro fuero interno una percepción de la majestuosidad del mundo ... De lo que estamos hablando es del alcance y la amplitud de la existencia humana. Debemos insistir necesariamente en que una cultura que niegue, subordine o degrade las experiencias visionarias cae en el grave yerro de empequeñecer nuestra existencia».

La conciencia científica, mantiene Roszak, devalúa nuestra capacidad de asombro al «enajenarnos progresivamente de la magia y el encanto que desprende nuestro entorno ... El científico estudia, recopila y remata su rompecabezas; el pintor pinta una y otra vez un mismo paisaje, un mismo jarrón de flores, un mismo rostro, feliz de reexperimentar interminablemente el inagotable poder de su propia presencia ... Lo que el artista ve ... no mejora por adquirir la condensada forma del conocimiento».[34]

Lo que Roszak viene a defender en último término es que *no existen expertos* capaces de determinar en qué consiste la vida (sosteniendo así algo muy semejante a lo que manifestaba George Edward Moore —véase el capítulo 2—); que en la literatura, ya sea de carácter sagrado o profano, abundan los personajes llamados a conocer un «punto de inflexión» en su vida. «Lo que nos sucede en esos casos es que asistimos a un acrecentamiento de nuestra personalidad, cuyos límites se ensanchan súbitamente, más allá de lo que jamás hubiéramos considerado "real", ampliándose hasta dotarnos de una identidad más elevada y más noble de lo que en cualquier época anterior se nos hubiera antojado posible.»[35]

Grupos de encuentro en la Casa Blanca

Roszak volvería a tratar este mismo tema pocos años después en *Where the Wasteland Ends: Politics and Transcendence in Postindustrial Society*. En dicho texto, el autor argumenta que «a lo largo de los últimos siglos» las sensibilidades religiosas de nuestra cultura han sido objeto de una represión sistemática, aunque la pérdida de las «energías transcendentes» no ha sido percibida como tal mengua, sino, al contrario, como una «ganancia de madurez». No obstante, en esos años flotaba ya en el ambiente el aroma de un nuevo radicalismo, «un radicalismo que se niega a respetar las convenciones del pensamiento y los valores laicos, que insiste en convertir las capacidades de ensoñación en un punto central de toda referencia política». «La redacción de este libro», prosigue, «se produce en el contexto de la significativa, aunque por el momento amorfa, corriente de renovación religiosa surgida en los últimos tiempos en el mundo occidental». Y en ese contexto, el elemento crucial será la idea de la transcendencia, o mejor dicho, el hecho de su ausencia, una ausencia entendida como un «logro negativo» del enfoque científico.

En el nuevo mundo que según Roszak ya se estaba gestando, el autor imagina que «la convocatoria de grupos de encuentro pasará a convertirse en un rito de alcance nacional practicado desde la Casa Blanca hasta el más humilde de los hogares como un medio destinado a colmar el vacío existencial con la consecución de una intimidad instantánea y la provocación automática de la amistad —situaciones que se propiciarán, eso sí, en períodos convenientemente breves—. La gratificación sexual, concebida en su momento como una realidad idealmente inseparable del amor y del compromiso personal con la persona amada, quedará al alcance de todo el mundo a través de un variado menú de encuentros eróticos como los teatros de vanguardia, el intercambio de parejas, las fiestas de caricias grupales o las sesiones de sexo semanales públicamente abiertas a todos en los parques de cada localidad».[36]

Roszak sostendrá asimismo que «las privaciones que exige la conciencia ortodoxa de nuestra cultura» constituyen una especie de «erial psíquico» que arrastramos como un lastre en lo más profundo de nosotros mientras nos abrimos paso en el mundo real, constituido *de facto* por «un entorno artificial», lo que ha determinado que la gente comience a «impacientarse» con las limitaciones inherentes al «demediado yo en que nos hemos convertido». Existía no obstante una minoría de individuos —a la que Roszak dará el nombre de «red eupsíquica» de «movimientos para el desarrollo del potencial humano»—, integrada por corrientes yóguicas, taoístas y tántricas, que estaba decidida a fomentar la propagación de «toda una diversidad de técnicas concebidas para expandir la personalidad». Roszak consideraba que dichos movimientos tenían un gran porvenir, pese a que hasta el momento se hubiera insistido en presentar sesgadamente sus intenciones sugiriendo que adolecían de una «obsesiva ambigüedad». De acuerdo con Roszak, eran muchos los que consideraban que los medios terapéuticos que ofrecían esos movimientos «se asemejaban a un misticismo despojado de todos sus compromisos metafísicos. Era una práctica que podía desembocar en una especie de magnífico atletismo psicosensorial capaz de desenredar todos nuestros nudos emocionales y de suavizar con el máximo cuidado, hasta eliminarlos, nuestras manías y nuestros vicios. No es difícil encontrar personas de este tipo en el movimiento. Se dedican a poner sus mentes en sintonía, haciendo gala de una maravillosa indulgencia para con sus propios yerros e insistiendo en dicha tolerancia hasta no dejar que una sola inhibición o frustración venga a perturbar su paz. En este sentido se parecen mucho a los culturistas que se consagran al meticuloso entrenamiento de todos sus músculos y tendones, sin olvidar ninguno, por insignificante que parezca, hasta lograr la perfección».[37]

Roszak no se sentía en modo alguno incómodo por el hecho de hacer alusión al misticismo: «es muy probable que la indagación mística no constituya sino la otra cara de las vulgares represiones cotidianas y que nazca justamente de ellas». El artificial entorno creado por la ciencia había cerrado las puertas al misticismo, impidiendo toda forma alternativa de ver el mundo. Si la ciencia se ha convertido en nuestra religión es porque la mayoría de nosotros es incapaz de «ver más allá» de ella y trascenderla. Roszak también citará, haciéndolas suyas, las palabras de José Ortega y Gasset: «La vida no puede esperar a que la ciencia alcance a explicar el universo científicamente. No podemos posponer la vida hasta que estemos listos».

Roszak afirmaba que las transformaciones experimentadas por la sociedad a lo largo de la era moderna habían afectado a seis formas básicas de su modo de vivir —siendo todos ellos cambios a peor—. En primer lugar, «las grandes ciencias» habían desbaratado todo cuanto se había construido a escala humana. Lo que los humanos habíamos perpetrado en el planeta había terminado por arruinar el progreso. La tecnocracia había contribuido a desmontar la sociedad abierta, mientras que las nuevas categorizaciones en que se clasificaba ahora a la gente —en tanto que consumidores, clientes, turistas, etcétera— habían supuesto el naufragio de la comunidad política. En términos generales, la arremetida reduccionista —hazaña imputable, una vez más, a las ciencias experimentales— se había saldado con la disolución de los misterios. Por último, la inmersión en el esoterismo, fundamentalmente por medio de las drogas psicotrópicas, había sido la perdición para la cultura humana común.[38]

Roszak pensaba que, en muchos aspectos, este conjunto de cambios implicaba algo más que una mera descomposición o destrucción, es decir, creía que su gravedad era superior a la de una simple «cuestión de sustracción», como diría Charles Taylor. Nuestro autor tenía la sensación de que a medida que las desconcertantes sutilezas de la ciencia contemporánea fueran alejándose más y más de la capacidad de comprensión del ciudadano lego en la materia, «se iría generando una tensión espiritual tan intensa que a la mayoría de las personas les resultaría imposible conciliarlas armoniosamente ...; no se puede avanzar indefinidamente por esa senda sin que el ser humano acabe devorado por una jauría de sentimientos de encono hacia sí mismo ... Un empeño intelectual basado en la especialización despersonalizada y encaminado a la ilimitada proliferación del conocimiento por el conocimiento es intrínsecamente refractario a la participación. Merece ocupar un lugar en nuestras sociedades, pero no instalarse en la cima del mundo. Es una empresa incapaz de proporcionar sustentación a una cultura democrática y no puede generar una realidad común y compartida, al margen de la alienada existencia a que nos aboca nuestro entorno artificial».[39]

Según explicaba Roszak, uno de los efectos de esta séxtuple disolución se concretaba en el hecho de que los «símbolos transcendentes» estuvieran perdiendo densidad significante.[40] Pensaba que el cometido fundamental de la cultura humana «consiste en la elaboración de significados básicos o de raíz, expresados en forma ritual, artística, filosófica, mítica, científica o tecnológica —y transmitidos sobre todo en los términos propios del lenguaje en general, a través de un conjunto de metáforas que, pese a su menguante fuerza y paulatina atenuación, hundan sus raíces en el símbolo original ...—. Dichas metáforas no pueden explicarse, pero son el elemento que empleamos para dar significación a otros niveles de experiencia de inferior intensidad».[41] En nuestro caso, añade, los símbolos se han espesado y perdido sutileza. Han acabado endureciéndose hasta convertirse en objetos meramente profanos. A su juicio, la noción de «Madre Tierra» no es un error supersticioso sino una brillante y benéfica intuición. Vivimos en una cultura alienada *de facto* y *por principio*.

La cuestión es que no podemos encontrar la salvación en parte alguna, insiste Roszak, salvo en el proceso de evolución colectivo e histórico, es decir, «por medio de la elaboración, la realización y la mejora».[42] Nuestro autor elogia también el hecho de que la contracultura haya contribuido a difundir la idea de lo que él mismo denomina una «comunidad visionaria», una miríada de frágiles experimentos como los de las comunas, las granjas basadas en la autosuficiencia y el cultivo orgánico, las familias extensas, las escuelas libertarias, las clínicas de coste cero o simplemente nominal para personas desfavorecidas, los áshram gandhianos, los centros vecinales de debate, los intercambios libres de bienes o trabajos, etcétera. Sólo de esa forma, mantiene Roszak, podrá generarse la sosegada intimidad personal que constituye el único instrumento capaz de fomentar el progreso espiritual. De hecho, nuestro autor lanzará a continuación un llamamiento destinado a despertarnos, sacándonos de «las perspectivas unilaterales y del sopor newtoniano» que nos ha llevado al onirismo de creer que sólo la materia y la historia son reales.

«Cada vez son más ... los terapeutas que descubren que la dolencia que sufren sus pacientes se debe al vacío existencial que sienten en el fondo de su alma.» «¿Hemos de pensar que el hecho de que el arte y el pensamiento contemporáneos sigan proyectando un conjunto de imágenes nihilistas sin precedentes en toda la historia de la humanidad es producto de una mera coincidencia?» «¿Acaso no quedan nuestros logros tecnológicos reducidos a la categoría de meros *sinsentidos* en tanto no encuentren una correspondencia con lo transcendente?» «¿Podríamos eludir nuestra condición de criaturas permanentemente abocadas a la búsqueda de valores y significados?»

A juicio de Roszak, la respuesta reside en lo que él llama el «intelecto rapsódico», un intelecto cuyos principales mimbres no giran en torno al cálculo ni se proponen el control del mundo, sino su disfrute por medio de la *resonancia*. Lo que Roszak pretende señalar con este término es la búsqueda de un significado realzado, de un significado que no sólo puede hallarse «en la connotación profunda de las palabras» sino que pide encarnar en símbolos transcendentes —extremo en el que consiste la resonancia de los significados básicos— de acuerdo con un proceso que «nos permite saber más de lo que alcanzamos a expresar».[43] El propio Roszak posee así una resonancia distinta a la de Beckett o Roth, por ejemplo, o aun a la de Charlie Parker. Y sin embargo debería mostrarse en sintonía con ellos.

Capítulo 23

EL LUJO Y LOS LÍMITES DE LA FELICIDAD

Quizá sea conveniente detenernos un instante para preguntarnos una vez más si la felicidad, la plenitud y la búsqueda de un significado no constituirán en cierto modo un lujo. Pese a que este libro se ocupe fundamentalmente del significado, en el más amplio sentido del término —esto es, aquel significado que la mayoría de los occidentales cultos acostumbran a asociar con un misterio o enigma de orden metafísico, religioso, post-religioso o psicológico—, lo cierto es que son también muchas las personas que podrían considerar que el objetivo de la vida es, como ya hemos señalado antes, notablemente más pedestre, poco menos que rayano con la cruda lucha por la supervivencia.

Y a pesar de que esto sea una realidad, y de que lo haya sido siempre, la cuestión es que el problema de la seguridad existencial es una noción que se vuelve mucho más conspicua y omnipresente a partir de la segunda guerra mundial, y especialmente después de la creación de las Naciones Unidas en 1945. Las diversas entidades dependientes de la ONU, como la Organización de las Naciones Unidas para la Alimentación y la Agricultura, la Unesco y Unicef, han puesto el dedo en la llaga al señalar las desigualdades económicas que recorren de parte a parte el mundo, hasta el punto de que los programas de ayuda ideados para contrarrestar o mitigar la dureza de las situaciones que se viven en las regiones pobres y subdesarrolladas han pasado a convertirse en una de las principales actividades de esas instituciones.

El objetivo general de dichos programas de ayuda suele consistir en propiciar una redefinición del problema, a fin de que se cambie la perspectiva y se deje de verlo como algo directamente relacionado, *grosso modo*, con cuestiones de carácter económico para pasar a contemplarlo

desde una perspectiva más amplia, capaz de incluir una más vasta comprensión de lo que implica la pobreza —es decir, de cuáles son sus consecuencias culturales y psicológicas (de entre las que cabe destacar a su vez
los efectos derivados de un escaso acceso a los recursos naturales, a la
educación, a los servicios sanitarios, a los sistemas de representación política y a las libertades civiles)—. Esto ha terminado por impulsar un cambio de actitud, ya que se ha dejado de insistir en el producto interior bruto
de las regiones afectadas para centrar ahora la atención en el índice de
desarrollo humano, un concepto que las Naciones Unidas establecieron
en 1990. Una de las consecuencias que es preciso atribuir en parte a esta
modificación de la perspectiva se concreta en el hecho de que ahora se
oiga hablar más de «bienestar y de florecimiento humanos», e incluso de
«felicidad», que de términos estrictamente económicos, como la «riqueza» o la «base productiva». Esto no significa que tales preocupaciones se
omitan, pero sí que quedan subsumidas en otro concepto: el de la comprensión de aquello que determina la calidad de vida y un concepto más
complejo e incluyente de la personalidad.[1]

Esto ha dado lugar, entre otras cosas, a un nuevo término, un término
que viene a sumarse así al de «utopía»: me refiero a la voz «agatotopía»,
con la que se designa a «una sociedad razonablemente buena», del tipo
que los economistas y los funcionarios de las Naciones Unidas llegarían a
considerar un objetivo alcanzable en un futuro próximo, abandonando así
el presente estado de cacotopía, es decir, la situación de una sociedad imperfecta.

El profesor Partha Dasgupta, de la Universidad de Cambridge, ha señalado que «los medios que pueden permitir que la gente encuentre la posibilidad de dedicarse a materializar su particular idea de lo bueno» son la
suficiente disponibilidad de productos básicos y la ausencia de coerción.[2]
La noción de bienestar es de carácter plural, «en el sentido de que no se
entiende que éste derive de una única circunstancia (como podría ser, por
ejemplo, la asociada con la felicidad), sino que se considera que encarna la
idea de que debemos asumir la necesidad de hallar soluciones intermedias
formadas por distintas dosis de un amplio abanico de bienes (digamos, la
salud, la felicidad, la capacidad de ser y hacer lo que uno quiere, etcétera)».[3] Conviene recordar ahora la cita de Robert Musil que incluíamos en
el capítulo 11, en la que este autor sostenía que por mucho que la gente se
«mofe» públicamente de las cuitas metafísicas, lo cierto es que, en privado, todos llevamos ese tipo de preocupaciones en nuestro fuero interno. El
bienestar, la expansión personal y la felicidad son ideas enteramente lai-

cas. Podría decirse que son el equivalente profano de la noción de «salvación», pues significan aproximadamente lo mismo para el individuo religioso, aunque sean muchas las personas que rechazan esta comparación. Más adelante habremos de volver sobre este asunto, pero lo que aquí conviene dejar bien sentado es que la preocupación por el bienestar y otros conceptos asociados con él es un interés que no habría de adquirir relevancia social sino en las últimas décadas del siglo XX —aunque la inquietud que genera es tan notable que hasta ha surgido una disciplina académica en toda regla para estudiar las características del mismo.

Como señala Dasgupta, la palabra «felicidad» «ni siquiera aparece en los manuales de la moderna economía del bienestar», situación que a su juicio resulta «repugnante». La felicidad no es lo mismo que el bienestar, recalca. Se trata de una realidad notablemente difícil de medir y que fluctúa con el paso del tiempo, por no mencionar el hecho de que son muchas las personas que no consideran que sea incumbencia del Estado preocuparse por la felicidad de sus ciudadanos. «Antes al contrario, esas personas opinan que el papel del Estado consiste en garantizar el disfrute de las libertades básicas, a fin de que los ciudadanos consigan proteger y promover sus propios proyectos y metas.»[4] Los hechos, considerados en su realidad fáctica, sugieren que lo que opera como causa de felicidad resulta ser sorprendentemente distinto en función de que se trate de personas muy pobres o de individuos ricos. En los países pobres, los índices de consumo, el estado general de la salud y la situación de las libertades civiles y políticas revelan ser los principales elementos determinantes de la felicidad. En las naciones ricas, por el contrario, la salud es un factor clave, al igual que el grado de preparación educativa y la vida asociativa: la gente que más se implica en actividades de carácter cívico es más feliz. El desempleo, como es obvio, contribuye significativamente a la infelicidad.

Para el filósofo canadiense Charles Taylor, la felicidad es una idea «minimalista», al menos si se la compara con la de plenitud, o aun con la de la gracia de la «totalidad» que predica la religión. No obstante, tampoco estará de más que tratemos de hallar el sentido que pueda tener dicha idea, al menos en la medida de nuestras posibilidades, tanto más cuanto que hay ya un cierto número de gobiernos (como es el caso de la coalición ejecutiva recientemente formada en el Reino Unido) que en los últimos tiempos han empezado a mostrarse interesados en cómo alcanzar a medir, conservar e incrementar nuestra felicidad, proponiéndose hacerlo además con toda exactitud, caso de que admita ser efectivamente medida en forma alguna.

La felicidad es también la preocupación fundamental de la que se ocupa otro filósofo canadiense, Mark Kingwell —hasta el punto de que sus estudios se centran en la forma de procurársela—. En su libro titulado *In Pursuit of Happiness* (publicado en 1998), Kingwell comienza reconociendo que, en general, los habitantes de los países ricos son más felices que los de los países pobres. (Como decía la célebre cantante estadounidense de origen ucraniano Sophie Tucker (1886-1966): «He sido rica y también he sido pobre, y créeme, cariño, es mejor ser rico».) Pero al mismo tiempo, argumenta Kingwell, el consumismo, uno de los más importantes logros de la cultura capitalista, se basa en la envidia, mientras que la publicidad, que es el principal medio que tiene el capitalista de «generar» consumo, funciona sobre la base de «fomentar la infelicidad». En un entorno de esas características, dice, la felicidad recibe la consideración de un «artículo», en el sentido consumista de la palabra, entendiéndose no sólo como la consecución de un estado último (de naturaleza estática) sino también como una posesión y una conquista.[5]

El interés del estudio de Kingwell (que es profesor de filosofía en la Universidad de Toronto) guarda relación con el hecho de que él mismo estuviera dispuesto a probar varios métodos concebidos para alcanzar la felicidad —como el consistente en tomar Prozac, por ejemplo, y en inscribirse en el Instituto y Hermandad Option, una organización (happiness@option.org) que se centra exclusivamente en la comprensión de «la esquiva naturaleza de la felicidad»—. Kingwell se dedicaría también a examinar el contenido de toda una panoplia de cursillos, a cada cual más ambicioso, ya que si unos captaban a la gente con la doble y simultánea promesa de hacerles perder peso y de procurarles una mayor felicidad, otros aseguraban garantizarles la consecución de la dicha en ocho minutos mediante el simple método de modificar su forma de respirar o de aleccionar a las personas e inducirlas a verse a sí mismas «con los ojos de Dios». Kingwell refería en su obra que, durante un tiempo, la BBC se había dedicado a encargar la producción de programas destinados a explicar a la gente «las formas de ser feliz», asignando su presentación a un personaje que se denominaba a sí mismo «profesor de diversión». (El crítico de televisión del rotativo *The Scotsman* describiría la emisión en los siguientes términos: «El fascinante documental de esta noche sigue las peripecias de tres pobres diablos que se apuntan a un cursillo de ocho semanas para aprender a ser felices, permitiéndonos averiguar si terminan sintiéndose estafados y deprimidos o no».)

Kingwell analiza asimismo la idea de que las personas felices son aquellas cuyo cerebro cuenta con un nivel «normal» de serotonina, dándose la circunstancia de que existe la posibilidad de manipular la concentración de dicha sustancia en el cuerpo. A continuación pasa a examinar los planteamientos de Abraham Maslow (véase el capítulo 21), llegando a la conclusión de que obedecen más de lo que parece a motivaciones autocomplacientes y elitistas. De hecho, Kingwell señala que, irónicamente, el propio Maslow acabaría amargándose y desilusionándose con la edad, mostrándose también «cada vez más desdeñoso con todos aquellos que se dedicaban a vender sus baratijas psicoterapéuticas afirmando que la autorrealización era un estado que todo el mundo podía conquistar».[6]

EL ARTE DE ENCAJAR LA MENGUA DE LAS EXPECTATIVAS

Kingwell había iniciado su ensayo repasando las tesis de unos cuantos autores, como John Ralston Saul, que sugería que dejásemos de emplear la palabra «felicidad», abandonándola por completo, dado que había perdido la solidez filosófica que un día tuviera, hasta el punto de no apuntar ya a otra cosa que no fuese el mero confort material, la simple «procura del placer personal o una oscura noción de regocijo interior».[7] Kingwell pensaba, en cambio, que lo que debemos hacer es darnos cuenta de que la actual búsqueda de la felicidad se halla integrada en «una narrativa asociada con la creciente voluntad del ser humano de autointerpretar su función en el mundo moderno, de comprender su papel en el proceso de creación de una autoconciencia decidida a rebasar los límites de las cosmovisiones anteriores, dominadas por la ignorancia, por la autoridad de la Iglesia o por otro tipo de fuerzas tradicionales». La felicidad remite a algo superior y más complejo que al simple bienestar material: «Igual o mayor significación que la felicidad tiene en este sentido el movimiento general que en los dos últimos siglos ha venido determinando que la cultura occidental tienda a la consecución de un grado de individuación cada vez más alto».[8]

En una de sus conclusiones, Kingwell sostiene que la realidad material ha dejado de desempeñar su antiguo papel «de fuente y origen de toda plenitud» (al menos en los países ricos), al haberse visto sustituida por el anhelo de bienestar psicológico.[9] Nuestro autor cita asimismo a Bill Bryson, un escritor estadounidense que, tras vivir durante algún tiempo en Gran Bretaña, quedó convencido de que los ingleses eran la sociedad más feliz de la Tierra, «dado que han conseguido dominar el arte de encajar con jovial alegría la disminución de las expectativas positivas, cosa que viene a reflejarse en muletillas como "Bueno, al menos eso cambia las cosas", "No nos podemos quejar" o "Podría ser peor"».

Kingwell señala que nuestra cultura ha asistido a un «proceso implícito por el que se han acabado confiriendo tintes psicológicos a la felicidad», añadiendo al mismo tiempo que también hemos aceptado trocar «parte de nuestra felicidad por una porción de seguridad» —como ya sugiriera Freud en su día— y que la retórica de la conquista o el logro, tan característica de la cultura estadounidense, ha reforzado los «maquinales imperativos» del placer y la idea de que la felicidad es «en esencia un problema a resolver, una especie de carpeta de informes psicológicos que es preciso administrar». Además, nos hallamos atrapados en el interminable ciclo de «la compraventa de nuestra propia persona»: ¿existe algún sitio en el que podamos refugiarnos del mercado —pregunta Kingwell—, cabe adoptar alguna identidad «que no haya sido previamente encorsetada por las fuerzas que lo rigen»? Los estadounidenses en particular han permitido que sus expectativas de ocio y de comodidad se hayan disparado hasta tal punto que prácticamente todo aquello que no alcance a superar el listón del puro lujo «empieza a parecerles inadecuado». Ésta es la razón de que la gente tenga hoy la sensación de ser menos feliz y de hallarse en una situación más desfavorecida que en la década de 1950 (el autor escribe a finales de los años noventa), época en que los ingresos reales eran muy inferiores.[10]

Kingwell continúa y pasa a señalar el aumento de los cafés y los terapeutas filosóficos —cuyo auge habría de iniciarse en París y en Ámsterdam a principios de la década de 1990, seguido de un similar incremento, tanto de su número como de su popularidad, en Alemania y otros países, hasta el punto de que hoy son miles las personas que aprovechan las ventajas que les ofrecen este tipo de innovaciones—. A su juicio, esto sugiere «que existe en la sociedad un hambre» de reflexión filosófica. No obstante, Kingwell indica asimismo que esta tendencia no ha logrado saltar el charco y extenderse por la geografía norteamericana.[11] Los habitantes de esta región, afirma, obtienen en parte los mejores argumentos filosóficos asociados con la vida buena en los manuales de autoayuda, obras que consiguen presentar las ideas de un modo que no parezca filosófico, sino salido del más llano sentido común.

Nuestro autor explora igualmente la vieja idea de que la felicidad es un estado que existe únicamente en la memoria y que se manifiesta cuando, al echar la vista atrás, comprendemos que, de un modo fugaz, o «durante un tiempo» (como le hace decir Eugene O'Neill a Mary Tyrone en *Largo via-*

je hacia la noche), alcanzamos las mayores cotas de felicidad al perder nuestra percepción del yo, al entregarnos a ese «olvido de uno mismo» que, según ha mantenido más de un filósofo, forma parte de la experiencia de la dicha. De manera similar, Kingwell recoge en tono aprobador el planteamiento por el que Bertrand Russell sostiene que en nuestros días se ha vuelto ya totalmente común suponer que «las personas sabias y prudentes han recorrido la totalidad de los entusiasmos que inflamaron los corazones de épocas anteriores y comprendido que hoy no existe nada nuevo por lo que regir la vida. Los hombres que se aferran a este parecer son verdaderamente infelices, pero exhiben con orgullo su infelicidad, puesto que no sólo la atribuyen a la naturaleza del universo sino que juzgan que es la única actitud racional que puede mantener un hombre ilustrado». Kingwell piensa que esta postura resulta a un tiempo simplona y paradójica, en el sentido de que los individuos que la profesan terminan hallando la felicidad en esa infelicidad, lo que le lleva a citar las palabras acuñadas por el filósofo escocés Alasdair MacIntyre en *Tras la virtud*: «La vida buena es aquella que se dedica a la búsqueda de la vida buena».[12]

LA ANSIEDAD DE LA PUESTA AL DÍA

Otros de los aspectos del capitalismo moderno que contribuyen a la *in*felicidad es el enorme volumen de información con que nos inundan la existencia, circunstancia que hace que muchas personas tengan la sensación de estar quedándose rezagadas —generándose así un síndrome al que Kingwell da el nombre de «ansiedad de la puesta al día» y cuyos síntomas se concretan en la íntima convicción de que es preciso «recuperar el retraso», una disposición de ánimo que mina nuestras energías—. Nos hallamos sencillamente saturados de contenidos culturales, con el agravante de que apenas tenemos oportunidad de hallarle sentido al contexto en el que se vierten todas esas informaciones. Y como es obvio, todo esto obstaculiza, y torpedea, nuestro deseo de plenitud.

También es preciso considerar el efecto de los elementos paradójicos que gravitan sobre nuestra propia existencia. Pongo como ejemplo, en este sentido, lo que señalaba el psiquiatra Anthony Storr al decir: «es creencia general que las relaciones interpersonales de carácter íntimo constituyen la principal, cuando no la única, fuente de felicidad para los seres humanos ... Y sin embargo, es muy frecuente constatar que la vida de las personas creativas parece orientarse en una dirección opuesta».

Esta observación refleja lo que Rilke dijera en su día acerca de Rodin y de Picasso (véase el capítulo 11). Kingwell sostiene que hay un número abrumador de pruebas que confirman esta aseveración y se remite a Thomas De Quincey para respaldar su posición: «No hay hombre que consiga desarrollar las facultades de su intelecto si no incluye en su vida, como mínimo, el factor de la soledad». Señala que Descartes, Newton, Locke, Pascal, Spinoza, Kant, Leibniz, Schopenhauer, Nietzsche, Kierkegaard y Wittgenstein fueron grandes figuras culturales que nunca llegaron a casarse (aunque, como sabemos, Nietzsche propusiera matrimonio a Lou Andreas-Salomé, que le rechazó).[13] Esto constituirá una prueba de que los adultos sin hijos son más felices que los que sí los tienen, pues gozan además de mayores probabilidades de fraguar un destino marcado por la grandeza.

Kingwell incluye a continuación toda una serie de definiciones y comentarios relacionados con la felicidad: «La felicidad no consiste en sentirse bien constantemente. Al contrario, tiene más que ver con la capacidad de reflexionar acerca de lo conseguido a lo largo de la vida y descubrir que ha valido la pena ... La felicidad no es un simple sentimiento o una emoción, es el establecimiento de un vínculo con el mundo, la comprensión del lugar que uno ocupa en él». Kingwell concluye haciendo suyo una vez más el parecer de Bertrand Russell: «La obtención de todo cuanto uno quiere no es fuente de felicidad sino de desdicha, puesto que al cesar la lucha, cesa también la vida». «Carecer de algunas de las cosas que se desean es uno de los ingredientes indispensables de la felicidad.»[14]

No es difícil comprender por qué Russell tenía todavía cerca de sesenta títulos activos en las librerías al fallecer, cumplidos ya los noventa y siete años, en 1970. La felicidad puede muy bien ser una idea «minimalista» a los ojos de Charles Taylor —y Terry Eagleton está también en su perfecto derecho de juzgar que la palabra «felicidad» es «un tipo de vocablo propio de una colonia de vacaciones»—, pero por muy «minimalista» o cursi que resulte, la cuestión es que Russell comprendió que su procura y disfrute distan mucho de resultar un empeño sencillo. Esto habría de quedar aún más claro a finales del siglo XX, al aflorar la percepción de que la «comprensión de la vida a través de un prisma fundamentalmente psicológico» y la sustitución de la religión por la psicología había terminado provocando la aparición de todo un conjunto de problemas y paradojas imprevistas.

En agosto del año 2000, el arzobispo de Canterbury señalaba lo siguiente: «El Cristo Redentor está empezando a convertirse en un Cristo Terapeuta». Puede decirse, hasta cierto punto, que aquello era simplemente la pura verdad, pero no deja de resultar una afirmación notable viniendo de donde venía. Sin embargo —y esto es quizá algo que se corresponde adecuadamente con la figura de una persona que ostenta un cargo eclesiástico tan tradicional como ése—, la cuestión es que la información del arzobispo estaba ya un poquito anticuada en el momento en que realizó la observación. En realidad, en el arranque del siglo XXI, la contracultura, es decir, la amalgama formada por la cultura basada en la idea de que «se puede vivir mejor gracias a la química» —una cultura también conocida con el nombre de cultura de la terapia—, se hallaba ya sometida al constante fuego graneado de sus detractores.

Nadie iba a mostrarse más cáustico en esta arremetida que Christopher Lasch. Lasch (1932-1994) provenía de un entorno familiar notablemente marcado por la política, ya que era hijo de un periodista de Saint Louis, Misuri, que había sido galardonado con el Premio Pulitzer. Educado en Harvard y Columbia, Lasch pasaría más tarde a ejercer la docencia en la Universidad de Rochester. Siempre se había mostrado escéptico en relación con el liberalismo, de modo que en la década de 1970 terminaría por elaborar una particular forma de crítica cultural constituida mediante la amalgama de un variado abanico de ideas conservadoras, conceptos marxistas y teorías contraculturales de influencia freudiana. En una serie de obras tituladas *Refugio en un mundo despiadado. Reflexión sobre la familia contemporánea* (publicado en 1977), *The Minimal Self* (de 1984), y la más célebre de todas: *La cultura del narcisismo* (1979), Lasch se lanzaría a degüello contra las fuerzas a las que atribuía la decadencia de la calidad de vida en Estados Unidos y también, por implicación, en todo el Occidente, en particular en las esferas de la experiencia moral y espiritual. Esas fuerzas eran el consumismo, la proletarización y la sensibilidad terapéutica. Y habría de ser justamente el ataque que Lasch diera en desencadenar contra este último bastión lo que acabaría convirtiéndole en un autor famoso.[15]

De acuerdo con su forma de plantear las cosas, el mundo de la contracultura era efectivamente la encarnación de un cambio en la sensibilidad de la gente, ya que hacía que el interés de los ciudadanos pasara de centrarse en los valores de una forma de vida agonizante —la vinculada con la cultura del individualismo competitivo y la «conquista de la felicidad»— a empantanarse en «el callejón sin salida del narcisismo obsesivamente preocupado por el yo». «La pasión que actualmente prevalece es la de vivir para el instante —no la de vivir para uno mismo ni por la memoria de quienes nos precedieron o el porvenir de nuestra posteridad—.» Nuestros ojos, decía, se hallan fijos en las «hazañas privadas que realizamos», de modo que nos dedicamos al cultivo de una «atención transcendental exclusivamente dirigida a nuestro propio ser». El clima que reina en nuestros días, agregaba, «es de carácter terapéutico, no religioso. Las gentes de hoy no buscan ansiosamente la salvación personal ..., sólo tienen hambre de sensaciones, de ilusiones momentáneas, de bienestar individual, de salud y de seguridad psíquica. De hecho, el radicalismo de los años sesenta no fue tanto un sucedáneo de la religión como una forma de terapia, ni siquiera para muchos de quienes lo abrazaron movidos más por razones personales que políticas. El activismo radical proporcionaba contenido a una existencia por lo demás vacía, procurando a quien se aferrara a él una sensación de significado y de finalidad». Todo esto definía un tipo de salvación de carácter laico, es decir, una salvación que consistía más en el establecimiento de una identidad que en la inmersión personal en una causa de mayores alcances.[16]

Este vacío interior, proseguía Lasch, determinaba que el psicologizado hombre del siglo XX no persiguiera el engrandecimiento personal ni la transcendencia religiosa, sino la paz de espíritu, aunque lo cierto es que las condiciones existenciales de su entorno se han ido oponiendo con creciente encono a ese objetivo. «Los principales aliados que encuentra en su pugna por la obtención de la serenidad», señala nuestro autor, «son los terapeutas, no los sacerdotes ni los catequistas populares que pregonan fórmulas de autoayuda ni los modelos de éxito social que exhiben los popes de la industria. [El hombre actual] pone sus miras en ellos con la esperanza de alcanzar lo que en la época moderna ha pasado a convertirse en el equivalente de la salvación: "la higiene mental"». Esto era lo que hacía, a su juicio, que la terapia constituyese en realidad una anti-religión, dado que en el terreno psicoterapéutico el «amor» entendido como sacrificio personal, o como «entrega» de la propia lealtad a una causa superior, se considera un estado de cosas intolerablemente opresivo. Lo que se entiende por higiene mental —o lo que se ha terminado entendiendo por tal— es la aniquilación de las inhibiciones y la inmediata gratificación de todos los impulsos del individuo.[17]

Lasch nos recuerda así que Freud había dejado dicho que lo más que podían esperar conseguir los psicoanalistas era sustituir la «infelicidad cotidiana» por una debilitante neurosis capaz de hacer que los sacrificios que exige la vida civilizada resulten más fáciles de sobrellevar. «Sin embargo, el psicoanálisis no ofrece cura alguna para la injusticia o la desdicha, del mismo modo que tampoco puede satisfacer la creciente demanda de significación, fe y seguridad emocional que se observa en un mundo desprovisto de religión.» No obstante, continúa, lo que los estadounidenses esperan encontrar en la terapia es justamente algo en lo que *creer*, además de una mayor energía personal. Según Lasch, estas ideas habían iniciado su andadura en Europa, en particular tras la publicación de las obras de Adler y Jung. La noción de «complejo de inferioridad», elaborada por Adler al reinterpretar la idea de la «voluntad de poder» en un contexto de carácter terapéutico, había resultado todavía más atractiva para los estadounidenses que las tesis de Freud. Jung se consagraría en cambio al estudio de una enfermedad no menos omnipresente en la sociedad moderna que la de la percepción de ser una persona incompetente: la vinculada con el empobrecimiento de la imaginación espiritual. El psiquiatra suizo se proponía lograr que la gente recuperase al menos una sensación de fe ilusoria, aunque no real, consiguiendo que el paciente construyese una religión privada a partir de los restos descompuestos de los anteriores credos religiosos, todos ellos igualmente válidos a los ojos de Jung y, por consiguiente, «igualmente útiles también para atender la crisis del descreimiento moderno».

De este modo, ambos sistemas —el de Adler y el de Jung— sustituirán la introspección por un conjunto de doctrinas éticas, circunstancia que acabaría transformando la terapia en un «nuevo sistema ético-religioso», según había previsto Freud. Una de las consecuencias de este estado de cosas, decía Lasch, era el narcisismo, un narcisismo en el que la ética del placer sustituía a la ética del logro.

Los narcisistas dividen a la sociedad en dos grupos: el de los ricos, poderosos y célebres por un lado, y el del común de los mortales por otro —siendo además la «mediocridad» uno de los mayores temores de la personalidad narcisista—. Además, el narcisista se distancia también de la vida cotidiana por medio de la ironía, viviendo permanentemente en el exterior de su propia persona, dedicado a la contemplación de sí mismo, de modo que, en tal sentido, jamás alcanza a disfrutar de una verdadera experiencia. Si se ven afectados por el narcisismo, ambos sexos cultivan una superficialidad de carácter que les sirve de escudo protector, pero, al mismo tiempo, exigen que las relaciones personales se hallen dotadas de la rica complejidad y la vibrante intensidad de una experiencia religiosa.[18] La cuestión es que, «en una cultura agonizante, y disfrazado de ansias de "crecimiento personal" y de "conciencia individual", el narcisismo parece constituir la encarnación de la más alta consecución de la iluminación espiritual». Sin embargo, los narcisistas no se implican en la creación de una sociedad mejor, carecen de toda visión de una sociedad nueva y más decente. «El viejo orden se tomaba las cosas más en serio que el habitado ahora por los narcisistas, que simplemente dan por sentados tanto el funcionamiento como las limitaciones de la sociedad.»[19]

El hombre moderno (esto es, el posterior a la década de 1970), sostiene Lasch, ha quedado atrapado en su autoconciencia: «suspira por la perdida inocencia de los sentimientos espontáneos. Incapaz de expresar ninguna emoción sin calcular los efectos que ésta habrá de tener en sus semejantes, el individuo actual duda de la autenticidad de la que le transmiten sus semejantes, de modo que apenas obtiene consuelo alguno de las reacciones que los demás muestran ante sus propias manifestaciones». Y lo cierto es que esta situación habrá de tener consecuencias verdaderamente hondas, como veremos.[20]

La película de Louis Malle titulada *Mi cena con André* (estrenada en 1981) arroja una luz distinta sobre las transformaciones vividas en las décadas de 1960 y 1970. Dos viejos amigos que no se han visto desde hace muchos años se dan cita en un restaurante neoyorquino y durante la cena comienzan a defender las decisiones existenciales que han tomado a lo largo de la vida. André ha viajado por todo el mundo, enfrascado en la incansable búsqueda de la «iluminación espiritual», mientras que Wally ha permanecido anclado en Nueva York, «esforzándose denodadamente» en trabajar como guionista y actor y compartiendo con su novia de toda la vida una existencia que ha resultado ser, según él mismo admite, bastante monótona. Lo que Wally considera las comodidades y ventajas de la vida cotidiana no es más que un puñado de estúpidas características propias de la cultura materialista a los ojos de André (cuyo nombre tiene una exótica sonoridad extranjera para el público estadounidense). La forma en que Wally ha abordado la existencia ha consistido en contentarse con «pequeños placeres» y en no proponerse más que un conjunto de «modestos objetivos realizables». André ha procurado alcanzar la transcendencia espiritual, buscando la consecución de «más elevados estados de conciencia». Se ha zambullido en las religiones orientales, se ha entregado a la realización de ejercicios espirituales destinados a modificar las percepciones de su mente, ha vivido períodos de retiro en comunidad... Al regresar a Nueva York tras una larga ausencia, todo cuanto encuentra se le antoja poco menos que una especie de campo de concentración, un erial poblado por «robots e individuos lobotomizados». Según le confiesa a Wally, tanto él como su esposa se sienten como los judíos en la Alemania de finales de la década de 1930, y todo lo que quieren es huir de ese anodino horror.

Malle no se apresura a tomar partido por ninguno de los dos contertulios. Una y otra estrategia existenciales son simples formas de supervivencia, dos respuestas distintas, aunque quizá equivalentes a la realidad de un mundo incierto dominado por la transitoriedad de las cosas. Como mucho, lo más que llega a dejar traslucir Malle es que Wally parece ser «un modelo de sentido común y de decencia democrática». En su lealtad al entorno familiar, este último muestra algo de lo que Hannah Arendt llamaba «un amor por el mundo —el mundo de las asociaciones y las obras humanas, un amor que confiere solidez y continuidad a nuestras vidas—». Al mismo tiempo, ha de admitirse que Wally ha rebajado sus expectativas, que se toma el día a día como viene, y que se ve por tanto obligado a pagar el precio de la radical restricción de perspectiva que él mismo ha decidido abrazar, una perspectiva que excluye una participación inteligente en la actividad política y el desempeño de un papel más amplio en la vida —renunciando a llevar una existencia de miras más amplias, en realidad—, circunstancias ambas que muchos considerarían gratificante. «Esto le permite conservar una dimensión humana —lo que no es un pequeño logro en los tiempos que corren—, pero le impide ejercer la más mínima influencia en el curso de los acontecimientos públicos.»[21]

Al final, ni André ni Wally confían en que exista siquiera la posibilidad de materializar una acción política de carácter cooperativo, una acción que es, tanto a juicio de Hannah Arendt como de Christopher Lasch —y quizá también de Louis Malle—, el verdadero propósito de la vida, la única salida que verdaderamente amplía nuestros horizontes.

¿UN PALIATIVO LEGÍTIMO?

En el mismo momento en que tanto Lasch como otros autores lanzaban su arremetida contra la cultura de la terapia, la cultura de las drogas se veía igualmente sometida a los ataques de personas de toda clase y condición. G. T. Roche comienza su estudio sobre los efectos que las experiencias alucinógenas ejercen en el conocimiento con la siguiente cita: «Como sugiere Bertrand Russell: si una sustancia narcótica cualquiera induce el surgimiento de un conjunto de experiencias similares a los éxtasis religiosos, debemos darnos cuenta de que esto zanja la cuestión de los éxtasis religiosos, ya que "no podemos establecer distinción alguna entre el hombre que decide comer poco y acaba por contemplar el cielo y aquel otro que opta por beber mucho y termina viendo serpientes". Ambos se encuentran en una condición física anormal, razón por la que tienen percepciones anormales». Dada la relación que existe, según se refiere en un gran número de informes y testimonios, entre los estados anormales y el éxtasis religioso, no resulta nada fácil minimizar el peso de esta objeción. En un sentido opuesto y altamente polémico, Theodore Schick sostiene que la necesidad de vivir estados de conciencia alterada «es tan fundamental como la necesidad de comer y dormir».

Aun admitiendo la posibilidad de que «unos cuantos filósofos» hayan encontrado en las drogas un acicate para su imaginación (William James pensaba, por ejemplo, que la inhalación de óxido nitroso* le había permitido apreciar de un modo nuevo los escritos de Hegel), y a pesar también de que otros filósofos y científicos hayan recurrido a la meditación como fórmula con la que potenciar su capacidad de reflexión (se dice que William Harvey acostumbraba a meditar en una mina de carbón), Roche sigue considerando con notable escepticismo algunas afirmaciones —como la de Timothy Leary, que decía hallarse en condiciones de sentir directamente la operación del ADN cuando se hallaba bajo los efectos del LSD, o aun la de Rick Strassman, un psiquiatra de Los Ángeles especializado en psicofarmacología, persuadido de que otra sustancia alucinógena, la dimetiltriptamina (conocida como DMT por los especialistas**), «le permite a uno percibir la materia oscura»—. Roche señala igualmente que la experiencia de la «identidad con el cosmos» o la percepción de una «auténtica desaparición del ego» son proposiciones problemáticas, ya que sigue existiendo un ego, un sujeto que vive la experiencia y que observa lo que está sucediendo. Además, Roche da en cuestionar también las reivindicaciones de quienes sostienen haber vivido «una iluminación moral o existencial», debido en parte a que otros autores (como Huxley y Leary) mantienen que las drogas parecen dejar de hecho *en suspenso* el juicio moral. Esto socava «toda argumentación que pretenda establecer la existencia de una relación directa» entre el consumo de drogas y el acceso a una sabiduría moral particularmente inspirada por ellas.[22]

Todo ello nos deja en último término ante una situación paradójica: las estrafalarias afirmaciones que suelen asociarse con la ingesta de drogas

---

* O gas hilarante. (*N. de los t.*)

** Se trata de uno de los principales principios activos de la decocción enteógena que los quechuas denominan ayahuasca. (*N. de los t.*)

—las ideas de que genera un grado de «super-conciencia multidimensional», de que permite acceder a nuevas categorías de conocimiento o de que faculta a la persona para orientarse mejor en la realidad— se encuentran ante el desafío que suponen, dice Roche, las pruebas de la «muy investigada capacidad de las sustancias psicotrópicas para *alterar* la cognición, la percepción y la concentración». Esto le lleva a concluir que «se ha exagerado claramente la capacidad de las drogas como elementos capaces de inducir una revelación», con lo que la verdadera pregunta se reduce a lo siguiente: «¿Cómo puede un individuo considerar aceptable un conocimiento obtenido mediante la degradación de la propia capacidad de pensar racionalmente? ... Tanto Watts como Leary o Huxley nos han dejado escrito que las intuiciones logradas por medio de la experiencia psicodélica constituían más una forma de *aprehender directamente* un cierto tipo de verdad profunda que una intuición *intelectual*. En ausencia de un argumento que permita mostrar de qué manera podría esa experiencia directa e inducida por las drogas refrendar tal certeza, lo que en esencia están haciendo Watts, Leary y Huxley es apelar a su sola autoridad».*

Queda todavía por elucidar la cuestión de la «espiritualidad psicodélica». Sin embargo, es difícil hacer encajar la experiencia psicodélica con el planteamiento religioso que sostiene que Dios es incognoscible y no puede ser por tanto percibido ni sentido. El Dios de la Torah nunca se aparece directamente ante los seres humanos, así que, ¿qué hemos de pensar de las manifestaciones de los esquizofrénicos, los epilépticos y las personas que han tomado drogas cuando afirman haber tenido un encuentro directo con Dios o visto cara a cara a los ángeles? Sin olvidar el sencillo argumento de que, por definición, no hay en este mundo un solo medio que permita convocar a un ser omnisciente u omnipotente contra su voluntad.[23]

Es más, no puede decirse en modo alguno que los seres humanos desconozcan la existencia de experiencias psicodélicas desagradables, dándose también la circunstancia de que hay casos en que las drogas han fomentado una *reducción* de la fe de la persona. Por otra parte, los líderes de algunas sectas culturales han empleado las drogas como forma de controlar a los miembros de la misma (y tal es el caso, por ejemplo, de Shoko Asahara, responsable del atentado con gas sarín perpetrado en 1995 en el metro de Tokio).

Es posible que la verdad o falsedad de este particular batiburrillo de opiniones necesite algún tiempo para verse, pues, como suele decirse, el

* Las cursivas son mías. (*N. del a.*)

movimiento se demuestra andando. El consumo de LSD descendió drásticamente a finales de los años setenta. Su uso volvió a repuntar en la década de 1990 y en los primeros años del siglo XXI, pero su difusión no habría de acercarse, ni de lejos, a la que tuvo en la década de 1960 y principios de la de 1970. Por otra parte, el consumo de cannabis, que tiene tras de sí una historia de varios miles de años, sigue siendo muy notable (según la Organización Mundial de la Salud, en el año 2010 había más de 147 millones de personas en el mundo que consumían cannabis de forma habitual). Sus efectos son mucho más suaves que los del LSD, y pese a poder inducir la contemplación de algunas «visiones», no hay demasiadas reivindicaciones que den en sostener que éstas posean un carácter metafísico, aunque es verdad que la potencia de su acción varía en función de sus diversos orígenes. Lo que sí ofrece en cambio, como dice Mark Thorsby, es un alivio temporal de las presiones derivadas de la vida mundana, «una huida momentánea del desierto de la alienación». En este sentido, y dado el doble hecho de que, por un lado, el cannabis no sólo incrementa la capacidad que tenemos de enriquecer nuestra existencia sino que nos vuelve más creativos, como afirman algunos artistas y músicos, y de que, por otro, *éstos* nos hacen *sentir* que nuestras vidas son más plenas, podemos preguntarnos qué tiene de malo su utilización. Como señala el profesor Brian Clack, basándose en algunas de las afirmaciones que hace Freud sobre los paliativos: «la existencia podría requerir este tipo de potenciadores».[24]

CONSUELOS CON RECETA

Las críticas relacionadas con la faceta psicotrópica de la contracultura son bastante razonables y encajan claramente con el hecho de que el uso de las drogas como fórmula para acceder a lo que pudiéramos llamar un ámbito espiritual alternativo haya descendido bastante, pese a que de ningún modo pueda considerarse desaparecido. Todavía hay personas que defienden el empleo de la mariguana como «facilitador espiritual» y como paliativo, pero como acabamos de señalar, el empleo del LSD ha decrecido de forma más que notable.*

---

* En las elecciones generales celebradas en el año 2012 en Estados Unidos, dos estados votaron a favor de la legalización del cannabis, pero es todavía muy pronto para saber cuáles pueden ser las consecuencias de una medida de este tipo. (*N. del a.*)

No puede decirse lo mismo de la terapia. En la amplia crítica que ha dedicado a lo que él denomina la «cultura de la terapia», Frank Furedi, profesor de sociología de la Universidad de Kent, en el Reino Unido, ha expuesto el argumento de que, a principios del siglo XXI, la herencia dejada por la revolución terapéutica ha acabado por hacer que «la sociedad haya quedado absorta en un proceso: el de establecer una definición radicalmente nueva de lo que constituye la condición humana».[25] Furedi ha descubierto que la terapia, la felicidad y la plenitud son nociones cuya interrelación puede terminar presentando un cariz perjudicial.

El elemento central de esta nueva condición, dice, estriba en el hecho de que muchas de las experiencias que hasta la fecha se habían interpretado como circunstancias normales de la vida cotidiana hayan sido redefinidas como hechos perniciosos para la existencia emocional de los individuos. Para apoyar sus afirmaciones, Furedi cita a continuación una masa ingente de cifras, de entre las cuales cabe destacar unos cuantos hechos: que los niños sean en la actualidad notablemente más desdichados que en cualquier otra época anterior; que los niños de muy corta edad, de sólo cuatro años, se hayan convertido «en sujetos legítimamente precisados de una intervención terapéutica»; que se haya constatado un «inmenso incremento» de las depresiones «debidas a las dificultades que encuentran las personas para lidiar con la frustración y el fracaso».[26]

La cantidad de terapeutas dedicados al tratamiento de las enfermedades mentales ha crecido de forma exponencial, tanto en el Reino Unido como en Estados Unidos. En la crítica de Furedi, el 53 % de los estudiantes británicos mostraba «unos niveles de ansiedad de naturaleza patológica», habiéndose catalogado —o creado— una auténtica legión de «enfermedades» nuevas, situación que es imputable al hecho de que esté surgiendo un gran número de profesiones de nuevo cuño que no dudan en «inventar las necesidades que dicen satisfacer».[27] Furedi examina asimismo un gran número de aspectos de esta «medicalización», «psicologización» o «patologización» de la vida, argumentando que se ha producido un fenómeno de «promiscuidad» en el terreno de la diagnosis terapéutica consistente en iniciar tratamientos psicoterapéuticos por situaciones de desempleo, en aplicárselos a personas «adictas al ejercicio o al sexo», a parejas recientemente divorciadas, a mujeres que simplemente acababan de dar a luz o que se sienten deprimidas por el hecho de tener que ocuparse de las labores de la casa, a atletas retirados de la competición y que se ven obligados a hacer frente «al desarrollo de una depresión post-deportiva»... Furedi señala que se publican libros de autoayuda para ayudar a los jóvenes a superar los problemas de los veinte años, que las intrigas propias de los oficinistas han pasado a definirse ahora con la expresión de «acoso laboral», que la precaución se ha convertido en «inhibición» y que la timidez se confunde con la «negatividad». Según refiere, en un estudio llevado a cabo en 1985, y repetido posteriormente en el mismo lugar, en el año 1996, se descubrió que en ese período el número de jóvenes de 16 a 19 años que se consideraban discapacitados por alguna razón había experimentado un incremento del 155 %.

El extremo que se propone establecer Furedi es que desde el nacimiento hasta el matrimonio y la paternidad, pasando por los años formativos o las épocas de luto, «las vivencias de la gente se interpretan en nuestros días a través de la óptica de una escala de valores de carácter terapéutico». De hecho, otro de los factores existenciales que han pasado a supeditarse a la terapia psicológica es el de la religión.[28] «Esta subordinación de la doctrina religiosa al análisis de las cuitas vinculadas con las búsquedas existenciales de las personas constituye en realidad el reflejo de un más amplio cambio que tiende a resaltar todas las preocupaciones que giran en torno al yo. En un estudio del comportamiento de las "iglesias que se esfuerzan en captar a los individuos que buscan el amparo de una confesión religiosa" realizado en Estados Unidos se ha argumentado que la capacidad que puedan tener esas instituciones para captar a nuevos adeptos se basa en la destreza con la que consigan aprovechar los matices del prisma terapéutico a través del cual contemplan la realidad sus conciudadanos».[29]

Al igual que Christopher Lasch, también Furedi cree que se ha producido un movimiento social que ha apartado a las personas de las afirmaciones de sentido comunitario más tradicionales, impulsándolas al mismo tiempo a hallar «el significado en la realización de sus yoes individuales». Y en esto consiste justamente el principal problema. De hecho, si ha terminado convirtiéndose en tal problema es debido a que contempla exageradamente el grado de vulnerabilidad de la gente. Algunas de las tesis de la cultura terapéutica vinculan el auge de la misma con la búsqueda de una autorrealización «egoísta o cuando menos centrada en el propio yo», pero Furedi explica que, de hecho, lo que promueve la cultura de la terapia es la auto-*limitación*. Se trata de una actitud que «postula que la forma del yo es característicamente frágil y débil, insistiendo en que la gestión de la propia vida exige la constante intervención de las competencias terapéuticas de un experto».[30] Furedi señala que en la cultura de la terapia son muchas las emociones que se pintan con tonos negativos, «debido precisamente al hecho de que desorientan al individuo y le apartan de la búsqueda de la autorrealización».

Incluso el amor mismo, pese a que habitualmente se lo considere la suprema fuente de la autorrealización, acaba viéndose como una experiencia potencialmente dañina, «dado que, al entregarse a él, se corre el peligro de subordinar el yo a otra persona». En libros como los de Anne Wilson Schaef (*Recobra tu intimidad*) o Robin Norwood (*Women Who Love Too Much*), «se critica habitualmente la entrega de un intenso amor a otra persona debido a que lleva a los individuos a no centrarse en la satisfacción de sus propias necesidades y a apartarse de la procura de su interés propio». «También se ha sugerido», en un tono similar, «que la gente que tiene una fe muy intensa podría padecer una adicción religiosa». En su obra titulada *When God Becomes a Drug*, el padre Leo Booth advierte de los peligros asociados con «la adicción a la certeza, la seguridad o el sentido de seguridad que promueve la fe».[31]

El éxito de las novelas rosas y de los programas de telerrealidad en los que se airean las confesiones íntimas de los protagonistas, pasión a la que Joyce Carol Oates ha dado el nombre de «patografía», ha logrado erosionar la esfera de la vida privada, hasta el punto de que hoy ya no se siente el más mínimo sentimiento de vergüenza o pudor ante la idea de dar publicidad a los acontecimientos negativos, «presentándose incluso los casos de pura supervivencia como si se tratara de otros tantos triunfos», puesto que hemos dado en sacralizar el ensimismamiento egocéntrico. De ahí que hayamos terminado redefiniendo el significado de la noción de «responsabilidad» y que, según explica Furedi: «Esta redefinición por la que la idea de la responsabilidad pasa a entenderse como responsabilidad para con uno mismo contribuye a conferir una especie de significado moral al mero emocionalismo».[32]

Lo que ha sucedido, continúa Furedi, que sigue en esto los planteamientos de Ernest Gellner, es que en la peligrosa sociedad moderna en que vivimos, la lucha espiritual de otras épocas se ha visto sustituida por una pugna personal centrada en la solicitud de «atención y aceptación». Además, el declive de la tradición contribuye a que crezca la demanda de nuevas formas de hallar sentido al mundo. El debilitamiento de los valores compartidos termina por fragmentar esta búsqueda de significado, privatizándola y dándole un carácter individual. «La terapia psicológica promete proporcionar respuestas a la indagación que lleva al individuo a buscarle un sentido a la existencia.» Sin embargo, esto mismo acaba por provocar el surgimiento, señala, de un escala de valores terapéutica en la que no hay ningún valor que se sitúe por encima del yo. La terapia intenta soslayar el problema consistente en hallar vías para que las personas establezcan vínculos entre sí al compartir una misma cosmovisión (como sucede en el caso de las religiones) distribuyendo consuelos individuales.[33]

Furedi argumenta asimismo que la vida diaria ha sido a tal punto invadida por la idea del ethos terapéutico que «el hecho de padecer algún trastorno ha pasado a convertirse en una característica definitoria de la identidad de un individuo» (afirmación que no se halla demasiado lejos del planteamiento que mantenía Esther Benbassa al hablar del sufrimiento como identidad —véase el capítulo 20—). La propia estima ha adquirido una importancia suprema en nuestra vida psicológica, ya que hoy es posible justificar prácticamente todas aquellas acciones o medidas políticas que reivindiquen ejercer algún efecto positivo en nuestra autoestima, de la misma manera que se ha vuelto posible reducir a una falta de autoestima casi todos los errores o negligencias de orden conductual. Furedi ridiculiza las absurdas situaciones a que puede terminar conduciendo este estado de cosas, como se aprecia por ejemplo en el caso de Jennifer Hoes, una artista holandesa que adoraba tanto su propia persona —según reconocía sin ambages— que acabó tomando la decisión de casarse consigo misma. «La autoestima ha adquirido hoy un carácter tan acomodaticio que puede aplicarse a cualquier asunto.»[34]

A juicio del psiquiatra Patrick Bracken, la continua búsqueda de una diagnosis «constituye un intento de hallarle un sentido a las cosas en medio de la confusión». Por su parte, el sociólogo Peter Berger piensa que no es difícil hallar un vínculo entre la «fijación cultural que hemos desarrollado en relación con el trauma psicológico», o dicho de otro modo, entre la atribución de una categoría patológica a un vasto conjunto de experiencias que hasta ahora habíamos considerado como realidades sencillamente carentes de todo carácter excepcional, y «el temor surgido de la ansiosa búsqueda de un significado existencial». Esto nos ha hecho entrar en la «era de los valores», dice Berger, entendidos éstos en el sentido de «verdades privadas de su carácter imperativo» y destinadas a incidir en el yo individual. Y cuando el yo se ve abrumado por una carga semejante, teniendo que vivir además en un mundo confuso y peligroso, lo que surge con fuerza es la necesidad de reconocimiento. Esto es lo que explica el auge de la política identitaria, señala Berger, la obsesión por la fama y la idea de la «paridad de la estimación», una idea según la cual todos los sectores de la sociedad han de ser valorados por igual.

No obstante, el argumento más importante de Furedi es el relacionado con la afirmación de que la cultura terapéutica *impide que la gente avance*. En este sentido explica que no ha conseguido hallar una sola prueba que demuestre que el individuo actual se conozca mejor a sí mismo que el de épocas pasadas —pese a las décadas que llevan ya aplicándose las técnicas propias de la terapia psicológica—. La terapia no ha logrado en modo alguno que se «materialicen» ejemplos de crecimiento personal —al contrario, ya que ha operado «mucho más como un instrumento de supervivencia que a la manera de una vía por la que acceder al esclarecimiento de las inquietudes propias»—. De hecho, a las personas que se someten a una terapia se les dice que «nunca alcanzarán a quedar completamente curadas». Es más, la terapia ha transformado «la experiencia de tomar distancia respecto de un problema en un objeto de veneración». Como ha señalado Kenneth Gergen, profesor de psicología de la Universidad Swarthmore de Pensilvania, la cultura terapéutica constituye una verdadera «invitación a la actitud doliente», una actitud que no sólo permite que el sufrimiento acabe convirtiéndose en una «virtud social» sino que determina que la identidad de la gente pase a depender de las instituciones y de los profesionales vinculados con la psicología.[35]

En sus conclusiones, Furedi aborda directamente el tema que estamos tratando en este libro al decir que «la sociedad contemporánea profesa sus creencias sin la menor certeza, con el agravante de que a sus miembros les resulta difícil transmitir una visión clara de lo que es un mundo justo. En particular, el solo hecho de ofrecer un sistema de significado diáfano a la gente parece suscitar grandes titubeos. Y lo que permite que la cosmovisión terapéutica goce de considerables oportunidades para expandir su influencia es justamente la confusión reinante en torno a la mera idea de proporcionar significados a la gente. Y si, por un lado, las élites culturales de nuestros días carecen de la confianza necesaria para decirle a la gente en qué debe creer, lo cierto es que no les incomoda nada, en cambio, instruirles en los sentimientos que deben albergar ni en cómo han de darles expresión».[36]

Otra de las «conquistas» importantes de la cultura terapéutica es la de haber conseguido que la gente deje de interesarse en las cuestiones sociales de carácter general y prefiera priorizar en cambio este repliegue hacia el interior del yo. «[La cultura de la terapia] no trata de ejercer su control por medio de un sistema punitivo, sino mediante el fomento de una sensación de vulnerabilidad, desamparo y dependencia. Al normalizar tanto el rol del enfermo como la búsqueda de ayuda, la cultura terapéutica eleva al

rango de virtud la dependencia de una autoridad profesional, desincenti-
vando al mismo tiempo los comportamientos dependientes en el ámbito
de las relaciones íntimas e informales —una actitud que no sólo debilita la
percepción de pertenencia que tiene el individuo ..., sino que indica (y
esto es lo más importante de todo) que se ha logrado instaurar un régimen
de auto-limitación ... Y por otra parte, el problema que plantea la pasiva
actitud del yo que viene a promoverse hoy en día mediante esa proyección
no consiste tanto en que implique una asunción de riesgos sino en que
hace peligrar al yo mismo. En una situación de esta índole, el papel del
individuo como persona capaz de experimentar y transformar el mundo
queda totalmente aniquilado ... Esta postura estática y conservadora del
yo constituye el rechazo de otros llamamientos anteriores, de carácter
más ambicioso —como los resumidos en las máximas de "transfórmate a
ti mismo", "mejora tu persona" o "transciende tu individualidad"—. Los
argumentos destinados a urgir al individuo a aceptarse a sí mismo son una
forma indirecta de impedir el cambio.»[37]

¿Implica esto una condena de la simple felicidad?

Si Furedi y otros autores están en lo cierto —y la verdad es que entre
todos han logrado reunir un enorme volumen de pruebas favorables a sus
tesis—, entonces hay que concluir que el movimiento terapéutico ha dado
un giro de 180 grados, puesto que ahora defiende lo contrario de lo que
defendía en sus principios. En lugar de ofrecer una expansión de la experiencia, en vez de ayudar a la gente a construir con su propio esfuerzo una
vida más plena, más amplia y más rica en matices —como pretendía
Theodore Roszak—, la cultura terapéutica ha pasado a convertirse, quizá
con el laudable interés de promover el surgimiento de una sociedad más
«sensible», en una especie de gesto de contención, en una actitud que, por
si fuera poco, contribuye más a demediar la vida que a mejorarla, dado
que, para empezar, tiende a considerar en muchos casos que las personas
son seres insuficientemente llenos, víctimas vulnerables cuya única oportunidad existencial pasa por recuperar algunas de sus capacidades «perdidas», como si se tratara de recipientes medio vacíos cuya máxima aspiración residiera en conseguir disminuir un tanto el tamaño de esa cámara no
colmada. Y, dado que nunca conseguirán quedar completamente «curados», se les veda así toda posibilidad de progresar, de pasar a otra cosa, de
explorar nuevas formas de ampliar sus propios horizontes.

Resulta muy fácil coincidir con Furedi y los demás autores que argumentan en su misma línea y ponerse a denunciar los aspectos negativos de
la terapia psicológica —o de aquello en lo que ha acabado convirtiéndo-

se—, lamentando que sirva hoy para restar pujanza al impulso existencial. Pero si así procediéramos, ¿podría acusársenos de algo más que de estar comportándonos de un modo realista? Quizá sea eso precisamente lo que están abordando algunos autores como Philip Roth. Es posible que sea horrendo decirlo, pero pudiera darse el caso de que la búsqueda de un consuelo en la diagnosis nos estuviera recordando una realidad desalentadora: la de que en un mundo sometido a un rápido proceso de cambio y sujeto a nuevos y numerosos riesgos eso es justamente lo que muchas personas entienden que *es* una vida más plena.

Capítulo 24

LA FE EN DETALLE

Corre el día 21 de julio de 1972 y la tarde arranca suavemente en Belfast. El poeta Seamus Heaney ha concertado una cita con su amigo, el cantante David Hammond. Ambos habían planeado encontrarse en el estudio que la BBC tiene en esa ciudad a fin de elaborar una cinta con canciones y poemas que deseaban enviar a un amigo común de Michigan. La idea que animaba la iniciativa de la grabación consistía en conmemorar una reunión anterior en la que el estadounidense había pasado por Belfast, disfrutando los tres de una noche de «esparcimiento». Sea como fuere, la cuestión es que la cinta no llegó a grabarse. Mientras se dirigían al estudio «se produjeron varias explosiones en la ciudad y las calles comenzaron a vibrar con la estridencia de las sirenas de las ambulancias y el aullido de los camiones de bomberos. Empezaron a llegar noticias de que había habido varios heridos». Heaney y Hammond tuvieron la sensación de que «ponerse a cantar en un momento en el que otras personas iniciaban su particular calvario parecía un ultraje a sus penalidades». Así las cosas, Hammond recogió la guitarra y los dos «montamos en el coche, alejándonos de aquella velada abortada».

Heaney refiere este episodio al comienzo de la colección de ensayos sobre temas poéticos que habría de publicar en 1988 con el título de *The Government of the Tongue*, y decidió hacerlo de ese modo, decía, porque el episodio constituía la escenificación de una de las tensiones subyacentes en la poesía del siglo XX —y quizá en el conjunto del arte de ese período—. En el caso de Heaney, esa tensión, de la que el poeta polaco Czesław Miłosz también habría de hacerse eco, se había iniciado con los horrores de la primera guerra mundial. «Fue a partir de esa conmoción vivida en nuestro siglo cuando las radiantes e impertérritas certezas relativas a la concordancia entre lo verdadero y lo bello empezaron a parecernos sospechosas.»[1] En su libro, Heaney se centraba en Wilfred Owen: «Owen se atenía tanto a lo que escribía que casi parecía borrar la línea divisoria que separa el arte de la vida ... Sus poemas poseían la fuerza de un testimonio humano y el embrujo de las reliquias de un mártir, de modo que toda intrusión de la voluntad estética podría parecer impropia ..., la primera guerra mundial nos brindaría además un maravilloso ejemplo: el de ser uno de los pocos instantes históricos en que los poetas cumplieron su función de figuras activas y heroicas en el curso de los acontecimientos que les había tocado vivir».

Según argumenta Heaney, tanto Owen como algunos de los demás jóvenes de parecida sensibilidad que penaban en las trincheras de Flandes habrían de contarse entre los primeros en encarnar «un tipo de poeta llamado a aparecer con frecuencia creciente en los anales de la literatura del siglo XX, una clase de poetas que se cierne sobre el siglo con la fuerza de una suerte de figura borrosa y circunspecta, a la que, por abreviar, hemos decidido dar el nombre de "poeta-testigo"».[2]

Czesław Miłosz publicaría el texto de *The Witness of Poetry* en el año 1983, es decir, en una época en la que ya no residía en Polonia sino que ejercía como profesor de poesía en Harvard. Estos libros en prosa, junto con otros salidos igualmente en forma ensayística de la mano de otros vates (como por ejemplo el de Michael Hamburger titulado *La verdad de la poesía*, de 1982; el *Less Than One* de Joseph Brodsky, publicado en 1986; o el de Kathleen Raine —*The Underlying Order*—, de 2008), sugieren que Heaney y Miłosz habían dado con algo, con una percepción que flotaba en el ambiente. Este algo podría guardar relación, como dijera Miłosz en su día, con el hecho de que «la poesía sea un testigo más fiable que la crónica periodística».[3] Pero, ¿testigo de qué? Y en cualquier caso, ¿qué tiene que ver ese asunto con el tema que nos ocupa en el presente libro? A estas preguntas les corresponden dos respuestas relacionadas entre sí, y el hilo que las une a ambas habrá de mantenernos en la órbita del relato con el que abría Heaney su ensayo de 1988.

En primer lugar, por recurrir de nuevo a las palabras de Miłosz, buena parte de la poesía del siglo XX procede de una *terra incognita*, «de un punto que los mapas han dejado en blanco». Con ello alude Miłosz a su Polonia natal, así como al poeta polaco Adam Mickiewicz, que «es prácticamente desconocido en Occidente». Lo que pretende resaltar Miłosz es que los desastres políticos y las catástrofes humanitarias del siglo XX —salidas de la mente y la mano de los propios habitantes del período—

acabaron por dejar «en blanco» un gran número de regiones intelectuales y artísticas del mapa cultural, pues tal es el caso de la Rusia soviética en la Europa del Este o de los territorios ocupados por las antiguas colonias de Latinoamérica, el Caribe, África y Asia. Teniendo en cuenta estos extremos, ¿cabría considerar sorpresivo que algunos de los grandes poetas de los tiempos modernos hayan surgido de hecho en esas zonas inexploradas? Me refiero a poetas como Witold Gombrowicz, Zbigniew Herbert, Tadeusz Rozewicz, Anna Swir, Anna Akhmatova y Osip Mandelstam, cuyas respectivas obras también habrá de repasar Heaney en su libro, añadiendo, para no incurrir en graves omisiones, a Pablo Neruda y a Derek Walcott.

CÓMO RECONOCER NUESTROS AUTÉNTICOS DESEOS

Lo que vemos, por tanto, es que los poetas fueron efectivamente testigos de excepción de la omnipresente pesadumbre que habría de presidir el siglo XX. «Pero, ¿cómo llegó a instalarse la idea», se pregunta Miłosz, «de que el hecho de dedicarse a la poesía en el siglo XX debiera conllevar necesariamente una acabada instrucción en toda clase de pesimismo, una inmersión en las múltiples variantes del sarcasmo, la amargura o la duda?». Este ánimo sombrío, dice para contestar a su propia pregunta, se hallaba relacionado en parte con el «triunfo de la *Weltanschauung* científica» y con el nihilismo derivado del proceso de «vaciado interno» de la religión, un proceso acompañado por la idea de que, en lo sucesivo, habría de ser el arte el elemento llamado a sustituir a las prácticas religiosas como «único ámbito propio de lo sagrado».[4]

En otros apartados de su libro, Miłosz se detiene a examinar los sentimientos de uno de sus parientes lejanos, Oscar Milosz (1877-1939), que acostumbraba a decir que la poesía «ha acompañado al hombre desde el principio de los tiempos», ya que constituye «una vehemente búsqueda de lo Real ..., una pesquisa ligada con más rigor que ningún otro modo de expresión al Movimiento espiritual y físico que ella misma genera y orienta ..., plenamente consciente, además, de su terrible responsabilidad, de la misteriosa agitación del alma colectiva del pueblo ..., de las incesantes transformaciones del pensamiento religioso, político y social».[5]

Sin embargo, lo que trata de dejar sentado Czesław Miłosz es algo bastante distinto: que la poesía moderna, además de actuar como testigo (y de servir por tanto a modo de advertencia), crece y se desarrolla sobre la base de ese hecho —lográndolo en parte a través del simple dato de su no interrumpida existencia— hasta lograr ofrecer algo que los pragmatistas también consideraban como la mayor virtud que cabe exhibir en estos tiempos difíciles: la esperanza. La sola circunstancia de que se siga creando belleza es ya una forma de esperanza, afirma Miłosz. El poeta analizará también, si bien de forma breve, los aspectos más negativos de la cultura moderna, desde Dostoievski en adelante, hasta llegar a la distópica ciencia ficción de H. G. Wells, a las antiutopías totalitarias de Yevgeny Zamyatin y Aldous Huxley, a la decadencia de las distintas corrientes bohemias y al existencialismo, sin olvidar el papel posiblemente preponderante de las crueldades perpetradas durante la primera guerra mundial.

Es un repaso que Miłosz realiza para intentar establecer un argumento que no es demasiado frecuente señalar: «Debiera tenerse presente», escribe, el doble hecho de que, tras los desastres de la Gran Guerra, «se considerara que la posterior contienda habría de ser un enfrentamiento a base de gas venenoso, y de que la iperita, o gas mostaza, empleada ya en las postrimerías de la primera guerra mundial en la localidad belga de Ypres, se convirtiera durante algún tiempo en un símbolo de destrucción asimilable al que posteriormente habría de representar la bomba atómica. En este terreno ..., las profecías no iban a revelarse correctas en última instancia, ya que al estallar la siguiente guerra mundial, los horrores que se desencadenaron fueron de un tipo que nadie había alcanzado a prever, y ello a pesar de que ninguno de los bandos utilizara gases venenosos en el campo de batalla».

El hecho mismo de exponer esta idea de las profecías fallidas empuja a Miłosz a hablar de algo que él considera un fracaso todavía mayor, el que se ha visto obligada a encajar la propia democracia, un sistema que él describe diciendo que deriva de «un modelo concebido por Rousseau sobre la base de las asambleas que acostumbraba a celebrar el conjunto de la población de un pequeño cantón suizo». El extremo que realmente pretende dejar sentado consiste en señalar que la «capacidad de expansión de la democracia más allá de su región de origen ha resultado ser notablemente escasa» (Miłosz escribe estas líneas en el año 1983). Y otra cuestión no menos importante es la de que, la mayoría de las veces, sus gobernantes «se presentan como la personificación misma de una voluntad general que, abandonada a sus propias pulsiones, se revelaría incapaz de reconocer sus auténticos deseos». Y en eso parece consistir, finalmente, el principal argumento de Miłosz: en que la superior fiabilidad de la poesía es el punto en el que radican nuestras mejores y más fundadas esperanzas de alcanzar a distinguir nuestros verdaderos anhelos.

Esto le llevará a recordar a su amigo el escritor polaco Witold Gombrowicz, fallecido en el año 1969. En medio de las terribles penalidades del siglo XX, Gombrowicz se declararía movido por el mismo ánimo que llevaba al barítono de la *Novena sinfonía* de Beethoven a pronunciar estas palabras: «¡Amigos, cesad ese canto. Entonemos otras melodías más alegres!». Gombrowicz resta importancia a la alienación: «¿Alienación? No, admitamos que la alienación no es tan mala —que la llevamos en los dedos, como dicen los pianistas ...—, si da a los trabajadores un espléndido número de días libres al año, un número casi tan grande como el de jornadas laborables». Así irá enumerando Gombrowicz el resto de las pesadillas que perturban la paz de la condición moderna: «¿El vacío? ¿El carácter absurdo de la existencia? ¿La nada? No exageremos. No es preciso invocar a dios ni contar con unos magnos ideales para descubrir valores excelsos en la vida. Basta pasar tres días sin nada que comer para que un simple mendrugo se convierta en nuestro dios supremo: son las necesidades lo que se halla en la base de nuestros valores, lo que da sentido y orden a nuestra existencia». ¿Qué decir entonces de «las bombas atómicas? Hace unos cuantos siglos moríamos antes de cumplir los treinta —a causa de la peste, la pobreza, las brujas, el Infierno, el Purgatorio, las torturas...—. ¿No se nos habrán subido las conquistas a la cabeza? ¿Acaso hemos olvidado lo que éramos ayer?».

A los ojos de Miłosz, el ayer es importante. A su juicio, el poeta constituye una especie aparte, tanto en épocas pasadas como en nuestros días, puesto que es un pensador que da por supuesta la existencia de un lector ideal, un pensador consciente de que «el acto poético contribuye tanto a prever el futuro como a acelerar su advenimiento». De acuerdo con Miłosz, ese futuro estaba llamado a asistir a un renacimiento de la historia como fuente de identidad y transcendencia —y hemos de tener presente que nuestro autor utiliza la palabra «transcendencia» en un sentido muy concreto—. «Si tuviese que aventurar una predicción diría que tengo la esperanza de que quizá muy pronto, en el siglo XXI, nos apartemos radicalmente de una *Weltanschauung* fundamentalmente dominada por la biología. De hecho, la materialización de este giro habrá de producirse como consecuencia de una concienciación histórica de nuevo cuño, de una concienciación que en lugar de presentar al hombre con los rasgos que le asocian con las más elevadas formas de la cadena evolutiva, preferirá resaltar otros aspectos de su naturaleza: los del excepcional, extraño y solitario carácter de una criatura que constituye un misterio para sí misma, de un ser destinado a rebasar incesantemente sus propios límites. La humanidad tenderá a volver cada vez más los ojos hacia su propia realidad, centrando crecientemente su contemplación en la íntegra dimensión de su pasado, en la búsqueda de una clave que le permita resolver su propio enigma... El hombre unidimensional que hoy somos desea no obstante revestirse de nuevas dimensiones, enfundarse las máscaras y los atavíos de otras épocas, adoptando los modos y maneras de sentir y de pensar de ese pretérito olvidado.»[6]

En la esforzada pugna que le lleva a tratar de demostrar que la poesía se halla a la vanguardia del progreso (lo que constituye a sus ojos una razón más para la esperanza, incluso otra *forma* de esperanza), Miłosz sostiene que la novedad radica en el hecho de que nuestro futuro no estará determinado por la utilización de reactores como medio de transporte ni por el descenso de la mortalidad infantil, pese a lo importantes que puedan resultar esos avances. «El futuro vendrá determinado por el surgimiento de una humanidad elevada a la categoría de nueva fuerza elemental, ya que hasta la fecha el género humano se ha estado dividiendo en castas empeñadas en distinguirse por su vestimenta, su mentalidad y sus costumbres.» Esta transformación ha empezado ya a provocar la desaparición de algunas nociones míticas «que gozaron de amplia difusión a lo largo del siglo pasado», ideas «relacionadas con las características específicas, y presumiblemente eternas, del campesino, el obrero y el intelectual. La idea de una humanidad entendida como fuerza elemental, como resultado de la tecnología y de la educación de las masas, apunta al hecho de que la actual apertura del hombre a la ciencia y al arte es de una magnitud que no conoce precedentes».[7] Esto llevará a Miłosz a plantearse la siguiente pregunta: ¿existe alguna diferencia entre la circunstancia de que la religión haya desaparecido de nuestras vidas y el hecho de que también se hayan esfumado otros mitos decimonónicos como los encarnados por el imperialismo, la superioridad racial y el colonialismo? Nadie lamenta *esa* desaparición, y nadie prevé tampoco su regreso.

NUESTROS LOGROS Y NUESTROS LÍMITES

Lo que Miłosz está diciendo es que la mejor forma de entender a la humanidad es hacerlo en términos históricos, que, a lo largo de la historia, las fórmulas que ha ido encontrando el ser humano para superar sus limitaciones constituyen en realidad la única forma de trascendencia posible, y que no deberíamos ignorar los numerosos aspectos de la vida que han ido mejorando con el paso de los siglos —permitiendo así que un sinfín de personas normales haya logrado acceder, y por vías más o menos normales también, a una existencia más plena y, sí, más significativa—. Únicamente entendiendo el proceso histórico que ha dado lugar tanto a las conquistas que adornan a la humanidad como a las limitaciones que la aquejan podremos albergar la esperanza de ampliar —o transcender— mediante nuestras propias conquistas, y en el tiempo que nos sea dado vivir, el círculo que forman esos límites.

Además, insiste Miłosz, el hecho de que la «reflexión de una mente bien amueblada» represente nuestra mejor esperanza de registrar y describir tanto nuestros límites como nuestros logros forma parte de la naturaleza de las cosas, pues, como ya hemos dicho, «el acto poético contribuye tanto a prever el futuro como a acelerar su advenimiento».

Tenemos la suerte de que existan al menos dos conjuntos de mentes bien amuebladas que hayan decidido dedicar sus reflexiones al análisis del tema que nos ocupa. Me refiero a las obras de Iris Murdoch —*Metaphysics as a Guide to Morals* (publicada en 1992)— y George Steiner —*Presencias reales* (de 1989) y *Gramáticas de la creación* (2001).

Murdoch, cuya formación filosófica nunca se contrapuso a sus facultades como novelista, se sentía particularmente «intrigada» por el arte. De hecho, decidió reunir ambas pasiones en *Metaphysics as a Guide to Morals*, argumentando en dicha obra que «la filosofía moral debería tratar de conservar un concepto central»: el concepto de transcendencia. Murdoch estaba convencida de que, «de un modo o de otro», la trascendencia pertenecía al ámbito propio de la moralidad, añadiendo que es preciso mantener «la postura metafísica, no la forma metafísica». Y sobre todo, concluía, «no hay duda de que el Bien es de carácter transcendente».

Al mirar a su alrededor, Murdoch se sentía imperiosamente impulsada a pensar que «ha de haber necesariamente algo más que esto», llegando en su razonamiento a la conclusión de que lo que hacen los filósofos es «tratar de inventar una terminología que demuestre que nuestra psicología natural puede verse influida por ideas que se encuentran más allá de su ámbito propio ..., y en este sentido», señala, «la metáfora platónica del Bien nos ofrece un ejemplo muy apropiado». «Dios no existe ni puede existir. Pero lo que sí existe es lo que nos lleva a concebirlo, siendo además algo que se experimenta y se imagina continuamente. Esto significa que se trata de algo tan real como una idea, algo que también puede encarnar en el conocimiento, el trabajo y el amor.» Todos podemos vernos moralmente enriquecidos «si centramos nuestra atención en cosas o personas

valiosas: individuos virtuosos, grandes obras de arte ..., la propia idea del
Bien...». Además, «la Belleza es el aspecto más visible y accesible del
Bien. De hecho, el Bien mismo no es visible».

Murdoch está convencida de que el Bien logra materializarse de un
modo «empíricamente comprobable» en las más relevantes obras artísticas. Esta contemplación, dice, constituye «una vía de acceso a la vida
buena (y no sólo una analogía de la misma)», dado que implica «saber
controlar el egoísmo en interés de lo verdadero». Cuando leemos a
Shakespeare o a Tolstói, dos eternos favoritos de Murdoch, «aprendemos
algo acerca de la auténtica cualidad de la naturaleza humana ..., y lo percibimos además con una claridad completamente ajena a la egocéntrica precipitación de la vida ordinaria». Nuestra autora dice también que no es
posible alterar ni poseer el arte, y que éste es liberador en sí mismo. Además, el arte es importante porque «la ética implica aniquilarse a sí mismo
ante la irreductibilidad del prójimo». Sólo una novela seria que goce de
una gran difusión puede «liberarnos de la tiranía que nosotros mismos nos
imponemos», extremo este último que también habrá de configurar la crítica de Murdoch. Y según ella misma dice, T. S. Eliot no pretende que
«escuchemos a otras personas» —quiere que escuchemos a Dios—.[8] En
el arte bendecido por el éxito contemplamos con todo sosiego algo cuya
autoridad nos lleva a perder la conciencia de nosotros mismos. El artista
es por tanto una persona que permite que los demás *sean* a través de él.

Otra bien amueblada cabeza que se deja sentir de forma patente a lo
largo de toda la obra de Iris Murdoch es la de George Steiner. Steiner es
un hombre apasionadamente enamorado del arte culto, que le profesa una
adoración a la antigua usanza, como el que inspiraba el arte de altura en
los siglos en que realmente alcanzó a gozar de una auténtica relevancia
social. En sus páginas resuenan nombres asociados con artistas del más
alto nivel —Van Gogh y el Rey Lear, Mondrian y la catedral de Chartres,
Paul Valéry y Henry Moore...—; todos ellos reunidos con vehemente entusiasmo en el «orden especulativo» en que los colocara en su momento
Steiner. Pese a que las obras de Steiner pertenezcan ostensiblemente a la
categoría de las producciones argumentales o teóricas, también son, en
esencia, otros tantos actos de fe, como dijo en su día un crítico —de hecho, Steiner pretende que el arte de alto nivel reivindique tanto «su primordial importancia como su prístina potencia»—.[9] Su argumento esencial pasa por señalar que el especialísimo lugar que el arte de calidad ha
de ocupar en la jerarquía de las actividades humanas es de naturaleza religiosa: «la literatura, la pintura y la música, cuando admiten el calificativo

de grandes, poseen impulsos espirituales, un significado transcendente y una fuerza misteriosa».

Desde el punto de vista de Steiner, nuestra existencia transcurre, metafóricamente hablando, en el sábado que media entre el Viernes Santo y el Domingo de Pascua, esto es, en un período que constituye efectivamente un compás de espera entre la muerte de Dios y su resurrección. Tanto la espera como la paciencia forman parte de la condición humana, señala Steiner, pues no en vano llevamos siglos esperando —casi diríamos que eras, incluso— a que nos llegue alguna señal de la existencia de Dios. Y es justamente esta espera, añade, esta comprensión teológica de nuestra propia persona la que define una expectativa en la que no contamos con el consuelo de ningún tipo de seguridad, circunstancia que ha permitido a su vez el surgimiento de nuestra cultura y que constituye el factor al que ha de atribuirse todo cuanto hemos logrado.

Desde que Nietzsche anunciara la muerte de Dios hemos vivido en un mundo de segundo nivel en el que el periodismo, la crítica y la erudición han venido —con muy pocas excepciones— a tomar el relevo del arte, el cual se ha visto así huérfano de promotores en lugar de impulsado hacia adelante por los propios artistas. De este modo, los mundos resultantes han acabado respondiendo a una de estas dos características: o bien presentan un cariz trivial, obsesionado con el consumo y aquejado por un exceso de precipitación («La moda es un motor de muerte»), o bien revelan un rostro de índole escolástica en el sentido medieval del término, es decir, propenso a enviscarse en la realización de interminables debates sobre asuntos mezquinos y prácticamente carentes de la más mínima importancia. A lo largo de ese período, prosigue Steiner, el arte ha pasado de la mímesis a la abstracción, perdiendo con ello el lenguaje que le era propio. Y si a todo esto le añadimos el impacto de la ciencia y la tecnología, constataremos que la alfabetización ha sido sustituida por la instrucción numérica, diluyéndose la pasión por las palabras en nombre de la obsesión por la aritmética.

A juicio de Steiner, esto implica una ruptura decisiva, una caída y una catástrofe. Nuestro mundo ha quedado empobrecido porque hemos perdido la capacidad de «responder responsablemente» a la incitación del arte, tarea que ha sido finalmente asumida por un conjunto de críticos de segunda categoría. Esto ha provocado a su vez la pérdida de una narrativa: aquella en la que un tipo de arte lograba dar respuesta a otro (situación que podía expresarse con la máxima de que «la mejor interpretación del arte es la que hace el arte mismo»).[10] El proceso de la intuición artística no es acumulativo ni admite una auto-corrección constante, como le ocu-

rre a las ciencias; el arte no reemplaza al arte del mismo modo en que los
últimos avances científicos dan en sustituir a los conocimientos más antiguos, y en tal sentido resulta incompatible con el análisis académico. El
arte es «inmediato» y «libre», y posee estas dos características de una
forma a la que no tiene acceso la ciencia. Una obra de arte no cuenta necesariamente con la potestad de «verificar» la veracidad de otra. O como
dijera William Blake, su ámbito «es el del más minúsculo detalle». Por
otra parte, su objetivo revela ser muy a menudo intuitivamente evidente
por sí mismo, pero se hace muy difícil —e incluso imposible— expresar
el calado de sus metas. El arte no admite ser parafraseado, y no limita por
ninguno de sus lados con los territorios del lenguaje.[11]

Por todos estos motivos, Steiner propone que la *poiesis*, esto es, el acto
de la creación y la forma en que éste es percibido, constituye el aspecto
fundamental del ser y del significado. Además, el concepto de la transcendencia nos sitúa frente al aún más fundamental concepto de lo «otro»
—siendo básicamente esa alteridad la esencia misma de Dios, en tanto que
ser superior a todas las cosas—. Esta radical diferencia de lo divino, junto
con la incertidumbre de que Dios se halla rodeado, es lo que nos incita a
dar saltos intuitivos destinados a buscar formas lingüísticas que sin embargo no poseen más que la potestad de aproximarnos ligeramente a lo «otro»,
lo que determina que la indeterminación resulte ser «axial», de modo que
una parte del sentido de la *poiesis* es el misterio.

El punto de vista de Steiner estriba en el hecho de que, más que a través de la crítica, ya sea ésta de carácter académico o periodístico, el mejor
—y quizá único— modo de percibir lo espiritual en el arte consiste en estudiar la *secuencia* de aparición de las obras artísticas; en que lo más cerca que podemos llegar a situarnos de lo espiritual y de lo sagrado se produce al contemplar la respuesta que da una gran figura del mundo moderno
a otra del antiguo (es decir, a alguien integrado en un cosmos religioso).
Debemos concentrarnos por tanto en lo que dijo Nietzsche sobre Wagner
y «contra» él, en confrontar a Proust con Vermeer, en la interpretación
que Mandelstam hace de Dante, en los trabajos que Karl Barth realiza sobre la base musical de Mozart... Estas transformaciones, así como las que
van dando paso a las sucesivas figuras descollantes de las distintas ramas
artísticas —es decir, las que llevan a los artistas laicos a dar la réplica a los
de honda persuasión religiosa—, son la mayor oportunidad que se nos
ofrece de conocer los entresijos que determinan el florecimiento de un
mundo profano. Lo que deberíamos tratar de identificar, describir y comprender es justamente el *vínculo* que existe entre el primero y el segundo

de esos mundos. Ésa es la mejor manera de comprender qué es lo que se ha perdido y de considerar las posibles formas de recuperarlo.

Para Steiner, el problema que plantea la ciencia radica en el hecho de que no sea desinteresada; o como decía Heidegger, en la circunstancia de que aspire a la dominación —que es cosa que no incumbe al arte—. Puede que la ciencia alcance a vislumbrar verdades eternas; pero aun soslayando el hecho de que nosotros no vamos a vivir tanto, la cuestión es que una verdad estética capaz de conferir «una presencia viva al *continuum* entre lo temporal y lo eterno» evoca claramente un eco metafísico, aunque no sea puramente religiosa. Una contemplación estética susceptible de revelarse válida en cualquier época nos transmite una cálida sensación de plenitud que la ciencia, pese a toda su fuerza, es incapaz de procurarnos.

Con todo, Steiner señala, quizá con una leve sensación de pesar, que aun habiéndose dado el caso, en los siglos pasados, de que la religión haya informado al arte respecto de lo que éste debía considerar una «auténtica presencia», el mundo moderno no puede ya conformarse con esa dependencia. Y no sólo porque Dios haya muerto, sino porque, a lo largo de la historia, el arte ha venido a ser una especie de *diálogo*, un diálogo mucho más práctico, inmediato y productivo incluso que, por ejemplo, el de la oración. Nuestro autor muestra —mediante las numerosas referencias con las que alude a los distintos modos con que los artistas se van rindiendo homenaje unos a otros a través de sus obras, mediante la doble afirmación que le lleva a sostener que ninguna obra de arte es autónoma y que la comprensión de ese extremo constituye uno de los secretos (tal vez *el* secreto) de la apreciación del arte— que la conversación que mantiene la humanidad a través de sus más importantes obras artísticas es una senda que conduce a la verdad y a la belleza. Además, las fórmulas por las que las más recientes obras de arte se encaraman sobre los hombros de las más antiguas —con cortesía, con amabilidad..., con amor incluso— son un modelo de interacción para todos los que habitamos en un mundo laico. Y al estudiar esta progresión, al sumergirnos en la secuencia del arte culto y refinado, podemos dotar a la existencia de una «intensidad transformadora» que sería imposible hallar en ninguna otra parte.

EL DESEO DE UNA PREMONICIÓN ARMÓNICA

Algo que Steiner reconocería de buena gana es que tanto la religión como la ciencia son grandes empeños de alcance universal. La ciencia trata de comprender lo que ocurre a su alrededor por medio de las leyes que aplica en todo tiempo y lugar. La religión busca y ofrece una unidad metafísica basándose en el hecho de que eso es justamente lo que la gente desea, de que el sentimiento de certidumbre respecto de la existencia de una idea unificadora subyacente —a la que llama lo Absoluto— es la experiencia más satisfactoria y gratificante de lo «Real» a la que puede aspirar mucha gente. Descubrimos así que los planteamientos de Czesław Miłosz constituyen una valiosa rectificación para ambas afirmaciones: la de que para la mayoría de las personas el valor de la ciencia radica más en sus logros tecnológicos concretos que en su capacidad de enunciar leyes universales; y la de que lo que pudiéramos llamar plenitud metafísica no sólo es, para muchos, un simple lujo, sino que ocupa —en comparación con las exigencias de la vida cotidiana— un lejano segundo lugar en el orden de las cosas.

De hecho, lo que Miłosz está diciendo es algo que no difiere demasiado de lo que mantenía James Joyce: «Si viviéramos con sencillez, ateniéndonos a la realidad, como por fuerza tenía que hacer el hombre primitivo, las cosas nos irían mejor. Estamos hechos para eso. La naturaleza es muy poco romántica. Somos nosotros los que proyectamos nuestro romanticismo en ella, cayendo así en una actitud falsa, en un espejismo egoísta». Heaney coincide con este parecer, salvo por el hecho de que al mismo tiempo afirma, al igual que Miłosz y Joyce, que la vida sencilla no es en modo alguno una «cuestión de sustracción» —como quizá sintiera la tentación de señalar Charles Taylor—. Todo lo contrario, ya que tanto la *autoridad* de la poesía como el convencido aplomo con el que se expresa y la indoblegable voluntad de exactitud con la que aborda el mundo forman parte de la alegría de vivir, y una parte muy importante incluso. Un elemento inherentemente constitutivo del sentido de la poesía es el de explorar los límites de nuestro mundo y, del mismo modo, el hecho de trascender esos límites ha de contarse también entre sus conquistas. Ésta es la mejor forma de trascendencia posible y quizá la única.

Sería difícil mejorar las palabras con las que Heaney* nos prepara para la poesía y nos explica lo que es y lo que trata de ser, señalándonos de qué modo alcanza no sólo a dar sentido a nuestras vidas sino a proporcionárselo además de un determinado *tipo*: «Un poema se inicia con un movimiento de deleite y se orienta luego ateniéndose a su impulso, toma una dirección con el primer verso, traza un recorrido de felices aconteci-

---

* Que cita en realidad los *Life Studies* de Robert Lowell. (*N. de los t.*)

mientos y concluye con una elucidación vital —no será necesariamente una gran aclaración, como aquellas en las que se basan las sectas y los cultos, pero sí actuará como un efímero puntal contra la confusión ...—, con su sosiego, el poema nos proporciona un vislumbre de las armonías que deseamos y que no habremos de alcanzar sin dificultad. De este modo, el orden del arte pasa a constituir un logro que sugiere la existencia de un posible orden más allá del arte mismo, aunque su relación con ese otro orden siga teniendo un carácter más próximo a la promesa que a lo ineluctable. El arte no es el empañado reflejo de un ordenado sistema celestial sino la tentativa de materializarlo en términos terrenales; el arte no levanta la cartografía sabida de una realidad mejor sino que improvisa, desde la inspiración, el esquema de ese territorio feliz.[12]

Hay aquí dos extremos que guardan una relación directa con el tema que nos ocupa. Por un lado, el de que la elucidación que nos aporta la poesía «no constituye necesariamente una gran aclaración», y por otro, que el arte sugiere la posible existencia de un orden que rebasa las fronteras del arte mismo.

En primer lugar, lo que Heaney está considerando aquí es el *peso* de la poesía y su relación con la realidad de la vida, entendido esto tanto en el sentido de la realidad de la existencia individual como en el de la realidad de la «vida» en general. Esto es importante por la doble razón de que incluso en un poema breve se puede abordar un tema «de peso» y de que la idea de «una verdad abrumadoramente clara» ha quedado totalmente agotada en nuestra época, como bien decía James Wood —lo que implica que la poesía, o el enfoque poético, es hoy (al menos en teoría) más relevante y más importante que nunca. No obstante, y a pesar de que las ambiciones que Heaney reserva a la poesía apunten a metas admirablemente elevadas, no hemos de olvidar que también le alegra el hecho de que sus preocupaciones y facultades sepan no perder de vista las pequeñas cosas de la vida, que no abandonen la escala de lo humano para abismarse en lo sobrehumano. Heaney dice que los poetas hacen bailar ante nuestros ojos «el centelleo de lo real», que llevan a nuestros oídos «cadencias surgidas del hontanar del tiempo». Nuestro autor califica los poemas de Osip Mandelstam de pepitas de armonía, de textos cuyos detalles «relucen como roblones bruñidos por la remachadora». Heaney cita en este sentido a la poetisa polaca Anna Swir: «El espacio de un instante, [el poeta] se ve dueño de una riqueza que por lo general le es inaccesible, perdiendo después, acabado el momento, esos caudales». En otro párrafo, Heaney compara la poesía con la espiga de una campana, puesto que viene a resumirse en la experiencia de hallarse «a un tiempo sujeto y libre». Rinde además grandes elogios a Wystan Hugh Auden por su «desestabilizadora brusquedad», comparando el efecto de los versos de su primera etapa con la descarga de un cable eléctrico desnudo.[13]

Heaney cita asimismo la celebérrima obra de Robert Lowell titulada *Life Studies*: «Un poema es un acontecimiento, no el registro de un acontecimiento»; las palabras de un poema deberían ser «un esclarecedor relámpago», «un "efímero puntal contra la confusión" cimentado con el descubrimiento de un perfil sólidamente verificado». De las obras de madurez de Lowell, Heaney dirá que transmiten «la sensación de algo completamente acabado que se opone a la percepción de una intimidad sorprendida en sus alcances y libertades. El lector se encontraba así frente a la intuición de un significado total, ante algo que, con un chasquido, venía a cerrarse y a abrirse simultáneamente, con la momentánea ilusión de que la plenitud que se aupaba hasta sus oídos desgranaba significados y realizaciones efectivamente existentes en el mundo». En los versos de Sylvia Plath, dice Heaney, existe la sensación de que algo se «presenta por sorpresa»; y en sus últimos poemas se percibe una «repentina idoneidad en la ubicación de las palabras y en la elección de todo cuanto representan», lo cual recuerda la definición de la poesía que Wallace Stevens diera en su momento al decir que es un puñado de «sonidos súbitamente convertidos en dardos certeros». El propio Heaney señalará en otro lugar que la obra de Plath tiene «un tono y un ardor sin precedentes».[14]

En referencia al poemario de Philip Larkin titulado *The Whitsun Weddings*, Heaney señala asimismo lo siguiente: «Los versos finales son una epifanía, una huida de la "escrupulosa mezquindad" de la inteligencia defraudada». Sin embargo, y a pesar de que la actitud de Larkin resulte ejemplar por la forma en que tamiza las características de la vida contemporánea, rechaza toda coartada y desenmascara a la conciencia hasta extremos que no caen ni en el cinismo ni en la desesperación, lo cierto es que «perdura en él un afligido afecto a una realidad más cristalina capaz de ganarse su lealtad. Y cuando esa aflicción logra expresarse hay algo que se abre y surgen instantes que merecen el calificativo de visionarios».[15]

La brevedad es connatural a la poesía. Si aceptamos la máxima de James Wood de que un poema es «la más acabada forma de intención», entonces nos resultará fácil admitir también que la concisión es un importante componente de la misma. Los cometidos que Heaney reivindicara para la poesía, su defensa del gobierno de la palabra (y poetas ha habido, además de él, que también han enarbolado demandas similares), se convierten de este modo en una vindicación de la estética poética, del hecho y la promesa de la sobriedad. No alcanza todo esto a transformar la poesía en la única forma de contemplar la vida, pero sí la señala como el modo más sucintamente expresivo y *más brillante* de aunar experiencia, lenguaje y significado. La poesía resalta en especial un punto: el de que las nuevas experiencias, las experiencias de un conocimiento nuevo, son, por definición, invariablemente breves. El conocimiento permanece con nosotros, pero el primer contacto que nos vincula a ese conocimiento —y su aprehensión— ocurre de manera inmediata. La inmediatez es la razón de ser de la fenomenología. Decir inmediatez es decir intensidad. Y la intensidad es uno de los objetivos de la vida.

LA REYERTA EN QUE SE ENZARZAN AUDEN Y EL SIGNIFICADO

Todo esto tiene importantes consecuencias para la naturaleza misma del significado, a saber, que no disponemos de una única «gran» respuesta que otorgue significado al conjunto de lo existente, sino sólo de una sucesión de «pequeñas» respuestas a porciones o retazos de la vida, y que el paso del tiempo nos irá permitiendo acumularlas hasta constituir nuestra propia mente bien amueblada.

Las plenitudes de la poesía *están* en sus significados (obsérvese el plural). En *The Government of the Tongue*, Heaney dedica un gran número de páginas a Wystan Hugh Auden, un vate dotado de «la más brillante inteligencia de todo el siglo XX», según la afirmación —que Heaney se encarga de recordarnos— del poeta ruso y premio Nobel Joseph Brodsky. A los ojos de Auden, señala Heaney, «cabría considerar que la poesía es una especie de conjuro mágico, una cuestión fundamentalmente centrada en la sonoridad y en la capacidad de los sonidos para unir las percepciones de nuestra mente y nuestro cuerpo formando un único complejo acústico; por otra parte, la poesía consiste en crear significados prudentes y certeros, en lograr que un inteligente ordenamiento e indagación de la experiencia humana oriente la convergencia emocional que surge entre nosotros y el poema. De hecho, la mayor parte de los poemas —incluidos los de Auden— constituyen "un efímero puntal contra la confusión" [frase a la que Heaney habrá de recurrir en varias ocasiones]. ... Queremos que los poemas sean hermosos, que dibujen la silueta de un paraíso terrenal elaborado con palabras, que se abran a nosotros como un mundo atemporal de puro carácter lúdico que nos deleite en virtud precisamente de su contraste con nuestra existencia histórica ..., pero ningún poeta alcanzará a transmitirnos una sola verdad si no sazona sus versos con todo cuanto se nos antoja problemático, doloroso, caótico y feo».[16]

Todo esto, dice Heaney, se aplica también al resto de los poetas, pero, en lo que sobresalía Auden era en su pugna con el significado. «Evitar que un significado termine cayendo en lo anodino al asentarse y uniformarse los criterios relacionados con su sentido —una solidificación a la que el público acaba aferrándose como a una red de seguridad—, conservar una chispa de ánimo burlón, una pizca de corajudo brío, un punto de terco espíritu de la contradicción, reservarse el derecho de ser insolente, de suscitar la cólera, de acosar al lector hasta quitarle el sueño —hacer todo eso pudiera revelarse no sólo permisible sino incluso necesario si la poesía ha de seguir siendo la fuente generadora de una vida más plena.»[17]

En primer lugar, lo que implica esta declaración de intenciones es que esa existencia más plena no puede proceder de una palabra comodín formada por la yuxtaposición de dos o más conceptos —como acostumbra a suceder en el caso de las religiones y a implicar tanto la noción de un solo Dios como la idea de terapia—, sino de la recopilación de un conjunto de ideas más sencillas logradas por agregación de fragmentos recogidos en poemas u otras obras de arte, o aun en conversaciones con otras personas. Todo lo cual trae a la memoria los argumentos de George Steiner.

DESCANSAR DE LA RACIONALIDAD

Pero ocupémonos ahora de la segunda cuestión: ¿qué orden (si alguno hubiere) alcanza a sugerir la poesía que existe más allá de sí misma? Evidentemente, no se puede pretender que señale la existencia de un único y fundamental orden, y desde luego toda selección que se pretenda introducir al preferir este o aquel orden corre el riesgo de distorsionar las cosas. Pero se pueden dar al menos algunos pasos en la dirección correcta.

Puede que lo primero que haya que hacer sea resaltar lo que dice Michael Hamburger en el libro en prosa que dedica a la poesía. En dicha obra Hamburger recoge un comentario de Baudelaire en el que el poeta galo sostiene que la poesía «avanza fraternalmente» entre las filas de la ciencia y la filosofía, y que la mejor forma de asir la existencia con ambas manos y disfrutarla, la mejor manera de hallar alguna plenitud en ella, es embarcarse en el proceso al que Jean-Paul Sartre daba el nombre de «fenomenología lírica».[18] En esencia, el tema que ocupa a la ciencia y a la filosofía es el de determinar en qué generalizaciones racionales aceptamos *coincidir* tras observar el mundo que nos rodea; y desde luego, está claro que el acuerdo es algo que nos gusta, una circunstancia a la que colmamos de dotes persuasivas, pues tanto la coincidencia de criterios como la convicción de que uno de ellos es correcto constituyen otros tantos placeres gratificantes que contribuyen a generar significado.

La poesía explora el mundo como un mosaico de fragmentos, *detalle a detalle*, a medida que el poeta va encontrando aquella forma lingüística, penetrando en lo que Heaney denomina «jurisdicción de la forma lograda» (y siguiendo un itinerario que es en sí mismo placentero), que se revela capaz de unir la observación *con la emoción* en un orden intuitivo que no es posible materializar de ningún otro modo, un orden en el que predomina tanto el sentimiento como la comprensión. Al proceder de este modo, la poesía nos ofrece la posibilidad de tomarnos lo que James Wood ha llamado «un descanso de la racionalidad», facultad que quizá posean todas las formas artísticas. De aquí se deduce que buena parte de lo que puede ofrecernos la poesía es lo que Hamburger define como «realidades diminutas», una idea que viene a reflejar tanto el sentido de las *petites heureuses* de Sartre como la convicción de que dichas realidades no alcanzan a ser, en último término, más que un efímero puntal contra la confusión.[19]

El poeta italiano Eugenio Montale lograría transmitir en parte dicha sensación en los siguientes versos:

> *Non sono*
> *che favilla d'un tirso. Bene lo so: bruciare,*
> *questio, non altro, è il mio significato.*

> No soy
> más que el destello de un faro. Bien lo sé: arder,
> ése, y no otro, es mi significado.

¿Es eso todo cuanto hemos de esperar? La poesía trata de convencer mediante su precisión formal, pero en su mejor y más acabada expresión logra mucho más que eso. En este caso, la experiencia quizá más básica que puede ofrecernos la poesía —la del orden que sugiere— es de hecho la de la *ausencia* de un verdadero orden, y no sólo en el mundo sino incluso en el individuo, una comprensión que pudiera suponer el punto de partida de la senda que realmente conduce a la plenitud.

Hamburger nos recuerda que William Butler Yeats luchó denodadamente por transmitir «la multiplicidad del yo sin asumir la menor pérdida de intensidad». Por su parte, Pablo Neruda inicia con estas palabras el poema titulado «Muchos somos»:

> De tantos hombres que soy, que somos,
> no puedo encontrar a ninguno.

Así interpretará Ezra Pound la idea: «En la pesquisa que nos induce a buscarnos a nosotros mismos, en la búsqueda de una "auto-expresión sincera", andamos a tientas, no encontrando sino verdades aparentes. Uno se dice "Soy esto, aquello, o lo de más allá", y apenas ha pronunciado esas palabras, deja de ser lo que pensaba ser».[20]

En su obra *El viejo estadista*, T. S. Eliot nos presenta a un personaje que pronuncia estas palabras:

> Me he liberado del yo que pretendía ser alguien
> Y al convertirme en nadie, he empezado a vivir.

Todo esto recuerda el momento en el que John Keats descubre la «facultad negativa» de los poetas, «su camaleónica mutabilidad», lo necesario que es para los seres humanos «formarse criterios sobre la nada, dejar que la mente sea una vía abierta para todo pensamiento, no sólo para un selecto grupo de nociones», «carecer de identidad», de personalidad definida y de opiniones fijas...[21] Y también trae a la memoria la célebre exclamación de Fausto: «Dos almas, ¡ay de mí!, imperan en mi pecho, y cada una de la otra anhela desprenderse».

En la obra titulada *The Estate of Poetry*, Miłosz dice lo siguiente:

> El objetivo de la poesía consiste en recordarnos
> lo difícil que resulta seguir siendo simplemente una persona.

LA ATRIBUCIÓN DE NOMBRES

Sin abandonar a Miłosz: «No hay ciencia ni filosofía que puedan alterar el hecho de que el poeta se sitúe ante una realidad cotidianamente nueva, milagrosamente compleja e inagotable, ni el de que trate de expresarla todo cuanto le sea posible por medio de las palabras. Ese contacto elemental, cuya verificación se halla al alcance de los cinco sentidos, es más importante que cualquier constructo intelectual. El deseo eternamente insatisfecho de lograr la mímesis, de mostrarse fiel a los detalles, contribuye a la buena salud de la poesía y le da ocasión de sobrevivir a las épocas que no le son propicias. El mismo acto de atribuir nombres a las cosas supone tanto una profesión de fe en su existencia como la realidad del mundo que las cobija, con independencia de lo que pudiera pensar Nietzsche».[22]

¡Y qué creativa puede llegar a ser esa atribución de nombres! «Objetos, paisajes, acontecimientos y personas me procuran un gran placer», sostiene el poeta francés Francis Ponge, fallecido en el año 1988. «Me dejan totalmente convencido. Y ello por la sencilla razón de que no tienen obligación de hacerlo. Su presencia, su concreta realidad, su solidez, sus tres dimensiones, su aspecto palpable, incapaz de suscitar la duda ..., es hermoso.»[23] Zbigniew Herbert coincide con este parecer en los siguientes versos:

> El guijarro
> es una criatura perfecta
> igual a sí mismo
> guardián de sus fronteras
> con precisión repleto
> de pétreo significado
>
> con un aroma que a nada recuerda
> a nadie espanta
> no despierta deseos
>
> su ardor y su frialdad
> son los justos y están llenos de dignidad
>
> Los guijarros no se dejan domesticar
> hasta el final nos mirarán
> con su ojo calmo y clarísimo.

Sin embargo, el significado del acto de la denominación va mucho más allá de esto. Lleva aparejado el reconocimiento de los fenómenos del mundo, no sólo la percepción de guijarros y paisajes, sino la captación de sentimientos, actitudes, emociones y relaciones, la aprehensión de todo aquello que sólo en parte alcanzamos a expresar con palabras, aunque nunca lo logremos del todo. En tales circunstancias, la atribución de nombres *agranda y confiere calidez* al mundo y al modo en que lo experimentamos. Oigamos de nuevo a Auden:

> De no ser posible afecto igual,
> Haz que sea yo el más enamorado.

Nos encontramos aquí ante la asignación de un nombre a una parte de la vida y, como decía Heaney al hablar de Lowell, ante algo que, con un chasquido, parece abrirse y cerrarse simultáneamente.

Heaney señalará igualmente que los versos de Patrick Kavanagh apuntan más hacia «una dirección que hacia la idea de que la necesidad de concebir un destino para nuestra andadura haya de generarnos ansiedad»; sus poemas no responden a «un estímulo propiciado por el mundo exterior» sino, con acertadísima frase, a un «manadero de exuberancia que brota de una fuente interior», que «se desborda e irriga el mundo, rebasando los límites del yo». De este modo, Heaney comparará el siguiente poema con una de esas telas de Chagall en que los personajes aparecen volando en medio del sueño en el que ellos mismos se hallan inmersos:

> pero la sátira es una oración sin fruto.
> Sólo brotes silvestres de piedad,
> y uno ha de adentrarse por fuerza tierra adentro y
> perderse en el éxtasis de la compasión,
> donde el sufrimiento asciende en un aire de estío
> —pues estrella se ha vuelto la rueda de molino.

La idea de un sufrimiento *in crescendo*, capaz de elevarse en una atmósfera estival, es completamente contra-intuitiva, y sin embargo, cuando nos topamos con su formulación poética experimentamos la sensación, como en la poesía de Plath, de que algo se presenta por sorpresa.

En las definiciones poéticas podemos descubrir que se han dicho cosas buenas e importantes, cosas que nos caldean el alma. El canto y la poesía «han aumentado la cantidad de bien que hay en el mundo», y en este sentido los poemas son «ejemplos de conquista personal» y de «auto-depuración», pues son «actos experimentales»; la poesía es una despensa de «bienes almacenados» o, dicho de otro modo, un «abasto de compasión».

A juicio de Philip Larkin, la poesía es una «vida sin cercados». En cambio para Heaney, la poesía es más un umbral que un sendero, «un ges-

to de ruptura con la existencia rutinaria, no una huida de lo cotidiano».
Auden, por su parte, la considera como algo que nos hace «inmediatamente más altos», como algo capaz de ofrecernos una paz que «ningún
ave de mal agüero alcanzará a contradecir». Y según refiere Miłosz, a los
ojos de Wislawa Szymborska la poesía «no es más que un susurro quebrado, una risa que rápidamente se sofoca». El propio Miłosz señalará que, a
su parecer, uno de los objetivos de la poesía consiste en «conferir un sentido más puro a las palabras de la tribu», y que, al componer poemas, el
autor «apuesta todo cuanto tiene». El poeta francés Yves Bonnefoy se
muestra persuadido de que «la poesía se halla unida a la verdad y a la salvación», mientras que en opinión de Robert Duncan, el arte de los poetas
hace que éstos «topen con los límites de su propia conciencia». «La poesía es el aliento y la más elevada esencia de todo conocimiento», dice
Elizabeth Sewell. Y desde el punto de vista de Wallace Stevens: «El poeta
es el pastor de lo invisible».[24]

Desde luego, la poesía es todo eso y mucho más, pero ahora vamos a
concentrarnos preferentemente en la poesía como *actividad*, y no tanto en
uno u otro poema específico, en la poesía como forma de concebir el
mundo, como vía de acceso al conocimiento, como modo de vida incluso.
Al hacerlo así descubrimos cuatro elementos que, unidos, añaden sentido
a la actividad de la poesía y nos ayudan a entender su significado. De hecho, ya hemos examinado tres de esos elementos. La naturaleza «eternamente insaciable» del apetito que anima a la poesía, como dice Miłosz, se
expresa en el acto de asignar nombres a las inagotables características del
mundo que nos rodea. Y son justamente esos tres elementos —la actividad de asignar nombres, el carácter inagotable de las características y los
hechos del mundo, y el insaciable apetito de la poesía («el Enorme Sí» de
Larkin)— los que, juntos, logran dar cuerpo al significado, un significado
al que todavía hemos de añadir un elemento más: el de que la poesía,
como cualquier forma de arte, es «desinteresada».

El poeta español Juan Ramón Jiménez solía resaltar el especial lugar
que le corresponde por derecho propio a la poesía. Así nos ha dejado escritas estas palabras: «La literatura es estado de cultura, la poesía, estado
de gracia, anterior y posterior a la cultura». Jiménez pensaba que el predominante papel que desempeña la imaginación en la poesía «impide que
los valores poéticos se integren y asimilen por completo en cualquiera de los
órdenes sociales o culturales que existen en el mundo moderno». Gottfried
Benn insistía en que la poesía no iba «dirigida a nadie» en especial, y negaba que pudiera tener una función pública. Según él mismo afirmaría en

un texto del año 1930: «Las obras de arte son fenómenos históricamente ineficaces, carentes de toda consecuencia práctica. En ello reside su grandeza».[25] «Las obras de arte a nadie ponen en peligro», añadirá más tarde Seamus Heaney, «son benévolas», y por eso los poemas publicados confieren a todos «derecho de libre circulación». Uno de los elementos que dan razón de ser al arte, dice Iris Murdoch, radica en el hecho de que sea independiente de nosotros —una independencia, por lo demás, «que no nos es dado alterar ni someter»—. Y James Wood mantiene que parte del atractivo del arte se debe a la circunstancia de que «no ande metido en ningún chanchullo».[26]

Asignar nombres a los objetos y sentimientos del mundo implica describirlo con un grado de detalle cada vez más pormenorizado, lo que a su vez significa que hoy tenemos oportunidad de conocerlo mejor que ayer y que cabe albergar la esperanza de llegar a saber más mañana —en el bien entendido, claro está, de que no existe ningún «orden del día» que cumplimentar, ningún destino específico al que dirigirse de manera preferente, de que el placer de la nominalización reside en el *inagotable* carácter de los detalles del mundo, y de que esa misma naturaleza inextinguible aviva nuestras ansias de seguir nombrando para saber más—. En este sentido, tanto la fenomenología como la poesía apuntan a un «plus».

«LA VIDA NOS OFRECE MÁS DE LO QUE NUNCA HUBIÉRAMOS ALCANZADO A IMAGINAR»

En el año 1998, en un artículo titulado «Pragmatismo y romanticismo», el filósofo estadounidense Richard Rorty se propuso plantear en nuevos términos el argumento que Shelley expusiera en «Defensa de la poesía»: «En la médula misma del romanticismo ..., radica la convicción de que la razón sólo puede seguir caminos previamente desbrozados por la imaginación. Sin palabras no hay razonamiento. Sin imaginación, no hay nuevas palabras. Y sin esas palabras nuevas, no hay progreso moral ni intelectual». Rorty comparaba la capacidad que tiene el poeta de proporcionarnos un lenguaje más rico con el empeño que lleva al filósofo a tratar de acceder por vías no lingüísticas a lo «realmente real». Rorty insistía en que el sueño con el que Platón diera en dramatizar ese acceso había constituido en sí mismo un gran logro poético, pero añadía que en la época de Shelley el sueño «había quedado agotado». Y continúa: «Hoy somos más capaces que Platón de reconocer nuestra finitud, de admitir que nunca alcanzaremos a entrar en contacto con algo superior a nosotros. En cambio, albergamos la esperanza de que la vida humana que llevamos aquí, en la Tierra, vaya ganando en riqueza y complejidad a medida que avancen los siglos porque el lenguaje que den en emplear nuestros más lejanos descendientes aprenda a dotarse de más recursos que el nuestro. Nuestro vocabulario representará para el suyo lo que el de nuestros primitivos antepasados representa para el nuestro».

Como señala el propio Rorty, nuestro filósofo estaba utilizando el término «poesía» en «un sentido amplio». «Expandí los alcances de la expresión "poeta fuerte" —ideada por Harold Bloom— a fin de conseguir aplicarla a todos aquellos prosistas que se hubieran revelado capaces de inventar nuevos juegos del lenguaje (pensadores como Platón, Newton, Marx, Darwin y Freud, junto con poetas como Milton y Blake). En estos juegos podían tener cabida tanto las ecuaciones matemáticas como los argumentos inductivos, las narrativas dramáticas o la innovación prosódica (según comprobamos en el caso de los versificadores). Sin embargo, desde el punto de vista de mis objetivos filosóficos, la distinción entre prosa y verso resultaba irrelevante.»

En un ensayo anterior titulado *The Inspirational Value of Great Works of Literature*, Rorty expondrá los detalles de una polémica surgida contra el modo postmoderno de abordar el estudio de la literatura (véase el capítulo 26), ya que, a su juicio, este enfoque estaba transformando la interpretación de la gran literatura en una simple rama de los «estudios culturales» —«una más de la larga serie de poco prometedoras ciencias sociales que surgen últimamente»—. En dicho enfoque el contexto lo es todo, añadía, y conceptos como los de «carisma» y «genio» no encuentran ya la menor cabida. En ese trabajo, Rorty citaba con desagrado algunos pasajes de *El posmodernismo o la lógica cultural del capitalismo avanzado* de Fredric Jameson: «[El] nuevo orden no exige ya profetas ni visionarios de tipo modernista y carismático, y no los precisa en ningún ámbito, ya sea el de los productos culturales o el de la clase política. Estos personajes no poseen hoy el más mínimo encanto ni ejercen fascinación alguna ...; ¡ay del país que necesite genios, profetas, Grandes Escritores, o demiurgos!».

Rorty estaba en absoluto desacuerdo con este planteamiento. Creía que existía efectivamente una Gran Literatura y que su función consistía en actuar como «fuente de inspiración». Citaba un ensayo de la escritora Dorothy Allison titulado «Believing in Literature» en el que la autora aludía a la religión que ella misma profesaba, una «religión atea», una religión moldeada por la literatura y por «su particular y personal sueño de escribir»: «Existe un lugar en el que siempre nos encontraremos a solas, frente a frente, con nuestra condición mortal, un espacio en el que sencillamente deberemos contar con algo superior a nosotros mismos para podernos aferrar a ello —ya sea Dios, la historia, la política, la literatura, la fe en las virtudes curativas del amor o incluso una justa cólera—. A veces pienso que todas esas cosas son lo mismo. Una razón para creer, una forma de encontrar la posibilidad de agarrar al mundo por las solapas e insistir en que esta vida puede ofrecernos más de lo que nunca hubiéramos alcanzado a imaginar».[27]

Y esto es lo que Rorty entiende por una literatura capaz de actuar como fuente de inspiración: aquella que permite a la gente «pensar que esta vida puede ofrecerles más de lo que nunca alcanzaron a imaginar». «Lo característico del valor que posee la inspiración *no* brota de un conjunto de operaciones sacadas de un método, una ciencia, una disciplina o una profesión ... Para que una obra muestre poseer capacidad de inspiración ha de conseguir recontextualizar buena parte de lo que creíamos saber con anterioridad ... Del mismo modo que otro ser humano no puede provocar en nosotros un loco arrebato de pasión en el mismo instante en el que reconocemos mentalmente que se trata de un buen espécimen, del tipo que sea, tampoco es posible que una obra que nos inspira suscite al mismo tiempo un gesto de carácter cognitivo en nuestro interior.» Rorty estaba convencido de que, en más de una ocasión, los libros han «salvado» a la gente: «Existen personas que comparten la máxima de William Wordsworth "Lo que amamos / también otros lo amarán, / y nosotros podremos enseñarles cómo hacerlo"».

El mismo Rorty confiesa compartir una aspiración con Matthew Arnold: la asociada con «la esperanzada expectativa de una religión de la literatura, una religión en la que las obras de la imaginación laica vengan a reemplazar a las Escrituras como principal fuente de inspiración y de esperanza —convirtiéndose así en un manantial renovado con cada generación—. Deberíamos aceptar con alborozo que los cánones sean de carácter temporal y que las piedras de toque puedan sustituirse. Ahora bien, esto no debería inducirnos a descartar la idea de grandeza. Y si hemos de considerar que las grandes obras de la literatura son efectivamente grandes habrá de ser porque hayan aportado inspiración a un sinfín de lectores, y no al revés, que si han inspirado a un vasto número de lectores ha sido en virtud de su grandeza».[28]

Poco después de haber completado el ensayo en el que pasaba revista a «Pragmatismo y romanticismo», Rorty recibió la demoledora noticia de que padecía un cáncer de páncreas inoperable. Días más tarde se reunía a tomar café con uno de sus hijos y con un primo suyo que había venido a visitarle. El primo, que era un pastor bautista, sintió el impulso de preguntarle si había observado que sus pensamientos hubieran comenzado a girar en torno a temas religiosos. No, dijo Rorty. «Bueno, ¿pero qué me dices de la filosofía?», quiso saber el hijo. Tampoco, recalcó Rorty. El joven insistió: «¿No hay *nada* de todo cuanto has leído que te haya resultado de utilidad?». Y entonces Rorty soltó bruscamente: «Sí, la poesía me ha servido de mucho». Y al preguntarle sus interlocutores qué versos en concreto le habían sosegado, el filósofo rescató dos viejos poemas «pasados de moda» que acababa de «desenterrar» de los más hondos estratos de la memoria y que se le habían antojado «curiosamente reconfortantes». Uno de ellos, de Algernon Charles Swinburne, era «El jardín de Proserpina»:

> Por eso agradecemos a los dioses,
> Sean quiénes sean,
> Que la vida no dure eternamente,
> Que nada perturbe el sueño de los muertos,
> Que hasta el río menos impetuoso
> Haya siempre de retornar al mar.

El otro poema, de Walter Savage Landor, era el titulado: «Al cumplir setenta y cinco años»:

> Amé la Naturaleza, y luego de ella, el Arte;
> Templé mis manos en el fuego de la vida,
> Que, al extinguirse, me hace ser el que parte.

Rorty señalaba que había encontrado consuelo «en esos lentos meandros y en esas brasas casi extintas», añadiendo: «Pensé que no había efecto comparable que pudiera producirse con la prosa. Para lograr esa experiencia no sólo se precisan imágenes, se requiere también la intervención de la rima y el ritmo. En versos como ésos, los tres elementos, juntos y combinados, logran generar un grado de compacidad, y por tanto de fuerza de percusión, que sólo a la poesía le es dado alcanzar. Comparada con las cerradas andanadas que dispara el ingenio del poeta, hasta la mejor prosa queda reducida al rango de la más azarosa de las perdigonadas».

Rosty confesó que le habría gustado dedicar más tiempo a la lectura de poemas. «Y no porque tema haberme perdido verdades de imposible expresión en prosa. No existen tales verdades; en lo que Swinburne y Landor sabían de la muerte no hay nada que no hubieran alcanzado a comprender Epicuro y Heidegger. Pienso, más bien, que mi vida habría tenido una mayor plenitud si me hubiera regocijado más con el poético repiqueteo de esas antiguallas —es algo parecido a la amistad, pues lo mismo me habría sucedido de haber cultivado amistades más estrechas—. [Vale la pena recordar aquí las palabras de Oscar Milosz al resaltar que la poesía ha "acompañado al hombre desde el principio de los tiempos".] Las culturas de más rico vocabulario son más plenamente humanas —se hallan más alejadas de las bestias— que aquellas que manejan un léxico empobrecido; los hombres y las mujeres, considerados uno a uno, son más plenamente humanos cuando almacenan en la memoria una generosa provisión de versos.»[29.]

Capítulo 25

«NUESTRO OBJETIVO ESPIRITUAL ES EL ENRIQUECIMIENTO DE LA ÉPICA EVOLUTIVA»

En el prólogo de *Destejiendo el arcoíris. Ciencia, ilusión y el deseo de asombro* (publicada 1998), Richard Dawkins, que por entonces enseñaba en Oxford la asignatura de Comprensión Pública de la Ciencia, relataba dos de los incidentes que le habían impulsado, en parte, a escribir su nuevo libro. Uno de ellos guardaba relación con un editor extranjero —cuyo nombre omite Dawkins— que le había dicho que, después de leer su primer texto —*El gen egoísta* (de 1976)—, no había podido conciliar el sueño durante tres noches a causa de la conmoción que le había producido su «frío y deprimente mensaje». La otra anécdota implicaba a otro docente, en este caso perteneciente «a un lejano país», que le había escrito en tono de reproche para decirle que una de sus alumnas se había presentado llorando en su despacho después de haber leído esa misma obra, «al haber quedado convencida de que la vida era un inmenso vacío carente de toda finalidad. El profesor en cuestión le había aconsejado que no recomendara el libro a ninguno de sus amigos, a fin de no contaminarles con una nueva dosis de pesimismo nihilista».

A continuación, Dawkins citaba algunas de las ideas contenidas en el manual escrito por su colega Peter Atkins —*La segunda ley* (1984)—: «Somos hijos del caos; de hecho, el fundamento estructural del cambio es la degradación. En el fondo, lo único que existe es corrupción, así como la imparable marea del caos. La finalidad ha desaparecido y todo cuanto queda es una dirección. Ésa es la desoladora realidad que hemos de aceptar si escudriñamos a fondo y desapasionadamente el corazón del universo».[1]

En este sentido, Dawkins comenta lo siguiente: «Ahora bien, esta más que conveniente depuración de toda falsa y edulcorada noción de finalidad, esta laudable severidad en el descrédito del sentimentalismo cósmico, no debe confundirse con la pérdida de la esperanza personal. Pese a que, presumiblemente, el devenir del cosmos no obedezca a finalidad alguna, lo cierto es que no hay nadie que realmente vincule sus esperanzas personales al destino último del universo. Nadie haría algo así; al menos nadie que esté en su sano juicio. Nuestra vida se rige por toda clase de ambiciones y percepciones de carácter perfectamente humano, por aspiraciones de naturaleza más cercana y cálida. Acusar a la ciencia de despojar a la vida del calor que hace que valga la pena vivirla es una equivocación tan ridícula, tan diametralmente opuesta a lo que yo mismo siento —y a lo que sienten la mayor parte de los científicos en activo—, que me veo poco menos que arrastrado a la desesperación de la que tan erróneamente se me hace responsable».

Dawkins argumenta seguidamente que su objetivo había sido totalmente opuesto, que lo que deseaba era transmitir la sensación de reverente asombro que puede proporcionarnos la ciencia, convirtiendo su práctica en «una de las más grandes experiencias que le es dado alcanzar a la psique humana».[2]

El título de este segundo libro de Dawkins ha sido sacado de un poema de John Keats, que estaba convencido de que Isaac Newton había destruido por completo el potencial poético del arcoíris al reducirlo a los colores del espectro visible. Dawkins no aceptaba ese argumento. Insistía en que los científicos y las personas científicamente instruidas de cualquier parte del mundo que se revelaran capaces de leer indistintamente a Keats y a Newton tenían dos formas de experimentar y de entender los arcoíris, no sólo una, y que eso tenía que constituir por fuerza un avance.

Hecho esto, Dawkins procede a demostrar la admiración que a él mismo le inspira el mundo natural y el cosmos, pasando revista a un amplio abanico de maravillas que va desde las bacterias al oído de los insectos pasando por el trinar de los pájaros, los anillos de los troncos de las secuoyas, los cucos y sus prácticas de puesta, el polimorfismo de los caracoles y otras muchas cosas. En su disertación, Dawkins niega también toda credibilidad a las actividades paranormales, a la astrología, y a cualquier clase de superstición y credulidad. Aablereza sus explicaciones con toda una serie de poemas —algunos de ellos de calidad, otros sin ninguna relevancia particular—, en un obsequioso intento de mostrar que la valoración de la ciencia no debe poner en modo alguno en entredicho el disfrute de la poesía —y ello por una razón específica: «la de que la ciencia permite el misterio, pero no la magia»—.[3] Nuestro autor afirma además que, en realidad, la percepción de las inexactitudes científicas presentes en la literatura ha sido y será siempre una variante de la apreciación poética.

Al final de la obra, Dawkins reivindicará las virtudes de lo que él llama la «ciencia poética», esto es, la idea de que, si se escucharan el uno al otro, Keats y Newton «podrían escuchar el cántico de las galaxias». Gracias al lenguaje, que nos diferencia del resto de los animales, los seres humanos «podemos salir del universo ..., en el sentido de que tenemos la facultad de interiorizar un particular modelo del cosmos y de albergarlo en la cavidad craneana. No me estoy refiriendo a un modelo surgido de la superstición, la pacatería o un entendimiento cejijunto, habitado por espíritus y duendes, articulado en torno a dictámenes astrológicos y mágicos, y deslumbrado por el centelleo de los falsos cántaros de oro presuntamente ocultos bajo los pilares del arcoíris; pienso en un gran modelo, en un modelo digno de la realidad que lo regula, lo actualiza y lo modera; en un modelo de estrellas y de grandes distancias; en un modelo en el que la noble curva espaciotemporal de Einstein eclipse la curvatura del arca de la alianza de Yahvé y la ponga en su sitio... El punto focal de nuestra existencia periclita y muere, pero lo tonificante del caso es que, antes de fenecer, nos da tiempo a comprender algunas de las claves del lugar al que tan pasajeramente nos vemos arrojados y de las razones de que alcancemos dicha comprensión. Somos los únicos animales que prevén su propio fin. Y somos también los únicos capaces de decir, antes de morir: sí, en efecto, ésta es la razón de que haya merecido auténticamente la pena venir al mundo».[4]

En las últimas décadas, los biólogos evolutivos como Dawkins, junto con los cosmólogos —es decir, los físicos y los astrónomos—, han organizado un enérgico ataque contra los elementos más fundamentales de la religión, y en particular contra las dimensiones básicas de los principales monoteísmos. La cuestión es que, al proceder de ese modo, han contribuido también enormemente a remodelar lo que pudiéramos llamar, a falta de una expresión mejor, nuestro dilema espiritual.

Los logros que han alcanzado a materializar de manera colegiada estas dos ciencias se concretan en una triple vertiente. En primer lugar, los científicos se han propuesto mostrar que las religiones son en sí mismas un conjunto de fenómenos enteramente naturales. Se trata de unas realidades sujetas a un proceso evolutivo —como les sucede a otras muchas cosas del mundo—, situación de la que se deduce que nuestra vida *moral* es también un fenómeno natural (producto de la evolución), no una entidad que hunda sus raíces en ningún ámbito o espíritu divinos. En este sentido, los detalles de la evolución nos enseñan cómo hemos de organizar nuestra vida en común sin necesidad de recurrir en modo alguno a Dios. Además, no se sustituye la acción divina por ninguna otra cosa, puesto que no hay necesidad de tal sustitución. En segundo lugar, los científicos señalan que la ciencia ha logrado descubrir, o reorganizar, algunos aspectos nuevos de la condición humana, unos aspectos que nos permiten contar con los principios necesarios para disponer nuestros asuntos de modo que se logre el mayor beneficio para el mayor número. Una vez más, tampoco aquí hay necesidad de Dios. En tercer lugar, la biología evolutiva y la cosmología nos han permitido concebir de un modo radicalmente nuevo cuál o cuáles son los principios que subyacen en la organización del universo. Hay quien ha sentido incluso la tentación de afirmar que esos nuevos principios son divinos en sí mismos, pero más numerosos son aún los que piensan que se trata de un conjunto de características perfectamente materiales del mundo natural.

Algunas de estas innovaciones resultan controvertidas, otras revelan participar de lo fantástico (puesto que su objetivo consiste en parte en atraer nuestra atención), y otras incluso son contradictorias. Todas ellas actualizan nuestros conocimientos.

EL CONCEPTO DE LA SALUD CULTURAL

Richard Dawkins es probablemente la figura más controvertida del actual debate entre la ciencia y la religión. En *Destejiendo el arcoíris*, nuestro autor se propone mostrar que el hecho de abordar científicamente los detalles de la creación puede resultar tan «imponente» y gratificante como la opción de considerarlos desde el punto de vista religioso. En *El relojero ciego* (publicado en 1986), Dawkins se propondrá alcanzar otros dos objetivos. En primer lugar, intenta explicar del único modo posible —es decir, como resultado de miles y miles de progresos evolutivos graduales— la enorme complejidad biológica que observamos a nuestro alrededor. Y en segundo lugar, su objetivo consiste en argumentar que, si la única forma en que puede surgir la complejidad es ésta, no hay necesidad de concebir la idea de ningún Dios complejo —no siendo dicha idea, de hecho, más que una contradicción en los términos—. Dawkins insiste en ello diciendo que «Darwin nos ha abierto la posibilidad de ser ateos intelectualmente realizados».[5]

En el año 2006, Dawkins volverá a la carga con *El espejismo de Dios*. En esta obra, el biólogo reitera algunas de sus argumentaciones contrarias a la existencia de Dios —por ejemplo, que si aceptamos que Dios tendría que ser forzosamente complejo para poder crear el mecanismo evolutivo, surge la siguiente pregunta: ¿qué necesidad tendría de dar curso a la evolución para volver a producir así una complejidad nueva?—. Dawkins examina en esta obra varios de los proyectos destinados a aplicar los rigores de la verificación experimental a la oración piadosa, descubriendo que todos ellos adolecían de graves defectos. Estudia asimismo las raíces de la moralidad y pasa revista a un buen número de planteamientos religiosos —juzgándolos sospechosos—. Dice estar convencido, por ejemplo, de que hoy no hay prácticamente nadie (si es que alguna vez lo hubo) que «anhele vehementemente» alcanzar la vida tras la muerte, consideración que le llevará a afirmar que, a su juicio, la relación es un fraude.

Dawkins no dice gran cosa acerca de cómo debería vivir una persona emancipada si decidiera abandonar la religión —ya que da por sentado que su propio estilo de vida (manifestado y percibido a través de sus escritos) es prueba suficiente de las características de ese modo nuevo de existencia—. Sin embargo, con un tono y unas maneras típicamente combativos, procederá a exponer el caso de varios individuos que lograron «escapar» (por emplear sus propias palabras) a la fe, al objeto de mostrar que se trata de algo factible, tanto ahora como en épocas pasadas. Además, publica en esta misma obra, a modo de apéndice, una lista de «direcciones útiles», fundamentalmente de asociaciones humanistas de todo el mundo, en las que las personas que opten por rechazar su confesión pueden encontrar refugio y apoyo intelectual.[6]

En *Romper el hechizo. La religión como un fenómeno natural* (publicada en 2006), Daniel Dennett, filósofo de la Universidad Tufts y colega de Dawkins, señala que ya era hora de que la religión «entendida como fenómeno global» fuese objeto de una investigación multidisciplinar, «dado que la religión es una realidad que nos importa demasiado como para seguir ignorando en qué consiste».[7] Hasta ahora, dice, nos hemos ceñido al acuerdo tácito de que los científicos debían dejar a la religión en paz. Sin embargo, la notable difusión que están alcanzando las acciones del terrorismo fundamentalista nos «está haciendo pagar un terrible precio por nuestra ignorancia».[8] Dennett señala que se crean dos o tres religiones nuevas *al día* y que su período de vida suele ser inferior a una década, añadiendo que ni siquiera puede considerarse que los grandes monoteísmos sean excesivamente longevos, ya que lo son mucho menos que otras instituciones humanas (como, por ejemplo, la escritura, que lleva cinco mil años entre nosotros, o la agricultura, que se practica desde hace diez mil, o el lenguaje, cuya presencia viva tiene tras de sí varios cientos de miles de años).[9] Mediante el estudio de la necesidad que lleva a los seres humanos a buscar las sensaciones intensas, a realizar rituales, a atribuir una capacidad de acción a todo cuanto les desconcierta, a hallar pautas e invariancias prácticamente en todas partes, a asumir el papel de jefes o de líderes o a renunciar a esa posibilidad, nuestro autor muestra que el proceso evolutivo por el que las religiones populares acabaron convirtiéndose en religiones organizadas se produjo de manera uniforme y sin la menor solución de continuidad.

Lo realmente importante es «la creencia en la creencia», sostiene Dennett. Son muy numerosas las personas que en realidad no dan crédito a muchos de los dogmas de la religión que profesan (es decir, que no creen, por ejemplo, en el infierno, o en el becerro de oro), pero que sí creen en cambio en el *concepto* de Dios. La «creencia en la creencia» es una noción escurridiza, pero ha desempeñado un papel muy importante —sobre todo a lo largo del siglo xx— en el desarrollo de una noción «apofática» de Dios, consistente en pensar que Dios es «inefable e incognoscible, una entidad situada más allá de la comprensión humana».[10] Dennett habrá de rechazar con particular ahínco este concepto (popularizado por Karl Barth en la década de 1920).

Nuestro autor concluye, por tanto, preguntándose si la gente está o no en lo cierto al pensar que la mejor forma de llevar una vida buena es vivirla de acuerdo con las directrices de una religión. Y su respuesta es que el mundo «está hoy harto y hastiado de las devotas demostraciones de los terroristas fundamentalistas, vengan de donde vengan».[11] En la elaboración y puesta en práctica de sus planes políticos, es frecuente que los fundamentalistas y los fanáticos exploten la infraestructura organizativa de la religión a la que afirman pertenecer, aprovechando en su propio beneficio la existencia de una tradición de incuestionable lealtad a la misma. La responsabilidad del terrorismo que practican grupos como Al Qaeda o Hamas ha de imputarse al islam.

Al redactar este libro, señala Dennett, él mismo ha topado varias veces con una opinión muy extendida que sin embargo se expresa de muy diversos modos —opinión que, en esencia, acostumbra a resumirse en la idea de que «el hombre» tiene una «honda necesidad» de vida espiritual—. «Lo que me fascina acerca de esas ansias tan deliciosamente versátiles de "espiritualidad" es el hecho de que la gente crea saber de qué está hablando, pese a que nadie se haya tomado la molestia de explicarles en qué consiste esa necesidad, aunque siempre cabe la posibilidad de que esa infundada confianza se deba justamente a esa misma ausencia de toda explicación.»

Tres son las cosas que Dennett recomienda en relación con la vida buena. El secreto de la espiritualidad no guarda la menor relación con el alma, ni con nada de carácter sobrenatural —todo se reduce a esto: *déjate llevar*—. «Si logras abordar las complejidades del mundo —tanto lo que tiene de magnífico como lo que tiene de horroroso— con una actitud de humilde curiosidad, admitiendo que por honda que haya sido tu indagación no habrás hecho más que arañar la mera superficie de la realidad, descubrirás que los mundos se entrelazan e imbrican unos en otros a la manera de un complejo juego de muñecas rusas, conocerás bellezas que antes ni siquiera alcanzabas a imaginar, y tus propias preocupaciones mundanas perderán peso y dimensión hasta quedar reducidas al tamaño que *realmente tienen*, es decir, hasta revelar la escasa importancia que cabe atribuirles en el orden general de las cosas. No resulta nada fácil tener bien presente esta sobrecogida forma de contemplar el mundo cuando nos vemos obligados a lidiar con las exigencias de la vida cotidiana, pero decididamente vale la pena hacer el esfuerzo de intentar conseguirlo, ya que si logras permanecer *centrado*, si te *implicas*, descubrirás que se te allanan hasta las decisiones más difíciles, que te vienen a la boca las palabras justas en el momento en que las necesitas y que tienes de hecho en tu mano la posibilidad de ser una mejor persona.»[12]

A juicio de Dennett, es urgente que la gente entienda y acepte la teoría evolutiva. «¡Creo que la salvación de las personas podría depender de ello! ¿Por qué? Porque les abriría los ojos y les haría comprender los riesgos asociados con la producción de pandemias, la degradación del medio ambiente y la pérdida de la biodiversidad; y porque les permitiría cobrar conciencia de algunas de las flaquezas de la naturaleza humana. ¿Cabe decir entonces que esta creencia mía es una forma de pensamiento religioso —mi fe en que la creencia en la evolución sea efectivamente la vía correcta hacia la salvación—? No ... ¡Quienes amamos la evolución no honramos a todos aquellos que no logran pensar de forma clara y racional en virtud de su propio amor a la evolución! ... Desde nuestro punto de vista no ha de dársele cuartel a la idea de que algo pueda ser misterioso o incomprensible ... Considero un imperativo moral difundir la palabra de la evolución, pero la evolución no es mi religión. No tengo religión.»[13]

Considerando que se trata de un avance en esta nueva fórmula emancipadora, Dennett recomienda también la lectura de los textos del psicólogo británico Nicholas Humphrey, que ha sido uno de los primeros —según lo que afirma el propio Dennett— en ponderar las cuestiones éticas asociadas con los criterios pertinentes para decidir «si resulta o no moralmente defendible inculcar un determinado sistema de creencias a los niños y en qué casos». Humphrey aboga por transmitir a los chiquillos los contenidos de *todas* las religiones del mundo, «haciéndolo además de un modo puramente descriptivo, apoyado por informaciones de carácter histórico y biológico», es decir, procediendo igual que en el caso de la docencia de la geografía, la historia y las matemáticas. «Debemos *incrementar* el peso de la educación religiosa en las escuelas, no disminuirlo.» Deberíamos enseñar a los alumnos los ritos y las costumbres vinculados con las convicciones teológicas, así como los aspectos positivos y negativos de la historia religiosa —es decir, debemos hablarles del papel de las Iglesias en el fomento de los movimientos de defensa de los derechos civiles pero *también* de la Inquisición—. No ha de privilegiarse la enseñanza de ninguna religión, pero tampoco deberá postergarse ninguna. Y al ir avanzando el alumno en el aprendizaje de los fundamentos psicológicos y biológicos de la religión también habrán de incluirse estos extremos. «El mayor desafío al que habrá de enfrentarse el próximo siglo pasará por ampliar el ámbito de la salud pública a fin de dar cabida a los estudios relacionados con la salud cultural.»

De hecho, el llamamiento que lanza Dennett en favor de un mayor esfuerzo de investigación en la esfera religiosa pasa por alto el hecho de que en realidad se trata de una tarea que ya está en marcha, como queda claro en varias obras, y fundamentalmente en la de David Sloan Wilson titulada *Darwin's Cathedral: Evolution, Religion, and the Nature of Society*, un texto publicado en 2002 en el que Wilson examina un buen número de religiones, todas ellas muy diversas: las de los nuer, los dagara y los mbuti africanos, pero también la de los grupos de seguidores con que cuenta Juan Calvino en Ginebra o la de los cristianos coreanos residentes en Texas. Wilson llega a la conclusión de que las religiones son otras tantas unidades adaptativas que se constituyen con el fin de poder acceder a un conjunto de recursos (de carácter frecuentemente material) que únicamente pueden obtenerse por medio de una acción de grupo bien coordinada. De ese modo, sostiene Wilson, tanto los catecismos como el concepto de perdón pueden considerarse fenómenos surgidos de un proceso evolutivo.[14]

NUEVAS REGLAS POR LAS QUE REGIRSE: LA CONFIANZA, EL INTERCAMBIO
Y UNA VISIÓN TRÁGICA

En *El fin de la fe. La religión, el terror y el futuro de la razón* (publicada en 2004), Sam Harris dirige un chispeante ataque contra el conjunto de las religiones, afirmando que tanto la Biblia como el Corán contienen «montañas» de tonterías demoledoras para una vida sana; que la «tierra» por la que luchan la mayor parte de los terroristas no se encuentra en este mundo; y que no tiene sentido que Dios haya creado en Shakespeare a un escritor con mejor mano narrativa que la suya propia. La ciencia, dice, está incluyendo gradualmente en su esfera de influencia los más hondos interrogantes de la existencia, permitiendo que empecemos a comprender por qué prosperan los seres humanos. Así estamos comenzando a entender, por ejemplo, el papel que desempeña la hormona oxitocina en el cerebro y la relación que guarda con el bienestar de las personas.

Gracias a este tipo de descubrimientos conseguiremos hallarnos finalmente en condiciones de señalar, con toda objetividad, que las cuestiones morales admiten respuestas acertadas y erróneas, dado que, una vez que hayamos puesto a la religión en su sitio, «el bienestar será todo lo que quede de aquello que nos es posible valorar de forma inteligible».[15] Basándose en los fracasos cosechados por los kibutz israelíes, Harris argumenta que hay formas de vida social cuyo grado de moralidad es inferior al de otras; que tanto los índices de divorcio como las tasas de embarazos de adolescentes o las cifras de consumo de contenidos pornográficos son más elevados en las comunidades de carácter conservador; y que las sociedades que permiten que sus miembros expriman al máximo sus posibilidades y las de sus semejantes son justamente aquellas que revelan tener un mayor éxito. Nuestro perfil moral está cambiando —y a mejor, subraya—. Un ejemplo de ello es que cada vez estamos menos dispuestos a aceptar la ocurrencia de daños colaterales en las situaciones de conflicto. Y una de sus conclusiones más relevantes es que «muy posiblemente no haya nada más importante que la cooperación entre los seres humanos».

A esa misma conclusión habría de llegar también Matt Ridley, un polímata británico que suma a su condición de científico el desempeño de otros muchos roles sociales, entre los que destaca el de haber sido presidente de una entidad bancaria. En una obra publicada en 1996 con el título de *The Origins of Virtue*, Ridley argumenta que «los sentimientos morales son dispositivos concebidos para resolver problemas y lograr así que unos seres tan sumamente sociales como los humanos puedan servirse eficazmente de las relaciones interindividuales a fin de garantizarse la supervivencia a largo plazo de sus genes». La vida moral, concluye, está basada en el hecho de que los «genes egoístas hacen de nosotros unas criaturas sociales, fiables y propensas a la cooperación». La moralidad es anterior a la existencia de la Iglesia, del mismo modo que el comercio precedió al Estado, los trueques al dinero, el contrato social a Hobbes, el bienestar a los derechos humanos, la cultura a Babilonia, el egoísmo a Adam Smith y la codicia al capitalismo. El elemento principal de la cooperación, señala, es la confianza —«una forma auténticamente crucial de capital social»—. Allí donde la autoridad da en sustituir a la reciprocidad, el sentido de pertenencia a la comunidad se difumina. Para que la confianza prospere hemos de reducir el poder del Estado y descentrar nuestra existencia a fin de desarrollarla en el ámbito del vecindario, las redes informáticas, los clubs y equipos de nuestra localidad, los grupos de autoayuda y las pequeñas empresas —«todo ha de ser pequeño y local», apostilla.

En *El optimista racional* (publicada en 2010), Ridley argumenta que, contrariamente a lo que mucha gente cree, en los últimos mil años la esperanza de vida ha crecido de forma espectacular, los indicadores muestran un descenso de la violencia, y los ingresos medios han aumentado de manera exponencial. Los humanos son los únicos seres vivos, señala, que han logrado incrementar de forma constante su calidad de vida. Ninguna otra especie dotada de un cerebro proporcionalmente grande, como los delfines, los chimpancés, los pulpos y los periquitos, ha logrado repetir esa proeza, así que la cuestión no puede reducirse únicamente al tamaño de la masa encefálica. El factor diacrítico es en este caso, a juicio de Ridley, el comercio. Lo que ha determinado que nuestra inteligencia colectiva se desarrollara en beneficio de todos ha sido la realización de intercambios entre individuos *no vinculados por relaciones de parentesco*.[16] La fe del futuro habrá de girar en torno al deseo de lograr una mayor libertad comercial.

El psicólogo de Harvard Steven Pinker se muestra en gran medida de acuerdo con este diagnóstico. En *La tabla rasa. La negación moderna de la naturaleza humana* (de 2002), este autor se adentra en el estudio de los temores que más nos arredran en relación con la naturaleza humana: el miedo a la desigualdad, el miedo a no poder perfeccionarnos, el miedo al determinismo y el miedo al nihilismo. Frente a ellos, las religiones han aportado tradicionalmente «alivio, sensación de comunidad y orientación moral» a un sinfín de personas, y de acuerdo con algunos biólogos, las refinadas posiciones deístas hacia las que está encauzándose la actual proyección de desarrollo de un gran número de religiones «puede considerarse compatible con una concepción evolutiva de la mente y la naturaleza».

Es más, el incremento de nuestro conocimiento ha determinado asimismo la expansión de nuestros horizontes morales. De este modo, y a diferencia de las religiones, que tienden a centrar su atención en los miembros de su misma confesión o de su círculo más próximo, la ampliación de los límites de la comprensión biológica ha hecho que las sociedades empezaran a darse cuenta de que las entidades merecedoras de una consideración moral no eran únicamente las asociadas con la familia y la aldea, sino que dicha consideración debía «hacerse extensiva» a los integrantes del clan, la tribu, la nación, la raza y, en los últimos tiempos (como en la Declaración Universal de los Derechos Humanos), al conjunto de la humanidad. Con todo, el proceso no va a detenerse ahí, puesto que ya hay quien trata de incluir en la órbita de la valoración moral a algunos animales, así como a los cigotos, a los fetos y a las personas afectadas de muerte cerebral. Según refiere Pinker, los últimos avances de la ciencia cognitiva han permitido establecer de forma consensuada una lista de «intuiciones capitales», intuiciones que serían aquellas en las que basamos nuestra comprensión del mundo —como la física del sentido común, la ingeniería y la psicología intuitivas, las nociones elementales del espacio y el número, el sentido de la probabilidad o la economía instintiva—. Hubo una época en la que disponíamos además de una percepción intuitiva de la idea de alma, noción que hoy no resulta ya conciliable con la biología, lo que significa que debemos reorganizar nuestra comprensión moral, una comprensión que podemos concebir idealmente como un sistema de compensaciones y soluciones intermedias adaptadas a las circunstancias. Con esto regresamos en realidad a la ética situacional que ya abordamos en el capítulo 19.

Personalmente, Pinker tiende a mostrarse más partidario de una intuición «trágica» de la vida que de una concepción «utópica» de la existencia. Dicha comprensión trágica incluiría, como mínimo, los siguientes elementos: la primacía de los lazos familiares; el limitado radio de acción de nuestra capacidad de compartir y establecer relaciones de reciprocidad —lo que desemboca en una suerte de «pereza social»—; el carácter universal de la dominancia, la violencia y el etnocentrismo; la naturaleza parcialmente hereditaria de la inteligencia, la meticulosidad y las tendencias antisociales; la prevalencia de los mecanismos de defensa; los sesgos que orientan el sentido moral y nos inducen a mostrar predilección por los parientes y los amigos; y la tendencia a confundir la moralidad con los con-

vencionalismos, la jerarquía, la higiene y la belleza. En otra obra suya
—*Los ángeles que llevamos dentro. El declive de la violencia y sus implicaciones* (2011)—, Pinker enumera seis períodos históricos en los que la
violencia experimentó de hecho un significativo descenso, circunstancia
que probaría, según argumenta, que *nos estamos volviendo* efectivamente
más morales.[17]

Pese a que las conclusiones de Pinker hayan sido objeto de numerosas
críticas —al igual que las de Ridley—, debido a sus tendencias panglossia-
nas,* y a pesar también de que Pinker piense que la instauración de un
Estado fuerte tiene mucho que ver con el descenso de los actos de violencia, lo cierto es que nuestro autor también considera que otro de los factores decisivos para la generación de ese avance ha sido el comercio, «un
juego en el que todo el mundo puede salir ganador». «Dado que el progreso tecnológico no sólo permite intercambiar bienes e ideas a distancias
crecientes, sino que también facilita que en dicho intercambio intervengan grupos de dimensiones cada vez mayores, surge la idea de que nuestros semejantes valen más vivos que muertos. De este modo, el prójimo
pasa de ser blanco de las maldiciones vinculadas con la demonización y la
deshumanización a convertirse en un socio potencial para el establecimiento de unas relaciones basadas en el altruismo recíproco.»

Por consiguiente, a juicio de Harris, Ridley y Pinker no sólo se han
hecho progresos morales en el pasado, sino que continúan produciéndose
en el momento actual, con la circunstancia añadida de que dichas mejoras
no han tenido nunca nada que ver con la religión. Puede que no resulte tan
habitual oponer la actividad comercial a los valores religiosos como en-
frentarlos con los principios de la ciencia, pero lo cierto es que los efectos
de dicha contraposición son prácticamente los mismos. El comercio es
una actividad horizontal, efectuada por personas que se sitúan en un mismo plano, siendo asimismo, por definición, una actividad claramente
mundana. Y al igual que la mayoría de las demás prácticas humanas, también ésta ha ido evolucionando con el paso del tiempo.

---

* Término derivado del doctor Pangloss, tutor del *Cándido* volteriano, para calificar
la posición pesimista de que, siendo éste el mejor de los mundos posibles, nada puede
hacerse para mejorar. A finales de los años setenta, Stephen Jay Gould y Richard Lewon-
tin acuñaron la expresión «paradigma panglossiano» para criticar la idea de que todo lo
humano obedezca a una adaptación específicamente diseñada para satisfacer propósitos
concretos. La alternativa que proponen señala que los accidentes, la casualidad y el uso
de nociones viejas para la consecución de metas nuevas desempeña un papel importante
en el proceso evolutivo. (*N. de los t.*)

El objetivo que se propone alcanzar George Levine es diferente, aunque no carezca de relación con los que procuraban materializar los autores anteriores. En *Darwin Loves You: Natural Selection and the Re-enchantment of the World* (obra publicada en 2006), Levine trata de ofrecernos una imagen «más amable y moderada» de Darwin, pintándonos el retrato de un hombre de espíritu romántico y amante de la naturaleza, de una persona decidida a ayudarnos a entender que el mundo es un lugar aún más encantado de lo que pensábamos —y no menos—. Gracias a Darwin, dice, cobramos una conciencia más profunda del verdadero poder de la naturaleza, un poder que Levine compara con el de los sentimientos religiosos, llegando incluso a afirmar que la teoría evolutiva es una especie de culto a la naturaleza —un culto «más eficaz», de hecho, que el teológico, dado que implica el establecimiento de una relación diferente con el mundo natural, una relación de la que participan plenamente los seres humanos, ya que éstos no sólo no se hallan al margen de ella sino que la reciben como un don del cielo, tal como sostiene el cristianismo.

Levine considera que la atención que presta Darwin a los más pequeños detalles que observa es un acto moral, además de un modelo de comportamiento, ya que «aquí es donde tiene su punto de arranque el encantamiento no teístico». Este autor argumenta que el examen que realiza Darwin de los animales «inferiores» es de la mayor importancia para entender tanto la jerarquía que les corresponde a los seres humanos en la esfera natural como el lugar que ocupan en ella.[18] De hecho, Darwin realiza su contribución tanto en calidad de participante como de observador —lo que, una vez más, constituye un excelente modelo—. «Darwin no nos presenta ningún misterio, ninguna transcendencia; recurre únicamente a un espacio suficiente: el que procura la propia Tierra. Los dos mil quinientos años de monoteísmo que tenemos a las espaldas nos han confundido, induciéndonos a pensar que sus palabras debían de encerrar algún tipo de significado superior, una forma de significado de carácter no material. Y todo lo que cabe decir respecto de tal expectativa es que es una lástima que no hayamos sabido evitarla.»

Todos los biólogos que acabamos de enumerar se apoyan en una prosa de combate, nacida de la convicción de que la evolución es, por emplear los términos del propio Dennett, «la idea más importante que jamás se haya concebido». De hecho se les ha acusado, como habremos de comprobar a continuación, de haberse convertido en los defensores de un nuevo dogma. En cambio, resultaría difícil aplicar esa categorización al más veterano de los biólogos evolutivos, el entomólogo de Harvard Edward

Osborne Wilson, que ha sido, con mucho, el evolucionista más creativo y positivo de la era moderna, además del escritor de más talento de su profesión.

Educado en la Alabama de finales de los años cuarenta y principios de los cincuenta, fuertemente influida por la fe de la Convención Bautista del Sur —que le induciría a leer la Biblia de cabo a rabo, y por dos veces—, Osborne Wilson perdió súbitamente la fe al entrar en contacto con la teoría evolutiva, siendo todavía muy joven. («Tuve la impresión de que el Libro del Apocalipsis según san Juan era una especie de relato alucinado de magia negra redactado por un remoto hombre primitivo.»)

También tuvo la sensación de que los autores bíblicos se habían perdido la revelación más importante de todas, ya que no dejaban resquicio alguno a la futura evolución. «¿Podría darse el caso», se preguntó a sí mismo, «de que no estuviesen realmente al tanto de los más secretos pensamientos de Dios? ¿Podrían hallarse en un error los sacerdotes que presidieron mi infancia, pese a lo buenos y cariñosos que eran?». Aquello era demasiado, así que abandonó la fe bautista para siempre.

Con todo, la cuestión era que no tenía el inmediato deseo de despojarse por completo de sus sentimientos religiosos. «Conservé no obstante una pizca de sentido común. El buen juicio señala que la gente ha de pertenecer por fuerza a una tribu y que las personas anhelan contar con una meta que supere sus limitados alcances. Los más profundos impulsos del espíritu humano nos obligan a tratar de elevarnos por encima del simple polvo animado, y lo cierto es que hemos de dotarnos necesariamente de un relato capaz de explicar de dónde venimos y por qué estamos aquí. ¿Podrían no ser las Sagradas Escrituras otra cosa que el primer intento culto de dar razón del universo y dotar al ser humano de una significación en tan vasto escenario? Quizá la ciencia no sea más que la continuación de ese mismo intento, un capítulo redactado sobre unas bases nuevas y más seguras, pero tendente a conseguir no obstante el mismo fin.»[19]

Si consideramos sus planteamientos desde un determinado punto de vista, Wilson es un biólogo tan comprometido con su área de conocimiento como sus colegas. Sin embargo, se distingue asimismo por el hecho de haber acuñado tres palabras que no sólo estaban llamadas a resultar notablemente influyentes, sino que guardan también una estrecha relación con el tema que aquí nos ocupa. Me refiero a los términos «sociobiología», «biofilia» y «consiliencia». En *Sociobiología* (publicada en 1975), Wilson sugiere que los principios biológicos que hoy sabemos que rigen la vida animal podrían aplicarse provechosamente a las sociedades humanas. Ahora bien, si las premisas en que se fundan esos principios son correctas, insiste, hay que concluir que los seres humanos tuvieron que hacer frente a dos grandes dilemas espirituales. «El primero de ellos es que no hay ninguna especie, ni siquiera la nuestra, cuya razón de ser vaya más allá de los imperativos dictados por su historia genética. [Todo], incluso la capacidad de seleccionar unos determinados juicios estéticos y unas creencias religiosas concretas, ha tenido que surgir forzosamente por medio de esos mismos enfoques mecanicistas [es decir, de acuerdo con los principios biológicos antes señalados]. En una palabra, el primer dilema estriba en el hecho de que no nos dirigimos a ningún lugar en particular. La especie carece de todo objetivo externo a lo dictado por su propia naturaleza biológica ... En todas partes, las personas cultas tienden a pensar que por encima de las necesidades materiales existe algo llamado plenitud y realización de las potencialidades del individuo. ¿Pero qué es la plenitud, y con qué fines podría realizarse ese potencial? Las creencias religiosas tradicionales se han visto erosionadas, y no tanto por una acumulación de humillantes pruebas contrarias a sus respectivas mitologías como por la creciente conciencia de que las creencias son en realidad mecanismos destinados a posibilitar la supervivencia.

»Al igual que otras instituciones humanas, también las religiones evolucionan para fomentar a un tiempo la persistencia y la influencia de quienes las practican.»

No es posible explicar las semejanzas que se observan entre las antiguas civilizaciones de Egipto, Mesopotamia, la India, China, México y las regiones del centro y el sur de América, señala Wilson, diciendo que son simplemente resultado del azar o de una fertilización cultural cruzada. El hecho de que la crónica escasez de carne que (supuestamente) se habría registrado a lo largo de los distintos períodos históricos haya terminado moldeando las creencias religiosas, la circunstancia de que algunos animales sean considerados sagrados, o el dato de que los reclusos de las cárceles se organicen en «familias» extensas —con «madres», «padres», «tías» y «tíos» de carácter vicario—, son todos ellos elementos que sugieren, comenta Wilson, la existencia de un «persistente núcleo de imperiosas necesidades biológicas». No obstante, añade, pese a que la inmanencia de Dios haya quedado reducida al nivel de una hipótesis subyacente a las partículas subatómicas o a la condición de entidad presente más allá de la más lejana galaxia visible —gracias a los incesantes progresos de la ciencia—, lo cierto es que siguen generándose nuevas teorías acerca de la esencia divina. Con todo, prosigue, si hemos de hacer caso de la información que nos proporciona una fuente autorizada, se da la circunstancia de que el género humano ha producido ya cerca de cien mil religiones, lo cual constituye un dato estadístico deprimente, en opinión de Wilson, puesto que, como él mismo dice: «Da la impresión de que los seres humanos prefieren creer a saber».[20]

Nuestro autor reconoce que la práctica de la religión es una de las categorías más relevantes de la conducta humana, siendo además un comportamiento único y exclusivo de nuestra especie —lo cual convierte a las creencias religiosas en un desafío de envergadura para la sociobiología, dado que la religión exige que los individuos subordinen sus egoísmos inmediatos a los intereses del grupo, lo que implica que han de operar impulsados por motivaciones que participan a un tiempo de lo racional y de lo emocional—. «Cuando se opta por rendir culto a los dioses, el beneficiario último, aunque ignorado, de dicha actitud es la aptitud darwiniana de los miembros de la tribu.» Wilson sugiere que existe una predisposición genética que nos induce a aceptar los convencionalismos y la devoción religiosa debido a que se tiene la clara percepción de que las más elevadas formas de religiosidad ritual «confieren a quienes las practican una ventaja biológica», una ventaja plasmada fundamentalmente en la sacralización de la identidad, ya que los mitos de origen «explican un tanto los mecanismos que operan en la naturaleza y los motivos que determinan que la tribu goce de una posición de privilegio en la Tierra». Wilson prosigue diciendo algo que otros estudiosos han observado también con posterioridad: que la creencia en un conjunto de dioses celestiales no es universal, que el concepto de un Dios del cielo surge por lo común en asociación con el modo de vida pastoril: «De hecho, cuanto mayor fuera la importancia del pastoreo para la supervivencia de la tribu, tanto mayores eran las probabilidades de que surgiera una fe vinculada con un Dios-pastor similar al de tipo judeocristiano».

La religión es una categoría de carácter sociobiológico y antropológico, no de índole teológica. Y en ello radica nuestro segundo gran dilema espiritual.

UNA RELIGIÓN SIN TEOLOGÍA

Según señala Wilson, esta explicación biológica de la fe en Dios nos conduce directamente al quid de la cuestión, a saber, el papel que desempeña la mitología en la vida moderna. Actualmente vivimos acompañados de tres grandes mitos, indica el autor: el marxismo, la religión tradicional y el materialismo científico (recuérdese que el libro está escrito en 1979).

A juicio de Wilson, la mitología del materialismo científico era la más potente. Hasta la fecha, dice, esta ideología «ha conseguido imponerse siempre a la religión tradicional, en todos aquellos puntos y regiones en que ha entrado en conflicto con ella. Se trata de un mito que adopta el estilo épico como forma narrativa, al relatarnos en grandes términos la evolución del universo, desde la Gran Explosión ocurrida hace quince millones de años hasta los primeros balbuceos de la vida en la Tierra, pasando por el origen de los elementos y los cuerpos celestes ... Sin embargo, lo más importante es que ahora hemos llegado a una fase crucial de la historia de la biología: aquella en que la propia religión queda sometida a las explicaciones de las ciencias naturales». Por consiguiente, añade, «no es probable que la teología consiga sobrevivir como disciplina intelectual independiente. Sin embargo, la religión misma todavía habrá de perdurar largo tiempo, conservando su condición de fuerza vital de la sociedad».

Dado que la épica evolutiva niega la inmortalidad al individuo y la posesión de privilegios divinos a la sociedad, Wilson cree que a los humanistas siempre les estará vedado el disfrute de «los intensos placeres de la conversión espiritual y la entrega del yo a una causa inmaterial». Esto le lleva a preguntarse lo siguiente: «¿Existe alguna forma de poner las energías de la religión al servicio de la magna e inédita empresa destinada a desvelar los misterios en que se halla envuelta la fuente de esa energía?».

Su respuesta es afirmativa y se centra en la esperanza. Las mejores expectativas de futuro residen en saber echar adecuadamente los cimientos de las ciencias sociales al objeto de que éstas logren conciliar armónicamente sus resultados con los descubrimientos de la biología. Pese a que la selección natural haya sido el primer elemento impulsor de los nuevos avances, la cuestión es que dicha selección opera por medio de una cascada de decisiones basadas en todo un conjunto de valores secundarios que han actuado históricamente como mecanismos facilitadores de la supervivencia y el éxito reproductivo. «El factor que define esos valores», explica Wilson, «es en gran medida el de nuestras más intensas emociones: el entusiasmo y la agudización de los sentidos que acompañan a la exploración del entorno; la exaltación derivada de la dicha del descubrimiento; el triunfo en la batalla y los deportes de competición; la reposada satisfacción que procuran los actos altruistas sinceros y bien orientados; el acicate del orgullo étnico y nacional; la fuerza de los vínculos familiares; y el indudable placer biófilo que se obtiene por medio de la compañía de los animales y las plantas de cultivo».

A su juicio, la mente siempre habrá de generar ideas relacionadas con la moralidad, la religión y la mitología. La ciencia es un mito porque sus verdades no pueden probarse de un modo concluyente y definitivo. Sin embargo, la escala de valores de la ciencia es superior al ethos de la religión, ya que las reiteradas victorias que le han ido permitiendo «explicar y controlar» el mundo físico, junto con la capacidad de auto-corregirse, tan íntimamente ligada a su naturaleza, y la posibilidad de dar cuenta de la religión en términos evolutivos, son todos ellos elementos que señalan que «la épica evolutiva es probablemente el mejor mito que hayamos alcanzado a construir jamás ... Nuestro objetivo espiritual es el enriquecimiento de la épica evolutiva».[21]

LA REVOLUCIÓN BIÓFILA

En 1984, Wilson acuñaba el término «biofilia», una idea surgida de la convicción que tenía, como biólogo, de que la cuestión más importante a la que debía hacer frente la humanidad era la pérdida de la biodiversidad —provocada por el incremento de la población, la proliferación de los dispositivos tecnológicos y la creación de un incesante número de núcleos urbanos—. En el libro que habría de publicar en el año 1988, que ya en su mismo título incluía el concepto recién ideado —*The Biophilia Hypothesis*—, Wilson describirá buena parte de los ecosistemas del mundo, en particular el de las selvas tropicales, mostrando que son muchas y muy diferentes las especies animales y vegetales que habitan en zonas de tamaño relativamente reducido; que todas esas especies se hallan en situación de interdependencia; que se necesita mucho tiempo para que aflore un ecosistema, aun en el caso de los más sencillos; y, sobre todo, que si un ecosistema dado queda destruido resulta prácticamente imposible conseguir que se recupere. Wilson se muestra convencido de que los seres humanos estamos destruyendo el medio natural a un ritmo muy superior, y mucho más catastrófico, de lo que alcanzamos a imaginar, con el añadido de que no tenemos la posibilidad de predecir con exactitud cuáles podrían ser las consecuencias de esa destrucción. El autor calcula que debemos de estar provocando la extinción de unas seis especies por hora, cifra que resulta ser de mil a diez mil veces mayor que la constatable en los tiempos prehistóricos. Sin embargo, Wilson señala también que el relato de la biodiversidad es el equivalente moderno de la historia de la creación —una creación actualmente amenazada, tras las cinco extinciones generalizadas registradas en los últimos 550 millones de años—. «En un puñado de tierra hay más organización y más complejidad que en la superficie de todos los demás planetas juntos.»

No obstante, Wilson no tiene la sensación de que todo esté perdido. Y la razón de su optimismo se debe a la biofilia, una característica que, pese a no ser reconocida plenamente como tal, constituye a sus ojos uno de los rasgos básicos de la naturaleza humana. El biólogo define la «biofilia» diciendo que es la «tendencia a centrar la atención en la vida y en todos aquellos procesos que se asemejen a los biológicos». La inclinación que mostramos los seres humanos a asociarnos con todo lo vivo es de índole innata y no sólo forma parte de nuestra trayectoria evolutiva sino que «resulta muy probable que incremente la posibilidad de hallarle una significación personal a la existencia y de alcanzar nuestra realización como individuos».[22]

Las ideas de Wilson consiguieron tocar la fibra sensible de muchos biólogos. Se llevó a cabo un cierto número de experimentos destinados a comprobar que sus planteamientos se ajustaban efectivamente a la realidad, informándose de las conclusiones obtenidas en una conferencia celebrada en el año 1992 en la Institución Oceanográfica de Woods Hole, en Massachusetts. Los estudios mostraban, por ejemplo, que no sólo los pacientes hospitalizados preferían que se les asignaran habitaciones desde las que pudiera contemplarse un paisaje arbolado o un parque con amplias zonas verdes a no disponer de más vistas que las de un conjunto de edificios o una pared de ladrillos, sino que también precisaban de un menor número de cuidados y tratamientos, recuperándose antes de sus dolencias cuando podían disponer de una grata panorámica natural. Y lo mismo podía decirse de las personas recluidas en las cárceles. Las investigaciones mostraron también que los niños pequeños parecen manifestar una predilección natural por los paisajes y los espacios provistos de hermosas extensiones de agua, y que prácticamente la totalidad de la población consultada prefería vivir en un paisaje urbano salpicado de árboles a residir en un barrio construido sin zonas ajardinadas.

David Orr, director de la revista *Conservation Biology*, llegaría a afirmar incluso que se había iniciado la «revolución de la biofilia», y en este sentido declaraba percibir en el género humano «un amor a la vida basado en el conocimiento y la convicción de que la clave de los más básicos anhelos que impulsan a nuestra especie a dotar de sentido a la vida y a procurar llevar una existencia plena reside en la profunda simpatía por la naturaleza». Michael E. Soulé, presidente en otro tiempo de la Sociedad para la Conservación de la Diversidad Biológica, añadiría que los beneficios psicológicos de las actividades al aire libre «parecen concretarse en una sensación de bienestar» no demasiado distinta de la experiencia religiosa, ya que guardan relación con una percepción de la gracia de la naturaleza y de la vinculación con ella. De hecho, Soulé concluía que «si la biofilia aspira a convertirse en una potente fuerza favorable a la conservación, deberá transformarse necesariamente en un movimiento de carácter religioso. El semillero social de esa "propensión a la biofilia" podría encontrarse en comunidades de carácter bio-regional capaces de recuperar la sabiduría y la prudencia de las tribus de cazadores y recolectores paganos, aunándolas con un conjunto de conocimientos científicos relevantes, de tecnologías adecuadas, de proyectos de planificación familiar y de prácticas agrícolas sostenibles. De hecho, este tipo de comunidades existen ya a los pies de Sierra Nevada».[23]

No contento con proporcionar a sus contemporáneos las nociones de «sociobiología», «biodiversidad» y «biofilia», Wilson aun habría de concebir en 1998 el término de «consiliencia». En *Consilience. La unidad del conocimiento*,* nuestro autor afirmará lo siguiente: «El mayor empeño en que pueda embarcarse la mente humana siempre ha sido y será el intento de unir las ciencias con las humanidades». Y ésa es justamente la definición de «consiliencia», cuyo objetivo consiste, en esta nueva era presidida por la voluntad de síntesis, en la aceptación consensuada de un *corpus* común de principios abstractos en los que alcancen a reunirse cuatro importantísimas corrientes de pensamiento: la reflexión ética, las investigaciones de las ciencias sociales, las medidas de la política medioambiental y los hallazgos de la biología. Wilson argumenta que está empezando a apreciarse el surgimiento de signos que indican la existencia de un orden fundamental en el mundo natural, puesto que estamos descubriendo que las distintas esferas del conocimiento responden a algoritmos similares, de modo que, por ejemplo, la arqueología, la genética y la lingüística están empezando a converger, hasta el punto de que todas ellas parecen estar refiriéndonos el mismo relato desde distintos puntos de vista —y lo

---

* La traducción castellana de la obra optó en su día por mantener en inglés el término de «consilience». No obstante, aquí empleamos la voz «consiliencia», dado que, desde entonces hasta ahora, la expresión se ha divulgado y adquirido carta de naturaleza propia en el lenguaje científico. (*N. de los t.*)

mismo puede decirse de la tectónica de placas, la historia evolutiva y las investigaciones climáticas.[24]

Todo esto le inducirá a creer que se está produciendo hoy un importante movimiento de confluencia entre la neurociencia cognitiva, la genética del comportamiento, la biología evolutiva y las ciencias medioambientales, circunstancia que contribuirá a incrementar de un modo nunca antes contemplado nuestra comprensión de las ciencias sociales y las humanidades. El origen biológico de las artes queda patente, señala, en el doble hecho de que las películas de Hollywood logren cosechar grandes éxitos en Singapur y de que el premio Nobel de Literatura pueda entregarse con idéntica legitimidad y pertinencia a escritores africanos, asiáticos o europeos. No obstante, Wilson añade a continuación que las artes también alimentan nuestros anhelos místicos, un tipo de deseo que constituye una especie de vestigio subconsciente llegado hasta nosotros desde el entorno paleolítico en el que evolucionó originalmente el cerebro. «Yo diría que, en el plano emocional, todavía seguimos inmersos en esa época.»[25]

Esto le lleva a considerar la conducta moral, un género de comportamiento que, a su juicio, muestra en todas partes un elevado grado de «consiliencia» con las ciencias naturales. También en este caso dará Wilson en rehuir la posición «transcendental», esto es, aquella que sostiene que los valores se sitúan y residen en una suerte de ámbito metafísico independiente. En lugar de eso, Wilson afirma que dichos valores hallan fundamento empírico en nuestra historia evolutiva, ya que son adaptaciones de la conducta relacional. «En el terreno religioso me inclino hacia el deísmo, pero me da la impresión de que probar la existencia de una entidad divina puede constituir un notable problema para la astrofísica. Es posible asumir la existencia de un Dios cosmológico, creador del universo (como el que contempla el deísmo), y de hecho pudiera llegar a zanjarse en último término la cuestión, quizá mediante un conjunto de pruebas materiales que todavía no hemos alcanzado a imaginar. No obstante, también podría tratarse de una cuestión eternamente condenada a permanecer fuera del radio de acción del entendimiento humano. Por el contrario, y esto es mucho más importante para la humanidad, la existencia de un Dios biológico, de un Dios ocupado en regir la evolución orgánica y en intervenir en los asuntos humanos (según los planteamientos del teísmo) es algo que la biología y las ciencias cognitivas contradicen cada vez con mayor fuerza. A mi juicio, estas mismas pruebas de carácter biológico parecen testimoniar que el origen de la ética obedecería a causas de índole puramente material.»

Wilson prosigue señalando que, de los cien mil sistemas de creencia que se estima han existido a lo largo de la historia, son muchos los que han terminado provocando conflictos de carácter étnico y tribal, lo que significa que todas las grandes religiones de nuestros días son en realidad formas ideológicas que han logrado salir victoriosas de la lucha darwiniana entablada en su momento por las culturas que las profesaban —«ninguna de ellas ha florecido jamás por tolerar a sus rivales»—. Nuestro autor observa que, de todas las creencias, la más peligrosa es la que se ha revelado endémica del cristianismo, esto es, la asociada con la idea de que «mi reino no es de este mundo». «Al creer que le espera una segunda vida, el individuo accede a soportar el sufrimiento, especialmente si quienes padecen son los demás. Por consiguiente, el entorno natural puede ser explotado hasta su consunción total y se admite la masacre de los enemigos de la fe.» Las creencias éticas y religiosas surgen de abajo arriba, no de arriba abajo, ya que se elevan desde los estratos populares básicos hasta las altas esferas culturales.

Todavía quedamos fácilmente impresionados por la idea de Dios, dice Wilson, y esto se debe al hecho de que, aun siendo los principios de nuestra ética un conjunto de adaptaciones prácticas al mundo ordinario en el que nos desenvolvemos, lo cierto es que necesitamos también algo más: y si, por un lado, ese algo es lo que nuestro autor designa como «la poesía de la afirmación», por otro responde al ansia de autoridad. De hecho, ésa es una de las razones de que las religiones funcionen tan bien: «Hemos de reconocer que en el momento en que el introito y las invocaciones de una ceremonia religiosa comienzan a cosquillearnos en la piel nos hallamos en presencia de algo poético, en contacto con el alma de la tribu».

Sin embargo, eso es todo cuanto la religión puede ofrecer. «Podemos sentirnos orgullosos de nuestra especie, dado que, al haber descubierto que estamos solos, hemos comprendido que es muy poco lo que debemos a los dioses. Es mejor que reservemos nuestros impulsos de humildad a nuestros semejantes y al resto de las criaturas vivas del planeta, ya que en ellos vienen a cifrarse en realidad todas nuestras esperanzas.» La comunión es la clave, y de hecho la idea de la posibilidad de una unión mística, ya sea con la naturaleza o con el cosmos, «es un elemento inseparable del espíritu humano».[26]

Las personas necesitan contar con un relato sagrado, afirma, pero la cosmología religiosa no puede ser el vector encargado de transmitirlo: «Dicho relato deberá basarse en la historia material del universo y de la especie humana. Esta tendencia no implica en modo alguno una degradación de la narrativa sacra. La verdadera épica evolutiva, repetida en forma de poesía, es intrínsecamente tan ennoblecedora como cualquier épica religiosa ... A mi juicio, el resultado final de la competencia entre estas dos cosmovisiones habrá de concretarse en la secularización del espíritu humano y de la religión misma.»[27]

LA MODERNA CIENCIA DEL ALMA

Pese a que, como ya hemos señalado anteriormente, Theodore Roszak se hiciera famoso por acuñar primero el término de «contracultura» y por redactar después los pormenores de su evolución histórica, la verdad es que el propio Roszak prefería que se le recordase por inventar lo que él llamaba una especialidad nueva, adaptada a las necesidades de la época. Dicha especialidad, a la que daba el nombre de «ecopsicología», era en cierto sentido una forma de biofilia. En tiempos de Roszak, la ecología llevaba ya algún tiempo cobrando impulso y adquiriendo los perfiles propios de una preocupación de peso —de hecho, esa rama del saber había iniciado su ascenso en el año 1962 con la publicación de la obra de Rachel Carson titulada *Primavera silenciosa* y las primeras pistas delatoras del calentamiento global, elementos que a los ojos de muchos también habían señalado el carácter insoslayablemente finito de los recursos de la Tierra—. Roszak, siempre atento a las circunstancias que nos trabajan espiritualmente, comprendió muy pronto que nuestra responsabilidad para con «el mundo no humano» abría una vía que, además de ser moralmente aceptable, permitía «salvar la distancia que separa la dimensión personal de la dimensión planetaria», confiriéndonos una percepción de finalidad y plenitud imposibles de hallar en otros empeños.

A juicio de Roszak, la ecopsicología no sólo era una saludable forma de sacar a la gente del «enclaustramiento» en que se había sumido voluntariamente al aceptar la ética terapéutica, sino una manera de lograr que la contracultura diera un paso adelante y un método para que las personas alcanzaran a captar el sentido de «oceánica unidad» del que había hablado Freud al hacer referencia a la religión. Roszak llegaría incluso a sugerir que la ecopsicología podía acabar convirtiéndose en la ciencia moderna del alma, aunque en este caso sus fundamentos deberían hallar asiento en algo más que el sexo, la familia y los vínculos sociales. Roszak consideraba que los escritos de Jung tenían bastante sentido, pues le daba la sensación de que el psicólogo suizo, en su búsqueda de los mitos y los símbolos religiosos de las culturas no occidentales de todos los continentes, había logrado reunir un «buen acopio de doctrinas relacionadas con la salvación». Estos estudios mostraban que había cuatro elementos inherentes a la psique humana, o estrechamente asociados con ella, que habían terminado viéndose reprimidos en el hombre moderno: la naturaleza, los animales, el hombre primitivo y la fantasía creadora. «[Jung] entrevió que uno de los factores subyacentes a la mente humana —y uno de los elementos que habían tenido presencia formativa en sus primeros balbuceos— era un inconsciente colectivo de carácter no material en el que se hallan contenidas las múltiples experiencias prudenciales de la raza humana.» Roszak pensaba que las obras de Jung constituían «un esfuerzo encaminado a curar la neurosis urbana del ateísmo», coincidiendo con él en que, en nuestra época, el mundo natural se había rendido a los pies de «la ciencia desacralizada ..., ensanchando todavía más la fractura que separa al mundo físico del espiritual».[28]

Aquí se percibía por tanto el punto de arranque de una ética, de un lazo de buena avenencia entre la esfera de lo humano y el universo natural, un lazo fundado en la creencia de que los seres humanos perdimos algo al separarnos del mundo natural —ya que tuvimos que encajar «la pérdida de una experiencia, de una sensibilidad, de una comunión y sobre todo de la armonía que un día existiera entre las gentes anteriores a la civilización y el hábitat en el que se desenvolvían»—. Y según argumenta Roszak, al contribuir al crecimiento de esa separación entre la naturaleza y los seres humanos, la ciencia ha provocado que nos hallemos «infra-dimensionados». Además, añade, la difusión de una preocupación compartida por el medio ambiente es el elemento que más probabilidades tiene de lograr que nos unamos —pues no sólo nos convierte en personas vinculadas por la existencia de un abrumador problema común sino que nos permite conferir al yo individual un papel específico en la promoción y puesta en práctica de la campaña medioambiental en marcha, circunstancias ambas que podrían proporcionarnos un sentimiento de completitud.

LA PLENITUD ESTÉTICA

El inmediato paso lógico era la concepción de la hipótesis de Gaia. Convertida hoy en teoría, la vertebración del concepto de Gaia se debió a los esfuerzos del científico británico James Lovelock y de la microbióloga estadounidense Lynn Margulis. Dicha teoría sostiene que todas las especies que integran la biomasa planetaria actúan de manera simbiótica, incrementando así el potencial vital del mundo. En tal sentido, por ejemplo, cabe apuntar que la Tierra ha conservado su condición de hábitat confortable durante los tres mil millones y medio de años que lleva albergando vida, a pesar de que la cantidad de calor que le llega desde el Sol haya experimentado un incremento del 25 % en ese mismo período de tiempo, como señala Lovelock. De algún modo, los organismos vivos han conseguido que el planeta continúe constituyendo un espacio «apto para la vida». La relevancia de este planteamiento reside en el hecho de que relega la selección natural —es decir, al principio supremo del darwinismo— a un plano de importancia inferior a la de la integración general de los organismos vivos en la red simbiótica global. «La unidad básica de la supervivencia evolutiva pasa a ser así el conjunto de la biomasa, el cual tiene la facultad de seleccionar las especies en función de su capacidad de mejorar o no la habitabilidad del planeta.»[29]

Han sido muchos los argumentos que se han ido desgranando a lo largo de los años para determinar si la teoría de Gaia es una simple metáfora o algo más. Pese a que Lovelock no considere que Gaia sea una entidad «sintiente», sí que ha admitido encontrar «satisfactorio» que su teoría haya sido interpretada desde ángulos espirituales además de científicos.[30] Las más recientes investigaciones han arrojado algunas dudas respecto al propio fenómeno invocado.

Ya aceptemos o no que la idea de Gaia venga a constituir efectivamente algo más que una metáfora, el argumento fundamental de Roszak es que tanto la tesis de Lovelock como la teoría del caos o el omnipresente éxito de las matemáticas —entendidos como ejemplos de que la complejidad del mundo natural obedece a un orden— son en esencia una nueva forma de deísmo, de modo que estamos asistiendo al surgimiento de una especie de estética científica, de un sentimiento de plenitud que representa en realidad el punto más próximo a una experiencia de carácter espiritual que nos es dado concebir en nuestros días. Roszak propone que el «elemento medular del espíritu está formado por el inconsciente ecológico», lo que significa que el objetivo esencial de la existencia consiste en «despertar en nuestro interior el sentimiento de reciprocidad medioambiental que nos es connatural» —una perspectiva que constituye en cierto modo una variante del llamamiento que lanzara Heidegger en su día al exhortarnos a mimar el planeta (véase el capítulo 11).

La evolución entendida como religión y la ciencia comprendida
como salvación

Mary Midgley, ex catedrática de filosofía de la Universidad de New-castle, ha criticado sin ambages la idea de significación vinculada con la ciencia evolutiva. Aborda la cuestión asumiendo que la tesis de la evolución presenta matices que la asimilan a una religión y que la escala de valores de los científicos actuales transforma a la ciencia en una vía de salvación.

En el texto titulado *Evolution as a Religion: Strange Hopes and Stranger Fears* (1985), esta autora sugiere que el marxismo y la evolución son las dos grandes fes laicas de nuestro tiempo. Ambos planteamientos muestran características que hacen pensar en rasgos propiamente religiosos: son dos ideologías de amplio alcance provistas cada una de un ambicioso sistema de pensamiento concebido para vertebrar, defender y justificar sus ideas, y tanto el uno como la otra tienen por objetivo esencial alimentar nuestro espíritu y propiciar la salvación de la raza humana.[31] Además, ambas suscitan y tratan de dar respuesta a interrogantes relacionados con la finalidad de los seres humanos. Y si logran plantear tales preguntas, la razón hay que encontrarla, a juicio de Midgley, en el hecho de que hayan sabido generar en la gente —como ya hicieran en su día las religiones tradicionales— la sensación de «que el lugar del individuo se halla enmarcado en un ámbito muy superior a los límites de su propia persona» —pues pertenece a un todo «cuyos vastos objetivos engloban a tal punto los del individuo y les confieren tan clara orientación y significado que llegan a inducir en la persona la idea de que pudiera resultar enteramente apropiado sacrificar la propia vida en favor de dichas metas»—. Tanto el marxismo como la evolución, añade, exigen que la persona asuma todo un conjunto de expectativas nuevas respecto del futuro.

La teoría de la evolución es la diana en la que más habrá de concentrar Midgley sus ataques. Resulta irónico, señala, que la evolución presente tantas características que sugieren que se trata de una teoría de naturaleza religiosa cuando son muchas las personas que consideran que uno de los principales objetivos de la ciencia consiste precisamente en librar a la humanidad de la religión.

Al igual que las religiones, también la teoría evolutiva realiza profecías, destacando particularmente la de que la humanidad no es una «escalera mecánica ascendente», queriendo decir con ello que no ha de pensarse que los individuos del futuro hayan de ser necesariamente más inteligentes ni revelarse de cualquier otro modo más completos ni dotados de mayores talentos que los actuales. Tras pasar revista a una amplia gama de referencias a textos de interés para el caso, como los del psicólogo Burrhus Frederic Skinner, los biólogos Jacques Monod, Richard Dawkins, Francis Crick, James Lovelock, Lynn Margulis, Edward Osborne Wilson o el físico teórico Steven Weinberg, Midgley centrará primeramente la atención en la ingeniería genética, entendida como una de las formas que tienen los seres humanos de alcanzar la salvación. A continuación procederá a contrastar el anhelo de esa salvación con «la incoherencia de suponer que somos capaces de comprender tan espléndidamente bien la índole de nuestra naturaleza y nuestro código genético como para atrevernos a enmendarles la plana». (En concreto, Midgley opondrá el «minimalismo» de las descripciones que emplean los científicos sociales para caracterizar al hombre con las vagas elucubraciones de los novelistas.) Midgley examina también otras obras, como *What Sort of People Should There Be?*, del filósofo británico Jonathan Glover, en la que, según nuestra autora, se habla del ADN como «de una especie de secuencia de diapositivas».

¿En qué dirección deberíamos encaminarnos? ¿Sabemos bien qué caminos queremos tomar? De acuerdo con Midgley, la naturaleza humana no es una máquina que pueda contruirse en función de un determinado modelo. Nuestra autora observa que Skinner aboga en favor de la aplicación a los seres humanos de una tecnología conductual presuntamente susceptible de procurarnos una mayor libertad, felicidad y dignidad, pero a continuación añade que no hay nada que se parezca, ni remotamente, a semejante clase de tecnología —desde luego, recalca, no es que no exista en el campo de la biología, es que ni siquiera resulta concebible en el terreno de la física.

Personajes como Francis Crick, señala, se pasan la vida prediciendo que la especie humana está llamada a conocer un constante desarrollo positivo —«o mejor dicho, no paran de exigir que se propicie»—. Sin embargo, no puede decirse que esa actitud constituya un enfoque científico, ya que no es algo que se derive imperiosamente de los mandatos de la ciencia. La «fe del científico», como acostumbra a decir Midgley, gira en torno a «tres entidades concéntricas»: la profesión científica, la raza humana y la vida o la evolución. La dirección que siguen esas tres entidades es la misma. La evolución, argumentan sus defensores, «es el empeño en el que se halla embarcado el universo, es decir, el lugar en el que hemos nacido». La «religión» así esbozada carece de todo sentido de la venera-

ción, sobrecogimiento o bondad, pese a que conserve «una cierta percepción de la inmensidad y la majestuosidad del cosmos que habitamos ... y
no se halle desprovista de intensidad y tonos evangélicos».[32]

EL NUEVO DOGMA Y LA NUEVA METAFÍSICA

Midgley señala que la utilización de la palabra «egoísta» para calificar al término «gen» no se corresponde con el uso convencional de dicho
adjetivo. La idea misma de gen ha estado siempre rodeada de unas connotaciones desagradables, pero en realidad, el hecho de argumentar que pueda ser «egoísta» constituye un insulto irremediable. Sin embargo, este
nuevo egoísmo, el «recién ideado enfoque de una evolución presidida por
el ego», particularmente en el contexto de la sociobiología o del darwinismo social, proporciona un elemento de sustentación presuntamente biológico al más zafio de los individualismos, «contradiciendo manifiestamen-
te los principios y la experiencia de nuestra propia civilización». En *The
Solitary Self: Darwin and the Selfish Gene*, Midgley comenta que resulta
absurdo decir que nos regimos invariablemente por el interés propio
—puesto que, de ser ése el caso, jamás se habría dado en inventar la propia voz de «egoísmo».

A juicio de Midgley, el principal defecto, tanto de la evolución como
de la ciencia en general, ha sido el de mantenernos al margen de la imagen
del mundo que nosotros mismos elaboramos, como si fuésemos impoten-
tes frente al «hecho» de la evolución, el «hecho» del gen o el «hecho» de
la selección natural. Sin embargo, «la impersonalidad que se requiere [y
que parece exigir este enfoque] no pretende en modo alguno el desapego
total, dado que eso es imposible. Consiste más bien en una objetividad
responsable —esto es, en la tarea, notablemente más difícil, de cobrar una
mayor conciencia de nuestra propia cosmovisión y de hacer todo cuanto
esté en nuestra mano para corregir sus más evidentes fallos—». Sin embargo, Midgley piensa que el darwinismo social, o el spencerismo, son los
elementos que informan «la religión oficiosa de Occidente ... La gente,
que también quiere disponer de una religión que sea de este mundo, la
encuentra finalmente en el culto al éxito individual ... Y lo que está sucediendo es que se invoca la veneración mística de los modernos dioses del
progreso, la naturaleza y la energía vital para explicar y justificar a un
tiempo la instauración de un régimen basado en el ejercicio de una competencia demoledora».[33]

Midgley volverá a la carga con *Science as Salvation* (de 1992). En dicho texto, la filósofa argumenta que la necesidad de salvación posee un carácter universal, «urgente y drástico», y que la «fe» es una especie de mapa, una forma de conseguir poner orden en una inmensa maraña de datos, aunque no siempre tenga que remitirse por fuerza a una entidad divina (como ocurre, por ejemplo, en el marxismo y en el taoísmo). Sin embargo, «la contemplación reverencial del mundo que nos rodea» es parte integrante de todo empeño existencial serio, «un componente insoslayable de toda seria procura del conocimiento». Para elaborar un verdadero pensamiento no basta con ceñirse a la simple predación intelectual —es decir, a la mera deglución de datos—. Jacques Monod será en esta ocasión el blanco específico de las críticas de Midgley. Nuestra autora señala que Monod quiere que nos desembaracemos de toda creencia en algo superior a nuestra propia realidad, invitándonos a ver el universo como un espacio a conquistar, como un conjunto de objetos inferiores. Sin embargo, Midgley subraya que el culto al dato es, de hecho, una nueva forma de fe y que los magnos planteamientos conceptuales de carácter científico, como el de la Gran Explosión, no son realmente afirmaciones propias de ninguna ciencia, sino ideas de índole metafísica.

Midgley vuelve por tanto a la doble certeza de que el mundo está ordenado y de que es una realidad accesible para los seres humanos a fin de plantear las siguientes preguntas: ¿Qué implican ambas certidumbres? ¿Podría darse la circunstancia de que hubiera alguien con mayor ciencia y conocimiento que nosotros? «Es mejor considerar que el universo es una entidad emanada de una Voluntad que pensar que se trata de un objeto impersonal.» Nuestra autora señala que la idea de un mundo ordenado podría constituir de hecho un importante factor en la salvación humana, ya que actúa como elemento de control de la confusión y procura sustentación y fiabilidad a la experiencia. Ésa es la razón de que *confiemos* en el mundo físico —eso es justamente lo que hace posible el conocimiento: la suposición de que obedece a las directrices de un orden subyacente.[34]

Es más, añade, los científicos han convertido la idea de que el universo carece de sentido en un dogma nuevo. Se trata de una noción surgida de sus propios métodos de estudio, los cuales no sólo culminan con la afirmación de que el universo está abocado a sufrir una muerte térmica sino que giran en torno al carácter absurdo de la creación y la destrucción del cosmos. De este modo, concluye nuestra profesora de filosofía, Dawkins, Wilson y los demás autores dan muestras de profesar una «fe más que notable en el desconocido futuro de la ciencia».[35]

Dios y los cosmólogos

Midgley rechaza igualmente la injerencia de los físicos en el terreno de la religión, considerando que sus contribuciones no resultan útiles en modo alguno. Y de hecho, es muy posible que dicha afirmación pueda aplicarse sin error a la obra de Fritjof Capra titulada *El Tao de la física* (1976), cuyo autor manifiesta hallar sentido a los paralelismos que él mismo señala entre la teoría general de la relatividad y la mecánica cuántica por un lado y el misticismo oriental por otro. Son muchos los especialistas de la física de partículas que juzgan que los paralelismos que resalta Capra resultan cuestionables. La teoría cuántica, dice este último, «nos obliga a considerar que el universo no es una mera colección de objetos físicos, sino más bien una compleja red de relaciones que engloba las distintas partes del cosmos y las integra en un todo unificado. Pues bien ..., ése es justamente el modo en que los místicos orientales han solido experimentar el mundo». Las simetrías que existen no sólo en los quarks sino en algunas de sus propiedades, como la de su espín o la de su condición de «quark arriba» o «quark abajo», añade Capra, recuerdan el contenido de muchos de los diagramas simétricos de Oriente (denominados «kóan») —cuyo más célebre ejemplo es probablemente el del yin y el yang—. Los críticos de Capra han señalado tajantemente que la existencia de esos «paralelismos», como los denomina el autor encausado, no prueba nada en absoluto, y que es perfectamente posible encontrar montones de paralelismos en todos los aspectos de la vida sin vernos obligados a ver en ello el signo indicativo de que exista la más mínima semejanza fundamental entre ellos.

En 1993, Theodore Roszak publicó una lista en la que enumeraba nada menos que los títulos de 188 ensayos, todos ellos difundidos a lo largo de los quince años anteriores, en los que se abordaba el tema de Dios y la cosmología moderna. El objetivo fundamental de esa lista consistía en mostrar que resultaba perfectamente natural esperar que se intentara conseguir una síntesis en ese área de interés, sobre todo teniendo en cuenta el incesante crecimiento de los descubrimientos relacionados con las realidades celestes y el funcionamiento del universo, tanto en el ámbito de lo infinitamente grande como en la esfera de lo infinitamente pequeño.

A pesar del escepticismo general de Mary Midgley, hubo en esos años otras dos ideas adornadas al menos con el mérito de ser extremadamente imaginativas. En *The Mind of God: Science and the Search for Ultimate*

Meaning (de 1992), Paul Davies, profesor de filosofía de la naturaleza de la Universidad de Adelaida, aventuraría el planteamiento de que, al haber logrado explicar la física moderna los pormenores del inicio del universo —y no tanto por medio de una Gran Explosión como a consecuencia de la gradual separación del tiempo y el espacio—, no existe ya necesidad alguna de seguir invocando la hipótesis de Dios como agente creador del cosmos. La principal preocupación de Davies consistía en proceder al examen de la relación existente entre las leyes de la física y los principios de la matemática. En eso radicaba, a su juicio, tanto entonces como hoy, el más relevante de los misterios de la vida —y también el más notable motivo de júbilo—; en el hecho de que existan leyes científicas susceptibles de quedar codificadas por medio de fórmulas matemáticas. Dichas leyes matemáticas son «eternas», «omnipotentes» y «transcendentes», términos todos ellos empleados también para designar a Dios. En esa obra, Davies se mostraba convencido de que ha de existir necesariamente alguna «razón de fondo» que explique esa concordancia entre la física y la matemática. Es más, añadía: «Resulta muy difícil imaginar que las matemáticas abstractas puedan tener algún valor como factor de supervivencia. Y podrían hacerse comentarios muy similares respecto de las facultades musicales».

La evolución darwiniana nos ha proporcionado las herramientas necesarias, dice, para conocer el mundo por medio de una percepción directa, y resulta obvio que esto presenta un claro conjunto de ventajas evolutivas. Sin embargo, no existe ningún vínculo evidente entre este tipo de conocimiento sensorial y lo que él denomina el saber intelectual.[36]

El elemento decisivo radica, a su juicio, en el hecho de que el mundo sea a un tiempo racional e inteligible —de que la ciencia física cuente con el respaldo de una lógica comprensible—: «la existencia ... admite ser presentada en un formato tan compacto y escueto como persuasivo». Lo que habrá de inducirle a pensar que «no tenemos más alternativa que buscar una explicación en una entidad situada más allá del mundo físico o fuera de él —es decir, en algo metafísico—, puesto que un universo contingente no podría dar cabida a una explicación de su propio funcionamiento», será el «vínculo» que une a la contingencia con el orden —un lazo que hasta ahora había estado rodeado de misterio—. Al mismo tiempo, la nueva ciencia matemática de la teoría del caos muestra que unas cuantas reglas simples pueden desembocar en una situación de caos y progresar después hacia escenarios de «autoorganización», planteamiento que podría constituir un modelo adecuado del desarrollo del universo, dado que éste no pudo haber «evolucionado» en el estricto sentido darwiniano del término, al carecer de capacidades reproductivas.

Por todo ello, Davies tiende a exponer en último término una especie de filosofía de los procesos no demasiado distinta de la propuesta en su día por Alfred North Whitehead (véase el capítulo 15), una filosofía en la que «resulta más sencillo postular la realidad de una mente infinita que aceptar, como dato bruto, la existencia de ese universo contingente». Por consiguiente, concluye Davies, «el hecho de creer o no creer en Dios es en gran medida una cuestión de gustos». No obstante, ese «ser cuya existencia postulamos como elemento de sustentación de la racionalidad del mundo» apenas guarda relación alguna con el Dios personal de las religiones con las que estamos familiarizados, es decir, «con el Dios de la Biblia o el Corán».

Lo que Davies nos está diciendo es que la realidad transcendente es la matemática; que el hecho de que las matemáticas y la física presenten tan estrechos puntos de coincidencia es el dato más relevante de todos cuantos puedan señalarse en relación con el mundo; y que la práctica de la ciencia y de la filosofía de la ciencia es lo más que nos es dado acercarnos a la verdad o a las verdades del cosmos en que habitamos. En este sentido, añade, la mejor oportunidad de satisfacción espiritual que se nos ofrece es la que brinda la ciencia. «Hasta el más encallecido escéptico sentirá sin duda la tentación de concluir que "pasa algo", que el fundamento de las matemáticas muestra una "elegante y sólida unidad", y que la belleza de las matemáticas es una prueba que habla en favor de la existencia de "una realidad auténticamente transcendente".»[37]

LA FÍSICA DE LA INMORTALIDAD

Si la doble afirmación de que la ciencia pueda ser una forma de culto religioso y de que las matemáticas constituyan una entidad de carácter transcendente nos parece extraña, más insólita habrá de resultarnos todavía la idea de que la física represente una suerte de teología. Sin embargo, eso es justamente lo que dio en proponer el físico de Oxford David Deutsch en su libro del año 1997 titulado *La estructura de la realidad* (obra en la que incluye textos de otros científicos, como por ejemplo Frank Tipler, Roger Penrose, Alan Turing y Kurt Gödel).[38]

El principal argumento de Deutsch sostiene que todos habitamos en «universos paralelos», que existe un «multiverso» integrado por un gran número de universos, y que nosotros mismos —o mejor dicho, distintas copias de nuestra persona— residimos en muchos de esos universos, unos universos de los que únicamente tenemos conciencia de forma tan borrosa como intermitente. Deutsch funda su afirmación en los dibujos que deja la luz sobre una pantalla tras haber pasado sus rayos por un cierto número de hendiduras. En función de la cantidad de ranuras, se observará que algunas zonas de la pantalla presentan ahora un color blanco, mientras que otras muestran en cambio un tono más oscuro. Según señala Deutsch, la única forma de explicar esta pauta cromática consiste en suponer que, además de los fotones que podemos ver —que son «tangibles»—, hay también toda una serie de fotones «en la sombra» que no sólo son oscuros e intangibles, sino que «interfieren» de cuando en cuando con las pautas habituales de la luz. Esto le lleva a concebir la idea de los universos paralelos, una idea de notable hondura, señala él mismo, ya que explica en gran parte un conjunto de fenómenos que de otro modo resultarían incomprensibles.

La otra gran teoría ideada por Deutsch —que en este caso habrá de basarse en las tesis de Davies— es la de que la computación, o la matemática, y su concordancia con la física, es lo que hace que el mundo se revele comprensible —más aún, pues en ella estriba la única forma de conocimiento—. Como indica el propio Deutsch, el objetivo de la vida radica en el incremento de este conocimiento computacional. Deutsch alimenta la idea de que, en un universo cuya estructura es conforme a las leyes de la física y cuyas invariancias responden a los principios de la matemática, llegará un punto —con el tiempo— en que se alcanzará a abarcar por completo todo ese saber matemático o computacional, con lo que «la vida habrá triunfado».

En compañía de Frank Tipler, de la Universidad Tulane de Nueva Orleáns, Deutsch explora las posibilidades de un futuro situado a varios miles de millones de años de nosotros en el que el conocimiento computacional habrá experimentado un incremento descomunal, rebasando enormemente el nivel en el que ahora se encuentra. Habrá alcanzado un punto en el que la humanidad no sólo estará familiarizada con los viajes espaciales sino en el que podría disponer también de la tecnología necesaria para efectuar viajes en el tiempo y en el que quizá se encuentre asimismo en condiciones de evitar la consumación de la fase final de nuestro universo que, de acuerdo con nuestros conocimientos actuales, está destinado a culminar con el enorme cataclismo de la Gran Implosión. Éstas son, a grandes rasgos, las cuestiones que Frank Tipler indaga en su libro titulado *La física de la inmortalidad. La cosmología moderna y su relación con Dios y la resurrección de los muertos* (1995), obra en la que Tipler da cuerpo a la noción de «punto omega».

A medida que se vaya aproximando el momento de la Gran Implosión y que el universo acelere su proceso de contracción, se irá acumulando una creciente cantidad de energía en una región espaciotemporal de dimensiones cada vez más pequeñas, lo que significa que «la mente de las personas se verá obligada a operar al modo de un programa informático procesado por un ordenador cuya velocidad de funcionamiento físico se estuviera acrecentando sin límite alguno». Llegados por tanto a ese punto que habrá de ver la luz dentro de varios miles de millones de años, y teniendo en cuenta la capacidad de cálculo que habremos adquirido para entonces, la experiencia dejará de estar determinada por el tiempo transcurrido para quedar definida «en función de los cómputos efectuados *en* ese tiempo».* «En un número infinito de pasos computacionales hay tiempo suficiente para realizar un infinito número de pensamientos —lo que significa que los pensadores dispondrán de todo el tiempo que quieran para situarse en el entorno de realidad virtual que más les guste— ... Y no tendrán prisa alguna, ya que en términos subjetivos lograrán vivir eternamente. En el lapso de un segundo, o de un microsegundo, contarán con "todo el tiempo del mundo" y podrán realizar, experimentar y crear más cosas —infinitamente más— que ninguna otra criatura del multiverso.»

No obstante, habrá que hacer algunos preparativos, dice Deutsch, aunque, una vez más —y este extremo resulta crucial para su teoría—, el conocimiento físico que hoy tenemos implica que todos estos razonamientos son exactamente eso, razonamientos basados en el conocimiento actual, no especulaciones. Tendremos que «conducir» al universo hasta el punto omega, teniendo en cuenta que todo el proceso aparece jalonado por diversos plazos límite que será preciso negociar. Uno de esos plazos vence dentro de unos cinco mil millones de años, período en el que el sol —si se le deja seguir su curso natural— quedará transformado en una estrella gigante roja y nos barrerá del mapa. Deutsch añade a continuación —así, como si estuviera hablando de simples minucias, cabe pensar— que «antes de que llegue ese momento tendremos que aprender a controlar la evolución del sol o abandonar el sistema que preside». En el futuro, prosigue, la hipótesis del punto omega «merece convertirse en la teoría

* La cursiva es mía. (*N. del a.*)

dominante» —y si nadie se la ha tomado más en serio hasta la fecha ha sido por la interpretación «cuasi religiosa» que Tipler ha hecho de ese lejano porvenir.

En el punto omega, recalca de hecho Tipler, tendremos un conocimiento absoluto del universo. Lo que entonces exista, sea lo que sea, poseerá por tanto el don de la omnisciencia, de lo que se deduce que gozará también de omnipotencia y de ubicuidad. «De este modo, [Tipler] mantiene que en el límite del punto omega existirá una sociedad formada por personas omniscientes, omnipotentes y omnipresentes. Y Tipler identifica a esta sociedad con Dios.»

Deutsch destaca que hay grandes diferencias entre la idea que se forma Tipler de Dios y lo que dan en creer en la actualidad la mayoría de las religiones. Las personas que pudieran vivir en los tiempos próximos al punto omega serían tan diferentes de nosotros que se revelarían incapaces de comunicarse con los hombres actuales. Y tampoco tendrían la facultad de obrar milagros. No habrían sido ellos los creadores del universo ni de las leyes de la física, de modo que les resultaría de todo punto imposible violarlas. Dichas personas se mostrarían contrarias a toda fe religiosa y no desearían que nadie les rindiera culto (¿quién podría profesarles tal culto, a fin de cuentas, dado que serían todas omniscientes?). En el punto omega, la tecnología sería tan avanzada, según Deutsch, que la civilización de dicha época tendría la posibilidad de resucitar a los muertos. Esto resultaría posible debido a que, para entonces, los ordenadores tendrán una potencia tan enorme que serán capaces de recrear de forma virtual cualquier mundo que haya alcanzado a existir jamás, incluyendo el mundo en el que hemos evolucionado los seres humanos. Estas características, unidas al hecho de que nos hallamos ahora situados en un sistema infinito, permitirían que los ordenadores introdujeran mejoras de carácter material en nuestro mundo, hasta crear uno en el que la gente no falleciese. Esto, señala Tipler, sería una variante del paraíso.[39]

Tanto Tipler como Deutsch señalan que todo lo que podemos hacer para representarnos las *actividades* a las que pudieran entregarse las personas que habitaran en los tiempos del punto omega (unas personas, recordémoslo, totalmente diferentes de nosotros, mucho más de lo que alcanzamos a imaginar), es proceder a una especulación bien informada, dado que el punto omega es una singularidad en la que las leyes de la física dejan de operar. Sin embargo, ambos autores insisten en que la física y la matemática de nuestros días respaldan en su totalidad la narrativa que describe la génesis del punto omega.

Todo esto resulta notablemente embriagador y cerebral —más cerebral, de hecho, de lo que acostumbramos a ser la mayoría de nosotros—, pero lo que Deutsch y Tipler nos están ofreciendo, o eso piensan ellos al menos, es el fugaz vislumbre de un mundo, o un universo, ideal —aquel al que la ciencia nos conduce de manera inexorable.

Ahora bien, ¿contribuye todo esto a enseñarnos a vivir? Desde luego, por lo que hace al futuro inmediato y al porvenir a corto plazo, lo que estas tesis nos están diciendo es que hay grandes probabilidades de que la formación física y matemática nos ayude a entender mejor el futuro. Dichos planteamientos tratan de darnos una idea de los cambios que nos aguardan a lo largo de nuestra venidera evolución, permitiéndonos entrever sobre todo las transformaciones que podría experimentar el conocimiento, ya que la computación no sólo no tiene necesidad de ninguna entidad divina, ya venga encarnada ésta en un Dios único o en una pluralidad de dioses, sino que ofrece un horizonte ideal para el fin de la historia —un fin llamado a perdurar eternamente en el plano subjetivo (como una forma de inmortalidad matemática) y sazonado con la perspectiva de una (especie de) resurrección a la que podría aspirar, en principio, toda persona que haya vivido materialmente en cualquier época pasada.

Estamos aquí ante una cosmovisión sobrecogedora, tanto que resulta ocioso señalar que Deutsch y Tipler han sido objeto de severas críticas (y no sólo por parte de Midgley). Se les ha acusado de lanzarse a una «especulación sin fundamento» y de elucubrar acerca de unos acontecimientos que se sitúan en un futuro tan remoto que prácticamente no significan nada para nadie. Sin embargo, ambos autores insisten en que sus teorías están basadas en los conocimientos reales que ofrecen hoy la física y las ciencias de la computación. La evolución nos ha mostrado que la vida lleva aproximadamente tres mil millones y medio de años prosperando en la Tierra, y que ése es el tiempo que hemos necesitado para cobrar conciencia, por ejemplo, de la futura desaparición del Sol. Hemos de aprender a pensar en lapsos de tiempo de esa magnitud.

La teoría de la evolución hace que volvamos a poner los pies en la tierra, aunque en la época en que fuera concebida no resultara menos imaginativa ni polémica que la tesis del punto omega. Sin embargo, a medida que han ido aumentando nuestros conocimientos acerca del proceso evolutivo como tal (y hemos de señalar que los avances logrados en este campo constituyen uno de los más grandes episodios de heroísmo intelectual de todo el siglo XX, junto con la peripecia de la física moderna) se ha vuelto posible constatar que el desarrollo de la teoría de Darwin nos ha proporcionado una visión alternativa del mundo y de nuestra relación con él, una visión que ha ejercido además un impacto claro en el terreno de las ideas morales —un terreno que las religiones llevaban muchos siglos considerando un coto reservado—. La vida moral imperante en la época posterior a Darwin, a Nietzsche y al cristianismo habrá de ser justamente el tema que nos ocupe en el siguiente capítulo.

El único rompecabezas que nos queda por resolver en relación con la teoría de la evolución consiste en averiguar por qué sigue habiendo tantísimos especialistas que no acaban de considerarla suficientemente convincente, pese a que la mayoría de los científicos se muestren entusiasmados con ella debido a la amplia comprensión de la realidad que nos permite alcanzar en multitud de ámbitos. El propio Richard Dawkins, uno de los más firmes defensores de la teoría de la evolución, admite en *El relojero ciego* que el darwinismo «parece más necesitado de apoyo que muchas de las verdades de otras ramas de la ciencia que cuentan con un arraigo similar ... Muchos de nosotros no alcanzamos a entender en qué consiste la teoría cuántica ni qué es lo que sostienen las teorías de la relatividad de Einstein, ya se nos presenten en su versión general o en su variante especial, pero eso no nos lleva a oponernos a dichas teorías». Dos son las razones que explican que la evolución necesite esa defensa. Y ambas apuntan a la médula misma de los objetivos de este libro. Pasaremos a ocuparnos de ellas en la conclusión.

Capítulo 26

«LA VIDA BUENA ES AQUELLA QUE SE DEDICA A LA BÚSQUEDA DE LA VIDA BUENA»

En el año 1948, T. S. Eliot publicaba un breve y mordaz librito titulado *Notas para la definición de una cultura*. Se había decidido a hacerlo porque había tenido la sensación, según confesaba él mismo, de que a lo largo de los seis o siete años anteriores la palabra «cultura» (y la propia noción a la que remitía) había despertado en la gente una ansiedad cada vez más acusada.

Le preocupaba la doble idea de que jamás hubiera surgido ni logrado desarrollarse una sola cultura, «como no fuera en asociación con la religión» —ya que ambas cosas son «aspectos distintos de una misma realidad», decía—, y de que la sensibilidad artística esté abocada a verse empobrecida tan pronto como se aparta, siquiera levemente, de la sensibilidad religiosa. «Podemos afirmar sin excesivo temor a equivocarnos que la época que nos ha tocado vivir es un período decadente; que el nivel medio de la excelencia cultural es hoy inferior al de cincuenta años atrás; y que las pruebas de este declive pueden percibirse claramente en todos los aspectos de la actividad humana.» Eliot consideraba que todo este proceso se recortaba sobre el telón de fondo de la cultura cristiana europea, que a su juicio era «la cultura más elevada que el mundo haya conocido jamás». Mientras se mantiene y prospera, escribe en sus *Notas*, la religión proporciona el marco que precisa la cultura, rescata al conjunto de la humanidad del tedio y la desesperación, y procura una significación a la existencia.[1]

Como muestran estos puntos de vista, parece obvio que Eliot tenía un criterio elitista del progreso. A sus ojos, la función de los estamentos superiores de la sociedad, de las familias encumbradas (son las palabras que él mismo emplea), consiste en preservar la cultura, mientras que el cometido reservado a los productores consiste en tratar de cambiarla. La alta cultura, decía, es más «consciente» que la baja cultura, y en ello reside la misión que le es más propia. Desde su punto de vista, en las sociedades primitivas no existía distinción entre la religión y la cultura, pero en la época moderna se constata la instauración de un movimiento encaminado a la difusión de un «escepticismo agresivo», circunstancia que ha dado lugar al surgimiento de una cultura desgajada de la religión —desencadenándose así un proceso que «muy bien» podría confirmar el deterioro general de la calidad de la cultura—. Si los seres humanos carecen de una fe común, la búsqueda de la unidad —en una comunidad, una nación o una persona— queda necesariamente reducida a la categoría de ilusión, razón que explicaba a su juicio el hecho de que un país como Gran Bretaña hubiera terminado por perder «conciencia» de la importancia de la religión. En la cultura moderna en que vivimos, decía, necesitamos menos libros y más conversaciones. La vida guarda relación con la asunción de metas asequibles y tiene mucho más que ver con las pasiones de los individuos que con las enormes fuerzas impersonales que afectan a las masas, fuerzas que obedecen simplemente a otras tantas ideas preconcebidas.[2]

Según Eliot, una de las consecuencias de estas tendencias modernas se cristaliza en la convicción de que por «superioridad» había que entender invariablemente una superioridad de orden intelectual y de que, por consiguiente, era preciso concebir la educación de tal forma que «amparara indefectiblemente la promoción de esa clase de superioridad». Esto acababa por desembocar en la más dogmática de las creencias modernas, la de que lo que realmente cuenta es la *igualdad de oportunidades*, algo que, en opinión de Eliot, sólo puede conseguirse «dejando de respetar la institución de la familia». De este modo, la sociedad se desentendía de valores como los del sacrificio personal de la pareja con hijos o los de la ambición, la previsión, el control y la responsabilidad paternos. Entendida en su sentido moderno, afirmaba, la educación implicaba la desintegración de toda sociedad en la que se hubiera dado en suponer la existencia de un grado de educación concreto capaz de servir como rasero con el que medir el nivel de educación de una persona.[3] Eliot pensaba que, en estas cuestiones, la sociedad había pasado a ser de carácter unidimensional, y que al educar a todo el mundo resultaría imposible evitar la disminución de los niveles de exigencia —una circunstancia que, en último término, redundaría en perjuicio de todos.

Esto era claramente contrario a buena parte de las tendencias que se estaban gestando por esa época, y de forma simultánea, en muchas regiones del mundo, aunque de manera muy especial en la Europa occidental y el continente norteamericano. Tras la publicación de libro de Eliot, Occidente —esto es, la zona del planeta que exhibía los más altos y más avanzados niveles de cultura, según insistía el autor— iniciaba el período más laico que jamás le haya sido dado vivir, hasta el punto de que la generalizada popularidad del cine y la radio, del gramófono, y más tarde de la televisión, no tardaría en propiciar un florecimiento de la cultura popular igualmente carente de todo precedente.

En opinión de Eliot, todo ello debería haber traído consigo el desmoronamiento de la cultura —y de hecho, no hay duda de que muchos de los pensadores y colegas que le sobrevivieron (falleció en el año 1965) estaban de acuerdo con su planteamiento—. Sin embargo, como hemos tratado de mostrar en este libro, las secuelas de la segunda guerra mundial, del Holocausto, del Gulag, de Hiroshima y Nagasaki, de Mao Tse-tung y su esposa, de la Revolución Cultural... todo ello estaba llamado a lograr que no escasearan en ningún momento los intentos de hallar significación a la existencia ni propuestas de formas alternativas de vivirla. En los capítulos anteriores hemos examinado los senderos que tomaron en su momento los pintores, poetas y psicólogos, así como los biólogos y demás científicos, para hacer frente al mundo laico post-religioso que tanto temía Eliot y edificar en él realidades constructivas. Nos queda por explorar no obstante un ámbito aún intacto, una forma de actividad intelectual no tan concentradamente racional como la ciencia, menos adaptada a la estética de las imágenes visuales que tanto dominan nuestras vidas en la actualidad y mucho más difícil de condensar adecuadamente en la reducida ventana de oportunidad que ofrece el intervalo de atención de las personas que habitan la muy diversa cultura popular del capitalismo tardío. Me refiero al ámbito de la filosofía moral contemporánea, una esfera de reflexión de carácter totalmente laico.

EL FIN DE LAS META-NARRATIVAS

Comenzaremos con una transformación que, como acostumbra a suceder con las transformaciones, imprime un giro de 180 grados al enfoque de T. S. Eliot. Se trata además de una transformación a la que se ha terminado conociendo con el nombre de «apoteosis de la secularización».

El 15 de julio de 1972, a las 15.32 h, caía dinamitado el proyecto urbanístico de Pruitt-Igoe, en San Luis, Misuri. Diseñados por Minoru Yamasaki, los 33 bloques de viviendas, considerados dignos de recibir en su día un premio arquitectónico y edificados como variación estilística de lo que Le Corbusier denominaba la «máquina para vivir», habían terminado viéndose rechazados por las personas destinadas a residir en ellos —dado que juzgaban que se trataba de un entorno inhabitable—. El historiador de la arquitectura Charles Jencks señala que en ese preciso instante se produjo el fin del modernismo, al menos en términos simbólicos, iniciándose al mismo tiempo la fase de transición conducente al posmodernismo. Aquella demolición supuso el punto final de los ideales abstractos, tanto desde el punto de vista teórico como desde el ángulo doctrinario —en el terreno arquitectónico en este caso, desde luego, pero hemos de recordar que el posmodernismo ya estaba invadiendo por entonces todas las esferas de la vida.

La cuestión es que, además de en el campo de la arquitectura, había comenzado a operar en todas partes una ética y una estética nuevas —en el cine, en el arte y en la filosofía, fundamentalmente—. De hecho, el historiador de la cultura David Harvey señala que la circunstancia más sorprendente del posmodernismo fue el hecho de que aceptara sin ambages el carácter efímero, fragmentario, discontinuo y caótico de la vida moderna. Se acababa de llegar a la conclusión de que «no es posible especificar» las características de las verdades universales y eternas —«caso de que existan»—. La época comenzará a rechazar así todas las «meta-narrativas» que tratan de explicar los más amplios alcances del proceso histórico —las derivadas de las ideas de Marx, de Freud, de Jesucristo o aun de la influencia laicizante del modernismo, por ejemplo—. Pese a que, en sí mismo, el propio posmodernismo fuera un rasgo característico de la forma de vida occidental, a lo que ahora se asistía era a una crítica de esa misma forma de vida de Occidente, señalando su inveterada propensión a desentenderse del «otro». Lo que ahora contaba era la existencia y el interés de otros mundos, junto con el inagotable carácter de éste en el que nos desenvolvemos, con lo que la heterotopía se imponía a la utopía.

No podemos aspirar a ninguna representación unificada del mundo, ni pretender «concebirlo como un todo repleto de vínculos y elementos diferenciadores, ya que es más bien un mosaico de fragmentos en perpetuo cambio». No es posible seguir pensando que el individuo esté «alienado», dado que eso presupondría la existencia de un núcleo coherente respecto del cual se produciría dicha enajenación.[4] De este modo, la fragmentación sustituye a la alienación.

Fredric Jameson señala que todo esto no es más que la lógica cultural del capitalismo tardío, ya que el pluralismo posmoderno se caracteriza por impulsar una búsqueda crecientemente frenética de los placeres mundanos (cada vez más variados y accesibles) —con lo que, en el mundo material en que nos hayamos inmersos, el consumo está llamado a constituirse en el sustitutivo de las formas transmundanas de alivio y salvación.

Desde luego, todo esto es muy cierto, pero no agota la cuestión. Lo que Karl Marx y Friedrich Engels previeron, dando muestras de una gran astucia, fue la «permanente incertidumbre y agitación del capitalismo tardío», constantemente propulsado por los avances tecnológicos. Por eso anunciaron que «en [dicho sistema] el deseo de novedad será tan intenso que las nuevas modas e ideas "quedarán anticuadas antes de poder osificarse y transformarse en costumbres"». El perpetuo carnaval del consumo, en el que la información, o los «hechos», son tan abundantes como los objetos (y se hallan sujetos al mismo e incesante proceso de modificación), en el que las medias verdades y las medias mentiras de la publicidad asignan un conjunto de criterios cínicos al discurso público, en el que en cualquier caso los hechos y los acontecimientos de los noticiarios cambian con tanta rapidez que nadie es capaz de reabsorber nada ni de conferirle ninguna clase de totalidad... —en tales circunstancias los sistemas de creencias precocinados parecen imbuidos de un atractivo innegable.

Estos sistemas de creencias prefabricados no constituyen necesariamente otras tantas religiones tradicionales, sino lo que Philippa Berry, parafraseando a Jacques Derrida, denomina «una fuerza numinosa de carácter no humano a la que, no sin vaguedad, se asigna el nombre de "espíritu"». En parte, esta actitud general constituye, prosigue Berry, un reflejo del mundo digital que comenzaba a aflorar por entonces en las ciencias de la computación, donde únicamente había dos tipos de «bits» de información: el 1 y el 0. El posmodernismo optó por dar la espalda a este estado de cosas, argumentando que todas las polarizaciones, ya sea en el terreno de la política (con la división entre izquierdas y derechas), de la filosofía (con la dicotomía razón-emoción), de la historia (con el binomio formado por el clasicismo y el romanticismo), de la literatura y el arte (con la línea divisoria que distingue lo narrativo de lo discursivo), de la ciencia (con la disyuntiva entre el progreso y la retribalización), y de la vida cotidiana, son simplificadoras y engañosas.[5]

CREENCIAS «DE FABRICACIÓN CASERA»

En el terreno religioso las cosas han revelado ser un poco más complejas. Si en un determinado plano, la polarización entre la fe y la duda ha sido objeto de numerosas críticas, en otro orden de cosas los problemas han tendido a centrarse en el concepto de lo «otro», según las tesis originalmente planteadas por Karl Barth (véase el capítulo 16). Se han explorado así toda una serie de modalidades de espiritualidad nuevas, siendo sucesivamente calificadas como fórmulas post-religiosas, post-escépticas o post-dualistas (y categorizadas, en conjunto, como creencias «cuasi-religiosas»). Lo característico de este tipo de creencias es el hecho de que bebieran tanto de fuentes anteriores al cristianismo como ajenas a él, circunstancia que vendría a determinar, como señalara en su día Clifford Longley en el *Daily Telegraph*, que «la gente terminara apartándose de la "religión" —entendida como una práctica anclada en un culto organizado y dotada de un conjunto de creencias sistemáticas enmarcadas en el ámbito de una institución— para pasar a valerse de una "espiritualidad" hecha a la medida de cada cual, al margen de las estructuras formales, y que, al estar basada en la experiencia, carecía tanto de doctrina como de cualquier aspiración de coherencia filosófica».[6] Las encuestas de opinión muestran que uno de cada cuatro estadounidenses concede crédito a la astrología y que uno de cada cinco cree en la reencarnación. En Gran Bretaña, como ya hemos visto, el número de personas que considera que los ovnis son una realidad supera al de individuos que creen en Dios. El movimiento de la Nueva Era también viene a encontrar acomodo en esta clase de actitudes, al unir un elevado consumismo con la fe en un sinfín de cosas.

Como recuerda Berry, estos fenómenos se caracterizan por el hecho de pertenecer a la categoría del «apaño» —ya que están constituidos por retazos de ideas diversas, tomadas una a una por quien más tarde habrá de integrarlas en su creencia, y van siendo recogidas a medida que la persona avanza en su particular peripecia experiencial—. Otro de sus rasgos es el hecho de que presenten notables semejanzas, y también diferencias, con las religiones tradicionales, lo que ha determinado que todavía no haya podido establecerse con claridad si se trata de creencias cuasi-religiosas o post-religiosas. En su grueso volumen de 544 páginas titulado *The New Believers*, David Barrett pasa revista a sesenta y nueve religiones, cultos y sectas contemporáneas, descubriendo que entre todas ellas hay un gran número de movimientos «cristianos falsos» y que los cultos más posmodernos de todos son los pertenecientes a la variedad vinculada con la «Nueva Era», cuyos adeptos sostienen que el período anterior, al estar dominado por rasgos de carácter masculino, ha dado lugar al surgimiento de «comportamientos agresivos y a una obsesión por el poder». «La idea de la Nueva Era se basa en un equilibrio entre las cualidades del hombre y la mujer.»

Se ha dicho que la Nueva Era es un batiburrillo de sucedáneos espirituales del cristianismo. Lo cierto es que se trata, en esencia, de una idea de raíz astrológica que encuentra su fundamento en la convicción de que en algún momento de la década de 1970 la humanidad dejó atrás la era de Piscis (o de los peces), para internarse en la de Acuario (o del aguador). El inicio de la era de Piscis se remonta a los primeros tiempos del cristianismo, abarcando el Renacimiento, la Reforma protestante y la irrupción del humanismo. Fue una era marcada por la autoridad y presidida por la dominación judeocristiana —una dominación centrada en controlar las ideas de los hombres—. La era de Acuario, que comienza con el paso del siglo XX al XXI, anuncia la llegada de un nuevo espíritu, de un espíritu que habrá de propiciar la «expansión de la conciencia» hasta lograr la plenitud del ser humano. La Nueva Era insiste sistemáticamente en que no existe ningún Dios personal, y su meta pasa por colmar el vacío espiritual sobrevenido en la era post-cristiana.[7]

Lo que ha desaparecido es la «práctica»

A pesar de que, a finales del siglo XX, el posmodernismo llevara ya varias décadas convertido en la corriente intelectual preponderante, lo cierto es que propició la aparición de una ética de aluvión —es decir, hecha a la medida de cada usuario— destinada a generar un entorno ideal para todos aquellos pensadores filosóficos capaces de ofrecer un conjunto de formulaciones claras y un tipo de coherencia que, pese a ser contrario a la de las tendencias predominantes, se ganaría igualmente el rechazo del posmodernismo. Y uno de los autores que parece mostrarse más sistemático que la mayoría de sus colegas en relación con estas cuestiones es el filósofo Alasdair MacIntyre.

Nacido en Escocia y defensor del marxismo, MacIntyre abandonó Gran Bretaña para emigrar a Estados Unidos en la década de 1970, convirtiéndose allí al catolicismo y exponiendo sus puntos de vista en una importante serie de publicaciones sobre filosofía moral: *Tras la virtud*

(1981) —que ya hemos mencionado anteriormente—, *Justicia y racionalidad* (1988), *Tres versiones rivales de la ética* (1990) y *Animales racionales y dependientes* (1999). A fin de averiguar cómo pueden alcanzar a vivir los seres humanos en un mundo desprovisto de Dios, MacIntyre pensó que la mejor solución consistía en retroceder ideológicamente y regresar a la antigua Grecia, a los tiempos de Aristóteles, es decir, a una época anterior al desarrollo de los grandes monoteísmos de los siglos posteriores. A su juicio, la situación en que nos encontramos entraña una notable dificultad, puesto que en este mundo dominado por el liberalismo empresarial no sólo no existe acuerdo alguno respecto a la realidad o las características de Dios sino que ni siquiera somos capaces de ponernos de acuerdo en qué argumentos razonados pueden considerarse válidos para mantener la existencia o la inexistencia de una entidad divina. La ética individualista por la que nos regimos hace que la gente propugne «todo aquello que, a su juicio, les proporcione algún control» sobre su vida o la de sus semejantes, o que defienda todo cuanto les permita obtener los resultados que más les agraden (de hecho, una de las reivindicaciones posmodernas resaltaba la idea de que el poder tenía, y sigue teniendo, una importancia capital). En la actualidad, los principios morales se eligen en función de su eficacia. De acuerdo con MacIntyre, vivimos en un mundo dominado por el «emotivismo», es decir, por una doctrina que sostiene que «todos los juicios valorativos, y más específicamente aún, todos los juicios morales, *no son sino* expresiones de una u otra preferencia, esto es, manifestaciones de una determinada actitud o sentimiento».

MacIntyre estaba convencido de que esto era un error debido a que, «de hecho, es posible determinar de manera racional cuáles son las características del mejor tipo de vida posible para los seres humanos, lo que significa que podemos concebir juicios morales que son bastante más que simples preferencias».

Lo que falta en la vida moderna, decía, es la noción de «práctica», recurriendo para explicarlo a un ejemplo basado en el juego del ajedrez. En toda práctica pueden darse dos tipos diferentes de apego «positivo». Por un lado tenemos los «bienes externos» —como el dinero, el poder o la fama—, unos bienes que se derivan del hecho de haber sabido resolver con maestría las partidas de dicho juego que nos haya tocado disputar, y por otro están los «bienes internos», los cuales se consiguen participando en la práctica misma. Estos últimos bienes nos educan en la práctica de las virtudes —virtudes como la honestidad (consistente en no recurrir a la trampa ni al engaño), el valor (que nos impulsa a seguir adelante a pesar de que las cosas nos vengan mal dadas), la generosidad para con nuestros semejantes (que quizá se hayan desenvuelto mejor que nosotros en la vida), o la magnanimidad (que es la forma de generosidad que ha de practicarse con quienes tienen menos méritos que nosotros mismos)—. Y también es preciso confiar en el juicio que los demás tengan a bien emitir sobre nuestra persona, ya que no es posible considerarse un gran maestro del ajedrez, por continuar con el símil, sin contar con más opinión que la nuestra.

Para que una sociedad *sea* efectivamente una sociedad y pueda ofrecer las mejores oportunidades al mayor número de personas posible es preciso, a juicio de MacIntyre, que sus miembros practiquen ciertas virtudes —la honradez, el coraje y la justicia, por no remitirnos sino a los mismos ejemplos que acabamos de enumerar más arriba—. Las buenas sociedades deberán estar integradas por individuos que se conozcan y puedan practicar y pulir de ese modo las virtudes mencionadas. El fallo de las democracias liberales, señala, consiste en que se trata en realidad de oligarquías disfrazadas, de agrupaciones humanas en las que el liberalismo empresarial (o capitalismo) obtiene su poder de la fragmentación, ya que en ellas es característico que los individuos no dispongan de verdaderas oportunidades de sumar sus fuerzas para propiciar el bien común, lo que significa que tampoco tienen ocasión de desarrollar el ejercicio de las virtudes. El liberalismo, prosigue, afirma ser neutral respecto de las ideas o nociones relacionadas con los valores que determinen la mejor forma de promover el progreso social, pero esta misma neutralidad es también una simulación concebida para preservar el control que el liberalismo empresarial lleva tiempo ejerciendo sobre la fabricación de bienes —lo que, en términos generales, acaba consiguiendo que la experiencia de la virtud se mantenga bajo mínimos en nuestras sociedades—. Por otra parte, lo que las personas encuentran satisfactorio, lo que viven como una fuente de plenitud, es justamente la experiencia de la virtud. Además, se está erosionando incluso la tradición, entendida como aquel conjunto de prácticas que en épocas pasadas quedó constituido a la manera de un marco efectivo para el ejercicio de la virtud.

Como es obvio, MacIntyre era plenamente consciente de que el mundo moderno no tiene nada que ver con la Atenas de Aristóteles y de que no hay forma de que vuelva a ver las cosas desde la perspectiva de la antigua *polis*. Ésta es la razón de que tomara como modelo a san Benito de Nursia —no tanto por tratarse de un religioso como por el hecho de haber sido el iniciador de un conjunto de pequeñas comunidades (los monasterios) en las que todo el mundo se conocía personalmente, todos dependían unos de otros y todos tenían ocasión de entregarse con plena libertad a la práctica de las virtudes—. La difusión y persistencia de la regla benedictina muestra que, dado un conjunto de circunstancias favorables, las virtudes pueden prosperar. MacIntyre pensaba que en la situación actual, la docencia y la organización de las universidades modernas podría modificarse con el objetivo de crear un tipo de comunidad de reducidas dimensiones susceptible de convertirse en el elemento desencadenante de una nueva forma de convivencia.[8]

John Rawls habría de proponer la constitución de otra clase de sociedad ideal. Y lo cierto es que el modelo que sugirió para materializar una buena relación social —modelo que era de carácter totalmente laico— consiguió captar notablemente la atención del mundo intelectual. De hecho, Robert Nozick, cuyos escritos pasaremos a considerar en breve, señalaría que la *Teoría de la justicia* de Rawls (publicada en 1971) era el texto de filosofía política más relevante que hubiera alcanzado a ver la luz desde los tiempos de John Stuart Mill. Rawls explicaba en su célebre obra que una sociedad justa —en cuya construcción apenas había logrado avance alguno la civilización cristiana en dos mil años de existencia— es aquella capaz de garantizar el mayor número de libertades a la mayor cantidad de miembros de la misma, de modo que es crucial saber en qué consiste la justicia y cómo puede ésta materializarse. Su argumentación, contraria a la tradición utilitarista (que sostiene que las acciones han de considerarse buenas si se revelan útiles), intentaba sustituir la noción de «contrato social» concebida por Locke, Rousseau y Kant con algo «más racional». Esto le llevaría a elaborar la idea de que el mejor modo de concebir la justicia es entenderla como «equidad». Sin embargo, lo que iba a llamar grandemente la atención en la teoría de Rawls sería su modo de proponer dicha equidad, ya que para propiciarla sugería que nos ubicáramos en una «posición original» y asumiéramos un «velo de ignorancia».

En la posición original se da por supuesto que los individuos embarcados en la tarea de elaborar el esquema fundamental del contrato social —es decir, ocupados en establecer las normas con las que regir su existencia— son personas racionales pero ignorantes. No saben si son ricas o pobres, jóvenes o ancianas, ni si gozan de buena salud o se encuentran enfermas. No saben a qué Dios siguen, ni si profesan alguna fe o no. Desconocen por completo a qué raza pertenecen, o si la naturaleza les ha dotado de inteligencia o carecen de ella. Ignoran igualmente qué otros dones les adornan o les faltan. En la posición original nadie sabe si es hombre o mujer ni qué lugar ocupa en la sociedad, de modo que los principios por los que decidan regir su vida deberán escogerse «tras un velo de ignorancia». Para Rawls, las instituciones sociales en su conjunto, sean de la clase que sean, han de elegirse de esta forma, de manera que todas las personas que intervengan en la elección «puedan decir a quienes les ayudan en la tarea que se hallan en una relación de cooperación sustentada en un conjunto de condiciones con las que todos ellos se mostrarían conformes en caso de ser individuos iguales y libres vinculados por unas justas relaciones recíprocas».[9]

Rawls sería objeto de dos críticas fundamentalmente: en primer lugar, decían sus detractores, había dado por supuesta una posición original de carácter ideal que de ningún modo puede materializarse en la vida real, y en segundo lugar, porque en esa misma vida real, y a diferencia de lo que ocurre en su planteamiento, el hecho de que alguien posea, digamos, una inteligencia superior a la media, no opera necesariamente en *detrimento* de nadie. De acuerdo con sus oponentes, el sistema de Rawls era excesivamente simple.

EL ARTE COMO FORMA DE ESCAPAR A LA ACCIÓN DEL TIEMPO

El filósofo alemán Hans-Georg Gadamer (1900-2002) habría de proponer un ideal muy distinto. A sus ojos, el objetivo y la significación de la existencia debían buscarse en el arte, y más particularmente en la poesía. Desde su punto de vista, el arte y la filosofía convergían de forma casi total, una convicción que en el año 1986 le llevaría a publicar un ensayo titulado justamente así: *Philosophy and Poetry*.

Nacido en la localidad alemana de Marburgo e hijo de un profesor de farmacología, Gadamer tuvo la oportunidad de trabajar algún tiempo como ayudante de Heidegger. «Siempre tuve la condenada impresión de que Heidegger me miraba por encima del hombro.» El propio Gadamer no habría de darse a conocer fuera de los círculos de su profesión hasta el año 1960, fecha de publicación de *Verdad y método*. Esto le situaría definitivamente, a juicio de muchos, como uno de los más importantes pensadores del siglo XX.

Desde el punto de vista del presente libro, la contribución más relevante de Gadamer reside en sus indagaciones de carácter cultural, y en particular en su ensayo titulado *La actualidad de lo bello*, cuyo subtítulo revela que el sustrato profundo de la obra reside en la consideración del *arte como juego, símbolo y fiesta*. Gadamer pensaba que, muy a menudo, el significado, el papel o la función del arte acababan perdiéndose en el mundo moderno, y que también se pasaba por alto la relevancia del juego —en tanto que actividad desinteresadamente orientada a la obtención de placer—. A su juicio, el arte desempeñaba un importante rol simbólico, a saber, el de abrir «un espacio en el que no sólo el mundo, sino también el lugar que ocupamos en él, aparecen contemplados como un todo que, siendo único se halla no obstante dotado de una riqueza inagotable», como un ámbito en el que resulta posible «vivir» fuera del curso ordinario del tiempo. El desinteresado placer que nos procura el arte es un elemento que nos ayuda a escapar del transcurso habitual del tiempo y nos abre las puertas de una «temporalidad autónoma». La otra cualidad que presenta la obra artística bien conseguida —la del arte en tanto que festival, por emplear sus propias palabras— es la de sacarnos fuera de ese tiempo ordinario y brindarnos acceso «a una auténtica posibilidad de vida en comunidad».[10]

Uno de los pensamientos más importantes de Gadamer es el que le lleva a plantear que los poemas poseen algo único, que existe una relación especial entre el discurso poético, sobre todo en el de carácter lírico, y la filosofía especulativa, y que el mundo de la poesía presenta una particular *completitud*, pues su elaboración es tal que no tiene más significado que el de «permitir que algo exista».[11] El lenguaje poético, dirá en otro pasaje, «confiere invariablemente una cierta intimidad al universo de la significación». La poesía, añadirá más tarde, es siempre «una consideración reflexiva relacionada con el horizonte de lo inexpresado».

Gadamer insistía en que, en la época moderna, el arte se había visto «definitivamente libre» de su tradicional relación con la religión y la mitología greco-cristiana, quedando de nuevo completamente a expensas de los recursos verbales y transformándose así en una actividad *auto-télica* independiente. Si la poesía se vuelve más intimista a partir de la época de Hegel, dice Gadamer, es precisamente por el hecho de haber cortado los vínculos que la unían con la religión, circunstancia que la ha obligado a ser «más modesta» —pese a que, paradójicamente, esto haya dado como resultado una poesía más radical en su «comprensión» del mundo—. «Poesía es encontrarse a gusto en el mundo, mostrar qué elementos nos hacen compartirlo.» La poesía es una «finalidad sin objetivo», dado que tiene con el discurso especulativo —es decir, con la filosofía— el elemento común de una existencia radicada en los límites de la verificación. En nuestro fuero interno, el elemento religioso de la vida ha encontrado un nuevo punto de anclaje en la «dimensión interna del discurso poético».[12]

Muchas de estas observaciones coinciden más o menos con las que ya expusimos al hablar de la poesía en el capítulo 23. Y en eso consiste justamente el argumento de Gadamer: en que la poesía es una forma de filosofía, especialmente cuando coquetea con el horizonte del lenguaje (y por consiguiente con las fronteras del significado), y en que la dimensión lírica, como señalaba Sartre, es algo que se sitúa por encima de la filosofía. Si queremos vivir una vida buena, debemos tener la capacidad de *cantar*.

EL SIGNIFICADO COMO ILUSIÓN OPRESIVA

Según el filósofo británico Anthony Clifford Grayling, la música —o al menos la armonía— es uno de los principales valores de la existencia. De hecho, así habrá de exponerlo él mismo en su obra del año 2007 titulada *La elección de Hércules. El placer, el deber y la buena vida en el siglo XXI*. Grayling es un pensador enérgico que escribe con idénticos bríos. Y en este caso no ve necesidad alguna de andarse por las ramas y retomar las cosas desde el principio —aunque algunos de sus propios principios resulten evidentes (como ocurre cuando afirma que «los argumentos favorables al planteamiento humanista son abrumadores»)—. Grayling va directo al grano, o a lo que él considera el meollo del asunto. La duración del ciclo vital humano es, por término medio, inferior a 1.000 meses (y parece todavía más corto cuando se consigna la cifra en números), así que más vale que le saquemos el máximo partido posible. Vivir una vida buena exige un entorno social y político apropiado. Y para llevar una existencia grata y disfrutar de esa vida buena no tenemos necesidad alguna de la religión: basta con que tengamos un ideal y con que hagamos todo lo posible por materializarlo.

Grayling sugiere que en la vida existen, como en la música, siete notas que generan una existencia armónica. Esas siete notas son las siguientes: significado, intimidad, esfuerzo, verdad, libertad, belleza y realización. Y por realización ha de entenderse, dice, la integración de los otros seis elementos en el proyecto existencial que nosotros mismos hayamos elegido. A continuación, Grayling completa esta argumentación señalando que debemos mantener durante toda la vida un compromiso vocacional con la educación —ya que el aprendizaje no tiene fin— y que, respecto de la cuestión del significado, lo que cuenta es la unidad de propósito, dado que muy a menudo «eso es exactamente lo que falta» cuando la gente no se siente realizada.

También hemos de ser conscientes de los logros de la ciencia, ya que, «en último término, todos empleamos un lenguaje biológico, o incluso físico» (afirmación que nos aproxima notablemente a lo que mantenían David Deutsch y Frank Tipler —véase el capítulo 25—). Grayling piensa igualmente que no podemos llevar una vida buena sin implicarnos de algún modo en la actividad política, ya que no existe nada que pueda sustituir al individuo —de hecho, tanto la libertad como la igualdad y el sentido de la comunidad dependen de la mutua interacción de las personas—. Además, la «principal virtud» de la comunidad política debiera consistir en un interés por lo común capaz de igualar el que nos inspira nuestro propio bienestar, ya que eso es precisamente lo que preserva el bienestar de los demás. Y para lograr ese grado de altruismo hemos de procurar materializar una ética global, concretar la idea de un mundo bueno —entendido como ideal último del ser humano y columna vertebral de toda significación.[13]

Terry Eagleton, otro filósofo británico, muestra idéntico desparpajo en sus manifestaciones —que llegan a rayar incluso con la brusquedad—. Su librito de apenas cien páginas titulado *El sentido de la vida* (publicado en el año 2007) es toda una hazaña —tanto más cuanto que va dedicado a su hijo, pese a «juzgar éste muy incómodo el proyecto mismo de la obra»—. Eagleton entra directamente en materia: ¿Por qué causa estaría usted dispuesto a morir? A continuación, el pensador señala que a lo largo del siglo XX —debido quizá al hecho de que la vida no tuviera excesivo valor—, la espiritualidad adquirió dos tipos de consistencia, revelándose «dura como una roca» en unos casos y «desleída e inconsistente» en otros, razón por la que el siglo se ha visto en dos tipos de situaciones extremas: bien en manos de inconmovibles fundamentalismos bien a merced de gurús y masajistas espirituales (a los que Eagleton llama «quiroprácticos distribuidores de beatitudes enlatadas»).

De acuerdo con nuestro autor, el hecho de que a la vida puedan hallársele múltiples significados es posiblemente el significado más precioso que ésta encierra: «En los ecos de la conversación reside toda la significación que nos es dado alcanzar». Eagleton no cree que Dios sea la respuesta a nuestras pesquisas, ya que, a su juicio, toda entidad divina «tiende más a embarullar las cosas que a dotarlas de una claridad meridiana». Además, nuestro autor se pregunta si no se habrá acabado por exagerar un tanto todo este asunto del sentido de la vida. «Son muchas las personas que han tenido biografías francamente superlativas sin que al parecer hayan conseguido captar la significación de la existencia.» El deseo de plenitud es eterno, pero la plenitud misma sólo se alcanza de forma esporádica, de manera que uno de los factores relevantes en una vida plena es el de la intensidad con la que se haya vivido. Desde su punto de vista, el significado es una ilusión opresiva. «Vivir sin atarse a la necesidad de semejante garantía es liberarse ... Y vivir con autenticidad es confiar en todo aquello que más estrecha relación guarde con el animal que nos habita» (como ya afirmara en su día James Joyce). Ayudar a los demás es una «variante atenuada de la muerte», *une petite mort*: contribuye a hacernos vivir adecuadamente, pero la existencia lograda no consiste en eso. El significado de la existencia tiene menos de proposición que de práctica, pues no depende de una verdad esotérica sino de una determinada *forma* de vida. Como ya hemos señalado antes, Eagleton no sólo observa que la felicidad es una palabra «lánguida», sin fuerza, «un tipo de vocablo propio de una colonia de vacaciones», sino que mantiene asimismo —al igual que otros muchos autores— que emana de la forma en que se viva palpablemente la existencia, no de una especie de íntimo y particular contento.[14]

LA IMPOSIBILIDAD DE LA TRANSCENDENCIA

El filósofo estadounidense Thomas Nagel coincide al menos en un punto con Bertrand Russell, ya que tampoco él cree que nos sea dado en ningún caso experimentar una dicha sin fisuras. La razón reside, a su juicio, en el hecho de que nuestra existencia se halle presidida por una paradoja o una dualidad intrínsecas que sencillamente no podemos superar —hasta el punto de que si queremos sentirnos satisfechos de algún modo hemos de aprender a vivir con esa dicotomía—. Nagel añade que las soluciones religiosas, pese a no eliminar la paradoja, nos conceden sin embargo «un artificial sentimiento de centralidad» gracias a la intervención de un ser supremo.

Nagel, que es profesor de filosofía y derecho en la Universidad de Nueva York, acostumbra a poner títulos extremadamente llamativos a sus obras: *La muerte en cuestión*; *What Does It All Mean?*; *Una visión de ningún lugar*; *La última palabra*... Tanto en *Una visión de ningún lugar* como en *La muerte en cuestión*, el filósofo aborda el problema del significado en nuestras vidas, un problema que brota, a su juicio, de un característico aprieto humano, tan fundamental como inevitable, a saber, el de que habitamos simultáneamente en una esfera subjetiva y en un universo objetivo. Como él mismo dice, todos nos enfrentamos a la dificultad que supone el doble hecho de estar contemplando el mundo desde nuestro particular punto de vista y de comprender al mismo tiempo que, no siendo más que una parte insignificante de ese mundo, nos observamos como si nuestra perspectiva fuera la de quien lanza la mirada desde una gran altura. Abrigamos la ambición de abandonar nuestros propios límites, pero no somos realmente capaces de lograrlo. Y es esa «visión dual» la que explica, dice, nuestra perplejidad, nuestro anhelo de transcendencia y el hecho de que fracasemos en el empeño de alcanzarla.

Nagel se muestra particularmente crítico con lo que él mismo denomina nuestro «cientificismo», ya que se trata de una corriente de pensamiento que «entrega el timón del universo y de cuanto puede decirse acerca de él a una determinada forma humana de comprender las cosas». Sin embargo, el cientificismo revela estar aquejado de miopía al suponer que el uso de las teorías científicas permite en último término entenderlo todo, «como si la época en que nos ha tocado vivir no se hallara simplemente presidida por una más de la larga serie de teorías» que llevamos generada hasta la fecha. Y al verse confrontada a este estado de cosas, la filosofía se ve obligada a echarse sobre las espaldas la difícil tarea de tratar de dar expresión a todo un conjunto de «problemas que pese a no haber madurado todavía lo suficiente son claramente percibidos de forma intuitiva», haciéndolo además en «un lenguaje comprensible que no acabe por perderlos de vista». Lo que hace constantemente la filosofía, señala, es obligarnos a encarar una cuestión: la consistente en determinar hasta qué punto podemos alejarnos de la relativa seguridad del lenguaje que actualmente manejamos sin correr el riesgo de perder todo contacto con la realidad.[15] La religión hace exactamente lo contrario, puesto que sitúa el universo de lo sobrenatural más allá de los límites del lenguaje, con lo que dichos límites no se ven nunca sometidos a una dilatación excesiva aquí, en la Tierra.

Nagel se esfuerza al máximo para mostrar que en realidad no disponemos del lenguaje necesario para describir nuestra experiencia. El realismo adquiere su máxima fuerza cuando nos vemos forzados a aceptar la existencia de algo que no somos capaces de describir ni de conocer a fondo debido a que las claves que podrían explicarlo o esclarecerlo se hallan fuera del alcance de nuestro lenguaje, nuestra capacidad de mostrar y comprobar las cosas o nuestra facultad de comprender lo que experimentamos de manera empírica. «*Algo* ha de haber de cierto en la séptima serie de la aproximación de π, aunque no seamos capaces de calcularla.» La existencia del mundo de las razones —incluyendo el de «mis» razones— no obedece únicamente a la realidad de mi punto de vista.[16] Otro de los problemas que plantea la distinción entre lo subjetivo y lo objetivo radica en el hecho de que dispongamos de una enorme capacidad mental y de que ésta no pueda explicarse en virtud de la selección natural. Es muy importante resaltar el hecho de que, en un sentido de notable relevancia, la selección natural no puede dar cuenta de todo.

En *Mind & Cosmos: Why the Materialist Neo-Darwinian Conception of Nature Is Almost Certainly False* (publicada en 2012), Nagel habrá de llevar todavía más lejos este argumento, haciendo gala de una gran audacia —o dando muestras, según algunos, de una no menor temeridad—. Pese a que él mismo se declare decididamente ateo, considera fundamental exponer la idea de que la actual explicación reduccionista de la evolución, que sostiene que la vida surgió de manera accidental, es decir, como consecuencia de la acción fortuita de un conjunto de mecanismos y principios de carácter puramente físico en un primer momento y más tarde de índole química y biológica, es contraria al sentido común. Además, Nagel añade que, «en nuestra cultura laica, prácticamente todo el mundo» se ha visto «intimidado por la actitud de los popes de la ciencia» y obligado de ese modo a juzgar que ese programa de investigación reduccionista es de carácter «sacrosanto», puesto que cualquier otro planteamiento «se hallaría desprovisto de todo respaldo científico».[17] La cuestión de si ha habido o no tiempo suficiente para que la evolución haya alcanzado a producir la profusión de formas de vida que observamos a nuestro alrededor sobre la simple base de un «accidente químico» sigue siendo «una cuestión abierta». Aunque se distancie de quienes defienden el «diseño inteligente», Nagel insiste en que no merecen el desprecio con el que se les ha tratado, dado que algunas de las objeciones que han dado en oponer a la formulación clásica de la teoría evolutiva estaban bien planteadas.

Por otra parte, nuestro filósofo pone buen cuidado en no invocar la acción de ningún «ser transcendente», pero encuentra justificado especular acerca de una explicación alternativa a la que el reduccionismo físico ha proporcionado hasta ahora como fundamento de una teoría del todo. En lugar de esa comprensión exclusivamente física, podrían surgir en el futuro, como él mismo dice, «complicaciones en el carácter inmanente del orden natural». Lo que pretende señalar con esto —y en ello cifra Nagel tanto la convicción que le guía como el principal reparo que opone a la física reduccionista— es que la «mente» no representa una simple ocurrencia tardía de la evolución ni un accidente sobrevenido en algún punto de su desarrollo, del mismo modo que tampoco puede considerarse un mero añadido. Es «un aspecto básico de la naturaleza».

En particular, Nagel no cree que las tres facetas de la mente —conciencia, razón y valor— puedan ser una consecuencia del proceso de la selección natural, ya que no resulta en modo alguno evidente que nos confieran una ventaja selectiva. El naturalismo evolutivo, por ejemplo, es tan ajeno a la moralidad (es decir, a los valores) como a las matemáticas complejas (y por tanto a la razón y a la lógica). ¿Qué motivos podría tener la evolución para preferir la percepción de la verdad moral a cualquiera de los factores que puedan constituirse en ventaja inmediata para la reproducción? Y en ese mismo sentido, ¿qué beneficios evolutivos presenta el hecho de conocer los detalles de la teoría de la evolución? A juicio de Nagel, todo esto no es más que puro sentido común, pero son justamente estas cuestiones, reitera, las que se nos reprochan con miradas de displicente superioridad cuando las planteamos.

Resulta igualmente obvio a sus ojos que se nos hace imposible abandonar la búsqueda de una explicación transcendente del lugar que ocupamos en el universo. Pese a que siga rechazando toda noción vinculada con la existencia de un ser transcendente, Nagel se muestra persuadido de que esa búsqueda resalta una vez más el hecho de que no es posible justificar por entero todas aquellas explicaciones del universo que únicamente invocan la acción de «un proceso físico»: ha de haber también elementos de carácter teleológico.[18] Y en la teleología reside precisamente el nudo argumental de *Mind & Cosmos*.

Nagel abordará el problema que plantea la existencia de este vacío en nuestra comprensión del universo —o como él mismo dice: el hecho de que la física y la evolución revelen ser una explicación inadecuada— especulando con la «posibilidad de un principio de cambio que no sólo está llamado a actuar a lo largo del tiempo sino que tiende también a cristalizar ciertos tipos de resultados». El filósofo estadounidense sostiene que este planteamiento es plenamente coherente y lleva aparejada la clara implicación de que las leyes físicas con las que estamos familiarizados no son totalmente deterministas. Además, la conciencia está impregnada de intencionalidad, esto es, de propósitos basados en capacidades que resultaban inimaginables en nuestro pasado lejano. En tal sentido, Nagel reitera que muchas de las facultades mentales de los seres humanos no responden a ninguna necesidad adaptativa, siendo igualmente difícil comprender qué valor podrían tener como factor de supervivencia.

Sin embargo, continúa, si creemos en la existencia de un orden natural (orden cuya realidad no tenemos inconveniente en reconocer), «entonces ha de haber necesariamente algo en el mundo —algo que en último término ha dado lugar al surgimiento de los seres racionales— que se revele capaz de explicar esa posibilidad». La respuesta a ese desafío es la teleología natural, sostiene, añadiendo a continuación que dicha teleología se distingue claramente del resto de las explicaciones alternativas: el azar, el creacionismo y las leyes físicas carentes de intencionalidad. La contemplación del cosmos en términos teleológicos implica que hemos de dar cabida, junto a las leyes físicas con las que estamos familiarizados, a otro conjunto de leyes de la naturaleza que «presentan un sesgo orientado hacia lo maravilloso». Dicho con otras palabras: existe «una predisposición cósmica que tiende a la formación de organismos vivos, al surgimiento de la conciencia y al afloramiento de valores —algo que dicha conciencia lleva inherentemente aparejada—». «El proceso parece encaminado a lograr que el universo entero vaya despertando gradualmente.» Nagel juzga que este planteamiento es enteramente congruente con su ateísmo, aunque finalmente, comenta, «llego a la conclusión de que al darwinismo le falta algo».[19]

Nagel plantea la consideración de que por encima de las leyes de la física pudiera existir una determinada «predisposición cósmica» sin poner en ello «una convicción positiva». Todo lo que trata de hacer es simplemente ampliar los límites de «todo aquello que no pueda considerarse impensable», pero añade que está dispuesto a apostar «que, en una o dos generaciones, el actual consenso de los biempensantes será tenido por una posición ridícula».

Mind & Cosmos es una obra breve pero sobrecogedoramente ambiciosa. Pese a su ateísmo confeso, tanto los creacionistas como los partidarios de la noción del diseño inteligente brindaron en su día una calurosa acogida al libro de Nagel. El Instituto Discovery, integrado por personas que defienden las tesis del diseño inteligente, se manifestaría en términos aprobadores respecto del supuesto «desencanto [de Nagel] con el darwinismo». Los científicos ortodoxos han mostrado en cambio menos entusiasmo, argumentando que Nagel confunde el hecho de que la teoría evolutiva sea incompleta con la idea de que es falsa. Otros señalan que la «humildad epistémica» —esto es, la aceptación de que todo individuo puede estar equivocado— es uno de los sellos distintivos de la ciencia, así que «no se ha mirado nunca por encima del hombro a nadie con el fin de intimidarle» a aceptar ningún planteamiento sacrosanto —ocurre, simplemente, que hasta la fecha, el darwinismo es la teoría que ha presentado mejores argumentos.

Sin embargo, otros especialistas han confesado sentirse confundidos por la noción de «teleología natural» de Nagel, sobre todo teniendo en cuenta, por ejemplo, las numerosas formas de vida diferentes que existen sobre la faz de la Tierra y los abundantes casos de extinción de especies. Por otra parte, las criaturas irracionales son mucho más numerosas que las dotadas de conciencia. Hay distintas especies que desarrollaron órganos visuales en un momento de su evolución, perdiéndolos después al adaptarse a vivir en entornos dominados por la oscuridad, y son también varios los parásitos que, habiendo iniciado su trayectoria evolutiva como organismos complejos, han acabado presentando formas más simples después de acomodarse al tipo de vida parasitario. ¿Cómo puede dar cuenta la teleología de todos estos procesos?, preguntan estos científicos.

Steven Pinker, psicólogo experimental de Harvard y autor de *La tabla rasa. La negación moderna de la naturaleza humana*, ha afirmado que el libro de Nagel muestra claramente que «de la pluma de un pensador que en otro tiempo fue brillante puede acabar saliendo un razonamiento chapucero». Otros autores han expuesto la objeción de que Nagel no trata en ningún momento de respaldar empíricamente sus afirmaciones, ya que éstas son en realidad producto de una argumentación de carácter intuitivo, y en ese sentido ha violado los más elementales principios de la ciencia (por no hablar de los del buen sentido). Estos críticos dicen que las más recientes investigaciones, con las que Nagel no parece estar familiarizado, apuntan a la existencia de un «mundo de ARN», es decir, de un entorno natural que, al estar dominado por la presencia del ácido ribonucleico simple, habría asistido al surgimiento de moléculas capaces de auto-replicarse —siempre de forma accidental, desde luego, aunque mucho menos accidental de lo que hasta ahora se creía—. Además, hay filósofos que señalan que los valores —como la ética y la moral, por ejemplo— son otras tantas *guías* con las que orientar la conducta, no explicaciones de la misma. Hemos de abandonar la idea (como también han hecho otros filósofos) de que existan verdades morales objetivas, aplicables en cualquier lugar y circunstancia.

Es todavía muy pronto para poder juzgar el impacto del *Mind & Cosmos* de Nagel, pero en cualquier caso hay que señalar que constituye un notable ejemplo de uno de los más recientes géneros filosóficos (centrado en torno a la pregunta de «¿qué le falta al universo?») —y otro tanto cabe decir de *The Goldilocks Enigma* de Paul Davies, en cuyas páginas se afirma que el universo se halla presidido por un «principio vital».

LA VIDA COMO REALIDAD NO SUSCEPTIBLE DE SATISFACCIÓN

Pese a lo imaginativo y provocador que es el *Mind & Cosmos* de Nagel, lo cierto es que resulta más instructivo, al menos desde nuestro punto de vista, regresar por un instante a los contenidos de *Una visión de ningún lugar*, obra en la que nuestro autor no sólo mantiene que hemos de asumir necesariamente las dificultades derivadas del hecho de vivir próximos a los límites del lenguaje, sino que debemos comprender asimismo que la selección natural no lo explica todo.

Tres son las posibles vías de escape que nos permitirían burlar el callejón sin salida que señala. En realidad, lo que de verdad dice es que *no existe* forma alguna de salir de él, aunque sí podemos realizar algunos «ajustes» para conseguir «sobrellevar el conflicto». Uno de esos ajustes, ya intentado en épocas pasadas, consiste en vivir lo más alejado posible de las pequeñeces propias de la existencia humana, «minimizando la zona de contacto que nos une localmente con el mundo a fin de concentrarnos en todo aquello que es universal»: la contemplación, la meditación, el abandono de las ambiciones mundanas... De este modo conseguiríamos «fulminar el ego». Nagel sugiere que esta determinación lleva aparejado el pago de un precio muy elevado por la obtención de la armonía espiritual. «Diríase que la amputación de tantas facetas personales con el único objetivo de consolidar la inequívoca afirmación del resto de nuestras posibilidades es una forma de malgastar la capacidad consciente.»

La segunda adaptación toma el camino opuesto, ya que consiste en «negar que nuestras vidas carezcan objetivamente de importancia, una negación que nos permite justificar nuestra plena implicación en una existencia vivida desde esa perspectiva objetiva». Este planteamiento equivale, en más de un sentido, a la cosmovisión del narcisista. Ya hemos examinado en páginas anteriores las muchas formas en que este enfoque puede conducirnos al fracaso. Valga recordar aquí lo que sugeríamos entonces, a saber, que, en ocasiones, los narcisistas valoran de forma poco realista las facultades que les adornan. El mundo objetivo está ahí, y ahí va a seguir siempre, tanto si nos gusta como si no.

El tercer ajuste que propone Nagel pasa por aceptar que la visión dual —es decir, la coexistencia de un mundo subjetivo y de una realidad objetiva— forma parte de la condición humana, entendiendo al mismo tiempo que esto implica comprender que no es posible liberarnos del aprieto en que nos hallamos —puesto que en eso *consiste* justamente ser un individuo humano dotado de conciencia y de lenguaje—. La objetividad nos *transciende*, posee vida propia y se muestra sujeta a un constante cambio —y todo ello conlleva la asunción de todo un conjunto de consecuencias en nuestra identidad subjetiva, incluyendo la experiencia de sus límites.

Una de las formas de aliviar las dificultades inherentes a la condición humana —aunque no de eludirlas por completo— es llevar una existencia moral. Al proceder de ese modo procuramos vivir como individuos decididos a afirmar que nuestros semejantes tienen el mismo valor que nosotros. «La consecuencia de más general alcance de la postura objetiva debería concretarse en una especie de humildad. La comprensión de que no somos más importantes de lo que en realidad somos, y la circunstancia de que, a nuestro juicio, algo resulte relevante, o de que una determinada acción o padecimiento pudiera tener buenos o malos efectos en nuestra existencia, es un hecho dotado de una significación puramente local.» No tenemos por qué ponernos moralizantes en estas cuestiones, dice Nagel: la humildad se encuentra a medio camino entre el desapego nihilista y la ciega atribución de una importancia desmedida a nuestras propias cuitas. Lo que tenemos que hacer es tratar de no caer en los familiares excesos de la envidia, la vanidad, la arrogancia, la competitividad y el orgullo. «Es posible llevar una existencia colmada con los dones que nos han sido concedidos sin sobrevalorarla de forma desmesurada.»

A todo esto, Nagel le añade la idea de lo que llama el «respeto no egocéntrico por lo particular». Con esta expresión no alude solamente a las características de la respuesta estética (aunque también las incluya): «Los objetos particulares pueden poseer una completitud no competitiva que se revela transparente para todos los aspectos del yo. Esto contribuye a explicar también por qué la experiencia de algo enormemente bello tiende a producir una unificación del yo, ya que el objeto nos involucra de manera inmediata y total, haciéndolo además de un modo capaz de establecer distinciones entre puntos de vista irrelevantes ... Resulta difícil saber si seríamos capaces de mantener coherentemente este tipo de actitud respecto de los elementos de la vida cotidiana».

De este modo, Nagel concluye que la represión de ambas facetas de la condición humana —la subjetiva y la objetiva— define un comportamiento que empobrece la existencia. Antes que caer en esa doble negación «es mejor mostrarse simultáneamente comprometido con la vida y desentendido de ella —aun resultando por ello absurdo—, ya que esa actitud no sólo es lo contrario de la negación de uno mismo sino la consecuencia de una plena conciencia» de la vida.[20]

LA CREENCIA ES DE CARÁCTER PÚBLICO

Richard Rorty, a quien veíamos en el capítulo 24 concentrado en ensalzar los méritos de la poesía «pasada de moda», coincide con Nagel en que el objetivo de la vida radica en la obtención de una conciencia plena. Sin embargo, Rorty estaba convencido de que el único modo de elevarnos al plano de esa conciencia realizada pasaba por recorrer la senda de nuestras relaciones con otras personas. «La facultad humana mejor situada para optar al título de "virtud más encomiable"», señalaba Rorty adelantándose a Sam Harris y a Matt Ridley, «es la capacidad de confiar en otras personas y de cooperar con ellas». Debemos abandonar la búsqueda de algo estable y exterior a nosotros (como pudieran ser los seres divinos o la presunta existencia de una naturaleza humana de carácter universal), así como la creencia de que ese algo tenga la posibilidad de ofrecernos un criterio desde el cual poder juzgar de manera independiente. Al contrario, no existe ninguna obligación moral de índole incondicional y dimensión transcultural, ningún deber ético arraigado en una naturaleza humana inmutable y ahistórica. La condición de darwinista, aseguraba, implica aceptar la existencia de un mundo cuyo objetivo consiste en concebir instrumentos capaces de ayudarnos a disminuir el padecimiento e incrementar el placer. Y en este sentido, los beneficios derivados de los viajes espaciales y de la moderna astronomía «superan con creces las ventajas propiciadas por el fundamentalismo cristiano».[21]

El objetivo de la indagación no consiste en alcanzar la verdad, digan lo que digan las iglesias o la erudición académica. «La meta de toda investigación estriba en conseguir que los seres humanos logren acordar un planteamiento compartido respecto de lo que conviene hacer en el mundo. Todas las áreas de la cultura forman parte de un mismo empeño: el de construir una vida mejor.» La Ilustración se equivocó al sustituir la noción de un guía sobrenatural por la idea de una facultad «semi-divina» denominada «razón». La razón implica tener la posibilidad de elegir, y toda elección consiste invariablemente en discernir un punto de compromiso entre dos o más bienes antagónicos, no en optar entre la verdad absoluta y el error total —y lo mismo cabe decir de los dilemas morales y de la lucha por la existencia— ya que no existe ningún invisible tribunal de la razón, del mismo modo que tampoco existe Dios. Por consiguiente, lo que hemos de esperar es que el género humano logre ir integrándose paulatinamente en una comunidad —circunstancia que deberemos considerar un logro evolutivo, preñado de consecuencias—. Solemos disfrutar hablando de que la responsabilidad nos vincula con la verdad o con la razón, pero hoy hemos de sustituir esa invocación por otra: la de la responsabilidad que nos une al destino y la situación de nuestros semejantes.

Rorty creía que se había concebido, se estaba concibiendo o tenía que concebirse necesariamente, un cambio de paradigma que nos indujera a pasar de la metafísica a lo que él denominaba el «pensamiento débil». Si la tradición metafísica ha estado tradicionalmente dominada por la idea de que hay una entidad no humana a imagen y semejanza de la cual han de tratar de conformar su existencia los seres humanos, algo grandioso y universal que constituye el más amplio marco posible de todo discurso, el «pensamiento débil» reconoce por el contrario sus limitaciones y «se propone realizar simplemente pequeños cambios finitos» y poner en marcha un conjunto de reorganizaciones fragmentarias antes que una sucesión de revoluciones intelectuales. En lugar de proclamar que sus ideas surgen de un insondable hondón, los partidarios del «pensamiento débil» «plantean sus ideas al modo de otras tantas sugerencias susceptibles de revelarse útiles para ciertos propósitos específicos».

Hemos de considerar que la religión es un «hábito de acción», de lo cual se desprende que nuestra principal preocupación ha de centrarse invariablemente en determinar si las acciones de las personas que profesan una fe religiosa frustran o no las necesidades de los demás —y en qué medida—. Esto es lo que importa, y no tanto si la religión acierta a señalar con verdad, y en qué grado, este o aquel extremo. «Nuestra obligación de comportarnos de manera racional queda en segundo plano ante el deber que nos empuja a tener en cuenta las dudas y objeciones que nuestras creencias pueden suscitar en otras personas.» La verdad no es algo que posea un carácter absoluto, sino que consiste más bien en «aquello que haríamos bien en creer». Sea hombre o mujer, el creyente religioso sólo tiene derecho a vivir su fe en la medida en que ésta no entre en conflicto con sus responsabilidades intelectuales. Los creyentes únicamente se verán en la necesidad de justificar su fe en caso de que sus hábitos de acción interfieran con la satisfacción de las necesidades de otros. Esto implica que la religión ha de quedar inevitablemente circunscrita al ámbito privado. Si el establecimiento de una relación privada con Dios no va acompañado de la pretensión de conocer la voluntad divina, no debería plantearse ningún conflicto entre la religión y la ética utilitarista. No obstante, tenemos el deber de no entregarnos a ninguna creencia sin buscar algo que pruebe sus afirmaciones: «Toda creencia que se abrace sin pruebas es un placer robado».[22]

Dicho esto, no hay forma de que una persona religiosa tenga posibilidad legítima de reivindicar que el derecho a la fe sea parte integrante de un derecho general a la vida privada, puesto que la fe es un proyecto de dimensión intrínsecamente pública: «Todos los individuos que utilicen un lenguaje quedan implicados en bloque en ella». De acuerdo con Rorty, una de las responsabilidades que a todos nos incumbe es la de no creer nada que no pueda justificarse ante el resto de la comunidad humana. «Ser racional es someter la sostenibilidad de nuestras creencias personales —de todas nuestras creencias personales— al criterio de nuestros iguales.» Podemos aferrarnos sin pruebas a otros afectos de índole no cognitiva —como es el caso de los deseos y las esperanzas—, pero la creencia no admite esa libertad.

Si la ciencia nos otorga la capacidad de predecir y controlar los acontecimientos del mundo, la religión pone ante nuestros ojos una esperanza de mayores alcances, ofreciéndonos una causa en virtud de la cual hallar sentido a la existencia (y reproduzco aquí las palabras del propio Rorty). «Preguntarse cuál de estas dos explicaciones del universo es cierta podría revelarse tan absurdo como tratar de discernir si la verdadera descripción de una mesa es la que hace el carpintero o la que propone el especialista en física de partículas. Ninguna de las dos preguntas —ni la que pretende dirimir si la verdad cae del lado de la religión o del lado de la ciencia ni la que inquiere acerca de la auténtica realidad de un mueble— exige respuesta si cada una de esas dos esferas sabe no interponerse en el camino de la otra.» Además, la gente tiene derecho a vivir su fe, del mismo modo que tiene derecho a enamorarse, a casarse precipitadamente y a perseverar en el amor pese a que se le convierta en un interminable calvario de penalidades y disgustos.

Según mantiene Rorty, tanto el realismo científico como el fundamentalismo religioso son producto de la misma «urgencia»: la destinada a tratar de convencer a la gente de que tiene la obligación de desarrollar lo que Bernard Williams denomina «una concepción absoluta de la realidad». No obstante, añade el filósofo, el realismo científico y el fundamentalismo religioso son dos «proyectos privados que se nos han acabado yendo de las manos», dado que se han convertido en empeños destinados a hacer que nuestra particular forma de dar sentido a la existencia adquiera carácter obligatorio para el público en general.

Queda claro, por tanto, que, en la actualidad, la filosofía pragmática de la religión ha de establecer una clara distinción entre la fe y la creencia. Rorty argumenta que los seguidores del teólogo y filósofo alemán Paul

Johannes Tillich no se esfuerzan en lograr un credo o una doctrina de carácter complejo y refinado ni en generar un hábito de acción *concreto*, sino más bien «en establecer en la vida humana una diferencia específica: la que determina la presencia o ausencia del amor en ella» (afirmación en la que resuenan los ecos del concepto de «la otra condición» de Robert Musil). Rorty traza así un paralelismo entre el concepto de religión de Tillich y el hecho de sentir un profundo amor hacia una persona a la que el resto de la humanidad es incapaz de profesar ese mismo amor. «Nadie se burla del cariño que le profesa una madre a un hijo psicópata. Y en tal sentido, [William] James decía que, por la misma razón, tampoco debemos mofarnos de las personas que sostienen que "las mejores cosas de la vida son las de carácter eterno".»[23]

Rorty concluye afirmando su «fe» en las futuras posibilidades de una humanidad moral. «Llamo "romanticismo" a esta difusa convergencia entre la fe, la esperanza y el amor.» Lo que cuenta en este aspecto es el hecho de que sigamos insistiendo en que algunos seres humanos, o tal vez todos, pueden llegar a volar a una altura muy superior a la que ahora frecuentan. Lo que importa es la insistencia misma, el romanticismo, «la capacidad de experimentar una esperanza, una fe, un amor, etcétera, de carácter abrumador». Y el elemento distintivo de este estado de «sobrecogimiento» es el hecho de que «nos lleve más allá de toda argumentación, de que nos haga rebasar los límites del lenguaje que utilizamos en el momento actual, lo que significa que nos induce a cruzar el horizonte fijado por la imaginación de la presente edad del mundo». En un determinado momento de nuestra historia, indica Rorty, el hecho de ser religioso equivalía sencillamente a tener imaginación. Sin embargo, en nuestros días, las cosas son distintas, debido al éxito que van obteniendo los seres humanos en la procura de una existencia y un mundo menos mezquinos (por lento que resulte en ocasiones ese progreso). Y lo que nos ha permitido llegar a este punto evolutivo han sido justamente las formas de inspiración de índole no religiosa.

En último término, Rorty tiene la sensación de que el surgimiento de la democracia tiene más que ver con la paulatina desaparición de la religión que con la acción positiva de la ciencia (aunque, evidentemente, el modo en que opera la ciencia sea en sí mismo una forma de democracia). «En las democracias hay personas que profesan ideas radicalmente distintas tanto en relación con el objetivo y el significado de la existencia como respecto de la senda más adecuada para alcanzar la perfección en el ámbito privado.» Y acto seguido, Rorty vuelve a inspirarse en John Dewey, su filósofo favorito. «El meollo del pensamiento de Dewey se funda en insistir en que no hay nada —ni la voluntad de Dios, ni la naturaleza intrínseca de la realidad ni la ley moral— que pueda considerarse más importante que el resultado de los acuerdos libremente alcanzados por los miembros de una comunidad democrática.»

Rorty prosigue diciendo que la idea de la razón comunicativa de Habermas —esto es, que la razón brota de la comunicación entre las personas y que guarda semejanza con una conversación, no con algo establecido lógicamente en una cierta «exterioridad»— reduce con toda legitimidad nuestras aspiraciones, haciendo que pasen de lo «incondicional que reina en las alturas» a las comunidades que tenemos a nuestro alrededor. Una vez verificado este proceso pueden empezar a surgir otras cosas —como el progreso, por ejemplo—. Tal como lo define Rorty, el progreso no es en realidad más que una idea que, pareciéndole absurda a una generación, pasa a convertirse en puro sentido común para la siguiente. En todo caso, nunca llegaremos a elevarnos a un estado «purificado» ni perfecto, puesto que todo cuanto nos es dado hacer es trabajar con la materia prima de nuestra propia naturaleza. Y esto a su vez viene a dinamitar la idea de la redención y de la verdad redentora, la necesidad de encajarlo todo en un único contexto, en un singular reino de la verdad situado más allá de toda apariencia. Y es que *no hay* un único ámbito verdadero —o, como ya dijera Harold Bloom, el objeto de leer un gran número de libros estriba en comprender que existe una infinidad de puntos de vista, y que todos ellos vienen a ser igualmente válidos (si bien unas veces más y otras menos).[24]

Rorty se percataría también de que la pregunta «¿es esto verdadero?» estaba siendo sustituida por otro interrogante —el de «¿qué novedades hay?»—, circunstancia que él considera positiva, puesto que «toda vida que no se viva cerca de estos límites no merece ser vivida». La meta de la existencia es la expansión del yo y, gracias a nuestro esfuerzo conjunto, cada vez tenemos a nuestra disposición más formas de vivir humanamente. «El progreso moral e intelectual no consiste en aproximarse a los perfiles de un objetivo concebido en épocas pasadas, sino en superar el pretérito. El aumento del conocimiento no radica en contar con un mayor acceso a lo real, sino en tener una mayor capacidad de *hacer* cosas, de materializar la posibilidad de que la gente viva una vida más rica y más plena ... Nunca conseguiremos hallar una descripción de las cosas tan perfecta como para relegar a la condición de inutilidades sin valor a una imaginativa redescripción de esas mismas cosas ... Los hombres han de vivir como

profecías vivientes de los tiempos venideros antes que cegados por el temor de Dios o por la luz de la razón.»[25]

¿POR QUÉ HACER LO CORRECTO?

El filósofo de Harvard Robert Nozick, fallecido en el año 2002, creía
que la filosofía debía tener en cuenta los últimos avances científicos. En
las tres obras de las que más orgulloso se sentía —*Anarquía, estado y utopía* (de 1974), *The Examined Life* (1989) e *Invariances: The Structure of
the Objective World* (2001)—, Nozick habría de apoyarse en los conceptos de la relatividad general, la mecánica cuántica, la teoría evolutiva y la
teoría de juegos para elaborar un sistema ético propio. Como filósofo,
pensaba que la ética era un producto de la evolución y que el quid de toda
creencia ética radicaba en alcanzar a coordinar la actividad de los individuos para mutuo beneficio de todos los implicados en ella. Sin embargo,
lo que le diferencia de otros éticos evolutivos, si así puede llamárseles, es
el hecho de que creyera que la ética se divide en cuatro planos o estratos
distintos.

El primer plano se corresponde con el nivel del *respeto*, es decir, con
las normas y principios que nos instan a respetar la vida y la autonomía de
otra persona y a restringir toda injerencia en el ámbito decisional propio
de esa otra persona. El segundo plano es el de la ética de la *responsividad*,
que «nos ordena actuar de un modo que responda al valor de las personas,
fomentándolo, respaldándolo y permitiendo que prospere». A continuación viene el plano del *cuidado*, que nos insta a «no causar daño a nadie,
según el principio de áhimsa, y a amar a todas las personas, quizás incluso
a todos los seres vivientes». El último factor que enumera es el de la ética
de la *luz*, que abarca las dimensiones de la verdad, la belleza, la bondad y
la santidad: «Sócrates, Buda y Jesús, junto con varios *rishis*, *tzadikim*,
santos y sabios menos conocidos, son en este caso las luminarias que nos
señalan el camino». De acuerdo con Nozik, sólo el primer nivel es de
obligado cumplimiento, siendo también el único que las sociedades han
de exigir a sus miembros, ya que los demás dependen de una decisión libre y del grado de desarrollo personal.[26]

Nozik también aborda otro interrogante, un interrogante que en este
caso suele poner a prueba la perspicacia de los científicos y de otro tipo de
estudiosos: ¿por qué les resulta tan difícil a los psicólogos formular una
teoría del comportamiento humano capaz de realizar predicciones preci-

sas? ¿Cómo es que los psicólogos se han revelado incapaces de explicar más del 50% de las variaciones conductuales de las personas?

La respuesta que ofrece Nozik se apoya en el dato de que una de las principales causas del explosivo crecimiento del cerebro humano hay que buscarla «en el hecho de que nuestros antepasados se vieran en la necesidad de prever y contrarrestar las acciones de todo un conjunto de congéneres razonablemente inteligentes en situaciones presididas por la existencia de un conflicto de intereses, con el añadido de que esos mismos oponentes intentaban hacer otro tanto con ellos, adelantándose y neutralizando sus propias iniciativas ... De este modo, la supervivencia del más apto desembocó en la perpetuación de los individuos dotados de un mayor encéfalo». En tales circunstancias, la violencia debió de revelarse necesaria en algunas ocasiones, pero lo sorprendente es que, en otros casos, el carácter impredecible de las acciones, e incluso su irracionalidad, tuvo que haber resultado provechosa. Habríamos aprendido así a enmascarar nuestra conducta y a no alinear nuestro comportamiento de acuerdo con una trayectoria clara a fin de disimular nuestras verdaderas motivaciones. Según esta explicación de los acontecimientos, el carácter impredecible del comportamiento habría adquirido una función biológica, convirtiéndose en un elemento generador de conductas más complejas. Hay circunstancias en las que el apartamiento de la norma es precisamente la estrategia más adecuada. El conocimiento de uno mismo es un requisito previo para la asunción de un comportamiento ético, pero de cuando en cuando las conductas no éticas pueden resultar una exitosa estrategia adaptativa.

La razón de que todo esto revista un especial interés para nosotros reside en el hecho de que muy bien pudiera darse la circunstancia de que dicha conducta impredecible y complicada constituyera en su día el punto de arranque de nuestra capacidad para las matemáticas complejas y la cosmología abstracta. De este modo, Nozick esboza un principio de explicación susceptible de contrarrestar eficazmente el argumento que han esgrimido algunos biólogos como Edward Osborne Wilson y filósofos como Thomas Nagel al afirmar que este tipo de conducta no puede deberse al proceso de la evolución dado que no nos proporciona ninguna ventaja evolutiva.[27] Como ya hemos visto, Nagel piensa además que esta clase de desarrollo intelectual —es decir, el asociado con la facultad del juicio valorativo— constituye la raíz misma del dilema en que nos sume el enigma de nuestra posición en el cosmos.

En *The Examined Life*, Nozick reasume parcialmente los planteamientos de Sócrates, autor que, de acuerdo con Platón, habría realizado la célebre afirmación de que «una vida sin examen no tiene objeto vivirla» en el proceso al que se vio sometido en el año 399 antes de Cristo por haber caído en la impiedad, según sus acusadores, y corrompido a la juventud de Atenas. La cuestión es que, al recordar este pasaje, Nozick tuvo la interesante idea de considerar en qué consistiría someter la vida a examen en nuestros días (o mejor dicho, en 1989). Nozick redacta sus conclusiones como filósofo que es, pero empleando un lenguaje corriente, en modo alguno técnico, y presentando sus ideas en forma de otras tantas «meditaciones». En la mencionada obra, el autor aborda justamente aquellas cuestiones que muy probablemente quisieran abordar, a su juicio, todos los lectores: ¿En qué consiste la inmortalidad y qué objeto tendría? ¿Por qué no es la felicidad el único extremo relevante en nuestra existencia? ¿Cabe considerar válidas las doctrinas orientales de la iluminación? ¿Qué es exactamente lo que se tuerce en la persona que centra sus principales intereses en la consecución de riqueza y poder? ¿Puede el individuo religioso explicar por qué Dios permite la existencia del mal? ¿Cuáles son los elementos que muestran un especial valor en la transformación que el amor romántico produce en los seres humanos?[28]

La elección de los interrogantes que Nozick da en juzgar relevantes, tanto en su condición de filósofo como de individuo moderno, resulta posiblemente tan interesante como las respuestas que ofrece, sin olvidar lo sugerentes que son también aquellos aspectos de la existencia sobre los que le parece importante meditar: la muerte; la relación entre padres e hijos; la capacidad creadora; la naturaleza de Dios y la índole de la fe; el sagrado carácter de la vida cotidiana; la sexualidad; el enamoramiento; la felicidad; nuestros objetivos; ¿qué es lo que nos hace sentir auténticamente vivos?; ¿en qué ocasiones alcanzamos una mayor conciencia de nosotros mismos?; ¿qué actitud hemos de mantener ante la vida?; ¿qué es la importancia y qué es lo importante?; ¿qué perspectivas se logran por medio de las explicaciones teológicas?...

Nozick señala que vivir una vida sujeta a examen consiste en realizar nuestro propio autorretrato; en no limitarse a aceptar que las actividades de la existencia queden simplemente afectadas por esa mirada inquisitiva, procurando por el contrario que la indagación la «impregne» por completo; y en comprender que el carácter de esas actividades también habrá de revelarse diferente si los resultados de nuestra concentrada reflexión alcanzan a modificarlas. Hay tres tipos de felicidad: la derivada del hecho de que suceda una u otra cosa; la vinculada con la percepción de que nuestra vida es buena en el momento presente; y la asociada con un sentimiento de satisfacción que abarca el conjunto de nuestra biografía. Sin embargo, la felicidad no es más que una pequeña parte de lo que nos interesa, y hemos de recordar que no existen aquí puntos de referencia ni elementos de comparación, de modo que deberemos hallar por nosotros mismos esas indicaciones orientadoras.

Nozick coincide con Nagel en que todos consideramos las cosas desde dos puntos de vista, el nuestro y «el del universo», pero añade que no puede juzgarse que uno sea más real que el otro. «La esfera de la realidad no es idéntica a la de todo cuanto existe. Y cuanto mayor sea el grado de realidad de una determinada característica de nuestra vida, tanto mayor será el peso que esa característica tenga en nuestra vida.» También argumenta que una existencia adecuadamente vivida lleva aparejada la necesidad de dar a cada cosa su justo valor, invitándonos a continuación a concebir la realidad al modo de un marcador cuya máxima puntuación fuera la unidad. «Eso es justamente lo que los poetas y los artistas nos ofrecen: la inmensa e insospechada realidad presente en cualquier pequeña cosa. *Todo tiene "su propia entidad paciente".*» Debemos vivir de manera proporcionada y dar a cada cosa el valor que le corresponde.[29]

Tratar de conferir significado a la existencia, señala, es intentar transcender los límites de la vida individual, construyéndonos una identidad más amplia. «Si vamos más allá de nosotros mismos se pone en marcha una regresión. La religión suele ser una sede propicia para esa regresión, una escala en la que detenerse a meditar sobre las cuestiones relacionadas con el significado, puesto que habla de un ser infinito al que resultaría impropio tener por limitado.» La cuestión de los límites es de la máxima importancia, tanto para nosotros como para Dios. A los ojos de Nozick, el problema fundamental radica en el enigma que supone la existencia del mal y en la consiguiente determinación de si Dios puede hallarse efectivamente investido o no de omnisciencia, omnipotencia y bondad. Como él mismo dice, Dios no puede proceder «alegremente» en este sentido —lo que no sólo implica que ese interrogante ha de recibir necesariamente una respuesta, sino que dicha respuesta resulta hoy más urgente que nunca, dado que el Holocausto ha supuesto la constatación de «una fisura» en el universo—. Tras el Holocausto, la humanidad se ha despojado a sí misma de toda santidad. Dios, resalta, no puede ser indiferente al hombre ni independiente de él: la relación que mantenemos con Dios ha de caminar por fuerza en ambas direcciones, digan lo que digan los filósofos judíos. A juicio de Nozick, el Holocausto «ha cerrado la puerta que un día abriera Jesucristo. Y en tal sentido, la era cristiana ha quedado clausurada».

Y éstas son sus palabras finales: «Hemos de transformarnos en un vector de verdad, belleza, bondad y santidad, aderezando los eternos procesos de la realidad con una pizca de cuanto nos caracteriza. La elevación que nos lleva a no desear ninguna otra cosa, junto con los estados de emoción que la acompañan, es ... lo que constituye la felicidad y la dicha».[30]

EL DEBER DE VIVIR RESPONSABLEMENTE

El filósofo ante el que se descubren, o al que se remiten, muchos otros filósofos —o aquel cuyas ideas toman como punto de partida un gran número de pensadores— es Ronald Dworkin, titular de las cátedras Frank Henry Sommer de Derecho y Filosofía de la Universidad de Nueva York y Jeremy Bentham de Jurisprudencia de la Escuela Universitaria de Londres hasta su fallecimiento, ocurrido en el año 2013. Durante un período de su vida, Dworkin ocupó una pasantía en el despacho del juez Billings Learned Hand, a quien su exótico nombre no habría de impedir ser el jurisperito más citado de toda la historia jurídica de Estados Unidos. Esto habría de proporcionar a Dworkin un excelente argumento curricular con el que justificar su eminente posición en el campo de la filosofía —reforzada asimismo por un buen número de libros sobre la evolución de las leyes relacionadas con los derechos humanos—. En su obra titulada *Justice for Hedgehogs* (publicada en 2011), Dworkin rematará su argumentación con una magistral exposición de las directrices que han de guiar hoy nuestra existencia. Y en *Religion without God* (de 2013) planteará la tesis de que la expresión «ateo religioso» no es ningún oxímoron.

La premisa fundamental que esgrime en *Justice for Hedgehogs* es la de que los valores éticos y los valores morales se hallan en una relación de mutua dependencia, presentando dicha afirmación a la manera de un credo, ya que ambos conjuntos de valores proporcionan sustentación a un modo de vida coherente. Sin embargo, dicho modo de vida depende a su vez de dos cosas que han de darse con anterioridad: hemos de estimar nuestra dignidad y mostrar a un tiempo respeto por nosotros mismos. «Los únicos valores que podemos hallar en nuestro camino hacia la muerte son valores de carácter adverbial. Hemos de encontrar el valor de la vida —el significado de la existencia— en el hecho de vivir *bien*, del mismo modo que juzgamos valioso amar, pintar, escribir, cantar o bucear bien ... No existe ningún otro valor ni significado duradero en la vida, pero con ellos basta. La dignidad y el respeto de uno mismo son las condiciones indispensables de una vida buena.»[31]

Dworkin acepta lo que decían los pensadores de la Antigüedad al instarnos a no perseguir una «felicidad» consistente en una serie de episódicos destellos de placer, sino a buscarla en la culminación de una vida lograda, entendiendo por tal la acertada resolución del conjunto de nuestra existencia. «La existencia precede a la esencia [como afirmaban los existencialistas], puesto que es a nosotros a quienes incumbe la responsabilidad de dar contenido a dicha esencia.» Además, Dworkin rinde honores a Nietzsche, a quien considera la figura más influyente de esta tradición filosófica y autor de una pertinente invocación: «El único verdadero imperativo de la vida es *vivir* —crear y afirmar la vida humana en tanto que maravilloso y singular acto creativo».

Dworkin pensaba que una de las bendiciones de la ciencia es la derivada del hecho de que el amplio acuerdo sobre los fenómenos que ésta ha propiciado nos ha permitido confiar en que ha de haber alguna verdad. El carácter lineal de la ciencia representa también un alivio en el sentido de que tranquiliza saber que las nuevas ideas se asientan sobre unos sólidos cimientos. Sin embargo, tan pronto como aceptamos la crucial distinción que separa a la ética de la moral, dice Dworkin, la verdad deviene una posibilidad tan clara en el ámbito del derecho como en el de la ciencia. Los criterios morales ofrecen prescripciones relativas al modo en que debemos tratar a nuestros semejantes, mientras que las normas éticas nos muestran cómo hemos de vivir nosotros mismos. Tenemos que distinguir entre vivir bien y llevar una buena vida. «Vivir bien implica esforzarse en generar las condiciones de una buena vida, pero sólo en cuanto a someterla a ciertas restricciones esenciales para la dignidad de la persona ... Vivir bien significa edificar una existencia que no resulte simplemente placentera, sino buena en ese crítico sentido.»

Hemos de mostrarnos responsables, ¿pero qué orientación tiene esa responsabilidad, ante qué o quién hemos de considerarnos responsables?, pregunta Dworkin. Y ésta es su respuesta: el mero hecho de que nuestra existencia sea la de unas criaturas conscientes de sí mismas y dotadas de la capacidad de gobernar su propia vida determina que tengamos el deber de vivir bien. «Es *importante* que vivamos bien; no sólo importante para nosotros o para cualquier otro ser humano, sino simplemente importante.» Un ejemplo: una persona que lleve una monótona vida convencional sin disfrutar de ninguna relación de íntima amistad, sin plantearse retos ni proponerse metas, que se dedique sencillamente a «pasar el rato» hasta que le llegue la hora, no habrá tenido una vida buena, «aunque dicha persona crea haberla tenido» y aunque haya disfrutado plenamente con esa existencia banal. A los ojos de Dworkin, ese individuo «habrá dado la espalda a la *responsabilidad* de vivir».

No debemos olvidar en ningún momento que vivir implica una realización, una concreción práctica que puede hacerse mejor o peor. Si concedemos un gran valor al arte con mayúsculas no se debe sólo al hecho de que su resultado final contribuya a realzar nuestra existencia sino también a la circunstancia de que el empeño artístico en su conjunto es la encarnación de una realización, de «un recoger el guante del desafío que representa el arte». Una vida humana bien vivida es también la personificación de una realización, la «aceptación del reto que supone el hecho de habérsenos concedido el timón de nuestra vida». El valor último de nuestra existencia es adverbial, no adjetivo. Es el valor de la realización, de la acción, no de lo que queda —sea lo que sea— cuando sustraemos esa acción de la ecuación. Es el valor que perdura una vez desvanecidos los recuerdos de un baile deslumbrante o las ondas de una magnífica zambullida. «El valor de la realización es el valor de la vida.»[32]

Pero el valor no sólo guarda relación con las consecuencias. Como dice el propio Dworkin, «los filósofos suelen especular acerca de lo que ellos llaman el sentido de la vida. (Tarea de la que ahora se encargan místicos y comediantes.)». Si midiéramos efectivamente el valor de la vida en función de sus consecuencias, «casi todas las vidas carecerían de valor, salvo unas pocas, mientras que el enorme valor de otras muchas sería únicamente un valor accidental (como sucedería, por ejemplo, en el caso de los carpinteros que trabajaron en el Globo de Shakespeare)».*

Dos son los principios que informan las exigencias más relevantes de una vida buena. El primero de ellos es el respeto de uno mismo. «Toda

---

* Alusión al teatro «The Globe» cuya construcción vivió peripecias dignas de un drama shakespeariano. Tras más de treinta años instalada en un edificio de su propiedad construido no obstante en terrenos arrendados, la compañía para la que trabajaba Shakespeare se vio obligada a renegociar el contrato. El dueño accedió, pero jurando secretamente dejarles el solar vacío, decidido a «destinar a mejores usos» la madera del edificio. Al enterarse del engaño, el carpintero jefe de la compañía, junto con un grupo de obreros, trasladó el material, viga por viga, al otro lado del Támesis, construyendo allí un nuevo teatro que, por su forma, dio en llamarse «El Globo». Los carpinteros hicieron así, sin saberlo, un gran servicio a la literatura universal, al propiciar la representación de las mejores obras de Shakespeare. (En 1997 fue reconstruido fielmente junto a su emplazamiento original, donde todavía sigue activo.) (*N. de los t.*)

persona ha de tomarse en serio su propia existencia, aceptando necesariamente la importancia de que su vida alcance a ser una realización colmada y no una oportunidad perdida.» Coleccionar cajas de cerillas no sólo es erróneo, es también estúpido, ya que la elección de un pasatiempo trivial no resulta razonable desde el punto de vista ético. El segundo es el principio de la oportunidad. Todo individuo tiene la responsabilidad de identificar las oportunidades que pueden proporcionarle el éxito en la vida mediante la elaboración de «una narrativa o un estilo coherentes a las que él mismo preste su respaldo». Juntos, ambos principios ofrecen una particular concepción de la dignidad humana: la de que, como ya hemos señalado, la dignidad exige respeto a uno mismo y autenticidad. Podemos considerar equivocado o malo un determinado acto cuando éste lesiona la dignidad de los demás.

Vivir bien no significa simplemente trazar los perfiles de una existencia y limitarse a hacerlo desde la premisa de que da igual el esquema que adoptemos para dibujar esa silueta, implica «diseñar la vida como respuesta a un juicio de valor ético».[33] En la mayoría de los casos, el disfrute de la vida es un epifenómeno de la convicción profunda de que estamos viviendo como deberíamos.

Todo esto plantea diversos tipos de problemas a las comunidades teocráticas que imponen de manera coercitiva su particular y cerrado régimen ético —un régimen que pone en peligro la autenticidad de quienes se hallan sujetos por él—. Por otra parte, en las comunidades políticas de carácter liberal, los individuos que se someten a la autoridad ética de una Iglesia lo hacen por propia iniciativa, a menos que su adhesión sea de naturaleza mecánica y no desempeñe papel alguno en el resto de las facetas de su vida.

La idea de que el universo alberga una fuerza «superior a los seres humanos» es algo que todos compartimos, incluso el propio Nagel. Dworkin admite que hasta los ateos pueden abrazar algunas nociones cósmicas. Sin embargo, señala que, desde el punto de vista ético, y en un mundo de carácter laico, lo más relevante de la idea de una «fuerza superior a nosotros» no radica en el hecho de que nos proponga una forma de vivir muy característica (y religiosa), sino más bien en «brindarnos protección frente al inquietante pensamiento de que, elijamos lo que elijamos, *todas* las opciones existenciales pudieran revelarse arbitrarias». Éste es, evidentemente, el fundamento en que se basa enteramente la noción de lo «absurdo» que tantos quebraderos de cabeza diera a los existencialistas y a los miembros de otras corrientes de pensamiento. Sin embargo, Dworkin

cuestiona este planteamiento. ¿Por qué, pregunta, no habríamos de considerar tan valioso llevar una existencia capaz de estar a la altura del sinsentido de la noción de eternidad —si es que el universo resulta ser absurdo— como vivir conformes a su significación caso de que en efecto la
tenga? Y es que, aun en el supuesto de que no exista ningún eterno artífice, «*nosotros* sí que somos individuos capaces de concebir planes —artífices mortales con un agudo sentido de la dignidad y de lo que es una vida
buena y una vida mala, es decir, una vida concebida al modo de una creación propia y una vida convertida en un lastre que se ha de soportar—.
¿Por qué no hallar valor en lo que creamos? ¿Qué motivo nos impulsa a
decidir que el valor ha de depender de la física?».[34]

Una vida sin examen alguno, como nos advertían en su momento los
filósofos de la Antigüedad, también es una existencia negativa. Uno de
los aspectos esenciales para una vida responsable es asimismo el de profesar alguna convicción ética en la práctica, el de «implicarnos, siquiera
de cuando en cuando», en la realización de un empeño de índole moral.
Viviremos mal si no nos esforzamos suficientemente en lograr que nuestra vida sea buena. La gobernación justa no sólo nace de la dignidad, también tiene como meta esa misma dignidad. Hemos de hacer que nuestras
vidas sean como diminutos diamantes en los arenales cósmicos. El sentido de la vida reside en la dignidad.

LA BELLEZA DEL MISTERIO Y EL MISTERIO DE LA BELLEZA

En *Religion without God*,* Dworkin argumenta que la tajante y familiar división entre personas que profesan una religión y personas que viven sin ella establece en realidad una separación excesivamente burda.
Según señala Dworkin, esta distinción deja a mucha gente a la intemperie,
cuando lo cierto es que son también muy numerosas las personas que no
creen en un Dios personal o que rechazan —en virtud de su «inanidad»,
por ejemplo— la explicación bíblica de la creación y que, sin embargo,
creen que existe en el universo una «fuerza» «que se halla por encima de
nosotros». Es esto justamente, añade Dworkin, lo que induce a dichas per-

---

* Pese a que esta obra no estuviera publicada como tal libro en el momento de enviar a la imprenta el original inglés de *La edad de la nada*, sí que habían aparecido en
cambio varios extractos de notable longitud, y en ellos he basado el análisis que sigue a
continuación. (*N. del a.*)[35]

sonas a pensar que tienen «la ineludible responsabilidad» de vivir bien sus respectivas existencias, respetando debidamente las vidas de los demás. Y si tuvieran la sensación de estar desperdiciando su vida quedarían sumidas en un inconsolable pesar. El ateísmo religioso no es una contradicción en los términos, puesto que hasta los ateos tienen perfecta capacidad de «percibir que existe algo fundamental», que hay cosas en el universo destinadas a disponer, como decía William James, «de la última palabra».

Independientemente de que la gente crea o no en la existencia de un Dios personal, los principales elementos integrantes de la actitud religiosa son la significación intrínseca de la vida y la inherente belleza de la naturaleza. Cuando los científicos se ven ante la inimaginable vastedad del espacio y la pasmosa complejidad de las partículas atómicas, descubren que el universo resulta formidable y abrumador, tanto que merece «algún tipo de respuesta emocional rayana, cuando menos, con el estremecimiento». Esto me lleva a recordar el comentario que hace Nagel al señalar que «la existencia es algo tremendo». Además, añade Dworkin, estamos aquí ante un conjunto de convicciones que no es posible aislar del resto de la existencia.

Nuestro autor sugiere asimismo que una parte de la confusión que sentimos surge del hecho de que las religiones, y en particular las de raíz abrahámica, tienen una vertiente «científica» (la creación, la vida de ultratumba, el diálogo entre el suplicante y el juez supremo) y una faceta «valorativa», mientras que, por el contrario, la actitud religiosa se halla estrechamente vinculada con la plena independencia del valor, ya que el universo de los valores no sólo es autónomo sino que se afirma a sí mismo, lo que lo diferencia notablemente de la parte «científica» de los monoteísmos tradicionales. Dworkin argumenta igualmente que se nos antoja imposible no dar crédito a las verdades elementales de las matemáticas y que una vez que las entendemos, alcanzando a comprender incluso las ecuaciones complejas, no tenemos ya ninguna necesidad de una ulterior confirmación independiente. Disponemos de esta capacidad, pero no sabemos que la tenemos, y la cuestión es que aquello en lo que viene a insistir justamente la actitud religiosa es en el hecho de que debemos abrazar nuestros valores de idéntica manera. «No pretendo decir que el carácter de los juicios de valor sea en último término meramente subjetivo. La profunda convicción que nos lleva a pensar que la crueldad es mala significa que estamos convencidos de que la crueldad es realmente mala: no podríamos albergar esa convicción sin pensar que se trata de una verdad objetiva.» El hecho de que la teodicea no haya logrado dar ninguna respuesta al problema de la presencia del mal que revele ser siquiera «remotamente satisfactoria» es quizá el argumento más sólido que pueda oponerse a la existencia de un Dios personal (reflexión en la que Ronald Dworkin viene a coincidir con la posición de Robert Nozick).

Además, Dworkin cree que las personas escépticas en materia de religión pueden desentenderse de lo que él llama la vertiente «científica» de las religiones teístas —esto es, del conjunto de sus afirmaciones sobre ciertos acontecimientos históricos, sobre las causas y los efectos (como ocurre en el caso de los milagros, por ejemplo), o sobre el modo en que deben enfocar su vida las personas (mediante la realización, digamos, de un conjunto de obligaciones de culto ritual, como la oración, el hecho de situarse en dirección a La Meca, etcétera)— sin que sufra por ello ningún perjuicio la parte «valorativa» del credo religioso, que sigue pudiendo determinar, si así lo juzgan conveniente, sus valores éticos y morales. Pertenezcan o no a una particular tradición religiosa, las personas «acostumbran a aceptar que la naturaleza no se reduce a una mera colección de partículas arrojadas en masa al espacio e insertas en un larguísimo proceso histórico, sino que es algo dotado de un misterio y una belleza intrínsecos».

La parte «científica» de los monoteísmos tradicionales no puede constituir el fundamento de la parte valorativa, insiste Dworkin, puesto que se trata de dos esferas conceptualmente independientes. «La significación o el valor de la vida humana, sean cuales sean, no pueden deberse al simple hecho de que exista un Dios misericordioso. La belleza intrínseca del universo no puede deberse únicamente a la circunstancia de haber sido creado con la intención de que lo fuera. No existe ninguna conexión que vincule directamente un relato cualquiera de la creación del firmamento, los cielos y la tierra, los animales del mar y la tierra, las delicias del paraíso, las llamas del infierno, la división de las aguas o la resurrección de los muertos con el imperecedero valor de la amistad y la familia, la importancia de la caridad, la sublimidad de una puesta de sol, la pertinencia del asombro ante la vastedad del universo, o incluso con el deber de venerar la posible existencia de un Dios creador.»

El principio es el siguiente: no es posible sostener un juicio de valor —es decir, una afirmación ética, estética o moral— mediante el simple hecho de establecer algún hecho «científico» relacionado con la realidad pasada, presente o futura del mundo. Lo que distingue a la religión teísta de la religión atea, dice Dworkin, es la parte «científica» de la religión basada en un Dios personal, pero eso, añade, no es tan importante como la fe en la existencia de valores que ambos puntos de vista comparten.

De acuerdo con el criterio de Dworkin, el factor que determina en último término el surgimiento de una actitud religiosa es de carácter estético —ya que emana del hecho de que consideremos que el universo es hermoso—. Sin embargo, es un misterio que podamos formarnos un criterio de belleza en este caso (dado que no disponemos de ningún elemento de comparación extracósmico para elaborarlo), lo que le lleva a coincidir con Einstein (y por cierto, también con Wallace Stevens) y a afirmar que ese misterio es justamente lo más hermoso.

Tenemos la sensación de que la explicación última (de lo que es) ha de desembocar en algo de índole más fundamental, en una sucesión de razones sucesivamente más hondas las unas que las otras, pero, ¿es realmente eso lo que sucede? Existe una gran belleza en el ineludible carácter de las matemáticas, pero las soluciones de las ciencias exactas llegan sin más a su conclusión lógica, sin remitirnos necesariamente a ninguna otra realidad, a nada de índole más fundamental. ¿Encierra esto algún tipo de lección? Basándonos en esa analogía, toda actividad de la vida —ya pertenezca al orden estético, moral, ético o científico— admite ser elevada a la categoría de fin en sí misma y no habría nada más que añadir al respecto. La libertad es el derecho que toda persona tiene a definir las características de su propia existencia y los objetivos que hayan de animarla. No es preciso disponer de una respuesta más profunda.

Mediante esta argumentación —unida a los planteamientos que expone en *Justice for Hedgehogs*—, Dworkin logra dotar de una significación estética a la existencia, señalando que debemos procurar que sea bella tanto en términos morales como éticos —y que, por encima de todo, hemos de conseguir que no resulte trivial—. Su interés en el carácter central de los valores coincide con el parecer de Thomas Nagel, pero ahí se detienen todas las coincidencias. Como ya hemos dicho, en este sentido Dworkin tiene más cosas en común con Nozick.

NUESTRA SINTÉTICA UNIDAD NOS HA IMPEDIDO PROGRESAR

Jürgen Habermas ha capitaneado una nueva forma de pensar. Este autor coincide con Richard Rorty, Ronald Dworkin y Hilary Putnam al argumentar que en la actualidad vivimos en un mundo definido por la «aceptabilidad intersubjetiva» de las afirmaciones, al menos por lo que hace a nuestro conocimiento —de modo que asistimos a la instauración de lo que Putnam llama una «asertabilidad garantizada» surgida del análisis científico—. Habermas mantiene que la multiplicación de los roles que caracteriza a la vida moderna no ha supuesto un incremento de nuestra autonomía, sino que todo cuanto ocurre es, sencillamente, que hoy desempeñamos un mayor número de roles socialmente vinculantes, y que lo que necesitamos, si queremos tener una vida plena, es un concepto de individuación «que capte la perdida dimensión de la autonomía y la capacidad de ser uno mismo». Según Habermas, el cambio crucial que da origen a la era moderna no procede de Nietzsche, sino de Rousseau, ya que fue este último pensador quien dijo que no debemos remitirnos a Dios para hallar o refrendar la verdad, sino a un «irrestricto ámbito público universal». Según Habermas, no existe ninguna perspectiva transcendental, sino una pluralidad de perspectivas. El progreso surge de la «no forzada propiciación del acuerdo mediante el diálogo», de lo que Dewey denominaba «las flores espontáneas de la vida».[36]

Sin embargo, Habermas da un paso más y añade otras dos consideraciones. En primer lugar, es mejor que nos concibamos a nosotros mismos como un «mí» que como un «yo». Esto logra captar mejor aquello que a juicio del autor constituye el carácter social y reflexivo de la individualidad, esto es, el hecho de que vivimos, lo sepamos o no, rodeados de normas. Únicamente siendo conscientes de las normas podremos liberarnos de ellas y alcanzar a vivir de forma autónoma.

En segundo lugar, Habermas sostiene que el falibilismo de la ciencia es un elemento tan importante como el de los éxitos tecnológicos y los descubrimientos teoréticos que ella misma propicia. El factor determinante es el del «razonamiento procedimental», es decir, el vinculado con un proceso que determina que la comprensión de la realidad se efectúa de acuerdo con el método de la prueba y el error. Esto es contrario a la forma en que anteriormente vivíamos (que era de índole religiosa), ya que el antiguo modo de existencia «cristalizó en torno a la actitud teorética de un individuo inmerso personalmente en la intuición del cosmos». Lo que se constata es que venimos planteándonos una y otra vez la misma pregunta: «¿qué relación media entre lo uno y lo múltiple, entre lo infinito y lo finito?». Y la respuesta es la siguiente: «La idea cosmológica desempeña el papel de un principio metodológico de completitud, y el objetivo al que apunta es el de la sistemática unidad del conjunto del conocimiento».[37] A juicio de Habermas, el aspecto más importante del pensamiento metafísico es el triunfo de lo uno sobre lo múltiple, y de hecho esa misma victoria es también la que sustenta buena parte de los planteamientos de la religión.

Incluso el idealismo lo remite todo a «lo uno», indica Habermas, y la consecuencia de este estado de cosas termina por resumirse en el hecho de que la mentalidad metafísica juzga que los «meros fenómenos» son de carácter secundario. «Las singularidades transcendentales introdujeron en su momento una unidad sintética en la pluralidad de la historia, la cultura y el lenguaje» —y esta circunstancia, mantiene, nos ha impedido progresar—. Por consiguiente, el pensamiento post-metafísico representa un importante paso adelante.[38]

LA RACIONALIDAD DE LA RELIGIÓN

En su obra titulada *Entre naturalismo y religión* (2008), Habermas aborda los problemas que acucian a las sociedades que él denomina «post-seculares». El filósofo alemán piensa que las arcaicas doctrinas religiosas de épocas pasadas han quedado superadas, pero que a medida que se incrementa el uso de la religión para fines políticos la polarización ideológica generada amenaza con socavar la cohesión cívica en todo el planeta. Señala asimismo que la importancia de las tradiciones religiosas y las comunidades basadas en la fe ha aumentado desde que se produjera la caída del muro de Berlín y se verificaran los cambios observados posteriormente en el bienio 1989-1990, con el añadido de que los problemas tienden a concentrarse de modo muy particular en torno al derecho religioso de familia. Habermas tiene, por tanto, la sensación de que es preciso hablar con claridad respecto de las relaciones que mantienen los sectores religioso y laico en el seno del Estado moderno.

Por un lado, la razón ha de descentralizarse y la comprensión que el Estado constitucional tiene de sí mismo ha de descansar en la razón natural pública, con argumentos igualmente accesibles para todos. La Iglesia y el Estado han de permanecer separados, las tradiciones religiosas deben aceptar que el Estado adopte una postura de neutralidad respecto de las cuestiones y las prácticas religiosas, y todos tenemos que asumir nuestro deber de civilidad. Más controvertidas resultan en cambio las afirmaciones habermasianas de que «no debe permitirse que las personas expresen y justifiquen sus convicciones por medio de un lenguaje religioso (aun en el caso de que les resulte imposible encontrar "una versión laica" de los términos que precisa)», y de que la fe y la razón son «dos formas de dogmatismo».[39]

Dicho esto, Habermas pasa a considerar lo que mucha gente cree que es su argumento más original, a saber, que a pesar de que los desacuerdos que enfrentan a quienes ponen su fe en el laicismo y la religiosidad «no puedan resolverse en ningún caso en el plano cognitivo», las religiones revelan ser bastante más racionales de lo que piensan los ateos, lo que significa que los laicistas tienen la responsabilidad de *aceptar este hecho*.* «En la actualidad, las tradiciones religiosas cumplen la función de vertebrar la conciencia de aquello que falta o se halla ausente [en nuestras vidas]. Las religiones mantienen viva la sensibilidad del ser humano ante el fracaso y el sufrimiento. Rescatan del olvido aquellas dimensiones de nuestras relaciones sociales y personales que se han visto sujetas a una total devastación como consecuencia de la racionalización cultural y social.»

A continuación, Habermas desarrolla sus puntos de vista, argumentando que algunos conceptos, como los de autonomía, individualidad, emancipación, solidaridad e inspiración son todos ellos conceptos que han evolucionado al amparo de distintos sistemas religiosos; que los hechos y las afirmaciones de los profetas y los santos han de entenderse al modo de otras tantas narrativas edificantes destinadas a ayudarnos a superar las flaquezas de la naturaleza humana; que la revelación ha de comprenderse como una fórmula conceptual que ha logrado «abreviar la ruta conducente a la difusión de las verdades racionales»; y que la devoción tiene la función racional de proporcionar sustentación a la conducta del creyente. Por otra parte, Habermas cree que la transcendencia es una forma de traducir el punto de vista de Dios a términos humanos, es decir, de convertirlo en una perspectiva íntima funcionalmente equivalente; que las religiones consiguen que las verdades que ellas aciertan a presentar en forma doctrinal resulten accesibles a los seres humanos y que se trata además de unas verdades que esos mismos seres humanos *podían y debían haber descubierto por sí mismos*;** y que deberíamos entender que la modernidad y la ciencia son consecuencia de una historia de la razón «de la que son parte integrante las religiones del mundo».[40]

Habermas piensa que hay dos razones que determinan que merezca la pena dejar sentados todos estos extremos. En primer lugar, si las distintas religiones dieran en reconocer que todas ellas comparten un mismo origen, la tolerancia religiosa resultaría mucho más sencilla. Y en segundo lugar, el hecho de que las personas religiosas tengan que realizar toda una

---

*   La cursiva es mía. (*N. del a.*)
** La cursiva es mía. (*N. del a.*)

serie de ajustes ideológicos para encajar en el Estado laico hace que dichas personas soporten unas «cargas cognitivas» que los ciudadanos laicos no tienen necesidad de sobrellevar. Por consiguiente, y con el objetivo de equilibrar la balanza, por así decirlo, Habermas propone que, si los partidarios del laicismo aceptaran que *vivimos ya* en una sociedad postsecular, entonces también ellos deberán asumir ciertas cargas cognitivas: «En sintonía con los criterios de una Ilustración capaz de asumir sus propios límites con conciencia crítica, los ciudadanos laicos [han de alcanzar a entender necesariamente] que su discrepancia respecto de los conceptos religiosos constituye un *desacuerdo razonablemente esperable*».* Tanto los ciudadanos laicos como los religiosos han de someterse por tanto a un doble proceso de aprendizaje de carácter mutuamente complementario.

Habermas no es tan ingenuo como para suponer que todo esto pueda lograrse sin dificultad. Por eso señala —como también hicieran Dworkin y Freud (que dedicaría toda su carrera a ello)— que «las fuentes de la sensualidad escapan a nuestra comprensión» y que a la conciencia laica siempre le resultará más fácil permanecer neutral. «Para las religiones, las demás formas de vida no son simplemente diferentes, sino erróneas. Y el hecho de que a una persona se le induzca a comprender algo se percibe como una imposición.» Por consiguiente, las cargas que han de sobrellevar los creyentes y los escépticos siempre se hallarán en relación asimétrica. Deberíamos tratar de minimizar esas cargas, sabiendo de antemano que nunca alcanzaremos a eliminarlas por completo.[41]**

* La cursiva es mía. (*N. del a.*)

** En el año 2012, el escritor británico Alain de Botton publicaría una versión popular de esta argumentación en *Religion for Atheists* (2012). En dicha obra, De Botton aceptaba la proposición de que las prácticas religiosas se fundan en la razón y especulaba en relación con el hecho de que algunas de dichas prácticas deberían ser «puestas al día». De Botton sugiere así la creación de restaurantes que, al estar dedicados a la imitación del ágape en tanto que comida fraternal, prohibirían que los comensales se sentasen en compañía de sus amigos, animándoseles en cambio a compartir la mesa con personas desconocidas. Al sentarse, encontrarían junto al plato un manual «en el que se les explicaría las normas de comportamiento a observar en ese tipo de encuentros». «El Libro del Ágape señalaría a los comensales que tienen que dirigirse mutuamente la palabra durante un lapso de tiempo predeterminado y sobre asuntos previamente establecidos ... Gracias a este tipo de restaurantes dedicados a reactivar el "ágape" lograríamos disminuir el temor que nos inspiran los individuos a quienes no conocemos.» De Botton realizaría otra de sus sugerencias en la revista trimestral *Days of Atonement*. De acuerdo con su planteamiento, se institucionalizaría la costumbre de que la gente pidiera disculpas por los errores cometidos a lo largo de las semanas anteriores, zanjándose así los enfados y evitando

Por último, volvemos a encontrarnos en el punto del que partimos al inicio de este libro, esto es en lo que Habermas consignaba en *An Awareness of What Is Missing*. Este libro fue redactado en colaboración con los jesuitas de varias universidades alemanas y en él se encuentran las respuestas que estos clérigos dan al ensayo original del que toma su título el volumen. En él, Habermas repite muchos de sus puntos de vista, llegando a la conclusión —más tajante que en textos anteriores— de que lo que hoy echamos en falta es la «solidaridad». No alcanzamos a dominar la dinámica de la modernidad, insiste, así que muchos de nosotros tenemos la sensación de que ésta «gira y gira totalmente fuera de control». No es posible tachar de un plumazo la religión y considerarla simplemente irracional, y no sólo porque la razón tiene sus límites, sino también porque la creencia «cientificista» que supone que la ciencia habrá de proporcionarnos una nueva comprensión de nosotros mismos es mala filosofía. El mundo moderno nos insta a replegarnos en el ámbito privado, pero en la mayor parte de los casos ese repliegue resulta tan «incómodo como espinoso». La moralidad laica no se enmarca en ninguna práctica de carácter comunal, de modo que carecemos de todo «impulso de solidaridad».[42]

¿Resulta algo decepcionante esta conclusión? ¿Es realmente cierto que la moralidad laica no se enmarca en ninguna práctica de carácter comunal? Desde luego, hay pensadores contemporáneos como Richard Rorty, Hilary Putnam, Robert Nozick y Ronald Dworkin que coinciden en destacar la necesidad de unas comunidades de carácter cada vez más incluyente. Las más recientes evoluciones del derecho —que es un tipo de práctica— reflejan esta tendencia. La división cognitiva —como dirían Habermas o Dworkin— entre personas de vocación laica y personas de convicción religiosa no va a desaparecer, y no resulta descabellado pensar que se trata de una distinción de imposible erradicación. Sin embargo, la existencia de estas diferencias no ha desembocado hasta el momento en conflictos similares a los que se constatan de forma habitual entre los diversos grupos religiosos del mundo.

---

su encono. Una tercera idea es la de que se instituya una noche de asueto anual en la que cada uno de los esposos quedaría liberado por unas horas de sus vínculos de lealtad con su pareja, de forma que todo el mundo tendría vía libre «para irse de fiesta y copular alegre y aleatoriamente con personas desconocidas para regresar a la mañana siguiente a casa, con sus respectivas parejas —que habrían estado haciendo algo muy similar—, sabiendo ambas partes que no había habido nada personal en ese encuentro esporádico». Como ha dicho un crítico, las ideas de De Botton han de considerarse simplemente «estúpidas» o bien heroicas, no hay término medio —y es posible que sean ambas cosas.[43] (*N. del a.*)

Y es posible que quepa extraer una lección de todo esto, una lección de la que Habermas no ha escrito una sola palabra. Es muy probable que nuestro autor esté en lo cierto al decir que, en la sociedad moderna, las personas laicas soportan una carga cognitiva menor que la de las personas religiosas. Y esto muestra dos cosas: por un lado la tolerancia de estas últimas, y por otro que en las sociedades modernas resulta más fácil ser laico que piadoso —ya que implica soportar una carga menor.

Y esa situación se debe, entre otras cosas, a la labor realizada de manera colectiva por las figuras intelectuales que hemos ido presentando a lo largo de este libro. ¿Qué nos indica esto?

Conclusión

LA MÁS IMPORTANTE DE LAS ACTIVIDADES SENSATAS

Poco antes de la Navidad del año 1996, el escritor Salman Rushdie, que seguía viéndose obligado a ocultarse, cogía su automóvil para dirigirse a una localidad situada al sur de Sydney, acompañado de su novia y su hijo, a fin de pasar el fin de semana con el novelista Rodney Hall. Protegido por sus guardaespaldas, Rushdie había viajado hasta Australia para realizar la promoción de un libro, y una vez realizada ésta había tomado la decisión de alargar su estancia en el país. El equipo policial que le brindaba protección le había asegurado que la estancia no presentaba riesgo alguno debido a que nadie sabía que había optado por permanecer más tiempo en el continente australiano. Convencidos de su seguridad, los escoltas se retiraron —pese a que para entonces los comandos suicidas, que no habían encontrado a Rushdie, habían dado en cambio con su traductor italiano y su editor noruego, hiriéndolos en un atentado, y con su traductor japonés, al que habían asesinado.

A medio camino de su excursión, en el momento en que Rushdie y sus acompañantes pasaban por la pequeña población de Milton, la cinta que habían estado oyendo durante el viaje (la *Ilíada* de Homero) llegó a su fin, de modo que el escritor, que se hallaba al volante del coche que habían alquilado en Sydney, apartó la vista de la carretera durante una «fracción» de segundo para apretar el botón de eyección. En ese mismo instante, un enorme camión articulado salió de improviso de una carretera secundaria. Se escuchó un crujido terrible y desgarrador, no menos aparatoso que el propio tráiler —«el horrendo y letal aullido de la fricción de una superficie metálica contra otra»— al empotrarse la cabina del ca-

mión en la puerta del conductor, hundiéndola por completo. Afortunada-
mente, el coche no se vio arrastrado bajo el chasis del remolque —cosa
que podía haber sucedido perfectamente— sino que rebotó en uno de los
neumáticos, saliendo despedido fuera de la carretera y yendo a chocar
violentamente contra un árbol. El parabrisas se hizo añicos y la puerta del
conductor quedó bloqueada, pero los tres ocupantes del turismo habían
logrado salir casi indemnes. El propio Rushdie, con un brazo roto, resultó
el peor parado.

Milton contaba con una pequeña clínica, así que la ambulancia no tardó en llegar. Al presentarse al fin la dotación médica, los sanitarios se
quedaron paralizados, contemplando la escena con expresión estupefacta.
Uno de ellos dijo al fin: «Perdone, amigo, pero, ¿es usted Salman Rushdie?». En ese momento, el herido no quería ser nadie conocido —lo único
que deseaba era que se le diera tratamiento médico como a una persona
anónima—. Sin embargo, hubo de admitir que, en efecto, era quien parecía ser. «Ah, vale, amigo, éste es probablemente un momento malísimo
para pedírselo, pero, ¿le importaría firmarme un autógrafo?»

Al otro lado del asfalto, el conmocionado camionero tampoco estaba
consiguiendo que le atendieran mejor. Acababa de llegar la policía, y
también ellos reconocieron inmediatamente a Rushdie, así que pregunta-
ron al conductor qué religión practicaba. El chófer estaba anonadado. «¿A
qué viene eso? ¿Qué más da la religión que tenga?» «¿Está usted tratando
de dar cumplimiento a la fetua?», le interrogaron. Pero el pobre hombre
no tenía ni idea de lo que era una fetua.

Le dejaron marchar, pero no paró ahí la cosa. Resultó que el camión
transportaba varias toneladas de fertilizante natural. «Tras siete años de
constantes desvelos para eludir los atentados de los asesinos profesionales, hete aquí que [Rushdie] y sus seres queridos habían estado a punto de
encontrar su final bajo una colosal avalancha de mierda.»[1]

La historia es chusca, pero nos recuerda la cruda monstruosidad de la
no anulada existencia de la fetua.* Puede que los horrores de que ha sido
víctima el escritor británico en nombre del islam no tengan punto de com-

---

* Pese a que el gobierno iraní se comprometiera en 1998 a no solicitar la ejecución
del edicto, en principio la fetua sólo puede ser anulada por la misma persona que la pronunció, en este caso el ayatolá Ruhollah Jomeini. Sin embargo, al no poder hacerlo, ya
que falleció en 1989, no queda claro si la amenaza que pesa sobre Rushdie ha cesado o
no. En 2012, Rushdie anuló su participación en el Festival de Literatura de Jaipur, en la
India, debido a rumores policiales sobre la posibilidad de un atentado. (*N. de los t.*)

paración con la magnitud de los atentados perpetrados en el World Trade Center de Manhattan el 11 de septiembre de 2001. Desde luego el número de vidas que se cobró este último suceso es muy inferior al de los hechos relacionados con la fetua dictada contra Rushdie, pero la mera circunstancia de que hayan tenido que transcurrir más de veinte años para que el novelista se sintiera lo suficientemente a salvo como para publicar sus memorias muestra claramente el grado de espanto íntimo en que ha tenido que vivir el autor. Rushdie es ateo, y el libro que desencadenó la fetua (*Los versos satánicos*) constituye en parte un examen irónico de ciertos versos del Corán —y según lo que sugieren algunos eruditos coránicos, el mensaje que se transmite sesgadamente entre líneas sólo podría explicarse si el profeta hubiera estado recibiendo accidentalmente el contenido del libro al dictado del diablo y no de labios de Dios mismo—. La ridícula improbabilidad de dicha interpretación hace que los subsiguientes acontecimientos mortales resulten todavía más absurdos y criminales.

El presente ensayo se inició mostrando que la infinidad de horrores cometidos en nombre de la religión ha determinado que muchas personas hayan optado por abandonar su creencia en Dios, buscando en otra parte la fuente de una existencia satisfactoria, plena y significativa. Ahora, llegados casi al final de nuestro periplo, podemos constatar con conocimiento de causa que esta búsqueda no sólo es uno de los principales elementos en que se sustenta la modernidad, sino que ha venido constituyendo un motivo de inquietud —a lo largo de los últimos 130 años aproximadamente, desde que el perturbado profeta nietzscheano realizara su fatídica proclamación— para muchos pensadores serios y creativos.

Hemos de recordar una última vez que son muy numerosas las personas —y son probablemente las más calladas de todas cuantas habitan la modernidad— que no ven ningún problema en el hecho de que Dios haya muerto. Para ellos, esa desaparición no constituye ningún motivo de ansiedad o perplejidad. Esos individuos podrían muy bien cuestionar la afirmación por la que Robert Musil mantiene que incluso las personas que se burlan de la metafísica perciben una extraña presencia cósmica, o el comentario que realiza Thomas Nagel al decir que tendemos a observarnos con la perspectiva de quien lanza la mirada desde una gran altura. Sin embargo, esos individuos no pertenecen al «tipo metafísico» y no le buscan un significado «profundo» a la existencia. Se limitan a ceñirse a las preocupaciones de la vida cotidiana, a llegar a fin de mes, a vivir día a día y año a año, a pasárselo bien siempre que encuentran ocasión, y a no dejarse alterar por todos estos asuntos que tanta perplejidad causan a sus vecinos. Y como no abrigan lo que se dice una gran expectativa respecto a que algún día se logre zanjar alguno de los «grandes» interrogantes de la existencia, no dedican el menor tiempo a su elucidación. Ésas son, en cierto sentido, las personas más laicas del momento, y quizá también las más felices.

Hay asimismo un incontable número de seres humanos que viven en unas circunstancias tan precarias, tan acuciantes y tan plagadas de dificultades prosaicas y materiales que no les queda tiempo para reflexionar sobre estas sutilezas —se hallan atrapados, como digo, en circunstancias en las que una actividad indagatoria de esta índole queda simplemente fuera de su alcance—. Si nos atenemos a los criterios de estas personas, tanto la inquietud por la significación de la existencia como las preocupaciones relacionadas con la diferencia entre los caminos que conducen a una vida buena y los que nos permiten vivir bien son poco menos que un *lujo*, es decir, algo que, en su misma presencia, se denuncia a sí mismo como logro específico de un determinado tipo de civilización. Hemos de aceptar que, desde este punto de vista, la búsqueda de significado es un privilegio.

Hemos realizado un azaroso viaje a través de la historia de las ideas, pero no podemos pretender siquiera haber agotado nuestro tema. Y aunque existen buenas razones para haberlo iniciado con Nietzsche (sobre todo porque es precisamente en las postrimerías del siglo XIX cuando los más eminentes científicos comienzan a dejar de creer en Dios), también podríamos haber situado nuestro punto de partida en una época anterior, en los tiempos de Søren Kierkegaard o de Arthur Schopenhauer, por ejemplo. Y entre los autores de más rabiosa actualidad también podríamos haber tenido en cuenta las ideas de Harold Bloom sobre la literatura como forma de vida; su adoración por William Shakespeare y Walt Whitman («Para mí, Shakespeare es Dios»); su noción de que toda *valoración* informada constituye un placer y de que la poesía —aun admitiendo que los poemas sean «cálices sagrados»— constituye un ejercicio darwiniano de insidiosa competencia; y su sugerencia de que el objetivo de un gran escritor consiste en crear un conjunto de «heterocosmos», es decir, toda una serie de mundos alternativos pero accesibles y abiertos a todos nosotros.

Podríamos haber ponderado igualmente la idea que lleva al sociólogo Robert Bellah (haciendo suya la bandera de Descartes) a proponer una «religión civil», en el sentido de que los ciudadanos, con independencia de cuál sea su particular confesión religiosa, revelan venerar elementos tales como los himnos y las banderas de sus respectivas naciones o rendir tributo a los caídos en los conflictos bélicos, valorando asimismo los mitos fundacionales, los actos de toma de posesión de sus presidentes o las ceremonias de coronación de sus reyes, o aun los funerales de las grandes figuras políticas. En este mismo orden de cosas, los ciudadanos también abrazan ciertos conceptos unificadores, como ocurre en Estados Unidos, por ejemplo, con la constitución (y sus diversas enmiendas) o con lo que Bellah denomina el «destino manifiesto» del país. También podríamos haber tenido en cuenta las tesis de Richard Sennett, quien no sólo lograría la hazaña de convertirse en un reputado sociólogo después de haber sido un prodigio musical en la infancia sino que sabría introducir una especie de sentido poético en su disciplina al examinar aquellos aspectos del mundo laico que acostumbran a quedar fuera de las categorías sociológicas más tradicionales —como el respeto, la destreza, los rituales o los placeres de la cooperación—. No obstante, el aspecto más importante de cuantos ha estudiado Sennett es el relativo a la manera de llevarnos bien con aquellos conciudadanos a quienes consideramos «ajenos» o «extranjeros». Este autor ha examinado con todo lujo de detalles, y desde el punto de vista laico, de qué forma encaramos la idea abstracta del «otro», lo que por un lado le ha permitido averiguar que la actitud que mantenemos respecto de esa noción constituye una de las mayores dificultades a que nos enfrentamos en nuestra época y le ha impulsado a buscar, por otro, las fórmulas prácticas más adecuadas para enfocarla del mejor modo posible.

En esta misma línea, podríamos habernos fijado en la teoría laica que ha elaborado el jurista estadounidense Alan Dershowitz acerca del origen del derecho, a saber, que los derechos no emanan de Dios ni proceden de la naturaleza ni la lógica sino de nuestra particular experiencia de la injusticia —lo que significa que los derechos surgen de los entuertos y que, por consiguiente, siempre existen muchas más probabilidades de que coincidamos en afirmar que se producen efectivamente hechos injustos que en las características que debiera tener un sistema de justicia perfecto—.[2] Lo mismo cabe decir, en cuanto a la pertinencia de su introducción en la presente obra, de la idea de «fluidez» que Mihaly Csikszentmihalyi expresa en su libro titulado: *Flow: The Psychology of Optimal Experience*, en la que señala que el objetivo de la vida implica la asunción de un forcejeo entre la ansiedad y el aburrimiento. A juicio de este autor, la manera de resolver esa pugna pasa por la realización de actividades autotélicas, es decir, aquellas que generan disfrute con su mismo cumplimiento, que no se encaminan a ningún objetivo de mayores alcances, porque *no existe* ninguna meta de carácter más amplio. Desde este punto de vista, puede decirse que hay cuatro tipos de cosas que nos gusta hacer: las pertenecientes a la categoría definida con la voz griega *agón*, o desafío —que encuentran su principal dimensión en la competencia—; las definidas por la palabra latina *alea* —es decir, las relacionadas con el azar—; las asociadas con la noción de *ilix* —que son las que alteran la percepción normal de las cosas—; y las vinculadas con la idea de *imitación* —entre las que cabe incluir la danza, el teatro y las artes en general—. No obstante, si nos fijamos pormenorizadamente en lo que pretende señalar Csikszentmihalyi con el concepto de «fluir», descubriremos que en realidad estamos hablando, si bien con otras palabras, de la felicidad y la realización personales (aunque quizá esta formulación resulte más precisa que las de otros autores). De hecho, percibimos en esta «fluidez» los ecos de pensadores bien conocidos como Heidegger, Sartre y Merleau-Ponty, sin olvidar que también Bergson, Rilke y Whitehead entendían la vida en términos de «flujo».

Es cierto que podíamos haber incluido todas estas posturas y otras muchas más en esta obra. Ahora bien, si por algo ha valido la pena realizar este ejercicio ha sido, entre otras cosas, porque nos ha permitido poner de manifiesto la existencia de puntos en los que se observa la confluencia de las ideas de muchos de los especialistas a los que hemos ido pasando revista a lo largo de este libro. Algunas de esas zonas de convergencia han sido más evidentes que otras, desde luego, pero es indudable que el hecho mismo de que existan no sólo nos está indicando algo sino que nos proporciona un punto de partida para tratar de concebir soluciones aplicables a nuestro propio caso.

Uno de esos puntos de partida es la expresión con la que James Wood viene a parafrasear a Thomas Mann al señalar que «la idea de una verdad predominante está agotada». Tanto Mann como Wood pronunciaron estas palabras con una intención muy particular, pero lo cierto es que también admiten una aplicación de carácter más general. En conjunto, la trayectoria intelectual efectuada desde las postrimerías del siglo XIX hasta lo que llevamos del XXI, atravesando íntegramente el XX —lo que abarca el período correspondiente al desarrollo del modernismo y el posmodernismo—, ha conseguido reforzar la idea de que no hay —ni puede haber—

un único punto de vista privilegiado desde el que concebir y contemplar el mundo. Se trata de un proceso plagado de graves consecuencias para la religión, pero sus repercusiones no se detienen ahí. Lo que constatamos es que, a lo largo de los últimos 130 años, son muchas las ideas políticas dominantes (como el colonialismo, el imperialismo, el comunismo y el fascismo), las grandes concepciones psicológicas (como las teorías del inconsciente o de la personalidad), y las vastas narrativas filosóficas (como el hegelianismo, el positivismo y el marxismo) que también han saltado por los aires —y no para ser sustituidas por otros grandes «-ismos», sino para caer reemplazadas por todo un conjunto de nociones de muy inferior alcance y ambición, por toda una serie de planteamientos de carácter notablemente más pragmático.

Si estamos concentrando aquí la atención en las cuestiones religiosas es porque Dios ha sido —y en opinión de muchos sigue siendo— la mayor y más eminente idea que existe o haya existido jamás. No obstante, la muerte de Dios —que es el tema que nos ocupa— no es en realidad sino un fenecimiento más de los muchos que se han venido produciendo en el período que hemos dado en examinar. Y en este sentido no cabe decir que nos hayamos fijado únicamente en el elemento religioso.

Resultaría francamente difícil exagerar los efectos de este cambio. Como ya se ha señalado, Virginia Woolf quedó tan asombrada ante los cambios ocurridos en la década de 1920 que tuvo la sensación de que lo que se estaba transformando era nada menos que la propia naturaleza humana. En nuestro caso no es preciso ir tan lejos. En los últimos treinta o cuarenta años nos hemos ido acostumbrando cada vez más a que los genetistas nos digan que algunos de los aspectos de nuestra naturaleza son de carácter extremadamente fijo, de modo que hemos dado en aceptar que la esencia de lo humano habrá de mostrar siempre un «tozudo meollo biológico», un límite que señala la frontera de lo que nos es dado mejorar —a menos, claro está, que nos mostremos dispuestos a embarcarnos en un proceso de radical intervención en nuestro código genético.

Y como también hemos tenido ocasión de indicar anteriormente, la religión no ha sido inmune a este generalizado clima de evolución intelectual —una evolución, por cierto, que se ha verificado en un contexto marcado por la ocurrencia de algunas de las peores atrocidades que jamás hayan infligido los seres humanos a sus semejantes (y a muchas otras formas de vida)—. Y una de las consecuencias de este estado de cosas es que las ideas sobre Dios han experimentado un profundo cambio, incluso entre los creyentes —hasta el extremo de que es muy posible que ya no lo con-

sideremos un ser omnisciente ni todopoderoso ni de una bondad invariablemente plena ni totalmente perfecto; de que asumimos que, a fin de
cuentas, opta de cuando en cuando por velar su rostro y volverlo invisible
a los ojos humanos (dándonos en último término la espalda); de que hemos acabado comprendiendo (y esto es lo más profundo o lo más extraño
de todo), en función de cuál sea nuestro particular punto de vista, que se
trata de una entidad completamente «ajena», de una alteridad absoluta, de
un fenómeno cabalmente distinto a cuanto nos es dado concebir (salvo
por el hecho de que la palabra «fenómeno», por definición, resulta inapli-
cable en este caso); de que lo que lo describe es lo que no es; de que su
existencia se afirma justamente sobre la base de que jamás podrá haber
prueba alguna de su realidad (ya que, de todos modos, sería una prueba
que no alcanzaríamos a entender, aun en el caso de que realmente se nos
pusiera delante).

Esto parece constituir la estación término de un determinado tipo de
razonamiento —de una idea dominante que carece ya de todo atributo
para continuar ejerciendo «predominio» alguno— y dibujar un punto final pasmosamente desenfadado sobrevenido como resultado de la regresión infinita de las características presuntamente definitorias de lo que ha
de ser Dios.* A todo esto hemos de añadirle un análisis al que ya nos hemos referido en la Introducción de este libro: aquel en el que Olivier Roy
sostiene que las religiones de alcance global, al haberse independizado de
sus patrias culturales de origen, quedando así «desterritorializadas», corren el riesgo de sufrir un proceso de aculturación que acabe «purificán-
dolas» y convirtiéndolas en unas estructuras de carácter más «minimalista», tanto en sus fundamentos como en su ideología. Esto significa que,
lejos de revelarse «atemporales», las religiones todavía siguen sujetas a
una transformación evolutiva.

Frente a todo esto, es muy probable que nos suponga un alivio confiar
en un conjunto de ideas que no sólo nos resulten reconocibles sino que se
nos antojen manejables, modestas y razonables, en una serie de ideas que,
además de estar basadas en la observación y las pruebas disponibles, de-
muestren poseer la capacidad de experimentar modificaciones. Una vez
aceptada la realidad de que la era de las ideas dominantes ha llegado a su
fin, descubrimos que somos libres de continuar avanzando y de someter a

---

* Pese a que sean muchas las personas que consideran novedoso el concepto de lo
«otro», hemos de pensar que ya san Agustín, hace 1.600 años, definió a Dios diciendo
que se trataba de un ser incognoscible. (*N. del a.*)

examen las ideas de «menor enjundia» que han ido manifestándose útiles desde que Nietzsche cayera en el coma en una calle de Turín en 1889.

EL SIGNIFICADO NO ES NINGÚN AMULETO

Dejando a un lado tanto a la ciencia como al psicoanálisis, la más honda transformación que haya conocido el pensamiento desde los tiempos de Nietzsche —al menos en lo tocante al tema que aquí nos ocupa— es la relacionada con el enfoque que nos lleva a comprender el mundo desde el punto de vista fenomenológico. Como ya hemos visto, Mallarmé buscaba «palabras sin arrugas», Baudelaire adoraba sus *minutes heureuses* y Valéry rendía culto a los «pequeños mundos ordenados». Chejov centraba sus esperanzas en el «individuo concreto» y consideraba preferibles las «respuestas prácticas y de reducida magnitud», y Gide pensaba que «toda sistematización implica una desnaturalización, una distorsión y un empobrecimiento».

A juicio de Oliver Wendell Holmes, «todo el placer de la existencia reside en las ideas generales, pero todo cuanto presenta alguna utilidad en la vida se encuentra en las soluciones específicas». Wallace Stevens estaba convencido de que «lo que más nos satisface son los detalles y los pormenores». Thomas Nagel ya lo había expresado con estas palabras (y así lo recogíamos en el capítulo anterior): «Los objetos particulares pueden poseer una completitud no competitiva que se revela transparente para todos los aspectos del yo. Esto contribuye a explicar también por qué la experiencia de algo enormemente bello tiende a producir una unificación del yo, ya que el objeto nos involucra de manera inmediata y total, haciéndolo además de un modo capaz de establecer distinciones entre puntos de vista irrelevantes». O como apuntaba también Robert Nozick al instarnos a convertirnos en «vectores» de belleza: «Eso es justamente lo que los poetas y los artistas nos ofrecen: la inmensa e insospechada realidad presente en cualquier pequeña cosa. Todo tiene "su propia entidad paciente"». Y en este mismo sentido, también George Levine lanzaba un llamamiento por el que nos urgía a prestar una «profunda atención a los detalles de este mundo».[3] (Además, hemos de recordar que dedicamos la totalidad del capítulo 24 a la fe que induce a los poetas a confiar en el detalle y a batallar por su afirmación.)

A su vez, todo esto coincide con la idea de la relevancia que tiene lo episódico en nuestra existencia, ya se presente en forma de los *moments bienheureux* de Proust, de los «destellos de valor espiritual» de Ibsen, o de los «incrementos infinitesimales» y los «instantes de infinitas consecuencias» de Shaw. Por otra parte, Kandinsky hablaba de «pequeños placeres» y Malraux de «refugios temporales», mientras Yeats aludía al disfrute de «breves instantes de jubilosa afirmación» y Joyce nos remitía a sus «epifanías». Abraham Maslow optaba en cambio por las «experiencias cumbre» —cuyo modelo es el orgasmo—, y Freud juzgaba que el carácter de la felicidad revela ser invariablemente episódico. El arte impresionista acababa mostrando que su verdadero rostro no respondía tanto a las exigencias del impresionismo como a las de su empeño en captar la evanescente naturaleza de la experiencia —y en este caso los ejemplos arquetípicos son la catedral de Ruan de Monet, junto con sus pajares y sus nenúfares—. En el ya citado capítulo 24 nos deslumbraban también los «centelleos de lo real» y los «efímeros puntales contra la confusión» de Seamus Heaney, al igual que las «pepitas de armonía» de Mandelstam, los «esclarecedores relámpagos» de Lowell y su valoración de aquello nos lleva a vislumbrar, «con un chasquido, algo que parece abrirse y cerrarse simultáneamente», los poemas de Sylvia Plath dedicados a la experiencia vital de cuanto se «presenta por sorpresa», o los sintéticos versos de Eugenio Montale:

> No soy
> más que el destello de un faro.

Virginia Woolf, Robert Musil, Eugene O'Neill y Samuel Beckett también habrían de señalar que los instantes de «ser» únicamente pueden ser eso: instantes, añadiendo que lo más que podemos esperar son breves experiencias de una intensidad más acentuada de lo habitual. Todo sucede como si hubiera dos ámbitos de existencia (según la expresión utilizada tanto por Woolf y Musil como por Rilke y Wittgenstein). Por consiguiente, para llevar una vida plena hemos de permanecer alerta a cuanto pueda surgir en uno y otro ámbito, aunque sin esperar más de lo que pueden ofrecernos. No existe ninguna esfera sobrenatural, y todo lo que tenemos a nuestro alcance es el disfrute del breve asueto que nos brindan nuestros «días de algodón», como decía Virginia Woolf. George Santayana y Philip Roth compartían este punto de vista. Santayana pensaba que el bienestar cristaliza en «episódicos y radiantes brotes de gozo consumado que *dan sentido* a las cosas»; que hemos de vivir necesariamente una existencia basada en el «asueto festivo», dirigirnos a un tiempo y a un espacio en el que podamos alejarnos del mundo laboral y entregarnos a actividades lúdicas; y que el objetivo de la vida ha de ser la «afirmación espontánea» de cuanto se revele hermoso y adorable. Morris Sabbath, alias «Mickey», protagonista de una de las obras de Philip Roth, se deleitará en cambio con su «distanciamiento» de la racionalidad. Y el profesor de filosofía de Chicago, Jonathan Lear, señala que toda vida que carezca de una concepción de lo irracional «es incompleta».

El elemento central de todas estas argumentaciones es la *realidad* de la existencia, esto es, el conjunto de parámetros que definen el hecho mismo de vivir, y de vivir además, como decía Joyce, «pegados a los hechos». Nos hallamos así ante una posición diametralmente opuesta a lo que pudiéramos denominar la «conciencia cósmica», que no sólo se constituye en fuerza motriz de un gran número de religiones sino que encuentra apoyo en las ideas de figuras de la talla de George Moore, Virginia Woolf y David Sloan Wilson —autores que sugieren que debemos «actuar localmente», en el ámbito de lo íntimo, en compañía de aquellas personas que nos resulten más próximas—. Moore se mostraba convencido de que nuestras experiencias más intensas son justamente las que vivimos con los amigos y parientes cercanos. A juicio de Woolf, la intimidad es lo más que podemos llegar a aproximarnos a los sentimientos de índole espiritual, mientras que Wilson piensa, por su parte, que las mayores probabilidades que tenemos de encontrar algún deleite en la existencia giran en torno a las actividades de alcance local. También en este caso lo que se subraya es la realidad, o la magnitud, de la existencia.

Una de las razones de que la experiencia revele ser de naturaleza episódica radica en una idea estrechamente relacionada con ésa, la de que la personalidad no es algo fijo, o dicho de otro modo, que no estamos habitados por una única entidad. Richard Rorty nos recuerda que son varios los filósofos que han llegado a la conclusión de que «la existencia humana carece de estructura». A juicio de Santayana, la naturaleza humana no se halla vertebrada en torno a ningún núcleo, dado que no existe nada semejante y que aquello a lo que denominamos esencia del ser humano «es simplemente un nombre con el que designamos un conjunto de cualidades casualmente presentes en ciertas tribus de animales —cualidades que nosotros situamos artificialmente en primer plano—». Gide pensaba que disponía de un yo nuevo todos los días, y Czesław Miłosz ha dejado constancia escrita de lo difícil que resulta el mero hecho de «conservar la unidad personal». Yeats sostenía, por su parte, que «la personalidad es una elección en permanente estado de renovación», y Ezra Pound y T. S. Eliot pensaban prácticamente lo mismo. Así vendrá a expresarlo Goronwy Rees: «No he tenido en ningún momento de mi vida la envidiable sensación de estar dotado de una personalidad carente de discontinuidades». Y para el filósofo británico John Gray la paradoja humana estriba en el hecho de que, si, por un lado, «no podemos quitarnos de encima la sensación de estar formados por yoes duraderos, por otro, sabemos que no es así». (De hecho, Gray observa que Rees no había vertido el contenido de su biografía en una novela, sino en una serie de relatos breves.)[4] Eugene Goodheart, de la Universidad Brandeis, resume como sigue este parecer: «Una persona coherente no es una unidad carente de fisuras, sino el representante de una voluntad de autodominio».

A su vez, hay otra razón por la que la unidad de la persona ha sido objeto de escrutinio —y no sólo la falta de unidad del individuo, sino la presencia de distintas soluciones de continuidad en el universo, en el cosmos—: la relacionada con la averiguación de los efectos que se ha producido en nuestra forma de pensar la constatación de ese carácter no unitario, y no sólo en términos metafísicos sino también en la esfera de lo transcendente y de la imagen misma de lo que ha de ser Dios a nuestro juicio.

La única forma de unidad que conserva su solidez es la narrativa, la asociada con el relato de una vida, compuesto por toda una serie de episodios discretos. Alasdair MacIntyre argumenta en este sentido que la acción —o lo que es lo mismo: la conducta— sólo queda dotada de inteligibilidad en el marco de una narrativa. Así concibe la idea Gordon Graham: «La clave para tener la experiencia de una vida —en tanto que circunstancia opuesta a la de limitarse simplemente a existir— ... reside en la capacidad adquirida, y cada vez más refinada, de enjuiciar la realidad y de actuar en ella en función de las exigencias de la inteligibilidad narrativa». Y a continuación añade: «Aprendemos a proceder de ese modo en parte por imitación, pero las oportunidades de interpretación y comprensión que nos proporciona la ficción también nos otorgan la facultad de concebir las relaciones que vinculan los diversos retazos de nuestra biografía». Desde este punto de vista, la vida es «un constante movimiento hermenéutico» orientado por la «previsión de los pormenores que articulan el conjunto del [relato]». Bruce Robbins, profesor de humanidades en la Universidad Columbia de Nueva York, sostiene que el laicismo es en sí mismo una narrativa de progreso, y que en tal sentido constituye una mejora respecto de la creencia religiosa.

Esto nos vuelve a situar frente a la afirmación de que no existe ninguna idea dominante. Es posible que uno de los logros del siglo XX haya sido el abandono de la noción de «totalidad», de «unidad», la renuncia a la búsqueda de una significación capaz de abarcar el conjunto de la realidad, la pérdida de la convicción de que el significado es algo grandioso —un amuleto capaz de proporcionarnos una sensación de seguridad, como sugiriera Wystan Hugh Auden—. Todo esto nos coloca también, una vez más, ante las afirmaciones de Wittgenstein, que argumentaba que hay algunos aspectos de la experiencia y del mundo que no admiten expresión verbal ni representación pictórica; que el lenguaje nos procura una percepción del mundo como un todo, pero que se trata de un todo limitado; y que es esta apreciación de la existencia de límites y de que hay algo «más allá» de dichos límites lo que constituye el ámbito místico, lo que da cuerpo a la sensación de que nos falta algo. Estos planteamientos confluyen con la convicción expresada por Paul Valéry de que la aproximación del poeta al mundo es de carácter «asintótico», esto es, que propicia un acercamiento cada vez más pronunciado a la significación de lo real, sin llegar no obstante al alcanzarlo plenamente. Es muy posible, dice en cambio George Steiner, que el lenguaje carezca de límites, pero insiste —una vez más— en que no debemos esperar obtener más de lo que hay. Simon Blackburn, el filósofo de Cambridge, capta un elemento en el que resuenan estas mismas posiciones al escribir que «siempre parecen existir palabras más exactas, pero todo cuanto nos es dado desear se reduce a tratar de vislumbrarlas, justo por encima del horizonte». A continuación, Blackburn recoge en parte las ideas de Alasdair MacIntyre al añadir: «Creo que el proceso que nos lleva a comprender los problemas [de la vida] es bueno en sí mismo».[5]

Por todo ello, prosigue, el proceso de secularización es mucho más que una simple actitud de escepticismo frente a una forma nueva, y más o menos coherente, de abordar la vida. Es una postura intelectual que nos enseña a contemplar el mundo de otra manera, a apreciarlo hasta en sus más mínimos detalles. No todos podemos ser artistas, pero todos podemos apoyarnos en el enfoque artístico. Como decía Santayana, el arte nos muestra la existencia de una «perfección finita» que no precisa de deidad. O como señala Wallace Stevens a modo de compendio: «Nunca logramos alcanzar [la plenitud] intelectualmente. Sin embargo, en el plano emocional la conseguimos constantemente (como nos sucede por ejemplo con la poesía, la sensación de felicidad o la contemplación de las cimas montañosas y los horizontes despejados)». El mundo rebosa de significados, no es un simple amuleto.

Nos queda por considerar todavía un asunto de importancia. El enfoque con el que hemos abordado aquí el tema que nos ocupa ha permitido detectar un grave efecto secundario de la secularización. De acuerdo con el parecer de Stefan George, la ciencia no ha logrado mejorar el mundo, sino que lo ha empobrecido. Eugene O'Neill pensaba que la ciencia había sido conquistada por el capitalismo y que al ponerse a su servicio había abandonado la consecución de otras metas de carácter más benévolo. Pese a sentir interés por la psicología, Virginia Woolf afirmaba que el resto de las ciencias no desempeñaban papel alguno ni en nuestra vida moral ni en nuestra percepción estética. A juicio de D. H. Lawrence, la ciencia, al rehuir todo contacto con lo irracional, se distancia de la «vida». Para George Steiner, la ciencia de hoy, igual que la del pasado, está contaminada, dado que su meta es, como ya dijera Heidegger antes que él, la dominación. Por su parte, Gordon Graham ya señalaba en su día que «las verdades que genera la ciencia no pertenecen al tipo que necesitamos para orientar nuestra existencia. Lo que sí puede hacer la ciencia, y lo que resulta patente que ha venido haciendo siempre, es producir técnicas destinadas a la satisfacción de deseos». De acuerdo con lo que dice Thomas Nagel en su último libro, podemos considerar, «con certeza prácticamente total», que la narrativa del evolucionismo reduccionista es errónea.

Algunos de estos argumentos no tienen defensa. Su interés reside en el hecho de que constituyan una prueba de que el gran «magisterio» rival que hace frente a la religión —por calificar la cosmovisión científica con las palabras de Stephen Jay Gould— no ha conseguido la universal aceptación que muchos de sus partidarios desearían. Como ya hemos visto, no son pocas las personas que juzgan que la ciencia es una alternativa perfectamente válida a la religión y que ven con toda claridad que los detalles y los procesos de la naturaleza revelan ser una fuente de asombro, belleza, maravilla y elevación espiritual lo suficientemente abundante como para satisfacer a lo largo de toda nuestra existencia cuantas aspiraciones de sentido podamos albergar. Esas mismas personas consideran igualmente que la ciencia supone una ayuda para todo aquel que pretenda comprender los fundamentos de la vida moral y averiguar de qué modo podemos alcanzar a vivir en sociedad con las máximas ventajas para todos.

No obstante, tampoco puede negarse que otras muchas personas no comparten con tanto entusiasmo esta forma de ver las cosas. Es importante señalar que esas otras personas no son necesariamente «contrarias a la ciencia», y que muy a menudo están además bien informadas. Sin embargo, no sienten por la ciencia la emoción que claramente inspira ésta en autores como Dawkins, Dennett y Levine. Todas esas personas piensan que al ser humano no le basta con la ciencia. Freud dio un nombre a esta postura: el de «intelección». En sus inicios, el padre del psicoanálisis creía que sus pacientes quedarían curados tan pronto como dispusieran de «información precisa» sobre sus padecimientos. Sin embargo, con el tiempo acabó dándose cuenta de que tenían que «quemar todas las etapas» de su proceso de maduración interior, aceptando y encajando adecuadamente los elementos «afectivos» pertinentes al caso.

¿Sucede algo similar con la respuesta general que acostumbra a recibir la ciencia?*

«LA CARENCIA DE UN VIVO RESPLANDOR»

Hay al menos dos posibilidades. Una es que el enfoque de la ciencia se halle íntegra y excesivamente alejado de la vida cotidiana —dado que su objetivo no consiste únicamente en ofrecer unas descripciones de la naturaleza cada vez más exactas, sino en concebir un conjunto progresivamente más abstracto de tesis *sobre* la naturaleza, llegando así a explicar un creciente número de cosas con una cantidad de fórmulas cada vez menor—. En este sentido, la ciencia resultaría *demasiado* abstracta, e incluso demasiado coercitiva. Pese a que sean muchos los especialistas que juzguen estimulante la existencia de un elevado grado de abstracción, también es cierto que esa misma abstracción puede dar lugar a una visión excesivamente árida de lo real, a una experiencia demasiado insulsa para todas aquellas personas que no estén directamente implicadas en los procesos vinculados con dicha abstracción. (Los científicos no dejan de insistir en que es muy importante convencer a los niños de que deben dedicarse al estudio de la ciencia, y a cuantos más mejor, dado que es una disciplina que puede ofrecerles una vida tan estimulante como gratificante. El hecho de que continúen haciéndolo parece sugerir que sus exhortaciones muy rara vez se ven coronadas por el éxito.)

Walt Whitman decía que la evolución dejaba traslucir «la carencia de un vivo resplandor, una falta de afecto y calidez». ¿Podría ser ésta la razón de que la comprensión fenomenológica de la vida haya tenido tanto

---

* Los bolcheviques cometieron el mismo error en Rusia al pensar que tan pronto como se le expusieran al pueblo los desvaríos de le religión la fe desaparecería como por ensalmo. (*N. del a.*)

éxito en el lapso de tiempo transcurrido desde que Nietzsche lanzara su célebre proclama? ¿Cabe ver algo más que una mera coincidencia en el hecho de que Edmund Husserl elaborara sus puntos de vista aproximadamente por la misma época en la que Nietzsche estaba concibiendo los suyos? En todos esos años, el enfoque fenomenológico —que consiste en entender que la vida está compuesta por un inagotable número de experiencias individuales y en valorar tanto la individualidad como la concreción y la voluptuosidad de los objetos, los acontecimientos y las experiencias— ha conservado su vigor y ha ejercido una influencia constante. La «fenomenología lírica» de Jean-Paul Sartre capta a la perfección el espíritu de este planteamiento, ya que es un canto a la pura multiplicidad de la experiencia, entendida como jubilosa apreciación del hecho de estar vivo.

Tanto Dennett como Dawkins, Levine y el resto de los biólogos evolutivos no dudarían en poner objeciones a esta forma de ver las cosas, y es preciso añadir que tendrían razón —al menos hasta cierto punto—. El propio Darwin era un gran observador de los detalles. La teoría evolutiva depende de la adaptación y la variación, elementos ambos que son otras tantas formas específicas de mostrar que, en el largo plazo, las cuestiones de detalle han ejercido una profunda influencia en nuestra historia. Como dice Dawkins, hoy tenemos a nuestra disposición dos maneras de valorar la realidad de los arcoíris: bien en términos poéticos, bien en clave científica.

Pensemos por ejemplo en el deseo que llevaba a Mallarmé a tratar de señalar los nombres de las flores «ausentes de todos los ramos», o en estos versos con los que se traza el retrato de Stefan George:

> Asomado a sus mejillas
> El suplicio de alguna vieja atrocidad.

Esta estrofa podría no estar diciéndonos sino que la poesía difiere de la ciencia, y sin embargo también podría contribuir a explicar la específica singularidad del atractivo del poema. La *implicación* de la persona con la intención poética es más inmediata que la que puede terminar uniéndole a la ciencia. El elemento de participación común que el poeta ofrece es distinto del que brinda el científico. Al leer un poema penetramos más hondamente en la vida del poeta de lo que nos internamos en la existencia del especialista al estudiar su informe científico. Podemos seguir las peripecias que vivió Darwin a bordo del *Beagle*, y los razonamientos que le llevaron a imaginar el proceso de la selección natural —y no tenemos inconveniente en admitir que constituye una hazaña formidable—. Los biólogos dicen que el episodio les llena de emoción. (Y Dawkins añade que Darwin ha hecho posible que el ateísmo no resulte incompatible con una vida intelectual plena.) Podemos aceptar igualmente que en el momento en el que Niels Bohr comprendió que el factor que explicaba el misterio de las reacciones químicas residía en las órbitas externas de los electrones que integran el átomo —uniendo así la física y la química—, algo en su interior (y en el nuestro) produjo el leve chasquido de aquello que parece abrirse y cerrarse a un tiempo, como acostumbra a lograr un buen poema, según decía Seamus Heaney a propósito de Robert Lowell.

Con la poesía, la *verificación* se transforma en un placer para el lector, no hay necesidad de que intervenga una tercera persona —y esto constituye una diferencia crucial, ya que el poeta deja sobre el papel algo que el lector, sea hombre o mujer, no sólo puede descubrir por sí mismo sino que guarda además una relación inmediata *con su propio yo*—. La fenomenología nos procura una forma de estar en el mundo, de sentirnos como en casa en él, según decía Heidegger, que la ciencia, en cambio, pese a todos sus éxitos, es incapaz de ofrecernos.

La segunda razón de que la ciencia no haya tenido precisamente el impacto que preveían algunos de sus partidarios reside en el hecho de que, aun teniendo en cuenta que el fundamento del proceso de la evolución y la selección natural guarda relación con la reproducción sexual, la biología evolutiva se muestre más bien árida, impasible cabría decir incluso, al abordar la cuestión del deseo. Eugene O'Neill es un autor que ha escrito abundantemente acerca de ese asunto —examinando, por ejemplo, el deseo asociado con la venganza de una afrenta, con la obtención de reconocimiento social, con la codicia que despierta una determinada propiedad, con las ansias de poder, con la atracción física que despierta en nosotros el cuerpo de otra persona...—. No obstante, para la mayoría de la gente, la palabra «deseo» remite fundamentalmente a esta última acepción, es decir, al deseo sexual, que es la forma de deseo más interesante, imperiosa y —si se me permite— deseable de todas cuantas existen. El subtítulo de la obra que Anna Clark dedica justamente a eso, al *Deseo*, apunta a la *historia de la sexualidad en Europa*. En este mismo orden de cosas, tanto Henry James como los utopistas y Sherwood Anderson en *Beyond Desire* o Tennessee Williams en *Un tranvía llamado Deseo* consideran que este impulso humano es la mayor fuente de satisfacción que nos ha sido otorgada —y por consiguiente el elemento más perturbador de nuestras vidas—. Eso mismo pensaban Stefan George, James Joyce y

Philip Roth. Henry James creía, de hecho, que el deseo se halla en la raíz de todos nuestros males. Christopher Hitchens, por su parte, nos recuerda que el logro que ha supuesto deslindar el sexo del temor a las consecuencias y de la tiranía religiosa ha constituido uno de los grandes acontecimientos del siglo XX. Wilhelm Reich estaba convencido de que «la actitud extática es preferible a las tendencias analíticas».[6]

Valentine de Saint-Point escribía en 1913 su «Manifiesto futurista de la lujuria» y el pintor Fernand Léger hablaba de «la transformación de la insoslayable energía del deseo en una sucesión de ritmos formales». Milan Kundera se explayaba acerca de la «tiranía» del deseo, mientras Michel Foucault hacía lo propio en relación con el deseo de poder. Jacques Lacan señalaba a su vez, con notable acierto, que «el deseo se repite con toda insistencia hasta conseguir que se le preste atención» y Jean-François Lyotard indicaba que «lo que el hombre occidental quiere son conquistas, no amor», añadiendo que los varones se sienten «deshechos» al amar. Por otra parte, un crítico literario observaría que toda novela consiste en «el reiterado descubrimiento de un motivo sexual». Además, el centro neurálgico de todas las religiones gira en torno a la voluntad de controlar el deseo, noción esta última en la que las Iglesias sitúan casi siempre el más conspicuo fundamento del pecado.

Sin embargo, ese *alter ego* de Philip Roth que es su personaje Nathan Zuckerman tiene razón, como también la tienen los autores más descollantes de otro de los géneros literarios que podríamos haber incluido igualmente aquí —el de la ficción utópica—, al afirmar de forma unánime (pienso en Wells, Zamyatin, Hauptmann o Huxley) que el rasgo más característico del deseo es, a su juicio, el de constituir una *perturbación* existencial, el de hallarse en el origen mismo de la rebeldía y la subversión (de tal forma que Zuckerman, por ejemplo, se abandona sin freno a los dictados del deseo). Esto se debe al hecho —que tan oportunamente recuerda John Gray (el pensador al que más cuadra el título de Nietzsche de nuestra época por su estilo conciso y aforístico)— de que la «pasión sexual faculta a la especie para reproducirse, pero sin importarle lo más mínimo ni el bienestar ni la autonomía personal del individuo».[7] El deseo es, incuestionablemente, el aspecto *irracional* más importante de la vida, así que no sólo opera como una fuerza desestabilizadora y desintegradora, según apunta Eugene Goodheart en *Desire and Its Discontents*, sino que revela hallarse también en el origen de numerosas extravagancias y excesos de la voluntad. Todos los deseos pueden aspirar legítimamente a su satisfacción, pero como dice Jonathan Lear, el hecho mismo de experimentar un deseo es síntoma de que la existencia echa algo en falta. Los ideales, apostilla, dan forma a los deseos, pero hemos de tener en cuenta al mismo tiempo que «el principio del placer se halla reñido con el mundo entero».[8] Como es obvio, el deseo lleva también a la relación de intimidad, según lo que hemos señalado antes.

Y una vez más observamos aquí la existencia de una coincidencia temporal, salvo por el hecho de que pudiera darse la circunstancia, una vez más, de que no se tratara realmente de ninguna coincidencia. En el período en el que se empieza a constatar el declive de la religión y en el mismo momento en el que Nietzsche anuncia la muerte de Dios, irrumpen, como si de una reacción deliberada se tratase, las teorías y las prácticas de Sigmund Freud, cuyas tesis psicoanalíticas se fundaban en gran medida en el reconocimiento de los perturbadores impulsos que el deseo hace aflorar en forma de libido, una fuerza sexual de notable potencia, maleable hasta el infinito, pero imposible de erradicar. Y es claro que en el siglo XX la influencia de Freud es equiparable a las más notables e intensas del período.

¿Hasta qué punto cabe ver una relación directa entre estas coincidencias temporales —si es que efectivamente lo son— y en qué medida puede decirse que alcancen a dar cuenta del hecho de que la ciencia, pese a sus indudables logros, tanto intelectuales como morales, se haya mostrado incapaz de seducir la imaginación de tanta gente como pudo haberse esperado en un principio? De hecho, tanto el impacto de los detalles como la fuerza del deseo son cosas que van de la mano, puesto que ambas tocan de manera *inmediata* una fibra a la que no llegan las abstracciones de la ciencia. En este sentido resulta relevante la teoría con la que Habermas defiende la idea de que el cosmos lleva inherentemente aparejado el concepto de unidad, que tanta influencia ha revelado tener en los ámbitos de la religión, la metafísica y otras formas filosóficas. Ahora bien, si aceptamos el planteamiento que lleva a David Deutsch a sostener que existe de hecho un gran número de cosmos, de universos paralelos, reunidos todos ellos en el marco de un multiverso (concepto que resulta más fácil de digerir que el del punto omega de Frank Tipler), entonces deberemos admitir también que la idea de la unidad cósmica queda igualmente defenestrada. No obstante, es posible que sigamos queriendo ver una sola entidad en ese todo que forma el multiverso, pero en cualquier caso se tratará de una unidad mucho menos abrumadora e insoslayable que la de un cosmos único. La noción de unidad como criterio básico corre peligro tanto en el mundo moderno como en la ciencia de nuestros días —y lo mismo puede decirse de la idea de una verdad superlativamente incuestionable—. La teoría de todo, que tan afanosamente buscan en la actualidad los físicos, y que se propone hallar (o ésa es al menos su esperanza) un hilo conductor que permita unificar las cuatro principales energías del mundo físico —la gravitatoria, la electromagnética, la fuerza débil y la derivada de la interacción nuclear—, no conseguirá influir en la noción de los universos paralelos, ni siquiera en el hipotético caso de que efectivamente llegue a descubrirse. El hecho mismo de que esté resultando tan difícil demostrar la existencia de esa unidad tiene una notable importancia, ya que indica que es muy posible que jamás vuelva a recuperar la ineluctable fuerza que un día tuviera.

Todo esto vuelve a dejarnos en el punto en que lo habíamos dejado, obligándonos a recuperar el enfoque fenomenológico para hallar consuelo y significado lejos de la «inmensidad» del (o los) universo(s) y aferrarnos a aquello que conocemos de forma íntima e inmediata. Por parafrasear aquí lo que ya dijera en su día Ortega y Gasset: no podemos posponer el acto de vivir hasta que los científicos nos digan que ya estamos listos para entender sus misterios.

Esta cuestión de la magnitud —en el sentido de la inmensidad que acabamos de mencionar o su contrario— podría resultar crucial. ¿En qué medida podemos decir que la religión, y en especial los grandes monoteísmos, nos han dado una falsa idea de la realidad y la dimensión de la existencia? Los propios conceptos de salvación, redención, transcendencia, eternidad e infinitud —con los que lidian de manera habitual todos los monoteísmos— nos invitan (al igual que la ciencia, en este aspecto) a contemplar la inmensidad de las nociones abstractas —con la particularidad de que en ellas acierta a encajar sin grandes sobresaltos ni soluciones de continuidad lo que Cynthia Ozick denomina el «obsesivo deseo de completitud que alimentan los humanos» (el deseo, una vez más)—.[9] ¿Hemos de pensar que las propias ideas de completitud, totalidad, perfectibilidad y unidad resultan engañosas o que nos abocan incluso a alejarnos de toda posibilidad de comprensión? ¿Implica el *anhelo* de completitud un tipo de noción de lo completo que, de hecho, resulta imposible de lograr? ¿Es ése el apuro definitorio de la condición humana?

Teniendo en cuenta que el concepto religioso de «totalidad» ha saltado por los aires, esto nos lleva a su vez a preguntarnos si el contenido de otras nociones religiosas no habrá incurrido también en yerros similares. Por ejemplo, ¿es verdad que la vida ha quedado reducida al rango de lo anodino por el simple hecho de que Max Weber pusiera en circulación la idea del desencantamiento del mundo y de la existencia? ¿Podría darse la circunstancia de que Weber cometiera un grave error al asegurarnos que el mundo post-religioso era un mundo presidido por el desencanto?

Examinemos brevemente el instante cronológico en el que surge dicha afirmación. Weber realizó estas manifestaciones en el año 1918, es decir, en un momento en el que la desolación generada por la primera guerra mundial se hallaba claramente impresa en la memoria de los europeos, en el que ni siquiera había alcanzado a enfriarse todavía la sangre vertida por los millones de personas muertas a causa del conflicto, en el que el mundo podía parecer cualquier cosa menos un lugar encantador. Además, la contienda había sido un choque que a juicio de muchos se había producido en gran medida como consecuencia de los textos nihilistas de Friedrich Nietzsche. Sin embargo, en mayo de 1919, Arthur Eddington conseguía confirmar la verdad de la teoría general de la relatividad mediante una observación experimental que pronto iba a verse seguida de otras hasta dar lugar a la elaboración de la mecánica cuántica y a la concepción de nociones tan extraordinarias como la de la dualidad onda-corpúsculo y el principio de exclusión de Pauli. A lo largo del siglo habrían de sucederse igualmente todo un conjunto de nuevos descubrimientos, como los de la dendrocronología, la resonancia del carbono, la teoría de la Gran Explosión y la síntesis evolutiva.

Decir que todas estas nociones carecen de encanto es sesgar el significado de la propia palabra «encanto». Fueron muchas las personas que juzgaron muy extrañas todas estas ideas científicas (sobre todo en el caso de la denominada «rareza cuántica»), unas ideas que eran una especie de equivalente de la magia en la que se apoyaban en sus inicios las religiones. No obstante, este reencantamiento del mundo resultaba explicable —y sigue siéndolo—, lo que sin duda constituye un avance. Weber falleció en junio de 1920, poco después de su proclamación. Si hubiera podido conocer la evolución de los acontecimientos registrada a lo largo de los años veinte es casi seguro que hubiera cambiado de parecer. De haber entrado a fondo en el estudio de la variación darwiniana, cuyas conclusiones lograrían conocerse con mayor claridad aun en el primer tramo del siglo gracias al hervidero de investigaciones que estaban produciéndose por entonces en el recién inaugurado campo de la genética, de haber alcanzado a comprender plenamente la naturaleza clínica del psicoanálisis, cuyas interpretaciones se realizaban siempre de manera individualizada, de haber tenido oportunidad de saber que la estructura del átomo permitía a Niels Bohr establecer un nexo de unión entre la física y la química, o de haber conocido la explicación que diera Linus Pauling del hecho de que algunas sustancias sean amarillas y líquidas y otras sólidas y negras, es muy probable que hubiera llegado a la conclusión de que el mundo revelaba hallarse ahora más fascinantemente encantado que nunca. Del mismo modo, si hubiera sido testigo del desarrollo del cine y del relevo de las películas mudas por las sonoras, es igualmente muy posible que hubiera considerado que esta nueva forma artística estaba llamada a convertirse en una fuente de encantamiento todavía más accesible, y para mucha gente, sin duda, mucho más que el universo cuántico.

Como señala Bruce Robbins, la narrativa del desencantamiento del mundo pasa en gran medida por alto las características del mundo premoderno, que distaban notablemente de resultar encantadoras (según se ha resaltado recientemente en un filme alemán titulado *La cinta blanca*). Es preciso reiterar que el mundo está hoy muchísimo más provisto de elementos de encantamiento que en la época anterior a la muerte de Dios.

Y ya que hablamos de estas cosas, vale la pena hacerse esta pregunta: ¿sigue siendo el de «redención» un concepto útil? Richard Rorty no creía que lo fuese, puesto que, como él mismo decía, no nos hallamos en una situación degradada que precise rescates. Roger Scruton, pese a ser persona religiosa, coincide a medias con este parecer al argumentar que el arte moderno nos «redime del lugar común» (circunstancia que podríamos concebir como una «pequeña» forma de redención). Por otra parte, los filósofos modernos (como Bernard Williams, Thomas Nagel, Ronald Dworkin o Jürgen Habermas) han rechazado una y otra vez la idea de transcendencia, dado que no pertenece a la esfera de lo fenoménico. A los ojos de Rorty, una vez más, ni la palabra ni el concepto de lo «sagrado» conservan ya utilidad alguna, dado que «todo está al alcance de todos».* Y como ya hemos señalado antes, si aceptamos la explicación que ofrece Olivier Roy sobre el proceso de globalización, aculturación y «desterritorialización» en que se hallan sumidas las religiones, el elemento que está asistiendo a una modificación de su perfil y adquiriendo características más «minimalistas» es la fe, no la existencia laica. Recordaremos también que Terry Eagleton señalaba maliciosamente que la pa-

---

* Si Rorty emplea aquí la frase «*everything is up for grabs*», cuyo significado literal indica que «todo está ahí para que lo cojamos», como los frutos de un bosque, es porque la voz «sagrado» denota, en sentido estricto, aquello que es «intangible» o que no puede «tocarse» sino mediante actos y gestos rituales, so pena de profanación. Y ésa es justamente la idea que se niega. (*N. de los t.*)

labra «felicidad» le parecía «un tipo de vocablo propio de una colonia de vacaciones». Y lo cierto es que, en relación con la felicidad (o la autorrealización), parece haber el generalizado consenso de que no podemos forzar su consecución, dado que se trata de una especie de efecto secundario o de subproducto de otras actividades de índole valiosa, razón por la que es tan frecuente descubrirla como vivencia al rememorar un episodio del pasado.

Las dos grandes ideas en las que todo el mundo parece estar de acuerdo —al menos por lo que hace al tema que aquí nos ocupa— son la esperanza y la necesidad de alumbrar un tipo de sociedad más incluyente —ahí es donde vamos a encontrar un significado—. Tanto George Santayana como Scott Fitzgerald, Edward Osborne Wilson, Richard Rorty, Czesław Miłosz, Charles Taylor o el papa Benedicto XVI incluyen el tema de la esperanza en sus escritos. (Nietzsche, evidentemente, consideraba en cambio que la esperanza es una de las estafas con las que se defrauda a la humanidad, puesto que nos induce a contemplar el progreso con más optimismo del que realmente deberíamos, sobre todo desde el «falso amanecer» de la Ilustración.)

LA META-NARRATIVA DE LA EMANCIPACIÓN

Son también muchas las personas que juzgan que la esperanza viene dada por la expansión de la comunidad moral, una expansión que está teniendo lugar a pesar de todos los pesares —si bien de forma irregular—. Gianni Vattimo y Richard Rorty insisten en que «no puede existir experiencia alguna de la verdad sin participar de alguna forma en una vida en comunidad». Hoy se está dando un trato más igualitario y respetuoso a un gran número de agrupaciones de individuos, como es el caso, por ejemplo, de los grupos étnicos minoritarios, de las mujeres, de los homosexuales, de los discapacitados, de las sectas religiosas y de otras muchas asociaciones humanas. Está disminuyendo la tolerancia en cuestiones como la de los «daños colaterales» que se generan en las guerras, mientras aumenta en cambio la tolerancia en otros muchos aspectos —de acuerdo con un proceso conocido con el nombre de «esperanza social» (y que sin embargo ha sido desautorizado por John Gray, que lo califica de «superficial»)—. Puede que el hecho de ser más tolerantes no se considere sinónimo de hallarle un significado a la existencia, pero desde luego quienes sí se lo encuentran son todos aquellos que se benefician de ese nuevo espíritu de tolerancia, ya que les permite llevar una vida más plena.

Es indudable que, de todas estas minorías, las que revisten una mayor importancia desde el punto de vista político son las que constituyen los grupos étnicos. En términos numéricos, esto significa que en el futuro inmediato estos grupos no sólo están llamados a convertirse —muchas veces a causa de sus respectivas identidades religiosas— en la mayor de las preocupaciones mundiales, sino abocados a conservar al mismo tiempo su condición de foco de los más enconados conflictos. Por otra parte, y centrándonos ahora en el plano de las modificaciones psicológicas y filosóficas, la más importante de todas las transformaciones futuras es muy posiblemente la vinculada con lo que algunos han denominado el giro hacia los valores femeninos. Nietzsche decía que la verdad tenía nombre de mujer, y James Joyce preveía, con tanto optimismo como deleite, el surgimiento de un mundo en el que la esperanza quedara situada en la vertiente femenina de los hombres. Andrea Dworkin ha resaltado que el mundo que hoy tenemos es un mundo «construido por varones», expresión que no constituye en modo alguno una lisonja. Y Wallace Stevens nos instaba, por su parte, a «abrazar las ideas como se abraza a una mujer». Y también es una cuestión notablemente relevante desde el punto de vista político, ya que no hay duda de que uno de los aspectos sociales en que el islam muestra un mayor atraso es en el del trato (frecuentemente oprobioso) que dispensa a las mujeres.

TRIVIALIDAD Y CONSECUENCIA

Ninguna de estas cuestiones carece de importancia, y todas ellas forman parte de una imagen de conjunto de mayor envergadura, pero se revelan incapaces, en cierto sentido, de incidir directamente en la principal preocupación que nos ha ocupado en este libro, dado que tienden a eludirla.

Parece claro que el quid de esta cuestión —la de cómo podemos arreglárnoslas para vivir sin Dios— reside en la vida moral. Los filósofos de todas las tendencias coinciden en señalar con los biólogos evolutivos (salvo en el caso de Thomas Nagel, especialmente en sus últimos escritos) que la moralidad ha ido evolucionando y que lo ha hecho además de acuerdo con los acertados principios darwinianos. (Los recientes análisis que han llevado a David Sloan Wilson a estudiar la evolución de los catecismos y los cambios experimentados por la idea del perdón representan un sugerente paso adelante.) No sólo no se precisa la presencia de Dios para explicar esto, sino que la evolución constituye una fuente de *autoridad* mejor, al menos por lo que hace a la moral. Se ha podido confirmar experimentalmente que la evolución muestra de manera racional que la moral no sólo se halla justificada sino que es capaz de identificar los beneficios del comportamiento ético y de resaltar lo que se pierde cuando los seres humanos dejan de atenerse a las reglas de la moralidad. Los estudios efectuados dejan particularmente claro —y es muy posible que éste sea el punto más importante de todos— que las exigencias del «gen egoísta» hacen que la cooperación resulte tan necesaria como justificada. De este modo, la biología une la ética con la moral.

Ronald Dworkin se expresa sin ambages acerca de la distinción que cabe establecer entre ambos términos, es decir, entre la ética y la moral. La ética hace referencia al modo en que orientamos nuestra propia vida y sitúa la responsabilidad de lo que ocurre sobre nuestros mismos hombros, no al modo narcisista, sino entendiendo que la existencia es una *realización* que podemos materializar mejor o peor. De ese modo, Dworkin nos invita a reflexionar sobre la vida que llevamos —como es lógico, en sintonía con los parámetros que Robert Nozick especificara en *The Examined Life*— a fin de elaborar un relato que resulte coherente y que presente un carácter moral y no trivial. Son muchas las personas que juzgan muy relevante la idea de que la vida responda efectivamente a una determinada narrativa. Dworkin piensa que nuestro objetivo debería consistir en tejer una narrativa que nos permita extasiarnos ante las maravillas del universo, proporcionándonos al mismo tiempo una percepción de dignidad y respeto hacia nosotros mismos. En esto consiste, a su juicio, ser religioso sin Dios. A lo que añade la noción de que no existe nada más profundo ni grandioso.

Y si ése es nuestro primer deber, el segundo es el que nos vincula a nuestros semejantes, el que nos insta a mostrarles respeto y a preservar así su dignidad. Además, el círculo de las personas a las que hemos de respetar habrá de abarcar un perímetro cada vez más amplio, hasta que, al final, acabemos incluyendo en él al conjunto del género humano. Éste es uno de los objetivos de la vida: aquel al que Bruce Robbins da el nombre de «meta-narrativa de emancipación».

La idea de que se hace necesario llevar una existencia capaz de generar «consecuencias» resulta más controvertida, dado que no todo el mundo puede aspirar a convertirse en causa de igual número de consecuencias, hasta el punto de que si juzgáramos la vida de una persona únicamente en función de sus consecuencias, descubriríamos que la mayor parte de la gente vive una existencia sin consecuencias, o una existencia que, si las ha generado, ha sido sólo de forma accidental. No hay duda de que el argumento que expone Dworkin al decir que la vida es una realización que admite concretarse de mejor o peor manera es en realidad otra forma de hablar de las consecuencias, ya que elaboramos la realización de nuestras vidas con el fin de dotarnos de una coherencia, de una coherencia que en cierto sentido no sólo se halla lejos de resultar trivial sino que responde además a la verdad —las dos cualidades que, juntas, nos brindan ocasión de sentir respeto por nosotros mismos y tenernos por personas dignas—. Además, esa coherencia nos permite actuar, y así lo señala Nozick, como vectores de la belleza y la verdad, puesto que la propia coherencia es una forma de belleza.

LA REVELACIÓN LAICA: LO QUE DESCONOCÍAMOS POSEER EN NUESTRO INTERIOR

A todo esto podemos añadirle una de las ideas de Seamus Heaney. Heaney es un autor al que puede citarse incansablemente: la poesía, dice por ejemplo, incrementa la cantidad de bien que alberga el mundo; todo nuevo ritmo (poético o musical) infunde nueva vida al mundo; la poesía hace que nos sintamos cómodos en el mundo y que confiemos en él; la poesía es un proceso natural que deriva simultáneamente de lo que nos ofrecen los fenómenos del mundo y de cuanto generan los jugueteos del lenguaje; la poesía es la transmisión de un conocimiento intuido; poesía es no dejar de aspirar a una vida más plena, es la experiencia de una ampliación del horizonte; los poemas se levantan como catedrales en un páramo; los versos nos brindan una dignidad inquebrantable, una claridad sin consuelo, una existencia sin cercados, son el signo externo de una gracia interior; muestras de que nos hemos conquistado a nosotros mismos; los poemas nos hacen ver que no debemos infravalorar la realidad del mundo; nos procuran una sensación de autosuficiencia y constituyen un surtidor por el que mana la sobreabundancia de cuanto mora en nuestro interior.

Este último punto es justamente el correspondiente a nuestro centro de atención aquí. En uno de sus ensayos, Heaney incluye la siguiente cita, sacada del *Estate of Poetry* de Czesław Miłosz:

En la esencia misma de la poesía hay algo indecente,
Pues saca a la luz cuanto desconocíamos poseer en nuestro interior.[10]

¿Acaso no es el segundo de estos versos el equivalente laico de una revelación y una honda indicación de cómo orientar la vida? Para no dejar de aspirar a una vida más plena, para no infravalorar la realidad del mundo, para explorar esa existencia sin cercados a la que aspiramos, ¿no tenemos acaso que sacar a la luz algo que «desconocíamos poseer en nuestro interior»? ¿Y cómo vamos a lograrlo? ¿De qué criterios podemos servirnos para saber que hemos alcanzado ese objetivo, que nuestras actividades no son de carácter trivial —como aquellas que invocaba Dworkin al apuntar al coleccionista de cajas de cerillas?

Podemos tener prácticamente la completa certeza de que hay más de un criterio capaz de estar a la altura de esa exigencia y procurar satisfacción a todos. Hay sin embargo un poeta que ha influido en un gran número de filósofos y de pensadores de todo tipo y que si lo ha conseguido ha sido precisamente por haberlo intentado con tanta espontaneidad como determinación y vuelo imaginativo, un poeta cuya vida, desde luego, obedece a una narrativa perfectamente distintiva.

ASIGNAR NOMBRES AL MUNDO

Rainer Maria Rilke pensaba que lo que confiere sentido a la vida es el acto de «decir», de transformar en lenguaje todo aquello que corre el riesgo de perderse a causa de nuestras precipitadas ansias de pasar a otra cosa. En particular, Rilke tenía la sensación de que los pequeños detalles de la naturaleza y sus maravillas se hallaban amenazados, y de que el insistente énfasis que ponía el cristianismo en la vida ultraterrena nos había impedido vivir y conocer este planeta —que es todo cuanto tenemos— con la plenitud e intensidad que de otro modo habríamos podido imprimir a la experiencia, a lo que añadía que la recuperación post-cristiana de esa vivencia era justamente lo que daba «sentido a la vida» y lo que convertía al simple asombro en «la más importante de las actividades sensatas».

Oh Tierra dichosa, Oh Tierra festiva,
¡Juega con tus hijos! Deja que intentemos
Atraparte...

En uno de sus sonetos, Rilke habla de un «infinito firmamento íntimo» —expresión que más tarde hallará feliz acomodo en las páginas de Seamus Heaney—. Lo que Rilke intentaba hacer con su poesía no difiere realmente de lo que Cézanne había procurado lograr con su pintura: relacionarse con la naturaleza —con la Tierra— de un modo inmediato, tratando de soltar el lastre del cúmulo de prácticas pretéritas, sobre todo de las ideadas por el cristianismo, ya que apenas habían sido otra cosa que un obstáculo para una valoración genuina de la Tierra y del puro júbilo de la existencia. Rilke también pensaba que el mejor medio de hallar regocijo en la Tierra es entregarse al canto, pues no en vano la facultad de cantar es exclusiva de los seres humanos, máxime cuando la música posee la propiedad de hilvanar el presente. «La potencia de la lírica une los acontecimientos, anclados en el tiempo, de nuestros mundos, pues gracias a la repetición de sus notas consigue rescatarlos y conducirlos a un lugar en el que puedan gozar de su recíproca presencia.» A su juicio, decir y cantar son acciones que convergen.

Y ésa es justamente la cuestión. En las *Fuentes del yo. La construcción de la identidad moderna* Charles Taylor dice que hemos perdido la capacidad de asignar nombres a las cosas. Es muy probable que Taylor esté tan lejos de acertar en la diana en esto como ya hemos visto antes que lo estaba Weber. Y ello porque con el advenimiento de la ciencia, nuestra capacidad para nombrar objetos ha experimentado un crecimiento exponencial. Y éste es también el quid de la cuestión —o de buena parte de ella—, dado que nombrar el mundo, decirlo y cantarlo son justamente los criterios mismos que pueden permitirnos valorar, según hemos venido sugiriendo aquí, si algo de lo que sacamos a la luz, porque lo llevamos dentro, es un triunfo o no, o merece ser tenido incluso por un hecho preñado de consecuencias. Y dicho sea de paso, por cierto, el acto de cantar el mundo es —literalmente— una de las formas de conservar su encantamiento.

La identificación del electrón, de la doble hélice estructural del ADN, del proceso de la selección natural o de la radiación de fondo cósmica —todo esto es nombrar el mundo—. Y lo mismo cabe decir de la detección de virus o de la existencia de eras glaciales, de una edad de piedra y de una edad de bronce. O aun de la concepción de la fórmula $E = mc^2$, o de la intelección de los principios de la aeronáutica, o de los fenómenos vinculados con la expansión de los fondos oceánicos y la tectónica de placas. Y ése es también el espíritu que anima los versos de la poetisa estadounidense Elizabeth Bishop:

Las cinco pesquerías tienen techos puntiagudos
y angostos, con pasarelas de listones en declive
que dan a los almacenes del sobrado
y permiten trajinar, arriba y abajo, los barriles.
Todo es plata: la borrascosa lámina del mar,
que se yergue despacio como si temiera desbordarse...

Bishop, que, según recuerda, «rebosaba de himnos» en la infancia, era una ferviente admiradora de Darwin. Pensaba que el biólogo había elaborado una «sólida argumentación», basada en un admirable conjunto de «observaciones heroicas», de modo que al viajar a Gran Bretaña en la década de 1960, la poetisa no olvidó tomar un autobús de la compañía Green Line y visitar la casa de Darwin. No dejó nunca de consultar los «hermosos libros» del padre de la teoría evolutiva porque estaba convencida, y sabía que Darwin también lo estaba, de que «se llega a lo sublime a través de lo común», de la «lenta acumulación de hechos», como señalaba el propio autor del *Origen de las especies* en sus cuadernos de notas. Esto la convertía, según Guy Rotella, en «una poetisa religiosa carente de fe devocional».

Rebecca Stott destaca estos versos en los que Bishop sigue el serpenteante trayecto de un autobús a lo largo de la costa de Nueva Escocia:

Un alce ha salido
del bosque impenetrable
y se planta ahí, amenazador,
en medio de la carretera.

Stott habla de esta anécdota y señala que supuso una epifanía colectiva para los pasajeros del autobús, «cautivados por la indómita mirada del alce, "imponente como una catedral"». Estamos aquí ante un encantamiento sublime y laico, pero no frente a una apoteosis, pues «el autobús sigue su camino, dejando sólo un débil olor a alce, un acre olor a gasolina». En la obra de Bishop, dice Stott, el instante sublime produce «vértigo», pero no es transmisor de transcendencia, no apunta a ningún significado situado *por encima*. Al contrario, es una caída, un regreso al olor a gasolina, o a su recuerdo, una *inmersión* (la palabra predilecta de Stott) en *este* mundo.[11]

Recordemos si no los juegos de palabras del *Finnegans Wake* de Joyce, con sus «*beautifell*», sus «*beauhind*», sus «*as it is uneven*»...* Parecen

---

* Véase la nota de traducción de la página 362. (*N. de los t.*)

términos inconsecuentes, pero no se trata de simples retruécanos —con independencia de que los consideremos ingeniosos, irritantes o pueriles—: lo importante es que no sólo nos instan a ver el mundo de forma insólita, sino que también nos lo permiten —sin olvidar que, gracias a ellos, cristalizan y se clarifican también unos pensamientos que *a punto* estuvieron de pasarnos por la mente, que habríamos deseado tener o que podríamos haber concebido de hecho si hubiésemos bajado lo suficiente el ritmo y nos hubiéramos parado a pulir un poco más nuestras observaciones—. Al mismo tiempo, resulta tan irónico como paradójico que estos rasgos de humor nos recuerden también las afirmaciones de George Steiner, es decir, la idea de que las verdades estéticas constituyan un estímulo vital y logren vincular lo temporal y lo eterno por vías que ninguna otra actividad humana puede transitar. Cabría rememorar asimismo una de las cosas que proclamaba Dworkin, a saber, que la propia realización es valiosa en sí misma, ya que forma parte del sentido que buscamos. Y si algo hemos visto en las páginas de este libro es que no sólo cuenta lo que se ha venido diciendo a lo largo del período aquí considerado, sino también el estilo y el vigor con el que se haya dicho.

Ese verso en el que Elizabeth Bishop nos habla de la «lámina de mar, que se yergue despacio como si temiera desbordarse» es también un pensamiento que todos hemos estado a punto de tener en alguna ocasión, un hallazgo que captamos inmediatamente y por el que le guardamos una íntima y callada gratitud, con un leve asentimiento. La poetisa nos ofrece un ramo de palabras de plata que amplía los horizontes de nuestro mundo, resaltando la incierta e inacabada condición de nuestra relación con el océano y su insondable humor. La estrofa que Zbigniew Herbert dedica a un guijarro, citada anteriormente, podría acompañar perfectamente al huevo esculpido de Brancusi, obra que, de acuerdo con Robert Hughes, no sólo extrae buena parte de su fuerza expresiva de la «elocuente presencia material» que la anima sino que se resiste al análisis debido a que «no parece estar totalmente terminada», cabría decir que tiene su propia entidad paciente.

Es muy posible que estas palabras no hayan provocado en el mundo una transformación tan grande, como, por ejemplo, la teoría cuántica o el descubrimiento del electrón o los genes (¿quién dijo aquello de que jamás se ha detenido a los tanques con poemas?). Pero es que no tienen por qué generar cambios comparables, no tienen por qué revelarse tan preñadas de consecuencias como esos términos científicos; basta con que amplíen nuestra experiencia emocional y existencial, procurándonos la oportunidad de reencantar el mundo. Si en algo han alcanzado a ponerse de acuerdo los pensadores que hemos venido citando a lo largo de este libro es en que no puede señalarse un único y exclusivo punto de referencia absoluto con respecto al cual quepa enjuiciar el mundo, de modo que más vale que aceptemos de buena gana esa verdad y dejemos de intentar negarla constantemente. La observación del mundo puede presentar tintes de heroicidad. Eso es justamente lo que nos han enseñado los autores que han ido desfilando por las páginas de esta obra. La observación puede ser liberadora, puede ampliar el perfil de nuestro mundo —por eso nos inspira gratitud.

«NO DEBEMOS AFLIGIRNOS, PUES ENCONTRAREMOS FUERZA EN EL RECUERDO»*

Como otras veces, todo esto nos vuelve a situar frente a uno de los movimientos más infravalorados del siglo XX, el de la filosofía fenomenológica, cuyo espíritu esencial gira en torno a la idea de que la vida está compuesta de *les minutes heureuses* que alcancemos a arrancarle. Además, la fenomenología incluye la noción de que, en un mundo que no recibe ya la luz de Dios ni confía en la claridad de la razón, todos los intentos que puedan realizarse por reducir su infinita diversidad (la del universo físico y la de la experiencia humana) a conceptos, ideas o esencias —con independencia de que sean de carácter religioso o científico, o de que conlleven la asunción del «alma», la «naturaleza», las «partículas» o la «vida ultraterrena»—, *disminuyen* la variada facticidad de la realidad, una realidad que forma parte, y tal vez la parte más relevante, por no decir que la totalidad, del significado de ese mundo.

Las personas religiosas tienen tan a su alcance la posibilidad de concebir el mundo a la manera de los fenomenólogos como las de convicciones laicas. Ahora bien, ¿cómo alcanzarán a calibrar con exactitud su respuesta? En una de las obras que hemos mencionado en nuestra Introducción —*La prueba del cielo. El viaje de un neurocirujano a la vida después de la vida*—, su autor, Eben Alexander, refiere que el paraíso que tuvo ocasión de conocer al caer en coma estaba repleto de flores y mariposas. ¿Eran más bellas esas flores y esas mariposas que las que pueden encontrarse en la Tierra? Y de ser así, ¿qué hemos de pensar de las

---

* Véase la nota de traducción de la página 21. (*N. de los t.*)

que vemos en esta vida? ¿Son inferiores? Y si las flores y las mariposas del cielo no son más hermosas que las del mundo sublunar, ¿no elimina eso parte del sentido del Edén? En su libro, Alexander señala también que el cielo se hallaba «poblado» por los ángeles y las almas de los justos, y que toda la experiencia de encontrarse en tal empíreo constituía una bendición. ¿Significa esto que las personas que vemos aquí, en la Tierra, son, de nuevo, imperfectas e inferiores de algún modo a las del paraíso? Y en caso afirmativo, ¿qué podrá inducirnos a disfrutar sin reticencias de cuanto tenemos en este mundo, sabiendo que nos espera algo mejor en el otro? No me extraña que John Gray exclamara con un bufido: «¿Qué podría ser más deprimente que la perfección del género humano?».[12]

Haciendo un pequeño esfuerzo, de un modo u otro, y blandiendo únicamente la imaginación, la inmensa mayoría de nosotros podemos sin duda «asignar nombres» al mundo, o intentarlo al menos. Rilke, Santayana, Stevens, Lawrence, Steiner, Rorty, Scruton y muchísimas otras figuras del arte y el pensamiento han realzado con sus elogios la incomparable importancia de la imaginación. La belleza de la designación reside en el hecho de que no es preciso acometer grandes empresas —como las que exige una guerra, el Gran Colisionador de Hadrones construido en Suiza por el Consejo Europeo para la Investigación Nuclear (CERN), o un proyecto político-social como el de levantar una ciudad nueva o fabricar un submarino nuclear— para lograr algo repleto de posibles consecuencias, lo que significa que la atribución de nombres al mundo no sólo consigue ampliar la percepción de su perímetro sino que nos proporciona plenitud y nos ayuda a potenciar nuestro sentido de la vida en comunidad. Se trata, en otras palabras, de un éxito de carácter simultáneamente ético y moral.

Y éste es quizá el mayor logro de los filósofos morales contemporáneos. Es probable que todas aquellas personas que tengan inclinaciones laicas hayan sabido siempre, en lo más profundo de su fuero interno, que la meta consistente en alumbrar una más amplia y más incluyente percepción de la vida social —entendida ésta como reflejo de un progresivo aumento de la igualdad, la libertad y la justicia— es la mejor forma de salir adelante, y la única de hecho. Sin embargo, no es posible lograrlo sin asumir la responsabilidad que tenemos *para con nosotros mismos*, sin cultivar nuestra dignidad, sin la cabal comprensión de que la vida es una *realización*, sin evitar caer en la *trivialidad*, sin una narrativa personal, sin la claridad necesaria. Esto viene a contextualizar la advertencia que nos lanza Thomas Nagel al señalar que no es posible hallar la significación existencial en la procura de ayuda a los demás. Es decir, no es viable alcanzarla *únicamente* mediante la oferta y la práctica de ese auxilio.

El importantísimo papel que desempeñan la ética y la moral nos lleva a distinguir tres ámbitos en la vida: la esfera de la ciencia, a cuya influencia es prácticamente imposible sustraerse —al menos para la inmensa mayoría de los seres humanos—, pues nos ha traído numerosas ventajas, no sólo en cuanto a desarrollo tecnológico e intelectual, sino también en cuanto al ensanchamiento de nuestra *comprensión*; el mundo fenomenológico, que es el mundo de las *petites heureuses* de Sartre, el mundo del arte y la poesía, de la pequeña y no competitiva entidad paciente —y que al poseer una forma de comprensión propia resulta ser complementaria de los alcances de la ciencia—; y el universo del deseo.

Es posible que no se le haya dado la suficiente importancia al deseo, no al menos desde que Nietzsche realizara su pronunciamiento —pese a que él mismo fuese perfectamente consciente de las diferencias que median entre lo dionisíaco y lo apolíneo—. Y en este campo se han conseguido algunos avances que han permitido ampliar los terrenos de juego en los que puede vivirse legítimamente el deseo. Así, por ejemplo, los homosexuales y las mujeres han visto, si no transformada, sí al menos facilitada su existencia.

No obstante, está claro que también hemos tenido que encajar pérdidas, aceptar reveses y asumir callejones sin salida —uno de los cuales adopta la forma de la mutilación genital femenina, una práctica bárbara que todavía sigue vigente en varias regiones del mundo.

Ya en las décadas de 1920 y 1930 señalaba James Joyce la existencia de otras pérdidas (según puede constatarse tanto en el *Ulises* como en el *Finnegans Wake*). Joyce comprendió que, al estar produciéndose tantos cambios a su alrededor —y particularmente en Europa—, en el plano de la familia, de las condiciones de vida, de la educación, de la contracepción, de la movilidad geográfica y social, y de los medios de comunicación de masas, etcétera, la gran víctima existencial iba a ser el amor duradero: por eso señalaba que esta variante íntima de la realización y la plenitud, al alcance de todos, iba a resultar mucho más difícil de lograr.

Según parecen mostrar los más recientes índices de fracaso matrimonial, lo que está sucediendo no es sólo que la mayoría de las personas no consiga un amor perdurable, es que ya no albergan siquiera la *expectativa* de obtenerlo. Son muchos los individuos que no piensan que valga la pena ganárselo, y muchos también los que ni siquiera tienen conciencia de que sea un objetivo realizable. La película francesa *L'Amour* nos cuenta la historia de una anciana pareja que ha tenido la fortuna de compartir un amor sólido y de vivir una rica existencia en el mundo de la música. Sin embargo, al llegar a una edad avanzada, la mujer sufre un derrame, y luego otro, hasta que al final se vuelve totalmente incapaz de hacer nada, y mucho menos de amar. Al marido no le queda entonces nada que amar. La música es incapaz de ofrecerle consuelo. Entonces él la asfixia, movido por la solidez de su amor, y acto seguido se suicida.

En este sentido, por tanto, la vida moderna ha quedado empobrecida, pues nos resulta más difícil que antes hallar una significación en nuestro fuero interno. Las personas religiosas podrían replicar aquí que ellas sí que sienten un amor duradero hacia la Iglesia, o hacia Dios, pero, ¿puede Dios *corresponder* al amor que se le profesa como puede hacerlo una esposa, un esposo, un compañero o una compañera? ¿Acaso no es esa percepción de estar siendo correspondido la esencia y la base del placer del deseo, el núcleo mismo de su deseabilidad? ¿Existe acaso algo que nos procure mayor consuelo, satisfacción y sensación de plenitud que el hecho de sentirnos deseados y de seguir siendo deseables? Los numerosos escándalos de abusos sexuales en los que se han visto envueltos algunos sacerdotes parecen sugerir que ni siquiera el hecho de consagrar la vida a la Iglesia alcanza a ofrecer la clase de realización del deseo que proporciona la reciprocidad humana adulta.

Sin embargo, la vida religiosa también revela adolecer de graves carencias cuando la comparamos con la existencia laica en el terreno de la asignación de nombres. Las religiones —o cuando menos los grandes monoteísmos— son prácticas que tienden a mirar atrás, por definición. Habermas tiene razón al decir que muchos de los aspectos de la doctrina y el *corpus* ritual de los credos religiosos son racionales, y también al señalar que han sido concebidos para aliviar los aprietos propios de la condición humana. Sin embargo, éste es también el objetivo de los nuevos ritos que Alain de Botton ha sugerido realizar a los ateos. Sin embargo, el mayor avance, si es que así cabe calificarlo, que ha logrado concretar la religión desde los tiempos de Nietzsche radica en la formulación de la idea de que Dios es la «alteridad» total, una noción definida por el hecho de ser, justamente, eso... indefinible, o innombrable —por la circunstancia de no ser nada, en cierto sentido.

¿Y a dónde nos lleva todo esto? En su reciente libro titulado *Anatheism* (voz que significa «regresar a Dios»), Richard Kearney sostiene que, tras los desastres del siglo XX, no es posible seguir alimentando las ideas de Dios que hemos cultivado tradicionalmente hasta hace poco. El autor aborda en su obra el análisis de los trabajos de Paul Ricoeur, Emmanuel Lévinas, Jacques Derrida y Julia Kristeva, y expone los criterios que informan los distintos enfoques con los que estos pensadores dan cuenta de las formas que podría adoptar en la actualidad la creencia religiosa. Sin embargo, tanto la opacidad de su prosa como la de los escritores que estudia, tanto la densidad de la sintaxis empleada —que, francamente, le deja a uno pasmado— como las dificultades con las que los citados especialistas se ven obligados a bregar para intentar dar un nombre a aquello que, según ya concede Kearney, resulta ser innombrable..., todo hace que su libro sea el polo opuesto de la poesía, ya que en lugar de erigirse en puntal contra la confusión, lo cierto es que sus palabras resultan ser, en ocasiones, la encarnación misma de esa confusión.[13] Según parece, lo que Kearney está diciendo es que hay algunas personas a las que simplemente les gusta estar en un «estado de fe», prefiriendo tener fe a no tenerla, de modo que andan siempre alerta, en busca de algo en lo que tener fe. ¿Constituye esto una prueba de aquello en lo que hayan decidido depositar su fe —sea lo que sea—? No, pero claro, la fe no precisa de ninguna prueba, de modo que volvemos a encontrarnos en el punto de partida.

De acuerdo con esta explicación, por tanto, los más recientes cambios observados en la religión son incapaces de ofrecernos, *por definición*, la clave de lo que es un significado o una meta sensata, puesto que la definición que nos dan de Dios es que resulta indefinible e innombrable. Las religiones no pueden desempeñar por ello papel alguno en el proceso, en constante expansión, de la asignación de nombres al mundo. Los versos de Wordsworth que presiden el encabezamiento de este apartado llevan su inconfundible y formidable sello. No obstante, si se me permite aventurar una crítica, debo decir que señalan, siquiera por implicación, que el recuerdo es algo estático, algo que ha quedado atrás, mientras que el mundo ha continuado avanzando, y esto de muchísimas maneras. Como señalaba hace ya más de trescientos años el filósofo y teólogo francés Nicolas Malebranche: «El mundo es una obra inacabada».

Permítanme concluir repitiendo aquí las sabias palabras de ese señalado amante de los viejos poemas pasados de moda que fue el filósofo Richard Rorty al aludir a las sociedades con mayor propensión a asignar nombres a las realidades del mundo: «Las culturas de más rico vocabulario son más plenamente humanas —se hallan más alejadas de las bestias— que aquellas que manejan un léxico empobrecido».

NOTAS Y REFERENCIAS

INTRODUCCIÓN: ¿ECHAMOS ALGO EN FALTA EN NUESTRAS VIDAS?
¿HEMOS DE CULPAR A NIETZSCHE DE ELLO?

1. Rushdie, Salman, *Joseph Anton*, Jonathan Cape, Londres, 2012, pp. 236-237. [Hay publicación castellana: *Joseph Anton*, traducción de Carlos Milla Soler, Random House, Barcelona, 2012.]

2. Nagel, Thomas, *Secular Philosophy and the Religious Temperament: Essays*, Oxford University Press, Nueva York y Oxford, 2010, pp. 8-9.

3. Véase Nagel, Thomas, *Mind & Cosmos: Why the Materialist Neo-Darwinian Conception of Nature Is Almost Certainly False*, Oxford University Press, Oxford y Nueva York, 2012; junto con Dworkin, Ronald, «Religion without God», *The New York Review of Books*, 4 de abril de 2013. Véanse también las tres Conferencias Einstein que Dworkin pronunciaría en la Universidad de Berna entre los días 12 y 14 de diciembre de 2011; el texto puede consultarse en la siguiente dirección de Internet: http://www.law.nyu.edu/news, introduciendo después el término de búsqueda «Ronald Dworkin». [También puede introducirse directamente este vínculo: http://www.law.nyu.edu/news/ DWORKIN_ RONALD_EINSTEIN_2011; (*N. de los t.*)]. Véase por ejemplo, Jo Nye, Mary, *Michael Polanyi and His Generation: Origins of the Social Construction of Science*, University of Chicago Press, Chicago y Londres, 2011, pp. 289-294.

4. Taylor, Charles, *A Secular Age*, Belknap Press / Harvard University Press, Cambridge, Massachusetts, 2007, pp. 20-44.

5. Véase Taylor, *op. cit.*

6. Kearney, Richard, *Anatheism (Returning to God after God)*, Columbia University Press, Nueva York, 2010.

7. Periódico *Times* de Londres, día 5 de enero de 2011, p. 1. Para una ma-

yor información sobre las motocicletas de la marca Lee Enfield, que tanto se veneran en la India, véase el reportaje titulado «Travellers flock to find roadside
comfort at the shrine where Royal Enfield is God», *Times* de Londres, 5 de febrero de 2011.

8.　Véase L. Berger, Peter, (comp.), *The Desecularisation of the World,
Resurgent Religion and World Politics*, Ethics and Public Policy Center / William B. Eerdmans Publishing Company, Washington, D. C., Grand Rapids, Michigan, 1999, p. 2.

9.　Berger, *op. cit.*

10.　Alexander, Eben, *Proof of Heaven: A Neurologist's Journey to the Af-
terlife*, Piatkus, Nueva York, 2012, *passim*. [Hay publicación castellana: *La
prueba del cielo. El viaje de un neurocirujano a la vida después de la vida*, traducción de Manuel Mata Álvarez-Santullano, Planeta, Barcelona, 2013.]

11.　Norris, Pippa y Ronald Inglehart, *Sacred and Secular: Religion and
Politics Worldwide*, Cambridge University Press, Cambridge, Reino Unido,
2004, p. 3.

12.　Norris e Inglehart, *op. cit.*, p. 13.

13.　*Ibid.*, p. 14.

14.　*Ibid.*, p. 221.

15.　*Ibid.*, p. 16.

16.　*Ibid.*, p. 23.

17.　Véase Micklethwait, John y Adrian Wooldridge, *God Is Back: How
the Global Revival of Faith Is Changing the World*, Allen Lane, Londres, 2009;
así como Stark, Rodney y Roger Finke, *Acts of Faith*, University of California
Press, Los Ángeles, Berkeley y Londres, 2000, pp. 4 y 79, junto con el *Times* de
Londres del 2 de mayo de 2009, pp. 58-59.

18.　Micklethwait y Wooldridge, *op. cit.*, p. 58; la cita aparece también en
el *Times* de Londres del 2 de mayo de 2009.

19.　Norris e Inglehart, *op. cit.*, p. 231. Haidt, Jonathan, *The Righteous
Mind: Why Good People are Divided by Politics and Religion*, Pantheon Books,
Nueva York y Londres, 2013, pp. 311-313.

20.　Norris e Inglehart, *ibid.*

21.　Biggar, Nigel, «What's it all for?», *Financial Times*, 24 de diciembre
de 2008.

22.　Véase el artículo titulado «God eclipsed by ghost believers», *Daily Mail*
londinense, 24 de noviembre de 2008, junto con Dumm, Thomas, *Loneliness as a
Way of Life*, Harvard University Press, Cambridge, Massachusetts, 2010.

23.　Véase Foley, Michael, *The Age of Absurdity*, Simon and Schuster,
Nueva York, 2011. Véase también Ben Okri, «Our false oracles have failed. We
need a new vision to live by», *Times* de Londres, 30 de octubre de 2009. Junto
con Jeanette Winterson, «In a crisis art still asks simply that we rename what is
important», *Times* de Londres, 1 de noviembre de 2008.

24. Véase el *Times* de Londres del día 4 de septiembre de 2009, p. 15, junto con Stevenson, Betsey y Justin Wolfers, «The Paradox of Declining Female Happiness», *American Economic Journal*, vol. 1 (2), agosto de 2009, pp. 190-225.

25. *New York Times*, 20 de enero de 2013, p. A3.

26. Cate, Curtis, *Friedrich Nietzsche*, Editorial Hutchinson, Londres, 2002, p. 395.

27. Cate, *id. loc.*

28. Véase Ferry, Luc, *L'Homme-Dieu ou le sens de la vie*, Grasset, París, 1996, junto con *Man Made God: the Meaning of Life*, traducción inglesa de David Pellauer, Chicago University Press, Chicago, 1995. Véase también Ferry, *What Is the Good Life?*, Chicago University Press, Chicago, 2009.

29. Ferry, *Man Made God*, p. 153.

30. *Ibid.*, p. 180.

31. *Ibid.*, p. 183.

32. *Ibid.*, pp. 167 y 181.

33. Hecht, Jennifer Michael, *Doubt as History: the Great Doubters and Their Legacy of Innovation, from Socrates and Jesus to Jefferson and Emily Dickinson*, HarperSan Francisco, San Francisco, 2004, p. 371.

34. Véase Chadwick, Owen, *The Secularisation of Europe in the Nineteenth Century*, Cambridge University Press, Cambridge, Reino Unido, 1975, p. 89 y *passim*. Véase también Thrower, James, *The Alternative Tradition: Religion and the Rejection of Religion in the Ancient World*, Mouton, La Haya y Nueva York, 1980.

35. Witham, Larry, *The Measure of God: History's Greatest Minds Wrestle with Reconciling Science and Religion*, Harper, San Francisco, 2005, *passim*.

36. Brown, Callum, *The Death of Christian Britain, Understanding Secularisation 1800-2000*, 2.ª ed., Routledge, Londres y Nueva York, 2009 —véase especialmente el capítulo 6—. Véase también Roy, Olivier, *Holy Ignorance: When Religion and Culture Part Ways*, traducción inglesa de Roy Schwartz, Hurst, Londres, 2010 —véanse sobre todo los capítulos 4 y 7—. [Hay publicación castellana: *La santa ignorancia. El tiempo de la religión sin cultura*, traducción de Ana Escartín Arilla, Ediciones Península, Barcelona, 2010.]

37. Véase Chadwick, *op. cit.*, p. 133.

CAPÍTULO 1: LA GENERACIÓN DE NIETZSCHE: ÉXTASIS, EROS, DESMESURA

1. Véase Aschheim, Steven, *The Nietzsche Legacy in Germany*, University of California Press, California y Oxford, Inglaterra, 1992, p. 17.

2. Aschheim, *op. cit.*, p. 19.

3. *Ibid.*, p. 20.

4. *Ibid.*, p. 22.

5. *Ibid.*, p. 25.
6. Véase Taylor, Seth, *Left-wing Nietzscheans: The Politics of German Expressionism*, Walter de Gruyter, Berlín, 1990; junto con Schacht, Richard, (comp.), *Nietzsche, Genealogy and Morality: Essays in Nietsche's Genealogy of Morals*, University of California Press, Berkeley y Londres, 1994, p. 460.
7. Aschheim, *op. cit.*, p. 31.
8. *Ibid.*, p. 33.
9. *Ibid.*, p. 39.
10. *Ibid.*
11. Para conocer el punto de vista del propio autor, véase Shaw, Bernard, *The Sanity of Art: An Exposure of the Current Nonsense about Artists Being Degenerate*, New Age Press, Londres, 1908.
12. Köhler, Joachim, *Nietzsche and Wagner: A Study in Subjugation*, traducción inglesa de Ronald Taylor, Yale University Press, New Haven y Londres, 1998, capítulos 4 y 9.
13. Aschheim, *op. cit.*, p. 40.
14. *Ibid.*, p. 43.
15. *Ibid.*, p. 45.
16. *Ibid.*, p. 49.
17. Véase Bishop, Paul, (comp.), *A Companion to Nietzsche: Life and Works*, Camden House, Rochester, Nueva York, 2012, pp. 51-57.
18. Aschheim, *op. cit.*, p. 51.
19. *Ibid.*, p. 52.
20. *Ibid.*, p. 57.
21. Green, Martin, *Mountain of Truth: The Counterculture Begins: Ascona, 1900-1920*, Tufts University Press of New England, Hannover y Londres, 1986, p. 185.
22. Green, *op. cit.*, p. 186.
23. *Ibid.*, p. 56.
24. *Ibid.*, p. 68.
25. *Ibid.*, p. 71.
26. Véase Köhler, Joachim, *Zarathustra's Secret: The Interior Life of Friedrich Nietzsche*, traducción inglesa de Ronald Taylor, Yale University Press, New Haven y Londres, 2002, especialmente el capítulo 10.
27. Véase Aschheim, *op. cit.*, p. 221.
28. *Ibid.*, p. 70.
29. *Ibid.*, p. 102.
30. Stelzig, Eugene L., *Hermann Hesse's Fictions of the Self: Autobiography and the Confessional Imagination*, Princeton University Press, Princeton y Oxford, 1988, pp. 117-118.
31. Aschheim, *op. cit.*, p. 64.
32. *Ibid.*, p. 60.

33.   Green, *op. cit.*, p. 95.

34.   *Ibid.*, p. 96.

35.   *Ibid.*, pp. 99-100.

36.   Manning, Susan A., *Ecstasy and the Demon: Feminism and Nationalism in the Dances of Mary Wigman*, University of California Press, Los Ángeles, Berkeley y Londres, 1993, p. 127.

37.   Aschheim, *op. cit.*, p. 102.

38.   *Ibid.*, p. 103.

39.   *Ibid.*, p. 106.

40.   *Ibid.*, p. 107.

41.   Véase Laban, Rudolf, *The Mastery of Movement*, Northcote House, Plymouth, 1988; junto con Hodgson, John, *Mastering Movement: The Life and Work of Rudolf Laban*, Editorial Methuen, Londres, 2001, pp. 72, 82-83.

42.   Aschheim, *op. cit.*, p. 143.

43.   *Ibid.*, pp. 143-144.

44.   Sandqvist, Tom, *Dada East: The Romanians of Cabaret Voltaire*, Massachusetts Institute of Technology Press, Cambridge, Massachusetts, 2006, pp. 87 y 188.

45.   Aschheim, *op. cit.*, p. 61.

46.   *Ibid.*, pp. 62-63.

47.   Manning, *op. cit.*, pp. 160-161.

48.   *Ibid.*, p. 115.

49.   Véase Donohue, Neil, (comp.), *A Companion to the Literature of German Expressionism*, Rochester, Nueva York, Woodbridge, Editorial Camden House, 2005, pp. 175-176.

50.   Aschheim, *op. cit.*, p. 65.

51.   Véase Ritchie, J. M., *Gottfried Benn: The Unreconstructed Expressionist*, Wolff, Londres, 1972.

52.   Aschheim, *op. cit.*, p. 68.

53.   *Ibid.*, p. 112.

54.   *Ibid.*, p. 117.

55.   *Ibid.*, p. 124.

56.   Del Caro, Adrian, *Nietzsche contra Nietzsche: Creativity and the Anti-Romantic*, Louisiana State University Press, Baton Rouge, 1989.

CAPÍTULO 2: LA VIDA NO CAMINA EN UNA SOLA DIRECCIÓN

1.   Véase Menand, Louis, *The Metaphysical Club*, Cambridge University Press, Cambridge, Reino Unido, 2001, pp. x-xii.

2.   Watson, Peter, *Ideas: A History from Fire to Freud*, Weidenfeld and Nicolson, Londres, 2005, p. 936.

3. *Ibid.*, p. 935.

4. Véase Lurie, Edward, *Louis Agassiz: a Life in Science*, Chicago University Press, Chicago, 1960, pp. 346-347.

5. Watson, *op. cit.*, p. 944.

6. Véase Rorty, Richard, *Philosophy and Social Hope*, Penguin, Londres, 1999, p. 77.

7. Menand, *op. cit.*, pp. 357-358.

8. Véase Rorty, *op. cit.*, p. xviii.

9. *Ibid.*, p. 30.

10. *Ibid.*, p. 31.

11. *Ibid.*, p. 33.

12. *Ibid.*, p. 34.

13. *Ibid.*, p. 36.

14. Hodgson, Geoffrey y Thorbjørn Knudsen, *Darwin's Conjecture: The Search for General Principles of Social and Economic Evolution*, Chicago University Press, Chicago y Londres, 2010, pp. 229-232.

15. *Ibid.*, p. 50.

16. Stuhr, John J., *100 Years of Pragmatism: William James's Revolutionary Philosophy*, Indiana University Press, Bloomington, Indiana, 2010, véanse en especial los capítulos 1 y 10.

17. Rorty, *op. cit.*, p. 57.

18. *Ibid.*, p. 77.

19. *Ibid.*, p. 78.

20. Martin, Jay, *The Education of John Dewey: A Biography*, Columbia University Press, Nueva York, 2002, véanse las pp. 439 y ss., junto con la p. 502.

21. Rorty, *op. cit.*, p. 83.

22. *Ibid.*, p. 87.

23. Levinson, Henry Samuel, *Santayana, Pragmatism and the Spiritual Life*, University of North Carolina Press, Chapel Hill y Londres, 1992, p. 174.

24. Levinson, *op. cit.*, p. 155.

25. *Ibid.*, p. 148.

26. *Ibid.*, p. 90.

27. *Ibid.*, p. 248.

28. Véase S. Wokeck, Marianne y Martin A. Coleman, (comps.), *The Life of Reason, or, The Phases of Human Progress*, obra de George Santayana, introducción de James Gouinlock, Massachusetts Institute of Technology Press, Cambridge, Massachusetts, 2011, pp. 81, 118-119 y 183-184.

29. Rorty, *op. cit.*, p. 178.

30. *Ibid.*, pp. 124, 131.

31. *Ibid.*, p. 51.

32. *Ibid.*, p. 138.

33. *Ibid.*, p. 36.
34. *Ibid.*, p. 234.
35. Véase Wokeck y Coleman, *op. cit.*, pp. 150-151 y 188.
36. Rorty, *op. cit.*, p. 177.

CAPÍTULO 3: LA VOLUPTUOSIDAD DE LOS OBJETOS

1. Véase Knight, Everett W., *Literature Considered as Philosophy: The French Example*, Routledge and Kegan Paul, Londres, 1957, p. 19.
2. Knight, *op. cit.*, pp. 21-24.
3. *Ibid.*, p. 36. [Véase la publicación castellana del poema de Baudelaire: «El balcón», traducción de Carlos López Narváez, s. l., s. f., en http://www. poesiaspoemas.com/charles-baudelaire/el-balcon]
4. *Ibid.*, p. 43.
5. *Ibid.*, p. 45.
6. *Ibid.*, p. 54.
7. *Ibid.*, p. 77.
8. Roberts, Michael, *T. E. Hulme*, Faber and Faber, Londres, 1938, p. 83.
9. Roberts, *op. cit.*, p. 248.
10. Csengeri, Karen, (comp.), *The Collected Writings of T. E. Hulme*, Clarendon Press, Oxford, 1994, p. 140.
11. Véase Regan, Tom, *Bloomsbury's Prophet: G. E. Moore and the Development of His Moral Philosophy*, Temple University Press, Filadelfia, 1986, p. 35.
12. Regan, *op. cit.*, p. 8.
13. *Ibid.*, p. 23.
14. *Ibid.*, p. 28.
15. *Ibid.*, p. 169.
16. Véase Baldwin, Thomas, *G. E. Moore*, Routledge, Londres, 1990, tercera parte. Véase también Levy, Paul, *G. E. Moore and the Cambridge Apostles*, Weidenfeld and Nicolson, Londres, 1979.
17. Regan, *op. cit.*, p. 202.
18. *Ibid.*, pp. 209-210.
19. *Ibid.*, p. 240.
20. *Ibid.*, p. 265.
21. Véase Clark, Ronald W., *Freud: The Man and the Cause*, Random House, Nueva York, 1980, p. 349.
22. Clark, *op. cit.*, p. 350.
23. Freud, Sigmund, *The Origins of Religion*, Penguin, Penguin Freud Library, Londres, 1985, p. 40. (Esta obra es una recopilación. La cita corresponde a las obras traducidas que se señalan a continuación. El texto inglés que figura en

el original de Peter Watson puede verse también en la página 13 del volumen 31 de las *Collected Works*, de Sigmund Freud. Éstas son las publicaciones en castellano: *Tótem y tabú*, traducción de Luis López-Ballesteros y de Torres, Alianza, Madrid, 2013; y *Moisés y la religión monoteísta*, traducción de Ramón Rey Ardid, Alianza, Madrid, 2010.)

24. *Ibid.*

25. Cita tomada de Idema III, Henry, *Religion and the Roaring Twenties, A Psychoanalytic Theory of Secularization in Three Novelists: Anderson, Hemingway and Fitzgerald*, Rowman and Littlefield, Savage, Maryland, 1990, pp. 5-6.

26. Freud, Sigmund, *The Origins of Religion*, Penguin Freud Library, *op. cit.*, p. 40.

27. Clark, *op. cit.*, p. 352.

28. *Ibid.*, p. 355.

29. Véase Peter Gay, *A Godless Jew: Freud, Atheism and the Making of Psychoanalysis*, Yale University Press, New Haven y Londres, 1987, p. 147.

CAPÍTULO 4: EL CIELO: NO ES UN LUGAR SINO UNA DIRECCIÓN

1. Véase Hughes, Robert, *The Shock of the New*, Thames and Hudson, Londres y Nueva York, 1980 y 1991, p. 9. [Hay publicación castellana: *El impacto de lo nuevo. El arte en el siglo XX*, traducción de Manuel Pereira Quinteiro, Galaxia Gutenberg, Barcelona, 2000.]

2. Hughes, *op. cit.*, p. 10.

3. *Ibid.*, p. 36.

4. Véase Reinert, Otto, (comp.), *Strindberg: A Collection of Critical Essays*, Editorial Prentice-Hall, Englewood Cliffs, Nueva Jersey, 1971, p. 16.

5. Bradbury, Malcolm y James McFarlane, (comps.), *Modernism: A Guide to European Literature 1890-1930*, Penguin Books, Londres, 1976, 1991, p. 499.

6. *Ibid.*

7. Durbach, Errol, *Ibsen the Romantic: Analogues of Paradise in the Later Plays*, Macmillan, Londres, 1982, pp. 4-5.

8. Durbach, *op. cit.*, p. 6.

9. *Ibid.*, p. 7.

10. Bradbury y McFarlane, *op. cit.*, p. 501.

11. Durbach, *op. cit.*, p. 15.

12. *Ibid.*, p. 9.

13. *Ibid.*, p. 26.

14. Véase Moi, Toril, *Henrik Ibsen and the Birth of Modernism: Art, Theater, Philosophy*, Oxford University Press, Nueva York y Oxford, 2008, junto con

Northam, John, *Ibsen: A Cultural Study*, Cambridge University Press, Cambridge, Reino Unido, 1973, pp. 222-223.

15. Durbach, *op. cit.*, p. 129.

16. *Ibid.*, pp. 177-179.

17. Lebowitz, Naomi, *Ibsen and the Great World*, Louisiana State University Press, Baton Rouge, 1990, pp. 82, 95, 100 y 107.

18. Durbach, *op. cit.*, p. 192.

19. Reinert, *op. cit.*, p. 8.

20. *Ibid.*, p. 33.

21. Véase Ward, John, *The Social and Religious Plays of Strindberg*, Athlone Press and Humanities Press, Londres y Atlantic Highland, Nueva Jersey, 1980.

22. Reinert, *op. cit.*, p. 81.

23. Wisenthal, J. L., (comp.), *Shaw and Ibsen: Bernard Shaw's The Quintessence of Ibsenism and Related Writings*, University of Toronto Press, Toronto, 1979, pp. 30-51.

24. Whitman, Robert F., *Shaw and the Play of Ideas*, Cornell University Press, Ithaca, Nueva York, 1977, p. 23.

25. Whitman, *op. cit.*, p. 36.

26. *Ibid.*, p. 37.

27. *Ibid.*, p. 41.

28. *Ibid.*, p. 42.

29. Véase Peters, Sally, *Bernard Shaw: The Ascent of the Superman*, Yale University Press, New Haven y Londres, 1996, p. 95.

30. Whitman, *op. cit.*, p. 98.

31. *Ibid.*, p. 109.

32. Gibbs, A. M., *The Art and Mind of Shaw*, Macmillan, Basingstoke, 1983, pp. 32 y ss.

33. Véase Whitman, *op. cit.*, p. 131.

34. *Ibid.*, p. 139.

35. Griffith, Gareth, *Socialism and Superior Brains: the Political Thought of Bernard Shaw*, Routledge, Londres, 1993, p. 159.

36. Véase Whitman, *op. cit.*, p. 201.

37. *Ibid.*, pp. 208-209.

38. *Ibid.*, p. 226.

39. Shaw, Bernard, *John Bull's Other Island; and Major Barbara; also How He Lied to Her Husband*, Constable, Londres, 1911.

40. Whitman, *op. cit.*, p. 236.

41. *Ibid.*, p. 242.

42. Wisenthal, J. L., *Shaw's Sense of History*, Clarendon Press, Oxford, 1988, pp. 121 y ss.

43. Whitman, *op. cit.*, p. 278.

44. *Ibid.*, p. 286.

45.   Véase Andrew, Joe, *Russian Writers and Society in the Second Half of the Nineteenth Century*, Macmillan, Londres, 1982, p. 152.

46.   Andrew, *op. cit.*, p. 153.

47.   *Ibid.*, p. 163.

48.   *Ibid.*, p. 168.

49.   Callo, Philip, *Chekhov: The Hidden Ground: A Biography*, Constable, Londres, 1998, p. 296.

50.   Andrew, *op. cit.*, p. 184.

51.   *Ibid.*, p. 189.

CAPÍTULO 5: VISIONES DEL EDÉN: EL CULTO AL COLOR, AL METAL, A LA VELOCIDAD Y AL INSTANTE

1.   Véase Hughes, Robert, *The Shock of the New: Art and the Century of Change*, Editorial Thames and Hudson, Londres y Nueva York, 1980 y 1991, *op. cit.*, p. 9.

2.   Hughes, *op. cit.*, pp. 118-121.

3.   *Ibid.*, p. 124.

4.   *Ibid.*, p. 114.

5.   Schwartz, Delmore, *Seurat's Sunday Afternoon along the Seine*, panfleto, Greville Press, Warwick, 2011.

6.   Hughes, *op. cit.*, p. 139.

7.   *Ibid.*, p. 141.

8.   Poggi, Christine, *Inventing Futurism: the Art and Politics of Artificial Optimism*, Princeton University Press, Princeton y Oxford, 2009, pp. 1-16.

9.   Hughes, *op. cit.*, p. 61.

10.   *Ibid.*, p. 273.

11.   *Ibid.*, p. 277.

12.   *Ibid.*

13.   Véase Shattuck, Roger, *The Banquet Years: The Origins of the Avant-Garde in France 1885 to World War 1*, Vintage, Londres y Nueva York, 1968, p. 40. Éste es el libro del que he tomado la expresión de «*avant-guerre*», incluida en el título del original inglés de la primera parte de esta obra [traducida aquí como «Los prolegómenos de la contienda»]. [Hay publicación castellana: *La época de los banquetes*, traducción de Carlos Manzano de Frutos, Machado Grupo de Distribución, Madrid, 1991.]

14.   Shattuck, *op. cit.*, p. 32.

15.   *Ibid.*, p. 33.

16.   Véase Segal, Hanna, *Dreams, Phantasy and Art*, Editorial Brunner-Routledge, Hove, 1991, pp. 86-87.

17.   Hughes, *op. cit.*, p. 41.

18. *Ibid.*, p. 331.

19. Wragg, David A., *Wyndham Lewis and the Philosophy of Art in Early Modernist Britain: Creating a Political Aesthetic*, Edwin Mellen Press, Lampeter, Inglaterra, y Lewiston, Nueva York, 2005, p. 336.

20. Hughes, *op. cit.*, p. 345.

21. *Ibid.*, p. 348.

CAPÍTULO 6: LA PERSISTENCIA DEL DESEO

1. Véase Knight, Everett, *Literature Considered as Philosophy: The French Example*, Routledge and Kegan Paul, Londres, 1957, p. 97.

2. Véase March, Harold, *Gide and the Hound of Heaven*, University of Pennsylvania Press, Filadelfia, 1952, p. 312.

3. March, *op. cit.*, p. 231.

4. Knight, *op. cit.*, p. 81.

5. March, *op. cit.*, pp. 262, 362.

6. *Ibid.*, p. 385.

7. Knight, *op. cit.*, p. 98.

8. March, *op. cit.*, p. 298.

9. Knight, *op. cit.*, p. 99.

10. *Ibid.*, p. 105.

11. *Ibid.*, p. 112.

12. Kempf, Roger, *Avec André Gide*, Editorial Grasset, París, 2000, p. 45.

13. Knight, *op. cit.*, p. 123.

14. Véase Lewis, Pericles, *Religious Experience and the Modernist Novel*, Cambridge University Press, Cambridge, Reino Unido, 2010, p. 57.

15. Posnock, Ross, *The Trial of Curiosity: Henry and William James and the Challenge of Modernity*, Nueva York y Oxford, Oxford University Press, 1991, p. 29-34.

16. Lewis, *op. cit.*, p. 55.

17. *Ibid.*, p. 57.

18. *Ibid.*, p. 60.

19. *Ibid.*, p. 61.

20. James, William, *The Varieties of Religious Experience*, trigésimo quinta edición, Longmans Green, Nueva York, 1925. Véase también: Ferrari, Michael, (ed.), *The Varieties: Centenary Essays*, Imprint Academic, Exeter, 2002. [Hay publicación castellana: *Las variedades de la experiencia religiosa*, traducción de José-Francisco Ivars, Península, Barcelona, 2002.]

21. Lewis, *op. cit.*, p. 78.

22. Haynes, Rosalynn D., *H. G. Wells: Discoverer of the Future*, Macmillan, Londres y Basingstoke, 1980, p. 242.

23. Haynes, *op. cit.*, p. 86.
24. *Ibid.*, p. 96.
25. *Ibid.*, p. 124.
26. *Ibid.*, pp. 125-127.
27. Sherborne, Michael, *H. G. Wells: Another Kind of Life*, Peter Owen, Londres, 2010, p. 239.
28. Haynes, *op. cit.*, p. 95.
29. Wagar, W. Warren, *H. G. Wells: Traversing Time*, Wesleyan University Press, Middletown, Connecticut, 2004, véanse los capítulos 3, 6, 9 y 11.
30. Haynes, *op. cit.*, pp. 148-150.
31. *Ibid.*, p. 151.
32. Partington, John, *Building Cosmopolis: The Political Thought of H. G. Wells*, Ashgate, Aldershot, 2003, para una mayor información sobre el contexto general, véase el capítulo 3.
33. Véase también Shattuck, Roger, *Proust's Way: A Fieldguide to In Search of Lost Time*, Allen Lane, Londres, 2000, p. 212.
34. Lewis, *op. cit.*, p. 86.
35. *Ibid.*
36. Véase Topping, Margaret, *Proust's Gods: Christian and Mythological Figures of Speech in the Works of Marcel Proust*, Oxford, Oxford University Press, Oxford, 2000.
37. Véase Lewis, *op. cit.*, p. 83.
38. *Ibid.*, p. 92.
39. *Ibid.*, pp. 97-98.
40. *Ibid.*, p. 109.

CAPÍTULO 7: EL ÁNGEL DE NUESTRAS MEJILLAS

1. Sartre, Jean-Paul, *Mallarmé, or the Poet of Nothingness*, traducción inglesa de Ernest Sturm, Pennsylvania State University Press, University Park y Londres, 1988, p. 4. [Hay publicación castellana: *Mallarmé. La lucidez y su cara de sombra*, traducción de Juan Manuel Aragüés Estragués, Editorial Arena Libros, Madrid, 2009.]
2. Sartre, *op. cit.*, p. 94.
3. *Ibid.*, p. 145.
4. Balakian, Anna, *The Fiction of the Poet: From Mallarmé to the Post-Symbolist Mode*, Princeton University Press, Princeton y Oxford, 1992, p. 4.
5. Véase Balakian, *op. cit.*, p. 7.
6. *Ibid.*, p. 16.
7. *Ibid.*, p. 17.
8. Sartre, *op. cit.*, p. 188.

9. Balakian, *op. cit.*, p. 42.

10. Norton, Robert E., *Secret Germany: Stefan George and His Circle*, Cornell University Press, Ithaca y Londres, 2002, p. 504.

11. Norton, *op. cit.*, p. xii.

12. *Ibid.*, p. 74.

13. *Ibid.*, p. 135.

14. *Ibid.*, p. 225.

15. Véase Lane, Melissa y Martin A. Ruehl, *A Poet's Reich: Politics and Culture in the George Circle*, Rochester, Nueva York, Woodbridge, Camden House, 2001, pp. 91 y ss.

16. Norton, *op. cit.*, p. 230.

17. *Ibid.*, p. 267.

18. *Ibid.*, p. 286.

19. Rieckmann, Jens, (comp.), *A Companion to the Works of Stefan George*, Rochester, Camden House, Nueva York, 2005, pp. 145 y ss., 189 y ss.

20. Norton, *op. cit.*, p. 410.

21. *Ibid.*, pp. 412-413.

22. *Ibid.*, p. 429.

23. Véase Lane y Ruehl, *op. cit.*, pp. 56 y ss. y 91 y ss.

24. *Ibid.*, p. 437.

25. *Ibid.*, p. 486.

26. *Ibid.*, p. 492.

27. *Ibid.*, pp. 480-481.

28. Rieckmann, *op. cit.*, pp. 161 y ss.

29. Suckling, Norman, *Paul Valéry and the Civilized Mind*, Oxford University Press, Oxford, 1954, p. 161 y ss.

30. Suckling, *op. cit.*, p. 17.

31. *Ibid.*, p. 19.

32. *Ibid.*, p. 31.

33. *Ibid.*, pp. 46, 94.

34. Véase Bohlmann, Otto, *Yeats and Nietzsche: An Exploration of Major Nietzschean Echoes in the Writing of William Butler Yeats*, Macmillan, Londres y Basingstoke, 1982, p. xi.

35. Bohlmann, *op. cit.*, p. 26.

36. Ellmann, Richard, *The Identity of Yeats*, Macmillan, Londres, 1957, pp. 214, 231 y ss.

CAPÍTULO 8: «EL MUNDO SOBRENATURAL EQUIVOCADO»

1. Ellmann, Richard, *The Identity of Yeats*, Macmillan, Londres, 1957, p. 58.

2. Ellmann, *Ibid.*, p. 60.

3. *Ibid.*, p. 65.

4. *Ibid.*, p. 66.

5. Véase Saddlemyer, Ann, *Becoming George: The Life of Mrs W. B. Yeats*, Oxford University Press, Oxford, 2002. Véase también Ann Saddlemyer, (comp.), *W. B. Yeats and George Yeats: The Letters*, Oxford University Press, Oxford y Nueva York, 2011, pp. 400-401.

6. Ellmann, *op. cit.*, p. 107.

7. *Ibid.*, p. 125.

8. *Ibid.*, p. 129.

9. Véase Brown, Terence, *The Life of W. B. Yeats: A Critical Biography*, Blackwell, Oxford, 1999, p. 134.

10. Ellmann, *op. cit.*, p. 189.

11. *Ibid.*, p. 197.

12. *Ibid.*, p. 205.

13. *Ibid.* Véase también: Alldritt, Keith, *W. B. Yeats: The Man and the Milieu*, Londres, John Murray, 1997, p. 177.

14. Ellmann, *op. cit.*, p. 225.

15. *Ibid.*, p. 239.

16. *Ibid.*, p. 252.

17. *Ibid.*, p. 269.

18. *Ibid.* Para una mayor información sobre los consejos del padre al hijo, véase también: Dwan, David, *The Great Community: Culture and Nationalism in Ireland*, Institute for Irish Studies, University of Notre Dame, Dublín, 2008, p. 84.

19. *Ibid.*, p. 295.

20. *Ibid.*, p. 278.

21. Howes, Marjorie y John Kelly (comps.), *The Cambridge Companion to Yeats*, Cambridge University Press, Cambridge, Reino Unido, 2006, p. 147.

22. Véase Taylor, Eugene, *Shadow Culture, Psychology and Spirituality in America*, Editorial Counterpoint, Washington, D. C., 1999, p. x.

23. Taylor, *op. cit.*, p. 9.

24. *Ibid.*, p. 113.

25. *Ibid.*, p. 177.

26. Winter, Jay, *Sites of Memory, Sites of Mourning: The Great War in European Cultural History*, Cambridge University Press, Cambridge, Reino Unido, 1995, 1998, p. 56.

27. Winter, *op. cit.*, p. 57.

28. *Ibid.*, p. 147.

29. Véase Friedel, Helmut y Annegret Hoberg, junto con las colaboraciones de Benesch, Evelyn *et al.*, en *Vasily Kandinsky*, Editorial Prestel, Múnich y Londres, 2008. Véase también Fischer, Hedwig y Sean Rainbird, (comps.), *Kandinsky: The Path to Abstraction*, Tate Gallery Publishing, Londres, 2006.

30.   Hughes, Robert, *The Shock of the New*, Thames and Hudson, Londres, 1980 y 1991, p. 202.

CAPÍTULO 9: LA REDENCIÓN POR LA GUERRA

1.   Watson, Peter, *A Terrible Beauty: The People and Ideas That Shaped the Modern Mind*, Weidenfeld and Nicolson, Londres, 2001, p. 146.
2.   Aschheim, Steven, *The Nietzsche Legacy in Germany*, University of California Press, California y Oxford, Inglaterra, 1992, *op. cit.*, p. 132.
3.   *Ibid.*, p. 143.
4.   Véase Scheler, Max, *On the Eternal in Man*, SCM Press, Londres, 1960, junto con Scheler, Max, *On the Nature of Sympathy*, traducción inglesa de Peter Heath, Routledge and Kegan Paul, Londres, 1954: en esta obra puede consultarse la Introducción de W. Stark para un mejor acceso a la generalidad de las obras de Max Scheler.
5.   Aschheim, *op. cit.*, p. 146.
6.   *Ibid.*, p. 134.
7.   Véase Malina, Judith, *The Piscator Notebook*, Routledge, Londres, 2012; en la página 4 se dice que Piscator se sentía «avergonzado» por la guerra.
8.   *Ibid.*, p. 102.
9.   *Ibid.*
10.   Stromberg, Roland N., *Redemption by War*, Regents Press of Kansas, Kansas City, 1982, p. 28. He tomado de este libro del profesor Stromberg el título de este capítulo.
11.   Stromberg, *op. cit.*, p. 34.
12.   *Ibid.*, p. 23.
13.   *Ibid.*, p. 12.
14.   *Ibid.*, p. 40.
15.   *Ibid.*, p. 13.
16.   *Quentin Bell: A Man of Many Arts*, catálogo de una exposición, preámbulo de Norbert Lynton, Charleston Trust, Universidad de Londres, 1999.
17.   Stromberg, *op. cit.*, p. 43.
18.   Murray, Nicholas, *The Red Sweet Wine of Youth: The Brave and Brief Lives of the War Poets*, Editorial Little, Brown and Company, Londres, 2010, Prólogo, pp. 1-10.
19.   Stromberg, *op. cit.*, p. 103.
20.   *Ibid.*, p. 90.
21.   Véase Arendt, Hannah, *Reflections on Literature and Culture*, edición e introducción de Susannah Young-ah Gottlieb, Stanford University Press, Stanford, California, 2007.
22.   Stromberg, *op. cit.*, pp. 98-99.

23. *Ibid.*, p. 191.

24. *Ibid.*, p. 198.

25. Murray, *op. cit.*, p. 8.

26. Véase Fussell, Paul, *The Great War and Modern Memory*, Oxford University Press, Oxford, 1975, p. 134.

27. Fussell, *op. cit.*, p. 139.

28. *Ibid.*, p. 255.

29. *Ibid.*, p. 29.

30. Winter, Jay, *Sites of Memory, Sites of Mourning: The Great War in European Cultural History*, Cambridge University Press, Cambridge, Reino Unido, 1995 y 1998, p. 64.

31. Véase Graham, Gordon, *The Re-enchantment of the World: Art versus Religion*, Oxford University Press, Oxford, 2004, p. 58.

32. Graham, *op. cit.*, p. 59.

33. *Ibid.*, pp. 59-60.

34. Véase Lomas, David, *The Haunted Self: Surrealism, Psychoanalysis, Subjectivity*, Yale University Press, New Haven y Londres, 2000, p. 74.

35. *Max Ernst: A Retrospective*, catálogo de una exposición, compilación e introducción de Werner Spies, Tate / Prestel, Londres, 1991.

36. Elliott, Patrick, *Another World: Dalí, Magritte, Miró and the Surrealists*, National Galleries of Scotland, Edimburgo, 2010, pp. 1-5.

CAPÍTULO 10: LA CRUZADA BOLCHEVIQUE EN DEFENSA DEL ATEÍSMO CIENTÍFICO

1. Stromberg, Roland N., *Redemption by War*, Regents Press of Kansas, Kansas City, 1982, p. 130.

2. Véase Glazer Rosenthal, Bernice, *New Myth, New World: From Nietzsche to Stalinism*, Pennsylvania State University Press, University Park, Pensilvania, 2002, p. 117.

3. Watson, Peter, *A Terrible Beauty: The People and Ideas That Shaped the Modern Mind*, Weidenfeld and Nicolson, Londres, 2001, *op. cit.*, p. 345.

4. Watson, *Ideas: A History from Fire to Freud*, *op. cit.*, p. 768.

5. *Ibid.*, p. 769.

6. Watson, *A Terrible Beauty*, *op. cit.*, p. 293.

7. Froese, Paul, *The Plot to Kill God: Findings from the Soviet Experiment in Secularization*, University of California Press, Los Ángeles, Berkeley y Londres, 2008, p. 60.

8. Froese, *op. cit.*, p. 55.

9. Rosenthal, *op. cit.*, pp. 2, 173 y 179.

10. *Ibid.*, p. 15.

11. *Ibid.*, p. 9.

12. *Ibid.*, pp. 126-127.

13. Para una sucinta panorámica de la situación arquitectónica de San Petersburgo en el año 1917, véase Bulakh, A. G., N. B. Abakumova y J. V. Romanovsky, *St Petersburg: A History in Stone*, Saint Petersburg University Press, San Petersburgo, 2010, capítulo 17, pp. 139 y ss.

14. Rosenthal, *op. cit.*, p. 56.

15. *Ibid.*, p. 61.

16. *Ibid.*, p. 74.

17. Para una mayor información sobre los puntos de vista que mantenía Lunacharsky en relación con las personas aficionadas al arte, véase también Tait, A. L., *Lunacharsky, Poet of the Revolution (1875-1907)*, Departamento de lengua y literatura rusas de la Universidad de Birmingham, Birmingham, 1984, p. 91.

18. Véase Rosenthal, *op. cit.*, p. 83.

19. *Ibid.*, p. 98.

20. *Ibid.*, p. 109.

21. Rabinowitch, Alexander, *The Bolsheviks Come to Power*, Indiana University Press, Bloomington, Indiana, 2008, p. 150.

22. *Ibid.*, p. 152.

23. La exposición clásica de esta cuestión es la que ofrece McNeal, Robert H., en *Bride of the Revolution: Krupskaya and Lenin*, Gollancz, Londres, 1973, p. 157.

24. Véase Westerman, Frank, *Engineers of the Soul: In the Footsteps of Stalin's Writers*, traducción inglesa de Sam Garrett, Harvill Secker, Londres, 2010, pp. 140-143.

25. Rosenthal, *op. cit.*, p. 178.

26. *Ibid.*, pp. 201-202.

27. Froese, *op. cit.*, p. 7.

28. *Ibid.*, p. 40.

29. *Ibid.*, p. 49.

30. Bulakh *et al.*, *op. cit.*, p. 52.

31. Rosenthal, *op. cit.*, p. 56.

32. *Ibid.*, p. 58.

33. Rubinstein, Joshua, *Leon Trotsky: A Revolutionary's Life*, Yale University Press, New Haven y Londres, 2011, p. 115-116.

34. Rosenthal, *op. cit.*, p. 122.

Capítulo 11: El carácter implícito de la vida y las leyes de la existencia

1.   Véase Safranski, Rüdiger, *Martin Heidegger: Between Good and Evil*, traducción inglesa de Ewald Osters, Harvard University Press, Cambridge, Massachusetts, 1998, p. 89. Véase también Weber, Max, «Der Beruf zur Politik», en Weber, *Soziologie, Weltgeschichtliche Analysen, Politik*, Kröner, Stuttgart, 1964, p. 322.

2.   Safranski, *op. cit.*, p. 91.

3.   *Id. loc.*

4.   *Ibid.*, p. 92.

5.   *Ibid.*, pp. 337-338.

6.   *Ibid.*, p. 93.

7.   Véase Guignon, Charles B., (comp.), *The Cambridge Companion to Heidegger*, Cambridge University Press, Cambridge, Reino Unido, 2006, pp. 268-269.

8.   Safranski, *op. cit.*, p. 366.

9.   *Ibid.*, p. 377.

10.   Leppmann, Wolfgang, *Rilke: A Life*, traducción inglesa de Russell M. Stockman, Fromm, Nueva York, 1984, p. 361.

11.   *Ibid.*

12.   Hamburger, Michael, *The Truth of Poetry: Tension in Modern Poetry from Baudelaire to the 1960s*, Carcanet New Press, Manchester, 1982, p. 27. [Hay publicación castellana: *La verdad de la poesía*, sin mención del traductor, México, Fondo de Cultura Económica, 1997.]

13.   Paterson, Don, *Orpheus: A Version of Rilke's «Die Sonette an Orpheus»*, Faber and Faber, Londres, 2006, pp. 66-67.

14.   *An Unofficial Rilke: Poems: 1912-1926*, selección y traducción inglesa de Michael Hamburger, Anvil Poetry Press, Londres, 1981, p. 69.

15.   Leppmann, *op. cit.*, p. 184.

16.   *Ibid.*

17.   *Ibid.*

18.   *Ibid.*, p. 386.

19.   Véase Luft, David S., *Robert Musil and the Crisis of European Culture 1880-1942*, University of California Press, Los Ángeles, Berkeley y Londres, 1980, *passim*; junto con David S. Luft, *Eros and Inwardness: Weininger, Musil, Doderer*, University of Chicago Press, Chicago, 2003, p. 121.

20.   Smiley, Jane, *Guardian*, 17 de junio de 2006.

21.   Luft, *Robert Musil and the Crisis of European Culture*, *op. cit.*, p. 252.

22.   Luft, *Eros and Inwardness*, *op. cit.*, p. 124.

23.   Luft, *Robert Musil and the Crisis of European Culture*, *op. cit.*, p. 219.

24.   Luft, *Eros and Inwardness*, *op. cit.*, pp. 120-121.

25.   *Ibid.*

26.   Luft, *Robert Musil and the Crisis of European Culture, op. cit.*, p. 255.
27.   *Ibid.*, p. 201.
28.   *Ibid.*, p. 255.
29.   *Ibid.*, p. 260.

CAPÍTULO 12: EL PARAÍSO IMPERFECTO

1.   Véase Idema III, Henry, *Freud, Religion and the Roaring Twenties: A Psychoanalytic Theory of Secularisation in Three Novelists: Anderson, Hemingway, and Fitzgerald*, Rowman and Littlefield, Savage, Maryland, 1990, p. 1.
2.   Idema, *op. cit.*, p. 6.
3.   Véase Lynd, Robert S., y Helen Merrell Lynd, *Middletown: A Study in Contemporary American Culture*, Constable, Londres, 1929, pp. 245 y ss.
4.   Idema, *op. cit.*, p. 44.
5.   *Ibid.*, p. 47.
6.   *Ibid.*, p. 73.
7.   *Ibid.*, p. 171.
8.   Lynd y Lynd, *op. cit.*, pp. 275 y ss.
9.   Idema, *op. cit.*, p. 174.
10.   *Ibid.*, p. 204.
11.   Véase Stevens, Wallace, *Collected Poems and Prose*, Literary Classics of the United States, Nueva York, 1997, p. 20.
12.   Stevens, *op. cit.*, pp. 53-54.
13.   *Ibid.*, p. 748.
14.   Surette, Leon, *The Modern Dilemma: Wallace Stevens, T. S. Eliot and Humanism*, McGill-Queen's University Press, Montreal, Quebec y Kingston, Ontario, 2008, pp. 199 y ss.
15.   Stevens, *op. cit.*, p. 845.
16.   *Ibid.*, p. 914.
17.   *Ibid.*, p. 55.
18.   Critchley, Simon, *Things Merely Are: Philosophy in the Poetry of Wallace Stevens*, Routledge, Londres, 2005, p. 73-74.
19.   Idema, *op. cit.*, p. 92.
20.   *Ibid.*, p. 13.
21.   Eeckhout, Bart, *Wallace Stevens and the Limits of Reading and Writing*, University of Missouri Press, Columbia y Londres, 2002, pp. 226-227.
22.   *Ibid.*, pp. 9-11.
23.   *Ibid.*
24.   Watson, Peter, *A Terrible Beauty: The People and Ideas That Shaped the Modern Mind*, Weidenfeld and Nicolson, Londres, 2001 y HarperCollins, Nueva York, 2002, *op. cit.*, p. 345.

25.   Véase Diggins, John Patrick, *Eugene O'Neill's America: Desire under Democracy*, University of Chicago Press, Chicago, 2007, pp. 183-184.

26.   Diggins, *op. cit.*, p. 65.

27.   *Ibid.*, pp. 186, 259-260.

28.   *Ibid.*, p. 37.

29.   *Ibid.*, p. 47.

30.   Véase Manheim, Michael, (comp.), *The Cambridge Companion to Eugene O'Neill*, Cambridge University Press, Cambridge, Reino Unido, 1998, p. 19.

31.   Manheim, *op. cit.*, p. 20.

32.   Para un debate relacionado con las cuestiones psicodinámicas en O'Neill, véase Simon, Bennett, *Tragic Drama and the Family: Psychoanalytic Studies from Aeschylus to Beckett*, Yale University Press, New Haven y Londres, 1988, pp. 180 y ss.

33.   Manheim, *op. cit.*, p. 30.

34.   *Ibid.*, p. 84.

35.   *Ibid.*, p. 86.

36.   Para un capítulo sobre los «finales» de las obras de O'Neill, véase Berlin, Normand, *Eugene O'Neill*, Macmillan, Londres, 1982, pp. 128 y ss.

37.   Manheim, *op. cit.*, p. 139.

38.   Berlin, *op. cit.*, p. 216.

CAPÍTULO 13: VIVIR PEGADO A LOS HECHOS

1.   Véase Lewis, Pericles, *Religious Experience and the Modernist Novel*, Cambridge University Press, Cambridge, Reino Unido, 2010, p. 144.

2.   *Ibid.*, p. 146.

3.   Leaska, Mitchell, *Granite and Rainbow: The Hidden Life of Virginia Woolf*, Picador, Londres, 1998, p. 235.

4.   Leaska, *op. cit.*, p. 146.

5.   *Ibid.*, p. 147.

6.   *Ibid.*, p. 152.

7.   Lewis, *op. cit.*, p. 155.

8.   Graham, Gordon, *The Re-enchantment of the World: Art versus Religion*, Oxford University Press, Oxford, 2004, *op. cit.*, p. 95. (Véase también Joyce, James, *Portrait of the Artist as a Young Man*, Penguin Books, Westminster y Londres, 1992, p. 265. [Hay publicación castellana: *Retrato del artista adolescente*, traducción de Dámaso Alonso, RBA, Barcelona, 1995.])

9.   *Ibid.*, p. 96.

10.   Attridge, Derek, (comp.), *The Cambridge Companion to James Joyce*, Cambridge University Press, Cambridge, Reino Unido, 2004, p. 91.

11.   *Ibid.*

12. Bourbon, Brett, *Finding a Replacement for the Soul: Mind and Meaning in Literature and Philosophy*, Harvard University Press, Cambridge, Massachusetts, y Londres, 2004, p. 145.

13. Véase la introducción que hace Declan Kiberd en Joyce, James, *Ulysses: Annotated Student's Edition, with an introduction and notes by Kiberd, Declan*, Penguin Books, Twentieth Century Classics, Westminster y Londres, 1922 y 1992, p. x.

14. Kiberd, *op. cit.*, p. xv.

15. *Ibid.*, p. lvii.

16. *Ibid.*, p. lxxviii.

17. Rieff, Philip, *The Triumph of the Therapeutic*, Chatto and Windus, Londres, 1966, p. 194.

18. Rieff, *op. cit.*, p. 196.

19. *Ibid.*, p. 208.

20. *Ibid.*, pp. 211-213.

21. Smith, Jad, «*Völkisch* Organicism and the Use of Primitivism in Lawrence's *The Plumed Serpent*», *D. H. Lawrence Review*, 2002, vol. 30, p. 3. (Véase también Lawrence, D. H., *The Plumed Serpent*, Wordsworth Editions, Ware, Hertfordshire, Reino Unido, 1995, pp. 129-131.) [Hay publicación castellana: *La serpiente emplumada*, traducción de Pilar Giralt Gorina, Editorial Bruguera, Barcelona, 1983.]

22. Smith, *op. cit.*, p. 11.

23. Rieff, *op. cit.*, pp. 228-231.

CAPÍTULO 14: LA IMPOSIBILIDAD DE LA METAFÍSICA Y LA VENERACIÓN DE LA METAPSICOLOGÍA

1. Véase Rogers, Ben, *A. J. Ayer: A Life*, Verso, Londres, 2000, p. 82.

2. Rogers, *op. cit.*, p. 89.

3. *Ibid.*, p. 95.

4. Ayer, A. J., *Language, Truth and Logic*, Gollancz, Londres, 1936, p. 33.

5. Ayer, *op. cit.*, p. 36.

6. *Ibid.*, p. 108.

7. *Ibid.*, p. 113.

8. *Ibid.*, p. 116. Véase también Ayer, A. J., *The Meaning of Life and Other Essays*, Introducción de Ted Honderich, Weidenfeld and Nicolson, Londres, 1990.

9. Ayer, *Language, Truth and Logic, op. cit.*, p. 120.

10. *Ibid.*, pp. 200-201.

11. Freud, Sigmund, *The Future of an Illusion*, obra publicada originalmente en 1927; puede encontrarse en el volumen 21 de la edición estándar de las *Com-*

plete Psychological Works of Sigmund Freud, Hogarth Press and the Institute of Psychoanalysis, Londres, 1968. [Hay publicación castellana: *El porvenir de una ilusión*, traducción de Luis López-Ballesteros y de Torres, Taurus, Madrid, 2012.]

12. Freud, *The Future of an Illusion, op. cit.*, p. 50.

13. *Ibid.*, p. 55.

14. *Ibid.*, p. 67.

15. *Ibid.*, p. 73.

16. *Ibid.*, p. 78.

17. *Ibid.*, p. 83.

18. Freud, Sigmund, *Civilization and Its Discontents*, traducción inglesa de Joan Riviere, edición revisada por James Strachey, Londres, Hogarth Press and the Institute of Psychoanalysis, Londres, 1979, p. x. [Hay publicación castellana: *El malestar en la cultura*, traducción de Luis López-Ballesteros y de Torres, Alianza, Madrid, 2013.]

19. Freud, *Civilization and Its Discontents, op. cit.*, pp. 13-14.

20. *Ibid.*, p. 22.

21. *Ibid.*, p. 54.

22. Véase Palmer, Michael, *Freud and Jung on Religion*, Routledge, Londres y Nueva York, 1997, *passim*.

23. Jung, Carl Gustav, *Modern Man in Search of a Soul*, Kegan Paul, Trench and Trübner, Londres, 1933, p. 239.

24. Fromm, Erich, *Psychoanalysis and Zen Buddhism*, Unwin Paperbacks, Londres, 1960, p. 43.

25. Lewis, Pericles, *Religious Experience and the Modernist Novel*, Cambridge University Press, Cambridge, Reino Unido, 2010, p. 134.

26. *Ibid.*, p. 114.

27. *Ibid.*, p. 134.

28. *Ibid.*, p. 135.

29. Para un debate sobre Kafka y la Biblia, véase Leavitt, June O., *The Mystical Life of Franz Kafka: Theosophy, Cabala, and the Modern Spiritual Revival*, Oxford University Press, Oxford, 2012, pp. 122-123 y 137-139.

CAPÍTULO 15: LAS FES DE LOS FILÓSOFOS

1. Véase Cochran, Molly, (comp.), *The Cambridge Companion to Dewey*, Cambridge University Press, Cambridge, Reino Unido, 2010, en especial el capítulo 10, de Sami Pihlström, titulado «Dewey and Pragmatic Religious Naturalism», p. 213.

2. Pihlström, *op. cit.*, p. 215.

3. *Ibid.*, p. 218.

4. *Ibid.*, p. 226.

5.   *Ibid.*, p. 220.

6.   *Ibid.*, p. 232.

7.   Véase Hudson, W. Donald, *Wittgenstein and Religious Belief*, Macmillan, Londres, 1975, p. 114.

8.   Hudson, *op. cit.*, pp. 70-71.

9.   *Ibid.*, p. 79.

10.   *Ibid.*, p. 92.

11.   *Ibid.*, p. 106.

12.   *Ibid.*

13.   *Ibid.*

14.   Cita tomada de Watson, Peter, *A Terrible Beauty: The People and Ideas That Shaped the Modern Mind*, Weidenfeld and Nicolson, Londres, 2001, *op. cit.*, p. 99.

15.   Véase la entrada correspondiente a «Whitehead» en la *Stanford Encyclopedia of Philosophy*, p. 5 de 9.

16.   Russell, Bertrand, *Why I Am Not a Christian and Other Essays on Religion and Related Subjects*, George Allen and Unwin, Londres, 1954, p. v. (El texto de «Why I Am Not a Christian», nació en forma de ponencia para una conferencia en el año 1927.) [Hay publicación castellana: *¿Por qué no soy cristiano?*, traducción de Josefina Martínez Alinari, Edhasa, Barcelona, 2007.]

17.   Russell, *op. cit.*, p. 15.

18.   *Ibid.*, p. 179.

19.   *Ibid.*, pp. 43-44.

20.   *Ibid.*, p. 177.

21.   Para una mayor información sobre su relación con Dora, véase Monk, Ray, *Bertrand Russell: 1921-1970: The Ghost of Madness*, volumen 2, Jonathan Cape, Londres, 2000, p. 36. Véase también Griffin, Nicholas, (comp.), *The Cambridge Companion to Bertrand Russell*, Cambridge University Press, Cambridge, Reino Unido, 2003, especialmente el capítulo 15.

22.   *Ibid.*, p. 60.

23.   *Ibid.*, p. 59.

24.   Russell, Bertrand, *Sceptical Essays*, George Allen and Unwin, Londres, 1929, p. 68. [Hay publicación castellana: *Ensayos escépticos*, traducción de Tomás Fernández Aúz y Beatriz Eguibar Barrena, RBA, Barcelona, 2012.]

25.   Russell, *Sceptical Essays*, *op. cit.*, p. 70.

26.   *Ibid.*, pp. 116-117.

CAPÍTULO 16: LAS RELIGIONES DE SANGRE NAZIS

1.   He recurrido, para la elaboración de este capítulo, al libro de Moynahan, Brian, titulado *The Faith*, Aurum, Londres, 2002, p. 675.

2. Moynahan, *op. cit.*, p. 675.

3. Homer, F. X. J., «The Führer's Faith: Hitler's Sacred Cosmos», en Homer, F. X. J. y Larry D. Wilcox, (comps.), *Germany and Europe in the Era of Two World Wars: Essays in Honour of Oron James Hale*, University Press of Virginia, Charlottesville, 1986, pp. 61-78.

4. Véase McGrath, Alister, *The Making of Modern German Christology: from the Enlightenment to Pannenberg*, Blackwell, Oxford, 1986, p. 5.

5. Para consultar el trabajo titulado «The theological situation at the turn of the century», véase McCormack, Bruce L., *Karl Barth's Critically Dialectical Theology: Its Genesis and Development, 1909-1936*, Clarendon Press, Oxford, 1995, pp. 38 y ss.

6. Véase Busch, Eberhard, *Karl Barth: His Life from Letters and Autobiographical Texts*, traducción inglesa de John Bowden, SCM Press, Londres, 1976, pp. 38 y ss.

7. Busch, *op. cit.*, pp. 92 y ss., 117 y ss.

8. Véase la entrada relativa a «Barth» en la página 16 de Kujundzija, Zdravko, *Boston Collaborative Encyclopedia of Western Theology*. [Puede consultarse esta obra en la siguiente dirección: http://people.bu.edu/wwildman/bce/index.htm.]

9. Véase Busch, *op. cit.*, pp. 120 y ss., junto con McCormack, *op. cit.*, pp. 209 y ss.

10. Busch, *op. cit.*, p. 245.

11. Kujundzija, *op. cit.*, p. 17.

12. McCormack, *op. cit.*, p. 449.

13. Véase Moynahan, *op. cit.*, p. 678, junto con Helmreich, Ernst Christian, *The German Churches under Hitler: Background, Struggle and Epilogue*, Wayne State University Press, Detroit, Illinois, 1979, p. 123, y Conway, J. S., *The Nazi Persecution of the Churches, 1933-1945*, Weidenfeld and Nicolson, Londres, 1968, p. 2.

14. Steigmann-Gall, Richard, *The Holy Reich*, Cambridge University Press, Cambridge, Reino Unido, 2003, p. 1.

15. *Ibid.*, p. 42.

16. Dow, James R. y Hannjost Lixfeld, (comps.), *The Nazification of an Academic Discipline: Folklore in the Third Reich*, Indiana University Press, Bloomington, Indiana, 1994, p. 21.

17. Véase Cecil, Robert, *The Myth of the Master Race: Alfred Rosenberg and Nazi Ideology*, B. T. Batsford, Londres, 1972, p. 82.

18. Lynch, Gordon, *The Sacred in the Modern World: A Cultural Sociological Approach*, Oxford University Press, Oxford, 2012, p. 117.

19. Cecil, *op. cit.*, p. 85.

20. *Ibid.*, p. 92.

21. *Ibid.*, p. 93.

22. *Ibid.*, p. 96.

23. *Ibid.*, p. 99.

24. *Ibid.*, p. 103.

25. Poewe, Karla, *New Religions and the Nazis*, Routledge, Londres, 2006, p. 1.

26. Poewe, *op. cit.*, p. 73.

27. *Ibid.*, p. 76.

28. *Ibid.*, p. 111.

29. *Ibid.*, p. 165.

30. Véase Bentley, James, *Martin Niemöller*, Oxford University Press, Oxford, 1984, pp. 81 y ss., 143 y ss.

Capítulo 17: Las secuelas de las secuelas

1. C. Isaac, Jeffrey, *Arendt, Camus and Modern Rebellion*, Yale University Press, Londres y New Haven, 1992, p. 21.

2. Isaac, *op. cit.*, p. 22.

Capítulo 18: La calidez de los actos

1. Véase Schumpeter, Joseph, *Capitalism, Socialism and Democracy*, original publicado en el año 1942, Taylor and Francis, Londres, edición de 2003 [hay publicación castellana: *Capitalismo, Socialismo y Democracia*, traducción de José Díaz García, Orbis, Barcelona, s. f.]; junto con Mannheim, Karl, *Diagnosis of Our Time: Wartime Essays*, Routledge, Londres, 1943; Hayek, Friedrich, *The Road to Serfdom*, Routledge and Kegan Paul, Londres, 1944 [hay publicaciones castellanas: *Diagnóstico de nuestro tiempo*, Fondo de Cultura Económica, México, 1966; y *Camino de servidumbre*, traducción de José Vergara Doncel, Alianza Editorial, Madrid, 2010]; Popper, Karl, *The Open Society and Its Enemies*, Routledge and Kegan Paul, Londres, 1962 [hay publicación castellana: *La sociedad abierta y sus enemigos*, traducción de Eduardo Loedel, Paidós, Barcelona, 2010]; Temple, William, *Christianity and the Social Order*, Shepheard-Walwyn, Londres, 1976; y Myrdal, Gunnar, *An American Dilemma: The Negro Problem and Modern Democracy*, Harper Brothers, Londres, 1944.

2. Beevor, Antony y Artemis Cooper, *Paris after the Liberation: 1944-1949*, Penguin Books, Westminster y Londres, 1994 y 1995, p. 214.

3. Geroulanos, Stefanos, *An Atheism that is Not Humanist Emerges in French Thought*, Stanford University Press, Stanford, California, 2010, p. 227.

4. Geroulanos, *op. cit.*, p. 242.

5. *Ibid.*, p. 271.

6. *Ibid.*, p. 307.

7. *Ibid.*, p. 230.

8. *Ibid.*, p. 387.

9. Knight, Everett, *Literature Considered as Philosophy: The French Example*, Routledge and Kegan Paul, Londres, 1957, p. 132.

10. Todd, Olivier, *Malraux: A Life*, Knopf, Nueva York, 2005, p. 108-113.

11. Geroulanos, *op. cit.*, p. 151.

12. *Ibid.*, p. 159.

13. Para una mayor información sobre Saint-Exupéry y Malraux véase Schiff, Stacey, *Saint-Exupéry: A Biography*, Chatto and Windus, Londres, 1994, pp. 105 y 197.

14. Geroulanos, *op. cit.*, p. 170.

15. *Ibid.*, p. 171.

16. *Ibid.*, p. 174.

17. *Ibid.*, p. 179.

18. Véase Kaufmann, Walter, (comp.), *Existentialism: From Dostoievsky to Sartre*, Penguin Books, Nueva York y Londres, 1956 y 1975, p. 43.

19. Kaufmann, *op. cit.*, p. 44.

20. *Ibid.*, p. 348.

21. *Ibid.*, p. 356.

22. Knight, *op. cit.*, pp. 42-43.

CAPÍTULO 19: LA GUERRA, EL MODO DE VIDA AMERICANO Y LA DECADENCIA DEL PECADO ORIGINAL

1. Véase Petigny, Alan, *The Permissive Society: America, 1941-1965*, Cambridge University Press, Cambridge, Reino Unido, 2009; junto con Holifield, E. Brooks, *A History of Pastoral Care in America: From Salvation to Self-Realization*, Abingdon Press, Nashville, 1983, pp. 201-202.

2. Holifield, *op. cit.*, p. 213.

3. Liebman, Joshua Loth, *Peace of Mind*, William Heinemann, Londres y Toronto, 1946, p. 12.

4. Liebman, *op. cit.*, p. 20.

5. *Ibid.*, p. 31.

6. *Ibid.*, p. 154.

7. Véase Maier, Thomas, *Dr Spock: An American Life*, Harcourt Brace and Company, Nueva York, San Diego, Londres, 1998, p. 114. Véase también Petigny, *op. cit.*, pp. 37-41.

8. Maier, *op. cit.*, p. 283.

9. Petigny, *op. cit.*, p. 285.

10. *Ibid.*, p. 50.

11.   *Ibid.*, p. 79.

12.   *Ibid.*, p. 81.

13.   *Ibid.*, p. 239.

14.   Evans, Richard I., *Carl Rogers: The Man and His Ideas*, Dutton, Nueva York, 1975, p. xxiii.

15.   Evans, *op. cit.*, p. 151.

16.   *Ibid.*, p. 165.

17.   Véase Petigny, *op. cit.*, p. 276; junto con Fletcher, Joseph, *Situation Ethics: The New Morality*, SCM Press, Londres, 1966.

18.   Petigny, *op. cit.*, p. 246.

19.   Frankl, Viktor, *Man's Quest for Meaning*, Beacon Books, Boston, 1962, 1984 y 2006, véase también el epílogo de William J. Winslade, p. 155.

20.   Frankl, *op. cit.*, p. 164.

Capítulo 20: Auschwitz, el Apocalipsis y la Ausencia

1.   Véase Benbassa, Esther, *Suffering as Identity: The Jewish Paradigm*, Verso, Londres y Nueva York, 2010, pp. 92-93.

2.   Benbassa, *op. cit.*, p. 94.

3.   *Ibid.*, p. 97.

4.   *Ibid.*, p. 99.

5.   *Ibid.*, p. 101.

6.   Para saber más sobre las personas que rechazarían de manera explícita tanto la religión como la cultura como planes de repuesto, véase Kertész, Imre, *The Holocaust as Culture*, traducción inglesa de Thomas Cooper, Seagull Books, Londres, 2011, p. 62.

7.   Benbassa, *op. cit.*, p. 103.

8.   *Ibid.*, p. 409.

9.   Katz, Steven T. *et al.*, (comps.), *Wrestling with God: Jewish Theological Responses During and After the Holocaust*, Oxford University Press, Oxford, 2007, pp. 639 y ss.

10.   Benbassa, *op. cit.*, p. 104.

11.   *Ibid.*, p. 108.

12.   Véase Finkelstein, Norman G., *The Holocaust Industry: Reflections on the Exploitation of Jewish Suffering*, Verso, Londres, pp. 79 y ss.

13.   Benbassa, *op. cit.*, p. 114.

14.   Garrison, Jim, *The Darkness of God: Theology after Hiroshima*, SCM Press, Londres, 1982, p. 159.

15.   Murchland, Bernard, edición e introducción a cargo de, *The Meaning of the Death of God*, Nueva York, Random House, 1967, p. 25.

16.   Murchland, *op. cit.*, p. 30.

17. *Ibid.*, p. 37.
18. *Ibid.*, p. 40.
19. Véase Robinson, J. A. T., *Honest to God*, SCM Press, Londres, 1963.

CAPÍTULO 21: «¡DEJEN DE PENSAR!»

1. Véase Calder, John, *The Philosophy of Samuel Beckett*, Calder Publications, Londres, 2001, p. 41.
2. Calder, *op. cit.*, p. 79.
3. Peter Watson, *A Terrible Beauty: The People and Ideas That Shaped the Modern Mind*, Weidenfeld and Nicolson, Londres, 2001, *op. cit.*, p. 418.
4. Calder, *op. cit.*, p. 65.
5. *Ibid.*, p. 70.
6. *Ibid.*, p. 74.
7. *Ibid.*, p. 83.
8. *Ibid.*, p. 92.
9. Véase Yasmil, Raymond, *Carl Andre: Sculpture as Place: 1958-2010*, Yale University Press, New Haven y Londres, 2013.
10. Torgoff, Martin, *Can't Find My Way Home: America in the Great Stoned Age: 1945-2000*, Simon and Schuster, Nueva York, 2004, p. 27.
11. Belgrad, Daniel, *The Culture of Spontaneity: Improvisation and the Arts in Postwar America*, Chicago University Press, Chicago, 1998, p. 1.
12. Belgrad, *op. cit.*, pp. 5-6.
13. *Ibid.*, p. 10.
14. *Ibid.*, p. 27.
15. *Ibid.*, p. 112.
16. Para una mayor información sobre la música y el ritmo de la interpretación musical como aspecto de la *actuación*, véase Woideck, Carl, *Charlie Parker: His Music and Life*, University of Michigan Press, Ann Arbor, 1996, p. 23.
17. Belgrad, *op. cit.*, p. 108.
18. *Ibid.*, p. 110.
19. Véase Rayner, Geoffrey, Richard Chamberlain y Annemarie Stapleton, *Pop! Design, Culture, Fashion, 1965-1976*, ACC Editions, Woodbridge, 2012, p. 119.
20. Belgrad, *op. cit.*, p. 158.
21. *Ibid.*, p. 151.
22. *Ibid.*, p. 162.
23. Beard, Geoffrey, *Modern Ceramics*, Studio Vista, Londres, 1969, p. 165.
24. Belgrad, *op. cit.*, p. 170.
25. *Ibid.*, p. 31.

26. Para saber más acerca de la reacción de John Lennon a la lectura que el propio Ginsberg acababa de hacer del poema titulado «Aullido», véase Morgan, Bill, *I Celebrate Myself: The Somewhat Private Life of Allen Ginsberg*, Viking, Nueva York, 2006, pp. 516-517. Véase también Campbell, James, *This Is the Beat Generation*, Secker and Warburg, Nueva York, San Francisco, París y Londres, 1999.

27. Belgrad, *op. cit.*, p. 205.

28. Wood, James, *The Broken Estate: Essays on Literature and Belief*, Jonathan Cape, 1999, p. 217.

29. Wood, *op. cit.*, p. 222.

30. Véase Bloom, Harold, «His Long Ordeal by Laughter», *New York Times Book Review*, 19 de mayo de 1985.

31. Parrish, Timothy, (comp.), *The Cambridge Companion to Philip Roth*, Cambridge University Press, Cambridge, Reino Unido, 2007, p. 35.

32. Parrish, *op. cit.*, p. 45.

33. *Ibid.*, p. 150.

CAPÍTULO 22: LA COMUNIDAD VISIONARIA Y LA REALIDAD DE LA VIDA

1. Véase Roszak, Theodore, *The Making of a Counter Culture: Reflections on the Technocratic Society and Its Youthful Opposition*, Faber and Faber, Londres, 1970, p. xxvi. [Hay publicación castellana: *El nacimiento de una contracultura. Reflexiones sobre la sociedad tecnocrática y su oposición juvenil*, traducción de Ángel Abad Silvestre, Kairós, Barcelona, 2005.]

2. Roszak, *op. cit.*, p. xxxiv.

3. *Ibid.*, p. 49.

4. *Ibid.*, pp. 64-66.

5. Véase Marcuse, Herbert, *Counter Revolution and Revolt*, Allen Lane, Londres, 1972, capítulo 2, pp. 59 y ss.

6. Roszak, *op. cit.*, p. 109.

7. *Ibid.*, pp. 119-120.

8. *Ibid.*, p. 14.

9. Véase también Watts, Alan, *Does It Matter? Essays on Man's Relationship to Materiality*, Pantheon, Nueva York, 1970.

10. Roszak, *op. cit.*, p. 83.

11. *Ibid.*, p. 149.

12. Véase Kripal, Jeffrey J., *Esalen: America and the Religion of No Religion*, University of Chicago Press, Chicago, 2007 y 2008, p. 213.

13. Kripal, *op. cit.*, p. 11.

14. *Ibid.*, p. 139.

15. *Ibid.*, p. 149.

16.   *Ibid.*, p. 170.

17.   Torgoff, Martin, *Can't Find My Way Home: America in the Great Sto-ned Age, 1945-2000*, Simon and Schuster, Nueva York, 2004 y 2005, *op. cit.*, p. 123.

18.   Torgoff, *op. cit.*, pp. 8, 11.

19.   *Ibid.*, p. 44.

20.   *Ibid.*, p. 271.

21.   Véase Fuller, Robert C., *Stairways to Heaven, Drugs in American Re-ligious History*, Westview Press, Boulder, Colorado, 2000, p. 67.

22.   Torgoff, *op. cit.*, p. 85.

23.   Fuller, *op. cit.*, pp. 72-74.

24.   *Ibid.*, p. 85.

25.   Torgoff, *op. cit.*, p. 111.

26.   *Ibid.*, p. 123.

27.   Véase Scherma, Tony y David Dalton, *Andy Warhol: His Controver-sial Life, Art and Colourful Times*, J. R. Books, Londres, 2010. Véase también Bokris, Victor, *Warhol*, F. Muller, Londres, 1989, p. 193.

28.   Torgoff, *op. cit.*, p. 179.

29.   *Ibid.*, p. 209.

30.   Belz, Carl, en *The Story of Rock*, Oxford University Press, Oxford, 1969, no hace mención alguna de las drogas ni de los acontecimientos de carác-ter psicodélico.

31.   Véase Torgoff, *op. cit.*, pp. 256-257. Véase también Thompson, Hun-ter S., *Fear and Loathing in Las Vegas: A Savage Journey to the Heart of the American Dream*, Flamingo, Londres, 1993, *passim*.

32.   Roszak, *op. cit.*, p. 410.

33.   *Ibid.*, p. 215.

34.   *Ibid.*, p. 254.

35.   *Ibid.*, p. 236.

36.   Roszak, Theodore, *Where the Wasteland Ends: Politics and Transcen-dence in Postindustrial Society*, Faber and Faber, Londres, 1973, p. 71.

37.   Roszak, *Where the Wasteland Ends*, *op. cit.*, p. 101.

38.   *Ibid.*, p. 254.

39.   *Ibid.*, pp. 260-261.

40.   *Ibid.*, p. 346.

41.   *Ibid.*, p. 356.

42.   *Ibid.*, p. 450.

43.   Para un debate sobre el vocabulario terapéutico —planteado desde el escepticismo—, véase Parris, Joel, *Psychotherapy in an Age of Narcissism: Mo-dernity, Science and Society*, Palgrave Macmillan, Basingstoke, 2013, p. 97.

CAPÍTULO 23: EL LUJO Y LOS LÍMITES DE LA FELICIDAD

1. Véase Dasgupta, Partha, *Human Well-Being and the Natural Environment*, Oxford University Press, Oxford, 2001, p. xxii.

2. Dasgupta, *op. cit.*, p. 13.

3. *Ibid.*, p. 31.

4. *Ibid.*, p. 37.

5. Kingwell, Mark, *In Pursuit of Happiness: Better Living from Plato to Prozac*, Crown, Nueva York, 1998, p. 107.

6. Kingwell, *op. cit.*, p. 51.

7. Ralston Saul, John, *Voltaire's Bastards: The Dictatorship of Reason in the West*, Penguin Books, Toronto, 1993, p. 480.

8. Kingwell, *op. cit.*, p. 35.

9. *Ibid.*, p. 64.

10. Véase Lears, Jackson, *Fables of Abundance: A Cultural History of Advertising in America*, Basic Books, Nueva York, 1994, especialmente el capítulo 1, pp. 17 y ss.

11. Kingwell, *op. cit.*, p. 225.

12. *Ibid.*, p. 259.

13. Storr, Anthony, *The School of Genius*, Deutsch, Londres, 1988, capítulos 2 y 4.

14. Kingwell, *op. cit.*, p. 335.

15. Lasch, Christopher, *The Culture of Narcissism: American Life in an Age of Diminishing Expectations*, Columbia University Press, Nueva York, 1979, p. 30.

16. Lasch, *op. cit.*, p. 35.

17. *Ibid.*, p. 42.

18. Para un debate relacionado con el hecho de que la terapia psicológica haya terminado sustituyendo a la religión véase la página 64 de Parris, Joel, *Psychotherapy in an Age of Narcissism: Modernity, Science and Society*, Palgrave Macmillan, Basingstoke, 2013, y la p. 74 y ss. de esta misma obra para un examen de los trastornos narcisistas de la personalidad.

19. *Ibid.*, p. 397.

20. Véase Watson, Peter, *A Terrible Beauty: The People and Ideas That Shaped the Modern Mind*, Weidenfeld and Nicolson, Londres, 2001, *op. cit.*, p. 601.

21. Lasch, Christopher, *The Minimal Self: Psychic Survival in Troubled Times*, W. W. Norton, Nueva York, 1995, p. 94.

22. Jacquette, Dale, (comp.), *Cannabis: Philosophy for Everyone*, Wiley-Blackwell, Nueva York y Oxford, 2010, p. 39.

23. Jacquette, *op. cit.*, pp. 44-45.

24. Booth, Martin, *Cannabis: A History*, Doubleday, Londres, 2003, capítulo 24, pp. 292 y ss.

25. Furedi, Frank, *Therapy Culture: Cultivating Vulnerability in an Uncertain Age*, Routledge, Londres y Nueva York, 2004, p. 5.

26. Furedi, *op. cit.*, p. 7.

27. *Ibid.*, p. 100.

28. *Ibid.*, p. 17.

29. Sargeant, K. M., *Seeker Churches: Promoting Religion in a Nontraditional Way*, Rutgers University Press, Nuevo Brunswick, Nueva Jersey, 2000, p. 45.

30. Furedi, *op. cit.*, p. 31.

31. *Ibid.*, p. 33.

32. *Ibid.*, p. 73.

33. *Ibid.*, p. 91.

34. *Ibid.*, p. 155.

35. Bracken, Patrick, *Trauma: Culture, Meaning and Philosophy*, Whurr Publishers, Londres, 2002, p. 14.

36. Gergen, Kenneth J., «Therapeutic Professions and the Diffusion of Deficit», *Journal of Mind and Behavior*, volumen 11, n.os 3-4, 1990, p. 356.

37. Furedi, *op. cit.*, p. 204.

CAPÍTULO 24: LA FE EN DETALLE

1. Heaney, Seamus, *The Government of the Tongue*, Faber and Faber, Londres, 1988, p. xiii.

2. Heaney, *op. cit.*, p. xvi.

3. Miłosz, Czesław, *The Witness of Poetry*, Harvard University Press, Cambridge, Massachusetts, 1983, p. 16.

4. Miłosz, *op. cit.*, p. 19.

5. *Ibid.*, p. 25.

6. *Ibid.*, p. 110.

7. *Ibid.*, p. 108.

8. Murdoch, Iris, *Metaphysics as a Guide to Morals*, Chatto and Windus, Londres, 1992, p. 181.

9. Véase la reseña que hace Eva Hoffmann de la obra de Steiner titulada *Real Presences*, *New York Times*, 9 de agosto de 1989.

10. Steiner, George, *Real Presences: Is There Anything in What We Say?*, Faber and Faber, Londres, 1989, p. 17. [Hay publicación castellana: *Presencias reales*, traducción de Gabriel López Guix, Ediciones Destino, Barcelona, 2007.]

11. Steiner, *op. cit.*, p. 53.

12. Heaney, *op. cit.*, pp. 93-94.

13. *Ibid.*, p. 124.

14. *Ibid.*, p. 168.

15. *Ibid.*, p. 16.
16. Para una mayor información sobre las opiniones que Heaney habrá de formular en relación con el último Auden, véase Kirsch, Arthur, *Auden and Christianity*, Yale University Press, Londres, 2005, p. 170.
17. Heaney, *op. cit.*, pp. 122-123.
18. Hamburger, Michael, *The Truth of Poetry: Tension in Modern Poetry from Baudelaire to the 1960s*, Carcanet New Press, Manchester, 1982, p. 267.
19. Hamburger, *op. cit.*, p. 215.
20. *Ibid.*, p. 118.
21. Hamburger, Michael, edición e Introducción de, *An Unofficial Rilke*, Anvil Poetry Press, Londres, 1981, p. 16.
22. Miłosz, *op. cit.*, pp. 56-57.
23. Hamburger, *The Truth of Poetry*, *op. cit.*, p. 39.
24. Stevens, Wallace, *Collected Poems and Prose*, Literary Classics of the United States, Nueva York, 1997, p. 104.
25. Hamburger, *The Truth of Poetry*, *op. cit.*, p. 131.
26. Wood, James, *The Broken Estate: Essays on Literature and Belief*, Jonathan Cape, Londres, 1999, p. 225.
27. Rorty, Richard, *Achieving Our Country: Leftist Thought in Twentieth-century America*, Harvard University Press, Cambridge, Massachusetts, 1998, p. 132.
28. Rorty, *op. cit.*, p. 136.
29. *Ibid.*

CAPÍTULO 25: «NUESTRO OBJETIVO ESPIRITUAL ES EL ENRIQUECIMIENTO DE LA ÉPICA EVOLUTIVA»

1. Dawkins, Richard, *Unweaving the Rainbow*, Penguin Books, Londres, 1998, p. x. [Hay publicación castellana: *Destejiendo el arcoíris. Ciencia, ilusión y el deseo de asombro*, traducción de Joandomènec Ros, Tusquets, Barcelona, 2012.]
2. Dawkins, *op. cit.*, p. xi.
3. *Ibid.*, p. 29.
4. *Ibid.*, pp. 312-313.
5. Dawkins, Richard, *The Blind Watchmaker*, Penguin Books, Londres, 1986, p. 6. [Hay publicación castellana: *El relojero ciego*, traducción de Manuel Arroyo Fernández, RBA, Barcelona, 1993.]
6. Dawkins, *Blind Watchmaker*, *op. cit.*, apéndice.
7. Dennett, Daniel, *Breaking the Spell: Religion as a Natural Phenomenon*, Allen Lane, Londres, 2006, p. 14. [Hay publicación castellana: *Romper el hechizo. La religión como un fenómeno natural*, traducción de Felipe de Brigard, Editorial Katz, Madrid, 2007.]

8. Dennett, *op. cit.*, p. 14.

9. *Ibid.*, p. 101.

10. *Ibid.*, p. 232.

11. Para una posible explicación, véase Roy, Olivier, *Holy Ignorance: When Religion and Culture Part Ways*, traducción inglesa de Roy Schwartz, Hurst, Londres, 2010. [Hay publicación castellana: *La santa ignorancia. El tiempo de la religión sin cultura*, traducción de Ana Escartín Arilla, Península, Barcelona, 2010.]

12. Dennett, *op. cit.*, p. 303.

13. *Ibid.*, p. 268.

14. Véase Sloan Wilson, David, *Darwin's Cathedral: Evolution, Religion, and the Nature of Society*, University of Chicago Press, Chicago y Londres, 2002.

15. Harris, Sam, *The Moral Landscape: How Science Can Determine Human Values*, Bantam, Londres, 2010, p. 32.

16. Ridley, Matt, *The Origins of Virtue*, Viking, Londres, p. 264.

17. Véase Pinker, Steven, *The Better Angels of Our Nature: Why Violence Has Declined*, Viking, Nueva York, 2011. [Hay publicación castellana: *Los ángeles que llevamos dentro. El declive de la violencia y sus implicaciones*, traducción de Juan Soler Chic, Paidós, Barcelona, 2010.] Véase también Pinker, Steven, «Saturday Essay, Violence Vanquished», *Wall Street Journal*, 23 de septiembre de 2011.

18. Levine, George, *Darwin Loves You: Natural Selection and the Re-enchantment of the World*, Princeton University Press, Princeton y Oxford, 2006, p. 44.

19. Wilson, Edward Osborne, *On Human Nature*, Harvard University Press, Cambridge, Massachusetts, 1979, p. 6.

20. Wilson, *op. cit.*, p. 171.

21. *Ibid.*, p. 201.

22. Kellert, Stephen R. y Edward Osborne Wilson, *The Biophilia Hypothesis*, Island Press, Washington, D. C., 1993, p. 21.

23. Kellert y Wilson, *op. cit.*, p. 454.

24. Wilson, Edward Osborne, *Consilience: The Unity of Knowledge*, Knopf, Nueva York, 1998, p. 12. [Hay publicación castellana: *Consilience. La unidad del conocimiento*, traducción de Joan Domènec Ros, Galaxia Gutenberg, Barcelona, 1999.]

25. Wilson, *Consilience, op. cit.*, p. 232.

26. *Ibid.*, p. 248.

27. *Ibid.*, p. 265.

28. Roszak, Theodore, *Where the Wasteland Ends: Politics and Transcendence in Postindustrial Society*, Faber and Faber, Londres, 1973, p. 63.

29. Roszak, *op. cit.*, pp. 159 y 162.

30. *Ibid.*, p. 159.

31. Midgley, Mary, *Evolution as a Religion: Strange Hopes and Stranger Fears*, Methuen, Londres, 1985, p. 13.

32. Midgley, *op. cit.*, p. 63.

33. *Ibid.*, p. 140.

34. Midgley, Mary, *Science as Salvation*, Routledge, Londres, 1992, p. 124.

35. Midgley, Mary, *The Solitary Self: Darwin and the Selfish Gene*, Acumen, Durham, Reino Unido, 2010, p. 92.

36. Davies, Paul, *The Mind of God: Science and the Search for Ultimate Meaning*, Simon and Schuster, Londres, 1992, p. 153.

37. Davies, *op. cit.*, pp. 204, 209 y 214.

38. Deutsch, David, *The Fabric of Reality*, Penguin Books, Londres, 1997, pp. 352 y ss. [Hay publicación castellana: *La estructura de la realidad*, sin mención del traductor, Anagrama, Barcelona, 2002.]

39. Véase Deutsch, *op. cit.*, p. 358. Véase también Tipler, Frank J., *The Physics of Immortality: Modern Cosmology, God and the Resurrection of the Dead*, Macmillan, Londres, 1995. [Hay publicación castellana: *La física de la inmortalidad. La cosmología moderna y su relación con Dios y la resurrección de los muertos*, traducción de Daniel Manzanares Fourcade, Alianza Editorial, Madrid, 2005.]

CAPÍTULO 26: «LA VIDA BUENA ES AQUELLA QUE SE DEDICA A LA BÚSQUEDA DE LA VIDA BUENA»

1. Eliot, T. S., *Notes Towards the Definition of Culture*, Faber and Faber, Londres, 1948, p. 19. [Hay publicación castellana: *Notas para la definición de una cultura*, traducción de Félix de Azúa Comella, Bruguera, Barcelona, 1983.]

2. Eliot, *op. cit.*, p. 88.

3. *Ibid.*, p. 105.

4. Harvey, David, *The Condition of Postmodernity: An Enquiry into the Origins of Cultural Change*, Blackwell, Oxford, 1989, p. 53.

5. Connor, Steven, (comp.), *The Cambridge Companion to Postmodernity*, Cambridge University Press, Cambridge, Reino Unido, 2004, p. 171.

6. Connor, *op. cit.*, p. 172.

7. Cole, Michael *et al.*, *What Is New Age?*, Hodder, Londres, 1990, p. 10.

8. Entre las obras de Alasdair MacIntyre destacan las siguientes: *After Virtue: A Study in Moral Theory* (1981), *Whose Justice? Which Rationality?* (1988), *Three Rival Versions of Moral Enquiry* (1990) y *Dependent Rational Animals: Why Human Beings Need the Virtues* (1999), todas ellas publicadas por la Editorial Duckworth de Londres. En este caso el debate guarda principal-

mente relación con el texto de *After Virtue* y de *Dependent Rational Animals*, *passim*. [Hay publicaciones castellanas: *Tras la virtud*, traducción de Amelia Valcárcel, Crítica, Barcelona, 2004; *Justicia y racionalidad*, traducción de Alejo G. Sisón, Madrid, Ediciones Internacionales Universitarias, 2001; *Tres versiones rivales de la ética*, traducción de Rogelio Rovira, Madrid, Ediciones Rialp, 1992; y *Animales racionales y dependientes. Por qué los seres humanos necesitamos las virtudes*, traducción de Beatriz Martínez de Murguía, Paidós, Barcelona, 2013.]

9.　　Rawls, John, *A Theory of Justice*, Oxford University Press, Nueva York y Oxford, *passim*. [Hay publicación castellana: *Teoría de la justicia*, traducción de María Dolores González, Fondo de Cultura Económica, Madrid, 1997.]

10.　　Véase Dostall, (comp.), Robert J., *The Cambridge Companion to Gadamer*, Cambridge University Press, Cambridge, Reino Unido, 2002, p. 149. Véase también Gadamer, Hans Georg, *The Relevance of the Beautiful and Other Essays*, Cambridge University Press, Cambridge, Reino Unido, 1986, traducción inglesa de Nicholas Walker, edición e Introducción de Robert Bernasconi; junto con Gadamer, Hans Georg, *Truth and Method*, edición y traducción inglesa de Garrett Barden y John Cumming, Sheed and Ward, Londres, 1975. [Hay publicaciones castellanas: *La actualidad de lo bello. El arte como juego, símbolo y fiesta*, traducción de Antonio Gómez Ramos, Barcelona, Paidós, 2010; y *Verdad y método*, dos volúmenes, traducción de Manuel Olasagasti Gaztelumendi, Ediciones Sígueme, Salamanca, s. f.]

11.　　Dostall, *op. cit.*, p. 163.

12.　　*Id. loc.*

13.　　Grayling, A. C., *The Choice of Hercules: Pleasure, Duty and the Good Life in the Twenty-first Century*, Weidenfeld and Nicolson, Londres, 2007, p. 25. [Hay publicación castellana: *La elección de Hércules. El placer, el deber y la buena vida en el siglo XXI*, sin mención del traductor, Ediciones de Intervención Cultural, Barcelona, 2009.]

14.　　Eagleton, Terry, *The Meaning of Life*, Oxford University Press, Oxford, 2007, *passim*. [Hay publicación castellana: *El sentido de la vida*, traducción de Albino Santos Mosquera, Paidós, Barcelona, 2008.]

15.　　Nagel, Thomas, *The View from Nowhere*, Oxford University Press, Oxford y Nueva York, 1986, pp. 8-11. [Hay publicación castellana: *Una visión de ningún lugar*, Fondo de Cultura Económica, México.]

16.　　Nagel, *op. cit.*, p. 108.

17.　　Nagel, Thomas, *Mind & Cosmos: Why the Materialist Neo-Darwinian Conception of Nature Is Almost Certainly False*, Oxford University Press, Oxford y Nueva York, 2012, *op. cit.*, p. 7.

18.　　Nagel, *Mind & Cosmos*, *op. cit.*, p. 50.

19.　　*Ibid.*, p. 115.

20. Nagel, *View from Nowhere*, op. cit., p. 223.

21. Rorty, Richard, *Philosophy and Social Hope*, Penguin Books, Nueva York y Londres, 1999, p. xxv.

22. Rorty, op. cit., p. 150.

23. *Ibid.*, p. 158.

24. *Ibid.*, p. 86.

25. Rorty, Richard, *Philosophy as Cultural Politics*, Cambridge University Press, Cambridge, Reino Unido, 2007, p. 108.

26. Nozick, Robert, *Invariances*, Belknap Press y Harvard University Press, Cambridge, Massachusetts, 2001, p. 280.

27. Nozick, op. cit., p. 300.

28. Nozick, Robert, *The Examined Life: Philosophical Meditations*, Simon and Schuster, Nueva York, 1989, p. 12.

29. Nozick, *The Examined Life*, op. cit., p. 264.

30. *Ibid.*, p. 302.

31. Dworkin, Ronald, *Justice for Hedgehogs*, Belknap Press y Harvard University Press, Cambridge, Massachusetts, 2011, p. 13.

32. Dworkin, op. cit., pp. 197-198.

33. *Ibid.*, p. 206.

34. *Ibid.*, p. 217.

35. Véase Dworkin, Ronald, «Religion without God», *New York Review of Books*, 4 de abril de 2013. Véanse también las tres Conferencias Einstein que Dworkin tuvo oportunidad de dar en la Universidad de Berna, en Suiza, entre los días 12 y 14 de diciembre de 2011: dichas conferencias pueden consultarse en la siguiente dirección https://cast.switch.ch/vod/channels/1gcfvlebil.

36. Habermas, Jürgen, *Postmetaphysical Thinking: Philosophical Essays*, Polity Press, Cambridge, Reino Unido, 1992, p. xv. [Hay publicación castellana: *El pensamiento postmetafísico*, traducción de Manuel Jiménez Redondo, Taurus, Madrid, 1990.]

37. Habermas, Jürgen, *Between Naturalism and Religion*, Polity Press, Cambridge, Reino Unido, 2008, p. 29. [Hay publicación castellana: *Entre naturalismo y religión*, traducción de Pere Fabra Abat *et al.*, Paidós, Barcelona, 2008.]

38. Véase Habermas, Jürgen, *Philosophical Essays*, traducción inglesa de Ciaran Cronin, Polity Press, Cambridge, Reino Unido, 2008; junto con *Postmetaphysical Thinking*, op. cit. [Hay publicación castellana: *Verdad y justificación. Ensayos filosóficos*, traducción de Pere Fabra Abat y Luis Díez de Pérez, Trotta, Madrid, 2002.]

39. Habermas, Jürgen, *An Awareness of What Is Missing: Faith and Reason in a Post-secular Age*, Polity Press, Cambridge, Reino Unido, 2010, p. 211.

40. Habermas, *An Awareness of What Is Missing*, op. cit., p. 142.

41. *Ibid.*, pp. 139-140.

42.   *Ibid.*, p. 37.

43.   Botton, Alain de, *Religion for Atheists: A Non-believer's Guide to the Uses of Religion*, Hamish Hamilton, Londres, 2012, p. 44 y *passim*.

CONCLUSIÓN: LA MÁS IMPORTANTE DE LAS ACTIVIDADES SENSATAS

1.   Rushdie, Salman, *Joseph Anton*, Jonathan Cape, Londres, 2012, p. 476.

2.   Véase Bloom, Harold, *The Anatomy of Influence: Literature as a Way of Life*, Yale University Press, New Haven y Londres, 2011; junto con Bellah, Robert *et al.*, *Habits of the Heart: Individual and Commitment in American Life*, University of California Press, Berkeley, Los Ángeles y Londres, 1985; Sennett, Richard, *The Fall of Public Man*, 2002; *Respect*, 2003; *Craftsmanship*, 2008; *Together: The Rituals, Pleasures and Politics of Cooperation*, 2012; todos ellos publicados por Allen Lane, Penguin Press, Londres y Nueva York. Véase también Dershowitz, Alan, *Rights from Wrongs: A Secular Theory of the Origin of Rights*, Basic Books, Nueva York, 2004.

3.   Levine, George, (comp.), *The Joy of Secularism: Eleven Essays for How We Live Now*, Princeton University Press, Princeton y Londres, 2011, p. 4.

4.   Gray, John, *Straw Dogs: Thoughts on Humans and Other Animals*, Granta Books, Londres, 2002, p. 74.

5.   Véase Graham, Gordon, *The Re-enchantment of the World: Art versus Religion*, Oxford University Press, Oxford, 2007, *op. cit.*, pp. 82-85; así como Blackburn, Simon, *Think: A Compelling Introduction to Philosophy*, Oxford University Press, Oxford y Nueva York, 1999, p. 298.

6.   Hitchens, Christopher, *God Is Not Great: How Religion Poisons Everything*, Twelve, Nueva York, 2007.

7.   Gray, *op. cit.*, p. 43.

8.   Lear, Jonathan, *Happiness, Death and the Remainder of Life*, Harvard University Press, Cambridge, Massachusetts y Londres, 2000, p. 138.

9.   Ozick, Cynthia, *The Din in Our Head*, Houghton Mifflin, Boston, 2006, capítulo 14.

10.   Heaney, Seamus, *The Government of the Tongue*, Faber and Faber, Londres, 1988, *op. cit.*, p. 189.

11.   Stott, Rebecca, «The Webfooted Understorey: Darwinian Immersions», en Levine, (comp.), *The Joy of Secularism*, *op. cit.*, pp. 216-221.

12.   Gray, *op. cit.*, p. 198.

13.   Kearney, Richard, *Anatheism (Returning to God After God)*, Columbia University Press, Nueva York, 2010, *op. cit.*, pp. 73, 80 y 180.

AGRADECIMIENTOS

Quisiera mostrar mi gratitud a todos los colegas y amigos que me han ayudado a elaborar *La edad de la nada*, ya haya sido por medio de sugerencias destinadas a mejorar las imperfecciones del texto o a través de la realización de críticas constructivas, la corrección de errores, la amable procura de su hospitalidad, el préstamo (y en algunas ocasiones el obsequio) de libros y la lectura de distintos capítulos del texto o incluso la comprobación de la totalidad del mismo.

El lugar de honor en esta lista de reconocimientos le corresponde a Alan Samson, director de la Editorial Weidenfeld and Nicolson, con quien he tenido ocasión de trabajar a fondo en la idea original. Además, no tardé en constatar que la orientación que él me ofreció desde un principio respecto a la forma y la estructura de la obra resultaba extremadamente valiosa, igual que el apoyo que ha sabido brindarme a lo largo de todo el período que he dedicado a la redacción del libro. Quiero expresar también la profunda gratitud que me une a las siguientes personas: David Ambrose, Robert Arnold, Richard Ellis, Ian Gordon, David Henn, Charles Hill, Nicola Hodgkinson, James Joll, William Kistler, Thomas Lebien, Gerard Leroux, George Loudon, Constance Lowenthal, Sarah Macalpine, Brian MacArthur, Leighton Macarthy, Carolyn Mavroleon, Guislaine Vincent Morland, Bryan Moynahan, Andrew Nurnberg, Kathrine Palmer, Nicholas Pearson, Rüdiger Safranski, Alan Scott, Michael Stürmer, Mark Tompkins, Donna Ward, Anthony Wigram y David Wilkinson.

La bibliografía relacionada con el tema que he abordado no deja de crecer de una forma exponencial, situándose por su volumen lejos del alcance y la capacidad de cualquier individuo, dado que prácticamente todas las semanas doy con una nueva publicación relevante en este terreno. Asumo toda la responsabilidad de la publicación del texto en cuanto a su contenido, y soy plenamente consciente de la enorme cantidad de material pertinente que me he dejado en el tintero.

ÍNDICE ANALÍTICO

ÍNDICE DE MATERIAS

*Anateísmo: Regresado a Dios desp en (D) 9
& NITZCHE: Aqu a ahora : pag 43
* Cristiandad. Discursivo   (pag 96
* La Genealogía de la Mad : Ritchze